NANNING YEARBOOK

2011

《南宁年鉴》编纂委员会编

广西人民出版社

主　　编　王德宾
责任编辑　韦洁琳

南宁年鉴
（2011）
《南宁年鉴》编纂委员会编
地址：广西南宁市竹塘路13号
电话：0771-5847659　5847661
邮编：530022
E-mail:nanningnianjian@sina.com
nj4661@sina.com

出版发行　广西人民出版社
社　　址　广西南宁市桂春路6号
邮　　编　530028
网　　址　http://www.gxpph.cn
印　　刷　广西南宁华侨印务有限责任公司
开　　本　890mm×1240mm　1/16
印　　张　40
字　　数　1980千字
版　　次　2011年9月　第1版
印　　次　2011年9月　第1次印刷

ISBN　978-7-219-07567-8/Z·243
定　价：198.00元

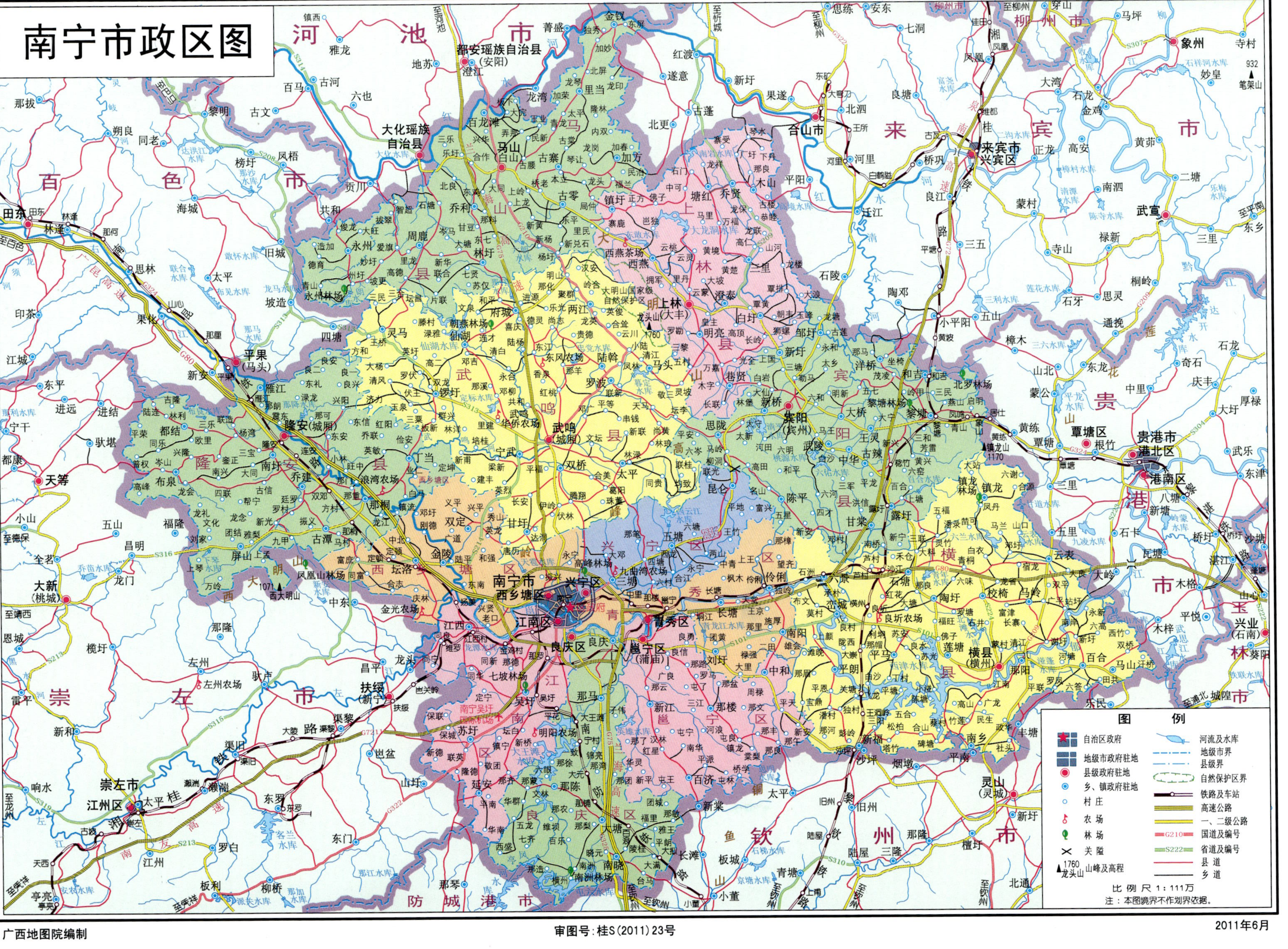

广西地图院编制

审图号：桂S(2011)23号

2011年6月

南宁市街道图
至都安
李村
西津
安吉收费站
绕城高速
龙门水库
大鹿水库
安吉街道办
安吉客运站
南宁邮件处理中心
明华
振兴
那桃
交通基建管理局
广西汽车市场
市种子公司
新世纪花园
农屋
心圩
心圩街道办
和德
市农机研究所
大王水库
林屋
藤屋新村
南宁万士达制药厂
市农业科技市场
广西地图院(北院)
广西兽医研究所
广西大学农学院
大岭
西乡塘街道办
广西民族大学附中
广西民族大学
广西农业科学院
科园大厦
广西税务学校
广西建设职业技术学院
南宁中心血站
广西大学
广西财经学院
大禄晚队
罗文水库
禄晚水库
罗文
下场
罗文实业有限公司水产分公司
石排
至隆安
金沙湖风景区
市委党校
广西航运学校
陈东
南宁华侨彩印厂
城市碧园
北大客运中心
南宁职业技术学院
回头岭
西明
清川大桥
邕江
市社会福利医院
广西机电设备有限责任公司
石埠收费站
板田
石埠街道办
石埠
市罗文实业有限责任公司
罗文纸品厂
下韦
周屋
市三医院
禁头
上韦
南乡小学
上尧码头
新阳派出所
区妇幼保健院
草塘园
陈坡砖厂
石狗
中兴大桥
广西工贸职业技术学院
同济医院
石埠中学
二冬
邕津
三十四中
市二十五中
三津
拙冲
上灵
定秋
江南街道办
邕江大桥
永和大桥
西园饭店
市车管所
市二医院
芦村
井岸
市沙井津威砖厂
南宁化建铝型材总厂
南宁发电设备总厂
斗星塘
新村
区果品食杂公司转运站
淡村商贸城
那莲
南化集团有限公司
南南铝业公司
华联超市
李屋
同乐
八冬
岭头
沙井街道办
江南区政府
那洪街道办
南宁工人疗养院
乐贤
巷口
乐洲
托洲大桥
南宁南站
普罗旺斯社区
老屯
江南公路局
南宁经济技术开发区
南宁有色基础工程勘察院
江南汽车客运站
马草坪
太阳岛
沙井收费站
杨村
大岸新村
那历
南宁果园
留村
湘桂铁路
金鸡
市宇华轻工机械
那洪收费站
那洪
清水塘
市万兴纸品包装有限责任公司
市机动车辆
罗村
高岭收费站
南防铁路
那头
罗村水库
大坡
南友高速
南宁树木园良凤江森林公园
古思
至吴圩机场、凭祥
G322 至扶绥
图例
区政府
市政府
城区政府
人大 党委 政协
汽车站
学校 医院
景点
市场
其他单位
街区
公园 绿地
立交桥
河流
比例尺 1:82000

广西地图院编制

…：桂S（2011）23号

2011年6月

南宁市旅游图

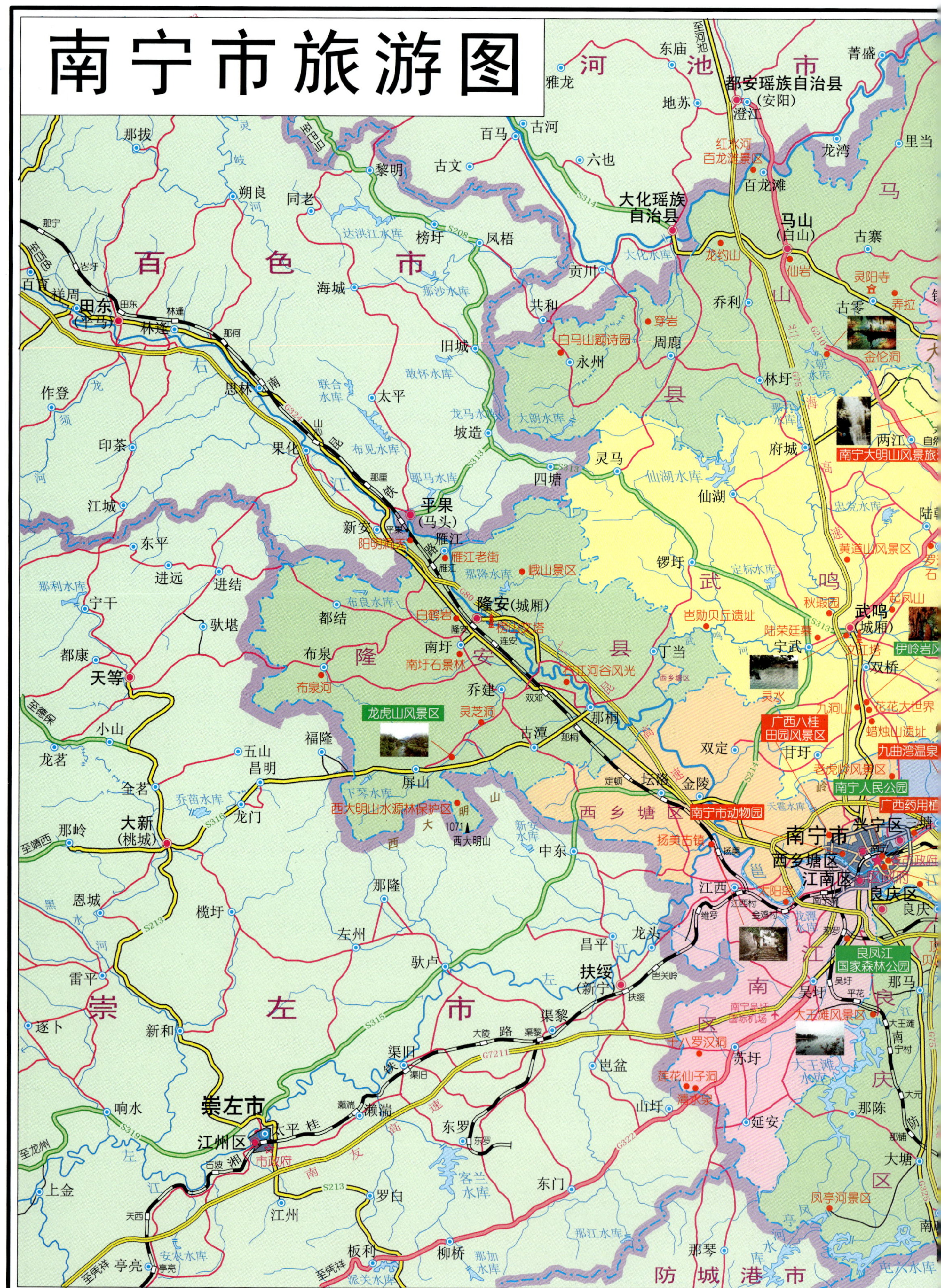

广西地图院编制

审图号：桂S（2011）23号

2011年6月

南宁高新技术产业开发区生物医药产业园

南宁高新技术产业开发区生物医药产业园是广西北部湾经济区规划建设的21个重点产业园区，规划用地面积约4平方千米，含研发中心、新型化学合成药及半合成药产业区、生物技术与产品产业区、中药现代化产业区、医用仪器与制药设备产业区、医药物流产业区“一中心五区”。高新区生物医药产业园依托全国第二大天然中草药基地丰富资源，面向全球人口最多的自由贸易区消费群体，致力搭建医药企业走向东盟的便捷通道和高端平台，诚邀海内外客商、科技人员前来投资创业。

地　　址：滨河路1号火炬大厦南宁高新区管委会
邮政编码：530007
电　　话：0771-5816888　5816999
传　　真：0771-5816665（招商局）
　　　　　0771-3219933（总部基地招商中心）
网　　址：www.nnhitech.gov.cn

落户高新区生物医药产业园的美国东方生物技术有限公司下属全资子公司AOBO广西博科药业有限公司

2010年1月16日，广西九州通现代医药装配及仓储项目在高新区生物医药产业园举行开工剪彩仪式

高新区管委会火炬大厦夜景

落户高新区生物医药产业园的广西康华药业有限责任公司

兴宁区

兴宁区围绕“实力兴宁、开放兴宁、生态兴宁、和谐兴宁”的奋斗目标，着力推进“三区一带”建设，完成“十一五”规划各项目标任务。2010年，地区生产总值89.27亿元；全部财政收入19.10亿元；城镇居民人均可支配收入19912元，农民人均纯收入5705元。被评为首批全国法治县（市、区）创建活动先进单位、全国白内障无障碍县（区）。

2010年2月“全国助残日”，自治区党委书记、自治区人大常委会主任郭声琨（前右二）到望州南社区慰问残疾人

不断扩大朝阳商贸中心区产业规模。推进朝阳商贸中心区的改造升级，吸引众多知名商业企业落户兴宁区，一批旧改重点项目有序推进，西南商都、澳门街、大和平商贸城开业经营，2010年社会消费品零售总额达208.79亿元，占全市比重近22%，朝阳商圈作为广西第一商圈地位更加巩固。

全面发展昆仑大道经济带。利用昆仑大道贯穿南宁市区的优势，及沿线拥有亚洲最大的药用植物园——广西药用植物园、九曲湾温泉等优质旅游资源和丰富的农产品资源，发展旅游、农业产业化以及相关产业，带动三塘、五塘、昆仑镇小城镇建设，在昆仑大道两旁形成集物流、商贸、房地产、特色餐饮、休闲旅游等产业的经济带。

积极推进东沟岭新区改造开发。通过近10年的努力，新区建设初具规模，路网建设不断加快，服务功能不断提升。房地产业发展迅速，推进保利山水怡城、橘子郡、阳光新城、翰林美筑、澳华花园等项目建设102.60万平方米；商贸物流项目建设有序推进，金桥物流园区初具规模，金源国际汽车城、大嘉汇·商贸港、外环家饰材料市场、金桥农产品批发市场等项目相继竣工营业，增强南宁市对周边地区的经济辐射力。

加快三塘工业集中区建设步伐。凭借城区独特区域优势，依托中心城区商贸、物流大商圈，挖掘原有工业产业基础，发展建材、农副产品加工型工业辐射带，形成产业特色。经过7年的不断培育，三塘工业集中区初现雏形，入园企业13家，其中兴典混凝土、动力源等5家企业投产。积极筹备五塘工业基地建设，广西华兴、五洲高峰中高密度纤维板等重点项目即将投产。

努力保障和改善民生。用于民生投入占全年财政支持的47%，解决上学难、看病难、行路难问题。完善社会保障体系，发放低保金1067万元、救济金77万元、低收入家庭住房保障补贴101.74万元；落实积极就业政策，城区失业率控制在3.80%；深入实施新农合制度和城镇居民医疗保险制度，城乡居民参合率90%以上，完善社区（村）卫生服务功能；改善农村生产生活条件，投入5500万元用于农村基础设施建设；深入推进城乡清洁工程，投入850万元完善市政设施，抓好城乡风貌改造，人民生活水平和生活质量不断提高。

2010年2月，自治区党委常委、市委书记车荣福（右二）在区委书记刘为民（右一）、区长高虹（前左一）的陪同下视察留肖坡新农村建设情况

南宁市核心商圈——朝阳商圈万达广场一角

调整优化农业结构，发展特色农业。图为苦瓜丰收景象

昔日的东沟岭棚户区已改造成为联合国人居环境示范区。图为东沟岭保利山水怡城小区一角

市委常委、县委书记林山青(右二)深入企业检查工作

县长黄国健(左四)在乡镇调研

横县位于广西东南部，南宁市东部，面积3464平方千米，是国家确定的“中国茉莉之乡”。近年来，县委、县政府深入贯彻落实科学发展观，团结和依靠全县人民，不断开拓进取、团结拼搏、克难攻坚，进一步优化产业结构，夯实农业基础地位，繁荣消费市场，加强基础设施建设，保障和改善民生，促进社会事业全面进步，使全县经济社会各方面得到跨越式发展，开创经济社会发展的崭新局面。“十一五”期间，横县获全国县域经济发展进步奖、全国文明县城、全国科技进步先进县、全国科普示范县、全国粮食生产先进县、全国特色产茶县、国家级生态示范区、广西科学发展十佳县等称号。

2010年中国国际茉莉花文化节

横县新农村一瞥

群众性文体活动

县城新貌

西津湖风光

宾阳县

宾阳县位于南宁市东北部，行政区域面积2308平方千米，人口105.14万，县城宾州镇，距南宁市中心城区公路里程80千米。2010年，全县实现地区生产总值112.90亿元，人均地区生产总值1.08万元，农林牧渔业总产值45.43亿元，工业总产值120.31亿元，财政收入8.09亿元，全社会固定资产投资完成额94.46亿元，社会消费品零售总额45.91亿元，城镇居民人均可支配收入1.62万元，农民人均纯收入5209元。

“十一五”期间，宾阳县委、县政府围绕“打造民营经济强县、构建现代化商贸名城、建设宜居宜业中等城市”的发展定位，坚持以科学发展观为指导，解放思想，抢抓机遇，开拓创新，扎实工作，较好地完成“十一五”规划和科学发展三年计划确定的预期目标任务。实现地区生产总值、财政收入、工业总产值、社会消费品零售总额、金融机构各项贷款余额翻一番，全社会固定资产投资翻两番，全县经济和社会事业得到较快发展，城乡面貌发生显著变化。地区生产总值、工业总产值、农林牧渔业总产值、第三产业增加值、财政收入、全社会固定资产投资和金融机构存款余额年均增长分别达到13.30%、19.23%、6.60%、14%、21.33%、46.62%和21.16%。先后获全国质量兴市先进县、科普示范县、体育先进县、粮食生产先进县及广西科学发展十佳县、社会治安综合治理模范县等称号。

2010年11月9日，自治区主席马飚(左四)在市委副书记、县委书记周红波(左三)等领导陪同下视察宾阳县稻藕套种基地

2011年8月10日，县委书记黄宁(前中)在广西永凯糖纸有限责任公司大桥分公司检查高档文化用纸项目建设情况

2011年6月23日，县长张先进(前中)到宾州一中检查教育工作

宾阳炮龙节

宾阳县城一隅

广西永凯集团

2008 年 5 月 16 日，永凯集团为四川灾区捐款，总裁赖可宾（右二）在捐款仪式上接受媒体采访

广西永凯集团自 1993 年从 3 家中小企业起家，经过十余年跨越式发展，至 2010 年末，已发展为广西永凯投资置业（控股）集团有限责任公司和广西永凯糖纸集团有限责任公司，经营涉及制糖、制浆造纸、房地产开发、商贸物流、物业服务等业务，下设 10 多家分（子）公司，有员工 3000 多人，年工业总产值 10.58 亿元，名列广西企业 100 强。

2010 年，永凯集团大力推进和发展制糖、制浆造纸、商贸百货等行业的项目，广西永凯大桥纸业有限责任公司年产 20 万吨高档文化用纸工程竣工投产并试产成功；永凯购物广场开业；永凯酒店集团注册成立。

“十二五”时期，永凯集团将实现产业集群的迅速扩张，拓展产业链，不懈地探索可持续发展战略，并积极参与到社会各项建设中去。

地处南宁市东葛望园路口交汇处的永凯购物广场

广西永凯大桥纸业有限责任公司纸业产品生产车间

永凯大厦和永凯春晖酒店夜景

编辑说明

一、《南宁年鉴》是南宁市人民政府主办的综合性地方年鉴，是系统地记述南宁市自然、政治、经济、文化和社会等方面情况的年度资料性文献，是社会各界和海外人士认知南宁的窗口、成就事业的助手。

二、《南宁年鉴》于1996年创刊，每年出版一卷。本年鉴为2011年卷（总第16卷），着重记载2010年度南宁市的基本情况。由《南宁年鉴》编纂委员会主持编纂，《南宁年鉴》编辑部（设在南宁市人民政府地方志编纂办公室）负责编纂出版。载录内容主要由南宁市各有关部门、县、城区、开发区及驻市有关单位供稿并审核。

三、本年鉴的基本内容，分为综合情况、动态信息、辅助资料三大部分。综合情况设特载、特辑、南宁概貌3个专栏。动态信息设中国—东盟博览会·峰会·民歌节、南宁与东盟、党政机关、人民团体、政法、军事、开发区·新区、城市建设与管理、环境保护·园林绿化、国有资产监管与运营、工业、农业、交通运输业、信息业、商业贸易、对外经济贸易、旅游业、会展业、个体私营经济、财政·税务、金融、经济管理与监督、教育、科学、文化、新闻出版、卫生、体育、社会民生、区县、人物31个类目。辅助资料设大事记、城市竞争力、专题调研与经济分析、图片专辑、附录5个类目；并在各类目中穿插相关小知识、小资料、图表及黑白照片；图片专辑以彩色照片集中反映全市物质文明、政治文明、精神文明建设成就。内容层次的设置，利于读者分类系统阅读和检索，并表示类目与条目之间的层次关系，不反映严格的科学分类体系，机构、企事业单位等排序和层次一般亦不表示其地位和规模。

四、本年鉴采用分类编辑法，按类目、分目、条目三个层次的体例编辑，以不同字体、字号及版式设计区分不同层次，条目标题均加【 】表示。

五、本年鉴所记述的“自治区”或“广西”指广西壮族自治区；“自治区党委”指中国共产党广西壮族自治区委员会；“市委”指中国共产党南宁市委员会；“市政府”指南宁市人民政府；“邕”指南宁市；“六县六城区”指南宁市辖武鸣、横县、宾阳、上林、隆安、马山6个县及兴宁、青秀、江南、西乡塘、邕宁、良庆6个城区；“两会一节”指第七届中国—东盟博览会、第七届中国—东盟商务与投资峰会、南宁国际民歌艺术节；“四个年”指项目建设年、服务企业年、发展环境建设年、党组织建设年；“五场攻坚战”指工业经济振兴攻坚战、五象新区开发攻坚战、交通基础设施完善攻坚战、产业园区建设攻坚战、打造“中国水城”攻坚战；相关单位名称在各类目首次出现时用全称，以后均用简称，如“南宁市安全生产监督管理局”简称为“市安监局”。

六、本年鉴涉及历史纪年，清及清以前使用朝代帝王纪年，括注公元纪年；民国纪年使用阿拉伯数字，括注公元纪年。数字、计量用法按国家法定规定书写，面积单位由于记述需要有的地方使用亩。

七、本年鉴主要数据以市统计局编印的《南宁市情统计手册》所公布的数据为准；其他数据以供稿部门提供的为准；少数数据由于部门之间统计口径不尽一致，数值也不尽相同。

八、本年鉴图片专辑、特辑、特载、附录所记述的内容不受年度限制；为保持内容的连贯性和完整性，个别条目记述时间适当上溯或下延。

九、本年鉴所载录的地图，由广西地图院绘制。

十、本年鉴配备双重检索系统：书前刊有中英文目录，书后备有索引。索引采用内容分析法，款目按汉语拼音字母顺序（同音字按声调）排列，索引范围详及条目、文献、图片、表格等。索引使用方法详见索引说明。

十一、本年鉴配有随书电子版（光盘），采用先进的多媒体和全文检索技术；主要内容在南宁市政府门户网站——南宁政务信息网推出。

十二、2011年卷《南宁年鉴》编纂出版得到社会各界的大力支持。在此，编委会表示衷心感谢。由于编辑水平有限，本年鉴的差错和疏漏之处，恳请读者批评指正，以利今后改正提高。

《南宁年鉴》编纂委员会

主　　任	车荣福	自治区党委常委、市委书记
	黄方方	市委副书记、市长
副 主 任	吴　炜	市委常委、市委秘书长
	吕　洁	市委常委、宣传部部长，副市长
	周如斯	市人大常委会秘书长
	阮兆丰	市政府秘书长
	侯小兵	市政协秘书长
	王德宾	市政府地方志编纂办公室主任
委　　员	彭　健	市委副秘书长
	孟金芳	市政府副秘书长
	余仲远	市纪委副书记、监察局局长
	吴朝晖	市委组织部副部长
	禹延庆	市委宣传部副部长
	农　冰	市发展和改革委员会主任
	陈世平	市工业和信息化委员会主任
	施日全	市教育局局长
	傅隆政	市科学技术局局长
	苏绍荣	市民政局局长
	刘志烈	市财政局局长
	马南萍	市人力资源和社会保障局局长
	谭玫瑰	市国土资源局局长
	杨　敏	市环境保护局局长
	高　新	市城乡建设委员会主任
	封　宁	市规划管理局局长
	冯炳浩	市住房保障和房产管理局局长
	邓国付	市园林管理局局长
	李　耕	市交通运输局局长

叶　盛　市水利局局长
唐波文　市农业局局长
周异助　市商务局局长
蒙文虎　市文化新闻出版局局长
汤晓斌　市卫生局局长
黄　海　市人口和计划生育委员会主任
梁桦中　市体育局局长
黄南方　市统计局局长
黄永久　市旅游局局长
林国开　市政府国有资产监督管理委员会主任
胡建华　市社会科学院院长
宋日正　武鸣县县长
黄国健　横县县长
张先进　宾阳县县长
尹建华　上林县县长
黄丽娟　马山县县长
陈　竑　隆安县县长
高　虹　兴宁区区长
黄建宁　江南区区长
王永超　青秀区区长
廖伟福　西乡塘区区长
蓝建东　邕宁区区长
孙志强　良庆区区长
林小静　市政协教科文卫体委员会副主任
梁新莲　市政府地方志编纂办公室副主任
许杨群　市政府地方志编纂办公室副主任
宁光荣　市政府地方志编纂办公室副主任

主　　编　王德宾

执行副主编　梁新莲

副 主 编　陆玉金　韦继更　许杨群　宁光荣

总　　纂　王德宾

副 总 纂　梁新莲

《南宁年鉴》编辑部

主　　任　梁笑飞

责任编辑　李志楠　孙贵寿　李敬江　梁笑飞　周　红　梁　坤　方　明　卢景林　廖胜兰　黄善秋

校　　对　王德宾　梁新莲　陆玉金　许杨群　宁光荣　李志楠　孙贵寿　李敬江　梁笑飞　周　红　梁　坤　方　明　卢景林　廖胜兰　黄善秋

图片策划　王德宾　梁新莲　梁笑飞

图片编辑　李志楠　孙贵寿　李敬江　梁笑飞　周　红　梁　坤　方　明　卢景林　廖胜兰　黄善秋

封面封底设计　王德宾

栏题设计　林小静

封面题字　卢定山

印章篆刻　杨宇云

英文翻译　彭国光

《南宁年鉴》编写人员（编写组）

（排名不分先后）

中共南宁市委办公厅
陈晓东
中共南宁市委组织部
编写组
中共南宁市委宣传部
杨　强
中共南宁市委统一战线工作部
余志鹏
中共南宁市直属机关工作委员会
林　涛
中共南宁市委政策研究室
李耿民
中共南宁市委老干部局
黄　飚
南宁市精神文明建设委员会办公室
温金华　劳世清
南宁市人民代表大会常务委员会办公厅
黄世邕
南宁市人民政府办公厅
李佳祺
中国人民政治协商会议南宁市委员会
眭国庆　农凌云
中共南宁市纪委、南宁市监察局
欧后智
中国国民党革命委员会南宁市委员会
雷协培
中国民主同盟南宁市委员会
陆济乐
中国民主建国会南宁市委员会
黄凤敏
中国民主促进会南宁市委员会
刘瀚钟
中国农工民主党南宁市委员会
扈　倩
中国致公党南宁市委员会
林　辉
九三学社南宁市委员会
刘潇潇
南宁市工商业联合会
李增群
南宁市总工会
康　宏
共青团南宁市委员会
黄长志
南宁市妇女联合会
李永清　谭静宇
南宁市文学艺术界联合会
陆雅婷
南宁市归国华侨联合会
廖嗣松
南宁市科学技术协会
黄丹阳
南宁市社会科学界联合会
李国燕
中国国际贸易促进委员会南宁市支会
彭国光
南宁市残疾人联合会
袁建萍
南宁市红十字会
陈　菁
南宁市关心下一代工作委员会
雷　纪
南宁市民政局
胡小民　李群峰　韦　琨　徐辉龙　陆丽霞　林源林　丁振辉　李汉明　郑晓红　梁和艳
南宁市机构编制委员会办公室
黄振生　路　焕
南宁市政府行政审批管理办公室
吴宝树
南宁市外事侨务办公室
雷秀梅
中共南宁市委、南宁市人民政府信访局
周国安
南宁市民族事务委员会
刘建安
中共南宁市委台湾工作办公室
刘冬年
中共南宁市委政法委员会
韦　健
南宁市法制办公室
黄　玲
南宁市中级人民法院
傅朝霞
南宁市人民检察院
蒙　旗
南宁市公安局
李　全　黎　柱　李泽泰　杨　梅
南宁市司法局
王琦汕
中国人民解放军广西南宁警备区
杨爱平
中国人民武装警察部队南宁市支队
倪国卿
南宁市人民防空办公室
邓　谦
南宁高新技术产业开发区管理委员会
李绍华
南宁经济技术开发区管理委员会
冯梅丽
南宁一东盟经济开发区管理委员会
张向新
广西良庆经济开发区管理委员会
乐情温

南宁江南工业园区管理委员会

南宁仙葫经济开发区管理委员会

南宁市相思湖新区管理委员会

唐欣也

南宁五象新区开发建设指挥部

南宁市城乡建设委员会

陈　琳　刘　倩

南宁市规划管理局

雷泽识

南宁市勘测院

莫惠荃

南宁市住房保障和房产管理局

肖　垚

南宁住房公积金管理中心

姚　芳

南宁市国土资源局

谭世明

南宁市邕江防洪大堤修建管理处

吴明全

南宁市环境保护局

李好那

南宁市城市管理局

蒋舒建

南宁市园林管理局

李凤琴

南宁市工业和信息化委员会

潘彩献　谭颜言　黄春霞　程　雁
朱政军　马祥琼　唐亚亚　彭远利
农　刚　朱丹江

南宁市国有资产监督管理委员会

卢　晴　秦　庆

南宁振宁资产经营有限责任公司

黄正斌

南宁壮宁资产经营有限责任公司

唐逢志

南宁沛宁资产经营有限责任公司

龙文原　卢永恒

南宁威宁资产经营有限责任公司

罗春玉　黄　俊

南宁市食品药品监督管理局

蓝　雅

南宁市散装水泥办公室

南宁供电局

苏维富

南宁市二轻集体工业联社

梁荃启

南宁市烟草专卖局

黄建超

广西中烟工业公司

周丽霞

南宁国际会议展览有限责任公司

韦　珍

南宁大地飞歌文化传播有限责任公司

南宁市农业局

杜　勇　黄兰芳　韦国宁　李富益
刘晓峰　梁玉珍　吕校成　黄荣芳
黄树生　黄武杰　邝伟生　陈喜平
王冬梅　田乙凤　兰张红　宋桂荣
欧桂兰

南宁市水产畜牧兽医局

编写组

南宁市农业综合开发办公室

李燕妮

南宁市扶贫开发领导小组办公室

谭春兰

南宁市林业局

罗旻雯　梁月芳　林志武　梁开毅
吴金阳　梁　伟　曾　奇　雷秀峰
玉雯雯　张海琳

南宁市农业机械化管理中心

陆凤婵

南宁市水利局

卢明发

南宁市农工商总公司

欧宗殿

南宁市水库移民工作管理局

覃　梦

南宁铁路局史志办公室

徐维春

南宁市交通局

宋正兴　钱俐华

南宁吴圩国际机场

许　康

南宁市邮政局

潘　玉

南宁市城乡数字化建设办公室

冼就毅

中国电信股份有限公司南宁分公司

农荣生

中国移动通信集团广西有限公司南宁分公司

黄　英

中国联合网络通信有限公司南宁市分公司

陆　忠

南宁市无线电管理处

覃　巍

南宁市商务局

兰　贞　何发枝　杨户芬　梁　明
冯立芳　石敏洁　李　锋　贺　晖
王永红　潘贤新　阳　柳　梁　槟
欧阳玮　丁玉林　黄小蓉　黎　剑

南宁市供销合作联社

蓝　蔚

南宁市粮食局

农建和　陆兆强

南宁盐业分公司(南宁盐务管理局)

崔玉善

中石化南宁石油分公司

陈启慧

南宁市旅游局

周思伶

青秀山风景名胜旅游区管理委员会

胡镇芳

广西大明山风景旅游区管理委员会

南宁昆仑关战役遗址保护管理委员会

徐晓芳

南宁市财政局

李建南

南宁市国家税务局

邓有侃

南宁市地方税务局

李玉露　孙炳清

中国人民银行南宁中心支行

陈恒丹

中国工商银行广西分行营业部

王圆圆

中国农业银行股份有限公司广西分行营业部

曾　敬

中国银行南宁市邕州支行

骆　颖

中国建设银行股份有限公司广西分行

彭瑞娟

交通银行广西分行本部

练宇静

中国光大银行南宁分行

刘　楊

广西北部湾银行

杨　源

广西壮族自治区农村信用联合社南宁办事处

李继宁

中国保险监督管理委员会广西监管局

吴年冬

中国证券监督管理委员会广西监管局

高瑞启

南宁市发展和改革委员会

杨华伟

南宁市投资促进局

张　旭　黄为谦　李　兴　彭金红
刁义雄　周合贵　黄振卿　黄显能
王才信　何伟洁

南宁市物价局

王荣姣

南宁市审计局

邱丽萍

南宁市工商行政管理局

李凤玲　廖成琇　王洁芝

南宁市人力资源和社会保障局

韦火清　彭　涛

南宁市质量技术监督局

黄隽瑜　田田

南宁市安全生产监督管理局

马　瑛

南宁市统计局

李鸿宽

南宁海关

黄伟文

南宁海事局

黄荣丹

广西出入境检验检疫局

谭业军　谢清达

南宁市文化新闻出版局

潘雨茜　邵发建　韦思私　陈　叶
吴朝霞　李　庄　宁强智　姚　彧
周　凝　贺南潮　李　霞　蒙洁慧
梅晓光

南宁市新华书店有限责任公司

谭继来

南宁市档案局

邓淑华

南宁日报社

苏贤庆

南宁市广播电影电视局

侯双穗

南宁市教育局

苏　净

中共南宁市委党校

李志成　赵廷和　农　瑛

南宁职业技术学院

谢丹妮

南宁市科学技术局

伍美新　谢倚宁　覃　燕

南宁市气象局

江　雪

南宁市地震局

庞小立

南宁市水文水资源局

黄召生

南宁市社会科学院

张少宁

南宁市人民政府地方志编纂办公室

王德宾　梁新莲　陆玉金　许杨群
宁光荣　李志楠　孙贵寿　李敬江
梁笑飞　周　红　梁　坤　卢景林
廖胜兰　黄善秋

中共南宁市委党史研究室

余朝霞　廖运山

南宁市卫生局

梁晓杨

南宁市爱国卫生运动委员会办公室

唐　驰

南宁市体育局

编写组

南宁市城市应急联动中心

曾瑞萍

南宁市人口和计划生育委员会

林建耀

国家统计局南宁调查队

苏　霓

南宁市老龄工作委员会办公室

梁玉军

南宁市机关事务管理局

李忠权

南宁市政府集中采购中心

农丕提　黄碧新

南宁市政府宗教事务局

聂先锋

兴宁区政府办公室

韦　钰

青秀区政府办公室

蔡光燊

西乡塘区政府办公室

张增清　陆寿成　黄　源

江南区政府办公室

邹　璐

邕宁区政府地方志编纂委员会办公室

奚少婷

良庆区政府地方志编纂办公室

潘艳明

武鸣县史志办公室

潘星环

横县地方志编纂委员会办公室

李清俏

宾阳县地方志编纂委员会办公室

卢洁芳

上林县地方志编纂委员会办公室

林　春

马山县地方志编纂委员会办公室

黄　誉

隆安县地方志编纂委员会办公室

黄永清

《南宁年鉴》照片摄影及提供人员

（按姓氏笔画排列）

陈卓凡　周　红　周　华　徐晓芳　文建宁　陆文平　刘　宇　邓江宁　周家志
唐欣也　张向新　韦永胜　梁晓杨　王圆圆　李继宁　庞小立　农荣生　李志楠
梁笑飞　蒋　勤　何运斌　赵品贤　余志鹏　黄　飚　梁基欢　黄凤敏　温金华
张　杏　王　刚　陆雅婷　吴　军　孙贵寿　周丽霞　蓝剑锋　黄建超　黄善秋
李　程　刘秋明　王诗斌　杜　勇　谭春兰　赵　兵　陆梓辉　潘　登等

《南宁年鉴》照片提供单位

（排名不分先后）

横县
宾阳县
兴宁区
青秀区
江南区
西乡塘区
邕宁区
良庆镇
中共南宁市委组织部
中共南宁市纪律检查委员会
南宁市直属机关工作委员会
南宁市人大常委会办公厅
南宁高新技术产业开发区管理委员会
南宁经济技术开发区管理委员会
南宁江南工业园区管理委员会
南宁市相思湖新区管理委员会
南宁六景工业园区管理委员会
广西永凯集团

南宁吴圩国际机场

南宁市人民防空办公室

南宁市散装水泥办公室

南宁市桂雅路小学

南宁振宁资产经营有限公司

中国人民武装警察部队南宁市支队

南宁市环境保护局

南宁市人力资源和社会保障局

南宁市教育局

南宁市国家税务局

南宁建宁水务投资集团有限责任公司

南宁市社会医疗保险管理中心

南宁市住房保障和房产管理局

南宁市商务局

南宁市南湖公园

南宁市妇幼保健院

中国电信股份有限公司南宁分公司

南宁市财政局

南宁市城市管理局

南宁市城乡数字化建设办公室

南宁市工商行政管理局

南宁市中级人民法院

中国人民解放军广西南宁警备区

南宁锦虹棉纺织有限责任公司

南宁市质量技术监督局

中国移动通信集团广西有限公司南宁分公司

南宁糖业股份有限责任公司

南宁市地震局

南宁市劲源电机有限责任公司

南宁市英华学校

南宁市园林管理局

南宁市安全生产监督管理局

南宁市公安局

南宁市人民检察院

南宁市外事侨务办公室

南宁大地飞歌文化传播有限公司

南宁市规划管理局

南宁孔庙管理所

南宁市地方税务局

南宁市司法局

南宁市妇女联合会

中国民主促进会南宁市委员会

中国农工民主党南宁市委员会

南宁市工商业联合会

南宁市归国华侨联合会

目　　录

特　　载

特　　辑

大　事　记

南　宁　概　貌

中国—东盟博览会·峰会·民歌节

南宁与东盟

党 政 机 关

人民团体

政 法

军　事

开发区·新区

城市建设与管理

环境保护·园林绿化

国有资产监管与运营

工 业

农 业

交通运输业

信 息 业

商 业 贸 易

对外经济贸易

旅 游 业

会 展 业

个体私营经济

财政·税务

金　　融

经济管理与监督

教　　育

科　　学

文 化

新闻出版

卫　生

体 育

社会民生

区　县

人 物

专题调研与经济分析

城市竞争力

图 片 专 辑

附 录

索 引

CONTENTS

Front Cover: Folk Song Lake
Back Cover: Nanhu Lake

Special Publication

Special Editing

Major Events

Nanning Survey

China-ASEAN Expo, Summit & Folk Songs Festival

Nanning & ASEAN

Party & Government Organizations

Mass Organizations

Legal System

Military

Development Zones & New Districts

Urban Construction & Administration

Environment Protection & Garden Forestation

Supervision & Engagement For State-Owned Assets

Industry

Agriculture

Transportation

Information Industry

Commerce & Trade

Foreign Economic & Trade

Tourism

Meeting & Exhibition Industry

Individual & Private Economy

Finance & Taxation

Banking

Economic Management & Supervision

Education

Science

Culture

News & Publishing

Health

Sports

Social Livelihood

Districts & Counties

Personage

Special Investigation & Study With Economic Analysis

City Competition

Special Photos Collection

Appendix

Index

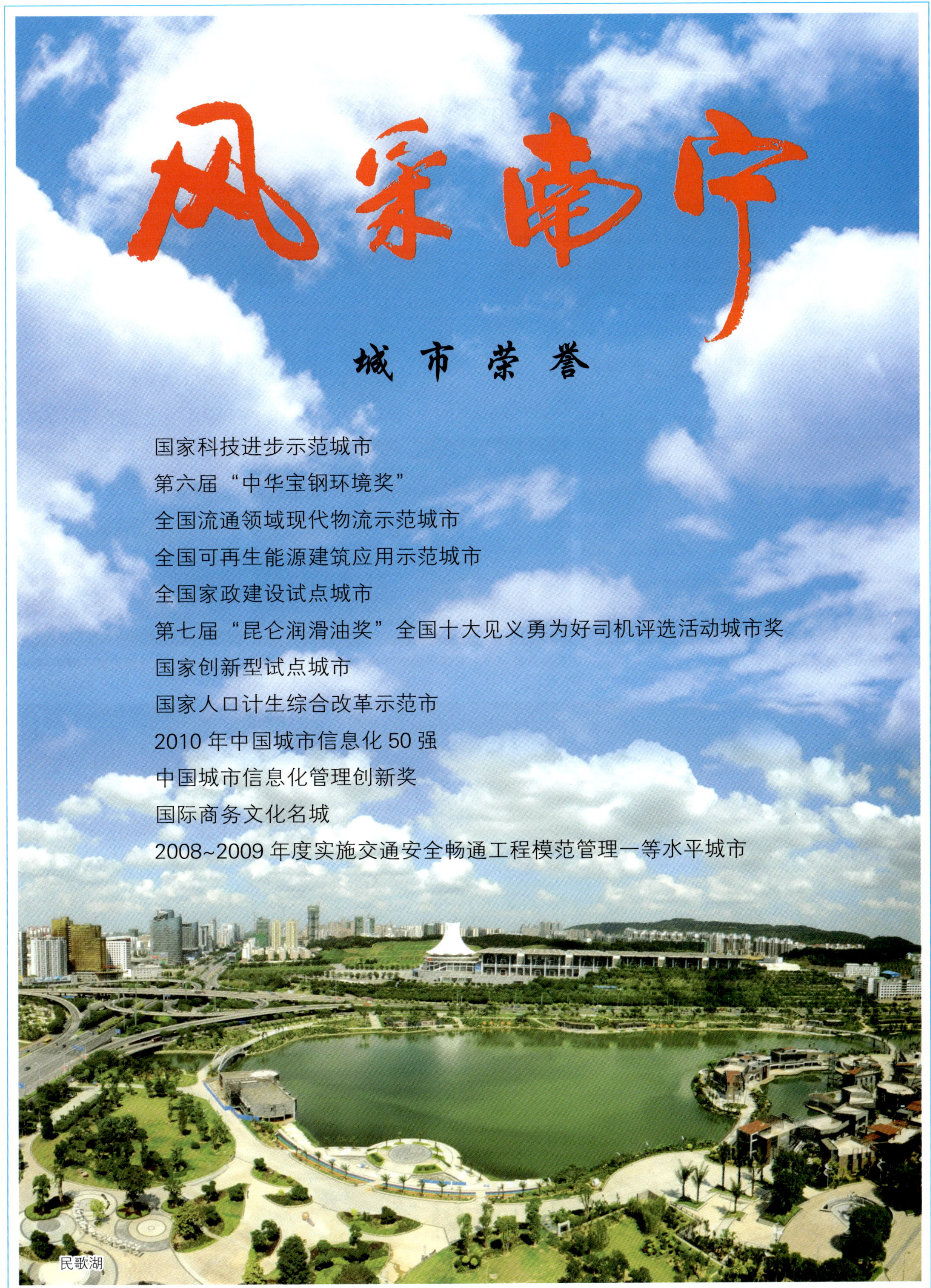
风采南宁
城市荣誉
国家科技进步示范城市
第六届“中华宝钢环境奖”
全国流通领域现代物流示范城市
全国可再生能源建筑应用示范城市
全国家政建设试点城市
第七届“昆仑润滑油奖”全国十大见义勇为好司机评选活动城市奖
国家创新型试点城市
国家人口计生综合改革示范市
2010年中国城市信息化50强
中国城市信息化管理创新奖
国际商务文化名城
2008~2009年度实施交通安全畅通工程模范管理一等水平城市
民歌湖

2010年8月11日，全国人大常委会副委员长桑国卫(右)到南宁视察，并与自治区党委书记、自治区人大常委会主任郭声琨(左)亲切交谈

2010年2月15日，国务委员、公安部部长孟建柱(前右二)在自治区党委书记、自治区人大常委会主任郭声琨(右七)，自治区主席马飚(右四)，自治区副主席、公安厅厅长梁胜利(右六)等陪同下，到市公安局南湖派出所视察

2010年11月24日，全国政协副主席黄孟复(右)到南宁视察，并与自治区党委书记、自治区人大常委会主任郭声琨(左)亲切交谈

2010 年 11 月 27 日，全国政协副主席王志珍（右）到南宁视察，并与自治区党委书记、自治区人大常委会主任郭声琨（左）亲切交谈

2010 年 8 月 12 日，全国政协副主席何厚铧（右）到南宁视察，并与自治区党委书记、自治区人大常委会主任郭声琨（左）亲切交谈

2010 年 11 月 26 日，最高人民检察院检察长曹建明（前左二）在自治区党委书记、自治区人大常委会主任郭声琨（前左一）陪同下，到市人民检察院考察调研

图：刘　宇　周家志　陈卓凡　市公安局

2010 年 8 月 17 日，自治区党委常委、市委书记车荣福（左三）率代表团前往南宁市友好城市——澳大利亚班达伯格市考察访问，并参加当地“友谊亭”和“中国园”落成仪式

2010 年 8 月 22 日，自治区党委常委、市委书记车荣福（前左）前往新西兰考察访问，并与新西兰新普利茅斯市市长彼得·腾能特（前右）等合影

2010 年 10 月 21 日，自治区党委常委、市委书记车荣福（中）在南宁邕江宾馆会见澳大利亚班达伯格市代表团一行

2010 年 1 月 1 日，市人大常委会主任谢寿堂率代表团对摩洛哥进行友好访问。图为谢寿堂（中）在考察当地农产品市场

2010 年 4 月 27 日，“广西（南宁）人居环境建设 10 年巡礼”大型展览启动仪式举行，市长黄方方（左三）为联合国副秘书长兼人居署执行主任安娜·卡珠穆罗·蒂贝琼卡博士（左四）颁发南宁市荣誉市民证书

2010 年 7 月 10 日，市长黄方方前往美国、加拿大访问考察。图为黄方方（前左三）与加拿大维多利亚市长迪恩·福廷（前左四）等合影

①“魅力之城”中国(钦州)展区
②“魅力之城”菲律宾展区
③“魅力之城”柬埔寨展区
④“魅力之城”文莱展区
⑤“魅力之城”越南展区
⑥“魅力之城”印度尼西亚展区
⑦投资合作专题展区马来西亚展区
⑧投资合作专题展区新加坡展区
⑨东盟商品馆泰国馆
⑩东盟商品馆缅甸馆
⑪东盟商品馆老挝馆

⑦

⑨

⑧

⑩

⑪

图:刘　宇　周家志　蒋　勤　文建宁　何运斌　赵品贤

2010年10月，由南宁市人民政府主办的第十二届南宁国际民歌艺术节在南宁市举行。主要内容包括：第十二届南宁国际民歌艺术节暨第七届中国—东盟博览会开幕式晚会——“大地飞歌·2010”；2010南宁·东南亚国际旅游美食节；首届南宁市乡村社区和谐文艺大展演；“绿城歌台”群众文化活动；“美在广西——广西青年歌手演唱会”；外国艺术家专场演出。

歌手雷佳和吕继宏以一曲《为生命歌唱》为晚会开场

2010年10月20日晚，第十二届南宁国际民歌艺术节暨第七届中国—东盟博览会开幕式晚会“大地飞歌·2010”在广西体育中心主体育场举行

第七届中国—东盟博览会“主题国”印度尼西亚歌手阿斯蒂·德薇·葛莉蒂亚娜演唱该国经典民歌《星星索》

俄罗斯“海豚音王子”维塔斯演唱《歌剧 2》

广西歌手弦子演唱《藤缠树》

中国—东盟自由贸易区建成庆祝仪式

2010年1月7～8日，中国—东盟自由贸易区论坛暨中国—东盟自由贸易区建成庆祝仪式在南宁市举行。由中国商务部、泰国商务部、文莱外交与贸易部、柬埔寨商务部等中国与东盟各国经贸主管部门及广西壮族自治区政府共同主办，亚洲开发银行、中国国家开发银行、中国进出口银行协办。主题为互利共赢，再创辉煌。7日上午，中国—东盟自由贸易区建成庆祝仪式举行。7日下午和8日，与会嘉宾围绕贸易提振产业活力、投资共创经济繁荣、打造区域经济合作新亮点3个议题展开讨论，形成和通过了《主席声明》。中国和东盟国家有关领导人、中国和东盟经贸主管部门领导和官员、中央部委领导和官员、协办和支持单位领导、中外知名专家、周边省代表、中外企业代表等400多位嘉宾参加论坛。期间，举办中国—东盟投资合作项目签约仪式，共签约项目18个，金额49亿美元，项目涉及中国、菲律宾、柬埔寨、越南、缅甸、老挝、马来西亚、印度尼西亚等国家，涉及通讯技术、电力、农业等行业。还举行大型音乐焰火晚会、文艺晚会等庆祝活动，以及钦州保税港区、南宁保税物流中心揭牌仪式，既为自贸区建成献礼，也为自贸区发展提供动力、夯实基础。

2010年1月7日上午，中国—东盟自由贸易区建成庆祝仪式在南宁荔园山庄举行。全国政协副主席黄孟复(左八)，十届全国人大常委会副委员长蒋正华(左九)，广西壮族自治区党委书记、自治区人大常委会主任郭声琨(左六)，广西壮族自治区主席马飚(左十一)与东盟国家领导人及贵宾共同开启中国—东盟自由贸易区的大门

在庆祝仪式上，全国政协副主席黄孟复，十届全国人大常委会副委员长蒋正华，老挝常务副总理宋沙瓦·凌沙瓦，广西壮族自治区党委书记，自治区人大常委会主任郭声琨，广西壮族自治区主席马飚，商务部副部长易小准，东盟副秘书长孙达姆先后致辞。图为黄孟复致辞

2010 年 1 月 7 日，中国—东盟投资合作项目签约仪式举行

2010 年 1 月 7 日，国家海关总署副署长李克农（左），自治区党委常委、南宁市委书记车荣福（右）共同为南宁保税物流中心揭牌

2010 年 1 月 7 日晚，《和风吹绿——江水·风情东南亚》庆祝中国—东盟自由贸易区建成文艺晚会在南宁人民会堂举行。图为晚会舞蹈魔术《花开自贸区》，将铜鼓、壮锦、绣球等广西民族元素融合在内，象征着广西与东盟自贸区紧紧相连，繁荣发展

2010 年 1 月 6 日晚上 19 点 45 分至 20 点 15 分，为庆祝中国—东盟自由贸易区建成，市政府在南宁民歌广场、南湖名树博览园、相思湖主题公园同时举行焰火晚会

图：刘　宇　周家志　邓江宁　梁笑飞

南宁·中国水城建设

2009 年 5 月 31 日，中共中央政治局委员、中央书记处书记、中央组织部部长李源潮在广西壮族自治区和南宁市调研时指出：南宁建成“水城”的条件得天独厚，一定要把水文章做好。6 月 3 日，广西壮族自治区党委书记、自治区人大常委会主任郭声琨视察南宁，作出“做好‘水的文章’”的指示；6 月 7 日，又作出关于加快推进南宁“中国水城”建设的重要批示。6 月 4 日，南宁市政府成立城市内河综合整治工作指挥部，启动南宁“中国水城”建设。7 月，市委、市政府作出《关于加快城市水环境综合整治的决定》，为南宁市城市内河水系综合整治和相关规划研究提供重要指导依据。8 月 27 日，自治区党委常委、南宁市委书记车荣福主持召开南宁市建设“中国水城”规划汇报会，研究和部署南宁市建设“中国水城”工作。根据《南宁市“水城”建设规划》，南宁市打造“中国水城”的总体建设规划为“一江、两库、六环、十八（内）河”城市水网规划结构。11 月 28 日，南宁市建设“中国水城”的第一个“水环”整治工程南湖—竹排冲水系环境综合整治工程开工建设，为南宁市打造“中国水城”迈出重要一步。2010 年，南宁市继续实施打造“中国水城”建设宜居生态城市的发展战略。制定《南宁“中国水城”建设规划(2010～2020)》，重点以建设现代亲水城市为目标，以南湖一竹排冲、心圩江、相思湖三大河湖公园为突破口，推进 23 个水城项目建设。至年末，完成水城项目投资 26.79 亿元。其中：在建项目 23 个，完成投资 26.33 亿元；前期项目 13 个，完成投资 0.43 亿元。

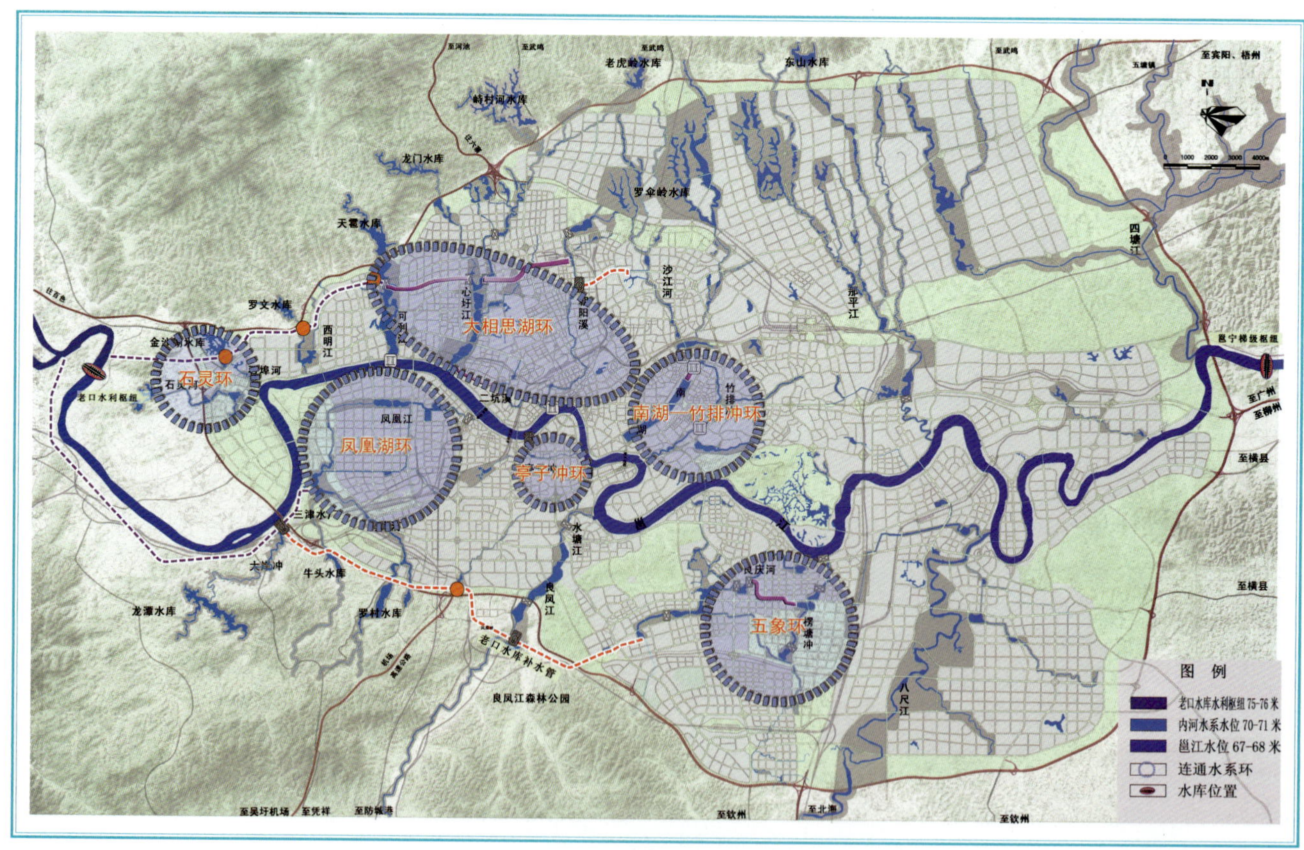

南宁市“中国水城”建设规划图

2011 年 1 月 28 日，民歌湖建成启用仪式举行

南湖引水明渠，位丁南湖公务员住宅小区和城市碧园小区之间，为南湖—竹排冲连通渠道，2009 年 11 月开工建设，2010 年 10 月竣工

民歌湖，位于竹溪大道与金浦路一侧。总面积24.30公顷，其中水面面积约为10.20公顷。2009年11月28日开工建设，2011年1月28日建成启用

2010 年 5 月 29 日，可利江—心圩江连通运河工程开工建设，总投资约 9 亿元；至年末完成河道主体工程建设，并实现蓄水。图为工程开工仪式

竹排冲新貌

相思湖俯瞰

邕江河畔

可利江，位于相思湖新区。占地面积 143.87 公顷，其中水域面积 72 公顷

南湖，位于南宁市区东南隅。占地面积 160 公顷，其中水域面积 124.40 公顷

图：周家志　梁笑飞　市相思湖新区管委会　市规划管理局

①2010年3月19日，自治区党委常委、市委书记车荣福（前右二），自治区副主席高雄（前右三）在南宁经济技术开发区出席项目开工仪式

②2010年8月20日，市长黄方方（前左二）到南宁南机动力有限公司考察调研，为企业排忧解难

③2010年3月20日，南宁市千余名市民来到邕江一桥河岸，参加主题为“饮水思源，感恩母亲河”的千人清理邕江垃圾大型活动。图为小学生在邕江岸边清理垃圾

④2010年8月27日至9月5日，由市商务局、南宁日报社共同主办的2010南宁消费购物节举行，以创新和发展为主基调，参与商家100多家，对活跃南宁市消费品市场、推动商品经济发展、拉动内需产生重要作用

2010年4月7日，南宁市在市委、市政府会议中心召开“党组织建设年”活动动员大会

2010年8月7日，自治区党委常委、市委书记车荣福（左二），市长黄方方（左一）出席绿城党旗红党建信息平台开通仪式暨党建成果展启动仪式

△ 2010年9月10日，武鸣县马头镇542名党员按照自己的意愿，选举产生新一任马头镇党委书记，标志着南宁市首个“公推直选”乡镇党委书记试点取得圆满成功

▷ 2010年，南宁市西乡塘区在全自治区首创片区红色之家，内设党员服务、党员教育和文化活动3个功能区，覆盖大学东路、鲁班路、西耐路、文华园4个网格化片区，共链接片区党组织13个，管理和服务党员311名

图：周家志 陈卓凡 邓江宁 南宁经开区管委会

城市立交桥

青竹立交桥。2007 年 1 月 7 日开工建设,同年 10 月 19 日建成通车

竹溪—民族大道立交桥。2004 年 3 月 1 日开工建设,同年 10 月 26 日建成通车

友爱立交桥。2001 年 6 月 19 日开工建设，2002 年 12 月 21 日建成通车

江滨立交桥。2004 年 2 月 23 日开工建设，同年 10 月 26 日建成通车

江南跨线立交桥。2005 年 2 月开工建设，同年 9 月建成通车

邕宾立交桥。2002 年初开工建设，同年 7 月建成通车

凤岭立交桥。2005 年 12 月 28 日开工建设，2006 年 10 月 28 日建成通车

越秀路—汇春路立交桥。2007 年 2 月开工建设，2008 年 5 月 20 日建成通车

长湖路—厢竹路立交桥。2009 年 5 月 20 日开工建设，同年 9 月 21 日建成通车

星光大道—北大立交桥。2003 年 12 月开工建设，2008 年 10 月建成通车

图：周家志　邓江宁

青秀区作为广西首府南宁市的核心城区，中国—东盟博览会主要活动地和自治区、南宁市承办重大经贸和文化活动的主要场所，东盟国家领事馆聚集区，这些区位优势和资源优势，为青秀区加快发展、建设更高水平的广西第一强区提供有利的条件。

“十一五”以来，青秀区深入贯彻落实科学发展观，狠抓经济建设，着力保障和改善民生，统筹推进各项社会事业，谱写城区科学发展、加快发展、跨越发展、和谐发展的新篇章，开创城区改革开放和现代化建设的新局面。至2010年末，实现地区生产总值、财政收入、全社会固定资产投资等12个经济社会发展指标比2005年翻一番以上。其中，地区生产总值126.40亿元，是2005年的2.68倍，年均增长18.29%，增速居南宁市各县（区）第一。财政收入57.95亿元，是2005年的6.18倍，年均增长43.97%，总量居广西各县（市、区）第一。全社会固定资产投资完成275.98亿元，是2005年的12.32倍，年均增长65.24%；五年累计完成577.65亿元，是“十五”时期的14.32倍，总量和增速均居全市各县（区）第一。社会消费品零售总额192.23亿元，是2005年的2.51倍，年均增长20.22%。

2010年2月12日，自治区党委书记、自治区人大常委会主任郭声琨（前右一），自治区党委常委、市委书记车荣福（前左二），自治区副主席梁胜利（二排右二），自治区副主席高雄（二排右三），在区委书记赵禹鹏（后右四）、区长王永超（后右三）的陪同下到长湖垃圾中转站慰问环卫工人

2011年1月26日，自治区主席马飚（左一）在市长黄方方（左二）、区委书记赵禹鹏（左三）的陪同下慰问老干部

城区内商厦林立，市场繁荣。坚持“三产富区”战略，促进第三产业的快速发展。五年来，城区第三产业累计增加值342.48亿元，占经济总量76%，第三产业税收占城区财政收入90%以上。箭牌糖果、拜耳医药保健、西门子、联想集团、阿里巴巴、保利集团等世界500强、国内500强企业在城区设立区域性总部和办事机构。航洋国际、梦之岛水晶城、红林大酒店、华润万家等国内外知名百货公司和星级酒店相继开业。金融、保险、证券等发展迅猛，为实体经济提供强有力的保障，辖区内银行、保险、证券等金融法人总部和分支机构比“十五”末增加234家，达到525家。

工业振兴，后劲增强。五年累计新增规模以上工业企业18家，新增亿元工业企业4家，实现亿元产值工业企业零的突破。仙葫开发区东区、伶俐工业集中区初见雏形，2010年全部工业总产值达到25.37亿元，是2005年的2.62倍，年均增长21.55%，高于“十五”时期年均增长4.35个百分点。

新农村建设成效显著，农民持续增收。五年累计投入资金4.23亿元，全面完成4个镇的社会主义新农村建设试点任务；2009年起，在长塘镇规划建设中国—东盟（南宁）现代农业园，项目占地3800公顷，总投资24.60亿元；发展特色农业，先后创建“香芋村”、“甜瓜村”等一批“一村一品”示范村，培育了“青之秀”农产品品牌，促进农业增效、农民增收，农民人均纯收入平均增速高于城镇居民人均可支配收入增长。2010年农民人均纯收入达到5734元，是2005年的1.78倍，年均增长12.17%，总量比全市人均高729元。

区位优越，环境优美。不断增强城乡基础设施服务功能，让更多的城乡居民享受宜居环境。五年来，市区二氧化硫（SO_2）减排量达193.50吨，化学需氧量（COD）减排量达100吨，两项主要污染物减排量均超额完成市政府下达的减排任务。至2010年末，建成区人均绿地面积77.20平方米。城区连续4年获南宁市“城乡清洁工程”总评第一名。

精神文明建设成绩斐然。先后获全国科技进步考核先进县（区）、全国计划生育优质服务先进县（区）、全国爱国拥军模范单位、全国平安建设先进县（市、区）、全国法治县（区）创建活动先进单位、全国方志系统先进集体等国家级称号75个、自治区级称号136个。

“十二五”时期，青秀区发展总体目标是：地区生产总值年均增长12%，力争翻一番；财政收入年均增长16%，确保翻一番以上；全社会固定资产投资、社会消费品零售总额力争翻一番以上，进一步打牢建设更高水平广西第一强区的基础，在南宁市率先实现全面建设小康社会的目标。

2011年6月10日，区委书记赵禹鹏（前右二）、区长钱健（前右一）现场指挥依法拆除凤岭南路北侧违章建筑

2010年11月29日，区委书记赵禹鹏（右三）走访企业

2011年6月14日，区长钱健（左二）到南湖街道调研

江南区

2010 年 10 月 20 日，区委书记魏凤君（右一）在华南城会展中心向自治区党委常委、市委书记车荣福（左二），市长黄方方（左一）介绍华南城情况

2009 年 9 月 27 日，自治区党委常委、市委书记车荣福（右二），市长黄方方（右四）等领导在江南区参观宣传画廊

江南区位于南宁市西南部，邕江南岸。面积 1154 平方千米。辖 4 个镇、4 个街道（其中那洪街道由南宁经济技术开发区托管）、28 个社区、68 个行政村、780 个自然村（屯），总人口 44.91 万（农业人口 24.72 万、非农业人口 20.19 万）。有耕地面积 1.48 万公顷（其中水田 1.25 万公顷）；有林面积 3.42 万公顷，森林覆盖率 34.25%。地区生产总值 73.90 亿元；全部财政收入 12.23 亿元（其中地方财政一般预算收入 3.32 亿元），一般预算支出 6.37 亿元；城镇居民人均可支配收入 1.66 万元，农民人均纯收入 5721 元。获 2010 年全国婚姻登记规范化单位、2010 年广西人口和计划生育工作进步奖、广西新农合工作先进区；五一中路社区获第四批全国综合减灾示范社区称号。交通便利，区位优越。主要旅游风景点有扬美古镇、锦江生态园和麻子畬。主要矿产资源有煤、石灰石。主要地方特产有扬美三宝（豆豉、梅菜、沙糕）、扬美木瓜丁、苏圩西瓜。

2010 年，实现农林牧渔业总产值 25.23 亿元。其中：农业 18.16 亿元，林业 9247 万元，牧业 4.24 亿元，渔业 9339 万元，农林牧渔服务业 9807 万元。有工业企业 415 家，实现工业总产值 95.46 亿元。其中，规模以上企业 87 家，实现总

2010 年 10 月 16 日，在江南区举行的 2010 南宁·东南亚国际旅游美食节

群众文艺节目展演活动

产值 80.23 亿元，利税总额 4.24 亿元（其中利润 1.98 亿元）。第二产业增加值 30.60 亿元（其中工业增加值 30.63 亿元），工业对经济增长贡献率 42.10%，拉动经济增长 6.30 个百分点。有国有企业 38 家，集体企业 123 家，股份合作企业 8 家；私营企业 2127 家，从业 1.18 万人，注册资金 6.94 亿元；个体工商户 1.09 万户，从业 2.18 万人，注册资金 2.08 亿元。实现社会消费品零售总额 88.36 亿元。第三产业增加值 21.71 亿元。

城乡建设完成 4 条城市道路项目的改造扩建任务，共完成投资约 4376 万元，改造道路长度约 2239 米，面积约 3.36 万平方米。完成新建及改造乡镇道路长度约 16.20 千米，硬化道路面积约 30 万平方米。完成建成区 6 条小街小巷改造、11 条小街小巷易涝点整治工程，设置 1 条创业街及 1 个便民早市，建设完善一批市政设施。完成农村公路基础设施完善工程计划项目 61 个，建设总投资 250.56 万元，改造便民渡口码头 2 个投资 40 万元，更新改造破旧船舶 2 艘投资 20 万元。

年内，开展“做文明有礼南宁人”、“四进社区”、“三下乡”等形式多样的群众性精神文明创建活动，推进文明县区、文明社区、文明单位、文明村、军(警)民共建先进(标兵)单位创建活动，配合南宁市完成全国文明城市公共文明指数测评迎检工作。获市级以上文明单位 6 个、文明社区 1 个、文明镇村 1 个、军警民共建先进单位 3 个，自治区文明单位和军警民共建先进单位有国税第三稽查局、南宁经济技术开发区地税局、新屋小学 3 个。

2010 年 10 月 18 日上午，广西海吉星农产品国际物流中心(一期)竣工庆典举行

2010 年 5 月 15 日，2010 年广西西甜瓜产销对接洽谈会暨第二届吴圩西瓜节在江南区吴圩镇举行

2010 年 10 月 18 日上午，南宁华南城会展中心启用和华南大道、仁和路、定津路(一期)通车仪式举行

2010 年 10 月 20 日，在江南区华南城会展中心举行中国—东盟轻工产品展览会。图为开幕典礼现场

邕 宁 区

区委书记　王永超

区长　蓝建东

邕宁区成立于2005年3月18日，辖5个乡镇、65个行政村、9个社区，总面积1255平方千米，2010年末总人口33.74万。城区设立以来，紧紧围绕“一桥一路三区三带”（“一桥”即仙葫大桥，“一路”即蒲庙外环道路，“三区”即龙岗新区、东部工业集中区和改造蒲庙旧城区，“三带”即邕宁邕江南岸、“蒲庙—新江—百济”和“蒲庙—那楼—镇龙—中和”3条经济带）的发展战略和“一年打基础，两年新突破，三年上台阶，五年大变化”的奋斗目标，艰苦奋斗，克难攻坚，锐意进取，开拓创新，较好地完成“十一五”时期各项目标任务，城区经济稳步发展，社会和谐稳定，人民安居乐业。

经济平稳持续发展。2005～2010年，地区生产总值从20.42亿元增加到41.33亿元，年均增长11.63%；全社会固定资产投资从6.31亿元增加到25.34亿元，年均增长32.06%，实现翻一番以上；财政收入从1.64亿元增加到3.10亿元，年均增长13.58%；全部工业总产值2010年达19.94亿元，年均增长15.08%；社会消费品零售总额2010年完成9.60亿元，实现翻一番以上；三次产业比重由2005年的41：30：29调整为40：28：32，经济发展跃上新台阶。

城乡面貌明显变化。城市框架不断扩大，城市功能日臻完善，城镇化率从2005年的19.80%提高到2010年的23.60%，建成区面积从8.50平方千米扩展到12.86平方千米。完成仙葫大桥、邕宁—灵山—浦北二级公路邕宁段、龙岗大道下穿铁路工程、蒲庙—那楼、蒲庙—新江—百济道路改造、八尺江大桥改扩建等重大基础设施项目建设。龙岗新区开发建设成效显著，基本完成“三纵两横”的路网等基础设施建设。2010年启动邕宁城区邕江防洪堤工程建设。不断完善城乡路网、市政设施配套建设，改造完成一批小街小巷，邕宁商场、和平市场等市场升级改造项目。2006年、2007年实施为期两年的社会主义新农村建设试点，共投资2.54亿元完成1043个项目的建设，建成一大批以通村屯道路、水利、人饮、生态沼气、文体、卫生、教育、广电等为重点的农村基础设施项目建设，农村的生产生活环境得到很大改善。深入开展“城乡清洁工程”，营造优美、整洁的市容环境。

邕宁区鸟瞰图

邕宁区新兴广场

改革开放卓有成效。完成一批国有企业改革，集体林权制度改革取得阶段性成效。深入推进行政审批制度改革，投融资、财税、公共事业等领域改革成效显著。征地拆迁工作推行“先征后转，征转分离，统征统储”的新模式，仅2010年房屋拆迁面积11.50万平方米，完成征地面积1361公顷，位居南宁市第一。非公有制经济快速发展，增加值比重由2005年的17.70%提高到2010年的48.50%。新一轮政府机构改革全面完成，政府服务水平进一步提高。承接东部产业转移成效显著，开放合作水平全面提升。6年累计引进项目174个，实际到位内资28.99亿元，实际利用外资1969万美元；外贸出口从无到有，累计出口总额1225万美元。

2010年5月25日，自治区党委常委、市委书记车荣福（前左三）在邕宁区龙岗新区邕江大学新校址进行项目调研

社会事业全面发展。坚持以民为本，连续6年每年实施10件为民办实事项目，6年累计新增城镇就业人数7316人，转移农村剩余劳动力2.20万人，城镇登记失业率控制在4%以下。覆盖城乡的社会保障体系进一步完善。实施素质教育战略，推动义务教育均衡发展，提前两年实现“两基”达标。公共卫生事业发展加快，全面推行新型农村合作医疗制度，基层医疗卫生服务体系进一步完善。文化体育事业较快发展，成功举办邕宁区第一届运动会和“壮族八音”文化艺术节。扶贫开发取得明显成效，人民生活质量和水平持续提高，城镇居民人均可支配收入、农民人均纯收入分别由2005年的7934元和2574元增加到2010年的1.59万元和4968元，年均分别增长14.86%和14.06%。深入推进社会矛盾化解、社会管理创新，公正廉洁执法，有效预防和打击各种违法犯罪活动，社会保持和谐稳定，连续5年获“广西壮族自治区平安县(市、区)”称号。

邕宁东部工业集中区是南宁市工业布局总体结构中的11个工业集中区之一。图为入驻的南宁糖业股份有限公司蒲庙造纸厂车间一角

2010年，邕宁区提出“十二五”规划蓝图，以科学发展为主题，以调整经济结构和转变经济发展方式为主线，以改革开放和自主创新为动力，坚持工业强区、产业富民、城乡一体发展思路，大力实施“一港两江三区三带”(“一港”指南宁中心城港区牛湾港，“两江”指邕江—八尺江景观经济带，“三区”指龙岗片区、八鲤工业集中区和五合临港产业园区，“三带”指蒲庙—中和、蒲庙—那楼、蒲庙—新江—百济三条农村经济带）发展战略，加快推进工业化、城镇化、农业现代化进程，努力把邕宁区建设成为物流商贸基地、东部工业新城、现代农业强区、水岸魅力之乡、和谐美好家园，全力打造南宁发展新一极。

2010年11月28日，俄罗斯共产党青年考察团到邕宁野猪养殖协会参观

2008年3月18日，仙葫大桥建成通车

龙岗片区面积18.26平方千米，规划人口24万。将被建设成为南宁市东南部商贸中心，兼具行政办公、综合居住、文化娱乐、特色休闲、教育科研功能于一体的现代宜居水岸魅力新区。图为正在开发中的龙岗片区

西乡塘区

西乡塘区位于广西首府南宁市中西部，总面积 1298 平方千米。2010 年末，户籍常住总人口 77.40 万，流动人口 33.20 万。西乡塘区具有六大优势。

明显的地缘优势，西乡塘区为南宁国际区域性都市城区之一。已发展成商品流通的集散地、工业发展的集中区、城郊型经济的重点区域，城区经济已融入大西南经济圈和东盟国际经济圈。

便捷的交通优势，城区具有沿江（邕江和左、右江）、沿线（铁路干线）、沿路（高速外环和快速环道）的三大交通优势，是南宁市连接大西南出海通道交通枢纽的组成部分。

独厚的科教优势，辖区聚集着广西最多的教育科技资源，坐拥广西大学等 50 多所大中专院校以及广西科学院、广西农业科学院等 20 多所科研院所，占南宁市乃至广西大中专院校、科研院所总数的三分之二以上。南宁高新技术产业开发区、相思湖新区也坐落于城区内。

独具的市场优势，城区已形成“一园一带一中心基地六商圈”的大市场格局。“一园”指安吉物流园，“一带”指江北大道沿江经济带，“一中心”指以衡阳路、友爱路、北湖路为“干”字型的餐饮娱乐中心，“一基地”指菜篮子基地，“六商圈”指安吉路商业圈、秀灵路商业圈、五里亭商业圈、北湖路—南棉街商业圈、人民西路商业圈、“三华路”（华西路、华强路、中华路）商圈。安吉物流园已发展成为南宁市 4 大物流园之一。在“六商圈”内，拥有 50 多家专业批发大中型市场和 10 多家大型综合商品超市。近年来，西乡塘市场积极与大西南市场和东盟国际市场接轨，逐渐形成“大市场、大贸易、大流通”的国内国际区域性商贸流通大格局。

独特的农业优势，城区是南宁市 6 个城区农业比重最大的城区，建有特色农业“十个基地”即：香蕉、糖蔗、木薯、无公害蔬菜、甜瓜、花卉、苗木、肉鸡、淡水鱼、奶牛规模生产基地。香蕉规模生产基地堪称全自治区香蕉生产大区，淡水鱼规模养殖基地成为全市淡水养殖重要基地之一。

特有的湿地优势，可利江、心圩江水系经综合整治后，其中的相思湖、明月湖水域，加上天雹等 10 多座水库的水域，构成了西乡塘区域湿地，其面积占南宁城区湿地总面积二分之一以上。

2010 年 5 月 10 日，中共中央政治局常委、中央书记处书记、国家副主席、中央军委副主席习近平（中）到辖区广西民族大学考察，看望学校各族师生及外国留学生

2010 年 3 月 18 日，西乡塘区举行成立五周年庆祝大会。图为区长廖伟福在致辞

2010 年 7 月 23 日，广西首家科企联合俱乐部在西乡塘区成立。图为区委书记黄宁（前右三）、区长廖伟福（前左三）到会祝贺

2010 年 10 月 1~7 日，西乡塘区香蕉文化旅游节在民生广场举行

南宁市桂雅路小学

校领导班子，左起校长邓永翔，书记阮欣，副校长刘志、杨远梅

首任教师队伍合影

南宁市桂雅路小学位于东盟商务区中泰路2号，是南宁市青秀区教育局管辖的义务教育公办学校。占地面积9万平方米，总建筑面积9730平方米，由教学楼、办公楼、艺术楼、实验楼、体育馆等组成。主体建筑造型恰似“一艘扬帆而起破浪前行的航船”，寓意在启蒙教育期间的少年正航向知识的海洋。校园内通过建设丰富多变的户外活动场所，如广场、庭院、小剧场、篮球场、足球场、风雨连廊等，给学生足够的自由活动空间。2010年8月30日正式开学，有一至五年级共9个教学班，学生370人，教职工31人。

学校坚持“传递微笑，共享高雅”的办学理念，追求“育文雅学生、塑儒雅教师、创高雅学校”的办学目标。通过“微笑教育”，让师生学会感恩、学会负责、学会追求，以美丽心灵培育高尚气质；倡导“智慧教学”，让师生体验快乐、感悟方法、提升能力，以经典文化塑造君子精神。以传递微笑，共享高雅为校训；以大爱、大雅、大气为校风；以让课堂充满智慧、让校园溢满微笑为教风；以我学习，我快乐为学风。

学校将用生命润泽生命，用心灵塑造心灵，用智慧启迪智慧，用人格影响人格。贵于品，雅于行，让“雅”文化成为学生、教师、学校扬帆起航的动力，让每个人找到并登上属于自己的黄金海岸。

2010年8月30日，桂雅路小学开学剪彩仪式举行

校园全景

南宁吴圩国际机场

2010年，南宁吴圩国际机场共执行航线85条（新增航线21条），日均起降架次144架次。共保障起降架次5.24万架次，其中运输架次5.19万架次，分别比上年增长17.48%和17.87%；完成旅客吞吐量563.30万人次，货邮吞吐量5.56万吨，分别比上年增长24.62%和20.24%。停机坪17.90万平方米，共25个机位，机位组合将为2E5D18C。飞行区等级为4E级，可起降波音747同类及以下机型。南方航空公司和深圳航空公司在南宁机场设立基地，停场过夜飞机每天达16架次。

随着广西经济社会的快速发展，运输生产规模的不断扩大，南宁机场基本建设步伐进一步加快，运输生产保障能力不断提高。新货运站应急扩建2928平方米，停机坪扩建6.45万平方米，新增11个机位。对候机楼进行应急改扩建8200平方米，并增加值机柜台、安检通道及相关配套设施。同时，南宁机场从社会需求以及自身发展需要出发，不断完善服务体系，持续提高服务质量，使整个服务体系呈现螺旋上升的态势。全年旅客平均满意度81%，货主平均满意度92.80%。设置24小时旅客表扬投诉电话，共收到旅客表扬95起，重大表扬10起（包含送锦旗）；共受理旅客投诉84起，无民航局消费者事务中心认定的有效投诉。

2009年9月13日，自治区主席马飚（右二）到南宁机场视察新航站楼设计方案

2011年4月21日，自治区副主席杨道喜在南宁机场主持召开自治区南宁机场建设工作领导小组第一次全体会议

2010年10月，自治区人大常委会副主任莫永清（左一）率自治区人大代表团视察南宁机场新航站区建设情况

2011年5月10日，自治区党委常委、市委书记车荣福（前右二）深入南宁机场新航站区建设工地了解工程建设情况

2011 年 3 月 3 日，民航中南地区管理局局长蒋怀宇(右二)视察南宁机场建设情况

2010 年 11 月 3 日，自治区副主席杨道喜(左三)来到南宁机场，就如何加快推进南宁机场新航站区及配套设施建设工程召开现场协调会。图为广西机场管理集团公司副总经理、南宁机场公司总经理、南宁机场扩建指挥部指挥长胡俊华(左六)陪同杨道喜深入农户家了解情况

2011 年 2 月 28 日，市长黄方方(前右二)深入南宁机场新航站区建设工地详细了解项目征地拆迁情况

南宁机场新航站区建设工程鸟瞰图

南宁市人民防空办公室

2010 年，南宁市人民防空办公室在新一轮政府机构改革后，由议事协调机构的常设办事机构调整为市人民政府工作部门，同时承担市国防动员委员会的具体工作。单位职能和机关内设机构调整为秘书人事科、指挥通信科、工程科、法规宣传科、计划财务科 5 个科。下辖人防指挥信息保障中心、人防平战管理处、人防监察所、人防培训中心、人防科研设计院 5 个事业单位和人防新华经营公司 1 个企业。

近年来，市人防办贯彻《中华人民共和国人民防空法》，坚持“长期准备、重点建设、平战结合”的人防工作方针，人防建设各项事业取得显著成绩。2010 年 12 月，被国家人民防空办公室评为 2010 年度《中国人民防空》人防宣传通讯报道先进单位、自治区“十一五”人防工作先进单位。

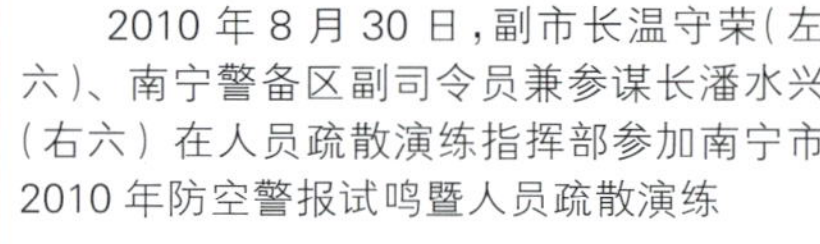
2010 年 8 月 30 日，副市长温守荣（左六）、南宁警备区副司令员兼参谋长潘水兴（右六）在人员疏散演练指挥部参加南宁市 2010 年防空警报试鸣暨人员疏散演练

2010 年 4 月 23 日，组织全市初级中学开展人防教育师资培训会议。图为培训会议上的防护器材使用培训

2010 年 11 月 25 日，组织机关、人防指挥信息保障中心和部分人防专业队参加自治区人防办组织的“桂防—10”演练活动

2010 年 9 月 8 日，市政府副秘书长舒善隆（前右八）、南宁警备区副参谋长李政（前右七）、自治区人防办机关党委副书记刘杰（前右九）参加南宁市人防通信站更名暨人防指挥信息保障中心挂牌仪式

2010 年 7 月 20 日，在南宁电视台录播《人防，你好!》电视特别节目，庆祝新中国人民防空创立 60 周年

荣誉证书

南宁市人民防空办公室:

被评为二〇一〇年度《中国人民防空》通讯报道先进单位。特发此证，以资鼓励。

国家人民防空办公室

二〇一〇年十二月

南宁市人防办公室

人民防空先进单位

广西壮族自治区国防动员委员会

二〇一〇年十二月

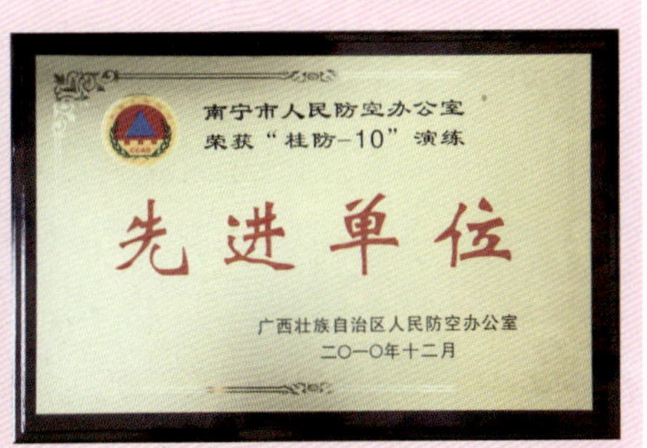
南宁市人民防空办公室

荣获“桂防-10”演练

先进单位

广西壮族自治区人民防空办公室

二〇一〇年十二月

荣誉牌匾

南宁市环境保护局

2010年2月3日，市委、市政府举行"南宁市荣获中华宝钢环境奖揭牌仪式"。图为自治区党委常委、市委书记车荣福在仪式上讲话

"十一五"时期（2006~2010年），南宁市环境保护局深入贯彻落实科学发展观，全力推进污染减排和生态南宁建设，各项环保工作取得新进展，环境质量持续改善。南宁市国家级生态示范区通过国家环保总局的验收，武鸣县城厢镇濑邑村获环保部国家级生态村命名，成为全国第一批24个国家级生态村之一。2010年，在完成创建国家级生态示范区基础上，市人大常委会批准《南宁市生态市建设规划》，市委、市政府出台《关于加快生态南宁建设　力争在广西率先建成生态文明示范区的决定》。2008～2009年，在广西城市环境综合整治定量考核中，南宁市在广西14个地级市的排名由2007年的第六名提升到第二名；继2007年获联合国人居奖之后，2010年又获中国环境保护领域最高社会奖——第六届中华宝钢环境奖（城镇类）。

"十一五"期间，南宁市基本完成工程减排、淘汰落后产能、重污染行业治理，实现全市制浆、造纸、制糖、淀粉、酒精重点行业环保治理设施的升级换代。一是完成全市51家木薯淀粉企业环境综合整治，全部建成厌氧—好氧生化治理设施，实现达标排放。二是实现全市废纸造纸行业生产企业废水处理工程设施升级换代。三是全市所有制糖企业同时达到清洁生产二级水平和一级排放标准，辖区17家糖厂完成清洁生产和末端治理工程。四是探索并推广应用水煤浆技术减排，水煤浆技术应用受到中央电视台焦点访谈关注和国家环保部的减排认可，并被评为南宁市十大创新成果。五是完成城区乡镇卫生院医疗废水处理设施建设。

"十一五"时期，南宁市着重推进城镇污水处理厂建设，新建城市城镇污水处理厂10座，日处理能力超过60万吨；淘汰不符合国家产业政策、环保不达标企业200余家；探索推进清洁生产、循环经济，提高管理减排能力。经国家核定，五年间，全市累计完成化学需氧量（COD）减排项目119个、减排量6.63万吨，完成二氧化硫（SO_2）减排项目89个、减排量1.63万吨，全面完成"十一五"减排任务。

"十一五"时期，南宁市共投入近9200万元用于环保系统能力建设。完成总投资2500多万元的服务中国—东盟博览会环境监测项目一期工程；境内主要河流监控断面共安装水质自动监测站4座，空气自动监测子站9座；投资近3000万元，建立南宁市重点污染源自动监控中心和基本覆盖全市的环境监控网络，124家企业安装在线监测仪器146台（套），基本实现自治区、市、县、企业重点污染源监控联网。

2010年9月6日，以环保部副部长张力军（前左五）为组长的国务院节能减排督察组在南宁市检查污水处理设施

2009 年 4 月 30 日，市长黄方方（左二）与各县（区）政府、各有关部门、重点企业主要领导签订环保目标责任书

在 2008 年纪念“6·5”世界环境日活动仪式上，市环保局聘任 100 名环保义务监督员、100 名环保义务宣传员、5 名环保大使。图为市领导为环保大使颁发聘任书及佩戴绶带

环境应急监测车

邕江饮用水源保护区

江南污水处理厂污水处理

南宁振宁资产经营有限责任公司

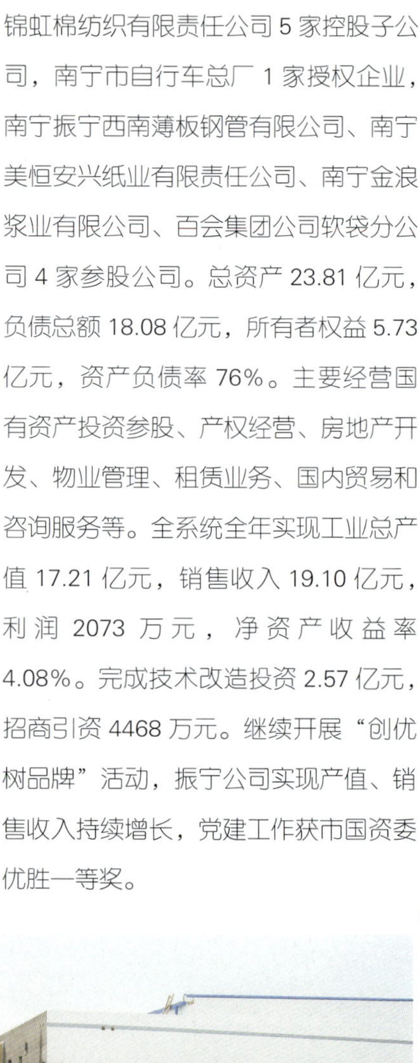

2010 年，南宁振宁资产经营有限责任公司拥有南宁振宁工业投资管理有限责任公司、南宁振宁开发有限责任公司、南宁振宁物业服务有限责任公司和南宁振宁商贸管理投资有限公司、南宁锦虹棉纺织有限责任公司 5 家控股子公司，南宁市自行车总厂 1 家授权企业，南宁振宁西南薄板钢管有限公司、南宁美恒安兴纸业有限责任公司、南宁金浪浆业有限公司、百会集团公司软袋分公司 4 家参股公司。总资产 23.81 亿元，负债总额 18.08 亿元，所有者权益 5.73 亿元，资产负债率 76%。主要经营国有资产投资参股、产权经营、房地产开发、物业管理、租赁业务、国内贸易和咨询服务等。全系统全年实现工业总产值 17.21 亿元，销售收入 19.10 亿元，利润 2073 万元，净资产收益率 4.08%。完成技术改造投资 2.57 亿元，招商引资 4468 万元。继续开展“创优树品牌”活动，振宁公司实现产值、销售收入持续增长，党建工作获市国资委优胜一等奖。

2010 年 12 月 22 日，被列入南宁市重点建设项目的南宁锦虹棉纺织有限责任公司易地搬迁建设填平补齐技改项目举行开工仪式

振宁现代鲁班小区南广场效果图

2010 年 3 月 24 日，自治区党委常委、市委书记车荣福（右一）视察南宁锦虹棉纺织有限责任公司

2010 年 4 月 14 日，市长黄方方（前左二）视察南宁锦虹棉纺织有限责任公司

特　　载

车荣福书记在中共南宁市委十届十四次全会第一次全体(扩大)会议上的讲话(摘要)

(2011年1月11日)

一、市委常委会2010年的工作

2010年是实施"十一五"规划和科学发展三年计划的决战之年。一年来,面对复杂的经济社会发展形势,在中央和自治区的正确领导下,全市上下同心同德,克难攻坚,抢抓机遇,以调结构、促转变、增实力、重民生、建和谐为着眼点和着力点,深入开展"四个年"主题活动,全力打好五场攻坚战,加快推进"三基地三中心"建设,统筹城乡协调发展,大力改善民生,保持社会和谐稳定,全面完成2010年以及"十一五"规划和科学发展三年计划的各项任务和目标。经济持续快速增长,预计生产总值达到1800亿元,增长13.50%以上,连续九年保持两位数增长。经济结构继续优化,三次产业比重由上年的13.93:34.59:51.48调整为13:35.30:51.70,第二、第三产业比重稳步上升。经济运行质量良好,财政收入在全区率先突破300亿元,达到300.88亿元,增长30%,比2005年增长2倍,比2007年翻了一番,占全区财政收入比重由上年的23.93%上升到25%,增量相当于2004年全市全年财政收入。工业发展势头强劲,全部工业总产值完成1500.30亿元,增长27.60%,其中规模以上工业总产值1275亿元,增长29.97%,一举扭转2006年以来增速连续下滑的局面,实现止跌回升。农业稳定发展,农林牧渔业总产值完成403.35亿元,增长5.08%。投资继续扩大,全社会固定资产投资达到1481亿元,增长41.87%,增量相当于2006年全市全年完成投资总额,占全区的比重达到18.97%,比上年上升0.68个百分点。市场消费活跃,社会消费品零售总额908.41亿元,增长20%。人民生活水平进一步提高,城镇居民人均可支配收入17960元,增长10.50%;农村居民人均纯收入4979元,增长13.55%。政治建设、文化建设、社会建设、生态文明建设和党的建设加快推进,呈现出经济社会又好又快发展、人民群众安居乐业的良好局面。

我们主要抓好以下几个方面的工作:

(一)加快构建现代产业体系,产业结构不断优化

一是着力做大做强工业。出台《关于促进工业经济振兴的决定》和《关于进一步加快开发区(工业园区)发展的决定》等扶持政策,加大投入力度,加强重点企业培育,加快重点工业项目建设,增强工业发展后劲,工业经济呈现出生产、效益、投资同步增长的良好态势。全年亿元以上工业企业达到254家,比上年增加55家。二是加快发展现代服务业。着力发展现代物流业,中国—东盟国际物流基地、南宁保税物流中心二期、华南城等重大物流项目加快建设,江南、玉洞、安吉、金桥四大物流园区格局初步形成,南宁保税物流中心"无水港"效应显现。被商务部确定为"全国流通领域现代物流示范城市"。着力加快发展商贸业,大力发展商圈经济,培育消费热点,积极发展节庆经济,推进家电下乡,商贸业保持繁荣发展。继续加大力度,促进信息、金融、会展、旅游等新兴服务业加快发展。三是加快发展农业特色优势产业。全面落实各项支农惠农政策,大力发展优质稻、糖料蔗、桑蚕、果蔬等特色优势产业,现代农业园建设加快推进,粮食生产保持稳定,农业综合生产能力进一步提升。宾阳县的稻藕套种技术得到袁隆平院士等专家的充分肯定,被认为属全国首创,向全国推广。

(二)选准载体和抓手,重点领域和关键环节实现新突破

一是继续开展"项目建设年"活动。强化项目建设,大力推进100个重点建设项目和100个重点前期项目各项工作,长□路改扩建一期工程等重点工程如期建成通车,青山南湖连接线项目、明秀路口轻轨建设工程等一批项目顺利推进。二是继续开展"服务企业年"活动。进一步落实领导联系企业责任制,组织开展系列专题服务企业活动,有针对性地解决了企业融资等一批影响和制约企业发展的问题。三是大力开展"发展环境建设年"活动。突出优化发展环境,坚持把发展环境建设与文明城市创建结合起来,以改善发展环境推动文明城市创建,以文明城市创建促进发展环境改善,我市投资环境满意度综合评价稳步上升,排名跃居全区首位,发展环境建设取得明显成效。四是全力打好工业经济振兴攻坚战。工业项目投资和建设力度加大,富士康南宁基地项目成功落户,南南铝中厚板项目等一批重大工业项目加快推进。五是全力打好五象新区开发攻坚战。广西体育中心建成并投入使用,五象新区的重点片区、重点路网,以及邕江大学、自治区"三馆"等重点项目建设加快推进,新区开发建设大工地场面基本形成。六是全力打好产业园区建设攻坚战。南宁高新区生物医药产业园、电子信息及软件产业园、光电科技产业园等一批特色产业园区建设取得明显进展,园区基础设施建设进一步完善。七是全力打好交通基础设施完善攻坚战。建立在邕交通基础设施项目建设区市协调机制,南广铁路、云桂铁路、南宁火车东站、南宁机场航站区改扩建等一批重大建设项目实现有效突破,交通基础设施建设投资大幅增长。八是全力打好打造"中国水城"攻坚战。"中国水城"建设36个

项目全面启动,民歌湖成功蓄水,南湖连通明渠接近完工,可利江—心圩江连通运河、青秀湖等项目顺利推进,碧湖桥、南湖环道拱桥、长湖桥建成使用,各项工程景观效果和生态效果逐步显现;老口水利枢纽工程获国家批准,各项工作全面启动。

(三)加快推进城市建设,生态宜居水平进一步提升

一是城市基础设施建设加快推进。实施城建基础设施项目392个,完成投资256.08亿元。加快推进东西向城市干道及桥梁、市政配套设施建设,东葛路延长线建成通车,南湖隧道、友谊路改扩建工程基本完工,五象大道延长线、凤岭南路等一批道路建设顺利推进。轨道交通建设获国家批准,各项前期工作及试验建设扎实推进。建成7座生活垃圾综合处理(转运)工程主体项目,市急救中心综合楼、滨水公园等大型公益项目投入使用,为居民新区配套的一批教育、文化、卫生、体育等基础设施项目加紧建设。二是城市管理水平不断提高。实施"数字城管"系统二期扩容工程,进一步完善城市应急管理体系。以创建国家卫生城市和市容环境"南珠杯"竞赛为切入点,深入实施"城乡清洁工程",保持"洁、齐、美"的市容市貌。三是生态环境继续改善。启动生态文明示范区建设,大力推进创建国家森林城市工作,实施"五大森林工程",加快构建"百里环城森林生态圈","中国绿城"水平进一步提升。深入开展大气及水源污染防治工作,空气质量优良率为95.60%,地表水源水质达标率保持100%。四是节能减排任务圆满完成。万元生产总值能耗下降2%,二氧化硫排放量持平,化学需氧量排放量下降3%,完成预期目标。

(四)统筹城乡发展,县域经济发展取得新成效

一是制定统筹城乡综合配套改革实施方案,启动统筹城乡综合配套改革试点工作,推进城乡一体化进程力度加大。二是城镇基础设施进一步完善。加强县城和重点镇的道路、供水、供电、通讯、防洪等基础设施建设,六县县城污水处理厂建成运行,横县、上林、马山、隆安四县县城生活垃圾填埋场基本建成。三是农村生产生活条件不断改善。扎实推进社会主义新农村建设,实施城乡风貌改造工程,加快建设农村饮水安全、农村道路、沼气池和病险水库除险加固工程,建成农村公路523.93公里,完成100座病险水库除险加固,解决33.16万人饮水安全问题。实施第三批整村推进贫困村扶贫开发,贫困人口减少5万人。四是县域经济加快发展。发挥县域资源优势,加快发展民营经济和特色优势产业,大力发展劳务经济,县域经济增速普遍加快,增幅大大提升,实力不断增强,武鸣县、横县荣获广西科学发展"十佳县"称号,良庆区、上林县荣获广西科学发展进步县称号。

(五)深化改革、扩大开放,城市国际化水平不断提高

一是重点领域改革继续深化。市及县(区)政府机构改革基本完成,财政体制改革继续推进,社会保障体制改革向纵深发展,医药卫生体制改革取得阶段性成果,国有经济改革深入开展,农村土地流转、集体林权制度改革、农业服务体制改革等稳步推进。二是大力推进自主创新。扎实推进创新型城市建设,全面实施自主创新战略,科技成果产出和技术水平不断提高,全年专利申请量、授权量达到1420件和900件,分别增长19%和45%,取得科技成果960项,比上年增长38.73%,被科技部列为"国家创新型试点城市",入选"建设创新型国家十大发展模式贡献城市"。三是多区域合作进一步扩大。与东盟的区域合作进一步深化,东盟十国、日本、韩国商务联络部建成使用。与港澳台、珠三角、长三角等区域的经济合作进一步加强,承接产业转移取得新进展,青啤—海尔(东盟)运作管理中心、雨润集团等一批项目落户我市。主动对接北钦防产业延伸和服务,一批相关重大基础设施和产业项目加快推进。四是办好一系列重大国际活动。成功承办、服务了中国—东盟自贸区论坛及自贸区建成仪式、中国—巴林国际足球赛、中越青年大联欢活动、2010国际田联世界半程马拉松锦标赛、"两会一节"等重大国际活动,城市影响力不断扩大,区域性国际城市形象进一步提升。

(六)加快发展以改善民生为重点的各项社会事业,社会保持和谐稳定

一是就业和社会保障工作进一步加强。全年实现城镇新增就业7.30万人,转移农村劳动力9.72万人。加大保障性住房建设力度,新建廉租房2016套,竣工经济适用房5613套。出台城乡居民临时困难救助办法和医疗救助办法,在全自治区率先建立城乡一体的医疗救助制度,城乡低保实现应保尽保。二是各项社会事业加快发展。推动城乡教育均衡发展,实现六县均有示范性普通高中的目标,职业教育攻坚任务基本完成,义务教育阶段教师绩效工资兑现和发放工作全面落实。加强文化基础设施建设和公共文化服务体系建设,南宁孔庙迁建工程即将完工,广西艺术中心、南宁民歌艺术博物馆、南宁民族艺术基地、乡镇综合文化站及村级公共服务中心等项目建设加快推进。开展首届乡村社区和谐文艺大展演,活跃和丰富了群众文化生活。加快推进城乡基层医疗卫生服务设施建设,三级医疗卫生网络基本建立,包括艾滋病、结核病在内的疾病防治能力进一步增强,医疗保障覆盖人口逐步扩大,新农合参合率达到92.57%,在全自治区率先实现医保全市统筹。群众体育活动蓬勃发展,形成全民健身的良好态势。人口和计生、民政、"双拥"等其他各项工作扎实开展。三是积极为群众办实事。20件为民办实事项目基本完成,居家养老服务工程、改善村(居)委会干部工资待遇等工作全部落实,8条创业街投入使用,城市无障碍设施进一步完善。四是文明城市创建活动大力推进。建立健全长效机制,推动文明城市创建活动向农村拓展、延伸,全市文明水平进一步提升。五是"平安南宁"建设扎实推进。深入推进社会矛盾化解、社会管理创新、公正廉洁执法三项重点工作,积极开展"大排查、大接访、大调解、大防控"专项行动,一批社会矛盾得到妥善化解,群体性事件和信访总量持续下降,在解决困扰我市多年的"出嫁女"问题上取得突破性进展,得到群众的广泛赞誉。荣获首批"全国见义勇为城市奖"。我们还圆满完成各项大型活动和重大接待工作的安保任务,全市无大的群体性和治安案件发生,中央领导和社会各界给予了高度肯定。六是大力推进民族团结进步事业,营造首府各民族和睦相处、共同发展的和谐环境。

(七)全面加强党的建设,领导科学发展的能力和水平进一步提升

一是"党组织建设年"活动深入开展。以加强基层党组织建设为重点,突出抓基层、打基础,大力推进基层组织工作创新,建成具有全国先进水平的南宁市党建信息平台,党组织建设科学发展的基础进一步夯实,党建工作规范化水平进一步提升。二是"创先争优"活动扎实推进。以"绿城党旗红,先锋促发展"活动为总载体,充分发挥基层党组织和广大党员的先进性作用,推动创先争优活动深入开展。树立朱传波等一批先进典型,全市上下形成了"敬业守责、敢做善成"的精神风尚。三是干部

队伍建设得到强化。我们严格执行干部选拔任用四项监督制度,不断提高选人用人公信度。全面启动新一轮干部人事制度改革,制定实施《关于实行全委会投票表决干部任用的决定》和《全委会投票表决干部任用实施办法》,对县区和市直部门正职的拟任人选实行全委会票决,全年通过无记名投票表决产生了24名政府部门正职人选和6名县(区)党政正职人选。重要干部任用更加规范,重大问题由市委全委会民主决策的制度更加健全完善。大力抓好各级领导班子配备工作,注重从基层一线培养选拔干部,一批有基层工作经验,想干事、会干事、干成事的干部提拔进入各级领导班子。坚持"公平、公正、公开"原则,创新团以上军转干部安置办法,圆满完成2010年军转干部安置任务,兼顾军转干部的妥善安置与地方干部的健康成长及工作的需要。2010年我市组织工作满意度各项测评名列全区第一,在全国400多个地级市中,增幅进入前10名,取得三项全国增幅排名第一、一项全国增幅排名第二。四是党风廉政建设和反腐倡廉建设不断加强。认真贯彻落实中共中央《建立健全惩治和预防腐败体系2008—2012年工作规划》,不断完善具有首府特色的惩防体系建设。全面落实党风廉政建设责任制,严格实行"一岗双责"等制度。加大对党员干部勤政廉政教育力度,认真落实《党员领导干部廉洁从政若干准则》,坚决纠正损害人民群众利益的不正之风。加大查办案件力度,保持惩治腐败的高压态势。厉行"六戒",狠抓干部作风转变,促进工作落实。着力打造"数字绩效南宁",创新绩效管理模式,在全区率先建成机关绩效综合管理信息平台,荣获"2010中国城市信息化管理创新奖",行政效能进一步提高。五是社会主义民主法治建设深入推进。坚持推进依法治市,进一步发展社会主义民主政治,健全社会主义法制,推进科学执政、民主执政、依法执政。进一步做好人大工作,形成加强和改进人大工作的"南宁经验"向全自治区推广。支持政协工作,出台市委关于进一步加强和改进人民政协工作的意见,不断加强人民政协履行政治协商、民主监督、参政议政职能。充分发挥各民主党派和工商联以及工会、共青团、妇联等人民团体的作用,调动各方面的积极性。切实加强基层政权建设,大幅度提高村、社区干部生活待遇,改善办公条件,村、社区干部的工作积极性进一步激发。

一年来,市委常委会高度重视加强自身建设,认真贯彻落实民主集中制,严格执行有关会议制度和工作规则,定期召开常委会,集体讨论重大问题。坚持加强制度建设,进一步完善常委会集体领导和分工负责的具体制度和运行机制。健全完善市委中心组学习制度,先后召开9次专题学习会,促进理论学习的常态化、制度化,着力用马克思主义中国化最新成果武装头脑、指导实践、推动工作。坚持科学决策、民主决策、依法决策,加强党委决策咨询工作,做好重大问题前瞻性、对策性研究。大力推进党务公开,在自治区内率先建立市级党委新闻发言人制度,自觉接受党员和人民群众监督。我们高度重视网络舆情,出台了领导干部回复网友留言的有关规定,搭建与人民群众沟通交流的新平台,一批网友提出的问题得到较好的答复。

在肯定成绩的同时,我们也清醒地认识到工作中还存在不少问题和困难。主要是:工业经济增速在全区排名仍然靠后,占全市经济总量的比重偏低,对经济增长的支撑力较弱,工业经济振兴攻坚战效应尚未充分显现;第三产业部分行业增幅回落,对外贸易低位徘徊,出口下滑较大;一些地方违法违章建设现象突出,项目前期、征地拆迁、融资等瓶颈制约因素依然存在,部分重点项目投资完成情况不理想;城乡发展仍然不够协调,县域经济发展不够平衡,农业生产成本上升较快;就业、社会保障、物价调控、维稳等工作压力较大,社会发展和民生改善任务较重,等等。这些都需要我们在今后的工作中认真解决。

二、准确把握当前经济形势

从大的环境看,各国应对金融危机取得重要成效,世界经济继续缓慢复苏。中国—东盟自由贸易区建成运行一周年,"零关税"政策的积极作用逐步显现。泛北部湾等经济合作不断深化拓展,区域合作迎来更加广阔的空间。我国经济已成功摆脱金融危机冲击,去年以来经济增长的动力结构发生积极变化,形成投资、消费和出口共同拉动经济增长的良好格局,经济发展态势持续向好。今年国家将继续实施积极的财政政策,财政支出重点突出调整经济结构、保障和改善民生等方面,进一步加大支持"三农"、保障性安居工程、卫生教育、节能环保、新兴战略性产业等领域的力度,有利于我市培育壮大相关产业,推进民生改善和社会事业发展。国家坚持扩大内需战略,继续实施家电下乡、家电以旧换新等一系列鼓励消费的政策,有利于我们进一步拉动消费。新一轮西部大开发战略全面启动,国家进一步加大对西部地区、民族地区的支持力度,推进一批重大项目建设。国家支持广西经济社会发展的政策将全面实施,对我市今年乃至今后一个时期的发展将产生重大而积极的影响。国家继续推进财税金融、要素价格、分配领域、垄断行业等重要领域和关键环节的改革,进一步释放经济发展的活力,将从体制机制上切实促进经济发展方式的转变。国内外资本、产业、人才等要素加速流动,沿海发达地区产业资本加速向内地转移,我市承接产业和资本转移的梯度效应将更加明显。

从自治区内形势看,去年全区生产总值达到9150亿元,增长13%以上;财政收入达到1200亿元,增长24%以上,经济总量上一个新台阶,可持续发展的基础更加坚实。自治区处在工业化、城镇化加速发展的时期,蕴含着巨大的市场需求,为全区产业发展和投资、消费快速增长提供强大的动力。自治区最近出台促进城镇化跨越发展、加快服务业发展、促进民营经济发展、促进微型企业发展等一批政策文件,营造加快发展的政策环境。今年自治区继续重点发展产业、交通和广西北部湾经济区,加快推进一批与我市紧密相关的重大产业、交通项目,有利于我市提升产业层次、完善基础设施、扩大开放合作。特别是自治区持续掀起交通建设热潮,加快建设以我市为中心的面向东盟的国际大通道和交通枢纽,进一步凸显南宁的区位优势,有利于南宁加快完善现代综合交通运输体系,促进物流、资金流、人流和信息流加快运转。自治区以我市为重点开展统筹城乡综合配套改革等工作,支持我市发展的力度将进一步加大。

从我市来看,中国—东盟博览会、商务与投资峰会连续七年在我市成功举办,打响中国与东盟开放合作的"南宁渠道"品牌,南宁城市国际化进程明显加快,在区域合作中的辐射力和影响力不断提升。我市经济连续九年保持两位数增长,奠定比较好的经济基础,人均GDP超过3800美元,进入经济持续快速增长的时期,抵御风险和适应市场变化的能力进一步增强,增长的内生动力进一步提升。全市财政收入已突破300亿元大关,财力更加雄厚,有利于我市优化财政支出结构,促进经济结构调整和发展方式转变。我市进入工业化快速发展的阶段,发展空间广阔。特别是将于今年4月投产的富士康南宁基地项目,年内可完成60亿元的销售收入,全部生产后可形成300亿元的规模;南宁电厂、永凯纸业、金鲤水泥、麦斯鞋业、珠江啤酒等重大项目将建成投产;县(区)工业集中区工业经济高速增长,这些都将有力拉动我市工业经济增长。我市投资连续几年保持高速增长,一大批在建项目结转今年建设,五象、凤岭等新区基础设施建设加快,快速铁路、高速公路、机场扩建、轨道交通、"中国水城"等一批重大项目逐步进入投资高峰期,南宁港一期、郁江老口航运枢纽等一批新的重大项目开工,可以确保我市投资继续快速增长。首府消费环境不断改善,商贸物流基础设施逐步完善,区域性消费中心基本形成,城乡居民收入持续增长,消费能力显著增强,有利于进一步扩大消费需求。去年我们出台加快推进总部经济和开发区发展、统筹城乡综合配套改革等一系列政策,这些政策效应将逐步释放,有利于我市在这些领域率先实现突破,激发新的发展动力。此外,近年来全市上下政通人和、心齐气顺、干劲十足,广大干部群众始终抓住发展第一要务不放松,坚定加快建设区域性国际城市和广西"首善之区"、在自治区率先实现全面建设小康社会目标的信心不动摇,干成了许多过去想干而没有条件干的事情,发展的上升通道已经打开。以上这些积极因素和有利条件,都是我们加快发展的有力支撑。

同时,我们也必须清醒地看到,我市今年经济发展面临的各种困难和不确定因素仍然不少。当前国际金融危机的深层次影响还没有完全消除,国际汇率摩擦和贸易保护主义进一步加剧,世界经济运行依然不稳定。我国经济社会发展中的短期问题和长期问题交织,结构性问题和体制性问题并存,国内问题和国际问题互联,宏观经济运行面临复杂形势。去年以来,央行六次上调存款准备金率、两次加息,流动性进一步收紧;今年的货币政策由适度宽松转为稳健,项目融资难度加大,这对主要依靠投资拉动增长的我市来说是严峻的挑战。今年国家加大节能减排工作力度,对单位国内生产总值能耗、二氧化碳排放量等指标的要求进一步提高,我市工业发展的压力和难度增大。去年第四季度以来我市居民消费价格水平上涨较快,对群众生活特别是低收入群体生活带来了较大影响,居民消费需求受到一定抑制,今年稳定市场物价的压力仍然较大。如何解决好群众住房保障问题,促进房地产业健康发展,也面临较大的考验。这些不利因素和困难问题,将对我们做好今年的经济工作带来较大的压力。

三、认真做好2011年的工作

根据中央和自治区经济工作会议精神,结合我市实际,今年我市经济工作的总体要求是:全面贯彻落实党的十七大和十七届三中、四中、五中全会以及中央、自治区经济工作会议和市委十届十二次全会精神,以邓小平理论和"三个代表"重要思想为指导,深入贯彻落实科学发展观,着力转方式、调结构、扩内需、惠民生、促和谐,继续开展"项目建设年"、"发展环境建设年"、"党组织建设年"三个主题活动,打好工业经济振兴、五象新区开发、产业园区建设、交通基础设施完善、打造"中国水城"五场攻坚战,扎实推进"三基地三中心"建设,深化改革,扩大开放,统筹城乡发展,保障和改善民生,促进社会和谐稳定,力争地区生产总值、全社会固定资产投资、全部工业总产值三个指标分别突破2000亿元,社会消费品零售总额突破1000亿元,保持经济社会又好又快发展势头,实现"十二五"规划良好开局。

2011年经济社会发展的主要预期目标是:生产总值增长11%,财政收入增长13%,全社会固定资产投资增长20%,全部工业总产值增长20%,社会消费品零售总额增长17%,出口增长10%,外商直接投资增长13%,城镇居民人均可支配收入增长12%,农村居民人均纯收入增长12%,居民消费价格总水平涨幅5%左右,城镇新增就业人数7万人,城镇登记失业率4.50%以下,人口自然增长率9.50‰以下。

主要工作目标是:地区生产总值增长14%,突破2000亿元,达到2100亿元以上;财政收入增长20%,达到360亿元;全社会固定资产投资增长30%,达到1930亿元,力争突破2000亿元;全部工业总产值增长27%,达到1900亿元以上,力争突破2000亿元;社会消费品零售总额增长18%,突破1000亿元。

按照以上目标要求,2011年要重点抓好以下几个方面的工作:

(一)坚持在转变中谋发展,着力实现好中求快、快中求好、壮大经济规模

一要在振兴工业经济上取得新突破。要进一步完善对策、强化措施,继续打好工业经济振兴、产业园区建设攻坚战,不断壮大工业经济实力。要加快发展优势产业和先进制造业,培育发展大项目、大企业、大基地,推动铝加工、电子信息、机械与装备制造、食品、化工、建材、造纸、轻纺等优势产业发展。要加快发展战略性新兴产业,加快发展生物制药、新能源、新材料、节能环保等战略性新兴产业,促进工业转型升级,形成新的经济增长点和推动力。要充分发挥重大项目的引领带动作用,全力以赴抓好一批投资规模大、发展前景好、拉动作用强的重大项目,促进结构优化升级,增强工业经济实力。重点推进富士康南宁基地、南南铝中厚板、南宁电厂、南宁生物制药产业园等一批重大项目建设。今年富士康在高新区的项目要力争4月初投产、年内实现产值60亿元,同时要扎实推进在江南区项目的征地拆迁及厂房建设工作,力争2012年上半年实现投产。南宁电厂年内要实现第一台机组发电,南南铝中厚板项目要实现部分投产,出第一批产品。一批去年竣工投产项目要加快生产,形成效益。要加大工业投入,积极探索创新"政府引导,企业运营"的战略性重大产业项目投资模式,加大产业投资对重大产业项目的支持力度,积极培育战略性主导产业。要认真贯彻落实市委、市政府《关于进一步加快开发区(工业园区)发展的决定》和一系列政策,加快产业园区建设,着力推进开发区管理体制和运行机制创新,完善开发区基础设施,拓展开发区发展空间,提升开发区创新能力,将开发区打造成为全市工业经济振兴的主战场、城市建设的主阵地和改革创新的示范区。

二要在发展现代服务业上取得新突破。要把发展现代服务业作为我市转变经济发展方式、推动产业结构战略性调整的重要着力点。加快发展商贸流通业,大力发展商圈经济,加快推进建设一批特色商业街,建设一批专业批发市场和商品交易市场,鼓励发展新型商业业态。加强农村市场体系建设,推进建立覆盖城乡的现代服务业体系。要大力发展现代物流业,积极推进大型商贸物流项目建设,加快建设中国—东盟国际物流基地、江南综合物流园区、安吉综合物流园区及南宁空港物流园区等大型物流园区,继续推进南宁保税物流中心二期、南宁华南城等一批重点物流项目建设。要推动旅游业大发展,加强和

完善旅游基础设施建设，培育精品线路，推动建设区域性国际旅游目的地和集散地。要加快会展业发展，培育壮大会展市场主体，打造中国(南宁)国际时尚博览会等一批会展新品牌。要深入实施“引金入邕”战略，加快推进金融基础设施建设，重点推进五象新区金融街建设，吸引更多知名金融机构落户南宁。要加快培育发展总部经济，认真落实好各项扶持政策，打造区域性总部聚集高地。要加快发展信息、咨询、中介、创意等其他现代服务业。

三要在发展现代农业上取得新突破。转变农业发展方式，发展现代农业，是提高农业综合生产能力，确保农业增产、农民增收的根本途径。要坚持用现代物质条件装备农业，用现代科学技术改造农业，用现代产业体系提升农业，用现代经营形式推进农业，促进农业生产经营专业化、标准化、规模化、集约化。要加强耕地保护，稳定粮食生产，加快发展蔬菜、水果、糖料蔗、桑蚕、木薯、花茶等优势特色产业，努力构建区域性特色农业基地。要加大科技兴农力度，抓好农业新品种新技术的推广，提升农业机械化水平，大力开展农田水利设施建设，提高农业防灾减灾能力。要积极推动完善及落实强农惠农政策，增加财政对“三农”的投入。要加快市场流通体系建设，加强农产品质量安全管理。

四要在优化需求结构上取得新突破。调整优化需求结构，实现投资、消费、出口协调拉动经济增长，是加快转变发展方式的重要途径。当前，投资是拉动我市经济增长的主要动力，项目是落实调结构、促转变的抓手。要深入开展“项目建设年”活动，打好五场攻坚战，不断掀起项目建设新高潮。要继续安排100个重点建设项目、100个重点前期工作项目，继续支持中直、区直重点项目以及区市统筹推进的重大项目建设。要鼓励更多资金投向基础设施、现代服务业、科技创新、战略性新兴产业等重点领域和薄弱环节，引导投资进一步向民生和社会事业倾斜，以投资结构的调整带动产业结构的升级。要加大项目融资力度，尤其是要加大直接融资力度，加快培育上市企业。要进一步拓宽民间投资渠道，提高民间投资在全社会投资中的比重。

消费是我市经济增长的重要动力，要切实扩大居民消费，增强消费对经济增长的拉动力。要大力发展房地产、文化、旅游、娱乐、健身等服务产业，不断满足居民对高层次消费的需求，积极完善城市社区便民服务设施，促进城市耐用品消费升级，引导汽车、住房等大宗商品消费。积极开拓农村市场，完善农村流通网络，扩大农村消费。继续办好系列节庆、大型营销等活动，培育消费市场和消费亮点，改善消费环境，建立扩大消费需求的长效机制。

出口是我市参与区域经济竞争和产业分工的重要突破方向，有很大的提升空间。要加强对国际市场需求的调查研究，优化调整出口产品结构，努力扩大高科技含量、高附加值产品的出口。要充分发挥南宁保税物流中心的作用，实行便捷有效的出口监管和进口保税物流监管新模式，努力促进南宁口岸物流经济快速发展。要加大对富士康等重点出口企业的扶持力度，发挥其龙头带动作用。要进一步简化进出口资格审批手续，鼓励出口潜力大的中小企业自主开展进出口业务，引导民营企业开展出口贸易。

(二)坚持在发展中促转变，着力提高发展的全面性、协调性和可持续性

一要更加注重改善和保障民生，加快发展各项社会事业。改善民生是发展的根本目的，只有着力保障和改善民生，发展才有持久的动力。

要努力建设充分就业城市。实施更加积极的就业政策，大力发展劳动密集型产业、服务业和小型微型企业，多渠道增加就业岗位。进一步完善和落实创业扶持政策，积极帮助困难群众特别是零就业家庭就业，重点做好高校毕业生、农村转移劳动力、城镇失业人员、被征地农民、退役军人等各类人员的自主创业或灵活就业工作。

要加快建设覆盖城乡居民的社会保障体系。继续抓好新型农村社会养老保险试点工作，提高企业退休人员基本养老金水平。积极推动非公有制经济从业人员、灵活就业人员、农民工和被征地农民等参加社会保险，扩大社会保险覆盖面。巩固完善新型农村合作医疗制度和城镇居民基本医疗保险制度。健全城乡居民最低生活保障制度，提高农村五保供养水平，探索实行农村五保供养对象和城镇“三无”对象集中供养，大力发展老龄事业，完善和扩大居家养老服务工程。进一步完善社会救助体系。加强劳动保护，切实维护劳动者特别是农民工合法权益。

要加强住房保障体系建设。加大投入力度，加快廉租住房等保障性安居工程建设，支持城市棚户区、国有工矿棚户区和农村危房改造，建设拆迁安置房等住房，保障被拆迁人合法权益。

要加快发展各项社会事业。坚持优先发展教育，推进城乡、区域教育均衡发展。贯彻实施国家和自治区教育改革和发展规划纲要，大力发展学前教育，以发展普惠性幼儿园为方向，全面普及学前三年教育，加快发展农村学前教育。完善中小学布局规划，规划建设好城市新区、新建居民小区的中小学校。加快普及高中阶段教育。加快发展南宁职业技术学院，加快建设邕江大学新校区，支持驻邕高校发展。加强中等职业教育基础能力建设，进一步完善市、县两级特殊教育设施。加快医疗卫生事业发展，改善公共卫生机构和基层医疗卫生设施条件，推进重大公共疾病防控工作，搞好卫生执法和食品安全工作。推动文化事业发展，加快构建覆盖城乡的公共文化服务体系，推进文化产业发展，办好第十三届南宁国际民歌艺术节。大力发展体育事业，加快推进广西体育中心后续工程、李宁体育公园等体育设施建设，积极做好2014年世界体操锦标赛申办工作，争取举办更多大型国际体育赛事。要继续抓好20件为民办实事项目，切实把实事办好、把好事办实。要加强价格监督和管理，稳定消费价格总水平，保障群众基本生活。做好人口和计生工作，控制人口增长。做好民族工作，巩固和发展各民族团结和睦的大好局面。加强“双拥”工作，促进军民团结。

要积极推进平安南宁建设。深入推进社会矛盾化解、社会管理创新、公正廉洁执法三项重点工作，切实维护社会和谐稳定。要正确处理人民内部矛盾，落实信访工作责任制，健全社会舆情汇集分析机制和重大项目建设风险评估机制，着力从源头上预防和减少矛盾。要坚持依法拆迁、和谐拆迁，维护好被拆迁群众合法权益。要巩固去年的工作成果，进一步解决好“出嫁女”问题。要加强社会治安综合治理，坚决打击各种刑事犯罪行为，提高广大群众的安全感。要强化安全生产管理和监督，有效防范和坚决遏制重特大安全事故，促进安全发展。

要加大扶贫开发工作力度。最近国家大幅上调了农村贫困线标准，我市扶贫工作面临新的形势和任务。从今年起，要建立县(区)对口帮扶机制，青秀、兴宁、江南、西乡塘等城区要分别与隆安、马山、上林三县结成对子，形成互帮互助、共同发展的

局面。要加大对贫困县基础设施建设的支持力度，今年市财政要拿出一定资金，重点支持上林县解决基础设施薄弱问题。要抓紧开展我市农村贫困人口的调查摸底工作，对符合条件的农村贫困人口要全部纳入帮扶范围。要大力抓好第三批整村推进贫困村和实施新十年整村推进贫困村脱贫工作，做好贫困村屯异地安置和以工代赈项目实施工作。

二要推进节能减排，进一步构建资源节约型和环境友好型城市。要完善政府节能减排目标责任考核评价体系，进一步发挥市场作用，健全激励和约束机制，增强企业和全社会节能减排内生动力。加快推进重点节能工程建设，进一步淘汰落后产能，大力加强工业、交通、建筑等领域节能工作，逐步完善商业、城建、公共机构等领域的节能管理体系。严格控制高耗能、高排放行业新上项目规模，防止产能过剩行业低水平重复建设。

要大力发展循环经济和环保产业。加快低碳技术研发应用，推动造纸、铝加工、制糖、机械、电子信息等产业通过循环经济的方式提升和发展，提高资源利用效率。培育环保产业，加强资源回收体系建设。

要加强环境保护。加强重点区域、行业污染综合治理，继续改善水、大气环境质量，全力推进创建国家环境保护模范城市。加快推进城镇和工业园区污水垃圾处理项目建设，加快推进生活垃圾焚烧发电厂、建筑垃圾消纳场等项目前期工作。继续推进大型脱硫脱硝工程建设，启动重金属、机动车尾气污染防治工作。

三要加快推进创新型城市建设，提高自主创新能力。着力推进国家科技进步示范市、国家创新型试点城市建设，加快科技与经济紧密结合，不断提高自主创新能力。要以创新、转化和产业化为重点，组织实施一批重大科技专项，集中力量突破一批重要领域核心技术和行业共性关键技术。加强培育具有自主知识产权的企业和品牌，提高企业创造和产业化实施能力。要进一步完善科技创新体制机制，加大科技创新基地和平台建设力度，加快建立以企业为主体、市场为导向、产学研相结合的技术创新体系，引导创新要素向企业集聚，推动经济社会发展更多依靠科技创新驱动。

四要统筹城乡发展，加快城乡一体化进程。统筹城乡发展是促进经济社会协调发展的必由之路，是从根本上解决“三农”问题的必然要求。要加快推进兴宁、良庆区和有关乡镇的统筹城乡改革试点工作，建立健全促进城乡经济社会发展一体化机制，尽快在城乡规划、产业布局、基础设施建设、公共服务一体化等方面取得突破，促进公共资源在城乡之间均衡配置、生产要素在城乡之间自由流通，推动城乡经济社会发展融合。要加大政策和资金向农村的倾斜力度，增加对农村道路、水、电、气、信息等基础设施的投入，实现城镇基础设施向农村延伸。继续实施城乡风貌改造工程，进一步改善农村人居环境。要加快建立城乡统一的公共服务体系，加快发展农村教育、卫生等社会事业，提高农村社会保障水平。要壮大县域经济，充分发挥各县优势，做大做强主导产业和特色产业，推进产业结构调整和升级，构建县域经济持续发展的产业基础，增强县域经济实力，争创更多的广西科学发展“十佳县”。

（三）坚持高标准、高水平推进城市建设管理，着力打造现代生态宜居之城

一要加快城市基础设施建设。继续打好交通基础设施建设攻坚战，掀起交通基础设施建设的新高潮，大力推进南宁机场新航站区、南宁至金城江铁路、南宁至钦州港高速公路、南宁港一期、南宁至贵港二级航道等交通项目建设，构建连接周边省市及东盟的快速通道，加快向先进生产力靠拢。加强城市基础设施和公共服务设施建设，全面开工建设城市轨道交通一号线一期工程，加快一批路桥项目建设，进一步提高供电、供水、排水、燃气、通讯的保障能力。要加大对综合治理市内交通拥堵问题的研究，切实采取措施，提高市内交通通畅能力。启动旧城改造三年计划，改善老城区人居环境。完善数字化城市管理系统，逐步构建数字化“大城管”新格局，进一步提高城市管理现代化水平。深入实施“城乡清洁工程”，完善长效管理机制。

二要加快新区建设。继续打好五象新区建设攻坚战，着力完善新区基础设施，加快推进文化产业城、体育产业城、“三馆三街一中心”、总部基地和物流中心建设，形成新的行政、文体、商贸中心和物流、制造业基地；大力推动一批房地产项目建设，不断完善新区功能，凝聚新区人气。加快凤岭新区、外东环地区、相思湖新区发展，推进城市向东拓展发展空间。加大南宁机场周边空间资源的整合力度，努力打造以吴圩镇为中心的空港新城。

三要加快打造“中国水城”。继续开展“中国水城”建设攻坚战，突出抓好老口水利枢纽工程建设，全面推进城市内河水系综合整治工作，完成南湖—竹排冲水系、可利江和心圩江环境综合整治工程绿化美化，推进凤凰江、二坑溪、楞塘冲、良庆河等内河综合整治项目建设，建设“百湖之城”，构建现代亲水城市。加快邕江两岸滩涂地、相思湖湿地公园规划建设，打造集旅游、餐饮、休闲、娱乐于一体的“水上乐园”，培育形成都市休闲旅游新亮点。

四要争创国家森林城市。要扎实推进国家森林城市创建工作，大力实施城市森林工程、农村森林工程、通道森林工程、水系森林工程、生物多样性森林工程“五大森林”工程，加快构建“百里环城森林生态圈”，继续开展“大种树、种大树”活动，加快公园绿地建设，推进建设凤岭儿童公园、柳沙公园、越秀生态公园、江南公园等项目，力争年内获得国家森林城市称号，进一步提升“中国绿城”水平。

五要加快中小城镇发展。按照突出特色、强化功能、繁荣经济、集聚人口的目标，高标准做好城镇规划。要集约发展县城，重点在完善配套设施、新区建设、旧城改造、集聚经济和人口上下工夫，加快把宾阳、横县、武鸣等县城建设成为宜居宜商宜业的中等城市。要增强中心城镇、重点镇的聚集和辐射带动作用，加快农村人口城镇化，鼓励农民进城就业、定居，积极探索引导农民进城的新途径、新办法。

六要继续优化发展环境。发展环境既是吸引力，又是竞争力，更是生产力。今年我们要继续在优化发展环境上下工夫，推进“发展环境建设年”活动向纵深发展，营造更加良好的发展环境。要全力做好全国文明城市复查迎检工作，将文明城市创建活动与发展环境建设结合起来，找准优化环境的切入点，扎实解决发展环境中存在的突出问题，进一步巩固、拓展、延伸和深化文明城市创建成果。要突出抓好创建国家卫生城市工作，强化市民卫生意识，动员全民参与共建，切实改善市民的生活环境，提高生活质量，争创“国家卫生城市”。要依法加强城市规划管理，加大违法违章建设拆除力度，从根本上遏制违法抢建势头，确保城市建设有序推进，努力营造有序、和谐的发展环境。

（四）坚持深化改革扩大开放，着力增强发展的活力和动力

一要深化重点领域和关键环节的改革。要深化国有企业改革，加快建立现代企业制度。深化投融资体制改革，促进国有资

本向优势产业集中，积极吸引外资、民资投向我市优势产业，支持有条件的企业加快上市步伐。要进一步消除制约民间投资的制度性障碍，引导和鼓励非公有制经济加快发展。要加快财税体制改革，继续完善财政管理体制，配合推进自治区直管县财政管理体制改革，完善乡财县管机制，探索规范税收属地征管的新思路、新办法。要积极推进医药卫生体制改革，进一步推进基本医疗保障制度建设，全面实施国家基本药物制度，推进公立医院改革试点工作。要扎实开展统筹城乡改革，深入推进农村综合改革，深化集体林权制度改革。

二要积极参与多区域合作，提升开放水平。要创新工作思路，更加主动地融入区域合作，积极拓展合作与发展空间。继续扩大以东盟为重点的对外开放，服务好第八届中国—东盟博览会。积极配合做好对东盟国家人民币结算试点工作。加强与东盟、日本、韩国、欧美等国家和地区的交流与合作。深化与珠三角、长三角、港澳台的经济合作，积极承接东部产业转移。加强南宁保税物流中心建设管理，加快向综合保税区过渡。继续加强与北钦防的合作，大力发展总部经济和配套产业。积极参与西江经济带建设，深化与桂西资源富集区合作。

三要着力扩大对外贸易，提高招商引资质量和水平。充分发挥中国—东盟博览会、商务与投资峰会等平台作用，不断扩大与东盟、日韩的贸易规模，巩固欧美市场，拓展非洲和拉美市场。巩固南宁面向东盟市场的贸易优势，优化利用外资结构和出口产品结构，重点扶持高新技术产品、机电产品出口，提高我市出口产品附加值。支持各类企业开拓国际市场和扩大出口，鼓励企业“走出去”。创新招商引资方式方法，加大招商引资力度，服务好现有外资企业，鼓励增资扩股、以商招商，不断扩大利用外资的规模。

四、切实加强和改善党对经济工作的领导

一要深入开展好“党组织建设年”和创先争优活动。要继续开展“党组织建设年”活动，加强基层党组织建设，扩大党组织覆盖面，充分发挥基层党组织的战斗堡垒作用、党的基层干部的骨干带头作用和广大党员的先锋模范作用。要把创优争先活动与庆祝建党90周年活动结合起来，精心组织，在广大党员中开展党史、党情、党的路线方针政策教育。要按照“五个好”、“五带头”的要求，扎实有效开展结对共建、承诺联评、典型示范、党群共建、绩效考评“五大行动”，进一步激发党员队伍的生机活力，增强基层党组织的战斗力、凝聚力、创造力。

二要统筹抓好换届工作。根据中央和自治区党委的统一部署，今年我市将集中进行市、县、乡领导班子和村（社区）“两委”换届工作，这是全市政治生活中的一件大事。各级党委要把换届工作摆上重要议事日程，切实加强对换届工作的领导，统筹兼顾，周密安排，有序推进，确保换届工作顺利开展。要结合换届工作，深化干部人事制度改革，规范和完善干部选拔任用提名制度，形成崇尚实干、重视基层、鼓励创新的用人导向，优化干部队伍整体结构，强化各级领导班子建设，全面推动党的组织建设、思想建设、作风建设、制度建设和反腐倡廉建设。要正确处理好换届与推进改革发展、维护社会和谐稳定的关系，把换届工作与抓好经济社会发展紧密结合起来，做到思想不散、秩序不乱、工作不断，确保“两不误、两促进”，以换届工作促进经济社会发展，以经济社会发展的成效检验换届工作。

三要推进学习型党组织建设。要加强各级党员干部的学习培训，深入推进学习型党组织建设，增强干部队伍素质能力。要提高学习的针对性和实效性，优化党员干部的知识结构，加强履行岗位职责所需要的专业知识和相关领域知识的学习，着力提升广大党员干部推动科学发展、加快发展、率先发展、和谐发展的能力和水平。

四要加强党风廉政建设和反腐倡廉建设。要不断完善具有首府特色的惩防体系，加强党风廉政建设，严格执行党风廉政建设责任制和领导干部廉政准则，深化党性党风党纪教育，落实党内监督和民主监督，强化领导干部廉洁自律。要加强反腐倡廉建设，推进反腐倡廉制度创新，加大查办违纪违法案件工作力度，坚决纠正损害群众利益的不正之风，保持惩治腐败的高压态势，切实为改革发展保好驾、护好航。要加强和改进新形势下的群众工作，把群众工作做深、做细、做实，使我们的工作得到广大群众的拥护和支持，凝聚加快发展的强大合力。

（市委办公厅）

谢寿堂主任在南宁市第十二届人民代表大会第九次会议上作的工作报告（摘要）

（2011年2月24日）

2010年的主要工作

一、积极推进，立法工作取得新进展

2010年是中国特色社会主义法律体系形成之年。常委会按照全国人大的统一部署，一手抓法规制定，一手抓法规清理，全年共审议地方性法规22件，其中审议修改5件，继续审议6件、初次审议3件，废止8件；上报自治区人大常委会的法规5件，获得批准实施3件；完成立法调研项目8个。

——法规制定切实可行。常委会审议通过的南宁—东盟经济开发区条例，进一步明确和规范了南宁—东盟经济开发区的管理体制、运行机制和保障措施，为开发区的有序发展奠定坚实的法制基础；审议通过的户外广告设置管理条例、河道与堤防建设管理条例和城市桥梁管理条例，为促进市容市貌的改善、巩固“五乱”治理成果、建立城乡清洁工程长效机制，推动热点难点问题解决，发挥积极作用；审议通过的特种行业治安管理条例和志愿服务条例，为规范全市的治安管理工作和志愿服务工作，促进社会和谐，提供法制保障。

常委会还积极配合全国人大常委会和自治区人大常委会，认真做好《广西壮族自治区实施〈中华人民共和国城乡规划法〉办法（草案）》、《广西壮族自治区实施〈中华人民共和国渔业法〉办法（草案）》等法规的立法调研和征求意见工作；组织相关部门，对《中华人民共和国村民委员会组织法（修订草案）》、《广西壮族自治区预算监督条例修正案（草案）》等7部法律法规草案进行研究，提出修改意见并及时上报全国人大和自治区人大，为中国特色社会主义法律体系的形成作出贡献。

——法规清理扎实开展。根据全国人大常委会的工作安排，常委会集中力量，对我市现行的41件地方性法规进行了全面清理，废止《南宁市道路货物运输管理条例》等8件地方性法

规,修改《南宁市暂住户口管理条例》等5件地方性法规。重点解决了地方性法规与宪法、法律和行政法规不一致的问题,以及地方性法规中存在的明显不适应、不协调问题。

——科学立法、民主立法更加到位。常委会不断创新立法工作方式,在对地方性法规严格审查的基础上,去年又实行法规上报前的核稿会审制度,主要是对常委会表决通过的法规进行立法技术性核稿,使法规审议程序更加完善,立法工作更加严谨。常委会还把多渠道、多形式、多层次地征求人大代表、基层人大工作者和社会各界人士的意见和建议贯穿立法工作全过程。首次到街道社区召开地方性法规征求意见座谈会,面对面地与居民群众座谈交流;两次将地方性法规草案在报纸上全文刊登,公开向社会征求意见;18次组织有关部门、有关人员及人大代表深入实际开展立法调研,11次召开立法座谈会、征求意见会和专家咨询论证会,充分听取各方意见。立法工作更加科学,更加民主,更加有序。

二、突出重点,监督工作实现新突破

——围绕经济建设开展监督。常委会注重加强宏观经济运行情况的监督,听取和审议关于南宁市2010年上半年国民经济和社会发展计划执行情况的报告,关于农业生产安排和春耕生产情况的报告。提出要克服困难,确保粮食生产不滑坡,农民收入不徘徊,农村良好发展势头不逆转。要采取措施,切实解决经济运行中存在问题,确保全年经济社会发展目标任务全面完成,“十一五”规划和科学发展三年计划全面实现。注重加强财政预、决算的监督,听取和审议了南宁市2010年上半年预算执行情况的报告、2009年市本级决算草案的报告、2009年市本级预算执行和其他财政收支情况的审计报告,提出要加强财政管理和预算编制,坚持依法理财,优化支出结构,提高资金使用效率。常委会还注重对市本级政府性债务情况、审计反映突出问题的整改落实情况进行专项检查,提出要建立债务管理体制,防范和降低财政风险,加大审计发现问题的整改力度,确保财政资金的正确投向和使用安全。

——围绕全市工作大局开展监督。常委会根据市委关于深入开展“四个年”主题活动和打好“五场攻坚战”的重大决策部署,组织常委会组成人员、市人大代表,对100家重点企业和100个重大投资项目开展“两个100”大参与、大支持、大监督活动。“两个100”活动持续进行8个多月,取得明显的成效:有420名市人大代表参加此项活动,共召开各种座谈会134次,形成调研报告20份,梳理出困扰企业发展和项目建设的突出问题206个,提出解决问题的意见和建议146条,其中已经得到解决的问题和困难有102个,有力地推动重大项目建设和企业发展。这是本届以来的监督活动中,参加人数最多、参与面最广、社会影响最大的一次。

——围绕民生问题开展监督。常委会把维护好和发展好最广大人民的根本利益作为全部工作的出发点和归宿,着力保障和改善民生。对市人民政府公积金管理工作进行专项评议,促使各级人民政府和有关部门加大住房公积金管理力度,有力地推动我市住房公积金事业的健康发展。对市人民政府实施新型农村合作医疗工作进行专项评议,促使各级人民政府和有关部门提高新型农村合作医疗的管理和服务水平,确保资金安全和使用效果,较好地解决农民看病难、看病贵的问题,维护广大农民的合法权益。听取和审议市人民政府关于生活建筑垃圾实施密闭化运输工作情况的报告,推动生活、建筑垃圾密闭化运输管理体制机制的建立和完善。听取和审议市人民政府关于为民办实事项目情况报告,推动为民办实事项目的实施和落实。听取和审议市人民政府关于职业教育攻坚计划完成情况的报告,推动职业教育攻坚计划目标任务的全面完成。常委会还组织对我市实施《中华人民共和国气象法》、《中华人民共和国档案法》、《中华人民共和国企业国有资产法》和《南宁市环境噪声污染防治条例》情况进行执法检查,确保这些法律法规在我市得到正确实施。

——围绕促进司法公正开展监督。促进司法公正、维护社会公平正义一直是社会关注的焦点。常委会对市人民检察院公诉工作进行专项评议,促使检察机关不断提高公诉工作水平;听取和审议市中级人民法院关于行政审判工作情况的报告,促使审判机关更加重视行政审判工作,促使市人民政府和有关部门不断提高依法行政水平。

三、依法办事,决定重大事项和人事任免工作有新作为

——行使重大事项决定权时坚持当前发展和长远发展的有机统一。常委会以调结构、促转变、增实力、重民生、建和谐为着眼点和着力点,立足全局,着眼长远,全年依法对本行政区域内的重大事项作出决议、决定39项。审议并批准《南宁市生态市建设规划(2010—2020年)》,为加快“生态南宁”的建设步伐,提供了重要保障。审议并批准了《南宁市国家科技进步示范市建设发展规划(2010—2012年)》,为加快建设广西科技创新基地、广西科技进步示范辐射中心城市和西部地区科教兴市样板城市,提供科学依据。

——行使人事任免权时坚持党管干部和依法任免有机统一。常委会自觉坚持党的领导,认真做好人事任免工作,努力实现党管干部和依法任免的有机统一,不断提高选人用人的公信度和满意度。去年补选了常委会副主任1人、委员3人,补选南宁市中级人民法院院长和南宁市人民检察院检察长,通过市人大法制委员会主任委员人选,补选和选举市人大代表14名。依法任免国家机关工作人员193人次,其中任命116人,免职77人。此外,还对新任命的法官和检察官试行任前法律知识考试制度,切实加强对常委会任命人员的监督。

四、强化保障,代表工作再上新台阶

——加强服务,“三个一”活动扎实开展。常委会作出的关于届内组织每位市人大代表列席一次常委会会议、参加一次常委会组织的执法检查、参加一次常委会组织的视察或调研的“三个一”活动决定;关于组织代表考察中国—东盟博览会和考察北部湾经济区的决定,得到代表们的积极响应和大力支持。去年共有148名代表列席了常委会会议,493名代表参加视察或调研活动,109名代表参加常委会组织的执法检查活动,320名代表参观考察第七届中国—东盟博览会,357名代表参加北部湾三市的学习考察活动,100名代表参加“一府两院”组织的各种会议和活动。

此外,常委会根据自治区人大常委会的要求,顺利地组织

部分全国人大代表、自治区人大代表和南宁市人大代表联合开展年终视察活动。共有10名全国人大代表,70名自治区人大代表,100名南宁市人大代表参加这次活动,其中,有21名市领导参加这次活动。活动期间,共形成视察报告6份,提出建议86条。

——加强联系,代表依法履职能力进一步提高。常委会通过组织代表开展专题调研和集中视察,邀请代表参加常委会的监督工作,向代表通报重大事项,为代表建立反映社情民意的"绿色通道",向代表寄发《中国人大》、《广西人大》和《南宁人大》等学习资料,组织常委会组成人员联系走访代表,召开代表履职经验交流会和代表小组活动经验交流会,加强代表培训等形式,帮助代表了解人大和"一府两院"依法履职的情况和执行代表大会决议决定的情况,代表知情知政渠道不断拓宽,依法履职能力不断提高。市十二届人大八次会议以来,市人大代表提出议案、建议和意见328件,比2009年增加33件,提高11.20%。这些议案、建议和意见,关注社会保障、教育发展、劳动就业等民生问题,涉及我市工业园区建设、贫困地区新农村建设和扶贫开发、城市规划建设管理、环境保护等领域,针对性和可操作性都很强,引起市人民政府和有关部门的高度重视,有效地推动有关问题的解决。

——加强督办,代表议案建议意见办理质量进一步提高。常委会重视和加强代表议案、建议和意见的办理工作,通过集中交办、全程督办、重点督办、代表视察、沟通协调等方式推动办理工作扎实开展。市人民政府和有关部门对代表议案、建议和意见的办理工作高度重视,认真办理,逐件落实,并及时向市人大常委会报告办理情况。例如,对市十二届人大八次会议主席团交付审议的12件代表议案,人大有关专门委员会逐件进行调研,常委会全部进行审议,并对其中的7件作出决定,对另外的5件转为重点督办的代表建议,交市人民政府办理。市人民政府及相关部门认真执行常委会的决定,及时办理这12件议案和建议,并做到件件有答复,事事有回音。去年,常委会共收到代表对办理情况的反馈意见表466份,代表对办理结果表示满意和基本满意的462件,占总数的99.15%,比上年提高3.89%;不满意的和提出不同意见的4件,占总数的0.85%,比上年度下降3.85%。

五、夯实基础,自身建设呈现新局面

——理论武装继续加强。常委会把思想政治建设作为头等大事来抓,始终坚持中心组学习制度和讲座制度,集中学习党的十七届四中、五中全会精神、党员领导干部廉洁从政若干准则、中国—东盟自由贸易区知识、国务院关于进一步促进广西经济社会发展的若干意见等内容;集中听取《中华人民共和国食品安全法》和"中国水城规划建设"、"五象新区规划建设"、"工业振兴和工业园区规划建设"、"交通发展规划建设"、"城市轨道交通"等相关知识辅导。通过学习和辅导,常委会组成人员和机关干部的理论水平和业务素质得到很大提高,有效地推动各项工作的开展。常委会注重抓好干部培训工作。去年8月、9月,组织常委会组成人员和县(区)人大常委会主任到清华大学进行为期7天的培训;组织市人大常委会机关副处级领导干部和市辖各县(区)人大常委会副主任,到全国人大北戴河培训中心进行培训。这是本届常委会以来,办班层次最高、培训力度最大、培训内容最丰富的一次干部培训。

——队伍建设力度加大。常委会先后选送9名机关干部到区、市党校进行脱产学习;选派1名优秀年轻干部到乡镇挂职锻炼,接收2名年轻基层干部到机关挂职锻炼;提拔任用3名处级干部,调入7名优秀年轻干部,干部队伍活力进一步增强。

——履职环境得到改善。常委会狠抓市委关于进一步加强和改进人大工作决定的贯彻落实。自治区人大召开加强和改进人大工作的"三个"专题经验交流会以后,常委会乘势而上,先后召开"马山会议"和"横县会议",把市委的决定落到实处。在代表活动经费保障上,各级代表的活动经费普遍提高。市代表从每人每年600元提高到1500元;县(区)代表从每人每年200~500元之间提高到800元以上,其中青秀区达到1100元;乡镇代表从每人每年200元以下,也提高到400元以上,其中兴宁区达到600元,青秀区达到650元。在代表履职环境的改善上,市财政投入1100多万元对南宁人民会堂的电子表决系统和会议签到系统进行改造,大幅度地提高了南宁人民会堂的现代化水平;投入200多万元,为各县区人大常委会配备代表活动专用车,推动代表活动的深入开展。

——对外交往继续拓展。常委会加强与上一级人大的联系,高质量地承办全自治区人大工作(南宁)专题经验交流会。加强与兄弟城市人大的交流,6次组团到外省参加人大工作座谈会、联席会和经验交流会,成功地承办全国十省自治区二十五州市人大财经工作联系会。加强对外友好交往,组织市人大代表团到波兰格鲁琼兹市等地进行友好访问,格鲁琼兹市在去年"两会一节"期间也派代表团对我市进行回访;常委会还接待英国国会议员经贸代表团、越南广宁议会代表团、韩国忠清北道议会代表团等三批42人的来访。

在看到成绩的同时,我们也清醒地看到,常委会有些工作离市委的要求还有一定的差距,离人大代表和人民群众的期盼还有一定距离。如地方性法规的立法质量有待进一步提高,监督的力度和实效有待进一步增强,重大事项决定权的行使有待进一步改进,代表议案、建议、批评和意见办理有待进一步规范,代表履职的服务保障机制有待进一步完善,常委会自身建设的制度有待进一步健全等。对于这些差距和不足,我们将在今后工作中,虚心听取代表意见,自觉接受人民监督,采取更加有效的措施,认真加以整改,不断提高履职水平,更好地发挥地方国家权力机关的职能作用。

2011年的主要任务

2011年是实施"十二五"规划的开局之年。常委会工作的总体要求是:以邓小平理论和"三个代表"重要思想为指导,深入贯彻落实科学发展观,全面贯彻落实党的十七届五中全会、自治区党委九届十三次全会和市委十届十四次全会精神,以推动科学发展为主题,以加快转变经济发展方式为主线,以推动民生问题、热点问题的解决为着力点,创新工作方式方法,履行各项法定职责,充分发挥代表作用,切实加强自身建设,不断增强工作实效,为实现"十二五"规划良好开局,加快区域性国际城市和广西"首善之区"建设作出新的更大的贡献。

根据这一总体要求,常委会今年主要工作任务是:

一、加强立法工作，不断提高立法质量

随着中国特色社会主义法律体系的形成，地方立法将面临新形势、新要求和新任务。我们将按照“统筹兼顾、突出重点、急需先立、体现特色、注重质量”的原则，认真搞好地方立法工作，为我市经济社会发展提供良好的法制环境。今年常委会将安排立法审议项目8个，其中，初次审议城乡规划管理条例、邕江河段水体污染防治条例、燃气管理条例和住宅小区配套设施建设管理条例4件法规草案，继续审议城市园林绿化条例、爱国卫生管理条例、公共餐饮具卫生管理条例和献血条例4件法规；对高新技术产业开发区管理、公园管理、建设工程质量和安全生产管理、绩效管理、停车场管理、大王滩水库管理、科学技术进步若干规定和历史传统街区保护管理8个立法项目开展调研，为今后立法工作储备项目。继续做好地方性法规清理的后续工作。继续探索科学立法、民主立法的新途径、新方法，进一步扩大公民对立法工作的有序参与。正确处理数量与质量的关系，不断提高立法质量。

二、加强监督工作，切实增强监督实效

今年是“十二五”开局之年，各项任务十分繁重。常委会将围绕科学发展和加快经济发展方式转变，听取和审议市人民政府关于制定国民经济和社会发展“十二五”规划纲要情况的报告，关于我市国民经济和社会发展计划、预算执行情况和审计工作报告，审查和批准决算，确保计划和预算得到正确执行。围绕市委“三个年”主题活动、打好五场攻坚战的重大决策部署，深入开展“重大项目建设”大参与大支持大监督活动，推动重大项目建设。围绕保障和改善民生，对市人民政府实施病险水库除险加固工作开展专项评议，对本届常委会以来作出的决议决定以及本届政府以来实施的为民办实事项目开展“大检查、大推动”活动，推动民生问题的解决，推动常委会各项决议决定的落实和政府为民办实事项目的全面完成。围绕法律法规的正确实施，对《中华人民共和国安全生产法》、《中华人民共和国农民专业合作社法》、《建设工程安全生产管理条例》等3部法律法规实施情况开展执法检查，确保法律法规在我市的贯彻实施。加强规范性文件备案审查，确保法制的和谐统一。创新监督方式，选择社会普遍关心的问题试行专题询问，不断提高监督实效。

此外，常委会还将依法对带有全局性、根本性、长远性的重大事项作出决议决定，推进我市科学发展、加快发展、率先发展、和谐发展；依法做好人事任免工作，确保国家机关正常运转。

三、加强代表工作，充分发挥代表作用

“十二五”规划的实施，为代表履职提供了更加广阔的舞台。常委会将牢固树立为代表服务的思想，认真贯彻落实代表法，进一步加强和改进代表工作，不断完善代表履职的保障机制，充分发挥代表作用。要继续组织代表开展“三个一”活动，不断创新代表活动载体，丰富代表活动形式，扩大代表对常委会和专门委员会、工作委员会工作的参与。继续加强闭会期间代表活动的指导，精心选择代表调研和视察的内容，引导代表就经济社会发展和改善民生的热点难点问题提出建议、批评和意见，促进工作改进，推进民生改善。继续加强代表议案和建议的督办工作，不断提高代表议案、建议的办理质量，提高解决率，巩固满意率。继续加强代表培训工作，不断提高代表依法履职能力。继续加强常委会与代表的联系和沟通，在全市深入开展“代表大走访”活动。

四、加强换届指导，确保换届选举成功

根据有关规定，今年我市市、县(区)、乡镇三级人大换届选举工作将陆续展开。我们要在市委的领导下，按照换届选举工作的统一部署，指导好我市三级人大换届选举工作。要依法加强新形势下换届选举工作新情况、新问题的研究，及时掌握各种动态，并适时提出意见建议，作出相关决定。依法加强换届选举的法律监督和工作指导，尊重和保障选民与代表的民主权利。依法做好代表名额分配、候选人推荐提名和审核等基础工作，让模范遵守宪法和法律，密切联系人民群众，努力为人民服务的选民当选为人民代表。依法举办换届选举工作培训班，认真培训换届选举工作骨干。依法开展形式多样的宣传活动，着力提高选民的民主意识，确保换届选举工作依法有序顺利进行。

五、加强自身建设，进一步提高履职能力

今年是本届常委会任期的最后一年。我们要站好最后一班岗，认真履行好我们的职责，做到思想不松、工作不少、力度不减。要继续认真贯彻落实自治区党委和市委《关于进一步加强和改进人大工作的决定》，进一步优化人大履职环境，不断推动人大工作上新台阶。继续开展学习型机关建设，抓好常委会党组中心组学习，办好常委会专题讲座和法制讲座，不断提高思想政治素质、法律素养和政策理论水平，不断提高履职能力特别是把握全局、依法办事、审议决策、服务保障能力。继续加强制度建设，坚持和完善各项规章制度，促进机关工作的制度化、规范化。继续加强作风建设，大兴调查研究之风，密切联系群众之风，求真务实之风，不断巩固创先争优活动成果。继续加强人大宣传工作，努力办好《南宁人大》、《人大信息》和南宁人大网站。继续加强与自治区、外省市人大的联系，承办好五民族自治区首府城市人大工作研讨会、西部地区部分城市人大工作研讨会。继续加强对外友好交往活动。继续加强与县(区)人大特别是加强乡镇人大工作的联系，全面推进乡镇人大规范化建设，不断提高全市人大工作的整体水平。

(市人大常委会办公厅)

黄方方市长在南宁市第十二届人民代表大会第九次会议上作的政府工作报告(摘要)

(2011年2月22日)

一、“十一五”时期回顾

——经济总量跃上新台阶。五年来，我市经济规模迅速扩大，质量效益明显提高，经济保持又好又快发展。到2010年底，实现地区生产总值、人均地区生产总值、全部工业总产值、社会

消费品零售总额、全社会固定资产投资、财政收入、旅游总收入、出口总额、外商直接投资额等18个经济社会发展指标比2005年翻一番以上。其中,地区生产总值达到1800.43亿元,是2005年的2.50倍,占全区生产总值的18.95%,年均增长15.50%。财政收入达到300.88亿元,是2005年的3倍,占全区财政总收入的24.49%,年均增长24.59%。全社会固定资产投资完成1483.02亿元,是2005年的4倍,年均增长32.52%;五年累计完成4228亿元,是"十五"时期的3.90倍,占改革开放30多年来累计完成投资的70%,是我市历史上投入最多的五年。全部工业总产值达到1502.68亿元,是2005年的3倍,年均增长25.08%。社会消费品零售总额达到905.93亿元,是2005年的2.40倍,年均增长18.96%。

——结构调整取得新进展。五年来,我们加快转变经济发展方式,深入实施"壮二提三强一"战略,着力打造"三基地三中心",现代产业体系加快形成。三次产业比重由2005年的16.55:31.96:51.49调整到2010年的13.58:36.26:50.16。

从工业来看,区域性先进制造业基地加快建设。农产品加工、机械装备与制造、铝加工、生物工程与制药、电子信息、化工、建材、造纸等八大优势产业日益壮大,一批重大工业项目加快实施。2010年全部工业增加值484.81亿元,是2005年的2.94倍;工业增加值占地区生产总值的比重为26.93%,比2005年提高4.10个百分点;工业对经济增长的贡献率为32.28%,拉动经济增长4.58个百分点;产值超亿元企业达到299家,为全区最多。

从服务业来看,区域性现代商贸物流基地加快形成。朝阳商圈进一步繁荣,□东凤岭商圈基本成型,快速环道沿线商贸带等商贸聚集区加快发展,LV(路易·威登)国际时尚品牌和沃尔玛、巴黎春天、广州友谊等知名零售品牌落户南宁,电子商务、连锁经营等新型业态迅速发展。江南、玉洞、安吉、金桥四大物流园区格局初步建立,一批物流项目陆续建成,被商务部确定为"全国流通领域现代物流示范城市"。信息、金融、会展、旅游等服务业加快发展。

从农业来看,区域性特色农业基地加快构建。粮食连续6年实现增产,蔬菜、水果、糖料蔗、桑蚕、花茶、木薯、食用菌等优势产业做大做强。养殖业规模化、标准化、良种化、产业化加速推进,连续6年无重大动物疫情发生,淡水产品、牛奶产量全区第一。农业产业化进程加快,拥有重点龙头企业131家,其中国家级13家。

——城市发展实现新跨越。五年来,我们按照"以邕江为轴线,西建东扩,完善江北,提升江南,重点向南"的发展布局,坚持高标准规划、高水平建设、高效能管理,城市功能显著增强。区域性综合交通枢纽中心建设进入新阶段,无障碍城市建设通过国家验收,"中国水城"景观雏形初现,"中国绿城"品牌声名远播,现代生态宜居城市魅力彰显,城市知名度、影响力和竞争力大幅提升。

新区建设全面提速。凤岭新区、相思湖新区基础设施配套成型,五象新区开发给力前行,蟠龙片区、总部基地、龙岗片区、中国—东盟国际物流基地等重点区域全面开发,城市框架进一步拉开。

基础设施日趋完善。一大批交通、通讯、电力、市政公用设施和环境工程陆续建成使用,尤其是2010年打响交通基础设施完善攻坚战,推动一批重大交通项目建设,以南宁为枢纽、辐射周边地区的区域性大通道能力迅速提升,五象大道、南宁大桥、广西体育中心主体育场成为城市新地标。2010年城市自来水出厂水质综合合格率达到100%,管网水质综合合格率达到99.97%,均为历年最好水平。

城市管理全面加强。数字化管理和指挥系统进一步完善。"城乡清洁工程"长效机制逐步健全。全国文明城市创建成果得以巩固。城市内河整治全线拉开,长效管理机制初步建成。

——生态建设实现新提升。五年来,我们始终坚持生态立市,强力推进节能减排,顺利实现万元生产总值能耗、二氧化硫排放量、化学需氧量排放量等自治区下达的"十一五"节能减排指标。

节能降耗成效显著。安排专项资金,推进工业节能技改,淘汰水泥、造纸、皮革等落后产能,2010年万元工业增加值能耗为1.8368吨标准煤,比2005年下降31.55%,超额完成自治区下达的"十一五"时期下降15%的目标任务。

污染防治全面加强。城市污水集中处理率达到85%,生活垃圾无害化处理率达到100%,县城污水集中处理率和生活垃圾无害化处理率达到60%。6个县城污水处理厂全部运行,横县、马山、隆安3个县城生活垃圾填埋场库区基本建成。污染防治由被动应对转向主动防控,实现"五个率先":率先成为全国第一个全部制糖企业同时达到清洁生产二级水平和一级排放标准的省会城市,率先在全区完成木薯淀粉行业废水治理,率先在全区实现废纸造纸行业废水处理工程设施升级换代,率先在全区探索并推广应用水煤浆技术减排,率先在全区完成城区乡镇卫生院医疗废水处理设施建设。

生态环境持续改善。深入开展"大种树、种大树"活动,全市森林覆盖率达到43.65%,城市建成区绿化覆盖率达到40.36%,主要河流保持二至三类水质,地表水源水质达标率保持100%。邕江环境综合整治初见成效,城市机动车尾气、餐厨垃圾、建筑施工噪声、工地扬尘、泥头车撒漏等污染防治工作扎实有效。

——统筹发展迈出新步伐。五年来,我们坚持统筹城乡发展,着力抓好"三农"工作,加快建设社会主义新农村,实现了农业增效、农民增收、农村发展的目标。

强农惠农政策进一步巩固完善。持续加大"三农"投入,全面落实良种补贴、农机具购置补贴、粮食直补和农资综合直补等各项政策,农业生产稳步发展。

县(区)经济呈现勃勃生机。武鸣县、横县荣获"广西科学发展十佳县"称号。上林县、马山县、良庆区荣获"广西科学发展进步县(区)"称号。隆安县荣获"广西县域经济发展进步奖"。青秀区、西乡塘区、良庆区荣获"全国科技进步先进县(区)"称号。宾阳县拥有注册商标和广西著名商标数量居全区各县前列。马山县"弄拉模式"成为全国生态保护、助农增收典范。上林县、隆安县生态旅游养生品牌初步打响。青秀区财政收入位列广西各县(区)第一。江南区成功承办中国—东盟轻工业产品展览会。兴宁区社会消费品零售总额占全市五分之一强。邕宁区城乡基础设施建设成绩斐然。高新区、经开区2010年工业总产值分别突破250亿元、120亿元。东盟经开区打造"全国华侨农场发展改革示范区"成效显现。

城镇化和新农村建设进程加快。城镇化率由2005年的38.50%提高到2010年的48%。马山县、隆安县大石山区基础设施建设大会战全面完成,武鸣县和原邕宁县辖区整片推进新农村建设试点工作圆满结束,"新农村百村示范"、"新农村示范村"、"农村生态家园"建设扎实开展,农村道路、供水、供电、通讯、防洪等基础设施得到加强，城乡风貌改造工程取得初步成效，农村生产生活条件不断改善。

——改革创新实现新突破。五年来，我们加大改革力度，加快创新型城市建设，不断完善科学发展的体制机制，城市生机与活力进一步迸发。

行政管理体制改革不断深化，政府职能加快转变，依法行政能力进一步增强。国企改革、国有资产管理体制和投融资体制改革扎实推进，城建集团、水务集团、轨道交通公司等投融资平台相继组建运营，国企市场竞争能力和盈利能力明显提升。深化医药卫生体制改革取得阶段性成果，国家基本药物制度初步实施，60%的基层医疗卫生机构基本完成综合改革。农村集体林权制度改革基本完成勘界确权任务。基层供销社改制工作提前一年完成。非公有制经济蓬勃发展。

创新型城市建设取得重大突破。连续五次被评为“全国科技进步先进市”，跃升为“国家科技进步示范市”和“国家创新型试点城市”，跻身“中国城市综合创新力50强”，入选“建设创新型国家十大发展模式贡献城市”。区域科技创新基地建设加快推进，建成国家重点实验室1个、自治区重点实验室9个，国家级孵化器1个、自治区级孵化器4个，全国首家开发式大型准生物专业孵化器——南宁市科技孵化基地启用。创新政府绩效考评工作，在全区率先建成机关绩效考评综合信息平台，荣获“2010中国城市信息化管理创新奖”。

——对外开放进入新阶段。五年来，我们坚持以面向东盟为重点，积极融入多区域合作，加强招商引资，扩大对外贸易，奋力推进全方位、多层次、宽领域对外开放，城市国际化程度大幅提升，开放型经济不断发展，被中国社科院《2009—2010全球城市竞争力报告》列为全球城市综合竞争力上升最快城市前10名。

“南宁渠道”日趋成熟。中国—东盟博览会连续七次成功举办，5个东盟国家在南宁设立总领事馆，东盟国家、日本、韩国商务联络部相继启用，搭建了促进中国和东盟国家经贸交流的重要平台，南宁从西南地区的神经末梢变成面向东盟的开放前沿。南宁保税物流中心封关运行，“无水港”效应初显。

多区域合作开创新局面。缔结的国际友城达到17个，对外交流与合作空间分布全球五大洲。与“北钦防”一体化合作全面深化，与长三角、泛珠三角、西南地区的合作纵深推进。承接境内外产业转移成果丰硕，富士康、统一、康师傅等一批知名企业和重大项目成功落户。

对外贸易进一步扩大。2010年完成外贸进出口总值22.13亿美元，是2005年的3.08倍，其中外贸出口总值达到15.93亿美元，是2005年的2.76倍。

——民生改善凸显新成效。五年来，我们牢牢抓住就业这个民生之本、保障这个民生之基，深入实施“社会发展百亿工程”，连续五年每年实施20件为民办实事项目，人民群众得到了更多实惠。

城乡居民收入持续较快增长。2010年城镇居民人均可支配收入18032元，比2005年增加8829元，是2005年的近2倍，年均增长14.40%；农村居民人均纯收入5005元，比2005年增加2325元，是2005年的1.87倍，年均增长13.31%。

公共就业服务体系进一步健全。加大创建充分就业城市力度，五年累计新增就业岗位33.54万个，帮助下岗人员实现再就业8.82万人，城镇登记失业率控制在4%以下。

覆盖城乡的社会保障体系不断完善。养老、失业、医疗、工伤和生育五项社会保险实现市级统筹，保险补助标准及城乡居民低保、农村五保供养标准均逐年提高，医疗救助标准实现城乡统一，医保个人账户支付范围、门诊大病统筹实施范围逐步扩大，新型农村合作医疗参合率稳定在90%以上，社会保障政策普惠性增强。

多元化住房保障体系加快形成。实施廉租房和经济适用房供应，低收入家庭住房困难逐步得到解决；实施公共租赁房和限价商品房供应，“夹心层”家庭住房需求逐步得到解决；实施拆迁安置房、棚户区改造、危旧房改房改造、旧区综合整治，特殊群体住房条件得到逐步改善。五年累计建设各类保障性住房57000多套。

——社会发展取得新进步。五年来，我们统筹发展各项社会事业，推进基本公共服务逐步均等化，城市文化软实力大幅增强。

教育事业优先发展，提前两年实现“两基”达标，职教攻坚任务基本完成，义务教育阶段教师绩效工资全部兑现。公共卫生事业加快发展，三级医疗卫生网络不断完善，城乡医药卫生服务体系基本形成，疾病防控能力进一步增强，居民主要健康指标高于全国平均水平。人口计生事业健康发展，完成112个乡镇计生服务站(所)标准化、规范化建设任务，人口自然增长率稳定在控制指标以内，被确定为“全国人口计生综合改革示范市”和“全国流动人口计划生育基本公共服务均等化试点城市”。村村通广播电视任务圆满完成。《大地飞歌》品牌进一步提升，《苍天有泪》、《海棠亭》等一批文化精品成功推出，《旅店夜话》荣获全国小戏小品大赛优秀剧目奖。南宁电视台与东盟国家电视媒体联合举办四次跨国春晚，扩大对外文化交流。基层文化活动丰富多彩，公共文化服务体系建设实现新的突破。群众体育、竞技体育积极开展，体育产业蓬勃发展，成功举办国际田联世界半程马拉松锦标赛等重大体育赛事。

——平安建设取得新业绩。五年来，我们坚持稳定压倒一切，加强和创新社会管理，努力提高城乡文明程度，以稳定求发展，以发展促稳定、促和谐。

矛盾纠纷“大排查”、“大调处”、“大化解”和领导干部“公开大接访”活动有效开展，“12345”市长公开电话24小时开通，行政复议工作、人民调解机制和农民工维权平台建设不断完善，群众诉求渠道进一步畅通。有效预防和打击各种违法犯罪活动，荣获“全国社会治安综合治理优秀地市”称号。应急管理体系进一步完善，开展地震、地质灾害等一系列全市性应急演练，应对突发公共事件能力得到提高。安全生产形势持续稳定好转，各类事故死亡人数年均下降7.40%。

坚持不懈开展文明城市、文明村镇、文明单位创建活动，塑造和弘扬“能帮就帮、敢做善成”的南宁精神，发展环境不断优化，市民文明素质普遍提高。连续4次荣获“全国双拥模范城”、5次荣获自治区“双拥模范城”称号。城市少数民族流动人员服务管理“南宁模式”成为国家民族事务服务体系五大模式之一，我市民族关系监测评价处置工作走在全国前列，荣获“全国民族团结进步先进集体”称号。

政府自身建设不断加强。认真执行人大及其常委会的决议、决定，自觉接受人大、政协和社会监督，共办理自治区和市人大议案、代表建议1158件，政协提案2214件，办结率100%。全面推进依法行政，严格按程序起草、审议、发布文件，提请审议地方性法规草案13件，出台政府规章40件。推进政务公开，实行首问负责制、限时办结制和责任追究制。开展深入学习实践科学发展观和创先争优等活动，工作作风进一步转变。

侨务、宗教、监察、审计、统计、人防、农机、供销、地震、档案、地方志、老龄、社会科学、机关事务管理、工会、共青团、妇联、科协、残联等市直部门和单位都做了大量工作，国家安全、金融、保险、税务、通信、邮政、供电、烟草专卖、工商、食品药品监督、质量技术监督、气象、铁路、民航、海关、海事、边防、检验检疫等中央、自治区驻邕单位，为我市经济社会发展提供有力保障，作出积极贡献。

刚刚过去的2010年，是实施“十一五”规划的决胜之年。我们努力克服自然灾害多发重发、外部环境复杂多变等不利影响，着力调结构、促转变、增实力、重民生、建和谐，深入开展“四个年”主题活动，全力打好五场攻坚战，巩固和扩大全市经济社会发展的良好势头。地区生产总值增长14.20%，财政收入增长30.13%，全社会固定资产投资增长42.06%，全部工业总产值增长28.99%，社会消费品零售总额增长20%，外商直接投资增长18.62%，万元生产总值能耗降低2.10%，化学需氧量排放量削减3%，二氧化硫排放量不增加，城镇居民人均可支配收入增长10.94%，农民人均纯收入增长14.15%，居民消费价格总水平上涨2.6%，城镇新增就业7.38万人，城镇登记失业率控制在3.69%，人口自然增长率控制在8.36‰，较好地完成市十二届人大八次会议确定的预期目标，“十一五”圆满收官，为“十二五”顺利开局奠定坚实的基础。

2010年，我们突出做好以下工作。

（一）突出“壮二提三强一”战略，调整优化产业结构

工业经济加快回升，实现生产、投资和效益增长“三个同步”。规模以上工业总产值1288.69亿元，比上年增长31.32%；工业投资354.07亿元，增长46.41%；规模以上工业效益指数261.70，提高32.85个点；利润63.76亿元，增长87.83%。新增规模以上企业182家，亿元企业75家。服务业快速发展，对经济增长的贡献率达50.60%。消费市场繁荣活跃，汽车和旅游等消费热点持续升温，实现国内旅游收入234.10亿元，增长30.77%。农业稳步发展，实现农作物种植面积、主要农产品产量、农林牧渔业总产值“三个增长”。农林牧渔业总产值403.27亿元，比上年增长5.89%。粮食总产量211.90万吨，再创历史新高，粮食播种面积和总产均居自治区第一。

（二）突出“四个年”主题活动，全力打好五场攻坚战

开展“项目建设年”活动，全年施工项目（不含房地产）比上年增加334个，新开工项目增加9个，竣工投产项目增加368个；100个重点建设项目在建80个，完成投资180.99亿元，开工项目数、完成投资量均超过上年；推进自治区层面重大项目建设82个，完成投资151.80亿元。开展“服务企业年”活动，坚持市领导联系企业制度，累计办结企业提出需政府协调解决的问题350多项，办结率95%以上。开展“发展环境建设年”活动，投资环境评价满意度居全区首位，发展环境进一步优化。开展“党组织建设年”活动，基层建设得到加强，创先争优蔚然成风。

打好工业经济振兴攻坚战，安排战略产业培育、工业用地储备、工业发展等专项资金，推进一批重大项目建设，扶持一批重点企业发展，总产值、技改投资、亿元企业建设等工业振兴年度目标全部完成。打好五象新区开发攻坚战，完成投资69.40亿元，为年度计划的138.80%，新区开发大工地场面形成。打好产业园区建设攻坚战，完成投资85.40亿元，为年度计划的106.80%；建成工业标准厂房77.50万平方米，为年度计划的193.80%。打好交通基础设施完善攻坚战，完成投资231.87亿元，为年度计划的100.81%，58个重点项目开工45个，城市轻轨、老口航运枢纽工程获国家批准，机场新航站区、火车东站等项目建设取得重大进展。打好打造“中国水城”攻坚战，完成投资26.79亿元，为年度计划的112.33%，民歌湖—竹排江、明月湖（心圩江）、相思湖、青秀湖四大河湖主题公园基本建成，水城核心景观效果初显。

（三）突出城乡统筹发展，巩固强化“三农”工作

采取“市统贷、县（区）用、县（区）还”模式，用好19.60亿元贷款，加强县（区）工业园区基础设施建设，打造特色鲜明、比较优势突出的县（区）产业园区和工业集中区。积极发展农村商贸、物流、旅游等服务业，宾阳炮龙节、横县茉莉花节、上林生态旅游养生节、马山文化旅游美食节等文化旅游活动异彩纷呈。大力发展劳务经济，新增农村劳动力转移就业8.94万人。加强农村基础设施建设，改善农民生产生活条件。建成农村公路523.93公里，完成115座病险水库除险加固，解决35.39万人饮水困难和安全问题，新建沼气池4820座。实施城乡风貌改造工程，推进新农村建设。完成10407户农村房屋外立面改造、10719户农村危房改造和24个村屯综合整治，开展了12个新农村示范村建设。顺利实施第三批整村推进贫困村扶贫开发，涉及91个贫困村，减少贫困人口5万人。

（四）突出生态宜居目标，提升城市建设管理水平

全年实施城建项目392个，完成投资256.77亿元。南湖隧道、东葛路延长线、五象大道八尺江桥等一批路桥项目建成通车，市急救中心新址、滨水公园投入使用，7座生活垃圾综合处理（转运）工程主体竣工，江南污水处理厂二期和□东污水处理厂三期通水试运行，五象污水处理厂一期开工建设，市妇女儿童活动中心、科技馆、民歌博物馆、邕江大学新校区等大型项目建设加快，城市公共公益设施更加完善。荣获“全国可再生能源建筑应用示范城市”称号。实施“数字城管”系统二期扩容工程，城市应急管理体系进一步完善。安排2092万元专项资金，补助17项工业节能技改项目，淘汰落后产能，完成节能减排年度目标。全年城市空气质量优良率达到95.60%。

创建国家卫生城市工作通过暗访和技术评估，整体卫生水平达到《国家卫生城市标准》的要求。

（五）突出改革开放合作，增强发展动力活力

新一轮政府机构改革顺利进行。国有资产管理体制和运行机制进一步理顺。市属资产经营公司加快转型，国企改革改制稳步推进。发放安置费1.51亿元，分流安置19家特困破产企业的职工。政府投融资体制改革继续深化，筹集落实城建项目资金319.38亿元。城投公司成功发售企业债，绿城水务股份公司上市申报材料被证监会受理。统筹城乡综合配套改革启动实施，确定2个城区、6个乡镇作为试点。深化与东盟的区域合作，协助自治区成功承办中国—东盟自贸区论坛及自贸区建成仪式、中越青年大联欢活动等重大国际活动。招商引资取得新进展，全年引进内外资合同项目820个，合同引进资金1038.42亿元，比上年同期增长22.35%；实际到位资金551.83亿元，增长22.11%。新批外商投资企业73家，合同外资额7.07亿美元，增长35.18%；直接利用外资3.30亿美元（商务部口径），增长18.62%。

（六）突出保障改善民生，促进社会和谐稳定

20件为民办实事项目基本完成，一批关乎群众切身利益的实际问题得到解决。全年安排使用再就业保障资金1.35亿元，组织下岗失业人员实现再就业培训1.57万人，帮助2.38万人实

现再就业。以非公企业员工、大学生和农民工为重点的社会保险扩面工作力度加大，覆盖城乡的社会保障体系加速形成，城乡低保实现应保尽保。全年新建廉租房2016套、续建3379套、竣工2203套，竣工经济适用房5657套，对符合条件的家庭实行经济适用房货币补贴，我市首个公共租赁房项目"环卫公寓"开工建设，限价商品房建设加快推进，危旧房改房改造、棚户区改造启动实施。全市(含县区)教育投入43.60亿元，剔除上级追加因素，比上年增长39.08%。在全区率先建立城乡一体的医疗救助制度，新型农村合作医疗参合率达92.57%。完成自治区下达的49个村级公共服务中心建设任务。南宁孔庙迁建竣工并正式对外开放。完成2580个自然村通广播电视工程，解决7.74万户听广播看电视难问题。"平安南宁"与"和谐稳定模范市"建设稳步推进，群体性事件和信访总量下降，困扰我市多年的"出嫁女"问题得到基本解决。安全生产平稳运行，各类安全事故起数、死亡人数有所下降，控制在自治区下达的指标之内。

五年来，我市发生一系列深刻变化：城市国际化要素逐步显现，开放包容的国际化城市形象得到广泛认同，逐步成为中国—东盟开放合作的重要前沿中心城市；融入广西北部湾经济区开放开发成效显著，核心城市地位进一步提升，在打造我国沿海经济发展新一极中发挥重要推动作用；"中国绿城"成为靓丽名片，荣获全球人居领域最高奖——联合国人居奖，全国环境领域最高社会奖——中华宝钢环境奖，现代生态宜居城市品牌进一步打响；荣获"全国文明城市"、"全国未成年人思想道德教育工作先进城市"称号，走出了一条后发展欠发达地区加快精神文明建设步伐的新路子；"大地飞歌"唱响世界，南宁成为"天下民歌眷恋的地方"，一座面向中国—东盟开放合作的区域性国际城市正在快速崛起！

回顾五年来的工作，我们清醒地认识到，我市总体上仍属后发展欠发达地区，仍存在一些突出问题。主要是：经济总量不够大，产业竞争力不够强，工业仍然是产业发展的"短腿"，高端服务业发展不足；城乡区域发展不够协调，中心城市功能不够完善，县域经济实力不够强；开放合作水平不够高，参与国际竞争的能力不够突出；社会发展不够协调，城乡公共服务保障水平不够高。我们一定要居安思危，认真解决存在的突出矛盾和问题，推动经济社会发展再上新台阶，不断满足人民群众过上更好生活新期待，让人民群众生活得更加幸福，更有尊严！

二、"十二五"时期展望

根据《中共南宁市委关于制定国民经济和社会发展第十二个五年规划的建议》，我们制定《南宁市国民经济和社会发展第十二个五年规划纲要(草案)》，提出未来五年我市经济社会发展的总体要求、奋斗目标和主要任务。

总体要求是：高举中国特色社会主义伟大旗帜，以邓小平理论和"三个代表"重要思想为指导，深入贯彻落实科学发展观，以推动科学发展、加快发展、率先发展、和谐发展为主题，以加快转变经济发展方式为主线，深入实施西部大开发战略和"富民强桂"战略，加快推进工业化、城镇化、信息化、市场化、国际化，更加注重深化开放合作、加快构筑内陆开放型经济战略高地，更加注重打造"三基地三中心"、加快构建现代产业体系，更加注重完善基础设施和改善生态环境、加快建设现代生态宜居城市，更加注重统筹城乡发展、加快推进城乡一体化进程，更加注重保障和改善民生、加快促进基本公共服务均等化，努力保持经济长期平稳较快发展和社会和谐稳定，加快建设区域性国际城市和广西"首善之区"，为在全区率先实现全面建设小康社会目标奠定坚实的基础。

奋斗目标是：综合实力显著增强，城市综合竞争力明显提高，经济总量占全区的比重继续提升，"三基地三中心"建设成效更加显著，区域中心城市地位更加凸显，中国—东盟合作交流平台更加完善，"中国绿城"、"中国水城"形象更加突出，城市更加宜居，社会更加和谐，开放型经济战略高地架构基本确立，区域性国际城市和广西"首善之区""中期显成效"目标基本实现，在全区率先实现全面建设小康社会目标的基础更加坚实。

——经济综合实力迈上新台阶。地区生产总值年均增长11%，财政收入年均增长15%，力争期末实现地区生产总值比2010年翻一番，财政收入、全社会固定资产投资、工业增加值、社会消费品零售总额翻一番以上，经济总量占全区的比重进一步提升、在全国五个自治区首府城市排位居首、在西部省会(首府)城市排位居前、在全国大中城市排位前移。

——经济结构优化迈上新台阶。需求结构、供给结构、要素投入结构更加优化，三次产业协调发展，现代产业体系加快形成，工业增加值占地区生产总值的比重提高到32%，服务业增加值占地区生产总值的比重达51%以上。

——改革开放合作迈上新台阶。重点领域和关键环节的改革实现新突破，逐步形成规范、科学、高效的体制机制新优势。对外扩大开放与国内区域合作更加深入，保税物流体系基本完善，城市国际化程度进一步提升。出口年均增长20%以上，外商直接投资年均增长15%以上。

——生态文明建设迈上新台阶。万元生产总值综合能耗保持全区先进水平，主要污染物排放总量控制在自治区下达的指标以内。"中国绿城"、"中国水城"建设取得新成效，生态环境质量保持全国领先水平。森林覆盖率达到46.50%，城市水环境功能区水质达标率达到100%，城市空气环境质量优良率达到95%以上，农村生活饮用水卫生合格率达到90%。

——城乡协调发展迈上新台阶。城镇化率提高10个百分点以上，中心城市功能更加完善，南宁都市圈逐步形成。新农村建设和统筹城乡协调发展取得新成效，在全市基本建立城乡一体化发展新机制。

——自主创新能力迈上新台阶。实施科教兴市和人才强市战略取得新成效，创新型城市建设取得新进展，经济增长的科技含量提高。全社会研发经费支出占地区生产总值比重达2.50%。

——公共服务能力迈上新台阶。覆盖城乡居民的基本公共服务体系逐步完善，均等化程度有效提高。统筹城乡的社会保障体系更加健全，覆盖率明显提高。充分就业城市初步建成，年均城镇新增就业人数7万人以上，城镇登记失业率控制在4.50%以内。教育质量和均衡水平进一步提高，全市九年义务教育巩固率达93%。

——人民生活水平迈上新台阶。人口自然增长率控制在年均增长10‰以内。城镇居民人均可支配收入年均增长11%以上，农村居民人均纯收入年均增长12%以上。

主要任务是：

(一)构筑内陆开放型经济战略高地

国家新一轮西部大开发战略对南宁提出构筑内陆开放型经济战略高地的新定位、新要求，我们要充分利用中国—东盟博览会、中国—东盟商务与投资峰会等重要合作平台，进一步发挥“南宁渠道”作用，不断扩大对外开放，推动南宁成为国际性生产要素集散中心和文化交流传播中心，逐步构建以面向东盟开放为重点、国内区域合作为基础、产业发展为支柱、经贸合作为内容的内陆开放型经济战略高地框架。要积极推动南宁保税物流中心提升为综合保税区，加快建设国家加工贸易梯度转移重点承接地、国家和自治区加工出口基地、服务外包基地及面向东盟的商务总部基地；规划建设1~2个开放型经济试验区，使之成为构建开放型经济战略高地的先行区和示范区，打造内陆开放型经济支撑平台。

（二）构建现代产业体系

深入实施“壮二提三强一”战略，加快构建现代产业体系。到2015年，力争全部工业增加值突破1000亿元。

发展壮大现代工业。围绕加快建设区域性先进制造业基地，推动铝加工、机械与装备制造、现代化工、轻纺、新型建材、特色造纸及纸品深加工、电子信息、食品加工等八大产业成为优势产业，力争期末各产业总产值达到3400亿元以上。依托国家高技术生物产业基地，大力发展生物能源、生物医药、节能环保等战略性新兴产业，力争期末总产值达到350亿元以上。

加快提升现代服务业。优先发展现代物流、金融、信息、商务会展等生产性服务业，优化发展商贸流通、旅游、房地产、餐饮等生活性服务业，加快建设区域性商贸物流基地、信息交流中心和金融中心，推动南宁成为具有较强影响力和辐射力的区域性现代服务业中心。

大力发展现代农业。着力推进农业产业化，走循环、高效、特色化的农业发展之路，加快建设区域性特色农业基地，建设一批特色优势种植基地、养殖基地，培育一批产值超10亿元的龙头企业，加快建设新型农业社会化服务体系。

加快壮大园区经济。推动高新区、经开区扩区，力争东盟经开区、六景工业园升格为国家级开发区。期末形成工业总产值达1000亿元的开发区1个，500~1000亿元的开发区1个、300~500亿元的开发区3个、100~300亿元的开发区4个，开发区和工业集中区工业总产值超3000亿元。

培育发展总部经济。重点建设五象新区总部基地，统筹发展其他特色总部集聚区。

（三）完善现代化基础设施

加快构建功能完善、运行高效、城乡一体的现代化基础设施体系，为构筑内陆开放型经济战略高地和全市经济社会发展提供有力支撑。

建设区域性现代综合交通枢纽中心。配合自治区推进连接东南亚、通往周边省市的铁路网及一批高速公路、国道、省道公路网建设。抓好火车东站、吴圩机场扩建、郁江老口航运枢纽、邕宁梯级水利枢纽及南宁港口工程等重点项目建设。畅通进出市区通道，构建市县（区）“一小时交通圈”。完善市区跨江交通设施，建设东西向和南北向快速路，加快轨道交通一号线工程，建设城市快速公交系统。

建立城乡一体的市政设施体系。完善供排水、供气、通讯等基础设施，重点建设南宁电厂、郁江老口水电站等能源项目，发展生物质、太阳能、清洁能源等新能源，增强城市服务功能。加快水利基础设施建设。加强防洪堤建设，把市区防洪能力提高到200年一遇以上，沿江县城防洪能力达到50年一遇以上。

（四）统筹城乡协调发展

加快建设南宁都市圈，构筑与超大城市人口承载能力和区域性国际城市要求相适应的城镇体系，形成功能合理、各具特色、协调共进的城乡一体化发展格局。

落实主体功能区规划，坚持“中心城市提升、副中心城市跨越、小城市和城镇多极并举、城镇轴线组团发展”的空间发展策略，推动形成“一中心、三副中心、若干片区中心”的城镇等级规模结构。

突出发展中心城区，重点向南、向东发展，争取期末城市建成区面积达到300平方公里、人口达到300万；加快推动武鸣县、横县、宾阳县县城建成中等城市，一批重点镇成为工业型、商贸型、交通型、旅游型等各具特色的城镇。

统筹制定城乡发展规划，统筹城乡产业发展，推进新农村建设和扶贫开发，加快发展和壮大县（区）经济，逐步建立城乡联动发展的体制机制。

（五）创建生态文明示范区

坚持“生态立市，绿色发展”，创建资源节约型和环境友好型社会，力争在全区率先建成生态文明示范区。

推进节能减排。坚决淘汰“高耗能、高污染、高排放”的工艺装备和落后产能，加强环保基础设施建设及水、大气、噪声、重金属等污染防治。发展低碳产业，倡导绿色消费。

发展循环经济。实行资源利用总量控制，抓好节能、节水、节地，推进资源节约和可再生资源开发。推动工业园区生态化设计，在制糖、造纸、有色金属、建材等重点行业构建循环经济产业链。

加强环境保护。实施严格的生态功能区保护政策，加强山体、森林、水系等保护利用和地质灾害防治，建设中心城区第二饮用水源。推进退耕还林、石漠化治理、重点公益林保护等工程及一批自然保护区建设。

提升“中国绿城”。创建国家森林城市，建设百里环城森林生态圈，推进邕江两侧绿化综合整治，新建、扩建一批公园和街头游园。争取期末城市建成区绿化覆盖率达41.50%，人均公园绿地面积达13.50平方米。

打造“中国水城”。推进城市内河综合整治，实施内河湖泊补水工程，提高水面率，打造环城水系，建设“百湖之城”，争取期末城市水域面积率达10%左右，形成“中国水城”基本框架。

（六）建设创新型南宁

围绕国家和自治区中长期科技、教育、人才规划纲要提出的发展目标，深入实施科教兴市和人才强市战略，加快建设国家创新型城市。

加强科技创新能力建设。完善鼓励创新政策，推进区域创新基地和创新体系建设，加强支柱产业和电子信息、生物医药、新材料、生物能源等战略性新兴产业工程技术研究中心、重点实验室、战略产业联盟等创新基地建设，把南宁打造成为国家创新体系的重要节点。

优先发展教育。围绕打造“学在南宁”品牌，力争期末每个县（区）建成1~2所自治区级示范幼儿园，每个乡镇至少建成1所公办中心幼儿园，各类型教育毛入学率均有提高，学前三年毛入园率达75%，学前一年毛入园率95%，九年义务教育巩固率93%，适龄残疾儿童入学率90%，高中阶段毛入学率93%，在全区率先普及高中教育。

建设人力资源强市。以人才小高地建设为重点，创新人才开发政策，打造海内外各类高层次人才聚集平台。加大党政人才、企业经营管理人才、专业技术人才、高技能人才、农村实用人才、社会工作人才引进培养力度，充分发挥人才作用，注重人才的继续教育和培训。

(七)提升文化软实力

坚持先进文化方向，繁荣文化事业，发展文化产业，推进公共文化服务体系建设，积极创建全国历史文化名城，把南宁建设成为有更大区域性国际影响力的文化中心和交流枢纽。

加强精神文明建设，弘扬“能帮就帮、敢做善成”南宁精神。提升民歌艺术节品牌，打造民歌艺术节产业链，发展新型文化业态，打造区域性文化产品交易平台。加快新闻出版和广播影视事业发展，提高文化传播水平。广泛开展全民健身活动，扩大体育国际交流，支持体育产业发展。积极申办国际性体育赛事，协助自治区筹划举办中国—东盟城市运动会。加快建设覆盖城乡的公共文体基础设施，推进广西体育中心二、三期和广西文化艺术中心、文化交易中心、南宁博物馆、南宁中心图书馆等标志性文体设施建设。加强与东盟各国的文化合作与交流。

(八)加强保障和改善民生

坚持以民为本、富民优先，以保障和改善民生作为发展的落脚点，合理配置公共服务资源，提高基本公共服务供给能力，推进公共服务均等化，让人民群众共享改革发展成果。

积极建设充分就业城市，拓展就业渠道，做好返乡农民工、高校毕业生、残疾人员、退役军人等群体的就业服务，帮助零就业家庭、失地农民解决就业困难。健全城乡社会保障体系，提高覆盖率，落实城镇职工基本养老保险关系转移接续政策，推动事业单位养老保险制度改革，实现新型农村社会养老保险制度全覆盖，完善城乡居民最低生活保障制度和农村五保供养制度。加快构建多层次住房保障体系，扩大廉租房覆盖面，积极发展公租房，加大棚户区、危旧房改房改造力度。统筹发展卫生、人口计生等社会事业，推进医药卫生体制改革，全面实施国家基本药物制度，加快建设覆盖城乡的公共卫生服务体系、医疗服务和保障体系；稳定低生育水平，提高人口素质。发展妇女儿童事业，积极应对老龄化问题。

(九)促进社会和谐稳定

围绕建设平安南宁，加强基层基础建设，完善社情民意调查网络，建立重大项目建设和重大政策出台维稳风险评估机制，及时预警、防范、排查、调处各类社会矛盾纠纷；加强社会治安防控体系建设，深化重点地区综合治理；高度重视安全生产、消防、防洪、防震、防地质灾害等工作，推进应急联动指挥平台建设，健全应急管理和处置体系；创新社会管理，优化流动人口、特殊人群服务管理，探索居住证、户籍制度改革等服务管理新模式；促进民族团结和共同发展，创建全国民族团结模范城市。

(十)深化体制机制改革

加快重要领域和关键环节的改革步伐，推动体制机制创新，建立健全充满活力、富有效率、更加开放、有利于科学发展的体制机制。

加快行政管理体制改革，减少行政许可，完善“一站式”服务，推进审批管理“零收费”。加快经济体制改革，深化国企改革，有效配置国有资本；推进城市建设投融资体制改革，鼓励社会资本投向基础设施和公益事业；加快财税体制改革，增加公共性支出。加快社会领域改革，推进事业单位分类改革，完善城市社区管理机制、政府购买公共服务机制。加快统筹城乡改革，在全区率先建立城乡一体化发展的体制机制。

三、2011年目标和任务

今年全市经济社会发展的主要预期目标是：地区生产总值增长11%，财政收入增长13%，全社会固定资产投资增长20%，全部工业总产值增长20%，社会消费品零售总额增长17%，出口增长10%，外商直接投资增长13%，完成自治区下达的节能减排目标，城镇居民人均可支配收入增长12%，农村居民人均纯收入增长12%，居民消费价格总水平涨幅5%左右，城镇新增就业人数7万人，城镇登记失业率4.50%以下，人口自然增长率9.50‰以下。在实际工作中，我们提出了更高要求，朝着更高的工作目标去努力。围绕上述目标，我们要着力做好以下十方面工作。

(一)着力打造区域性先进制造业基地，加快推进工业经济振兴

继续打好工业经济振兴、产业园区建设攻坚战，推进100个重点项目开工、50个项目续建，完成工业投资460亿元，确保一批项目投产，形成新的工业增长点和推动力，力争全部工业总产值突破2000亿元。

调整产业结构，打造特色产业基地。以产业投资公司对重大产业项目的投入为引导，推进南南铝20万吨铝合金板带型材、3万吨航空用高纯精铝、广发重工搬迁、五菱桂花专用车等项目建设，打造铝加工、中重型机械装备制造基地，培育战略性主导产业。以高新技术和先进适用技术改造提升传统优势产业，推进南化搬迁改造项目尽快开工，劲达兴、永凯造纸项目顺利投产，打造化工、造纸产业基地；推进台湾麦斯集团鞋类及皮革制品项目建设，打造轻纺加工贸易基地；推进珠江啤酒、康师傅饮料、双汇食品、统一饮料、王老吉饮料等项目建设，进一步做大做强制糖业，打造全区最大食品加工基地。积极发展电子信息、生物、新能源、新材料、节能环保等战略性新兴产业，推进富士康高新区项目尽快投产，同步建设沙井产业园项目，策划发展配套项目，打造面向东盟的电子信息产业基地；推进宝塔生物医药产业园、高新区生物医药园等专业园区建设，打造国家高技术生物产业基地。

加强园区建设，提高产业承载力。完成基础设施投资80亿元以上，建设标准厂房40万平方米以上，保持35%以上工业增长速度，力争园区工业总产值突破1000亿元。积极开展扩区扩园工作，探索高新区、经开区与城区、国有农林场合作开发模式，推动东盟经开区升格为国家级开发区，支持以大企业、大集团和战略投资者为主体开发建设“园中园”，拓展园区发展空间。进一步下放经济管理权限，增强园区自我发展能力。

培育龙头企业，提高产业集中度。推进“工业扶优扶强工程”，选择一批产值超5亿元企业，培育产业“旗舰”。推进“工业亿元企业建设工程”，选择一批产值超5000万元企业，培育行业“小巨人”，扩大亿元企业群。推进中小企业成长计划，鼓励中小企业为大企业配套，打造产业链，催生产业群。年内新增产值超50亿元企业1家，超20亿元企业1家，超10亿元企业4家，超亿元企业30家以上，规模以上工业企业40家以上。

(二)着力打造区域性特色农业基地，加快建设农村美好新家园

落实强农惠农政策，加大“三农”投入，实施农业稳产提质

战略,提高农业综合生产能力、抗风险能力和市场竞争能力,促进农业发展方式转变,逐步建立城乡统筹发展的体制机制。

发展粮食、糖蔗、桑蚕、木薯、水果、花茶、蔬菜、畜禽、水产等产业,构建特色优势产业基地。确保粮食、木薯生产全区第一,糖蔗产量平稳增长。建立10个桑蚕生产试验示范点。建成10个水果标准化示范基地,建成2个全国香蕉标准化示范果园,确保香蕉生产全国第一,龙眼、火龙果生产全自治区第一。培育环大明山茶叶生产加工基地,建设标准化、国际化茉莉花生产基地,确保横县茉莉花产销全自治国第一。启动新一轮"菜篮子"工程,加强蔬菜供给应急能力、生产基地特别是冬种基地和标准化示范园区建设,新建4000亩生产基地,新认定1万亩无公害生产基地;促进生猪等家禽生产稳定增长,建设50个标准化健康养殖示范场;保持奶牛养殖全区第一;发展特色优势水产品养殖,建设10个罗非鱼标准化健康养殖示范场,改造3000亩低产鱼塘。

完善现代农业服务体系。加快农业技术推广,以良种良法为重点,提高种养业科技创新水平;以农机农艺结合为重点,提高农业机械化水平和农业生产率;以防控病虫害和应对气象灾害为重点,提升农业防灾减灾技术水平,促进农业可持续发展。加强农产品流通体系建设,完善农产品质量安全检测监管网络,开展农产品质量安全信息追溯试点。

建设农村美好新家园。完成12个乡镇总体规划编制工作,实现市域范围内乡镇规划编制全覆盖。开展村镇规划集中行动,用三年左右时间,逐步实现村镇规划基本覆盖。深入推进城乡风貌改造工程,打造新农村建设示范村,培育工贸强镇(村)、旅游名镇(村)、文化名镇(村)、生态名镇(村)。抓好水利专项规划,市财政安排3000万元资金,用于水利项目前期工作,积极争取中央和自治区资金;打好病险水库除险加固、农村人饮安全和渠系网络完善攻坚战,掀起水利建设新高潮。推进农村电网改造,帮助贫困地区、革命老区修建村屯道路,扶持民族地区交通基础设施建设,新建沼气池4000座以上,解决农村22万人饮水困难和安全问题。

(三)着力打造区域性商贸物流基地和信息交流、金融中心,加快提升服务业层次

大力发展商贸业。继续提升朝阳商圈、□东凤岭商圈,规划建设五一商圈、五象新区商圈,推进建设邕江沿岸商贸带、快环沿线商贸带及一批特色商业街,打造一批大型工业原料、农产品、消费品、大宗商品交易市场。实施农贸市场改造,开展"农超对接"试点,稳定"菜篮子"产品供应。加强对社区商业的培育指导,发展家政服务业。

大力发展物流业。围绕建设全国性物流节点城市,做好与城市交通体系的衔接,统筹推进物流园区布局和建设。加快建设江南、安吉、金桥综合物流园和中国—东盟国际物流基地,规划建设吴圩国际机场综合物流园。推进保税物流中心功能升级并向综合保税区转型,加强口岸"大通关"建设,打造南宁"无水港",初步形成区域性保税物流、国际物流体系。加强冷链物流项目建设,打造西南最大冷链物流基地。完善城市物流配送体系,建设一批大型物流仓储配送中心。推进华南城、大商汇等一批重点物流项目,培育一批物流龙头企业。加快构建公共物流信息平台,促进第三方物流和电子商务物流发展。

大力发展会展业。围绕打造区域性会展经济核心区,依托中国—东盟博览会,发展会展产业群,培育南宁国际民歌艺术节、中国—东盟(南宁)国际汽车展览会、南宁国际学生用品交易会暨中国—东盟(南宁)国际教育展览会、东南亚旅游美食节、横县国际茉莉花节等品牌节会;以中国—东盟商务与投资峰会为龙头,引进国内外大型论坛和专业会议。全力服务好"两会一节",办好中国商务文化节暨国际时尚博览会。

大力发展旅游业。围绕建设国际化旅游城市及重要旅游集散地和目的地,完善旅游基础设施,建设特色旅游项目,开发旅游精品线路,开拓旅游客源市场,推进南宁国际都市休闲旅游区、大明山国际山地生态度假旅游区等重点项目开发建设,加快青秀山、昆仑关、上林金莲湖等一批重点景区改造升级;提升宾阳炮龙节、武鸣三月三歌圩、上林生态旅游养生节、马山黑山羊文化美食节等旅游节庆品牌,开展"月月旅游节"活动。

大力发展信息、金融等其他服务业。深化"数字南宁"建设,培育发展信息市场,加速社会信息化。扶持信息服务业发展,构建南宁软件园。优化金融生态环境,促进金融业加快发展。

(四)着力扩大投资消费,加快转变经济发展方式

继续开展"项目建设年"和"发展环境建设年"活动,突破瓶颈制约,突出抓好中直、区直重点项目,自治区和南宁市层面统筹推进项目、五场攻坚战项目和"双百"重点项目建设,力争全社会固定资产投资突破2000亿元;进一步扩大消费需求,力争社会消费品零售总额突破1000亿元,促进经济增长向主要依靠投资和消费协调拉动转变。

抓好项目前期工作。加强项目储备,推动市、部门及县(区)三级投资项目库建设,充实重点项目库,抓好政府投资项目计划编制工作,提高项目对投资增长的支撑力。强化服务项目意识,完善固定资产投资前期工作服务中心运行机制,优化重点项目审批"绿色通道",推进联审制,提高项目申报、审批效率。

抓好项目融资工作。积极争取中央和自治区资金。深化政银企合作,充分发挥国有融资平台作用,拓展银行信贷融资主渠道。探索投资主体多元化、融资方式多样化、运作方式市场化的城市建设新机制,推广采用资产融资租赁、BT、BOT等直接融资方式。采取扶持企业改制上市、建立融资担保风险补偿机制争取银行贷款等有效措施,缓解中小企业融资难问题。加强招商引资,鼓励民间投资,扩大社会投资。

抓好项目供地工作。力争我市更多的项目纳入中央扩大内需项目、自治区层面统筹推进重大项目和重大民生工程,抓好土地收储工作,缓解项目用地压力。完善征地拆迁政策和机制,妥善解决征地拆迁历史遗留问题。创新安置模式,引进社会资金加快安置房建设,尽力做到"先安置、后拆迁"。坚决制止违法占地、违法建设,加大闲置土地清理力度,对征而未供、项目不落实的批次用地,依法调整用于新的急需建设项目,提高有效供地率。

抓好项目推进工作。强化业主管理项目责任、市领导联系项目责任,健全项目协调例会等推进机制,扫清项目建设障碍。加强施工管理,加快施工进度,确保投资完成量。加强项目督查,改进政府投资项目建设管理,确保资金安全和工程质量过硬。

积极扩大消费需求。适应消费升级转型的需要,培育餐饮、旅游、健身、休闲、娱乐、教育、文化等消费热点。积极开展各类促消费活动,继续办好南宁消费购物节。开展家电汽车"以旧换新"活动,推进"家电下乡"、"摩托车下乡"。加强对生活必需品市场调控,做好市场供应及价格监测工作,力促市场货丰价稳。

(五)着力打好五象新区开发、交通基础设施完善、打造"中国水城"攻坚战,加快建设现代生态宜居城市

围绕建设超大城市,开发新区、优化布局,改造旧城、完善

功能，提升南宁城市国际化程度、广西城市首位度和在广西北部湾经济区及中国—东盟自由贸易区中的地位与作用。

继续打好五象新区开发攻坚战。实施“三馆带三街”（即广西城市规划建设展示馆、美术馆、铜鼓博物馆和金融街、文化街、民族风情街）的组团布局，加快总部基地、中国—东盟国际物流基地及广西文化城、广西体育城建设，尽快形成新的城市中心。突出抓好路网建设、重大公益项目、总部基地项目、房地产及回建安置项目建设五大重点，力争全年完成投资60亿元以上，平乐大道、玉洞大道二期、龙岗大道二期、银海大道二期等主干道全线贯通，总部基地路网13条道路、蟠龙片区路网19条道路建成使用，新区路网框架基本形成，年底路网覆盖面积达100平方千米以上。

继续打好交通基础设施完善攻坚战。进一步完善区市联系机制，推进58个项目建设，计划投资280亿元，力争完成300亿元，加快构建顺畅便捷的出市、出城和市区交通网络。城市公交方面，重点抓好轨道交通一号线一期工程。铁路方面，续建火车东站，推进云桂、南广铁路等项目建设。公路方面，加快外环高速（三岸收费站外移）、六景至钦州港、来宾至马山、马山至平果高速、柳州至南宁第二通道高速及西乡塘客运站、货运南站等公路运输枢纽场站建设。民航方面，续建吴圩机场航站楼扩建工程，加快建设南宁国际门户枢纽机场。黄金水道方面，续建南宁港一期工程，新开工老口水利枢纽项目，加快邕宁梯级水利枢纽项目前期工作。

继续打好打造“中国水城”攻坚战。计划实施45个项目，完成投资36.83亿元，打造“两江八湖”美景（“两江”：指竹排江、可心江；“八湖”：指南湖、民歌湖、茅桥东湖、茅桥西湖、青秀湖、相思湖、可利湖、明月湖）。重点完善提升南湖—竹排江—民歌湖工程、明月湖环境综合整治一二期等10项续建工程，推进凤凰江、沙江河环境综合整治等5个新建项目，推进黄茅坪冲沟上游综合整治、青秀湖公园东段工程等5个项目前期工作，尽快形成“水畅、湖清、岸绿、景美”的城市核心水系景观。加强内河长效管理，加快邕江两岸改造，绿化、美化、彩化邕江两岸。

继续推进新区开发与旧城改造。完善凤岭片区基础设施，加快凤岭南路、高坡岭路等项目建设，开工建设凤岭北片区路网完善工程，力争年内路网成型。规划建设吴圩空港新城，整合建设相思湖新区及五合大学城，加快外东环地区发展。启动旧城改造三年计划，探索旧城改造新模式，重点突破5~6个旧改片区的招商出让、改造建设工作，力争推进1~2个政府主导、净地出让的旧城改造试点项目。完善城中村改造建设管理政策，启动实施邕江沿岸混合用地综合改造工程。

继续提升城市规划管理水平。根据“十二五”规划，完善近期建设规划，抓好各类控制性详细规划和专项规划的编制、修编工作，提高规划编制质量。提升“中国绿城”，打造“中国水城”，做好山、水、树文章，构建以水为主，山、水、林结合的城市生态景观。强化规划执法，坚决制止乱搭乱建等违章违法行为。抓好“数字城管”系统升级，推进数字化城管向县域延伸。抓好“城乡清洁工程”向乡镇、城中村、城乡结合部拓展延伸，加强市容市貌综合整治，建立城市卫生管理长效机制，防止“五乱”现象反弹。综合施策、多措并举，治理城市交通拥堵。

（六）着力推进节能减排，加快建设生态文明示范市

积极创建国家森林城市、国家生态园林城市，争取年内各项指标达标。开展“绿满南宁造林绿化工程”，新种大树20万株。基本建成开放体育休闲公园、凤岭儿童公园、五象新区滨江公园、青秀湖公园；启动建设邕江滨水公园二期、安吉花卉公园二期、江南公园、青秀山森林植物园。

积极创建国家环保模范城市。强化目标责任管理和监督检查，推进节能减排。高度重视建筑节能，突出抓好重点耗能行业节能，实施淀粉、酒精、制糖等行业废水治理和垃圾废液、污泥治理工程。继续提高城镇污水集中处理率和垃圾无害化处理率，培育环保产业。推行清洁生产，发展循环经济。启动重金属污染防治，推进机动车尾气、城市道路和工地扬尘污染防治。加强农村环境保护，加大水源地及其汇水区污染治理力度，全面实施农村连片综合整治规划。

（七）着力保障和改善民生，加快建设社会和谐稳定模范市

实施积极的就业政策。健全面向全社会劳动者的创业服务体系，推进国家级创业型城市建设，促进以创业带动就业，在每个城区新建1~2条“创业街”。强化失业调控，推出一批充分就业示范社区。打破城乡分割，建立面向全体劳动者的职业培训制度，引导农村劳动力有序转移就业，培训进城务工人员、农村转移就业劳动力5万人。

加强社会保障体系建设。以城镇无收入人员、老工伤人员、农民工、灵活就业人员、被征地农民等特殊群体为扩面重点，深化保基本、广覆盖、分层次、可持续的社会保障体系建设。新增基本养老、工伤保险参保人员2.10万人、5万人，城镇职工、城镇居民基本医疗保险和新型农村合作医疗保险参保率均达90%以上。完善社会救助制度，提高城乡低保、农村五保供养标准，把各县职工失业保险待遇提到市本级水平，逐步解决关闭破产国企退休人员医疗保障问题。完善住房保障政策，做好保障性安居工程补缺增量工作，新开工建设廉租房3000套，续建3100套，年内实施廉租房保障25000户；新开工建设（筹集）公共租赁房4000套，续建1550套；加大棚户区改造、危旧房改房及农村危房改造力度，逐步建立起多层次的住房保障体系。

加强公共医疗卫生工作。积极稳妥推进医疗卫生体制改革，加快完善国家基本药物制度、新型农村合作医疗制度，健全基层医疗卫生服务体系、城市社区卫生服务体系，推进公立医院改革，促进基本公共卫生服务逐步均等化。做好传染病、重大疾病防控和卫生应急工作，加快艾滋病治疗关怀中心等一批重点项目建设。广泛开展爱国卫生运动，建设健康城市。加强食品药品安全监管，有效防范和遏制重特大食品药品安全事件发生。加强人口计生社会管理和公共服务网络建设，促进人口长期均衡发展。

全力维护社会稳定。加强和改进信访工作，继续实施多部门联合接访和全市“公开大接访暨与民沟通日”活动，办好“信访绿色邮政”，提高群众满意度。加快应急联动系统升级，提升应急处置能力和水平。推进社会治安视频监控工程建设，完善“大防控”体系，加强社会治安综合治理，开展新一轮禁毒、防艾人民战争和“平安南宁”创建活动，维护公共安全。严格执行安全生产目标管理考核和“一岗双责”制度，加强重点行业和领域监管，强化安全隐患排查治理，切实提高防范和处置重特大事故能力。

继续为民办实事。安排财政资金21.78亿元，办好20项实事工程，解决一批关系群众切身利益的突出问题。加强价格监管和市场调控，抑制食品、住房等价格过快上涨。积极应对人口

老龄化，发展老年人关怀事业，推进城市“居家养老”服务体系建设。发展扶残助困事业，帮助残疾人家庭建设无障碍设施，为智力残疾、精神残疾和重度身体残疾人员提供托养服务，支持市社会福利院儿童引导式教育楼建设。

（八）着力发展文化事业和文化产业，加快提升城市文化软实力

优先发展教育事业。足额安排经费投入，确保九年义务教育巩固率提高1个百分点。落实资助学生政策，努力解决贫困家庭学生“读不起书”问题。实施校舍安全工程，对存在安全隐患的中小学校舍进行加固改造、重建或避险搬迁。启动实施“全区中小学校规划布局调整试点城市”工作，调整优化学校布局，推进住宅小区配套义务教育阶段学校、幼儿园建设。提升高中教育、职业教育、高等教育办学质量。加强教育国际交流与合作。加快推进邕江大学新校区等重点教育项目建设。

繁荣发展文化事业和产业。加快建设市博物馆、南宁民族艺术基地、广西文化艺术中心和民歌博物馆等一批城市标志性文化设施，推进乡镇综合文化站、村级公共服务中心建设，完善公共文化设施和服务体系。开展“万场电影下乡”、“百戏下乡”、“乡村文艺大展演”等群众性文化活动，丰富基层群众文化生活。积极发掘历史文化遗产，加强非物质文化遗产保护和开发。大力发展文化产业，创作精品文化，打造一批本地特色和民族特色文化品牌，促进网络文化、动漫等文化创意产业发展。进一步拓展与东盟国家的文化交流和合作。推进广播影视公共服务体系建设，确保广播电视安全播出。

积极发展体育事业和产业。广泛开展全民健身活动，抓好竞技体育和业余训练。加快南宁体育运动学校、广西体育中心等项目建设。办好国际龙舟邀请赛、国际半程马拉松赛、国际棋牌邀请赛等重大体育赛事，组团参加第七届全国城市运动会，启动2014年世界体操锦标赛申办工作。

加强精神文明建设。巩固深化全国文明城市创建成果，推进城乡精神文明创建工作。加强公民思想道德建设，深入开展“和谐建设在基层”和社会志愿服务活动，大力弘扬“能帮就帮，敢做善成”南宁精神。开展争创“全国双拥模范城市”活动，巩固军政军民团结。

（九）着力扩大开放合作，加快发展开放型经济

深化区域合作。积极推动南宁—新加坡经济走廊建设，参与泛北部湾经济区合作及大湄公河次区域合作。培育区域性国际商务市场，制定扶持东盟商务区12国园区商业街发展的政策措施，确保在今年中国—东盟博览会期间开街，使之充分体现12国特色，成为对外交流合作的示范区，打造永不落幕的国际博览会。深化与长三角、珠三角、港澳台及日、韩等发达国家和地区的交流合作，积极承接东部产业转移，争取成为国家“落实内地与港澳关于建立更紧密经贸关系的安排”示范城市。主动承接“北钦防”石化、钢铁、林浆纸、能源等产业链延伸，发展配套产业。

扩大招商引资。充分利用中国—东盟博览会平台和12国商业街的作用，增进与境外商（协）会、知名企业及国际投资促进机构的联系沟通，拓宽境外招商网络和渠道。加强境内、境外招商，抓好招商服务和项目“大兑现”工作，提高合同履约率、资金到位率和项目开工率。

发展外经外贸。用足用好国家和自治区外贸优惠政策，扩大与东盟、日韩贸易规模，巩固欧美市场，拓展非洲和拉美市场。培植外贸出口企业，调整出口商品结构，扶持大宗优势产品、机电和高新技术产品出口，发展转口贸易。加快农产品加工出口基地建设，培育优势农产品出口产业。培育“走出去”主体，引导扶持企业到境外特别是东盟国家投资办厂、设立营销网点和售后服务机构，开展境外工程承包。

（十）着力深化改革创新，加快完善科学发展体制机制

深化重点领域和关键环节改革。完成新一轮政府机构改革。推进扩权强县改革，全面实施自治区直管县财政体制，调整理顺市、县（区）两级财政税收分成关系，加强社会综合治税工作。积极稳妥推进资源性产品价格和环保收费改革。深化集体林权制度改革、国有林场和国有林区改革。推进统筹城乡改革、农村小型水利体制和农村公路建设管理养护体制改革。

加强自主创新和人才队伍建设。推进创新型城市和国家科技进步示范市建设，深入实施自主创新战略，启动实施第五轮创新计划，突破一批重要领域核心技术和行业共性关键技术。推进人才强市战略，实施重点人才开发工程，培养和引进高层次创新创业型人才，大力开发农村、基层一线人力资源。

全面完成今年各项工作任务，顺利实现“十二五”良好开局，最终实现“十二五”规划宏伟蓝图，对政府自身建设提出了更高的要求：一要进一步转变政府职能，建设“有限政府”。推动政府职能向创造良好发展环境、提供优质公共服务、维护社会公平正义转变，充分发挥市场配置资源的基础性作用。二要进一步转变工作作风，建设“为民政府”。坚持求真务实，切实做到戒空、戒虚、戒假、戒骄、戒懒、戒奢。弘扬敢做善成精神，多为群众解难事、办实事、做好事。三要进一步提高行政效能，建设“高效政府”。深化行政审批体制改革，提高审批效率。严格实行首问负责制、限时办结制和责任追究制，强化政务督查、效能监察、绩效考评，确保政令畅通，提高执行力。四要进一步加强法制建设，建设“法治政府”。自觉接受人大法律监督和工作监督、政协民主监督，认真听取各民主党派、工商联、人民团体和社会各界人士的意见。充分发挥审计、监察等部门监督的作用，高度重视群众和舆论监督。深入推进政务公开，提高政府工作透明度。加强制度建设，规范权力运行，做到公正文明执法；全面推进依法行政，提高政府公信力。五要进一步加强廉政建设，建设“廉洁政府”。坚持标本兼治、综合治理、惩防并举、注重预防的方针，扎实推进惩治和预防腐败体系建设，加强廉洁自律，切实把优质工程、安全工程、阳光工程、廉政工程的要求落实到工程建设的各个环节。

（市政府办公厅）

岑可成主席在政协第九届南宁市委员会第六次会议上作的工作报告（摘要）

（2011年2月21日）

2010年工作回顾

一、坚持理论武装，夯实科学履职的思想政治基础

深入学习贯彻中共十七大、十七届三中、四中、五中全会精神、胡锦涛总书记在庆祝人民政协成立60周年大会上的重要讲话精神、自治区党委九届十三次全会和市委十届十二次、十

四次全会精神。去年8月，在市委的高度重视和大力支持下，组织市政协常委会组成人员和部分县(区)政协主席共50人，到清华大学进行为期8天的集中培训，学习政治理论、人民政协理论和时代前沿知识。11月，组织全体市政协委员、机关干部到市委党校集中培训，邀请有关专家和全国政协提案委领导作专题辅导，并参观南宁市党性党风党纪教育基地和地方党史教育基地。在机关创建“同心书屋”，开展“五个一”读书学习活动(即每天读书一小时、每周集中学习一次、每月阅读一本书、每季组织一次学习交流、每年汇编一本学习心得体会)。通过学习培训，切实把思想和行动统一到中共中央、自治区党委对国际国内形势的分析判断上来，把智慧和力量凝聚到市委提出的建设区域性国际城市和广西“首善之区”的决策部署上来。

二、认真学习贯彻胡锦涛同志的重要讲话精神和全区、全市政协工作会议精神，努力开创我市政协工作新局面

深入学习贯彻胡锦涛同志在庆祝人民政协成立60周年大会上的重要讲话精神，是人民政协的一项重要政治任务。通过召开主席会议、常委会议专题学习、委员集中培训、座谈交流等多种形式，开展学习宣传教育活动，加深对胡锦涛同志重要讲话精神的理解，把握中共中央对人民政协工作提出的新要求、新举措。

全区政协工作会议召开后，我们及时传达学习，并组成7个专题调研组，由市政协领导带队深入各县(区)和有关单位调研，了解县(区)政协工作情况，探讨做好新形势下政协工作的思路、办法。协助市委认真做好全市政协工作会议筹备工作。市委于去年5月召开全市政协工作会议，自治区党委常委、市委书记车荣福同志，市委副书记、市长黄方方同志在会上作重要讲话，对新形势下如何加强和改进我市政协工作提出明确要求；市委下发了《关于进一步加强和改进人民政协工作的意见》(南发[2010]20号)，为开创我市政协工作新局面作出部署、指明方向。各县(区)党委及时召开政协工作会议，贯彻落实全区、全市政协工作会议精神。在市委的高度重视下，市、县(区)党委、政府建立健全了高度重视和大力支持政协工作的机制体制，在市政府领导每年两次向市政协常委会通报全市经济社会发展情况的基础上，去年下半年，市纪委、市中级人民法院、市检察院主要领导首次在市政协常委会上通报工作情况；市、县(区)政协增设机构、充实人员、增加经费；市委、市政府安排192万元专项经费，给县(区)政协购置委员活动用车；政治上关心、工作上支持，形成“党委高度重视、政府大力支持、政协积极主动、全社会密切配合”的工作新格局。

三、全力服务中心工作，为我市经济平稳较快发展贡献力量

积极开展专题调研。充分发挥政协人才荟萃、智力密集的优势，紧紧围绕加快转变经济发展方式、贯彻落实国务院《关于进一步促进广西经济社会发展若干意见》和市委、市政府提出的年度经济、社会发展重大目标任务，紧扣“四个年”主题活动和“五场攻坚战”，由市政协领导带队，组成9个专题调研组，就加快特色农业产业发展、进一步做强做大高新区、统筹推进市直机关危旧住房改造、非物质文化遗产保护与传承工作、申报国家知识产权试点城市、市区交通拥堵问题、市区养老服务发展、推进城中村改造、建立市、县(区)政协提案工作互动机制等9个方面开展调查研究，形成9份调研报告报送市委、市政府，得到市委、市政府的高度重视，许多意见建议得到采纳，不少调研成果转化为推动工作的政策措施。

精心组织委员视察。围绕推进我市经济、政治、文化、社会建设、城市建设重大项目和为民办实事项目建设，上下半年分别组织市政协常委及部分委员对“中国水城”建设、“菜篮子”工程、居家养老服务、医疗卫生工作等方面开展视察活动，深入了解全市经济社会发展情况，为推动各项工作提出意见建议。全年共形成有情况、有分析、有建议的视察报告40多篇，及时召开常委会，邀请市政府领导和有关部门负责人列席会议，听取视察情况汇报，并将视察报告报送市委、市政府，为市委、市政府领导了解掌握情况提供参考，加快推进相关工作的落实。

深入开展民主监督活动。组织委员参与市人力资源和社会保障局、市检察院等职能部门的“民主评议政风行风”活动，对一些“窗口”部门的规范化管理进行评议，对政风行风建设提出意见建议。同时，先后向市政府有关部门和政法系统推荐100多名政协委员担任特邀监督员，对政府信息公开执行情况、市容市貌整治、中小学校收费等工作进行民主监督；把民主评议与民主监督结合起来，并组织委员对《南宁燃气管理条例》等法规、规章进行协商讨论；旁听人民法院审理案件，现场了解人民法院强制执行案件，对刑事审判工作和推进司法公开、公正进行咨询建言。通过一系列的民主监督活动，有效地促进政风行风好转、司法公正和机关作风转变。

充分发挥政协提案在推动经济社会发展中的作用。创新提案征集机制，提高提案质量。加大提案办理力度，率先在全区实行网上提交提案、公开办理提案、办理公开查询、公众参与评价等提案公开办理工作，实现提案者、提案承办单位、提案委三方互动。通过重点提案领导牵头督办、集体提案对口督办、热点提案现场督办、难点提案跟踪督办、承诺提案持续督办、手机短信提醒及时督办等方式，切实加大提案办理的督办力度，不断提高提案办理实效。全年征集提案413件，审查立案406件，立案率为98.31%，办复率为100%。

积极参与“四个年”主题活动和打好“五场攻坚战”。按照市委的部署安排，市政协领导带队深入所负责联系的106个企业、56个重大建设项目、5个开发区调查研究，召开协调会，为企业发展和项目建设协调解决征地拆迁、建设资金、生产经营中的困难和问题，为“四个年”主题活动和“五场攻坚战”取得实效贡献智慧和力量。同时，积极配合做好“两会一节”等重大节庆活动的服务工作，充分发挥政协联系广泛的优势，邀请国内外嘉宾参加“两会一节”活动，积极向海内外嘉宾宣传推介南宁，促进我市对外交流与合作。

四、深入开展专题调研，为编制我市“十二五”规划建言献策

把为科学编制我市国民经济和社会发展“十二五”规划建

言献策作为政协工作的重中之重。围绕“十二五”规划的重点问题，先后组织8个专题小组，由正、副主席带队，就统筹城乡协调发展、进一步提高对外开放与合作水平、自主创新能力建设、生态建设与环境保护、发展现代服务业、加强教育工作、非公有制经济发展、保障和改善民生等，深入各县(区)、市直各部门开展调查研究，实地考察30多次、召开情况通报会、座谈会40多场次，广泛征求社会各界的意见建议，形成有见解、有质量的调研报告。在深入调研的基础上召开专题议政常委会议，邀请市政府领导及25个职能部门负责人列席会议，听取各专题调研组的意见建议。调研报告得到市委、市政府的高度重视，自治区党委常委、市委车荣福书记作了重要批示，为市委《关于制定国民经济和社会发展第十二个五年规划的建议》和市政府编制“十二五”规划纲要提供了重要参考，做到协商在党委决策之前、人大通过之前、政府实施之前。

五、高度关注民生，在促进社会和谐发展中发挥重要作用

把实现好、维护好、发展好最广大人民群众的根本利益作为政协履职的出发点和落脚点，情为民所系、言为民所建、利为民所谋。组织市政协参加单位和市政协委员，围绕劳动就业、文化教育、住房保障、农村生产生活条件改善等群众普遍关注的民生问题，通过提案、建议、信息等渠道，着力推动城中村改造、实施居家养老服务工程、职业教育攻坚工作、完善储备房建设机制等民生热点难点问题解决，推动改革发展成果惠及民众。发动政协委员、各界人士开展扶贫济困、敬老助残等送温暖活动。组织市直科技、卫生、文教等部门的专家、学者，开展送文化、送卫生、送科技下乡活动，先后组织市政协委员3000多人次开展各类咨询服务，为群众发放种养科技等知识宣传资料2万多份，赠送书籍8000多本。同时，为玉树地震灾区、西南旱灾地区捐款捐物折合人民币300多万元。

实施“同心育才”工程。紧紧围绕市委、市政府实施民族乡帮扶工程，结合开展“创先争优”活动，为改善少数民族乡办学条件、加快人才培养，促进经济发展和民族团结，我们充分发挥政协优势，实施“同心育才”工程。发动社会力量捐资助学育才，争取用3至4年时间资助上林县镇圩、马山县里当、古寨3个瑶族乡近200名品学兼优、家庭困难的少数民族学生免费到教学质量好的高中就读；扶助3个瑶族乡中心学校改善办学条件。去年8月“同心育才”工程启动以来，共筹集捐款600多万元，其中，广西碧园房地产有限公司捐资300多万元，分3年资助上林县镇圩瑶族乡60名符合条件的初中毕业生到首都师范大学附属桂林实验中学免费就读，首期20名学生已于去年9月顺利入学；荣宝昌房地产有限公司、阳光壹佰集团、广西三祺投资公司共捐资110多万元，支持上林县镇圩瑶族乡中心学校基础设施建设。同时，荣宝昌房地产有限公司还捐资60万元，分3年资助南宁市明天学校考上大学的孤儿完成学业，“同心育才”工程初见成效。市委“创先争优”领导小组在向自治区汇报“创先争优”活动情况中，将“同心育才”工程作为典型事例，《广西日报》、《广西政协报》等媒体先后对“同心育才”工程作宣传报道，扩大社会影响。

进一步健全完善社情民意信息工作机制。充分利用会议、视察、调研和委员活动日等方式，广辟信息渠道，广集社情民意，及时反映基层群众的呼声和愿望。加强信息提炼，提高信息质量，及时编写《社情民意》向市委、市政府反映，为科学决策提供信息参考。去年，市政协荣获广西政协报刊宣传工作特等奖。

六、积极开展联谊活动，进一步促进合作交流

加强与港澳委员的联系。依托港澳政协委员、海外联谊顾问，广泛与海外华侨、华人、工商社团交往，大力宣传推介南宁，促进双方经贸合作。邀请海外友好人士到我市参观考察、列席市政协全会，进一步激发他们参与我市各项建设的热情。全年共接待港澳台地区和海内外客商及友好人士80多批。市政协领导率队开展招商活动，走访企业，洽谈经贸合作事宜，为广西鑫山工程机械有限公司、广西桂澳贸易有限公司等企业落户南宁牵线搭桥。去年11月，由市政协主要领导带队赴广东深圳市、珠海市分别与市政协香港、澳门委员开展“委员活动日”活动，向港澳委员通报南宁市经济社会发展情况以及市政协工作情况，听取意见建议，鼓励港澳委员积极为我市与港澳在经贸、科技、文化等方面的交流与合作，为港澳地区的发展稳定作出应有的贡献。

加强与新社会阶层的联系。定期召开联谊会、座谈会，加强与驻邕商会的联系，向新社会阶层人士宣传党的路线方针政策，宣传市委、市政府的决策部署，通报全市经济社会发展情况，帮助协调解决实际问题，交流工作，沟通思想，充分发挥他们在我市经济社会发展中的作用。

加强与上下级政协和兄弟市政协的联系。做好自治区政协视察团、调研组到我市视察指导的服务工作，协助自治区政协做好驻百色市自治区政协委员视察团到我市视察特色农业和旅游业发展情况，协助开展“加快北部湾港口物流体系建设”等专题调研；密切配合自治区政协在我市举行《同舟共进》文艺巡回演出启动仪式暨首场晚会。热情接待兄弟城市政协来邕考察，促进我市政协与兄弟城市政协的交流合作。加强对县(区)政协的指导，市政协领导经常深入县(区)开展调研活动，邀请县(区)政协主席列席市政协常委会，召开县(区)政协主席联席会，交流工作经验，推动县(区)政协工作。

七、切实加强自身建设，不断提高履职能力和服务水平

重视发挥民主党派和无党派人士的作用，体现界别特点，突出委员主体作用，提高机关工作效能，全面加强自身建设。加强常委会建设，通过集中培训、专题学习，切实提高常委会参政议政能力和水平；组织常委会组成人员深入学习中央关于干部选拔任用四项监督制度、《廉政准则》等规定，筑牢反腐倡廉的思想防线。加强委员队伍建设，开展委员履职“四个一”活动，强化委员培训工作，进一步拓宽委员视野、增长才干，努力提高委员队伍的综合素质和履职能力；开展走访委员活动，召开政协委员座谈会，为委员协调解决实际问题，激发他们履职的积极性和主动性。加强与民主党派、工商联的合作。市政协领导经常

走访各民主党派市委会，定期召开联谊会、座谈会，向他们通报相关情况，引导他们围绕全市中心工作履行好职能，形成同心同德、齐心协力谋发展的合力。强化专委会基础作用，落实专委会定期报告工作制度，实行专委会联系委员小组开展活动制度，密切与委员的联系。探索界别活动的有效途径，组织各界别的专家学者开展咨询服务活动，充分发挥界别的优势作用。

积极推进机关建设。扎实开展“创先争优”活动，以“结对共建 先锋同行”为抓手，分别与上林县镇圩瑶族乡中心学校、扶贫联系点党支部结成共建对子，签订《共建协议》，建立互帮互助机制；把开展“创先争优”活动与弘扬朱传波敬业守责、敢做善成的精神结合起来，通过学先进、赶先进、当先进，比学习、比工作、比奉献。加强作风建设，切实做到戒空、戒虚、戒假、戒骄、戒懒、戒奢，形成创先争优、开拓进取、清正廉洁的良好氛围。深化干部人事制度改革，对科级领导干部实行竞争上岗和公开选拔，公开公平公正选人用人，努力创建“学习型、服务型、创新型、和谐型”政协机关，着力打造一支政治坚定、作风优良、学识丰富、业务熟悉的政协干部队伍。

在肯定成绩的同时，我们也清醒地认识到，与新形势下人民政协承担的任务相比，工作中仍然存在一些不足，主要是：民主监督、反映社情民意的方式方法不够多；政协工作制度化、规范化、程序化建设仍有一定的差距；专题调研、视察报告的质量有待进一步提高；自身建设还需进一步加强等。这些问题我们要认真研究，并在今后的工作中加以改进。

2011年主要工作

一、深入学习贯彻中共十七届五中全会精神和自治区党委、南宁市委的决策部署，为推动我市科学发展凝心聚力

深入学习贯彻中共十七届五中全会精神和自治区党委九届十三次全会、市委十届十二次、十四次全会精神，是当前和今后一个时期我市政协工作的首要政治任务。组织政协委员和机关干部深入学习贯彻中共十七届三中、四中、五中全会精神，学习贯彻科学发展观、胡锦涛总书记在庆祝人民政协成立60周年大会上的重要讲话精神和自治区党委、南宁市委全会精神和重大决策部署。通过学习，深刻认识我市“十一五”时期取得的重大成就，进一步增强全面建设小康社会的信心和决心，深刻认识“十二五”时期发展的主题和主线，切实把推动科学发展、加快发展、率先发展、和谐发展作为履行职能的第一要务，把政协各参加单位、各族各界人士的思想和行动统一到市委、市政府的决策部署上来，把广大政协委员的积极性、主动性、创造性引导到推动科学发展上来，做到与党委、政府思想上同心同德、目标上同心同向、行动上同心同行。

二、围绕中心履行职能，为实施“十二五”规划献计出力

要围绕贯彻实施我市“十二五”规划纲要，精心选择带有综合性、全局性、前瞻性的重大问题，以各专委会为依托，与参加政协的各党派团体加强协作，开展调研视察，切实为实施“十二五”规划献计出力。

着力抓好专题协商。紧紧围绕市委、市政府提出的工作思路和发展战略，抓住优化投资结构和扩大消费需求、统筹城乡协调发展、推动产业结构优化升级、生态文明建设等事关打造“三基地三中心”、 打造内陆开放型经济战略高地、加快建设区域性国际城市和广西“首善之区”的重大决策和部署，选择一些重大课题，开展专题协商，积极向市委、市政府建言献策，提出有价值的意见建议。

深入开展调研视察。围绕市委、市政府提出的“三个年”主题活动、打好“五场攻坚战”的重大部署和人民群众关注的热点难点问题开展调研工作，形成有价值、有质量的调研报告，不断提高政协建言献策水平。不断改进委员视察形式，提高视察质量，围绕我市经济、政治、文化、社会建设以及城市建设项目、社会和谐等重大问题，精心组织委员开展视察活动，扩大委员的参与面，让委员知情明政，发挥委员的主体作用，积极为全市经济建设和社会发展建言献策。

进一步加强民主监督。围绕人民群众普遍关注的重点问题，加强对行政执法部门及其工作人员依法行政、行风建设和廉政建设情况开展民主监督工作。切实加强对政协特邀监督员队伍的建设和管理，加强培训工作，提高工作能力，充分发挥特邀监督员的作用，推进民主监督的规范化、制度化建设。

抓好提案质量和办理工作。积极引导和鼓励政协委员，围绕全市建设和发展中的重要问题，提出有质量的提案。着力提高提案办理质量，进一步加强与承办单位的联系与合作，督促提案的办理和落实，抓好定期催办、跟踪督办和办案反馈等环节，加强重点提案的督办工作；继续深化网上提交、办理、查询提案等工作，不断提高提案征集、办理的透明度；邀请党派、提案者与政协专委会一起办理重点提案，定期召开提案办理情况通报会，不断提高提案落实率和提案办复满意率。

积极推动文化事业发展。围绕把南宁建设成为有较大影响力的区域文化中心，推进创建全国历史文化名城，深入对我市物质文化遗产和非物质文化遗产的保护与开发利用的研究，挖掘历史文化遗产，不断丰富城市文化底蕴。抓住机遇，收集、整理赞美南宁的诗词、书画作品，创民族文化特色品牌，彰显时代、民族、开放的文化魅力。继续抓好建国后南宁民营企业、商业发展史料等征集工作，发挥文史资料存史资政、团结育人的独特作用，为文化南宁建设作贡献。

三、坚持履职为民，为构建和谐南宁尽心竭力

拓宽民意表达渠道。要以人民群众利益为重，以人民群众期盼为念，着力解决好人民群众最关心、最直接、最现实的利益问题，进行社会管理科学化专题调研，真正使人民政协参政议政成为充分反映民意、广泛集中民智的有效方式。充分发挥政协联系面广、包容性强的特点和优势，积极引导委员加强与所在界别群众的联系，了解广大群众所思、所盼，多做理顺情绪、化解矛盾工作。通过提案、社情民意信息、大会发言等多种形式，迅速准确地反映人民群众关注的热点难点问题，搭建起市委、市政府密切联系广大人民群众的桥梁。

做好促进民族团结、宗教和谐工作。认真贯彻党的民族政策和宗教政策，引导宗教与社会主义相适应，及时了解和反映影响民族团结、宗教和谐的新情况、新问题，充分发挥民族、宗教界委员的作用，引导宗教团体和信教群众为构建和谐社会多做贡献，促进民族团结、宗教和谐、社会稳定。

开展委员联系群众活动。坚持群众路线，时刻关心群众冷暖，认真倾听群众呼声，积极反映和帮助群众解决困难和问题。以开展“委员联线”活动为载体，加强委员与群众的联系，每个委员联系一户以上的困难群众，切实为困难群众解决生产生活中的实际问题，以实际行动关心群众，帮助群众，充分体现政协履职为民的本色，密切政协与人民群众的联系，更好地发挥人民政协在构建和谐社会中的作用。

继续实施“同心育才”工程。充分发挥团结各界、联系广泛、人才荟萃的优势，继续实施“同心育才”工程。在加强对上林县镇圩瑶族乡资助的基础上，发动社会力量及广大政协委员、机关干部职工，捐资捐物，支持马山县里当、古寨两个瑶族乡中心学校，帮助他们改善教学环境，培养优秀人才。同时，通过对少数民族乡中心学校教师队伍的培训，努力提高师资队伍的整体素质，提高教学水平，为少数民族地区的教育事业发展、加强人才培养、促进经济发展和民族团结作出应有的贡献。

四、扩大联谊交往，积极推进开放合作

加强与港、澳、台商的联系。充分发挥港澳政协委员的作用，主动与港、澳、台商联系，切实做好牵线搭桥，积极引进项目、引进资金。重点引进强优企业来邕投资置业，推动总部经济发展，积极为加快经济发展方式转变献计出力。加强与华侨社团的联系，多做凝聚侨心、汇聚侨智、发挥侨力、维护侨益的工作。

密切与各界人士的联系。进一步加强同各民主党派、工商联和人民团体的联系，坚持定期召开各民主党派、工商联和人民团体负责人座谈会，进一步学习领会中共中央的路线方针政策和自治区党委、市委的重大决策精神，交流思想、互通情况，增进了解，增强团结。组织好各民主党派、工商联和人民团体负责人参加的视察和专题调研活动。在开展一些共同关心的课题时，邀请民主党派、工商联的同志参加。同时，积极为新的社会阶层人士排忧解难，为他们提供热情服务。

努力做好开放合作工作。积极参与对外交往工作，宣传推介南宁，推进我市经贸、科技、教育、文化等领域的交流合作关系的发展。依托中国—东盟博览会以及中国—东盟自由贸易区建成运行这些平台，开展南宁与东盟国家经济合作的调研，为推动我市与东盟合作、建设区域性国际城市作贡献。

五、坚持改革创新，进一步提高我市政协工作科学化水平

要坚持改革创新，努力适应新形势、新任务的要求，着力把握政协服务科学发展的规律和实现自身科学发展的规律，紧扣大局大事开展工作，紧扣主题主线履行职能，紧扣群众工作凝心聚力，努力使政协工作的思路更加清晰，方向更加明确。要加强人民政协理论研究，更好地发挥理论对实践的指导作用。在完善科学制度上下工夫，建立健全提案、视察、调研、大会发言、反映社情民意等经常性工作的制度，完善综合协调、信息沟通、绩效评估、督查落实等工作机制，努力形成内容完备、结构合理、功能健全、科学管用的制度体系。在运用科学方法上下工夫，创造性地运用民主协商、广交朋友、教育引导、真诚服务等方法，积极借鉴现代科学方法和信息网络技术，形成一整套适应时代发展、符合政协特点、有利履行职能的工作方法。要进一步加强政协界别建设，不断扩大团结面，增强包容性，积极探索开展界别活动的新方法、新途径，充分发挥政协界别作为扩大社会各界有序政治参与的重要渠道作用。

加强对县(区)政协工作的指导。组织力量到县(区)检查贯彻落实全自治区、全市政协工作会议精神情况，推动县(区)政协“三化”建设。同时，通过组织培训、跟班学习、座谈交流等方式，提高县(区)政协机关干部队伍的整体素质，推动全市政协事业的蓬勃发展。

六、创建学习型政协组织，不断提高履职能力

加强常委会建设。切实加强常委会的思想建设、作风建设、组织建设和廉政建设，进一步增强常委会议议政深度，提高工作实效。建立市政协领导与常委会组成人员谈心制度，加强沟通联系，更好发挥常委成员的积极性、主动性、创造性，把常委会建设成为团结民主、求真务实、奋发有为、委员信赖的领导集体。

加强委员队伍建设。继续抓好委员培训，引导广大委员努力掌握科学知识、秉持科学精神、发扬科学作风。进一步完善委员活动和管理制度，注重把界别活动与委员小组活动结合起来，推动委员活动正常化、管理规范化，充分发挥委员在本职工作中的带头作用、政协工作中的主体作用、界别群众中的代表作用，自觉树立和展示政协委员的良好形象。加快政协信息系统建设，开设政协委员网上议政建言平台，为委员参政议政提供便利。

加强专门委员会建设。重视发挥专门委员会的基础性作用，统筹安排好专门委员会的调研和考察活动，及时研究解决专门委员会工作中的问题。积极探索专门委员会工作新思路、新方式，加强与党政部门的对口联系，不断完善活动方式，努力提高活动效果，切实增强工作活力和成效。

加强政协机关建设。深入开展“创先争优”活动，继续发挥“同心书屋”作用，深化“五个一”学习活动，组织机关干部深入学习人民政协理论、统战理论和现代科技、经济、法律等知识，不断提高理论素质和用科学发展观指导政协工作的能力。加强党风廉政建设和反腐倡廉建设。积极开展建党90周年纪念活动。加强作风建设，努力做到“六戒”，敬业守责、敢做善成、创先争优、开拓进取。

积极配合做好换届工作。按照自治区党委和市委的统一部署要求，加强与市委有关部门的联系，严格执行换届纪律，做好政协组织换届的相关工作。正确处理好换届与经常性工作的关系，把换届工作与履行职能紧密结合起来，加强委员队伍的管理，发挥好政协的职能作用，做到思想不散、秩序不乱、工作不断，确保“两不误、两促进”。 (市政协办公厅)

责任编辑 孙贵寿

特　　辑

中越青年大联欢·南宁活动

【概　况】 2010年是中国与越南建立友好外交关系60周年、中越友好年。8月，中国有关方面邀请越南3000名青年代表前来广西，与中国青年代表举行"中越青年大联欢"活动。大联欢活动由中越两党两国领导人倡导并推动，是中越庆祝两国建交60周年和中越友好年系列活动中规模最大的庆祝活动。以"共叙友谊、开创未来"为宗旨，以"中越友好·青春携手·世代相传"为主题，由中共中央对外联络部、外交部、共青团中央主办，中共广西壮族自治区委员会、广西壮族自治区人民政府承办，由越共中央对外部、外交部、共青团中央，中国驻越南大使馆、驻胡志明市总领事馆、越南驻南宁总领事馆协办。8月25日，中越两国青年在友谊关举行大联欢活动启动仪式，之后越南代表团分批赴柳州、桂林、崇左、百色、北海、钦州、防城港7个城市，来自越南56个省的3000名越南青年代表，与当地青年开展联欢活动。各地联欢活动结束后，中越两国青年代表团汇集南宁。8月28日上午，中越青年共植友谊林暨手印墙建设启动仪式在广西体育中心举行。中共中央政治局委员、中央书记处书记、中央组织部部长李源潮和越共中央政治局委员、中央书记处书记、中央组织部部长胡德越共同启动中越友谊手印墙建设，与两国青年代表共同种下象征中越友谊的扁桃树60棵，并为中越青年友谊林石碑揭幕。下午，李源潮和胡德越在南宁荔园山庄国际会议中心共同会见中越两国青年代表。晚上，中越青年联欢大会在广西体育中心举行。参会中越青年代表3.20万多人。中共中央总书记、国家主席、中央军委主席胡锦涛和越共中央总书记农德孟分别致电祝贺。李源潮、胡德越出席联欢大会并分别致辞。广西壮族自治区党委书记、自治区人大常委会主任郭声琨致欢迎辞。联欢大会由广西壮族自治区主席马飚主持。随后，举行"青春·友谊之歌"大型联欢晚会，主题为友谊、青春、传承，由两国演员共同演出，通过富有中越两国特色的艺术形式，展示中越两国的优秀文化和浓郁的民族风情，表现中越人民世代友好的美好情感。

【广西—河内青年庆祝中越建交60周年主题活动】 2010年4月12~16日，共青团广西壮族自治区委员会和越南胡志明共青团河内市委员会联合组织两国青年相聚在象征着中越两国革命情深的、培养越南革命者和建设者的越南中央学舍区（广西南宁育才学校）旧址参加广西—河内青年庆祝中越建交60周年主题活动。主题为共享自贸区新机遇，喜迎中越友好年。活动地点分别在南宁市和柳州市。南宁的主要活动有：举办广西—河内青年庆祝中越建交60周年主题活动和广西—河内共青团工作交流会；组织参观广西大学、南宁国际会展中心、南湖名树博览园和青秀山风景区等。13日上午，共青团自治区委在广西大学大礼堂前（南宁育才学校旧址）举行广西—河内青年庆祝中越建交60周年、中越友好年主题活动，以越南胡志明共青团河内市委书记午维晓为团长的越南河内市青年代表团一行29人，广西大学中国学生和越南留学生共200多名中越青年在越南中央学舍区（广西南宁育才学校）旧址参加活动。胡志明研究专家、广西社科院原副院长黄铮讲述了中越两国老一辈无产阶级革命家的深厚革命情谊和广西及广西人民为越南革命给予的极大支持。同时举行《毛泽东与胡志明》、《越南与广西》和《南宁

8月25日，中越青年大联欢活动启动仪式在凭祥市友谊关举行　　刘　宇　摄

育才学校》等主题图片展。通过历史讲述和图片展示，使参加活动的中越青年接受中越友谊革命教育。共青团自治区委书记李泽和越南胡志明共青团河内市委书记午维晓共同为“中越青少年友好教育基地”揭牌，中越两国青年代表在广西大学大礼堂前共同种植“广西—河内青年庆祝中越建交60周年友谊纪念树”。活动结束后，越南河内青年代表团还参观广西大学，看望在广西大学求学的越南留学生，并与他们进行座谈。

【志愿者招募培训】 2010年6月24日，自治区教育厅、共青团自治区委员会、自治区外事办公室召开中越青年大联欢活动志愿者招募工作新闻发布会，志愿者招募工作启动。经过报名登记、面试初选、审核确定、签署协议、正式录用等程序，共招募志愿者1850名，其中熟练掌握越南语的专业志愿者600名、礼仪志愿者50名、普通志愿者1200名。主要来自广西大学、广西医科大学、广西民族大学、广西艺术学院、广西中医学院、广西财经学院、广西师范学院、广西教育学院、广西警官高等专科学校、广西国际商务职业技术学院、广西民族大学相思湖学院和广西东方外国语职业学院、南宁职业技术学院13所驻邕高校。志愿者将在联欢大会、共植友谊林暨手印墙建设启动仪式、中越青年友好论坛等主要活动以及中越青年代表团接待联络、参观考察提供志愿服务，服务内容包括随团翻译、活动协调、公共服务、礼宾接待、引导服务、语言协助、秩序维护等。为此，中越青年大联欢活动组委会专门安排组织专家对志愿者进行集中培训，内容包括中越青年大联欢活动的背景、意义，志愿服务理念，外事礼仪等。还分别对志愿者进行专业知识培训和实习演练。8月26日上午，举行中越青年联欢大会志愿者宣誓上岗并在广西大学大礼堂进行培训。培训内容主要有大型活动应急常识、大型活动治安秩序和突发事件应急处理、外事礼仪和知识培训等，介绍大联欢活动志愿者工作安排及活动场所情况。同时强调“奉献、友爱、进步、传播、热情、服务”的理念。

【中越青年自行车友好之旅】 2010年7月5~15日举行。由中国国际广播电台、越南自然与环境保护协会共同主办，广西人民广播电台、越南“为环保而骑车”俱乐部承办。主题为“青年、友谊、未来”和“绿色无国界”。7月5日，越南各高校大学生和中国在越留学生各10名骑自行车从越南首都河内出发，途经越南北宁、北江、谅山和中国凭祥、龙州、崇左，最后抵达南宁，行程近500千米。7月14日下午，中越青年自行车队员抵达南宁，参观了广西民族博物馆和南宁国际会展中心。7月15日上午，在南宁市民族广场举行结束仪式。在仪式上，举行为“山水相连瓶”注水活动，中越两国青年车手代表手捧沿途在越南河内、北宁、北江、谅山和中国凭祥、龙州、崇左、南宁采集的当地水样来到“山水相连台”前，交给中越两国嘉宾一同将两国八地的水注入象征着友谊和睦、共同发展的“山水相连瓶”。活动弘扬中越传统友谊，交流和推广两国环境保护经验，促进中越青年合作与友谊。

【中越青年大联欢活动会标及主题曲确定】 2010年8月上旬，由榜样国际传媒设计的“携手前行”图案确定为中越青年大联欢活动会标。会标以五彩丝带挥动成“60”形态，巧妙地在丝带中形成两个携手共舞的中越青年形象。“60”图案寓意双人牵手共舞，配上下方的青草地，比喻中越两国青年向前冲，肩并肩迈向美好未来，同时又像是礼花绽放，表达中越青年大联欢“中越友好·青春携手·世代相传”的核心理念和对中越两国友谊未来的美好憧憬。同时，中越青年大联欢主题歌曲《你来我往有情缘》也制作完成。由国家一级编剧麦展穗作词、著名音乐人孟可作曲。歌曲突出“好听”、“好记”、“好唱”的特点，采用通俗唱法演绎。展示中越两国世代相传的友好情谊，也展现当代青年人青春向上的特有内涵。

【“中越青年大联欢”越南青年捐助甘肃舟曲灾区】 2010年8月26日上午，在南宁参加“中越青年大联欢”活动的越南青年代表团向遭受特大泥石流灾害的中国甘肃省舟曲县表示慰问并举行爱心捐助。广西壮族自治区党委副书记、中越青年大联欢活动组委会常务副主任陈际瓦，中国共青团中央书记处书记汪鸿雁，越南胡志明共青团中央常务书记、越南青年代表团团长林芳清，越南青联主席阮福禄出席捐款仪式。越南胡志明共青团中央常务书记林芳清向中国共青团中央书记处书记汪鸿雁转交

中越青年大联欢活动会标

你来我往有情缘

中越青年大联欢主题歌曲

作词 麦展穗
作曲 孟 可

1=♭D 4/4

0 0 0 1 2 | 3 5 3 5 3 5 | 6 1 3 6 5 - | 1 1 6 5 3 | 2 3 1 6 2 1 2 |
山相 依 水相连山歌 一唱都听见 共饮一江水 心里一样甜手拉
女合 男合

3 5 3 5 3 5 | 6 1 2 1 5 - | 1 1 6 5 3 | 2/4 2 3 6 1 | 4/4 1 - - - | 0 0 0 0 |
手心相连你来 我往有情缘 放飞和平鸽 美好在明 天

6. 1 2 1 1 | 3 5 5 6 5 - | 1 1 6 5 3 | 2 3 1 6 2 - | 6. 1 2 1 1 |
青 春相 聚 青春相 约 友谊绽放 在 我们的笑脸 青 山常 在
男女合唱

5 3 2 1 6 - | 1 1 6 5 3 | 2 3 6 1 1 - | 0 0 0 0 | 0 0 0 0 | 0 0 0 0 |
绿水常 流 友谊永远 在 我们的心间

0 0 0 0 | 0 0 0 0 | 0 0 0 0 | 0 0 0 0 | 2/4 0 0 | 4/4 0 0 0 0 | 0 0 0 1 2 |
山相
女合

3 5 3 5 3 5 | 6 1 3 6 5 - | 1 1 6 5 3 | 2 3 1 6 2 1 2 | 3 5 3 5 3 5 |
依水相连山歌 一唱都听见 共饮一江水 心里一样甜手拉 手心相连你来
男合

6 1 2 1 5 - | 1 1 6 5 3 | 2/4 2 3 6 1 | 4/4 1 - - - | 0 0 0 0 | 6. 1 2 1 1 |
我往有情缘 放飞和平鸽 美好在明 天 青 春相 聚
男女合唱

3 5 5 6 5 - | 1 1 6 5 3 | 2 3 1 6 2 - | 6. 1 2 1 1 | 5 3 2 1 6 - |
青春相 约 友谊绽放 在 我们的笑脸 青 山常 在 绿水常 流

1 1 6 5 3 | 2 3 6 1 1 - | 6. 1 2 1 1 | 3 5 5 6 5 - | 1 1 6 5 3 |
友谊永远 在 我们的心间 青 春相 聚 青春相 约 友谊绽放 在

2 3 1 6 2 - | 6. 1 2 1 1 | 5 3 2 1 6 - | 1 1 6 5 3 | 2 3 6 1 1 - |
我们的笑脸 青 山常 在 绿水常 流 友谊永远 在 我们的心间

1 1 6 5 3 | 5. 6. 1 | 1 - - - ‖
友谊永远 在 我 们 心 间

越南青年代表团向舟曲灾区捐款共3万美元。

【中越青年共植友谊林暨手印墙建设启动仪式】 2010年8月28日上午在广西体育中心举行。中共中央政治局委员、中央书记处书记、中央组织部部长李源潮和越共中央政治局委员、中央书记处书记、中央组织部部长胡德越共同出席中越青年共植友谊林暨手印墙建设启动仪式。广西壮族自治区党委常委、南宁市委书记车荣福,中国外交部副部长张志军、越南外交部副部长胡春山分别致辞。由广西壮族自治区党委常委、秘书长余远辉主持。在启动仪式上,李源潮和胡德越在象征着中越两国心手相连的“两心相连”手印模上按下手印,同时礼花绽放响起,放飞600只和平鸽,启动中越友谊手印墙建设。采用此次中越青年大联欢青年代表留下的纪念手印建成的中越友谊手印墙,以青春和友谊为主题,将成为广西体育中心标志性景观之一,是中越两国青年争做世代友好接班人的永久见证。随后,两党领导人与两国青年代表共同种下象征中越友谊的60棵扁桃树,并为中越青年友谊林石碑揭幕。

【中越青年友好论坛】 2010年8月28日下午在南宁举行。中国共青团中央书记处第一书记陆昊、广西壮族自治区党委副书记陈际瓦、中国共青团中央书记处书记汪鸿雁、越南胡志明共青团中央书记处第一书记武文赏、胡志明共青团中央书记处书记林芳清等双方领导与两国青年代表共800余人出席。中越两国青年代表分别就两国经济合作、青年企业家交流、大学生就业创业、基层团组织建设、边境青年交流,以及中越两国青年参加双边交流等有关情况作发言,共同表达参加论坛的喜悦之情和两国青年友好交流的深远意义,纷纷表示将不断传承中越传统友谊,自觉做好邻居、好朋友、好同志、好伙伴。在论坛上,与会嘉宾及青年代表观看中越友谊主题纪录片。中越两国共青团中央共同发表《中越青年友好倡议书》。

《中越青年友好倡议书》

铭记两国领导人关于加强青年交流的谆谆教诲和对青年一代的殷切希望,重申两国青年要继承和发扬两国老一辈领导人亲手缔造和精心培育的中越传统友谊,在“长期稳定、面向未来、睦邻友好、全面合作”的十六字方针和“好邻居、好朋友、好同志、好伙伴”的四好精神指引下,增进了解,加强交流,努力成为中越世代友好的接班人。

——在两国青年中进一步加强中越传统友谊教育,引导两国青年争做中越世代友好的接班人。

——深化两国共青团组织和青年之间的交流,继续举办好“中越青年友好会见”等传统品牌活动。

——推动在共青团干部培养、青少年工作、青年企业家合作等相关领域的对口交流,深化务实合作。

——两国共青团中央经常开展信息交流和经验交流,并在多边活动中保持磋商,相互支持。

——两国边境省份的共青团组织继续开展青年互访交流,促进边境地区互利合作。

【中越青年大联欢活动招待宴会】 2010年8月28日在南宁荔园山庄举行。中共中央政治局委员、中央书记处书记、中央组织部部长李源潮,越共中央政治局委员、中央书记处书记、中央组织部部长胡德越,广西壮族自治区党委书记、自治区人大常委会主任郭声琨,自治区主席马飚,自治区政协主席马铁山等出席。由自治区党委副书记陈际瓦主持。自治区主席马飚致辞:几天来,中越友谊之歌在传唱,青春激情在飞扬,中越两国老一辈领导人亲手缔造的传统友谊得到进一步巩固和发扬光大,相信这次中越青年大联欢活动必将在中越交往史上写下新的篇章!

“青春·友谊之歌”大型联欢晚会会场　　陈卓凡　摄

招待宴会上，广西少数民族青年献上《壮家敬酒歌》。席间，中国共青团中央书记处第一书记陆昊，越共中央候补委员、越南胡志明共青团中央书记处第一书记武文赏互致祝酒辞，共同寄语两国青年共同努力，作中越两国友好交往、全面合作的桥梁和纽带。当天，参加大联欢的中越青年中有15人在活动期间恰逢生日，李源潮、胡德越和他们共切大蛋糕，共贺生日。在《多耶大联欢》歌声中，中越青年们心手相连，载歌载舞，将现场气氛推向高潮。

【中越青年联欢大会】 2010年8月28日晚在广西体育中心举行。中共中央总书记、国家主席、中央军委主席胡锦涛和越共中央总书记农德孟分别致电祝贺。中共中央政治局委员、中央书记处书记、中央组织部部长李源潮，越共中央政治局委员、中央书记处书记、中央组织部部长胡德越出席联欢大会并分别致辞。参加联欢大会中越青年代表3.20万多人。随后，举行"青春·友谊之歌"联欢晚会。

【中越青年大联欢晚会】 2010年8月28日晚8时许，中越青年大联欢活动之中越青年大联欢晚会"青春·友谊之歌"在广西体育中心举行。由中共中央对外联络部、中国外交部、中国共青团中央委员会主办，中共广西壮族自治区委员会、广西壮族自治区人民政府承办。主题为友谊、青春、传承，由两国演员共同参与演出，通过富有中越两国特色的艺术形式，展示中越两国的优秀文化和浓郁的民族风情，表现中越人民世代友好的美好情感。3万多名中越青年代表参会。晚会分为《迎宾会鼓》、《友谊之源》、《青春之花》、《传承之光》、《踏歌起舞，拥抱明天》5个篇章，欢乐的竹竿舞、山水相依、越南中国、中越歌曲连唱、友谊之树、青春激情时尚、朋友、友谊之舞、手印墙、主题曲《你来我往有情缘》10个段落。晚会现场中央，搭起6个铜鼓形的舞台，象征中越两国建交60周年。晚会前，中越青年进行"拉歌"活动，全场同唱歌颂两国友谊的《越南 中国》后，中方青年唱起《爱我中华》，越方青年随后演唱《践行胡伯伯之嘱》等歌曲。晚会最大的亮点出现在《青春之花》篇章，在《朋友》和《茉莉花》两首中越两国人民耳熟能详的旋律中，来自广西民族大学、广西师范学院、南宁职业技术学院和广西警官高等专科学校4所高校的3000多名青年大学生身着鲜艳服装从四周涌入场地，围在"铜鼓"周围，组成"友谊之树"等造型，用艺术的手法将大联欢活动中"友谊之树"的实景搬上舞台。晚会最后，由歌手韦唯和越南歌手领唱的中越大联欢活动主题曲《你来我往有情缘》，掀起现场万人合唱的高潮。晚会的尾声"踏歌起舞，拥抱明天"，全场互动，台上台下红旗飞扬，中越青年一同跳起多耶舞，还有精彩的烟火晚会。

【中越青年联欢大会欢送仪式】 2010年8月29日上午在南宁火车站举行。广西壮族自治区外事办公室、越南胡志明共青团胡志明市委、共青团自治区委有关负责人出席欢送仪式并致辞。仪式结束后，3000多名越南青年乘坐列车返回越南，参加大联欢活动的中国青年和志愿者前来送行，两国青年互相交换礼物，依依惜别。中越青年大联欢活动至此圆满结束。

（梁一家）

责任编辑 梁笑飞

中越两国党和国家领导人在联欢大会上的贺电、致辞

中共中央总书记、国家主席、中央军委主席胡锦涛贺电

今天，中越两国青年在广西隆重集会，共同庆祝中越建交60周年和中越友好年。看到中越两国青年携起手来，为中越世代友好添砖加瓦，贡献自己的力量，我感到特别高兴。青年人朝气蓬勃，充满理想，富有创造精神，中越友好事业的未来和希望寄托在你们身上。中国党、政府一贯重视和支持两国青年的交流合作，希望通过这样的活动增进两国青年的了解，深化两国人民的传统友谊，为中越友好事业不断注入青春活力。

中越两国是山水相连的友好邻邦，两国人民有着深厚的传统友谊。这一友谊是毛泽东主席和胡志明主席等老一辈领导人亲自缔造和精心培育的，是我们两国、两国人民宝贵的精神财富。中方愿与越方一道，从战略和全局高度出发，不断推进两国各个领域的交流合作，加深两国人民特别是青少年之间的交往与友谊，使中越世代友好深深扎根于两国人民心中。

希望两国青年志存高远，胸怀天下，相互学习，相互促进，以自己的聪明才智为各自国家的建设贡献力量，为中越友好事业和全面战略合作伙伴关系发展谱写新的壮丽篇章。

越共中央总书记农德孟贺电

越中青年朋友欢聚在一起，共同参加大联欢活动，继承老一辈的传统友谊，携手共创越中友谊新篇章。我代表越南党、政府和越南人民，向参加越中青年大联欢活动的青年代表，并通过你们向两国青年致以亲切的问候和良好的祝愿。希望两国青年发挥聪明才智，为越中两国的团结和友谊创造更加美好的明天。

中共中央政治局委员、中央书记处书记、中央组织部部长李源潮致辞

中越两国是山水相连的友好邻邦，两国人民的传统友谊源远流长。中越关系发展的历史充分证明，只要中越两国相互尊重、相互理解、相互信任，加强合作，就能实现互利共赢、共同发展。希望中越两国青年按照两党总书记的要求，相互学习、相互帮助，把中越友好的接力棒一代一代传下去。

越共中央政治局委员、中央书记处书记、中央组织部部长胡德越致辞

越中青年大联欢是两国共同纪念建交60周年和庆祝越中友好年过程中最具有历史和现实意义的活动之一，是越中同志加兄弟情谊的生动写照。越南党、政府高度重视和支持两国青年开展友好往来，相信青年的友好交往必将为增进两国人民间的相互理解和信任，确保越中世代友好做出积极贡献。

大 事 记

2010年大事记

1月

1日　中国—东盟自由贸易区建成。是世界上人口最多的自贸区，也是发展中国家间最大的自贸区。

△　南宁市新组建的“养犬登记”委托代办点在位于江南区10+1大道A区上的市小动物保护协会挂牌服务，标志着南宁市养犬登记全面启动。市公安局在全市范围内第一批设立登记代办点4个，分布于兴宁区、青秀区、西乡塘区和江南区。

2日　市环保部门发布2009年南宁市区空气质量状况显示，市区环境优良率达开展空气日报以来的最高值99.18%，空气质量创近十年来最好成绩，在全国各省会(首府)城市中排第3名。

5日　市政府对2009年前颁布的现行有效的法规、规章和规范性文件进行全面清理并首次公布结果，111件规范性文件确认失效。

△　南宁供电局与南宁各城区对应的青秀、兴宁、城西、江南、五象5个供电分局挂牌运作。

△　市政府召开新闻发布会宣布：1月6日开通南宁至万象国际航线；8日开通南宁至仰光国际航线。

7日　南宁保税物流中心举行挂牌仪式。

7～8日　中国—东盟自贸区论坛在南宁举行。在中国—东盟合作项目签约仪式上签约合作项目18个，金额49亿美元。8日，自贸区商务网站开通，网址为www.asean-cn.org。

8日　市委、市政府召开全市政府机构改革工作电视会议，对市、县(区)政府机构改革进行动员部署。机构改革后，市政府设置工作部门41个、管理部门2个。

11日　中共南宁市第十届委员会第九次全体(扩大)会议在市委、市政府会议中心召开，学习贯彻中央和自治区经济工作会议精神，听取和讨论市委常委会2009年工作报告。

13日　南宁市第十二届人大常委会第三十次会议在市人大常委会会议厅召开。审议“一府两院”(市人民政府，市中级人民法院、市人民检察院)有关人事任免议案，表决通过范力、肖志钢等29人的任免职事项，并颁发任命书。

14日　全市科学技术表彰奖励大会在市委、市政府会议中心召开。自治区党委常委、市委书记车荣福，市长黄方方为南宁市获第三批“国家科技进步示范市”和“2007~2008年度全国科技进步先进市”揭牌。

15日　南宁市1月份重大项目开竣工仪式分别在市区主会场和武鸣县、横县、宾阳县分会场举行。广西体育中心二期工程、五象新区安置回建小区1号项目及青山路南湖连接线工程等一批重大项目相继开工。年内，全市性的投资项目开竣工活动每月均组织举办，全年开竣工重大投资项目1126个，计划总投资1059亿元。

19日　由中国志愿服务基金会主办，南宁市政府承办的“老吾老以及人之老——南宁市关爱空巢老人志愿服务行动”在大板二区启动。

23日　2010南宁月月旅游节暨“南宁人游南宁”启动仪式在金湖广场举行。年内，南宁市每月举办若干旅游节庆活动，举行旅游节庆活动和主题活动43个。

△　中国农业银行杯“CCTV2009年度‘三农’人物”评选结果揭晓，武鸣县太平镇上江希望小学教师滕大韶被评为“2009年度‘三农’人物奉献奖”。

24日　中共南宁市第十届委员会第十次全会在市委、市政府会议中心召开，首次对部分重要岗位正职领导干部建议人选进行无记名投票表决。

△　南宁职业技术学院建成国家示范院校成果汇报会召开。该院被国家教育部和财政部评为国家示范性高等职业院校。

25日　南宁市重启经济适用房配售申购。由于国家政策变动，南宁市自

4月22日，南宁市4月份重大项目开(竣)工暨邕江大学新校区项目开工仪式举行　陈卓凡　摄

2007年8月23日暂停经济适用房的申购。

26日　国务院联合督查组到南宁对贯彻落实《关于促进房地产市场平稳健康发展的通知》情况进行督查。

28日　全市2010年第一次项目对接协调会在市委、市政府会议中心召开，集中协调解决项目审核批准等问题，加快推动项目前期工作。全年举办10次，涉及项目683个，计划总投资1644.25亿元。

△　市广播电影电视局挂牌成立。

29日　由自治区林业厅和南宁市政府主办的“2010年第九届南宁春节花卉交易会”在广西花鸟交易市场内举行。

2月

2日　南宁市获第六届中华宝钢环境奖。

4日　南宁市开展“项目建设年”“服务企业年”“发展环境建设年”活动暨打好“五场攻坚战”动员大会在市委、市政府会议中心召开。

△　广西南南铝加工有限公司揭牌仪式举行。标志着年产20万吨大规格高性能铝合金板带型材项目启动。

8日　中共南宁市第十届纪律检查委员会第七次全体会议在市委、市政府会议中心召开。

9日　自治区党委常委、市委书记车荣福接见南宁出租车行业“能帮就帮、助人为乐”先进群体肖勇东等10名代表。

△　南宁市党建工作手机信息系统开通。

△　市住房保障和房产管理局挂牌成立。

9～10日　南宁市第十二届人大常委会第三十一次会议在市人大常委会会议厅召开，审议“一府两院”有关人事任免议案，表决通过吕洁等16人任免职事项，并颁发任命书。

10日　市人力资源和社会保障局、市公务员局挂牌成立。

12～14日　市政府代表团受澳大利亚班达伯格市邀请，参加当地举办的庆祝中国年活动。

16日　中共中央政治局常委、全国政协主席贾庆林在自治区党委书记、自治区人大常委会主任郭声琨，自治区主席马飚，自治区政协主席马铁山等领导的陪同下，到武鸣县双桥镇下渌村看望慰问群众。

22日　市交通运输局挂牌成立。

22～25日　政协第九届南宁市委员会第五次会议在南宁人民会堂召开。

23～26日　南宁市第十二届人民代表大会第八次会议在南宁人民会堂召开。

3月

2日　全市各界妇女代表400多人在南宁电视台8号演播厅集会，通过纪实与文艺相结合的庆典活动，展现南宁百年妇女运动发展的历程。

3日　大明山风景旅游区荣膺国家4A级旅游景区揭牌仪式在大明山举行。

4日　市城乡数字化建设办公室挂牌成立。

5日　中央电视台中文国际频道《今日关注——中国焦点2010》栏目采访在北京出席全国“两会”的全国人大代表、南宁市市长黄方方。黄方方就可持续发展、打造“中国水城”、中国—东盟自贸区建成对南宁发展的影响等问题，回答央视主持人的提问。7日，黄方方在北京广西人大代表团驻地接受新华社记者和中国新华新闻电视网的联合专访，作客人民网与广大网友交流。

8～9日　自治区副主席李康率领的“广西高校服务北部湾之行”活动在南宁市开展，签订校企、校市合作框架、合作协议27个。

9日　自治区党委常委、市委书记车荣福会见中国国民党中评会主席林仙保一行。

10日　广西首个未成年人思想道德教育“学校、家庭、社区、网络”立体化实验区(西乡塘区)建设启动仪式在明秀小区举行。

△　全市旅游工作会议在市委、市政府会议中心召开。从2010~2015年，南宁市将以构建区域性国际旅游目的地和集散中心为目标，打造“绿城会展”和“壮乡探秘休闲”旅游品牌。

11日　市政府与加拿大卑斯省政府、艾伯塔省政府合作，在南宁市万豪酒店共同举办“加拿大商贸、投资、教育及旅游推广日”活动，纪念中加两国建交40周年。

19日　“全民同行动共创卫生城”活动暨南宁市2010年“城市管理公众参与日”活动在金湖广场启动。

23日　市红十字会第五次会员代表大会在桃源饭店召开。

29日　自治区党委常委、市委书记车荣福到隆安县各乡镇调研，现场指导抗旱救灾。

30～31日　市委、市人大、市政府、市政协机关分别举行抗旱救灾捐款仪式，市四家班子领导及干部职工向受灾地区捐款11万多元。全市各界群众通过市民政局捐献款物价值766.03万元。

31日　“东南亚台商南宁行——中国—东盟自由贸易区南宁建设展望座谈会”在南宁国际会展中心召开。

4月

2日　由中共南宁市委宣传部主办，市民政局、市广播电影电视局、市文化新闻出版局、市红十字会、市慈善总会承办的“能帮就帮献爱心”——南宁市社会各界抗旱赈灾晚会在南宁电视台举行。

6日　自治区党委常委、市委书记车荣福会见由泰国总理府事务部副部长艾格萨·丹迪率领的泰国政商学界广西投资考察团一行。

△　自治区党委常委、市委书记车荣福会见新加坡贸工部兼新闻、通讯及艺术部政务次长、国会议员陈振泉一行。

8日　自治区主席马飚在南宁国际会展中心会见华南城国际工业原料城(深圳)有限公司(下称华南城)董事长郑松兴和深圳市政协副主席余晖鸿一行，就加快推进项目建设等问题进行友好交流。郑松兴还代表华南城捐款300万元用于自治区和南宁市的抗旱救灾。

9日　四川省委宣传部组织《四川日报》、四川电视台、四川人民广播电台、四川新闻网、《华西都市报》、《成都商报》等省级媒体记者组成新闻采访团到南宁市围绕“携手四川合作开发北部湾经济区”主题进行采访。

10日　“畅游世博蓝色梦想”全国百城世博旅游宣传推广周暨“我为南宁旅游献一策”活动在金湖广场启动，开展向全社会广泛征集如何加快发展南宁旅游业的“金点子”活动。

11～22日　南宁首个新闻代表团，到日本熊本县、宇城市及韩国果川市进行采访交流活动。

13日　市长黄方方在市政府会见由日本熊本县宇城市市长筱崎铁男率领

的熊本县工商业考察团一行。

14日　市长黄方方在市政府会见缅甸外交部副部长吴貌敏一行。

15日　大石山区人畜饮水工程建设大会战南宁分会场项目开工仪式分别在马山、隆安、上林县举行。

16日　南宁市第八届运动会在市体育场开幕，4月30日闭幕，全部项目产生金牌486枚。

22日　南宁市红十字会支援青海玉树抗震救灾募捐活动举行，市四家班子领导和全体机关干部职工向灾区捐款。全市共收到捐款662.23万元。

△　2010中国国际商务文化节暨中国（南宁）国际时尚博览会第一场重要活动，"星光闪耀魅力南宁"颁奖盛典晚会在南宁国际会展中心举行。同日，市长黄方方会见前来参加时尚博览会的各国驻华使领馆官员。

△　南宁市第十二届人大常委会第三十三次会议在市人大常委会会议厅召开，听取和审议市政府关于提请审议授予联合国副秘书长兼人类居住区计划署执行主任安娜·卡珠穆罗·蒂贝琼卡博士南宁市荣誉市民称号的议案及市人大民族华侨外事宗教委员会的审议结果报告。

23～25日　2010中国国际商务文化节暨中国（南宁）国际时尚博览会在南宁国际会展中心举行。

25～27日　应上海市长宁区邀请，自治区党委常委、市委书记车荣福率南宁市党政代表团到上海学习考察。

27日　由市委、市政府主办的"广西（南宁）人居环境建设10年巡礼"大型展览在广西科技馆开幕。联合国副秘书长兼人居署执行主任安娜·卡珠穆罗·蒂贝琼卡博士，自治区、市领导以及柳州、桂林、北海等城市领导出席展览开幕仪式。市长黄方方宣读市政府关于授予安娜·卡珠穆罗·蒂贝琼卡博士"南宁市荣誉市民"的决定，并颁发荣誉市民证书和绶带。

△　南宁市组织工作新闻发布会在市政府办公楼二楼会议室召开，向社会公布2010年度全市组织工作的计划和措施。这是南宁市组织部门首次向全市召开新闻发布会，标志着南宁市组织系统新闻发言人制度实施。

△　广西首家水煤浆集中供热站在南宁—东盟经济开发区启用。

△　南宁市深化医药卫生体制改革工作会议召开，力争用3年时间，加强基础设施建设和人才队伍培养，初步建立比较完善的城乡卫生服务体系。

28日　市长黄方方会见加拿大维多利亚市市长迪恩·福廷一行，双方共同签署建立友好城市关系意向书。

△　由市文化新闻出版局、市城乡建设委员会、市总工会联合主办的"2010年南宁市农民工文化艺术节"启动。

30日　自治区党委书记、自治区人大常委会主任郭声琨到南宁市建设工地考察并看望慰问节日期间坚守岗位的职工。

△　南宁市"迎世博讲文明树新风"暨"关爱生命·文明出行"文明交通志愿服务活动授旗仪式在民族广场举行。

4月27日，南宁市组织工作新闻发布会召开　　市委组织部提供

5月

6日　受自治区党委常委、市委书记车荣福委托，市委副书记刘长林，市委常委、宣传部部长、副市长吕洁代表市委、市政府接见获第十四届中国青年五四奖章荣誉称号的黄胜新。

11日　南宁市被科技部确定为国家创新型试点城市，成为广西首个国家创新型试点城市。

12日　自治区党委常委、市委书记车荣福主持召开全市领导干部会议，传达学习中共中央政治局常委、中央书记处书记、国家副主席习近平在广西考察工作时的重要讲话精神。

△　全国第二个防灾减灾日。南宁市防灾减灾日主题宣传活动在全国综合减灾示范社区——良庆区金象社区举行。

13日　自治区党委常委、市委书记车荣福会见到南宁考察访问的马来西亚佐汉控股有限公司丹斯里拿督陈溪福一行。

14日　自治区党委书记、自治区人大常委会主任郭声琨到马山县就石漠化治理和新农村建设进行调研。

16日　市政府与国家开发银行广西分行共同签署《关于共同推进南宁国家高技术生物产业基地建设合作协议》暨《规划合作协议》两项战略合作协议，为南宁高新技术生物产业基地的基础设施建设融资30亿元。

△　全国助残日。自治区和南宁市在武鸣县举行实施"复明18号"扶贫项目启动仪式，至月末，为武鸣县贫困白内障患者实施复明手术50人。

18日　南宁市2009年度先进单位、先进集体、劳动模范和先进工作者表彰大会在市委、市政府会议中心召开，共有100个单位、200个集体、1000名个人受到表彰。

19日　2010年南宁市应急管理工作会议暨市政府第一届应急管理专家咨询委员会第一次全体会议在市委、市政府会议中心举行。市领导给受聘为市政府第一届应急管理专家咨询委员会成员的专家代表颁发聘书。

20日　全国城市社会科学院第20次院长联席会议暨"低碳经济与城市发

展”论坛在南宁举行。

△ 市长黄方方会见到南宁考察西江亿吨“黄金水道”规划和建设情况的外国驻粤、桂、滇领事馆官员考察团一行。

△ 南宁成为苏商投资中国首选城市，是继获得“浙商最佳投资城市”、“中国最佳粤商投资城市”之后，南宁获得的又一殊荣。横县获“苏商投资中国最具投资潜力城市”称号。

24 日 市长黄方方在市政府会见来访的马来西亚新任驻华大使伊甘达·萨鲁丁一行。

△ 中国—东盟博览会在上海举办的第八届中国会展节事财富论坛上被评为 2009~2010 年度中国会展业金手指奖、十大影响力展览会。

△ 市委、市政府对上年获得中国戏剧奖·小戏小品奖金奖剧目的《旅店夜话》剧组颁发奖金 5 万元，并对获大赛惟一一个优秀表演奖的青年演员潘春竹颁发奖金 1 万元。

24 ~ 26 日 上海市广西商会会长农友华率台湾楷捷国际投资股份有限公司等 10 余家企业高级管理人员，对拟在南宁市投资的项目进行实地考察和选址。

26 日 “感动南宁——文明和谐”十佳市民颁奖晚会在南宁人民会堂举行。自治区党委常委、市委书记车荣福，市长黄方方，市人大常委会主任谢寿堂，市政协主席岑可成等市四家班子领导出席，并与中国青年“五四”奖章获得者、全国道德模范、全国劳动模范、全国首届百名杰出母亲、全国五一劳动奖章获得者、自治区劳动模范代表一起为十佳市民和“拾金不昧好市民”颁奖。

27 日 南宁市组织高新技术项目 19 个参展第十三届中国北京国际科技产业博览会。副市长李志勇代表南宁市政府与中国农业大学签署市校《科技合作协议》。

28 日 市政府与广西电网公司签署电动汽车充电设施建设战略合作框架协议。

6 月

5 日 2010 年南宁市纪念“六·五”世界环境日暨环境宣传月活动在航洋国际广场启动。

6 日 市长黄方方，青岛啤酒集团董事长、青岛新宝通投资管理有限公司副董事长金志国分别代表南宁市政府和海尔集团、青岛啤酒集团、青岛新宝通投资管理有限公司为“青啤—海尔（东盟）运作管理中心”项目投资合作框架协议签字。

8 日 市长黄方方会见到南宁参加广西新商机推介会，考察广西和南宁市发展环境、寻求投资机会的侨商代表。

8 ~ 17 日 市政府组织开展“南宁旅游大篷车走进湖南”专题旅游宣传促销活动。南宁市旅游局与岳阳市旅游局签订旅游合作协议书。

15 日 南宁降特大暴雨，造成市区低洼地段部分房屋浸水，部分路段交通受阻。自治区党委常委、市委书记车荣福率有关部门负责人冒雨到各严重积水点、泵站、居民区和学校现场巡查灾情，安抚居民群众，指挥防汛和排涝。

16 日 2010 年南宁市端午节龙舟赛在主赛场隆安县雁江镇右江河畔开幕，在宾阳县、横县、江南区、西乡塘区设分赛场。

16 ~ 17 日 自治区双拥模范城检查验收组对南宁市 2007~2009 年三年来的双拥工作情况进行全面检查验收，对南宁市双拥工作给予充分肯定。

18 日 2010 年全国“安全生产万里行”活动启动仪式在南宁国际会展中心广场举行。20 日，随行开展的“安全伴我行”宣讲活动在南宁市举行。

△ 南宁市深入开展“绿城党旗红，先锋促发展”创先争优活动动员大会在市委、市政府会议中心召开。

19 日 南宁市 2010 年“党员奉献日”暨“结对共建，先锋同行”活动启动仪式在友爱广场举行。自 2007 年以来，市委将每年 6 月的第三个星期六确定为“党员奉献日”，开展形式多样、内涵丰富的主题实践活动。

21 日 全市防汛工作紧急会议召开，传达中共中央政治局常委、国务院总理温家宝在广西考察指导防汛抗洪救灾工作时的重要讲话精神，部署当前的防汛工作。

△ 自治区劳动模范和先进工作者事迹报告团第一分团在南宁市作首场报告。

22 日 自治区党委书记、自治区人大常委会主任郭声琨到南宁市走访部分台资企业，并在南宁—东盟经济开发区管委会召开自治区台商代表座谈会。

△ 由市政府主办，亚洲开发银行和英国莫特麦克唐纳咨询公司承办的利用亚行水务投资城市综合水管理研讨会在南宁举行。

23 日 全市第六次全国人口普查工作会议在市政协多功能厅召开。

△ 南宁市集体林权制度改革与造林绿化工作推进会暨林下经济现场会在宾阳县举行。

24 日 自治区党委常委、市委书记车荣福主持召开 2010 年在邕交通基础设施项目建设第二次自治区市协调会，贯彻落实中共中央政治局常委、国务院总理温家宝在广西考察指导防汛抗洪救灾工作时的重要讲话精神，研究部署下一阶段在邕交通基础设施项目建设。

28 日 南宁海关正式进驻南宁保税物流中心办公，标志着南宁保税物流中心开始由建设转向运营。

△ 市长黄方方在市政府会见老挝驻南宁新任总领事潘坎·尹他波里。

29 日 南宁市科学技术协会第七次代表大会在西园饭店召开。

△ 在佛山举行的全国流通领域现代物流示范城市经验交流会上，南宁市获商务部授予全国流通领域现代物流示范城市称号。

△ 市委决定授予朱传波南宁市优秀共产党员称号，市委、市政府授予朱传波“敬业守责、敢做善成的模范基层带头人”称号。7 月 22 日，朱传波先进事迹首场报告会在南宁人民会堂举行。

30 日 南宁国际商会揭牌，并召开第一次会员大会，选举产生商会第一届理事会和领导机构。

△ 南宁市“服务企业年”融资对接会在南宁国际会展中心朱槿花厅举行，20 家金融机构与来自广西各地的 200 多家中小企业现场接洽。

△ 自治区党委、政府给市委、市政府发来贺信，祝贺南宁市 2010 年上半年财政收入突破 150 亿元。

7 月

1 ~ 8 日 以市长黄方方为团长的南宁市经贸代表团访问中国台湾。期间，参加由自治区主办的桂台经贸合作论坛、桂台旅游合作恳谈会，并举行南宁市产业政策说明会，参观考察台湾蓝天电脑集团、新竹科技园区、大丰环保集团、台湾统一集团等一批企业和科技园区，并在台北县、花莲县、高雄市路竹乡等开展交流联谊活动。

6日　南宁市966098家政服务热线开通，标志着家政服务网络中心开始运营。

△　南宁市党性党风党纪教育基地在市委党校启用。

7～9日　第14届南宁国际学生用品交易会暨2010中国·东盟(南宁)国际教育展览会在南宁国际会展中心举行。

11日　由中铁十八局施工、柳州铁路监理公司监理的新建南黎铁路宾阳那适2号隧道NGDK698+382仰拱前方发生坍塌，被困工人10人。自治区主席马飚，自治区党委常委、市委书记车荣福分别作出指示，要求全力以赴抢救被困人员。市领导周红波、周家斌、石文怀等在第一时间赶赴现场指挥救援。

13～17日　自治区"中恒杯"第七届残疾人运动会暨第二届特殊奥林匹克运动会在南宁举行。

14日　市委、市政府举行加快总部经济发展新闻发布会，通报南宁市将用5年左右时间，初步建成区域性国际总部基地。

15日　"捐献可再生血液人民公仆促和谐"南宁市公务员无偿献血系列活动启动仪式在市委、市政府会议中心前广场举行。

20日　广西首个大学生创业基地在南宁高新技术产业开发区成立。

22日　南宁—中国台北定期直航航班开通。

26日　全市深入开展全国文明城市创建、优化发展环境工作会召开。自治区党委常委、市委书记车荣福对南宁市做好新一轮全国文明城市创建，推进"发展环境建设年"活动深入开展进行部署。

26～28日　市第十二届人大常委会第三十五次全体会议在市人大常委会会议厅召开，听取和审议市政府关于南宁市2010年上半年国民经济和社会发展计划执行情况的报告、关于南宁市2010年上半年预算执行情况的报告、关于2009年南宁市本级决算草案的报告、关于2009年南宁市本级预算执行情况和其他财政收支情况审计工作的报告；关于生活、建筑垃圾密闭化运输工作情况的报告；关于实施职业教育攻坚计划完成情况的报告；审议市政府关于提请审议南宁市生态市建设规划(2010~2020年)的议案；审议市政府关于提请审议南宁市国家科技进步示范市建设发展规划(2010~2012年)的议案；审议人事任免议案。

27日　政协第九届南宁市常委会第二十四次会议在市政协常委会会议室召开，市委常委、常务副市长周家斌应邀到会通报上半年全市经济社会发展情况及下半年主要工作安排。

△　市委、市政府向县(区)赠送政协委员活动用车仪式在市政协活动中心举行，12辆东风风行商务车将作为各县(区)政协委员活动用车。

28日　日本宇城市市长筱崎铁男率领的宇城市中学生海外研修团一行访问南宁。

31日　自治区党委常委、市委书记车荣福在南宁会见老挝占巴塞省巴色市市委书记兼市长西吞·乔普翁等老挝干部考察团一行。

8月

3日　自治区党委常委、市委书记车荣福分别会见中国人民银行南宁中心支行党委书记、行长、国家外汇管理局广西区分局局长杨小平，农业发展银行广西区分行党委书记、行长刘定华。

5日　市政府与自治区农垦局签署战略合作协议。

7日　南宁市"绿城党旗红"党建信息平台开通暨党建成果展启动。

8日　全国第二个"全民健身日"。第二届广西体育节开幕式南宁主会场活动在南湖名树博览园水幕电影综合水景广场举行。之后，举行第二届广西体育节首府各界群众健身走活动。

9日　南宁市未成年人心理健康辅导中心在市教育科学研究所挂牌成立。首批15名指导老师受聘。

11日　广西体育中心启用仪式暨"天昌杯"中国之队国际足球赛在广西体育中心主体育场举行。由中国足球队与巴林足球队进行友谊比赛。全国政协副主席何厚铧，自治区党委书记、自治区人大常委会主任郭声琨，自治区主席马飚，自治区政协主席马铁山，国家体育总局足球运动管理中心主任、中国足协副主席韦迪，以及自治区、南宁市四家班子其他领导，参加第五届泛北部湾经济合作论坛的嘉宾代表出席启用仪式并观看比赛。

12～13日　第五届泛北部湾经济合作论坛在南宁举办。全国人大常委会副委员长桑国卫，全国政协副主席何厚铧出席开幕式。

17日　市长黄方方会见在南宁参加"情系八桂—两岸文化联谊行"大型文化交流活动的台湾文化代表团一行。

24日　自治区党委书记、自治区人大常委会主任郭声琨到南宁市检查指导中越青年大联欢活动筹备工作并慰问现场工作人员及演职人员。

28日　中越青年联欢大会在南宁举行。3.20万名中越青年在广西体育中心共同参加联欢大会，并举行"青春·友谊之歌"联欢晚会。中共中央总书记、国家主席、中央军委主席胡锦涛和越共中央总书记农德孟分别致电祝贺。中共中央政治局委员、中央书记处书记、中央组织部部长李源潮，越共中央政治局委员、中央书记处书记、中央组织部部长胡德越出席联欢大会并分别致辞。自治区党委书记、自治区人大常委会主任郭声琨在联欢大会上致欢迎辞，自治区主席马飚主持。

30日　南宁举行防空警报试鸣，市区和市辖6个县城275台防空警报器同时鸣响，3万群众进行疏散隐藏演练。

△　南宁市重特大生产安全事故责任追究落实情况汇报会召开，向国家九部委组成的中央检查组汇报南宁市重特大生产安全事故责任追究落实情况。

9月

10～12日　2010年中国国际茉莉花文化节在中国茉莉之乡横县举行。10日举行文化节开幕式暨中国国际茉莉花音乐节晚会。同时举行2010年中国国际茉莉花文化节系列活动茉莉花工艺作品暨摄影书画艺术作品展、"花海·音乐之旅"观光旅游活动、横县美食汽车展销会。

12～14日　自治区党委常委、市委书记车荣福率领由市长黄方方、市人大常委会主任谢寿堂、市政协主席岑可成等市四家班子领导组成的市党政代表团对北京市西城区及国家有关部委开展学习考察活动。

16日　南宁市机关绩效综合管理信息平台(一期)上线运行仪式在南宁信息化大楼举行。

△ 2011年是中国人民抗日战争胜利65周年。自治区党委常委、市委书记车荣福，市长黄方方，市人大常委会主任谢寿堂，市政协主席岑可成等市四家班子领导分别登门看望慰问抗日战争前参加革命工作的市四家班子老领导、二战时期老红军、老干部及其亲属。

△ 全国“五五”普法考核验收组对南宁市开展“五五”普法依法治市情况进行检查验收。

17～20日 国家住房和城乡建设部建筑施工安全专项督查组到南宁市检查在建保障性住房工程等建筑工程质量、安全监督等工作。

18日 第七届中国—东盟博览会、第七届中国—东盟商务与投资峰会“携手共进30天”启动仪式在南宁国际会展中心举行。自治区、市领导马飚、沈北海、车荣福、陈武、余远辉、黄方方，以及柬埔寨驻南宁总领事馆总领事英洪，越南驻南宁总领事馆总领事阮英勇，缅甸驻南宁总领事馆总领事敏隋，泰国驻南宁总领事馆总领事安特蓬，老挝驻南宁总领事馆代总领事潘坎·尹他波里，菲律宾驻广州总领事馆、菲律宾贸易投资中心南宁办公室商务领事助理何佳佳等东盟各国驻南宁外交使节，企业界代表和有关部门工作人员等参加仪式。

19～21日 南宁市第十二届人大常委会第三十六次会议在市人大常委会会议厅召开，听取、审议市政府关于住房公积金管理工作情况的报告，市政府关于实施《中华人民共和国企业国有资产法》的情况报告，市政府关于提请审议将南宁市快环路桥投资有限责任公司40亿元融资租赁业务的偿还资金列入同期市本级财政预算的议案，市政府关于提请审议设立南宁慈善日的议案，市政府关于《南宁市爱国卫生管理条例（草案）》的说明，市政府关于修改《南宁市献血条例》的决定（草案）的说明；对《南宁市特种行业治安管理条例（草案）》进行第三次审议；审议通过有关人事任免职事项。

21日 “2010月圆·国际狂欢夜”晚会在广西民族博物馆举行。越南、柬埔寨、泰国、老挝、缅甸五国驻南宁总领事馆官员出席晚会。

22日 南宁市开展第四个“无车日”活动。

26日 南宁福州商会第三届会员代表大会暨成立8周年庆典在广西沃顿国际大酒店举行。

△ 全国政协委员、自治区政协常委、澳门广西社团联合会会长何玉棠率领澳门工商考察团到南宁市考察投资环境。

28日 自治区党委常委、市委书记车荣福到广西大学和广西艺术学院新校区，开展“项目建设年”调研服务活动，并出席广西建设职业技术学院新校区开工奠基典礼。

29日 南宁市政府与中国华电集团新能源发展有限公司签署清洁能源项目合作框架协议。

10月

9日 南宁市召开纪检监察机关派驻（出）机构统一管理工作动员大会，贯彻落实中央、自治区和市委的决定，对市纪检监察机关派驻机构统一管理工作进行动员和部署。

10日 《南宁市轨道交通一号线一期工程可行性研究报告》通过专家评审。

11日 第二十届全国社会治安综合治理工作理论研讨会在南宁召开。

12日 自治区党委常委、市委书记车荣福会见到南宁进行经贸考察的中国国民党中常委洪玉钦一行。

13日 第七届中国—东盟博览会首席战略合作伙伴签约仪式暨新闻发布会在南宁举行。新加坡著名企业——丰隆亚洲有限公司成为第七届中国—东盟博览会首席战略合作伙伴，这是国外企业首次成为博览会首席战略合作伙伴。

14日 自治区党委常委、市委书记车荣福会见国际田联主席拉明·迪亚克、副主席达兰·阿哈马德、秘书长皮埃尔·魏斯一行。

15日 中国南车株洲电力机车有限公司与广西南南铝加工有限公司举行战略合作框架协议签约仪式。

16日 2010年“中国石化杯”国际田联世界半程马拉松锦标赛在南宁举行，来自32个国家和地区的130多名运动员参加比赛。

△ 2010南宁·东南亚国际旅游美食节在江南区邕州老街开幕。

17～18日 由中国晚报工作者协会主办、南宁日报社承办的中国晚报工作者协会第25届年会暨“全国晚报老总看南宁”活动在南宁举行。自治区党委常委、市委书记车荣福，市长黄方方与莅邕出席年会的140多家晚报的总编座谈。

18日 南宁市同时也是中国西南地区第一架警用直升机在青秀山风景名胜旅游区大草坪上进行首飞。

△ 广西首座示范电动汽车充电站——南宁国际会展中心和南宁竹溪立交电动汽车充电站建成启用，并在公交线路上投运首批电动公交车。

△ 市长黄方方会见由新加坡新闻、通讯及艺术部兼贸易与工业部政务次长陈振泉率领的新加坡代表团一行。

△ 南宁市人大常委会第三十七次会议在市人大常委会会议厅召开。作出

9月22日，南宁市开展第四个无车日活动。图为副市长石文怀（左二）搭乘公交车，用实际行动倡导绿色出行　　周　红提供

关于批准授予洛林·派芬奇女士等8名国(境)外人士南宁市荣誉市民称号的决定。

19～24日　第七届中国—东盟博览会在南宁举办。中共中央政治局常委、全国政协主席贾庆林，第七届中国—东盟博览会主题国印度尼西亚副总统布迪约诺，老挝副总理阿桑·劳里，越南副总理张永仲，柬埔寨国务兼商业大臣占蒲拉西，文莱驻华大使张慈祥，缅甸商务部部长吴丁乃登，中国商务部国际贸易谈判代表兼副部长高虎城，马来西亚国际贸易和工业部副部长贾谷·东加·沙甘，菲律宾贸易与工业部副部长克里斯托伯，泰国商业部部长助理威拉萨·金那拉，新加坡贸工部兼新闻通讯艺术部政务次长陈振泉，广西壮族自治区党委书记、自治区人大常委会主任郭声琨，东盟秘书处东盟市场一体化合作司司长苏柏什等各国贵宾出席开幕式并为开幕式剪彩。第七届中国—东盟博览会主题国印度尼西亚贸易部部长冯慧兰主持开幕式。

19日　第七届中国—东盟商务与投资峰会在广西人民会堂开幕。中共中央政治局常委、全国政协主席贾庆林，印度尼西亚副总统布迪约诺，老挝副总理阿桑·劳里，越南副总理张永仲，中国商务部国际贸易谈判代表兼副部长高虎城，广西壮族自治区党委书记、自治区人大常委会主任郭声琨，中国外交部副部长张志军，中国贸促会副会长王锦珍等出席开幕式。广西壮族自治区主席马飚主持开幕式。

20日　“大地飞歌·2010”第十二届南宁国际民歌艺术节开幕晚会暨第七届中国—东盟博览会晚会在广西体育中心举行。

△　2010中国—东盟轻工产品展览会在南宁华南城开幕。由中国国际商会、中国—东盟博览会秘书处和南宁市政府共同主办。

△　中越友谊手印墙在广西体育中心揭幕。越南外交部副部长裴青山、自治区党委副书记陈际瓦共同为手印墙揭幕。

△　2010年南宁投资贸易洽谈会暨重大项目签约仪式在市委、市政府会议中心举行。现场签约项目40个，签约总金额216.77亿元。

△　柬埔寨、文莱、老挝、菲律宾、越南、缅甸、印度尼西亚、泰国8国商务联络部(办事处)启用。

△　市长黄方方在市政府会见由韩国果川市副市长林钟喆率领的果川市政府代表团一行，并签署缔结友好城市关系五周年友好合作备忘录等相关文件。同日，市委常委、副市长范力会见美国普罗沃市议会议员辛西娅·代顿一行。南宁市与普罗沃市结好十周年、与果川市结好五周年交流与合作成果图片展剪彩仪式在市政府办公大楼举行。

21日　市委、市政府举行2010“南宁市荣誉市民”称号授予暨友好城市签约仪式和南宁国际民歌艺术节国(境)外嘉宾招待宴会。在友好城市签约仪式上，市长黄方方分别与老挝占巴塞省副省长宋沙尼·布迪翁共同签署建立友好城市协议书，与芬兰万达市副市长尤卡·贝尔多马吉共同签署建立友好交往关系意向书。

△　2010年南宁市“两会一节”海(境)外华侨华人投资环境推介会在中国茉莉之乡横县举行。

△　南宁市友好城市法国马恩河谷省再次组织代表团参加第七届中国—东盟博览会。期间，马恩河谷省政府在南宁国际会展中心举行推介会，推介马恩河谷省的经济环境。

22日　市长黄方方和老挝占巴塞省副省长宋沙尼·布迪翁在滨湖广场国际友谊林共同种下象征两地友好的友谊树。市长黄方方等还与占巴赛省嘉宾朋友共同为“南宁市——占巴赛省友谊树”纪念石碑揭幕。

△　2010年南宁市人才活动月在南宁高新技术产业开发区火炬大厦广场启动。

△　2010年全国省(区)、市社科联中国—东盟博览会观摩会暨中国—东盟经济发展研讨会在南宁举行。

△　市长黄方方会见美国洛杉矶郡郡政委员会主席葛洛瑞亚·莫莲娜一行。

23日　广西第一所孤儿学校——南宁市明天学校建校十周年庆典举行。

26日　国务院残疾人工作委员会第七检查组到南宁市检查残疾人事业“十一五”规划纲要执行情况，重点考察残疾人基本服务设施建设情况。

△　市长黄方方会见美国印第安纳州哥伦布市市长弗莱德·阿姆斯特龙一行。

26～31日　自治区党委常委、市委书记车荣福率南宁市党政代表团一行，开展对江苏省南京、苏州、南通、扬州四市的考察访问和招商推介活动。

30日　南宁市召开《南宁市森林城市总体规划(修编)》专家评审会，《规划》经专家组审议通过。

11月

1日　第六次全国人口普查工作进入入户登记普查阶段，自治区副主席林念修于入户登记首日率队到南宁市检查指导人口普查入户登记情况，看望慰问一线普查工作人员及普查对象。南宁全市同时展开人口普查入户登记活动。

△　南宁市城镇居民基本医疗保险和生育保险市级统筹启动。

4日　由民盟中央文化委员会和民盟南宁市委员会共同举办的民盟2010中国城市文化论坛在南宁开幕。民盟中央副主席李重庵，自治区党委常委、市委书记车荣福，国家住房和城乡建设部总规划师唐凯，民盟中央文化委员会主任、著名作家梁晓声等出席开幕式。

4～5日　中央扩大内需和工程治理工作第十五检查组到南宁市检查。

8日　自治区党委常委、市委书记车荣福主持召开座谈会，就《中共南宁市委关于制定南宁市国民经济和社会发展第十二个五年规划的建议》，分别听取各民主党派、工商联和无党派人士，自治区有关部门领导和专家学者的意见、建议。

9日　中央及自治区媒体集中采访南宁“十一五”时期文明城市创建工作。

12日　南宁市举行大气污染事件应急演练，首次实行远程视频指挥，新增通报媒体程序。

15日　南宁市民族歌舞团揭牌成立仪式在市艺术剧院举行。

16～17日　中共南宁市第十届委员会第十二次全体会议在市委、市政府会议中心召开，审议通过《中共南宁市委员会关于制定国民经济和社会发展第十二个五年规划的建议》。

18日　市政府与中国农业发展银行广西分行签署《农业政策性金融支持社会主义新农村建设合作协议》。

21日　中央综治工作检查督导组到南宁市检查、督导社会治安综合治理工作。

22日　市人大常委会主任谢寿堂

在南宁人民会堂会见英国国会议员经贸代表团海伦·西弗德一行。

23 日　南宁市举行 2010 年“李国伟、荣慕蕴教育园丁奖”暨第十一届“我最喜爱的老师”颁奖大会，20 位优秀教师获表彰。

△　第一届中国妇幼保健发展论坛在南宁召开。

24 日　全国知名民营企业兴业北部湾活动在南宁开幕。全国政协副主席、全国工商联主席黄孟复在开幕式上作重要讲话。

26 日　全市农村土地承包经营权流转工作现场会在隆安县召开。

△　2010 年南宁市创业活动月启动仪式暨创业成果展示会在南宁高新技术产业开发区大学生创业基地举行。

30 日　中共南宁市委人民武装委员会第十八次暨市国防动员委员会第十五次全体委员(扩大)会议在江南区举行。

12 月

1 日　市长黄方方出席在海南省海口市举行的第六届泛珠三角省会城市市长论坛，并代表南宁市政府作题为《共享发展新机遇共谱合作新篇章》的主题发言。

△　以加拿大国家教育与人才理事会执行主席、加拿大华人经贸总商会会长、中华海外学人企业家总会会长、加拿大捷达集团董事长李玮博士为团长的中华海外学人企业家总会考察团一行到南宁市考察投资环境和项目。

2 日　国家人口发展“十一五”规划终期督评组对南宁市“十一五”时期人口规划贯彻执行情况进行调研、评估和督促检查。

8 日　市委、市政府向县(区)纪检监察机关赠送 12 辆崭新的办公、办案用车。

9 日　由《人民日报》、新华社、《光明日报》、《经济日报》、中央人民广播电台、中央电视台、《中国妇女报》、《农民日报》等多家中央新闻媒体记者组成的采访团开始对南宁市精神文明建设进行集中采访。

10 日　中共南宁市委举行第十届委员会第十三次全体会议，对部分市直部门正职领导干部建议人选进行无记名投票表决。

△　南宁—东盟经济开发区举行归侨回国创业 50 周年系列庆典活动。

△　首届南宁市乡村社区和谐文艺大展演颁奖晚会暨汇报演出在南宁人民会堂举行。

15～17 日　中国人居环境奖复查考察组对南宁市人居环境奖进行复查。

16 日　市总工会成立 60 周年纪念大会在南宁人民会堂召开。

21～24 日　南宁市第十二届人大常委会第三十八次会议在市人大常委会会议厅召开。会议对市政府实施新型农村合作医疗工作情况进行专项评议。听取和审议市政府关于 2010 年市本级预算调整方案的报告；关于办理市十二届人大八次会议以来代表建议、批评和意见的情况报告；关于实施《中华人民共和国档案法》的情况报告。通过人事任免议案。市长黄方方代表市政府向人大代表通报市政府各有关部门办理市十二届人大八次会议以来代表建议、批评和意见的情况。

22 日　自治区水利厅和南宁市政府举行大王滩水库交接仪式，自治区水利厅厅长钟想廷和市长黄方方分别代表自治区水利厅和南宁市政府，共同签订大王滩水库交接管理协议书。

23 日　市政府与富士康集团有限公司战略合作框架协议签约仪式及其他合作协议在南宁国际会展中心举行。

26 日　“2010·CCTV 经济生活大调查”栏目组到南宁，市长黄方方对话央视著名主持人王小丫三答民生问题，透露南宁市未来五年将加大民生投入、提高就业率和解决住房问题等举措。

27 日　南宁市在横县举行地震应急综合演习。

29～30 日　南宁市人才工作会议在市委、市政府会议中心召开。

（罗　宁　周　红）

2010 年 南宁十大新闻

1. 1 月 1 日，中国—东盟自由贸易区如期建成，南宁迎来区域经济一体化发展新的历史性机遇。

2. 2010 年，南宁市深入开展“项目建设年”、“服务企业年”、“发展环境建设年”、“党组织建设年”四个主题活动，全力打好“工业经济振兴、五象新区开发、产业园区建设、交通基础设施完善、打造‘中国水城’”五场攻坚战，各项事业取得长足发展，“十一五”时期南宁市生产总值、人均生产总值、全社会固定资产投资等 18 个经济社会主要指标实现翻番。

3. 11 月 17 日，《中共南宁市委员会关于制定国民经济和社会发展第十二个五年规划的建议》经中共南宁市委员会第十二次全体会议审议通过，提出以推动科学发展、加快发展、率先发展、和谐发展为主题，以加快转变经济发展方式为主线，到 2015 年，地区生产总值比 2010 年翻一番、财政收入翻一番以上的奋斗目标。

4. 7 月，中共南宁市委授予朱传波南宁市优秀共产党员、“敬业守责、敢做善成的模范基层带头人”荣誉称号。从此，“能帮就帮　敢做善成”成为南宁城市精神的完整表述。

5. 2 月 3 日，南宁市获第六届中华宝钢环境奖，这是中国环境领域的最高社会荣誉。

6. 3~12 月，南宁市自下而上大力开展首届南宁市乡村社区和谐文艺大展演，共演出 2230 多场，参与人数 120 多万人次，丰富群众精神文化生活，促进社会文明和谐。

7. 8 月 28 日，中越建交 60 周年和中越友好年重要活动之一——中越青年联欢大会在广西南宁举行。这次活动得到中越两国国家领导人与中越青年的高度评价和称赞，为深化两国人民的传统友谊注入青春活力。

8. 8 月 11 日，广西体育中心启用仪式暨“天昌杯”中国之队国际足球赛在南宁举行。在广西体育中心先后成功举办中越青年联欢大会、2010 南宁国际民歌艺术节开幕晚会等重大活动，进一步扩大对外开放与合作交流，促进南宁乃至广西文化体育事业的发展。

9. 10 月 16 日，国际田联世界半程马拉松锦标赛在南宁举行，这是该赛事首次在中国举办。此次比赛的成功举办，提高了南宁的国际影响力和知名度。

10. 2010 年，南宁市年度财政收入 300.88 亿元，是 2005 年的 3 倍，增速为近年来最高，实现三年翻一番目标。

（市委办公厅编写组）

责任编辑　周　红

南宁概貌

基本情况

【地理位置】 南宁市位于广西南部，东经107°45′~108°51′，北纬22°13′~23°32′之间。全市总面积22112平方千米，市区面积6479平方千米，其中建成区面积190平方千米。南宁处于粤港澳经济区、西南经济区和东盟经济区的结合部，是中国西南出海大通道的重要枢纽，也是西部各省、自治区惟一沿海的省会城市，具有承东启西，连南接北的区位优势。以南宁为中心的公路网四通八达，国道、省道把南宁与自治区内各市相连，构成广西公路网的主骨架。南宁市已形成以公路为骨干，铁路、水运和航空综合运输网络。高速公路由南宁可直达柳州、桂林、北海、百色、玉林、友谊关等地；沿江而上可达龙州、百色，直入云南，顺流而下可达贵港、梧州、广州、深圳、香港和澳门；民用航空国内航线通达国内各主要大中城市，国际航线可直达泰国、新加坡、马来西亚、印度尼西亚、越南、柬埔寨等东盟国家；经过南宁的铁路有湘桂线、南防线、南昆线，纵横贯通的铁路网可直达全国各大中城市。 （李鸿宽）

【建置沿革】 南宁古属百越之地。秦始皇帝三十三年（前214年），秦统一岭南地区，设南海、桂林、象郡，南宁属桂林郡辖地。汉高祖元年至元鼎元年（前206~前116年）为南越国地，元鼎六年（前111年）属郁林郡领方县地。三国时，属吴国辖地，属广州郁林郡临浦县地，一直延续到西晋。东晋大兴元年（318年），从郁林郡析出晋兴郡，隶属广州，治所晋兴县，晋兴县成为南宁的第一个地名。隋开皇十八年（598年），改晋兴县为宣化县，治所宣化城（今南宁市区）。唐武德四年（621年），以宣化县地设南晋州，领宣化一县；五年，宣化县分出宣化、武缘（今武鸣县）、朗宁、晋兴、横山5个县，隶属南晋州；贞观六年（632年），南晋州改称邕州，为邕州都督府，这是南宁成为桂西南地区行政中心的开始，也是南宁简称"邕"之始（"邕"字来自唐《元和郡县志》"因州西南邕溪水为名"的记述）；天宝元年（742年）改邕州为朗宁郡；乾元元年（758年）复为邕州，撤销朗宁郡建制，由州领县；咸通三年（862年），邕州属岭南西道，治所宣化县，这是南宁相当于今省级政权治所开始。元至元十六年（1279年），改邕州为邕州路，辖宣化县、武缘县，置邕州路总管府，兼左右两江溪峒镇抚，隶属湖广行中书省；泰定元年（1324年）九月，为庆南疆绥服，邕州路改称南宁路（取南疆安宁之意），宣化县隶属南宁路，南宁得名始于此；至正二十三年（1363年），湖广行中书省分置广西行中书省，南宁路隶属广西行中书省。明洪武元年（1368年）废南宁路，置南宁府，宣化县隶属南宁府，治所在今南宁城。清朝承袭明朝建置，清朝初年，南宁府隶属广西省，宣化县隶属南宁府，府、县治均在今南宁市。

民国元年（1912年）7月，废宣化县并南宁府，同年10月，广西军政府从桂林迁至南宁，南宁成为广西省会；2年6月，废府留县，南宁府改为南宁县，同时置邕南道，领邕宁、武鸣、扶南（今属扶绥县）、那马（今属马山县）、上思、横、宾阳、永淳（今属横县）、上林、隆安10个县，归德（今属柳江县）、果化（今属平果县）、土忠（今属扶绥县）3个土州，都阳（今属都安县）、安定（今属都安县）、白山（今属马山县）、古零（今属马山县）、兴隆（今属东兰县）、旧城（今属平果县）、定罗（今属马山县）、迁隆峒（今属宁明县）8个土司，治所均在今南宁市；3年6月，为避云南省的南宁县同名而改名邕宁县。同年置南宁道，领邕宁、永淳、横、宾阳、上林、武鸣、隆山（今属马山县）、那马、都安、果德（今属平果县）、隆安、扶南、绥渌（今属扶绥县）、上思14个县和定罗土司；15年废道，由省直接领县；18年7月设南宁市政府，与邕宁县合署办公，同年11月，撤市建制；19年置南宁民团区，23年置南宁行政监督区，24年置第九区，均领邕宁、宾阳、横、永淳、扶南、绥渌、同正（今属扶绥县）、隆安、上思9个县；25年10月，广西省会从南宁迁至桂林；29年置南宁行政监督区（又叫第九区）；31年4月，将第八区（武鸣）、第九区合并称第四行政区，治所南宁，领邕宁、永淳、横、宾阳、上林、武鸣、隆山、都安、那马、平治（治今平果县）、果德、隆安、同正、扶南、绥渌、上思16个县；38年10月，广西省会再次从桂林迁至南宁。

1949年12月4日，南宁解放。1950年1月，南宁建市。同年2月8日，广西省人民政府成立，确定南宁市为省会。1952年12月，南宁亦为桂西壮族自治区（1956年改为桂西壮族自治州）驻地。1958年3月，广西壮族自治区成立，南宁市为首府。 （梁新莲）

【土地资源】 2010年，南宁市行政区域土地总面积221.12万公顷。其中：耕地面积68.90万公顷，林地面积97.62万公顷，建设用地（城镇村及工矿用地、交通运输用地）14.29万公顷，水域10.86万公顷，其他土地面积29.45万公顷。市区土地总面积64.47万公顷。其中：耕地面积21万公顷，林地面积25.58万公顷，建设用地（城镇村及工矿用地、交通运输用地）5.74万公顷，水域3.73万公顷，其他土地面积8.45万公顷。 （谭世明）

【植物资源】 南宁市地处亚热带南缘，北回归线上，地形地貌为典型的山地、丘陵和盆地，水热条件好，孕育丰富的植物资源。2010年，全市维管束植物有209

南宁市各种地类面积结构

单位：万公顷

地类	总计	耕地	林地	建设用地（城镇村及工矿用地、交通运输用地）	水域	其他用地
市本级	64.79	21.29	25.58	5.74	3.73	8.45
市辖六县	156.33	47.61	72.04	8.55	7.13	21.00
总计	221.12	68.90	97.62	14.29	10.86	29.45
所占比例（%）	100.00	31.16	44.15	6.46	4.91	13.32

科、764属、3000余种。其中，蕨类植物42科、84属、250种；裸子植物7科、9属、18种；被子植物160科、671属、1755种。乔木树种有600种以上，以壳斗科、茶科、杜鹃花科、樟科、胡桃科、木兰科、大戟科为优势。中国公布保护的一、二级野生植物主要分布在广西大明山国家级自然保护区、广西龙山自治区级自然保护区、广西龙虎山自治区级自然保护区、广西三十六弄—陇均自治区级自然保护区、广西弄拉自治区级自然保护区。2007年在龙虎山自然保护区首次发现中国特有植物，被《中国物种红皮名录》收录的极危树种——龙州锥。

【动物资源】 2010年，南宁市自然分布的野生脊椎动物有31目90科208属272种。其中：两栖类19种，主要有大鲵、棘胸蛙、虎纹蛙、泽蛙、大绿蛙、斑腿树蛙等；爬行类42种，主要有蟒蛇、山瑞鳖、大壁虎、大头平胸龟、乌龟、百花锦蛇、金环蛇、银环蛇、眼镜王蛇、五步蛇、滑鼠蛇等；鸟类151种，主要有原鸡、林三趾鹑、凤头鹃隼、雀雕、猛隼、小鸦鹃、草鸮、长尾阔嘴鸟等；哺乳类60种，主要有黑叶猴、猕猴、小灵猫、大灵猫、林麝、苏门羚、黑熊、穿山甲等。中国公布保护的一、二级野生动物主要分布在广西大明山国家级自然保护区、广西龙山自治区级自然保护区、广西龙虎山自治区级自然保护区、广西三十六弄—陇均自治区级自然保护区、广西弄拉自治区级自然保护区、西津湖水库。（林志武）

【水资源】 南宁市水资源较为丰富，多年平均降雨量在1241~1753毫米之间，其中南宁市区为1310毫米，上林县为1753.20毫米。市辖区河系发达，河流众多，流域集水面积在200平方公里以上的河流有郁江、右江、左江、武鸣河、八尺江、清水河、良凤江、香山河、东班江、沙江、镇龙江等39条。市内最大的河流是郁江，流过南宁市区、横县。右江的下游经过隆安县，在南宁市宋村与左江汇合形成郁江。郁江（南宁水文站）年平均天然径流量375.10亿立方米。溶岩地区地下伏流发育，地下水资源丰富，根据地下水调查和分析，市辖区多年平均地下水量模数为每平方千米11.10万立方米，南宁市多年平均浅层地下水资源补给量为25亿立方米。市辖区内的多年平均水资源总量约139.90亿立方米（区域水资源总量是指当地年内降水量形成的地表、地下水总量，不含过境水量）。2010年，郁江（南宁水文站）天然径流量为281.40亿立方米，比多年平均值偏少25%；左江（崇左水文站）天然径流量为129.20亿立方米；水资源总量约82.10亿立方米。区域内的左江、右江、郁江水质尚好，大部分河段的水质符合饮水用水标准。部分小支流由于受沿河工矿企业的排污影响，河水受污染较重。全市有大、中、小型水库779座。其中：库容1亿立方米以上的大型水库5座，1千万立方米以上的中型水库25座，小型水库749座。总库容38亿立方米左右。水库的水质基本符合饮用水标准。全市人均拥有可利用水量约8000立方米，全国人均水量仅为2200立方米。这些水资源为南宁市的工农业生产和人民生活提供充足的水源保障，但由于降水和河川径流的时空分布很不均匀，并非所有的水资源量都能够控制利用，致使一些地区仍然水旱灾害频繁，农业产量不稳定和水资源供需矛盾日益突出。（黄召生）

【矿产资源】 2010年，南宁市已勘查发现矿产资源63种，主要有：能源矿产褐煤、无烟煤、石煤、地热（热矿水）；黑色金属矿产铁、锰、钒、钛；有色金属矿产铜、铅、锌、铝土矿、镍、钴、钨、铋、钼、锑；贵金属矿产金、银；化工原料非金属矿产磷、硫铁矿、芒硝、砷、泥炭、重晶石；冶金辅助原料非金属矿产萤石、耐火黏土；建材和其他非金属矿产压电水晶、熔炼水晶、滑石、叶腊石、石膏、水泥用石灰岩、建筑石料用灰岩、高岭土、膨润土、陶粒用黏土、砖瓦用黏土、玻璃用砂、玻璃用砂岩、水泥配料用砂岩、粉石英、水泥配料用黏土、砖瓦用页岩、水泥配料用页岩、饰面用花岗岩、建筑用花岗岩、方解石、渣灰岩、建筑用砂（河砂）；水汽矿产矿泉水等。优势矿产有钨、银、钒、铜、金、石灰岩、花岗岩、芒硝、耐火黏土、滑石、水晶、砂岩；平势矿产有煤、锰、铝、铅、锌、硫、铁矿、膨润土、高岭土、石膏。探明矿床590处，其中大型矿床9处，中型矿床9处，小型矿床28处。有矿山564个。已开发利用大型矿床4处，中型矿床9处，小型矿床557处，从业人员1万人，年产矿石2000万吨、矿业产值5.33亿元（不含矿业冶炼加工）。（谭世明）

【气　候】 2010年，南宁市年平均气温21.90℃，较常年偏高0.40℃，全市平均年降水量1474.60毫米，偏多4.70%，属正常年景；平均日照时数1569小时，较常年偏多0.50%，属正常年份。春季和秋季降水量比常年同期偏少，出现较严重的气象干旱。汛期（4~9月）全市平均总降雨量为1210毫米，比常年偏多1成，属正常略多年景。年内，影响全市热带气旋比常年偏晚，分别受1002号台风“康森”、1003号台风“灿都”、1005号强热带风暴“蒲公英”、1011号热带气旋“凡亚比”4个热带气旋影响，后两个热带气旋的影响有利于缓解全市的旱情和水库蓄水。年内极端最高气温≥35℃的高温天气比常年同期偏多，主要出现在7~9月，偏多程度为1960年以来同期的第六位。全年除春季、秋季气象干旱较常年偏重、高温天气较常年偏多外，其他灾害属正常到偏轻年份。（江　雪）

【水　文】

降　水　2010年1~3月，南宁市江河主要控制水文站的降水量与历年均值比较偏少，比较干旱。汛期雨季来临时间出现较晚，结束时间基本正常，发生局地暴雨普遍，大范围强降雨少。4~9月，市辖区主要江河的各控制站降水量在823.50~1468.80毫米，汛期降水总量与历年相比，左江干、支流均接近多年同期均值，属平水年景；郁江南宁水文站降水量比历年均值偏多40.50%，属丰水年景；整个汛期有4场全流域性的降雨过程。从10月至年末，大部分水文站降水量与多年平均值相当，属平水年景。入汛后，洪水在汛期出现较晚，结束时间基本正常。洪水场次偏少，洪水水位偏低，变幅相对较小。整个汛期各江河洪水均未出现高洪以上水位。除清水河发生一次超警戒水位洪水外，其他河段均未达到警戒水位。从9月至年末，郁江以上流域降水量接近多年平均值，各江河水位均在低洪以下。郁江（南宁水文站）12月31日24时水位为63.13米。左江（崇左水文站）12月31日24时水位为86.48米。

水　质　2010年，按照《国家地表水环境质量标准》（GB3838-2002），对归春河的硕龙河段共监测12次，其中11次是二至三类水质，1次四类水质。对平而河的平而关河段共监测12次，其中11次是二至三类水质，1次四类水质。对水口河水口桥河段共监测12次，其中11次三类水质，1次为四类水质。对龙州站河段共监测12次，9次达到三类水质，3次为四类水质。对崇左站河段共监测12次，除7月为四类水质外，其他测次为二至三类水质。扶绥站河段全年水质为三类。对南宁站河段共监测12次，其中11次为三类水质、1次为四类水质。对右江下颜河段共监测12次，其中10次为二至三类水质，2次为四类水质。对郁江蒲庙河段共监测12次，7次为三类水质，5次为四类水质。对豹子头河段共监测6次，全部是三至四类水质；对邕江河南水厂河段监测12次，7次为三类水质，其余为四类水质。对六景河段共监测6次，全部为三类至四类水质。在所监测的跨市界河段中，清水河廖平断面共监测7次，其中4次为三类水质，3次为四类水质；左江智信断面共监测7次，其中6次为三类水质，1次为四类水质；明江在妙断面全年水质为二至三类；下雷河弄陇断面共监测4次，其中2次为三类水质，2次为四类水质；乔建河平良断面共监测4次，其中3次为三类水质，1次为四类水质。监测河段主要污染（超标）物为粪大肠菌群、铁、氨氮、溶解氧等。造成水质超标的主要原因是由于非汛期降水量普遍偏少，河流流量偏少，致使河流的纳污容量很小，点源污染容易使河流的水质变劣。（黄召生）

【人　口】据以2010年11月1日零时为标准时点进行的第六次全国人口普查数据显示：全市总人口686.84万，与2000年第五次全国人口普查的629.01万人比较，10年间共增加57.83万人，增长9.19%，年平均增长率为0.88%。全市常住人口666.16万，与2000年第五次全国人口普查的620.80万人相比，10年共增加45.36万人，增长7.31%，年平均增长0.71%。全市常住人口中，共有家庭户204.10万，家庭户人口604.43万，平均每个家庭户人口2.96人；男性人口345.42万，占51.85%；女性人口320.74万，占48.15%；汉族人口312.50万，占46.91%；各少数民族人口353.66万，占53.09%。（李鸿宽）

【行政区划】2010年，南宁市行政区划为兴宁区、江南区、青秀区、西乡塘区、邕宁区、良庆区六城区和武鸣县、横县、宾阳县、上林县、马山县、隆安县六县，共84个镇、15个乡、3个民族乡、22个街道。

【民　族】南宁市是以壮族为主体、多民族聚居的首府城市。居住着壮、汉、瑶、苗、仫佬、侗、回、满、毛南、土家、布依、水、黎、京、彝、蒙古、白、朝鲜、傈僳、畲、仡佬、傣、哈尼、鄂温克、高山、藏、土、锡伯、纳西、拉祜、羌、维吾尔、达斡尔、景颇、佤、普米、布朗、基诺、东乡、裕固、哈萨克、保安、柯尔克孜、阿昌、赫哲、俄罗斯、怒、塔塔尔、鄂伦春、德昂等50个民族，其中人口总数超过1000人以上的依次为壮、汉、瑶、苗、仫佬、侗、回、满、毛南、土家等10个民族。壮族是世代居住在本地的土著民族；汉族为秦汉以后陆续迁入；回族为元朝以后迁入；瑶族和苗族大多为清代以后迁入；其余民族多于南宁解放后尤其是改革开放以后陆续从全国各地迁入。至2010年末，全市总人口686.84万，其中少数民族人口353.66万，占总人口的53.09%，少数民族人口总数居全国五个少数民族自治区首府城市之首。市区少数民族人口占总人口的比例为58.23%，各城区少数民族人口占总人口比重的排序为：邕宁区（94.84%）、良庆区（90.17%）、兴宁区（63.40%）、江南区

2010年南宁市各县（区）、乡镇、街道情况

县区	乡镇街道数				乡镇	街道
	镇	乡	民族乡	街道		
兴宁区	3			2	三塘镇、五塘镇、昆仑镇	朝阳、民生
江南区	4			4	吴圩镇、苏圩镇、延安镇、江西镇	江南、福建园、那洪、沙井
青秀区	4			5	伶俐镇、长塘镇、刘圩镇、南阳镇	建政、新竹、中山、津头、南湖
西乡塘区	3			10	坛洛镇、金陵镇、双定镇	西乡塘、衡阳、北湖、安吉、安宁、新阳、华强、上尧、石埠、心圩
邕宁区	3	2			蒲庙镇、那楼镇、新江镇、百济乡、中和乡	
良庆区	5			1	良庆镇、那马镇、那陈镇、大塘镇、南晓镇	大沙田
武鸣县	13				城厢镇、太平镇、双桥镇、宁武镇、锣圩镇、仙湖镇、府城镇、罗波镇、陆斡镇、两江镇、甘圩镇、灵马镇、马头镇	
横县	14	3			横州镇、石塘镇、云表镇、马岭镇、百合镇、那阳镇、峦城镇、六景镇、陶圩镇、校椅镇、新福镇、莲塘镇、南乡镇、平马镇、镇龙乡、马山乡、平朗乡	
宾阳县	15	1			芦圩镇、思陇镇、新桥镇、新圩镇、邹圩镇、大桥镇、和吉镇、洋桥镇、武陵镇、中华镇、古辣镇、露圩镇、甘棠镇、黎塘镇、王灵镇、陈平乡	
上林县	7	3	1		大丰镇、巷贤镇、白圩镇、三里镇、明亮镇、乔贤镇、西燕镇、澄泰乡、木山乡、塘红乡、镇圩瑶族乡	
马山县	7	2	2		白山镇、周鹿镇、百龙滩镇、古零镇、金钗镇、永州镇、林圩镇、乔利乡、加方乡、古寨瑶族乡、里当瑶族乡	
隆安县	6	4			城厢镇、乔建镇、那桐镇、雁江镇、丁当镇、南圩镇、都结乡、布泉乡、屏山乡、古潭乡	

（胡小民）

(50.86%)、青秀区(47.82%)、西乡塘区(42.50%);各县少数民族人口占总人口的比例为57.72%,少数民族人口占总人口比重的排序为:隆安县(96.91%)、武鸣县(86.82%)、马山县(82.84%)、上林县(84.66%)、横县(38.51%)、宾阳县(20.10%),其中隆安县壮族人口比例最高。汉族在各地均有分布,以宾阳县、横县和除邕宁区、良庆区以外的城区较为集中;瑶族主要聚居在马山县和上林县;苗族在各地均有分布,以城区较为集中;回族、满族、侗族等其他少数民族主要居住在城区;全市有3个民族乡,分别为马山县古寨瑶族乡、里当瑶族乡和上林县镇圩瑶族乡。

【语言文字】 2010年,居住在南宁市的50个少数民族中,除回族、满族已全部转用汉语外,其他少数民族都保留有自己的语言,部分少数民族保留有自己的传统文字。普通话和规范汉字为公务用语用字,对国家机关工作人员、教师从业人员要求普通话水平测试。全市推广普通话和推行规范汉字,公共服务行业基本以普通话为服务用语。

汉语方言 主要有白话(粤语)、平话、桂柳话(西南官话)和普通话等4种。近郊农村汉族普遍使用平话,城区内汉族多使用普通话和白话,部分使用桂柳话(西南官话)。中心城区贸易及社会交往的汉语方言以南宁白话和普通话为主。

壮 语 壮语是壮族主要的语言交际工具,使用较为广泛的区域为武鸣、横县、上林、马山、隆安,邕宁、良庆区和西乡塘、兴宁、江南、青秀区的边远乡镇。壮语分为南部方言区和北部方言区,大致以邕江为界,并向西北伸展连接右江,江的南部地区属南部方言区,江的北部地区属北部方言区,俗称"南壮"和"北壮"。南宁壮语分属"南壮"和"北壮"两大方言及其接合区,即邕江和右江以北为壮族北部方言的邕北土语区,以南为壮族南部方言的邕南左江土语区。北部方言区的壮话与武鸣壮话大同小异;南部方言区的壮话则与邕宁壮话基本相同。壮语南部方言和北部方言语法结构、基本词汇大致相同,而语音差异则比较明显。如南部方言有一套送气的清音声母ph、th、kh等,北部方言一般无送气声母;此外,北部方言有独立的r声类(有多种方言变体,多数地方读Y),而南部方言多无此独立声类。在词汇方面,南部方言区的壮语与北部方言区的壮语大约有30%~40%的词汇不相同,在语法上也存在一些差异。南宁市壮族聚居的村庄、圩镇,日常交际用语为当地壮语方言,壮族聚居的县城及乡镇行政驻地集市贸易的主要用语为当地壮语方言,其周边及杂居的汉族居民多数也兼通壮语。由于壮汉民族长期和睦相处,普通话的推广使用,以及广播、电视的普及和覆盖面的日益扩大,南宁市城乡壮族兼通普通话或白话的现象也较为普遍。

壮 文 古壮字和壮语拼音文字的简称。古壮字也叫土俗字,壮语称为Sawndip,萌芽于秦汉时期,产生于唐代,是由壮族一些受汉文化教育的文人(包括巫师)借助汉字或汉字的偏旁部首创造的,其构字方式大体有形声字(即利用汉字的偏旁部首和意符组合而成的字)、会意字(即利用汉字本体的意义,加上一些特殊的符号,或者是以两个以上的汉字合并而成的字)、借汉字(即直接借用汉字音或义,借音是借用汉字的正音或谐音记录壮语字,一经借用,其原来汉语语义不复存在,表示的是壮语语义;另一种是既借音又借义的字)、象形字(即依物赋形,依事描样,以简单而富有概括力的笔画,勾画出物体的基本形象的字)。古壮字兴于唐宋,盛于明清,民间普遍用于记录或书写神话、故事、传说、歌谣、谚语、剧本、楹联、碑刻、药方、家谱、家族、契约、讼诉、经文、记财等。目前,南宁市各县(区)壮族地区民间仍流传有使用古壮字记录、抄录的山歌唱本和师公唱本,大部分的民间老艺人、师公(师公戏)传承人在抄录、创作唱本时也仍然在使用古壮字和沿用古壮字的创字方法。壮文拼音文字是以拉丁字母为基础拼音创制的文字,1957年经国务院批准并公布实施,共有28个字母,并以z、J、x、q、h等字母分别作第二、三、四、五、六调的调号标注于字尾,20世纪50年代中后期,开始在壮族地区推行使用壮文拼音文字。"文革"期间壮文推行工作中断十余年。1980年5月,自治区党委和政府决定在壮族地区恢复使用壮文。1981年9月起,壮文陆续在壮族地区的小学进行壮汉双语教学试点实验。2004年,南宁市人民政府颁布实施《南宁市社会用字管理暂行规定》,明确壮文的使用纳入社会用字管理范畴。南宁市党政机关、社会团体、企事业单位名称牌匾、公章大都使用壮汉两种文字,公共场所设置的部分挂牌、路牌、标志牌也按规定同时标注有壮文拼音文字。

瑶 语 主要属汉藏语系苗瑶语族苗语支或瑶语支,也有一些属壮侗语族(瑶族居地广阔,支系繁多,各语支差异颇大,所以不同语支的瑶族之间语言不通。由于瑶族长期与壮族、汉族杂居,共同相处,交往密切,故受到其民族语言影响较深)。瑶语受汉语、壮语影响很大,瑶语中借入了大量的汉语、壮语词。居住在马山、上林县一带的瑶族和宾阳、隆安县的瑶族大都兼通壮语,他们以瑶语、壮语为日常语言交际工具。居住在城区的瑶族兼通汉语,也有部分使用瑶语作为日常语言交际工具。 (刘建安)

【华 侨】 2010年,南宁市有归侨侨眷11万人,其中归侨1.80万人,主要是20世纪六七十年代从印度尼西亚、越南等国家回国定居。南宁市旅居海外的华侨、华人约9万人,主要分布在越南、菲律宾、马来西亚、泰国、缅甸、新加坡、印度尼西亚、巴基斯坦、美国、英国、加拿大、澳大利亚、危地马拉、德国、巴西、智利、新西兰、瓦努阿图、瑞士等35个国家和地区。从事的职业包括商贸、教育、科研、文化等。 (何 俊)

【宗 教】 2010年,南宁市有佛教、伊斯兰教、天主教、基督教4种宗教,经政府批准开放的宗教活动场所44处,分布在除隆安县外的兴宁、青秀、江南、西乡塘、邕宁、良庆区及武鸣、横县、宾阳、上林、马山县。宗教教职人员122人,信教群众近20万人。成立有市佛教协会、市伊斯兰教协会、市天主教爱国会、市基督教"三自"(自治、自养、自律)爱国运动委员会、市基督教协会5个市级宗教团体。各宗教团体协助中国共产党和政府贯彻执行宗教法规和方针政策,坚持独立自主自办的原则,团结广大信教群众,爱国爱教,遵循国家有关法律法规和教义教规,过着正常宗教生活。 (聂先锋)

【自然灾害】

旱 灾 2010年2月以来,南宁市出现持续的高温少雨气候,各地平均气温比常年同期偏高2~3.4℃,降水量比常年同期偏少8~10成,在高温、少雨气候条件影响下,全市有28座水库干涸,各县(区)旱情逐渐加剧。至3月11日,共有12个县(区)93个乡镇985个村屯受旱,受旱农业人口109.77万,因旱造成人畜饮水困难8.86万人和4.12万头。农作物受灾面积6.52万公顷,成灾面积2866.67公顷,因旱造成农业直接经济损失3448万元。

局部强降雨灾害 5月31日至6月1日,受弱冷空气和低涡降雨系统影响,马山、上林、宾阳等县不同程度受到洪涝灾害。全市农作物受灾面积5606.67公顷,成灾面积3273.33公顷,绝收面积740公顷。受灾农作物主要有玉米2746.67公顷、水稻1613.33公顷、桑园173.35公顷。马山县受灾最严重,全县受灾人口5.85万人,其中1100人饮水困难,农作物受灾2233.33公顷。此次强降雨造成的农业、交通、水利等直接经济损失1463.45万元,其中农业损失954万元,水利设施水毁损失42万元。

强台风灾害 9月21~24日,受11号台风"凡亚比"影响,南宁市大部分县(区)出现中到大雨,部分暴雨,局部大暴雨天气过程。全市各县(区)不同程度受灾,尤以作为香蕉主产区的隆安县受灾最重。隆安县香蕉受灾面积200多公顷,约32.40万株香蕉被风吹折、倒伏,其中普通农户受损21.35万株,专业户受损11.05万株,直接经济损失869万元,其他农作物也不同程度受灾。

(杜 勇 刘晓峰)

经济与社会发展

【经济发展概况】 2010年,南宁市深入开展"四个年"主题活动,打好"五场攻坚战",经济实现又好又快发展,"十一五"规划主要经济目标圆满完成。经济持续较快增长。生产总值1800.43亿元,比上年增长14.20%,连续9年保持两位数增长;"十一五"规划期间年均增长15.50%。三次产业中,第一产业增加值244.41亿元,增长5.60%;第二产业增加值652.91亿元,增长17.80%;第三产业增加值903.11亿元,增长13.90%。人均生产总值25624元(按年末汇率折合3869美元)。投资快速增长。全社会固定资产投资1483.02亿元,增长42.06%;"十一五"规划期间年均增长32.52%。城镇固定资产投资1389.30亿元,增长42.17%。其中:基本建设投资645.81亿元,增长43.07%;更新改造投资367.19亿元,增长38.26%;房地产开发投资317.50亿元,增长40.04%。农村固定资产投资93.73亿元,增长40.57%。消费市场持续旺盛活跃。社会消费品零售总额905.93亿元,增长20%,"十一五"规划期间年均增长18.96%。城镇消费品零售额861.13亿元,增长19.99%;农村消费品零售额44.81亿元,增长20.23%。批发和零售业零售额827.47亿元,增长19.98%;住宿和餐饮业零售额78.46亿元,增长20.21%。消费热点仍然十分活跃。汽车零售额156.01亿元,增长34.40%;家电类商品零售额增长40.49%;金银珠宝类增长36.39%;石油及制品类商品零售额增长26.57%。服务业较快发展。金融、物流、信息、电子商务等生产性服务业,商贸、旅游等生活性服务业蓬勃发展,服务业对经济增长的贡献率达到50.60%。区域性现代商贸物流基地和信息交流中心、金融中心建设加快。营利性服务业增加值158.15亿元,增长28.2%;交通运输、仓储邮政业增加值84.86亿元,增长20.20%;批发零售业增加值152.98亿元,增长18.10%。货物运输总量1.92亿吨,增长23.76%。旅客运输总量1.02亿人,增长12.97%。邮电业务总量176.99亿元,增长20.51%;其中电信业务总量171.72亿元,增长20.60%。被商务部确定为全国流通领域现代物流示范城市。"数字南宁"建设加快,获"2010中国城市信息化管理创新奖"、"中国城市信息化50强"称号。旅游总收入237.89亿元,增长30.91%。国际旅游收入0.38亿美元,增长40.68%;国内旅游收入234.10亿元,增长30.77%。金融业发展良好。年末,金融机构各项存款余额4021.45亿元,比上年末增长21.26%。其中:企业存款余额1642.03亿元,增长12.74%;城乡居民储蓄存款余额1375.89亿元,增长22.50%。金融机构贷款余额4142.30亿元,比上年末增长19.59%。全年保险费收入57.30亿元,增长42.79%。其中:财产险保费收入21.56亿元,增长46.42%;寿险保费收入35.74亿元,增长40.68%。工业发展与上年相比情况明显好转。工业经济振兴攻坚战、产业园区建设攻坚战的实施,推动工业发展实现实质性突破。工业呈现出生产、效益同步较快增长的良好态势,区域性先进制造业基地建设加快。实现工业总产值1501.18亿元,增长27.68%,"十一五"规划期间年均增长25.08%。工业增加值403.15亿元,增长17.82%。工业对经济增长的贡献率29.50%,拉动经济增长4.20个百分点。规模以上轻工业产值624.77亿元,增长26.28%;重工业产值661.18亿元,增长35.67%。规模以上轻、重工业产值比例为48.48:51.52。新增规模以上工业企业182家,亿元企业75家,均为自治区最多。建筑业增长速度快。建筑业增加值168.10亿元,增长23.60%。建筑施工企业(资质企业)施工产值465.28亿元,增长27.10%。利税总额24.37亿元,增长26.46%。农业稳步发展。农林牧渔业总产值403.24亿元,增长5.89%。其中:农业产值211.18亿元,增长5.43%;林业产值18.76亿元,增长11.43%;畜牧业产值137.63亿元,增长5.91%;渔业产值16.92亿元,增长6.31%;农业服务业产值18.74亿元,增长6.05%。主要农产品产量,粮食总产量204.23万吨,下降2.34%;蔬菜、水果、糖料蔗、桑蚕、木薯五大优势特色种植业持续发展,蔬菜产量345.50万吨,增长3.80%;水果产量123.29万吨,增长17.97%;甘蔗产量1044.01万吨,增长8.51%;桑园面积增加1.03万公顷,鲜茧产量增长28%;木薯产量56.77万吨,增长6.48%。肉类总产量60.76万吨,增长4.20%;禽蛋产量2.29万吨,增长17.11%;牛奶产量4.75万吨,增长8.53%;水产品产量19.17万吨,增长6.37%。禽蛋、牛奶产量排在自治区第一位,肉类总产量排在自治区第二位。林业发展态势良好,林业综合效益提高。全年植树造林1.62万公顷,中国—东盟(南宁)林业产业物流园、东盟花卉博览园等一批项目工作加快推进。木材产量232.40万立方米,增长26.94%。对外经济克难攻坚。推进对东盟国家货物贸易人民币结算试点,外贸结构调整取得新进展,但受国际金融危机、人民币升值等外部因素影响,加上南宁市出口商品市场竞争激烈,自治区稳定外贸出口专项资金政策不再延续等因素影响,南宁市出口面临较大困难,全年出口15.93亿美元,下降33.10%。招商引资成效明显。"服务企业年"活动深入开展,投资环境不断优化。发挥"两会一节"、"两岸产业高峰会议——2010年桂台经贸合作论坛"等节会活动的平台效应,促进以商招商、境外招商。富士康电子等一批项目签约,南宁—东盟国际橡胶交易中心等一批项目落户,麦斯鞋业等一批重点外资项目实施。外商直接投资3.30亿美元,增长18.62%。人民生活水平继续提高。城镇居民人均可支配收入 1.80 万元，增长 10.94%。城镇单位在岗职工年均工资 3.70 万元，增长 13.64%。城镇居民人均消费性支出 1.23 万元，增长 9.46%。城镇居民恩格尔系数（居民食品支出占消费支出总额的比重）为 38.82%。城镇居民人均住房建筑面积 33.29 平方米。农村居民人均纯收入 5005 元，增长 14.15%。农村居民人均总支出 6098 元，增长 8.97%；其中农村居民人均生活消费支出 3354 元，增长 11.65%。农村居民恩格尔系数为 42.55%。年末城乡居民储蓄存款余额 1375.89 亿元，比上年末增长 22.50%。居民消费价格总水平上涨 2.50%。

【经济结构调整】 2010 年，南宁市经济结构调整取得新进展。三次产业比重为 13.58:36.26（工业 26.93）:50.16。第一产业比重继续下降。农林牧渔业产业结构中的农业、林业、渔业比重上升，畜牧业、农业服务业比重下降。农林牧渔业各业所占比重分别为：农业占 52.37%，比重提高 0.36 个百分点；林业占 4.65%，比重提高 0.89 个百分点；畜牧业占 34.13%，比重降低 1.20 个百分点；渔业占 4.20%，比重提高 0.07 个百分点；农业服务业占 4.65%，比重下降 0.12 个百分点。第二产业比重显著上升，上升幅度为 1.67 个百分点（工业比重提高 0.97 个百分点），对经济增长贡献率达到 44.30%，比上年提高 5.20 个百分点。

【经济运行质量与效益】 2010 年，南宁市经济运行质量和效益较好，财政收入取得重大突破。财政收入 300.88 亿元，是“十五”规划末年的 3 倍，占自治区财政收入的 24.49%，比上年增长 30.13%，“十一五”规划期间年均增长 24.59%。其中，一般预算收入 156.10 亿元，增长 29.77%。工业经济效益较好。规模以上工业经济效益综合指数 261.70%，比上年提高 32.85 个百分点；利润 63.76 亿元，增长 87.83%。建筑业经济效益良好。建筑施工企业（资质企业）利润总额 9.87 亿元，增长30.92%。科技创新步伐加快。被科技部批准为自治区首个国家创新型试点城市。第四轮创新计划（2008~2010 年）完成，累计实施项目 1136 个，计划总投资 53.45亿元，新增产值 74 亿元。产业科技创新成效显著。实施机械制造装备产品创新与关键技术攻关等重大科技专项 13 个；引进、开发工业新产品及新技术 126 个，其中开发具有自主知识产权的高新技术和新产品 72 个。培育、新增高新技术企业 33 家，中小科技型企业 62 家。有自治区、市级工程技术研究中心 33 家，自治区级企业技术中心 54 家，其中广西千亿元产业工程技术中心建设试点 5 家。建成生物质能源酶解技术国家级实验室 3 个、自治区级重点实验室 9 个。建成启用自治区首家开发式大型准生物医药专业孵化器南宁市科技孵化基地。

【区域经济发展】 2010 年，南宁市抓住中国—东盟自贸区建成等机遇，推进全方位、多层次、宽领域对外开放，参与桂台、桂港、桂澳经贸合作，区域合作不断深化加强。南宁—东盟国际商务区 12 国商务联络部基地基础设施及配套设施逐步完善。与港澳台、珠三角、长三角的经济合作进一步加强，承接产业转移取得新突破，与富士康集团签署战略合作框架协议，促进南宁市新兴产业加快发展。南宁保税物流中心正式运营。县域经济加快发展。武鸣县、横县获广西科学发展十佳县，上林县、良庆区获广西科学发展进步县（区），隆安县获广西县域经济发展进步奖。县（区）工业园区基础设施进一步完善，县（区）工业发展后劲进一步增强，农村商贸、旅游等服务业进一步发展。

【节能减排】 2010 年，南宁市继续淘汰落后产能，淘汰落后产能水泥 240 万吨、炼钢 8 万吨、造纸 5.57 万吨、皮革 2 万标张、电力 1.67 万千瓦，完成自治区下达的淘汰落后产能目标。工业节能成绩显著，万元工业增加值能耗 1.84 吨标准煤。建筑、交通等领域节能取得新进展，获全国可再生能源建筑应用示范城市称号。污染治理设施建设和减排项目建设进展顺利，完成自治区下达的化学需氧量排放量减排项目 63 个、二氧化硫排放量减排项目 7 个。城镇污水和生活垃圾处理设施建设情况较好。江南污水处理厂二期、埌东污水处理厂三期通水试运行，五象污水处理厂一期、三塘污水处理厂一期开工建设，6 个县城污水处理厂一期试运行，县城污水集中处理率达到 60%以上，横县、马山、隆安县城生活垃圾填埋场库区建设基本完成。万元生产总值能耗下降 2.10%，化学需氧量排放量下降 3%，二氧化硫排放量不增加，完成自治区下达的“十一五”规划目标。

【社会发展概况】 2010 年，南宁市推进各项社会事业和改善民生。集中财力解决关系人民群众切身利益的实事好事，让人民群众共享更多改革发展成果。财政安排民生支出的力度继续加大，一般预算教育支出 43.60 亿元，增长 36.31%；社会保障和就业支出 39.96 亿元，增长 85.42%；医疗卫生支出 20.57 亿元，增长 40.77%。

科学技术　创新型城市建设取得突破。连续第五次被评为全国科技进步先进市，跃升为国家科技进步示范市和国家创新型试点城市，跻身中国城市综合创新力 50 强，入选建设创新型国家十大发展模式贡献城市。区域科技创新基地建设加快推进，建成国家重点实验室 1 个、自治区重点实验室 9 个，国家级孵化器 1 个、自治区级孵化器 4 个，全国首家开发式大型准生物专业孵化器——南宁市科技孵化基地启用。创新政府绩效考评工作，在全自治区率先建成机关绩效考评综合信息平台，获 2010 年中国城市信息化管理创新奖。

教　育　教育事业优先发展，提前两年实现“两基”（基本普及九年义务教育和基本扫除青壮年文盲）达标，义务教育阶段教师绩效工资全部兑现，职教攻坚任务基本完成。教育投入 43.60 亿元，剔除上级追加因素，比上年增长 39.08%。义务教育工作继续加强，全市 12 个县（区）先后通过自治区义务教育学校常规管理达标评估验收。高中教育进一步发展，优质高中教育资源进一步扩大，有自治区示范性普通高中 19 所，占自治区示范性普通高中学校总数的 17.12%；39 所普通高中通过自治区普通高中一级学校评估，占全市普通高中的 45.88%，数量居自治区之首。职业学校办学水平不断提高，毕业生就业质量稳步提高，中等职业学校毕业生就业率 96.40%。教育基础设施建设步伐加快，年内，市本级财政预算内教育基建完成投资 12.03 亿元。五象新区玉龙学校、柳沙江南小学扩建、市第一职校、南宁高级技校等项目顺利推进。

文　化　村村通广播电视任务完成。《大地飞歌》品牌进一步提升，成功推出《苍天有泪》、《海棠亭》等一批文化精品，《旅店夜话》获全国小戏小品大赛优秀剧目奖。南宁电视台与东盟国家电视媒体联合举办跨国春节晚会 4 场，扩大了对外文化交流。基层文化活动丰富多彩，公共文化服务体系建设实现新的突破。文化惠民工程开展“百戏下乡”活动、推进建设22个乡镇综合文化站等工作，南宁孔庙迁建工程基本完成，广西文化艺术中心、南宁博物馆等重点项目继续实施。

卫　生　卫生事业稳步发展。三级医疗卫生网络不断完善，城乡医药卫生服务体系基本形成，一批公共卫生设施继续建设，疾病防治能力进一步增强，医疗保障覆盖人口逐步扩大，群众看病贵的问题得到初步缓解。人民群众健康状况进一步改善，居民主要健康指标高于全国水平。市第一医院门诊综合楼、盲人按摩康复理疗中心建设进展顺利。在全自治区率先建立城乡一体的医疗救助制度，新型农村合作医疗参合率92.57%。

体　育　体育事业继续发展，公共体育设施进一步改善。积极开展群众体育、竞技体育，体育产业蓬勃发展，成功举办国际田联世界半程马拉松锦标赛等重大体育赛事。

人口与计划生育　人口计生事业健康发展，被确定为全国人口计生综合改革示范市和全国流动人口计划生育基本公共服务均等化试点城市。人口自然增长率8.36‰，控制在预期目标内。

就　业　创建充分就业城市。城镇新增就业7.38万人，城镇登记失业率3.69%，控制在预期目标内。创建国家级创业型城市力度加大。落实积极就业政策，全年安排使用再就业保障资金1.25亿元。完善公共就业服务体系，组织用工招聘会进校园、进企业、进农村，转移农村劳动力9.72万人，帮助2.38万人再就业。

社会保障　完善城乡社会保障体系。养老、失业、医疗、工伤和生育5项社会保险实现市级统筹，保险补助标准及城乡居民低保、农村五保供养标准均逐年提高，医疗救助标准实现城乡统一，医疗保险个人账户支付范围、门诊大病统筹实施范围逐步扩大，新型农村合作医疗参合率稳定在90%以上，社会保障政策普惠性增强。城市最低保障标准从每人每月280元提高到300元，城区与县的农村最低保障标准从每人每年1000元分别提高到1400元和1200元，五保供养补助金标准每人每月增加20元。

住房保障　多元化住房保障体系形成。实施廉租房和经济适用房供应，低收入家庭住房困难逐步得到解决；实施公共租赁房和限价商品房供应，"夹心层"家庭住房需求逐步得到解决；实施拆迁安置房、棚户区改造、危旧房改房改造、旧区综合整治，特殊群体住房条件得到逐步改善。新建廉租房2016套、续建3379套、竣工2203套，竣工经济适用房5657套，对符合条件的家庭实行经济适用房货币补贴，首个公共租赁房项目"环卫公寓"开工建设，限价商品房建设加快推进，危旧房改房改造、棚户区改造启动实施。

扶　贫　实施第三批整村推进扶贫村扶贫开发，涉及91个贫困村，贫困人口减少5万，农村危房改造完成1.07万户。

【经济与社会发展主要问题】 2010年，南宁市经济与社会发展面临和存在的主要困难及问题：一是综合经济实力、产业发展水平、企业和产品竞争力还不能很好地适应发展需要。与发达城市相比，经济总量仍比较小，中心城市的辐射带动效应不够显著。产业结构不够合理的问题仍然存在，工业比重仍然偏小，农业比重仍然偏大。产业发展水平和经营层次、经营效益不够高。支柱产业实力不够强大，产业竞争力不强。优势特色产业规模较小，主导产业带动力不够强。缺少大企业带动、大品牌支撑。工业总量较小，发展水平较低。高技术、高附加值产业等新兴产业比重低。二是招商引资、扩大投资、新区建设仍然面临不少困难。外来投资项目数量仍不够多，外来投资规模仍不够大。仍然缺少投资大项目、特别是投资额上百亿元的影响力巨大的大项目带动。土地、资金、征地拆迁、规划调整等方面投资项目瓶颈制约因素较多。新区建设还不够快。三是加快经济发展、促进投资增长、推动产业升级的软硬环境还不够完善。城乡基础设施和城市功能仍不够完善。产业配套条件仍不够理想。区域产业趋同化的矛盾仍比较突出。管理体制和运行机制仍不够完善。城市发展空间不足。开放程度、市场化程度不够高，现代市场体系不够完善。非公有经济发展程度不够高，民间资本活动不够活跃。创新成果仍不够丰硕，创新成效还不够显著。人才特别是高层次人才、特殊人才资源不足的问题较为明显。四是城乡发展、区域发展、经济社会发展、经济发展与资源环境发展仍然不够协调。城乡发展不够协调，城乡发展差异大。区域发展不够协调，城区与县域发展、县与县之间发展差异大。经济社会发展、经济发展与资源环境也还存在一些不够协调的地方。　（杨华伟）

固定资产投资

【概　况】 2010年，南宁市全社会固定资产投资快速增长。继续开展"项目建设年"活动，成立专门机构，落实投资项目及建设资金，解决土地、资金、征地拆迁、规划调整等方面难题，通过每月召开投资项目集中审批对接协调会和每月组织投资项目开竣工活动等措施，加快推进投资项目建设。全社会固定资产投资1483.02亿元，比上年增长42.06%；"十一五"规划期间年均增长32.52%，比规划目标高1倍。全社会固定资产投资中，城镇固定资产投资1389.30亿元，增长42.17%。其中：基本建设投资645.81亿元，增长43.07%；更新改造投资367.19亿元，增长38.26%；房地产开发投资317.50亿元，增长40.04%。城镇固定资产投资中的基本建设投资、更新改造投资、房地产开发投资三大方面的较大幅度增长支撑全社会固定资产投资的持续快速增长。全社会固定资产投资中，国有及国有控股投资672.66亿元，增长52.66%；城建投资176.10亿元，增长26.51%。固定资产投资施工项目5025个，增长7.12%；其中投资1亿元以上项目359个，增长44.76%；投资5000万元以上项目900个，增长32.55%。新开工项目3722个，增长0.24%；其中投资1亿元以上项目100个，增长49.25%；投资5000万元以上项目393个，增长26.77%。续建项目1303个，增长33.23%；其中投资1亿元以上项目259个，增长43.09%；投资5000万元以上项目507个，增长37.4%。竣工投产项目3601个，增长11.38%；其中投资1亿元以上项目54个，增长68.75%；投资5000万元以上项目281个，增长70.30%。

【"项目建设年"活动】 2010年，南宁市连续第二年开展"项目建设年"活动。全市性的投资项目开竣工活动每月均组织举办，全年开竣工重大投资项目1126个，总投资1059亿元。其中，开工项目721个，总投资910亿元；竣工项目405个，总投资149亿元。列入自治区层面统筹推进新开工、前期工作、续建和竣工投产重大项目82个，总投资977.60亿元，年度计划投资98.80亿元，完成投资151.80亿元，为年度计划的1.54倍。"双百"（100个重点建设项目、100个重点前期工作项目)项目顺利推进。100个重点建设项目在建80个，年度完成投资180.99亿元;100个重点前期工作项目开工5个,批复规划许可51个,完成土地预审49个,批复(或核准、备案)可行性研究报告57个,批复(或核准、备案)初步设计37个。“五场攻坚战”项目实施,完成投资483.74亿元。交通基础设施完善攻坚战初战告捷，完成投资231.87亿元,区域性国际综合交通枢纽中心建设加快；五象新区开发攻坚战完成投资69.40亿元,新区各项基础设施进一步完善;打造“中国水城”攻坚战完成投资26.79亿元,年度投资计划完成率112.33%,部分关键性节点项目接近完工；工业经济振兴攻坚战完成投资70.28亿元，带动工业投资快速增长；产业园区基础设施建设投资85.40亿元,超额完成年度任务。

基础设施建设　城市建设方面,分三批实施城建计划,建设项目392个,投资331.37亿元。开工项目235个，开工率59.90%，竣工项目30个，完成投资256.77亿元,为年度计划的77.49%。凤岭片区、相思湖新区配套设施进一步完善,五象新区开发建设提速，城市框架进一步拉开。东葛路延长线、五象大道八尺江桥、南湖隧道等一批路桥建成通车或基本完成；五象新区核心区总部基地路网等一批项目抓紧建设,蟠龙片区、中国—东盟国际物流基地等重点区域加快开发。航空、铁路、航运、公路等交通基础设施建设方面,城市轨道交通、老口航运枢纽、机场新航站区、湘桂铁路南宁至凭祥段扩能、火车东站综合交通枢纽等项目前期工作取得进展,云桂铁路、南广快速铁路、六景至钦州港高速公路等项目加快建设。大型公益项目建设方面,广西体育中心一期、市急救中心综合楼、滨水公园等建成,市妇女儿童活动中心、科技馆等加紧建设,南宁体育运动学校、民歌博物馆等项目前期工作有序推进。

工业投资　工业投资354.07亿元,比上年增长46.41%。南宁电厂、南南铝20万吨大规格高性能铝合金板带型材项目开工，劲达兴年产20万吨高级文化纸、9.80万吨桑枝浆和永凯年产20万吨中高档文化用纸、9.50万吨蔗渣浆等项目加快建设，广发重工整体搬迁技改等项目前期工作进展较快。

商贸物流投资　海吉星农产品国际物流中心、金桥农产品物流园一期、大嘉汇二期竣工开业,中国—东盟国际物流基地、保税物流中心二期、华南城等重大物流项目加快建设,“两带三圈四街”(邕江沿岸、快速环道沿线商贸带,提升朝阳商圈、完善埌东凤岭商圈、打造五象商圈,推进建设香港街、澳门街、台湾街、广东特色商业街)建设推进,江南、玉洞、安吉、金桥四大物流园区格局初步形成。

生态建设　南湖—竹排冲水系、可利江、心圩江生态环境综合整治工程等进展顺利,民歌湖、可利江—心圩江连通运河等基本建成,碧湖桥、南湖环道拱桥、长湖桥建成投入使用。市区增种260万株树木、南湖—竹排冲水系环境综合整治工程等一批园林绿化项目建成。

【县(区)开发区投资】　2010年,南宁市县(区)、开发区全社会固定资产投资情况：武鸣县125.13亿元，比上年增长43.99%;横县112.12亿元,增长44.28%;宾阳县94.46亿元,增长81.39%;上林县24.83亿元,增长42.39%;马山县29.74亿元,增长42.24%;隆安县42.70亿元,增长44.47%。兴宁区80.33亿元，增长43.88%;江南区63亿元,增长46.79%;青秀区275.98亿元,增长44.48%;西乡塘区102.74亿元，增长45.18%；邕宁区25.34亿元,增长75.39%;良庆区91.60亿元,增长49.60%。南宁高新技术产业开发区97.60亿元,增长41.96%;南宁经济技术开发区65.28亿元,增长52.49%;南宁—东盟经济开发区50.22亿元,增长43.09%;南宁青秀山风景名胜旅游区11.90亿元,增长55.90%。南宁相思湖新区27.88亿元,增长46.20%。

【投资结构】　2010年，南宁市固定资产投资结构发生变化。在全社会固定资产投资总额中，第一产业投资21.02亿元,比上年增长25.73%，占全社会固定资产投资的1.42%，所占比重降低0.15个百分点。第二产业投资364.85亿元，增长45.45%,占全社会固定资产投资的24.60%,所占比重提高1.01个百分点；其中工业投资354.07亿元,增长46.41%,占全社会固定资产投资的23.87%，所占比重提高0.74个百分点。第三产业投资1097.15亿元,增长41.32%,占全社会固定资产投资的73.98%,所占比重降低0.8个百分点;其中商业投资79.94亿元,增长20.52%,占全社会固定资产投资的5.39%,所占比重降低2.28个百分点。投资热点仍然主要集中在城乡基础设施、制造业、社会事业等领域。全社会固定资产投资中,按投资构成划分：建筑工程892.22亿元，增长51.81%,占60.16%;安装工程65.59亿元,增长59.17%,占4.42%;设备、工具、器具购置274.27亿元,增长38.60%,占18.49%。按经济类型划分：国有经济投资590.36亿元,增长55.07%,占39.81%;集体经济投资24.70亿元,增长16.48%,占1.67%;私营个体投资394.67亿元，增长35.39%,占26.61%;其他经济投资473.28亿元,增长35.03%,占31.91%。按投资性质划分：城镇固定资产投资1389.30亿元，占93.68%；其他投资93.72亿元,占6.32%。城镇固定资产投资中,基本建设投资645.81亿元，占全社会固定资产投资的43.55%；更新改造投资367.19亿元,占24.76%;房地产开发投资317.5亿元,占21.41%。按社会行业划分:农林牧渔业投资21.02亿元,增长25.73%,占全社会固定资产投资的1.42%;采矿业投资20.34亿元,增长150.38%,占1.37%;制造业投资262.57亿元，增长40.32%，占17.71%;电力、燃气及水的生产和供应业投资71.16亿元,增长52.75%,占4.80%;建筑业投资10.78亿元,增长19.60%,占0.73%；交通运输、仓储及邮政业投资195.55亿元,增长103.01%,占13.19%;信息传输、计算机服务和软件业投资30.06亿元,增长37.56%,占2%;批发和零售业投资56.61亿元,增长16.79%,占3.82%;住宿和餐饮业投资23.33亿元，增长30.64%，占1.57%；金融业投资13.33亿元,增长25.44%,占0.90%;房地产业投资449.70亿元,增长35.61%,占30.32%;租赁和商务服务业投资12.51亿元，下降34.70%,占0.84%;科学研究、技术服务和地质勘察业投资5.39亿元，增长25.59%,占0.36%;水利、环境和公共设施管理业投资197.98亿元，增长31.94%,占13.35%；居民服务和其他服务业投资1.32亿元,增长1.36%,占0.09%;教育投资45.43亿元，增长68.01%，占3.06%;卫生、社会保障和社会福利业投资17.03亿元,增长45.95%,占1.15%;文化、体育和娱乐业投资22.44亿元，增长35.54%,占1.51%；公共管理和社会组织投资26.48亿元,增长35.41%,占1.79%。

【投资资金来源】　2010年，南宁市全社会固定资产投资资金来源总计1778.22亿元,比上年增长45.35%。资金来源中,上年末结余资金107.43亿元，增长58.61%，占资金来源的6.04%；本年资金1670.79亿元，增长44.58%，占93.96%。本年资金来源中，按来源渠道划分为：国家预算内资金71.09亿元，增长52.3%，占本年资金来源的4.25%；国内贷款225.29亿元，增长48.77%，占13.48%；债券13.46亿元，增长643.65%，占0.81%；利用外资10.73亿元，下降0.79%，占0.64%（外商直接投资10.05亿元，增长10.19%，占0.6%）；自筹资金944.11亿元，增长55.87%，占56.51%（中央系统单位自筹43.04亿元，增长234.40%，占2.58%；自治区自筹20.60亿元，增长101.30%，占1.23%；市自筹44.19亿元，增长48.37%，占2.64%；县自筹68.04亿元，增长56.77%，占4.07%；企、事业单位自筹733.28亿元，增长49.88%，占43.89%）；其他资金来源406.12亿元，增长19.73%，占24.31%（集资26.45亿元，下降32.83%，占1.58%；定金及预付款123.63亿元，增长36.92%，占7.40%）。

【房地产开发投资】 2010年，南宁市房地产开发投资在国内外经济大环境仍然较为困难的情况下，呈现大幅度增长。房地产开发投资317.50亿元，比上年增长40.04%，比上年提高26.28个百分点。其中，商品住宅投资228.12亿元，增长43.96%。住宅投资中，经济适用房投资5.60亿元，增长21.10%；办公楼投资6.82亿元，增长25.35%；商业营业用房投资25.20亿元，增长42.83%；其他投资57.36亿元，增长26.97%。自年初累计资金来源569.05亿元，增长54.83%；其中本年资金来源491.77亿元，增长52.69%。本年资金来源中，按来源渠道划分：国内贷款76.42亿元，增长53.21%；利用外资4.54亿元，增长2214.05%；自筹资金134.13亿元，增长76.40%（企、事业单位自有资金99.16亿元，增长77.56%）；其他资金276.67亿元，增长41.19%（定金及预付款123.63亿元，增长36.92%）。土地购置面积和成交价款均增长。年度购置土地面积189.58万平方米，增长38.82%。年度土地成交价款42.06亿元，增长17.78%。商品房屋施工量、竣工量均有不同程度增长，商品房销售面积、销售额较大幅度增长。商品房屋施工面积3147.52万平方米，增长20.77%。其中住宅施工面积2378.86万平方米，增长22.02%。住宅施工面积中，经济适用房施工面积134.86万平方米，增长53.05%。商品房屋当年新开工面积967.56万平方米，增长37.88%。其中住宅新开工面积767.78万平方米，增长48.97%。住宅新开工面积中，经济适用房新开工面积35.29万平方米，增长293.05%。商品房屋竣工面积519.41万平方米，增长18.13%。其中住宅竣工面积433.34万平方米，增长20.03%。住宅竣工面积中，经济适用房竣工面积14.50万平方米，增长134.04%。竣工商品房屋价值73.31亿元，增长2.59%。商品房销售面积下降，销售收入增长。商品房销售面积666.48万平方米，下降8.72%。商品房销售额342.84亿元，增长3.11%。商品房每平方米平均销售价格5144元，增长12.96%；其中住宅每平方米平均销售价格4952元，增长11.04%，比上年降低8.84个百分点。廉租房建设投资额1.84亿元，下降20.77%；廉租房施工面积28.55万平方米，增长12.13%。廉租房竣工房屋价值0.26亿元，增长138.28%。

【主要投资项目】 2010年，南宁市完成固定资产投资额超过5亿元的投资项目有27个。其中：南宁电厂26.75亿元，南宁—黎塘铁路改造工程南宁市区段19.84亿元，南柳城际快速铁路南宁市区段15.76亿元，南柳城际快速铁路宾阳段14.55亿元，南宁—黎塘铁路改造工程宾阳段11.68亿元，南宁—钦州北铁路扩能改造工程良庆段10.48亿元，南宁外环高速公路改扩建工程10.05亿元，广西金鲤水泥日产4500吨熟料干法水泥生产线并配套带纯低温余热发电系统8.81亿元，广西荣和置业山水绿城小区8.21亿元，华润置地万象城小区7.94亿元，南宁—钦州北铁路扩能改造工程南宁市区段7.32亿元，南宁—东盟国际工业原料产品物流城（南宁华南城）7.30亿元，云桂铁路南宁市区段7.14亿元，南宁龙光房地产龙光普罗旺斯小区7.12亿元，六景—钦州港高速公路横县段6.73亿元，广西劲达兴纸业厂房建设6.64亿元，南湖—竹排冲水系环境综合整治工程6.49亿元，南宁龙光金骏房地产水悦龙湾小区6.40亿元，南宁万昌房地产邕江明珠小区6.20亿元，邕江大学新校区6.08亿元，广西嘉和置业嘉和城小区6.01亿元，广西国际商务职业技术学院金陵校区5.60亿元，南湖隧道5.37亿元，青秀山森林植物园5.33亿元，南宁海田房地产天池山小区5.25亿元，广西佳园房地产观澜溪谷小区5.17亿元，广西中泰商贸广园国际社区5.14亿元。 （杨华伟）

招商引资

【概　况】 2010年，南宁市以招大引强为中心，创新招商引资思路，优化引资环境，多方式、多渠道招商引资，先后组织40多批次的产业招商小分队，赴国内外开展各种形式的投资环境宣传推介，借助第七届中国—东盟博览会平台，扩大南宁市的影响力和知名度。招大引强初见成效，引进亿元以上大项目较多。全市引进亿元以上内资项目167个，合同引进资金825.45亿元，占全市合同引进内资总额的83.59%，到位416.20亿元，占全市实际到位内资总额79.14%。引进工业项目有较大增长。内资一、二、三产业合同引进资金分别是19.07亿元、345.40亿元、623.02亿元，所占比例分别是1.93%、34.98%、63.0%；实际到位资金分别是2.73亿元、160.98亿元、362.21亿元，所占比例分别是0.52%、30.61%、68.87%。其中：引进内资工业项目256个，合同引进资金288.01亿元，比上年增长23.27%，占合同引进内资项目总额29.11%；实际到位142.98亿元，增长11.30%，占内资项目到位资金总额27.19%。突出重点地区招商效果明显，东部地区是南宁市招商引资的主要来源地。全市引进东部地区合同项目371个，合同引进资金552.55亿元，占合同引进自治区外境内资金总额90.66%，增长20.31%；实际到位301.06亿元，占全市自治区外境内实际到位资金总额88.82%，增长21.28%。到位资金较多的前五位为东部地区，广东154.29亿元，福建78.07亿元，北京27.6亿元，浙江23.81亿元，上海9.71亿元。引进知名企业多。富士康有限公司、河南双汇投资发展股份有限公司、中国大唐集团新能源股份有限公司、深圳市振业股份有限公司、广州统一企业有限公司、广州顶津食品有限公司、台湾统一、华润五丰行等知名企业来南宁市投资。全年全市引进内、外资合同项目820个，合同引进资金1038.42亿元，增长22.35%；实际到位551.83亿元，增长22.11%。其中，实际到位内资525.93亿元；新批外商投资企业73家，合同外资额7.07亿美元，直接利用外资（自治区全口径）3.60亿美元。南宁市被评为苏商投资中国首选城市。

（黄为谦　周合贵）

【国内招商引资】 2010年，南宁市继续强化珠江三角洲重点招商区域和提升长江三角洲及渤海湾潜力招商区域的招商活动力度。引进自治区外境内合同项目496个，合同引进内资600.91亿元，实际到位338.95亿元，其中东部地区成为南宁市自治区外境内投资的最大来源地。

珠江三角洲重点区域招商　南宁市多次组织相关部门和各县（区）、开发区以小分队的形式赴广州、东莞、深圳等珠三角发达城市开展各种形式的产业招商、产业链招商和专题招商活动，做好在谈项目推进、签约项目组织等招商工作。7月，南宁市经贸代表团赴广州开展学习考察和招商推介活动，在广州期间，代表团举办南宁—广州经贸合作共赢暨南宁投资环境介绍会，举行合作项目的签约仪式。自治区党委常委、市委书记车荣福等市领导会见广州友谊股份有限公司董事长房向前等20家国内企业重要客商，广东英国商会总经理艾琳等18家外国公司、商会负责人，以及法国驻广州总领事馆总领事章泰年等10个国家驻穗领事机构官员，在南宁与广州等珠三角合作项目签约仪式上，南宁市各县（区）、开发区与广州等珠三角地区的企业家代表签订南宁（广东）环保涂料工业园区、南宁豪爵摩托车配件仓储中心、华润万家、恒大绿洲等39个合作项目，涉及机械制造、农产品加工、生物制药、食品加工、房地产、高科技等投资领域，总额104.08亿元。其中：合同项目12个，投资金额36.97亿元；协议项目17个，投资金额53.66亿元；意向项目10个，投资金额13.45亿元。

长江三角洲地区招商　10月，自治区党委常委、市委书记车荣福率南宁市党政考察团赴江苏省学习考察，并在南京市举办南宁—南京投资合作洽谈会。南宁市有关县（区）、开发区分别与苏宁置业集团有限公司、中国太平洋建设集团、雨润集团、苏州新区高新技术产业股份有限公司、无锡韩城钢铁贸易有限公司、江阴市华金交通建材有限公司、无锡鼎通金属材料有限公司、南京小松机械设备有限责任公司、扬州华尔光伏科技有限公司、无锡双翼汽车环保科技有限公司、江苏南通市慧如皮革有限公司等18家江苏知名企业签订合作项目19个，涉及基础设施、旧城改造、加工制造、商贸物流、电子、纺织和环保等投资领域，总额141.74亿元。其中：合同项目7个，合同金额15.84亿元；协议项目2个，协议金额2.70亿元；意向项目10个，意向金额123.20亿元。其中南宁市与南京市合作项目7个，签约金额50.10亿元，占本次签约总额的35.35%。

“央企入邕”招商　3月，在全国人大、政协“两会”召开之际，由市长黄方方等市领导率团赴北京开展招商推介活动。先后走访中国五矿集团、中国化工集团、中国电子信息产业集团公司、摩托罗拉（中国）电子有限公司、联想集团、欧姆龙（中国）有限公司、中国国电集团公司等60多家世界500强企业、国内500强企业及央企、行业龙头企业；拜会世界银行（北京）国际金融公司、中国美国商会北京代表处、中国法国工商会北京代表处、意大利对外贸易委员会驻华代表处、英国工业联合会中国办事处以及日本、韩国等商协会驻华代表处、广西北京商会等12家商协会机构。在北京市西苑饭店举办南宁投资环境推介暨项目签约仪式，签订合作项目9个，投资金额37.75亿元，了解和初步洽谈投资意向32项。

承接产业转移　南宁市借助国内知名和重要展会平台，主动上门联系企业和洽谈项目，开展产业招商和产业链招商等各项专题招商活动。4月，组团参加在西安召开的第十二届中国东西部合作与投资贸易洽谈会；5月，组团参加在福州市举办的第七届中国福建商品交易会；6月，组团参加在上海举办的“2010年全球中小企业合作大会”和第21届中国·哈尔滨国际经济贸易洽谈会；8月，组团参加广州博览会；9月，组团赴厦门市参加由国家商务部主办的第十四届中国国际投资贸易洽谈会；10月，组团参加在成都市举行的第十一届中国西部国际博览会。

【国（境）外招商引资】 2010年，南宁市继续贯彻“巩固东盟和港澳台、拓展日韩、突破欧美”的境外招商思路，强化境外专题招商活动的组织、策划和项目对接，主动承接国际产业转移，扩大利用外资的领域和规模，推进在制造业、城市基础建设、高新技术产业、旅游、商贸、物流等领域的境外招商引资。

东盟招商　以中国—东盟自由贸易区的建成为契机，借助中国—东盟博览会平台，创新招商方式，加大对东盟和港澳台的招商力度。8月，组团赴马来西亚、新加坡、越南开展保税物流中心专题招商，出访期间拜访马来西亚中国经济贸易总商会、新加坡工商联合总会、新加坡制造商联合会、越南计划投资部北方投资促进中心、越南工商会、越南胡志明市投资贸易促进中心等9家商协会；拜访考察马来西亚柔佛州和昌父子集团、新加坡裕廊国际公司、亚罗士打州马来西亚白子却米较有限公司；举行2010中国广西南宁投资环境说明会4场。11月，组团赴菲律宾、印度尼西亚、新加坡开展商贸、物流专题项目招商。拜访中国驻印度尼西亚大使馆商务处、中国驻菲律宾大使馆商务处、新加坡国际企业发展局、新加坡制造商联合会、印度尼西亚—中国经济社会与文化合作协会、印中—中小企业商会、美国AEACOM公司东南亚区域总部、印度尼西亚金光集团等10多个政府机构、商会、企业；在新加坡举办南宁市投资环境说明会，在印度尼西亚雅加达和菲律宾马尼拉分别举办南宁—印度尼西亚经贸合作座谈会、南宁—菲律宾经贸合作座谈会，开展考察工业园区等活动；同月，还组团赴印度、泰国、缅甸开展机电、IT、工艺品加工及商贸项目招商活动。

日韩及港澳台招商　6月，南宁市组成经贸代表团随自治区代表团，赴台参加2010年桂台经贸合作论坛。8月、9月，分别两次组团赴日本、韩国开展北部湾经济区重点产业园区专题招商以及电子信息、服务外包专题招商活动。全年共邀请和接待日本纤维输入组合考察团、香港商贸代表团、香港神州国际投资（集团）有限公司、香港远东集团、台湾楷捷国际投资股份有限公司等日韩及港澳台地区企业和商会代表团共10多批次超过100名企业负责人前来南宁开展投资环境考察和项目洽谈活动。

欧美招商　南宁市主动加强与欧美国家的交流合作力度，引进欧美企业到南宁市投资，建立和巩固与欧美国家的企业、商会、协会等组织机构的合作关系。2月，组织招商小分队赴澳大利亚、新西兰开展工业园区招商活动；6月，组织招商小分队赴美国、加拿大开展生物医药、机器人高新技术项目招商活动；7月，组织招商小分队赴俄罗斯、瑞典、丹麦开展机电、新能源项目专题招商；8月，组织招商小分队赴德国、法国、意大利开展铝工业、有色金属加工专题招商活动；9月，组织招商小分队赴英国、西班牙开展汽配、化学重点项目招商活动；11月，组织招商小分队赴波兰、乌克兰、匈牙利开展联合国生态工业园区专题招商。全年共邀请和接待美国驻广州总领事馆、美国花旗银行集团、美中商贸总会、美国华南商会代表团、美旗控股集团、德国林德集团、法国政府全权商务代表考察团、英国本菲尔德集团等欧美地区企业和商会代表团共30多批次超过400名企业负责人前来南宁开展投资环境考察和项目洽谈活动。（刁义雄　黄为谦）

【投资服务】 2010年，南宁市投资促进局围绕项目投资促进工作开展投资项目的协调与服务，着力在重大招商项目落地上下功夫，并把重点放在提高投资项目的办事效率和服务水平上，推进外来投资的便利化，为外来投资企业提供有关投资政策、法规以及如何快捷申办外来投资企业等方面的咨询服务。市投资促进局按照《南宁市重大招商项目绿色通道工作实施细则》，通过跟踪服务、审批办证、督查等3个配套操作规程，建立重大招商引资项目"绿色通道"。对符合进入绿色通道的重点企业和重大招商项目，从"项目引进、项目落地、项目审批、项目开工建设"全过程实行特事特办，以确保重大招商项目无障碍进入和无障碍实施。通过创新代办服务方式，提前介入重大项目的前期洽谈，做好政策法规以及申办程序方面的咨询服务，为符合南宁市产业政策、环保要求并达到一定规模的外来投资项目免费代办各项行政审批手续，以优质的服务推进重大民间资本和重大招商项目的实施，较好地解决外来投资项目核准、项目环评预审、外商投资企业合同、章程的审批和批准证书的发放和工商、税务、外汇管理等相关审批的办结时效问题。根据投资者需求，为外来投资者免费代拟设立公司的相关文件和规范性文本。主动为广西金融集团旗下创投担保公司与广西博士科环保科技有限公司牵线联系，为该公司做好高新企业上市的协调；牵头组织开会协调良庆区有关部门解决日资企业南宁泰格五金制品有限公司补办房产证事宜；协调市发展改革委关于广西海茵房地产有限公司变更为广西华盈房地产公司项目立项事宜；协调工商部门核准广西协力合板有限公司和广西新宝通投资有限公司名称；协调外资企业南宁特浓商贸有限公司委托报关事宜，协调市外事侨务办办理韩国韩美投资公司崔光镐的房产证。（黄振卿）

【项目大兑现】 2010年，南宁市筛选一批自治区级和市级大兑现项目，特别是对第六届中国—东盟博览会以及前两年签约的项目，采取"一对一"的跟踪服务措施，强化职责，健全协调推进机制，做到每个项目都有一名领导牵头负责，有一个协调服务小组跟踪落实，做好服务。市级以及县（区）、开发区行政审批中心各窗口单位，确保大兑现项目的各项审批手续快速办理，限时办结。建立健全大兑现项目协调督办制度，加强对项目的跟踪督办，及时掌握项目进展情况。完善联合办公、联席会议和联络员会议等制度。强化项目服务，提高大兑现项目的"三率"（项目履约率、开竣工率、资金到位率），把提高资金到位率作为大兑现的核心。列入自治区大兑现内资项目履约率、开竣工率、资金到位率分别为98.44%、96.12%、50.14%，外资项目履约率、开竣工率、资金到位率分别为95.24%、80.90%、54.42%。列入市级大兑现内资项目履约率、开竣工率、资金到位率分别为99.02%、93.62%、55.46%，外资项目履约率、开竣工率、资金到位率分别为100%、93.75%、66.97%。（周合贵）

【区域性国际总部基地建设】 2010年7月，南宁市出台《中共南宁市委、南宁市人民政府关于加快总部经济发展的决定》、《南宁市人民政府关于支持和鼓励总部经济发展的暂行规定》、《南宁市人民政府关于印发南宁市总部企业认定管理办法（试行）》、《南宁市人民政府关于加快五象新区总部基地开发建设的若干意见》等4个文件。南宁市将引进总部企业作为全市招商引资的重点，加大对总部经济的招商力度，从2010年开始，每年安排总部经济发展专项资金，主要用于奖励国内外企业在本市设立总部，补助总部企业在本市购买、租赁总部自用办公用房，引进高层次人才等方面。年内，有30家大型企业提出申请认定为南宁市总部企业或申请入驻五象新区。其中广西建工集团有限公司、广西交通投资集团、南城百货股份有限公司、广西北部湾投资集团、广西沿海铁路股份有限公司、中铁西南投资公司等6家企业已初步获总部企业认定。（黄为谦）

区域经济合作

【泛北部湾经济区区域经济合作】 2010年，南宁市进一步巩固与东盟和港澳台地区合作，先后组团赴马来西亚、新加坡、越南开展保税物流中心专题招商；赴菲律宾、印度尼西亚、新加坡开展商贸、物流专题项目招商；赴印度、泰国、缅甸开展机电、IT（信息技术）、工艺品加工及商贸项目招商活动，推动南宁市与东盟在产业投资、资源进出口贸易等领域的合作。6月，组团赴台湾参加第五届桂台经贸合作交流会，推动与台资企业在电

7月，法国政府全权商务代表考察团到南宁开展投资环境考察和项目洽谈。图为30日，法国企业家与南宁市相关部门举行投资座谈会　市外侨办提供

子、商贸、物流等领域的合作。加强与北部湾沿海北海、钦州、防城港"三港"招商部门的合作，先后两次组织赴北海、钦州、防城港三市开展"推动广西北部湾经济区建设，对接服务沿海重大产业发展"的专题调研活动，并与三市招商部门达成合作共识。（黄为谦）

【加强与南北钦防区域经济合作】 2010年，南宁市作为广西北部湾经济区核心城市，依托首府区位、人才、技术、信息和现有产业等优势，推动区域产业对接，主动对接服务北海、钦州、防城港重大项目的建设。4月，组团赴成都参加"携手四川开发北部湾经济区介绍会"；6月，组团赴福州市参加自治区举办的广西北部湾经济区(福建)招商推介会；11月，参加自治区组织开展的全国知名民营企业兴业北部湾活动。

【泛珠江三角洲区域经济合作】 2010年，南宁市推进与泛珠江三角洲区域各省的经济交流与合作，加强对泛珠三角地区的电子信息支柱产业、装备制造业以及生物医药、新材料新能源、精细化工产业的招商。3月，组团赴深圳开展机器人专题招商活动；5月，组织市代表团第五小分队赴广州、深圳、珠海、佛山、东莞等地开展招商活动，组织经贸代表团参加在福州市举行的第十二届海峡两岸经贸交易会；6月，组团赴福州市参加第六届泛珠三角区域经贸合作洽谈会；8月，组团参加2010年广州博览会；9月，组团参加在厦门市举行的第十四届中国国际投资贸易洽谈会，组团参加在湖南常德举行的湖南经济合作洽谈会；11月，组团赴海口市参加泛珠三角区域市长论坛会。

【西南与南贵昆经济区域合作】 2010年，南宁市加强与西南和南贵昆经济区域合作，参加城市间的经贸和会展活动。4月，组织小分队赴西安参加第十四届中国东西部合作与投资贸易洽谈会；5月，组织小分队赴重庆市参加中国(重庆)国际投资暨全球采购会；6月，组织小分队赴青海参加2010年中国·青海绿色经济投资贸易洽谈会；9月，组织小分队赴新疆参加第十三届中国乌鲁木齐对外经济贸易洽谈会；10月，参加在成都举行的第十一届中国西部国际博览会等。西南经济区新签项目23个，新签项目合同引进资金7.10亿元，实际到位资金8.52亿元。

（黄为谦　彭全红）

群众性精神文明建设

【概　况】 2010年，南宁市把"发展环境建设年"与新一轮全国文明城市创建结合，营造商机无限的投资环境、廉洁高效的政务环境、民主公正的法治环境、规范守信的市场环境、健康向上的人文环境、舒适便利的生活环境、安全稳定的社会环境和可持续发展的生态环境。根据国家统计局南宁调查队在全市400家企业中开展投资环境与成本收益状况监测调查结果显示，首府南宁投资环境满意度综合评价排名居自治区首位。塑造"能帮就帮、敢做善成"南宁精神，引导人们向善向好。推进公民道德建设，开展"迎世博迎亚运讲文明树新风"、"和谐建设在基层"、"做文明有礼的南宁人"、实施"文明交通行动计划"、乡镇社区和谐文艺大展演等宣传教育实践活动。开展文明礼仪培训、城乡环境和公共秩序整治、文明乡风建设和基层群众文化活动。开展评选推荐和学习宣传道德模范活动，表彰"感动南宁　文明和谐"十佳市民和"拾金不昧好市民"。开展南宁市第一届道德模范评选、"我推荐、我评议身边好人"、道德模范基层巡讲、"我们的节日"、"书香绿城"读书月、中华经典诵读大赛等活动，宣传"身边人　感人事"，提升市民文明素质和城乡文明程度。开展创建文明单位、文明村镇、文明社区和军(警)民共建、窗口服务行业创城达标竞赛等文明创建活动，开展生态文明村示范点建设，组织46个各级文明单位对16个生态文明村示范点进行帮扶共建，夯实文明创建基础。建立"南宁文明网"，推出"名博解读文明南宁"专题网页，利用互联网络传播文明风尚。开展"能帮就帮"系列主题志愿服务活动，开展"关爱空巢老人志愿服务行动"，召开社区志愿服务观摩会，推进社区志愿服务工作站建设。加强未成年人思想道德建设，评选表彰首届百名南宁市"美德少年"，组织驻邕文艺团体开展"未成年人流动剧场"巡演，开展净化社会文化环境集中整治行动。以"孝在我心中"主题实践活动、"新童谣、新儿歌"大赛、传统健身游戏大赛、快乐暑期大行动等活动为载体，推进"做一个有道德的人"活动。建成市中小学生安全教育体验中心、市未成年人心理健康辅导中心，推进乡村未成年人校外活动乐园及乡村学校少年宫建设，做好"绿色电脑进西部"、"西部开发助学工程"高中"宏志班"及资助贫困大学生项目的组织实施。

【城市公共文明指数测评】 2010年，南宁市围绕《全国文明城市测评体系》的标准和要求，开展南宁市公共文明指数测评。召开2010年公共文明指数测评工作会议，布置重点工作。组织精神文明创建工作宣讲团，分赴各城区及有关行业单位开展专题讲座，培训干部职工逾万人。举办全市精神文明建设业务培训班，组织各县(区)文明办系统学习业务知识。委托国家统计局广西调查总队开展模拟测评，通过实地考察、问卷调查、材料审核等方式，对公共环境、公共秩序、人际交往、重点工作等内容进行测评。组织开展公共文明指数专项督查，及时编发督查通报、督办函及督办短信，督促整改措施落实。组织媒体宣传文明创建动态，编印20多万份《居文明城市　做文明市民——致全体市民的一封信》及《迎接公共文明指数测评市民须知》宣传折页发至各街道、社区、单位等，倡导说文明话，行文明事，做文明有礼的南宁人。8月26~29日，全国城市公共文明指数测评组对南宁市进行全方位的测评。11月9日，中央文明办公布2010年全国城市公共文明指数测评结果，南宁市在全国35个省会、副省级城市中排第12名。

【迎世博迎亚运讲文明树新风主题活动】 2010年，南宁市以举办上海世界博览会和广州亚运会、亚残运会为契机，广泛开展"迎世博迎亚运讲文明树新风"主题系列活动。开展形式多样的志愿服务行动。3月6日，组织300多户志愿者家庭1200名志愿者齐聚青秀山风景区，开展"绿化家园、保护环境"义务植树活动，揭开南宁市"迎世博迎亚运讲文明树新风"志愿服务活动暨"能帮就帮·志愿服务满绿城"志愿服务活动月的帷幕。4月30日，在民族广场举行"迎世博讲文明树新风"宣传日暨"关爱生命·文明出行"文明交通志愿者授旗活动，组织志愿者参与文明交通劝导活动。开展"做文明有礼南宁人"活动。发动社会各界参与"做文明有礼的中国人"网上签名寄语活动。结合第八个"公民道德宣传日"，举行"做文明有礼南宁人"大家谈活动2场。10月9日，在朝阳广场举行"做文明有礼的南宁人"暨"百万市民推进发展环境志愿服务"活动启动仪式，同时围绕"言谈举止文明有礼、公共场合文明有礼、邻里相处文明有礼、行路驾车文明有礼、旅游观光文明有礼、网上交流文明有礼”内容，在兴宁区、西乡塘区、邕宁区和交通、旅游、文化等行业举办“做文明有礼的南宁人”专场活动6场，引导市民群众说文明话、做文明事、当文明人。广泛宣传普及文明礼仪。编印《南宁市民文明礼仪知识手册》5000多册，免费发送各文明市民学校、社区、村镇、单位等，组织开展“百万市民学礼仪”活动。开展“迎世博迎亚运”文明公益短信传递活动，发动社会各界参与创作、转发文明短信。

【未成年人思想道德建设】 2010年，南宁市推进未成年人思想道德建设，深入开展“做一个有道德的人”主题实践活动。组织开展广西第六个“未成年人思想道德建设宣传日”活动，开展“传承中华传统美德·讲孝德 我行动”主题活动。评选表彰南宁市首届100名“美德少年”。开展“孝德好书大家读”、优秀童谣传唱、经典诵读、快乐暑期大行动、未成年人传统健身游戏大赛等活动。保持高压态势净化社会文化环境，组织开展“春风护苗，关爱留守儿童”集中整治农村网吧及城乡结合部专项行动、网吧和游艺娱乐场所整治预防未成年人违法犯罪集中行动等。为未成年人提供健康有益的文化产品和文化服务，利用“南宁未成年人网络家园”网站，开展书香绿城网络读书征文大赛、“传唱优秀童谣、做有道德的人”网上签名寄语、“新童谣、新儿歌”大赛等活动。组织驻邕文艺团体开展“未成年人流动剧场”演出进校园、社区、乡镇公益巡演活动，全年共演出100场。为未成年人办实事好事。12月28日，启用市政府2010年为民办实事项目——南宁市中小学生安全教育体验中心。推进全市百个乡镇、社区未成年人校外活动中心示范点建设。结合“城乡风貌改造”工程实施，在9个村(屯、坡)建设乡村未成年人校外活动乐园。8月9日，在隆安县南圩镇初级中学建立南宁首个“乡村学校少年宫”。建立市未成年人心理健康辅导中心，首批聘用15名心理健康咨询专业志愿者作为义务咨询员，指导学校、社区和家庭开展心理健康教育。做好“绿色电脑进西部”、“西部开发助学工程”高中“宏志班”及资助贫困大学生项目的组织实施。年内，南宁市获2008~2010年度自治区未成年人思想道德建设工作先进城市称号；在全国未成年人思想道德建设工作测评中，南宁市在全国省会、副省级城市中排第12名。

【“能帮就帮”志愿服务活动】 2010年，南宁市开展系列“能帮就帮”主题志愿服务活动，开展全市“能帮就帮·新春送温暖”、“能帮就帮·志愿服务满绿城”志愿服务月、“老吾老以及人之老·重阳敬老爱老”等志愿服务活动，牵头组织协调市直有关部门联合开展志愿服务“四进社区”(文化、科技、卫生、法律进社区)、三月志愿植树、重阳敬老“六个一”(一次家政服务活动、一次节日慰问活动、一次医疗义诊活动、一次心理科普讲座、一次户外健身活动、一次文娱活动)、文明交通劝导等志愿服务活动，打造“能帮就帮”志愿服务活动品牌。1月19日，在大板二社区启动“关爱空巢老人志愿服务行动”，以社区为依托，为空巢老人提供生活照料、心理抚慰、应急救助、健康保健、法律援助等方面的志愿服务，也是全国“百万空巢老人关爱志愿服务行动”的启动步骤之一。6月18日，组织各街道、社区实地观摩大板二社区、新竹社区、凤翔社区、望州南社区志愿服务，并在大会上交流先进社区及优秀志愿者代表的经验。在全市317个社区建立志愿服务工作站，着力培育特色志愿者服务队伍。开展“迎世博迎亚运讲文明树新风”志愿服务活动。发动各县(区)、市直各单位、各级文明单位、文明村镇、文明行业、军(警)民共建单位等，开展以文明礼仪、公共秩序、社会服务、城乡环境为重点的志愿服务活动。11~12月，开展全市志愿者心得征集、推荐评选优秀志愿者等活动，吸引和带动更多的市民群众参与志愿服务行动。

【学习宣传道德模范活动】 2010年，南宁市表彰2009年“感动南宁 文明和谐”十佳市民农喜耀、周知宁、刘珂、封红群、蓝金星、丁祖兰、韦进裕、周瑞雄、黄捷飞、梁士河和“拾金不昧好市民”肖勇东。开展“我推荐、我评议身边好人”活动，通过讲座、报刊、广播、电视、网站以及文艺活动等多种渠道和形式，宣传“身边人感人事”，其中兰金星、丁祖兰荣登“中国好人榜”。6月22日，在南宁人民会堂举行广西“道德模范基层巡讲”活动首场报告会，市文明办制作发送各县(区)、各单位报告会光碟500多张。10月11日，组织孝老爱亲道德模范分别在西乡塘区、邕宁区和上林县举办3场报告会。开展市第一届道德模范评选活动，各县(区)、各部门、各系统以及自治区直属机关工委、南宁铁路局、南宁警备区等自治区直属部门和驻邕部队积极参与评选推荐道德模范活动，全市推荐初步候选人73名，经推荐审核确定52名候选人名单，并于11月26日、30日分别在《南宁日报》和南宁新闻网发布候选人的事迹简介，面向社会公示，发动群众参与投票，12月16日，活动组委会审议确定12名道德模范及40名道德模范提名奖名单。在春节、中秋节前夕，市四家班子有关领导和市有关部门、各县(区)的领导分别走访慰问南宁市的道德模范、身边好人代表，邀请模范代表参加节庆活动，倡导学习道德模范、崇尚道德模范、关爱道德模范、争当道德模范的文明风尚。

5月26日，2009年“感动南宁 文明和谐”十佳市民颁奖晚会在南宁人民会堂举行。市四家班子主要领导出席颁奖晚会并为获奖代表颁奖 陈卓凡 摄

【“我们的节日”主题活动】 2010年，南宁市组织开展“我们的节日”——春节、元宵、清明、端午、七夕、中秋、重阳主题活动，弘扬中华优秀传统文化。春节期间，组织开展2010(庚寅)年优秀春联征集评选暨“文化惠民——免费书写赠送春联”活动，共征集春联260多幅。清明节期间，组织开展“缅怀革命先烈，传承优良传统”主题祭扫仪式活动。在“南宁未成年人网络家园”网站开辟“网上祭英烈”专题网页，引导青少年撰写心得体会，发表感言心声，表达对先烈、先人、先贤的感恩和敬仰。在李明瑞、韦拔群烈士纪念碑前举行“缅怀先烈，做时代新人”主题祭扫活动。端午节期间，以体验传统习俗，传承民族文化，弘扬爱国精神为主题，开展经典诵读、志愿服务、民俗文化、全民健身和健康防疫等活动。中秋节期间，开展以“团圆·和谐·文明”为主题的系列文化活动。9月20日晚，在民族广场举行“诵读中华经典　共度中秋佳节”活动。重阳节期间，营造敬老爱老的和谐社会环境和人际关系。

【“和谐建设在基层”活动】 2010年，南宁市开展“和谐单位、和谐乡镇、和谐村屯、和谐街道、和谐社区、和谐家庭、和谐学校、和谐企业、和谐邻里”的“九大和谐”创建活动。确定市粮食局、青秀区长塘镇、市三十七中等10个自治区“九大和谐”活动联系示范点，各县(区)也分别确定“九大和谐”活动示范点。9月16日，自治区“和谐建设在基层”活动“和谐社区”建设深入推进仪式在望州南社区举行，通过总结推广和谐社区建设先进经验，推动全市“九大和谐”创建活动。开展基层文化系列活动促和谐，全市建成达标乡镇综合文化站102个，建成农家书屋731家。开展贴近群众生活的“百姓小舞台”文化活动，组织开展爱国歌曲传唱活动。举办首届南宁乡村社区和谐文艺大展演活动，自3月启动以来，各县(区)、乡镇(街道)、乡村共开展各种大型文艺演出360多场，参与群众50多万人次。

【文明县(区)单位村镇社区创建】 2010年，南宁市深入开展文明县(区)、文明单位、文明村镇、文明社区和军(警)民共建先进标兵(单位)的创建活动。1月11日至2月2日，开展市第七轮(2009~2011年度)创建文明县(区)活动第一年(2009年)测评工作，同时开展全市各县(区)未成年人思想道德建设测评活动，复查部分2007年以前获自治区级以上的文明单位、文明村镇，对不达标的横县桂冠糖业有限公司等9个单位(村镇)要求限期整改。5月19日，市委、市政府通报表彰市第二十四批文明单位、文明村镇，第九批文明社区及2009年度军(警)民共建先进单位、标兵单位。重新确认市国税局车辆购置税征收管理分局为南宁市文明单位。开展窗口服务行业创城达标竞赛测评活动，1月和8月分别对全市32个行业、58个单位、388个实测点进行交叉检查，并对前10名的行业(单位)和后5名的行业(单位)进行通报。开展第十三批自治区文明村镇、文明单位和军(警)民共建精神文明先进单位评选推荐工作。经对参评单位进行逐项考评、征求“一票否决”单位意见、在《南宁日报》公示等程序，确定申报武鸣县宁武镇梁新村下敢自然屯等18个村镇，武鸣县质量技术监督局等30个单位，武警横县消防大队—横县国家税务局等10对共建对子。

9月20日晚，由市文明办主办、六城区文明委协办的主题为“团圆、和谐、文明”的“诵读中华经典　共度中秋佳节”活动在民族广场举行　温金华提供

【“发展环境建设年”活动】 2010年2月3日，南宁市出台《中共南宁市委办公厅、南宁市人民政府办公厅关于印发<南宁市开展“发展环境建设年”活动实施方案>的通知》；“发展环境建设年”活动办公室设在市文明办，办公室下设10个工作组，每个组都有牵头部门和责任单位，共涉及市直58个部门，同时12个县(区)和5个开发区也分别成立“发展环境建设年”活动办公室。结合新一轮全国文明城市创建，以“共促发展环境，共享城市文明”为主题，以“三个百万”(百万市民促进发展环境建言献策、百万市民服务发展环境见行动、百万市民推动发展环境志愿服务)为载体，广泛开展“发展环境建设年”活动。“万名机关干部进社区调研”活动，共收到单位或个人撰写的调研报告103篇。宣传人人都是发展环境的理念，推动人民群众参与发展环境建设。建立发展环境测报员、发展环境社会监督员队伍，全市发展环境测报员达1500多人，聘请发展环境社会监督员60人。两支队伍互联互动、分工协作，通过上报测报信息、专项督查等方式，推动解决反映存在的问题。各县(区)、开发区、各单位重视测报员及群众意见的整改落实工作，及时反馈整改落实情况。国家统计局南宁调查队对400家企业监测调查结果显示，企业对南宁市投资环境评价较高，排名居自治区首位。

【农村精神文明创建】 2010年，南宁市以“城乡共建　文明同享”为主题，以建设“文明中心村”为重点，以“精品、名村、特色”为思路，大力实施“五大工程”(农村发展工程、素质提升工程、文化惠民工程、环境整治工程、治安维稳工程)。开展文明村镇创建活动，以集中整治村屯“六乱”(柴草乱垛、粪土乱堆、垃圾乱倒、污水乱泼、禽畜乱放、乱贴乱画)为重点，深入实施“城乡清洁工程”活动，推进城乡风貌改造。开展“美德在农家”宣传教育活动，进行文明卫生村评比，评选星级文明户。发动社会各界参与联动共建，组织46个各级文明单位对16个建设示范点在资金与物质上进行定点帮扶，市财政对示范点建设给予300万元资助。11月18日，南宁市生态文明村示范点建设暨“和谐村屯”建设深入推进现场会在青秀区长塘镇定西村加踏坡举行，总结交流全市开展生态文明村示范点和“和谐村屯”建设活动经验。

【媒体宣传】 2010年，中共中央宣传部、中央文明办组织中央主要新闻媒体集中对部分全国创建文明城市工作先进城市进行宣传，南宁市被列为集中宣传对象。中央主要新闻媒体以及各大新闻网站对绿城南宁精神文明建设取得的成果和成功经验进行深度聚焦宣传。11月15日，新华网刊发通讯《文明，让生活更美好——广西南宁建设文明城市纪实》，介绍南宁广大人民群众共建共享文明成果，不断优化城市环境、升华城市精神的有效做法。11月12日，《科技日报》刊发题为《城市，因文明而美丽——南宁市文明城市建设纪实》的长篇报道。11月30日，《经济日报》刊发文章《半城绿树半城楼》，报道南宁市开展文明城市建设的情况。12月13日，《光明日报》在头版刊发题为《南宁人：从“能帮就帮”到“敢做善成”》的报道。12月20日，新华社发通稿《广西南宁：“能帮就帮” 温暖邕城》，深度解读宣传南宁市“能帮就帮、敢做善成”的城市精神，《工人日报》、《法制日报》、《广西日报》、《右江日报》、《梧州日报》等报刊以及新华网、人民网、中国文明网、网易新闻中心、中国网络电视台、凤凰网、中工网、天津网、温州网、南开大学网等网站纷纷转载新华社通稿。12月21日，《人民日报》发表题为《塑造城市精魂——广西南宁创建文明城市纪实》。中国之声《新闻和报纸摘要》对南宁通过系列主题创建活动提升市民文明素质进行报道。 （温金华）

2010年政治机构党派团体市直属事业单位及领导人

中共南宁市委员会

书　记：车荣福　2008-05~
副书记：黄方方　2008-05~
　　　　岑可成　2008-08~2010-02
　　　　刘长林　2009-12~
　　　　周红波　2009-11~
　　　　覃孟征(挂职)　2006-03~2010-03
常　委：翟宗华　2008-08~
　　　　朱育兆　2009-10~
　　　　胡建华　2004-11~
　　　　邓金玉(女)　2009-04~
　　　　肖莺子(女)　2006-09~2010-01
　　　　周家斌　2009-12~
　　　　林山青　2010-10~
　　　　雷应敏　2008-11~
　　　　吴　炜　2009-11~
　　　　吕　洁(女)　2010-01~
　　　　尹　纯(挂职)　2009-11~
　　　　范　力(挂职)　2009-12~
秘书长：吴　炜　2009-11~

市人民代表大会常务委员会

主　任：谢寿堂　2006-09~
副主任：刘南生　2003-10~
　　　　卢丽芬(女)　2000-09~
　　　　赖贵寿　2006-02~
　　　　邓其新　2006-02~
　　　　卫自光　2009-02~
　　　　刘　雄　2010-02~
秘书长：周如斯　2006-09~

市人民政府

市　长：黄方方　2008-06~
副市长：刘长林　2007-07~2010-03
　　　　肖莺子(女)　2004-09~2010-02
　　　　周家斌　2008-10~
　　　　吕　洁(女)　2010-02~
　　　　尹　纯(挂职)　2009-12~
　　　　范　力(挂职)　2010-01~
　　　　温守荣　2007-08~
　　　　李志勇　2009-11~
　　　　石文怀　2009-11~
　　　　肖志钢　2010-01~
　　　　潘和钧(挂职)　2008-09~2010-07
　　　　李国忠(挂职)　2008-09~2010-09
　　　　唐轶昂(挂职)　2010-12~
秘书长：阮兆丰　2009-02~

政协南宁市委员会

主　席：黄家仁　2006-09~2010-02
　　　　岑可成　2010-02~
副主席：张国环　2004-02~
　　　　唐济武　2006-09~
　　　　崔建国(兼)　2000-09~
　　　　李秋明　2004-02~
　　　　梁峰林　2006-02~
　　　　颜石廉　2006-09~2010-02
　　　　袁曼虹(女)　2006-09~
　　　　黎四龙　2009-02~
　　　　李　勤　2010-02~
秘书长：侯小兵　2006-09~

市中级人民法院

党组书记：周　腾　2009-12~
院　　长：莫建芳(女)　2006-09~2010-01
　　　　　周　腾　2010-02~

市人民检察院

党组书记：黄建波　2009-12~
检 察 长：马日梧　2006-12~2010-01
　　　　　黄建波　2010-02~

南宁警备区

司 令 员：周　平　2008-03~2010-02
　　　　　李　政　2010-02~
政治委员：翟宗华　2006-05~

中共南宁市纪律检查委员会

书　记：邓金玉(女)　2009-04~

中共南宁市委办公厅

秘 书 长：吴　炜　2009-11~

中共南宁市委组织部

部　　长：雷应敏　2008-12~

中共南宁市委老干部局

局　　长：赵红明　2009-11~

中共南宁市委宣传部

部　　长：肖莺子(女)　2006-09~2010-01
　　　　　吕　洁(女)　2010-01~

中共南宁市委统战部

部　　长：胡建华　2006-09~

中共南宁市委政法委员会

书　　记：朱育兆　2009-10~

中共南宁市委政策研究室

主　　任：李海光　2009-11~

市机构编制委员会办公室

主　　任：郑进新　1999-05~2010-01
　　　　　马筱敏(女)　2010-01~

市直属机关工作委员会

书　　记：吴　炜　2009-11~

市人大常委会办公厅

秘 书 长：周如斯　2006-09~
秘书长、副秘书长领导办公厅工作

市人大常委会调查研究室
主　　任：施扬汉　2006-09~2010-12

市人大常委会选举联络工作委员会
主　　任：崔桂静(女)　2006-09~

市人大常委会法制工作委员会
主　　任：钟建国　2006-09~2010-03
　　　　　徐晓光　2010-03~

市人大法制委员会
主任委员：冯　山　2006-09~2010-03
　　　　　钟建国　2010-02~

市人大内务司法委员会
主任委员：马金安　2006-09~

市人大财政经济委员会
主任委员：连精昌　2006-09~

市人大农业委员会
主任委员：卢学智　2006-09~

市人大城乡建设环境保护委员会
主任委员：周志波　2006-09~

市人大教育科学文化卫生委员会
主任委员：周凯声　2006-09~

市人大民族华侨外事宗教委员会
主任委员：梁秀霞(女)　2006-09~

市人民政府办公厅
秘 书 长：阮兆丰　2009-02~

市发展和改革委员会
党组书记：刘　雄　2004-08~2010-04
　　　　　农　冰　2010-04~
主　　任：刘　雄　2004-09~2010-05
　　　　　农　冰　2010-05~

市工业和信息化委员会
党组书记：陈世平　2010-01~
主　　任：陈世平　2010-01~

市教育局
党委书记：夏建军　2001-11~
局　　长：夏建军　2003-09~2010-12
　　　　　施日全　2010-12~

市科学技术局（市知识产权局）
党组书记：傅隆政　2003-08~
局　　长：傅隆政　2003-09~

市民族事务委员会
党组书记：苏志刚　2009-02~
主　　任：苏志刚　2009-02~

市公安局
党委书记：廖洪涛　2009-11~
局　　长：廖洪涛　2009-11~

市监察局
局　　长：王艳珍(女)　2006-09~2010-12
　　　　　余仲远　2010-12~

市民政局
党组书记：苏绍荣　2009-03~
局　　长：苏绍荣　2009-03~

市司法局
党组书记：覃宾生　2004-03~2010-04
　　　　　蓝树源　2010-04~
局　　长：覃宾生　2004-03~2010-05
　　　　　蓝树源　2010-05~

市财政局
党组书记：刘志烈　2009-02~
局　　长：刘志烈　2009-02~

市人力资源和社会保障局
党组书记：董秀银(女)　2010-01~2010-06
　　　　　马南萍(女)　2010-06~
局　　长：马南萍(女)　2010-01~

市国土资源局
党组书记：谭玫瑰　2009-02~
局　　长：谭玫瑰　2009-02~

市环境保护局
党组书记：农　冰　2006-09~2010-04
　　　　　杨敏(女)　2010-04~
局　　长：农　冰　2006-09~2010-05
　　　　　杨敏(女)　2010-05~

市城乡建设委员会
党组书记：高　新　2010-01~
主　　任：高　新　2010-01~

市规划管理局
党组书记：封　宁　2007-06~
局　　长：封　宁　2007-06~

市城市管理局（市城市管理综合行政执法局、市城市管理指挥中心）
党组书记：杨玉山　2009-12~
局长(主任)：陈　竑　2007-12~2010-01
　　　　　杨玉山　2010-01~

市住房保障和房产管理局（首府南宁住房制度改革委员会办公室）
党组书记：冯炳浩　2010-01~
局　　长：冯炳浩　2010-01~

市园林管理局
党组书记：邓国付　2006-09~
局　　长：邓国付　2006-09~

市交通运输局
党组书记：李　耕　2010-01~
局　　长：李　耕　2010-01~

市水利局
党组书记：叶　盛　2009-11~
局　　长：叶　盛　2009-12~

市农业局
党组书记：唐波文　2006-06~
局　　长：唐波文　2006-09~

市水产畜牧兽医局
党组书记：梁兆强　2010-11~
局　　长：梁兆强　2007-06~

市林业局
党组书记：陈咸华　2009-12~
局　　长：陈咸华　2010-01~

市商务局（市口岸办公室）
党组书记：周异助　2009-02~
局　　长：周异助　2009-02~

市文化新闻出版局
党组书记：陈晓玲(女)　2010-01~2010-12
　　　　　蒙文虎　2010-12~
局　　长：陈晓玲(女)　2010-01~2010-12
　　　　　蒙文虎　2010-12~

市卫生局
党委书记：汤晓斌　2006-09~
局　　长：汤晓斌　2006-09~

市食品药品监督管理局
党委书记：彭　明　2010-01~2010-10
　　　　　黄明瑞　2010-10~
局　　长：彭　明　2010-01~

市人口和计划生育委员会
党组书记：黄　海　2004-07~
主　　任：黄　海　2004-07~

市审计局
党组书记：边作新　2009-08~
局　　长：边作新　2009-09~

市广播电影电视局
党组书记：魏永泉　2010-01~
局　　长：魏永泉　2010-01~

市体育局
党组书记：井穗军　2001-11~
局　　长：井穗军　2001-11~2010-01
　　　　　梁桦中　2010-01~

市安全生产监督管理局（市煤矿安全监督局、市安全生产委员会办公室）
党组书记：黄南方　2004-07~2010-12
　　　　　夏　成　2010-12~
局　　长：黄南方　2004-08~2010-12
　　　　　夏　成　2010-12~

市统计局
党组书记：谢小萍(女)　2006-09~2010-12
　　　　　黄南方　2010-12~
局　　长：谢小萍(女)　2000-10~2010-12
　　　　　黄南方　2010-12~

市旅游局
党组书记：黄永久　2009-11~
局　　长：黄永久　2009-12~

市粮食局
党组书记：蒙祝宁　2006-06~2010-12
　　　　　覃善开　2010-12~
局　　长：蒙祝宁　2003-01~2010-12
　　　　　覃善开　2010-12~

市投资促进局
党组书记：李伟时　2010-01~
主　　任：李伟时　2010-01~

市外事侨务办公室
党组书记：郑小嘉(女)　2010-01~2010-11
　　　　　邓卫民　2010-11~
主　　任：黄菊如（女）　2004-02~

市法制办公室
党组书记：范卫东　2006-09~
主　　任：范卫东　2006-09~

市人民防空办公室
党组书记：邱全芳　2006-08~
主　　任：邱全芳　2006-09~

市扶贫开发办公室
党组书记：覃思源　2010-01~
主　　任：覃思源　2010-01~

市城乡数字化建设办公室
党组书记：钱　建　2010-01~
主　　任：钱　建　2010-01~

市委、市人民政府信访局
党组书记：李宝臣　2009-02~
局　　长：李宝臣　2009-02~

市人民政府国有资产监督管理委员会
党委书记：林国开　2004-07~
主　　任：林国开　2004-07~

南宁高新技术产业开发区管理委员会
党工委书记：李晓东　2006-09~
主　　　任：李晓东　2006-09~

南宁经济技术开发区管理委员会
党工委书记：韦志鹏　2009-12~
主　　　任：韦志鹏　2009-12~

南宁—东盟经济开发区管理委员会（南宁华侨投资区管理委员会）
党工委书记：李　斌　2006-09~
主　　　任：李　斌　2006-09~

南宁青秀山风景名胜旅游区管理委员会
党工委书记：文光琪　2006-09~
主　　　任：文光琪　2006-09~

南宁市相思湖新区管理委员会
党工委书记：胡书文　2010-07~
主　　　任：胡书文　2006-09~

市北部湾(广西)经济区规划建设管理委员会办公室(南宁五象新区开发建设指挥部、南宁保税物流中心管理委员会)
党组书记：肖志钢　2009-05~
主　　任（指挥长）：肖志钢　2009-03~

市固定资产投资工作领导小组办公室
主　　任：刘长林　2009-03~2010-03
　　　　　周家斌　2010-03~

市铁路建设办公室
主　　任：周家斌　2009-12~2010-11
　　　　　石文怀　2010-11~

市政协办公厅
秘 书 长：侯小兵　2006-09~

市政协研究室
主　　任：曾志杰　2010-10~

市政协选举联络工作办公室
主　　任：韩艳斌(女）　2010-10~

市政协提案委员会
主　　任：梁晓明　1998-07~

市政协经济委员会
主　　任：古培康　2006-09~

市政协文史学习委员会
主　　任：刘银宾　2006-09~

市政协教科文卫体委员会
主　　任：陆益斌　2006-09~

市政协海外联谊民族宗教委员会
主　　任：阳伟红(女）　2006-09~

市政协人口资源环境与城乡建设委员会
主　　任：郑本炼　2005-10~

市政协社会法制委员会
主　　任：咸建媛(女）　2002-11~

市总工会
党组书记：伦　建　2009-08~
主　　席：梁峰林　2009-08~

市妇女联合会
党组书记：高　虹(女)　2006-09~2010-01
　　　　　陈　尧(女）　2010-01~
主　　席：高　虹(女)　2006-09~2010-02
　　　　　陈　尧(女)　2010-02~

共青团南宁市委员会
党组书记：邓娟娟(女）　2009-11~
书　　记：邓娟娟(女）　2009-12~

市科学技术协会
党组书记：余桂华　2005-01~2010-04
　　　　　王　洲　2010-04~
主　　席：余桂华　2004-12~2010-06
　　　　　王　洲　2010-06~

市归国华侨联合会
党组书记：谭　漓(女)　2006-09~2010-01
　　　　　陈丕效　2010-01~
主　　席：谭　漓(女)　2006-11~2010-03
　　　　　蒋晓筠　2010-03~

市残疾人联合会
党组书记：李永华(女)　2009-02~
理 事 长：李永华(女)　2009-02~

市文学艺术界联合会
党组书记：张耀民　2009-07~
主　　席：鲁　利　2009-11~

市社会科学界联合会
党组书记：谭耀山　2006-06~
主　　席：谭耀山　2006-08~

中国国际贸易促进委员会南宁市支会
党组书记：谭　漓(女)　2010-07~
会　　长：邓卫民　2006-09~2010-01
　　　　　谭　漓(女)　2010-07~

市红十字会
会　　长：郑军健　2004-12~2010-03
　　　　　吕　洁(女)　2010-03~

中国国民党革命委员会南宁市委员会
主任委员：唐济武　2000-01~

中国民主同盟南宁市委员会
主任委员：崔建国　2000-04~

中国民主促进会南宁市委员会
主任委员：黄均宁　2009-08~

中国民主建国会南宁市委员会
主任委员：卢秋凌(女)　2009-09~

中国农工民主党南宁市委员会
主任委员：袁曼虹(女)　2001-06~

中国致公党南宁市委员会
主任委员：张　渊　2006-09~

九三学社南宁市委员会
主任委员：邓明政　2006-08~

市工商业联合会
党组书记：黄秋娣(女,兼)　2007-11~
主　　席：黎四龙　2006-10~

市委党校
校　　长：刘长林(兼)　2009-12~
常务副校长：李忠南　2009-03~

市档案局（市档案馆）
党组书记：廖茂隆　2009-02~
局长（馆长）：廖茂隆　2009-02~

市委党史研究室
主　　任：廖运山　2003-08~2010-10
　　　　　李刘科　2010-10~

南宁日报社
党组书记：梁繁峰　2006-06~
社　　长：梁繁峰　2005-01~
总 编 辑：梁繁峰　2005-01~

市委、市人民政府接待办公室
主　　任：谢宗务　2006-08~

市人民政府发展研究中心
党组书记：郭学群　2010-01~2010-09
　　　　　黄寿疆　2010-11~
主　　任：郭学群　2010-01~2010-10
　　　　　黄寿疆　2010-12~

市农业机械化管理中心（市农业机械化管理局）
党组书记：李天绍　2001-11~
主　　任（局长）：李天绍　2001-11~

市地震局
党组书记：蒋维松　2004-07~
局　　长：蒋维松　2004-04~

市城市应急联动中心
党组书记：黄展邦　2009-05~
主　　任：黄展邦　2009-06~

市市直机关后勤服务中心（市机关事务管理局）
党组书记：覃善开　2006-06~2010-12
　　　　　蒙祝宁　2010-12~
主任（局长）：覃善开　2002-12~2010-12
　　　　　蒙祝宁　2010-12~

南宁住房公积金管理中心
党组书记：杨国球　2004-07~
主　　任：杨国球　2003-10~

市人民政府地方志编纂办公室
党组书记：林小静　2004-07~2010-08
　　　　　王德宾　2010-10~
主　　任：林小静　2004-07~2010-08
　　　　　王德宾　2010-11~

市二轻集体工业联社
党组书记：王　涌　2010-01~
主　　任：王　涌　2010-01~

市社会科学院
党组书记：杨德辉　2006-09~2010-10
　　　　　韦振豪　2010-10~
院　　长：杨德辉　2004-07~2010-12
　　　　　胡建华　2010-12~

市广东商业街、香港商业街、澳门商业街、中国—东盟国际商务区建设管理办公室
主　　任：郭维宁　2007-08~

南宁昆仑关战役遗址保护管理委员会（南宁昆仑关旅游风景区管理委员会）
党组书记：方建诠　2006-06~
主　　任：方建诠　2006-03~

市水库移民管理局
党组书记：邓健民　2010-03~
局　　长：邓健民　2009-04~

南宁职业技术学院
党委书记：朱朝霞(女)　2007-04~
院　　长：陈建新　2003-05~

市政府集中采购中心
主　　任：陆　勤(女)　2005-03~

广西大明山国家级自然保护区管理局（南宁大明山风景旅游区管理委员会）
党委书记：罗世敏　2005-06~
局　　长：罗世敏　2005-06~
主　　任：罗世敏　2006-03~

市城市内河管理处（市“中国水城”建设工作指挥部办公室）
支部书记：彭奠安　2002-10~
主　　任：朱　沫　2010-12~

市供销合作联社
党组书记：何达生　2006-09~2010-10
　　　　　龚山峰　2010-10~
主　　任：何达生　2004-08~

中共武鸣县委员会

书　　记：杨维超　2009-03~

武鸣县人大常委会

主　　任：潘祖乐　2006-09~

武鸣县人民政府

县　　长：宋日正　2009-06~

政协武鸣县委员会

主　　席：李　宁　2006-09~

中共横县委员会

书　　记：欧　波　2009-01~2010-12
　　　　　林山青　2010-12~

横县人大常委会

主　　任：陈保金　2002-11~

横县人民政府

县　　长：黄国健　2008-01~

政协横县委员会

主　　席：梁达溪　2002-11~

中共宾阳县委员会

书　　记：周红波　2009-11~

宾阳县人大常委会

主　　任：覃作福　2006-09~

宾阳县人民政府

县　　长：陈咸华　2006-09~2010-03
　　　　　张先进　2010-03~

政协宾阳县委员会

主　　席：胡乃高　2006-09~

中共上林县委员会

书　　记：苏德明　2009-01~2010-12

上林县人大常委会

主　　任：陆　康　1999-01~

上林县人民政府

县　　长：尹建华　2006-09~

政协上林县委员会

主　　席：韦日兴　2002-11~

中共马山县委员会

书　　记：李　兵　2009-11~

马山县人大常委会

主　　任：杨盛稳　2006-09~

马山县人民政府

县　　长：李　兵　2006-09~2010-03
　　　　　黄丽娟（女）　2010-03~

政协马山县委员会

主　　席：林永立　2006-09~

中共隆安县委员会

书　　记：李振林　2009-11~

隆安县人大常委会

主　　任：韦才团　2006-09~

隆安县人民政府

县　　长：李振林　2009-01~2010-01
　　　　　陈　竑　2010-01~

政协隆安县委员会

主　　席：隆成碧　2006-09~

中共兴宁区委员会

书　　记：李　勤　2004-11~2010-01
　　　　　刘为民　2010-01~

兴宁区人大常委会

主　　任：罗思义　2006-09~

兴宁区人民政府

区　　长：刘为民　2005-04~2010-02
　　　　　高　虹（女）　2010-02~

政协兴宁区委员会

主　　席：李乃玲　2005-04~

中共江南区委员会

书　　记：魏凤君　2005-03~

江南区人大常委会

主　　任：陈　尧（女）　2006-09~2010-03
　　　　　黄　英（女）　2010-03~

江南区人民政府

区　　长：黄建宁（女）　2004-02~

政协江南区委员会

主　　席：潘长能　2009-03~

中共青秀区委员会

书　　记：赵禹鹏　2009-04~

青秀区人大常委会

主　　任：黄素萍（女）　2005-04~

青秀区人民政府

区　　长：胡晶波（女）　2009-05~2010-03
　　　　　王永超　2010-03~

政协青秀区委员会

主　　席：张宝昌　2005-04~

中共西乡塘区委员会

书　　记：吕　洁（女）　2006-09~2010-01
　　　　　黄　宁　2010-01~

西乡塘区人大常委会

主　　任：黄福仁　2005-04~2010-03
　　　　　梁英浩　2010-03~

西乡塘区人民政府

区　　长：廖伟福　2009-01~

政协西乡塘区委员会

主　　席：谢坪芝（女）　2005-04~

中共邕宁区委员会

书　　记：容康社　2009-11~

邕宁区人大常委会

主　　任：许文贤　2005-04~

邕宁区人民政府

区　　长：黄　宁　2005-04~2010-03
　　　　　蓝建东　2010-03~

政协邕宁区委员会

主　　席：黄济法　2005-04~

中共良庆区委员会

书　　记：储朝晖　2007-08~

良庆区人大常委会

主　　任：郑国健　2005-04~

良庆区人民政府

区　　长：孙志强　2006-09~

政协良庆区委员会

主　　席：任宁生　2005-04~

（王合新　梁开著）

责任编辑　周　红

中国—东盟博览会·峰会·民歌节

第七届中国—东盟博览会

【概　况】 2010年10月19~24日，第七届中国—东盟博览会在南宁市举办。由中国商务部和东盟国家经贸主管部门及东盟秘书处共同主办，自治区政府承办。10月19日下午在南宁国际会展中心朱槿花厅举行开幕式，中共中央政治局常委、全国政协主席贾庆林，印度尼西亚副总统布迪约诺，老挝副总理阿桑·劳里，越南副总理张永仲，中国和东盟国家的部长级官员、商协会会长，国际组织代表、世界知名企业家、区域经济研究专家，参展参会客商代表及自治区有关领导共1300多人出席开幕式。开幕仪式由本届中国—东盟博览会主题国印度尼西亚贸易部部长冯慧兰主持。印度尼西亚副总统布迪约诺、广西壮族自治区主席马飚、中国商务部国际贸易谈判代表兼副部长高虎城分别致辞。剪彩仪式开始前播放短片，回顾中国—东盟自贸区建设的历程，反映博览会对自贸区建设的推动作用，描绘自贸区美好的明天。中共中央政治局常委、全国政协主席贾庆林宣布：第七届中国—东盟博览会开幕！中共中央政治局常委、全国政协主席贾庆林，印度尼西亚副总统布迪约诺，老挝副总理阿桑·劳里，越南副总理张永仲，柬埔寨国务兼商务大臣占蒲拉西，文莱驻华大使张慈祥，缅甸商务部部长吴丁乃登，中国商务部国际贸易谈判代表兼副部长高虎城，马来西亚国际贸易和工业部副部长贾谷·东加·沙甘，菲律宾贸易与工业部副部长克里斯托伯，泰国商业部部长助理威拉萨·金那拉，新加坡贸工部兼新闻通讯艺术部政务次长陈振泉，广西壮族自治区党委书记、人大常委会主任郭声琨，东盟秘书处东盟市场一体化合作司司长苏柏什等共同为第七届中国—东盟博览会开幕剪彩。10月19日，出席博览会的中国和东盟各国政要分别到南宁国际会展中心巡视第七届中国—东盟博览会展馆。

本届博览会由印度尼西亚出任主题国，重点主题为自贸区与新机遇；设有商品贸易、投资合作、服务贸易、先进技术、“魅力之城”5个专题；参展企业2200家，设展位4600个；部长级贵宾191人，客商4.90万人参展参会；商品贸易成交总额17.12亿美元；签订国际经济合作项目135个、总投资66.90亿美元，签署国内经济合作项目156个、总投资674.46亿元。会期前后，举办第二届中国—东盟金融合作与发展领袖论坛、第四届中国—印尼能源论坛、第四届中国—东盟社会发展与减贫论坛、中国—东盟红十字论坛、第三届中国—东盟智库战略对话、中国—东盟海事磋商机制第六次会议、第三届中国—东盟电力合作与发展论坛暨中国—东盟电力经贸合作洽谈会、第二届中国—东盟国际口腔医学交流与合作论坛、亚太地区国家法官研讨会等高层次论坛9个。博览会期间，举办中国—东盟自由贸易区建设成就展，新增设珠宝展，继续举办农业展，11月19~22日，举办中国—东盟博览会木材与木制品展。主题国印度尼西亚举办国家馆开馆仪式、国家推介会、印度尼西亚领导人与中国企业CEO见面会等主题国活动。10月24日，博览会专门设置了公众开放日。博览会期间还举办南宁国际民歌艺术节，以及高尔夫球、网球、汽车拉力赛和青年艺术品创作等文化体育交流活动。有199家媒体1458名记者到会采访。据不完全统计，中外媒体累计发稿5700多篇；网络报道页面约9400多个，网络相关新闻转载与链接页面约85万个。10月24日下午，在南宁荔园山庄举行第七届中国—东盟博览会高官会议暨第八届中国—东盟博览会国家专题展区抽签仪式。同日下午，在南宁荔园山庄召开新闻发布会，中国—东盟博览会组委会副主任兼秘书长，广西壮族自治区党委常委、自治区副主席陈武宣布：第七届中国—东盟博览会胜利闭幕！

【专题展览】 2010年10月19~24日，第七届中国—东盟博览会在南宁国际会展中心（主会场）和广西展览馆（分会场）举办商品贸易、投资合作、服务贸易、先进技术、“魅力之城”5个专题展览。参展企业2200家，参展商约9870人。设展位4600个（主会场4000个，分会场600个），比上届增长15%。中国内地及香港、澳门、台湾地区展位3379个；外国企业展位1221个，其中东盟10国展位1178个，为历届新高。印度尼西亚、老挝、马来西亚、缅甸、泰国、越南6个东盟国家使用独立展馆展示本国商品。商品贸易专题展分别设在南宁国际会展中心室内4~16号展厅、室外展场和广西展览馆。内容包括东盟商品、机械设备、建筑材料、电子电器、珠宝首饰、工程机械和运输设备（室外展场）、农业展（分会场广西展览馆）。投资合作专题展设在南宁国际会展中心室内1号展厅。内容为国际经济合作，突出展示中国企业在对外承包工程和各行业投资合作领域中的整体实力及核心竞争力，涉及机械、电子、冶金工程，路桥建设、水电等行业。服务贸易专题展设在南宁国际会展中心室内2号展厅。主要展示中国和东盟金融服务、物流服务及文化教育服务等内容。先进技术专题展设在南宁国际会展中心室内3号展厅。分“农村先进适用技术”和“高新技术”2个板块，根据东盟国家的实际要求与合作前景，结合中国在农业和高新技术方面的优秀成果，集中选取中国有关部委及各地方政府推荐的363家企业、411个农村先进适用技术和高新技术项目进行展示。“魅力之城”专题展设在南宁国际会展中心室内2号展厅。本届博览会，中国和东盟10国为体现自贸区与新机遇主题，主要选择在自贸区建设中具有巨大商机的城市进行展示。按展位实际排列顺序为：马来西亚的吉隆坡、缅甸的曼德勒、新加坡的新加坡、老挝的甘蒙、越南的大叻、印度尼西亚的梭罗、柬埔寨的磅湛、中国的钦州、文莱的斯里巴加湾、泰国的清莱、菲律宾的三宝颜。本届博览会期间，在广西民族博览馆举办“中国—东盟自由贸易区建设成就展”。以图表、文字、音视频等形式，展示中国—东盟自贸区建设，中国—东盟博览会、中国—东盟商务与投资峰会成效，以及中国—东盟自贸区建设和发展为主题的艺术作品等内容。本届博览会，国内、外企业重复参展率明显提高；外国展位数有所提升；东盟10国均组织品牌企业参展，东盟品牌展区成为亮点；东盟各国在展区内按行业布展，有效提高展览的专业化水平。

【经贸活动】 2010年10月19~24日在南宁市举办的第七届中国—东盟博览会经贸成效进一步提高。参展企业2200家，参展参会客商4.90万人，其中专业观众3.91万人，比上届增加2%。商品贸易成交量再创新高，累计交易17.12亿美元，比去年增长3.50%。其中出口额14.28亿美元，增长12.30%，东盟出口到中国的贸易额明显增长。投资合作更富实效，举行投资推介活动46场，签订国际经济合作项目135个，总投资66.90亿美元，比上届增长3%，其中中国与东盟签约的投资合作项目58个，总投资26.63亿美元，分别占国际经济合作项目总数及总投资的43%和38%。签署国内经济合作项目156个，总投资674.46亿元，比上届增长9%。广西共签订国际合作项目112个，总投资52.34亿美元，分别增长33.30%和21.40%。本届博览会采购商数量和质量较往届有较大提升，采购团组数量比上届增加50%。除中国和东盟国家的采购团组外，法国、加拿大、德国、澳大利亚及日本等区域外国家和地区也组织采购团参会。

南宁市在组团参加第七届中国—东盟博览会及所举办的重大项目签约仪式等投资促进活动的同时，举办南宁市投资贸易洽谈会暨重大项目签约仪式，南宁市重大项目开、竣工仪式，市领导会见国内、外重要客商，南宁市投资政策咨询和项目对接洽谈，“相聚绿城、共谋发展”2010年南宁市“两会一节”海(境)外华侨华人投资环境推介会，首届中国—东盟轻工产品展览会等创新务实的经贸活动。武鸣县、宾阳县、江南区、良庆区、高新技术产业开发区、经济技术开发区等也分别举办推介会。共签约投资项目125个，总投资505.37亿元，引进资金503.16亿元，总投资同比增长18.26%。其中：内资项目105个，总投资450.60亿元，引进资金449.41亿元；外资项目20个，总投资8.06亿美元，引进资金7.90亿美元。共签订商品贸易合同385个，合同销售153.51亿元，产品涉及轻工、食品、电子、机械、化工、医药等领域。期间，全市开、竣工的重大项目107个，总投资125.30亿元。其中：开工项目59个，总投资68.40亿元；竣工项目48个，总投资56.90亿元。开、竣工项目涉及基础设施、产业、环保、住宅和房地产、社会公益事业等。在南宁华南城国际会展中心举办的首届中国—东盟轻工产品展览会，设展位600个，接待客商33.50万人；签约意向9.50亿元，实际成交2.60亿元；汽车展销1645辆，销售收入2.40亿元。

【中国—东盟博览会高官会议】 2010年10月24日下午，第七届中国—东盟博览会高官会议暨第八届中国—东盟博览会国家专题展区抽签仪式在南宁荔园山庄举行。中国、东盟10国、东盟秘书处的25名高级官员出席会议。此次高官会暨抽签仪式由中国商务部亚洲司副处长蒋寅刚、东盟秘书处市场一体化合作司高级官员蓬猜女士共同主持。中国—东盟博览会秘书处秘书长郑军健在总结时指出，本届博览会参展参会规模进一步扩大，在务实推动中国—东盟合作方面取得新成效；加大创新力度，进一步发挥平台作用，让企业更好地享受贸易投资便利化，享受自贸区商机；促进互利共赢，深化中国—东盟战略伙伴关系，服务中国—东盟自贸区和区域经济合作，巩固自贸区成果，增强11国继续共同推动自贸区建设的信心。与会东盟各国高官在发言中普遍认为，作为一个年轻的展会，博览会每年都有很大提高，是一个很好的平台。大家表示，将一如既往地参与、支持博览会，并提出很多有针对性的建设性意见。经过协商，会议确定第八届中国—东盟博览会将于2011年10月21~26日在南宁举行；设置商品贸易、投资合作、服务贸易、先进技术、“魅力之城”5个专题；重点主题为环保合作；主题国为马来西亚。通过抽签，确定第八届博览会11国“国家主题”展位安排顺序为：印度尼西亚、柬埔寨、越南、文莱、中国、马来西亚、老挝、新加坡、泰国、菲律宾、缅甸。蒋寅刚对办好第八届博览会提出6点建议：一是进一步做好邀请领导人出席博览会的工作，促进共办共赢；二是进一步完善多部门参与办会的长效机制，提高共办效果；三是进一步加强对本国参展参会企业的政策扶持，把博览会打造成本国企业开拓国际市场的重要平台；四是进一步加大力度组织本国企业参展参会，让企业更好地享受自贸区商机；五是进一步做好中国—东盟博览会的宣传推介，提高品牌影响力；六是进一步做好日常贸易投资促进工作，延伸博览会平台作用。

蒋寅刚、蓬猜、郑军健共同为博览会共办方颁发中国—东盟博览会组委会评选出的第七届中国—东盟博览会各奖项。印度尼西亚获主题国纪念奖；东盟秘书处获重大贡献及支持奖；老挝、马来西亚、泰国、越南获最佳行业组织奖；文莱、柬埔寨、马来西亚、新加坡获最佳品牌展示奖；文莱、越南获最佳采购商组织奖；老挝、马来西亚、缅甸、新加坡获最佳参展组织奖；柬埔寨、菲律宾获最佳投资合作推介奖；印度尼西亚、缅甸、菲律宾获最佳魅力之城展示奖。

第七届中国—东盟商务与投资峰会

【概　况】 2010年10月19~20日，第七届中国—东盟商务与投资峰会在南宁市举办。由中国商务部、中国国际贸易促进委员会、广西壮族自治区人民政府主办，东盟秘书处、东盟工商会、中国—东盟商务理事会和东盟10国国家工商会协办，中国—东盟商务与投资峰会秘书处承办。主题为中国—东盟自贸区与区域经贸合作的展望。举办开幕式、印度尼西亚政府领导人与中国企业CEO圆桌对话会、中国—东盟商会领袖论坛、中国—东盟矿业合作论坛暨展示会、中国—东盟经贸及物流合作论坛、商务早餐会等6场活动。10月19日下午，在广西人民会堂举行开幕式。中共中央政治局常委、全国政协主席贾庆林，印度尼西亚副总统布迪约诺，老挝副总理阿桑·劳里，越南副总理张永仲，中国商务部国际贸易谈判代表兼副部长高虎城，广西壮族自治区党委书记、人大常委会主任郭声琨，中国外交部副部长张志军，中国国际贸易促进委员会副会长王锦珍，中国、东盟及世界十多个国家和地区的政府高官、商界领袖、企业精英、区域组织代表、知名专家学者和媒体代表约1500人出席。开幕式由广西壮族自治区主席马飚主持。贾庆林在发表主旨演讲时指出，充满生机和活力的中国—东盟睦邻友好合作，为我们各自国家发展提供了广阔空间和众多商机。在新形势下，巩固和加强中国—东盟战略伙伴关系，符合我们的共同利益，是我们的共同责任，也是我们的共同选择。我们将坚定不移地走和平发展道路，通过对话协商和平解决矛盾和分歧，向包括东盟国家在内的广大发展中国家提供力所能及的帮助。深信在大家共同努力下，中国—东盟博览会、中国—东盟商务与投资峰会将进一步办出特色、办出水平、办出成效，为推进中国—东盟自贸区深入发展，为不断开创中国—东盟睦邻友好合作新局面作出更大贡献。布迪约诺在致辞中表示，东盟是中国投资者最大的投资目的地，如期建成的中国—东盟自由贸易区将使东盟对中国的投资更具吸引力。希望通过本次峰会，中国与东盟10国能够携手合作，能够提出建设性的举措，发展双方经贸关系，实现互利共赢。郭声琨在致辞中指出，广西作为峰会的举办地，我们愿意以中国—东盟自贸区建成为契机，秉持互利共赢理念，按照业已达成的货物贸易、服务贸易、投资协议的安排，更加积极主动地与东盟各国工商企业界携起手来，进一步创新合作机制，丰富合作内涵，创造合作机遇，增强合作实效，共同开创中国—东盟自由贸易区更加美好的未来。王锦珍在致辞中说，希望中国和东盟工商界人士广泛交流，为实现务实合作，实现本地区共同繁荣而努力。

2010年9月6~7日，中国—东盟矿业合作论坛暨展示会在南宁国际会展中心举行；10月19日下午，在广西人民会堂举行印度尼西亚国家领导人与中国企业CEO圆桌对话会；10月20日上午，在明园新都酒店举行商务早餐会；同日上午，在明园饭店举办中国—东盟商会领袖论坛；同日下午，在广西人民会堂举办中国—东盟经贸与物流合作论坛。至此，第七届中国—东盟商务与投资峰会各项议程圆满结束。

【圆桌对话会】 2010年10月19日下午，第七届中国—东盟商务与投资峰会印度尼西亚国家领导人与中国企业CEO圆桌对话会在广西人民会堂举行。由中国国际贸易促进委员会和印度尼西亚国家出口发展署联合主办，中国—东盟商务与投资峰会秘书处承办。印度尼西亚副总统布迪约诺、中国商务部国际贸易谈判代表兼副部长高虎城、中国国际贸易促进委员会副会长王锦珍、广西壮族自治区主席马飚、印度尼西亚驻华大使易慕龙、印度尼西亚国家出口发展署主席海丝蒂·印达·克蕾丝娜丽妮、印度尼西亚工业部部长希达悦、印度尼西亚国企部部长穆斯塔法·阿布巴卡尔，中国和印度尼西亚政府高官、工商界领袖、企业家和专家学者、区域和国际组织代表等约250人出席。议题为在中国—东盟自由贸易区建成和中国与印度尼西亚建立外交关系60周年的背景下，围绕双方高度重视的重大合作项目开展建设性对话，为更高效、更实效地实施重大项目打下良好基础，携手推动双边经贸合作不断发展。对话会由印度尼西亚贸易部部长冯慧兰主持。王锦珍在开幕致辞中表示，对话和交流必将对提高中国与印尼的经贸合作水平产生重要的现实意义。高虎城在欢迎致辞中说，我们双方应鼓励双方企业，进一步利用好自贸区提供的各种便利，继续提升双边经贸合作的水平。布迪约诺在演讲中指出，对话会将会成为进一步促进和加深中国与印尼之间以及中国与其他东盟国家之间经贸联系的强大催化剂。中国—东盟自由贸易区的建立有非常重要的意义。印尼政府将会继续努力建立一个适当的框架和机制，为企业的发展提供优良的环境。为了实现可持续发展，保持竞争力，减少地区间的不平衡，我们工作的重中之重是更新印尼的硬件和软件基础设施并加快它们的发展。特别是要把建设交通和通讯的基础设施及高效的物流系统和服务放在首位。印度尼西亚是东南亚最大的国家，它正在发展和成长中，所以我希望邀请你们都参与到印尼的发展中来。中国技术进出口总公司总裁唐毅、中国机械进出口集团总裁王旭升、中国进出口银行业务部副总经理李文、华为技术有限公司亚太地区副总裁马悦、中国技术进出口总公司副总裁单伟、中国寰球工程公司副总裁王卓岩等中国企业领导与布迪约诺副总统进行热烈、务实、友好的对话。印度尼西亚国家电力公司总裁达荷兰·伊斯坎、印度尼西亚国营电信公司总裁里那迪·福曼赛亚、印度尼西亚国家石油公司液态天然气部门主管哈里·卡由利阿托等嘉宾参与对话互动。马飚在闭幕致辞中说，近年来，广西和印尼各级政府和企业界的友好交流越来越密切，合作成果越来越显著。中国—东盟自由贸易区的如期建成，为广西进一步扩大与印尼各省和工商企业界的合作带来了新的机遇，我们愿以此为契机，全面深化同印尼工商企业界的交流与合作，为促进中国与印尼的经贸关系、为促进区域的共同繁荣发展做出新的更大贡献！对话会于当天下午结束。

【中国—东盟商会领袖论坛】 2010年10月20日上午，中国—东盟商会领袖论坛在南宁明园饭店举行。由中国国际贸易促进委员会、印度尼西亚工商会馆、广西壮族自治区人民政府主办。东盟国家工商会会长、东盟商协会会长、中国国际贸易促进委员会和广西壮族自治区领导、中外企业家、专家学者共150人出席。主题为密切双方工商企业界的交流与合作，推进区域物流体系的形成。论坛分两节进行。第一节由印度尼西亚工商会馆中国委员会副秘书长施锦场主持。中国国际贸易促进委员会副会长于平，中国国际商会常务理事、中国物流与采购联合会副会长、华南城主席郑松兴，老挝工商会副会长乔汤·帕塔玛冯，中国物流与采购联合会首席顾问丁俊发，越南工商会副会长段维姜，柬埔寨中华总商会会长高华，新加坡制造商联合会副会长李雪民，印度尼西亚工商会馆中国委员会秘书长熊德龙等分别发表演讲。于平表示，希望借此机会加强中国—东盟行业商会之间的交流合作。郑松兴认为，加快广西北部湾和东盟各国商贸物流基础设施建设与对接，已成为当前最迫切的任务。乔汤·帕塔玛冯提出，要建立信息分享中心，以此为企业间合作牵线搭桥。丁俊发指出，要在制定物流规划的基础上，搭建一个中国—东盟物流总体框架的架构。段维姜认为，中国—东盟的合作在世界上发挥了越来越重要的作用。高华指出，如今东盟区域已成为中国企业“走出去”对外投资兴业的重要目的地之一。李雪民认为,广西是中国与东盟国家展开经贸联系的桥头堡。熊德龙说,中国和东盟之间的关系像鸡蛋的蛋黄和蛋白一样是分不开的。第二节由中国—东盟商务理事会中方常务副秘书长许宁宁主持。缅甸国家工商会副会长翁伦、泰国工业联盟副主席曼孔、马来西亚中华总商会中央理事梁家兴、马中经贸总商会会长拿督黄汉良、菲华联谊总会理事长施清胆、印度尼西亚中华总商会主席纪辉琦、广西壮族自治区副主席林念修等分别发表演讲。翁伦强调,商会能够在自贸区的落实中发挥积极的作用。曼孔表示,贸易和投资进步的一个基础就是基本的基础设施,参与到这个过程中的商人将会大受其益。梁家兴指出,商会的作用还体现在举办洽谈会,扩展各国的商家在别国找到合适的贸易和投资伙伴。黄汉良说,自贸区对各国都有好处,民间商会的角色就更加重要,以配合政府落实推动利民的政策。施清胆指出,通过加强和会员企业的合作,商协会可以有效促进中国—东盟间的经济贸易合作促进国内企业提升竞争力,实现区域市场和国际市场的共同繁荣。纪辉琦认为,在自贸区的新机遇与挑战下,各国商会不再只局限于服务本国企业家。林念修建议,东盟各国工商会积极参与广西北部湾经济区的开放开发。出席论坛人员达成多项共识,一致通过《中国—东盟商会领袖论坛备忘录》。论坛于当天上午结束。

【中国—东盟经贸与物流合作论坛】 2010年10月20日下午,中国—东盟经贸与物流合作论坛在广西人民会堂举行。由中国商务部、中国国际贸易促进委员会、广西壮族自治区人民政府、中国物流与采购联合会主办。中国和东盟各国物流、经贸行业的官员、专家、企业家等800多人出席。主题为促进中国—东盟自贸区经贸与物流合作。论坛分三节进行。第一节由中国物流与采购联合会副会长兼秘书长崔忠付主持。中国商务部国际经贸关系司副司长孙元江,中国海关总署监管司司长郝崇福,中国交通运输部国际司副司长杨赞,中国铁道部运输局副局长苏顺虎,中国广西钦州市市长肖莺子,中国物资储运协会会长姜超峰,泰国国立法政大学教授、亚行GMS物流发展规划项目负责人鲁斯·班睦雍,中美总商会董事John E·clarke,新加坡叶永福集团中国首席执行官吴荣昇等分别发表题为《积极推动贸易便利化,大力促进中国—东盟商贸物流的发展》、《优化海关监管和服务、促进中国—东盟经贸与物流发展》、《加强中国—东盟的国际交流与合作,推动自贸区经贸与物流的发展》、《发挥铁路运输优势,加快中国—东盟集装箱多式联运发展》、《魅力之城钦州与中国—东盟自贸区经贸与物流的发展》、《贸易融资与中国—东盟自贸区发展》、《大湄公河次区域(GMS)的物流发展》、《北美自贸区与中国—东盟自贸区发展》,《叶永福供应链物流与中国—东盟自贸区发展》的演讲。第二节由中国广西物流与采购联合会会长张福利主持。中国物流与采购联合会副会长兼秘书长崔忠付,中国苏州物流中心有限公司副总裁姚武,中国工业经济联合会副会长、华南国际工业原料城执行董事、首席顾问许扬,文莱国家工商会副会长卡玛鲁汀,新加坡劲升逻辑有限公司中国区总经理陈福成,新加坡全球海事港口服务公司总裁詹姆斯·冯,嘉里九通物流有限公司西区总经理向曦等分别发表题为《中国—东盟中小企业经贸与物流合作的服务平台》、《虚拟的数字航空港与中国—东盟自贸区经贸与物流的发展》、《构建中国—东盟商贸流通的黄金节点》、《如何加速中国—东盟自贸区中文莱物流领域的基础设施建设》、《筑造中国—东盟口岸物流信息化发展之路》、《新加坡港口物流和中国—东盟自由贸易区的发展》、《如何利用全方位物流服务降低成本增加效益》的演讲。第三节为成果发布。泰国国立法政大学教授、亚行GMS物流发展规划项目负责人鲁斯·班睦雍发布《中国—东盟物流联盟倡议书》;中国物流与采购联合会首席顾问丁俊发发布《打造中国—东盟自由贸易区物流体系一体化服务平台》。论坛间歇,在广西人民会堂还举办中国—东盟经贸与物流洽谈会。广西部分城市的政府部门、企业在洽谈会上进行推介和展示。论坛于当天下午结束。

南宁国际民歌艺术节

【概　况】 2010年,第七届中国—东盟博览会、第七届中国—东盟商务与投资峰会举办期间及其前后,由南宁市人民政府主办的南宁国际民歌艺术节在南宁市举行。10月20日晚,举办"大地飞歌·2010"第十二届南宁国际民歌艺术节暨第七届中国—东盟博览会开幕晚会;10月16~24日,举办2010南宁·东南亚国际旅游美食节;10月21~23日,举办"绿城歌台"群众文化活动;10月21日晚,举办《美在广西》广西青年歌手演唱会;10月22日晚,举办外国艺术家专场演出。2010年南宁国际民歌艺术节,坚持创新,活动内容丰富多彩,主题鲜明,参与面广。

【大地飞歌·2010】 2010年10月20日晚,"大地飞歌·2010"第十二届南宁国际民歌艺术节暨第七届中国—东盟博览会开幕晚会在广西体育中心举行。由南宁市人民政府主办。东盟各国代表团,中央、国家机关有关部门负责人,各省(自治区、市)代表团,参加第七届中国—东盟博览会、第七届中国—东盟商务与投资峰会、第十二届南宁国际民歌艺术节的部分代表、重要客商、参展商,自治区和南宁市有关领导出席。观众约3.50万人。开幕晚会仪式由南宁市市长、南宁国际民歌艺术节组委会主任黄方方主持。自治区党委常委、南宁市委书记、南宁国际民歌艺术节组委会主任车荣福致辞,并宣布:"大地飞歌·2010"第十二届南宁国际民歌艺术节暨第七届中国—东盟博览会晚会开幕!

晚会突出"我与民歌共成长",围绕民歌主题,坚持传承与创新。分为《红歌永流传》、《青春备忘录》、《五洲快乐风》、《民歌中华情》4个篇章。国家级导演姜钢任总导演,著名主持人杨澜、林依轮及广西电视台主持人李朝珍、高枫联合主持。舞台舞美结合广西体育中心场馆的特点,采用壮乡山坡屋檐层次美为主要元素,营造出壮族山寨恢弘大气、色彩斑斓的舞台情境;以彩砖、高空威亚、数码灯等全新的舞美元素,实现大空间的舞台造景与色彩变换。雷佳、吕继宏演唱《为生命歌唱》拉开晚会的序幕。吴娜、师鹏以一曲《山丹丹开花红艳艳》唱响《红歌永流传》篇章。万山红、铁金、王莉、柏文、冯瑞丽、奥列格·库赫塔(俄罗斯)等分别表演歌曲联唱、情景组歌《红军小唱》、《共青团员之歌》等经典作品。老狼演唱《同桌的你》唱开《青春备忘录》篇章。王梦麟、南方二重唱、齐豫、叶佳修,常石磊分别演唱台湾校园民谣组歌、《山楂树》等歌曲。维塔斯(俄罗斯)演唱《歌剧2》唱响《五洲快乐风》篇章。维也纳男声合唱团(奥地利),阿斯蒂·德薇·葛莉蒂玉娜

(印度尼西亚)分别表演《茉莉花》,印度尼西亚民歌《星星索》、《梭罗河》等节目。吕薇、廖鸿飞演唱云南民歌《小河淌水》把晚会带入《民歌中华情》篇章。哈嘹组合、袁泉、方妮等演唱《歌圩组歌》,广西歌手陈春燕和焦点乐队等演唱《山歌好比春江水》等歌曲。谭晶一曲《南宁的风》把南宁"人在画中,画在城中,绿城如天堂"的特点融入歌中。晚会在主题歌《大地飞歌》的歌声和绚丽的焰火中结束。沈阳军区政治部前进文工团、广西艺术学院、南宁市艺术剧院等9个文艺团体共900多个演员参与演出。

【绿城歌台】 2010年10月21~23日,南宁国际艺术节"绿城歌台"群众文化活动在南宁市举行。由南宁国际民歌艺术节组委会主办。分别在全市各大广场、社区、学校、企业设置歌台14个。柬埔寨、奥地利、埃及等19个国家19个团体近200名外国艺术家,与南宁市艺术剧院和南宁市业余艺术表演团队的演员一道,在各歌台演出14场。南非的《非洲鼓舞》、匈牙利的《乡村舞》、印度的传统歌舞、埃及的民歌等节目充满异域风情;邕宁区的《壮族八音》、兴宁区的《蒸糯饭》、上林县的《小小刘三姐》、宾阳县的《炮龙雄风》、马山县的《壮族打扁担》等节目有着浓郁的本土特色。活动融国际性、民族性和节日欢乐于一体,观众参与互动,热闹非凡。期间,有观众20多万人次到现场参与活动。

【广西青年歌手演唱会】 2010年10月21日晚,南宁国际民歌艺术节《美在广西》广西青年歌手演唱会在南宁人民会堂举行。由南宁市人民政府主办。观众约1500人。晚会舞台舞美撷取芦笙、壮锦等壮族文化元素,融入时尚动感的现代设计,整体体现现代感和时尚性。广西歌舞团、广西艺术学院、南宁市艺术剧院的陈春燕、廖鸿飞、危瑛、袁泉、何梦苓、舒春秀等20多位广西优秀青年歌唱演员,用民族、美声、通俗、原生态等不同唱法,以独唱、二重唱、三重唱、小组唱、合唱等形式,演唱《壮族大歌》、《山歌一唱妹就来》、《风生水起北部湾》、《漓江情》、《山歌好比春江水》等10多首广西民族音乐的经典曲目。近百人组成的广西艺术学院交响乐团现场伴奏。

【外国艺术家专场演出】 2010年10月22日晚,南宁国际民歌艺术节外国艺术家专场演出在南宁人民会堂举行。由南宁国际民歌艺术节组委会主办。观众约1500人。印度、埃及、法国、智利等16个国家的100多名艺术家表演了各自国家的经典艺术。奥地利克恩顿州合唱团演唱民谣《雪绒花》;苏格兰音乐家菲密·高竖琴弹唱《舞蹈的手》;智利柯拉松乐队的拉美民歌《有一只矮公鸡》欢快风趣;缅甸、菲律宾等国艺术家表演传统的东南亚歌舞,越南艺术家的嘲剧表演让人耳目一新;埃及、南非艺术家让观众领略非洲乐器的新奇和祖鲁舞的狂野;法国、匈牙利、斯洛文尼亚的艺术家表演欧洲各地民族舞蹈。柬埔寨、意大利等国艺术家还用中文分别演唱《茉莉花》、《啊,朋友再见》等中、外名曲。

【2010南宁·东南亚国际旅游美食节】 2010年10月16~24日,2010·东南亚国际旅游美食节在南宁市江南区邕州老街举行。由自治区商务厅、南宁市人民政府主办。10月16日上午举行开幕式。中国烹饪协会、自治区相关部门和南宁市有关领导,广西烹饪协会及相关单位负责人,各参展单位和市民代表等出席。南宁市副市长李志勇主持开幕式。南宁市市长黄方方宣布:2010南宁·东南亚国际旅游美食节开幕!中国烹饪协会副会长刘秀军、市长黄方方等领导共同为现场展示的"世界马蹄糕王"揭幕。马蹄糕王长11米、宽6米,沿用传统的纯手工制作工艺,以糖水拌和马蹄粉及新鲜马蹄,用量100公斤,由几十位大厨共同精心制作而成。当天,上万人到场观赏并分享马蹄糕王。

旅游美食节主题为品美食,赏文化。呈现出规格档次更高、本土特色更浓、国际性更强、文化娱乐互动元素更多等特点。设中国—东南亚美食区、中华美食区、本土民族特色美食区3大展区,美食展位154个、商品展位47个。有近200家国内、外参展商展销100多种不同风味的美食与小吃。南宁市有30多家餐饮名店参展。期间,举办内容丰富、形式多样的主题活动。设置的主舞台每天上演各类精彩文艺节目,如东南亚风情演出、群众文艺演出、江南区百姓小舞台文艺演出等;举办名菜、名点、名小吃评选,以及邕城包粽子百人趣味竞技赛等美食比赛;举行南宁市首届涂鸦大赛、南宁市首届街舞大赛、东南亚传统民族文化展演、画廊文化活动、旅游美食节摄影比赛等文化推广活动。约有36万人次到现场参与旅游美食节的活动。

其他重要活动

【第四届中国—印尼能源论坛】 2010年10月19日,第四届中国—印尼能源论坛在南宁市举行。由中国国家能源局、印度尼西亚能源和矿产资源部共同主办,广西壮族自治区人民政府承办。主题为中国与印尼两国的能源合作。中国发展改革委员会副主任、国家能源局局长张国宝,印度尼西亚国企部部长穆斯塔法·阿布巴卡尔,中国国家能源局副局长钱智民,中国国家能源局总工程师吴贵辉,自治区主席马飚,自治区副主席林念修,中国南方电网公司董事长赵建国,中电控股有限公司(中国区)总裁柯愈明,印度尼西亚国家电力公司总经理 DahIan Iskan,印度尼西亚巴厘通用能源公司总经理 Andre Raharja,中国和印度尼西亚政府及相关能源企业代表共200多人出席。张国宝在致辞时为两国能源合作提出建议:一是拓宽能源合作领域;二是深化能源投资合作;三是扩大双边能源贸易;四是深化和扩大双方在能源和其他资源领域合作力度。穆斯塔法·阿布巴卡尔在致辞时说,印度尼西亚看到了两国在油气、煤炭、电力、可再生能源等领域的合作成就,希望通过中国—印尼能源论坛以及其他平台进一步加强和深化能源领域双边合作。中国国电集团作《让绿色电力照亮绿色经济》的专题报告;中国华电集团作《务实进取 再创辉煌 加快中印能源领域合作》的主旨发言;中海油集团作《合作、支持、促进油气事业发展》的介绍。双方代表还进行分组讨论和交流,共同探讨中国—东盟自贸区建成背景下中国与印度尼西亚的能源合作,达成广泛共识。期间,中国华电集团与印度尼西亚巴厘通用能源公司签订"印尼巴厘岛塞露坎巴湾电厂股东合资协议书";中国百色市万维投资有限公司与印度尼西亚土地资源矿业有限公司签订"合作开采矿山、锰产品深加工的备忘录";中国衡阳鸿菱石油管材有限责任公司与印度尼西亚 Dhiva 公司签订"合资公司组建协议";中国广西投资集团公司与印度尼西亚达尼多煤炭集团就双方战略合作达成初步协议;相关企业也达成多项合作意向。

【第二届中国—东盟金融合作与发展领袖论坛】 2010年10月20日,第二届中国—东盟金融合作与发展领袖论坛在南宁市举行。由中国人民银行、中国银行业监督管理委员会、中国证券监督管理委员会、中国保险监督管理委员会(简称“一行三会”),广西壮族自治区人民政府共同主办。主题为深化合作机制,构建中国—东盟自由贸易区金融互利共赢发展新格局。设“区域经济一体化下银行业的‘走出去’战略”、“中国—东盟自由贸易区建成后区域性银行业机构的跨越式发展之道”、“中国—东盟自由贸易区内中小企业的融资和上市策略”和“中国—东盟自由贸易区建成后保险业的发展机遇”4个议题。中国“一行三会”和东盟国家金融主管部门高官、自治区有关领导、国际金融机构相关代表、中国及欧美等地区商业金融机构首脑、金融界知名专家学者等约400人出席。自治区副主席陈武主持开幕式。自治区党委书记、人大常委会主任郭声琨致辞。中国人民银行行长助理李东荣,中国证券监督管理委员会主席助理朱从玖,中国银行业监督管理委员会代表、中国银行业监督管理委员会广西监管局局长苏保祥分别发表主旨演讲。主要成果有:一是建立中国—东盟银行家圆桌会议机制,讨论通过《中国—东盟银行家圆桌会议倡议》;二是达成《第二届中国—东盟金融合作与发展领袖论坛共识》;三是深化政银、银银及金融机构间的合作。

【第三届中国—东盟智库战略对话】 2010年10月17~18日,第三届中国—东盟智库战略对话在南宁市举行。由中国社会科学院国际研究学部、广西国际博览事务局、广西社会科学院、广西北部湾发展研究院和东盟智库网络主办。主题为加强新形势下的中国—东盟合作;设“后金融危机:世界局势与中国—东盟合作”、“东南亚地区经济与政治”、“中国与东南亚关系”、“中国—东盟自由贸易区现状与前景”、“区域合作与中国南宁—新加坡经济走廊建设”和“文化交流合作与壮老泰(包括岱、侬、掸、印度泰人)族群文化比较”6个议题。柬埔寨和平与合作学院院长(前副首相兼外交部长)诺罗敦·西里武,自治区党委常委、宣传部部长沈北海,中国社会科学院国际研究学部主任张蕴岭,广西社会科学院院长吕余生,柬埔寨、印度尼西亚、马来西亚、新加坡、泰国、越南、美国和中国的有关专家学者100多人出席。沈北海、张蕴岭、吕余生分别致辞。与会人员讨论“后金融危机:世界局势与中国—东盟合作”议题时认为,需要各部门提高对整个经济复兴的信心,更多依赖于地区之间的投资,需要更加自由的投资体制和金融体制;讨论“东南亚地区经济与政治”议题时认为,在泛亚地区的安全合作上,东盟在这个地区发挥着很大作用,诺罗敦·西里武说,中国是地区经济增长的火车头;讨论“中国与东南亚关系”议题时认为,未来在中国与东盟的交流合作中,官方机制和民间机制应该协调发展,民间外交可对官方外交起到重要的补充作用;讨论“中国—东盟自由贸易区现状与前景”议题时认为,中国与东盟都从自由贸易区中获益,使这个地区从整个世界的经济相对边缘走到更加中心的位置;讨论“区域合作与中国南宁—新加坡经济走廊建设”议题时认为,中国南宁—新加坡通道重要的是基础设施建设,开发南宁—新加坡经济走廊将会更好地达成各方的目标;对“文化交流与壮老泰(包括岱、侬、掸、印度泰人)族群文化比较”议题,与会专家学者围绕泰民族重要的一个分支“侬人”的传统仪式、风俗、文化,壮族民族的形成,壮泰族群的文化特征等方面进行了热烈的讨论。认为,当前中国与东盟合作的当务之急是要逐步实现人员、货物以及其他生产要素的自由流动,在这个过程中,南宁—新加坡经济走廊的建设可以发挥重要作用。

【第四届中国—东盟社会发展与减贫论坛】 2010年7月13~15日,第四届中国—东盟社会发展与减贫论坛在桂林市举行。由中国国务院扶贫开发领导小组办公室(简称“国务院扶贫办”)、广西壮族自治区政府主办。主题为自由贸易与减贫。中国和东盟各国社会发展与减贫部门负责人、相关知名专家学者、著名企业家、NGO(指协会、社团等不以营利为目的的非政府组织)和国际组织代表等140人出席。7月13日,举行开幕式,由中国国务院扶贫办副主任郑文凯主持。自治区人民政府副主席梁胜利、柬埔寨经济财政部助理秘书长Sunly Thearith、东盟秘书处副秘书长Dato's Misran Kaymain、联合国开发计划署代理代表Silva Morimoto、桂林市市长李志刚等分别致辞。国务院扶贫办副主任郑文凯、联合国驻马来西亚系统协调员Kamal Malhotra、中国商务部国际司参赞张克宁,分别以“贸易自由化背景下的中国减贫”,“贸易自由化、经济增长和发展战略:亚洲成功经验的实证与示范”,“推进贸易投资自由化,实现发展减贫目标”为题作主旨发言。东盟各国代表围绕论坛主题作国别演讲,分别介绍各自国家的社会发展与减贫战略,贸易自由化的措施、相关发展目标和项目的背景、目标、操作模式与前景展望等。7月14日,举行平行会议。围绕“贸易自由化、减贫进程及其影响”和“中国与东盟国家间的贸易与贫困”2个主题展开讨论。东盟秘书处副秘书长Dato's Misran Karmain,中国商务部国际贸易经济合作研究院亚非研究部研究员、主任徐长文,英国Sussex大学教授,分别作“自由贸易、减贫战略与国际合作”、“自贸区促进中国与东盟经贸和扶贫事业发展”,“贸易、增长与贫困的地理版图:通用原则与中国实证”的主题发言。之后,举行闭幕式,由广西壮族自治区扶贫开发领导小组办公室主任吴宇雄主持。国务院扶贫办党组成员、国际合作和社会扶贫司司长张磊作会议总结。7月15日,与会代表参观桂林莱茵生物科技股份有限公司和资源县红提产业开发基地,并观看桂林市皇冠食品有限公司、桂林日盛食品有限责任公司、桂林兴安县菌业发展有限公司等企业的产品展台。

【中国—东盟红十字论坛】 2010年10月11~12日,首届中国—东盟红十字论坛在南宁市举行。由中国红十字会总会、广西壮族自治区人民政府主办。主题为气候变化下的灾害风险管理。中国红十字会总会,印度尼西亚、老挝、马来西亚、泰国、越南、蒙古等国红十字会,红十字国际委员会、红十字会与红新月会国际联合会,中国各省(自治区、直辖市)、行业红十字会及新疆生产建设兵团红十字会,香港、澳门特别行政区红十字会及台湾红十字组织的120名代表出席。中国红十字会总会副会长郝林娜主持开幕式。自治区副主席、广西红十字会会长李康出席并致辞。中国红十字会党组书记、常务副会长王伟,中国民政部减灾处副处长肖鑫,广西红十字会专职副会长方南亭分别在论坛上作主旨发言。红十字国际委员会东亚地区代表处主任蒂埃里·梅拉,红十字会与红新月会国际联合会地区项目协调员华美菱,以及越南、印度尼西亚等国红十字会的代表分别在论坛上发言。与会代表围绕论坛主题进行广泛交流和讨论。论坛达成《中国—东盟红十字论坛共识》。

【第三届中国—东盟电力合作与发展论坛】 2010年10月20~21日，第三届中国—东盟电力合作与发展论坛暨中国—东盟电力经贸合作洽谈会在南宁市举行。由中国电力企业联合会、中国国际贸易促进委员会电力行业委员会、中国—东盟博览会秘书处主办。主题为中国—东盟经济一体化背景下的电力经贸合作共赢。东盟国家政府电力和经贸主管部门，中国电力行业的投资机构、运营机构、电力设备供应商、贸易公司、电力施工建设、总承包单位，电力商务领域有关金融、投资、法律、咨询等机构的100多位代表出席。会议有主题报告、经贸洽谈等形式。自治区副主席杨道喜出席会议并致辞。中国国际贸易促进委员会电力行业委员会会长谢振华在会上作主题报告。中国驻老挝大使馆经济商务参赞张玉成、中国—东盟商务理事会秘书长许宁宁出席会议并分别讲话。与会代表围绕主题，就中国与东盟之间电力合作取得的成就、电力新技术交流、电力新项目合作、区域电力市场分析与对比、自贸区建成环境下电力和能源企业合作的相关政策及措施等问题展开探讨。

【中国—东盟海事磋商机制第六次会议】 2010年10月20~21日，中国—东盟海事磋商机制第六次会议在南宁市举行。由中国海事局主办。中国、泰国、柬埔寨、新加坡、越南、马来西亚、缅甸、印度尼西亚、文莱、老挝等国家海事主管部门和东盟秘书处的40多名代表参加会议。中国海事局常务副局长陈爱平主持会议，并在会上宣读中国交通运输部副部长徐祖远的贺信。自治区副主席杨道喜出席会议并致辞，自治区政协副主席蒋培兰出席会议。与会代表就海上航运安全、船员素质、溢油应急、环境保护等问题进行协商和会谈；会议回顾2010年4月在马来西亚召开的第19届海事交通工作会议相关情况，完成中国—东盟海事磋商机制谅解备忘录，为2010年11月在文莱召开的中国—东盟交通运输部长会议上正式签署做好准备。文莱、柬埔寨、中国、印度尼西亚、马来西亚、缅甸、新加坡、越南等国家的代表在会上作演讲。

【第二届中国—东盟国际口腔医学交流与合作论坛】 2010年10月28~31日，第二届中国—东盟国际口腔医学交流与合作论坛在南宁市举行。由中国卫生部、广西壮族自治区人民政府主办。主题为促进中国—东盟口腔领域全面合作，共享双赢。设"中国—东盟自贸区背景下，中国及东盟各国口腔医学发展面临机遇与挑战"，"中国及东盟各国口腔医学教育交流与合作的状况与展望"和"中国及东盟各国口腔公共健康教育的经验交流"3个议题。中国和东盟各国、美国、澳大利亚、荷兰、日本、以色列等国家，以及香港、澳门、台湾地区的卫生官员、口腔医学会会长、口腔医学专家学者共200多人出席。自治区副主席李康主持开幕式；自治区主席马飚，老挝卫生部部长本梅·达拉洛，中国卫生部疾控局副局长孔灵芝，柬埔寨卫生部副秘书长、口腔委员会主席赫姆·钦，菲律宾卫生部部长助理保利恩·让·尤比尔等先后致辞。此次论坛突破政府机构交流的层面，增加学术交流内容。出席人员围绕主题和议题，对口腔公共卫生政策进行研讨；专家和学者进行学术交流和演讲；论坛还开设新技术学习班，突出体现专业、务实、创新。

【亚太地区国家法官研讨会】 2010年10月29~31日，亚太地区国家法官研讨会在南宁市举行。由广西壮族自治区高级人民法院、广西法官协会举办。主题为加强国际司法交流与合作，促进区域经济繁荣与发展。中国、阿富汗、澳大利亚、柬埔寨、印度尼西亚、老挝、萨摩亚、塞舌尔、斯里兰卡、越南和亚洲开发银行等国家及国际组织的法官、其他司法官员、法学专家，以及各界人士共100多人出席。研讨会主要有开幕式、专题讨论会、闭幕式等。自治区高级人民法院院长罗殿龙主持开幕式。自治区主席马飚、阿富汗最高法院首席大法官阿布杜尔·萨拉姆·阿齐米、中国最高人民法院副院长奚晓明、老挝最高人民法院院长坎米·赛亚冯分别在开幕式上致辞。与会人员围绕主题，以及司法交流与合作在促进区域经济发展中的地位和作用，区域经济合作组织成员国之间加强国际司法交流与合作的内容、途径和实现方式等议题，展开深入交流和探讨。自治区党委常委、政法委书记温卡华，塞舌尔最高法院首席大法官弗莱德里克·艾贡达·楠德分别在闭幕会上讲话。自治区高级人民法院院长罗殿龙表示，举办这次研讨会，旨在增进中国与亚太国家和地区司法界的相互了解；将进一步发展和增进广西与东盟各国及其他亚太国家和地区的友好互信，有利于进一步加强各国法官的司法交流。

服务保障

【概　况】 2010年，南宁市各级各部门各单位，精心组织，强化措施，高标准、高质量、高效率做好"两会一节"各项服务。一是突出组织领导，完善工作机制。二是抓好环境整治，打造良好市容。三是狠抓安全稳定，创建平安南宁。四是强化管理，提升保障能力。五是促进文明城市创建与发展环境建设有机结合，提升宜居宜商水平。六是强化监察督促，确保落实。

【基础配套设施与市容环境改善】 2010年，南宁市抓好精品线路及综合整治工程市政设施建设，确保民歌湖改造工程、青山南湖——工程、东葛路延长线工程、广西体育中心及配套道路工程等一批服务"两会一节"项目按计划实施，完善服务"两会一节"的基础配套设施。做好城市绿化、美化、彩化、亮化。进一步抓好"城乡清洁工程"，营造洁、齐、美的市容环境，以良好的城市形象和热烈浓厚的社会宣传氛围迎接"两会一节"。开展泥头车专项整治、流浪乞讨人员救助管理专项行动、对散发卡片和广告宣传单人员专项治理。查处各类违章行为162.43万起，清理非法小广告约231.06万张，查处违章运输建筑渣土案件4135件，发放宣传资料5000多份。对精品线路、主要道路、主要活动场所周边、主要接待场所和窗口单位周边采用布置小品造型、发布宣传标语等形式展开美化、亮化。设置小品造型84组；摆放鲜花300多万盆，鲜花造型景观70多处；"穿衣戴帽"工程完成立面清洗5.25万平方米，立面装饰27.50万平方米，围墙美化彩化8097平方米；对160杆高杆广告牌杆体进行油漆粉刷翻新，拆除违章广告223条；在全市高大建筑物、沿街商店开放霓虹灯、轮廓灯、彩灯等。

【会展中心与体育中心场馆服务保障】 2010年，南宁市有关工作机构高标准、严要求、抓细节，严密细致的原则，对南宁国际会展中心、广西体育中心的土建、电梯、智能化、空调、给排水、强电等专业设备设施进行检查、维修和保养；开展强制性检测，确保所有设备设施安全运行。加强对各类会议服务人员的岗前培训，为在南宁国际会展中心举行的45场会议提供全面周到的服务。在南宁国际会展中心搭建标准展位1399个，搭建室外展棚2700平方米，设计搭建展厅门楼36个、主会标1个、形象墙1个、3个主要入口门楼共7600多平方米的装饰工程。安排220名保洁人员对广西体育中心进行全面清洁，确保南宁国际民歌艺术节开幕晚会演出场地干净整洁。

【招商活动】 2010年，南宁市有关部门按照南宁市服务“两会一节”组委会的部署，早计划，抓落实，确保招商活动扎实有序推进。制定具体、详细的方案，明确任务，责任到人。5月起，南宁市领导带队，国外以日本、韩国等国家为重点，兼顾欧美国家；国内以深圳、广州、上海、杭州等珠三角和长三角地区沿海发达城市为重点，兼顾香港、澳门和台湾地区，分别组织前往开展系列重大招商洽谈、投资推介活动。做好招商项目和经贸合作的前期洽谈，国内、外知名企业和重要客商邀请；抓好已有初步意向的在谈项目及在批项目的跟踪落实，争取在“两会一节”举办期间正式签约。共邀请1100多名客商前来参加各项活动。签约内外投资项目125个，总投资505.37亿元；签订商品贸易合同385个，合同销售金额153.51亿元。

【安全保卫】 2010年，南宁市投入安全保卫力量25万多人次，精心组织、周密部署、整体作战，确保各项安全保卫和维护稳定措施的有效落实。一是加强维护稳定控制。启动“两会一节”情报信息收集研判机制，全方位多渠道开展情报信息的搜集和研判，对发现的不稳定因素和各类矛盾纠纷有针对性地开展维护稳定控制工作及排查调处。二是提前启动大型活动安全保卫机制。6月中旬始，开展活动对接、场点勘查、警卫基础调查、信息研判、安全保卫经费预算、安全保卫装备采购、警力测算及装备调配、社会治安整治、安全保卫演练等一系列前期筹备工作。制定安全保卫方案和紧急疏散预案120个。三是加强重要活动场点安全保卫。落实“以面保点”、等级领导警卫与大型活动相结合的安全保卫原则。以确保与会各国家领导人及嘉宾绝对安全为核心，确保领导人住地及重要活动现场安全为重点，构建“水、陆、空、网”立体式的现代化安全保卫体系。严密加强等级警卫住地、非等级警卫住地、重要活动场点、警卫线路、制高点的控制；落实交通组织、安全检查、证件查验、人员审查、出入境查控、记者管理、网络监控、相关水域管制和市区空中管制等措施。形成安全屏障，保证南宁市社会政治和治安大局的稳定，确保与会各国家领导人及嘉宾绝对安全，以及“两会一节”各项活动安全顺利举行，首次实现“两会一节”场馆内刑事案件零发案。

【医疗卫生与食品安全保障】 2010年，南宁市开展突发公共卫生事件应急处理、公共卫生监管、食品安全和现场医疗卫生保障等工作。“两会一节”期间，全市辖区范围内未出现重大传染病疫情及食物中毒事件，各类人员伤病情况得到及时有效处置，与会领导、嘉宾和人员的健康得到有力保障。“两会一节”举办前，对一线工作人员和青年志愿者7500多人进行卫生知识培训，提高服务人群应对突发公共卫生事件的能力。“两会一节”期间，派出166个现场应急医疗保障组、309名医护人员和136辆次救护车，对累计28天次日流量超过5万人、2场次现场容量超过3万人、12场次现场容量超过3000人的大型活动现场实施医疗保障。现场应急处置上呼吸道感染、胃肠疾病、软组织挫伤、中暑和外伤等各种伤病人员1600多人次。同时，对食品实行从源头到餐桌全程监测，落实食品安全责任制和责任追究制，及时解决出现的问题。加强对各接待宾馆饭店、供餐单位食品安全督查、指导。采样高危食品35份，海(水)产品霍乱监测80份，餐具样品700多份；受理监督送检及委托性检验样品5份，生活饮用水卫生监测水样60份；客房空气样品100份，公共用品250份。采集流感样病例咽拭标本40份，大肠杆菌O157食品标本60份。对重要传染病重点监控，做好消杀灭指导和技术服务。为12家宾馆饭店提供消杀技术指导，完成广西体育中心等重点场所消杀。组织69名检测技术人员进驻27家接待宾馆饭店，对采购的3634批次3.29万公斤蔬菜、水果进行农药残留快速检测。

【安全生产与质量监管】 2010年，南宁市明确监管重点、监管措施和责任，全力确保“两会一节”期间全市安全生产持续稳定的态势。一是加强对重点场所安全监管。强化南宁国际会展中心博览会开幕式舞台、广西体育中心南宁国际民歌艺术节开幕晚会舞台等临时搭建工程项目的安全监管，组织专业队伍进行安全方面现场跟踪监督，发现并当场责令整改安全隐患58处。二是开展安全综合大检查。“两会一节”前，对20家接待宾馆、饭店及南宁人民会堂等重要活动场所进行安全综合大检查。重点检查安全责任制度、消防、供电、卫生防疫、食品安全等方面存在的隐患，并提出限期整改要求。三是强化高危行业管理。10月13~15日，开展非煤矿山专项整治，查出安全生产隐患27处，下达整改通知6份，强制措施决定书5份。加强煤矿山安全监管，检查发现隐患17处，下达责令限期整改指令书6份。强化危险化学品安全监管，抽查、检查企业118家，出动人员236次。“两会一节”期间，要求所有高危行业企业实行停产检修，杜绝安全隐患。

【交通运输保障】 2010年，南宁市落实相关措施，为“两会一节”提供交通运输保障。千方百计做好公共交通服务。优化、调整公交线网布局，使直达或途经重要接待宾馆和活动场所的公交线路达到42条，营运车辆800多台，日供客位90多万个。同时，根据需要，增开临时公交专线，提供服务。组织检查组在公交、出租车行业开展以车容车貌和服务设施为整治内容的专项检查活动，检查11次，检查公交、出租车7000多辆，整改车辆160多辆；对公交、出租车不规范和不文明经营行为进行严厉查处，组织路检路查30多次，出动人员2000多人次，查处和纠正各种不规范经营的公交、出租车110多辆。征集和调配车辆197辆，协调对接安排租用大、中巴车195辆，为各用车部门提供车辆服务。

【通信保障服务】 2010年，南宁市围绕“方案细、工作实、要求严、见成效”目标，落实各项措施，圆满完成“两会一节”网络和通信保障任务。加强通信指挥，保障手机和小灵通通信和电视台、电台、网络直播通信线路畅通。编程和发放800兆对讲机327部，400兆对讲机140部，满足指挥调度及联络需要。“两会一节”期间，组织各通信运营商成立 3 个应急通信保障小组，出动应急通信车 40 多辆次,其他各种通信保障车 300 多辆次,派出专业服务人员和技术人员 1000 多人次,在各重要活动场所进行保障服务,使信号覆盖率达到 100%。组织通信运营商在广西体育中心南宁国际民歌艺术节开幕晚会现场开通 5 条 ISDN 线路、6 条 4M 带宽 ADSL 宽带线路、5 条 1M 带宽 ADSL 宽带线路及 12 部电话，满足 2 家电视台、3 家电台、12 家网络媒体的网络和通信要求。国际田联世界半程马拉松锦标赛举办期间，组织运营商在五象广场和赛道沿途布设 6 芯光缆 7 条,10 对电缆 2 条，皮线光缆 1 条，网线约 3000 米，安装 14 条国际长途电话线路、24 条国内长途电话线路,2 条 ISDN 线路,发放对讲机 134 部;为赛事组织部门配置、安装办公网络和计时工作专用网络;在五象广场各功能区域安装解说台信息系统 40 台，为宣传媒体提供 80 个无线互联网接入保障。确保赛事通信要求,以及比赛直播和宣传报道的顺利进行。

【供电与供水保障】 2010 年，南宁市相关部门明确责任,落实措施,以细致的要求、严格的标准做好相关工作,圆满完成“两会一节”供电供水的保障任务。“两会一节”举办前及举办期间,对全市供电和供水设备、管线进行全面检修,对重点设备安置场点安排 24 小时现场值班,并定期进行巡视。供电部门对各电压层级电网结构进行分析，识别并消除 4 项设备重大安全风险;对 38 个重要用户、105 条线路电缆管沟、1102 个电缆井进行排查整治;完成对 65 个重要用户的 2 次检查及新增广西体育中心等保供电场所的安全检查;对重要、敏感客户延伸服务,强化用户设备检查和隐患治理；对 6 个特级保障供电场所配备 7 辆发电车、5 台 UPS 不间断电源。供水部门督促各重要宾馆、饭店做好高位水池和二次供水水池清洗消毒;检查、排查、巡检重要活动场所的加压系统、供水回路的设备设施,并进行水压调整；及时处置各种管道突发事故。出动保障供电人员 1000 多人次、车辆数百辆次,保障供水人员 380 人次、车辆 120 辆次,确保“两会一节”各项活动及相关场所供电与供水万无一失。

【气象服务】 2010 年，南宁市气象部门精心组织,做好天气的严密监测和预报,圆满完成“两会一节”气象服务。8 月,成立气象服务领导小组和技术小组、应急人工消云减雨小组、通信网络装备小组、气象执法及雷电安全检查小组等机构;制定完善工作方案和应急预案，并对应急加密观测、应急人工消雨工作进行部署。9 月始,各小组着手进行各项技术准备。整理和分析历史气象资料;与自治区气象台进行“两会一节”期间天气预报技术与气象服务工作交流；对市区内的自动气象站进行巡检，对通信网络进行预防性检修,对新一代多普勒天气雷达、高空探空设备进行系统维护；开展业务技能竞赛,对重点台站进行业务检查,对基层台站业务员进行业务培训，提升监测服务能力；对各场馆在雷达图上的位置进行精确定位，对场馆附近降水天气进行预警。召开专项服务动员会,细致部署服务工作;梳理气象服务流程,排制气象服务日程表。“两会一节”筹办和举办期间，及时提供 30 份专项气象服务材料、21 条气象服务信息，对天气形势和演变作出比较及时、准确的预报。通过手机短信、气象服务信息等方式,每 3 小时滚动提供未来 3 小时天气预报。执法人员到相关施放气球场地进行执法检查，消除隐患,确保施放气球活动安全。

【志愿者服务】 2010 年，南宁市有关部门严格选拔 2090 名志愿者，精心组织，完成“两会一节”各项志愿服务任务。采用音像观摩、课堂讲授、现场体验等方式，统一对志愿者进行志愿服务基础知识、礼仪常识、应急救护处理等培训,并强化仪态站姿训练,提升服务能力。组织志愿者为各部门、场馆和活动提供语言翻译、礼仪接待、信息收集、清理场馆、布置会场、维护秩序、协助安检、票务协助等志愿服务;组成服务“两会一节”城市志愿者服务队,在全市主要公共广场、购物商场、客运中心等场所设置 10 个城市志愿者服务点，提供交通指路、信息咨询、应急医疗、东盟知识介绍等便民服务;组织全市 100 多个窗口行业、青年文明号集体,开展“微笑满绿城　志愿促和谐”服务 2010 年“两会一节”主题活动。南宁市各级共青团组织也组织团员青年开展系列志愿服务活动。

【精神文明创建】 2010 年，南宁市继续做好构建文明和谐家园，推进精神文明创建，进一步提高市民素质和城市文明程度,为“两会一节”营造良好的城市文明环境。开展“和谐建设在基层”活动,推动和谐社区、和谐单位、和谐乡镇、和谐学校、和谐家庭、和谐邻里、和谐村屯、和谐企业、和谐街道等建设。实施“文明交通行动计划”,开展文明劝导交通志愿服务行动、卫生清洁志愿服务活动、公共环境督查行动等;开展“我们的节日·中秋节”、“我们的节日·重阳节” 等主题文化活动,弘扬中华民族传统文化和美德,宣传“能帮就帮,敢做善成”的南宁精神;开展学习宣传及推荐评选道德模范活动,在全市形成崇尚道德模范、学习道德模范、关爱道德模范、争当道德模范的良好风尚。

【宣传服务】 2010 年“两会一节”筹办和举办期间,南宁市精心策划,周密安排,开展“两会一节”新闻宣传和对外宣传。组织南宁市属新闻媒体及协调自治区内、外知名媒体开展宣传报道。着重宣传南宁区位优势和良好的投资环境,“两会一节”的特点、筹备进展情况、重要活动的盛况及取得的丰硕成果等，进一步扩大“两会一节”的社会影响,提升南宁在国内、外的形象和影响力。市属媒体统一开设“喜迎两会一节”等专栏,共刊播稿件 4000 多篇(幅)。中央电视台对自治区党委常委、南宁市委书记车荣福进行专访,对“大地飞歌·2010”晚会进行录播。《人民日报》、新华社等中央和香港媒体持续多日报道南宁国际民歌艺术节等活动。在《人民日报》、《香港文汇报》、菲律宾《商报》等媒体做专版宣传;在《第七届中国—东盟博览会会刊》 等做南宁城市形象宣传；在中央电视台和香港凤凰卫视中文台投放南宁城市形象宣传片。制作发放《南宁概览 2010(中文)》4464 册、《南宁概览 2010 (英文)》3548 册、《中国绿城南宁》(宣传光盘)1023 张、《南宁》宣传折页 1 万张。协调人民网、新华网、凤凰网等重点网站网上播放南宁国际民歌艺术节相关视频 2000 多个,在线视频观看人数 40 多万人次。邀请广西电视台等媒体对“大地飞歌·2010”晚会、《美在广西》广西青年歌演唱会、外国艺术家专场演出晚会等进行现场直播。

(龙　树)

责任编辑　李志楠

南宁与东盟

政治交往

【南宁—新加坡经济走廊考察】 2010年7月8~17日，由广西北部湾经济区规划建设管理委员会办公室、广西社会科学院组织，国家发展与改革委员会、外交部、商务部、铁道部和中国进出口银行所属研究机构以及自治区发展与改革委员会、交通运输厅、商务厅、铁路建设办公室等政府职能部门有关人员组成的考察团，乘汽车、火车考察南新经济走廊，并与沿途越南、老挝、泰国、马来西亚、新加坡5国的智库、政府有关职能部门举行座谈会，共同探讨南新经济走廊建设问题。考察选择地是南宁通往新加坡最便捷的陆路通道，总里程3759千米。途经中国南宁，越南河内、荣市，老挝他曲，泰国那空帕侬、孔敬、曼谷，马来西亚槟城、吉隆坡，新加坡10个城市。考察团与沿线各国相关部门举行会议8场，其中正式讨论会5场、非正式座谈会3场。沿线各国相关部门与会人员除各国的智库专家外，还包括其外交、交通、计划投资、工商、旅游、铁路、海关、移民等相关职能部门的代表、企业高管等。经过座谈交流，与会者就推进南新经济走廊建设达成基本共识。 （汪　悦）

【东盟与南宁友好互访】

印度尼西亚　2010年10月，印度尼西亚茂物县副县长代表团一行15人应邀访问南宁市。市委副书记刘长林会见并宴请代表团一行。代表团与市国土局矿产科进行座谈，就地热能源和矿产资源情况进行交流；与市第七人民医院针灸研究所、绿城水务公司进行座谈。

老　挝　2010年10月19~24日，老挝占巴塞省副省长宋沙尼·布迪翁一行5人应邀访问南宁并参加“两会一节”活动。自治区党委常委、市委书记车荣福会见代表团。21日，市长黄方方与宋沙尼·布迪翁共同签署《中华人民共和国南宁市与老挝人民民主共和国占巴塞省建立友好省市关系协议书》，并与代表团在南湖边共植友谊树。南宁市与老挝占巴塞省正式缔结为国际友好城市。

（雷秀梅）

泰　国　2010年4月6日，自治区党委常委、南宁市委书记车荣福会见由泰国总理府事务部副部长艾格萨·丹迪率领的泰国政商学界广西投资考察团一行。在邕考察期间，艾格萨·丹迪一行对南宁国际会展中心、南宁保税物流园区和广西海吉星农产品国际物流中心进行实地考察。10月22日，市委副书记刘长林会见前来参加“两会一节”活动的泰国孔敬市秘书长代表团一行7人。

（汪　悦）

柬埔寨　2010年10月，“两会一节”期间，西哈努克省议会议员帕拉·西哈拉率团访问南宁市，市人大常委会主任谢寿堂会见代表团一行。

越　南　2010年5月12~14日，南宁市副市长潘和钧率团一行5人赴海防市参加“纪念海防市解放55周年庆祝活动”。 （雷秀梅）

经济交往

【南宁产品出口东盟】 2010年，南宁市对东盟国家出口额1000万美元以上的有：越南（1.51亿美元），马来西亚（3726万美元），泰国（2153万美元），印度尼西亚（1693万美元），菲律宾（1101万美元），新加坡（1055万美元）。主要出口商品有：柴油货车，硝酸铵，制造纸浆制品，纸制品或纸，机动车辆零附件，多磷酸，三氯异氰尿酸，棉≥85%未漂平纹布，伞骨（包括装在伞柄上的），机动混凝土搅拌车，铝合金板、片及带（厚>0.20毫米），计算机零附件，聚氯乙烯浸涂、包覆或层压的纺织物，硫酸铵、松香和树脂酸衍生物，松香精，紧凑型热阴极荧光灯，糊精及其他改性淀粉，液压千斤顶，重量≤10千克的便携数字式自动设备等产品。

（梁　明　冯立芳　石敏洁）

【南宁企业产品进入东盟】 2010年，南宁市国有企业通过中国—东盟博览会平台，加强与东盟国家的经贸合作。

南宁化工集团有限公司　生产的聚合氯化铝产品全年出口东盟国家1万多吨，出口额3100多万元，出口创汇470多万美元，其中出口印度尼西亚5260吨、马来西亚2200多吨、泰国1300多吨、菲律宾600多吨、越南200多吨，新加坡、柬埔寨，孟加拉及中国香港、台湾等地区1000多吨。

南宁凤凰纸业有限责任公司　对东盟的出口贸易进一步发展，出口产品种类增多，新增钱夹式手帕纸和盒抽面巾纸两种产品。原有出口产品增长幅度较大，其中软抽面巾纸销售量增长332.60%，销售额增长256.99%；擦手纸销售量增长111.22%，销售额增长117.93%。全年产品出口东盟地区创汇折合人民币116.04万元。

南宁五菱桂花车辆有限公司　主要出口产品有手扶拖拉机、低速货车、重型专用车、甘蔗机械等系列。主要出口越南、马来西亚、斯里兰卡、泰国、缅甸、印度尼西亚、印度等东亚和东南亚国家以及巴西、安哥拉等南美洲及非洲国家，其中以越南为最主要出口国。全年出口手扶拖拉机5672台（出口越南3712台），重型专用车307辆（全部出口越南）。出口创汇1581.60万美元，出口交货值1.16亿元。

南宁南机动力有限公司　生产的“高峰”牌柴油机主要出口老挝、柬埔寨、缅甸、印度尼西亚、阿拉伯联合酋长国、印度、巴西、南非等国家。全年出口柴油机 1.28 万台,创汇 186 万美元。

南宁广发重工集团有限公司　向越南、印度尼西亚等国出口水电设备,合同金额 1.06 亿元;向越南、印度尼西亚、马来西亚出口矿山设备,合同金额 157.23 万美元。　（卢　晴　秦　庆）

【组团参加广西(东盟国家)商品博览会】

2010 年广西(印度尼西亚)商品博览会　5 月 20~22 日,自治区商务厅在印度尼西亚雅加达国际展览中心举办广西(印度尼西亚)商品博览会。南宁市有 18 家企业 41 人参加博览会,参展产品主要有机械设备、化工、轻工工艺、食品、医药保健、纺织服装等。意向成交 3190 万美元,合同成交 339.80 万美元。

2010 年广西(越南)商品博览会　6 月 12~15 日,自治区商务厅在越南胡志明国际会展中心举办广西(越南)商品博览会。南宁市有 26 家企业 83 人参加博览会,参展产品主要有重型汽车、五金机械、化工、轻工等。意向成交 374.60 万美元,合同成交 950 万美元。

【组团参加中国广西—越南经贸洽谈会】 2010 年 9 月 11 日,自治区人民政府在越南河内大宇饭店举行中国广西—越南经贸洽谈会。南宁市参加大会签约项目 5 个,总金额 2503.35 万美元。其中:贸易合作项目 3 个,金额 1173.35 万美元;南宁对越南投资项目 2 个,金额 1330 万美元。

【南宁—河内企业经贸洽谈会】　2010 年 9 月 11 日,南宁市经贸分团在越南河内湖畔酒店举行南宁—河内企业经贸洽谈会。参加洽谈会的人员 50 人,其中越方企业人员 20 人。南宁企业与河内企业签约的贸易合作项目 4 个,涉及机械设备、汽车零配件、矿产品加工等行业,总金额 1020 多万美元。

（梁　明　冯立芳　石敏洁）

【对东盟招商活动】　2010 年 8 月,南宁市投资促进局组团赴马来西亚、新加坡、越南开展保税物流中心专题招商。拜访马来西亚中国经济贸易总商会、新加坡工商联合总会、新加坡制造商联合会、越南计划投资部北方投资促进中心、越南工商会、越南胡志明市投资贸易促进中心等投资服务机构,探讨交流国际投资合作模式运用及实践经验。考察马来西亚柔佛州和昌父子集团,新加坡裕廊国际公司,马来西亚白子却米较有限公司。举办 2010 中国广西南宁投资环境说明会 4 场。11 月,组团赴菲律宾、印度尼西亚、新加坡开展商贸、物流专题招商。拜访中国驻印度尼西亚大使馆商务处、中国驻菲律宾大使馆商务处、新加坡国际企业发展局、新加坡制造商联合会、印度尼西亚—中国经济社会与文化合作协会、印中—中小企业商会、美国 AEA-COM 公司东南亚区域总部、印度尼西亚金光集团等 10 多个政府机构、商会和企业。在新加坡举办南宁市投资环境说明会;在印度尼西亚雅加达和菲律宾马尼拉分别举办南宁—印度尼西亚经贸合作座谈会、南宁—菲律宾经贸合作座谈会,开展考察工业园区等活动。组团赴印度、泰国、缅甸开展机电、IT(信息技术)、工艺品加工及商贸招商活动。

（刁义雄　黄为谦）

【东盟旅游开发】

旅游交通开发　2010 年 1 月 5 日,开通南宁—曼谷航线;1 月 6 日、1 月 8 日与东方航空公司合作先后开通昆明—南宁—万象、昆明—南宁—仰光航线;7 月 22 日,开通南宁—中国台北直航航线。至年末,南宁市已开通至新加坡、吉隆坡、雅加达、胡志明、曼谷、金边、万象、仰光、马尼拉、宿务 10 条国际航线航班,除文莱以外,南宁与东盟各国首都或中心城市均已通航。南宁市开通至越南河内、下龙、海防、谅山、顺化、岘港等中越跨国旅游班线,以及南宁至越南河内(嘉林站)国际旅游列车。

旅游推介与市场开发　南宁市采取“走出去,请进来”的旅游营销方式,加大对东盟旅游客源市场的开发力度,组织旅游行业参加越南下龙国际旅游节、新加坡旅游展、马来西亚旅游展等东盟国家旅游专业会展,推介南宁旅游,推广、促销南宁旅游产品及精品线路。邀请和接待马来西亚、越南、印度尼西亚等东盟国家旅行商及媒体考察团到南宁市实地

2010 年南宁市对东盟进出口 200 万美元以上商品情况

单位:万美元

出口商品	金额	进口商品	金额
柴油货车,车总重>20 吨	2000	电力控制或分配盘、板、台等	215
硝酸铵(不论是否水溶液)	1231	液压千斤顶	203
制造纸浆制品、纸制品或纸	1188	煤油馏分的油及制品	5910
牵引机、拖拉机的零件、附件	812	其他煤	5844
多磷酸	708	木薯淀粉	4910
三氯异氰尿酸	679	冶炼钢铁所产生的熔渣、浮渣、氧化皮等废料	1784
棉≥85%未漂平纹布,平方米重≤100 克	655	其他烟煤	1056
其他化工产品	516	用作处理器及控制器的集成电路	959
伞骨、包括装在伞柄上的伞骨	378	传声器、音频扩大器的零件	832
铝合金板、片及带,厚>0.20 毫米	359	无烟煤	633
机器的零件、附件	315	锰矿砂及其精矿	619
聚氯乙烯浸涂、包覆或层压的纺织物	291	木薯干	508
柴油货车,5 吨<车总重<14 吨	291	镍矿砂及其精矿	394
硫酸铵	267	钛矿砂及其精矿	252
松香和树脂酸衍生物、松香精	264	滚珠轴承	222
紧凑型热阴极荧光灯	253	褐煤,不论是否粉化,但未制成型	206
糊精及其他改性淀粉	231		

（梁　明　冯立芳　石敏洁）

2010年东盟各国企业在南宁投资主要情况

单位:万美元

国别及企业名称	行业	主要经营范围	投资者名称	投资总额	注册资本	外商出资额	实际利用外资
新加坡				13535	11526	5950	4478
阳光新业地产股份有限公司	房地产业	房地产开发经营	Reco Shine Pte Ltd	7248	7248	2111	1493
广西巨星科技有限公司	制造业	未曝光彩色胶卷和未曝光彩色感光相纸的生产和销售	Feng San Pte Ltd	2500	1400	1300	780
南宁荣宝昌房地产有限公司	房地产业	房地产开发经营,市场开发、经营和宾馆业经营管理	荣宝华控股私营有限公司	622	622	622	622
南宁康福交通有限公司	商贸业	城市出租车客运业务	康福德高(中国)私人有限公司	600	400	320	480
荣宝华(南宁)建设发展有限公司	建筑业	平整土地、筑路、造桥、排水道、房屋土建等	荣宝华控股私营有限公司	420	210	210	210
广西南宁大地物业发展有限公司	房地产业	房地产开发经营等	新加坡维新海外私营有限公司	354	248	248	248
南宁百利物业开发有限公司	房地产业	成片土地开发、物业管理	百利控股(私人)有限公司等	300	210	210	210
益嘉信(广西)置业有限公司	房地产业	房地产开发、经营及租赁咨询服务	益嘉诚集团有限公司	280	200	170	78
南宁丰大塑料制品有限公司	制造业	生产销售塑料管材、管件及其塑料制品	新加坡丰达资源私人有限公司	180	126	64	64
南宁开通塑管有限公司	制造业	生产销售工程塑料、通用塑料	新加坡丰达资源私人有限公司	151	151	42	42
广西巨星医疗器械有限公司	制造业	医用干式胶片加工生产与销售	丰山私人有限公司	150	105	105	
南宁市江景房地产开发有限公司	房地产业	普通住宅开发建设经营	陈新养等	142	100	100	100
广西屏山旅游开发有限公司	商务服务业	旅游景区景点的开发、建设、经营等	陈昆明	100	70	70	
南宁康福德高汽车租赁有限公司	商贸业	汽车出租租赁业务;汽车零配件等零售	康福德高(中国)私人有限公司	93	66	60	62
南宁达庆水上娱乐有限责任公司	娱乐业	水上列车游湖观景,风味小吃制售及提供相关服务	联源行国际(新加坡)私人有限公司	69	69	53	52
佛山市顺德区宏伟装饰材料有限公司	制造业	加工、生产水晶、石英石地砖及水晶工艺品	李　万	30	22	22	
广西南宁恒康黑色食品有限公司	制造业	生产、销售经营各类的健康食品、速溶冲剂及饮料	新加坡恒毅食品私人有限公司	21	15	9	
南宁东诚制衣有限公司	制造业	生产销售服装、鞋子、帽子、袋子、床上用品、家居布艺、彩旗和刺绣品	吴桂萍	20	15	7	10
广西广和印刷实业有限公司	制造业	电脑照排,书籍,报刊印刷,装订	新加坡明立出版私人有限公司	18	18	9	
广西万达电脑制版有限公司	其他	电脑制版	新加坡维新海外私营有限公司	12	12	7	
广西新升彩印有限公司	制造业	彩色印刷系列制品的生产,加工,销售业务	新加坡新城有限公司	12	9	3	
南宁柯斯顿佳芳生物科技有限公司	制造业	销售植物助长剂、废水处理液系列产品及售后服务	梁家莱	11	11	11	3
南宁坤峰行商贸有限公司	商贸业	粗锡和其他有色金属等的进口及批发;木材的进口;精锡、建筑用石的出口	李栋香等	9	6	6	
南宁大食代餐饮有限公司	商贸业	中西式餐饮、烧烤、各式料理、外卖外送、酒吧、风味食品加工销售	新加坡 TOPWIN 投资有限公司	6	6	6	6

续表

国别及企业名称	行业	主要经营范围	投资者名称	投资总额	注册资本	外商出资额	实际利用外资
南宁山力电子有限公司	商贸业	计算机网络设备、电脑软件及周边设备、通讯产品等批发及产品的售后服务	郑庆兴	4	4	2	
南宁好族意咨询有限公司	其他	企业经营管理、信息技术及中国民族语言文化的咨询服务	陈金峰	3	3	3	
南宁丙林渔业养殖开发有限公司	农业	鱼虾养殖、开发	程帅文	2	2	2	18
广西新雅城商贸有限公司	批发零售业	建筑工程机械、建筑装饰材料等的批发及进出口业务	Lee Hock Beng	177	177	177	
南宁瑰宝文化交流有限公司	商务服务业	商务信息、市场信息、企业管理咨询服务等	Pehe Jerome Jean Ren	1	1	1	
马来西亚				75085	28158	27972	7529
广西南宁文永卓基础建设有限公司	建筑业	公路、桥梁建设经营	马来西亚大洲国际贸易有限公司	2600	1300	1300	303
和昌(广西)化工有限公司	制造业	生产、销售无水硫酸钠、硫酸钾、日用洗涤用品、纯碱、普通货物运输	和昌父子有限公司	1208	966	966	824
广西佰富罐头食品有限公司	制造业	食品研发	詹友和	1000	500	500	
南宁诚兴农业科技有限责任公司	农业	生产与销售鸡蛋、肉鸡及有机肥料、有机瓜果蔬菜、绿色食品等	诚兴农业有限公司	1000	750	750	250
广西百万能电力开发有限公司	制造业	太阳能小型发电机设备生产与销售、城市基础设施建设、宾馆饭店管理	马来西亚百万能有限公司	300	210	210	
宏科置业(广西)有限公司	房地产业	房地产项目开发、建设和经营	Auto Terminal Training Snd. Bhd	200	150	45	63
南宁市江景房地产开发有限公司	房地产业	普通住宅开发建设经营	陈献芙	142	100	100	100
南宁通发机动车综合服务有限公司	商务服务业	驾驶员培训、车辆维修保养、机动车检测等	马来西亚吉利资源有限公司	125	88	29	
广西邕宁金泉食品有限公司	制造业	加工销售果蔬及其制品等	马来西亚摩登食品工业有限公司	108	76	76	71
广西南宁林宝成功建材有限公司	制造业	生产销售混凝土砌块系列建材	林宝成功有限公司	42	30	30	
南宁甲必丹餐饮有限公司	餐饮业	中西式餐饮、酒吧、风味食品的加工销售	克里斯托福林连财	29	29	29	15
广西联合招商有限公司	商务服务业	招商引资中介服务及投资咨询和管理咨询业务	马来西亚 C.S.HUI 控股有限公司	24	24	10	
南宁拉沙玛娜餐饮娱乐有限公司	餐饮业	餐饮、酒吧、KTV、桑拿、保健推拿	Chrilstopher Lim Lean Chai 等	18	13	12	
南宁力捷机械设备有限责任公司	制造业	机械设备的生产制造、销售、出口及维修	Tan Chee Wah	14	14	7	
南宁市特浓商贸有限公司	商贸业	饼干、点心、糖果等休闲食品和饮料的批发及进出口业务	Lim Sim Soon	7	5	5	
大马食品工业(南宁)有限公司	商贸业	水产、肉类、豆、蔬果、粮食、功能饮料等及农副土特产品的加工生产销售	马来西亚大洲国际贸易有限公司	6	4	4	
南宁爵格服装有限责任公司	商贸业	零售国内、国外品牌服装	何华舜等	5	4	4	
广西阳鹿高速公路有限公司	交通运输业	高速公路投资建设、养护管理		68250	23888	23888	5903

续表

国别及企业名称	行业	主要经营范围	投资者名称	投资总额	注册资本	外商出资额	实际利用外资
南宁东佳沙巴商贸有限责任公司	批发零售业	机电产品等批发和进出口贸易	Lokeow Chong	7	7	7	
越南				64	64	33	31
广西南宁市新明星机电有限公司	制造业	机电产品等的制造与销售	越南中部食品公司	50	50	20	20
南宁越美商贸有限公司	商贸业	木制品、机电产品、百货等的批发及进出口	越南越庄进出口股份公司	10	10	10	10
南宁科信得意咨询服务有限公司	商务服务业	国际经济、科技、环保信息咨询服务	范国江等	1	1	1	1
南宁市健高高尔夫俱乐部有限公司	文化娱乐业	高尔夫练习球馆的经营	王石勇	3	3	2	
泰国				3003	1850	1323	1097
南宁正大畜牧有限公司	制造业	配合饲料、浓缩饲料的制造、销售等	正大(中国)投资有限公司	1332	677	398	398
南宁泰联淀粉有限公司	制造业	生产和销售饲料添加剂及变性淀粉	Mr.Charn Taemkongka 等	1000	600	600	600
广西泰华房地产开发有限公司	房地产业	普通住宅开发、建设和销售	大华国际贸易有限公司	248	186	56	99
广西南泰房地产开发有限公司	房地产业	房地产开发建设经营	南泰有限公司	124	99	51	
广西南宁新天兆房地产开发有限公司	房地产业	房地产开发经营、室内外装修工程	泰国达丰有限公司	121	121	109	
广西泰商商贸有限公司	商贸业	日用百货、五金交电、化妆品、农副土特产等的批发、代理、进出口	封祖超	62	62	50	
南宁金海畜牧饲料有限公司	制造业	生产销售各类畜禽、水产类系列饲料、浓缩料、预混料	泰国金海集团	48	36	30	
广西华泰同益环保技术有限公司	技术服务业	环境污染治理及监测技术服务、环保设备产品的进出口贸易	帕力米尔产品有限责任公司	44	44	19	
广西联合招商有限公司	商务服务业	招商引资中介服务及投资咨询和管理咨询业务	泰国隆发盛企业有限公司	24	24	10	
印度尼西亚				2513	1344	1159	575
广西金印房地产有限公司	房地产业	普通住宅开发、建设和销售	Candrasetiawan LiLy 等	2000	1000	1000	500
广西中雅房地产开发中心	房地产业	房地产开发建设经营	李其源	337	169	84	
广西长城房地产开发有限公司	房地产业	住宅、商用楼、写字楼等房地产开发、建设与销售	PT.Gemilang Energindo Sentosa	124	124	31	32
南宁市星昌仓储有限责任公司	仓储业	仓储	Arifin Paparang	40	40	40	40
广西南宁圣杰威达瓷业有限公司	制造业	陶瓷制品、玻璃制品、陶瓷用花纸生产经营销售	杨如胜	12	11	3	3
柬埔寨				860	603	288	122
广西锦兴房地产开发有限公司	房地产业	普通住宅开发建设	Cambodia Oversea China Investment CO.,Ltd	531	372	190	
广西中柬丰裕房地产开发有限公司	房地产业	普通住宅开发、建设和销售	Cambodia Oversea China Investment CO.,Ltd	177	124	31	66

续表

国别及企业名称	行业	主要经营范围	投资者名称	投资总额	注册资本	外商出资额	实际利用外资
广西福铨房地产开发有限公司	房地产业	普通住宅开发、建设和销售	Thai Yim、Thai Van	142	99	60	56
南宁市和兴站商贸有限公司	批发零售业	日用百货、工艺礼品等进出口贸易	姚琼	10	7	7	
菲律宾				665	665	665	
广西菲龙房地产开发有限公司	房地产业	房地产开发建设经营	菲律宾—南宁联合有限公司	665	665	665	
文莱				4465	1619	1566	114
广西汶桂国际经贸发展有限公司	商业	国际贸易;教学楼、图书馆等学校教育、生活设施经营管理;教学器材采购和销售	泰皇星投资有限公司	4166	1389	1389	
南宁汶中房地产开发有限公司	房地产业	房地产开发建设经营	洪瑞泉等	229	160	107	112
南宁大贸材料科技有限公司	制造业	松脂、松香、松节油、合成树脂等批发及相关进出口业务	Hong Ta CO., Ltd.	50	50	50	
南宁国联木业有限公司	制造业	生产销售镜框及工艺美术品	Global Connection Ltd.	14	14	4	
南宁汶中物业管理有限公司	房地产业	物业管理服务	洪瑞泉等	6	6	6	2
缅　甸				181	139	39	33
广西中缅房地产开发有限公司	房地产业	普通住宅、商铺、写字楼开发建设、经营	缅甸金地东亚开发有限公司	167	129	32	33
广西南宁统贸电池有限公司	制造业	生产销售摩托车配件及电池产品	缅甸国 YCC 国际公司	14	10	7	

（黄为谦）

考察，推介南宁的旅游产品和旅游线路。（周思伶）

文化交往

【文艺交流演出】 2010 年 6 月 5~16 日，南宁市粤剧团作为广西首家受邀的文艺表演团体，派出 63 人参加 2010 年新加坡国际艺术节演出活动。演出剧目以原创和南派特色剧目为主,演出 8 场。包括大型粤剧《乾隆点状元》、《目连救母》、《西河会妻》、《风雨泣萍姬》等和两台《精选折子戏专场》。此次演出以舞台搬演的形式集中展示"大过山"、"收状"、"校场比武"等南派粤剧传统排场,以及"十八罗汉架"和"高台莲花座"等濒临失传的传统南派粤剧技艺。

10 月，越南海防市乔戏艺术团来南宁市参加南宁国际民歌艺术节外国艺术家专场演出。（李　庄）

【资助东盟国家青年留学】 2010 年 9 月,南宁市政府全额资助 3 名柬埔寨西哈努克市(后升格为西哈努克省)和 6 名缅甸仰光市优秀青年到广西民族大学进行为期 5 年的本科农业和经济专业学习。（雷秀梅）

【南宁粤剧人应邀参加国际学术研讨会】 2010 年 3 月 13~14 日，由新加坡戏曲学院主办的 2010 年粤剧国际学术研讨会在新加坡举行,来自新加坡、马来西亚以及中国内地、香港和北美地区的粤剧人、戏剧专家、学者对粤剧在当代的传播、发展进行探讨和展望。主题为探索当代传播与发展,寻求跨界合作与研究。议题包括当代世界各地粤剧发展现状及展望，并以实例说明当前不同地区粤剧的艺术生态、演员培训内容和方法、编导与导演、舞台设计、灯光设计、服装设计、剧场的实验、传统演出剧目与新编剧本的选择、舞台呈现方式的改变、培养观众的措施与成就、音乐作曲与演奏方式的发展等课题。南宁粤剧人冯杏元、方宁、梁素梅应邀参加此次研讨会，并借助粤剧在东盟特别是在新加坡具有广泛影响力的优势,宣传南宁、宣传广西,进一步促进南宁与新加坡的文化交流与合作。冯杏元演讲的主题是"粤剧'排场'的艺术价值",针对传统粤剧本身来阐述传统戏的价值;方宁演讲的主题是"戏曲改革是为了更好地面向观众",通过市粤剧团排演粤剧改革剧目《乾隆点状元》的经验来介绍南宁如何培养市场和观众；梁素梅演讲的主题是"发展当今粤剧,需要张力和合力"，介绍南宁粤剧改革与传承的经验。（汪　悦）

责任编辑　廖胜兰

党政机关

中共南宁市委员会

重要会议

【中国共产党南宁市第十届委员会会议】 2010年共召开5次全体会议。

第九次全体（扩大）会议 1月11~12日上午在市委、市政府会议中心举行。市委委员、候补委员出席会议。市纪委常委和不是市委委员、候补委员的市人大、政府、政协中共党员领导干部，以及各县（区）、开发区、市直各部门党政主要领导列席会议。全会传达学习中央经济工作会议和自治区经济工作会议精神，总结2009年市委常委会工作和全市经济工作，分析当前形势，部署2010年经济工作任务，提出开展“项目建设年”、“服务企业年”、“发展环境建设年”、“党组织建设年”活动和打好“工业经济振兴、五象新区开发、产业园区建设、交通基础设施完善、打造中国水城”五场攻坚战，并对部分重要岗位正职领导干部建议人选进行票决。审议通过《中共南宁市委十届九次全体（扩大）会议公报》。

第十次全体会议 1月23日下午在市委、市政府会议中心举行。市委委员、候补委员出席会议。根据市委实行全委会投票表决重要领导干部任用制度的决定和全委会票决办法的规定，全委会委员对部分重要岗位正职领导干部建议人选进行无记名投票表决。

第十一次全体会议 4月29日上午在市委2号楼六楼会议室举行。市委委员、候补委员出席会议。全委会委员对3个市直部门正职领导干部建议人选进行无记名投票表决。

第十二次全体会议 11月16~17日上午在市委、市政府会议中心举行。市委委员、候补委员出席会议。市纪委常委和不是市委委员、候补委员的市人大、政府、政协中共党员领导干部，有关县（区）、部门和单位的中共党员负责人，以及市第十次党代会代表中部分基层干部和专家学者列席会议。会议传达学习贯彻党的十七届五中全会和自治区党委九届十三次全会精神；审议通过《中共南宁市委员会关于制定国民经济和社会发展第十二个五年规划的建议》；审议通过《中国共产党南宁市第十届委员会第十二次全体会议公报》；表决通过《中国共产党南宁市第十届委员会第十二次全体会议关于朱林玉等5名候补委员递补为委员的决定》。

第十三次全体会议 12月10日下午在市委、市政府会议中心举行。市委委员、候补委员出席会议。全委会委员对部分市直部门正职领导干部建议人选进行无记名投票表决。

重要决策

【深入开展“四个年”主题活动打好五场攻坚战】 2010年1月，市委、市政府决定把开展“项目建设年”、“服务企业年”、“发展环境建设年”、“党组织建设年”四个年主题活动，打好工业经济振兴、五象新区开发、产业园区建设、交通基础设施完善、打造“中国水城”五场攻坚战作为完成全年各项目标任务、实现总体要求的主要载体和抓手，狠抓项目建设、产业发展、发展环境改善等关键环节，实现重点领域新突破。主要成效：全年全社会固定资产投资完成1483.02亿元，比上年同期增长42.06%；南广铁路、云桂铁路、南宁火车东站、南宁机场新航站区改扩建、轨道交通等一批重大交通建设项目加快推进，东葛路延长线、南湖隧道等重点城建项目竣工；广西体育中心建成使用、“三馆三街一中心”（广西城市规划建设展示馆、广西铜鼓博物馆、广西美术馆、金融街、文化街、民族风情街、行政中心）等重点项目加快推进，五象新区开发建设大工地场面基本形成；民歌湖等“一江两湖”（竹排江、民歌湖、南湖）景观初步显现，“中国水城”建设成功开局；工业经济发展取得新成效，全部工业总产值完成1502.68亿元，增长28.99%；南南铝20万吨中厚板项目、锦虹公司易地搬迁项目等一批重大工业项目顺利开工，统一、康师傅、双汇、珠江啤酒、富士康南宁基地等项目正式落户南宁；产业园区建设成效突出，全市园区工业总产值完成752亿元，增长41.10%；发展环境明显改善，投资环境满意度综合评价排名跃居自治区首位。党组织建设科学发展的基础进一步夯实，创先争优活动深入开展，树立朱传波等一批先进典型，建成具有全国先进水平的南宁市党建信息平台，党建工作科学化水平进一步提升。

【向朱传波学习】 2010年6月29日，市委作出关于开展向朱传波学习的决定。决定在全市各级党组织和广大党员干部群众中广泛深入开展向朱传波学习活动，学习朱传波信念坚定、顾全大局的政治品格；不惧困难、敢做善成的拼搏干劲；不甘落后、改革求变的创新理念；扎根基层、敬业守责的务实作风；一心为民、无私忘我的公仆情怀；善抓队伍、凝心聚力的团队意识。市委号召，全市广大党员干部要带头学习朱传波的先进事迹，以朱传波为榜样，始终牢记宗旨、坚定信念，以人为本、关注民生，恪尽职守、敢做善成，锐意改革、争创佳绩，为加快建设区域性国际城市和广西“首善之区”，在自治区率先实现全面建设小康社会目标作出新的更大的贡献。

【加快总部经济发展】 2010年6月30日，市委、市政府作出关于加快总部经济发展的决定。

目标：经过5年左右的努力，总部经济规模明显扩大，发展水平明显提高，争取每年引进1~2家综合型总部企业、3~5家职能型总部企业落户南宁市，争取尽快培育一批总部企业进入全国500强、行业500强；总部经济对全市经济增长的贡献率稳步提高，总部企业增加值占GDP比重逐年提升，总部企业对地方税收的贡献逐年增加；总部经济发展环境明显改善，政策框架、服务体系逐步建立完善，总部经济的持续发展能力明显增强，南宁市作为总部经济集聚区初具规模，在全国及中国—东盟自由贸易区中具有一定知名度，建设区域性国际总部基地取得明显成效。

任务：制定总部经济发展规划；积极引进国内外知名总部企业；做大做强现有总部企业；加快建设总部经济集聚区。

措施：加大对总部经济的扶持力度；营造总部经济发展环境；加强总部经济发展的组织领导；完善配套政策；充分发挥行业协会推进作用；加强总部经济研究和宣传。

【生态南宁建设】 2010年8月17日，市委、市政府作出关于加快生态南宁建设，力争在广西率先建成生态文明示范区的决定。

目标：到2012年末，生态文明示范区建设基本框架和体制机制初步建立，基本实现生态南宁近期建设的各项指标。单位GDP能耗比2008年降低15%，二氧化硫、化学需氧量排放量分别比2008年削减9.90%和12.10%；城镇污水集中处理率达到75%，垃圾无害化处理率达到95%；城市空气质量达二级标准以上天数比例达到95%以上；全市主要河流水环境质量按地表水三类水质标准达标率达到96%，城市集中式饮用水源地水质达标率为100%，中小城镇饮用水水质达标率90%，农村安全饮用水达标率提高到80%以上；全市森林覆盖率达到44%，城市建成区绿化覆盖率达到40%。到2015年，经济发展方式进一步转变，生态经济形成较大规模，产业结构更趋合理，生态文明建设示范工程全面推进，单位地区生产总值能耗明显下降，清洁能源占能源消耗比重达到40%，主要污染物排放总量得到有效控制，生态环境质量明显改善，生态文明意识显著增强，绿色消费模式初步建立，科技、教育、防灾减灾、疾病防控、环境健康等保障水平大幅提高，可持续发展能力进一步增强。县级以上城镇集中式饮用水源地水质达标率为100%，农村饮水安全问题得到全面解决；城市空气质量稳定达到二级以上标准；城镇污水集中处理率力争达到85%以上，垃圾无害化处理率达到100%；全市森林覆盖率达到45%，城市建成区绿化覆盖率达到45%；重点工业行业中半数以上企业建成循环经济企业。基本达到生态市的验收指标。到2018年，基本建立节约能源资源和保护生态环境的产业结构、增长方式和消费模式，生态经济体系基本形成并具有较强的竞争力，自然生态系统及重要物种得到有效保护，主要污染物排放总量、碳排放强度明显下降，环境质量、清洁能源比重、森林覆盖率、城镇绿化率、受保护地占国土面积比例、物种多样性指数等指标位居全自治区前列，生态文明道德文化体系基本建立，生态文明观念在全社会牢固树立，经济、社会、环境和谐发展，人民生活水平和生活质量大幅提高，生态文明示范区各项考核指标基本实现，率先在广西建成生态文明示范区。

任务：优化区域发展布局，重点推进五象新区建设；以项目建设为中心，推进各项创城活动；加快发展循环经济，建立完整的生态型产业；坚持节约优先，建设资源节约型城市；全面推进减排计划，建设环境友好型城市；加大生态建设和环境保护，保持一流的环境质量；建设全面的监控体系，确保环境安全；加强舆论引导，培育生态文明意识。

措施：切实加强生态文明示范区建设的组织领导；完善科学民主决策机制；严格实行目标责任绩效考评与查访核验；建立完善法规政策体系；加大生态文明建设投入；增强科技和人才支撑能力；加强舆论宣传和引导。

【实施质量兴市战略】 2010年9月21日，市委、市政府作出实施质量兴市战略的决定。

目标：到2015年，全市重点产品质量监督抽查合格率达到95%以上，出口商品检验合格率居自治区前列，规模工业企业主导产品采用国际标准或国外先进标准达到92%以上，培育中国名牌产品3~4个，广西名牌产品80个，南宁名牌产品100个，国家地理标志产品5~7个，中国驰名商标3~4件。竣工工程的质量和安全、卫生指标全部达到国家标准或规范要求，每年新创自治区优质工程占全市当年新建项目总数的5%~8%。机关行政服务、现代物流、旅游、商贸、金融、交通、通信等主要服务行业的服务质量显著提高，顾客满意率达到90%以上。生态与环境质量进一步改善，节能降耗、资源综合利用水平大幅度提高。万元GDP能耗控制在0.78吨标准煤以下，规模以上万元工业增加值能耗下降到1.30吨标准煤以下，工业重复用水率达到90%，主要污染物排放总量持续下降并控制在国家规定的范围，主要河流水环境质量进一步改善，城市空气环境质量全面达到优良水平，全年空气优良率达到95%以上。质量指数排序进入全国平均水平以上。到2020年，全市质量总体水平和产业、企业整体素质基本适应国内国际竞争需要，重点领域的质量水平达到国内先进水平或国际先进水平，产品质量、工程质量、服务质量和生态环境质量与全面建设小康社会的基本要求相适应，质量工作对国民经济和社会发展起到重要的支撑作用。

任务：加快质量标准体系建设；积极实施名牌发展战略；加强公共检验检测平台建设；推动质量诚信体系建设；强化质量安全监管。

措施：加强领导，明确责任；把质量工作纳入国民经济和社会发展规划；强化企业主体作用；建立质量投入稳定增长机制；建立完善质量奖励政策；加大质量法制教育；加强质量人才队伍建设；全面推进质量文化建设。

【创建国家森林城市】 2010年10月8日，市委、市政府作出实施“五大森林工程”，加快创建国家森林城市的决定。

目标：对照《国家森林城市评价指标》，通过实施“五大森林工程”，全市森林覆盖率达到43.65%以上，建成区绿地率达到34%以上，建成区绿化覆盖率达到39.50%以上，建成区城市人均公共绿地达到12.70平方米以上（城市中心区人均公共绿地面积达到7.00平方米以上）；城市郊区森林覆盖率达到40%以上；水岸和道路绿化率达到80%以上；乡村绿化面积逐年增加；全民义务植树尽责率达到90%以上；国家森林城市创建市民知晓率、支持率分别达90%和80%以上。确保各项森林建设指标达到或超过国家森林城市的评价指标要求，力争2011年内获得“国家森林城市”称号。

任务：实施城市森林工程；实施农村森林工程；实施通道森林工程；实施水系

森林工程;实施生物多样性森林工程。

措施:加强领导,强化措施,制订具体实施方案,周密部署,强力推进;实行目标责任制,按照属地管理和谁主管、谁负责的原则,实行分工负责;科学规划,加大投入,加强督查,广泛宣传。

【加快转变经济发展方式】 2010年10月13日,市委、市政府作出加快转变经济发展方式的决定。

目标:到2012年,人均生产总值超过2.80万元,三次产业比重由2009年的14.16:35.34:50.5调整为12:38:50左右,经济发展方式转变成效初步显现。自主创新能力得到增强,基本公共服务能力进一步增强。城镇化率提高到50%,城镇居民人均可支配收入、农村居民人均纯收入年均增速均超过12%,居民生活水平进一步改善。到2015年,经济总量在全国五个自治区首府城市排位居首,在西部省会(首府)城市排位居前,在全国大中城市排位前移,人均生产总值达到全国平均水平,人均生产总值、人均财政收入、城乡居民收入达到西部地区先进水平。经济发展方式进一步转变,产业结构更趋合理,三次产业结构比重调整到9:40:51左右。自主创新能力进一步增强,广西北部湾经济区龙头城市作用日益提高,中国—东盟开放合作平台作用明显增强,国际化程度得到较大提高,区域性国际城市和广西"首善之区"建设取得明显成效。到2020年,城市综合实力进一步增强、宜居水平进一步提高、国际影响力进一步扩大,经济总量在全国大中城市排位继续前移,人均生产总值、人均财政收入、城乡居民人均收入均超过全国平均水平,基本公共服务能力进一步增强。城乡发展比较协调,生态环境更加优美,可持续发展能力不断增强,区域性国际城市和广西"首善之区"建设达到更高水平。

任务:加快产业结构调整优化,努力构建现代产业体系;加快城镇化建设,大力推进统筹城乡发展;大力推进自主创新,加快建设创新型城市;加快推进生态文明建设,提高可持续发展能力;加快推进对外经济发展方式转变,全面提升开放合作水平;推进以改善民生为重点的社会建设,着力提升人民群众生活水平。

措施:切实加强组织领导;强化规划引导作用;落实和加强财政支持;完善土地使用政策;推进体制机制创新。

【加快旅游业发展】 2010年11月5日,市委、市政府作出关于进一步加快南宁市旅游业发展的决定。目标:夯实旅游发展基础,扩大南宁旅游品牌影响,把南宁建设成为旅游主题形象鲜明、旅游产品特色突出、旅游基础设施完善、旅游服务质量优良,拥有一批在全国和东南亚有影响的旅游精品,成为区域性国际旅游目的地、集散中心和组织中心,确立旅游业在南宁市国民经济中支柱产业的地位,力争到2015年国内游客人数达到8000万人次,年均增长18%以上;入境过夜游客人数超过30万人次,年均增长14%以上;旅游总收入超过600亿元,年均增长20%以上;旅游消费稳步增长,城乡居民年均出游2次以上,旅游消费相当于居民消费总量的10%以上;拥有5A景区1个、4A景区15个,五星级宾馆10家、四星级宾馆20家,四星级以上旅行社30家。旅游基础设施更加完善,可持续发展能力明显增强,旅游文明程度大大提高,服务水平和服务质量明显改善。到2020年,国内游、入境游和出境游三大市场全面繁荣,建成服务全国、对接东盟、面向世界的具有较高国际旅游知名度的旅游目的地和集散地。

【促进工业经济振兴】 2010年11月9日,市委、市政府作出关于促进工业经济振兴的决定。

目标:经过5年左右的努力,工业经济全面振兴,工业经济总量、工业运行质量、工业集中度、工业科技水平和工业可持续发展能力显著提高,区域性加工制造基地建设初具规模。到2015年,实现工业总量五年翻一番,工业增加值突破1000亿元,工业化跨入中级阶段。

任务:突出产业发展重点;优化产业发展布局;加大工业投入;加强工业园区建设;壮大工业企业;推动工业创新;大力发展循环经济;大力发展开放型工业经济;大力发展县(区)工业;加强资金、政策支持;加强工业人才队伍建设。

措施:加强组织领导;落实工作责任;抓好协调服务;加大宣传力度;优化工业发展环境。

【"十二五"规划建议】 2010年11月16日,市委十届十二次全会通过《关于制定南宁市国民经济和社会发展第十二个五年规划的建议》。

目标:到2015年,地区生产总值比2010年翻一番,财政收入翻一番以上,经济结构调整取得新成效,生态文明建设取得新进展,城乡协调发展形成新格局,城乡居民收入迈上新台阶,社会建设取得新成就,改革开放实现新突破,初步形成内陆开放型经济战略高地的构架体系,实现建设区域性国际城市和广西"首善之区"的"中期显成效"目标,为在自治区率先实现全面建设小康社会目标奠定更加牢固的基础。

措施:优化投资结构和扩大消费需求,增强内需对经济增长的拉动作用;推动产业结构优化升级,加快构建现代产业体系;推动现代宜居宜商城市建设,全面提升城市管理现代化水平;推进城乡协调发展,加快城镇化进程;推进生态文明建设,促进人与自然和谐发展;推进科教兴市和人才强市,加快建设创新型城市;着力改善民生,努力构建公平公正安全稳定的和谐社会;加强文化建设,推动文化大发展大繁荣;推动改革开放,大力提升城市国际化水平。

【加快开发区(工业园区)发展】 2010年12月31日,市委、市政府作出关于进一步加快开发区(工业园区)发展的决定。

目标:经过5年左右的努力,把开发区建设成为全市科学发展、加快发展、率先发展、和谐发展的先行区,成为全市经济发展的主力军、产业发展的主战场、城市建设的主阵地和改革创新的示范区。稳步推进开发区特别是国家级开发区与所在城区协调发展、一体化发展。具体发展目标是:到2015年,培育形成工业总产值达到1000亿元的开发区1个,工业总产值500亿~1000亿元的开发区1个,300亿~500亿元的开发区3个,100亿~300亿元的开发区4个,全市开发区工业总产值超过3000亿元。

任务:进一步明确开发区发展定位;加强开发区基础设施建设;拓展开发区发展空间;加强开发区土地集约利用;加大对开发区的财政扶持力度;完善开发区管理体制机制。

措施:加强组织领导;加快完善开发区职能配置;加强运行监测;建立健全考核评价体系;建立严格的奖惩制度。

(陈晓东)

重要活动

【创先争优活动】 2010年6月正式启动。全市1.30万多个基层党组织和23万多名党员参加。活动围绕创建“五个好”(领导班子好、党员队伍好、工作机制好、工作业绩好、群众反映好)先进基层党组织、争当“五带头”(带头学习提高、带头争创佳绩、带头服务群众、带头遵纪守法、带头弘扬正气)优秀共产党员的总目标,以“绿城党旗红 先锋促发展”为载体,以推进“三首善三先锋”(深化拓展“攻坚克难先锋行”主题实践活动,坚持推动首府科学发展争首善;开展“结对共建先锋同行”活动,构建城乡统筹争首善;全面推进“扩面强基”工程,推进党建科学化争首善)工程为重点,为首府南宁加快建设区域性国际城市和广西“首善之区”提供组织保障。在农村,以“致富带富先锋行,共建绿城新农村”为主题,引导党组织和党员争当致富带富、建设新农村的模范。在街道社区,以“党员奉献·能帮就帮”为主题,引导党组织和党员争当优化服务、促进和谐的模范。发展党员义工12.30万人、“爱心小分队”1386支、注册志愿者和非注册志愿者15万多人。在机关和事业单位,以“转变作风树形象,服务大局作表率”和“弘扬职业道德,推进事业发展”为主题,引导党组织和党员争当转变作风、提高效能、服务群众的模范。在国有企业,以“提高企业核心竞争力、提高对经济社会发展贡献度”为主题,引导党组织和党员争当勤奋敬业、提高效益的模范。在“两新”组织(新经济组织和新社会组织),以“为企业增效,为党旗增辉”和“亮出身份诚信服务,凝聚人心促进和谐”为主题,引导党组织和党员争当创新创业、推动发展的模范。在大学生村官中,组织开展“坚定信念做奉献 创先争优展风采”主题实践活动,引导大学生村官树理念、比学习,树理想、比奉献,树目标、比业绩,树形象、比素质,在新农村建设中建功立业。注重典型示范引路,推出市优秀共产党员、“敬业守责、敢做善成的模范基层带头人”朱传波,组织开展“向朱传波学习,争当绿城时代先锋”活动。人民网、新华网、《广西日报》、《南宁日报》、广西电视台等各级媒体先后刊登(播)有关文章、评论300多篇,巡回宣讲听众16万多人次,发送手机短信60多万条。树立各级优秀共产党员标兵2843个、先进党组织574个、创先争优活动示范点492个。加强基层组织建设,扩大党的组织覆盖面。新建非公有制经济组织党组织1443个、社会组织党组织366个。实施“基层党建示范工程”,重点打造100个市级基层党建示范点,选取62个重点课题项目进行示范建设。马山县“先锋连万家 三情促和谐”获第一届全国基层党建创新优秀案例。借助“绿城党旗红”网络党建信息平台,在市信息化大楼创建广西惟一一个创先争优活动教育基地。开展结对共建,推动城乡党建统筹发展。全市参加活动机关党组织1885个、基层党组织3369个,建立共建联系点2475个;13.30万党员参加活动,为群众办实事好事7230件。做好党群共建工作,全市新建工会组织1462个,新建共青团组织985个,新建妇女组织1265个。

(市创先争优办)

【大种树活动】 2010年1月28日,市委、市政府决定在全市范围内深入开展大种树活动,组织、发动驻南宁各部门、各单位及广大人民群众参与大种树活动,进一步改善生态和人居环境,全面提升“中国绿城”建设水平。加快建设水系绿化廊道,重点推进邕江绿化;扎实推进公共绿地建设,提高公园绿地面积;大力实施精品道路绿化、美化、彩化、果化工程;着力营造“绿城花海”节日盛景;积极创建绿化达标和生态园林花园式单位(小区);大力推进村镇绿化;拓展绿化空间,保持森林数量的持续增长;继续抓好石山地区绿化。至年末,全市植树造林1.20万公顷(荒坡造林5333.33公顷、迹地更新及低改6666.67公顷),义务植树1000万株,其中增种大规格树木20万株;建成区绿地率34.50%,建成区绿化覆盖率40%,人均公共绿地12.70平方米,森林覆盖率42%;新增公共绿地面积333.33公顷;节庆布置鲜花800万盆;建成一批园林绿化精品景点,建设一批通道绿化、水岸绿化、村镇绿化、单位庭院绿化样板工程。 (陈晓东)

组　　织

【概　况】 2010年,南宁市有基层党组织14892个,其中:基层党委441个,党总支部1181个,党支部13270个;地方党委13个,党组229个,工委48个。全市党员23.67万名,其中女党员6.09万名,占25.72%;农民党员7.85万名,占33.16%;非公有制经济组织和新社会组织党员1.07万人,占4.52%;在岗职工党员9.03万人,占38.09%;离退休党员5.04万人,占21.28%。新发展党员5370人,其中女党员1906人,占新发展党员的35.50%;少数民族党员2936人,占新发展党员的54.67%。全市各级党组织以加强党的执政能力建设和先进性建设为主线,以开展创先争优和党组织建设年活动为重点,以让党和人民满意为目标,统筹推进领导班子建设、干部队伍建设、人才队伍建设、党的基层组织和党员队伍建设。各级组织部门深入基层开展大调研大谈心活动,进一步树立组织部门和组工干部带头创先争优的良好形象,全市组织工作满意度各项指标增幅排名全国前列,在自治区名列前茅。

【领导干部选拔任用】 2010年,市委根据领导班子建设和工作需要,严格按照《党政领导干部选拔任用工作条例》的规

3月,全市开展学雷锋植树活动　　周家志　摄

定，科学调配选好配强各级领导班子。共调整充实处级干部956人，其中：提拔315人，交流186人，改任非领导职务67人，退休65人，机构改革任免168人，试用期满转正114人，军转安置为市管干部41人。在各级领导班子的年龄结构梯次配备中，不搞年龄“一刀切”，提拔的处级干部中，40岁以下占16.50%，40岁至50岁占54.90%，50岁以上占29.40%，调动各个年龄段干部的积极性；注重把优秀干部充实到各县（区）领导班子；加大市直机关各部门之间干部交流力度，交流处级干部186名。从市直单位选派10名副处级领导干部（不含自治区下派2人）分别担任10个县（区）新农村建设工作队队长。创新团职军转干部安置办法，出台《南宁市计划分配团职军队转业干部安置办法（试行）》，通过“核定岗位、量化计分、得分排序、自主选岗”，实现军转干部阳光安置。加大公推公选力度，分两批面向社会公开选拔领导人才21人，其中公选市管国有企业管理人员9人、副处长级领导干部8人、分管城建的副县（区）长4人。配合自治区面向全国公开选拔3名工业化、城镇化领导人才进入市政府工作部门任职，统筹县（区）拿出49个科级职位面向社会公开选拔。制定《关于贯彻落实〈2010~2020年深化干部人事制度改革规划纲要〉的实施意见》，全市12个县（区）和118个市直单位共同承担市干部人事制度改革重点突破项目23个。继续开展全市“双百”上下挂职锻炼，选派基层干部125名到市直机关、企事业单位挂职，选派市直单位干部99名到县（区）乡镇挂职；根据自治区“千人交流锻炼计划”，推荐、选派14名处级干部到自治区直属机关挂任职，推荐73名优秀年轻干部到基层单位挂职两年；对符合条件的200多名新农村建设指导员，安排挂任乡镇班子相应职务；确定38个干部挂职锻炼基地进行高标准建设，选派100名优秀年轻干部进入基地挂职锻炼。制定《2010~2020年南宁市党政领导班子后备干部队伍建设规划》，全市机关、企事业单位和各县（区）集中补充调整党政领导班子正、副处职后备干部1100多人，实现后备干部队伍的动态管理。在全市范围内公开推荐优秀少数民族干部544人、妇女干部501人、党外干部220人，优化处职后备干部的年龄、知识和能力结构。启动实施推优育才工程，各县（区）、市直各单位共拿出343个科级领导职位进行竞争上岗，拿出401个科级领导职位进行交流任职。其中，60个职位分两批进行跨区域、跨部门竞岗交流。

【干部教育培训】 2010年，南宁市根据中央和自治区党委大规模培训干部的统一部署，结合实际，创新培训模式，投入培训经费约2000万元，在市内、自治区外共举办培训班3060期，培训党员干部40.30万人次，修订干部培训制度4项，配合上级调训干部320多人次，选送1000多名各级干部到自治区级以上其他培训机构学习。以提高领导干部的政治理论素养为出发点，举办春、秋季主体班14个班次，近1000人参加学习，把党的十七届四中、五中全会精神和加强党性锻炼列为必修课，邀请知名专家教授和市领导授课。组织全市处级领导干部参加时代前沿知识讲座的学习。结合南宁市“四个年”活动和打好五场攻坚战，赴清华大学等知名高校举办项目建设、党组织建设、“中国水城”建设、商贸物流基地建设等17个专题培训班。探索年轻干部学习培训新模式，结合全市“千人计划”活动，对2009年百名优秀年轻干部培训班学员进行再培训和为期6个月的挂职锻炼。根据自治区党委组织部的统一部署，在全市范围开展2008~2012年大规模培训干部中期评估，对17个市直单位进行评估检查和指导，通过自治区检查组的评估验收。指导自治区试点单位宾阳县和市级试点单位西乡塘区及市商务局制定行动学习实施方案，协调有关单位对试点单位的行动学习活动给予支持和配合。建立领导干部转变作风，服务基层，锻炼党性的“三同”教育基地、创先争优活动教育基地和党性、党风、党纪教育基地。

【人才工作】 2010年，南宁市坚持党管人才原则，深入实施“人才强市”战略，全面加强人才工作。召开全市人才工作会议，研究出台《南宁市中长期人才发展规划纲要（2010~2020年）》、《南宁市“十二五”人才发展规划》、《关于加快吸引和培养高层次创新创业人才的意见》及其配套文件，提出以“实现一个目标、坚持一条主线、努力实现三个突破、突出三个重点、实施十一大工程”为主要内容的“113311”人才计划。推进全市12个人才小高地建设，引进各类高层次人才3663人，经评审后给予人才小高地申报的38个项目资助500万元；全年评选出南宁市第七批专业技术拔尖人才50人，第六批优秀青年专业技术人才91人。开展南宁市2010年“人才活动月”活动，组织协调和整合开展高端论坛、专家乡村行、技能大赛等28项活动，共培训农民5600多人，接受农民技术咨询3.20万人次；参加各类活动的高技能人才7000多人；52家单位提供技术型就业岗位1847个。落实各项人才关爱制度，成立广西首个社区社会工作站、广西首个博士服务站和南宁市首批优秀人才社会实践基地23个。

【基层组织建设】 2010年，全市各级党组织以“绿城党旗红”为载体，深入开展创先争优和“党组织建设年”等活动，围绕组织、队伍、统筹、制度四大建设，突出抓好扩大党组织覆盖面、增强党组织活力、发挥党员主体作用“三个重点”，不断激发基层党组织和广大基层党员干部创先争优的活力，加强各领域党组织建设。

农村党建 组织发动1.36万个基层党组织、23万多名党员深入开展农村创先争优活动。提高全市村（社区）干部补贴标准和村（社区）组织办公经费，“一肩挑”的村党组织书记待遇每人每月1300元，其他定员全额补贴的村干部待遇也有较大提高，村级组织办公经费提高到每年每村1万元。在武鸣县和宾阳县选择一个乡镇开展乡镇党委书记任用的“公推直选”试点，在宾阳县和西乡塘区试行全委会差额票决制。对全市1507名村党组织书记统一集中进行专项培训。公开选拔6名村党组织书记到乡镇领导班子任职。选派293个驻村工作队，选派驻村帮扶的机关干部1337人。选派2961名机关干部驻村担任新农村建设指导员。选派100名优秀高校毕业生到村担任村书记（主任）助理，启动“坚定信念做奉献，创先争优展风采”活动，在大学生村官中开展“四树四比”活动。打造50个高标准、高规格、高质量的农村党建示范点。完成第二轮村级组织活动场所建设任务，共投入672万余元，完成新建、修缮、改扩建活动场所209个。

社区党建 坚持以“三有一化”建设为重点，扎实推进首府和谐社区建设。提高社区干部待遇和办公经费，“一肩挑”社区党组织书记待遇提高到每月1800元，是原来待遇的1.80倍；其他社区干部待遇也有不同程度提高，社区年度办公经费提高到2万元以上。公开选拔11名优秀社区党组织书记担任街道办事处副主任，打通社区基层干部成长途径。面向社会公开选聘62名城区、街道党建工作组织员。举办2010年街道、社区党务工作者培训班，对212名街道党工委副书记、社区党组织书记进行政治理论和业务知识培训，提高街道社区党务干部综合素质。召开全市街道社区区域化党建工作现场会，研究部署区域化党建工作。兴宁区推行“社区联合党委”模式，新成立19个社区联合党委，社区共驻共建取得新成效。江南区探索“大工委”制度，扩大工委委员职数，将区域内其他领域党组织负责人聘为党工委委员，建立健全共同研究解决、统筹协调指导区域化党建工作机制。分别选取江南区五一路、西乡塘区大学路作为社区党建示范街区，依托、整合各类党建资源，打造社区党建品牌。青秀区凤岭北社区被确定为自治区社区党建示范点。

非公有制经济组织和新社会组织党建　深入开展非公有制经济组织和新社会组织党组织组建百日攻坚行动，采取联合党委引领建、同行同业组团建、划分网格分片建等方式，建立健全非公有制经济组织和新社会组织党组织，扩大党组织覆盖面。年内，全市共有非公有制经济组织1612家、新社会组织成立党的基层组织379家，非公有制组织和新社会组织党组织覆盖率分别比原来提高14%和7%。742家规模以上非公企业全部组建党的基层组织，实现非公有制经济组织和新社会组织党建工作的突破。南宁高新技术产业开发区、南宁经济技术开发区探索建立非公企业党组织书记激励机制，每月为非公企业党组织书记发放300元不等的党建工作补贴。开展非公有制经济组织创先争优活动，与市委统战部、市工商联、市工商局联合下发《关于在全市非公有制经济组织党组织和党员中深入开展创先争优和“党组织建设年”活动的实施方案》。

机关党建　深入开展“结对共建，先锋同行”活动，推动机关党组织与基层党组织、城市党组织与农村党组织、不同区域不同领域党组织之间结对共建，整合优势党建资源帮扶基层党组织，促进不同领域党建共享互促、共同发展。全市共有1885个机关党组织和3369个基层党组织结对共建，建立共建联系点2475个；13.30万党员参加活动，同过组织生活近8000次，开展服务活动1.02万场次，投入帮扶资金4041.10万元，为群众办实事好事7230件。横县“四同四构”活动、青秀区“三帮一”方式、西乡塘区“四方联合体”模式等都是首府南宁创造的成功做法和先进经验。推进机关、事业单位党组织换届，先后完成南宁职业技术学院、市卫生局等一批基层党组织换届选举，增强基层党组织的战斗力和凝聚力。

网络党建　市委投入997.80万元，打造“绿城党旗红”党建信息平台，加快推进全市网络党建。“绿城党旗红”党建信息平台是通过整合党员干部现代远程教育网、南宁政务网、互联网等现有网络资源，构建面向社会、服务党员、功能完善、统一开放的党建信息平台，实现党员服务、在线教育、信息发布、网上办公、互动交流、网络调查等6大功能共518个功能点。平台建成以来，点击量已超过14万次。在党员教育培训上，平台共整合和共享市级远程教育平台教学资源789部，总时长2.84万分钟，资源库数据量居自治区首位。利用“绿城党旗红”党建信息平台和远程教育终端站点组织开展培训，受益农村党员群众17万人。中共中央政治局委员、中央书记处书记、中央组织部部长李源潮，自治区党委书记郭声琨等中央、自治区领导先后视察该平台，并对平台在党员培训中的作用给予充分肯定。

【组织部门自身建设】　2010年，全市组织系统围绕提高组织工作满意度，以组织部门带头创先争优为主线，以“建设首府模范部门，打造绿城过硬队伍”为抓手，巩固深化“讲党性、重品行、作表率”活动，努力锻造一支作风好、素质高、党性强的组工干部队伍，着力打造“阳光组工、公道组工、服务组工”。创建“绿城组工大讲坛”，利用双休日邀请专家学者为组工干部授课3000多人次，并依托清华大学、浙江大学等名校培训资源，全年共选送近300名组工干部分3批参加培训。不断提升组工干部能力素质，开展“开门评部”活动，主动接受群众的监督，不断提高机关办事水平和效率。开展“真情奉献、先锋同行”活动，组织全体机关干部深入马山县永州镇、白山镇驻村开展帮扶锻炼，锤炼党性，改进作风。协调落实资金130多万元，为联系点修建水泥路、桥梁和“爱心水柜”。广泛开展“万名组织部长下基层”活动，在基层一线访民意、解难题、树形象，围绕组织工作难点、重点和热点，深入全市98个副处以上二层事业单位、20家市管国有企业、102个乡镇、22个街道及其部分村（社区），与基层干部面对面谈心谈话、实打实解决难题，同时形成调研成果140多项。（市委组织部编写组）

宣　　传

【理论武装】

学习型党组织建设　2010年，中共南宁市委印发《关于推进学习型党组织建设的实施意见》，召开全市推进学习型党组织建设动员大会。研究制定《《关于

8月28日，中共中央政治局委员、中央书记处书记、中央组织部部长李源潮（前中）视察“绿城党旗红”党建信息平台　　市委组织部提供

推进学习型党组织建设的实施意见〉责任分工表》以及《关于创建学习型市委领导班子的实施方案》,建立健全党委(党组)中心组学习、党员干部学习等有关制度,向各基层单位赠送一批《建设学习型党组织学习读本》等书籍,推出武鸣县、西乡塘区、市发展改革委员会等一批学习典型,开展专项督查4次,各级各部门、各单位认真组织党员干部学习掌握中国特色社会主义理论体系尤其是科学发展观,学习践行社会主义核心价值体系,推进学习型党组织建设。

理论学习　市委中心组充分发挥示范带头作用,先后召开9次集中学习会。举办专题理论培训班2期,对各级党委(党组)学习秘书进行培训。起草《中共南宁市委关于2010年全市理论学习的通知》和《中共南宁市委中心组2010年专题理论学习计划》,认真组织全市党员干部深入学习《中国共产党党员领导干部廉洁从政若干准则》、《国务院关于进一步促进广西经济社会发展的若干意见》、《党政领导干部选拔任用工作责任追究办法(试行)》等四项制度、推进学习型党组织和学习型领导班子建设、中国—东盟自由贸易区知识、党的十七届五中全会精神专题,以及温家宝、贾庆林、习近平、刘云山、李源潮等中央领导同志在广西考察工作时的重要讲话精神等内容,帮助广大党员干部学习理论、更新观念、坚定信心。

理论研究　组织发动各级领导干部、理论工作者以及南宁市签约理论专家、社科理论特约研究员紧紧围绕学习贯彻党的十七届四中、五中全会精神,落实《国务院关于进一步促进广西经济社会发展的若干意见》、推进学习型党组织建设、开展"四个年"活动、打好"五场攻坚战"撰写发表一批高质量的理论文章,其中签约理论专家发表46篇,社科理论特约研究员发表32篇,为全市经济社会发展提供智力支持和理论支撑。

理论宣传　协调指导《南宁日报》开设"推进学习型党组织建设"、"学习党的十七届五中全会精神"、"推进'四个年'活动,打好'五场攻坚战'"等专栏,刊发理论文章120多篇。组建南宁市推进学习型党组织建设、"发展环境建设年"、理论热点面对面、党的十七届五中全会精神宣讲团深入机关、企业乡镇、学校、社区、村屯举办宣讲报告会270场,现场参加学习的干部群众4.50万人次。举办理论宣讲骨干培训班3期,编发一批学习辅导资料,编印出版《南宁宣传》和《宣传理论工作参考》各6期。

舆情信息　围绕市委、市政府中心工作,全面、及时收集信息和舆情分析报告,为领导决策提供参考,全年上报信息697条,其中向自治区党委宣传部上报370条,向市委办公厅上报327条。编印《宣传思想信息》16期128条信息。在市委宣传部门户网站发布稿件297篇。制定实施《中共南宁市委宣传部信息报送采用计分办法(试行)》。

【舆论宣传】

重点宣传　2010年,市委宣传部共组织召开新闻通气会和新闻宣传专题协调会52次。组织重点宣传战役:集中力量对南宁市开展"四个年"主题活动,打好"五场攻坚战",抓住机遇,应对挑战,努力实现保增长、保民生、保稳定目标进行宣传报道,市属媒体共刊播相关稿件约1820篇(幅),其中《南宁日报》先后推出专版52个。重点宣传报道中国共产党十七届五中全会、中共南宁市第十届委员会第九次全体(扩大)会议、中共南宁市第十届委员会第十二次会议等重要会议及会议精神的宣传报道工作。宣传2010年中国国际商务文化节暨中国(南宁)国际时尚博览会,自治区、市媒体共刊播相关稿件520多篇、图片30多幅。宣传广西体育中心启用仪式暨中国之队国际足球赛,自治区、市媒体共刊发相关稿件700余条(篇、幅)。宣传"两会一节",市属媒体先后开设专题栏目10多个,自治区、市媒体共刊播稿件4900多篇(幅);南宁电台与北京音乐广播电台合作,在全国卫星音乐广播协作网的26个省(自治区)市电台同步直播2010南宁国际民歌艺术节开幕晚会;南宁电视台对开幕晚会和两场专场晚会进行直(录)播,广西电视台播放民歌节宣传片并录播两场专场晚会。做好策划和宣传自治区党委常委、市委书记车荣福接见肖勇东"能帮就帮、助人为乐"先进群体活动,市属媒体统一开辟"身边人　感人事"栏目,先后采访报道有关人物近50个,推出报道200多篇,成为展示南宁人民精神风貌和优秀品质的窗口。做好抗旱救灾的宣传报道工作,并举办抗旱救灾专题文艺晚会。还做好基层文化建设、学习型党组织建设活动、创先争优活动、中越青年大联欢活动、国际田联世界半程马拉松锦标赛、创建全国卫生城市、公共文明指数测评迎检等重大活动的宣传报道。加强与自治区媒体联系,自治区媒体共报道南宁市中心工作、重大活动、先进典型的新闻稿件达4800多篇,《广西日报》在重要版面先后推出反映南宁市经济社会发展成就的专版(联版)10个。

对外交流　组建新闻代表团赴日本熊本县、宇城市及韩国果川市进行采访交流。当地政府最高长官会见代表团一行并接受专访,促进南宁市与国际友城的交流,推动建设区域性国际城市的步伐。

新闻管理　举办培训班和形势报告会,提高全市新闻工作者的政治素质和业务知识。组织评选2009南宁十大新闻事件。开展第三届南宁新闻奖暨"项目建设年"优秀新闻作品评比和2010年南宁市优秀新闻工作者评比活动,并在中国第十一个记者节南宁市庆祝活动上召开表彰大会对20名优秀新闻工作者、90件南宁新闻奖获奖作品及40件"项目建设年"优秀作品进行隆重表彰。编印3期《新闻眼》。举办第二届南宁新闻工作者运动会。

【先进典型选树】　2010年,南宁市宣传"敬业守责、敢做善成的模范基层带头人"朱传波先进事迹。市委宣传部组织市属新闻媒体深入朱传波曾经工作过的单位及家乡进行采访,组织自治区、南宁市新闻媒体和网络进行广泛宣传,组建朱传波先进事迹巡回报告团到全市各县(区)、各单位开展巡回报告共26场次;自治区党委宣传部也将朱传波列为自治区先进典型,在自治区新闻媒体进行集中报道,并组织朱传波先进事迹报告团到各市作巡回报告。市委向全市印发《关于开展向朱传波同志学习的决定》、《自治区党委通过授予朱传波同志"自治区优秀共产党员"光荣称号的决定》。朱传波先进事迹体现的"敢做善成"已成为南宁"能帮就帮"城市精神的拓展和延伸。组织编印《赴汤蹈火铸忠诚——爱国为民好战士黄胜新》,继续扩大爱国为民好战士——黄胜新典型宣传的影响力。

【爱国主义与国防教育】　2010年,市委宣传部组织举行全市"国旗工程"点升国旗唱国歌仪式,增强少数民族聚居地区广大干部群众的爱国意识。开展以"辉煌共和国"为主题的全市青少年爱国主义读书教育活动,全市参加读书教育活动的中小学生70多万人。举办“改革开放三十年”爱国主义读书教育活动演讲和讲故事比赛，选拔选手参加自治区和全国比赛，全市有60名学生、18名教师获全国性奖励。其中，获全国演讲、讲故事比赛一等奖1人、二等奖1人、三等奖2人；获全国征文比赛一等奖1人、三等奖1人；横县、宾阳县、西乡塘区、江南区读书活动组委会获全国组织特等奖。举办全市“我邀明月颂中华”——历代经典爱国诗词配乐朗诵大赛，弘扬中华民族优秀文化。举行首府南宁纪念抗日战争胜利65周年电影晚会。做好爱国主义教育基地服务，李明瑞、韦拔群烈士纪念馆以及昆仑关战役旧址获首批自治区民族团结进步教育示范基地称号。以富国强军，共筑长城为主题，召开全市2010年国防教育工作会议，部署全年国防教育。

【文化南宁建设】 2010年，南宁市举办“大地飞歌·2010”第12届南宁国际民歌艺术节暨第七届中国—东盟博览会开幕晚会，近4万观众到场观看。举办“美在广西”——首届广西青年歌手演唱会，是首次由广西本地人办、编、创、唱的大型演唱会，成为2010年南宁国际民歌艺术节的创举和亮点之一。组织演职人员4000多人参与“青春·友谊之歌”中越青年大联欢晚会。组织开展群众文化活动。举办首届南宁市乡村社区和谐文艺大展演活动。该活动在全市12个县(区)、102个乡镇、21个街道、1300多个行政村和300个社区中广泛发动，共开展2230多场，六县六城区基本做到周周有演出、月月有比赛、季季有活动，参与的各族群众120多万人次。中共中央政治局委员、书记处书记、中央宣传部部长刘云山亲自观看大展演板报。自治区、市领导高度评价大展演活动，新华社等各级新闻媒体高度关注和报道大展演活动盛况。开展2010年“科学发展惠民生，共建和谐新绿城”新春文化月活动，重点做好“绿城之春”——2010年首府南宁新年音乐会、元宵节广场化装舞会两大群众文化品牌活动。举办“南宁——贵阳两地文化名人龙开朗、曾邕生书画联展”，促进文化交流。开展“首府记者文艺家聚焦‘五场攻坚战’大型采访采风活动”，在《南宁日报》刊发6个文艺专版。组织采写《从北部湾驶向世界——建设区域性国际城市和广西“首善之区”报告文学集》和编撰《青秀山的传说》。印发《南宁市宣传文化发展专项资金使用管理细则》，完善南宁市文艺精品项目的创作、立项制度。召开2010年南宁市文艺精品项目专家论证会，讨论、修改提高粤剧《海棠亭》、大型民族舞剧《百鸟衣》和话剧《南宁兵变》。开展南宁市第七届“五象工程奖”申报评奖，评出24件(部)获奖作品。

【对外宣传】

新闻发布 2010年，市委宣传部报请市委印发《关于建立党委新闻发言人制度的实施意见(试行)》，建立和规范党委新闻发言人制度，并举行“南宁市党委新闻发言人媒体见面会”，扩大新制度的影响。举办专题培训班2期，提高全市各级领导干部以及党委、政府新闻发言人素质。审批、组织、指导20多场新闻发布会。

重点主题宣传 以“四个年”主题活动、“五场攻坚战”及“加快南宁市大产业大港口大交通大物流大城建大旅游大文化发展”为主题，加大对外宣传力度，《人民日报》等中央主流媒体全年共刊发宣传南宁稿件1.70万多篇〔条、幅、分(视频)〕。与《人民日报》海外版合办《中国—东盟南亚周刊》“走进中国绿城南宁”栏目，与《中国日报》共同编辑出版9期英文报《NANNING TODAY》。

重大活动宣传 “两会一节”期间，在《人民日报》等中央及香港媒体上开辟6个专版，在泰国《暹泰日报》等7个东盟国家8家媒体开辟25个版，在《第七届中国—东盟博览会会刊》开辟南宁专版，中央及香港媒体共刊发稿件50多篇，邀请和组织自治区、市电台、电视台及自治区内外网站共20多家媒体对第12届南宁国际民歌艺术节暨第七届中国—东盟博览会开幕晚会进行现场直播。在全国“两会”期间，中央各大主流媒体共刊发宣传南宁稿件16篇，中央电视台第四套《今日关注》栏目对市长黄方方进行专访。组织20家中央及香港驻桂媒体、自治区、市媒体对2010中国国际商务文化节暨中国(南宁)国际时尚博览会进行采访，并对市长黄方方进行专访。中央及香港媒体对2010年国际田联世界半程马拉松锦标赛刊发稿件约30篇。先后在《人民政协报》、《中国人大》杂志、《广西人大》杂志、《中国经济报》(韩国)、《经济日报》等推出南宁宣传专版。

城市形象宣传 “两会一节”期间，在中央电视台第四套、第五套和凤凰卫视中文台投放南宁城市形象宣传片(15秒版)，为期一个月，播出372次，覆盖100多个国家和地区；向各单位、外国驻华领事馆、外商企业等发放外宣品1.80万册(件)。组织好重大活动摄影工作，收集图片1万多张，并为中央、自治区外、境外媒体和自治区、市、县(区)提供外宣图片。

【网络宣传】

网络宣传 2010年，市委宣传部办理人民网网友留言回复率在自治区排名第一，人民网网友给自治区党委常委、市委书记车荣福的留言98条，回复66条；给市长黄方方的留言103条，回复66条。做好重大活动网络宣传：全国“两会”期间，策划市长黄方方接受人民网记者专访。中国—东盟自由贸易区论坛，人民网发布稿件263篇、图片29幅，访问量15.30万人次。2010中国国际商务文化节暨中国(南宁)国际时尚博览会期间，本地新闻网站报道页面5580条。围绕2010年南宁国际民歌艺术节，网上播放民歌节相关视频2000多个，在线视频观看人数100多万人次；人民网等重点网站制作网络专题8个，发布图文信息2000多条，访问量100多万人次；分别向北京、上海等10个城市100万名手机用户各发送民歌节短信1条，向40多万广西手机报用户分别转发民歌节相关图文信息18条；新浪网开设“微博话南宁”栏目，共10万余人次参与讨论；百度搜索关键字“2010南宁民歌节”可获取相关信息58万余条。加强与重点网站的宣传合作，人民网地方频道为南宁专题发布正面稿件1992篇，图片829张，南宁城市频道专题访问量日均人次12万多；中国网在各频道发稿3482篇；新浪网登载南宁正面新闻1200多篇，制作推广4个网络专题，专题总访问量356万多人次；凤凰网各频道共发布南宁正面信息4478条，分别制作推广4个网络宣传专题。组织网站开展4月21日、8月15日全国哀悼日网上宣传活动。举办南宁市网络评论员业务培训班、网站从业人员培训班，提高网络宣传业务水平。

网络管理 开展网络低俗信息整治工作，组织各新闻网站自查自纠，确保网上信息内容健康安全。加强网上舆情监看监控，协调本地网站做好广西公务员考试泄题事件、“韩锋局长日记门”、“滨湖小学校长短信门”等网络热点敏感事件的舆论引导，有效处置市土地拍卖成交问题、永和大桥断桥造谣事件、南湖污染事件等多起网络事件。加强网上舆情的收集、分析、研判，编写上报《网络舆情信息专报》36期，为领导提供决策参考。

（杨　强）

统一战线

【多党合作】 2010年，中共南宁市委统战部坚持和完善政治协商制度，加强与各民主党派、工商联和无党派人士政治协商，协助市委、市政府召开情况通报会、征求意见会、座谈会等，就市委、市政府中心工作、重大问题及南宁市“十二五”规划征求民主党派、工商联和无党派人士意见和建议；就设立市政府参事室做前期调研。健全完善对口联系制度，组织召开市政府有关部门与各民主党派市委会、市工商联对口联系座谈会16次，听取对口联系双方对贯彻落实对口联系制度的意见和建议，及时协调存在的问题，督查检查对口联系制度的落实情况。组织开展“党委出题、党派调研”重点课题调研活动。各民主党派、工商联及无党派人士联络组成立重点课题调研组，围绕“四个年”主题活动和“五场攻坚战”及全市经济社会发展主题，以低碳经济发展、民生社会保障、产业结构调整、教育文化建设、“中国水城”建设、优势产业开发等为主要内容，到自治区内外开展调查研究、学习考察，形成9篇调研成果。12月30日，各民主党派、工商联及无党派人士联络组就重点课题调研成果向市委常委扩大会议作专题汇报。全年各民主党派、工商联和无党派人士撰写调研文章200篇，通过各种载体和平台向党委政府建言献策380多件(条)，一批议案、提案和建议得到市委、市政府领导批示。

【民主党派与无党派人士工作】 2010年，市委统战部从政治建设、组织建设和制度建设方面帮助民主党派、无党派人士加强自身建设。思想建设方面，在全市统一战线广大成员中开展以“坚定不移地走中国特色社会主义道路，共同致力于中华民族的伟大复兴”为主题的树立和践行社会主义核心价值体系学习教育活动。通过召开树立和践行社会主义核心价值体系座谈会、举办社会主义核心价值体系学与行学习会、邀请有关领导和专家作专题辅导报告等多种方式，开展思想教育、道德教育、民族精神和时代精神教育、社会主义荣辱观教育。各民主党派依托市委会、总支、支部建立49个政治交接教育实践基地和联系点，开展政治思想教育、优良传统教育、多党合作典范教育。组织建设方面，以推行民主党派市委会领导班子“五个带头”(带头联系指导好一个基层组织，带头撰写一篇统战理论研究文章，带头完成一篇社情民意信息，带头物色发展一名高层次的成员，带头组织专委会完成一个调研课题)为重点，指导各民主党派建立党务工作量化机制，帮助各民主党派开展基层组织建设年活动。制度建设方面，帮助各民主党派进一步巩固机关行政效能建设成果。充实和完善民主党派机关工作公示制度、办事办结登记制度、工作讲评制度、民主生活会制度、联络员工作制度、年度考核制度。帮助无党派人士加强自身建设，在全市12个县(区)建立无党派人士联络组，制定和健全活动制度。完成市第二批166名无党派人士政治面貌确认工作。对各县(区)开展培养无党派人士教育工作和建立工作机制等方面情况进行督查。加大党外干部培养、选拔和任用力度，先后举办年轻党外科级干部培训班、民主党派基层负责人及骨干培训班等15个班次，举办“邕江论坛”等3期专题辅导学习活动和座谈会，参加学习培训的党外干部1200多人次。选送70名党外干部参加自治区级以上培训机构学习，从县(区)、市直有关部门选派38名优秀党外干部分别到市直机关、基层及浙沪等先进地区挂职锻炼。向市委推荐提拔使用优秀党外干部，安排领导职位给予担任，推荐1名党外干部担任市体育局正职，实现市政府工作部门配备党外正职的历史性突破。全年推荐提拔党外处级领导干部37人，其中提拔副处级领导干部25人，提拔正处级领导干部12人。协助各民主党派做好换届筹备工作。

【港澳台工作】 2010年，市委统战部加强对香港南宁市同乡联谊会、澳门南宁市同乡联谊会的指导和管理，召开香港南宁市同乡联谊会理事会和澳门南宁市同乡联谊会理事会6次，在香港和澳门接待南宁市各级党政团组13批次，开展联谊活动2次。组织开展形式多样的对台招商引资，组团入岛开展经贸考察活动，发动台商“以台引台”；以在台湾召开的桂台经贸交流会为契机，主动邀请台湾岛内政界、商界知名人士、重要台商等来南宁参观考察。加强与东盟各国台商联系，组织举办“东南亚台商南宁行”主题活动，活动邀请亚洲台湾商会联合总会会长赖灿贤及东南亚各国台商协会高层领导一行30人到南宁市参观考察交流。全年南宁市共接待来邕台商团组46

12月22日，市委统战部机关党总支和市新的社会阶层联谊会在横县新福镇飞龙小学举行“与乡村小学、村(居)委会共建活动”仪式，正式启动实施新的社会阶层人士“三个一百助理”工程。图为新的社会阶层人士为飞龙小学捐献助学用品　余志鹏提供

个500多人(次),先后组织207人赴台开展特色招商和交流交往活动。切实维护广大台商的合法权益，调处涉台投诉纠纷信访案件12件，涉台积案3件;开展服务台商下台资企业调研13次,召开全市台商代表座谈会3次，协调和帮助台商解决遇到的问题及困难26个(件)。加强台湾同胞联谊会自身建设,11月12日,召开市第二次台湾同胞代表会议,选举市台联会第二届理事会新一届领导班子,林寿禄当选会长。市台联会组织部分青年台胞前往百色革命传统教育基地开展“继承革命遗志,弘扬爱国精神暨学习参观百色新农村建设”的爱国主义教育活动。

【商会海外联络处建立与运作】 2010年,市委统战部协调、指导市工商联(总商会)成立市总商会驻费城,驻澳大利亚悉尼、墨尔本,柬埔寨金边,越南河内等5个联络处；推动已经挂牌的9个海外联络处进入实质运行状态。至年末,市总商会已设立海外联络处14个。举办南宁—河内商会、南宁—海防商会项目配对会,在两个项目配对会上,有82家越南企业和100多名越南知名企业家参会，达成投资与合作意向项目15个。依托市总商会驻印尼雅加达联络处和马来西吉隆坡联络处,举办南宁—雅加达、南宁—吉隆坡投资环境推介会，双方企业家就农产品加工、木材加工、水果和茶叶加工及矿产资源开发等达成初步意向。通过市总商会驻德国莱比锡联络处协调，促使德国莱比锡国际展览有限公司与中国—东盟博览会秘书处在南宁签署友好合作备忘录。

【非公人士培训】 2010年，市委统战部邀请有关领导、专家和律师为非公经济人士讲授相关法律风险防范、法律法规课程以及有关企业扶持政策和企业诊断技术；组织全市100多名非公经济人士参加自治区党委统战部与北京大学民营经济研究所联合举办的“助企工程”培训班及发展论坛；在市社会主义学院举办市工商联执委读书班，对60多名市、县(区)工商联执委、市工商联直属商会领导进行为期3天的培训。

【新社会阶层人士联谊会】 2010年4月22日，南宁市召开新的社会阶层人士联谊会第二次理事大会，会议选举南宁市新的社会阶层人士联谊会新一届领导班子,彭荣汉当选会长。完善联谊会的内设机构,设立参政议政、公益事务、法律事务、经济文化4个工作委员会。在新的社会阶层人士中开展“三个一百助理”(计划在3~5年内，各推荐100名新的社会阶层人士分别担任校长助理、村委会主任助理、居委会主任助理)工程,与小学、农村结对共建,为学校、村委提供新的管理理念、帮扶发展等,12月在横县新福镇飞龙小学举行“与乡村小学、村(居)委会共建活动”仪式。

【文化统战】 2010年，南宁市成立南宁同心书画院、统战系统文工团,举办统战系统书画精品展；组织书画家深入军营现场创作慰问南宁警备区官兵;举办“美丽南方大采风”活动,组织书画家们到农村描绘新农村建设成就；开展统战文化进社区、和谐统战进校园活动,组织统战系统文工团到西乡塘区友爱广场、邕江大学进行捐资助学公益文艺演出。筹备拍摄《秋声》、《油菜金黄》有关统战内容的两部电视剧。组织统战系统各单位开展文艺汇演,12月20日在广西艺术学校礼堂举行汇报表演。

【调研与宣传】 2010年，市委统战部继续做好统战调研。年初向统战系统各单位印发《关于开展2010年南宁市统一战线理论研究的通知》，各单位按照要求，制定本单位调研计划,确立调研课题,成立课题调研组。共收到统战理论文章322篇，选送5篇论文参加自治区统战论文评选,分别获一等奖、三等奖和优秀奖。组织统战干部和统战成员围绕市委、市政府确定的“四个年”活动开展调查研究,重点就党外正职与党组(党委)关系、南宁市海外统战工作、南宁市设立人民政府参事室、南宁市各民主党派开展政治交接教育实践活动情况、南宁市非公有制经济发展情况、南宁市无党派人士情况等方面问题开展调研，撰写相关调研材料文章。在《经济日报》、《光明日报》、《广西日报》、《南国早报》、广西电视台、《南宁日报》、南宁电视台等各种新闻媒体刊播统战理论文章及统战新闻100多条次,出版宣传板报3期,编印和出版4期《南宁统一战线》杂志和12期《南宁统战信息》。做好统战信息工作,全年被中央统战部（包括中央统战部网站）、自治区党委统战、市委信息办采用各类信息、文章400多条(篇)。

【“一千个母亲,一千个春天”思源感恩行动】 2010年11月,市委统战部、市工商联(总商会)、市慈善总会组织开展“一千个母亲,一千个春天”思源感恩、扶贫济困行动,向全社会发出爱心捐助倡议书。全市非公有制经济人士、新的社会阶层人士、港澳台爱心人士等奉献爱心,捐助善款帮扶1000个贫困母亲(家庭),每个家庭受助2000元。2011年1月7日,在南宁国际会展中心朱槿花厅举行举行“一千个母亲,一千个春天”慈善晚会,筹集到爱心款项260多万元,资助1000个贫困家庭。 （余志鹏）

市直机关党的建设

【概 况】 2010年，中共南宁市直属机关工作委员会管辖有直属机关党组织99个，其中机关党委44个、党总支部13个、党支部42个;党员1.52万名。市直机关工委以加强党的执政能力和先进性建设为主线,以创新机关党建、服务科学发展为重点,把握服务中心、建设队伍两大任务，以党建目标管理责任制和党员目标化管理为抓手,贯彻落实科学发展观,深入开展“四个年”活动,推进市直机关党的思想、组织、作风、制度和反腐倡廉建设。完成各机关工会、共青团、妇工委组织换届选举和组织设置，先后指导18个工会组织换届选举，新成立基层工会组织5个,发展会员107人;完成8个单位的团组织换届选举；指导3个单位成立机关妇委会,指导10个机关妇委会进行换届选举。

【机关党的思想建设】 2010年，市直工委强化理论武装，制定年度理论学习计划，组织机关党员领导干部和全体工委委员学习“国务院关于进一步促进广西经济社会发展的若干意见”等中心组理论专题6个;组织“领导干部时代前沿知识讲座”,先后举办“学习领导科学与艺术——提升公共领导力”、“突发事件的处置与媒体应对”等讲座5个,全市副处以上干部3000多人次听取报告。抓好爱国主义和革命传统教育活动，组织开展系列抗日战争胜利暨世界反法西斯胜利65周年纪念活动，组织工委机关全体党员到百色、田东开展“重温火红岁月，继承光荣传统，弘扬革命精神，牢记光荣使命”为主题的革命传统教育活动。加强党务干部业务和理论培训，举办党务干部理论骨干培训班和市直机关党建信息员培训班，700多名党务工作者参加培训。推进“发展环境建设年”活动，市直工委从各单位中推荐发展环境监督员8名，发展环境测报员43名；市交通运输局等40个单位深入实地调查，形成调研报告700多篇；组织150多名机关干部参与市“发展环境建设年”百万市民促发展建言献策启动仪式暨现场征集市民建议活动，发放“发展环境建设年”调查问卷。举办“书香绿城”、“绿城读书节”和“中华经典”诵读活动等群众性精神文明建设活动。4月20日，在南宁电视台8号演播厅举行抗旱救灾晚会，市直机关106个单位现场募捐109万元。

【学习型党组织建设】 2010年，市直工委组织开展机关学习型党组织建设活动，成立学习型党组织创建活动领导小组，设立办公室，组建督导组，统筹协调、督导市直机关学习型党组织建设。市直机关各党组织结合本单位实际和特点，制定创建活动的实施方案，根据不同类别、不同层级、不同岗位党员干部的特点，分别提出相应的任务和要求，进行分类指导和推进。年内，市直机关各单位开展建设学习型党组织主题宣讲437次，编发简报261期，收集到活动征文758篇，发放书刊、宣传资料2.66万册，举办报告会、辅导课、研讨班895场次，组织党员干部听取学术报告1.19万人次。

【机关党的组织建设】 2010年，市直工委与103个市直机关党组织签订《2010年度南宁市直属机关党建目标管理责任书》，规范机关党建，明确机关党建的总体要求和重点。组织人员对各机关党建工作完成情况进行考评验收。开展“创先争优”活动，制定印发《关于在市直机关党组织和党员中深入开展“转变作风树形象，服务大局作表率”创先争优活动的实施方案》，对市直各党组织开展创先争优活动提出明确要求。在开展“结对共建，先锋同行”活动中，各机关党组织发挥机关部门优势，为全市新农村建设提供指导、服务、帮助和援助，与农村、社区、企业党组织结对共建，开展机关党员与困难群众的结对帮扶活动。市直机关与城乡基层党组织共建立结对共建联系点275个，开展“三会一课”等组织活动近2000场次，慰问困难党员和群众3000多人，为群众办好事实事500多件，发放慰问金350多万元，投入帮扶资金700多万元。组织召开专题组织生活会，市直机关730个党支部1.22万名党员参加“贯彻实施四项监督制度，深化干部人事制度改革”专题组织生活会，在职党员参加率95%，收集意见和建议1067条，党员撰写心得体会文章5680篇，8781名党员登录“绿城党旗红”网站，完成四项监督制度试题的自我测试。加强党务工作队伍建设，全市配备专职机关党组织副书记32名，指导92个任期届满党组织换届。在市委党校教师一支部和南宁残疾儿童康复中心党支部开展基层党组织领导成员“公推直选”试点。做好政府机构改革中机关党组织调整充实，对班子缺员的党组织及时进行增补，合并成立7个新的机关党组织。市直机关工委直接管辖的机关党组织99个，间接管理的二层机构党组织739个，全部建立党的基层组织，机关党组织实现全覆盖。针对部分机关党组织党务干部变动较大，党务工作业务不熟的情况，5月和8月，在上海市委党校举办两期机关党组织书记培训班，市直机关党组织书记144人参加培训。结合机关党建推进会，组织市直各机关党务工作者现场观摩市城乡建设委机关党委“工地党旗红”和“党员服务站”、市委组织部“绿城党旗红”党建信息平台、市粮食局和谐机关建设和市委党校党建工作创新等成果展示。

11月5日，市直工委组织举办南宁市领导干部时代前沿知识系列之——全球气候变化 挑战与我国低碳发展对策专题讲座
市直工委提供

【机关党风廉政建设】 2010年，市直工委举办市直机关党组织《党员领导干部廉洁从政若干准则》辅导讲座，开展学习贯彻《廉政准则》知识测试活动，全市在职机关党员参考率100%，组织市直机关党员干部春节前参观市党性党风党纪教育基地。把反腐倡廉教育纳入市直机关党员和党务干部培训的教学内容，组织95个市直单位开展180余场警示教育活动，参加人数5600余人次。市直工委通过调研，向市纪委呈报《南宁市直属机关基层纪检组织建设调研报告》和《关于在市直各机关党委中设立机关纪委的建议》，得到市纪委的肯定和支持，调整充实市直机关纪工委委员。全年受理群众来信、来访和电话举报6件(次)，查办和审批科级及科级以下党员干部违反党纪案件7件，结案7件，给予党纪处分7人。

(林 涛)

政策研究

【概 况】 2010年，中共南宁市委政策研究室深入贯彻落实科学发展观，紧扣市委、市政府深入开展“四个年”主题活动和打好五场攻坚战，完成市委交办的各项任务。主要包括：完成课题和专题调研报告12篇，其中9篇得到市委主要领导的批示或以《南办参阅》形式全文印发；完成起草市委、市政府政策文件16份,其中8份年内已经出台;完成起草修改市领导重要讲话(演讲)稿10篇,完成市委主要领导理论文章1篇,完成起草修改重要汇报材料和交流材料8篇;创刊《决策参考》并编印9期,将《南宁调研》成功改版为《南宁工作研究》双月刊并出版4期,完成向市委办信息科报送信息15篇。

【课题研究与专题调研】 2010年,市委政研室围绕市委中心工作,集中优势资源,调动各方力量,选择一些能够把握未来发展方向、解决制约全市科学发展难点问题、促进经济社会发展、具有前瞻性的重大课题开展综合调研,为市委提供有价值的决策依据和建议。在课题研究方面,突出推动科学发展的前瞻性,其中《积极应对中国—东盟自由贸易区建成的机遇和挑战加快南宁发展研究》、《南宁市"十二五"统筹城乡改革发展研究》课题报告,为推进南宁市利用中国—东盟自由贸易区建成契机加快发展、推进南宁市统筹城乡改革工作分别提出富有参考价值的思路和建议,两个课题报告均入编《南宁市社会发展蓝皮书(2010)》;结合起草市委"十二五"规划建议,在广泛的市内调研和外出考察基础上,完成上年启动开展的《南宁市建设区域性国际城市和广西"首善之区"在"十二五"时期重点任务和发展对策研究》课题,于5月通过专家评审,为完成市委"十二五"规划建议的起草打下基础。在专题调研方面,突出破解事关南宁市科学发展、加快发展、率先发展、和谐发展的重点难点问题,先后牵头组织市相关部门开展"理顺管理体制加快南宁—东盟经济开发区发展"、"科学谋划相思湖新区发展"、"加快推进开发区建设"、"加快推进轨道交通建设"、"加快发展会展产业"等专题调研,均得到市委主要领导的充分肯定,并在报告上批示,要求分发市委常委阅或以南办参阅形式全文印发,适时专题研究。调研成果大部分转化为市委、市政府相关政策文件,推动全市经济社会发展。

【政策文件研究起草】 2010年,市委政研室牵头研究起草市委十届十二次全会的主文件——《中共南宁市委关于制定国民经济和社会发展第十二个五年规划的建议》,牵头研究起草市委、市政府其他重大政策文件16份,其中,加快发展总部经济1+3系列文件、《市委、市政府关于促进工业经济振兴的决定》、加快开发区发展的1+3系列文件等8份文件年内已经出台实施;《关于加快会展业发展的意见》(加快会展业发展1+1系列文件)、《关于统筹城乡改革推进城乡一体化发展的实施意见》、《关于加快轨道交通建设的决定》等9份文件年内报市委、市政府审议。协助有关部门、城区制定政策文件6份,修改政策文件18份,主要有:协助部门起草市委、市政府《关于开展"项目建设年"、"服务企业年"、"发展环境建设年"活动及打好"五场攻坚战"的决定》、《关于加快经济发展方式转变的决定》、《南宁市少数民族事业"十二五"规划》等文件,协助江南区完成《江南区国民经济和社会发展第十二个五年规划纲要》的编制;参与修改完善市委、市政府《关于加快吸引和培养高层次创新创业人才的意见》以及《南宁市以宅基地换房建设示范小城镇管理办法》、《关于开展小城镇综合建设试点的实施意见》等文件。还为市直相关部门即将出台的30多份文件提修改意见和建议。

(李耿民)

机构编制

【概 况】 2010年,南宁市完成政府机构改革方案的组织实施和政府工作部门"三定"(定机构、定编制、定职能)规定的审定工作,推进政府职能转变和管理创新,事业单位分类改革。组织开展乡镇机构改革调研,形成深化乡镇机构改革的工作思路。强化机构编制管理,由市长、市机构编制委员会主任黄方方主持召开市机构编制委员会委员会议7次,审议机构编制事项115项。

【政府机构改革方案实施】 2010年,南宁市召开全市政府机构改革工作电视会议,动员部署市、县(区)政府机构改革,印发《中共南宁市委 南宁市人民政府关于南宁市人民政府机构改革的实施意见》等机构改革配套文件。市政府机构改革涉及调整的12个市直部门单位按时挂牌运转。完成市本级41个政府部门和2个部门管理机构"三定"规定的草拟、协商、审核、报批。改革后,市政府工作部门共取消或下放职能12项,增加职能22项,加强职能76项,调整理顺部门间职能46项。推进部门内设机构行政审批职能调整。推进行政审批权相对集中,做到职责不交叉、机构不突破、编制数总体不增加。完成12个县(区)政府机构改革方案的审核报批。

【服务项目建设与企业发展】 2010年,市机构编制委员会办公室在机构改革部门"三定"中,研究、梳理涉及项目建设部门的职责关系,解决职责交叉等问题;根据北部湾经济区开放开发需要,理顺和完善五象新区开发建设管理体制机制;研究解决项目建设和服务企业涉及的机构编制问题,设立市固定资产投资项目前期服务中心,为项目前期工作整体推进提供组织保障;调整增加市工业和信息化委员会管理的市中小企业培训中心(市中小企业服务中心)人员编制;开展邕江河道综合执法调研,调整完善"中国水城"建设管理机构和人员编制,在市城市内河管理处加挂市"中国水城"建设工作指挥部办公室牌子,为市"中国水城"建设工作指挥部的办事机构,市城市内河管理处(市"中国水城"建设工作指挥部办公室)由隶属市水利局管理改为由市人民政府管理。

【政府社会管理职能强化】 2010年,南宁市推进以改善民生、服务群众为重点的社会管理体制改革。一是开展全市中等职业学校机构编制重新核定工作,针对不同类别、不同规模中等职业学校的情况,分别就机构名称、机构规格、内设机构、人员编制等机构编制事宜进行调整完善。二是做好深化医药卫生体制改革涉及的机构编制工作,在市发展和改革委员会增设医药卫生体制改革科,承担市深化医药卫生体制改革工作领导小组的日常工作,负责提出深化全市医药卫生体制改革的重大政策、措施建议,统筹协调推进全市医药卫生体制改革。三是开展全市街道、乡镇卫生院机构编制核定工作。召开专题会议研究部署各县(区)街道、乡镇卫生院机构编制核定,重新核定乡镇卫生院人员编制和后勤服务人员控制数。四是开展城市社区卫生服务机构编制核定。联合卫生部门研究提出社区卫生服务机构人员编制核定意见,并配合各有关部门组织实施。五是健全完善艾滋病防治工作机构编制，明确市卫生局在强化艾滋病防治工作方面的职责，并相应调整完善市卫生局涉及防艾工作的职能科室，调剂增加市卫生局行政编制以及用于配备市、县(区)艾滋病防治专业技术人员的编制。六是调整完善食品药品监督管理工作机构编制，经市编委研究同意，批复组建市食品药品监督所并明确其内设机构和人员编制，将市和城区卫生监督所承担的消费环节食品安全监督管理职责划入市食品药品监督所。

【维稳与综治编制调整】 2010年，南宁市做好维护社会稳定涉及的机构编制工作,在市委政法委增设应急处置指导科,调整完善公、检、法系统机构编制,增加市公安局政法专项编制，设立市公安局警务航空队并明确其相关机构编制问题,设立市公安局民生派出所、茶花园派出所、越秀派出所,并相应核定人员编制和领导职数。根据自治区编委有关文件精神，分别调整增加南宁市及所辖县(区)人民法院、人民检察院政法专项编制。调整完善市及市辖城区人民法院、人民检察院内设机构及内设机构领导职数、后勤服务人员控制数。

【党组织建设机构编制调整】 2010年，南宁市为加强机关党的组织建设，结合政府机构改革，增核1名正科长级领导职数，用于配备市政府工作部门机关党委(总支、支部)专职副书记,党群口工作部门也参照执行。研究提出加强县级纪检监察机关建设涉及的机构设置和人员调整问题，配合开展纪检监察派驻机构统一管理。

【市与城区权责关系理顺】 2010年,市机构编制办牵头负责进一步理顺市与城区权责关系,对市直部门单位、各城区提出要求下放的111项管理权限事项进行收集、整理和审核,研究提出事权调整的意见建议,按程序报市编委会、市政府常务会和市委常委会审定，并以市委办公厅名义印发通知对下放的25项管理事权予以公布执行。1.部分土地储备管理权限：城区范围内城区通过招商引资的工业项目和连片开发的工业项目用地（不含列入自治区层面统筹推进和承接东部产业转移项目、全市所有经营性项目的用地)的规划、立项、报批、征地和场地“三通一平”等前期工作。2.耕地保护责任目标履行情况自查(包括组织机构情况、耕地保有量和基本农田保护面积、土地利用总体规划执行情况、耕地占补情况、土地执法情况、职责履行情况)。3.征地拆迁信访事项的处置权、答复权,征地拆迁的协调权、补偿认定权、补偿审核权。4.部分旧城改造管理权限：城区负责旧城改造工作的动态管理，具体负责项目前期调查、参与招商、提出项目实施意见及改造方案等工作;城区内单栋改造的,经鉴定为危房的私人自建房的原样维修、改建的旧房改造工作。5.城市房屋拆迁信访接待、答复工作。6.南宁市城市总体规划区范围以外小城镇建设配套费收取使用权。7.辖区内房屋安全管理日常工作。8.住房保障对象资格初审、受理保障对象违规行为的调查以及住房保障对象资格年审。9.集体土地上的房屋登记的受理、初审,代为颁发房屋权属证书、房地产交易及住宅租赁管理。10.城镇复员士官安置和退伍义务兵安置、退役士兵自谋职业审批权(不含退役士兵异地安置)。11.除邕江水域范围内、市总体规划范围内水域、市饮用水源地范围内水域以外的营业性水路运输(含乡镇渡船)部分经营许可和行政执法权。12.三类机动车维修及摩托车维修经营许可权限。13.社区卫生服务站的审批、监管。14.核准统计管理登记。15.私营企业(含改制企业)的劳动工资统计管理。16.乡镇、村屯一级家畜定点屠宰场(点)的屠宰活动监督管理行政执法权。17.《酒类零售许可证》和酒类流通日常监督管理的行政执法权。18.除自治区林业行政主管部门负责的胶合板、纤维板、刨花板等木材经营加工项目审批和地级市林业行政主管部门负责的旋(刨)切单板、木片、细木工板等木材经营加工项目审批以外的城区内其他木材经营加工项目的审批权。19.在市下达的机构设置限额和编制总量内，城区下属副科级(不含副科级)以下机构设置,由城区按照机构编制管理程序和权限规定审批。20.在市下达的编制总量内,机关、参照公务员法管理事业单位和其他事业单位之间人员平行或顺向流动的编制使用事项，由城区按照机构编制管理程序和权限规定审批。21.设立以初级技能为培养目标的民办职业培训学校的审批权。22.设立民办职业中介机构审批权。23.办理《就业失业登记证》。24.城区所辖用人单位及其他各类企业（不含市属国家机关、事业单位、社会团体、国有及国有控股企业、民办非企业单位、职业中介、技能鉴定机构,三资企业,外地在市区从事建筑施工的企业,外地驻邕办事机构)的劳动保障监察工作管理。25.由城区政府通过购买服务的方式负责城区所属中小学学生及学龄前儿童和不属于城镇职工基本医疗保险制度覆盖范围的非从业城镇成年居民的基本医疗保险参保业务，包括:负责审核参保资料、负责办理参保登记手续、负责办理缴费手续、负责医保IC卡领取及发放。

【事业单位机构编制存量调整】 2010年,南宁市根据社会发展的需要,对事业单位机构编制进行调整。批复设立市人民政府参事室等事业单位10个;分别调整市委党校等101个事业单位涉及的机构称谓、业务范围、规格、经费管理形式、内设机构、人员编制和领导职数;核定市辖各县(区)所属参公事业单位后勤服务人员控制数;完成大王滩水库、广西农垦国有王灵农场医院移交管理涉及的机构编制。

【事业单位法人登记管理】 2010年,南宁市办理事业单位设立登记52个、变更登记890个、注销登记17个,完成事业单位年检4250个,年检率97.28%,合格率100%。全市事业单位登记年检全部实现网上进行。 (黄振生 路 焕)

老干部工作

【概 况】 2010年，南宁市有离休干部1216人,其中:市区(含六个城区、南宁—东盟经济开发区)914人，武鸣县87人，横县82人,宾阳县63人,上林县48人，马山县73人，隆安县33人；行政机关361人,事业单位305人,企业单位550人;享受副省级单项医疗待遇3人,正副厅(局)级(含享受)55人,正副处(县)级(含享受)893人,享受正副乡(科)级待遇253人,享受其他待遇12人;第二次国内革命战争时期入伍的2人，抗日战争时期入伍的124人，解放战争时期入伍的1090人;70~79岁182人,80~89岁930人,90岁以上104人。南宁市对获得“全国先进老年大学”的市老年大学和“全国先进教育工作者”市老年大学副校长洪中信进行表彰。市委老干部局牵头组织部分原四家班子老领导及原“两院”(市中级人民法院、市人民检察院)老领导16人赴上海参观世博会,组织离退休干部代表出席广西体育中心启用仪式、“两会一节”开幕式以及市“十二五”规划征求意见建议座谈会等重大政治活动。组织42名厅局级老干部参观广西体育中心、南宁保税物流中心、金桥物流园区、南宁华南城等重点工程,组织1450人的“五老”网吧监督队伍,参与整治“黑网吧”活动。

【政治学习】 2010年,中共南宁市委老干部局坚持组织离退休干部开展政治理论学习,通过宣讲会、报告会、辅导会、支部学习会等形式,帮助老干部加强对党的十七大、十七届四中、五中全会精神以及科学发展观的学习,加深对党中央的重大理论、重大战略思想和重大工作部署的理解和认识;坚持每月组织部分副厅以上离休干部阅文2次,让老干部及时了解和掌握党和国家的方针政策;坚持给老干部订阅党报党刊,做到离休干部人手一份报纸、一份杂志,为老干部提供学习资料;坚持组织部分离退休干部党支部书记参加自治区党委老干部局举办的离退休干部党支部书记培训班;举办一场全市老干部政治形势报告会,近400名老干部到场听取自治区党校张家寿教授作“贯彻落实中央《关于进一步促进西部大开发若干意见》精神,推进广西经济又好又快发展”的报告。

【老干部文体活动】 2010年春节期间,南宁市举办全市离退休干部迎春游园活动,1500多名老干部观看文艺表演、参加击鼓传球、猜谜语、钓鱼等8个项目活动。举办春节、“七一”、国庆老干部电影招待会,9000多名老干部观看电影。年内,有1000多名老干部参加全市举行的离退休干部麻将、地掷、门球等比赛。此外,市老干部活动中心组织老干部开展健身、棋牌、桌球、乒乓球、门球、跳舞等活动,参加活动的老干部14万人次;市老年大学开设10个系26个专业63个班,老年学员2000多人;全市各级各单位根据老同志的爱好和特点,组织开展各类文体活动,参加活动的老干部60多万人次。

【老干部慰问活动】 2010年元旦、春节期间,市四家班子领导分别走访慰问曾任过南宁市领导的自治区副省级以上离退休老领导和自治区正省级离退休老领导15人,登门慰问第二次国内革命战争时期入伍的老红军、老干部和市四家班子离退休老领导40人,到自治区、市各医院看望因病住院的老干部和处级退休干部400多人;组织登门慰问困难离休干部及离休干部遗孀23人。纪念抗日战争胜利65周年期间,对市抗日战争时期参加革命工作的146名离休干部进行走访慰问,送去慰问金及纪念品,其中市领导亲自登门慰问8人。全年给31位80岁以上的市四家班子离退休老领导和二战时期的老干部、老红军以及90岁以上离休干部进行生日祝寿;到医院看望住院老干部360多人,登门看望老干部620多人次。

【老干部医疗保健】 2010年,南宁市组织全市离休干部和市四家班子退休老领导进行两年一度的健康疗养。市委老干部局与市人力资源和社会保障、卫生、财政、物价、医保等部门联合,深入市区医保定点的19家医院对离休干部的医疗情况和医疗费用开支情况进行检查,进一步规范离休干部的医疗和费用开支,全年市财政为离休干部支付医药费6350多万元。根据物价上涨因素,多部门协调研究,对老干部住院床位费标准进行核定,老干部住院床位费由原来的每天15元提高到30元。对部分离休干部因重病住院、抢救等特殊原因致自费药开支过大造成老干部家庭困难的,经协调有关部门审核,由市财政给予补助,为老干部落实补助7.30万元。

【老干部信息库管理】 2010年,市委老干局继续加强市离退休干部信息三级库的录入、校对、分类整理,利用信息库资源为有关单位提供老干部各类信息查询,为领导决策提供数据信息依据。加强对各县(区)和市属各单位四级库建设的指导和督促,举办全市离退休干部信息管理业务培训班,138名工作人员参加。按照中共中央组织部的要求对市离退休干部信息库进行系统升级,扩大建库范围,建库单位达到175个。

【专题调研】 2010年,市委老干局组成专题调研组,深入县(区)、企事业单位等开展调研,完成《以儿女之情善待离退休干部,以公仆之责服务离退休干部》、《创新亲情服务,落实结对共建,不断推进离退休干部党支部建设》、《真情服务暖人心,学乐健为创和谐》、《关于加强老干部工作队伍自身建设的思考》、《南宁市属企业离休干部统筹外经费落实情况专项调研报告》、《南宁市离休干部门诊限额取药情况调研报告》等调研课题。其中,《关于退休干部服务管理工作的研究与思考》获自治区老干部工作调研一等奖。

【为老干部办实事】 2010年,市委老干局协调有关部门、单位为老干部办好事

12月9日,南宁市组织厅局级老干部参观市重点工程建设项目　　黄飚 摄

实事 56 件。包括:继续完善和加强“援通呼叫系统”,为市区内 672 户老干部家庭免费安装援通呼叫器，受理老干部紧急呼叫 174 人次,家政及咨询服务呼叫 541 人次;协调卫生、财政、民政等部门提高老干部住院床位费、提高企业离休干部死亡后一次性抚恤金标准;协助市财政审核补助发放市属 154家企业 629 名离休干部的“生活补贴”2500 万元;协调中润公司解决 15 名离休干部慰问金落实问题;协调市动物园解决 1 名离休干部住房面积不达标问题;协调市国资委、南宁肉联厂整体出售后 8 名离休干部安置服务管理和统筹外资金托管问题;协调解决南宁铁路局移交地方管理的 13 名离休干部参加南宁市医疗统筹事宜等。此外,市委、市政府将新建及改造门球场列为 2010 年为民办实事项目,由市财政投入 200 万元，在市老干部活动中心高标准新建及改造人造草皮门球场 5 个。市财政投入 25 万元,对市老干部活动中心和市老年大学进行维护和美化，维修粉刷室内外墙面 4000 多平方米、制作宣传简介 2000 份、文化长廊 200 平方米、宣传栏 3 面、学习园地 6 面、悬挂宣传图片 40 多幅、更换活动器材和消防器材一批,进一步完善“两个阵地”的功能。市委老干部局协调市财政局、市人力资源和社会保障局、市国资委等有关部门,研究解决市属企业离休干部春节慰问金、市属改制企业离休干部的特需经费和两年一次健康疗养费等统筹外经费，统一由市财政支付的问题，为老干部解决实际困难，也为城区老干部局接收市属改制企业离休干部工作创造有利条件。在全市老干部工作系统开展以“结对子、办实事、送温暖、创和谐、促发展”为主要内容,建设“亲情服务体系”专题活动,全年走访慰问 3500 多人次、探望病号 2000 多人次、生日祝寿 1000 多人次、提供帮助 1500 多人次,接待老干部来访 490 多人次、电话咨询 800 多个、来信 26 件。

（黄　飚）

党校工作

【概　况】 中共南宁市委党校（南宁市经济干部学院、南宁市行政学院、南宁市社会主义学院）是市委直接领导的培养党员领导干部和理论干部的学校，是党委的重要部门，是培训轮训党员领导干部的主渠道，是党的哲学社会科学研究机构。学校实行校务委员会领导体制,内设 17 个科室和机关党委:办公室、组织人事科、财务科、教务科、科研科、学员工作科、信息技术科、离退休人员工作科、基础理论教研室、党史党建教研室、管理学教研室、经济学教研室、法学教研室、行政学教研室、统战理论教研室、图书馆、后勤服务中心。2010 年，在编人员 129 人,其中专业技术人员 49 人(高级职称 10 人、中级职称 21 人)。

【教研基地建设】 2010 年，市委党校挖掘广西和南宁历史文化资源，以南宁改革发展中的先进典型和成功经验为核心内容，从中精选出具有代表性的单位作为教研基地，建立中共南宁历史教育基地、南宁市党性党风党纪教育基地、马山县白山镇民族村弄着屯党性锻炼基地、南宁—东盟经济开发区教学基地、上林县和横县教师(干部)挂职学习基地、百色市田东县巴麻村领导干部理想信念教育基地、百色市右江苏维埃政府旧址领导干部廉洁从政教育基地、百色市田东县百谷红军村爱国主义教育基地、百色市百色起义纪念馆革命传统教育基地以及中共南宁市委党校国税分校等 10 个基地 1 个分校。

【教育培训】 2010 年，市委党校加大培训力度,根据组织需要、单位需求和个人需求,坚持培训的针对性和层次性、实效性和可行性、理论性和实践性原则,积极推进干部教育培训改革创新。一是探索融研究式、案例式、体验式和讨论式教学于一体的新型教学模式,创建“十基地一分校”。开设百色“红色之旅”党性教育课堂,丰富党性教育的内容,把广西百色起义“红色之旅”教学活动打造成为全国红色资源党性教育精品课；马山县白山镇民族村弄着屯“三同”党性锻炼基地,强化党员的先锋意识、宗旨意识。二是制定集体备课制度，组织教师开展集体分析教学、制定专题教学计划、分解备课任务、反馈教学实践信息,群策群力,课程质量明显提高。三是制定首席讲师制度,推选优秀教师典型,以点带面,激励所有教师学习身边榜样。四是以“项目制”教学为载体,设计《突发事件应急处置》等 8 个教学急需的项目课程，适应不同的教学需要,实现学员主动学习、教师团队合作和教学内容创新的新转变。五是整合全国、自治区、市的优秀教学资源,建立合作机制,将国家级精品课、国内著名教授讲课纳入学校教学质量与教学改革工程,实现资源共享。六是培训班实行“半封闭式”、“全封闭式”、“准军事化” 和五级联动管理。“准军事化”管理聘现役军人用部队的好传统和作风严格要求学员，培养学员良好的纪律性。七是坚持以人为本,以方便学员为服务宗旨,为主体班实施“一站式服务”,为学员学习、生活创造良好环境。全年举办培训班 173 期,培训 8.85 万人次,其中,举办新任县处级领导干部、优秀年轻干部、党外人士科级年轻干部、少数民族干部等主体班 53 期 3.46 万人次，计划外培训班和会议 120 期 5.42 万人次。

【科研工作】 2010 年，市委党校以市情研究为重点，围绕南宁市经济社会发展和党员领导干部教育培训中的热点、难点问题,开展调查研究,深入分析问题。编印出版《南宁市市情研究报告》和《南宁县乡党校教学和管理体制改革实践与探索》两本著作,针对南宁市经济社会发展和县乡党校教学和管理体制改革中的一些深层次问题,提出建议和对策;完成课题 32 个,推出校级精品课题 12 个,其中受市发展改革委委托研究的《南宁市“十二五”规划实施保障及跟踪检查措施研究》课题研究成果受到市委、市政府重视;全年在省、市级以上公开刊物和出版社发表论文 31 篇；举办全市党校系统“推进学习型党组织模范单位建设”理论研讨会;出版《中共南宁市委党校学报》6 期,学报质量有明显提高,得到南宁社会各界好评。

【县(区)党校评估】 2010 年,市委党校继续深化县乡党校教学和管理体制改革，进一步做好县级党校办学水平达标评估工作。在上年武鸣、宾阳两县党校通过自治区组织部、自治区党校第一批县级党校办学水平达标评估检查验收基础上,市委党校分别对横县、隆安、马山、上林 4 个县级党校进行分类指导，检查核实评估材料、完善制度建设并实地察看培训基地，推动被评估单位不断改进工作。经自治区组织部、自治区党校第二批县级党校办学水平达标评估检查验收组评定,4 个县委党校通过评估。全市共有武鸣、宾阳、横县、马山 4 个县委党校被评为优秀等级。南宁市县级党校办学水平达标工作排在自治区前列。

（市委党校办公室）

南宁市人民代表大会

重要会议

【市第十二届人民代表大会第八次会议】2010年2月23~26日在南宁人民会堂举行。23日上午开幕，应出席代表503人，实到代表463人。南宁市选出的自治区第十一届人大代表，不是市人大代表的市委副书记，副市长，市委、市人大常委会、市人民政府副秘书长，市委各部、委、办、局主要负责人，市各人民团体主要负责人，市级双管及有关单位主要负责人，市人大及其常委会各部门处级干部，市政府各委、办、局主要负责人，市中级人民法院副院长，市人民检察院副检察长共176人列席，大会主席团由68人组成。主席团第一次会议推定车荣福、谢寿堂、周红波、翟宗华、朱育兆、胡建华、邓金玉、雷应敏、吴炜、刘南生、卢丽芬、赖贵寿、邓其新、卫自光为大会主席团常务主席。大会秘书长由刘南生兼任。会议听取和审议市政府工作报告；审查、批准市2009年国民经济和社会发展计划执行情况的报告与2010年国民经济和社会发展计划；审查市和市本级2009年预算执行情况的报告与2010年预算草案，批准市本级2009年预算执行情况的报告与2010年预算；听取和审议市人大常委会工作报告、市中级法院工作报告、市检察院工作报告。会议作出《关于政府工作报告的决议》、《关于南宁市2009年国民经济和社会发展计划执行情况与2010年国民经济和社会发展计划的决议》、《关于南宁市和市本级2009年预算执行情况和2010年预算的决议》、《关于南宁市人民代表大会常务委员会工作报告的决议》、《关于南宁市中级人民法院工作报告的决议》、《关于南宁市人民检察院工作报告的决议》。审议通过《南宁市制定地方性法规规定》。会议期间，代表提出议案93件；市长及有关部门负责人听取代表的意见和建议后，副市长和有关部门负责人到各代表团听取意见。大会依照法律程序，以无记名投票方式，补选刘雄为市人大常委会副主任，朱亚明、李黄勋、徐晓光为市人大常委会委员，周腾为市中级人民法院院长，黄建波为市人民检察院检察长；表决通过钟建国为法制委员会主任委员。自治区党委常委、市委书记车荣福在闭幕式上讲话。

【市第十二届人民代表大会常务委员会会议】2010年共召开9次会议。

第30次会议　1月13日在市人大常委会会议厅召开。市人大常委会主任谢寿堂主持。会议审议通过关于召开市十二届人大八次会议的决定和关于市十二届人大八次会议列席人员的决定。听取和审议市中级人民法院关于市十二届人大七次会议代表建议、批评和意见办理工作情况的报告。作出《关于接受莫建芳同志辞去南宁市中级人民法院院长职务的请求的决定》、《关于接受马日梧同志辞去南宁市人民检察院检察长职务的请求的决定》、《关于周腾同志代理南宁市中级人民法院院长职务的决定》、《关于黄建波同志代理南宁市人民检察院检察长职务的决定》。通过有关人事任免事项。

第31次会议　2月9~10日在市人大常委会会议厅召开。市人大常委会主任谢寿堂主持。会议审议通过市人大常委会工作报告（草案）、市人大常委会2010年工作要点（草案）、市人大常委会2010年监督工作计划（草案）、市人大常委会代表资格审查委员会关于南宁市第十二届人民代表大会个别代表的代表资格审查的报告、市十二届人大八次会议议程（草案）和市十二届人大八次会议主席团和秘书长名单（草案），听取市人大常委会办公厅关于市十二届人大八次会议筹备工作情况的报告。通过有关人事任免事项。

第32会议　3月25~26日在市人大常委会会议厅召开。市人大常委会主任谢寿堂主持。会议听取和审议市政府关于市农业生产安排和春耕生产情况的报告以及市人大常委会调查组的调查报告；审议《南宁市户外广告设置管理条例（修订草案）》、《南宁—东盟经济开发区条例（草案）》；市人大常委会办公厅关于市十二届人大八次会议期间各代表团审议常委会工作报告提出的意见建议办理情况的报告。作出《关于今年我市农业生产安排和抓好当前春耕生产的决议》、关于通过《南宁市户外广告设置管理条例》的决定和关于通过《南宁—东盟经济开发区条例》的决定。通过有关人事任免事项。

第33次会议　4月22日在市人大常委会会议厅召开。市人大常委会主任谢寿堂主持。会议听取和审议市政府关于提请审议授予安娜·卡珠穆罗·蒂贝琼卡博士南宁市荣誉市民称号的议案及市人大民侨外事宗教委员会的审议结果报告；市中级人民法院关于行政审判工作情况报告及市人大内务司法委员会的调查报告；市人大农业委员会关于市十二届人大八次会议第18号代表议案审议结果的报告。作出《关于准予授予安娜·卡珠穆罗·蒂贝琼卡博士南宁市荣誉市民称号》和《关于市十二届人大八次会议第18号代表议案的决定》。

第34次会议　5月18~21日在市人大常委会会议厅召开。市人大常委会主任谢寿堂主持。会议听取和审议市政府关于南宁市2010年为民办实事项目的报告、关于提请审议将中国银行教育基建项目3亿元贷款偿还资金列入市本级财政预算的议案；市人大有关专门委员会关于市十二届人大八次会议第1、7、15、16、19、46、61、71、75、79、83号等代表议案的审议结果报告；市政府关于实施《中华人民共和国气象法》和《南宁市环境噪声污染防治条例》的情况报告和市人大常委会执法检查组的检查报告；审议《南宁市城市桥梁管理条例（草案）》、《南宁市特种行业治安管理条例（草案）》、《南宁市志愿服务条例（草案）》；审议市政府关于提请审议废止《南宁市道路货物运输管理条例》、《南宁市城市房屋拆迁管理办法》、《南宁市邮政管理条例》、《南宁市城镇企业从业人员养老保险条例》、《南宁市职工失业保险条例》等5件地方性法规。作出关于同意市政府将中国银行教育基建项目3亿元贷款偿还资金列入市本级财政预算的决定；关于通过《南宁市城市桥梁管理条例》的决定；关于废止《南宁市道路货物运输管理条例》等5件地方性法规的决定。分别作出关于市十二届人大八次会议第1、7、15、61、16、75号代表议案的决定和关于市十二届人大八次会议第19、46、71、79、83号代表议案的处理意见。通过有关人事任命事项。

第35次会议　7月26~28日在市人大常委会会议厅召开。市人大常委会主任谢寿堂主持。会议听取和审议市政府关于市2010年上半年国民经济和社会发展计划执行情况的报告、关于市2010年上半年预算执行情况的报告、2009年市本级决算草案的报告、2009年市本级预算执行和其他财政收支情况审计工作的报告，以及市人大财经委关于2009年市本级决算草案的审查报告、关于生活、建筑垃圾实施密闭化运输工作情况的报告及市人大城建环保委的调查报告、关于实施职业教育攻坚计划完成情况的报告和市人大教科文卫委的调查报告、《关于提请审议南宁市生态市建设规划(2010~2020年的议案)》、《关于提请审议南宁市国家科技进步示范市建设发展规划(2010~2012年的议案)》,审议市人大法制委关于《南宁市人民代表大会常务委员会关于审判机关、检察机关工作人员任前法律知识考试办法》、市检察院关于《报请许可采取强制措施报告书》。会议对《南宁市城市园林绿化条例(草案)》进行第二次审议,对《南宁市志愿服务条例(草案)》进行第三次审议。作出关于批准2009年南宁市本级决算的决议,关于通过《南宁市人民代表大会常务委员会关于审判机关、检察机关工作人员任前法律知识考试办法》的决定,关于通过《南宁市志愿服务条例》的决定,关于批准《南宁市生态市建设规划(2010~2020年)》的决定,关于批准《南宁市国家科技进步示范市建设发展规划(2010~2012年)》的决定,关于许可市人民检察院对蒙福强、韦波采取强制措施的决定,关于接受潘和钧辞去市人民政府副市长职务的请求的决定。通过有关人事任免事项。

第36次会议　9月19~21日在市人大常委会会议厅召开。市人大常委会主任谢寿堂主持。会议听取和审议市政府关于住房公积金管理工作情况的报告及市人大常委会专项工作评议调查组的调查报告、关于实施《中华人民共和国企业国有资产法》的情况报告和市人大常委会执法检查组的检查报告、关于提请审议将南宁市快环路桥投资有限责任公司40亿元融资租赁业务的偿还资金列入同期市本级财政预算的议案、关于提请审议设立南宁慈善日的议案、关于《南宁市爱国卫生管理条例(草案)》、关于修改《南宁市献血条例》的决定(草案)的说明和市人大教科文卫委的审议报告,市人大常委会地方性法规清理工作领导小组关于地方性法规清理工作的报告,对《南宁市特种行业治安管理条例(草案)》进行第三次审议。作出关于市住房公积金管理工作专项评议的决议、关于同意市人民政府将市快环路桥投资有限责任公司40亿元融资租赁业务的偿还资金列入同期市本级财政预算的决定、关于将每年6月6日设立为南宁慈善日的决定、关于通过《南宁市特种行业治安管理条例》的决定、关于批准市人大常委会地方性法规清理工作领导小组《关于地方性法规清理工作的报告》的决定、关于废止《南宁市人民警察巡察条例》等3件地方性法规的决定、关于修改《南宁市暂住户口管理条例》等5件地方性法规的决定。通过有关人事任免事项。

第37次会议　10月18日在市人大常委会会议厅召开。市人大常委会主任谢寿堂主持。会议审议市政府《关于提请审议授予洛林·派芬奇女士等8位国(境)外友好人士南宁市荣誉市民称号的议案》以及市人大民侨外事宗教委的审议结果报告。作出关于批准授予洛林·派芬奇女士等8位国(境)外友好人士南宁市荣誉市民称号的决定。

第38次会议　12月21~24日在市人大常委会会议厅召开。市人大常委会主任谢寿堂主持。会议听取和审议市政府关于实施新型农村合作医疗工作情况的报告和市人民检察院作的关于公诉工作情况的报告,以及市人大常委会两个专项工作评议调查组的调查报告,并在全体会议上对该两项工作进行满意度测评;听取和审议市人民政府关于2010年市本级预算调整方案的报告及市人大财经委的审查报告,关于办理市十二届八次会议以来代表建议、批评和意见的情况报告及市人大常委会选举联络工作委员会的检查报告,关于实施《中华人民共和国档案法》的情况报告及市人大常委会执法检查组的检查报告,审议《南宁市公共餐饮卫生管理条例》和《南宁市献血条例》2个法规草案,书面审议全国、自治区和南宁市人大代表各视察组的视察报告。作出《关于市人民政府实施新型农村合作医疗工作情况专项评议的决议》、《关于市人民检察院关于公诉工作专项评议的决议》、《关于批准2010年市本级预算调整方案的决定》、《关于召开南宁市第十二届人民代表大会第九次会议的决定》、《关于南宁市第十二届人民代表大会第九次会议列席人员的决定》、《关于接受韩艳斌辞去南宁市第十二届人民代表大会常务委员会委员的请求的决定》。通过有关人事任免事项。

重大活动

【执法检查】 2010年,市人大常委会共组织开展执法检查4次。

《气象法》实施检查　4月19~21日,市人大常委会副主任赖贵寿带领执法检查组,对贯彻实施《气象法》的情况进行检查。检查组听取市政府及横县、上林、邕宁等县(区)的汇报,深入横县、上林、宾阳、邕宁等县(区)的气象探测基地、农村公共气象服务点、人工增雨发射点、自动气象站等气象单位和服务点进行实地检查。检查组认为市政府及气象部门认真贯彻《气象法》,依法履行各项职能,加大资金投入,加强基础设施建设,不断提高服务保障能力和防灾减灾能力,为促进市经济社会发展和保障人民群众的生产生活,发挥重要作用,但存在对《气象法》的宣传深度和广度不够,气象灾害应急响应体系不完善,城市建设的发展与保护气象探测环境的矛盾日益突出等问题。检查组提出改进意见和建议,并将检查情况向常委会第34次会议报告。

《南宁市环境噪声污染防治条例》实施检查　4~5月,市人大常委会副主任卫自光带领执法检查组,对贯彻实施《南宁市环境噪声污染防治条例》的情况进行检查。检查组在学习、理解该条例的立法精神后,听取市环保局、公安局等有关职能部门的汇报,召开座谈会,实地视察市应急联动中心,在"12369"投诉台接听群众关于噪声污染的投诉,对投诉意见较集中的娱乐场所和夜市进行检查。检查组认为市政府和有关部门认真贯彻实施条例,把环境噪声污染防治作为环境治理的重要工作,开展环境噪声污染防治宣传,加大执法力度,采取有效的专项整治措施,不断强化对噪声源监管,做到防治结合,使全市声环境质量保持在较好水平,达到国家考核指标要求,但存在噪声污染防治宣传和执法力度不够,城市功能区规划未能很好执行,噪声污染防治投入不足等较突出问题。检查组提出改进意见和建议,并将检查情况向常委会第34次会议报告。

《企业国有资产法》实施检查　8月18日至9月2日,市人大常委会副主任赖贵寿带领执法检查组,对贯彻实施《企业国有资产法》的情况进行检查。检查组听取市政府和横县、邕宁区的汇报,召开市国资委、工信委、财政局以及南宁化工集团有限公司等9个部门、单位的座谈会,深入南宁振宁资产经营有限责任公司、南宁百货大楼股份有限公司等8个企业进行实地检查。检查组认为,市各级政府及有关部门认真学习宣传和贯彻《企业国有资产法》,依法履行职责,建立国资监督管理工作制度,努力实现国有资产保值增值;采取有效措施,深化国有企业改革，防止国有资产流失等都取得较好成效，但存在宣传《企业国有资产法》的力度和深度不够；构建国有企业监管机制步伐不快；国有经济环境不够好，部分国有企业经营下滑；困难企业改革推进难度大等问题。检查组提出改进意见和建议，并将检查情况向常委会第36次会议报告。

《档案法》实施检查 10月中旬，市人大常委会副主任卢丽芬带领执法检查组，对贯彻实施《档案法》的情况进行检查。检查组在听取市政府的汇报；召开市编委、财政局、档案局等部门的座谈会；在各县（区）和有关部门进行自检自查的基础上，深入隆安县、江南区、市地税局、水利局、城市建设投资发展总公司和市第三十三中学等县（区）和有关部门、单位，对档案保管场所和保管条件进行实地检查。检查组认为，市政府和有关部门认真贯彻实施《档案法》，把档案事业列入国民经济与社会发展计划；加大档案宣传工作力度；档案机构设置合理，档案业务建设取得显著成效，使市档案事业的发展一直走在自治区前列，但存在档案馆（室）建设明显滞后，档案管理设备配套不足，档案专项经费严重短缺，档案信息化建设亟待加强和档案行政执法管理主体、人员编制等有待理顺等问题。检查组提出改进意见和建议，并将检查情况向常委会第38次会议报告。

【“两个100”活动】 2010年5~12月，市人大常委会组织部分常委会组成人员和市人大代表，开展对全市100家重点企业和100个重大投资项目大参与、大支持、大监督活动。“两个100”活动有420名市人大代表参加，召开各种座谈会134次，形成调研报告20份，梳理出困扰企业发展和项目建设的突出问题206个，提出解决问题的意见和建议146条，其中已经得到解决的问题和困难102个，推动重大项目建设和企业发展。

【代表视察】 2010年12月6~10日，市人大常委会组织有10名全国人大代表，70名自治区人大代表，100名市人大代表组成人大代表视察团，分6个视察组对市政府为民办实事项目完成情况和“两个100”活动发现问题的处理落实情况进行视察。活动结束，各视察组形成视察报告6份，提出建议86条。并向常委会第38次会议作书面报告。

第一视察组在常委会主任谢寿堂和副主任刘南生带领下，深入市民政局、市福利院、市第五医院，市第一、第四看守所，市五丰食品有限公司、隆安华侨管理区等，听取有关部门汇报、召开座谈会、实地察看和走访残疾人家庭。第二视察组在常委会副主任卢丽芬带领下，到新民族影城工地、市六职校仙葫校区、马山县和上林县县医院免费婚前医学检查点、马山县古寨瑶族乡和上林县镇圩瑶族乡中心小学教师周转房工地及民族乡的基础设施完善工程和村级公共服务中心工地、市区三个住宅小区配套建设的小学幼儿园、市科技馆及市第四医院艾滋病治疗中心工地、市疾控中心等进行实地视察。第三视察组在常委会副主任赖贵寿带领下，听取市工业和信息化委关于工业振兴攻坚战、产业园区建设攻坚战的工作情况汇报；市交通运输局关于交通基础建设完善攻坚战和为民办实事项目完成情况汇报；听取市人力资源和社会保障局、商务局、中级法院、国土局、横县政府等18个县（区）政府、市直部门和“两个100”活动有关企业及项目业主的汇报；深入武鸣、江南、青秀、西乡塘、良庆等县（区）实地视察。第四视察组在常委会副主任邓其新带领下，对市政府为民办实事项目之一的凤岭儿童公园建设工程项目实施情况和“两个100”活动的广西梦之岛百货有限公司、广西南宁石油销售公司等4家重点企业，南宁国际综合物流园等5个重点项目进行视察。第五视察组在常委会副主任卫自光的带领下，对市政府为民办实事有关城建环保方面项目的落实情况和“两个100”活动的相关项目进行视察。听取市住房保障和房产管理局、园林局、城乡建设委、城管局、环保局关于为民办实事项目落实情况汇报；实地视察青山路南湖隧道连接线工程、民歌湖工程、埌东污水处理厂三期工程、体育休闲公园、李宁体育公园等14个项目工地，并在项目工地现场听取南宁建宁水务投资集团、桂台房地产公司等6家重点企业的汇报。第六视察组在常委会副主任刘雄带领下，对市政府为民办实事项目“修建贫困村和革命老区通屯道路200千米，解决4.50万人行路难问题”和开展“五场攻坚战”以及“两个100”活动有关企业和项目进行视察。听取市发展改革委、扶贫办、固投办、财政局等部门的汇报，深入上林、马山县实地视察通屯道路及独立桥的建设情况；对“两个100”活动的广西百大丝绸集团有限公司、广西格霖农业科技发展有限公司等重点企业和银海大道拓宽工程、北湖北路延长线工程、城市轨道交通工程、凤岭佳园等重点项目进行视察。通过视察，进一步了解市政府为民办实事建设工程项目完成情况以及开展“五场攻坚战”和“两个100”活动取得的成效和存在问题，并提出改进意见和建议。

【专项工作评议】 2010年，市人大常委会共组织开展专项工作评议3次。

市政府公积金管理工作专项评议 7月20日，常委会召开住房公积金管理专项工作评议动员会。8月17~23日，常委会副主任赖贵寿带领调查组听取市政府和横县、宾阳、良庆等县（区）政府以及有关部门关于住房公积金管理工作情况的汇报；召开座谈会，听取部分人大代表、企事业单位干部职工代表的意见和建议；实地视察横县经济适用住房和廉租房项目工程建设情况，并进行问卷调查。9月20日，常委会第36次会议听取和审议市政府关于住房公积金管理工作情况的汇报及调查组的调查报告，对该项工作进行满意度测评，并作出《关于我市住房公积金管理工作专项评议的决议》。

市政府实施新型农村合作医疗工作专项评议 9月29日，常委会召开新农合专项工作评议动员会。11月1~4日，常委会副主任卢丽芬带领调查组听取市政府和市卫生局、财政局、民政局、编制办等有关部门关于实施新农合情况的汇报；深入武鸣、马山、青秀、西乡塘等县（区）召开座谈会，听取部分人大代表、县（区）有关部门干部职工、基层医疗卫生人员和部分参加新农合的农民的意见和建议，实地视察部分县、乡、村的新农合医疗点和资金缴存与支付经办点，并进行问卷调查。12月23日，常委会第38次会议听取和审议市政府关于实施新农合情况的汇报及调查组的调查报告，对该项工作进行满意度测评，并作出《关于市人民政府实施新型农村合作医疗工作情况专项评议的决议》。

市人民检察院公诉工作专项评议 9月29日，常委会副主任刘南生带领专项工作评议调查组，在市检察院召开评议动员会并听取市检察院关于2008年以来公诉工作情况的专题汇报，随后深入武鸣县、兴宁区检察院听取汇报，并分别召开部分人大代表、政协委员、市中级法院刑事审判人员、公安局刑侦人员及律师的座谈会，听取相关部门对公诉工作的意见和建议；向350名市、县（区）、

乡镇人大代表、机关和企事业干部及群众发放调查问卷，征求意见和建议，全面开展专项工作评议调查。市人大常委会第38次会议在听取市人民检察院的汇报和评议调查组的调查报告，进行民主测评，并作出《关于市人民检察院公诉工作专项评议的决议》。

【专题调研】 2010年，市人大常委会向“一府两院”提交专题调研报告20份。5~12月，市人大常委会结合开展“两个100”活动，组织各专委深入市重点企业和重点项目一线，开展专题调研，了解企业生产经营和重点项目推进中遇到的难题，帮助企业和项目业主排忧解难。市人大内务司法委员会还就市行政审判工作情况，组织部分常委会委员，到宾阳县法院和良庆区法院听取汇报，召开座谈会，形成专题调研报告，并向常委会第33次会议报告。各专门委员会结合工作实际进行专题调研，作出调研报告，为“一府两院”改进工作，解决群众关心的热点难点问题，提出意见和建议。

【代表议案与建议办理】 2010年，市十二届人大八次会议10人以上代表联名提出的议案93件，其中决定将12件交有关专门委员会闭会后调查和审议，经市人大常委会审议作出决定的代表议案有7件，分别为：郑扬生等16名代表提出关于振兴市粤、邕剧文化事业的议案（第1号）、罗山宁等16名代表提出关于要求尽快建设市餐厨垃圾处理厂的议案（第7号）、关于加快实施城市建筑垃圾密闭化运输管理的议案（第15号）、谭巧矛等10名代表提出关于消除市房地产建筑弃土造成环境隐患的议案（第61号）、韩东胜等11名代表提出关于制定市公园管理条例的议案（第16号）、韩东胜等11名代表提出关于大力扶持农民专业合作社发展的议案（第18号）、黄兰夫等11名代表提出关于扶持乡镇圩亭市场建设的议案（第075号）。在市十二届人大八次会议上，代表提出建议共200件（含议案转建议86件）。至11月30日，代表提出的建议已全部处理完毕并答复提出建议的代表。代表建议所提问题已经解决或基本解决的有58件。所提问题正在解决或已列入计划逐步解决的有99件，所提问题因条件限制或其他原因需待以后解决的有43件。共收回意见卡466份，其中代表对办理结果表示满意的有326件，基本满意的136件（含6件不满意，经过再次办理已表示基本满意），不满意的4件。闭会期间收到代表建议27件，已处理完结并答复代表22件。

【人事任免】 2010年，市人民代表大会依法补选常委会副主任1人、委员3人，补选市中级人民法院院长和市人民检察院检察长，表决通过市人大法制委员会主任委员。常委会依法任免国家机关工作人员193人次（任命116人，免职77人）。其中：人大机关21人次（任命6人，接受辞职7人，免职8人）；政府系统43人次（任命29人，接受辞职3人，免职11人）；法院系统83人次（任命49人，接受辞职1人，免职33人）；检察系统46人次（任命32人，接受辞职2人，免职12人）。 （黄世邕）

5月24日，市人大常委会主任谢寿堂（中）到南南铝业股份有限公司开展专题调研
市人大常委会办公厅提供

2010年市人大常委会任免人员情况

时 间	会 议	姓 名	任、免、辞职务
1月13日	第30次会议	莫建芳（女）	辞市中级法院院长
		马日梧（壮族）	辞市检察院检察长
		周 腾	任市中级法院审判员、审判委员会委员、副院长、代理院长
		黄建波（壮族）	任市检察院检察员、检察委员会委员、副检察长、代理检察长
		范 力	任市政府副市长
		肖志钢	任市政府副市长
		陈世平	任市工业和信息化委员会主任
		马南萍（女）	任市人力资源和社会保障局局长
		高 新（壮族）	任市城乡建设委员会主任
		杨玉山	任市城市管理局局长
		冯炳浩	任市住房保障和房产管理局局长
		李 耕	任市交通运输局局长

续表

时　间	会　议	姓　名	任、免、辞职务
1月13日	第30次会议	陈晓玲(女)	任市文化新闻出版局局长
		彭　明	任市食品药品监督管理局局长
		魏永泉	任市广播电影电视局局长
		梁桦中	任市体育局局长
		陈威华	任市林业局局长
		李伟时	任市投资促进局局长
		黄菊如(女、壮族)	任市外事侨务办公室主任
		邱全芳	任市人民防空办公室主任
		覃思源(壮族)	任市扶贫开发办公室主任
		钱　健	任市城乡数字化建设办公室主任
		陈景光	任市中级人民法院审判员
		许志芳(女、壮族)	任市人民检察院检察员
		陈　竑	免市城市管理局局长
		井穗军	免市体育局局长
		钟畅姿(女、水族)	免市人民检察院检察员、检察委员会委员、副检察长
		许桂森	免市人民检察院检察员
		范桂平	免市茅桥地区人民检察院检察员
2月10日	第31次会议	肖莺子(女、壮族)	辞市政府副市长
		苏德明	辞市第十二届人大常委会委员
		李永耀(壮族)	辞市第十二届人大常委会委员
		陈　尧(女、壮族)	辞市第十二届人大常委会委员
		冯　山	辞市第十二届人民代表大会常委会委员、法制委主任委员职务终止
		吕　洁(女)	任市政府副市长
		谢世师	任市大常委会办公室副主任
		黄　芳(女)	任市中级人民法院审判员、审判委员会委员、副院长
		侯秉宇	任市中级人民法院审判委员会委员
		黄德标	任市中级人民法院审判委员会委员
		李道清	任市中级人民法院审判委员会委员
		韩　民	任市中级人民法院审判员
		梁秋娟(女)	任市中级人民法院审判员
		蒋鸣霄	任市中级人民法院审判员
		黄　蔚(女、壮族)	任市中级人民法院审判员
		龙锦华(壮族)	任市人民检察院检察员、检察委员会委员,批准辞横县人民检察院检察长
		方　良	任市人民检察院检察员、检察委员会委员,批准辞上林县人民检察院检察长
3月26日	第32次会议	刘长林	辞市政府副市长
		徐晓光	任市人大常委会法制工作委员会主任、免市第十二届人大法制委员会副主任委员
		钟建国	免市人大常委会法制工作委员会主任
		刘　炫	任市中级法院审判员
		李　秋	免市中级法院执行庭庭长
		刘维寿	免市中级法院审判员
		林中材(壮族)	免市中级法院审判员
		兰宗坚(壮族)	免市中级法院审判员
		王少华	批准任横县检察院检察长
		姜学庆	批准任上林县检察院检察长
5月21日	第34次会议	佘桂华	任市第十二届人大教育科学文化卫生委员会副主任委员
		农　冰(壮族)	任市发展和改革委员会主任、免市环境保护局局长
		蓝树源(壮族)	任市司法局局长
		杨　敏(女)	任市环境保护局局长

续表

时　间	会　议	姓　名	任、免、辞职务
5月21日	第34次会议	刘　雄(壮族)	免市发展和改革委员会主任
		覃宾生(壮族)	免市司法局局长
		韦光标(壮族)	任市中级法院审判员、审判委员会委员、执行庭庭长
		黄健修	免市中级法院审判员
		李道清	任市中级法院民事审判第一庭庭长、免市中级法院行政审判庭庭长
		白　勇(壮族)	任市茅桥地区检察院检察长、辞西乡塘区检察院检察长
		易燕平(女)	任市检察院检察委员会委员、免市茅桥地区检察院检察长
		黄朝科(壮族)	免市检察院检察委员会委员
7月28日	第35次会议	潘和钧	辞市政府副市长
		丁善军	免市第十二届人大财政经济委员会副主任委员
		王　莹(女)	任市中级法院审判员、立案庭庭长
		黄飞雁(女)	任市中级法院刑事审判第一庭庭长、免市中级法院刑事审判第二庭副庭长
		侯粟宁	任市中级法院刑事审判第二庭庭长、免市中级法院刑事审判第一庭庭长
		施善兵(壮族)	任市中级法院审判员、行政审判庭庭长
		刘凤桃(女、壮族)	任市中级法院立案庭副庭长
		梁世平	任市中级法院立案庭副庭长
		文　莲(女)	任市中级法院刑事审判第一庭副庭长
		赵秀贞(女、壮族)	任市中级法院刑事审判第二庭副庭长
		覃健勇	任市中级法院刑事审判第二庭副庭长
		覃国雄	任市中级法院民事审判第一庭副庭长
		付　浩	任市中级法院民事审判第一庭副庭长
		吴　骁	任市中级法院民事审判第二庭副庭长
		张志基	任市中级法院民事审判第二庭副庭长
		蒙文琦(女、壮族)	任市中级法院民事审判第三庭副庭长
		胡桂全	任市中级法院民事审判第三庭副庭长
		陆力宁(壮族)	任市中级法院行政审判庭副庭长、免市中级法院民事审判第一庭副庭长
		张　茹(女、满族)	任市中级法院审判员、行政审判庭副庭长
		闭燕华(女)	任市中级法院审判监督庭副庭长
		周　军(女)	任市中级法院执行庭副庭长
		冯彦波(壮族)	任市中级法院执行庭副庭长
		庞　丽(女)	任市中级法院审判员
		谢林伶	任市中级法院审判员
		傅朝霞(女)	任市中级法院审判员
		班进斌	任市中级法院审判员
		邓　杰(壮族)	任市中级法院审判员
		覃尹柔(女、苗族)	任市中级法院审判员
		曾晓东(壮族)	任市中级法院审判员
		姚　英(女、壮族)	免市中级法院立案庭庭长
		黎立球	免市中级法院刑事审判第二庭庭长
		李　燕(女)	免市中级法院民事审判第一庭庭长
		杜　昱(女)	免市中级法院立案庭副庭长
		王世忠	免市中级法院刑事审判第二庭副庭长
		李志伟(壮族)	免市中级法院民事审判第二庭副庭长
		周燕萍(女)	免市中级法院民事审判第三庭副庭长
		宋桂芬(女)	免市中级法院审判员、民事审判第三庭副庭长
		陈丽蓉(女、壮族)	免市中级法院行政审判庭副庭长
		林有坤	免市中级法院行政审判庭副庭长
		潘伟坚(壮族)	免市中级法院审判监督庭副庭长

续表

时　间	会　议	姓　名	任、免、辞职务
7月28日	第35次会议	王小萍(女)	免市中级法院执行庭副庭长
		农　峰(壮族)	免市中级法院审判员
		蒋铧毅	免市中级法院审判员
		林世雄	任市检察院副检察长、检察委员会委员、检察员
		许培贵	任市检察院检察员
		刘军辉	任市检察院检察员
		黄红英(女、壮族)	任市检察院检察员
		王晓春(女)	任市检察院检察员
		邓若纳	任市检察院检察员
		朱　毅	任市检察院检察员
		宁　宇	任市检察院检察员
		谢少先	任市检察院检察员
		林俊杰	免市检察院检察员
		钟　良(壮族)	免市检察院检察员
9月21日	第36次会议	郭学群	任市人大常委会副秘书长
		严景平	任市人大常委会调查研究室副主任
		孙佑毅	任市人大常委会法制工作委员会副主任
		陆振强(壮族)	免市人大常委会副秘书长
		韦秉中(壮族)	免市人大常委会副秘书长
		麦春富	免市人大常委会调查研究室副主任
		覃维志(壮族)	免市人大常委会法制工作委员会副主任
		陆新恩	免市中级法院审判员、审判委员会委员
		覃永春(壮族)	免市中级法院审判员
		廖宝萍(女、壮族)	免市中级法院审判员
		张　宏(女)	任市检察院检察员
		李　剑	任市检察院检察员
		韦一竟(壮族)	任市检察院检察员
		陈　峰	任市检察院检察员
		杨靖凯	任市检察院检察员
		朱　琳(女、壮族)	任市检察院检察员
		颜晓兰	任市检察院检察员
		刘　琳	任市检察院检察员
		韦海平(壮族)	任市检察院检察员
		黄建锋	任市检察院检察员
		梁雅蕾(女)	任市检察院检察员
		米潇玲(女)	任市检察院检察员
		梁　飞	任市检察院检察员
		宋　萍(女)	任市检察院检察员
		王弘斌	任市检察院检察员
		李大军	免市检察院检察员
		李带凤(女)	免市检察院检察员
12月24日	第38次会议	韩艳斌(女、壮族)	辞市第十二届人大常委会委员
		施扬汉(壮族)	免市人大常委会调查研究室主任
		唐轶昂(女)	任市政府副市长
		施日全(壮族)	任市教育局局长
		佘仲远	任市监察局局长
		蒙文虎(壮族)	任市文化新闻出版局局长
		夏　成	任市安全生产监督管理局局长

续表

时 间	会 议	姓 名	任、免、辞职务
12月24日	第38次会议	黄南方(壮族)	任市统计局局长、免市安全生产监督管理局局长
		覃善开(壮族)	任市粮食局局长
		夏建军	免市教育局局长
		王艳珍(女、壮族)	免市监察局局长
		陈晓玲(女)	免市文化新闻出版局局长
		谢小萍(女、壮族)	免市统计局局长
		蒙祝宁(壮族)	免市粮食局局长
		李 虹(女、满族)	任市中级法院审判监督庭庭长、免市中级法院民事审判第一庭副庭长
		梁锦康	任市中级法院刑事审判第一庭副庭长、免市中级法院刑事审判第二庭副庭长
		刘振华	任市中级法院刑事审判第二庭副庭长、免市中级法院刑事审判第一庭副庭长
		罗 斌	任市中级法院刑事审判第二庭副庭长、免市中级法院刑事审判第一庭副庭长
		蒙恪民	任市中级法院刑事审判第一庭副庭长、免市中级法院民事审判第二庭副庭长
		李 涛	任市中级法院刑事审判第一庭副庭长
		李星林	任市中级法院审判员、刑事审判第一庭副庭长
		梁 豫(壮族)	任市中级法院审判员
		陈 健	任市中级法院审判员
		谭 萍(女)	免市中级法院审判监督庭庭长
		农杏雪(女)	免市中级法院刑事审判第一庭副庭长
		何茂福	免市检察院检察员
		周炳亮	免市检察院检察员
		雷善源	免市检察院检察员

南宁市人民政府

重要会议

【政府常务会议】 2010年，市政府召开常务会议28次，审议议题225个，确定事项225个。审定的事项主要有：宾阳百合水库除险加固工程主坝高喷灌浆施工质量问题调查处理意见，应急联动系统升级改造项目系统布局方案，与中房集团签定利用社会资金投资建设拆迁安置房相关协议，《南宁市收回国有土地使用权管理办法(暂行)》，南宁肉类联合加工厂改制相关问题，经济适用住房新旧政策衔接问题，《南宁市政府信息发布协调制度》，《关于整体保护和利用金狮巷民居群的初步工作方案》，《关于加快乡镇规划区绿化工作的意见》，《南宁市廉租住房保障资金管理办法》，《南宁市城市房屋拆迁行政裁决规定》，《南宁市清理化解农村义务教育债务计划》，《南宁市处置非法集资联席会议制度》，《南宁市区域性商贸基地建设规划》、《南宁市区域性物流基地建设规划》、《南宁市区域性加工制造基地建设规划》、《南宁市区域性交通枢纽中心建设规划》、《南宁市区域性金融中心建设规划》，规划建设南宁机械制造产业园问题，南宁住房公积金管理中心铁路分中心项目，《南宁市艾滋病职业暴露专项资金管理暂行规定》，《南宁历史文化丛书》(第二辑)编纂工作方案，《关于我市国有企业和改制企业退休人员未列统筹费问题的处理意见》，南宁市成品油价格和税费改革人员安置工作方案，邕江大学新校区项目建设资金筹措有关问题，执行城镇生活垃圾处理费第三步标准与征收方式改革同步进行问题，《南宁市烟花爆竹产业发展规划(2009~2012年)》，南宁市公交企业财政补贴，《南宁市2010年经济发展主要工作目标责任分解表》和《南宁市2010年全社会固定资产投资工作目标部门责任分解表(按行业分)》，《南宁市邕江河段网箱养鱼规划(2010~2014)》，暂停举办第七届南宁国际龙舟邀请赛问题，《南宁市被征地农民就业培训和社会保障暂行办法》，《南宁市节能减排专项资金安排和使用管理暂行办法》，第三批南宁市级非物质文化遗产代表作名录及第二批非物质文化遗产项目代表性传承人名单，将企业中小学内退人员及提前退休教职工纳入事业单位管理问题，推荐南宁多声部民歌等30个项目申报第三批自治区级非物质文化遗产问题，《2010年南宁市城市防洪应急预案》和《2010年南宁市洪涝灾害应急预案》，2010年南宁市教育基础设施建设项目投资计划和将邕江大学新校区建设项目增列入2010年教育基建计划问题，废止《南宁市已出让工业仓储用地改变为经营性用地若干规定》和《南宁市人民政府关于修改〈南宁市已出让工业仓储用地改变为经营性用地若干规定〉的决定》，《南宁市中长期(2011~2020)财源建设若干重大问题研究》课题经费问题，2010年南宁市资助社会科学研究项目，市城区已接收的国有企业中小学校教职工绩效工资兑现问题，《南宁市中小企业信用担保机构风险补偿资金管理办法》，关于授权市工商联作为全市性社会团体业务主管单位之一问题，南宁市申报“无烟城市——盖茨中国烟草控制项目”，修改《南宁市税收属地管理若干规定(试行)》，南宁市2010年社会科学重大重点课题研究方案，《2011年南宁蓝皮书》编撰工作方案，《南宁市门牌管理规定》，《关于提高城镇居民基本医疗保险待遇水平有关问题的通知》，《关于提高城镇职工基本医疗保险待遇水平有关问题的通知》，《南宁市小企业贷款风险补偿专项资金管理暂行办法》，《南宁市城市和国有工矿棚户区改造规划(2010~2013年)》、《南宁市2010~2012年保障性住房建设规划》,广西绿城水务股份有限公司国有股权设置及管理问题,《关于加快经济发展方式转变的决定》,《南宁市快环路桥投资有限责任公司售后回租融资方案》,《南宁市创建国家环境保护模范城市规划》,《关于进一步开展民族团结进步创建活动的意见》,《关于加快农村土地承包经营权流转和推进农业规模经营的意见》,《南宁市农村土地承包经营权流转实施细则》,《关于加快发展农民专业合作社实施意见》,武鸣县申请农村金融改革试点经费补助问题,购置小户型经济适用住房作为公共租赁住房和廉租住房房源问题,《南宁市北湖北路延长线拆迁安置小区建设实施方案》,南宁轨道交通有限责任公司申请注册资本金问题,《南宁市城镇职工和居民基本医疗保险市级统筹实施方案》和《南宁市生育保险市级统筹实施方案》,《南宁市城乡医疗救助办法》,南宁市2010年地方政府债券资金安排,《南宁市人民政府关于做好2009年冬季退役士兵安置工作的通知》,《关于加强地沟油整治和餐厨废弃物管理的通知》,《南宁市公共卫生与基层医疗卫生事业单位绩效工资实施办法》,《南宁市利用社会资金建设居住小区周边城市道路的若干规定》,《关于加强农村五保供养服务机构管理的意见》,《南宁市涉税财物价格认定管理办法》,《关于规范经济适用住房管理的通知》和《南宁市人民政府关于加快推进南宁市城市和国有工矿棚户区改造工作的实施意见》,《南宁市邕江市区河道采砂整治长效管理工作方案》,《2010年上半年南宁市存量房(住房)平均交易价格》,《2010年上半年南宁市新建商品住房平均交易价格》,《南宁市接收国有企业办中小学退休教师实施方案》,将心圩江建成的湖渠命名为“明月湖”和“可心渠”问题,《南宁市人民政府关于加强建筑垃圾管理的通告》,《南宁市人民政府与西门子(中国)有限公司战略合作框架协议》,《南宁市人民政府关于建设项目用地上种植大棚补偿有关问题的通知》,《关于城市房屋拆迁补偿安置有关问题的指导意见》,在原南宁师范学校旧址建设一所初级中学问题,有关新建墓园和公墓搬迁等问题。

审议的事项主要有:将在市第十二届人民代表大会第八次会议上作的《政府工作报告》,《南宁市2009年国民经济和社会发展计划执行情况与2010年国民经济和社会发展计划草案报告》,《南宁市与市本级2009年预算执行情况和2010年预算草案报告》,南宁警用航空项目专业技术人才引进培养及待遇等4个方案,南宁市义务教育学校绩效工资兑现工作方案,《南宁市生态建设规划(2008~2020年)》和《南宁市生态功能区划》,给予苏其富同志申报自治区公安厅记功问题,《2009年南宁市招商引资目标任务考核评比工作方案》,南宁大地飞歌文化产业集团有限责任公司组建方案,《贯彻落实〈国务院关于进一步促进广西经济社会发展的若干意见〉工作方案》,《关于进一步加快南宁市经济社会发展的若干意见》,《中国—东盟(南宁)现代农业园总体规划》,金沙湾公司土地储备增值收益补偿费问题,《2010年南宁市招商引资工作和活动指导意见》,给予获国务院第五次全国民族团结进步表彰大会模范集体奖励经费问题,《南宁市2010年度大型活动举办计划》,《南宁市统筹城乡改革工作方案》,《关于促进残疾人事业发展的意见》,《加快南宁市大产业、大交通、大物流、大城建、大旅游、大招商、大文化发展的实施意见》,授予安娜·卡珠穆罗·蒂贝琼卡博士南宁市荣誉市民称号,《关于印发南宁市实行社会综合治税加强地方税源控管工作考核办法的通知》,《南宁市人民政府关于实施基层医药卫生体制综合改革试点的意见》,提请市人大常委会审议批准将中国银行教育基建项目3亿元贷款偿还资金列入市本级财政预算问题,2010年南宁市城市建设项目投资计划(第二期),《南宁市国家科技进步示范市建设发展规划(2010~2012年)》,关于合作组建南宁港一期项目业主问题,2010年企业离休人员生活补贴发放问题,给予南宁市示范性高中、普通高中、职业学校原从事义务教育工作的1209名退休教职工增加生活补贴问题,推进列入自治区计划10户国有企业改革工作及自治区拟将广西赖氨酸厂下放南宁市问题,《南宁市荣获“全国科技进步先进市”和“国家科技进步示范市”记功嘉奖方案》,《关于加快生态南宁建设力争在广西率先建成生态文明示范区的决定》,南宁市参加全国地方志系统先进集体和先进工作者评选拟推荐名单问题,设立“首府南宁公务员献血月”问题,《实施质量兴市战略的决定》,《2010年南宁市深化医药卫生体制改革工作方案》,《组建南宁市综合应急救援队伍工作方案》,设立南宁市北部湾重大产业发展专项资金问题,《关于振兴南宁工业经济的若干政策意见》、《关于进一步加快开发区(工业园区)发展的意见》、《关于实施“工业扶优扶强工程”进一步培育发展工业大企业大集团的若干意见》,《南宁市城区地名规划》,《南宁市爱国卫生管理条例(草案)》,关于给予在创建国务院民族团结进步模范集体活动中表现突出的集体和个人记功嘉奖问题,追认马解超同志为革命烈士问题,《关于进一步加快南宁市旅游业发展的决定》,《南宁市固定资产投资重点项目审批“绿色通道”实施方案》,2010年南宁市优秀教师、优秀教育工作者名单,《南宁市市区饮用水水源保护区划分方案》,《南宁市深入实施西部大开发战略项目规划表》,《南宁市燃气管理条例(修订草案)》,《南宁市献血条例(修订草案)》,南宁市与西宁市缔结为友好城市的问题,《南宁市实施“三车”整治工作考核奖励试行办法》,《南宁市市民卡项目建设工作总体方案》,推选洛林·派芬奇女士等10位国(境)外人士为“南宁市荣誉市民”候选人问题,设立南宁市东盟国家留学生奖学金问题,《南宁市广场升挂国旗管理办法》,第二届全国民委系统先进集体和先进工作者(劳动模范)评选推荐有关事宜,南宁市契税征管机构和人员划转问题,2010年南宁市人才工作专项资金预算问题,将“五象广场”更名回“金湖广场”问题,将蓄帽岭摩崖石刻等19处不可移动文物列为南宁市文物保护单位问题,《南宁市刑满释放和解除劳教人员安置帮教工作实施办法》,《关于开展城乡基层“双十佳”评选表彰活动的实施方案》,《南宁市公共餐饮具卫生管理条例(草案)》,《南宁市工业发展考核评价办法(试行)》,市与城区权责关系事宜,《关于进一步加快开发区(工业园区)发展的决定》、《关于进一步加快市属开发区发展的若干意见》、《关于进一步加快城区属开发区(工业集中区)发展的若干意见》、《关于开发区(工业园区)发展考核评价及奖惩办法(试行)》,《南宁市支持会展业发展补助资金使用管理暂行办法》,《关于进一步加强南宁市社区卫生服务机构综合改革的实施意见》,《南宁市2011年“绿满八桂”造林绿化工程建设工作方案》,《南宁市运动员教练员和有关有功人员奖励办法》,申请承办2014年世界体操锦标赛问题,《2010年市本级财政收支预算调整方案》,拟报请自治区公安厅给吕文和甘泽华等同志记功问题,原市齿轮厂及壮锦橡胶公司土地增值收益分配方案修改意见,《关于进一步加强艾滋病综合防治工作的决定》等系列文件。

讨论研究的事项主要有:《关于明确促进房地产市场平稳较快发展若干措施有关问题的通知》,《关于城市房屋拆迁补偿安置有关问题的指导意见》,《南宁市大型活动管理暂行规定》,解决青秀区新兴村村民办理养老保险所需经费问题,《关于推进南宁市城市和国有工矿棚户区改造工作的实施方案》和《2010年南宁市棚户区改造试点工作方案》,《南宁市总部企业认定管理办法(试行)》,《南宁市五象新区总部基地总部企业入驻相关政策措施》,《江北中堤沿江混合用地综合改造工作纲要》,市、城区(开发区)两级财政分享收入和市区土地出让收益分配有关问题,南宁市规划成就展示馆等项目业主变更问题,核定青秀山风景区职能区划调整后青秀区财政承担对市专项上解问题,贯彻落实自治区调整市县公安交通管理部门罚没收入,市部分学校办理学生居民医保参保缴费手续等问题。

听取情况汇报的有:49户特困企业职工分流安置方案执行情况、良庆区五象新区征地拆迁安置项目建设工作情况、市辖县与崇左市有关债权债务及遗留问题、首府南宁创建国家卫生城市近期工作等。

【市长例会】 2010年,市政府召开市长例会21次,研究议题83个,确定事项83个,研究部署工作21次。审定的事项有:2009~2010年市本级财政冬修水利建设项目计划,移交二轻技工学校土地及房产问题,解决那洪等11个基层司法所建设配套资金问题,加强市殡仪馆建设问题,《南宁市2010年邕江河道采砂整治方案》,手足口病疫情及防控问题,2009年度安全生产目标管理优秀单位和安全生产工作先进单位先进集体先进个人名单,南宁市参加自治区国税系统记集体和个人二等功评选拟推荐名单,公务员小区C区和幼儿园后面扩建生态停车场问题,关于参与交通银行配股问题,明确威宁公司作为市政府投资项目邮政储蓄银行贷款担保人问题,调整市财政与地税部门2010年收入任务目标问题,集贸市场活禽经营摊点改造问题,市机关事务管理局管理的宿舍区维修问题,市应急联动系统升级招标方案,《南宁市城乡居民临时困难救助办法》,《南宁市庆祝中华人民共和国归侨侨眷权益保护法颁布20周年活动方案》,追加2010年度投放出租汽车指标数量问题,《南宁市人民政府关于下达2010年南宁市城建项目(第二批)资金筹措任务的通知》,南宁港一期工程项目投资框架协议,南宁孔庙陈列布展问题,撤销南宁市信托投资公司清算组,《农业政策性金融支持社会主义新农村建设合作协议》,从橡胶厂土地收益中支付特困企业职工分流安置费问题,《南宁城市交通白皮书研究总报告》,南宁市报关中心建设项目建议书问题,调整昆仑大道(下丹桥—五塘收费站)市政道路建设项目业主和确定项目建设资金筹措模式问题,《关于南宁市基层供销社用国有划拨土地通过出让收益支付企业改制过程中职工安置费用的通知》,进一步推进政府投资工程预选承包商制度及合理定价评审随机抽取定标法试点工作,《南宁市压缩天然气(CNG)加气站建设经营企业资格入围项目竞争性谈判实施方案》和《南宁市压缩天然气(CNG)加气站建设经营企业资格入围项目竞争性谈判文件》、《〈南宁市管道燃气特许经营协议〉补充协议》等问题。

审议的事项有:确定支付投资项目建设涉及收回国有划拨出让等用地使用权补偿标准问题,保留市政府驻北京联络处问题,关于规范相关补贴项目问题,《南宁市三车非法营运集中整治实施方案》、南宁港一期工程项目建设合作单位及有关事宜,撤销城市内河综合整治工作指挥部办公室问题,2010年度出租汽车指标投放问题,收回市部分开发区规划管理权问题,广西震铄木业有限公司补办用地手续问题,63760部队与西乡塘区连畴村一队争议老曾岭土地权属问题,邕宁区小城镇基础设施改造工程,成立邕江河道综合执法队伍,落实百色水利枢纽工程资本金,南宁化工股份有限公司经营发展,《南宁生活指南》市场化运作,2010年市级应急演练项目演练方案,在原南宁师范学校旧址建设初级中学,承办第二届广西体育节主会场开幕式,2010年防震减灾工作实施方案,《南宁市2010年"城乡清洁工程"基础设施建设实施方案》,《南宁市实施新一轮"菜篮子"工程建设的意见》,市公安局禁毒支队购置查毒专用车,西乡塘客运站建设方案有关事宜,转移支付补助有关问题,更新购置60辆公共汽车,《关于接收广西赖氨酸厂开展职工安置和实施破产工作方案》,调整市经济适用住房货币补贴标准,《南宁市地震应急综合演习实施细化方案》等问题。

听取专题汇报的有:市城乡建设委关于对既有建筑工程抗震性能检查情况,绿色建筑示范小区商品房最高售价情况,将坛蓬、草塘及界牌等3个村移交南宁市管理情况,2009年为民办实事项目实施情况,广西绿城水务股份有限公司上市,市"菜篮子"工程情况,市卫校建设,南宁伊斯兰国际大饭店规划建设,全市第二次全国经济普查,深化医药卫生体制改革,"市民卡"项目考察调研情况,市环卫职工工资福利待遇及环卫设施设备有关情况,郁江老口航运枢纽、邕宁梯级水利枢纽工程进展情况,市社会治安电子视频监控系统二期工程建设,南宁化工股份有限公司经营情况,市地震、节能减排、保障性安居工程建设,市政府常务会议系统及办公厅协同办公网络平台安全整改,《南宁市十年(2011~2020年)财源建设若干重大问题研究》课题研究阶段性工作等。

【全市农村工作会议】 2010年2月6日在隆安县召开。会议学习传达中央、自治区农村工作会议精神,总结2009年工作,分析当前农村工作面临的形势,部署2010年全市农村工作。会议指出,2010年南宁市"三农"(农业、农村、农民)工作的总体要求是:按照中央、自治区农村工作会议和市委十届九次会议的要求,扎实做好"稳粮保供给,增收惠民生,改革促统筹,强基增后劲"各项工作,加大城乡统筹力度,继续稳定粮食生产,加快优化农业结构,做大做强农业产业,千方百计增加农民收入,扎实推进社会主义新农村建设,为加快建设区域性国际城市和广西"首善之区"提供有力支撑。会议强调,各级各部门要深刻认识市"三农"工作面临的新形势,进一步增强统筹城乡发展的紧迫感和责任感;要从推进城乡一体化、优化农业结构、保障和改善民生、加大基础设施建设、加大农业投入、加大农村改革等方面,采取有效措施大力推进统筹城乡发展;要加强和改进党对"三农"工作的领导,确保统筹城乡发展取得实效,为加快建设区域性国际城市和广西"首善之区"作出新的贡献。会上,市政府还与各县(区)政府签订2010年粮食生产责任书、林改责任状。

【全市交通运输工作会议】 2010年2月22日在市交通运输局会议室召开。会议指出,2010年南宁市将重点推进民航、铁路、黄金水道、公路、运输站场等各交通领域项目建设,完善全市交通基础设施,打造快速出市、出城和市区交通网络,加快市对外交通、北部湾经济区内交通、市域及市区交通基础设施建设,力争完成投资230亿元以上。具体为铁路、民航方面:配合自治区推进市境内6个续建和2个新开工铁路项目以及南宁机场新航站区一期工程建设。力争年度完成投资148.50亿元。高速公路方面:配合自治区加快推进新外环高速、六景至钦州港高速2个续建项目和来宾至马山、马山至平果、柳南高速公路扩建、南宁至钦州港高速公路改建等4个新开工项目建设。力争年度完成投资33.80亿元。水运建设方面:加快完成南宁港中心城港区牛湾作业区一期工程、六景港区六景转运站和八联联营厂作业区工程等项目(3个1000吨级泊位和18个2000吨级泊位)前期工作,力争下半年全面开工建设。加快推进广西金鲤水泥有限公司专用码头工程、南宁绿洲化工厂专用码头工程(3个1000吨级泊位和5个2000吨级泊位)建设。力争年度完成投资2.30亿元。同时,继续做好标准化船型改造工作和便民码头建设,为沿江群众的出行提供安全保障。路网方面:配合自治区开工建设武鸣至平果二级公路,加快推进南宁至扶绥、忻城周安至宾阳新桥、武鸣县绕城公路等项目建设,尽快完成那马至吴圩一级公路、宾阳县绕城西环二级公路等项目前期工作,争取年内开工建设。力争年度完成投资5.50亿元。运输站场方面:加快南宁市道路运输站场建设步伐,以道路运输为主导,重点加快西乡塘客运站、货运南站等公路主枢纽运输场站项目建设,新开工建设六景汽车客运服务中心。力争年度完成投资0.60亿元。农村公路方面:继续推进通乡油路、通村水泥路、渡改桥、农村客运站等农村公路项目建设,全面完成南宁市"十一五"农村公路建设目标任务。同时,开展农村公路基础设施完善工程和绿化美化工程建设,逐步消除农村公路基础设施存在的安全隐患,提升公路沿线绿化美化状况,改善农村交通条件。力争年度完成投资1.50亿元。

【全市旅游工作会议】 2010年3月10日在南宁跨世纪大酒店4楼召开。会议传达全国、自治区旅游工作会议精神,总结2009年工作,部署2010年旅游工作。会议要求,科学整合南宁市旅游资源和相关发展要素,加快建设区域性国际旅游目的地和集散中心,把旅游业培育成为南宁市国民经济战略性支柱产业和人民群众更加满意的现代服务业。会议强调,2010年主要工作是:抓好国务院《关于加快发展旅游业的意见》学习宣传,进一步理清全市旅游产业发展的思路;加强旅游基础设施建设,切实增强旅游产业的可持续发展能力;创新旅游营销手段,开拓国内外客源市场,加快建设区域性国际旅游目的地和集散中心;加强旅游开放合作,推进乡村旅游开发;加强旅游市场监督,优化旅游服务环境,着力打造人民群众更加满意的现代服务业;抓好旅游发展规划,为市旅游业的发展壮大提供科学指导和依据;加强旅游行业队伍建设,为加快发展旅游业提供组织保证和人才支持。会议表彰上年全市旅游工作先进单位和先进个人。

【全市人力资源和社会保障工作会议】 2010年3月26日在市委、市政府会议中心召开。会议要求,年内城镇新增就业要达到6.60万人、城镇登记失业率控制在4.50%以内。要以服务"四个年"主题活动作为工作重点,加强部门协调配合,围绕项目建设和企业用工需求,及时提供就业服务。要进一步完善和落实税费减免、小额担保贷款、社保补贴等扶持政策,扶持企业走出困境,就地就近吸纳大中专毕业生、返乡农民工、就业困难人员等群体就业。要重点抓好高校毕业生、返乡农民工、失业人员等"三大群体"的就业工作。会议强调,继续把高校毕业生就业放在工作的首位,启动高校毕业生就业推进计划,实施岗位拓展计划、创业引领计划、就业见习计划和就业援助计划。进一步落实就业创业帮扶政策,继续抓好农村劳动力就近就业、自主创业和异地转移就业工作,支持农民工返乡创业。加大就业困难群体的帮扶力度,重点对"零就业家庭"等实施就业帮扶。

【深化医药卫生体制改革工作会议】 2010年4月27日在市政府1号楼19楼会议室召开。会议指出,南宁市力争用3年时间,着力加强基础设施建设和人才队伍培养,初步建立比较完善的城乡卫生服务体系。到2011年,基本建立企业和医疗机构价格行为比较规范,市场价格秩序逐步好转,药品价格更加合理的价格形成机制。南宁市自2009年启动医药卫生体制改革工作。从2010年3月1日起,隆安县、上林县、青秀区等3个县(区)的28所乡镇卫生院,以及六个城区的72所社区卫生服务机构,实施基本药物制度试点工作,各试点基层医疗卫生机构实行国家基本药物零差价销售后,患者诊疗费用总体有所下降,药品平均降幅在30%左右。争取国家1.82亿资金支持,投资卫生项目特别是基层医疗服务机构项目。同时,市本级财政安排2500万元资金投入对医疗机构基础设施建设,加快市区卫生区域规划编制工作,推进市一医院、二医院、五医院、社会福利医院等市级医院项目的建设,继续争取国家、自治区补助,建设县级医院、中心乡镇卫生院、村级卫生所三级基层卫生服务机构,完善农村基层卫生服务体系建设。启动并运行全市的城市社区卫生服务住处管理网络,扩大信息共享。会议强调,医药卫生体制改革目标是:对基层医疗卫生机构管理、人事、分配、药物、保障等制度进行综合改革,基本建立体现公益性的管理体制、充满活力的用人与分配制度、科学合理的保障机制,使公共卫生、基本医疗服务能力明显增强,医务人员素质明显提高,人民群众基本医疗、公共卫生服务需求得到基本满足。2010年起主要任务是:推进管理体制改革,建立公益性的基层医疗卫生机构管理体制;推进人事制度改革,建立定编定岗、全员聘用的用人机制;推进分配制度改革,建立科学、公平、激励的绩效考核分配机制;实施基本药物制度,取消"以药补医",实行零差率销售;推进保障制度改革,建立科学合理的补偿机制,确保基层医疗卫生机构正常运转。

重大决定

【扶持产业发展】 2010年3月23日,市政府出台《扶持我市产业发展的主要思路及2010年工作方案》,加大扶持产业发展。

基本原则和主要思路:扶持产业发展的政策措施和资金安排围绕"三基地三中心"建设和"壮二提三强一"的产业发展战略谋划,突出重点,统筹兼顾。产业扶持发展的方式坚持政府主导与引导相结合,坚持市场化运作的基本方向。扶持产业发展的项目筛选坚持短期利益和中长期利益相结合。扶持产业发展的资金筹集坚持加大政府投入与社会引资相结合。扶持产业发展要兼顾国企改革历史遗留问题的平稳推进。

2010年扶持产业发展的工作措施和资金投向:农业产业方面,积极谋划农业产业化项目,推进土地治理项目与农业产业化项目一体化综合发展,集约使用农业产业化资金;深入实施“三个百亿工程”,对林业加工、畜牧业加工和农产品加工加大以奖代补的项目扶持力度,政府性资金需求约4亿元。工业与信息化方面,实施政府主导重大工业项目投资计划,加快推进产业结构调整步伐;继续深入开展“工业项目建设工程”,加大工业投资力度;继续实施“建设亿元企业工程”,加快培育一批产值超十亿元、五十亿元以上的工业企业;增强企业创新能力;加强工业节能降耗;加强中小企业扶持力度;加快园区建设、加大工业招商引资力度等,政府性资金需求约60亿元。服务业方面,服务业产业项目资金主要依靠社会资金的投入,政府扶持服务业发展着力点主要在于完善服务业发展基础设施和公共服务平台,政府仅选择若干重大的产业项目给予资金扶持,政府性资金需求合计70亿元。抓好产业基础设施建设,政府性资金需求约20亿元。推动房地产业加快发展,着力点主要是加快土地收储和供给、项目规划和周边基础设施建设。推进产业发展公共服务平台建设,政府性资金需求为9.80亿元。

2010年扶持产业发展政府性资金融资的初步安排:适当整合现有一、二、三产业发展资金,加大年度增量预算安排。年内,拟安排产业发展资金(含现有工业发展资金、服务业发展资金、加工贸易扶持资金、旅游业发展资金、会展业发展资金、农业产业化资金等);南宁化工集团(包括股份公司)整体搬迁盘活土地资产筹资;广发重工盘活土地资产筹资。盘活国有土地资产筹资;争取自治区财政厅资金支持;利用市国资委和产业投资公司存量资产筹资;加快工业用地收储和出让筹资;争取金融机构贷款;市投融资平台发行中期票据、股权融资或企业债券筹资;争取中央财政代发国债。

【支持和鼓励总部经济发展】 2010年7月4日,市政府出台《南宁市人民政府关于支持和鼓励总部经济发展的暂行规定》。

资金支持 1.从2010年开始,每年安排总部经济发展专项资金,主要用于:鼓励国内外企业在本市设立总部,支持和鼓励总部企业持续加快发展,补助总部企业在本市购买、租赁总部自用办公用房,引进高层次人才等方面。奖励或补助资金按财政隶属分担。发展总部经济专项资金管理办法由市财政局会同市投资促进局另行制定。2.鼓励新设立的总部企业加快投资。3.鼓励现有总部企业在本市扩大投资。4.对本市现有总部企业,予以连续不超过5年的纳税奖励。5.新设立的总部企业,租赁的总部自用办公用房(不包括附属和配套用房),按租金市场指导价的15%~25%给予一次性12个月的补助。6.新设立的总部企业购置总部自用办公用房的(不包括附属和配套用房),按每平方米200~500元的标准给予一次性补助。

规划与用地 1.保障总部企业用地。在每年新供用地中,提供一定比例的用地通过招标、拍卖、挂牌等公开方式,按规定程序提供给总部企业,以满足总部企业办公用地(不含配套等其他用地)需求。2.根据城市总体规划、产业发展规划,建设若干总部基地,分门别类相对集中安排总部企业用地。3.支持鼓励符合条件的总部企业申请单独或联合建设总部楼宇。4.多个总部企业需联合竞标取得土地使用权建设总部楼宇的,各总部企业应当签订联合竞买协议,协议要规定联合各方的权利、义务,并明确签订《南宁市国有建设用地使用权挂牌公开出让成交确认书》、《国有建设用地使用权出让合同》时的受让人。5.总部企业单独建设或联合建设的总部楼宇和购买政府投资建设的总部楼宇物业,已经享受相关优惠政策的,未经批准不得出售或转让,不得改变用途。总部企业租赁政府投资建设的总部楼宇物业,不得转租,不得擅自改变用途。6.定期对购买或租赁政府投资建设总部用房的企业进行评估,依据总部企业的成长性和在本地纳税增长情况对其购买或租赁的自用办公用房面积进行动态调整。7.用地审批中,在必备申报材料具备、其他前置条件承诺在一定时限内补齐的前提下,先行通过总部企业用地预审。

政府服务 1.为总部企业开通“绿色通道”,比照本市重大招商项目有关规定提供优质高效服务。2.总部企业在本市内开展连锁经营,设立全资或控股的配送中心和门店,可凭总部营业执照复印件,直接到经营地工商登记部门申请登记注册。3.对总部企业高管人员给予优惠政策。对总部企业副职以上(含副职)的高级管理人员,可享受全市人才引进的相关优惠政策。在本市工作且居住一年以上的,对本人、配偶及其未成年子女有意向办理本市城镇非农业户口的,办理出国出境证件的,给予优先办理。在教育、医疗等方面为总部企业高级管理人员提供便利,子女入学的,享受本市城镇居民待遇;需要就医的,享受优质方便的医疗服务。4.市人事、外事、公安等部门应当在权限范围内,为在本市的总部企业人员因公出国(境)申请予以优先办理;为其聘用的外籍一般管理人员及其家属办理一年居留许可、为其聘用的外籍高层管理人员及其家属办理一至五年居留许可等事项提供便利。5.积极支持、统筹安排总部企业、总部基地基础设施建设,为总部企业建设发展提供良好的水、电、气等公共服务。6.总部企业在建设期内,按规定由本市收取并支配使用的各类行政事业性收费,在本市权限范围内能免则免,不能免的按最低限额收取。配合做好通关协调服务工作,为总部企业及其下属企业货物进出关和开展服务贸易提供便利。

管理与调整 1.总部企业可申请享受本市其他优惠扶持政策,但本规定的扶持政策和其他同类型的优惠政策,不得重复享受。企业可自行选择其中一种优惠政策,选定后原则上5年内不得更改。2.总部企业应按要求向统计部门报送本企业总部情况统计资料。3.总部企业弄虚作假,采取欺骗手段获得财政补助或奖励的,撤销其补助和奖励,责令退回补助和奖励所得,并记入企业信用档案;触犯法律法规的,依照有关法律法规的规定处理。

【“菜篮子”工程建设】 2010年8月26日,市政府出台《关于实施新一轮“菜篮子”工程建设的意见》。

目标:重点抓好肉、蛋、奶、鱼、菜、果等“菜篮子”产品生产。计划用5年左右的时间(2011~2015年),使南宁市“菜篮子”工程建设基本实现生产布局合理、总量满足需求、品种更加丰富、季节供应均衡,“菜篮子”产品自给水平保持稳定并逐步提高;农区“菜篮子”生产基地建设得到加强,产品流通条件进一步改善,现代流通体系基本形成;“菜篮子”产品基本实现可追溯,质量安全水平显著提高;市长负责制进一步落实,供应保障、应急调控、质量监管能力明显增强。

任务:加快“菜篮子”产品生产基地建设,稳定和提高“菜篮子”产品供应水平。建设一批集约化、标准化、产业化果蔬生产基地。建设一批符合动物防疫条件及环境保护要求的规模化畜禽养殖场(小区)。建设一批水产健康养殖示范场。加快对现有老化规模养殖场标准化改造步伐,发展水产健康养殖示范场,支持养殖场的水、电、路等基础设施和配套机械设备、环境保护设施、水生动物防疫设施、循环水利用和水质在线监测系统等建设。每年新建或改造一批标准化池塘、养殖场。重点发展城市周边和沿江水产养殖,扩大设施养殖面积,搞好水生生物增殖放流。建设一批"菜篮子"产品良种繁育中心。实施"科技兴菜"战略。以现代物流和信息化为重点,大力推进"菜篮子"产品市场体系建设。建设和改造一批产地批发市场。改造一批销地批发和零售市场、集贸市场。强化产销衔接功能。建立和完善信息网络平台。建立健全风险应对机制。强化"菜篮子"产品质量安全监管,确保市民放心消费。强化"菜篮子"生产基地生态环境监测管理。推进"菜篮子"产品标准化生产。建立和健全检验检测体系。加强动物防疫体系建设。逐步建立全程质量追溯体系。建立质量安全风险预警信息平台。

【发展农民专业合作社】 2010年9月3日,市政府出台《关于加快发展农民专业合作社的意见》。

基本原则:坚持农村基本经营制度,不改变农户的土地承包经营权和农民的财产所有权;坚持民办、民管、民受益,确保农民的知情权、决策权和参与权;尊重农民首创精神,鼓励农民大胆实践;坚持依法办社,促进有序规范发展;坚持与产业发展相结合,围绕市级主导优势产业和区域性特色产业,优先支持重点区域和重要环节;坚持市场主导、政府扶持,遵循经济规律,引导不强迫、支持不包办、服务不干预。

总体目标:到2012年,全市农民专业合作社总量力争达到1000家,其中市级示范性合作社30家、县级示范性合作社100家;农民专业合作社覆盖的农户达30%以上,实现标准化生产、品牌化经营、规范化管理的依法登记的农民专业合作社要达10%以上,社员30%以上的农产品通过农民专业合作社生产、加工和销售,80%以上的优势产业重点村至少建成1个示范性合作社。到2015年,农民专业合作社总量力争突破2000家,形成"一村一品、一品一社"的规范化、标准化种(养)格局;农户参与面进一步扩大,农产品质量安全水平明显提升,机制更加灵活,制度更加规范,服务农民的能力显著增强。

政策扶持:加大财政扶持力度;落实税收优惠政策;完善金融服务政策;完善支农资金政策;实行政府奖励政策;加大项目扶持力度;完善营销优惠政策;提供人才支撑保障;扶持基础设施建设;加大信息服务力度。

【国家环境保护模范城市创建规划】 2010年10月25日,市政府出台《南宁市创建国家环境保护模范城市规划》。

规划原则:全面达标原则;突出重点原则;因地制宜原则;可操作性原则;规划指导、工程落实原则。

规划范围:将规划范围分为全市、市辖区(市区)和建成区三个层次,其中全市范围包括青秀区、兴宁区、江南区、西乡塘区、良庆区、邕宁区、横县、武鸣县、宾阳县、上林县、隆安县、马山县,考核面积22112平方千米,涉及考核指标17项;市辖区(市区)包括城区和郊区,考核面积6479平方千米,涉及考核指标5项;建成区考核面积179.06平方千米,涉及考核指标4项。

规划期限:基准年:2008年;达标年:2009~2011年;验收年:2012年。

【加强防震减灾工作】 2010年12月20日,市政府出台《关于进一步加强防震减灾工作的实施意见》。

目标:到2015年,基本建成本市立体地震监测网络,地震监测能力优于1.0级;建设较完善的地震烈度速报网络,10分钟内完成地震烈度速报。城乡工程建筑抗震能力进一步增强,新建和改扩建工程全部达到抗震设防要求,基本完成对抗震能力严重不足的重要建设工程的加固改造,显著提高城乡新建建筑的抗震能力。加强应急救援与应急抢险队伍建设,完善应急物资储备体系。破坏性地震发生后,受灾市民24小时内得到基本生活安置。市民防震减灾意识和自救互救能力明显增强。到2020年,建成本市立体地震监测网络,地震监测能力、速报能力、预测预警能力显著增强。城乡建筑、重大工程和基础设施达到全面抗御破坏性地震灾害的要求。建立较完备的地震应急救援体系和救助保障体系,基本形成以中心城区为主,远近结合、覆盖面广、设施配套的城市应急避难场所体系,使全市的防震减灾综合能力达到全国重点防御城市必须具备的水平。

【加快开发区(工业园区)发展】 2010年12月31日,市政府出台《关于进一步加快开发区(工业园区)发展的若干意见》。

市管开发区发展目标。2011年到2015年,市管开发区发展取得明显成效,实现全面快速可持续发展。发展规模明显扩大,工业总产值、工业增加值、固定资产投资、财政收入等主要指标跃上新台阶,2015年工业总产值超2000亿元;发展速度明显提升,工业总产值、工业增加值、固定资产投资、财政收入等实现快速增长,工业总产值年均增长40%以上;产业集聚明显增强,特色优势产业发展迅速,每个开发区形成2~3个具有竞争优势的产业集群;园区建设明显加快,基础设施建设取得突破,功能全面提升,生态文明建设成效显著,建设环境优美、和谐宜居宜商的城市新区,新增开发建设园区面积达50平方千米。城区管开发区发展目标。2011~2015年,城区开发区和工业集中区工业总产值年均增长有较大突破,园区基础设施有较大改善,形成较为明显的具有一定特色的主导产业,步入快速健康发展的轨道。县管开发区发展目标。努力把县管开发区和工业集中区建成实施工业强县的重要载体、吸引投资的重要平台、扩大对外开放的窗口和县域经济发展的重要增长极。实现各县开发区和工业集中区工业总产值年均增长有较大突破,园区基础设施有较大改善,形成较为明显的具有一定特色的主导产业,促进县域经济快速健康发展。

【城市和国有工矿棚户区改造】 2010年12月31日,市政府出台《关于加快推进南宁市城市和国有工矿棚户区改造工作的实施意见》。

基本原则:以人为本,惠民安居;政府主导,多方参与;成熟一个,改造一个;统筹兼顾,综合开发。

改造范围:城市棚户区:在城市规划区内国有土地上建设的建筑面积在2000平方米以上或者改造户数在50户以上,危旧房集中连片、居住密度大、区域环境差、基础设施不完善、住宅室内空间和设施不能满足安全和卫生要求(无分户厨房、厕所等)、缺少室外公共服务设施建设条件和室内改造大修价值、影响城市规划实施和有碍城市景观的危旧住房小区,原则上均列入改造范围。国有工矿棚户区:在城市规划区外的国有土地上,由国有及国有控股企业、集体企业管理的建筑密度大、年久残旧、基础设施不完善、生活环境差、建筑面积在2000平方米以上或者改造户数在50户以上、危旧房集中连片的"筒子楼"或职工住宅区，原则上均列入改造范围。

总体目标：2010~2013年，力争用4年左右时间基本完成集中成片城市和国有工矿棚户区改造。其中：2010年拆迁改造占棚户区总量的20%左右，2011年累计拆迁改造占棚户区总量的50%，2012年累计拆迁改造占棚户区总量的80%，到2013年底前基本完成拆迁改造任务。

改造方式：一是对有较高商业开发价值的棚户区，可通过房地产综合开发加配建保障性住房的方式进行重建，其中新增配建廉租住房、经济适用住房或公共租赁住房比例不得低于建筑总面积的20%。二是对改造难度大不具备商业开发价值的棚户区，可由政府按建设保障性住房组织实施改造，并采用代建制，由市发改部门商住房保障部门、财政部门确定代建业主。对于离市、县、区较远的国有工矿，其职工能够自筹资金的，按照《国务院关于解决城市低收入家庭住房困难的若干意见》精神，可采取全额集资的方式进行改造。三是通过危旧房改住房改造方式对棚户区进行改造，执行《南宁市人民政府印发关于贯彻落实〈广西壮族自治区危旧房改住房改造暂行办法〉实施意见（试行）的通知》及自治区、南宁市有关危旧房改住房改造的有关政策。四是整体搬迁、异地建设。腾空的土地可进入土地收购储备。

实施主体：原则上，由各县（区）人民政府或各管委会负责本辖区内棚户区改造的组织实施，其中部分较大型企业经报市人民政府批准，可在当地县（区）人民政府或管委会的指导下，具体组织实施；市住房保障和房产管理局负责直管公房棚户区的改造实施；结合危旧房改住房改造方式对棚户区进行改造的，实施主体可按《南宁市人民政府印发关于贯彻落实〈广西壮族自治区危旧房改住房改造暂行办法〉实施意见（试行）的通知》规定执行。

建设标准：新建住房的套型既要满足拆迁安置的需求，又要兼顾居民未来生活水平提高和住房消费升级的需要，以中小户型为主，最小面积不得小于45平方米（含45平方米），除利用富余土地进行收储建设的商品房外，最大面积不得超过144平方米（含144平方米），其中按保障性住房建设或配置的，其套型面积必须符合有关廉租住房（50平方米以内）、经济适用住房（60~80平方米）、公共租赁住房（60平方米以内）和限价普通商品住房（90平方米以内）等保障性住房套型面积的规定。项目实施单位应按上述要求，结合对被拆迁人现有房屋面积、安置需求的调查结果制订实施方案和进行项目设计。工程质量要严格执行法定建设程序和技术标准规范，加强施工管理，确保工程质量。要按照节能省地环保要求，推广新技术、新工艺、新材料和新设备，建筑节能指标要达到50%以上。

重大活动

【开展"三个年"活动】 2010年，南宁市开展"项目建设年"、"服务企业年"、"发展环境建设年"三个年活动。开展"项目建设年"活动。全年施工项目（不含房地产企业及城镇工矿区私人建房）5025个，比上年增加334个；新开工项目3722个，增加9个；竣工项目2580个，增加368个。100个重点建设项目在建80个，完成投资180.99亿元，开工项目数、完成投资量均超过上年；推进自治区层面重大项目建设82个，完成投资151.80亿元。全年完成全社会固定资产投资1483.02亿元，为年度计划的100.20%。开展"服务企业年"活动。坚持市领导联系重点项目制度，办结企业提出需市政府协调解决的问题350多项，办结率95%以上。开展"发展环境建设年"活动，投资环境评价跃居自治区首位。

【打好"五场攻坚战"】 2010年，全市工业经济振兴攻坚战方面，安排战略产业培育、工业用地储备、工业发展等专项资金，推进一批重大项目建设，扶持一批重点企业发展，总产值、技改投资、亿元企业建设等工业振兴年度目标全部完成。五象新区开发攻坚战方面，完成投资69.40亿元，为年度计划的138.80%，新区开发大工地场面形成。产业园区建设攻坚战方面，完成投资85.40亿元，为年度计划的106.80%；建成工业标准厂房77.50万平方米，为年度计划的193.80%。交通基础设施完善攻坚战方面，完成投资231.87亿元，为年度计划的100.81%，58个重点项目开工45个，轨道交通、老口航运枢纽工程获国家批准，机场新航站区、火车东站综合交通枢纽等项目前期工作取得重大进展，云桂铁路、南广铁路、六景至钦州港高速公路等项目建设加快。打造"中国水城"攻坚战方面，完成投资26.79亿元，为年度计划的112.33%，民歌湖—竹排江、明月湖（心圩江）、相思湖、青秀湖四大河湖主题公园基本建成，水城核心景观效果初显。

【国家卫生城市创建】 2010年，南宁市深入实施创建卫生城市。一是健全管理制度，创新管理手段。推行各级领导联系基层机制，充分调动各方面积极性；实行"门前三包、门内达标"责任制，遏制卫生脏乱差现象；坚持创卫工作例会和周汇报机制，及时通报创卫进展情况，研究、协调和解决重点难点问题；完善创卫经费保障机制，除落实专门经费外，对城市基础设施的维护、更新还实行市财政补贴、城区（开发区）配套、举办方和业主自筹部分的政策。二是建立联创联建、综合执法、市民自治"三位一体"棋盘式、网格化管理的城市管理长效机制。将创建国家卫生城市与创建国家园林城市、全国文明城市、健康城市、国家生态园林城市等活动结合起来，加强城市管理综合执法与部门联合执法，建立市（村）民卫生自治制度，组建群众义务监督员队伍和社区、单位爱国卫生协管员队伍，制定村规民约等自治措施，将创卫融入广大市民的工作生活中，转化为市民自觉行动。三是组织全面开展市容市貌、农贸市场、"五小"（小食品经营及加工单位、小理发美容店、小旅店、小浴室、小歌舞厅）行业、城中村及城乡结合部、病媒生物防控等专项整治行动。全年全市查处"五乱"现象133.92万起，其中摊点乱摆39.74万起、车辆乱停放17.28万起、垃圾乱扔19.71万起、广告乱贴56.37万起、工地乱象8172起。"数字城管"共立案21.58亿件，处理完结20.09亿件，完结率93%。

【"两会一节"活动】 2010年10月20~24日，第七届中国—东盟博览会、中国—东盟商务与投资峰会和第十二届南宁国际民歌艺术节在南宁举办。

经贸活动 南宁市组团参加第七届中国—东盟博览会、第七届中国—东盟博览会重大项目签约仪式等投资促进活动。利用举办地城市的优势，举办南宁市投资贸易洽谈会暨重大项目签约仪式、南宁市重大项目开竣工仪式、市领导会见国内外重要客商、南宁市投资政策咨询和项目对接洽谈活动、"相聚绿城、共

谋发展”2010年南宁市“两会一节”海(境)外华侨华人投资环境推介会,香港华润集团、台湾统一集团、中国电子信息产业集团、海尔集团、青岛啤酒集团、联合国工业发展组织、俄罗斯国际工业家联合会等国内外大企业、商协会的高级管理层和代表1100多人参加各项专题推介活动。组织开展首届中国—东盟轻工产品展览会,设展位600个,接待客商33.5万人,签约意向9.50亿元,实际成交2.60亿元;汽车展销1645辆,销售额2.40亿元。“两会一节”期间,全市签约内外投资项目125个,总投资505.37亿元,引进资金503.16亿元,比上年同期增长18.26%。其中:内资项目105个,总投资450.60亿元,引进资金449.41亿元;外资项目20个,总投资8.05亿美元,引进资金7.90亿美元;签订商品贸易合同385个,合同销售金额153.51亿元,产品涉及轻工、食品、电子、机械、化工、医药等领域。同时,一批已落地项目加快实施,全市开竣工的重大项目共107个,总投资125.30亿元,其中开工项目59个,总投资68.4亿元;竣工项目48个,总投资56.90亿元。开竣工项目涉及基础设施、产业、环保、住宅和房地产以及社会公益事业等,其中有南宁华南城会展中心和华南大道、仁和路、定津路(一期)项目、广西海吉星农产品国际物流中心(一期)及上海浦东电缆南宁生产基地等一批重大建设项目。

文体活动　举办《美在广西》广西青年歌手演唱会和外国艺术家专场演出。设置“绿城歌台”14个,来自19个国家的艺术团体近200名外国艺术家参加演出,观众20多万人次。举办南宁市首届少数民族文艺展演、首届南宁市乡村社区和谐文艺大展演和中外友人大联欢等活动。

节庆旅游活动　组织开展2010南宁·东南亚国际旅游美食节、2010青秀山国庆生态文化旅游节、第二届西乡塘区香蕉旅游美食节、首届大明山登高旅游节等一系列商贸旅游活动。其中2010南宁·东南亚国际旅游美食节设展区5个,标准展位200个,接待客商36万人次,销售额1800万元。全市“两会一节”期间接待游客70.61万人次,比上年同期增长11.87%,其中过夜旅游者27.45万人次,一日游游客43.16万人次;全市旅游收入5.99亿元,增长12.82%。

对外交流合作　举办南宁·中国东盟国际商务区各国联络部(办事处)移交使用仪式、中越友谊手印墙揭幕仪式、南宁市“荣誉市民”称号授予暨友好城市签约仪式等系列重要活动。

【20件为民办实事项目实施】　2010年,南宁市把为民办20件实事80个子项目列为重点项目,跟踪督办,明确职责,抓好落实,取得实效。

1.教育惠民工程。筹措3.17亿元资金对存在安全隐患的中小学校舍进行安全加固改造、重建或避险迁移,完成年度计划的105.70%。免除符合政策条件学生学费3.30万人学费1509.30万元。发放学费资助款2053.09万元,资助3.30万名中等职业学生学费;发放国家助学金4388.07万元,资助6.68万名中等职业学生;发放生活补助金324.63万元,资助4254名中等职业教育特定专业学生享受第三学年生活。累计发放资助款1100万元,资助家庭经济困难学生1.24万人。“奥园”和“八桂绿城”小学、“普罗旺斯”幼儿园等3个项目竣工,“奥园”小学、“荣和大地”小学和幼儿园、“半岛半山”小学等5个项目开工,“凤岭山语城”小学和幼儿园2个项目完成前期工作。投入534.36万元建设市中小学生安全教育体验中心,完善消防安全、自然灾害、公共卫生安全、交通安全教育等体验馆场馆设施。项目建成后惠及南宁市120万未成年人。

2.卫生健康惠民工程。全市人均基本公共卫生服务经费达15元标准。全市共有202.86万城乡居民建立个人健康档案,城市居民建档率为48.33%,农村居民建档率为21.81%。累计开展健康讲座3147场次,听众24.70万人次,出健康宣传板报3263版,开展健康主题宣传活动2940次,发放宣传资料236万张。为0~36个月25万婴幼儿建立保健手册,新生儿访视率95.40%。市孕妇产前建卡率99.77%,产后访视率85%。为57.90万65岁以上城市老年居民建立健康档案。对9.29万高血压、糖尿病等慢性病患者进行专案规范管理。对5576名重性精神疾病患者进行登记管理并进行治疗随防和康复指导。投入107.05万元抢救贫困危重孕产妇85人,所有救助对象均享受市政府提供的免费检查和治疗。为生活困难的传染性肺结核患者免费治疗1746例,占任务的116.40%,病人二月末好转率96.20%,共投入75万元。全市有13.01万人登记结婚,参加免费婚前医学检查人数为8.59万人,婚检率66%,未能达到80%的要求。投入918.48万元,开展艾滋病防治能力建设。投入10万元举办各类健康教育讲座123场,1.57万人次参加培训。投入179.68万元,用于采购、改装2辆采血车,已投入使用。

3.社会保障惠民工程。全市参加新型农村合作医疗补助筹资标准由每人每年100元提高到150元。参合农民469.36万人,参合率92.57%,基金使用率71.73%,平均住院补偿率42.79%,累计资助农村五保户、残疾人、低保对象及农村独生子女户27.06万人参加新农合,资助金额811.72万元。城镇居民基本医疗保险由每人115元提高到135元,各级财政落实到位项目资金9586.87万元,资金到位率122.40%。按政策认定366家困难企业退休人员1.66万人,并全部纳入统筹地区城镇职工医保。完成自治区部署企业认定任务的107%和参保任务的100%。按新标准共向19.09万人次各类优抚对象发放抚恤金和生活补助,累计5337.89万元。向城市低保对象27.25万户次、50.68万人次,发放城市低保资金8633.39万元,月人均补差171元,比自治区标准150元多21元;向农村低保对象58.32万户次、158.41万人次,发放低保金8904.48万元,月人均补差56元,比自治区标准50元多6元。全年累计对2.47万户、2.63万人五保对象发放五保供养金4942万元。投入1574万元建成100个农村五保供养服务机构。投入经费约954万元,提高5437名孤儿最低养育标准,市城市散居孤儿供养标准为每人每月350元,农村孤儿每人每月200元,福利机构孤儿每人每月600元。在6个城区、3个开发区的22个街道办事处197个社区开展居家养老服务,全市有专职服务人员约400人。

4.文化惠民工程。投入210万元完成6个村级公共服务中心建设。组织专业艺术院团为基层演出102场,观看群众9.90万人。投入257万元送1.67万场电影进乡村,观众1232万人次。投入254万元扶持百个业余文艺队完成演出3159场。投入2064万元,完成2580个20户以上通电自然村“村村通广播电视”工程建设,7万多农户受益。投入898.60万元建成乡镇综合文化站22个,完成为建筑达标的24个乡镇综合文化站配置设备。投入100万元为市图书馆、市少儿图书馆建成汽车图书馆2个。

5.城市住房解困工程。全市新建廉租住房2016套,为年度计划的118.58%。续建廉租住房3379套，为年度计划的307.18%。竣工廉租住房2203套,为年度计划的104.90%。全年投入5367.16万元解决2.55万户符合廉租住房保障条件的困难家庭住房问题，为年度计划的127.50%。完成投资2.25亿元,开展五象新区安置回建小区1号项目安置房建设,按时完成年度投资任务。竣工经济适用住房5613套,为年度计划的140.33%。按照每平方米1000元、每户最高补贴60平方米的标准对365户符合政策条件家庭实施经济适用房住房货币补贴。6月28日动工建设环卫新村，全年完成投资2005万元,为年度计划的50.13%。

6.农村危房改造工程。投入3.28亿元对南宁市1.05万户农村危房进行改造,对1099户实施新型墙体材料改造。

7. 民族乡基础设施完善工程。投入3871.48万元,为马山县里当、古寨,上林县镇圩3个瑶族乡建成通村四级水泥路34.95千米、通屯水泥路89.22千米,解决约3.60万群众出行难的问题。实施人饮工程34处,解决约1.80万人饮水难的问题。建成生态家园6个。

8.农村基础设施建设工程。投入1.14亿元，完成饮水安全项目295个，解决18.01万群众的饮水安全问题。修建贫困村和革命老区通屯道路191条282.91千米，独立桥13座166.40米，完成投资3638.6万元,为年度计划的103%,解决8万多群众行路难的问题。投入2369.12万元，建成农村沼气池4820座。投入202万元，完成水库移民安置基础设施建设项目6个。

9.城乡风貌改造工程。投入1.89亿万元对8个县(区)24个乡镇、51个行政村、109个自然屯9576户进行房屋外立面改造,并完成24个村屯的综合整治任务。

10.粮食安全工程。全市共种植超级稻8.88万公顷,为年度计划的102.48%,其中:早稻种植4.66万公顷,中晚稻种植4.22万公顷。

11.市场建设改造工程。投入220万元,建成农资流通配送中心3个。投入55万元,完成农资农家店改造50个。通过实施的“万村千乡”市场工程,全市农家店达1291个,实现农家店覆盖100%乡镇和80%行政村的工作目标。投入1680万元对2个农贸市场进行升级改造。通过四年的努力,全市新建、改造农贸市场83个。

12.“放心肉”工程。投入927万元,完成家畜定点屠宰厂(场)改造52个。经过两年改造,南宁市家畜定点屠宰厂(场)改造率62%。完成冻猪肉储备250吨,生猪活体储备10.50万头。全市各屠宰场在检验检疫中查出623头病害猪并进行无害化处理，补贴30.90万元。

13.体育惠民工程。投入425万元,增加建设户外运动健身路径60套。投入147万元,将市老干部活动中心现有的2个三合土门球场改造为人造草皮门球场,利用市老干部活动中心现有空地新建3个人造草皮门球场,修缮门球场周边卫生间、更衣室等现有设施。

14.生态文明工程。投入1.05亿元，基本建成凤岭儿童公园，为年度计划的105.13%。南宁体育休闲公园累计投入2205万元,为年度计划的110.25%。五象岭森林公园启动建设，因林地权属未变更及总体规划未编制完成，未能按计划实施。投入18.60亿元完成260.37万株乔木种植任务,为年度计划的100.14%。投入2100万元,对邕江饮用水源地保护区开展土地租用试点、两岸整治、港口搬迁、船舶整治、内河整治、跨江大桥整治、养鱼网箱清理和渔业船舶整治、水上人家搬迁等进行专项整治。

15. 城市基础设施建设工程。投入145.60万元增设2000个垃圾桶,分别安装到市区各大广场及各城区(开发区)较繁华路段。投入143.65万元新建移动公厕10座，已向市民免费开放。投入3064.75万元建成人行过街天桥5座。青山路南湖连接线、凤岭南路、东葛路延长线等3个项目开工建设，累计完成投资9.35亿元,为年度计划的144.11%。长堽路二期、凤岭北路等2个项目因铁路东站规划调整等原因未完成。丹凤路、金花路、可利大道东段、石柱岭二路、滨湖北路、贤宾路等6条断头路已建成通车，共投入1.47亿元,为年度计划的115.52%。利川路、军安路、财经路、富园路、兴源路等5条保障性住房及学校周边配套道路已建成，并对外开放交通。金川路基本建成,投入8618万元。

16.城乡公共交通工程。投入3111.60万元更新购置空调公共汽车68辆并投入运营，其中20辆投入5路公交线运营,48辆投入39路公交线运营。投入80万元,在6个县(区)20个村建成便民候车亭20个,改善约3万群众的候车环境。

17.创业就业工程。全市城镇新增就业岗位7.38万个,为年度计划的123.02%。使用再就业资金1.35亿元，其中市财政投入4000万元。投入250万元完成8条“创业街”设置,设置摊位483个,提供就业岗位1400多个,解决低保家庭、零就业家庭等困难群众的生计问题。

18.应急装备工程。投入302万元为综合救援队配备空气呼吸器、红外线热像仪、无线遥控移动水炮、重型防爆服、地震监测仪装载用车等应急装备，提高市级综合救援支队的应急处置能力。投入29.70万元为防汛应急抢险救灾队伍装备冲锋舟、救生衣、水上安全带、便捷救生抛投器等防汛应急抢险装备，全部通过验收并入库保管。投入127万元购买100台背负式风力灭火机和1000套扑火安全服等森林扑火应急装备下发有关单位,2套GIS野外林火监控系统也已安装完毕。投入12.50万元为50辆医疗救护车安装GPS定位系统。

19.基层基础工程。投入1535.80万元建成12栋242套乡镇干部周转房。投入1200万元在12个县（区)13所学校建成250套乡镇教师周转房。改善1.17万名村干部待遇和2224名社区干部待遇。

20.助困扶残工程。实施“阳光家园”计划,投入494万对2000名智力残疾、精神残疾、重度残疾人员开展托养服务,其中,居家托养1960人、日间照料30人、机构托养10人,所有托养对象均落实监护人或看护人。投入81万元为281户残疾人家庭进行入户坡道改建、加宽房门、安装扶手、降低灶台、卫生间改造、安装闪光门铃、震动闹钟等无障碍改造,惠及977名残疾人及其家庭成员。

（李佳祺）

人　　事

【人才小高地建设】 2010年，南宁市按照项目化管理要求，指导人才小高地新载体单位制定建设计划，规范管理和开展项目建设。对已入轨建设载体加强沟通联系,指导开展科研项目开发,及时协调解决人才培养和引进过程中遇到的困难和问题。完成2009年度人才小高地项目专项资金资助评审。给予38个项目500万元资助;做好专项资金资助项目实施情况和资助资金使用情况督促检查,加强规范管理。启动第三批市级人才小高地申报评审,共8家单位申报,已进入专家评审阶段。

【重点人才培养工程】 2010年，南宁市加强对重点产业、重点项目、重点学科的人才培养。完成2009年度专业化人才重点培养计划项目择优资助，给予107个项目400万元资助。其中：领军人才培养项目11个资助57万元，紧缺人才培养项目86个资助299万元，县域经济重点人才培养项目10个资助44万元。完成2009年学术和技术带头人培养计划项目择优资助工作，给予28个项目96万元资助。继续抓好“653”工程（专业技术人员知识更新工程）的实施，抓好专业技术人员专业科目和公需科目培训，配合全市林业和危险化学品领域专业技术人员开展专题学习活动，有1034人参加培训。

【人才开发合作】 2010年，南宁市承办德中科技交流基金会经济代表团南宁座谈会，组织招商、规划、开发区等单位领导和有关企业与前来中国考察的10名德国北威州企业主要负责人交流洽谈，并达成合作意向。组织开展北大研究生会考察团来邕考察与项目调研工作。做好“广西高校北部湾行”到南宁市调研考察工作，并协助市政府与部分高校签订人才开发合作协议，深化市校合作和校企合作。

【人才智力引进】 2010年，南宁市获得国家外国专家局和广西外国专家局资助立项的引智项目8个，完成“农本方配药系统—现代中医药临床数据模型”、“高级文化纸生产线升级改造”等6个引智项目实施，为项目单位推荐德国、法国等国专家15人。组织实施出国（境）培训项目2个，选派35名高层次人才出国（境）培训。稳步开展引智行政许可办理工作，办理《外国专家来华工作许可证》申请76件，按时办结率100%；办理《外国专家证》178本，按时办结率100%；办理聘请外国专家资格认可初审5项。推进“居住证”实施工作，共审核网上《居住证》申请事项45项，其中受理27项、不受理18项。

【人才市场建设】 南宁市人才市场新址位于科园大道东五路6号，于2010年7月正式运营。年内，市人才市场发挥高校毕业生就业服务站作用，协办校园招聘会26场，组织150家单位参加招聘，提供岗位3786个；参与举行“全国高校毕业生就业服务月”活动。活动期间举办招聘会11场，组织419家用人单位提供就业岗位1.31万个。开展人才交流服务，举办各类招聘会163场，共有9079家次用人单位通过现场、网络、委托、公告等方式发布招聘信息，提供就业岗位22.37万个，入场求职人数19.34万人次。开展中高级人才推荐服务，推荐中高级人才2513人次，新增中高级人才入库3619人，中高级人才库共7万多人。拓展服务领域，新增代理单位42个，代理单位人员325人，累计代理单位750家，代理单位人员9155人；新增代理个人5603人，累计代理个人4.61万人。人事代理人员档案入库率100%，新增入库档案12820册，总库存档案95734册。

【公务员管理】 2010年，南宁市面向社会招考公务员378人（含选调生62人），报名参加考试人员11260人。根据自治区《关于做好我区2010年公务员考试试题泄露事件处置有关工作的通知》精神和统一部署，于4月25日完成另行笔试。7月17~18日对入围考生1041人进行统一面试。至年末，审批录用260人。继续抓好公务员登记管理，公务员登记270人，参公登记1284人。规范公务员交流和竞争上岗，指导35个市直单位开展竞争上岗职位110个，公务员交流任职备案447人。规范公务员考核奖励，共授予三等功25人，嘉奖170人。开展公务员奖励表彰25项60个集体705人。实施“推优育才”工程，配合组织部门拿出60个岗位开展跨区域跨部门交流竞岗。抓好公务员培训，创新培训方式方法，在7个单位开展公务员网上培训试点，网上培训公务员792人；开展新录用公务员初任培训活动，有300人新录用公务员参加初任培训和上岗宣誓活动。

【职称评审与考试】 2010年，南宁市进一步完善人才评价机制，加强职称评审，率先在自治区成立综合性初级职称评委库，将初级职称评审纳入日常工作之中；抓好中、高级职称的信息化申报评审，率先在自治区完成中级职称20个系列的无纸化评审；推进职称证书网上注册验证登记，抓好转正定职，共开展职称服务2.40万人次。全市完成全国职称外语等级考试、全国社会工作者职业资格、全国监理工程师执业资格等各类人事考试30项，共7.40万人次参加考试。

【事业单位人事制度改革】 2010年，南宁市继续深化事业单位人事制度改革。开展事业单位岗位设置核准，共完成岗位设置管理方案核准单位1126个，其中市属单位229个，占纳入岗位设置管理市属单位的85.10%；县以下单位897个，占纳入岗位设置管理县以下单位的2.30%。已核准事业单位管理岗位4202个，核准专业技术岗位3.31万个，核准工勤技能岗位5634个。组织年度公开考试招聘工作，公开考试招聘事业单位工作人员1868个，有1.70万人通过审核参加考试，审核聘用1317人。加强检查，重点督促和指导新成立单位、新聘用人员以及聘期已满人员及时做好合同的续订和变更。全市已实行聘用制度的事业单位3617个，占98.90%，签订聘用合同9.14万人，签订率97.50%。

【事业单位绩效工资】 2010年9月，南宁市全部补发兑现义务教育学校2009年度绩效工资，并从2011年1月起实现按月正常发放。启动公共卫生与基层医疗卫生事业单位绩效工资实施工作，市人力资源和社会保障局会同有关部门研究草拟《南宁市公共卫生与基层医疗卫生事业单位绩效工资实施办法》，经市政府审批下发，使南宁市义务教育学校、公共卫生与基层医疗卫生事业单位绩效工资走上正轨。做好2008、2009年度事业单位工作人员补贴和生活补助费的核发，审核市直事业单位2.00万人次，核发金额680万元。

【军转安置】 2010年，自治区下达南宁安置军转干部326人（含自治区直单位安置任务），南宁市实际接收安置军转干部209人（计划安置180人，自主择业29人），随调配偶15人，通过“双向选择”和指令安置，完成营职以下和专业技术军转干部安置任务。抓好自主择业军转干部服务管理，完成全市942名自主择业军转干部年度增资，逐一落实医疗保险。

【人事争议仲裁】 2010年，南宁市认真抓好人事争议仲裁，坚持仲裁“关口前移”，建立与单位联系制度和惩处职工事前报告制度，指导用人单位依法进行人事管理，坚持以调解为主，依法、公正维护当事人合法权益。处理人事纠纷34件，其中：开庭裁决1件，案外调解处理3件，从源头上化解人事纠纷29件。

（韦火清）

外　　事

【概　况】2010年，南宁市外事侨务办公室（由原市外事办公室与市侨务办公室合并组建）进一步扩大对外交往，深化对外务实交流与合作。年内，南宁市新缔结国际友好城市2对（加拿大维多利亚市、老挝占巴塞省），国际友好城市总数达17对；与3个国外城市签署建立友好城市关系意向书（新西兰奥克兰大区、芬兰万达市、美国哥伦布市）。审核审批因公出国（境）团组178批708人次，主要出访美国、加拿大、澳大利亚、新西兰、日本、韩国、英国、法国、意大利、德国、越南等国。出具来访批件15批130人次，签发签证通知函203批360人次。接待境外来访团组182批7180人次，其中：政府类团组58批3305人次；经济贸易类团组35批522人次；其他类89批3353人次。这些团组分别来自美国、日本、印度尼西亚、新加坡、加拿大、马来西亚、韩国、布隆迪、越南、泰国、缅甸、伊朗、法国、芬兰、英国、柬埔寨、老挝、奥地利、以色列、德国、俄罗斯、摩洛哥、马拉维等国家和中国香港、澳门特别行政区。市外事侨务办牵头筹办在南宁举办的中越青年大联欢活动，组织举办南宁市第九届教育系统师生暨首届国际友好城市青少年迎春艺术展、第二届中外友人趣味体育运动会、“加拿大商贸、投资、教育及旅游推广日”活动、“南宁外商看南宁”活动、驻邕领馆“领馆日”活动、第二届驻邕领事机构迎新年篝火联谊晚会等涉外活动。组织南宁市企业参加自治区亚太经济合作组织（APEC）商务旅行卡工作座谈会暨首批颁卡仪式，正式受理南宁市企业APEC商务旅行卡申请，已有1家公司获APEC商务旅行卡。设立东盟国家留学生奖学金，制定《南宁市东盟国家留学生奖学金试行办法》。

【国外友好城市交往】

加拿大维多利亚市　2010年4月28日，南宁市市长黄方方会见加拿大维多利亚市市长迪恩·福廷一行，双方签署两市建立友好合作城市意向书。7月，市长黄方方率团访问维多利亚市，并与该市签署两市建立友好城市关系协议书，南宁市与维多利亚市正式缔结为国际友好城市。访问期间，市长黄方方与中国驻温哥华总领事梁楠根、副总领事李文慈、维多利亚市市长迪恩·福廷等出席由加拿大华侨之声电台主办的北美新丝路模特大赛总决赛，并给大赛冠军得主颁发“南宁绿城大使”证书及奖杯。10月，“两会一节”期间，加拿大维多利亚市代表团一行12人应邀来访，市长黄方方会见代表团。

越南海防市　5月12~14日，副市长潘和钧率团一行5人赴海防市参加纪念海防市解放55周年庆祝活动。10月，越南海防市乔戏艺术团来南宁参加南宁国际民歌艺术节外国艺术家专场演出。

法国马恩河谷省　6月2~5日，法国马恩河谷省议会副主席罗汉·加尼尔率代表团一行5人访问南宁，代表团拜会市长黄方方，商讨在南宁建立法国园区事宜；参观南宁市规划沙盘并举行座谈会，参观考察五象新区和保税物流园区。6月8~10日，法国金融监督管理委员会最高长官恭凯乐维斯为团长的法国大企业投资代表团一行10人，到南宁市对“法国城”项目进行实地考察，市长黄方方在市政府办公楼一楼会见室会见代表团，代表团在市政府18楼会议室与市相关部门举行座谈会。10月19~24日，以副省长罗汉·加尼尔为团长的法国马恩河谷省代表团一行10人应邀到南宁参加“两会一节”，市长黄方方会见代表团，双方签署2011年友好交流计划书。21日，法国马恩河谷省在南宁国际会展中心举办推介会；21日晚上，市长黄方方出席法国马恩河谷省答谢宴会，宴会上黄方方听取法国圣图亚投资集团对“法国城”投资项目的介绍，会后法方拟定并由市投资促进局修改完善“法国城”项目合作意向书。此外，代表团还参加南宁市荣誉市民授予暨友城签约仪式、2010南宁国际民歌艺术节国（境）外嘉宾招待宴会、观看大地飞歌——第七届中国—东盟博览会暨南宁国际民歌艺术节开幕晚会。11月30日，法国圣图利亚投资集团总经理以及规划师来南宁，在市政府召开“法国城”项目对接会。

澳大利亚班达伯格市　8月16~23日，以自治区党委常委、市委书记车荣福为团长的南宁市友好代表团对澳大利亚进行访问。代表团在澳大利亚班达伯格市会见市长洛林·派芬奇和议会议员，并参加该市为纪念两市缔结友好城市关系10周年建造的友谊亭和中国园落成揭幕仪式。访问期间，代表团出席南宁职业技术学院和班达伯格市辽湾职业技术学院建立姐妹学校关系意向书签字仪式，参观辽湾职业技术学院校园；在市议员陪同下参观澳大利亚著名的朗姆酒厂、姜汁啤酒厂和飞机制造公司。10月19~24日，由议员代表、企业代表和辽湾职业技术学院代表组成的澳大利亚班达伯格市代表团一行10人，应邀到南宁参加“两会一节”，并在中国—东盟博览会上设展位参展。代表团参加南宁职业技术学院和班达伯格市辽湾职业技术学院建立姐妹学校关系协议书签字仪式，南宁市卫生学校和班达伯格市辽湾职业技术学院建立姐妹学校关系意向书签字仪式。此外，代表团还参加南宁市荣誉市民授予暨友城签约仪式、2010南宁国际民歌艺术节国（境）外嘉宾招待宴会，观看大地飞歌——第七届中国—东盟博览会暨南宁国际民歌艺术节开幕晚会，参加2010南宁国际民歌艺术节“欢乐南宁”中外嘉宾大联欢活动。

缅甸仰光市　9月，由南宁市政府全额资助6名缅甸仰光市优秀青年学生到广西民族大学进行为期5年的本科农业专业和经济专业学习。

柬埔寨西哈努克市（后升格为西哈努克省）　9月，由南宁市政府全额资助3名柬埔寨西哈努克省优秀青年到广西民族大学进行为期5年的本科农业和经济专业学习。“两会一节”期间，西哈努克省议会议员帕拉·西哈拉率团访问南宁市，市人大常委会主任谢寿堂会见代表团。

韩国果川市　9月26日至10月6日，以市政协副主席李秋明为团长的考察团一行6人对韩国果川市进行友好访问。考察团拜访果川市市长余仁国以及议会议长，随团的南宁宾阳艺术团参加果川市举行的第14届露天艺术节，南宁市餐饮协会会长带队的厨师代表团展示了南宁美食。10月19~24日，韩国果川市代表团一行7人应邀到南宁参加“两会一节”。市长黄方方会见代表团，南宁市与韩国果川市结好五周年成果图片展揭幕仪式于20日在市政府办公楼举行，果川市厨师代表团于21日举行韩国果川美食品尝会。

印度尼西亚茂物市　10月，印度尼西亚茂物县代表团一行15人应邀访问南宁市。代表团与市国土资源局、第七人民医院针灸研究所、绿城水务公司进行座谈。

美国普罗沃市　10月19~24日，美

国普罗沃市议员代表团一行2人应邀到南宁参加“两会一节”。20日，南宁市与美国普罗沃市结好十周年成果图片展揭幕仪式在市政府办公楼举行。

老挝占巴塞省　10月19~24日，老挝占巴塞省副省长宋沙尼·布迪翁一行5人应邀访问南宁市，并参加“两会一节”活动。自治区党委常委、市委书记车荣福会见代表团。21日，市长黄方方与宋沙尼·布迪翁共同签署《中华人民共和国南宁市与老挝人民民主共和国占巴塞省建立友好省市关系协议书》，并在南湖岸边共植友谊树，南宁市与占巴塞省正式缔结为国际友好城市。

【南宁市荣誉市民评选】　2010年，南宁市授予联合国人类居住区计划署执行主任安娜·卡朱穆罗·蒂贝琼卡（坦桑尼亚籍）、澳大利亚班达伯格市市长洛林·派芬奇、南宁邦尔克生物技术有限公司技术总监李晓明（加拿大籍）、恒兴业集团有限公司董事长赵曾学韫（中国香港籍）、香港永明集团董事长郭栋强（中国香港籍）、维伯国际英语培训学校首席执行官庞奈（英国籍）、南宁冠星汽车服务有限公司董事长陈明谦（英国籍）、南宁利通树脂有限公司总经理王东圭（韩国籍）、南宁诚兴农业科技有限责任公司法人代表执行董事戴国光（马来西亚籍）9名国（境）外友好人士“南宁市荣誉市民”称号，至此，南宁市有国（境）外荣誉市民74人。

10月21日，南宁市荣誉市民称号授予仪式在邕江宾馆举行　　市外侨办提供

【“两会一节”外事侨务活动】　2010年“两会一节”期间，市外事侨务办组织举办南宁市荣誉市民授予暨友城签约仪式、“相聚绿城、共谋发展”海（境）外华侨华人投资环境推介会、中国—东盟国际商务区各国联络部（办事处）移交使用仪式、中越友谊手印墙揭幕仪式、南宁市与老挝占巴塞省共植友谊树活动、“武鸣灵水—2010南宁国际民歌艺术节国（境）外嘉宾”大联欢活动、南宁市与美国普罗沃市结好十周年、与韩国果川市结好五周年交流与合作成果图片展、韩国果川市美食品尝会、西班牙北京同乡会和意大利侨商捐资助学仪式等外事侨务活动。接待外宾、侨商团组77批275人，安排市领导会见16场，宴请14场，举办大型联欢活动2场，举行图片展2场，举办各种活动仪式11场，举办推介会和洽谈会5场，组织参观考察活动26批，签订协议书和意向书2份，授予荣誉市民9人。

【东盟各国商务联络部（办事处）办公楼移交使用】　2010年10月20日，中国—东盟国际商务区各国商务联络部（办事处）办公楼移交使用仪式在南宁·中国—东盟国际商务区举行。柬埔寨、文莱、老挝、菲律宾、越南、缅甸、印度尼西亚、泰国8国商务联络部（办事处）正式启用。自治区党委副书记陈际瓦、自治区副主席梁胜利，南宁市市长黄方方等自治区、南宁市领导，柬埔寨国务兼商业大臣占蒲拉西、文莱工业和初级资源部部长叶海亚、老挝工贸部部长南·维亚吉、菲律宾贸工部副部长克里斯托伯、越南工贸部副部长阮成边、缅甸商务部贸易司司长吴钦貌莱、印度尼西亚驻广州总领事尤瑟夫、泰国驻南宁副总领事赖森粦等东盟国家的代表以及东盟国家驻华大使、总领事，东盟商务区各国商务联络部代表等嘉宾出席移交使用仪式。在仪式上，自治区党委副书记陈际瓦向东盟各国商务部门代表移交开启办公楼的钥匙模型。各国代表将接过的钥匙模型插入对应的钥匙孔，开启金球。市长黄方方代表南宁市委、市政府致辞，柬埔寨国务兼商业大臣占蒲拉西代表柬埔寨王国政府以及出席仪式的其他东盟国家代表讲话。　（雷秀梅）

南宁市国际友好城市

序号	城市名称		结好时间
1	冈比亚班珠尔市	Banjul, Gambia	1987年6月22日
2	澳大利亚班达伯格市	Bundaberg, Australia	1998年5月12日
3	美国普罗沃市	Provo, U.S.A.	2000年9月27日
4	奥地利克拉根福市	Klagenfurt, Austria	2002年6月13日
5	泰国孔敬市	Khon Kaen, Thailand	2002年8月25日
6	韩国果川市	Gwacheon, Korea	2005年4月18日
7	英国诺斯利市	Knowsley, UK	2005年8月16日
8	越南海防市	Hai Phong, Vietnam	2006年3月23日
9	菲律宾达沃市	Davao, the Philippines	2007年9月3日
10	柬埔寨西哈努克市	Sihanoukville, Cambodia	2007年10月30日
11	智利伊基克市	Iquique, Chile	2008年2月20日
12	法国马恩河谷省	Val de Marne, france	2008年10月23日
13	印度尼西亚茂物市	Bogor Regency, Indonesia	2008年12月17日
14	缅甸仰光市	Yangon City, Myanmar	2009年10月20日
15	美国商业市	Commerce City, USA	2009年10月21日
16	加拿大维多利亚市	Vitoria City, Canada	2010年7月9日
17	老挝占巴塞省	Champasak, Lao People's Democratic Republic	2010年10月21日

信访工作

【概　况】 2010年,南宁市信访局受理群众来信、来访、来电5.52万件(人)次,比上年同期下降10.50%。其中:群众来信4924件,上升3.30%;接待来访1907批5661人次,分别下降7.10%和19.30%;市长公开电话接听市民来电11.43万个,受理有效来电4.84万个,为民办实事4533件。办理上级机关和市领导批示交办信访案件116件(含上年积案2件),受理复查复核案件46件(含上年积案6件),到期办结率均为100%。全年劝返接回群众进京上访84批242人次,与上年同期比分别下降26.30%和32.20%。全市各县(区)信访部门机构改革完成,设置信访工作机构、编制和人员,有编制63个,同比增加10个。各县(区)信访部门统一名称为"信访局",信访局长由同级人民政府办公室副主任兼任。

【信访处理】 2010年,市信访局受理群众来信4924件,比上年同期上升3.30%,其中:初信3422件,下降3.30%;重信1158件,上升29.40%;联名信604件,下降0.80%。制定《南宁市信访局办理市委主要领导群众来信工作制度》,自治区党委常委、市委书记车荣福阅批群众来信41件;市长黄方方阅批群众来信37件;局办理市领导阅批信件,做到"事事有回音,件件有着落"。

【市领导接待日】 2010年,南宁市坚持领导公开接待日制度,每月10日有1名市委市政府领导公开接待群众来访。全年有12名市领导参加接待日活动,接待群众来访48批439人次,领导批示交办件75件,做到件件有回音。

【公开大接访活动】 2010年,南宁市开展"公开大接访"活动4次,参加活动的各县(区)、市直部门累计276个,参加活动的干部8575人次,其中县(区)委书记、县(区)长216人次,接待上访群众1085批4908人次;其他县级领导和乡镇领导5858人次,接待上访群众2451批2.16万人次,受理信访问题2562件,当场解决691件,当场办结率72.40%,落实领导包案524件。有242名律师参加接待来访群众256批359人次,妥善处理涉法信访问题。

【信访突出问题与群体性事件处理】 2010年,南宁市突出的信访问题主要涉及"出嫁女"、征地拆迁、企业改制职工待遇、涉法涉诉、"三大纠纷"等。市委、市政府群众来访接待室共接待群众来访1907批5661人次,比上年同期分别下降7.10%和19.30%,其中集体上访224批2916人次,分别下降27.30%和31.90%。对信访突出问题和重大案件,市委、市政府分管领导多次组织召开协调会,深入基层,排除各种障碍,推动问题解决。市政协主席岑可成处理梁宗辉上访13年的信访问题,上访人息诉息访;市委副书记刘长林主动约访信访人陈大明,解疑释惑;市委副书记、宾阳县委书记周红波找兼并改制企业老板劝其垫支安置职工费用2267万元,促使1403名职工安置问题得到解决,并处置改制企业财产,仅用4个月时间就还清垫支款;市委常委、政法委书记朱育兆解决文如志等6户60多人上访20多年的老问题;市委常委、秘书长吴炜和副市长温守荣等领导深入信访部门,协调解决信访工作中遇到的困难和问题。市信访局按照市长黄方方的指示精神,妥善处理老年人购买保健品引发纠纷问题,得到市长黄方方高度肯定。对全市梳理出来的重大、复杂信访积案,实行包案责任制,落实责任单位、责任领导和责任人员,限时办结,化解信访积案68件。

【信访信息网络系统建设】 2010年,市信访局积极推进信访信息系统建设,完善信访信息系统一期工程建设;继续办好信访绿色邮政,拓宽信访渠道;做好网上信访,扩大城区、乡镇、村委三级转办单位,构建城区、乡镇、村委、坡屯"四级"信息员网络,提高网上信访办理质量,网上信访1502件,比上年同期下降27.80%。

【驻京驻邕信访劝返规范】 2010年,南宁市明确驻京信访工作带队领导由市公安局、检察院、中级法院、司法局、信访局及联席会议专项工作小组牵头单位轮流派出,成员由市信访局、公安局和县(区)一名政法委副书记组成,每批驻京工作一个月;明确驻邕信访分流中心工作组带队领导由市联席会议专项工作小组牵头单位轮流派出,成员由市联席会议专项工作小组牵头单位和县(区)一名政法委副书记组成,每批工作一个月。改变市驻京、驻邕信访劝返工作由单一部门包揽的做法,形成市直相关部门和各县(区)上下联动、齐抓共管的工作格局,市群众赴邕、进京非正常上访与上年同期相比明显下降。全市群众进京上访107批285人次,分别下降13%和26%,其中非正常上访85批162人次,分别下降32.80%和27.70%;到自治区集体上访75批814人,分别下降27.90%和52%。

(周国安)

行政审批

【概　况】 2010年,南宁市本级具有行政审批职能的部门52个,行政审批事项611项,其中许可事项263项,非许可事项348项;市本级纳入政务服务中心受理的行政审批事项465项,其中许可事项196项,非许可事项269项。年内,有48个职能部门进驻市政务服务中心设立办事窗口(自治区直单位6个),在政务服务中心办事窗口受理的审批事项541项(自治区直单位76项),窗口工作人员150人。新增综合窗口,进驻部门8个,新增事项36项;政府职能部门在机构改革中按要求内设审批办公室,统一负责本部门行政审批事项的管理和审批工作。通过采取现场参观考察、集中授课、座谈交流等方式,分批分段完成对市本级和六县六城区、3个开发区共700多名政务服务工作人员的全员轮训。南宁电子(网上)政务服务平台建设项目通过立项。市民政局办事窗口(市民政局婚姻登记处)于11月迁入办公,成为全国10个规范性建设的婚姻登记窗口之一,也是市政务服务中心最大的办事窗口。根据国家统计局南宁城调队发布的《2010年南宁市投资环境调查报告》显示:企业和投资者对南宁市政务环境满意度为80.53,高于上年的满意度,且对投资软环境的评价最高。

【窗口服务】 2010年,市政务服务中心收费窗口依法代财政收费3.79亿元,各办事窗口办理行政审批事项约35万件,发出的批文和证照有效率100%,群众评价满意率大于99%。评出年度优质服务竞赛活动"红旗窗口"56个(次),"优质服务标兵"56人次,"优质服务岗"167人次。首次开展年度工作评先活动,11个进驻部门被评为政务服务工作先进单位,

48 名工作人员被评为政务服务工作先进个人。（吴宝树）

机关事务管理

【概　况】 2010 年，南宁市直机关后勤服务中心（市机关事务管理局）主要负责全市公共机构节能及市委、人大、政府、政协办公区和宿舍区的水电、绿化、环境卫生、基建维修、安全保卫、社会治安综合治理、会场管理和服务。完成市委市政府大院用电设施增容改造及循环回水节能改造工程；增设景观花园，调整绿化美化环境，不断改善办公区和宿舍区条件；全面更新市政府办公大楼和大院外围视频监控系统；积极推进危旧房改造工作；筹建市委市政府机关食堂；全面推进完善市四家班子后勤物业社会化管理。对市机关车队和市直机关保育院进行及时有效的业务指导和人事管理。

【市四家班子后勤服务保障】 2010 年，市机关事务管理局全面推进市四家班子后勤工作物业化进程，委托物业公司负责安全保卫、水电维修、卫生保洁、房屋维修、宿舍管理、会务服务等各项后勤保障工作，同时加强监督和管理职能，督促物业公司做好各项业务。

水电、卫生、绿化保障　做好本辖区公共供水、供电、中央空调、电梯、管网管线设备等的维护工作；完成市委、政府大院用电设施增容改造工作；对辖区防雷设施进行检测及整改；完成市委市政府大院洗车场循环回水节能改造工程；加强对辖区卫生保洁工作的监督、检查和管理，协调物业公司做好各大院的卫生清洁；对大院绿化美化进行调整，在市委 1 号楼周围增植绿化带，并在楼顶增设景观花园；提供市领导办公室、会议中心及各会议室阴生植物的摆设和更换服务；完成“两会一节”及其他重大活动摆花任务。

安全保障　落实责任制，与辖区内各单位签订责任状；加强现场联动处理工作，与信访、公安、社区等相关部门形成紧密联动关系，妥善处理群众上访事件 45 起；全面更新市政府办公大楼和大院外围视频监控系统，在市委 1、2 号楼增加两套视频监控系统；加强辖区人员车辆进出管理；完成市四家班子办公区和宿舍区保安队伍的换防工作。督促市机关车队和市直机关保育院开展各项安全生产，在节假日和重大活动安排值班人员，对重点保障部门排查安全隐患，保障安全。

办公区（宿舍区）房屋管理维修　做好 10 多个市直机关单位办公用房调整工作；着重做好南湖公务员小区公寓房的服务和管理工作，帮助住户办理个人《土地使用证》60 本、《房屋产权证》5 本，办理职工退房手续 2 户、本局职工住房补贴 62 人；协调解决南宁市竹排冲水系统整治碧湖路段公务员小区围墙恢复回建问题；对管辖的 9 个宿舍 1718 户 5504 人进行人口普查登记工作；对市政府大楼各楼层办公用房翻新改造以及外围环境维修整治；对市四家班子宿舍区进行房屋天面防水翻修约 900 平方米；更换市委泗壕塘宿舍区各楼道的对讲系统等。

承接重大活动任务及会议服务　承担南宁市庆祝中华人民共和国成立 61 周年升国旗仪式、“两会一节”等重大活动的会场布置和服务，完成全市性会议服务共 128 场次。

【公共机构节能】 2010 年，市机关事务管理局深入推进全市公共机构节能。重点抓好耗水、耗电、耗油设备的管理。组织开展公共机构节能绩效考评，把 6 县、6 个城区、7 个开发区和 98 个市直单位公共机构节能工作“十一五”任务目标纳入本行政区域、本部门节能降耗的重要工作事项和议事日程。制定颁发《南宁市“十一五”后两年公共机构节能工作计划》和《南宁市公共机构节能工作指导意见》，指导各单位节能工作的开展和实施。全市公共机构水、电、气、油等各种能源消耗量都呈现下降趋势，水消耗量 3542.15 万吨，比上年同期下降 5.85%，电消耗量 1.80 亿度，下降 5.14%，油消耗量 2268.03 万升，下降 5.56%。建立健全市公共机构节能工作管理体系，明确各级公共机构节能工作管理职责，明确节能工作的主管领导、工作部门和联络员等，形成“有人具体抓，具体有人办”的有效机制。对能耗统计人员进行业务培训，开展公共机构节能宣传、能源短缺体验日等活动，6 月 19 日，全市近千个各级公共机构，3 万多名干部职工参加了能源短缺体验日活动，广西电视台、《南国早报》、《南宁日报》、南宁电视台等媒体进行专题或现场报道 10 余次（篇）。在市委市政府大院试点安装 2 台电梯节能回馈装置，安装使用后电梯节电率达 20%~40%。在市委市政府大院内建立废水循环利用系统，通过水池收集空调水、地下水、雨水，通过抽水泵循环再利用于大院绿化灌溉。对市四家班子办公区公共场所更换了节能灯具。

【危旧房改住房工作】 2010 年，经市四家班子秘书长联席会议研定，市委新民路 65 号、民主路 45-1 号宿舍区，市人大宿舍区，市政府新民路、淡村路 4 号 5 个宿舍区列入危旧房改住房整体改造。市机关事务管理局积极推进危旧房改住房工作。经批准成立市四家班子危旧房改住房改造工作领导小组及办公室，领导小组办公室工作人员从四家班子办公厅、局内部抽调 23 名工作人员组成，专门安排办公场所及配备基本办公设备。多次召开领导小组及办公室人员会议，主动学习危旧房改造的有关文件，全面掌握自治区、市危旧房改造的政策。以淡村路市政府宿舍、新民路市委宿舍两个宿舍区为重点狠抓落实。年内，通过组织座谈会，入户个别谈心等形式，进行政策宣传，耐心引导，印发有关征求危旧房改造意见书 518 份，收回 380 份。市委民主路 45-1 号宿舍区、市政府淡村路 4 号宿舍区产权人和产权共有人同意危旧房改造率达 100%，新民路市委宿舍产权人和产权共有人同意危旧房改造率达 93%（除 1、2 栋外）。市委民主路 45-1 号宿舍区、市政府淡村路 4 号宿舍区危旧房改造上报材料已收集完毕并报自治区、市房改办初审。与市财政局配合，对淡村路市政府宿舍 4 栋楼 158 套（间）7687.08 平方米的公有房屋提出处置意见。委托市房屋产权交易中心测绘队对淡村路市政府宿舍、新民路市委宿舍共 10 栋楼进行测量，测出扩建面积 3376.32 平方米，公摊面积 3110.09 平方米。委托市房屋鉴定所对新民路市委宿舍第 10、13、15、16、17、21 共 6 栋楼进行安全检测，根据检测结果，被检楼房均未达到抗震设防要求，符合危旧房改造条件。重视住户来信来访。从危旧房改造开始共有群众来电来访 86 次，来信 4 件。对来电来访认真进行解答，按照房改政策解释和说明。其中，有 2 件已找其本人解释答复，另 2 件反映住房遗留问题和住房面积达不到与职务住房标准问题，派员专题调查，形成书面材料报市政府审定。做好宿舍区危旧房改造规划总平图初步方案修改和住房状况造册登记等相关资料收集。

【市委市政府机关食堂筹建运营】 2010年3月16日，市机关事务管理局采取聘请四星级酒店承包食堂快餐和包厢服务的合作方式，筹建的市委市政府机关食堂正式运营。机关食堂供餐人数：早餐380人，午餐650人，晚餐230人。在做好快餐供应的同时，机关食堂在领导自助餐和公务接待方面，抓好特色服务和个性化服务，根据不同就餐对象供应时令菜、特色菜和家乡菜。完成12次大型会议接待，387台次公务接待及160多次公务接待外送任务。机关食堂还多次主动召开大院各单位代表意见征询会，提升服务质量。

【市直机关保育院】 2010年，市直机关保育院以促进幼儿健康发展为目标，继续开展“十一五”规划课题的研究，分年级进行特色班教学研讨活动，在班级试行“五常法”，提高特色课程的教学质量和水平。创新幼儿园经营管理理念，探索公助民办幼儿园的办园途径，在本市新加坡商住小区和仙葫开发区创办两所分园。加强对骨干教师队伍的建设，引领教师深入开展幼儿园课程改革，开展“2010年秋季优秀教育环境创设奖”、“伸出小小手、献出点点爱”及“捐一本字典，送一份希望”等系列活动，举办55周年院庆活动和接待各幼教同行的跟班观摩。安装“人脸识别系统”，保证幼儿在园的安全。 （李忠权）

政府集中采购

【概　况】 南宁市政府集中采购中心于2005年7月正式挂牌对外办公，主要承担市本级政府部分货物、工程、服务采购经办业务，是参照公务员法管理的事业单位。2010年3月，中心结合实际需要对内部机构进行调整，将原有综合部、采购一部、采购二部3个内设机构调整为办公室、监督科、信息科、采购科、招标科、合同科6个内设科室，有在职人员39人，其中，中心领导3人，内设机构科级干部20人，科员5人，工勤人员3人，派遣人员8人。

【重点项目采购】 2010年，市政府采购中心围绕市委、市政府中心工作，积极完成“五场攻坚战”和为民办实事等一大批重点建设项目的招标采购，主要有广西郁江老口枢纽工程勘察设计采购、轻轨一号线设计招标代理、“交通基础设施完善”攻坚战项目、五象新区核心区基础设施建设招标采购、广西体育中心主体育场喷泉工程和“中国水城”建设项目竹排冲整治工程、连通明渠A标、B标工程、民歌广场综合改造景观土方工程、南湖——竹排冲水系环境综合整治工程、二坑溪环境综合整治康美花园——二坑口段工程、五象新区总部基地1标、2标工程、五象新区核心区4#、7#、23#路工程、五象新区盘龙片区12、29、51、54号路工程、邕宁区廉租房工程以及南宁职业技术学院相思湖新校区14#、15#、16#学生宿舍工程等重点采购项目302个，涉及采购预算40.65亿元，成交29.34亿元，节约资金11.31亿元，节约率27.83%。

【合同见证】 2010年，南宁市开展合同见证，规范政府采购行为。市政府采购中心与市财政局联合出台《南宁市政府采购项目合同签订履约和验收管理办法》，建立健全工作机制，加强对政府采购合同签订、履约和验收的规范化管理。在合同签订上，严格按照采购文件要求，及时向中标供应商发出中标通知书，明确中标金额、签订合同时间及相关要求，为采购单位与供应商签订合同做好基础工作；在处理违约问题上，如发生供应商中标后弃标、采购单位或供应商拒绝签订合同等现象，主动联系双方，加强沟通交流，开展协调，妥善处理存在问题。全年完成政府采购工程、货物、服务类项目合同见证307个，其中工程项目合同见证101个、货物类项目173个、服务类项目33个；定点委托合同见证173个，其中施工定点委托79个、监理定点委托83个、交通标线标志隔离设施定点委托11个。

【项目采购】 2010年，市政府采购中心通过调结构，转方式，扩大采购覆盖面，推进全市政府采购项目全面完成。办理采购项目3289个，采购预算67.98亿元，成交51亿元，节约资金16.97亿元，节约率24.97%，成交金额规模比上年增长31.37%。按采购项目分类：货物类262个，采购预算4.33亿元，成交3.49亿元，节约资金8373.39万元，节约率19.35%；工程类153个，采购预算57.31亿元，成交42.17亿元，节约资金15.14亿元，节约率26.41%；服务类116个，采购预算3.75亿元，成交3.12亿元，节约资金6268.02万元，节约率16.71%；定点施工163个，采购预算1.58亿元，成交1.33亿元，节约资金2539.99万元，节约率16.00%；定点监理153个，采购预算3391.08万元，成交2720.85万元，节约资金670.22万元，节约率19.76%；定点标志标线33个，采购预算2978.09万元，成交2628.09万元，节约资金350万元，节约率11.75%；办公设备协议2409个，采购预算3667.79万元，成交3535万元，节约资金132.80万元，节约率3.62%。按采购方式分类：公开招标329个，采购预算64亿元，成交47.64亿元，节约资金16.35亿元，节约率25.55%；竞争性谈判150个，采购预算8800.36万元，成交7109.22万元，节约资金1691.14万元，节约率19.22%；询价2个，采购预算79.96万元，成交77.43万元，节约资金2.53万元，节约率3.17%；单一来源49个，采购预算3429.54万元，成交3411.38万元，节约资金18.16万元，节约率0.53%；邀请招标1个，采购预算1588.03万元，成交820.09万元，节约资金767.94万元，节约率48.36%；定点施工163个，采购预算1.59亿元，成交1.33亿元，节约资金2539.99万元，节约率16.00%；定点监理153个，采购预算3391.08万元，成交2720.85万元，节约资金670.22万元，节约率19.76%；定点标志标线33个，采购预算2978.09万元，成交2628.09万元，节约资金350万元，节约率11.75%；办公设备协议2409个，采购预算3667.79万元，成交3535万元，节约资金132.80万元，节约率3.62%。（农丕提　黄碧新）

中国人民政治协商会议南宁市委员会

重要会议

【政协第九届南宁市委员会第五次会议】 2010年2月21~25日在南宁人民会堂召开。市政协委员467人出席。自治区党委常委、市委书记车荣福在开幕大会上作重要讲话，市委、市政府领导应邀出席开幕式和闭幕式，参加小组讨论，听取大会发言。

会议听取并赞同市长黄方方在市十二届人大八次会议上所作的政府工作报告，赞同市中级人民法院工作报告、市人民检察院工作报告以及其他报告。会议审议通过市政协副主席张国环代表常务委员会所作的工作报告和副主席崔建国代表常务委员会所作的提案工作情况的报告。会议补选岑可成为政协第九届南宁市委员会主席、李勤为副主席；补选江湛、张自英、眭国庆、张伦书为市政协第九届常务委员会委员。会议期间，市政协委员履行职责，围绕市经济社会发展的重大问题进行协商讨论，就深入开展“四个年”主题活动和打好“五场攻坚战”，进一步加大投资拉动力度；转变经济发展方式，实现经济平稳较快发展；切实加强“三农”工作，全面开创农村改革发展新局面；深化改革，扩大开放，进一步增强发展动力和活力、增强城市综合实力；保障和改善民生，扎实推进和谐社会建设等重大部署，进行广泛协商讨论，献计献策。收到大会发言材料 19 份，16 位委员作大会发言。收到以提案形式提出的意见建议 413 件，编印会议简报 4 期。

【政协第九届南宁市委员会常务委员会议】 2010 年共召开 7 次。

第二十次会议　1 月 25 日在市政协常委会议室召开。审议通过政协第九届南宁市委员会常务委员会关于召开政协第九届南宁市委员会第五次会议的决定（草案）；审议通过政协第九届南宁市委员会常务委员会工作报告（草案）；审议通过政协第九届南宁市委员会常务委员会关于九届四次会议以来提案工作情况报告（草案）；审议通过政协第九届南宁市委员会第五次会议议程（草案）；审议通过政协第九届南宁市委员会第五次会议列席人员名单（草案）。

第二十一次会议　2 月 4 日上午在市政协常委会议室召开。审议通过政协第九届南宁市委员会第五次会议日程（草案）；审议通过政协第九届南宁市委员会第五次会议秘书长、副秘书长名单（草案）；审议通过政协第九届南宁市委员会第五次会议讨论编组及各组召集人名单（草案）；审议通过政协第九届南宁市委员会第五次会议关于常务委员会工作报告报告人的建议（草案）；审议通过政协第九届南宁市委员会关于市政协九届四次会议以来提案工作情况报告报告人的建议（草案）；审议通过政协第九届南宁市委员会关于市政协九届五次会议提案审查情况报告报告人的建议；审议通过政协第九届南宁市委员会第五次会议大会发言材料（草案）。

第二十二次会议　2 月 24 日上午在市政协常委会议室召开。会议提出九届五次会议大会选举办法及补选政协第九届南宁市委员会主席、副主席、常委等候选人协商名单。

第二十三次会议　2 月 24 日下午在南宁饭店聚和楼二楼仁和厅召开。会议听取政协第九届南宁市委员会第五次会议各小组讨论大会选举办法（草案）、推选监票人等情况汇报；听取政协第九届南宁市委员会第五次会议各小组酝酿补选政协南宁市第九届委员会主席、副主席、常委等候选人协商人选情况汇报；听取政协南宁市第九届委员会第五次会议各小组讨论大会政治决议（草案）、常委会工作报告决议（草案）、提案工作报告决议（草案）的情况汇报并同意提交政协南宁市第九届委员会第五次会议第三次全体会议审议。

第二十四次会议　7 月 27 日在市政协常委会议室召开。深入学习贯彻全市政协工作会议精神；听取市政府领导通报市 2010 年上半年经济社会发展情况及 2010 年下半年主要工作安排；听取市规划局领导通报“中国水城”规划情况；听取 2010 年上半年市政协常委及部分委员视察情况汇报；市政协主席岑可成在会上作重要讲话，对 2010 年上半年市政协工作及委员视察进行简要总结，部署市政协下半年工作。

第二十五次会议　10 月 29 日在市政协常委会议室召开。听取并讨论市政府领导、市发展改革委领导通报市经济社会发展“十二五”规划编制情况；听取部分常委就市经济社会发展“十二五”规划编制提出意见和建议；市政协秘书长侯小兵通报第九届委员会常务委员会第二十四次会议以来的主要工作情况（书面）。

第二十六次会议　12 月 28 日在市政协常委会议室召开。听取市政府领导通报市 2010 年经济社会发展情况及 2011 年主要工作思路；听取各视察小组汇报 2010 年下半年市政协常委及部分委员视察情况；听取市纪委、市中级人民法院、市检察院通报有关工作情况；市政协秘书长侯小兵通报第九届委员会常务委员会第二十四次会议以来的主要工作情况（书面）；市政协办公厅和各专门委员会汇报 2010 年工作情况及 2011 年工作思路（书面）；审议通过《关于召开政协第九届南宁市委员会第六次会议的决定》（草案）。

重大活动

【概　况】 2010 年，南宁市建立健全政协工作的机制体制，在市政府领导每年两次向市政协常委会通报全市经济社会发展情况的基础上，市纪委、市中级人民法院、市检察院主要领导首次在市政协常委会上通报工作情况；市政协增设研究室、选举联络工作办公室，县政协增设提案委，城区政协增设选举联络工作办公室；市委、市政府安排 192 万元专项经费，给县（区）政协购置委员活动用车。先后组织市政协委员 3000 多人次开展各类咨询服务，为群众发放种养科技等知识宣传资料 2 万多份，赠送书籍 8000 多本。为玉树地震灾区、西南旱灾地区捐款捐物折合 300 多万元。

【协商监督】 2010 年，市政协组织委员开展系列民主监督活动，参与市人力资源和社会保障局、市检察院等职能部门的“民主评议政风行风”活动，对一些部门的规范化管理进行评议，对政风行风建设提出意见建议。先后向市政府有关部门和政法系统推荐 100 名政协委员担任特邀监督员，对政府信息公开执行情况、市容市貌整治、中小学校收费等进行民主监督；把民主评议与民主监督结合起来，组织委员对《南宁市燃气管理条例》等法规、规章进行协商讨论；旁听人民法院审理案件，现场了解人民法院强制执行案件，对刑事审判和推进司法公开、公正进行咨询建言。

【调研视察】 2010 年，市政协领导带队组成 9 个专题调研组，就加快特色农业产业发展、进一步做强做大高新区、统筹推进市直机关危旧住房改造、非物质文化遗产保护与传承、申报国家知识产权试点城市、市区交通拥堵问题、市区养老服务发展、推进城中村改造、建立市、县（区）政协提案工作互动机制等 9 个方面开展调查研究，形成9份调研报告报送市委、市政府，许多意见建议得到采纳，不少调研成果转化为推动工作的政策措施。围绕推进全市经济、政治、文化、社会建设、城市建设重大项目和为民办实事项目建设，市政协分别组织市政协常委及部分委员对“中国水城”建设、“菜篮子”工程、居家养老服务、医疗卫生等方面开展视察活动，为推动各项工作提出意见建议。形成有情况、有分析、有建议的视察报告40多篇，召开常委会，邀请市政府领导和有关部门负责人列席会议，听取视察情况汇报，并将视察报告报送市委、市政府。围绕“十二五”规划的重点问题，先后组织8个专题小组，由正、副主席带队，就统筹城乡协调发展、进一步提高对外开放与合作水平、自主创新能力建设、生态建设与环境保护、发展现代服务业、加强教育工作、非公有制经济发展、保障和改善民生等，到各县（区）、市直各部门开展调查研究，实地考察30多次，召开情况通报会、座谈会40多场次，征求社会各界的意见建议，形成调研报告。召开专题议政常委会议，邀请市政府领导及25个职能部门负责人列席会议，听取各专题调研组的意见建议。

【海外联谊】 2010年，南宁市依托港澳政协委员、海外联谊顾问，广泛与海外华侨、华人、工商社团交往，宣传推介南宁，促进双方经贸合作。邀请海外友好人士到南宁市参观考察、列席市政协全会。全年市政协共接待港澳台地区和海内外客商及友好人士80多批。市政协领导率队开展招商活动，走访企业，洽谈经贸合作事宜，为广西鑫山工程机械有限公司、广西桂澳贸易有限公司等企业落户南宁牵线搭桥。11月，由市政协主要领导带队赴广东深圳市、珠海市分别与市政协香港、澳门委员开展“委员活动日”活动，向港澳委员通报南宁市经济社会发展情况以及市政协工作情况，听取意见建议，鼓励港澳委员为南宁市与港澳在经贸、科技、文化等方面的交流与合作作贡献。

【提案工作】 2010年，市政协加大提案办理力度，率先在自治区实行网上提交提案、公开办理提案、办理公开查询、公众参与评价等提案公开办理工作，实现提案者、提案承办单位、提案委三方互动。通过重点提案领导牵头督办、集体提案对口督办、热点提案现场督办、难点提案跟踪督办、承诺提案持续督办、手机短信提醒及时督办等方式，加大提案办理的督办力度，提高提案办理实效。全年征集提案413件，审查立案406件，立案率98.31%，办复率100%。

【委员培训】 2010年8月，市政协组织市政协常委会组成人员和部分县（区）政协主席共50人，到清华大学进行为期8天的集中培训，学习政治理论、人民政协理论和时代前沿知识。11月，组织全体市政协委员、机关干部到市委党校集中培训，邀请有关专家和全国政协提案委领导作中共十七届五中全会精神及提案工作专题辅导，并参观南宁市党性党风党纪教育基地和地方党史教育基地。

9月10日，市政协机关党委、上林县镇圩瑶族乡中心学校党支部“结对共建”暨“同心育才工程”捐款仪式举行 梁基欢 摄

【“同心育才”工程实施】 2010年，市政协发挥优势，实施“同心育才”工程，发动社会力量捐资助学育才，用3至4年时间资助上林县镇圩、马山县里当、古寨3个瑶族乡近200名品学兼优、家庭困难的少数民族学生免费到教学质量好的高中就读；扶助3个瑶族乡中心学校改善办学条件。8月“同心育才”工程启动以来，筹集捐款600多万元，其中广西碧园房地产有限公司捐资300多万元，分3年资助上林县镇圩瑶族乡60名符合条件的初中毕业生到首都师范大学附属桂林实验中学免费就读，首期20名学生于9月入学；荣宝昌房地产有限公司、阳光壹佰集团、广西三祺投资公司共捐资110多万元，支持上林县镇圩瑶族乡中心学校基础设施建设。同时，荣宝昌房地产有限公司还捐资60万元，分3年资助南宁市明天学校考上大学的孤儿完成学业。

（眭国庆 农凌云）

纪律检查与行政监察

【概 况】 2010年，南宁市共设有乡镇以上纪检监察机构362个，配备纪检监察干部884人。市纪委机关与市监察局合署办公。全市各级纪检监察机关围绕发展这个第一要务，服从服务于全市改革发展稳定的大局，标本兼治、综合治理、惩防并举、注重预防，着力构建具有首府南宁特色的惩治和预防腐败体系，全市党风廉政建设和反腐败工作保持平稳健康、不断向纵深发展的良好态势。

【领导干部廉洁自律】 2010年，南宁市开展制止公款出国（境）旅游专项治理，对党政机关下属中心、学会、协会组织因公出国（境）双跨团组情况进行认真清理，完善处级以上领导干部因私出国（境）审批和因私护照管理制度。进一步加强公务用车管理，开展公车私用专项检查，对存在违规驾驶公车情况的61名党员干部进行批评教育、廉政谈话。规范公务接待和严格控制一般性支出。全市因公出国（境）经费、车辆购置及运行、公务接待、用电用油用水费用支出分别比上年同期下降26.49%、4.30%、2.32%、2.20%，均达到中央、自治区要求的控制数以内。配合中央对南宁市公务员津贴补贴发放工作情况进行检查。继续做好党政机关和事业单位“小金库”专项治理

"回头看",组织开展社会团体领域、国有及国有控股企业领域"小金库"专项治理。市纪委会同市委组织部抽调42名干部、组成6个检查组对12个县(区)党委特别是县(区)委书记在干部选拔任用工作中履行民主推荐、提名、考察程序等关键环节进行专项督查,切实提高选人用人公信度。市纪委协助自治区党委巡视组对市本级以及各县(区)开展新一轮巡视。

【损害群众利益的不正之风纠正】 2010年,南宁市推进"五安工程"。创办《"五安工程"简报》宣传各成员单位典型,采取联席会议等多种形式调动各成员单位的积极性。发挥特邀监察员的监督作用,整合力量开展强农惠农资金专项检查,加强农用物资监管,纠正和整改违规金额424万元,责任追究16人;查处哄抬农资价格、制售假劣农资坑农害农行为763个,涉及金额339万元。加大对创卫活动"五小行业"的整治,发出《整改通知书》1952份;纠正医药购销和医疗服务中的不正之风问题30件,查处31人;查处食品安全问题348件,涉及金额167万元。加强对社保基金、住房公积金、扶贫资金、新农合资金和城镇医保资金的监管,纠正和查处违纪违规问题16件,处分15人。取消捐资助学办公室和"捐资助学费"专户,建立完善教育收费"收支两条线"管理制度,查处学校乱收费行为,涉及金额890多万元,给予党纪政纪处分8人。畅通政府各职能部门与百姓沟通的渠道。继续打造《政风行风热线》品牌,全年直播244期,跟踪反馈整改问题252个;开播《政风行风面对面》电视访谈专栏,让市职能部门"一把手"和群众在演播现场"零距离"沟通交流,全年播出12期,征集群众反映的突出问题265个,全部得到解决,节目收视率在南宁电视台自办节目中名列前三位。

【违纪违法案件查处】 2010年,南宁市重点查办5个方面的案件,即严肃查办企业改制损害国家利益的案件,严肃查处工程建设领域违纪违法案件,着力查处医药购销领域的商业贿赂案件,着力查处私设"小金库"案件和着力加强对失职渎职行为的责任追究。全年各级纪检监察机关受理群众来信、来访、电话举报2839件次,初核867件,立案386件,结案395件(含去年遗留数),给予党纪政纪处分374人,通过查办案件挽回直接经济损失2288万元。充分发挥查办案件的治本功能,针对全市卫生系统、武鸣县系列腐败案暴露出来的问题和薄弱环节,分别在市卫生系统和武鸣县开展廉政主题警示教育活动,用"身边的事教育身边的人",警示广大党员干部。

【源头治理】 2010年,市各级纪检监察机关按照中央纪委、自治区纪委"反腐倡廉制度建设年"的要求,加强制度建设,为党委、政府当好参谋,组织协调配合有关职能部门,深化制度改革和体制创新,拓宽从源头上预防和治理腐败的领域。一是贯彻落实干部监督四项制度。市委对重要岗位正处级领导干部实行全委会票决制,进一步扩大任免干部全委会票决范围。进一步规范对拟提拔干部听取纪检监察机关意见的程序和形式,防止干部"带病上岗"、"带病提拔"。加强对党政领导干部选拔任用工作的监督特别是对县(区)党政主要负责人的选拔、任用和监督。二是行政审批制度改革逐步深入。大力推动"两集中、一充分",全市有370个具有行政审批职能的部门进驻政务服务中心,实行"一个窗口"受理、"一站式"办结,推行服务承诺和限时办结制,提高办事效率。不断完善电子监察监控系统,对全市进驻政务服务中心的行政审批事项和服务工作进行电子监察监控。三是财政管理体制改革稳步推进。继续深化国库集中支付制度改革,完善国库单一账户体系,扩大"公务卡"使用单位的范围,建立起比较完善的公务卡制度,健全财政动态实时监控系统。加强预算外资金和非税收入监管,加强对政府财政资金项目的监察和绩效审计。四是政府投资管理、国有资产监管体制等方面改革步伐加快。制定《南宁市政府财政投资评审管理办法》,健全政府投资监管制度,推行财政投资项目代建制,建立政府投资项目公示制度,提高财政资金使用效益。检查督促有关部门落实建设工程招投标、经营性土地使用权出让、产权交易、政府采购4项制度。五是推进党务、政务、村务、厂务和公用事业单位办事制度公开。全市建立党务公开联系点18个、123个乡镇(街道)全部实行政务公开,1395个行政村、394个社区全部实行村(居)务公开,促进基层群众依法行使民主权利。对全市近年来制定的各项反腐倡廉制度进行全面、系统的清理,清理完善制度310项。

【行政效能监察】 2010年,南宁市加强对政务软环境的监督检查,组织特邀监察员和社会监督员开展督查100场次,走访部门及各有关场所60多个,对企业和群众反映强烈的20多个问题进行跟踪督办;充分利用视频监控和数据监督、编制电子监察月报、调查核实显示红灯超时办结审批事项等手段加强对行政审批的全程监督,对顶风违纪、多次违纪的窗口单位和窗口人员坚决进行责任追究,共调查核实行政效能案件26件,对13个单位36名责任人进行行政问责。继续加强对政府信息公开的监督检查,制定《南宁市政府信息公开工作考核暂行办法》等7个配套制度,督促全市100家

12月1日,市纪委在马山县开展大接访活动。图为市委常委、纪委书记邓金玉接待群众来访

市纪委提供

单位发布政府公开信息3.55万条，对不及时公开、不全面公开等6类45条问题进行督办，责成11个部门进行整改。

【行政执法监察】 2010年，全市各级纪检监察机关深入开展监督检查，优化发展环境。一是打好“经济增长攻坚战”。全市成立25个督查机构，对前四批新增中央投资项目建设和2010年中央投资项目建设开展监督检查活动764次，发现问题241个，全部进行督促整改。确保中央扩内需促增长政策措施落实，得到中央第十五检查组和自治区领导的充分肯定。二是打好“耕地农田保卫战”。加大土地违法违规行为查办，开展土地卫片执法检查，共发现违法违规用地281宗、面积324.28公顷，调查处理土地违法违规案件21件，给予党纪处分3人，政纪处分8人。三是打好“环境保持持久战”。加快推进环境保护和节能减排的监督检查，协调环保部门关停小企业215家，对中央、自治区8个挂牌督办环保项目全程跟踪监督。参与查处环境违法违规案件46件，办结46件。四是打好“安全生产防御战”。开展危险化学品企业安全检查、学校周边安全生产隐患排查、集中整治校园交通违法行为等活动，严厉打击各类安全生产非法违法行为，严肃查处安全生产责任事故。全年，共查处安全生产责任事故70起，办结53起，给予党纪政纪处分16人。

【党内监督】 2010年，南宁市制定《南宁市纪委主要领导与市管干部任职廉政谈话实施办法》，切实加强对领导干部的监督。市、县纪委负责人同下级党政主要负责人谈话986人次，领导干部任前廉政谈话1857人次，诫勉谈话105人次，1460名领导干部按要求进行述职述廉和报告个人有关事项。贯彻落实干部选拔任用四项监督制度，将干部选拔任用有关规定纳入各级党委(党组)理论中心组学习、党校专题培训班的重要学习内容，对新进领导班子成员特别是主要领导进行专题教育培训，并广泛利用报纸、电视、手机信息平台等渠道，采取专栏、专访、廉政谈话、观看警示教育片等形式宣传干部选拔任用有关规定。严格廉政审查，执行市委《关于开展对选拔任用领导干部考察人选廉洁自律及遵纪守法情况联合审查工作暂行办法》。年内，市纪委本级共对661名拟任干部的任职资格、民主推荐情况、有无群众举报等内容进行廉政审查。

【反腐倡廉宣传教育】 2010年，南宁市把加强党员干部的反腐倡廉教育作为反腐倡廉建设的基础来抓，纳入党委宣传教育总体部署。一是抓好《廉政准则》的学习宣传。把学习《廉政准则》纳入到全市理论学习计划中，列为各级党委（党组)中心组必学专题。组织开展以“十个一”活动为载体的《廉政准则》集中学习宣传活动和“学习《廉政准则》、促进廉洁从政”主题教育活动。市领导作《廉政准则》专题辅导50人次，各县(区)、各单位主要领导讲主题廉政党课1500多场次，受教育党员干部6万多人次。各级党委（党组）召开理论中心组专题学习会近500次，各级领导干部撰写心得体会或理论调研文章5000多篇，组织党员干部廉政知识测试9000多人。二是打造具有南宁特色的反腐倡廉教育培训平台。在市委党校建立市党性党风党纪教育基地，制定基地管理的有关制度，要求党校举办的每个培训班学员都要到教育基地接受党性党风党纪教育。年内，有党员干部5000多人次到教育基地开展党性党风党纪教育。三是争创反腐倡廉宣传品牌。加强与宣传部门及市属新闻媒体的协调联系，建立健全市纪委监察局新闻发布制度，在全市开展“反腐倡廉新闻宣传月”活动，继续办好《南宁日报》“绿城清风”专栏，开设“反腐倡廉·亮点展示”专栏，全市各级纪检监察机关在市级新闻媒体发表文章100多篇，在省级媒体发表文章120多篇，在中央媒体发表文章20多篇。四是进一步加强廉政文化建设。各级各单位各部门在完善制度、丰富内容等方面不断拓展廉政文化的领域，继续抓好廉政文化示范点建设。

【党风廉政建设责任制落实】 2010年，市委把落实党风廉政建设责任制同经济工作和其他业务工作一起部署，一起考核。年初，12个县(区)委书记、86个市直单位主要负责人向市委书记递交《2010年党风廉政建设目标管理责任状》，各县(区)各部门也逐级签订责任书，形成谁主管谁负责，一级抓一级，层层抓落实的工作格局。市纪委制定《2010南宁市党政领导班子落实党风廉政建设责任制目标管理考核细则》，对各县(区)各单位履行党风廉政建设责任制岗位职责情况开展专项检查和考核，对存在的问题及时提出整改建议。将信访监督和党风廉政建设责任制相结合，对信访监督对象的说明材料实行所在单位或部门主要领导审核签字负责制度。

【基层党风廉政建设】 2010年，南宁市召开全市基层党风廉政建设现场推进会，进一步健全加强农村基层党风廉政建设工作联席会议制度，完善农村基层党风廉政建设工作机制。选派新农村指导员进驻行政村进行指导，推进农村基层党风廉政建设的全面开展。开展农村、社区、学校、“两新”组织等基层党风廉政建设工作。在示范点建设反腐倡廉宣传栏，开展廉政文化教育，营造良好的廉政氛围。推行村级财务委托管理制度，继续落实村级和学校等基层单位“零接待”制度，加强对农村集体资产、资源、资金的管理。结合农村信息化建设，试行农村移动政务信息亭，建立便民服务室，设立便民服务点。

【机关绩效综合管理信息平台建设】 2010年4月，市委常委会决定投入专项经费，用两年时间分三期建设以“十个系统、一个中心”为主要内容的南宁市机关绩效综合管理信息平台。9月，一期建设的4个系统正式上线运行。部门绩效管理考评系统对南宁市19个重要文件进行梳理、科学分解，共形成4713项绩效工作指标，分解到112个绩效考评责任单位，对完成情况实行在线考评。重点项目督查管理专项考评系统建立全市统一的项目管理流程，明确项目责任单位、责任人、工作进度、完成标准、倒排节点等，实现项目管理的标准化、精细化，已有273个重点项目纳入系统管理。财政资金投入项目监察管理系统将20件“为民办实事”等补助补贴类项目资金及工程建设类项目资金纳入监管，实现对资金流转环节在线监控。领导全局信息管理系统(领导驾驶舱)全面展示各级各部门的重点工作进展情况、全市主要经济指标的完成情况并提供数据分析供领导决策参考。信息平台获2010中国城市信息化管理创新奖。

【中共南宁市第十届纪律检查委员会第七次全体会议】 2010年2月8日在南

宁召开。出席会议的市纪委委员39人，列席320人。市纪委常委会主持会议。会议学习贯彻十七届中央纪委五次全会、自治区九届纪委八次全会精神，特别是中共中央总书记胡锦涛重要讲话精神，总结回顾2009年全市党风廉政建设和反腐败工作，研究部署2010年工作任务，审议通过市委常委、纪委书记邓金玉代表市纪委常委会作的《扎实推进惩治和预防腐败体系建设、为建设区域性国际城市和广西"首善之区"提供坚强保障》的工作报告。自治区党委常委、市委书记车荣福出席全会第二次大会并作重要讲话。车荣福在会上强调，要认真学习贯彻中央纪委五次全会及自治区纪委九届八次全会精神，增强推进反腐倡廉制度建设的自觉性和坚定性；要着力构建科学严密、完备管用的制度体系，切实提高反腐倡廉制度执行力；要把握重点，抓住关键，扎实推进党风廉政建设和反腐败工作；要坚持党委统一领导，确保党风廉政建设和反腐败工作落到实处。市委、市人大常委会、市政府、市政协的中共党员领导，市中级人民法院、市人民检察院、市公安局主要领导出席会议。有关方面的负责人参加会议。

（市纪委、监察局编写组）

民主党派与工商联

中国国民党革命委员会南宁市委员会

【概　况】 2010年，中国国民党革命委员会南宁市委员会有青秀区、江南区、兴宁区、西乡塘区4个城区总支部，18个支部，党员341人（新发展22人），其中：经济界124人，科技、教育界81人，医药卫生届55人，行政机关51人，其他30人；具有中、高级专业技术职务任职资格203人。党员中任民革中央委员1人，民革广西区委会副主任委员1人；自治区人大代表1人，市人大代表5人（常委1人），城区人大代表5人（副主任1人，常委1人）；自治区政协委员1人（常委1人），市政协委员21人（副主席1人，常委2人），城区政协委员21人（副主席1人，常委3人）；担任西乡塘区副区长1人，江南区副区长1人，市发展和改革委员会副主任1人，市科学技术协会副主席1人，受聘担任自治区、南宁市、城区及有关单位特邀监察员、执法监督员、行风评议员10人。编印会刊《南宁民革》4期。年内，民革市委会完成基层组织4个总支部及18个支部的换届。

【参政议政】 2010年，民革市委会领导多次参加中共南宁市委、市政府和市政协召开的协商会、座谈会、情况通报会、提案工作征求意见会，就南宁市的一些重大决策、工作部署、人事任免事项进行协商，不少意见和建议得到中共南宁市委、市政府的重视和采纳。民革市委调动党员参政议政积极性，围绕南宁市"十一五"规划和"十二五"规划的制定，应对国际金融危机，融入中国—东盟自由贸易区建设、建设区域性国际城市和广西"首善之区"，以构建和谐南宁，全面建设小康社会为主题，不断完善参政议政工作机制，创新调研模式。继续完善市委会、各专委会和基层支部三级调研机制，坚持以开展"一党员一建议，一支部一提案（信息）"活动。落实和完善"党委出题、党派调研、政府采纳、部门落实的调研机制，完成中共南宁市委下达的调研任务。建立与政府部门联系合作机制，主动走进政府部门寻求参政议政热点，开展课题调研合作。民革市委会主委唐济武率队深入高新区55个亿元企业调研，其所作的《关于如何做大做强高新区》的重点调研课题，获中共南宁市委书记车荣福书记批示、市委常委和相关部门阅研。年内，民革党员中的人大代表、政协委员在南宁市"两会"期间，共向大会提交人大代表建议2件，政协大会发言提案2件，集体提案8件，政协委员个人提案24件，其中，大会发言材料《加强水源林保护力度，建设生态文明家园》被列为2010年市政协领导重点督办提案，民革市委《关于举行昆仑关战役70周年纪念活动的建议》、《关于扎实推进节能减排，促进南宁经济又好又快发展的建议》的提案获得优秀集体提案奖。民革市委会在2008年市政协第九届三次会议上提交的《发展慈善事业，共建和谐首善之区》提案中关于设立"南宁慈善日"的建议，得到市政府的采纳，并于9月19日经南宁市第十二届人大常委会第三十次会议决定，确定将每年的6月6日设立为南宁慈善日。

【社会服务】 2010年，民革南宁市委会组织党员参加中共南宁市委统战部组织的科技、文化、卫生"三下乡"活动，先后到西乡塘区、邕江大学进行"文化统战"文艺演出和帮扶捐助活动。参与南宁市民主党派新农村建设帮扶点活动，为上林县西燕镇北村俭治庄落实防洪通庄公路项目，捐助水泥20吨。以开展"创建特色支部"为平台，组织民革党员医务工作者对口帮扶，为青秀区伶俐镇卫生院建设完善规范性的医疗体系、临床诊病提供帮助。组织党员为中国西南地区抗旱救灾捐款1.08万元，捐赠"水柜"4个；为青海玉树地震灾区捐款3420元；党员陆建梅向市委统战部组织的爱心帮扶"千户贫困家庭、千位贫困母亲"活动捐款2万元；党员蒋三努为横县飞龙小学捐赠图书540册。年内，市委会还组织党员到昆仑关植树400棵，到青秀区长塘镇洞江村参加兴修水利义务劳动。

（雷协培）

中国民主同盟南宁市委员会

【概　况】 2010年，中国民主同盟南宁市委员会有兴宁区、江南区、青秀区、西乡塘区、邕宁区等5个总支部以及29个支部、1个小组，盟员579人（新发展21人）。其中：从事高等教育17人，普通教育365人，科技文化卫生96人，其他101人。盟员中有全国人大代表1人，自治区人大代表2人，市人大代表10人，城区人大代表5人（副主任1人）；自治区政协委员2人，市政协委员21人（副主席1人），城区政协委员33人（副主席3人、常委5人）；受聘担任自治区、市、城区政府及有关单位特邀监察员、执法监督员、行风评议员11人。编印《南宁民盟》2期。

【参政议政】 2010年，民盟市委会领导多次参加中共南宁市委、市政府和市政协召开的协商会、座谈会、情况通报会、提案工作征求意见会等，就"十二五"规划制定等南宁市的重大决策、工作部署、人事任免事项进行协商、讨论，发表意见和建议。向市政协九届五次会议提交集体提案7件，盟员政协委员提交个人提案37件；盟员人大代表向市人大会议提交议案、建议15件。在市政协九届五次会议上作题为《关于解决农村中小学校教师住房问题的建议》的大会发言,《关于净化我市火车站汽车站周边治安环境的建议》等提案得到政府有关部门的高度重视并重点办理,集体提案《关于我市职业教育与北部湾经济区产业发展相适应的建议》和2件委员提案被评为市政协九届四次会议优秀提案。在市十二届人大八次会议上,《关于将南宁市出租车司机纳入"义务110体系"的建议》等受到大会和媒体的关注。7条社情民意分别被民盟广西区委、《南宁信息专报》、《舆情之窗》等采用,其中《南宁党外人士热切关注广西体育中心启用并提建议》得到市领导的批示。重点调研课题《发展南宁市城市轻物流业的对策研究》,按期完成调研计划,形成调研报告送中共南宁市委,另外还完成多个课题的调研,形成调研报告。担任各级特约(邀)检察员、监察员等职务的盟员参加执法检查监督、行风政风评议。拓宽参政议政渠道,11月,与民盟中央文化委员会共同举办民盟2010中国城市文化(南宁)论坛。

【社会服务】 2010年,民盟市委会开展为民服务活动近20次,主要有为群众义诊、义务写春联、农业技术培训讲座、法律咨询、美容美发、家电维修等,受益群众2万多人次。发动全市盟员为灾区群众捐款献爱心,到上林县塘红乡开展抗旱捐款、捐物及扶助受旱灾严重家庭学生上学活动。向各县(区)900多家"农村书屋"发放民盟中央文化委赠送的1万册价值39万元的《新农村卫生健康手册》。多次组织文艺队到民盟政治交接教育实践基地——望州南社区开展活动;到新农村建设帮扶点上林县塘红乡龙祥村开展帮扶活动,向30名小学贫困生赠送学习用品。推进"农村教育烛光行动",与邕宁区教育局合作,扩增"烛光行动"服务的农村学校,向"烛光行动"基地那楼中学赠送美国科技教育协会(ESS)提供的图书400套,捐赠教学刊物13种;召开城乡结对教师座谈会,组织部分教师到市第三中学听讲座。继续开展"服务企业、温暖企业"活动,盟市委主要领导率队前往邕宁区,深入多家企业开展调研和服务活动,把企业存在的问题及时向有关部门反映并得到重视。各总支、支部积极开展社会服务活动,兴宁总支联合兴宁区委统战部到三塘镇壮族新村开展科技、文化、卫生"三下乡"活动;兴宁综合支部和广西日报社"少年之家"向黄宣村希望小学捐赠学习及文体用具;江南总支多次到江南区多个社区开展义诊,发动盟员捐款扶助贫困家庭学生;西乡塘总支联合中共西乡塘区委机关五支部,到坛洛镇下楞村开展农业技术咨询、义务诊疗、法律咨询等服务活动;西乡塘综合二支部与中共南宁市红十字会医院临床一支部联合到下楞村小学免费进行常规检查。 (陆济乐)

中国民主建国会南宁市委员会

【概 况】 2010年,中国民主建国会南宁市委员会有直属、青秀区、兴宁区、西乡塘区和江南区5个总支部、17个支部,会员420人(新发展7人),其中:经济界298人(新社会阶层人士142人),其他122人;具有中、高级专业技术职务任职的资格253人。会员中有全国人大代表1人,自治区人大代表1人,市人大代表5人,城区人大代表5人(副主任1人);自治区政协委员5人,市政协委员18人,城区政协委员29人(常委5人)。受聘担任自治区、市、城区政府及有关单位特邀监察员、执法监督员、行风评议员8人。编印《南宁民建》4期。

【参政议政】 2010年,民建市委会领导参加中共南宁市委、市政府和市政协召开的征求意见会、座谈会等会议10余次,就南宁市经济发展面临的问题、人民群众关心的问题提出意见和建议。市委会承接中共南宁市委的重点调研课题《南宁市住房"夹心层"解困路径探索》,经过课题设计和制定调研方案,并邀请市住房保障和房产管理局相关科室负责人、会内的专家学者组成课题组赴广州、杭州等地开展实地调研,经征求政府相关部门和部分房地产界会员的意见后多次修改完善,形成课题调研报告向中共南宁市委做专题汇报,得到市委、市政府主要领导的肯定和相关部门的采纳。市委会与市政协经济委开展联合调研,就《南宁市国民经济和社会发展第十二个五年规划纲要(草案)》(征求意见稿)"提升发展现代服务业"部分提出意见和建议,市委会负责金融业和旅游业规划建议的撰写。年初,在市政协九届五次会议上,市委会共提交集体提案6件,分别就保障性住房建设、城镇污泥处置产业的发展等提出建议,南宁电视台、《南国早报》、《当代生活报》等新闻媒体就提案内容进行追踪报道。17名政协委员共提交提案18件,分别就城市绿化、城市交通、培育市文化产业新亮点、完善南宁保税物流园区发展法律软环境等建言献策。其中,集体提案《关于编制'十二五'〈南宁市城镇保障性住房建设规划〉的几点建议》,以及会员莫欣萌提交的《关于积极开展"家庭教育进社区"活动的几点建议》、吕力康提交的《关于丰富中小学生双休日、节假日生活,填补教育空白的建议》、黄福川提交的《关于加强南宁市养老院建设的建议》、林康国提交的《关于推进香蕉系列食品开发工作的建议》5份提案被评为市政协优秀提案。在市十二届人大八次会议上,5名人大代表共提交议案建议10件。其中,罗山宁等代表提交的"关于要求尽快建设我市餐厨垃圾处理厂的议案"被定为交由市人大相关专门委员会审议办理的议案;卢秋凌等代表提交的"关于发展南宁市社会养老产业的建议"、罗山宁等代表提交的"关于重视培育我市外向型工业企业的议案"、丁绍敏等代表提交的"关于开展香蕉茎秆废弃物综合利用的议案"等9件作为建议、批评和意见处理。罗山宁代表的议案还促成市政府于11月出台《关于加强地沟油整治和餐厨废弃物管理工作的通知》。市委会利用"信息直通车"和"绿色信封"渠道,反映22条社情民意,分别就促进南宁市旅游业发展、规范餐厨垃圾处理、加快农村沼气池建设、加强学校周边安全管理等问题提出建议。市委会发挥基层组织参政议政能力的作用,动员和引导议政调研专委成员和基层调研骨干参与民建广西区委课题招投标工作,共中标课题9个,有3个课题被民建广西区委转化为集体提案,在自治区政协会议上提交并作大会发言。市委会发挥担任人大代表、政协委员的参政议政作用组织南宁民建届别的政协委员到马山县、上林县开展视察调研活动;担任市人大代表的民建会员参加市人大常委会组织的代表年中视察活动,参与"两个100"视察监督活动;担任市政府特邀监察员的3名会员参加各种行风监督评议活动,履行民主监督职能。

【社会服务】 2010年,民建市委会在市消防支队举行"民建思源工程·事业红食品公司新春慰问武警南宁市消防支队官兵”活动，民建会员企业事业红公司向全市武警消防官兵赠送大礼包2400份。3月14日，市委会联合对口联系单位市司法局法律援助中心在西乡塘区唐人文化园开展“法律维权，真情援助”志愿者行动，组织部分律师会员和法律援助中心的公职律师现场为10多名群众进行义务法律咨询服务。3月29日，市委会向会员发出募捐倡议，号召会员参与民建中央开展的“思源—甘泉”行动，向广西干旱灾区捐款捐物，募集善款7950元，市委会用部分善款购买5000公斤“爱心水”送往受灾较严重的、路途较远的隆安县南圩镇联伍村，另一部分善款用于建设家庭水柜。4月，市委会发动会员向青海玉树灾区捐款5000元。5月31日，组织医生、农技专家、规划专家、会员企业家和各总支代表赴政治交接教育实践基地——青秀区长塘镇天堂村开展“三下乡”为民服务活动，会员企业事业红食品有限公司向天堂村小学师生、村委干部捐赠价值3000多元的学习用品及事业红大礼包；会员企业金惠佳电脑公司向天堂村委捐赠电脑2台；开展义诊活动，免费发放常用药物，农技专家对农民群众的农作物种养提供现场指导。9月，市委会联合会员企业事业红食品有限责任公司，到青秀区、西乡塘区、长塘镇天堂村、上林县塘红乡龙祥村开展民建“思源工程”送温暖活动，向220多户城市低保户、农村五保户、乡村小学教师等送去爱心月饼，并给部分特困户送上慰问品和慰问金。

【服务会员】 2010年，民建市委会继续开展“服务企业年”活动，全年共走访会员企业10多家，帮助企业解决困难。利用“民建讲坛”加大对会员企业家的培训力度。1月19日，在“建华企业家课堂”、民建市委会政治交接教育实践基地，市委会联合市科技局共同举办中小企业科技创新座谈会，来自IT服务、制糖机械、安防设备、农产品加工等多个行业的30家中小企业代表参加。5月28日，组织骨干会员参加民建广西区委举办的建华课堂，听取专家学者、政府官员及上市公司负责人分别讲解当前中国经济形势及金融问题、《国务院关于鼓励、支持和引导个体私营等非公有制经济发展的若干意见(新36条)》以及中小企业在国内上市的经验等。11月20日，在南宁保税物流中心举办“民建讲坛”，开展“南宁保税物流中心的功能定位和发展趋势”主题讲座，来自各行业的50多名企业家参加讲座。

（黄凤敏）

2月2日，民建市委会在市消防支队举行“民建思源工程”事业红食品公司新春慰问活动

黄凤敏 摄

中国民主促进会南宁市委员会

【概 况】 2010年，中国民主促进会南宁市委员会有兴宁区、青秀区、江南区、西乡塘区、邕宁区总支部5个、支部39个；会员448人(新发展11人)，其中：教育界310人，科学技术、医药卫生、文化艺术、新闻出版等界别41人，经济界34人，政府、党派机关团体41人，法律界5人，其他17人；具有中、高级专业技术职务任职资格389人。会员中有自治区人大代表1人，市人大代表7人，县(区)人大代表9人(副主任2人、常委2人)；自治区政协委员1人，市政协委员25人(常委5人)，城区政协委员33人(常委8人)；有全国优秀教师1人，自治区特级教师5人，自治区劳动模范1人，南宁市劳动模范2人，南宁市专业技术拔尖人才1人；受聘担任自治区、市、城区政府和其他部门效能监察员、特邀监察员16人；担任政府部门副处级实职和事业单位副处级实职的4人。编印会刊《南宁民进》4期。民进市委会获民进全国先进地方组织称号，民进江南区五一支部获民进全国先进基层组织称号。举办庆祝中国民主促进会成立65周年纪念大会。

【参政议政】 2010年，民进市委会领导多次参加中共南宁市委、市政府和市政协召开的协商会、座谈会、情况通报会、提案工作征求意见会，就南宁市的一些重大决策、工作部署、人事任免事项进行协商、讨论发表意见和建议。在市政协、人大“两会”上，市委会提交市政协集体提案22件，政协大会发言1件，市人大代表和政协委员个人议案、提案及意见、建议44件。市委会根据南宁市当前特殊教育发展现状及存在的问题，与市民政局、教育局等政府部门联合就《南宁市特殊教育发展现状及对策》课题开展专题调研活动，形成调研报告；成立《自贸区建成后南宁农业发展》重点课题组，组织成员先后深入市农业局、旅游局、畜牧兽医局和武鸣县、横县、马山县、隆安县及玉林市等地开展考察调研，召开14场调研座谈会，听取各方面意见、建议，撰写完成课题调研报告；市委会就南宁市瓦窑村文化艺术的挖掘与发展深入调研，形成《打造瓦窑文化品牌，建设“中国—东盟国际艺术之城”》的调研报告，作为年内市政协全会上的大会发言材料，引起中共南宁市委领导的重视；与市政协社会法制委就南宁市社会保障问题联合开展调研，为完善和加强市“十二五”社会保障建设建言献策。此外，民进市委会还就《国家中长期教育改革发展纲要征求意见(2010~2020年)》、“义务教育阶段教师的绩效工资问题”等开展调研并提出意见、建议。其中市委会提交的《关于南宁市餐厨垃圾处理的建议》,引起市领导的重视,并被列为市政协重点督办的8个提案之一,有3件提案获市政协优秀提案奖。组织会员参加民进广西区委会、中共南宁市委统战部举办的统战理论研讨征文活动,向民进广西区委会、市委统战部推荐论文28篇,有9篇论文分别获民进广西区委会统战理论研讨活动一、二、三等奖,获南宁市统战理论研究调研论文一等奖1篇、二等奖3篇、三等奖2篇。发挥基层组织及会员作用,上报社情民意信息11条,其中,中共南宁市委办公厅采用6条,自治区党委统战部采用1条,中央统战部采用2条。

【社会服务】 2010年,民进市委会把服务五象新区教育发展作为持续开展政治交接教育实践活动,不断加强参政党建设的重要任务,成立以主委黄均宁为组长,副主委为副组长,常委为成员的南宁民进服务五象新区教育发展活动工作领导小组,由28名会内知名教育专家组成专家服务团,制订《民进南宁市委会关于服务五象新区教育发展的实施办法》以及《2010年民进南宁市委会服务五象新区教育发展活动方案》,开展教育帮扶活动。组织会内外教育专家到五象新区开展专题调研,召开由有关城区统战部部长、城区分管副区长以及教育局、学校负责人参加的五象新区教育发展与对策座谈会,对新区规划建设、学校管理和安全等方面存在的困难及问题提出对策意见。开设南宁民进"名师讲堂",举办"全心励炼师魂　五力成就班级"等4期专题讲座;开展重点领域及学科"对口"帮扶等活动,邀请市民乐路小学教师为城区民办教师举办"细心　爱心　恒心与学生共同成长"、"激情干事育新苗"主题培训班,提高民办学校业务水平。响应各级统战部及民进中央开展"回报社会感恩行动"号召,组织会内外企业家到教育实践基地开展"爱心助学"活动。9月3日,市委会在良庆区举行"民进南宁市委会服务五象新区教育发展启动暨教育实践活动基地揭牌仪式"。年内,民进市委会共开展各类服务活动27场次,参加活动的会员100人次,首批重点推进示范学校良庆镇中学2010年中考创历史最好成绩。　　(刘瀚钟)

9月2日,民进市委会在良庆区举行服务五象新区教育发展启动暨教育实践活动基地揭牌仪式　　民进市委会提供

中国农工民主党南宁市委员会

【概　况】 2010年,中国农工民主党南宁市委员会有青秀区、兴宁区、江南区、西乡塘区总支4个,支部30个;党员473人(新发展19人),其中:医药卫生界250人,教育界74人,财税界37人,科技界19人,文化出版界9人,法律界4人,国有经济26人,非公经济6人,机关40人,其他8人;具有中、高级专业技术职务任职资格367人。党员中有自治区人大代表3人,市人大代表5人,城区人大代表4人(常委1人);自治区政协委员3人(常委1人),市政协委员20人(副主席1人、常委2人),城区政协委员23人(副主席1人、常委5人);担任副区长1人,担任政府部门处级实职4人;受聘任自治区、市、城区政府各类特约员12人,编印内刊《南宁农工》4期,出版各类宣传板报4期。

【参政议政】 2010年,农工党市委会领导应邀参加中共南宁市委、市政府和市政协召开的征求意见座谈会、协调会和通报会等会议,就南宁市经济社会发展和民生等重大问题提出意见和建议。市委会在市政协九届五次会议上作《关于改善南宁市劳动关系的建议》的大会发言,提交集体提案6件;党员中的各级政协委员在政协会上提交提案或建议73件。党员中的各级人大代表在市十二届人大八次会议上提交议案或建议14件。市委会提交的《关于加强南宁市新型农村社会养老保险工作的建议》受到中共南宁市委、市政府的重视和采纳,在武鸣县开展新型农村养老保险试点工作,并将此项工作列为南宁市2010年为民办实事项目之一;市政协将此提案列为重点提案,并专门召开协商会进行督办。市委会《关于拓展南宁市养老服务渠道的建议》和党员陈敏华《关于建设和优化金融生态环境的建议》被评为市政协优秀提案。市委会将党员中各级人大代表和政协委员提交议案、提案、建议的情况在《南宁农工》上刊登,促进参政议政工作。引导和鼓励担任各级人大代表、政协委员及政府特邀监察员的党员参加市重点工作的检查、视察活动等,履行参政议政和民主监督职能。确定《关于南宁市建成区新区义务教育阶段学校建设情况的调查》为市委会年度重点调研课题上报中共南宁市委,并就该课题与市教育局联合开展调研,市委会领导多次带领课题调研组深入相关单位和城区调查研究,形成课题调研报告报中共南宁市委。组织开展"专门委员会建设年"活动,要求各专门工作委员会选择调研课题,开展调查研究和视察活动,形成课题报告及社情民意信息报市委会。另外,市委会还与农工党广西区委联合就《广西农村艾滋病防控现状和对策研究》开展调研,完成课题调研并形成调研材料。继续开展"一总支、一专委一课题,一支部一提案"活动,共收到4个城区总支和青秀区文化教育支部、市二医院支部等提交的调研报告和提案建议24件。收集参政议政信息并反映社情民意,市委会向农工党

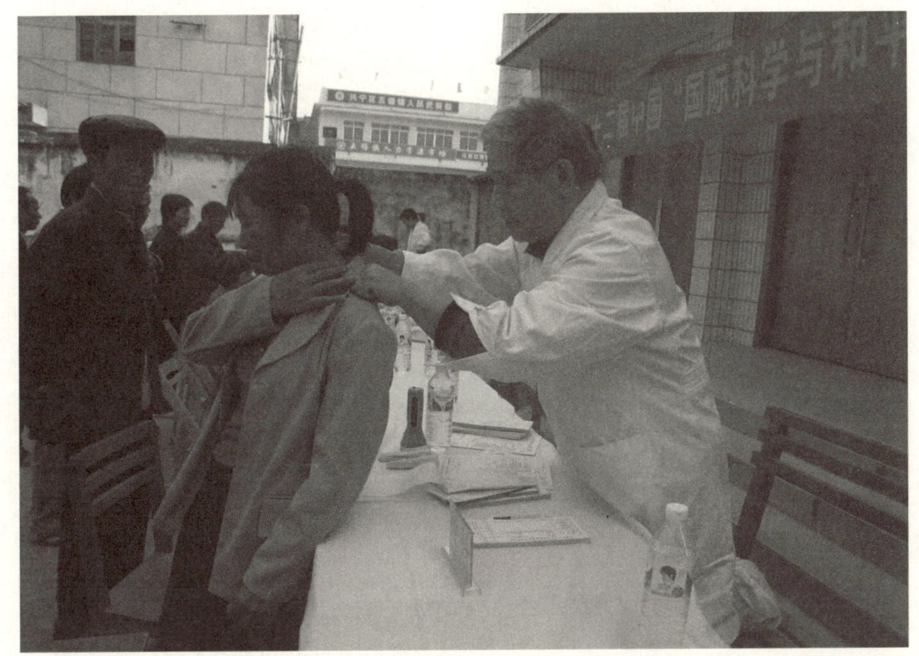

11月12日，农工党市委会组织开展第二十二届中国“国际科学与和平周”南宁市活动。图为党员医疗专家为群众义诊 农工党市委会提供

广西区委、市政协和市委统战部等报送社情民意信息20篇，宣传稿件73篇。

【社会服务】 2010年春，农工党市委会联合农工党广西区委会，先后到百色市田东县作登瑶族乡平略村和河池市凤山县江洲瑶族乡看望慰问受干旱灾害的民众，捐赠抗旱物资柴油抽水机20台、新鲜蔬菜1.10万千克、生活用水20多吨、饮用水500件；组织专家医疗队到凤山县江洲乡开展医疗义诊，服务民众400多人次，免费发放价值3000余元的药品。全市农工党党员通过市委会或所在单位为青海玉树地震灾区捐献爱心款3.50万元。市委会举办第三届“中国环境与健康宣传周”活动，各基层组织也结合实际开展社会服务活动：市第一医院支部赴吴圩镇卫生院开展义诊咨询活动，市红会医院支部开展禁毒健康知识宣传，市第二医院支部在“爱耳日”开展关爱耳朵为主题的义诊，良庆区支部协同良庆区卫生局开展新生儿疾病筛查知识和技能培训等。江南区总支结合自身实际情况，把吴圩镇永红村计划生育服务所作为政治交接教育实践基地。

（扈 倩）

中国致公党南宁市委员会

【概 况】 中国致公党南宁市委员会有兴宁区、江南区、西乡塘区、青秀区、邕宁区5个总支部和良庆区、华侨投资区2个直属支部，各总支下辖2个支部；有党员332人（新发展11人），其中有侨海关系（含港澳台属）215人；具有中、高级专业技术职务任职资格279人。党员中有自治区人大代表1人，市人大代表8人（常委1人），县区人大代表8人（常委3人）；自治区政协委员3人（常委2人），市政协委员20人（常委4人），县区政协委员30人（副主席3人、常委9人）；在政府、民主党派、人民团体任副处级以上实职8人；担任市级特邀监察员2人。编印会刊《南宁致公》4期。

【参政议政】 2010年，致公党市委会领导多次参加中共南宁市委、市政府和市政协召开的协商会、座谈会、情况通报会、提案工作征求意见会，就南宁市的一些重大决策、工作部署、人事任免事项进行协商、讨论发表意见和建议。致公党市委会将“推进南宁市动漫城建设”作为年度重点调研课题，将“城市交通可持续发展问题”课题作为党派自选调研课题，将“重视农村饮水安全问题”课题作为联合调研课题，分别成立各课题调研组。调研组分别走访市交通运输局、文化新闻出版局、广西华侨学校等部门单位，举办各种形式的调研课题座谈会3次，对市委会调研课题分别开展实地调研4次，为调研报告搜集相关资料。在市政协九届五次全会上，市委会向大会提交大会发言1份，集体提案10件，其中《对南宁市香蕉产业发展的建议》提案，得到上级领导的重视和社会各界的关注，2月21日《南宁日报》作题为《围绕“三农”建言，促进城乡统筹发展》的报道；《关于在南宁实行公交“一卡通”的建议》得到《南国早报》时政新闻版的刊载；《建议完善市民休闲锻炼场所照明设施》提案得到市新闻媒体的关注，在《南国早报》“关注南宁两会”栏目中刊登。致公党市委的政协委员共提交委员提案22件，副主委刘洁个人提案《关于在南宁火车站等重点场所设置出租车监督岗的建议》得到《南国早报》要闻版题为《设立监督岗，监管“拒载短途客”》的登载。召开《南宁致公》百期座谈会，编辑出版《南宁致公》创刊第一百期（特刊）和庆祝致公党南宁市委会成立30周年纪念画册。向市政协、中共市委统战部及有关部门报送信息和各类文字图片报道48条，组织选送画家党员的书画作品参加同心书画院书画展，出版政治交接教育学习活动板报，组织党员参加南宁市统战系统文艺汇演，选送的女声独唱《美丽家园》和印度尼西亚民间舞蹈《椰壳舞》分别获一等奖和三等奖。开展一支部一调研活动，共收到基层各总支支部的调研报告和理论论文20篇。青秀总支《关于加快推进青秀区城中村改造的对策与建议》获青秀区重点调研三等奖，党员雷莺撰写的《社区统战工作研究》和马君早的《创新非公党建工作促进企业全面发展》理论论文分别被致公党广西区委会网站采用。年内，党员陈维宁、马君早2人担任中共南宁市委、市政府各级部门的特邀监察员，参与政府部门组织的各种检查、评议和监督活动，对相关单位的工作提出意见和建议。

【社会服务】 2010年，致公党市委会将对武鸣华侨农场的帮扶活动与政治交接教育实践活动、学习贯彻科学发展观活动联系在一起，在南宁华侨投资区团结农场举行致公党市委会“和谐侨区共建活动园”揭牌仪式，将武鸣华侨农场团结分场定为社会服务基地，向团结四队捐赠价值近万元的音响设备。在南宁市统战系统抗旱救灾捐赠仪式上，市委会机关干部6人共捐款850元。组织青秀总支以及党员陈雄、邓菊莲、马君早、庞海燕等党员爱心捐款，购置3000斤大米和一批矿泉水等抗旱物资，直接送到隆安县乔建镇龙尧村村民手中，帮助抗旱救灾。组织和谐侨居共建系列活动，给华侨投资区团结分场小学购买一批急需的体育器材和儿童读物。支持上林县塘红乡龙祥村新农村建设，派一名机关干部担任驻村指导员，帮助申请资金85万元修建3条村内道路和1个人畜饮水工程，落实抗旱资金2000元、林改1000元、村委会办公地点地面硬化水泥20吨。

（林　辉）

九三学社南宁市委员会

【概　况】 2010年，九三学社南宁市委员会有基层委员会2个、支社9个，在册社员261人（新发展11人），其中：工程技术界112人、医药卫生界57人、政府机关31人、教育界20人、财政经济15人、其他26人；具有中、高级以上专业技术职务任职资格251人。社员中有全国人大代表1人，自治区人大代表1人，市人大代表6人（副主任1人），城区人大代表4人（常委1人）；自治区政协委员5人，市政协委员14人（常委4人），城区政协委员18人（常委5人）；受聘担任市政府特邀监察员、执法监督员、行风评议员5人，聘为市人民检察院人民监督员2人特邀检察员2人，聘为市人民中级法院监督员1人。年内，社市委被九三学社中央授予九三学社社会服务工作先进集体，九三学社西乡塘基层委员会被社中央评为优秀基层组织。

【参政议政】 2010年，九三学社市委主要领导参加中共南宁市委、市政府和市政协召开的协商会、座谈会、情况通报会等，通过协商渠道参与南宁市重大事项决策，反映社情民意，履行参政党职责。社市委围绕中共南宁市委“项目建设年”“服务企业年”“发展环境建设年”等主题活动开展社会调研，承接中共南宁市委出题党派调研重点课题“打造南宁西江黄金水道牛湾综合产业区”的调研任务，分别到市交通局、邕宁区政府、市规划局、市工信委、国土局等部门调研牛湾港建设情况及牛湾周边区域的产业规划和发展现状，对收集到的资料进行甄选，形成《打造南宁西江黄金水道牛湾综合产业区》研究成果，为市委、市政府规划牛湾综合产业区，推进牛湾区域的产业布局优化和产业集聚决策提供参考。社市委组织本委的50名各级人大代表、政协委员，围绕社会热点问题，深入社会调研，提交《关于严格控制环境污染，加强环境保护的建议》等55件议案、建议、提案，受到重视采纳。在市人大好议案、好建议和市政协优秀提案表彰会上，社市委《重视旱灾危害加强节水抗旱推广的建议》等6件议案、建议、提案获奖。社市委坚持拓宽信息来源途径，加强社情民意与社务活动信息报送，报送87条信息被中央统战部、自治区统战部、九三学社广西区委、中共南宁市委、市政府采用40多条。担任市政府特邀监察员及各类监督员的10名社员履行职能，实施民主监督，为政府部门改进工作作风，提高工作效率提出整改建议。

【社会服务】 2010年，九三学社市委不断创新社会服务方式，丰富社会服务的内容载体，共组织、参与送医送药下乡、科技帮扶和扶贫助学活动11次。争取到财政资金21万元，帮助政治交接教育实践基地武鸣县甘圩镇唐历村完成人饮改造工程总管及入户图纸设计；通过信息直通车呼吁有关部门重视东干灌溉渠渗漏严重危及唐历村民的房屋生命产安全问题；投入1万元多元购买中外名著、健康保健知识藏书及捐赠阅览桌充实唐历村文化室；向唐历村捐赠2000元壮族“三月三”节庆活动款；在唐历小学开展送科普进学堂、第22届世界科技与和平周等活动，“六一”儿童节前购买价值近3000元的文体用品看望慰问唐历小学师生，11月向学校捐赠28套课桌椅；呼吁有关部门利用国家“特岗计划”政策，吸引2位特岗教师到唐历小学从教。社市委牵线搭桥，引介爱心人士捐款6万元修缮横县平马镇长安村被水毁坏的路桥等基础设施。年内，社市委还向马山县白山镇、青秀区南阳镇施厚小学的6名少数民族女童捐赠助学款2600元。社员通过社市委向青海玉树震区、广西旱区捐款2.55万元。

（刘潇潇）

南宁市工商业联合会

【概　况】 南宁市工商业联合会（南宁市总商会）有县（区）商会12个，乡镇商会110个，行业商会9个，异地商会25个，其他商会5个；会员13590名，其中：企业会员2490户，团体会员82个，个人会员11018名（原工商业者老会员488名）。会员中自治区人大代表4人，市人大代表38人，县（区）大代表32人；自治区政协委员11人，市政协委员51人，县（区）政协委员342人。

【参政议政】 2010年，市工商联参与市政府工作报告草案、《中共南宁市委关于制定国民经济和社会发展第十二个五年规划的建议》（征求意见稿）的讨论，提出意见和建议。在市政协九届五次会议上，市工商联作《关于加大对南宁市民营企业自主创新扶持力度的建议》的大会发言，并提交《关于加大对南宁市民营企业自主创新扶持力度的建议》和《关于解决南宁市内零散货物运输不畅问题的建议》2个集体提案，其中《关于加大对南宁市民营企业自主创新扶持力度的建议》的集体提案被评为2010年度优秀提案。市工商联各级人大代表、政协委员提交议案38件、提案302件。开展“南宁市非公有制经济组织人才队伍调查研究”、“上规模民营企业调查研究”、“亿元以上非公有制企业调查研究”、“中小企业发展环境和员工工资正常增长机制调查研究”、“关于加大服务非公有制企业力度的建议”、“关于解决中小企业融资难题的建议”、“广西运用中国—东盟自由贸易区零关税协议加快发展的建议”、“新形势下加强和改进南宁市非公有制企业党建工作的建议”、“十二五期间南宁市非公有制经济发展对策研究”等多个调研活动，调研报告报送自治区、南宁市等职能部门。其中，“关于加大服务非公有制企业力度的建议”、“关于解决中小企业融资难题的建议”作为市工商联2011年政协大会的集体提案内容。参与完成《2009年南宁市非公有制经济发展报告》的编写工作。

【招商引资】 2010年，市工商联先后随南宁市党政代表团赴南京、南通、镇江等地开展招商引资活动。邀请或接待到南宁考察投资的北京、上海、浙江、江苏、广州、深圳等地客商16批，促成2个项目落户南宁。其中瑞丹食品项目已在南宁—东盟经济开发区开工建设，项目计划投资4000万，可安排职工300多人。11月，与市北部湾办、市投资促进局共同配合开展“全国知名民营企业家兴业北部湾”活动，在签约仪式上，南宁市签约项目6个，签约额40.80亿元。继续推进成立南宁市总商会驻国外联络处的工作。委托有关人员筹备成立市总商会驻美国费城联络处，使市总商会委托筹备的驻海外联络处达14个。年末，市总商会正式挂牌成立的海外联络处6个。通过海外联络处渠道，先后邀请德国莱比锡、美国费城客商到南宁进行商务考察。以海外联络处为平台，先后于5月和10月组织南宁市企业家赴越南和印度尼西亚、马来西亚开展项目配对会和经贸考察。做好第七届中国—东盟博览会相关工作，邀请国内外33名客商参加博览会，参观考察南宁市的投资环境；为会员办理415份专业观众证和嘉宾证，组织非公企业界人士参加博览会举办的5场经济论坛和推介会、研讨会。年内，市工商联机关引进合同内资1.20亿元、实际到位8300万元。

【服务会员】 2010年，市工商联召开两次市非公经济发展联席会议领导小组会议，研究、协调解决非公有制经济发展中的突出问题。为广西可高集团有限公司、广西建工集团第一建筑公司等开展维权服务。12月6日，成立南宁仲裁委工商联仲裁中心。先后与邮政银行、兴业银行等金融机构合作，为非公企业提供融资贷款服务。组织会员企业参加培训。5月，邀请中国太平洋建设集团原董事局主席严介和到南宁作《关注中小企业引领产业创新》的专题讲座，500多名企业家参加讲座。先后7次组织147名企业家参加自治区党委统战部和自治区工商联举办的中小企业成长培训班和助企工程培训班。做好为非公企业专业技术人员首次定级、职称评审材料审核，为3550人提供材料审核的服务。与《南宁晚报》、《南国早报》、《南宁日报》、《经济日报》等媒体合作，对南宁市商会经济、中小企业融资、非公经济人士中的典型代表等进行宣传，营造非公经济发展的良好氛围。

【光彩事业】 2010年，市工商联引导和发动非公经济人士为支援全市抗旱救灾捐款捐物41.24万元，为青海玉树地震灾区捐款捐物76.06万元，为上林县木山乡白境村和上林县塘红乡龙祥村新农村建设捐款10.65万元，为邕江大学贫困大学生资助学费7万元。组织147家会员企业参加“2010年民营企业招聘周”活动，为求职者提供就业岗位6571个。

（李增群）

华侨与台湾事务

华侨事务

【华侨农林场改革与发展】 2010年，市外事侨务办公室加强华侨农林场体制改革情况调研，及时掌握体制改革后农场管理人员安置涉及的编制及经费等问题，形成材料向上级反映，提出解决问题的意见和建议。协调处理华侨农场金融债务问题，协调白合华侨农场与武鸣县农业银行核对债务，并将核销金融债务工作中遇到的困难及时向自治区侨办汇报，理顺有关问题。抓好华侨农林场基础设施建设，改善华侨农林场的生产、生活条件。市本级财政为华侨农林场投入基础设施建设项目资金350万元，安排农业生产项目资金250万元，修建道路31千米，排污管道3.50千米，惠及侨众1.03万人。引导华侨农林场发展农业生产和产业结构调整，隆安华侨管理区完成甘蔗种植面积286.67公顷，并发展种植优质柑橙等经济作物。

【为侨服务】 2010年，南宁市积极开展为侨服务活动。一是开展归侨侨眷关爱活动。春节期间，由市领导、“五侨部门”领导、市外侨办领导分别带队深入六县六城区及华侨农林场慰问特困归侨侨眷，共走访慰问特困归侨侨眷581人（户），发放慰问品及慰问金18.23万元；慰问患重病的印度尼西亚归侨陆赛凌；做好南侨机工遗孀专项生活补助费发放工作，设立银行专户，保证补助费按时发放；组织开展归侨子女助学励志活动，举办市新录取归侨子女大学生座谈会，并对年内考上各类大中专院校的22名归侨子女发放一次性奖学金；组织市归侨子女快乐夏令营活动。二是开展侨法宣传活动。举办纪念《中华人民共和国归侨侨眷权益保护法》颁布20周年系列活动：侨法学习培训班、南宁市纪念侨法颁布20周年座谈会、“侨法进万家、和谐促发展”纪念侨法颁布20周年文艺晚会。西乡塘区、青秀区、江南区、南宁华侨投资区、隆安浪湾华侨农场等以设立“侨法宣传角”、“侨之家”、举办主题文艺晚会、知识竞赛、出板报、印发宣传资料和现场咨询活动、侨法考试等形式开展侨法宣传活动。三是开展依法护侨活动。受理侨众日常来信来访工作，参与“公开大接访暨与民沟通日”活动，年内共受理归侨侨眷、华侨华人、港澳同胞来信来访227件次，来信来电答复率100%，办结率98%；出具身份证明61件，办理华侨回国定居11人。四是开展为侨资企业服务活动，组织人员深入广西南宁航荣建材有

5月27日，市工商联组织南宁市企业家在越南海防市召开南宁—海防商会项目配对会

市工商联提供

限公司和广西南宁航盛建材有限公司等侨资企业开展调研，在获知两家企业缺乏流动资金的困难后，联系银行信贷部，帮助企业融资和发展生产。五是举办侨务干部业务培训和华侨农林场职工劳动技能培训。年内对市辖县（区）、华侨农林场及部分社区一线的100多名侨务干部进行业务培训，对隆安华侨管理区200多名转型职工进行就业技能培训。六是开展归侨侨眷副科长以上人员基本情况调查，建立相应档案，进一步完善归侨侨眷干部信息库建设。

【引智引资】 2010年，市外侨办组织“南宁外商（侨商）看南宁”主题活动；以“两会一节”为平台，策划举办“相聚绿城　共谋发展”主题活动，邀请海外62名侨领、华商参加；利用在南宁举办“中国—东盟自贸区背景下广西新商机”大会平台，组织与会的270多名嘉宾对南宁市的保税区、物流中心、南宁经济技术开发区以及华南城物流中心开展考察活动，促进经贸合作。年内，市外侨办引进合同资金6500万元，实际到位资金4000万元；争取西班牙北京同乡会捐款5万元资助马山县周鹿镇三星小学100名贫困学生上学；意大利威尼斯华侨华人总会郑明增为隆安县都结乡荣朋村荣朋小学捐赠价值2万元的爱心图书801册，并捐赠2000元给其资助的4名贫困生。

【海内外联谊】 2010年初，市外侨办向海内外侨界朋友寄发贺年卡297封。2月，应香港企业家、南宁市荣誉市民苏千墅邀请，市政协副主席唐济武带领市侨务考察组，赴福建泉州、晋江等地考察学习，拜会晋江市委统战部、南宁市泉州市商会，并就泉州工业园区落户华侨投资区一事与泉州商会进行洽谈。利用参加南宁市赴珠三角地区招商活动机会，联系广州市侨办、番禺区侨办、深圳市侨办，拜访广州市侨商会、天河区侨商会、深圳市侨商会和深圳市侨企联合会，宣传推介南宁。5月，组织市友好代表团对越南海防市、下龙市及河内市进行友好访问，加强与越南侨界的联系与合作。做好海外侨胞来访接待工作，年内，接待马来西亚雪隆广西会馆、美国周氏兄弟、美国乔立嵩兄弟、澳门广西总商会、加拿大广西同乡会等海外华人华侨及社团25批430人次。

【社区侨务工作】 2010年，南宁市把侨务工作向基层推进，向社区延伸。市外侨办先后深入西乡塘区北湖南社区、大学东路社区等进行侨情调研，撰写《关于在北湖南社区打造“侨务工作示范社区”的探索与思考》调研报告，提出在西乡塘区北湖南社区打造“侨务工作示范社区”的建议，并着手推进“侨务工作示范社区”的各项建设。根据调研结果，在秀安社区、大学东路社区增设2个“侨法宣传角”，在金沙湾社区、秀安社区增设2个“侨之家”并挂牌启动。全市共设立“侨法宣传角”6个，“侨之家”3个。

（雷秀梅）

9月20日，南宁市举行“侨法进万家　和谐促发展”——首府南宁庆祝侨法颁布20周年活动暨文艺晚会　　市外侨办提供

台湾事务

【概　况】 2010年，南宁市共接待来邕考察交流台商团组46个，500多人次；组织市直各有关部门以及横县、宾阳、隆安、马山、兴宁等县（区）共50个团组223人次赴台开展特色招商和交流交往活动。台湾康师傅、统一集团、富士康等重大项目落户南宁。市委、市政府台湾工作（事务）办公室完成合同引进内资、到位内资各3000万元，新批合同外资、直接利用外资各300万美元。举办赴台人员行前教育培训班8个，培训人员近200人次；撰写《海峡两岸经济合作框架协议给南宁台商带来的机遇和挑战》、《统筹兼顾多层次推进邕台交流工作》等对台调研文章10篇；上报各类对台信息120多条次；台湾《中国时报》、《联合报》、《经济日报》和东森电视台、三立电视台、TVBS电视台等新闻媒体先后以专版和专题的形式，分别报道南宁市经济社会发展情况和南宁高新技术产业开发区、南宁—东盟经济开发区等发展情况。市政府划拨5万元专款给市台商投资企业协会用于桂台经贸合作与交流活动专项经费；市台商投资企业协会为社会捐献扶贫资金及物品近60万元。组织到台资企业调研13次，召开全市台商代表座谈会3次，协调和帮助台商解决遇到的问题及困难26个（件），调处各类涉台投诉纠纷及信访案件12件，涉台积案3件，结案率98%。

【台商经贸考察】 2010年，南宁市先后有中国国民党副主席蒋孝严、詹清池，国民党中常委洪玉钦，国民党中评会主席林仙保，台湾知名人士王俊宏，台湾五明国际董事长彭海南，台湾统一企业总经理耿彬，台湾蓝天电脑总监方国光一行等20个台商经贸考察团组前来考察和了解投资环境。3月底至4月初，南宁市首次举办“东南亚台商南宁行”主题活动，活动邀请亚洲台湾商会联合总会会长赖灿贤及东南亚各国台商协会高层领导一行约30人到南宁参观考察交流。活动期间，举办“南宁—东南亚台商面临东盟自贸区新形势发展展望”座谈会暨南宁市城市发展推介会，考察中国—东盟经济开发区，开展高尔夫球联谊赛等系列活动。第七届中国—东盟博览会、中国—东盟商务与投资峰会以及 2010 南宁国际民歌艺术节期间，台湾轻工业、农业等方面共 60 多名参展商参加博览会期间的产品展出。

【对台招商引资】 2010 年，南宁市以桂台经贸交流会为契机，把对台招商引资做到岛内。5 月 5~14 日，市委常委、统战部部长胡建华一行 20 人赴台开展招商引资和项目对接等前期对接，先后参访盟立自动化股份有限公司、统一集团、南良集团、义联集团、大丰环保科技有限公司、台湾肥料股份有限公司等台湾知名企业，宣传南宁市的产业政策和投资环境。6 月 30 日至 7 月 9 日，南宁市成立以市长黄方方为团长、副市长李志勇为副团长，由市台办、市投资促进局及四川南宁商会等相关单位和企业领导共 38 人组成的南宁市赴台经贸代表团，专程参加 2010 年桂台经贸文化合作论坛与系列经贸交流和访问活动。在台期间，南宁市在台北圆山饭店举行“南宁市产业政策说明会”，共有台湾政商界知名人士及各界台湾客商代表 90 多人参会。其中，台湾工业总会副理事长许胜雄、台湾纺拓会执行副董事长叶义雄、台湾宝光集团副总裁陈广中、台北市工业会理事长何语等 10 多名台湾知名人士出席说明会。亚洲台湾商会联合总会、中华纺织业拓展会、中华金属工商协进会、国际青年商会总会、台湾区塑胶制品工业公会等 10 多家商协会与台湾矽能股份有限公司、威棣科技实业有限公司、长明棉业股份有限公司等 60 多家台湾企业领导应邀出席说明会。推进合同、协议、意向和在谈投资合作项目共 27 个，总投资 88.90 亿元。组织在南宁市产业政策说明会现场签约项目 6 个，总投资约 4.10 亿元。年内，先后 5 次派员到广东、福建、江苏等台商聚集地区开展招商引资活动。

【邕台交流交往】 2010 年，南宁市创新交流交往方式方法，主动邀请台湾岛内政界、商界知名人士、重要台商等来南宁参观考察。先后有中国国民党副主席蒋孝严、国民党中常委洪玉钦、国民党中评会主席林仙保、台湾中国工业总会理事长陈武雄及来自台湾中南部地区的高雄县、高雄市及屏东县的政商界知名人士先后到南宁进行经贸考察与交流。此外，还有台湾传宝集团创办人邹永祥、副总经理陈浩一行，台湾知名人士林沧敏秘书苏群超一行，广东省原花都台协会长黄招雄一行，高雄县政府秘书袁主民一行，台湾义联集团经营管理发展委员会执行副主任委员曾榕青一行，吴伯雄办公室特别助理詹义正一行等 46 批 500 多人次到南宁考察与交流。“两会一节”期间，台北县交流团、五明国际投资集团公司、康师傅、统一集团、海峡两岸和谐文化交流协进会等重要台湾嘉宾 50 多人共聚南宁，开展考察与交流。年内，南宁市组织各县(区)组团赴台开展经贸考察与交流活动。横县、宾阳、隆安、马山县及兴宁区先后组团赴台开展经贸、教育考察与交流交往等活动。同时，深化邕台市县合作，先后深入台湾台北县、高雄县路竹乡、花莲县寿丰乡进行交流联谊，南宁市西乡塘区金陵镇与台湾花莲市签订交流与合作关系意向书，建立邕台两地基层交流新模式。

【对台宣传】 2010 年，南宁市深化入岛宣传教育，先后有台湾中国电视公司、台湾广播公司、东森电视公司、中国广播公司、台湾中天电视、台湾《统一日报》、《中国时报》、《联合报》、《经济日报》、台湾《商业周刊》、《远见》杂志等台湾媒体记者到南宁市采访报道，对南宁的经济社会发展情况、邕台经贸合作发展情况、名胜古迹、风土人情等进行全方位的宣传报道。6 月末至 7 月初，在桂台经贸合作论坛期间，南宁市采取播放南宁形象宣传短片和发放《南宁概览》宣传资料、接受媒体采访等方式开展对台宣传，台湾《中国时报》、《联合报》、《经济日报》先后以专版和专题的形式，报道南宁市的经济社会发展情况。台湾中天电视台围绕南宁市建设中国—东盟自由贸易区、区域性国际城市和作为广西北部湾经济区开发开放核心城市的发展机遇等主题及南宁市产业政策说明会进行 3 则重点新闻报道。台湾中天电视台、东森电视台、《中国时报》等台湾媒体采访市长黄方方。在南宁市产业政策说明会及各种座谈会和考察拜会活动中，发放《南宁概览》和南宁市形象宣传光碟等宣传资料 300 多套。《广西日报》、广西电视台、《南宁日报》、南宁电视台对南宁市赴台经贸代表团在岛内的考察活动进行及时跟踪报道，刊发各类新闻 18 条（篇），图片 6 幅。

【维护台商合法权益】 2010 年，南宁市认真协调处理台商投诉纠纷。市台办、信访局、法制办、公安局、国土资源局、规划局等 10 多个单位和部门，对自治区通报的关于涉及南宁市李振铭女儿交通事故赔偿纠纷案、南宁达庆公司行政赔偿投诉案、台商黄进发购房纠纷投诉案等 3 个涉台积案和新产生的南宁市嘉大混凝土有限公司搬迁求助案及时进行专题研究和协调处理。6 月 9 日，南宁市专门召开在邕台商代表座谈会，听取台商对南宁市经济社会发展和投资环境建设等方面的意见及建议，现场解决台商在投资过程中遇到的困难和问题。处理好涉台突发事件。台胞刘心榆因房屋拆迁安置问题多次进京非正常上访，南宁市及时派出相关责任单位和部门领导进京接返，并认真做好其思想工作，刘心榆表示配合政府对此问题进行协调处理。市台办先后 10 多次组织和协调自治区人寿保险总公司、玉林市相关部门、南宁市公安局交警支队及事故双方等单位和个人，做好台胞吴信丰车祸事故的善后工作。

【对台商企业协会管理与指导】 2010 年，南宁市全面加强对市台商投资企业协会的管理和指导，引导协会配合政府部门做好招商引资、发展会员、服务社会和扶贫帮困等工作。桂台经贸合作论坛在台湾举办期间，市工商联联系岛内 42 家企业 60 多名知名人士参加论坛；在中国—东盟博览会期间，帮助各友会台商来邕考察投资环境提供便利条件，向 50 多名来访人员介绍南宁投资环境及发展境况。年初，市台商企业协会和部分台商为南宁市特困学生、特困家庭和孤寡老人筹得各种善款 8.80 万元；4 月，为青海地震灾区捐款 8.25 万元；6 月，为支援百色市抗旱救灾捐赠 2 万元；11 月，台资企业旺旺集团给横县、马山县、邕宁区困难群众捐赠价值 40 万元物品。年内，市台协新增团体会员 3 个，个人会员 7 人。

（刘冬年）

责任编辑　周　红

人民团体

南宁市总工会

【概　况】 2010年，南宁市总工会辖县(区)、开发区总工会13个，工会工作委员会3个，驻会产业工会2个，乡镇(街道)总工会33个，乡镇(街道)工会工作委员会79个，共有基层工会9245个，会员88.71万人。市总工会以"创先争优"活动为契机，坚持实事求是、强化责任、务实创新，进一步完善职工建功立业平台，健全社会化维权帮扶网络，实施职工能力素质工程，增强工会组织吸引力和凝聚力。所属基层工会获全国模范职工之家4个，自治区百佳模范职工之家12个、自治区百佳模范职工小家10个。市总工会获全国工会职工书屋建设先进单位、2010年度自治区工会工作特等奖。

【组织建设】 2010年，市总工会开展"广普查、深组建、全覆盖"集中建会行动，推进区域性行业性工会联合会、外商投资企业、私营企业和劳务派遣公司工会组建。推行县(区)总工会—乡镇(街道)工会—社区或区域性、行业性联合工会—基层工会的"四级"管理组织网络。全市新建基层工会组织676个，新发展工会会员6.25万人，其中新发展农民工会员超过5万人。基层工会涵盖单位净增695个；建立基层工会联合会25个，招聘专职工会工作者30人。加强工会标准化和规范化建设，开展巩固和发展县级工会标准化建设成果活动、城区工会标准化建设(试点)活动和乡镇工会规范化建设活动。评选表彰"南宁市十佳乡镇(街道)工会"，有81个乡镇工会在规范化建设活动中达标。横县总工会、青秀区总工会分获自治区总工会授予的"巩固和发展县级工会标准化建设成果先进单位"、"城区工会标准化建设达标单位"称号；上林县大丰镇总工会获广西十佳乡镇(街道)工会称号；市总工会"大力开展工会组建示范点创建活动取得成效"工作获自治区工会创新成果奖。

【技术创新】 2010年，市总工会开展群众性经济技术创新活动，组织职工开展技术攻关、技术革新911项，节约资金约1.60亿元；推广先进操作法447项，产生经济效益4266万元；创造发明131项，取得专利49项。完善市、县(区)、企业三级职工节能减排义务监督网络，成立第二批节能减排义务监督员队伍，全市共聘请137名节能减排义务监督员，加强对重污染、高排放企业的群众性监督。

【评先活动】 2010年，市总工会开展劳动模范、先进工作集体(个人)评选表彰，推荐评选出全国劳动模范、先进工作者候选人8人(获批6人)、自治区级劳动模范、先进工作者候选人52人(获批49人)，市级劳动模范、先进工作者100人。

【失业下岗人员与农民工帮扶】 2010年，市总工会配合政府部门共同开展农民工培训，培训2.65万人次，帮助就业1.18万人，进行维权、救助帮扶农民工1.37万人。开展帮扶下岗失业人员、农民工创业行动，利用各种社会资源，对有创业能力和创业愿望的下岗失业人员和农民工，帮助落实政府在市场准入、税费减免、创业融资和创业培训等方面的政策扶持。开展下岗失业人员、农民工创业培训97人，帮助创业105人，成功创业59人。开展"送政策、送技能、送岗位"活动，为困难职工、下岗失业人员、返乡农民工等群体提供就业服务活动，进行政策宣传1.05万人次，提供就业岗位2044个，开展就业培训421人次。6月，市总工会网站与市人才市场、市人力资源市场建成联网招聘信息发布系统，实现人才、劳动用工信息与工会帮扶网络联动服务，至年末，有1000家企业通过就业信息联动系统发布岗位信息4000多条。

【困难职工帮扶】 2010年元旦、春节、五一劳动节、国庆节期间，市总工会组织人员走访慰问单位1138家，其中困难企业341家，慰问困难职工(农民工)7455户、困难劳模197户，发放款物449.30万元，实现在档困难职工慰问全覆盖。开展"金秋助学"活动，资助困难职工子女入学812名，发放助学金137.40万元，其中农民工子女152人，22.21万元。开展"送清凉"活动。全市各级工会组织走访工地195个，慰问农民工2.49万人次，发放防暑降温用品折款49.40万元。协助开展"一千个母亲，一千个春天"活动。救助贫困女职工186名，发放救助款37.20万元。加强市、县(区)、乡镇(街道)三级困难职工帮扶维权网络建设，共建成县级工会帮扶中心14家，乡镇级帮扶工作站98个。市总工会建成470平方米的现代化维权帮扶服务大厅，协调市劳动和社会保障局、民政局、司法局等部门定期派出工作人员为职工服务，建设"一站式"帮扶平台。

【民主管理】 2010年，市总工会在全市企业中试行《企业履行社会责任向职代会报告制度》，推动企业社会责任体系和信用体系建设。全市国有、集体及其控股企业职代会建制率100%，非公有制企业职代会制度建制率85%；区域性、行业性职代会涵盖企业2264家，覆盖职工14万人。

【职工权益保护】 2010年，南宁市签订集体合同891份，签订工资协议837份，涵盖企业3604家，覆盖职工20万人。在国有企业改革改制中发挥工会组织的作用，促成安置职工919人，离退休人员

1204 人，涉及安置费 1.74 亿元，其中已发放 1.51 亿元。推进劳动关系和谐企业创建，开展创建活动的企业 2000 家。成立市总工会职工维权律师团，协调处理维权案件 3 件、上访事件 314 件，涉及职工 4375 人。

【劳动安全卫生保护】 2010 年，市总工会开展劳动法律监督，督促企业整改事故隐患 66 件，发放《劳动法律法规手册》1200 本，为农民工提供健康体检和法律政策咨询服务 3979 人次。有 15 个县（区）、开发区总工会和 5968 个基层企业工会成立工会劳动保护监督监察委员会（或机构），配备专兼职劳动保护干部 1.15 万名，形成上下结合、纵横交错的劳动保护监督检查网络体系。

【劳动竞赛】 2010 年，市总工会建立与技术级别挂钩的激励模式，与政府部门、行业协会联动的组织实施模式，开展劳动竞赛、技能竞赛活动。市职工职业技能大赛的参赛职工超过 15 万人次，吸引 350 家民营企业参与，评选出技术能手 50 人、优秀选手 283 人，有 10 名优秀技术能手经大赛组委会推荐被市总工会授予“南宁市五一劳动奖章”。组织全市 907 家规模以上工业企业参加“安康杯”竞赛活动。会同市安监局表彰 2009 年度“安康杯”竞赛优胜企业 50 家、竞赛优胜班组 50 个。

【厂务公开民主管理】 2010 年，南宁市国有、集体及控股企业厂务公开民主管理制度建制率 100%，非公有制企业厂务公开民主管理制度建制率 85%。总结一些企业把 ISO 9000 质量管理体系引进厂务公开民主管理，对企业重大决策、干部选拔任用、经营状况等按照具体的量化标准进行考评的成功经验，扩大推行面，构建厂务公开民主管理的长效机制。

【职工医疗互助保障】 2010 年，南宁市职工参加医疗互助保障人数 19.37 万，参保份数 22.93 万，受理理赔案例 293 例，赔付金额 510.14 万元。通过困难补助金慰问 59 人，发放慰问金 2.95 万元。向困难职工赠送重大疾病险 1152 份。

【职工书屋建设】 2010 年，南宁市建有各级“职工书屋”161 家，其中全国级 8 家、自治区级 30 家、市级 123 家。整合城区图书馆，街道（乡镇）、社区图书站、阅览室的资源，实行书籍共享。统一制作全市通用的“一卡通”阅览卡，方便职工、农民工就地、就近学习。会同市图书馆开展“农民工图书流动站”建设活动，送到各个工地的流动图书有 1.70 万多册，电子读书卡 2000 多张。

【农民工文化艺术节】 2010 年 5 月 1～30 日，市总工会与市文化新闻出版局、城乡建设委员会联合举办第六届农民工文化艺术节。深入 27 个建筑工地，开展“送文化、送电影、送健康、送法律”服务活动。期间，为农民工送电影 28 场，送医疗服务 1000 人次，送图书 1 万余册，送法律服务 628 人次。

【“大讨论”活动】 2010 年 3 月上旬至 5 月下旬，市总工会组织全市工会机关、工会直属事业单位及部分国有大型企业工会机关 36 个单位，980 名干部职工参加“我为工会事业大发展作贡献大讨论”活动。共印发学习宣传资料 1500 册，召开建言献策恳谈会 86 次，收到建言献策建议 58 条，整理 30 条到党组会议进行研究，把整改措施方案反馈基层。

（康　宏）

共青团南宁市委员会

【概　况】 2010 年，南宁市有基层团委 577 个、团总支 436 个、团支部 7266 个；专职团干 1356 人、团员 33.35 万人。共青团南宁市委以“发展环境建设年·百万青年大行动”主题活动为切入点，推进青年就业创业行动、党团共建强基固本工程、青年志愿服务行动和青少年维权工程。南宁共青团工作全年在自治区级以上媒体报道的有 200 多篇（条），在市级媒体报道的有 400 多篇（条）。团市委获“广州亚运会、亚残运会志愿者工作优秀组织单位”，广西青年创业信贷扶持计划先进单位，广西“两新”组织（新型经济组织、新型社会组织）、农民工团建百日攻坚行动先进集体，广西共青团抗旱救灾先进集体，中越青年大联欢活动先进集体和自治区共青团目标考核工作一等奖。

【青少年思想道德教育】 2010 年，团市委指导全市各级团组织开展以邓小平理论、“三个代表”重要思想、党的十六大精神、科学发展观为主要内容的学习活动，举办演讲比赛、报告会、征文比赛、学习会、座谈会等活动 600 场次。利用“五四”、“六一”、中国共产主义先锋队建队日等重大节庆日，开展“绿满邕城，青年先行”千名新老团员宣誓、“与祖国同行，做四好少年”、“心手相牵向阳花”、“我们在红旗下宣誓”等主题教育实践活动，推进社会主义荣辱观教育，引导少年儿童关注身边的荣辱细节，从点滴小事做起，为构建社会主义和谐社会做贡献。针对农民工子女等重点群体开展关爱帮扶活动，开展流动少年宫，爱心课堂进农村、进社区、进学校共 230 场次，引导农民工子女健康成长。举办黄胜新、朱传波先进事迹报告会，用先进人物的事迹感召、激励团员青年。全市各级团组织培养、评选、表彰先进典型，表彰“五四”红旗团委、“五四”红旗团（总）支部以及“十佳团干之星”、“十佳团员之星”、优秀团干部、优秀共青团员，使全市青少年学有目标、行有榜样。

【绿城青春建功行动】

服务“四个年”和“五场攻坚战”行动 2010 年，团市委开展“绿城工地团旗飘——青春建功‘五场攻坚战’”主题行动，在广西体育中心、南湖隧道等重点项目工地成立团支部，围绕项目施工中急难险重任务，组织团员青年开展“青年文明号”、“青年安全生产示范岗”创建活动，组建“青年突击队”。发挥青年企业家协会组织优势，引导青年企业家服务南宁经济社会发展；通过召开项目推介会、洽谈会和联谊会，加大招商宣传，完成 5000 万元的招商引资任务。

“绿满邕城”先锋行动 组织开展“共植青年林　为首府添绿——百万青少年植绿护绿行动”、“绿满邕城，青年先行”南宁市青少年纪念五四运动 91 周年大种树活动，建设“南宁市青少年绿化基地”；开展农村青年“千村万树”活动，动员农村青年在房前屋后及路旁、水旁、村旁植树，参与村屯绿化美化活动；以六城区为营建基地，开展欢乐家庭纪念林、青年就业创业林、青年文明号林、青年志愿者林、低碳生活见证林、环保企业绿色林等各具特色的首府青年特色主题林种植

活动。全市各级团组织开展植树活动138次，植树240多万株。

抗旱救灾"青春涌泉"行动　在《南宁晚报》、广西新闻网等各家媒体发出为干旱地区"捐赠一瓶饮用水"的倡议，呼吁全市团员青年、青联委员、青年企业家协会会员、青年民营企业家协会和社会各界行动起来，募集抗旱救灾物资约237万元，为受灾地区奉献爱心、捐款捐物。通过组织爱心甘霖进旱区、爱心农资进旱区、爱心岗位进旱区、爱心队伍进旱区等"四进"活动，给旱区群众送水、送物资、送岗位、送技术，努力帮助旱区群众抗旱救灾。发动当地团组织开展"抢农时，保春耕"行动，下拨资金21万元和农用物资，用于各县(区)团组织开展抗旱保苗。完善抗旱长效机制，立足于长久解决旱区群众、特别是中小学生的生活用水问题，筹集57万元在马山县、隆安县等大石山区学校建设"希望水池"19个。

【服务中越青年大联欢活动】　2010年，团市委承接南宁市服务纪念中国与越南建交60周年和中越友好年的中越青年大联欢活动的相关工作，8月28日，中越青年大联欢活动南宁市部分举行，接待前来参加纪念活动的越南青年代表团3000人。参与活动总体方案和南宁主会场各项活动方案的设计策划和实施，具体承担中越青年共植友谊林暨手印墙建设启动仪式、中越青年友好论坛、联欢大会演员排练的组织与管理、联欢大会观众组织与互动安排；组织1380名志愿者完成大联欢文艺晚会物品发放、外场引导、检票、内场指引、观众管理、氛围营造、进场组织、饮水点维护、观众退场引导等。

【国内外青少年团体交流】　2010年，团市委组织青少年20多人次分别赴德国、韩国、越南等国家和中国台湾交流访问，并于8月组成南宁市青少年艺术出访团赴意大利、奥地利交流访问；接待广东茂名市、安徽合肥市等9个国内团体100多人次到访交流；参与组织200多人次分别赴北京、天津、海南等地参观访问，并与各地青少年团体座谈交流，了解各地青少年工作的先进经验。

【青年就业创业服务】

南宁市青年信贷扶持计划　2010年，团市委建立团银双岗双责制度，全市有80%以上的金融部门信贷主管兼任乡镇团委编制外副书记，村团支部书记和青年能人兼任银行信贷协管员。建立创业青年贷款"绿色通道"和贷后跟踪管理机制，成立青年创业志愿者导师团，为广大青年提供技术、资金支持，通过短信、电话回访、与银行绘制服务手册、致创业青年的一封信等形式为创业青年提供贷后服务。承办广西青年创业信贷扶持计划现场推进会，将南宁市小额贷款工作先进做法和经验推向全自治区。为5419名农村青年发放小额贷款1.31亿元，带动就业人数1.39万人。

青年就业创业技能培训　利用南宁青年职业技能培训中心、市丽竹职业培训学校等培训机构免费为外出务工青年、流动青年、大中专学生、城市失业青年提供技能培训，举办SYB(创办你的企业)培训班，培训6337人。开展"订单培训助您就业——广西进城务工青年技能培训"活动，依托各类职业培训机构，分期分批对1573名外出务工青年进行订单技能培训。开展转移就业技能、农业种养技术培训农村青年3.15万人。

就业创业见习基地建设　将青年就业创业见习基地建设纳入南宁市创建国家级创业型城市工作进行落实。指导江南区团委在白沙大道设立有23家汽车销售公司参与的"青年就业创业一条街"。新建立就业创业见习基地120个，提供见习岗位5800多个。以高新区大学生创业基地为依托，整合全市资源，建立22家科技创业型企业，吸纳来自清华大学等多所高校的毕业生。

青年就业服务　依托市劳动力人才市场服务中心，举办流动青年农民工夜场招聘会、"春风行动"2010送岗位——助您成功就业招聘会等6场现场招聘会，组织350多家用工企业提供业务员、营业员、家政、文员、保安等就业岗位1.80万多个，有4550名青年达成用工意向。通过手机短信、横幅标语、网络、书籍报刊、飞信、QQ群、创业协会、会场讲座等媒介向创业青年提供关于创业技巧、创业优惠政策以及创业感想的信息。承办CCTV首届三农"致富榜样"评选活动暨"榜样到身边"——走进广西路演活动。

【青年志愿者行动】　2010年，团市委继续组织各项青年志愿者活动。组织青年志愿者服务社会民生，开展"绿城青春涌泉"抗旱救灾援助行动、"冬日暖阳——绿城青春送温暖活动"。组织青年志愿者服务好大型赛会活动，组织3.87万名志愿者，为2010年中国(南宁)国际时尚博览会、广西第七届残运会暨第二届特奥会、第五届泛北部湾论坛、中国—巴林国际足球赛、中越青年大联欢、国际田联世界半程马拉松锦标赛、"两会一节"等南宁市各项大型赛会提供服务约计10万人次，组织10名志愿者服务广州亚运会，为大型活动成功举办提供人力资源保障。开展关爱农民工子女志愿服务行动，动员广大团员青年和青年志愿者开展课业辅导、文体活动、感受城市、结对帮扶、建立志愿者书屋等活动，组织志愿者团队与全市九年义务教育阶段农民工子女就读较多的学校结对。加强协会建设，打造志愿者文化，进一步完善管理机制。确定南宁青年志愿者统一标识，聘请台湾星光大道冠军、南宁本土歌手胡夏为形象大使；探索志愿者骨干培训新机制，凝聚和团结一批志愿者骨干，提升志愿者素质；通过建立网站，组建"专业志愿者+兼职志愿者+项目志愿者"的志愿者队伍，促进协会有效运行；与友成基金南宁站、八桂义工等各领域的志愿者组织加深合作，引进爱心企业支持"志愿者书屋"等项目。

【青少年维权工程】

"共青团与人大、政协代表面对面"活动　2010年，团市委通过问卷调查、座谈会、实地观察等方式，围绕净化青少年网络环境，撰写《关于进一步加强我市青少年健康成长的网络环境建设的提案》，邀请人大代表、政协委员研讨新生代农民工社会问题。

12355青少年服务台　以12355青少年服务热线开通5周年为契机，开通12355网站，招募90名专业志愿者和8家志愿合作单位，以专业化的服务为广大青少年疏通心结、处理投诉、化解矛盾，全年受理来电来访2625人次。组织开展"12355陪伴·成长家庭教育系列讲坛"24场次，为3万多名青少年提供法律援助、心理疏导、自护教育、生活救助等多项综合性的服务，开展"线下有效干预和个案实际帮助"活动，拓宽和创新预防青少年违法犯罪渠道。针对民办农民工子弟学校心理健康教育薄弱等问题，开展为期3年的12355“心灵成长”体验计划，发挥12355专家志愿者的专业力量，通过团体拓展训练、主题班会等形式，开展有针对性、系统性的学生心理素质训练。

青少年事务社工全国试点　通过“社工+志愿者”的形式，运用个案辅导、小组工作、QQ咨询等专业手法和服务，为青少年提供权益保护、社区教育、劳动就业、社会交往、个案辅导服务。社工们与志愿者携手，共排查出355名失业青年并帮助其解决就业问题，排查出有特殊问题行为青少年69人并进行帮教，为青少年解答法律咨询、就业政策等问题482个，主动上门为青少年辅导功课69次。及时做好青少年事务社会工作者试点的调研和总结工作，为青少年事务社会工作者队伍的建设和管理提供思路和方向。

“平安校园——南宁市优秀青少年维权岗在行动”　联合公安、教育等部门举办9期“平安校园——南宁市优秀青少年维权岗在行动”主题活动，通过开展各种游戏和现场教学，提高学生自我保护意识和技能。组织47期“为了明天工程——流动少年宫关爱直通车”和“四点半”课堂活动，深入农村、社区、学校、未成年人救助保护站等场所，让更多的青少年享受到优质的校外教育和关爱；针对有不良行为或有违法犯罪行为的流动未成年人开展以“励志工程”为主题的帮教活动。

【希望工程与扶贫助困】　2010年，团市委制订和完善南宁市希望工程办公室工作章程、希望小学建设管理规则、贫困生救助流程，形成规范化的运作机制和管理监督机制。联合新闻媒体宣传党和政府对家庭经济困难学生新的扶助政策，开展寻访优秀贫困生活动，反映家庭经济困难大学新生的生存状态，吸引社会各界广泛关注。筹资233.57万元，帮助530名家庭经济困难大学新生圆梦大学；组织募捐10万元，帮助500名贫困小学生家庭解决生产生活困难。加大希望小学的援建力度，筹资援建希望小学6所。在全自治区率先启动“希望工程农村青少年营养健康计划”，促进农村青少年健康成长。探索出“爱心扶助一卡通”、企业冠名等“爱心超市”运作新模式，收集整合社会富余生活物品到“爱心超市”并定期免费发放给困难群体。

【强基固本基层团建工程】

“两新”组织团建　2010年，团市委开展“两新”组织团建百日攻坚战，在“两新”组织集中区域探索组建商业街网络团支部、商圈楼宇团委、社区联合团委、行业协会团支部。其中，兴宁区在“朝阳商圈”依照商业模式组建网络团支部、良庆区在酒楼中建立联合团支部等。全年在“两新”组织建立团组织495个。

外出务工青年团建　创建广西13市驻邕团工委联络站，根据各市入邕务工青年的流向分布和兴趣爱好，以电脑+互联网络+手机短信等现代电子信息技术为主要手段，有针对性地组织开展服务工作。依托党员干部现代化远程教育网络，建立市新居民青年服务指导中心+城区新居民青年服务中心+街道新居民青年服务中心+社区新居民青年之家的“红网”服务体系，以乡情为纽带招聘大学生志愿者管理青年之家日常工作，面向流动务工青年打造红网、亲情网、手机网、志愿网、维权网“五网合一”服务品牌。尝试在西乡塘区网格化建团，在江南区居住地建团，在兴宁区商圈建团，在良庆区项目工地建团，扩大对流动务工青年群体的组织和工作覆盖。同时，推进驻外团组织建立工作，确定广东中山、茂名、佛山、顺德等市作为重点开展建立驻外团工委的城市。全市建立驻外团组织335个。

基层团组织格局创新试点　借助党建在基层的新格局和新成果，使团建与党建在工作空间和工作内容上紧密结合。推广横县云表镇、江南区江南街道两个全国乡镇、街道团的组织格局创新试点经验，通过公开竞聘，选配行政编制外的团组织副书记和委员。开展大学生志愿服务万村远程教育行动，选配大学生志愿者参与远程教育志愿服务并担任村团支书助理，解决组织活力欠缺、联系青年渠道单一等问题。

绿城团旗飘网络团建平台　依托“绿城党旗红”南宁市党建信息平台，打造“绿城团旗飘”南宁市团建信息平台，设置团员服务、在线教育、信息发布、网上办公、互动交流、网络调查等六大类功能，提供网上过团组织生活、短信互动、网上团组织关系转接等服务，使共青团的组织体系向网络化拓展。

团干部队伍素质提升　实施“党团双挂工程”，从南宁市挂职干部中选派31名优秀年轻挂职干部，在挂任党政领导职务的同时兼任县（区）团委副书记和乡镇（街道）团（工）委副书记，负责共青团基层组织建设和基层工作。联合市委组织部在清华大学举办团市委新一届委员培训班；举办“绿城青春大讲坛”活动，增强各级团干的廉政意识教育；启动南宁市“十百千”团干培训工程，对全市各类基层团干部进行大规模培训；成立团务知识讲师团，以集中授课、流动培训、交流考察等方式为团干传授工作经验和工作技巧。全市各级团干部严格按照《团的领导干部学习大纲》要求，学习政治理论、政策法规、业务知识以及相关学科的知识。

团属组织建设　加大服务委员力度，组织开展3次联谊活动。每季度定期召开青联主席办公会，使青联工作更趋制度化和规范化。加强学校团队建设，遵循不同年龄段青少年的成长规律，以思想教育和成长服务为重点，科学划分不同阶段学校团队工作的目标、内容和方法，构建中小学一体化分层教育体系，完善学联组织的运行机制。召开南宁市青年企业家协会第五次会员大会，选举产生新一届协会领导班子。　（黄长志）

南宁市妇女联合会

【概　况】　2010年，南宁市妇女联合会辖县（区）妇联12个、开发区妇联（妇委会）4个；全市建有乡镇（街道）妇联123个、社区妇联336个，村妇代会1395个，县级以上党政机关、科教文卫等事业单位妇委会449个，成为妇联团体会员的县（区）以上各类女性联谊会、协会27个。全市“两新”组织中建立妇联组织1088个，非公有制经济组织妇委会57个，妇女联谊会、协会127个，工会女职工委员会5299个。有市、县（区）、乡镇（街道）专职妇联干部176人。年内，市妇联组织实施“妇女创业就业促进行动”、“妇女成才支持行动”、“和谐家庭创建行动”、“妇女儿童权益维护行动”。市妇联获全国维护妇女儿童权益先进集体、全国敬老模范单位、全国“五好文明家庭”创建活动基层先进协调组织、自治区城乡妇女岗位建功先进集体等22项称号。

【妇女组织队伍建设】

基层妇女组织建设　2010年，市妇

联实施强基固本工程，开展强基固本示范创建活动，建立“两新”妇联组织1088个，创建命名527个南宁市妇联基层组织示范单位，其中14个被命名为全国妇联基层组织示范单位。开展新一轮“妇女之家”创建活动，通过召开南宁市“妇女之家”现场会、开展“城乡结对共建妇女之家”活动等形式，推进基层妇联组织建设，全市成立“妇女之家”1731个，组建率100%；开展基层妇联组织网络巩固发展活动，指导县（区）妇联开展领导班子届中调整，推动南宁经济技术开发区成立妇联。注重妇联班子建设，市、县（区）、乡镇三级妇联主席交流39人，激发妇女干部队伍活力。

妇女干部队伍建设 开展《“十二五”妇女人才队伍建设》专题调研和“女干部如何提高参政议政水平”专题研讨会，提出妇女人才队伍建设思路。举办“绿城妇女干部大讲坛”，邀请国内著名专家刘伯红、自治区妇联主席王革冰和市委常委、市纪委书记邓金玉等作专题讲座；推动市委把妇女干部培训纳入全市“干部教育十二大工程”，联合市委组织部举办为期一个月的科级女干部能力提升班和为期20天的妇联主席培训班。实施农村妇女干部“领头雁”素质提升工程，争取自治区、市、县三级党费和财政核拨专项经费58.40万元，举办专题培训班18期，惠及全市1168名村“两委”女干部；实施全国妇联—李嘉诚基金会村“两委”女干部培训试点项目，选派83名村“两委”女性正、副职到广西大学集训，5人获得“种子计划”项目资金。

【妇女儿童权益维护】

“三八”维权周活动 2010年3月，市妇联以“关注服务妇女民生，促进社会稳定和谐”为主题，开展系列法制宣传活动。3月2~9日，市妇联在《南宁晚报》、南宁电台和南宁新闻网开设女性在婚姻、情感方面的特别报道，指导、帮助处理婚姻中男女两性关系。在全市开通12338妇女维权专线，专门安排律师志愿者接听、解答咨询，为妇女群众提供服务，共受理投诉电话53个。3月5日，市妇联、综治办、司法局联合举办2010年“三八”妇女维权周活动启动仪式，通过开展“妇女儿童维权岗”与社区妇女儿童维权服务站、“流动妇女平安之家”结对共建，组织“平安家庭”创建示范点家庭承诺宣誓、举办大型广场法律宣传咨询活动等多种形式，搞好法制宣传教育，引导妇女群众培养依法行使权利、履行义务的法治理念。活动期间，市妇联还依托短信平台启动“三八”短信大传递活动，发送手机短信21万条，向群众宣传男女平等基本国策。

来信来访接待处理 开展“大排查、大接访、大调处”活动，做好个案维权，对黄巧儿猥亵儿童案、李秀玲家庭暴力案、覃红家庭纠纷案、范绍芬家庭纠纷案等一批领导批示、市民关注的案件进行处理。全市妇联系统接待来电、来访、来信1164件，案件调处率98%。

妇女儿童维权岗创建 继续在全市公、检、法、司等部门开展“妇女儿童维权岗”创建活动，组织“妇女儿童维权岗”与社区妇女儿童维权服务站、流动妇女平安之家结对共建，创新开展“两进两送”（进社区、进村屯，送法律、送服务）、“服务妇女惠民生，岗位维权展风采”主题实践活动。全年全市维权岗对涉及妇女儿童案件共立案9201件，减免费用87万多元，接访约1.65万件。有26个维权岗和50名维权志愿者被评为南宁市维护妇女儿童权益先进集体和个人。

“出嫁女”问题解决 把非正常上访频繁、社会影响面较大的“出嫁女”问题，列为重点化解的信访突出问题，深入南宁经济技术开发区进行调研，与有关部门及部分“出嫁女”进行座谈，了解贯彻《中华人民共和国妇女权益保障法》工作情况，多次参与市委政法委草拟的《南宁市解决“出嫁女”诉求的有关问题的指导意见》的修改，为维护“出嫁女”合法权益提出建议。总结南宁经济技术开发区和广东省解决“出嫁女”问题的工作经验，深入“出嫁女”问题严重的城区举办专题讲座，促进南宁市“出嫁女”问题的解决。

《实施办法》宣传 9月1日，利用南宁电台行风热线，为广大市民解读新修订的《广西壮族自治区实施〈中华人民共和国妇女权益保障法〉办法》（简称《实施办法》），并推动其贯彻实施。9月4日，市妇联组织33家自治区、市相关单位在朝阳广场举行大型宣传活动，以《实施办法》宣传志愿者授旗仪式、签名仪式、文艺表演、法律宣传咨询、板报展、有奖知识问答等形式进行。展出板报25块，发放宣传资料5000多份，参与活动的群众约1万人。

配合执法检查 3月11日和22日，自治区妇联、全国人大常委会先后到南宁开展《妇女权益保障法》执法检查。市妇联通过在《南宁日报》刊发妇女先进事迹，协调法院、民政、农业等有关部门召开贯彻实施《妇女权益保障法》座谈会，了解法律执行中的问题，促进各项法律规定的落实。

【“双学双比”竞赛活动】

女农民技术技能培训 2010年，南宁市各级妇联组织利用全市302所农村妇女培训学校，与市人社局、农业局、科技局、扶贫办等部门联合举办各类实用技术培训班282期，培训农村妇女2.25万人，参加培训的妇女90%以上掌握1~2门实用技术。

“巾帼示范村”创建活动 市妇联开展“巾帼示范村”、“千村联百岗”创建活动，在全市325个村屯开展创建，有30个村屯获“巾帼示范村”称号。其中，自治区级2个，市级12个，县（区）级16个。

城乡妇女岗位建功评比表彰活动 市妇联、市农村妇女“双学双比”活动领导小组在庆祝三八妇女节期间，开展市城乡妇女岗位建功先进集体、先进个人评选表彰活动，授予武鸣县农业局等20个单位南宁市城乡妇女岗位建功先进集体称号，黄艳英等80人南宁市城乡妇女岗位建功先进个人称号。

特色品牌项目实施 南宁市各级妇联结合当地实际，发动农村妇女大力发展优势品牌项目，增收致富。全市有27.49万名妇女参加“蚕娘兴业”活动，种桑2.90万公顷，养蚕119.35万张。种桑养蚕超万元户的有2.27万户，有1601名妇女参加“渔娘庭院兴业”活动，养殖各类渔业产量1365.40吨，产值3291.70万元。培育“妇”字号龙头企业、科技示范基地和以妇女为主的农村经济合作组织（协会），发展妇女新会员，引导妇女参与农业产业化经营，全市累计建立合作经济组织166个，有女会员2.11万人。

【“巾帼建功”创建】 2010年3月31日，市妇联联合市人社局开展“绿城巾帼家政技能大比拼暨创业就业春风行动”活动，来自全市各家政培训机构的60名选手参加比赛，其中20名选手分获一、二、三等奖，18家用工单位及有用工意向的家庭共600多人参加活动。市妇联发动全市各级妇联组织配合有关部门组织开展专场招聘会80多场，组织1315家企业进场招聘，提供就业岗位1.93万个，有9061名女农民工在专场招聘会找到就业岗位。在春风行动中，全市跨地区组织劳务输出7482人（女性4988人）；安排在当地企业就业1.24万人（女性5557人）。

【女大学生导师行动】 2010年5月始，市妇联确定广西百盟物流有限公司、南宁市状元廊职业培训学校、南宁地欣蓝荷农业科贸公司、南宁百佳汇商场管理有限公司、全通投资有限公司5家企业为第三批全国“女大学生创业实践基地”。至年末，全市共有14家企业成为全国“女大学生创业实践基地”，为女大学生提供就业创业实践岗位772个，涉及专业59种，有408名女大学生参加实践活动，其中253名女大学生实现创业就业。

【女性创业之旅】 2010年，市妇联继续在女企业家中开展“女性创业之旅”活动。组织女企业家参加“总裁高管如何做战略”、“新观念、新思维、新发展卓越领导风采论坛”、“助企工程第六期广西论坛”、广西女性人才座谈会、“平等才能促和谐”女性创业报告会、“当前金融经济形势与广西区域经济发展”等培训（讲座）12期，为女性创业就业、谋求发展开启思维，指点迷津；组织女企业家赴广州、香港、澳门、中国台湾及泰国等地参加女企业家纪念三八国际劳动妇女节100周年暨泛珠江三角洲流域经济发展论坛、首届桂台妇女发展与合作论坛、第二届中国—东盟女企业家创业论坛、第五届泛珠三角区域妇女发展合作论坛促进会、“妇女与西江经济带建设”高峰论坛，并签署合作发展协议，为女企业家推广企业、寻求商机、拓展事业牵线搭桥；组织女企业家到百色市、钦州市、扶绥县、横县、马山县、隆安县等地参观考察投资环境与投资项目，扩大企业与政府的交流沟通。

【妇女技能培训】 2010年，市妇联指导县（区）妇联实施城乡妇女创业就业技能培训任务，依托全市培树的5家有资质的家政培训机构举办妇女创业就业技能培训班162期，培训妇女6977人。有4049名妇女获得家政、育婴员等职业技能资格证书，有4906名妇女找到就业岗位。

【小额信贷扶贫】 2010年，市妇联推广小额信贷服务，帮助妇女创业就业、实现发展。全市有2193名农村妇女获妇女创业就业小额担保贷款6078.30万元，发展种养项目745个、商业服务加工项目138个，增收超万元的项目609个。

【三八国际妇女节100周年纪念活动】 2010年，市妇联借助三八国际妇女节100周年契机，大力宣传百年妇运精神。邀请自治区党委常委、市委书记车荣福在3月8日《南宁日报》和《南宁晚报》头版头条发表《弘扬百年妇运精神　焕发绿城巾帼风采》贺词，激励全市广大妇女积极向上、奋发有为。在《南宁日报》开设专版，回顾南宁百年妇运史，绘就南宁妇女发展的前景；在南宁电视台举办“百年妇运·飞越梦想”全市各界妇女纪念三八国际妇女节100周年庆典活动；举办主题为“百年妇运　精彩巾帼”的“健康踏春行　绿城添活力”处级女领导干部女企业家健步走联谊活动，为全市女领导女企业家搭建沟建交流平台；举办“绿城因我而美丽”巾帼时装表演赛、大型趣味游园等欢乐嘉年华系列活动，启动“植百年巾帼树，造家庭幸福林”植树活动。

（李永清　谭静宇）

5月16日，“蚕娘兴业”擂台赛暨科普知识进家庭主题实践活动在宾阳县古辣镇举行。图为养蚕能手在比赛蚕茧抽取技能　　张　杏　摄

南宁市文学艺术界联合会

【概　况】 2010年，南宁市文学艺术界联合会辖《红豆》杂志社、南宁文学院2个事业单位和作家、戏剧曲艺家、音乐家、舞蹈家、美术家、书法家、摄影家、电视艺术家、民间文艺家9个协会。新发展会员106人，会员累计2004人。其中，全国、自治区各专业协会会员分别为64人、495人。年内，市文联获第四届自治区文联系统先进单位称号；《红豆》杂志社获广西第七届优秀社科期刊奖；市戏剧曲艺家协会获第七届广西曲艺文学评选组织奖；市音乐家协会获第十四届“CCTV青年歌手大奖赛”广西选拔赛组织奖；市书法家协会获“中国书法进万家活动”先进集体称号；市民间文艺家协会获中国乡村文化旅游节民间艺术展演优秀组织奖。

【聚焦“五场攻坚战”创作活动】 2010年3月23日，市文联组织作家、音乐家、摄影家、美术家50多人到南湖——竹排冲水系环境综合整治、东葛路延长线、邕武路扩建、南宁国际物流基地、五象大道八尺江桥等工程现场及南宁经济技术开发区等地采风创作。先后在《南宁日报》刊发文艺作品专版6个，刊登文艺作品50多篇（幅），全面展示“五场攻坚战”的合作成果。

【绿城女子工笔画群】 “绿城女子工笔画群”由南宁市优秀青年女工笔画家组成，其中，宋忠阳、黄高、吴善贞、熊海容、苏凌云、冯冰、罗晶晶、李洁华、李莉、罗秋婷等画家，曾多次获得自治区及全国大奖。2010年7月29日，在南宁青湖中心举办为期7天的首届“绿城画韵”青年女子工笔画群作品展，展出10名青年女画家的作品20幅，有200多人观展。

【光明画派培育】 2010年，市文联培养邕城盲人画家群，探索研究残疾人特殊教育课题。5月16日，应河南省盲人协会、郑州市残联等单位邀请，组织绿城盲人画家团赴河南参加“爱心助残”笔会。5名盲人画家与北京、天津、河南等地的著名画家及新西兰著名画家进行艺术交流，并将当场创作的12幅美术作品全部赠送给郑州市残联用于义卖活动。南宁市美术家协会副主席曾柏良在郑州市特色教育中等专业学校，为32名盲人学生讲授盲画、心画等绘画课。

【《红豆》杂志】 2010年，《红豆》杂志社编辑出版发行《红豆》12期，其中青春长篇小说专号4期，发表原创作品900多万字。发表的原创作品《寻找采芹》、《羽叶茑萝》、《爱情到处流传》等68篇(部)作品被《小说选刊》、《小说月报》、《新华文摘》、《中华文学选刊》、《名作欣赏》等转载。其中，发表于2009年第10期的短篇小说《爱情到处流传》被收入《2009年度短篇小说》、《2009中国年度短篇小说》、《2009中国小说排行榜》。

【培训交流】 2010年，市文联通过组织作品研讨、专家点评、学术交流等方式，整合艺术资源。1月16日，举办为期2天的冲刺国家级展览书法培训班，100多人参加，邀请广西书法家协会秘书长刘德宏、广西书法家协会理事冯华春等5名专家现场点评。4月16日，举办壮乡三月三文学笔会，300多人参加，邀请《人民文学》编辑部主任邱华栋、《民族文学》编辑杨玉梅、《广西文学》主编覃瑞强、《红豆》主编常海军、《红豆》副主编丘晓兰、《红豆》杂志社原社长林万里到会讲课。5~12月，举办“绿城翰墨·书法进校园”活动，组织书法家30多人次到广西民族大学、广西水利电力职业技术学院、横县横州中学，对1000多名学生进行书法辅导。5月21日，举办纪念毛泽东同志《在延安文艺座谈会上的讲话》发表68周年座谈会。8月26日，召开南宁市网络文学作者座谈会，邀请广西新闻网、时空网、广西城市网等网站代表和网络文学作者围绕南宁市网络文学发展状况、南宁网络文学作者的创作、权益保护等问题展开讨论。8月28日，举办卢定山“蒙学书法四体百家姓字帖”出版座谈会。10月29日，举办覃日群英伦油画作品研讨会。举办“绿城翰墨—南宁书法沙龙”活动；每月举办摄影讲座和摄影家协会会员作品月赛活动。11月，南宁文学院采取县(区)基层文联“点专家、点授课内容和零投入”的方式，组织专家11人次，赴六县一区开展文学巡回讲座，参加学习的学员有1050人次。

【评奖办展】 2010年，市文联和各协会举办各类文艺展赛11项，有300多人次获得各项奖励。4~6月，举办首届“朱槿花杯”南宁市舞蹈大赛，共有400多人次参加比赛，评出幼儿组、少儿组、成人组的一等奖、二等奖、三等奖共22个。4~8月，举行“龙盛·寨柳城市花园”杯“首善之区”散文大赛。组委会共征集到参赛散文作品400多篇，评出一等奖作品2篇，分别为黄珂的《行走南宁》、王昌奉的《壮乡的果园》；二等奖作品5篇；三等奖作品10篇。4~10月，市戏剧曲艺剧本征集评奖活动共有7个省市10个城市的55件作品参评。参赛的外省、市作者人数为历届最多。共有24部作品获奖。其中，大中型剧本金奖、银奖、铜奖、优秀奖各1个，小型剧本一等奖2个、二等奖7个、三等奖9个、优秀奖2个。5~7月，举办首届绿城十大少儿歌手比赛，共有300多人次参加比赛，评出幼儿组、儿童组、少年组一等奖、二等奖、三等奖共125个。7月18日至8月1日，在市图书馆举办首届青年美术作品展，展出作品106件，近3000人参观。进一步扩大南宁市年轻画家的影响力，提高其创作热情。12月31日，在市图书馆开展“‘迎新年——南宁画家画南宁’写生展”，为期4天。展出南宁市艺术家作品80多幅，2000多人参观。

【“送欢乐下基层”活动】 2010年，市文联组织各类艺术家974人次，深入南宁市各县(区)乡镇村屯、街道社区和学校军营75个，开展各类文艺活动88场次。利用春节期间开展“写春联、送书法”活动，组织书法家240人次参加，送出春联约1.13万幅；开展文化惠农送影下乡活动，组织摄影家30多人次深入偏远村屯和学校免费给群众照相并当场打印照片。

【基层文艺事业】 2010年，武鸣县、横县、宾阳县、上林县、马山县、隆安县、邕宁区文联举办各种文艺活动。出版专著2部、杂志25期，举办书法美术摄影展览15场，艺术团演出56场次，开办培训班、研讨会、个人演出47次，组织采风72次。各县(区)文艺家获得市级以上奖项214人次。其中，武鸣县为保护和传承民间文化遗产、丰富人民群众文化生活，成立武鸣县山歌协会；宾阳县实行首届作家签约制度，成为全市首个推行该制度的县；马山的“壮鼓”、“扁担舞”和“三声部民歌”代表广西亮相上海世界博览会；隆安县文联获广西文联系统先进集体称号。

1月28日，“送欢乐下基层”活动隆安县都结乡现场　　陆雅婷　摄

【"南宁—长沙"书法篆刻精品交流展】 2010年11月10~12日，在南宁市图书馆举行。展出长沙、南宁两地书法家作品共125幅，其中长沙市50幅，南宁市75幅。韦克义、林建勋、佘明辉、谭秉炎、黄大业等两市书法名家均展出作品，展示两市文化的深厚底蕴，反映两地书法家当前的创作实力。有2000多人观展。11月10日开幕式后，还举行了"南宁—长沙"书法篆刻精品交流展座谈会。12月8日，书法篆刻作品在长沙市简牍博物馆展出。

（陆雅婷）

南宁市归国华侨联合会

【概 况】 2010年，南宁市有归侨、侨眷约12万人，其中新老归侨约2万人，与世界50多个国家和地区的华侨华人及其社团保持联系；在海外的南宁籍华侨华人9万多人，分布于世界35个国家和地区。南宁市归国华侨联合会有武鸣县、邕宁区和南宁—东盟经济开发区（武鸣华侨农场）3个县级侨联组织，4个华侨农林场侨联。企业侨联由原来2个增加到3个，12个联谊（校友）会和市侨联"侨心"艺术团等团体会员。市侨联按照《中国侨联章程》规定，履行思想教育、为经济建设服务、参政议政、法律宣传和教育、海外联谊、爱国主义教育和精神文明建设、自身建设等职能。全年引进内资1.40亿多元，其中实际到位资金7613万元。年内，首次与缅甸华商商会、澳门归侨总会、香港华侨华人总会3个海（境）外侨社团签订缔结友好侨社团协议书；与上海黄浦区侨联、兰州市侨联等40多个国内侨联签订友好侨联协议书；聘请38名自治区、市老领导和海外、港澳地区知名华侨华人为顾问。

【海内外联谊】

来访接待 2010年，市侨联接待来访海外侨胞100多批1500多人次。其中：邀请以马来西亚居銮客家公会会长、永芳集团董事长姚森良太平局绅为团长的马来西亚居銮客家公会商务考察团一行16人来南宁考察访问；接待新加坡现代农业投资考察团来邕考察农畜牧业的发展情况以及相关政策法规，为其在南宁投资肉猪养殖项目牵线搭桥。"两会一节"期间，邀请香港华侨华人总会副会长、香港启飞有限公司董事长苏金碧、南宁诚兴农业科技有限责任公司董事长戴国光、美国东亚集团公司总裁余建强等来自美国、新加坡、印度尼西亚和香港等7个国家和地区的21名境内外嘉宾客商参加活动。武鸣县侨联接待越南政治局常委、组织部长胡德恩和法国总统府律师团等海外访问团。

组团出访 派员参加自治区经贸文化代表团前往中国台湾参加"两岸产业高峰会议—2010年桂台经贸合作论坛"及经贸文化教育交流活动。在台期间，先后拜访台湾华侨协会总会、华侨救国联合总会、台北市广西同乡会、高雄市广西同乡会等多个社团及其负责人。组团赴兰州参加2010年全国省会城市暨部分大中城市侨联工作经验交流会。派员参加南宁市党政考察团赴南京等地开展招商引资。与兰州市、秦皇岛市、无锡市侨联等40多个侨联签订友好侨联协议书。

对外联络 春节期间，向海外重要嘉宾、客商和侨联顾问等发送贺年信（片）400多件（封）。聘请世界福清同乡联谊会常务副主席林财兴、缅甸华商商会会长赖松生等9个国家和地区的著名侨领、华商企业家以及留学归国人员共27名知名人士担任海内外顾问。各级侨联组织和各县（区）开展各种对外联谊，其中武鸣县侨联利用承办2010年南宁国际民歌艺术节——"欢乐南宁"中外嘉宾大联欢之机，开展对外联谊活动；南宁—东盟经济开发区侨联配合开发区党工委、管委会做好海外客商和港澳同胞的来访接待，以举办印度尼西亚归侨回国五十周年系列纪念活动为契机，开展各种联谊，并组团赴香港参加第三届旅港武侨侨友联谊会。

【为侨服务】

侨法宣传活动 2010年9月，为庆祝《中华人民共和国归侨侨眷权益保护法》颁布实施20周年，市侨联在西乡塘区委、区政府的支持下，协助市委、市政府举行座谈会、文艺晚会等系列活动。各基层侨联结合实际，开展形式多样宣传活动，其中隆安浪湾华侨农场举办侨法宣传文艺晚会，组织数百名侨界群众到场观看。

为侨服务公益活动 春节期间，与市其他涉侨部门参与开展"献爱心、送温暖"活动，共慰问各县（区）困难归侨600多户，送去慰问金20多万元。配套中国侨联、自治区侨联到南宁市慰问困难归侨侨眷慰问品如米、花生油等一批。中秋节前，派员前往南侨机工遗孀代表和离退休干部家中慰问。各县（区）、各级侨联组织和侨商企业在节庆期间开展慰问活动。其中：西乡塘区委统战部在中秋节期间购买月饼等慰问品慰问10户困难归侨侨眷；在侨法颁布20周年纪念活动中，一名美籍华人捐款2500元慰问10

5月12日，市侨联首次与海（境）外侨社团缔结友好侨社团协议书签约仪式举行，分别与缅甸华商商会、香港华侨华人总会、澳门归侨总会签订缔结友好侨社团协议书　　市侨联提供

户困难归侨侨眷。十年来坚持“关爱孤寡老人”慈善活动的南宁市聚力科技工贸公司春节期间对南宁市归侨(侨眷)林顺英等6名孤寡老人进行慰问。

为侨界群众办实事　共拨付“侨心”工程款合计59万多元,武鸣百合华侨小学学生宿舍楼、江南光明小学多媒体教学中心、武鸣归侨侨眷活动中心等“侨心”工程相继落成投入使用,邕宁区张村小学侨心饭堂正在建设。美国东亚集团总裁余建强在视察受其资助的百合华侨小学“余建强多媒体教学中心”建设情况后,再次出资3.40万元用于资助学校建设图书阅览室。年内,市侨联向有关部门(单位)反映或协助解决归侨侨眷和海外侨胞的困难或问题约30人次。为归侨、侨眷及其社团和海外侨胞提供政策咨询、法律支持服务20多人次。各县(区)、基层侨联组织、各直属团体会员继续为侨界群众排忧解难。经武鸣县侨联和市侨联牵线搭桥,广州市荔湾区侨联发动侨界企业家为武鸣县罗圩镇高一村人畜饮水工程捐款10万元,帮助高一村抗旱救灾;经南宁缅甸归侨联谊会牵线搭桥,香港华侨华人总会副会长、香港启飞有限公司董事长苏金碧从其自有服装厂带来1000套价值30万元的运动服装交由市侨联捐赠给南宁市侨联系统干部职工和相关学校;在江南区委统战部和市侨联的共同努力下,特困归侨陆赛凌获得重大疾病医疗补助5000元;邕宁区侨联为确保五合林场210户归侨侨眷危旧房改造开工建设的顺利进行,协调城区财政局,做好林场职工生活补助的发放,稳定侨心;西塘区委统战部帮助协调解决特困归侨子女的入学问题;南宁—东盟经济开发区侨联协助解决越南归侨子女的户口问题等。

【参政议政】　2010年,市侨联组织机关干部到7个县(区)、开发区就华商经济的发展和侨联基层组织建设情况开展调研。指导部分县(区)侨联开展换届工作,协调解决各华商企业和归侨侨眷的实际困难。12月,市侨联召开侨界专业人士建言“十二五”规划座谈会。向各级侨联、各联谊(校友)会、市侨联“侨心”艺术团发出通知,发动全市归侨侨眷、海外华侨华人围绕南宁市“十二五”期间经济社会发展有关问题建言献策。共收到意见和建议23条。召开参政议政工作会议,出台《南宁市侨联关于加强与归侨侨眷人大代表、政协委员联系的意见》。全年各级归侨侨眷人大代表、侨界政协委员提交提案、议案或建议30多件,其中评为优秀提案议案8件,列为自治区政协主席重点督办提案1件。

【市侨联八届五次全委会议】　2010年3月3日,市侨联八届五次全委会议在南宁喜相逢大酒店召开。会议按照市委有关通知精神和《中国侨联章程》有关规定,补选市侨联第八届委员会委员、常务委员。蒋晓筠当选为市侨联第八届委员会主席;黄本先当选为副主席。

【市侨联法律顾问委员会成立】　2010年12月28日,南宁市侨联法律顾问委员会成立大会在湄公河国际大酒店三楼会议室举行。23名来自社会各界的法律专家、权威人士、热心侨联事业的法律工作者与市“五侨”部门领导、各县(区)、华侨农林场侨联负责人,市侨联团体会员负责人,南宁华商会筹备组代表等共同探讨新形势下侨联维护归侨侨眷和海外侨胞在国内合法权益新思路、新办法。自治区侨联主席韦干、市人大常委会副主任卢丽芬出席成立大会并作讲话。市侨联法律顾问委员会是市侨联高层法律咨询顾问机构,其宗旨是为维护归侨、侨眷合法权益和海外侨胞在国内的正当权益提供法律咨询服务。市人大常委会原副主任梁中骅担任法顾委主任,副主任由市人大、政协相关专委和法院、检察院、司法部门负责人担任,委员由法学教授、知名律师组成。　(廖嗣松)

南宁市科学技术协会

【概　况】　2010年,南宁市科学技术协会下辖事业单位市科学技术咨询服务中心,所属基层科协组织有县(区)科协12个,市级学会、协会43个,企业科协24个,科普教育基地13个,科普示范学校70个,青少年科学工作室29个,青少年创新实践工作站10个,青少年学校和社区科学工作室15个。创建科普示范县(区)7个、科普示范社区42个、科普示范乡镇28个、科普示范街道11个、壁挂式科技馆3个、科学素质建设示范村72个、农技协服务大院22个。市科协贯彻《全民科学素质行动计划纲要》,开展科学普及、学会学术、科技教育等工作。获自治区2009~2010年实施全民科学素质工作先进单位,2009年广西青少年科技教育先进集体、2009年广西“十月科普大行动”先进集体。2010年自治区青少年“爱科学月”活动先进集体、2010年广西青少年科技创新大赛优秀组织奖。

【科普活动】

“科学·低碳”主题科普活动　2010年,市科协牵头与市工业与信息化委员会、市城乡建设委员会、市园林管理局、市交通运输局、市环境保护局、市林业局共同开展2010年南宁市“科学·低碳”主题科普活动。5月21日,在市交通运输局多功能厅举行启动仪式。来自各县(区)、市直部门、学会(协会)、社区的代表及科普志愿者共250人参加启动仪式。市环保局领导在现场作题为“关注低碳生活,挖掘绿城碳减排资源”的低碳科普报告。启动仪式后,各县(区)、各企业科协,各学会(协会)及中小学校纷纷开展以低碳为主题的科普活动。全年组织举办低碳科普讲座、报告或主题宣传活动30余场,印发《“科学·低碳”科普知识手册》6万册。

“十月科普大行动”　9月27日,以“科学引领未来　低碳改变生活”为主题的2010年南宁市“十月科普大行动”在西乡塘区金陵镇展开。金陵镇干部职工、学生、居民、赶圩群众共3400多人参与活动。市科协在活动现场布置150米长的宣传展位,市直农业专家、卫生专家、市属科普教育基地、西乡塘区和金陵镇相关部门提供种养技术、医疗保健和各种科普宣传咨询服务。活动当天发放科普资料2万多份、科普书籍1500册。

科学素质示范村建设　全市共有36个行政村参与南宁市科学素质建设示范村项目建设,每个行政村获得经费投入2万元。共投入72万元,其中市财政投入36万元,各县(区)财政按1:1配套投入36万元。各村按照项目“六个一”(一个科普工作站、一个科普宣传栏、一名科普宣传员、一个农村专业技术协会、一个农村产业技术示范基地、一个良好的经济社会效益)的要求,开展示范村建设。各示范村均设立专人负责的科普工作站和科普宣传栏,组建村一级科普工作者队伍;同时建立科普活动室,配备电视机、DVD机等基本电教培训设备;购买科技书籍和光盘，完善科普基础设施的功能。各示范村还注意推动农技协组织的发展，向广大会员提供新技术、推广新品种，开展农技协会员培训。

科普惠农“三下乡”活动　1月17日，市科协联合市广播电影电视局和解放军第三〇三医院在西乡塘区坛洛镇举行春季科普惠农“三下乡”活动。组织12名专家提供技术咨询，发放科普资料3000多份，展出科学素质示范村展板36块。南宁市人才活动月期间，市科协和市科技局在武鸣县锣圩镇开展“2010年南宁市人才活动月——科普惠农科技下乡”活动。组织农业、计划生育和医疗卫生等方面的专家40多人，4家农村专业技术协会和5个市级科普教育基地的专家和技术员到现场开展农业技术咨询、健康咨询和科普宣传。活动期间接待咨询群众5000多人次，发放科普书籍和科普宣传资料近万册(份)。

“科普惠农兴村计划”项目申报　根据中国科协、财政部《“科普惠农兴村计划”实施方案》精神，指导各县(区)科协、协会、基地推荐符合条件的单位及个人。宾阳县黎塘镇汇农萝卜协会、武鸣县桂科养猪技术协会、江南区延安种植业技术协会、兴宁区三塘镇山地鸡养殖协会、西乡塘区金陵养殖有限公司科普示范基地、良庆区南晓镇团东黑皮冬瓜生产基地和青秀区长塘镇定西村黄增群获全国“科普惠农兴村计划”奖补资金共125万元。武鸣县太平镇林渌西红柿协会和宾阳县古辣镇平地村科学养牛(家禽)协会获广西科协奖补资金共16万元。

全国科技活动周活动　2010年5月全国科技活动周期间，市科协派出科普大篷车，分别深入江南区金沙湾社区、南宁化工股份有限公司、西乡塘区友爱广场和宾阳县露圩镇开展科普宣传活动。活动中展出新奇的互动科普展具及“科学防灾避险”系列展板，共发放《“科学·生态”科普知识手册》、《“科学·气象”科普知识手册》、《南宁市民科学素质知识100问》等科普读物3500多册，向700多名群众展示科普展具并讲解科学原理。同时，指导各科普教育基地结合自身特点，开展各具特色的科普活动。

【学术交流】

院士专题报告会　2010年12月9日，市科协邀请光纤传送网与宽带信息网专家、中国工程院院士邬贺铨作“网络技术与智慧城市”专题报告，内容为网络技术特别是互联网在城市管理和生产、生活中的应用。全市在职处级领导干部和广大科技工作者800多人参加。

“造纸行业节能减排和循环经济新模式”论坛　10月21日，由市科协主办，市环境科学学会、崇左市环境科学学会承办的“节能减排，科学发展——造纸行业节能减排和循环经济新模式论坛”在南宁召开。市科协、市环保局及崇左市环保局领导，广西造纸学会、广西环境学会和南宁市、崇左市造纸行业及环境科学学会的嘉宾和代表、优秀学术论文作者等120多人参加会议。论坛共征集学术论文56篇，获奖论文39篇，其中一等奖1篇，二等奖15篇，三等奖23篇。论坛促进节能减排科技成果的转化，为高校、企业、政府部门、科研部门的科技工作者搭建交流与合作平台。

【青少年科技教育】

青少年爱科学实践活动　2010年，各县(区)参加市青少年爱科学实践活动45万多人次，青少年科技创新大赛宣传和发动面达100%，参与率92%。

青少年科技创新大赛活动　市科协组织开展“体验、创新、成长——走进低碳生活”青少年科技创新大赛活动，参加大赛的中小学师生33万多人次，制作各类科技作品约6万件。10月30日至11月3日举办的市青少年科技创新大赛作品评比、展览，共收到参赛作品1102个，评出获奖作品602个，其中一等奖71个、二等奖217个、三等奖314个、优秀科技辅导员6人。展出作品736件，共接待参观师生和社会各界人士近万人。组织推选参加广西青少年科技创新大赛的111个作品(青少年作品94个、科技辅导员作品17个)全部获奖，其中一等奖39个、二等奖38个、三等奖34个。市科协等6个单位获优秀组织奖。在第二十五届全国青少年科技创新大赛中，南宁市20个参赛项目有16个获奖，其中一等奖4个、二等奖7个、三等奖5个。科技辅导员项目有新突破，获一等奖1个、二等奖2个、三等奖1个。

“快乐科普校园行”活动　市科协联合市文明办、市教育局、市科技局组织开展“快乐科普校园行”南宁市活动，内容包括：“大手拉小手，科普报告希望行”、“我的低碳生活——2010年青少年科学调查体验活动”等青少年科技实践体验活动。南宁市12个县(区)110所学校3.52万名师生参与，其中成立活动小组320个，发放《活动手册》300本，复印和网上下载《活动手册》350本，网上申报作品107个，完成提交、审核通过57个；收到以“大手拉小手，科普报告希望行”活动为背景，围绕“科学家引我走进科学殿堂”、“科学与梦想”、“谈谈低碳生活”3个主题展开写作的征文87篇，上交自治区12篇；组织专家到学校作科普报告15场，参加人数4335人；发放低碳资源包2个。

参加首届全国青少年科学影像节　市科协创新青少年科普活动形式，组织各中小学参与首届全国青少年科学影像节活动。全市有11所学校近百名中小学生的50个作品参加竞赛。参赛作品获奖15个，其中一等奖3个、二等奖7个、三等奖5个。

青少年创新实践工作站　市科协以项目资助方式，支持青少年创新实践工作站的建设和发展。收到申报资助项目15个，对13个立项项目共资助5万元。

【科技培训】

科技辅导员培训班　2010年6月4日，市科协邀请国际科学与工程大赛知名评委和科技教育活动专家为12个县(区)所辖学校科技辅导员、科技教育工作者、市青少年创新实践工作站有关负责人约360人进行培训。组织全市中小学科技教师参加由中国科技辅导员协会与中国科协共同举办的科技教育培训班、科学DV骨干教师培训班和科技创新大赛辅导员培训班等。年内，全市举办各级各类科技辅导员培训班213期，接受培训老师1.07万人次。

创新方法进企业活动　9月，市科协分别在南宁糖业制糖造纸厂、广西地凯科技有限公司、南宁锦虹棉纺织有限公司组织开展“创新方法进百企”宣讲培训活动3期，有200多名企业科技人员接受创新方法理论培训。10月市人才活动月期间，市科协作为主办单位之一，面向南宁市第七批专业技术拔尖人才、第六批优秀青年专业技术人才、第六批新世纪学术技术带头人等150多名优秀科技工作人员举办萃智理论创新方法讲座。帮助和指导南宁五菱桂花车辆有限公司作好萃智理论创新方法导入企业试点工作。

农技协负责人培训班　11月23日，市科协在武鸣县举办“2010年南宁市农技协负责人培训班”。各县（区）科协、农技协的负责人150多人参训。除专题授课外，武鸣县农技协联合会、宾阳县古辣镇古济村种桑养蚕协会、邕宁名优水产养殖技术协会、武鸣县太平镇林渌西红柿协会等农技协先后介绍各自发展经验，并参观武鸣县农技协联合会竹鼠养殖示范基地和太平镇林渌西红柿协会。

【专家（博士）企业行活动】　2010年，南宁市人才活动月期间，市科协牵头和市工信委、国资委、科技局联合组织博士专家，分4组到南宁化工股份有限公司、南宁糖业股份有限公司、南宁五菱桂花车辆有限公司、广西田园生化股份有限公司、市西岭生物技术有限责任公司等企业，深入实地考查，交流互动。各公司领导、中层干部及技术骨干及南宁市优青人才、拔尖人才等参加交流座谈。专家在实地考察企业生产车间的同时，就企业在管理、营销策略、技术创新等生产和发展中遇到的难题出谋划策。

【企业“讲理想、比贡献”活动】　2010年，市科协加入市“讲、比”活动领导小组，将加强企业科协组织建设纳入工作内容，将新产品开发奖纳入优秀项目奖励范畴。活动主题为“增强企业技术创新能力”。要求各企业要根据企业的实际，在企业的技术改造、新产品开发、产业结构的优化升级方面，动员组织广大科技工作者和技术工人，开展“讲、比”活动。评选表彰工作于第三季度开展，收到全市23家企业科协推荐申报材料115份，评选出先进集体6个、科技标兵6个、优秀组织者8个和优秀项目31个。

【第二届南宁市青年科技奖】　2010年12月31日，市科协、市委组织部、市人力资源和社会保障局联合在全市范围内开展“第二届青年科技奖”评选活动。评选标准为符合下列条件之一的青年科技工作者：在自然科学研究领域取得重要的、创新性的成就和做出突出贡献；在工程技术方面取得重大的、创造性的成果和贡献，并有显著应用成效；在科学技术普及、科技成果推广转化、科技管理工作中取得突出成绩，产生显著的社会效益或经济效益。由市委组织部、市人力资源和社会保障局、市科学技术协会共同成立南宁市青年科技奖评审领导小组。余戈等10名优秀青年科技工作者获“第二届南宁市青年科技奖”。

【市科协第七次代表大会】　2010年6月29日在西园饭店召开。自治区党委常委、市委书记车荣福，自治区科协党组书记、副主席甘向群，市长黄方方，市人大常委会主任谢寿堂，市委副书记刘长林，市委副书记、宾阳县委书记周红波以及邓金玉、周家斌、雷应敏、吴炜、吕洁、范力、卢丽芬、李志勇、袁曼虹、李勤等市领导出席大会。车荣福、甘向群在开幕式作讲话。会议听取和审议市科协第六届委员会工作报告；选举产生南宁市科协第七届委员会，王洲当选新一届市科协主席，潘宏球、潘兆康、韦隽群当选新一届市科协副主席。毛卫华、孔德工、刘彪、李宁、陈伟刚、陈彩虹、黄筱文、蒙显标当选新一届市科协兼职副主席。　（黄丹阳）

10月市人才活动月期间，市科协举行“专家博士企业行”活动。图为10月29日，市科协与专家一行到广西田园生化股份有限公司考察座谈　吴　军　摄

南宁市社会科学界联合会

【概　况】　2010年，南宁市社会科学界联合会有下属学会12个、研究会10个、协会6个，团体会员28个，个人会员70多万人。组织全市社科界开展各类研讨会118次、学术交流活动124次，召开各种形式的座谈会、报告会、讲座以及培训班1710次（期），参加人数35万，参加市外学术活动、学术交流活动，组织社科专家、学者完成课题或专题研究806个，在各级刊物上发表论文409篇（国家级72篇、省部级122篇、地市级215篇）。组织召开全国性的理论研讨会1次。收到科研申报项目89个，立项资助31个，年末基本通过评审验收。

【会员管理与服务】　2010年，市社科联加强对各学会、协会、研究会的管理、指导和监督，5月，将2010年学会管理考评细则下发给各学会、协会、研究会，要求各学会、协会、研究会按考评细则规范各项学会活动。与市民政局协调，配合做好社团的清理和年检换证，督促所属学会、协会、研究会及时进行年审，帮助各学会、协会、研究会理顺年检中遇到的问题。年内，指导、协助市职工思想政治工作研究会、市房地产研究会、市青少年健康服务学会和市营销协会开展换届。按照相关的规定，组织对市属各学会、协会、研究会进行小金库情况的自查自纠，完成小金库治理的各项任务。

【社会科学普及活动】　2010年6月，市社科联在朝阳广场开展以“城市科学发展”为主题的科普活动，全市所有学会均参与活动。展出宣传板报50张，组织40

多名专家接受现场咨询，向市民发放各类宣传资料。年内，市社科联在市企业家协会和市教育学会设立南宁市科普分基地，使科普活动更贴近民众。市社科联会同所属的南宁青少年健康服务学会在全市联合开展青少年预防艾滋病知识普及活动。与香港等地防艾机构合作，投入资金20多万元编印宣传资料，并发动各学会开展艾滋病预防教育进校园活动，提高青少年预防艾滋病的知识水平；在“世界艾滋病日”联合相关部门向普通市民发放预防艾滋病宣传手册，进行预防艾滋病的普及教育，受教育人数过万人。编辑出版《南宁社会科学》、《学会动态》、《专家建议》等，为市社科联与兄弟城市社科联以及所属学会、协会、研究会提供交流平台。

【第十次社科优秀成果颁奖大会】 2010年1月29日上午，南宁市第十次社科优秀成果颁奖大会在南宁市军供服务大厦举行。市委常委、宣传部部长，副市长吕洁，市人大常委会副主任卫自光等出席大会。共评出社会科学研究成果大奖59项。其中：《南宁市哲学社会科学发展研究》等4项成果获一等奖；《科技先导性研究——兼论广西知识经济发展对策》等15项著作成果获二等奖；《审查起诉阶段补充侦查案件的调查分析》等20项成果获三等奖；论文《关于高职院校图书馆建设的思考》等20项成果获优秀奖。

【中国—东盟经济发展研讨会】 2010年10月20~23日，市社科联在南宁承办2010年全国省（自治区）、市社科联中国—东盟博览会观摩会暨中国—东盟经济发展研讨会。来自全国各省（自治区）、市社科联及自治区内各高校社科联的领导、专家、学者和东盟国家留学生代表共160多人参加会议。市委常委、宣传部部长，副市长吕洁，自治区社科联党组书记、主席庞汉生出席研讨会，并分别作讲话。会议收到论文76篇，入会论文围绕“充分发挥社科理论作用，促进城市科学发展”主题提出意见。经专家评审和会议主席团研究审定，评出获奖论文34篇，其中一等奖17篇、二等奖17篇。南宁电视台、《广西日报》、《南宁日报》、中国新闻网、凤凰网、中国经济网、中国财经信息网、网易等媒体对会议均作广泛的宣传报道。 （李国燕）

中国国际贸易促进委员会南宁市支会

【概　况】 2010年，中国国际贸易促进委员南宁市支会和南宁国际商会两块牌子一套人员，有商会会员单位80个。先后接待来自新加坡、马来西亚、泰国、柬埔寨、菲律宾、印度尼西亚、越南、巴西、法国、加拿大、英国、美国等国家和港澳地区的商务团体代表25批次共180多人，以及大连、杭州、福州、邯郸等兄弟贸促会50多人的来访。编印《南宁贸易信息》6期，分发全市各有关单位和会员单位，在南宁贸促网更新信息约400条，为会员提供产品、会展、经贸动态等图文信息，发挥贸促会和国际商会的桥梁纽带作用。

【经贸活动】

组织会员企业参加中加经贸投资研讨会 2010年3月11日，由加拿大艾伯塔省政府、加拿大卑诗省政府和南宁市人民政府在南宁市鑫伟万豪酒店会议厅举行“加拿大商贸、投资、教育及旅游推广研讨会”。市贸促会组织南宁唯美成套设备有限公司等会员企业16名代表与加拿大皇都能源有限公司、安姆达工业有限公司、皇家投资集团、金融投资协会等企业分别举行洽谈，并在能源、运输、金融、投资和养猪等项目合作达成初步意向。

组织企业参加中泰贸易洽谈会 7月11日，组织广西锦虹怡凯家纺有限公司、南宁龙庆塑料制品有限公司、南宁埠金贸易有限公司、南宁百乐机电有限公司、广西聚志科技有限公司、广西锦绣科技投资有限公司及广西边贸总公司共7家会员企业12名代表参加在泰国驻南宁总领事馆举办中泰贸易洽谈会，与泰国那空帕农省政府经贸代表团一行12人就进口泰国大米、橡胶和出口中国家用电器、成衣制品展开对口贸易洽谈，泰国驻南宁总领事馆代总领事安特蓬，商务领事甘查娜·蓬帕尼出席洽谈会。洽谈会期间，市贸促会副会长姚师中与泰国那空帕农省商会会长蒙克尔.谭苏望就两商会之间在市场信息交流、经贸合作、项目投资等方面的合作与交流进行探讨。

组织企业参加印尼廖内省推介会 7月28日，组织南宁国能电力设备有限责任公司、广西东方国际航空旅行社集团有限公司、广西万冠投资集团、广西观元子投资有限公司等8家会员企业16名代表参加印度尼西亚廖内省在广西沃顿国际大酒店三楼多功能厅举办的项目推介会。与会代表就电力项目、公路项目、观光旅游项目以及棕榈油、橡胶等商品的贸易合作进行洽谈。

组织会员企业参加法国马恩河谷省推介会 10月21日，南宁国际商会组织12家企业20多名代表参加在南宁国际会展中心举行的法国马恩河谷省推介会。市贸促会会长、南宁国际商会会长谭漓出席推介会并会见马恩河谷省副省长罗汉·卡尼、中国国际贸易促进委员会驻法国代表处首席代表张钢、巴黎工商会北京总代表聂延玲，并为马恩河谷省经济开发委员会中国区主管陆琳琳颁发南宁国际商会顾问聘书。

【对外联系与交流】

接待来访 2010年，市贸促会接待国内外宾客26批次180多人。3月20日，接待马来西亚中马绿能国际（集团）投资有限公司市场发展总监朱珂先生。23日，接待柬埔寨兴旺国际贸易公司董事长李业翰。4月14~16日接待由福建省莆田市贸促会会长郑金国率领的食品、机械、医药、物流等行业组成的企业家代表团一行6人；20~22日，接待由马来西亚驻华大使馆公使衔参赞施志光率领的马来西亚国库控股、马来亚银行及中马绿能国际投资集团组成的代表团一行6人。5月7~9日，接待世界越南华侨华人联合会秘书长杨文明先生率领的华侨华人企业家共7人组成的代表团；17日，接待老凤祥西南区经理李培松一行。7月27日，接待澳门名嘉集团董事长谢硕文一行3人。8月17日，接待应邀前来参加第五届泛北部湾经济合作论坛的南宁市荣誉市民、南宁国际商会顾问、新加坡凯泊里特公司总经理蔡友铭；23日，接待加拿大温哥华越南华侨华人联合会会长李宝昌、南宁国际商会顾问以及温哥华国际旅游公司董事长刘德一行6人。9月7日，接待由印度尼西亚印中—中小企业商会执行主席刘新华率领的10人代表团；10日，接待由大连市贸促会副会长陈幸率领的考察组一行 4 人;13 日,接待香港伟龙公司董事长黄木南一行 2 人。10 月 19 日,市贸促会、南宁国际商会副会长姚师中在荔园宾馆拜会前来出席第七届中国—东盟博览会的菲律宾贸易与工业部副部长艾德里安. 克里斯托伯;21 日，接待第七届中国—东盟博览会的福州市贸促会副会长陈晓玲率领的代表团一行 8 人和前来参加第七届中国—东盟博览会的美国 DDH 实业有限公司总裁余建强，英国大明和食品有限公司董事长杨文明,加拿大 88 日升国际贸易公司董事长花源煌、总经理戚建业,英国联合能源资本有限公司中国区经理雷兵、投资部经理戴维娜，并向南宁国际商会顾问余建强、杨文明颁发顾问聘书。12 月 13~16 日,接待由杭州市贸促会组织的服装专业委员会考察团一行 7 人，陪同其到南宁—东盟经济开发区参观考察并实地考察园区内的轻纺城;16 日,接待美国驻广州总领事馆商会处的高级商务主任王碧林;17 日,接待新加坡制造联合会副会长李雪民并颁发南宁国际商会顾问的聘书;21 日,接待由大连市贸促会张凯华副会长率领的考察团一行 9 人;24 日,接待由河北邯郸市贸促会单俊明副会长率领的考察团一行 6 人。

对外交流　1 月 28 日，市贸促会分别到缅甸驻南宁总领事馆和老挝驻南宁总领事馆进行拜访，与缅甸驻南宁总领事馆总领事明水、商务领事丁特林和老挝驻南宁总领事馆代总领事通沙万·皮亚贴进行交流。3 月 23 日,市贸促会一行 3 人拜访柬埔寨驻南宁商务联络中心,与联络中心主任蔡迪华进行交流。5 月 20~23 日，市贸促会赴苏州参加“首届苏商 500 强企业峰会”、“第五届中国国际中小企业交易会暨苏商投资中国博览会”,并拜访苏州市贸促会，就两会之间如何进一步加强联系与合作以及如何服务企业更好地发挥桥梁纽带作用等方面进行交流。7 月 16~19 日,市贸促会组团前往山东泰安市名嘉集团进行考察，建议名嘉集团把握南宁市扶持总部经济发展的新政策，到南宁设立广西名嘉集团总部基地;7 月 19~26 日，市贸促会与广西出入境检验检疫总局、崇左市、凭祥市等有关单位工作人员组成的 13 人考察团,在泰国驻南宁总领事馆总领事安特蓬·普提坎蓬、泰国中国商务信息中心等官员陪同下,沿南宁—曼谷公路驱车近 2000 千米,对越南、老挝、泰国三国进行专题考察,期间先后与越南友谊口岸海关、检验检疫、谅山省外事办,莫拉限府海关、国际物流公司以及那空帕农府商会、检验检疫处等部门进行座谈，并与泰国莫拉限府和那空帕农府代表团进行会谈,实地参观考察了越南老保口岸、老挝达沙湾口岸、泰国莫拉限口岸和那空帕农口岸等。10 月 26 日,市贸促会派员参加市经贸代表团到南京市进行考察，拜访南京市贸促会副会长宋锦海、部长郭学志,并与邀请前来参加在南京举行的南宁—南京投资合作洽谈会的南京创业投资管理有限公司、南京对外经贸发展有限公司、南京诺诗兰户外用品有限公司等企业的代表进行座谈交流。11 月 22~28 日,市贸促会派员参加由副市长李志勇率领的经贸代表团出访新加坡、印度尼西亚和菲律宾，市贸促会负责联系当地的商会、邀请客商参加南宁市经贸合作、项目投资洽谈会活动的安排。12 月 1~3 日,市贸促会赴广州拜访香港贸发局华南代表处、印度尼西亚、马来西亚驻广州总领馆商务处、韩国振兴公社广州贸易馆及广州海珠区贸促会,进行座谈交流。

【中国—东盟法律知识讲座】　2010 年 5 月 21 日,市贸促会与市律师协会在南宁桃源饭店联合举办中国—东盟自由贸易区法律知识讲座。南宁市相关部门领导、南宁国际商会会员企业、部分进出口公司以及驻邕商协会的企业代表 100 多人参加讲座。市律师协会律师陈宇航围绕“东盟投资风险防范”主题,对东南亚国家投资环境和投资法律进行比较分析,并对泰国、马来西亚、越南、菲律宾的投资环境、设立公司程序及当地投资法进行解说。广西贸促会法律部首席签证员李小丽，就区域性优惠原产地证书是自贸区协议国之间相互获得关税减免优惠的凭证，在国际贸易中被称为“有价证券”和打开国际市场大门的“金钥匙”等企业关注的问题，重点讲授企业如何利用区域性优惠原产地证有效开拓国际市场，并对企业怎样申办区域性优惠原产地证进行详细解说。

【南宁国际商会第一次会员大会】　2010 年 6 月 30 日在广西沃顿国际大酒店举行。南宁国际商会于当日正式揭牌,70 家企业成为首届会员单位。广西贸促会副巡视员胡福章，市人大常委会副主任赖贵寿、副市长李志勇、市政协副主席唐济武及市直有关部门、各县(区)、开发区领导,各驻邕商协会代表、会员企业代表、新闻媒体等近 150 人参加大会。新加坡著名爱国华侨领袖陈嘉庚长孙、香港弘域石油有限公司董事长陈立人，巴西巴中工商总会会长唐凯千分别从新加坡和巴西赶来到会祝贺。大会选举产生南宁国际商会第一届理事会理事 34 人,谭漓当选南宁国际商会会长,李文志等 20 人当选副会长,任命姚师中为秘书长。同时推举中共南宁市委副书记刘长林、市人大常委会副主任赖贵寿、副市长李志勇、市政协副主席唐济武为南宁国际商会名誉会长，香港弘域石油有限公司董事长陈立人、巴中工商总会会长唐凯千等25 名国内外知名友好人士为顾问。南宁国际商会的宗旨是：根据中华人民共和国的法律、法规和政策,促进会员同世界各国各地区工商界的交流与合作，促进会员国际业务的发展,为会员提供服务,反映会员意见,依法维护会员合法权益。

【企业出口退税及跨境贸易人民币结算知识讲座】　2010 年 8 月 31 日，由市贸促会、南宁国际商会在南宁桃源饭店举办。南宁市相关部门领导、南宁国际商会会员企业、进出口公司的代表共 110 多人参加讲座。市国税局进出口税收管理科王伟萍就企业出口退税基础知识、办理税务事项的程序、最近出台的税收政策、企业办税存在的实际问题等进行授课；中国银行广西分行国际结算部陈焕就跨境贸易人民币结算的背景、现状、发展前景以及如何办理跨境贸易人民币结算等具体事宜进行讲解，并现场解答企业提问。

【企业服务】　2010 年 4 月 16 日,市贸促会与市律师协会召开座谈会，为引导企业在国际经营中合理地规避投资、贸易所带来的风险，保护中方企业在参与国际经营中的合法权益，提供法律服务展开深入的探讨。3 月 10~20 日,市贸促会组织 3 个调研小组分别赴横县、宾阳县、南宁高新技术产业开发区、南宁经济技术开发区和南宁—东盟经济开发区与当地40多家外贸企业召开座谈会，就如何开拓东盟市场听取意见和建议。11月10~12日，与市司法局、市中级法院、市检察院、市国资委、市人力资源和社会保障局、市律师协会及多家律师事务所组成6个小组走访企业，开展行千里路、访百家企业活动，走访广西桂泰投资有限公司、南宁百货大楼股份有限公司、广西锦虹怡凯家纺有限公司、市唯美成套设备有限公司、市怡凯进出口有限公司等10多家具有代表性的会员企业，并与企业管理人员就企业劳资纠纷、贯彻执行《劳动合同法》、企业经营管理方面存在的问题进行座谈，了解企业的经营情况及遇到的法律问题，听取企业对法律服务工作提出的意见和建议，对企业经营管理中存在的法律问题进行梳理、分析讲解，提出合理化建议。（彭国光）

南宁市残疾人联合会

【概　况】 2010年，南宁市有残疾人48.58万。全市建有乡镇(街道)残联组织124个、社区村级残疾人协会1660个。12个县(区)残联按照全国统一换届的要求全面完成换届任务，124个乡镇(街道)残联选举产生乡级残联主席团和理事长。通过公开考试，选聘124名残疾人专职委员协助理事长工作，1735个村(社区)全部成立残疾人协会，选举(推举)协会委员9675名。南宁市残疾人联合会承办广西第七届残疾人运动会暨第二届特殊奥林匹克运动会、“党员扶残温暖同行”工程、助困扶残“阳光家园”残疾人托养服务工程等项目。6月28日，出台《中共南宁市委　南宁市人民政府关于促进残疾人事业发展的意见》。以庆祝市残联成立20周年为契机，出版发行《一起走过的日子》、《南宁市残疾人书画作品选》两本书。

【“党员扶残温暖同行”工程实施】 2010年，市残联组织实施“党员扶残温暖同行”工程，发动每个村党支部扶持1户以上有劳动能力和就业愿望、具有可行性项目的贫困残疾人家庭，帮助扶持对象掌握1~2门致富实用技术。确定1~2名党员经济能人作为结对帮扶人，帮助贫困残疾家庭解决生产经营中遇到的困难和问题。全年扶持1263户，涉及1000多个村党支部，每户扶持资金1000元，共投入资金126.30万元，帮扶的项目有种植、养殖、商品零售和手工制作等。结对帮扶贫困残疾人家庭1263户。

【助困扶残“阳光家园”残疾人托养服务工程实施】 2010年，市委、市政府将实施“阳光家园”工程——为2000名智力残疾、精神残疾和重度残疾人开展托养服务列入2010年为民办实事项目之一。市残联采取居家托养、日间照料、集中托养等形式，开展残疾人托养服务，至11月15日，完成2000名智力残疾、精神残疾和重度残疾人员托养服务任务。其中居家托养1960人、日间照料30人、机构托养10人。共投入资金494万元，其中自治区资助200万元、市财政配套200万元、县(区)财政配套94万元。对所有开展托养服务的残疾人均落实有监护人或看护人，落实率100%。

【“无障碍进家庭”改造】 2010年，市残联为200户贫困残疾人家庭进行无障碍设施改造召开项目实施动员部署会议、项目推进会议，协调市建委提供项目建设的技术指导，编印《无障碍进家庭》工作宣传图片，下拨项目建设经费，督促、指导各县(区)按照工作方案推进项目进度，协调解决项目实施过程中遇到的问题和困难。各县(区)残联作为具体实施者，协调财政、建设、审计等部门密切配合，组织人员入户摸底调查，筛选确定改造对象，按照“一户一策”制定符合个性需求的无障碍改造实施方案，严把对象审核关、工程质量关和经费使用关。年内，投入资金807.66万元，完成残疾人家庭无障碍改造281户，惠及残疾人及家庭成员977名。12月28日，国务院创建全国无障碍城市检查组到南宁市检查，做出的评价是：南宁市无障碍进家庭成绩显著，提升了残疾人的生存质量，是全国10个无障碍改造试点城市的标杆。

【第二十次“全国助残日”活动】 2010年，市残联围绕2010年助残日“关爱帮扶农村贫困残疾人”的主题，在全市开展系列助残日活动。5月16日，在民族广场开展活动，副市长温守荣出席并作讲话；举行扶持农村贫困残疾人发展生产资助款发放仪式，为12名残疾人发放资助款每人5000元；举行文艺演出；开展残疾人事业政策及残疾人维权、就业、康复等知识的咨询与宣传。有关单位及各界群众共1300多人参加。

【残疾人康复】 2010年，市残联多渠道开展残疾人康复。开展全国白内障无障碍县(区)创建，武鸣、隆安、兴宁、江南4个县(区)开展创建全国白内障无障碍县(区)，均通过自治区和全国检查验收，被授予全国白内障无障碍县(区)称号。开展贫困白内障患者复明免费手术项目，共为3210例城乡贫困白内障患者免费手术，使3025名白内障患者重见光明。开展全国残疾人社区康复示范县创建，马山县首批创建全国残疾人社区康复示范县已获通过，被民政部、卫生部、中国残联命名为全国残疾人社区康复示范县。加大对精神病免费服药和医疗救助力度，协调财政等部门，争取到市本级财政投入经费120.78万元，为2884名贫困精神病患者提供常规门诊免费服药；提高精神病免费服药标准，由原来每年300元提高到450元；对229名贫困精神病患者住院进行医疗救助，补助标准为每人3600元；开展对住院贫困精神病患者和0~6岁伤残儿童调查，其中住院贫困精神病人690人，0~6岁各类伤残儿童677人。为扩大残疾人康复面和制定“十二五”规划提供参考。推进多元化康复。鼓励和支持社会力量开办康复服务机构，首次对非公残疾儿童康复机构及其儿童康复训练给予资助，资助3家民营残疾儿童康复机构经费5万元，对在其进行康复训练的83名南宁市户籍的残疾儿童给予费用补助，补助标准为每人1300~2000元。实施残疾儿童康复训练和成人听力关怀项目，共训练各类残障儿童594人，其中孤独症儿童142人，智障儿童209人，听障儿童61人，脑瘫儿童133人，培训家长263人。组织专家深入到乡镇农村对成年失聪患者3000人进行听力检查，配助听器80多台。

【残疾人就业】 2010年，南宁市作为中残联项目组确定的《长江高科技助残就业项目》(2007~2011年)30个执行城市和6个试点城市之一。市残联全年对210名残疾人进行高科技培训。并与用人单位接洽，掌握用人需求和招聘岗位，动员

61家社会用工单位提供就业岗位231个，促使200名残疾人实现就业，超额完成中残联项目组下达的任务指标。年内，安置残疾人就业1211人，其中分散按比例就业630人，集中就业249人，个体就业85人，劳务输出62人，公益性岗位就业185人。为214名个体就业和自主创业人员进行养老保险补贴，市残联给予每人补贴1000元，自治区残联给予每人补贴300元，共发放养老保险补贴费用21.40万元。残疾人职业技能培训全年培训1563人，其中城镇常规技能培训462人，盲人按摩培训45人，农村种养技能培训1056人。组队参加自治区残疾人职业技能比赛，组织17名残疾人参加14项技能比赛，获团体总分第二名。组织300名处于就业年龄段的肢体、听力和语言障碍的残疾人于3月18日在南宁职业技术学院开展在线测评活动。建立"财税库行"征缴残疾人就业保障金运作模式，首次在自治区实现"税费同票"，对残疾人就业保障金的审核、申报、入库、票据实现"一条龙"服务。全市收缴残疾人就业保障金5213万元。

【残疾人教育】 2010年，市残联通过多种途径做好残疾人。配合开展自治区残疾人远程开放教育南宁市试点招生工作。经过宣传教育发动及测试、资格审查，有市残疾学员63人被录取，学习计算机网络技术和社会工作两个专业。自治区、市残联拨款18.90万元，资助阳光班学员每人3000元。9月27日在广西广播电视大学召开开学典礼。组织开展"六一"慰问残疾儿童和教师节慰问活动。节前分6个组到武鸣、横县、宾阳、上林、马山、隆安、邕宁7个县(区)特教学校、市福利院孤残儿童特教学校、市区11个特教班开展慰问残疾儿童活动，共慰问残疾儿童1600人，发放慰问金8万元。9月教师节期间组织开展慰问活动，分6个小组深入到全市9所特教学校及10个特教班开展慰问和座谈，慰问特教老师400人，发放慰问金8万元。协助自治区残联及高招办做好残疾学生招录，并为考入大中专院校的12名残疾考生及52名在校就读的特殊教育高中班残疾学生共64人申报助学金。开展爱心助学活动，对468名残疾儿童少年予以每人550元的学习费用资助，资助金额26万元。做好2010年残疾人义务教育阶段助学补助经费的申报及下拨，年内，中央、自治区共下拨助学款39.60万元，为南宁市634名特教学校学生每人提供助学补助经费625元。

【残疾人扶贫与生活保障】 2010年，市残联在邕宁区百济乡南华村开展对农村残疾人种桑养蚕的技术培训，培训320人，免费为100户农民和残疾人送去蚕种，通过科技对残疾人进行扶贫。共下拨扶贫经费60万元，将符合条件的城乡贫困残疾人全部纳入最低生活保障范围。协助做好南宁市城镇居民基本医疗保险试点和全额资助农村残疾人参加新型农村合作医疗。督促并协助武鸣县做好开展推进农村残疾人参加农村养老保险试点工作。全县调查摸底16岁以上持证残疾人4925人，实际参保残疾人3651人，其中重度残疾人748人（正在办理报审手续的重度残疾人945人)；已享受养老保险金待遇残疾人1186人。将农村贫困残疾人危房改造纳入常规管理，下拨农村贫困残疾人危房改造经费40万元，各县(区)落实配套资金，完成危房改造任务83户。

【第二代残疾人证核发】 市残联根据中国残联、自治区残联有关第二代中华人民共和国残疾人证发放管理的要求，自2006年6月中旬起开始核发第二代残疾人证。至2010年末，发放二代证5.97万本。

【盲人按摩行业规范化管理】 2010年，市残联开展2009年度按摩机构申领许可证和在册盲人按摩机构年度审验，年审合格按摩机构42家，核准新办按摩机构4家，核换(发)许可证46套。对在册登记盲人按摩机构开展不定期检查活动，重点扶持和打造盲人按摩行业，发放扶持资金3万元。开展盲人按摩职业技能培训，对187名盲人进行电脑培训，培训盲人按摩师64名。

【残疾人车辆管理】 2010年，市残联做好残疾人代步车的管理，入户87辆，比上年减少200%；协助执法部门打击车辆改装及非法营运行为，对"三车"进行全面整治，无集体上访、集中滋事事件发生。年内，与自治区残联联合举行的残疾人汽车驾驶员培训班，接受100名残疾人报名。首期培训36人，取得驾驶证25人，通过率70%。 （袁建萍）

南宁市红十字会

【概　况】 2010年，南宁市红十字会辖县(区)红十字会12个，红十字会基层组织310个，团体会员单位217个，个人会员3.81万人，志愿者756人。注重增强人道救助实力和改善最易受损害群体境况，推进组织建设、救灾募捐、人道救助、人道主义传播、应急救护培训、无偿献血和造血干细胞捐赠、备灾项目、艾滋病防治宣传等工作。全年收到各类募捐款1550多万元(含物资)，实施人饮及灾后重建项目93个，救护培训1.20万人次，完成造血干细胞捐献志愿者信息采集入库2016份。全市12个县(区)红十字会管理体制理顺工作基本完成，武鸣县、宾阳县、马山县红十字会配备专职副会长，横县、邕宁区红十字会落实"三定"(定机构、定编制、定职能)方案。江南区完成辖区各镇、街道办事处红十字会组建，良庆区组建学校红十字会14个、社区红十字会7个；隆安县成立乡镇红十字会10个、华侨管理区红十字会1个。全年全市开展红十字青少年学校示范点培育36个。

【市红十字会第五次会员代表大会】 2010年3月22~23日在南宁桃源饭店召开。大会选举产生新一届领导机构。聘请自治区党委常委、市委书记车荣福担任市红十字会名誉会长，聘请市人大常委会副主任卢丽芬、市政协副主席袁曼虹担任市红十字会名誉副会长，选举市委常委、宣传部部长，副市长吕洁任市红十字会会长，梁朝东任常务副会长，蓝汉祥、黄建霞任专职副会长，吕雄担任秘书长。选举理事会理事、常务理事68人。

【救灾募捐】 2010年，市红十字会组织开展3次较大范围的社会募捐。一是为抗击西南各省(自治区)历史罕见旱灾募捐，收到捐款640.42万元、救灾物资折合人民币200多万元。二是为支援青海玉树地震灾区募捐，收到捐款662.23万元。三是为支援甘肃舟曲泥石流灾区募捐，收到捐款30.94万元。捐款和物资按广西红十字会文件要求和捐赠者意愿，将其中玉树地震和舟曲泥石流募捐款全部上缴广西红十字会转交中国红十字会总会用于相应的救灾工作。抗旱救灾捐款，结合南宁旱灾情况用于南宁抗旱救灾工作。向百色市红十字会转送救灾款30万元、矿泉水5000件。组织经济条件较好的城区开展爱心捐赠活动帮助经济欠发达地区抗旱救灾。西乡塘区支援隆安县灾区10万元，兴宁区援助宾阳县、上林县、马山县、隆安县共计64.20万元，江南区援助云南石林县3万元、援助百色市3.20万元，青秀区援助巴马县、那坡县、宾阳县、上林县、马山县、隆安县等桶装水24吨、瓶装矿泉水6500件，并在辖区开展博爱"一元捐"试点，收到捐款5.60万元。年内，市红十字会按属地管理原则改革募捐箱管理，将历年投放的公众募捐箱下放县（区）直接管理和接收捐款。各县（区）红十字会在辖区的社区、大型商场、超市和加油站等增加投放募捐箱。全市新增募捐箱120个。

【人道救助】

抗旱人饮及洪涝灾后重建工程　2010年，市红十字会在全市实施抗旱人饮项目79个，灾后重建项目14个，下拨抗旱救灾资金1080万元，惠及12个县（区）72个乡镇16.47万人。在隆安县实施由浙江省能源集团有限公司和自治区红十字会及市红十字会援建人畜饮水工程项目，总投资110.50万元，解决覆盖6个乡镇589户3709人饮水问题；在上林县实施南宁国美电器援建人饮工程项目，总投资60多万元，解决5个村庄及学校近5200人的生活用水问题；在马山县由保定市红十字会援助实施投资23多万元的人饮工程项目，解决350户1700人饮水问题；在其他7个县（区）13个村屯实施由杭州市红十字会援建的总投资150万的人饮工程项目，解决5300户3.95万人饮水问题。统筹中国红十字基金会援助南宁市资金200万元，用于南宁市民族乡抗旱、抗洪灾后重建项目建设；统筹中国红十字基金会款项20万元用于上林县镇圩瑶族乡16个贫困农户危房改造或重建；统筹南宁锦虹棉纺织有限责任公司援助1万元用于上林县西燕镇覃浪村寺依庄村民韦振北倒塌房屋重建。

特困救助　元旦、春节期间，市红十字会自筹50万元、温暖箱350个等救灾物资，组织各县（区）红十字会成立13个慰问小组下乡村、进街道、入民居慰问2000多个困难家庭，重点救助因病致贫和受自然灾害影响的特困家庭。继续开展"救心行动"、"小天使基金行动"等多项专题救助，对困难家庭0~14岁先天性心脏病、白血病等患儿进行救助，累计救助63人，发放救助款16.27万元。

扶贫助学　继续对因2008年汶川大地震导致家庭困难的在邕川籍大中专学生、南宁一中民族班贫困生进行助学救济，向32名在邕川籍学生每人每月发放困难救助款300元。通过青秀区红十字会向仙葫经济技术开发区莫村小学刘玉玲、刘圩镇蒙莉莉每人每月发放救济款400元，通过邕宁县转送市民徐丽等两位女士对邕宁区百济中心校李美玲、吴莉莉，新江镇中心校卢菲红、新江镇团阳小学刘美兰每人每学期助学款600元。落实成都金山数字娱乐科技有限公司定向捐赠5万元善款资助上林县乔贤镇水头村水头庄韦涵君遗孤韦元雅的日常生活与学习费用。全年共有39名贫困生获得红十字会助学救济，发放助学款13.20万元。

【人道主义传播】　2010年，市红十字会把《中华人民共和国红十字会法》宣传普法作为红十字传播的主要内容，结合救灾和世界红十字日、世界急救日等开展主题宣传活动，向市民进行红十字人道主义传播。在西南抗旱、玉树抗震和甘肃舟曲泥石流灾害募捐活动中，与南宁电视台、《南宁日报》等共同倡议社会募捐，随时发布募捐动态和信息，在南宁电视台《新闻夜班》栏目连续公布捐款名单25期，在《南宁日报》专版公布捐款名单。4月2日，与南宁电视台等多家单位联合举办"能帮就帮献爱心"赈灾募捐晚会，为灾区筹到捐款1534万元。5月7日，配合自治区红十字会在南宁人民会堂举办"红十字天使计划博爱救心八桂行"义演募捐晚会，邀请四川省甘孜州文工团演出，为广西心脏病患儿筹措手术治疗基金，现场募集善款1000多万元；8日，结合"世界红十字日"纪念活动，与自治区红十字会在南宁五象广场举行以"博爱中国　情系民生"为主题的纪念世界红十字日暨广西红十字百年庆典启动仪式。10月11日，在广西红十字会建会100周年纪念大会上，青秀区红十字会获广西红十字会记集体二等功，隆安县红十字会卢桂桃获记个人二等功；广西嘉和置业集团有限公司、自治区人民医院、广西南宁永凯实业集团有限责任公司获"红十字奉献之星"，韦志福、高美兰、余明、黄俊获"红十字志愿者之星"，齐良恭获"红十字荣誉之星"嘉奖。由市红十字会整理选报的江南区江西镇同宁村卫生室方华晖医生入选"中国最美的乡村医生"。11月6日，中国红十字基金会采访组专题采访方华晖并向全国宣传。

【应急救护培训】　2010年，市红十字会围绕中国红十字会总会《卫生救护知识普及工作2006~2010年发展规划》提出的"到2010年省会城市和大中城市实现总人口接受初级培训率达到1%"的目标，建立覆盖全市应急自救互救网络。发动六县六区红十字会组织营运性机动车驾驶员、乘务员和公共场所的骨干人员到广西红十字救护培训中心接受现场急救知识培训。组织救护培训师资到社区、农村、企事业单位、学校上门培训，向村（居）民、职工、学生普及卫生救护、预防疾病、避难逃生等基本知识。9月11日，与建园社区联合举办"世界急救日"纪念活动，向社区居民宣传现场急救知识，400多名社区群众参训。在兴宁区环卫站举办环卫工人卫生救护培训班3期，接受培训300多人次。在青秀区举办备灾、救灾、救助知识学习班，同时在街道和社区开展"防灾避险"宣传和现场救护培训，在学校对教职工、学生进行心肺复苏、外伤止血、包扎、骨折固定等知识培训，并举办手足口病、腮腺炎、红眼病等预防知识讲座，接受培训5800多人次。在隆安县组织进行地震避险模拟演练，1750多名师生参加。全年接受各种现场救护知识培训1.20万人次；2006~2010年累计培训人数超过8万人次，完成中国红十字会总会提出接受初级培训率达到1%的目标。

【无偿献血与造血干细胞捐赠】　2010年，为解决春、夏季"血荒"问题，市红十字会组织全市红十字会干部和志愿者深入党政机关、企事业单位、学校和社区做好宣传发动,在社区、高等院校和大型企业建立无偿献血志愿者队伍，帮助南宁中心血站建立相对稳定的血源人群,缓解首府用血紧张状况，满足首府南宁各医院临床用血需要。全市参加无偿献血11.16万人次,献血量43吨。市红十字会凭借无偿献血工作平台继续开展造血干细胞志愿者招募，完成信息采集入库2016人份，超额完成广西红十字会下达的信息采集入库任务。

【社区备灾项目】 2010年，在隆安县实施澳大利亚红十字会援助的社区备灾项目3个：在雁江镇红良村洪造屯实施的2009~2010年广西第一阶段项目，投资18.02万元。成立村备灾委员会,组建村健康教育志愿队，开展对村民应对自然灾害和突发事件救援知识647人次,组织村民应对水灾、地震等自然灾害模拟演练2次;建设人畜饮水工程1个;开展“清洁家园”评比活动,评出10个广西红十字“清洁家园”示范户;在雁江镇福颜村汪周屯和南圩镇爱华村坡榴屯实施2010~2011年第四期第二阶段项目,7月动工。社区备灾项目在隆安实施取得成效,得到红十字会国际联合会、中国红十字会总会的肯定，巴基斯坦等10个国家和四川、河北、河南等省红十字会和政府官员到该县学习考察项目实施成功经验。

【艾滋病防治宣传】 2010年，市红十字会继续实施中英艾滋病策略支持和吸毒人群同伴教育项目,投入项目资金10万元，接受艾滋病防治同伴教育2628人次。其中针对IDU(静脉吸毒人群)MSM(男男同性恋)、青少年等不同人群举办同伴教育员培训班26期，参加培训546人次；在受训的同伴教育员中招募志愿者深入社区拓展宣传,受众712人;举办感染者和病人自我护理和治疗前准备培训班2期,参加培训39人次;向15名感染者提供生活、医疗或小孩学习资助;派出工作小组和志愿者深入大阪二社区、燕子岭社区、长堽岭社区举办预防艾滋病知识和反对歧视培训活动5次，参加培训110人次。发放艾滋病防治知识宣传资料4万多份,安全套1.30万个。

（陈 菁）

南宁市关心下一代工作委员会

【概 况】 2010年，南宁市有关心下一代工作委员会有各级组织3584个。其中：县(区)街道(乡镇)123个,社区(村委)1665个,大中专、中小学和幼儿园1488个,机关和企事业单位308个,成员1.90万人。全市各级关工委“志愿服务团”志愿者共3.20万人。6月,市关工委获全国关心下一代工作先进集体。9月,在中国关工委召开全国关心下一代宣传工作会议上,南宁市有横县、马山县、宾阳县、武鸣县、隆安县、邕宁区、青秀区、江南区、西乡塘区9个县(区)获得2010年度全国关心下一代宣传工作先进单位。

【未成年人思想道德教育】 2010年,市关工委围绕抗日战争胜利65周年、红军长征胜利75周年等重大纪念日和上海世博会等活动，号召并组织各级关工委开展“三贴近”(贴近实际、贴近生活、贴近群众)教育活动。开展“老少共建”、“双阳同辉”主题活动。武鸣县关工委开展“世博宣讲会”、“报告会”,青秀区关工委开展“世博小导游竞赛活动,培养青少年“绿色、低碳、环保”的意识,让广大青少年了解世博、宣传世博、参与世博。开展“做一个有道德的人”主题活动。引导广大青少年在家孝敬父母,争做好孩子;在校尊敬师长,争做好学生;在社会奉献爱心，争做好公民。从小培养良好道德品质。各县区、各学校开展首届“美德好少年”评选活动,所评出的“助人为乐好少年”、“诚实守礼好少年”、“孝老爱亲好少年”、“环保节约好少年”事迹刊载在《南宁晚报》上。青秀区关工委组织小志愿者走进社区开展力所能及的志愿服务活动,培养青少年“奉献、友爱、互助、进步”志愿服务理念。利用节假日、寒暑假在社区、村屯开展“办好快乐学堂,创建美好家园”青少年活动中心,在社区营造“离校不离教,放假不离学”的育人环境。横县、宾阳县、良庆区、西乡塘区关工委在假期青少年活动中心开展思想教育、法制教育、敬老孝老、快乐课堂等活动。从9月开始至年末，组织由中央教科所广西南宁通联站、中关工委公益文化中心派出的5名著名教育专家、法律专家、心理学专家到各县(区)中小学校共举行“校园安全和家庭安全”法律教育巡回报告会48场,提高广大师生和家长安全法律理念，提高青少年安全成长自我保护意识。全市各级关工委组织开展思想政治教育讲座4266场,听众218.25万人次;法制教育2353次,听众111.73万人次;科技文化讲座1978次,听众72.31万人次。

【家庭教育】 2010年,市关工委组织“空中家长学校”讲师到学校与学生家长、学生“面对面”,通过当面交流、问卷调查,了解学生思想动态和家长科学育儿普遍存在的疑惑和难点问题,提炼出“空中家长学校”的播讲课题。全年播讲51场。与《亲子教育》杂志合办公益性质的“孔孟学堂”,每周六上午《弟子规》、《三字经》、《论语》等儒家经典的系统讲授。5月25日，召开家庭教育研讨会,应邀参加研讨会的自治区内外家庭教育的专家就如何做好南宁市家庭教育工作发表了意见。邀请中国关心下一代工作委员会公益文化中心报告团的张永顺教授到西乡塘区35所学校作“激发孩子持久的学习动力”公益讲座,参加的学生家长1.90万人。

【合众助学】 2010年,南宁市、县(区)各级关工委组织1453人的“五老”(老干部、老战士、老专家、老劳模、老教师)网吧监督队伍参与整治黑网吧，为青少年健康成长营造良好的社会环境。动员社会各界力量开展关爱留守儿童专项活动,动员农村“五老”担任留守儿童代理家长,与留守儿童结对“老少互帮”、“老少互进”。武鸣县建立健全关爱机构,制定制度措施，召开关爱留守儿童工作经验交流会。马山县古零镇中心校退休教师黄美京夫妇30年来义务代养24名留守儿童，成为南宁市创建文明城市典型事例。市关工委应南宁市爱心车主在暑期、长假时段的建议,把“能帮就帮 合众助学”公益活动拓展到自治区范围内的百色市、来宾市和河池市。分别在南宁市各县(区)、自治区内其他城市举办助学活动5场、3场。资助贫困儿童269名、13.45万元,资助物资价值5万多元。与合众人寿广西分公司共同发起“合众助学俱乐部”,为爱心人士举办专场家教辅导讲座、交流会等活动。（雷 纪）

责任编辑 廖胜兰

政　　法

综　　述

【概　况】 2010年，南宁市各级政法部门以创建社会和谐稳定模范市为目标，推进社会矛盾化解、社会管理创新、公正廉洁执法三项重点工作，全面实施“政法民生工程”，推进平安南宁建设，深入开展政法文化建设和争先创优活动，实现“大事不出、中事不出、小事少出”的目标，没有发生在全国、自治区有重大影响的治安、安全案(事)件、群体性事件和暴力恐怖事件。

【南宁市获全国十大见义勇为好司机评选活动城市奖】 2005年以来，市委、市政府把弘扬见义勇为行为作为提升城市品位、提高人民思想道德水平和促进社会和谐发展的重要途径，用政策引导见义勇为、用机制激励见义勇为、用舆论宣传见义勇为，着力打造“平安和谐稳定城市”。涌现出以谢芳秋、黄金多为代表的一批在全国有影响的见义勇为先进人物；闭兰英、蓝栋华2名见义勇为先进人物登上中国好人榜。卢荣、梁家威、曾海航、韦卫、丁祖兰、黄佟等先后获全国见义勇为司机称号。2010年12月，南宁市被中华见义勇为基金会评为第七届“昆仑润滑油奖”全国十大见义勇为好司机评选活动城市奖。

【维护社会稳定】 2010年，南宁市进一步明确维护社会稳定“一把手”责任，严格落实“一岗双责”制度，确保各项措施落实。市委、市政府出台《关于创建社会和谐稳定模范市的决定》和《关于进一步落实社会治安综合治理及维护社会稳定领导责任制的若干规定》、《关于学习贯彻〈自治区党委关于进一步加强政法队伍建设的若干意见〉的意见》、《关于进一步加强社会治安综合治理基层基础建设的若干规定》、《关于进一步加强和改进我市信访工作的实施意见》、《南宁市社会治安综合治理一票否决警示制度实施办法(试行)》5个配套文件，形成党委总揽全局、政府积极推动、各部门齐抓共管、群众广泛参与的工作格局。推行社会稳定风险评估机制，在重大社会决策、工程项目和强制执行活动前先进行社会稳定风险评估，并采取措施降低、化解风险，共对655个重大事项进行社会稳定风险评估，从源头上预防和减少矛盾纠纷。建立健全预警预防机制，加强信息收集、分析、研判和预警处置，严格执行“零报告”、周报和信息提示通报制度，防范化解群体性事件苗头，妥善处置群体性事件。完善重大活动维稳安保机制，坚持突出重点、以面保点，专群结合、群防群治，内紧外松、宽严适度，强化安全保卫，严密社会面控制，最大限度地把可能影响安全稳定的问题苗头消除在萌芽状态，为上海世博会、广州亚运会的成功举办提供有力支持，完成全国“两会”(全国人民代表大会和中国人民政治协商会议)、中国—东盟自贸区论坛及自贸区建成仪式、中国—东盟博览会、中国—东盟商务与投资峰会、南宁国际民歌艺术节、广西体育中心落成仪式暨中国—巴林国际足球赛、中越青年大联欢、2010国际田联世界半程马拉松锦标赛等各项重大活动的维稳安保任务。

【社会矛盾化解】 2010年，南宁市开展矛盾纠纷“大排查、大接访、大调处、大防控”活动。以化解矛盾纠纷积案为重点，实施矛盾纠纷调处攻坚，市委、市政府8名领导带头包案，落实责任、措施和保障。排查各类民间纠纷3.19万件，调解成功3.11万件，成功率97%；调结市级重点矛盾纠纷问题376件，一批历史遗留积案得到妥善处理。开展市直部门、县(区)、乡镇三级联动统一接访以及市和县(区)公、检、法、司、信访“五长”集中接访活动，各级党政领导干部共有8575人参加公开大接访和干部下访活动，现场接待上访群众6766人次，受理信访事项2322件，当场解决或答复1688件，其余问题在期限内全部办结。健全完善大调解工作体系，实行由党委、政府统一领导，相关职能部门参与，对矛盾纠纷实行统一受理，集中梳理，归口管理、限期办理，“一站式”管理、“一条龙”联动联调模式，形成人民调解为基础，人民调解、司法调解和行政调解相互衔接、相互补充的社会矛盾纠纷“大调解”体系。针对近年来因医疗事故、交通事故、劳动争议、征地拆迁、治安案件民事损害赔偿等引发的行业性和专业性较强的矛盾纠纷问题，成立道路交通事故调解委员会、医疗纠纷调解委员会等行业性、专业性人民调解委员会10个。至年末，全市有各类人民调解组织1998个，配备持证上岗的调解员1.76万人。

【社会管理创新】 2010年，南宁市各级各部门探索创新社会管理。成立流动人口服务管理中心40个，配备专职主任12人、流动人口协管员756人，流动人口及出租屋服务管理的水平大幅提升。全市登记在册流动人口125.69万人(其中流入人口72.54万人)，代征出租屋税1743万元。建成市维护社会稳定信息中心，集信息收集、形势研判、联动指挥等功能于一体，开通县(区)、开发区等52个稳定情况实时信息采集点，收录各类信息5000多条，提高维稳预知、预警、预防的能力。开展创建刑释解教人员安置帮教模范市活动，采用党委政府主导、综治部门牵头、部门联责互动、社会共同参与的刑释解教人员安置帮教新模式，建立“出来有人接、接回有人管、就业有人扶、困难有人助、生活有保障”的刑释解教人员安置帮教格局，开创“全方位管理、全方位覆盖、全方位保障”的刑释解教人员安置帮教新局面，切实解决刑释解教人员出路问题，有效降低重新犯罪率。至年末，全市回归刑释解教人员3452人，帮教率100%；安置3183人，安置率92.20%；重新犯罪率0.10%；全市挂牌成立安置帮教基地18个，可安置刑释解教人员2000人以上。

【严打整治】 2010年，南宁市以命案侦破为龙头，以打击多发性犯罪为重点，开展严打整治斗争。组织开展“铁拳行动”、“打击犯罪夏季专项行动”、“打击盗抢机动车专项行动”、“打击入室盗窃犯罪专项行动”、“捕狼行动” 等一系列专项行动，有力打击了“两抢一盗”(抢劫、抢夺、盗窃)、经济犯罪、拐卖妇女儿童、黄赌毒等各类违法犯罪活动。公安机关立刑事案件5.71万件，破案2.32万件；受理治安案件10.17万件，查处10.11万件。检察机关受理审查逮捕案件4750件7468人，批准逮捕4139件6246人；受理审查起诉4273件6730人，起诉3973件6241人。审判机关审结一、二审刑事案件4221件6921人。

【政法民生工程实施】 2010年，南宁市政法综治部门把民生理念贯穿于政法工作始终，把人民群众最期盼、最迫切解决的民生问题作为加强和改进政法工作的出发点和着力点，实施七大政法民生工程。

社会治安混乱地区整治工程 组织社会治安重点地区排查工作组2216个，开展排查12.17万人次，共排查发现治安重点地区275个；开展社会面治安整治专项行动13次，清查各类宾馆、网吧、娱乐场所、废旧金属收购站点、出租屋1.24万家，查处传销窝点53个，捣毁涉黄涉赌窝点87个，取缔无证经营旅馆业67家，取缔非法经营窝点312家，限期整改201家。

打黑除恶工程 打掉涉嫌恶势力团伙50个，抓获涉案成员357人，先后打掉西乡塘区由博白籍人组成的恶势力犯罪团伙、江南区吴圩镇收购三级废板市场涉嫌恶势力违法犯罪团伙等。

基层治安防控网工程 建立以公安指挥中心为龙头、以巡(特)警为主力、以公安分局为基础、以交警为补充、以保安力量为辅助、以警务督察为保障的网格化巡防机制。全市有615个社区和行政村建立了警务室，配备民警894人；拥有城区专业治安巡防队伍3388人、农村专职治安巡防队员1348人、“五色群防队伍”(社区单位保安人员为金色、“4050”人员和低保人员为银色、出租车和公交车司机为蓝色、环卫工人为红色、村民群防队伍为绿色)3万多人。同时，加快视频监控二期工程建设，不断完善社会治安打、防、控、管理、服务的“天网”。

社会禁毒工程 南宁市共破获重特大毒品案件222件，缴获各种毒品157.13千克，打掉贩毒团伙31个，抓获团伙成员93人，全市破获毒品案件总数、对吸毒人员实行强制戒毒、社区戒毒、美沙酮维护治疗人数均为自治区最多。

预防青少年犯罪工程 组织开展“青春课堂进千村”、关爱进城务工青年活动，为3100名农村留守学生、2326名困难进城青年送去温暖和关爱；“12355”青少年服务热线共受理解答青少年和家长来电来访7625例，面对面个案跟踪帮助287人次，最大限度预防和减少青少年违法犯罪。

司法援助工程 进一步放宽法律援助经济困难标准及案件受理范围，降低法律援助门槛，与司法鉴定机构协商制订免收法律援助案件司法鉴定相关费用协议，切实解决部分弱势群体打官司难的问题。全市受理法律援助案件1247件，比上年上升28.60%。

政法队伍建设工程 通过创先争优、文化艺术节、读书活动等载体，不断加强政法队伍建设，树立政法干警的良好形象。青秀区检察院立最高检察院集体一等功，市检察院公诉二处处长彭安明获“全国模范检察官”称号，市公安局衡阳派出所民警陈革获“全国公安机关爱民模范”称号，全市政法系统违法违纪案件比上年分别下降22.22%和25%。

【市法学会成立】 2010年3月18日，南宁市法学会成立。同日，市法学会第一届会员代表大会在南宁市召开，标志着市法学研究与法律实践正式拉开序幕。大会选举产生市法学会第一届理事会，选举市委常委、政法委书记朱育兆担任首任会长。聘请广西教育学院院长、教授、广西法学会副会长荣本镇，广西大学法学院名誉院长、教授、博士生导师孟勤国担任市法学会名誉会长。6月13日，举行南宁市法学会专家库首批专家受聘仪式，聘请专家库首批专家33人。至年末，有会员206人，主要来自法学界、法律界、法学教育界、企业界、金融界、行政执法单位及党政部门和事业单位的个人、团体会员。

【政法基层基础建设】 2010年，南宁市各级政法部门以基层基础建设为重点，推动平安建设活动深入开展。加强基层综治维稳组织建设。全市124个乡镇(街道)全部建立综治信访维稳中心，成立综治委，主任由乡镇(街道)党(工)委、政府(办事处)的主要领导担任；综治办(610办、维稳办)主任全部由乡镇(街道)副书记(人大主席团主席)担任；各乡镇(街道)基层派出所所长、司法所所长、人民法庭庭长，全部按科级配备；全市配备乡镇综治专职副主任112人，专职干部181人，兼职综治干部368人，配备、新招聘或调剂到乡镇综治信访维稳中心工作人员868人；1670个村(社区)建立综治组织，占96.70%。新建立农村“三土六员”(吃土菜、讲土话、化土事，法律政策宣传员、村居民维权代理员、矛盾纠纷调解员、综治维稳信息员、特殊群体帮教员、平安建设协理员)综治维稳助理员队伍，配合政法综治维稳基层组织开展综治维稳、矛盾调解以及社会管理等。至年末，聘请农村综治维稳助理员2105人，开展法律政策宣传10.27万人次，为村民维权代理5592人次，化解基层各类矛盾纠纷8447起，上报各类不稳定信息2594条，开展特殊人群帮教7568人次，有效预防和减少人民内部矛盾的发生和激化。加强政法部门基础设施建设和装备保障力度。市县两级财政加大政法综治和平安建设投入，完成司法所规范化、警用航空项目、公安机关大情报系统建设等基层设施项目。特别是10月警用航空项目建成后，南宁成为继广州、北京、上海之后，中国第四个独立拥有警用直升机并执行重大国际活动安保任务的城市。

【首届南宁政法文化节举行】 2010年6月28日至11月25日,市委政法委组织全市政法系统开展首届南宁政法文化节活动。主题为魅力政法、平安南宁。主要开展读书与执法、书画摄影展、政法征文、政法服务下基层、开幕式晚会5项活动。6月28日晚举行开幕式晚会,以各级政法部门自编自导自演、反映政法题材的节目为主,采用戏剧、曲艺、声乐、器乐、舞蹈、小品、相声、诗朗诵等艺术表演形式,并采取现场互动与录播节目相结合的形式讲述政法队伍在开展文化建设以及干警在日常执法中的感人故事,展示全市政法系统建设所取得的成绩,反映政法干警的精神风貌。书画摄影展、政法征文活动共收到各类作品、稿件1400多件;各级政法部门共组织干警进乡镇、进社区、进校园开展法制宣传、法律咨询、公开接访等540批(次),接待群众5860人次,调解矛盾纠纷1000多起,发放各类法律书籍2万多本、宣传资料10万多份,受教育群众、学生等100多万人次。南宁电视台、《南宁日报》、南宁新闻网、南宁法制网、《法治快报》等新闻媒体对活动作了专题宣传和报道。

【政法宣传】 2010年,南宁市各级政法部门打造政法宣传平台,发挥主阵地、主渠道的宣传作用,营造良好的社会舆论氛围。市委政法委成立政法宣传科,专门负责全市政法宣传工作的组织、协调等,建立起一支近百人的信息员队伍,市县(区)级财政累计落实经费200多万元,落实宣传场地、配备办公设备、加强宣传主阵地建设、开展主题宣传活动等,形成专职人员、兼职人员、通讯员三者分工协作、良性互动的宣传机制。打造南宁法制网站、《法治快报》"南宁政法综治之窗"栏目两个宣传平台,立足全市、面向全自治区发布公共信息,介绍工作情况,宣传典型经验,调动社会各方面参与平安建设工作的积极性。至年末,南宁法制网共发布各类政法综治工作信息、业务动态及政法新闻稿件7000多条,网站点击率250万多人次。南宁政法综治之窗于3月19日开通;至年末,刊发44期,发布信息200多条。在本年度自治区综治优秀新闻作品评选中,南宁市选送参评作品10多篇,获奖3篇。 (韦 健)

地方立法

【概 况】 2010年,南宁市人民代表大会常务委员会审议地方性法规22件。其中:初次审议3件,继续审议6件,审议修改5件,废止8件。完成《南宁市地名管理办法》、《南宁市统计管理条例》、《南宁市水资源管理条例》、《南宁市地下管线管理条例》、《南宁市中小企业促进条例》、《南宁市社会医疗机构管理条例》、《南宁市城市民族工作条例》和《南宁市粮食流通管理条例》等立法调研项目8个。上报自治区人大常委会审批的法规5件,获得批准实施3件。5~9月,根据全国、自治区人大常委会的部署和要求,对全市现行有效的41件地方性法规进行清理。

10月18日,市委、市政府在青秀山东盟友谊园举行南宁警用航空首飞仪式 市公安局提供

【法规颁布】 2010年,南宁市颁布的地方性法规有3部。其中:《南宁—东盟经济开发区条例》,9月29日经自治区十一届人大常委会第17次会议批准,10月18日市十二届人大常委会第27号公告颁布,11月1日起施行;《南宁市河道与堤防建设管理条例》,11月27日经自治区十一届人大常委会第18次会议批准,12月16日市十二届人大常委会第28号公告颁布,2011年1月1日起施行;《南宁市户外广告设置管理条例》,11月27日经自治区十一届人大常委会第18次会议批准,12月16日市十二届人大常委会第29号公告颁布,2011年1月1日起施行。

【法规修改废止】 2010年5月21日,市人大常委会通过关于废止《南宁市道路货物运输管理条例》、《南宁市城市房屋拆迁管理办法》、《南宁市邮政管理条例》、《南宁市城镇企业从业人员养老保险条例》、《南宁市职工失业保险条例》5件地方性法规的决定,并提请自治区人大常委会批准。9月21日,通过关于修改《南宁市暂住户口管理条例》、《南宁市中小学幼儿园用地保护条例》、《南宁市民族教育条例》、《南宁市市政设施管理条例》和《南宁市城市节约用水管理条例》5件地方性法规;废止《南宁市人民警察巡察条例》、《南宁市户外广告登记管理条例》和《南宁市水资源管理条例》3件地方性法规的决定,并提请自治区人大常委会批准。11月27日自治区十一届人大常委会第18次会议批准上述法规的修改、废止决定。 (黄世邕)

政府法制

【政府立法】 2010年,南宁市法制办公室按照上年市政府对现行地方性法规的清理结果,建议废止《南宁市道路货物运输管理条例》、《南宁市城市房屋拆迁管理办法》、《南宁市邮政管理条例》、《南宁市城镇企业从业人员养老保险条例》、《南宁市职工失业保险条例》5件地方性法规报市政府审议通过后提请市人大常委会审议通过;根据自治区人大常委会立法计划,组织起草《广西壮族自治区南宁青秀山保护条例》、《广西壮族自治区南宁五象岭保护条例》；协助市人大常委会审议修改《南宁市城市桥梁管理条例》、《南宁市特种行业管理条例》、《南宁市会展管理条例》3件地方性法规草案；组织审查并协助市政府报请市人大常委会审议《南宁市爱国卫生管理条例》、《南宁市燃气条例》、《南宁市献血条例》、《南宁市公共餐饮具卫生管理条例》4件地方性法规草案；审查并报市政府审定《南宁市收回国有土地使用权管理暂行办法》、《南宁市停车场管理办法》、《南宁市城市管理相对集中行政处罚权实施办法》、《南宁市公共用品清洗消毒卫生管理办法》、《南宁市荣誉市民称号管理办法》5件政府规章。组织市直部门开展规划、建设、房产等领域立法调研20次，组织人员到江南区五一西社区、兴宁区兴宁社区对《南宁市爱国卫生管理条例(草案)》开展立法调研。11月，在青秀区嘉宾社区建立市政府立法基层联系点，通过该联系点深入社区召开《南宁市住宅小区配套设施建设管理条例》的立法征集意见会和听证会，推进立法项目的科学性和可操作性。组织召开立法论证会6次、立法听证会1次。完成《南宁市城市建筑垃圾管理办法》立法后评估，并形成评估报告。委托广西民族大学法学院对《南宁市机动车排气污染监督管理暂行办法》、《南宁市建设工程施工现场管理若干规定》进行立法评估，并在评估基础上形成修订建议草案，将立法评估纳入常态化、制度化轨道。6月起，对全市现行有效的57件政府规章进行全面清理，作出拟废止3件政府规章、修改20件政府规章、继续保留34件政府规章的清理意见。其中拟修改的政府规章中，完成修改草案并报市政府审议通过6件，列入政府规章制订计划继续执行5件。

【规范性文件审查】 2010年，市法制办做好规范性文件合法性的审查，保障市委、市政府及其有关部门重大政策的及时出台。2月5日，市委办公厅以《关于推进党委规范性文件合法性审查工作的函》函告市政府办公厅，明确要求即日起，市政府办公厅送市委、市委办公厅审核的以市委、市政府名义发布的规范性文件，必须附上市法制办的书面审核意见。起草《关于建立制止和查处违法用地违法建设联动工作机制的意见（草案）》等6个查处“两违”(违法用地、违法建设)的政策文件并报市政府。对市委、市政府及其有关部门转来的规范性文件提出书面审查意见274件(次)。对市政府发布的42个规范性文件报送自治区政府备案，对各县(区)政府及市政府部门报送的规范性文件出具备案审查意见33件。针对规范性文件制定和备案中存在的突出问题，以市政府名义下发《关于做好规范性文件备案有关事项的通知》，对规范性文件报备的材料要求、报备程序、报备期限等作详细规定。

【行政复议应诉】 2010年，市法制办建立行政复议便民卡制度，要求各县(区)政府、市直各有关部门一并送达记载具体行政行为的法律文书和行政复议便民卡，进一步畅通行政复议渠道。至年末，市政府行政复议办公室接待来访群众1383人次，收到行政复议申请122件。其中：受理110件，不予受理6件，告知申请人向有管辖权的复议机关申请的6件。审结行政复议案件113件(含上年结转的案件)，作出维持决定88件、撤销4件、终止21件。为达到定纷止争的效果，共下乡进行现场调查15次，召开行政复议听证会3次。开展调解工作，促成当事人和解，全年经调解结案21件，调解成功率18.60%。做好审核证据材料、修改行政复议答复书和行政诉讼答辩状等庭前准备工作，直接代市政府应诉2件，协助和指导市直部门代表市政府出庭应诉17件，无不依法应诉行为。市政府作为行政复议被申请人参与自治区行政复议案件共6件，指导和协助有关部门代市政府做好向自治区行政复议办提交材料的相关工作。继续加强与法院、信访部门的联系与交流，召开行政复议与信访工作协调会议，审议《行政复议与信访工作联系规则(讨论稿)》，对进一步完善行政复议与信访的衔接机制达成共识。召开本年度行政执法与审判工作联席会议，为行政执法机关探讨研究证据使用、法律适用、疑难案件的解决提供平台，促进行政执法行为的规范化。以10月全国市县行政复议工作专项检查组到南宁检查为契机，推进行政复议规范化建设。完善并落实行政复议案件分组办理制度，确保审理行政复议案件有2名以上行政复议人员参加；到良庆区、横县对行政复议庭建设及全国行政复议专项检查的迎检进行具体指导。

【行政执法监督】 2010年，市法制办推进行政执法规范化建设，营造良好的执法环境。举办《广西壮族自治区行政执法监督办法》学习培训班，使行政执法人员在第一时间了解该办法的内容和要求。改进行政执法人员的学习培训方式，组织全市各县(区)需补考的1000多名行政执法人员免费参加在市委党校举办的为期3天的封闭式培训，补考人员考试合格率约90%。为促进行政执法考试的公平公正，进一步严肃考试纪律，行政执法资格补考取消各县(区)考场，县(区)考生统一到南宁市区参加补考。11月，按照自治区法制办的要求，对全市各县(区)政府、开发区管委会和市直部门共59个单位的行政执法案卷进行评查，累计抽查案卷2655份(行政处罚1711份，行政许可944份)；通过检查发现，全市行政执法案卷整体质量较往年有明显提高。对计划生育、环保执法等重点领域和重点行业开展专项执法监督检查，加强对行政权力运行的监督。研究制定城市管理二级执法体制方案并经自治区政府批准；配合相关部门推进文化市场、邕江河道综合执法体制改革；召开理顺部门职能交叉专家论证会，协调解决建设、房产和规划等部门的职责交叉问题。

【政府依法行政推进】 2010年，市法制办以建立并实施依法行政的各项重要制度为重点，推进依法行政步伐。制定《南宁市本年度依法行政工作要点》、《南宁市贯彻落实国务院〈关于加强市县政府依法行政的决定〉的实施意见》，通过年终依法行政考核对推进依法行政各项任务的落实情况进行督促检查。召开南宁市全面推进依法行政工作领导小组会议，市长黄方方在会上提出“依法行政是第一意识，第一态度，第一责任”的重要观点。总结南宁市推进依法行政第一个五年规划期间的重要成果，起草全面推进依法行政建设法治政府第二个五年规划，对“十二五”期间南宁法治政府建设进行全面规划。推进县(区)政府法制机构建设，市辖6个城区法制办独立为政府工作部门，宾阳县、横县法制办保留为政府工作部门。组织起草制定《南宁市人民政府常务会议学法规定》，建立市政府常务会议学法制度。落实依法行政年度报告制度，代市政府制作《年度依法行政报告图册》，向自治区政府和市人大常委会书面报告年度依法行政工作。完善依法行政年度考核制度，改进考核方式，邀请特邀监察员参与依法行政考核，组织市全面推进依法行政工作领导小组成员单位、人大代表、政协委员、特邀监察员组成9个考核组，对各县(区)政府、开发区管委会、市直部门及双管单位等59个单位进行年度依法行政考核，评出优秀单位57个、良好单位2个；依法行政考核纳入全市绩效考评体系，逐步在县(区)推开并走向常态化。组织做好自治区依法行政考核的迎检工作，在上年度自治区依法行政考核中，市政府考核结果为优秀，考核得分99分(满分100分)，在自治区各市中排名第一。12月，组织做好本年度自治区依法行政考核迎检。

【仲裁指导】 2010年，市法制办制定《南宁仲裁委员会立案规范》，严格审核仲裁条款和当事人情况；加强案件审理监督，制定《案件审理工作程序》，使案件审理过程有章可循，更加快捷、高效。加强对仲裁员尤其是首席仲裁员的指定，优先指定办事效率高、专业理论强、中立公正的仲裁员组成仲裁庭审理案件，抓好仲裁裁决书的撰写，把好案件质量关。加强仲裁案件调解，当事人达成和解撤诉30件，有效化解社会矛盾。南宁仲裁委员会共受理各类仲裁案179件，涉案标的1.78亿元。组建仲裁分支机构，成立工商联仲裁工作站，促进仲裁在私营经济领域的作用。组建南宁仲裁委员会网站，宣传南宁仲裁动态及全国仲裁形势。

(黄 玲)

审 判

【概 况】 2010年，南宁市中级人民法院辖基层法院12个、法庭17个。全市法院系统共有在编人员1154人，其中法官783人。市中院有在编人员251人，其中法官163人。共受理各类案件(含一审、二审、再审、执行、国家赔偿、减刑和假释案件)4.24万件，审(执)结4.15万件，结案率97.85%。其中：市基层法院受理案件3.31万件，审(执)结3.25万件；市中院受理案件9328件，审(执)结8997件。年内，市中院被评为全国集中清理积案活动先进集体，兴宁区法院陈玉萍被评为全国优秀法官。

【刑事审判】 2010年，南宁市两级法院严格贯彻宽严相济的刑事政策，依法重点严厉打击危害国家安全、社会治安和严重影响人民群众安全的严重犯罪，审结黑恶势力犯罪、杀人、“两抢一盗”(抢劫、抢夺和盗窃)、毒品犯罪和传销、诈骗等恶性、多发性、涉众型案件。受理刑事案件4240件6963人，审结4221件6915人。其中：一审审结3837件6061人，二审审结384件854人。判决发生法律效力5359人，其中判处5年以上有期徒刑直至死刑753人，重刑率14.14%。市中院受理刑事案件554件1296人，审结542件1262人。其中：一审审结158件408人，二审审结384件854人。全市主要案件类型：故意杀人、故意伤害、绑架、强奸等暴力犯罪案件86件257人，抢劫、抢夺、盗窃等多发性犯罪案件1706件2835人，毒品、赌博案件468件601人，走私、合同诈骗案件17件37人，贪污、受贿、挪用公款和渎职等职务犯罪案件122件164人(原县处级以上国家工作人员4人)。同时，积极探索量刑规范化建设，市中院、西乡塘区法院作为全国法院开展量刑规范化的试点，总结出一套符合诉讼规律和改革意图、操作性强的方法，促进刑事审判量刑均衡和息诉服判，受到最高法院和自治区高院的高度肯定。9月26日《广西日报》头版刊登西乡塘区法院量刑规范化的做法与效果。

【民商事审判】 2010年，南宁市两级法院服务经济发展大局，对经济建设和社会生活中反映到司法领域的大量民商事纠纷，坚持“调解优先，调判结合”，妥善化解矛盾纠纷，以调解的方式审结一批涉重大项目和群体性纠纷案件。受理民商事案件2.59万件，审结2.53万件(一审2.23万件，二审2829件，再审103件)，诉讼标的金额56.80亿元。其中：农村土地承包合同纠纷等涉农纠纷60件，劳动争议1385件，房地产纠纷1736件，金融、借款纠纷3383件，婚姻家庭4385件，知识产权345件，涉外民商事22件。全市法院一审民商事案件调撤率49.79%。市中院受理民商事案件3441件，审结3267件(含上年积存案件，一审438件，二审2829件)。市中院成功调解翠湖新城业主与开发商商品房买卖合同纠纷系列案和203件信息网络传播权系列案。通过审理南宁糖业股份有限公司诉马丁居里投资管理有限公司等三公司涉外股票交易纠纷案、网吧侵犯信息网络传播权等一批案件，平等保护中外当事人的合法权益。

【行政审判与国家赔偿】 2010年，南宁市两级法院共受理行政案件420件，审结408件。一审审结266件，其中：判决维持行政机关处理决定70件，撤销行政机关处理决定31件，行政赔偿调解5件，撤诉69件，驳回诉讼请求42件，驳回起诉28件，其他21件。二审审结142件，其中：维持76件，改判5件，撤诉9件，驳回33件，其他19件。审查非诉行政案件1067件，其中：准予执行981件，不准予执行86件。受理国家赔偿案件2件，审结2件。市中院受理行政案件157件，审结157件。其中：一审15件(维持1件、撤销4件、驳回诉讼请求4件、驳回起诉3件、撤诉3件)；二审142件(维持76件、改判5件、驳回33件、撤诉9件、其他19件)。

【涉诉信访与审判监督】 2010年，南宁市两级法院开展“万名法官下访”活动，对涉诉信访案件进行摸底排查、登记造册，实行领导包案分类处理。依法处理人民群众来信来访，对信访人员的申诉和申请再审请求进行审查，维持正确的裁判，纠正确有错误的判决。接待人民来访3185人次，处理人民来信814件次，化解上级机关转办的信访积案20件。立案再审126件，审结118件，维持原判44件、改判23件、发回重审11件、调解15件、撤诉2件、其他23件。其中市中院接待人民来访1266人次，处理人民来信546件次；受理再审案件93件，审结91件。其中：维持33件，改判15件，发回重审11件，调解10件，撤诉2件，其他20件。

【案件执行】 2010年，南宁市两级法院开展创建“无执行积案法院”活动，与有关部门协调配合，采取“预曝光通知”、“反规避联动”等措施，执行工作取得突破。受理执行案件7631件(不含中止案件)，执结7287件，执结标的金额37.20亿元，结案率95.49%。其中，市中院受理执行案件835件，执结606件，执结标的金额28.70亿元，结案率72.57%。同时，坚持和谐执行，推动执行和解，执结一批重点案件。如市三鸿房地产开发有限责任公司等申请执行自治区食品公司、自治区糖酒副食品总公司等关联案，案情复杂，多年无法结案。在市中院的努力下，各方达成和解协议，到位标的总额超过1亿元。

【便民利民诉讼机制建设】 2010年，南宁市两级法院贯彻执行最高人民法院《关于进一步加强司法便民工作的若干意见》，落实司法为民的各项具体措施。一是高标准建设功能齐全的诉讼服务中心，为当事人提供便捷、热情和专业的诉讼服务。年内，除邕宁区法院因拆迁不具备条件外，市中院和11个基层法院均按照“八统一”(统一“窗口”名称、工作制度、功能设置、外观标识、文明用语、装备配置、便民措施、在“窗口”醒目处展示司法核心价值观)的要求完成诉讼服务中心新建或改建任务，市中院还增建执行接待室。二是推行司法公开制度，对符合法律规定的案件一律公开审理，公开案件执行信息；全市法院全部开通中国法院网地方频道，拓展阳光审判的载体，对社会关注的案件进行庭审网络直播58件，上网公布裁判文书759份。三是加强诉讼调解与非诉调解的衔接，在全市推广武鸣县法院驻交警调解室的做法，江南区法院、横县法院、上林县法院相继在辖区交警队设立调解室，建立“矛盾纠纷联合化解”工作模式，加强对交通事故人身损害赔偿案件调解工作的衔接。

【案件选介】

“日记局长”韩某受贿案 被告人韩某系自治区烟草专卖局卷烟销售管理处原处长。2010年2月，内容涉及受贿犯罪的“韩某日记”在互联网上流传，引起社会关注。2月22日，自治区烟草专卖局决定对韩某停职检查。韩某在停职检查期间承认网络流传的日记为其本人所写，交代受贿27.20万的犯罪事实并退出部分赃款。3月9日，南宁市检察院对韩某涉嫌受贿犯罪立案侦查；3月13日将其逮捕，扣押载有其收受他人财物的时间、地点和数额等内容的日记光盘。6月7日，市检察院将韩某受贿案向市中院提起公诉。经审理查明，1999~2010年，被告人利用其先后担任钦州市烟草专卖局局长兼自治区烟草公司钦州市公司经理、来宾市烟草专卖局局长兼自治区烟草公司来宾市公司经理的职务便利，为陈某等人谋取私利，并于1999年5月至2010年2月，索取及非法收受陈某、赵某、王某、高某、董某、黄某给予的现金人民币69.50万元及商品房1套。12月，市中院以被告人韩某犯受贿罪，一审判处有期徒刑13年，并处没收个人财产10万元。对检察机关追缴并扣押及被告人退出赃款69.50万元，依法予以没收上缴国库。对被告人受贿犯罪所得的商品房1套，依法予以没收拍卖，所得款项上缴国库。被告人韩某上诉后，2011年3月7日自治区高院裁定驳回上诉，维持一审判决。

南宁糖业股份有限公司诉马丁居里投资管理有限公司等三公司股票交易纠纷案 原告南宁糖业股份有限公司系上市公司，3个被告马丁居里投资管理有限公司、马丁居里公司、马丁居里有限公司，均属于在英国注册的公司。其中，马丁居里投资管理有限公司是经中国证监会批准的“合格境外机构投资者”(QFII)，马丁居里公司、马丁居里投资管理有限公司是马丁居里有限公司的全资子公司。2007年8月23~30日，马丁居里公司、马丁居里投资管理有限公司买入南宁糖业股份1692.26万股，占南宁糖业股份总额的5.90%。2008年1月4~25日，两公司累计卖出南宁糖业股份1453.57万股，占南宁糖业股份总额的5.07%，获收益4411.48万元及孳息6.35万元。2008年6月，原告向市中院起诉，诉称两公司在持有超过5%的南宁糖业股票后6个月内抛售，属于短线交易行为，根据《中华人民共和国证券法》的相关规定，由此所得收益及孳息应返还南宁糖业股份有限公司。同月10日，市中院受理此案；2010年8月，成功调解该案。马丁公司一次性向南宁糖业股份有限公司支付59.07万美元作为和解款项。 (傅朝霞)

检　　察

【概　况】 2010年，南宁市人民检察院辖县(区)检察院6个和1个派出机关茅桥地区人民检察院，在编754人，具有检察员以上法律职务(含检察员、检察委员会委员、副检察长和检察长)389人。市检察院在编153人，检察员以上人员92人。市检察机关履行法律监督职责，重点推进社会矛盾化解、社会管理创新、公正廉洁执法3项工作。设立市检察机关职务犯罪大案要案侦查指挥中心，推进职务犯罪侦查一体化建设，立案侦查贪污贿赂职务犯罪案107件149人，其中大案85件、县处级干部的要案13人，法院审结并判决有罪158人(含上年积存)；为国家和集体挽回经济损失8355万元。坚持严打方针，批准逮捕各类犯罪嫌疑人6246人，提起公诉6241人。加强侦查活动监督，依法监督公安机关应当立案142件、不应当立案84件；纠正漏捕433人，纠正并追诉漏犯161人；对不构成犯罪的人依法不批准逮捕149人、不起诉11人。加强刑事审判活动监督，提出公诉案量刑建议229件；对认为确有错误的刑事判决裁定提出抗诉共15件，法院审结8件，改判或者撤销原判发回重审6件。强化刑罚执行监督，检察纠正减刑、假释、暂予监外执行不当56人，纠正监外执行罪犯脱管漏管15人。年内，市两级检察院获最高人民检察院表彰集体1个、个人2人，自治区检察院表彰单位8个、集体2个、个人11人。其中：青秀区检察院被最高检察院记集体一等功1次，市检察院公诉二处处长彭安明被最高检察院授予全国模范检察官，市检察院检察员宁宇被最高检察院授予第四届全国十佳公诉人。

【刑事检察】 2010年，南宁市两级检察院贯彻“强化法律监督，维护社会公平正义”的检察工作主题，加强刑事诉讼法律监督，依法纠正诉讼违法行为。与公安机关建立案件通报制度，受理监督公安机关应立案而不立案的案件142件225人，均要求公安机关说明不立案理由；公安机关主动立案139件217人，通知公安机关立案3件8人。经立案监督的案件，批准逮捕82件122人；对公安机关不应立案而立案的案件84件164人，向公安机关提出纠正意见并得到纠正83件162人。在审查逮捕环节，发出书面通知纠正公安机关刑事活动违法行为180件次，监督和引导公安机关现场勘查3件14人，参加公安机关讨论重大案件44件118人；纠正漏捕305件433人。在审查起诉环节，纠正并追诉漏犯106件172人，追诉犯罪事实172起，追诉罪名23个；向侦查机关提出侦查程序方面的检察建议9件，发出书面通知纠正违法14件20人，侦查机关纠正13件19人。对公诉案229件提出量刑建议，量刑建议完全被法院采纳96件。向法院提出纠正刑事审判程序错误的检察建议5件，发出纠正违法通知8件，法院纠正11件。检察长列席法院审判委员会案件讨论10件，意见被采纳5件。改进案件备案审查操作，对定罪量刑认为确有错误的刑事裁判提出抗诉适用第二审程序13件，法院审结8件，改判4件、维持原判3件、撤销原判发回重审1件；提请抗诉4件；提出抗诉适用审判监督程序2件，法院审结3件（含上年积存），均撤销原判发回重审。

【监所检察】 2010年，南宁市两级检察院加强刑事羁押活动和刑罚执行活动的法律监督，维护法律权威和公平正义。有9个派驻检察室与看守所实现计算机监控联网；经自治区检察院和最高检察院验收，12个“二级规范化等级检察室”不降级、不摘牌。开展清理久押不决案件专项活动，纠正久押不决案件2件5人。办理自侦案件、审查批捕和审查起诉案件均无超期羁押案件发生。查办监管场所职务犯罪案件2件2人（均为虐待被监管人案），初查终结后转交主管机关作行政处理2件2人。专项检察市辖区监外执行情况，检察监外执行罪犯1521人，发现和纠正减刑、假释、暂予监外执行不当56件56人；检察缓刑、假释、保外就医、剥夺政治权利、管制五类监外罪犯1264人，纠正脱管漏管罪犯15人；对刑罚执行和监管活动违法情况提出监督纠正518件，得到纠正494件。

【控告申诉检察】 2010年，南宁市两级检察院完善和落实涉检信访工作机制，推行下访巡访与约访相结合工作办法，落实领导包案制、检察长接待制、首办责任制、责任追究制等制度。市检察院和青秀区、江南区、兴宁区、武鸣县、马山县检察院先后建成检务接待中心，为群众来访提供良好环境。组织开展“公开大接访暨与民沟通日”活动4次，受理信访18件，办结18件。开展集中清理涉检信访积案活动，确定涉检积案信访案6件，办结5件。对确有困难的涉检上访者开始实施检察司法救助，办理刑事被害人救助案7件，发放困难救助金14.33万元。其中武鸣县检察院启动刑事被害人救助程序，联系政府部门从信访经费中给1名申诉人发困难救助金2.80万元，使一件信访14年的积案息诉息访。全年受理来信来访来电2042件，检察长接待来访群众437人，接待案件223件，批办182件，办结124件。受理首次举报线索809件，其中属检察机关管辖552件。受理属检察机关管辖的刑事申诉案101件，复查办结87件，维持原决定30件、改变原决定1件、不予抗诉53件、提出抗诉意见3件。立案复查78件（不服检察机关处理决定31件、不服法院刑事判决裁定47件）。刑事申诉案复查息诉59件，审查息诉10件。受理刑事赔偿申请13件，立案9件，办结7件，决定给予赔偿7件，支付赔偿金28.84万元。办理上级领导机关交办案件15件，办结9件。

【民事行政检察】 2010年，南宁市两级检察院加强对涉及国家、社会公共利益和民生利益等民事行政诉讼案件的审判活动监督。市检察院下发《南宁市检察系统一体化办案办法》，首次对民事行政裁判执行实施监督，就1件民事申诉案提出执行监督检察建议获得法院采纳；监督虚假诉讼并成功纠正2件，维护群众利益和司法公正；推进督促起诉工作，办理督促起诉67件，起诉到法院29件，其中武鸣县检察院经督促国土资源管理部门向法院起诉两家房地产开发公司，促使两家公司交纳拖欠的土地出让金4000多万元。继续把化解矛盾工作摆到与抗诉、再审检察建议同等重要位置，坚持“能调则调、先调后抗”，促成当事人和解，成功和解结案4件，协助法院调解10件。市检察院与市中院联合下发《关于开展民事行政执行监督工作的意见（试行）》，推进民事行政判决裁定执行监督工作；市检察院印发《关于加强和改进民事行政检察工作的指导意见》，对民事行政检察业务操作提出具体意见。受理民事行政申诉案411件，立案审查209件，提出抗诉64件，提请抗诉98件，建议提请抗诉22件。提出抗诉的案件，法院再审审结26件，改判3件、撤销原判发回重审2件、法院调解结案2件、维持原判18件、其他处理1件。自治区检察院采纳市检察院提请抗诉23件；提请抗诉案件法院审结38件（含上年积存），改判30件、维持原判8件。向法院提出再审检察建议10件，法院采纳3件。支持民事行政起诉10件；加强释法说理和矛盾纠纷化解工作，申诉人服判息诉136件。

【贪污贿赂案件查办】 2010年，南宁市两级检察院突出查办群众反映强烈、党委政府高度关注、涉及民生民利的职务犯罪案件，设立市检察机关职务犯罪大案要案侦查指挥中心，增强大案要案侦破能力。侦破自治区烟草专卖局销售处原处长韩某受贿案等大案要案，侦查涉农职务犯罪案57件90人、商业贿赂案65件72人、工程建设领域贪污贿赂案42件44人。坚持系统抓、抓系统，深挖窝串案件，立案侦查上林县水库移民后期扶持资金管理领域系列贪污受贿案5件9人、市第四人民医院系列受贿案4件4人、横县退耕还林管理领域系列案5件11人、市城市综合管理领域系列案7件9人、市人民防空建设领域系列案10件12人等窝案串案共41件82人。受理贪污贿赂等职务犯罪案225件，初查180件，立案侦查107件149人（含大案85件、要案13人）；侦结113件152人（含上年积存），移送起诉106件144人、移送不起诉1件1人、撤案6件7人；中止侦查7件，未侦结19件；提起公诉104件132人、决定不起诉10件19人；法院审结并判决有罪124件158人（含上年积存）。通过侦办贪污贿赂职务犯罪案件，为国家和集体挽回经济损失8355.08万元。被评为自治区检察机关反贪精品案1件、优质案4件。

【渎职侵权案件查处】 2010年，南宁市两级检察院在查办渎职侵权犯罪案件的同时，开展“职务犯罪预防年”活动。侦破广西公务员考试泄密案24件26人，全部侦结和起诉；侦办涉农渎职犯罪案5件5人、工程建设领域案1件1人；介入事故调查36件。受理渎职侵权犯罪线索49

件，初查34件，立案侦查30件32人（含重大特大案22件、要案1人），所立案侦查的渎职案件给国家造成经济损失3048.81万元。侦查终结36件39人（含上年积存），移送起诉34件37人，移送不起诉1件1人，撤案1件1人。决定不起诉9件9人，提起公诉32件38人（含上年积存），撤回起诉1件1人；法院审结8件9人，判处有期徒刑7人、免于刑事处分2人。通过查办渎职侵权犯罪案件，为国家和集体挽回经济损失25.75万元。

【审查逮捕】 2010年，南宁市两级检察院坚持严打方针，严厉打击黑恶势力、严重暴力、多发性侵财和毒品犯罪，维护社会和谐稳定。实行审查逮捕案件质量预警机制、审查逮捕案件季度复查与通报制度；审查逮捕部门与公诉部门共同讨论可能不起诉或撤案的案件，评估和防范逮捕风险；对捕后撤案、不起诉、判决无罪等三类案件建立个案分析评查制度，跟踪解决办案存在的问题，统一执法尺度。改进职务犯罪案件审查逮捕方式，确保职务犯罪案件报请逮捕的质量。贯彻“宽严相济”、“惩治与教育结合”的刑事政策，不批准逮捕1217人，不捕率16.30%，其中不构成犯罪149人、无逮捕必要349人、事实不清证据不足719人。审查逮捕涉及犯罪未成年人655人。受理提请批准逮捕案4750件7468人，批准逮捕4139件6246人。其中：受理公安机关和安全机关提请逮捕案4691件7398人，经审查批捕4080件6181人；市检察院受理县区检察院提请逮捕职务犯罪案59件70人，决定逮捕56件65人，决定不逮捕3件5人。

【审查起诉】 2010年，南宁市两级检察院履行控诉和诉讼监督职能，通过介入侦查、引导侦查、补强证据等方式，依法起诉危害公共安全、严重暴力、涉黑涉恶等严重影响社会治安稳定和破坏社会主义市场经济秩序的犯罪，维护国家安全、社会和谐稳定。以“教育为主，惩治为辅”的原则办理未成年人犯罪案件，在审查起诉环节落实非成年人化的司法待遇，注重未成年人合法权益保护。加强业务的指导和管理，市检察院下发《关于提高公诉案件质量的指导意见》，对生效判决的无罪案件、撤回起诉案件、职务犯罪不起诉案件、刑事抗诉案件实行监控预警。受理刑事案审查起诉4274件6731人（属公安机关和安全机关侦查4124件6532人，检察机关侦查150件199人），审结4071件6419人；提起公诉3973件6241人（属公安机关和安全机关侦查3837件6071人，检察机关侦查136件170人），不起诉98件178人（属公安机关和安全机关侦查79件150人，检察机关侦查19件28人）；撤回起诉8件15人。法院审结并判决3442件5209人，全部作有罪判决。

【职务犯罪预防】 2010年，南宁市两级检察院加强职务犯罪预防调查和预防体制机制建设，推动社会管理创新、党风廉政建设和反腐败斗争。市检察院分8次组织自治区电网公司、南宁供电局机关等单位1200名干部到南宁监狱接受警示教育；市公安局车辆管理所、南宁绿城水务公司等10个单位，组织干部观看职务犯罪警示教育电教片；举办“南宁市检察机关反腐倡廉精品案件连环画展”。市预防职务犯罪工作领导小组办公室、市检察院组织市直机关200个单位、1万名干部参观广西检察机关预防职务犯罪展览。建成行贿犯罪档案查询系统并开放受理服务；市检察院制定《南宁市检察机关行贿犯罪档案查询工作实施办法》，规范行贿犯罪档案查询工作，把行贿犯罪档案查询制度作为“诚信南宁”的市场廉政准入制。在南宁高新技术产业开发区工程建设招投标实行“黑名单”一票否决制试点中，市检察院共7次受理和答复高新区管委会申请查询315个投标单位的行贿犯罪记录。市检察院分别与市国家税务局、市地方税务局召开预防工作会议，加强和改进惩治和预防职务犯罪工作，推动预防共建。全市共开展职务犯罪预防调查136次，预防调查报告得到当地党政领导批示78份；通过预防调查发现职务犯罪线索并被侦查部门立案侦查47人。开展职务犯罪案例分析221次；提出预防检察建议270份，获采纳238份，得到省级领导批示1份。开展警示宣传教育525场次，接受教育4.12万人次，警示教育当场自首3人，当场举报职务犯罪线索28件；开展预防咨询447次，获采纳428次。接受行贿犯罪档案查询并答复1657次，其中查询单位1578个、查询个人827人。

【检察技术】 2010年，南宁市两级检察院加强检察信息化建设，重点从基础网络建设向信息化应用和管理方面作出战略转移。完善案件管理中心系统软件，全市实现全部案件依时录入、实时监督。借助检察专线网，建设两级检察院集中统一的数据中心，实现两级检察院统一共享硬件设备和软件资源。通过计算机网络，把分散在县（区）检察院的鉴定人员在网上集中起来共同检验鉴定，提高工作效率，节约办案成本。运用信息化技术，加强检验鉴定、文证审查及技术协助。市检察院着手筹建以文检为重点、以网络办案数据库大集中系统为龙头的司法鉴定实验室。办结文件检验鉴定29件，法医检验鉴定4件，司法会计鉴定11件；办结文件检验文证审查239件，法医检验鉴定文证审查571件；提供视听技术协助服务839件，为现场勘验提供技术服务3件。

【人民监督员制度推行】 2010年10月，最高检察院决定全面推行人民监督员制度。市两级检察院人民监督员制度从试行向推行转变，1~10月为试行阶段，11~12月转入推行阶段。在推行阶段，人民监督员的监督范围在原有的“三类案件”（犯罪嫌疑人不服逮捕、拟不起诉、拟撤销案件）和“五种情形”（应该立案而不立案或者不应当立案而立案，超期羁押，违法搜查扣押冻结，应当给予刑事赔偿而不依法予以确认或者不执行刑事赔偿决定，检察人员在办案中有徇私舞弊、贪赃枉法、刑讯逼供、暴力取证等情形）基础上增加查办职务犯罪案件中撤案等具有终局性的决定，人民监督员改由市检察院统一选任，由市检察院统一组织人民监督员对本级和所辖县（区）检察院被纳入监督范围的案件和事项实施监督。12月31日，市检察院选任人民监督员15人。全年，“三类案件”受理22件31人（拟撤案7件8人、拟不起诉15件23人），上年积存7件；人民监督员监督评议结案24件35人（拟撤案8件9人、拟不起诉16件26人），同意检察机关拟处理意见23件、不同意1件；检察机关采纳人民监督员不同意的意见1件。未审结5件。市检察院收到县（区）检察院报请批准职务犯罪不起诉案23件，批复同意23件；收到报请批准撤案9件，批复同意9件。市检察院侦结的职务犯罪案件，报请自治区检察院批准不起诉2件，自治区检察院批复同意2件。没有受理和办理“五种情形”等的监督事项。

【公诉案件选介】

黄某某、郑某某等30人涉黑犯罪案 为2008年广西开展打黑除恶专项行动侦办的第一个案件。由公安部挂牌督办，南宁市检察院指定邕宁区检察院负责审查逮捕、审查起诉和支持公诉。邕宁区检察院于2008年10月21日批准逮捕涉案14人，随后批准逮捕该组织其余涉案人员。2009年3月23日，公安机关将该案移送审查起诉；经两次退回补充侦查，邕宁区检察院于2009年10月9日向邕宁区法院提起公诉。2010年5月28日，邕宁区法院判决黄某某、郑某某等30人犯“组织、领导、参加黑社会性质组织罪”、“故意伤害罪”、“抢劫罪”、“敲诈勒索罪”、“故意毁坏财务罪”、“强迫交易罪”、“赌博罪”7个罪名，判处黄某某有期徒刑20年，并处罚金1.20万元；判处郑某某有期徒刑17年，并处罚金1.40万元；其余28名犯罪组织成员分别被判处1年6个月至15年不等的有期徒刑，并处罚金。黄某某、郑某某等14名被告人不服判决，提出上诉。经市中院审理查明，2006~2008年，黄某某等30人有组织地在隆安县屏山乡实施故意伤害、抢劫、敲诈勒索、强迫交易、故意毁坏财物、赌博等系列犯罪活动，通过犯罪手段获得经济利益，称霸一方，欺压和残害群众，严重破坏经济社会生活秩序。该组织共实施故意伤害犯罪3起，造成死亡1人、轻伤3人；实施抢劫犯罪2起，获赃款3500元；以收取保护费、赔偿金等名义，采取威胁手段实施敲诈勒索犯罪15起，获财物价值3.26万元；以威胁等手段垄断隆安县客运市场和松脂、辣椒等农副产品销售市场，实施强迫交易犯罪5起，获利9.90万元；实施故意毁坏财物犯罪1起，造成直接经济损失6.20万元；实施赌博犯罪，并购买对讲机、砍刀、钢管等工具武装守护赌场，抽头渔利。2010年9月8日，市中院作出终审裁定，驳回上诉，维持原判。

【青秀区检察院立集体一等功】 2007年起，南宁市青秀区检察院确定“业务立院、规范建院、科技强院、人文兴院、从严治院”的科学建院发展思路。2008年成立案件监控管理中心，对所有案件进行立体监控，对外接受案件查询和举报申诉服务，增加检察执法透明度，扩大检察活动的社会服务功能。2009年，在广西检察机关率先开展“检察开放日”活动，率先引入执法和办公规范化管理体系，推行办案预警机制，实行全院“一盘棋”的自侦办案模式，推进检察业务工作机制改革，使办案的法律效果与政治效果、社会效果得到有机统一。2006年1月至2009年9月，运用全院“一盘棋”自侦办案模式，侦破贪污贿赂和渎职侵权犯罪案75件95人，其中处级以上领导干部8人，是广西办理要案最多、追缴赃款最多的基层检察院。2001~2008年，先后被授予自治区先进检察院、政法系统百家人民满意政法单位、人民满意政法单位、先进基层检察院、十佳检察院，全国检察机关文明接待室、人民满意检察院、先进检察院、模范检察院等称号，被记集体一等功1次、集体二等功2次，被最高检察院确定为全国基层检察院规范化建设示范院。2009年2月获新一届全国先进基层检察院称号并获全国十佳基层检察院提名奖。2010年2月，青秀区检察院被最高检察院记集体一等功1次。 （蒙 旗）

12月31日，市检察院向第三届人民监督员颁发证书 市检察院提供

公 安

【概 况】 2010年，南宁市有县级以上公安机关18个，其中市公安局1个、城区（含开发区）公安分局10个、县公安局6个、森林公安局1个；派出所193个；在编民警7468人。年内，各级公安机关围绕“继续保增长、保民生、保稳定，保持和扩大经济社会良好发展势头”的大局，深入开展“社会矛盾化解、社会管理创新、公正廉洁执法”三项重点工作，进一步深化“三基”（抓基层、打基础、苦练基本功）工程建设和“三项建设”（信息化、执法规范化、构建和谐警民关系），继续开展“一教育三整顿”（加强理想信念教育、整顿思想、整顿纪律、整顿作风）活动，推动公安工作和队伍建设全面发展。全局有23个单位立集体三等功、166名民警立个人三等功，23个集体和644人分别获集体、个人嘉奖。

【指挥中心】 2010年，市公安局指挥中心进一步完善指挥调度职能，提高快速反应能力和服务群众水平，维护首府社会治安稳定。110报警服务台共受理有效接警35.15万件。其中：刑事案件4.57万件，治安案件3.96万件，涉稳事件575件，调解矛盾纠纷8570件，其他事件11.63万件。122报警服务台共受理有效接警9.62万件，119报警服务台共受理有效接警4385件，救助群众4万多件。

【刑事案件侦查】 2010年，市公安局以打黑除恶、侦破命案为龙头，开展专项打击行动，严厉打击各种刑事犯罪活动。立刑事案件5.71万件，破案2.32万件；逮捕6756人，刑事拘留7890人，劳动教养367人。

“打黑除恶”专项斗争 建立问责制，充实打黑力量，加强情报网络建设，狠抓线索核查，完善长效机制。破获涉黑、涉恶案件306起，逮捕338人。成功打掉西乡塘区博白籍黑恶势力犯罪团伙，抓获违法犯罪嫌疑人 11 人，破获抢劫、勒索、盗窃案件 13 起；打掉江南区吴圩镇收购三级废板市场涉嫌恶势力违法犯罪团伙，共抓获犯罪嫌疑人 5 人，破获一批强迫交易、敲诈案件。

“侦破命案”专项斗争　以命案必破为龙头，严厉打击各类严重暴力犯罪。立命案现案 159 件，破 148 件，破案率 93.08%。9 月 23 日，破获南宁有史以来索取绑架赎金最高的“9·18”特大绑架案，抓获犯罪嫌疑人 5 人。相继侦破西乡塘区“3·10”入室杀人案、上林县“8·3”持枪杀人案、南宁—东盟经济开发区“10·10”故意杀人案。

“打击盗抢机动车”专项斗争　捣毁以李某某为首的特大盗窃汽车集团，破获刑事案件 55 件，涉案金额 740 多万元，抓获该集团犯罪成员 18 人，缴获被盗汽车 37 辆；成功破获“9·10”、“9·29”、“11·04”高速公路系列抢劫案。8 月 30 日，在民族广场举行专项行动破案追缴物品返还活动，向群众返还追缴的各种汽车 155 辆，以及电脑、现金等物品。

打击“拐卖妇女儿童”专项斗争　结合南宁市实际，继续开展打击拐卖妇女儿童犯罪活动，会同其他地市公安机关成功侦破公安部督办的“4·26”系列拐卖妇女儿童年案，抓获涉案犯罪嫌疑人 9 人，解救被拐卖儿童 40 人、被拐卖妇女 9 人。8 月 4 日，公安机关在民族广场举行“4·26”认亲返亲仪式，取得良好的社会效果。全年共立拐卖妇女儿童案件 95 件，破 20 件，抓获犯罪嫌疑人 51 人，打掉团伙 8 个，解救被拐卖妇女儿童 33 人。

【经济犯罪侦查】　2010 年，市公安局以打击假发票、假币、传销、银行卡违法以及知识产权、制售伪劣商品犯罪为重点，对全市突出的经济犯罪问题开展集中整治行动，成功破获公安部督办的“8·17”曾某某等人非法制造、出售非法制造假发票特大案件，缴获发票 106.47 万份，最大可填开金额 54.80 亿元，涉税金额 2.51 亿元，抓获涉案犯罪嫌疑人 10 人。全年立经济案件 726 件，涉案金额 12.77 亿元；破案 556 件，抓获犯罪嫌疑人 3373 人，刑事拘留 1201 人，逮捕 221 人，起诉 150 人，劳动教养 249 人；追缴涉案款物折款 7860.44 万元，挽回经济损失 1.15 亿元。

【经济文化保卫】　2010 年，市公安局围绕《企业事业单位内部治安保卫条例》开展经济文化保卫，以维护单位内部稳定为重点，深入企业事业单位落实有关情报信息搜集工作，推进网上作战，把获取内幕性、预警性、深层次的情报信息作为工作目标，确保全市各单位内部及“两会一节”期间单位内部的稳定。至年末，全市各单位内部没有发生影响全市大局稳定的群体性事件，通过各种渠道搜集获取各类情报信息 190 多条，整理上报 107 条。落实单位内部治安保卫和防范措施，强化监督指导职能，派出民警 200 多人次，对文化系统的列管单位指导人防、物防、技防建设。召开校园安全研讨会 3 次，并对全市各高校安全隐患进行排查，发现隐患 150 处，下发整改通知书 10 份。组织开展中考、高考及其他各类考试安保任务 76 次，制定考试安保方案 76 次，涉及考生 56 万人次，押运考卷 9 次。在开展“服务企业年”活动中，共对 160 个银行网点的新(扩)建方案进行审核，验收竣工网点 150 个。

4 月 18 日，市公安局打击多发性侵财犯罪“铁拳行动”侦查破案、追缴机动车返还活动在民族广场举行　　市公安局提供

【社会治安防控体系】　2010 年，市公安局抓住“队伍教育、执法规范、强力整治、信息强警、夯实基础”5 条主线，突出探索民爆物品管理、犬只管理新模式、试行大型群众性活动商业化运作模式 3 个重点，完成一教育三整顿、反腐倡廉教育、警用车使用和涉案车辆违规问题专项整治、涉案人员非正常死亡专项整治、学校幼儿园及周边治安综合整治“百日行动”、社会治安“冬季行动”、社会治安重点地区排查整治、治安系统重点打击整治、治爆缉枪、禁赌禁娼等任务。治安管理部门牵头组织各有关单位共 12.17 万人次在全市范围内开展社会治安重点地区大排查，宣传发动 4937 次，发布通告 2000 份，召开座谈会 1474 次，群众举报 784 人次，从中破获刑事案件 164 件，抓获犯罪嫌疑人 272 人；检查各类宾馆、网吧、娱乐场所、废旧金属收购站点、出租屋共 1.24 万家，查处传销窝点 53 个，查处侦破涉黄、涉赌、涉枪涉爆及“三电”(电力、电信、广播电视设施违法犯罪)案件共 648 件，抓获各类违法犯罪嫌疑人 1645 人、网上逃犯 61 人，刑事拘留 105 人，起诉 20 人，行政拘留 333 人，罚款 703 人，教育遣返 489 人。

【巡逻防范】　2010 年，市公安局继续推进“网格化”巡逻防控体系建设，强化社会面的控制。巡警支队充分发挥巡逻防控主力军作用，按照“主动盘查、主动防范、主动进攻”工作思路，坚持 24 小时巡逻接处警。在开展日常巡逻防控中，根据治安形势，推行弹性工作制和错时巡逻制，强化信息分析，有针对性地部署警力，重点防控。坚持落实必查必巡点工作制，把“盘查数”、“查获数”、“查获率”作为硬指标，提高巡逻效率，确保巡逻质量。投入“网格化”巡防警力 4.03 万人次，接处警 3413 起，抓获犯罪嫌疑人 1232 人，检查车辆 1.57 万辆(次)，接群众报警求助 1119 起；派出民警 3135 人次。走访警区群众 3 万人，发放宣传资料 2000 份，收集群众意见和建议 2000 条，为民做好事600多件，收到群众送来锦旗69面、感谢信42封。破获群众反响强烈的“5·29”特大系列持枪抢劫宾馆案、“6·11”特大制售假冒伪劣卷烟案、“8·12”特大组织、介绍、容留妇女卖淫团伙案、广西首例盗窃宽带网络资源案、“1·3”特大飞车抢夺案以及“拍车党”、“砸车党”系列抢劫案等。

【禁毒斗争】 2010年，市公安局先后开展春季禁毒严打整治、打击外来贩毒、整治娱乐场所、打击中越毒品犯罪大会战、“边境狩猎”公路查毒等一系列专项行动，查破毒品案4777件，查处毒品治安案3935件；缴获各种毒品162.50千克，抓获毒品违法犯罪嫌疑人5123人；逮捕774人，对吸毒人员实行强制隔离戒毒1852人、社区戒毒2415人、社区康复636人、美沙酮维持治疗2857人；管控吸毒人员7760人，管控率88.74%，经自治区公安厅和自治区禁毒办综合考评获第一。开展联合清查整治公共娱乐场所统一行动7次，检查娱乐场所982家次，整治娱乐场所36家，整治毒品问题突出重点村镇、街道56个；召开禁毒新闻发布会、禁毒新闻通报会4次。

【人口管理】 2010年，市公安局按政策审批办理入户17608人。其中：单位成建制落户3725人，工作调动入户2611人，随军家属迁入205人，招工招干232人，大学生入户320人，购房入户10032人，投资纳税落户284人，弃婴落户174人，回国定居7人，其他8人。受理并上传自治区公安厅制作二代身份证35.33万张，至年末，换发二代身份证546.86万张。成立第六次人口普查工作领导小组，共举办户口（人口）普查工作业务培训班450期，培训工作人员2.90万人。对全市210.26万户708.12万人进行居民户口核对普查。登记境外人员5178人。发现出生未报户口7.77万人，其中属于违反计划生育政策出生4.93万人。暂住人口62.97万人，对暂住人口进行统一管理，开展统一检查26次，出动警力、治安人员1.80万人次，检查暂住人口27.02万人次，检查《暂住证》15.31万本，发放宣传资料50多万份。查获形迹可疑人员1556人，破获刑事案71件，处理治安案417件，处理各类人员1501人（刑事拘留174人、治安处罚1367人）。开展对外国人居住管理，全市登记在册外国人4729人。

【出入境管理】 2010年，市公安局出入境管理支队接待来访群众20多万人次，受理出国（境）申请19.52万人，批准出国（境）18.85万人（批准出国护照申请4797人、批准赴港澳签证14.06万人、批准赴台湾地区申请5721人），接待境外人员来访5600人，办理外国人居留许可证2540本、签发外国人签证1623份，开具外国人入出境通行证27本、中国出入境通行证51本；办理一次性台湾同胞证33本，台湾同胞签证916本，港、澳、台同胞暂住证165本。打击弄虚作假骗取出入境证件，查处利用虚假婚姻关系骗取出入境证件案49件91人，批准逮捕18人，刑事拘留9人。查处非法入境外国人89人，遣送出境60人。

【交通安全管理】 2010年，市公安局交警支队制定《南宁市进一步深化“八个平安”创建活动工作实施方案》，推进道路交通安全管理社会化，学习推广邕宁区、西乡塘区和横县创建“平安摩托”经验做法，分别组织开展预防特大道路交通事故50天和60天专项整治行动，开展对公路客运交通安全、铁路道口交通秩序、校园周边交通安全、机动车涉牌涉证等专项整治行动30多次，纠正查处各类交通违章、违法行为58.68万次（起），扣留违法机动车3.99万辆，行政拘留交通违法行为人91人。启动为期3年的“文明交通行动计划”，与市公交总公司联合推出全国首套“分众式”系列交通安全宣传巴士；围绕“关爱生命、文明出行”主题，开展“邻里交警”大篷车进社区、“当一日交警”体验、“市民话文明交通”大讨论等各种主题宣传活动1278场次，编印发放和张贴交通安全挂图5万多张、交通安全宣传手册15万本、交通安全公益广告20万份、“朱槿宝贝”交通安全宣传海报5万份，给中央、自治区、市级新闻媒体撰写交通安全新闻通稿1498篇。加强交通基础设施建设、在自治区率先建立市和城区两级公安交通管理指挥中心，完善113条道路的交通标线5.45万平方米，增设交通标志968套；对金州嘉宾路口、人民西关路口等8个路口进行合理渠化；加快建设完善无障碍通行系统，设置残疾人通道标志9套，在一些路口设置盲人提示器。7月1日，公安部、住房和城乡建设部授予南宁市2008~2009年度实施交通安全畅通工程模范管理一等水平城市。举办执法业务培训班8期，培训民警1200多人。支队1名民警被评为全国交警标兵，11名民警和2个大队、17个中队被评为自治区公安交警系统规范执法示范标兵和示范单位。

车管所在全市各车管考场共安装“全球眼”监控设备49套，实现对驾驶人考试的全方位监督。受理初学申请12.89万人，增驾3万人，开展科目一考试18.42万人次、科目二考试22.50万人次、科目三考试13.42万人次，换发驾驶证21.41万人次。全市有持证机动车驾驶员153.42万人（汽车驾驶证76.15万人、摩托车驾驶证77.27万人）。办理机动车入户注册登记18.04万辆（汽车9.42万辆、摩托车8.54万辆、挂车842辆）；全市机动车保有量125.36万辆（汽车43.22万

2010年南宁市特大道路交通事故情况

时 间	地 点	原 因	伤 亡	经济损失
2月4日	高速G75线兰州—海口南宁段1880千米处	在同车道行驶中，小型普通客车不按规定行驶，与重型厢式货车发生尾随相撞	死亡4人，伤1人	10万元
3月15日	325国道761千米+950米南宁市良庆区南晓镇响水坡路段	与对面来车有会车可能时超车	死亡3人	2万元
4月3日	国道322线708千米+600米处	重型半挂牵引车制动不合格，雨天路滑操作不当	死亡3人	3.50万元
9月11日	国道324线1752千米+800米处	一辆大型普通客车逆向行驶，与另一辆大型普通客车车头发生碰撞	死亡3人，伤39人	3万元
11月20日	县道010线旧龙虎山路口34千米处	小型普通客车不按规定会车，与大型普通客车发生相撞	死亡3人，伤3人	5万元

辆、摩托车82.14万辆)。发生立案道路交通事故847件，死亡405人，受伤1102人,财产损失437.83万元。

【消防管理】 2010年，市公安局消防支队(武警南宁消防支队)以打造消防铁军为重点，组织轮训消防铁军68人次,培训时间45天。从严建队抓教育,开展“条令条例学习月”活动,8月5日全面开展“百日无安全事故”活动。组建南宁市和各县(区)应急救援中心,支队业务信息系统实现救援预案制作管理系统数据链接，指挥车和中队灭火救援指挥箱全部安装化学灾害事故处置辅助决策和灭火救援预案系统。结合大跨度大空间建筑灭火救援准备专项行动，重新修订重点单位预案1849个，开展实战演练1920余次。加强消防监督,开展消防安全“防火墙”工程,举办全市各种形式宣传活动161次,集中考核单位消防安全48次,培训1933人。组织开展以公众聚集场所、高层和地下建筑，易燃易爆单位为重点的火灾排查专项整治，检查单位6618个，发现火灾隐患和消防违法行为4131处,督促整改4039处,发《责令改正通知书》246份,实施行政处罚128起,责令停工整顿38家,罚款180万元,行政拘留16人。积极推进农村防火工作,组建乡镇农村志愿(义务)消防队1600个,检查住户5.82万多家,督办整改隐患1.99万多处。为纪念《中华人民共和国消防法》实施一周年,开展消防宣传活动161次,受教育人数46万，组织12万人到消防站参观学习;发《消防法》书籍1万多册,宣传海报1万多份，公益短信1万多条，DVD光盘1000多张。年内,新增消防车辆6辆、灭火防护装备850件(套)、灭火器材781件(套)、抢险救援器材375件(套)。

年内,全市发生火灾231起,死亡9人,伤2人,经济财产损失1189.34万元。共接火警出动1884次,出动消防车2909辆(次),官兵1.61万人次,抢救被困人员675人,抢救财产价值1102.80万元,保护财产价值1787.10万元。消防支队被公安部消防局评为2008~2009年度“三争优”先进支队，在自治区消防监督执法比武中获团体第三名，立三等功76人次,受嘉奖267人次，被评为优秀士兵79人，被评为合同制消防员先进个人38人。

【警用航空】 2009年，市公安局立项设置警务航空队(加挂“南宁市政府公务飞行队”牌子),核定编制45人。2010年,市政府拨款8000万元用于购置直升机、场地、设备建设,先期配备项目人员22人。直升机由意大利制造,10月17日运抵南宁;10月18日,市委、市政府在青秀山东盟友谊园举行南宁警用航空首飞仪式,标志着南宁成为继广州、北京、上海之后，中国第四个独立拥有警用直升机并执行重大国际活动安保任务的城市。随后警用直升机投入警务实战。10月19~28日先后参加“两会一节”安保和“2010八桂反恐演练”,飞行10架(次)13小时,完成空中巡查、监控及图像传输等任务。地面配套设备配置移动塔台车、航材保障车、电源抢修车等特种车辆12辆。

【基层警务建设】 2010年，南宁市被公安部评为一级派出所25个、二级派出所45个、三级派出所107个。全市派出所在院内、值班室、办证厅(室)、候问室、初查室、调解室、问话室(讯问室)、警械室等均安装监控设备。全市派出所各级警务区受理调解治安纠纷和民间纠纷9777起，成功调解8515起。建立帮教小组1.19万个,帮教人员2.74万人,帮教对象1.19万人，提供打击处理对象30人,侦查线索65条,破案27起。

【案件选介】

“9·18”特大绑架案 2010年9月18日24时,市公安局接到报案人称其母亲及妹妹被人绑架，绑匪要其支付赎金1000万元。案发后,成立“9·18”绑架案专案组,调集300余警力开展现场勘查、调查走访工作，确定案件侦破方向。经调查,发现吴某(47岁,海南海口市人)有重大作案嫌疑，并迅速锁定另外4名犯罪嫌疑人，侦查摸清人质关押的地点在钦州市那彭镇。9月23日凌晨4时48分,犯罪嫌疑人林某(绰号“四眼”,广东省阳西县人)和吴某某(绰号“肥仔”,广东中山市人)被抓获,人质获救。同时实施抓捕,分别在钦州、南宁市两地将嫌疑人吕某(绰号“阿军”,钦州市人)、黄某(绰号“老窝”,钦州市人)、吴某(绰号“荣哥”,海南省海口市人)3名嫌疑人抓获。经审讯，吕某等5名犯罪嫌疑人对绑架报案人母亲及妹妹并勒索1000万元的作案事实供认不讳。

“11·21”特大贩毒案 2010年11月21日,市公安局禁毒支队接群众反映:大毒枭凌某斌(男,42岁,龙州县人)指使其“马仔”曾某某(男,27岁,宁明县人)、何某某(男,34岁,宁明县人)、凌某平(男,34岁,凌某斌之弟)等贩运毒品。侦察组随即作出继续扩大深挖、力争一网打尽的决定。同时,进一步查明凌某斌的有关情况:2006年,凌某斌因拐卖妇女被公安机关列为追捕对象;2009年3月,因指使其侄子去深圳贩毒，被深圳市警方列为网上逃犯;其在“金湖帝景”、“汇东郦城”等小区租房作为活动据点，以妻子何某某的名字在南宁、宁明、龙州等地购置多栋楼房，开有多间红木家具店和高档时装店等。11月23日,侦查组民警在“金湖帝景”和“汇东郦城”等小区抓获凌某斌及其同伙曾某某、欧某某、越某某(男,32岁)、江某某(女,25岁)等人,当场缴获毒品海洛因67块,扣押用于运送毒品的小汽车5辆。在宁明县何某某的住处缴获毒资280多万元，在凭祥市缴获凌某平毒资200万元,扣押运输小汽车1辆。11月24日凌晨,在广西城市职业学院宾馆将何某某抓获,缴获运毒小汽车1辆。同日,在凭祥、宁明等地查封凌某斌贩毒账户,扣押涉案资金100多万元。11月29日,通过延伸侦查,又在凭祥市边境抓获贩毒犯罪嫌疑人周某某(女,34岁,凭祥市人),缴获毒品海洛因13块4.55千克,扣押运毒小车1辆、毒资30多万元。经审讯，凌某斌等犯罪嫌疑人对长期从中越边境贩运毒品前往广东揭阳等地出售的犯罪事实供认不讳。至此,市公安局禁毒支队成功破获广西历年来最大“11·21”特大贩毒专案，抓获犯罪嫌疑人15人，缴获毒品海洛因100块35千克,依法收缴毒资750万余元、运毒小汽车10辆、涉案高档房产19处(套、栋)及高档红木家具价值约3000多万元等财物。

(李 金 黎 柱 李泽泰 杨 梅)

司法行政

【概 况】 2010年，南宁市司法行政机关有市司法局1个、县(区)司法局12个、乡镇(街道)司法所123个,在职人员667人。全市有法律援助机构13个,律师事务所88个、从业律师822人,公证处9个、执业公证员33人,基层法律服务机构90个、基层法律工作者336人，人民调解委员会2062个、人民调解员2.47万人，司法鉴定机构7个、司法鉴定人员72人。年内，全市司法行政系统加强人民调解工作，积极预防、排查和化解矛盾纠纷34261件；开展刑释解教人员安置帮教和社区矫正，创建自治区刑释解教人员安置帮教工作示范市；完成“五五”普法依法治理规划各项任务；组织律师、公证员、基层法律服务工作者、司法鉴定人为政府、企业和公民提供法律服务，担任法律顾问1095家、刑事诉讼辩护及代理1248件、民事诉讼代理6864件、行政诉讼代理181件，办理非诉讼法律事务3167件，公证1.56万件，鉴定1147件；实施法律援助民生工程，推行便民服务，办理法律援助案件1247件，接待来访咨询9961人次，“12348”热线接听解答法律咨询电话7398人次；组织年度国家司法考试南宁考区考务工作，报名3369人，考试合格656人；开展司法所办公用房国债投资项目建设，建成司法所办公用房117个，加强司法所规范化建设，申报“五好”司法所并通过考评12个。全市司法行政系统有3个单位、5人次立二等功；12个单位、18人次立三等功；1个单位、3人次获部级表彰；3个单位、6人次获自治区级表彰；21个单位、27人次获市级表彰。其中，青秀区新竹街道办事处调委会被评为全国模范调委会，陆金明、郑有聚、周国萍3名调解员被评为全国模范人民调解员。

【法制宣传教育】 2010年，南宁市各级司法行政机关和依法治理办公室落实“五五”普法规划和年度普法任务，围绕党委、政府中心工作开展普法教育和法制宣传，编印法律知识系列丛书12本30万册、法制宣传挂图12期7.20万份，专项法制宣传资料10万份；举办公务员、企业管理人员、农村和社区干部、农民群众、校外法制副校长等专题普法培训班、讲座共921期；开展法律进乡村、进社区、进学校、进企业、进工地和广场法制宣传活动4483次，发放宣传资料87万多份，出版法制板报1252期，举办法制文艺演出416场。配合自治区开展“法制宣传大篷车”、“文明交通宣传员”和“政法宣传周”等活动。推动领导干部学法用法联系点工作，全市在各乡村建立领导干部学法用法联系点53个。其中：自治区和南宁市主要领导干部的联系点5个，12个县（区）领导干部的联系点各4个。共投入35万元在联系点建设法制学校、法律阅览室、法律图书角、法制宣传栏，进一步深化“民主法治示范村”工作。

【“五五”普法验收】 2010年，南宁市在开展年度法制宣传教育工作的同时，按照“五五”普法规划确定的目标任务和要求，层层开展“五五”普法总结、考核验收和迎检工作。成立以市委政法委书记为组长的全市“五五”普法考核验收组，制定考核验收方案，举办相关动员会和培训班，组织对各县（区）和示范单位的迎检督查，录制“五五”普法依法治市工作电视专题片《平安南宁，和谐发展》，编印“五五”普法纪实画册，整理工作档案7类110册，在市区主要路段设置法制宣传标语，先后举办“五五”普法成果展览及普法巡礼展览2次。8月，南宁市顺利通过自治区依法治桂领导小组组织的“五五”普法考核验收；9月，代表自治区接受全国“五五”普法考核验收组的检查考核，被评价为：“南宁市‘五五’普法工作，做到领导重视，措施有力，成效明显，发挥首府城市的领军作用”。

【领导干部学法用法联系点】 2010年9月，南宁市依法治市领导小组建立南宁市党政领导和分管政法工作的领导学法用法联系点，市委、市政府办公厅下发《南宁市领导干部学法用法联系点工作方案》，确定横县校椅镇龙省村为自治区党委常委、市委书记车荣福学法用法联系点，青秀区伶俐镇独岭村为市委副书记、市长黄方方学法用法联系点，邕宁区蒲庙镇公曹村为市委常委、政法委书记朱育兆学法用法联系点，良庆区大塘镇南荣村为副市长温守荣学法用法联系点。自治区、市领导和司法行政部门定期、不定期深入联系点，在联系点建立法制学校、法律图书阅览室、法制宣传栏、法制宣传广播站，组织法制宣传、法律服务工作者和志愿者进村开展法制宣传、法律咨询、化解矛盾纠纷等活动，指导村民开展民主议事、民主管理，帮助改善生产、生活、工作环境。

【人民调解】 2010年，南宁市有人民调解委员会2062个，其中乡镇（街道）调委会123个、村（社区）调委会1723个、企事业调委会200个、区域性行业性调委会11个、其他调委会5个，配备调解员2.47万名。加强人民调解制度化、规范化、法制化建设，乡镇（街道）人民调解委员会100%达到自治区制定的规范化建设标准，村（社区）人民调解委员会中达到规范化建设标准的有1396个，占81%。加强调解员队伍教育培训，市、县区共举办人民调解员培训班90期，培训2.02万人次。建立完善人民调解经费保障机制，大部分县（区）基本解决人民调解员补贴问题。各级司法行政机关组织开展“人民调解加强年”活动，排查和调解民间纠纷3.43万件，调解成功3.33万件，成功率97.10%，制止群体性械斗416件，防止群体性上访630件，有效解决一批涉及企业改制、土地征用、房屋拆迁、土地承包、工程施工、拖欠农民工工资、“出嫁女”问题等在一定区域内群众反映比较强烈以及多年积累的疑难矛盾纠纷。

【医疗纠纷人民调解委员会试点】 2010年12月31日，南宁市在济南路成立广西首家医疗纠纷人民调解委员会，由市委政法委、市综治办领导和协调，市司法行政部门和卫生部门牵头，组织市级医院和部分自治区级医院配合，探索建立以人民调解为基础的医疗纠纷调解机制，运用人民调解手段预防和化解医患矛盾纠纷，减少高成本的司法诉讼，构建和谐医患关系。

【刑释解教人员安置帮教】 2010年，自治区司法厅确定南宁市为自治区刑释解教人员安置帮教工作示范市，市委、市政府出台《南宁市关于进一步做好刑释解教人员安置帮教工作的实施办法》，市、县（区）共成立安置帮教领导小组13个、乡镇（街道）安置帮教站123个、村（居）委会安置帮教小组1723个，形成以综治部门牵头，司法行政部门负责，乡镇（街道）、村（社区）为基础的四级安置帮教网络。建立部门联责互动、考评奖惩、经费保障、无缝对接、跟踪帮教、异地帮教和托管、信息化管理、基地过渡性安置等7项工作机制，做好刑释解教人员的衔接管控和安置帮教。全市接收刑释解教人员3452人，帮教率100%；安置3183人，安置率 92.20%,重新犯罪率 0.10%。先后举办刑释解教人员信息管理培训班 2 期，各帮教机构使用信息管理系统对刑释解教人员实现“可查、可控、可管、可帮”管理。建设刑释解教人员过渡性安置基地,市、县(区)两级建成安置帮教基地 18 个,可安排刑释解教人员就业 2000 人以上。全市有 500 多名党政领导干部与刑释解教人员结成对子,开展跟踪帮教;有 30 多家企业与司法行政部门签订共建安置帮教协议，为刑释解教人员提供就业岗位;政府相关部门、法律工作者定期到监所开展看望帮教和咨询服务活动；社区党员干部、志愿者开展“一帮一”、“多助一”、“维权岗”等帮教活动,共同帮助刑释解教人员回归社会。

【社区矫正工作启动】 2010 年，南宁市贯彻最高人民法院、最高人民检察院、公安部、司法部和自治区党委、自治区政府关于开展社区矫正的要求，开始在社区组织开展对假释、监(所)外执行、管制、剥夺政治权利、缓刑等罪犯进行教育改造。成立由市委政法委书记任组长,法院、检察院、公安局、司法局、民政局、财政局、人力资源和社会保障局、总工会、团委、妇联 10 个单位组成的社区矫正工作领导小组，办公室设在市司法局。市委、市政府办公厅转发《南宁市社区矫正工作领导小组关于在全市开展社区矫正工作的实施方案》,社区矫正工作全面启动。全市有 6 个县(区)开始接收社区矫正对象,共接收 387 人。

【公证事务】 2010 年,南宁市有桂南、德芳、邕江、武鸣、横县、宾阳、马山、上林、隆安 9 个公证处、33 名公证员。共办理各类公证事项 1.56 万件。其中:国内民事事项公证 6601 件,国内经济事项公证 1769 件,涉港澳台公证 816 件,涉外公证 6416 件;公证收入 453.90 万元。组织全市公证质量检查,在全面自查的基础上,抽查卷宗 293 件,公证书合格率 90%以上,没有发现错证和假证。

【律师事务】 2010 年，南宁市有注册律师事务所 88 个,执业律师 822 人。律师担任法律顾问 525 家，办理各类法律事务 13605 件。其中:刑事诉讼辩护及代理 1248 件,民事诉讼代理 3172 件,行政诉讼代理 181 件,非诉讼法律事务 461 件,法律咨询和代写法律文书 8341 件,调解纠纷 202 件。市司法局、市律师协会组织和引导律师为全市“服务企业年”、“项目建设年”、“发展环境建设年”活动提供法律服务,组建企业法律服务团,举办服务东盟自由贸易区开发开放法律知识讲座,先后开展“百名律师进百企”、“行千里路,访百家企业”等活动,走访不同类型的企业,召开专题研讨会,提供法律意见。组织 48 家律师事务所 242 名律师轮流参与市政府信访接待，接待来访群众 256 批 359 人次,积极预防和化解社会矛盾,引导群众依法维权。组织“律师携手社区,共建和谐模范社区”活动,开展结对共建帮扶和捐资助学等社会公益活动。

【基层法律服务】 2010 年，南宁市注册基层法律服务所 90 个、有法律服务工作者 336 名,担任法律顾问 570 家,办理法律事务 6.95 万件。其中:代理诉讼 3692 件,非诉讼法律事务 2706 件,调解纠纷 3566 件，法律咨询和代写法律文书 5.95 万件。为单位和当事人避免或挽回经济损失 6181.41 万元。11 月 18 日,市基层法律服务工作者协会第三次代表大会召开，选举产生了协会新一届理事会及常务理事会。

【法律援助】 2010 年，南宁市有市和县区法律援助机构 13 个,在乡镇(街道)、开发区、村(社区)、社团组织等设立法律援助工作站(联络点)209 个。各法律援助机构接待来访咨询 9961 人次,办理法律援助案件 1247 件(刑事法律援助 599件、受援人 599 人,民事法律援助 647 件、受援人 753 人,行政法律援助 1 件)。市司法局对市、县(区)“12348”法律援助热线话务平台进行技术升级改造，建成全市统一的“12348”法律援助综合应用平台,共接听解答法律咨询电话 7398 人次。

【法律援助民生工程】 2010 年，市委政法委将法律援助工作列入南宁市政法民生工程,市司法局实施一系列落实措施。一是扩大援助案件受理范围，放宽法律援助经济困难标准，增加法律援助服务形式。在《法律援助条例》规定的案件受理范围外,刑事案件增加特殊申请,民事案件增加抚养、收养、继承、社会保险、劳动保障、医疗纠纷等案件。把原来受理援助案件的经济困难标准年收入 7500 元提高到 8600 元,降低法律援助门槛。并在 15 个律师事务所和 10 个法律援助工作站设置法律援助受理点，扩大法律援助覆盖面。法律援助服务形式由辩护代理为主逐步增加调解的方式，年内有 15%的民事案件以调解方式结案。二是在自治区首创法律援助异地协作机制。为推进法律援助便民服务,首先建立市、县(区)两级 13 个法律援助机构跨县(区)协作机制，市法律援助中心与柳州市法律援助中心签署合作协议，在自治区率先开展法律援助城际协作，合作办理案件受理和证明材料审核，方便当事人申请和获得法律援助服务。三是进一步规范司法鉴定法律援助实施程序。市司法局与司法鉴定机构签订协议，由市法律援助中心为法律援助案件受援人支付司法鉴定相关费用，确保困难群众获得司法鉴定法律援助顺利进入诉讼程序。四是加大宣传力度,扩大法律援助宣传面。市司法局在市区 8 条公交线路 21 辆公共汽车车身制作法律援助公益宣传广告,开展流动宣传;制作法律援助便民服务告示牌 1750 块，印制宣传画 1.20 万份,统一悬挂、张贴到全市每个社区和行政村。

【司法鉴定】 2010 年，南宁市管理市金盾道路交通事故司法鉴定所、市第五人民医院司法鉴定所、市阳光法医物证司法鉴定所、市建筑工程质量检测中心、市建设工程造价管理站、市社会福利医院司法鉴定所、南宁狮山机动车检测有限公司 7 家司法鉴定机构。其中:法医类、物证类司法鉴定机构 5 家,建筑类 1 家,其他 1 家。共有司法鉴定人员 72 名。办理司法鉴定业务 1147 件。其中:公检法部门委托 670 件、律师事务所委托 15 件、企事业单位委托 6 件、个人委托 456 件。属于法医临床鉴定 133 件、法医物证鉴定 254 件、法医精神病鉴定 657 件、痕迹鉴定 102 件、建筑类司法鉴定 1 件。鉴定业务中涉及民事诉讼的鉴定 234 件,涉及刑事诉讼的 54 件,采信率100%。

（王琦汕）

责任编辑　梁笑飞

军　　事

中国人民解放军广西南宁警备区

【概　况】 2010年，中国人民解放军广西南宁警备区部队按照中央军委、解放军总部和广州、广西两级军区党委的指示精神，着眼有效遂行多样化军事任务，狠抓以军事斗争准备为龙头的各项工作，完成年度各项任务。警备区被广西军区评为安全“四无”单位，马山县人民武装部纪委被广州军区纪委、政治部评为纪检监察先进集体，横县、青秀区人民武装部被广西军区评为全面建设先进团级单位，武鸣县、马山县人民武装部被广西军区评为民兵报废弹药先进单位，隆安县、上林县人民武装部被广西军区评为保密工作先进单位，金牛桥干休所被广西军区评为先进干休所，马山县、江南区、邕宁区和良庆区人民武装部被自治区征兵办评为征兵工作先进单位。警备区先后有29名个人被军以上单位表彰，立二等功1人、三等功9人，21名战士被评为优秀士兵。

【思想政治建设】 2010年，警备区采取严格学习制度，突出主要内容，抓住重点对象，落实关键环节的方式，组织贯彻党的十七届四中、五中全会精神，推进学习型党组织建设等专题学习，运用理论学习成果指导解决部队建设面临的重点难点问题，增强理论学习质量。集中开展当代革命军人核心价值观教育，结合“两个经常性工作”，加强日常行为引导，取得明显成效。开展“争创学习型党组织、争当学习型党员”活动和“立足岗位做贡献，创先争优当先锋”主题实践活动，推动创建学习型党组织和创先争优活动扎实开展。坚持思想作风建设，加强各级党委班子和干部队伍建设，开展“弘扬优良作风、严守政策纪律”作风纪律教育整顿活动，班子和干部队伍建设整体水平得到提高。抓好“四反”（反渗透、反心战、反策反、反窃密）工作和经常性法制教育，筑牢部队拒腐防变的思想根基。

【战备训练】 2010年，警备区继续深化拓展应急防卫作战准备成果，推进军事斗争准备由应急备战向长期准备转变，开展战备形势教育，组织对各类方案计划进行修订与对接，投入50余万元对警备区本级“三室两库”（作战室、指挥器材室、作战值班室、战备资料库、战备图库）与作战数据库进行新建改建。抓好军事斗争准备评估，青秀区、江南区、邕宁区人民武装部民兵应急分队通过广州军区评估和考核。组织首长机关训练和民兵规范化训练、“四会”（会讲授新知识、会教练新装备、会运用新手段、会活用新战法）能力分级联考、应急能力比武，严密组织城市防空袭、首长机关带民兵应急分队拉动等演练。邕宁区、宾阳县人民武装部接受军区演练拉动考核，分获第二、第三名。

【部队管理】 2010年，警备区和各级人民武装部坚持从严治军。学习贯彻新颁发的“共同条令”，组织进行新条令集训和“学法规、用法规、守法规”活动，突出抓好青秀区人民武装部正规化管理试点，统一规范“六个起来”（门岗设起来、国旗升起来、军号响起来、早操出起来、交班正起来、值班严起来）；抓好作风纪律教育整顿和隐患排查，建成警备区本级视频监控、车辆智能化管理系统，促进部队正规化建设和安全管理。协助地方有关部门妥善处理上访事件18起，维护社会稳定。

【民兵预备役】 2010年，警备区按照“平时服务、急时应急、战时应战”目标要求，抓好民兵预备役工作。结合年度后备力量队伍调整组建，对各种动员力量进行调整充实，重点抓好作战、勤务保障和市级应急专业救援队伍调整组建，应急应战力量体系不断健全。完成两级军区赋予的规范国防后备力量队伍组建工作秩序和南宁经济技术开发区民兵编组两个试点，经验做法被上级转发。搞好各种预备役人员登记统计和高校毕业生预征；严把兵员征集质量关，完成年度新兵征集和士官直招任务。组织开展国防动员潜力调查，指导市人防办、交通战备办完成防空警报试鸣、网上演练和专业保障队伍动员集结演练。组织民兵预备役人员参与地方经济社会建设，完成抗旱救灾、“两会一节”安保执勤、应急维稳等急难险重任务。

【城市警备纠察】 2010年，警备区履行城市警备职能，加大检查纠察力度，开展军警联合执法和专项整治行动，全年检查纠正违章违纪外出军人82人次，查处假冒军车107台次，收缴假冒、过期军车号牌113副，处理涉军纠纷、事故7起，查获假冒军人8起，集中公开销毁处理假冒军车57台，维护军队形象和军人的合法权益。注重结合重大活动、重要时期开展警备执勤，在“两会一节”等重大活动，国庆、春运、老兵退伍等重要时期，组织警备纠察分队到现场执勤，维持秩序，维护南宁和谐、团结、稳定的军政军民关系。警备纠察连被广西军区评为基层建设标兵单位和先进基层党组织，立集体三等功一次。

【拥政爱民】 2010年，警备区先后出动民兵预备役人员1.98万多人次，动用各种车辆1100多辆次参与抗旱救灾，向灾区捐款捐物40多万元，协调驻邕部队捐款捐物300多万元，帮助解决群众饮水困难3.10万人，解决牲畜饮水困难1.45万头。开展军民共建社会主义新农村活动，确定社会主义新农村示范点9个、扶贫点4个，挂钩帮建学校15所。警备区在西乡塘区坛洛镇东佳村那学坡先行试点，与西乡塘区共同投入120多万元，指导该村进行科学种植、打井抗旱、道路整修、环境整治以及党团组织、文化场所建设，村容村貌焕然一新。

【综合保障】 2010年，警备区深入开展后勤法规专项整治，制定《警备区后勤规范化管理实施细则》，全面规范后勤管理秩序。探索物资联合采购新模式，全年节约采购经费136万元。开展打击发票违法犯罪活动，加大对资金使用安全管理，警备区本级以及14个团级单位家底经费全部达标。完成住房清理和军人保障卡发放，清退违规住房86套，发放军人保障卡299张。警备区本级投入资金200多万元，整治民兵武器装备仓库营区环境，修建机关生活区停车场，规范营区管理秩序。上林县、邕宁区人民武装部新营院和友爱路干休所综合楼建设项目稳步推进，江南区人民武装部实现营院整体搬迁。装备保障水平稳步提升，完成军区武器装备和车辆管理正规化建设现场会演示、民兵报废危险品销毁试点以及19个品种271.60吨报废弹药的销毁。

南宁警备区领导人

职务	姓名	军衔
司令员	李　政	大校
政治委员	翟宗华	大校
副司令员	江　湛	大校
副司令员兼参谋长	黄其冠	大校
副政治委员	刘社鹏	大校
政治部主任	吴双喜	上校
后勤部部长	黎　林	上校

（杨爱平）

中国人民武装警察部队南宁市支队

【思想政治建设】 2010年，中国人民武装警察部队南宁市支队着眼“三个确保、三个紧贴”的要求，持续推动学习实践科学发展观活动成果转化升华。围绕基层反映和官兵关注问题，抓好整改落实，官兵普遍满意。坚持按基础工程、灵魂工程、战略工程抓当代革命军人核心价值观教育，官兵集体荣誉感得到有效激发。抓好经常性思想工作，开展“五个过一遍”、“深知兵、真爱兵”和心理、法律、卫生服务到遂行多样化基层活动，官兵思想总体稳定。严密组织遂行多样化任务中政治工作，发挥任务中政治工作作战功能。支队被总队表彰为思想政治教育先进单位。

【执勤与训练】 2010年，支队贯彻落实《中华人民共和国人民武装警察法》暨中心工作网上集训精神，抓好执勤隐患整治，初步建成完整配套的执勤设施。抓好军事训练，坚持按纲施训，分步细训，专勤专训。加强反恐力量建设，部队遂行多样化任务能力得到提高。固定勤务确保绝对安全，各项重大临时勤务实现万无一失。支队先后派出兵力，完成中国—东盟自由贸易区论坛期间机动备勤、南宁市春节大型焰火晚会现场警卫、第五届泛北部湾经济合作论坛机动备勤、广西体育中心启用仪式暨中国之队国际足球赛安全保卫和中越青年大联欢活动机动备勤、2010年“两会一节”活动警卫、中央首长来邕视察警卫勤务等工作。配合公安机关担负亚运会（亚残会）期间城市武装巡逻任务。

【部队安全管理】 2010年，支队贯彻落实武警总部、总队依法从严治警集训精神，坚持依法从严治警。严密组织“条令学习和安全教育月”活动，官兵学条令、用条令的自觉性得到增强。严格按条令条例和规章制度规范部队秩序，抓好一日生活等制度落实，机关按条令指导、干部按条令带兵、部队按条令运转、官兵按条令办事的格局基本形成。坚持每季度组织安全隐患鉴定和排查治理，严格制度、严守纪律、根治侥幸、确保安全，制定下发支队纪律“双十条”，安全发展根基得到夯实。支队被总部表彰为连续5年以上预防事故案件工作先进单位。

【基层建设】 2010年，支队贯彻落实《基层建设纲要》，坚持全面建设。注重建强支部，分期分批逐个党支部考察帮建，深入开展“双争”和创先争优活动，评比表彰“红旗单位”、“红星个人”，激发内在动力。注重改进作风，解难帮困。连续5年每年投入200多万元为基层和官兵办10件实事，发展不平衡的问题得到较好解决。1个大队被总队表彰为先进大队、1个中队为基层建设标兵中队、6个中队为基层建设先进中队、3个中队立集体三等功、1名中队主官立二等功。

【后勤保障】 2010年，支队适应遂行多样化任务的需要，加强后勤队伍建设，后勤队伍经常性业务能力得到提高，参加总队后勤业务比武获6个单项第一和团体第一名。加强经费管理，严格执行公务卡结算制度，管理效益明显提高，所属单位均达到规定家底限额标准。提高遂行多样化任务中的保障能力，重大任务后勤保障到位。新机关建设有序推进。支队被总部表彰为文明卫生警营达标单位，被总队表彰为车辆管理先进单位。

武警南宁市支队领导人

职务	姓名	警衔
支队长	陈　冬	大校
第一政治委员	廖洪涛（兼） （南宁市公安局长）	二级警监
政治委员	龙文成	大校
副支队长	焦振国	上校
	李义斌 （2010-01~2010-04）	上校
	张孝春 （2010-04~　）	上校
副政治委员	覃佩泉	上校
	王炳文 （2010-01~2010-04）	上校
参谋长	陈学兵	上校
政治部主任	徐茂林	上校
后勤部部长	钟文武	中校

（倪国卿）

人民防空

【概　况】 2010年，南宁市人民防空办公室由议事协调机构常设办事机构调整为市人民政府工作部门，同时承担市国防动员委员会的具体工作。贯彻落实《中华人民共和国人民防空法》，坚持“长期准备、重点建设、平战结合”的人防方针，抓好结合民用建筑修建防空地下室和完善指挥工程为重点开展人防工程建设；以防灾、防涝为重点开展人防工程维护；

以落实制度和设备维护为重点开展通信警报建设;以提高工事的战备效益、社会效益和经济效益为重点开展平战结合;以普及人防知识、提高教学质量为重点开展人防宣传教育。被评为全国人防宣传报道先进单位、自治区“十一五”人防工作先进单位。

【人防工程建设与维护】 2010 年，南宁市成立人防办行政审批办公室（在工程科挂牌),重新编印人防行政审批办事指南,优化办事流程,缩短审批时限,服务项目业主。开展人防工程结建审批项目 68 个，批准人防工程易地建设项目 156 个。在人防工程建设过程中,推广、应用人防工程信息管理系统,按要求收集、整理、归档各种工程建设档案。江南人防指挥所建设全面竣工并交付使用，为广西首个县(区)级人防指挥通信平台。对各种设备运行使用情况进行检查维修。坚持每月进行一次常规检查、每季进行一次重点检查、半年进行一次全面检查、每逢天气突变和重大节假日加强检查,完善维护检查记录、备案制度。对容易遭到洪水侵袭威胁的人防地下工事采取加固措施;对部分工事漏水、裂缝进行封堵、维修;对过期的消防器材及时更换;对可能发生事故隐患的因素及时检查、整改,确保全市人防工事的安全使用。

【通信警报建设】

通信值勤 2010 年，市人防办根据国家人防办和广州军区要求，坚持每天 24 小时战备值班制度，未出现误班误事的情况。

专业训练 按照《人防通信训练大纲》和自治区人防办下达的训练指标,组织专业学习和训练。采取集中上课与自学相结合的训练方法,以值勤带训练,先基础科目训练、后综合课题训练,提高应急处理情况能力。

防空警报建设 新增一批电声防空警报器和移动式防空警报器，完善警报通信网络;采购短波电台,完成无线电通信网络建设。加强全市防空警报的维护管理,市人防办与各县(区)人防办,各县(区)人防办与各防空警报安装单位层层签订管理责任书。加强干部职工的业务培训,提高业务技能,建章立制,修订完善管理制度。落实警报器维护管理经费,强化防空警报管理网络，对上年新安装的电声警报器进行维护，熟练掌握其性能。对原有的警报器进行全面的检查保养和测试，使全市防空警报处于良好技术状态,统控率和音响覆盖率均为100%,确保 8 月 30 日全市防空警报成功试鸣。

【人防指挥建设】 2010 年，南宁市建立县级战时人口疏散指挥部、乡镇级指挥所以及村级接收站,各中心城区与对口的 5 个县开展人口疏散基地结对子活动。市人防办会同南宁警备区司令部联合下发《关于群众防空组织专业队在岗训练的通知》和训练计划,并进行检查、督促,确保训练人员、时间、内容、效果的落实。对全市 7 支人防专业队进行整组，提高各个专业队遂行多样化任务的能力。

【平战结合】 2010 年，南宁市人防平战结合以市直管人防工程开发利用为重点,以平战管理处、新华公司为依托,加大管理力度,通过调整思路、拓宽利用渠道,完善规章制度,实行量化管理,提高服务水平等措施,获取开发利用效益。平战结合收入 1200 多万元,超额完成年度目标任务，在保证战备效益的前提下,实现良好的经济和社会效益。

【执法监察】 2010 年，市人防办依据国家《人民防空行政执法规定》和《自治区人民防空行政执法办法》，健全执法制度,落实执法责任制,规范执法行为,未发生错案和投诉现象。组织市人防执法队伍对报批结建防空地下室项目进行督察,发现问题及时纠正。

【人防法制宣传教育】 2010 年，市人防办组织召开人防知识宣传教育工作会议，表彰一批人防知识教育先进单位和个人；制订下发《南宁市初级中学 2010 年人民防空知识教育工作安排》,把对学生的人防教育依法纳入全市初级中学的教学计划，在全市 108 所中学开设人防教育课,受教育学生 3.80 万多人。

【防空警报试鸣与演习】 2010 年 8 月 30 日,是南宁市第十一次警报试鸣日。自治区、南宁市党政军有关领导以及市国防动员委员会成员单位在市指挥所通过会议视频系统观摩试鸣和演练活动。各县(区)党政军主要领导分别率所在区域人员在分指挥部组织指挥试鸣和演练活动。为配合警报试鸣，南宁市所辖六县六城区共 4.27 万人参加疏散隐蔽演练活动。

【新中国人民防空创立 60 周年宣传活动】 2010 年,市人防办制作一批宣传板报,到各县(区)巡回展示,观众累计 5 万多人次；在南宁电视台录播《人防,你好！》电视特别节目;编印《闪光的足迹》画册;在《中国人民防空》杂志、《南宁日报》等媒体刊登介绍市人防“十一五”建设的宣传文章和图片。组织开展新中国人民防空创立 60 周年系列宣传活动,进一步普及人防知识，扩大人防社会影响力。

（邓 谦）

责任编辑 李敬江

6 月 28 日,市人防办举办的庆祝新中国人民防空创立 60 周年人防知识板报巡展活动在市沛鸿民族中学举行 市人防办提供

开发区·新区

综　　述

【概　况】 2010年，南宁市有开发区（含工业园区、工业集中区）19家。其中：国家级开发区有南宁高新技术产业开发区、南宁经济技术开发区2家；自治区级开发区有南宁—东盟经济开发区、广西良庆经济开发区、南宁六景工业园区、南宁江南工业园区和南宁仙葫经济开发区5家；享受自治区级经济开发区政策的有隆安华侨管理区1家；县、城区工业集中区有宾阳黎塘、宾阳芦圩、隆安宝塔、南宁伊岭、上林象山、马山苏博、横县那阳、兴宁三塘、邕宁东部、青秀伶俐和西乡塘工业集中区11家。工业集中区被确认为广西A类产业园区10家；B类产业园区1家，即上林象山工业集中区。全市工业园区规划面积460.08平方千米（含托管区），开发面积78.79平方千米。工业园区主要沿邕江两侧及交通干道分布，中心城区外的工业园区结合重点镇布局，主要分布在城市的南部、北部和西部。每个县（区）均有1个工业集中区，少数县有2个工业集中区，基本形成比较合理的工业园区布局体系。至年末，入园企业7494家，其中工业企业1489家、亿元产值企业200家；规模以上工业总产值713.28亿元；财政收入33.77亿元。此外，相思湖、五象新区建设加快推进，基础设施日趋完善。

【特色产业园区建设】 2010年，南宁市全面启动特色产业园区建设。2月，市委、市政府下发《南宁市2010年产业园区建设攻坚战实施方案》，明确工作目标为：全市工业园区全部工业总产值突破720亿元；高新区工业总产值突破250亿元、经开区工业总产值突破120亿元，在全国国家级开发区中排位前移；全面启动8个特色园区建设；园区基础设施投资突破60亿元；全年建成工业标准厂房突破40万平方米。高新区生物制药产业园一期基本建成，二期主干路网开工建设；生物工程技术中心建设启动前期工作；加快培力（南宁）药业、广西圣保堂药业、广西博科药业等重点药企的技术改造和科技成果产业化工作。南宁—东盟经济开发区农副产品加工园完善园区基础设施建设，实施年产20万吨珠江啤酒、统一集团饮料制造、森景园番茄仔和紫薯加工等一批重点项目；轻纺加工特色产业园区实施南宁麦斯年产400万双高档女鞋、南宁楠熙鞋业制造、广西贯铨鞋业制造等一批重点项目，产业集聚效应日益显现。江南工业园区铝加工产业园的政府一号工程年产20万吨大规模高性能铝板带型材项目各项工作全面展开。邕宁八鲤工业集中区南宁机械制造产业园区在平整土地，为广发重工整体搬迁等项目入驻完善条件。中国留学人才产业园落户南宁。加快推进高新区电子信息及软件产业园和光电科技产业园、经开区北部湾科技园、六景工业园区化工产业园等特色园区建设。至年末，产业园区工业总产值752亿元，比上年增长41.10%，为全年任务的103.70%；园区基础设施投资85.40亿元，增长75.60%，为全年任务的106.80%；建成工业标准厂房77.50万平方米，增长55.60%，为全年任务的193.80%；完成工业用地储备311.70公顷，为全年任务的152%。

【政策扶持】 2010年，南宁市制定出台《中共南宁市委　南宁市人民政府关于进一步加快开发区（工业园区）发展的决定》、《南宁市人民政府关于进一步加快市属开发区发展的若干意见》和《中共南宁市委办公厅　南宁市人民政府办公厅关于印发〈南宁市开发区（工业园区）发展考核评价及奖惩办法〉（试行）的通知》等政策性文件，解决园区基础薄弱、发展空间受限、体制机制不活、发展后劲不足等问题。为吸引跨国公司和外埠大型企业集团总部入驻南宁市，提升产业水平，颁布实施《南宁市总部企业认定管理办法（试行）》。年内，中国留学人才产业园落户南宁。发挥财政资金的引导作用，加大园区工业用地储备力度，做好项目土地前期工作，促进项目落地。4~6月，市工业和信息化委员会制定《南宁市2010年工业用地储备资金计划安排方案》，与市财政局联合下达南宁市2010年第一批工业用地储备资金计划，安排工业用地储备资金项目38个，资金4.74亿元，储备土地面积574公顷，拉动项目当年投资19.40亿元。

【工业标准厂房建设】 2010年，南宁市安排工业标准厂房建设补助资金1000万元，鼓励和支持园区建设标准厂房，推进集约用地。落实上年南宁市申请自治区标准厂房建设补助资金的配套部分426.82万元，组织园区申请当年自治区和南宁市工业标准厂房建设补助资金，做好园区工业标准厂房建设的补助工作。至年末，全市在建标准厂房面积71.21万平方米，经竣工验收合格符合条件申请自治区第三批补助的标准厂房面积8.69万平方米，安排补助配套资金421.34万元并落实到位，申请自治区补贴资金210.67万元。

【招商引资】 2010年，南宁市各园区在坚持做好以商招商、点对点招商、会展招商，围绕铝加工、机械与装备制造、农产品加工、电子信息、生物工程与制药、新材料、新能源等重点领域，重点引进产业配套性强、关联度高的企业，推动产业集聚、企业集群、产品链式化发展。12月23日，南宁市与富士康集团有限公司签订战略合作框架协议及相关协议。富士康集团有限公司通讯网络产品事业群将首先启动南宁高新区投资项目，同步建设江南区电子产业园生产研发项目，主要生产电子书、智能手机、GPS(全球定位系统)接收机、高端路由器、高端交换机、网卡等电子产品。开展“请进来、走出去”招商引资活动，组织赴珠三角地区第三小分队投资促进活动，拜访企业26家，落实签订投资协议项目3个，委托招商2个；牵头组织广西建机、南机等10家企业参加中国西部国际装备制造业论坛暨第十届中国西部国际装备制造业博览会。至年末，签订工业投资项目合同200个，合同投资总额234.70亿元；实际到位187.90亿元。（朱丹江）

南宁高新技术产业开发区

【概　况】 2010年，南宁高新技术产业开发区范围东至秀灵路，西至可利江，南至西乡塘路，北至外环高速公路，东西最大横距6.83千米，南北最大纵距6.04千米，面积19.51平方千米。代管心圩街道。所在区域属外向型、开放性高新产业密集区，实行特区式封闭管理。驻区企业5364家，其中规模以上工业企业194家(新增38家)、亿元产值工业企业73家(新增17家)。亿元企业实现产值195.56亿元，占规模以上工业总产值的77.84%。政策区营业总收入667.43亿元；工业总产值543.39亿元；科技工业园实现规模以上工业总产值251.22亿元，规模以上工业产值约占全市19.49%；全社会固定资产投资97.60亿元；社会消费品零售总额32.43亿元；出口总额3.52亿美元；财政收入15.08亿元。生物工程制药及食品加工、汽车零配件及机电产品制造和电子信息产品制造三大特色主导产业共实现产值194.61亿元，占规模以上工业总产值的77.50%。其中：生物工程制药及食品加工业完成产值87.96亿元，占规模以上工业总产值35.01%；汽车零配件及机电产品制造业完成产值68.59亿元，占规模以上工业总产值27.30%；电子信息产品制造业完成产值38.06亿元，占规模以上工业总产值15.15%。

【投资环境建设】 2010年，高新区开展“发展环境年”活动，打造阳光、效率、减负、诚信、人才、和谐六大工程，累计办结企业需要协调解决的问题120多项，行政审批事项限时办结率100%，帮助企业招聘员工5942人。开展“服务企业年”活动，干部员工深入企业服务680多人次，帮助企业申报争取各级项目资金扶持3383.42万元，指导企业申报争取各类科技创新项目资金扶持5030万元，协助20家企业获得银行贷款5.60亿元，高新区扶持企业科技创新5617.50万元。

【园区开发建设】 2010年，高新区完成配套基础设施建设项目51个，完成投资10.55亿元；完成基本建设投资38.75亿元。列入南宁市年度城建计划项目17个，完成投资2.75亿元。有施工项目377个，其中新开工项目321个、竣工投产项目240个。新开工项目完成投资67.04亿元，占全社会固定资产投资总额68.69%；完成基本建设投资38.75亿元，占全社会固投的39.70%；技术更新改造完成投资39.56亿元，占全社会固投的40.53%；房地产开发完成投资9.53亿元，占全社会固投的9.76%。全年累计完成全社会固定资产投资97.60亿元，比上年增加28.85亿元，增长41.96%。完成征地(土地收购储备)56.82公顷，拆迁面积3.10万平方米。报批建设用地187.84公顷，其中批准建设用地160.26公顷；国有建设用地供应量31.52公顷。

【招商引资】 2010年，高新区实施招商选资、招强引资大招商策略取得显著成效。在生物医药产业方面，引进广西九州通医药有限公司、广西英美特医疗设备有限公司等项目；在汽车零配件制造方面，引进市五龙车桥有限公司二期等项目；在IT(信息技术)软件、电子信息及通信信息产业方面，引进中国移动广西通信信息产业园、广西领华数码科技有限公司、深圳市神达实业有限公司、北京金奔腾汽车科技有限公司、深圳市源海微电子有限公司、广西科友通信科技有限公司、市潘兴电子厂、广西南宁东宇国通电子有限公司等项目。引进合同内资78.46亿元，实际到位46.38亿元；引进合同外资9271万美元，实际到位(全广西口径)4528万美元，直接利用3578万美元。

【创新型园区建设】 2010年，高新区创新型园区建设取得新进展。新增广西德意数码股份有限公司、南宁海蓝数据有限公司、市鼎光电子有限责任公司、广西三原高新科技有限公司、广西乐土生物科技有限公司、南宁银河南方软件有限公司等高新技术企业19家，累计60家，占全市的67%。有广西麦德罗威智能科技有限公司、市蓝光生物技术有限公司、广西南宁甲骨文信息技术有限公司、南宁科拓自动化设备有限公司、南宁城市通信息科技有限公司等驻区企业获国家创新基金项目立项19个，分别占自治区、全市立项比例21%和55%；获国家、自治区和南宁技术创新计划项目立项90个。新增南宁八菱科技股份有限公司测试中心、生物质能源酶解技术国家重点实验室2家获国家认可企业检测/测试实验室，累计3家；新增乐达包装和宏智科技2家市级企业技术中心，累计24家，占全市的55%；新增广西博世科环保科技有限公司1家自治区级企业技术中心，累计19家，占全市的45%；新增广西水产品加工工程技术研究中心、广西桥梁监测及加固工程技术研究中心2家自治区级工程技术研究中心，累计13家，占全市的56.50%。出台《关于鼓励发展自主知识产权的暂行规定》和《关于鼓励高新技术企业认定的暂行规定》，对企业自主创新给予最高达20万元的资金支持。

【产业孵化】 2010年，高新区创业中心在孵企业142家，有南宁金贝生物科技有限公司、南宁凌晨教学科技有限公司等29家企业毕业。在孵化场地建设方面，占地面积2公顷、总建筑面积3.20万平方米、总投资6000多万元的市科技企业孵化基地建成启用。市科技企业孵化基地科技孵化大楼建筑面积1.58万平方米，生物工程技术中心大楼建筑面积0.39万平方米，2栋标准厂房建筑面积1.20万平方米，可同时孵化创新型科技企业100家，是自治区第一家开放式大型准生物医药专业孵化器，孵化面积12万平方米。新增市子夏微纳信息科技有限公司、市助澜信息科技有限公司、市汉维网络科技有限公司、南宁炫铭医疗卫生用品有限公司、南宁魁泰医疗卫生用品有限公司等孵化企业61家。新增广西野生毛葡萄白藜芦醇的提取工艺和应用研究以及总氮、总磷在线监测系统的研发及应用，基于静脉认证技术的会员管理系统的开发与应用，视窗式光机电工作流编辑系统，基于3G(第三代移动通信技术）的移动多媒体地理信息指挥系统等孵化项目75个。引进南宁君博环保节能工程有限公司、市圣农科技开发有限公司、南宁天芯微鸿电子科技有限公司、广西莱福恩生物科技有限公司、市新科健生物技术有限责任公司等留学人员企业8家。

大学创业园入驻企业22家，新增南宁炫铭医疗卫生用品有限公司、南宁魁泰医疗卫生用品有限公司2家，园区完成技工贸总收入6720万元，工业总产值1.55亿元，利税总额1.04亿元；南宁软件园入驻企业390家，园区完成技工贸总收入21.40亿元，工业总产值21.40亿元，利税总额3200万元；生物产业园入驻企业12家，新增南宁乙翔生物技术有限公司等3家，园区完成技工贸总收入1.02亿元，工业总产值8806万元，利税总额3686万元；留学人员创业园入驻企业51家，新增市圣农科技开发有限公司、南宁君博环保节能工程有限公司等6家，园区完成技工贸总收入1.03亿元，工业总产值5687万元，利税总额3205万元；大学生创业基地入驻企业25家，园区完成技工贸总收入2500万元，工业总产值1100万元，利税总额650万元。

【富士康集团入驻】 2010年12月23日，全球最大的电子产业专业制造商及世界500强企业、全球信息技术100强企业富士康集团与南宁市签署战略框架合作协议，计划在南宁市启动高新区合作项目，同步开展江南区电子产业园生产研发项目，主要生产电子书、智能手机、GPS接收机、高端路由器、高端交换机网卡等电子产品。同日，富士康集团与高新区管委会签订厂房租赁协议，整体租用高新区南宁—东盟总部基地三期厂房7.10万平方米，在高新区设立网络事业群生产基地，设备投资10亿元。项目计划 2011年4月即可投产，达产后年产值预计100亿元以上。

【中国移动广西通信信息产业园】 位于高新区科技工业园。2010年12月22日，中国移动广西通信信息产业园举行开工仪式。由中国移动广西公司投资建设，是以通信、互联网、现代物流三大产业为依托，辐射影响三大产业链上下游各行业的综合性大型产业园项目。建设用地约7公顷，总规划建筑面积10万平方米。分两期建设。其中：一期工程、配套工程及管理用房合计总建筑面积6.50万平方米，投资约2.80亿元；二期计划建设通信生产楼2栋，建筑面积3.60万平方米，投资3.50亿元。该项目将建成中国移动广西公司的通信生产中心、IDC数据中心（互联网数据中心）、物流中心、信息处理中心等，成为中国移动广西公司基础设施最完善、通信设备最齐全的生产基地，项目建成投产后预计年销售额4亿元，年税收2000万元，提供就业岗位2000个。

（李绍华）

南宁经济技术开发区

【概　况】 南宁经济技术开发区首期规划面积10.80平方千米，总体规划面积110.70平方千米。托管那洪街道，下辖槎路和金凯、银凯社区。2010年，驻区企业1911家，其中规模以上工业企业80家（新增4家）、亿元产值工业企业27家（新增9家）。亿元企业实现产值110.35亿元，占规模以上工业总产值84.79%。工业总产值130.16亿元，其中规模以上工业总产值130.14亿元；全社会固定资产投资65.28亿元；社会消费品零售总额28.98亿元；出口总额5645万美元；财政收入8.82亿元。

【投资环境建设】 2010年，经开区继续完善金凯、银凯2个工业园区的水、电、路等基础配套设施，推进标准厂房建设。完成基础设施建设投资21.28亿元，北部湾科技园项目开工，五象大道延长线项目壮锦大道至友谊路段、友谊路改造工程（金凯路至国凯大道）两公里路段竣工通车。开工建设基础设施项目41个，竣工36个。实施市政道路建设里程18.95千米，排水管道17.58千米，道路排水竣工5.34千米。开工建设标准厂房21栋，新开工标准厂房总面积27万平方米，完成建设15万平方米，绿化面积2.30万平方米。建设项目涵盖道路、标准厂房、水利整治、中小学校舍等园区配套设施。同时，加强服务体系建设，打造服务平台，统筹协调开发区的招商、建设、办证、人力资源、安监、质监等部门，为入区项目提供全程一条龙服务；全面推行服务企业承诺制，实行挂牌亮照服务，通过在企业悬挂服务企业公示牌及服务企业承诺书，对园区200多家企业实行公开承诺；推行“一线工作法”，即管委会领导亲自到企业召开现场会协调解决企业存在的困难和问题。在企业召开现场办公会100多场次，其中“一把手”亲自参加50多场次，对102家规模以上企业和96家规模以下企业存在的困难和问题进行调查，共解决土地平整、供电供水、公交运营等各类问题550多个。与市财政部门、各商业银行和金融投资企业等沟通联系，多次组织召开政府、银行和企业三方联谊会、座谈会，有效促成实质性合作共识，共取得放贷资金5亿元，为园区基础设施建设提供资金保障；推进整治违法占地建设工作，清理违法占地123.47公顷，拆除违法建筑26.46万平方米。

金凯南标准厂房　总投资约5.50亿元。占地面积12.44万平方米，建筑面积27.19万平方米，其中标准厂房17栋，建筑面积16.78万平方米；总部大楼1栋，建筑面积7.07万平方米；配套宿舍楼6栋，建筑面积2.12万平方米；饭堂综合楼1栋，建筑面积1万平方米。2010年7月开工建设；至年末，完成投资1.80亿元，开工建设标准厂房12栋，完成封顶6栋，计划2011年8月厂房全部竣工，2012年12月整个项目竣工。

五象大道延长线　起点为壮锦大道，终点止于良庆区五象大道与银海大道交叉路口，全长4.88千米，其中经开区段长4.40千米、良庆区段长0.48千米，道路宽度68米，建设内容包括：道路、排水、桥涵、照明、绿化、交通、地下管线等工程。2009年6月25日开工建设，总投资约5.95亿元，计划建设工期19个月。其中壮锦大道至友谊路段于2010年10月竣工通车。

【招商引资】 2010年，经开区创新招商机制，坚持以项目论英雄，看成效比高低，转变招商方式，推进全员招商，形成人人都是引资者，个个都是招商员的氛围。引进项目133个，总投资67.94亿元；新开工项目34个，总投资26.86亿元；在建工业项目25个，总投资23.11亿元。引进合同内资62.09亿元，实际到位41.30亿元；引进合同外资8595万美元，实际到位3808万美元，直接利用3100万美元。引进产值超亿元工业项目6个，其中康师傅饮料系列产品生产项目，是建区以来投资最大的项目。南城百货、顺丰速运、浩天实业等一批短平快、环保、财税贡献率好的中小项目、商贸和物流项目，成为招商引资的亮点，基本实现“天天谈项目、周周签合同、月月有开工”的目标。

【项目建设】 2010年，经开区新开工项目159个，完成投资61.89亿元；竣工投产66个，总投资7.33亿元。其中：开工建设工业项目34个，总投资26.86亿元；竣工投产22个，完成投资22.59亿元。完成技术创新项目30个，技术创新投入1.07亿元。

康师傅饮料系列产品项目 10月，经开区与康师傅饮品控股有限公司签订康师傅饮料系列产品项目投资协议，总投资2.73亿美元(约19亿元人民币)，是建区以来引进的单个投资额度最大的项目。项目包括茶饮料、果汁饮料及矿物质水等。项目选址在经开区银凯工业园，占地面积35.33公顷，建筑面积14.06万平方米，建设12条热充线(或8条无菌线)和3条矿物质水生产线，项目建设期1年，分两期建设，其中一期投资1.15亿美元(约8亿元人民币)，占地面积18.67公顷，建设康师傅饮料系列产品生产基地，建成后年产值36亿元，年税收2.50亿元。全部项目达产后年产值82亿元，年税收6.60亿元。

雄塑PVC塑料管材项目 为年产1.30万吨PVC(聚氯乙烯)塑料管材生产线项目。位于经开区银凯工业园。由广西雄塑科技发展有限公司投资建设。总投资2.60亿元。占地面积6公顷，建筑面积7.33万平方米。2008年6月28日开工建设，2009年底试产，2010年7月1日正式建成投产。主要生产工业与民用PVC塑料管材系列产品，项目达产后年产值约4亿元，年税收1500万元，可提供就业岗位400个。

阳工电线电缆项目 位于经开区银凯工业园。占地面积5.87公顷，建筑面积3.40万平方米。由重庆宇邦线缆有限公司、广西阳工电线电缆有限公司和广东恒盛电器厂3家公司共同出资建设，总投资约1.80亿元。2008年3月开工建设；2010年3月高压车间竣工投产，7月裸线车间竣工投产。主要生产35千伏及以下交联电力电缆、1千伏及以下聚氯乙烯绝缘电力电缆、10千伏及以下架空绝缘电缆、1千伏及以下架空绝缘电缆、铝绞线及钢芯铝绞线、聚氯乙烯绝缘控制电缆、各种塑料电线等产品。项目达产后年销售收入约6亿元，年税收1200万元，可提供就业岗位300个。

【产业发展】 2010年，经开区按照“建设成为以吸收外资为主、以产品出口为主的外向型加工制造基地。重点发展新能源、新材料、节能环保、机电制造、电子等产业，加快发展现代物流、电子商务等生产性服务业”的发展定位和能快就不要慢，能多快就多快的要求，继续打好“工业经济振兴、产业园区建设、招商引资突破、征地拆迁推进”四场攻坚战，加快经开区经济社会发展步伐。至年末，有电气机械及器材和电子设备制造业、农副产品加工业及食品制造业、化学原料及化学制品制造业、工艺品制造业、造纸及纸制品业、塑料制品业、纺织业、服装业、金属制品业、非金属矿物制品业等企业1911家，其中工业企业167家、规模以上工业企业80家、亿元产值工业企业27家；规模以上工业总产值130.14亿元，规模以上工业利税4.73亿元。

5月25日，南宁经济技术开发区企业家联谊会成立　　韦永胜　摄

【北部湾科技园】 位于友谊路西侧，壮锦大道东侧，五象大道延长线南侧，环城高速公路北侧。占地面积433.33公顷。产业定位为综合性产业园，包括总部基地、服务外包、高科技(光电、新能源)等。2010年启动征地和基础设施建设。基础设施建设项目总投资7亿元，建设内容包括征地拆迁、场地平整、道路建设、排水工程等。总部基地一期项目总投资50亿元，占地面积18.40公顷，总建筑面积71.50万平方米，由9个单体建筑组成，分A、B、C区。

【企业家联谊会】 2010年5月，在经开区管委会的主导下，本着自愿参与的原则，成立经开区企业家联谊会，有44家工业企业成为会员单位。由经开区拨出专款作为企业家联谊会活动经费。年内，企业家联谊会开展6次座谈会及文体活动时，管委会均派人参加，听取企业家的意见和建议，搭建企业家之间交流合作的平台，为在非公企业开展党建活动创造良好条件。至年末，参加企业联谊会的44家企业中建立中共党组织和工会组织各有15家。 (冯梅丽)

南宁—东盟经济开发区

【概　况】 南宁—东盟经济开发区总体规划面积180平方千米，人口3.60万，是全国归侨侨眷最集中的聚居地之一，先后安置印度尼西亚、越南、柬埔寨、老挝、缅甸、泰国、马来西亚、新加坡、菲律宾9个国家的归难侨1.20万多人。开发区实行三块牌子(南宁—东盟经济开发区、南宁华侨投资区、武鸣华侨农场)一套人马管理模式，行使市级经济社会管理职能。2010年，驻区企业220家，其中规模以上工业企业68家(新增12家)、亿元产值工业企业17家(新增5家)。亿元企业实现产值42.87亿元，占规模以上工业总产值的66.57%。完成地区生产总值23亿元；工业总产值65.74亿元，其中规模以上工业总产值64.45亿元；全社会固定资产投资50.22亿元；社会消费品零售总额1.64亿元；出口总额2057万美元；财政收入2.23亿元。

【投资环境建设】 2010年，南宁—东盟经济开发区开展“发展环境建设年”活动，营造宜商宜居投资环境。

实施“配套完善”工程 一是加快完善城市规划，由广西北部湾经济区规划建设管理委员会办公室、南宁市人民政府和南宁—东盟经济开发区管委会联合组织编制的《广西北部湾经济区南宁—东盟经济开发区总体规划（2010~2030年）》通过专家评审。同时，开发区核心片区控制性详细规划编制工作全面开展。二是加快完善企业发展配套设施，投资6.35亿元完善水、电、路等基础设施及配套设施，完成雨污水管铺设13千米、修建道路5千米。建成日处理10万吨污水的污水处理厂。利用民营资本投资6300多万元建设标准厂房5万多平方米，其中总投资1.80亿元的华强科技孵化园一期工程竣工。加快职教基地建设，广西经济职业学院和广西水利电力职业技术学院在校生1万多人。投资500万元建成开发区综合人力资源大厦，为企业招工提供良好平台。三是加快完善交通物流配套，配合完成河池至南宁铁路开发区段的线路走向及站点规划，启动实施开发区衔接武鸣县环城路及南宁安吉至武鸣一级路前期工作，配合推进武鸣至平果、里建至府城公路项目建设。四是加快完善城市生活配套，重点启动总投资近30亿元的星级宾馆、客运站、综合市场、职教基地、房地产、休闲度假中心等“十个一”配套工程，总投资16.50亿元的10个房地产项目、1亿元的四星级宾馆项目、4000万元的综合市场项目、2300万元的客运站等项目开工。

实施“环境优化”工程 一是理顺开发区管理体制，申报国家级开发区工作启动。配合市委联合调研组做好理顺开发区管理体制调研，市委常委会就进一步理顺南宁—东盟经济开发区管理体制进行专题研究，对加快开发区发展作明确要求。6月22日，市长黄方方到开发区进行专题调研，并主持召开市政府现场办公会议，明确将开发区的经济社会发展纳入全市规划，基础设施建设包括学校、医院等纳入全市城建计划，统一规划、投资、建设。二是优化法制环境。11月1日，《南宁—东盟经济开发区条例》颁布实施，为开发区“依法治区”提供法律保障。三是创建生态工业园区。引导企业加强环境质量管理，南宁天然纸业有限公司、侨虹新材料有限责任公司、华兴变性淀粉有限公司、桂化淀粉厂、昌茂木业有限公司5家企业通过ISO 14001体系认证，并通过清洁生产验收审核。投入80万元实施路灯节能工程，年节约电能60万度。四是加大市场监管力度。实行网格化监管，加大食品安全、农资市场专项整治，严格规范市场经营，营造公平、诚信的市场环境。五是实施城乡清洁工程。积极争取成立市政环卫管理站，投入73万元增购环卫设备、建设维修环卫设施，落实城乡清洁工程专项补助50万元，开发区生活卫生状况明显改善。

实施“民生改善”工程 加快发展各项社会事业。财政一般预算安排教育、卫生、社保、文化等涉及民生方面的支出6300多万元。共投入资金2600多万元，完成市政府下达的为民办实事项目任务和开发区本级实施的10大项47个为民办实事项目。支出社会保障资金2505万元，医疗保险、养老保险基本实现全覆盖。投入2000多万元实施中小学校校舍安全改造，改善教育教学条件。投资66万元建成医院儿童计划免疫楼，投入355万元增购医疗设备，医疗卫生服务设施进一步完善。7月20日，自治区首家侨心图书室成立，广西华侨爱心基金会向开发区团结小学捐赠价值6万多元的爱心书籍。

【招商引资】 2010年，南宁—东盟经济开发区加大产业招商力度，特色优势产业初步形成规模。引进项目61个，合同投资78亿元。其中：内资企业53家，外商独资企业5家，中外合资企业2家，中外合作企业1家；超千万元企业60家，超5千万元企业31家，超亿元企业18家（总投资59.31亿元，占全年引进项目投资总额的76%）；东部产业转移企业17家。实现引进世界500强企业和投资超10亿元项目零的突破，美国嘉吉投资（中国）有限公司和台湾统一集团2家世界500强企业以及总投资15亿元的双汇食品项目入驻开发区。总投资4.60亿元的易能热电联产集供项目等一批重大项目集中落户。

全年项目履约率93%，其中实现当年签约、当年开工建设的项目15个，总投资16亿元。开发区跟踪在谈重大项目30多个，总投资50亿元。引进合同内资65.29亿元，实际到位34.50亿元；引进合同外资7575万美元，实际到位2355万美元，直接利用2355万美元。

【项目建设】 2010年，南宁—东盟经济开发区创新项目服务推进机制，加大项目建设力度。一是成立项目推进服务中心，进一步推行服务企业联系卡制度，每个在建、续建和投产企业均有1名领导、1个部门、1名联络员对接服务，协调解决相关问题。开发区党政领导和职能部门领导先后走访项目180多次，协调解决资金筹措、征地拆迁、土地报批、管线迁移等项目问题100多件。二是应对国家清理整顿地方投融资平台、严格土地执法检查和征地拆迁难度加大等形势，有效破解资金筹措、征地拆迁、土地报批等问题。筹措到位建设资金3.26亿元；完成征地面积207.79公顷，拆迁面积1.70万平方米；推动土地利用总体规划修编，落实开发区2010~2020年城镇用地规模2000公顷，完成29个项目108.50公顷的用地预审，完成麦斯鞋业、统一饮料等7个项目141公顷的农转用报批。三是建立和完善企业技术创新激励机制，鼓励企业加大技术创新。田园生化公司和侨虹公司分别建成自治区级、市级技术中心，并通过认证。年内侨虹、维科特、鼎天机械等企业完成工业新产品开发19项、获专利8项，企业技术创新、产品开发能力和市场竞争力明显增强。四是帮助企业解决融资难问题。开发区本级财政落实各项扶持奖励资金800多万元，帮助企业争取上级各类专项扶持资金，先后组织40多家企业110个项目申报技术创新、技改贴息等专项扶持资金，珠江啤酒、田园生化、麦斯鞋业、万德药业等企业获上级各类扶持资金3050万元。搭建融资平台，帮助企业融资1.60亿元，其中开发区财政落实各项扶持奖励资金800多万元、帮助珠江啤酒等40多家企业争取获得上级各类专项扶持资金4369万元、促成广明药业等企业获金融机构贷款1.09亿元。五是帮助企业解决劳动用工问题。除加快劳动力市场建设、实行全员招工、举办专场招聘会外，还采取与各县（区）和驻邕各高校、技工学校开展劳务合作等措施，取得初步成效。组织专场招聘会40多场，帮助91家企业招工1.02万人，其中帮助麦斯、贯铨、楠熙等鞋业企业招工6811人，有效缓解企业劳动用工紧张的局面。六是重大项目提前超额完成投资，有效带动项目全面推进。全年开发区列入自治区、市层面统筹推进的重大项目均提前超额完成投资任务。其中：列入自治区统筹推进重大项目5

个，完成投资10.60亿元；列入南宁市统筹推进项目7个，完成投资4.54亿元。安排重点建设项目169个，开工建设169个，竣工项目61个。举办南宁市重大项目集中开竣工仪式5次（南宁市6月份重大项目开竣工仪式主会场均设在东盟经济开发区），集中开竣工项目31个。

年内，开工项目27个，总投资20多亿元；竣工项目16个，总投资14亿元。其中列入自治区、南宁市大兑现的内外资项目20个，总投资44.98亿元，合同履约率100%，开竣工率100%，资金到位率70.23%。至年末，在建项目62个。其中：工业项目46个，农业项目2个，综合项目3个，科研项目2个，房地产项目5个，教育项目2个，商贸项目1个，交通运输项目1个。总投资65.20亿元。

【台湾（南宁）轻纺产业园】 位于南宁—东盟经济开发区综合产业区。为广西北部湾经济区21个重点产业园之一、南宁市列入广西北部湾经济区11个重点扶持的产业园之一。规划面积6.23平方千米，建设期为2009~2015年，首期建设面积3平方千米，规划建设纺织面料、服装加工、鞋帽加工、辅料饰品4个专业生产基地，以及产品展示销售、设计科研、物流仓储、商贸服务、人才培训5个产业配套服务区，总投资120亿元。项目建成后，总收入预计200亿元，税收12亿元，可提供就业岗位14万个，形成轻纺加工、服装生产、鞋业制造的产业集群。2009年末完成控制性详细规划编制，2010年9月通过自治区审批，纳入广西北部湾经济区重大产业规划，并获得相关优惠政策及发展前期专项资金60万元。园区基础设施项目有子项目10个，总投资4亿元，建设道路总长约13千米、排水管网总长约55千米。2008年8月开工建设。2010年，完成投资2.51亿元，建设道路5.15千米、排水管网18.90千米。入园企业有麦斯鞋业、楠熙鞋业、贯铨鞋业等12家知名轻纺制鞋企业及配套企业，总投资近14亿元。竣工投产企业5家。同时，储备在谈轻纺制鞋项目近30个，总投资34亿元。

【产业发展】 2010年，台湾（南宁）轻纺产业园连同南宁—东盟经济开发区整体被列为自治区政府重点支持的北部湾经济区11个重点产业园区之一，落户轻纺制鞋项目14个，总投资近15亿元，其中麦斯鞋业、楠熙鞋业、贯铨鞋业、飞力达鞋业、新联盟劳保鞋5个项目竣工投产，实现产值1.09亿元。食品加工产业品牌效应凸显，王老吉饮料、珠江啤酒、双汇食品、台湾统一食品等29家企业入驻，总投资25亿元；竣工投产19家，实现产值12.49亿元。机械制造产业园规模迅速扩张，鼎天机械、南益摩托等35家企业落户，总投资40亿元；竣工投产12家，实现产值17.32亿元。生物医药产业园被列为南宁国家高技术生物制造产业核心区，广明药业、万德药业、丽原制药等18家企业落户，总投资20亿元；竣工投产6家，实现产值5.51亿元。

6月22日，自治区党委书记、自治区人大常委会主任郭声琨（左二）出席在南宁—东盟经济开发区举办的广西台商代表座谈会，并考察驻区台资企业南宁麦斯鞋业有限公司

张向新　摄

【农业发展】 2010年，南宁—东盟经济开发区加快发展现代农业，进一步巩固农业基础地位，实现农业总产值3.09亿元。落实各项支农惠农政策，落实资金400多万元。夯实农业发展基础，安排实施农业项目15个，计划总投资5700多万元，涉及村屯道路、水利灌溉、农业综合开发等。加快调整农业产业结构，发展现代高效农业。新建农业大棚978个，总数3000个，实现总产值2320万元。农业示范基地规模不断扩大，建成2000公顷香蕉产业园项目，总产量7.50万吨，公顷产量年均37.50吨，产值1.50亿元，利润6000万元；建成200公顷蔬菜基地项目，总产量4500吨，产值1080万元，利润630万元。发展农副产品加工业，诚兴农业、森景园、达尊食品等一批农业及农副产品加工企业相继竣工投产。

【广西水利电力职业技术学院新校区】 位于南宁—东盟经济开发区教育北路。占地面积59.79公顷，建筑面积26.79万平方米，总投资5.57亿元。2009年末开工建设，2010年9月一期项目竣工并投入使用，建成学生公寓、教学楼、实验实训楼、水工实训楼、金工实训楼、食堂、行政办公大楼、图书馆、体育馆及室外给排水、消防、道路、主校门和广场、运动场、人工湖、供电工程、弱电网络工程等配套项目，至年末，在校学生6000多人。

（张向新）

广西良庆经济开发区

【概　况】 2010年，广西良庆经济开发区加快建设南宁市中国—东盟国际物流基地西区工业集中区和太安龙象工业集中区，建设现代都市工业及城市新组团。国家发展改革委核定面积262.84平方千米，辖区面积55平方千米，人口约8万。驻区企业326家，其中规模以上工业企业75家（新增13家）、亿元产值工业企业24家（新增2家）。亿元企业实现产值77.30亿元，占规模以上工业总产值的83.39%。地区生产总值36.62亿元；工业总产值100.58亿元，其中规模以上工业总产值92.70亿元；全社会固定资产投资

76.43 亿元；出口总额 4.92 亿元；财政收入 1.23 亿元。

【基础设施建设】 2010 年，良庆经开区基础设施建设项目开工 8 个，完成投资 3 亿元。启动亮岭路等 13 条道路基础设施项目的前期工作；基本完成大沙田、玉洞片区的控制性详细规划和那马镇总规及中国—东盟国际物流基地、太安龙象工业集中区的分区规划等 11 个规划的修编及编制，委托新加坡邦城公司对南宁·中国—东盟国际物流基地的产业规划及运营策划进行编制，完成初稿编制；完成玉洞片区 2 号路、亮岭路、亮岭一街和二街的规划调整及方案设计编制；阶段性完成玉洞片区 1 号路的建设（累计完成投资 923 万元）；完成太安龙象工业集中区污水处理厂立项；配合市交通水利公司开展物流基地的基础设施建设，确保物流基地 5 条道路按时开工建设。完成土地前期收储项目 25 个，收储面积 490.49 公顷。挂牌出让土地 6 宗，出让总面积 19.67 公顷，土地出让收入 8.05 亿元。通过运营土地和参与基础设施建设来筹资融资。成功运作金象五区瑞和家园、金象三区天筑米兰等项目，实现收益 6500 万元。

【招商引资】 2010 年，良庆经开区完成签约项目 38 个，计划总投资 102.93 亿元。其中工业项目 33 个（包括 17 个腾笼换鸟项目），计划投资 16.23 亿元；仓储物流项目 5 个，计划投资 86.70 亿元。引进的重大项目有（海尔）东盟家电信息研发培训基地及东盟啤酒文化街项目（投资 60 亿元）、广西方舟公司建材综合城（投资 15 亿元）等。引进合同内资 52.45 亿元，实际到位 26.49 亿元；引进合同外资 1666 万美元，直接利用 2553 万美元。

【项目建设】 2010 年，良庆经开区服务新建、续建工业项目 12 个，总建筑面积约 130 万平方米，计划投资 2 亿元，完成投资 5.50 亿元。其中凯源铁塔、精益混凝土制品、古方药业等 8 个工业项目竣工，总投资 3200 多万元，新增工业产值 2 亿元以上。统筹推进工业技改项目 57 个，完成精益混凝土制品、正大规模养殖基地和百洋养殖基地等 31 个技改项目建设，累计完成技改投资 15 亿元。新开工房地产项目 14 个，占地面积 79.25 公顷，总建筑面积 45 万平方米，累计完成投资 14.18 亿元。开工建设标准厂房 6000 平方米，竣工验收面积 6000 平方米。

【产业发展】 2010 年，良庆经开区依托南宁保税物流中心，加快产业结构调整，对传统工业进行升级改造，大力发展现代工业及出口加工业，重点发展轻工、电子、医药、新能源、新材料等产业，逐步形成有色金属、建材、制药、机械、轻工、食品、饲料等特色产业群。轻工业主要以日用品生产、包装印刷、制衣等企业为主。引进龙昌日用品工业（南宁）有限公司、南宁华威制衣有限公司等轻工产业企业 60 家，其中规模以上企业 23 家；完成工业总产值 6.93 亿元，占开发区规模以上企业总产值的 7.48%；完成税收 973.78 万元，占开发区税收的 9.19%。有色金属深加工业主要以氧化锑及关联产品生产企业为主。引进广西华锑化工有限公司、广西日星金属化工有限公司等有色金属深加工产业企业 4 家，其中规模以上企业 3 家；完成工业总产值 13.98 亿元，占开发区规模以上企业总产值的 15.08%；完成税收 1655.21 万元，占开发区税收的 15.63%。建材业主要以钢材深加工、林产品加工、水泥制品生产、建材化工产品生产企业为主。引进广西丰林木业集团股份有限公司、市蓝天钢管厂、市嘉大混凝土有限公司等建材企业 30 家，其中规模以上企业 20 家；完成工业总产值 17.06 亿元，占开发区规模以上企业总产值的 18.40%；完成税收 3842.62 万元，占开发区税收的 36.27%。制药业主要以中成药提取、中药深加工、西药生产企业为主。引进广西千珍制药有限公司、广西万寿堂药业有限公司等制药企业 18 家，其中规模以上企业 11 家；完成工业总产值 13.13 亿元，占开发区规模以上企业总产值的 8.69%；完成税收 919.85 万元，占开发区税收的 8.69%。机械制造业主要以糖机设备生产、汽车零部件生产企业为主。引进广西盛誉糖机制造有限责任公司、市中高糖机设备制造有限公司等机械制造企业 20 家，其中规模以上企业 10 家；完成工业总产值 10.23 亿元，占开发区规模以上企业总产值的 11.04%；完成税收 1181.93 万元，占开发区税收的 11.16%。饲料业主要以饲料生产企业为主。引进南宁正大畜牧有限公司、广西南宁百洋饲料集团有限公司等饲料生产企业 15 家，其中规模以上企业 8 家；完成工业总产值 31.36 亿元，占开发区规模以上企业总产值的 33.83%；完成税收 2022.49 万元，占开发区税收的 19.09%。

（乐情温）

南宁六景工业园区

【概　况】 2010 年 1 月，经自治区政府批准，南宁六景工业园区列入广西北部湾经济区 11 个重点产业园区之一。园区规划面积 41 平方千米，人口 5920 人，重点发展化工、制浆、造纸、茧丝绸加工及农副产品加工等产业。驻区企业 59 家，其中规模以上工业企业 24 家（新增 7 家）、亿元产值工业企业 13 家（新增 3 家）。亿元企业实现产值 32.41 亿元，占规模以上工业总产值的 92.28%。地区生产总值 20.68 亿元；工业总产值 35.23 亿元，其中规模以上工业总产值 35.12 亿元；全社会固定资产投资 45.07 亿元；出口总额 3.51 万元；财政收入 8878 万元。

【投资环境建设】 2010 年，六景工业园区多方筹措资金，推进基础设施及配套建设，满足入园企业的需求。实施基础设施项目建设 14 个（续建项目 10 个、新建项目 4 个），累计完成投资 2.52 亿元。竣工项目 10 个。日供水能力 2.50 万吨的自来水厂开工建设；日处理 2 万吨污水的污水处理厂土建基本完成；电力供应由园区 110 千伏和六景 35 千伏变电站承担，新建六景 220 千伏变电站。园区一期主干道路建成投入使用。园区内电信宽带、移动电话、有线电视网络全面覆盖。为拓宽园区发展空间，启动园区二期规划，编制《六景镇总体规划（2009~2025）》，规划面积 41 平方千米。自治区北部湾办公室、市政府、横县政府共同组织的园区远景概念性规划由江苏省城市规划设计院编制，规划面积约 150 平方千米，完成园区道路竖向、给水、排水及消防 4 项专项规划的编制。

【招商引资】 2010 年，六景工业园区结合园区实际，采取实施重大项目带动战略，通过产业招商、以商招商、专业招商等方式，促进招商引资向招商选资转变，提升招商质量。围绕园区主导产业，突出招商重点，打造园区造纸产业园、茧丝绸产业园、化工产业园、港口物流园，发挥园区产业集聚效应，推动园区跨越发展。引进天腾木业、天利恒木业、汉普铁塔等项目11个，完成招商引资项目11个，引进合同资金42.53亿元，实际到位20.68亿元。

【项目建设】 2010年，六景工业园区开展“项目建设年”活动，努力解决项目建设中存在的问题与困难，促使项目建设不断推进。实施工业项目建设32个，其中竣工项目9个、在建项目18个、前期项目5个。以重大项目为重点，全面攻坚，全力服务，不断推进国电南宁电厂、南宁绿洲化工公司氯碱、广西劲达兴纸业有限公司浆纸、广西永凯集团糖浆纸、广西固体废物(危险废物)处置中心等自治区统筹推进的重大项目建设。一期投资42亿元的国电南宁电厂项目于5月21日开工；一期投资30.83亿元的南宁绿洲化工公司氯碱项目村外征地工作完成，土地平整完成35%；一期投资12亿元的广西劲达兴纸业有限公司浆纸项目和一期投资15.63亿元的广西永凯集团糖浆纸项目土建工程基本完成；总投资2.16亿元的广西固体废物(危险废物)处置中心项目开始土建和厂房主体施工。

【产业发展】 2010年，六景工业园区结合南宁市对园区发展定位的意见，发挥区位和资源优势，按照一区多园的构想，规划建设“三园一带”(造纸产业园、化工产业园、丝绸产业园和港口经济带)，建设以工业为主、仓储物流业和商住业为辅的工业园区。一是依托横县丰富的甘蔗渣、桑枝资源，以广西劲达兴集团和广西永凯集团为龙头企业，引进纸品深加工、浆纸生产设备制造、流通市场等配套项目，规划建设占地面积466.67公顷、浆纸生产年规模300万吨的造纸产业园。二是依托横县丰富的桑蚕资源，以立盛公司、华冠公司等缫丝生产企业为龙头，规划建设占地面积66.67公顷的丝绸产业园，重点引进织造、制衣、印染项目。三是依托国电南宁电厂项目和南宁绿洲化工公司氯碱项目，规划建设面积约10平方千米的化工产业园，重点引进配套北部湾大石化产业延伸的上下游精细化工项目。四是依托南宁港六景港区的建设，发展建设以仓储、物流为主的港口经济带，带动园区经济发展。 (李清俏)

南宁江南工业园区

【概　况】 南宁江南工业园区由南宁市政府授权江南区政府开发建设并负责管理。园区近期规划面积12.14平方千米，远景研究规划面积49.13平方千米，国家发改委核定面积5.12平方千米。园区由石柱岭铝加工产业园、江南经济园、沙井分区和杨村工业集中区四个部分组成。南以白沙大道、南站大道为界，北至亭洪路、富达路，东面为石柱岭一路，西至星光大道。至2010年末，园区建成投产企业90家，其中规模以上工业企业33家(新增5家)、亿元产值工业企业10家(新增3家)。主要产业类型为建材加工、生物制药、电子设备及配件、饲料加工、塑料加工及食品加工。工业总产值34亿元，其中规模以上工业总产值32.90亿元；全社会固定资产投资20.80亿元；财政收入1.28亿元。

【投资环境建设】 2010年，江南工业园区协调推进园区排水及电力等配套设施建设，完成固定资产投资3亿元。开工建设基础设施项目4个，竣工3个。完成凤凰南路、同乐路、仁和路等10条道路的设计招标，以及凤凰南路、同乐路、同乐北路、新乐路、仁和路施工图设计。新开工建设富乐西路三期、亭洪路西延长线一期、富园路(罗文大道—新村大道)及富景路等工程。富乐西路二期、定津路、沙井城市景观公园等工程竣工。其中：富乐西路二期，全长520米，10月竣工，投资1500万元；定津路(沙井大道—罗文大道)，10月竣工，投资2600万元；沙井城市景观公园，7月竣工，投资3470万元。

【招商引资】 2010年，江南工业园区利用“两会一节”平台，坚持科学招商和服务为本理念，招商引资实现新突破。在“两会一节”南宁市重大项目签约会上，与丰源国际（香港）投资公司签订投资2480万美元的凯罗琳酒店管理与投资项目，与中国华电集团公司新能源发展有限公司签订投资16亿元的分布式能源项目；在江南区招商投资推介会上，与民生集团签订投资25亿元的南宁数码港项目，与广西保利置业集团有限公司签订投资20亿元的江南五一路保利城项目，与广西富丰集团有限公司签订投资3亿元的南宁东盟国际家禽产品物流中心项目，与广西北部湾江南钢材管理有限公司签订10亿元的招商引资合同。引进合同内资13亿元，实际到位5亿元；引进合同外资300万美元，实际到位(全广西口径)300万美元，直接利用300万美元。

【项目建设】 2010年，江南工业园区以培育工业新兴产业、提升传统优势产业和壮大园区经济为主导，打好产业经济发展攻坚战。淘汰落后产能、引进先进产能，推进新型工业项目建设，建设传统制造业改造升级和战略性新兴产业培育发展示范城区。重点抓好商贸物流、电子信息、铝加工、医药、房地产业等能够带动产业结构升级、增强区域竞争力的重大项目谋划与储备。推进重大项目建设，突出抓好南宁华南城、广西海吉星农产品物流中心、年产20万吨大规格高性能铝合金板带型材、科技创业园等重特大项目建设。至年末，园区跟踪服务的项目38个，其中建成投产项目5个，总投资2.19亿元；在建项目12个，总投资90.20亿元。成功出让地块5宗(工业用地3宗、经营性用地2宗)，出让面积37.10公顷；纳入市级储备库土地122.73公顷，其中工业用地79.80公顷、经营性用地42.93公顷。开工建设工业项目12个，总投资90.20亿元；竣工投产5个，总投资2.19亿元。

【产业发展】 2010年，江南工业园区总体规划和产业布局规划进一步完善，功能分区和产业发展定位进一步明确，形成物流仓储、电子信息、铝加工三大主导产业，其中电子信息产业实现工业总产值8.20亿元，占园区工业总产值24.12%；并重点围绕三大产业主动承接东部产业转移。随着南宁华南城、广西海吉星农产品国际物流中心等重大项目陆续落户，区域性国际物流基地初现雏形。医药产业、房地产业和会展业加快发展，同时还建成广西机电汽车物流园、宝马汽车维修服务中心广西4S店、广西松宇机械集团总部项目，将白沙大道至南站大道建成中高档汽车和工程机械用车等汽车销售一条街。 (江南工业园区管委会)

南宁仙葫经济开发区

【概　况】 2010年，南宁仙葫经济开发区被列为广西北部湾经济区重点经济建设集中区之一，产业发展方向是印刷、食品精细加工。辖区面积75.03平方千米，开发面积11.30平方千米，人口7.50万。驻区企业101家，其中规模以上工业企业8家、亿元产值工业企业1家。工业总产值10亿元,其中规模以上工业总产值5.95亿元;全社会固定资产投资39.40亿元;社会消费品零售总额2亿元;财政收入1.34亿元。

【投资环境建设】 2010年,仙葫开发区推进项目建设年、服务企业年活动,通过采取召开现场办公会、收集企业意见等方式,为企业量身制定专项服务,成立服务小组,共走访企业80批次,为办理各种项目手续出动车辆、人员260余次,为企业解决各类问题50个。加强基础设施建设和公用设施建设,共完成基础设施投资近30亿元,基本完成开发区“七通一平”(水通、电通、路通、通讯通、排污通、热力管线通、燃气管线通和场地平整)以及绿化、路灯、防护栏等市政设施工程建设。有支干道路69条,主干道19.70千米,其中仙葫大道11.50千米。由青秀区财政支付、采购中心安排的施工项目13个,其中仙安路、明月路、宏达路等道路工程及安置房排水工程竣工,总投资约144万元。五合粮油工业园1、2号道路完成招投标并开工建设,总投资1770.10万元,全长1.30千米。继续实施“城乡清洁工程”,改善投资环境。联合相关部门组成联合执法队伍,对仙葫一、二区市场、仙葫辖区沿街铺面及建筑工地进行综合执法,累计纠查违章乱摆卖摊点497摊,处理跨门槛经营314户,暂扣瓜果约2000千克、桌椅凳约240张、灯箱广告牌200多块、其他物品近300件,查扣非法泥头车、乱摆卖人力三轮车64辆,征收行政罚款7万元,拆除乱搭盖16间。

【招商引资】 2010年,仙葫开发区加大招商引资和项目建设力度,形成以引进工业项目为主导方向进行专业化招商的新格局。引入项目227个,协议投资204.10亿元,完成投资181.30亿元。其中亿元房地产项目20个,开发项目500多万平方米,在建项目117.20万平方米。工业项目主要分布在西区和五合片区,占地面积33.73公顷,主要产业为粮食食品加工、印刷和商品混凝土生产。引进广西南宁新永健高新技术有限公司空气净化处理系统机组组装生产车间、东创建国汽车集团、广西南宁永泰祥矿业有限公司等项目,协议投资9.30亿元。全年引进合同内资17亿元,实际到位7.77亿元。

【项目建设】 2010年,仙葫开发区在建项目51个。其中:工业项目4个,总投资1.96亿元;房地产项目15个,总投资26.65亿元;校区建设项目9个,总投资4.28亿元;其他项目建设23个。新开工项目4个。年度计划投资超5000万的项目7个,本年计划总投资额12.29亿元。共引进项目3个,合同总投资17亿元。

(青秀区志办)

南宁市相思湖新区

【概　况】 2010年,南宁市相思湖新区规划面积127平方千米,辖区面积69平方千米。重点围绕抓好“高教职教基地、‘中国水城’、沿江沿湖经济带、配套基础设施、生态旅游”五场攻坚战,推进新区建设。完成征地面积157.76公顷,拆迁面积12.23万平方米。“260万株树木种植工程”自筹资金种植乔木3495株,完成市下达自筹资金种植2700株任务的129.44%。全社会固定资产投资27.88亿元;财政收入1.82亿元。

【投资环境建设】 2010年,相思湖新区按照南宁市“向西拓展,加快相思湖新区建设,继续完善新区道路及配套公共设施,重点抓好高等教育基地建设”的发展布局,继续完善新区功能。完成基础设施建设投资2.63亿元。其中:大学西路、相思湖东路南段、凤凰南、昌泰清华园高压专线等13.50千米的供电管廊建设完成投资3000万元,军安路、财经路、树人路北段、鹏飞路南段2.30千米的供水建设完成投资1000万元,11条道路建设完成投资2.23亿元。为民办实事项目军安路、财经路于12月30日竣工通车。新增道路通车里程4.67千米,完成供电管廊建设7.60千米,供水管道铺设6.20千米。以南宁市创建国家卫生城市为契机,开展卫生专项治理活动,共出动执法人员7000余人次、执法车2700余辆次,联合执法39次,保持市容环境的优美整洁。加快房地产开发建设,提升新区居住水平。加快保障性住房和商品房建设,华储百合苑、昌泰清华园等项目相继竣工,竣工面积45万平方米。

【招商引资】 2010年,相思湖新区采取“请进来、走出去”相结合的做法,推出主题公园、江北地块整体开发、星级酒店、影视娱乐城、大型购物中心及图书批发中心、电子科技广场等新的招商项目。相思湖农贸市场建成,北京华联等一批日用消费品企业相继入驻商业住宅区。引进骋望怡璟湾住宅小区、广西同人“学府大道”住宅小区、广西体育高等专科学校相思湖校区3个项目。引进合同内资18.88亿元,实际到位10.17亿元;引进合同外资300万美元,实际到位300万美元,直接利用300万美元。

【水环境综合治理】 2010年,相思湖新区以相思湖水环境综合整治工程和南宁市“中国水城”建设二期(可利江—心圩江)连通运河等重点项目为突破口,带动环相思湖水系的全面建设。可利江—心圩江连通运河以及西明江、可利江、凤凰江、石灵河、石埠河环境综合整治工程6

12月30日,相思湖新区军安路、财经路竣工通车　　唐欣也提供

个水城项目开工建设，完成投资7.76亿元。其中，相思湖水环境综合整治工程完成投资1.60亿元，开展河道整治、管网、泵站等配套工程，景观工程共种植常规乔木4268棵、大树508棵，完成产值2100万。可利江环境综合整治工程，包括河道整治和生态恢复工程（全长4.22千米）、污水管网工程（全长59.60千米）以及补水工程，完成投资1.31亿元；一期工程河道整治部分基本完工，二期景观工程开展大树种植，共种植常规乔木4300棵、大树550棵，完成产值800万元。可利江—心圩江连通运河工程是南宁市江北环城水系一期工程子项目，项目线路总长3.65千米，总投资9亿元，5月29日开工建设，12月末完成河道主体工程建设，并实现蓄水，完成投资4亿元；石埠河生态环境综合整治工程完成投资7609万元。

【筹融资】 2010年，相思湖新区通过修改完善资金管理制度、物品采购制度、预算执行制度，加强财税征管。成功出让西庄路南侧、西宁路东侧地块，出让面积3.28公顷，完成土地筹资2.95亿元，完成新村、西明和罗文3个储备项目土地征收。

【高教职教园区建设】 2010年，相思湖新区高教职教园区建设完成投资3.60亿元。开展院校新校区建设10家。其中，广西财经学院图书馆完成基础施工；广西工商职业技术学院一期2栋学生宿舍楼、1栋教学楼、1栋食堂于11月开工建设；南宁高级技工学校实训楼项目封顶，机械、汽修实训楼进行主体施工；广西艺术学院、广西农业职业技术学院、广西银行学校、广西建设职业技术学院、广西卫生管理干部学院、广西体育高等专科学校等相思湖校区开展征地拆迁工作，其中广西艺术学院、广西农业职业技术学院、广西建设职业技术学院已举行新校区开工仪式。 （唐欣也）

南宁五象新区

【概 况】 2010年，南宁五象新区开发建设指挥部以拓展新区功能为重点，推进五象新区蟠龙片区、总部基地、自治区行政中心、南宁保税物流中心、龙岗片区五大重点区域建设。实际完成投资69.40亿元。房地产开发建设进入新阶段，4月27日，五象新区首个房地产项目“港保苑”开工建设。年内开工房地产项目7个。7月，南宁市鼓励总部经济发展的4个文件获市委、市政府通过并印发实施，其中《南宁市人民政府关于加快五象新区总部基地开发建设的若干意见》正式下发执行。

【“三横三纵”路网建设】 2010年，市城建计划安排项目资金51.17亿元用于五象新区路网建设，续建和开工建设道路项目48个，开展前期工作38个，完成投资42.11亿元。至年末，五象新区路网建设覆盖面积约60平方千米，五象大道、平乐大道（南宁大桥—五象大道段）、龙岗大道一期（仙葫大桥—五象大道段）、玉洞大道一期、南宁大桥、八尺江桥均竣工通车。形成“三横三纵”（“三横”为龙堤路、五象大道、玉洞大道；“三纵”为银海大道、平乐大道、龙岗大道）的路网格局，为项目落地和房地产业的聚集奠定基础。

【五象新区总部基地】 位于五象新区核心区，由平乐大道（南宁大桥延长线）、五象大道、五象新区核心区3号路以及核心区23号路围合而成，占地面积2.60公顷。总部基地具备商务、商业、休闲3大核心功能，并划分为商业金融、商务办公、总部基地、文化休憩、居住教育、行政办公6个功能区。路网工程于2010年3月19日开工，投资估算5.13亿元，占地面积59.73公顷，规划道路13条，道路总长13.54千米。年内，完成征地签约面积233.33公顷，占任务量的90%以上。

【邕江大学新校区】 位于五象新区龙岗片区，占地面积86.42公顷，总建筑面积约41.50万平方米，拟建教学办公区、生活后勤区、体育运动区3个功能区，建成后可满足在校生人数约1.50万人。2010年4月22日开工建设，至年末基本实现全面封顶，创造“五象速度”和广西高校建设新速度。

【南宁保税物流中心运营】 2010年7月26日，南宁保税物流中心正式运营；8月18日迎来首票保税物流业务；至年末，共受理保税物流报关单业务77票，货值2390万美元。继续推进二期项目建设及三期征地。东盟进出口商品展示中心主体结构于4月18日封顶。1号、2号冷库竣工投入使用，首批货物于8月25日入库冷藏；9月30日，自治区农业厅与广西北部湾港务集团签订合作协议，正式启动香蕉南北海运冷链物流。完成征地约30公顷，完成三期征地任务的62.30%。

【招商引资】 2010年，五象新区指挥部加大南宁保税物流中心和五象新区总部基地宣传推介力度，组织相关部门主动上门推介，到南宁市6个城区和3个开发区开展招商引资调研座谈活动，与90多家企业开展深入的沟通和交流。至年末，南宁保税物流中心与18家企业签订合作协议。企业类型包括物流、外贸、制造和报关行等，业务范围涵盖一般贸易通关、保税仓储、冷链物流、信息与金融服务、国际采购和配送等。包括世界500强企业在内的国内外60多家企业和单位有意向进驻总部基地。6月6日，青岛海尔和青岛啤酒集团公司与南宁市签署合作协议，落户总部基地。

（南宁五象新区开发建设指挥部）

责任编辑 梁笑飞

7月26日，南宁保税物流中心正式运营。图为中心一瞥 周家志 摄

城市建设与管理

城市建设综述

【城市重点工程建设概况】 2010年，南宁市城市建设围绕"四个年"主题活动和"五场攻坚战"为中心开展。全年城市建设计划3批，安排建设项目392个、前期工作项目222个和清欠还款专项。计划总投资1185.66亿元，年度计划投资331.38亿元。其中：建设项目年度投资243.11亿元，前期工作项目年度投资9.27亿元，清欠还款专项年度投资78.99亿元。实际开工项目265个，竣工投入使用30个，为年度计划的67.60%、7.65%；完成投资256.77亿元，占计划的77.49%，比上年同期增加5.26%。其中，建设项目完成投资182.24亿元，为年度计划的74.96%；前期工作项目完成投资8.39亿元，为年度计划的90.51%；清欠偿还专项66.14亿元，为年度计划的83.73%。建设项目涵盖五象新区、东盟商务区及凤岭新区、城市交通路网、社会保障用房配套道路、交通整治、桥梁、南宁港及配套建设、拆迁回建及安置房、廉租房和经济适用住房及绿色建筑示范小区、水环境及内涝整治、市政公用配套设施、风景旅游和园林绿化项目12个方面。在未开工127个项目中，正在进行征地拆迁和准备征地拆迁31个，正在进行或已完成招投标23个，正在进行施工图设计、初步设计54个，正在进行方案设计和选址19个。

【城市重点工程建设项目】

五象新区项目　共60个，年度计划投资61.03亿元，完成投资49.99亿元。开工项目有五象新区总部基地路网工程，核心区1、3、6号路，龙岗片区道路工程，银海大道拓宽工程，五象大道景观工程等37个。竣工项目有五象大道、八尺江桥、玉洞大道(平乐大道—龙岗大道)、玉洞大道景观工程（银海大道—平乐大道)等6个。五象新区道路占地面积约60平方千米，初步形成"三横三纵"("三横"为堤园路、五象大道、玉洞大道"；"三纵"为银海大道、平乐大道、龙岗大道)的路网格局。

东盟商务区及凤岭新区项目　共22个，年度计划投资9.84亿元，完成投资6.46亿元。开工项目有东盟商务区8~15号道路工程、8条主干路景观工程、各国联络部基地园区道路工程、凤岭南路(青山路—青秀路、青环路—开泰路)、月湾路(长湖路—云景路)等19个，其中长湖东路(凤翔路—月湾路)竣工并投入使用。凤岭新区的市政公共基础设施得到完善，方便快捷的交通路网布局初见雏形，东盟商务区A区(东盟各国联络部)及B区(国际商务核心区)基础路网已形成。

城市交通路网项目　共144个，年度计划投资60.16亿元，完成投资44.79亿元。开工项目有大学路—明秀路口综合交通工程、秀灵北路工程(快速环道—可利大道段)、植物路（桃源路—江北东堤)、旧五一西路(翠湖新城—沙井大道)、长堽路一期工程（望州南路—长堽火车站)、青山路南湖连接线等95个。竣工项目有东葛路延长线道路工程（长湖路—佛子岭路)、仙葫大道路面维修工程(南北高速公路跨线桥—蒲庙大桥)、滨湖北路延长线(长湖路—贤宾路)、北湖路道路改造工程(中华路—快环)等10个。

社会保障用房配套道路　共9个，年度计划投资2.11亿元，完成投资5500万元。开工项目有林里桥路、明秀北六里(快环—军安新村)、金凯路、富园路工程(兴源路—新村大道)、兴源路工程(亭洪路西延长线—民心路)5个。

交通整治工程　共6个，年度计划投资3700万元，完成投资1500万元。开工项目有快速环路综合交通整治三期、2010年南宁市"创双城、迎两会"重大活动周边道路交通设施完善工程项目、城市智能交通系统完善一期工程3个，其中部分道路(次干道及以下)交通设施完善工程竣工。

桥梁项目　共14个，年度计划投资5.27亿元，完成投资2.91亿元。开工项目有葫芦鼎大桥与地面交通完善工程、白沙大桥北岸节点交通整治工程、永和大桥北岸匝道等7个，其中竣工的有桃源北大桥景观亮化工程和科德路跨心圩江桥。

南宁港及配套建设项目　共5个，年度计划投资3.60亿元，完成投资7800万元。开展方案设计及选址1个、初步设计4个。

拆迁回建及安置房　共12个，年度计划投资13.26亿元，完成投资3.78亿元。开工项目有江南、江北堤路园农民回建安置房、西乡塘区拆迁安置小区、青秀区凤岭佳园拆迁安置小区、江南区富乐新城拆迁安置小区等10个，其中白沙馨园农民回建房二期工程竣工。

廉租住房和经济适用住房及绿色建筑示范小区项目　共18个，年度计划投资12.82亿元，完成投资9.79亿元。开工项目有凤岭北路一、二期廉租住房，邕宁区廉租住房以及边阳街直管公房旧房改造工程、五村岭环卫新村、桃花源等16个，其中友谊路、相思湖廉租住房2个项目竣工。

水环境及内涝整治项目　共25个，年度计划投资27.08亿元，完成投资26.66亿元。开工项目有南湖—竹排冲水系环境综合整治工程、邕宁区防洪工程(一期)、江北环城水系一期工程子项目(可利江—心圩江连通运河)等23个。竣工项目有内河清淤、朝阳溪河道设施改造及维修工程2个。

市政公用配套设施项目　共47个，

12 月，广西体育中心主体育场建成　　　　周家志　摄

年度计划投资 27.63 亿元，完成投资 22.63 亿元。开工项目有城市生活垃圾综合系统工程（转运系统）、大学西路维修工程、2010 年城市防洪体系完善工程、供水管道工程、陈村水厂二期扩建工程、城乡风貌改造二期工程、市政道路供水工程等 34 个。竣工项目有 2010 年穿衣戴帽项目、精品线路及重要节点周边楼宇亮化改造工程、清川大桥维修工程、2010 年节庆花卉生产和布置工程 4 个。

风景旅游和园林绿化项目　共 30 个，年度计划投资 22.36 亿元，完成投资 13.74 亿元。开工项目有青秀山森林植物园、200 万盆鲜花生产布置、增种 260 万株树木工程、街道绿地黄土裸露综合整治三期工程、滨江公园二期工程等 15 个，其中建成的有 2010 年节庆花卉生产和布置工程。　　　（刘　倩）

广西体育中心工程　自治区重点工程。位于五象新区核心区五象大道南侧。占地面积 76.20 公顷，总建筑面积 19.80 万平方米。一期主体育场工程于 2008 年 2 月 25 日开工建设，占地面积 33.33 公顷，建筑面积约 12 万平方米。工程包括体育场、体育馆、游泳跳水馆以及网球中心。2010 年末主体育场竣工，总投资 21.60 亿元。是集体育比赛、文艺演出、集会展览、健康娱乐等多功能为一体的标志性建筑综合体。二期工程于 2010 年 1 月 15 日开工建设，占地面积 42.87 公顷，其主要项目建设内容包括体育馆、游泳馆、网球中心、服务用房、地下停车场、室外网球场等 10 余个各种类型的工程。总投资估算为 15.23 亿元，预计 2011 年竣工。　　　（黄　加）

“中国水城”建设

【概　况】 2010 年，南宁市委、市政府实施打造“中国水城”攻坚战，建设宜居生态城市的发展战略，通过科学规划，合理建设，对城市水环境进行综合整治，构建充满活力的城市滨水区域和优美的山水城市景观。重点以建设现代亲水城市为目标，以南湖—竹排冲、心圩江、相思湖三大河湖公园为突破口，推进 23 个水城项目建设。共完成投资 26.79 亿元，为年度计划的 112.34%。

【南湖—竹排冲水系环境综合整治工程】 整治范围从竹排冲与沙江河汇合处至竹排冲邕江出水口处，全长 9.20 千米。项目建设内容包括南湖—竹排冲水系沿岸景观改善工程、民歌湖改造工程、竹排冲河道改造及泵站工程、南湖—竹排冲连通明渠工程、南湖—竹排冲排水管改造工程、市政道路跨连通渠桥梁工程。南湖—竹排冲水系环境综合整治工程总投资 19.80 亿元。

民歌湖改造工程　南宁市打造“中国水城”的重要组成部分。2009 年 11 月 28 日动工建设，总投资 2.50 亿元。民歌湖是由原民歌广场改造而来，占面积 24.68 公顷，其中水域面积 10 公顷、绿地面积 7.02 公顷，经改造主要分为沁香苑、棕榈岛、咏竹园、叠翠谷、溢彩坡、淘金滩 6 个景区。湖域内设置地下停车场、酒吧街（环外湖酒吧区、环内湖酒吧区、街巷酒吧区、地下演艺厅），以及入口景观区、中心舞台区、游憩观赏区、滨水活动区、水上活动区等。绿化采用乔灌木相结合的植物配置，湖岸共种植乔灌木 4931 株。湖中建造有声光感应桥、曲水桥、凌波桥、七弦桥各具特色的桥梁，桥梁工程累计完成投资 1444 万元。

连通渠改造工程　南湖—竹排冲水系环境综合整治工程的重点项目之一。南湖—竹排冲连通明渠起于南湖，占用全段碧湖北路，穿过长湖路，全长 752 米。至年末，连通明渠完成渠道护壁桩、回建楼基础及粉喷桩、船闸主体结构，以及闸室的设备安装，船闸与竹排冲交接处左侧挡墙及底板的施工。连通明渠 A 标累计完成投资 4840 万元，B 标累计完成投资 2687 万元。渠上的长湖桥、碧湖桥和南湖环道拱桥全部建成通车。长湖桥全长 45.50 米、宽 43.60 米，人行道左

“中国水城”建设初见成效。图为市民在游览民歌湖　　　　邓江宁　摄

右各3米，辅助车道左右各6米，双向机动车道长22米，建成后桥面比原来桥面宽7米，桥面两侧精心雕琢围护栏，桥底部距连通明渠底部10米，桥下可通行10~20人乘坐的小型游船。建在碧湖路上的碧湖桥是横跨南湖北岸南湖—竹排冲连通渠的“坝首”，全长22米、宽20.50米，采用单孔现浇预应力混凝土变高度箱桥梁的形式，通车后将继续在东侧建设绿化景观和一条宽5.16米、长6.63米的与南湖环湖路相贯通的游步道，在连通渠两侧护岸设置花池和栏杆。位于明渠与南湖的入口处、采用单孔钢筋混凝土板拱桥形式的南湖环道拱桥，长39.40米、宽20.50米。

【两江运河工程】 2010年，南宁“中国水城”建设二期工程的可利江—心圩江连通运河，是构建环相思湖水系的关键节点，是打造江北环城水系的重要组成部分。位于相思湖新区、高新区，起于可利江左岸八桂田园上游，沿八桂田园北侧穿相思湖新区的相思湖东路后，占用高新区创新路直至创新路滨江路口的心圩江湖。全长3.65千米，红线宽度50~100米，占地面积22公顷，总投资6亿元。6月动工，建设内容包括桩板墙、补水箱涵和土方开挖工程，其中9月完成河道两岸起固定作用的桩板墙，年末河道主体工程竣工并实现蓄水。原来的创新路变成连通运河，将可利江相思湖和心圩江湖紧密相连，河道雏形基本呈现。累计完成投资3.90亿元。余下工程转入道路修整、景点绿化、岸坡加固等的施工，水面与绿化面积按1:1比例来控制，周边设置亲水步行道。运河上正在兴建的滨河路桥、利园大道桥、凤岭路桥等9座桥，桥型设计各具特色，其中有现代气息极强的悬索桥，有传统意义的拱桥，还有雕刻精致的欧式风格桥，桥梁间距400米左右，造型力求形成一桥一景。完成心圩江环境综合整治绿化提升工程，共种植大树373棵、乔木7932株、灌木3933株、棕榈科植物509株，安装景石450吨。

市政公用基础设施建设

【五象新区路网建设】

概　况　2010年，五象新区路网建设安排项目投资51.17亿元，续建和开工建设道路项目48个，开展前期工作38个，全年完成投资57.19亿元。路网框架实现覆盖面积60平方千米，初步形成“三横三纵”的路网格局。

三大路网工程　3月，位于五象新区核心区及周边区域的总部基地、蟠龙片区和龙岗片区（一期）三大路网建设工程同时开工。项目建设以拓展新区功能和基础为重点，推进各类干道建设。至年末大部分项目先后竣工，如期完成年度计划。其中总部基地工程建设内容分为路网工程和场地平整工程，规划道路13条（主干道2条、次干道2条、支路9条），总长13.54千米，全年完成8条、总长6.52千米。蟠龙片区道路工程，有道路18条（次干道4条、支路14条），总长10.90千米，计划投资8亿元，全年完成道路9条、总长5.21千米。龙岗片区道路一期工程，2号干道全长2.73千米，总投资1.42亿元；3号干道全长4.77千米，总投资2.45亿元；5号干道全长3.39千米，总投资1.05亿元；各类道路红线宽均为36米。部分开工建设，并完成干道的路基。

建设中的五象新区路网工程龙岗片区　　周家志　摄

【交通基础设施建设】 2010年，南宁市交通基础设施建设的主要任务是计划投资230亿元以上，实际完成231.87亿元。全年58个重点项目中，开工项目45个（含续建项目）；年度新开工项目19个（黄金水道项目5个、公路及运输站场项目11个、城市交通基础设施项目3个）；开展前期工作13个。

南宁机场应急扩建工程　年初正式动工，10月初竣工，完成投资9000多万元。扩建工程的主要内容为在停机坪东侧向北扩建长375米、宽128米，新建一条长293米、宽23米的联络滑道及配套的道路，配备管线、供电、助航灯光、消防、排水和围界等设施。　（陈　琳）

南宁港一期工程　11月27日动工。包括南宁港中心城港区牛湾作业区一期、南宁港六景港区六景转运站作业区和南宁港六景港区八联联营厂作业区，总投资14.93亿元。其中：南宁港中心城港区牛湾作业区一期项目新建3个1000吨级多用途泊位、3个2000吨级件杂货泊位和5个2000吨级多用途泊位，设计年总吞吐量285万吨，设计年吞吐能力403万吨，码头泊位总长1244米，投资8.35亿元；南宁港六景港区六景转运站作业区工程新建4个2000吨级件杂货泊位，水工部分按靠泊3000吨级船舶预留，设计年总吞吐量100万吨，设计年吞吐能力142万吨，码头泊位总长434米，投资2.85亿元；南宁港六景港区八联联营厂作业区工程新建3个2000吨级件杂货泊位、3个2000吨级多用途泊位，设计年总吞吐量165万吨，设计年吞吐能力221万吨，码头泊位总长644米，投资3.73亿元。　（黄　加）

西乡塘客运站建设　11月27日动工。是市政府实施逐步外迁市中心公路客运站（中心）并实行营运客车分流重大决策的建设项目，是《南宁公路主枢纽总体布局规划》中的一个主枢纽站。该站位于大学路南侧，临近建设中的相思湖新区中心，距离市中心13千米。占地面积11.47公顷，建筑面积1.47万平方米，设计日发送旅客量1.50万人次，发车位36个，总投资1亿元。预计2011年末建成投入使用。

【隧道工程建设】 2010年，南宁市列入重点工程施工计划的南湖隧道和凤岭南路隧道先后开工建设。至年末，南湖隧道基本竣工，凤岭南路隧道完成大部分土方开挖工程。

南湖隧道 横穿坐落在市中心的南湖底下，是自治区首条湖底隧道，南宁市“五横三纵四环”中“三纵线”的重要控制性道路。起于青山路，经南湖公园，止于园湖南路。4月1日开工建设，全长1.25千米，其中主线隧道879米、立交匝道19.38米、匝道隧道474米。为城市Ⅰ级主干道，设计行车时速50千米。采用BT建设模式。总投资4.50亿元。至年末，全线路面修通，进入路面铺装和附属设施安装。

凤岭南路隧道 会展路—青秀路是城市东西向主干道凤岭南路的一部分，起点于青山路英华路口，终点接青秀路。5月20日开工建设，计划2011年8月竣工通车。全长2361米。其中：隧道1000米，标准段宽29.30米；道路1361米，标准段宽36米。为城市Ⅰ级主干道，设置双向6车道，设计行车时速50千米。工程采取先开挖后回填的施工方式，即隧道建设完后，将泥土回填，然后在泥土上种植大树，恢复原来绿树参天的原貌。隧道建成后，将沟通市中心特别是从柳沙半岛、五象片区、江南片区往仙葫、埌东片区的交通，缓解民族大道的交通压力。

【桥梁工程建设】 2010年，横跨邕江的凌铁大桥和坐落在五象新区的八尺江大桥、良庆河桥的续建和新建工程全力推进，均完成原定的计划进度。9月21日、10月末，八尺江桥、良庆河桥相继建成通车。年末，凌铁大桥主桥基本落成。

凌铁大桥 位于市区邕江河段，西接江南福建路、东接江北植物路，是规划中的市中环主干路的重要组成部分，是当前国内同类结构跨度最大的桥梁。主干道设计长度为2011.12米，其中主桥梁全长399米、引桥612米，桥面宽31.50米。桥面道路等级为城市主干路Ⅰ级，双向4车道，设计行车时速50千米。采用预应力混凝土连续梁。通航等级为Ⅲ级航道，行车道通行净宽5米，设计洪水频率为1%，抗震按Ⅶ度设防。总投资7.76亿元。2005年10月动工，因多种原因大桥建设被停工，2008年11月恢复建设，

2011年1月28日，南湖隧道竣工通车。图为南湖隧道进出口　　邓江宁　摄

2009年12月28日主桥合拢。2010年，引桥完成60%，匝道桥完成30%。

八尺江大桥 位于邕江南岸五象新区内，跨越邕江支流八尺江，西接五象大道、东接邕宁蒲津路，是五象大道的咽喉工程。2008年12月5日开工建设，2010年9月21日建成通车。全长381.90米，其中主桥134.40米、引桥247.50米，分东西两岸引桥；道路等级为城市主干路Ⅰ级，主线设计行车时速60千米。总投资1.58亿元。

良庆河桥 位于五象新区，是广西体育中心周边的主干道之一，为2010年南宁市基础设施建设重点项目。2009年12月开工建设，2010年10月建成通车。全长106.60米、宽61.50米，双向6车道，设计行车时速50千米，控制淹没水位72.68米，按50年一遇防洪标准设计。桥梁上部结构主梁采用预应力混凝土连续梁桥，跨径20米+30米+20米。总投资4078万元。

【重点干道建设】 2010年，市政重点干道的建设着重抓好打通断头路、延伸连接线、拓宽主干线等为目标，先后建成通车的有东葛路延长线、平乐大道、玉洞大道等区域干道，全城的交通状况得到进一步完善。

东葛路延长线 起于东葛路与长湖路交叉路口，止于佛子岭路。2009年8月开工建设。全线包括东葛路延长线和贤宾路（东葛路—滨湖路）段，全长2851.07米，其中箱涵160米，接七一总渠雨水汇入竹排冲。道路设计宽度40米，双向6

9月21日，八尺江大桥建成通车　　周家志　摄

车道,有桥梁3座,分别是跨竹排冲河的竹排冲桥、跨金湖路的金湖立交桥和跨厢竹大道的厢竹大道立交桥。2010年5月15日长湖路至厢竹大道段建成通车,沿线途经长堽二队、岭南家园、南宁少管所、茅桥造纸厂、茅桥平板玻璃厂、广西第一劳教所、广西女子监狱、广西少管所职工住宅区、广西少管所第九大队等。改善市区东北部茅桥片区长期存在东西不畅、南北不通的状况。

平乐大道　位于五象新区核心区内,是连接江北至五象新区的主干道。道路呈南北走向,北起点为南宁大桥南岸引桥,由北往南依次交于五象大道、玉洞大道,终点为银海大道,全长12.74千米,投资15.56亿元。2009年5月开工建设,工程分两期建设:第一期道路4.95千米(南宁大桥—玉洞大道),第二期道路7.78千米(玉洞大道—银海大道)。至年末,平乐大道项目A标(南宁大桥—五象大道)和B标(平乐大道隧道)建成通车,其他路段在建。累计完成投资2.77亿元,为年度计划的69.34%。

玉洞大道　位于五象新区中部的玉洞大道(银海大道—平乐大道)段。是连接五象新区、江南区、邕宁区的城市主干道。西起银海大道,途经邕宁黄村、梁村等村部和规划的行政办公区、商业金融区、居住区、出口产业园区、高科技工业园区五大功能区,下穿湘桂铁路、南北高速公路,跨越八尺江,横贯整个五象新区,东接邕宁八里工业园。全长20.20千米,总投资15.08亿元。2007年10月开工建设,由于受征地拆迁等因素影响停建,2009年3月恢复建设。呈东西走向的城市Ⅰ级主干道,道路宽度60米,双向8车道,设计行车时速60千米。项目主要建设内容包括道路工程、桥梁工程、排水工程、交通设施工程、绿化工程、照明工程6个单位工程。年末全程5.27千米的主车道全线建成通车。

竹秀路　是南宁"中国水城"建设项目之一。位于青秀山脚下、青秀湖公园(原黄茅坪水库)的北侧。起点接竹溪大道,沿青秀湖公园北侧库岸呈东西走向,终点与会展路相接。2010年8月开工建设,年末竣工。道路设计红线20米,全长1.17千米。道路等级为城市支路Ⅰ级,设置双向2车道。投资6000万元。建成后将成为竹溪大道通往凤岭南路、东盟商务区北侧路交通便道。

南武公路　起点接安吉大道,止于燕尾岭隧道附近。2010年12月开工建设,长9.09千米,为旧G210国道改建而成,计划2012年末竣工。按初步规划,南宁至武鸣的城市大道由安吉北延长线和南宁至武鸣城市大道中的燕尾岭至武鸣双桥镇段两个项目构成(2010年7月燕尾岭至武鸣双桥镇段长17.40千米开工建设),全长26千米,设计宽60米,设计行车时速60千米。总投资11.10亿元。建设内容包括道路、排水、交通、路灯和景观绿化工程。

【公益与文化传承设施建设】 2010年,南宁市将公益性事业和文化传承设施列为为民办实事项目,着重抓好"三园一庙"(邕江滨水公园、体育休闲公园、李宁体育园和南宁孔庙)工程建设。至年末,"三园"建成对外开放,南宁孔庙迁建工程竣工。

邕江滨水公园　位于城区东南部青秀山脚下,东起南宁大桥,西至柳沙路口,面朝邕江,为滨江滩涂带状公园。2008年10月开工建设,2010年2月27日一期工程竣工开放。全长2.70千米,平均宽度100米,占地面积26.10公顷。园里种植扁桃、木棉、榕树、龙眼树、樟树、大花紫薇等植物,并利用多个竹子品种进行搭配,营造古棉风吟、竹翠石映和荔红花燃等以乡土植物为主的景点。公园内还建有亲水园地、亭廊和栈道等。总投资6000万元。同日,二期工程开工。二期工程往南宁大桥下游、柳沙路口上游各延伸1千米,占地面积14.07公顷,延续一期工程的"山水如歌,盛世和韵"主题,完善公园的服务功能,计划于2011年10月建成。

体育休闲公园　位于东盟国际商务区东南部,北起桂花路、南至凤岭南路、西与领事馆区相邻、东靠李宁体育公园,总用地面积51.53公顷。在规划设计上分A、B、C 3个区。其中A区毗邻凤岭南路,占地面积11.05公顷,是公园的主要形象入口,沿凤岭南路沿线集中布置有综合体育馆、网球场、足球场、羽毛球和门球馆、老干部活动场所、篮球场和青少年轮滑场等近10种球类和竞技活动场所;B区北接桂岭和桂花路,占地面积29.88公顷,地形主要为山地,结合地形设有1.30万多平方米的疏林草地运动区及野外登山道;C区是公园与领事馆区的绿化衔接带,占地面积7.98公顷,以绿化景观为主,设有休闲步道和室外小型运动器械。

2009年开工建设,计划用3年时间完成项目建设任务,总投资8795万元。至年末,主干道全线开通,完成年度投资2205万元。竣工项目包括公园主入口区、道路、服务设施等。

李宁体育园　由广西籍奥运冠军、著名体操运动员李宁及其家族成员捐资创办,广西李宁基金会捐资建设。以非营利为目的,是国内最大的公益性体育公园之一。位于市区东部埌东新区凤岭片区,东临铜鼓岭路,南靠凤岭南路,占地面积35.13万平方米,建筑面积3.59万平方米。2009年8月18日开工奠基。主要包括体育运动区,休闲娱乐区和文化活动区以及服务配套等。体育运动区又分为室内和室外两块区域,其中室内区有综合馆4个(羽毛球馆2个、乒乓球馆1个、多功能馆1个)、游泳馆1个;室外区域有篮球场6个、网球场8个、五人制足球场5个。游泳馆的水采用24小时水循环处理设施,水温保持28℃。综合馆的室内地板均采用国内最先进的材料,墙壁采用吸音隔音的材料,多功能馆装上中央空调等。至年末,主要设施基本建成。

南宁孔庙迁建　南宁孔庙是古代儒学之府,始建于北宋皇祐年间,原址在仓西门外沙市(今新华街水塔脚南侧附近),南宋宝庆三年(1227年)迁至今南宁饭店内。1982年10月因南宁饭店扩建,仅存的大成殿被拆除。2002年,市人大代表和政协委员提议将南宁孔庙迁建工程列为南宁市重点文化工程项目,作为文化传承建筑重新修建。新孔庙按历史上孔庙建筑规划进行建造,新选址位于青环路。2005年9月动工兴建,后由于工程造价设计等原因停工,2010年10月恢复建设,12月末主体工程落成。占地面积3.07万平方米,主体建筑面积3500平方米。主体建筑依次为棂星门、状元门、泮池、大成门、大成殿、崇圣祠、明伦堂,整个孔庙的宫墙为土朱色,屋顶为黄色琉璃瓦,其中按原貌建设的大成殿为重檐式歇山顶、面阔七开间、进深五跨间。

【无障碍设施建设】 2010年,南宁市推进无障碍设施建设,将城市道路、城市广场、公园绿地、园林建筑、民政福利机构、中小学校等公共基础设施的无障碍设施改造完善工程列入年度城建计划。市城乡建委会同有关部门,把无障碍设施建设纳入行政审批的流程,从工程项目的设计、施工图审查、施工、竣工验收等每个环节进行严格监管，要求设计单位、施工图审查机构执行无障碍设计规范，未按照《城市道路和建筑物无障碍设计规范》执行的不予通过施工图审查、工程不准施工；无障碍设施建设达不到标准的，不予竣工验收备案。对于房地产开发项目，把无障碍设施的建设直接写入《房地产开发项目建设条件意见书》中，在土地出让之前就约定房地产项目开发中确保无障碍配套设施建设的同时设计、同时施工、同时投入使用。新建、改建、扩建的城市道路、公共建筑、公共交通设施、特殊设施、居住建筑等均按无障碍设计规范进行相关的设计和建设。逐步安排财政专项经费投入建设。投资530万元对市中心区东葛路、青秀路、衡阳路、竹溪大道等42条主干道进行无障碍建设改造。包括干道的坡道和盲道及路口设置盲人钟等。在改造工程设计中，根据不同地段制订切合实际需要的铺设材料，施工现场条件尽量采用全宽式单面坡，采用三面坡的正面坡道宽度不少于1.20米，改造完毕的道路要便于残疾人及老年人出行。在市区9个市级综合性公园、24个城市道路绿地及游园绿地铺设橡塑盲道9900米，完成投资400万元。全市铺设盲道500多千米，缘石坡道6000多个。12月28日，南宁市创建全国无障碍建设城市通过国家检查验收。

建筑管理

【概　况】 2010年，南宁市有建筑企业1281家(本地753家、外地528家)，监理企业120家(本地68家、外地52家)，劳务企业207家(本地169家、外地28家)，检测机构53家。全年核发施工许可410个、建筑面积1070.65万平方米、工程造价157.37亿元；受理单位工程竣工验收监督826个、面积843.96万平方米、造价92.69亿元；办理质量安全监督登记申报质量安全监督1093个、面积1032.20万平方米、造价166.63亿元；办理竣工验收备案工程921个、面积585.80万平方米、造价70.10亿元。受理申报2010年度市优质结构奖项目205个，进行奖前公示103个。获2010年广西优质工程奖19个。

【管理方式创新】 2010年，南宁市建设管理部门制定《建设工程质量监督评价体系研究》、《建筑施工质量安全行为标准化工作实施办法》、《建筑企业施工现场质量安全动态考评管理办法》，规范建筑市场的标准化和制度化。组织开展工程质量监督检查。全年抽查在建工程项目222个，其中在建房屋项目184个、市政工程项目38个，签发责令整改通知书和停工整改通知书分别占受检工程总数的13.60%和65.80%；开展工程质量检测机构和预拌混凝土、混凝土预制构件生产企业专项检查，对存在产品质量的生产企业责令整顿整改。完善精品工程的评选和奖励机制，制定《城市建设精品工程项目管理办法》和《建设工程质量邕城杯特别奖励评选办法》，规范工程创优评先活动，推动工程施工管理和勘察设计技术创新，提高施工管理水平。实施分级管理机制，促进监督方式的转变。制定全市统一的工程监督工作标准，建立工程质量监管工作流程、绩效考评等内部长效工作机制，对市辖县(区)、开发区等16个质量监督机构和人员进行考核，按照考核结果核定监督权限，促进建设工程质量管理工作。转变监督模式，工程实体与行为监督并重，在年度的整规检查、专项检查、日常巡查中，加大对建设工程参建各方责任主体质量行为的检查力度。建立建筑业评价体系，加强建筑市场准入管理。坚持资质动态管理联审制度，保证质量监督机构的现场监督与市场资质、招投标管理之间紧密联动，企业在工程建设阶段的违法违规信息及时反馈到市场。全年更新完善企业信息2849条、执业人员信息1.32万条、企业行为信息2451条，建筑市场准入管理水平得到进一步提高。

【建筑劳务市场管理】 2010年，南宁市建设管理部门根据建筑劳务分包管理工作的规定，对全市建筑施工企业执行建筑劳务市场准入名录登记、劳务分包合同备案、月查等制度。在全市216家建筑劳务分包企业中，已有110家建筑劳务企业通过劳务市场准入登记，登记的班组长1050人、劳务人员3.56万人。建立建筑劳务市场信息管理系统，通过市工程建设信息网向社会公布准入登记的建筑劳务分包企业名录。组织有关专家为勘察、设计、施工、监理等单位从业人员以及监督人员举办业务知识和生产技能等培训班90期，培训18个工作岗位7.45万名从业人员，职业技能岗位培训技术工人6200人。开展课题研究，探索工程造价站与劳务市场管理站、建材管理站在人工费、建材信息收集方面相互配合的工作方案，解决定额价格与市场价格的差距问题，提高区分建筑产品的差别化水平。

【招投标监督管理】 2010年，南宁市建设工程招投标管理部门以提高建设工程招投标质量为核心，突出规范监督和优质服务，完善招投标法规规章。改进和完善招标投标工作方案，探索和采用电子标书和计算机辅助评标系统，并进行试用及进入最后测试阶段。制定施工企业诚信综合评价体系，实施“一票否决”与“两场联动”(建筑市场与施工现场)工作方案，建立奖罚并举为原则的建设监管体系，违犯相关规定的停止其投标资格。同时制定建设工程评标专家管理办法，有效遏制招投标中的各种不良行为。共监督办理单项交易704项，建筑面积1020.09万平方米，工程造价231.72亿元。其中公开招标417项，建筑面积539.25万平方米，工程造价132.73亿元，占57.28%；邀请招标52项，建筑面积112.80万平方米，工程造价15.49亿元，占6.69%；直接发包235项，建筑面积368.04万平方米，工程造价83.50亿元，占36.03%。

【“安全生产月”活动】 2010年，南宁市建设管理部门组织开展以“安全发展、预防为主”为主题的安全生产月、全市建设行业参与南宁市的“安全生产万里行”的主题宣传咨询日活动。针对建筑施工特点，确定高大模板支撑体系、人工挖孔桩、工程坍塌、高处坠落、物体打击、安全防护用品为“六大”专项整治危险源。对全市253个重大危险源进行有效的监控。数字化城管由定时监控转为全天候监控。对较大的施工项目，扩大监控密度，提高监控面和监控频率，被监控的施工现场均与市建筑管理部门签订《施工现场远程视频监控责任书》，对远程监控发现不安全的施工行为进行处罚。结合数字化城管，受理电话、书面及市长热线中转来群众对建筑工地安全及不文明施工方面的投诉。处理转来的热线投诉112起，处理率100%，投诉人满意率99%。全年生产事故大幅减少，人身伤亡事故比上年减少。

【建筑节能】 2010年，南宁市建设管理部门在建设领域节能减排、可再生能源建筑应用及科技进步方面，抓好规划方案和施工图审查阶段的建筑节能审查。推动南宁市可再生能源的建筑应用，市城乡建设主管部门制定《南宁市节能减排专项资金安排和使用管理暂行办法》、修编《南宁市太阳能和浅层地能资源调查和利用评估报告》等规定。完成向国家住房城乡建设部申报2010年国家可再生能源建筑应用城市示范工作，8月获全国可再生能源示范市称号，并获国家奖励的可再生能源专项资金8000万元。完成规划方案建筑节能审查152项，控制可再生能源应用建筑面积占新建建筑面积30%以上；完成浅层地能7.82万平方米、太阳能345.52万平方米，可控可再生能源建筑应用累计559.02万平方米，实现节能量4.54亿千瓦时，折合标准煤5.58万吨。

【墙体材料改革】 2010年，南宁市墙体材料改革部门进一步调整墙体结构，淘汰落后生产线，扶持新型墙材。制定《南宁市发展新型墙体材料和推广节能建筑"十二五"规划》，通过规划指导试点示范项目，发展多功能新型墙材，带动新墙材产业的规范化发展，打造节能舒适的新建筑。组织人力重点对各县城镇开展墙改节能减排督查，边查边整改。共淘汰落后墙体材料产能企业50家，减少实心粘土砖4亿块标砖，节约土地44公顷、能源5万吨标准煤，减少二氧化硫排放量1100吨、二氧化碳排放量12万吨，新建工艺技术先进、节能减排效果好的一次码烧隧道窑22家。对部分在建工程进行建筑节能专项检查，检查项目126个，其中居住建筑项目98个、公共建筑项目28个，采取施工现场查勘、查看项目报建手续、建筑节能公交情况、施工图设计文件与节能专项审查资料及施工技术资料的方式进行情况，对存在问题的项目下发执法建议书和整改通知书。按照自治区墙改办《关于做好农村危房改造推广应用新型墙体材料试点工程工作的通知》精神，南宁市制定农村危房改造推广使用新型墙体材料总的目标，完成改造户1099个(江南区82个、西乡塘区12个、邕宁区30个、良庆区213个、武鸣县44个、横县200个、马山县518个)。为实现这个目标，市墙体改革部门制定《2010年南宁市农村危房改造建设推广应用新型墙体材料专项补助资金工作实施方案》、《2010年南宁市农村危房改造建设推广应用新型墙材专项补助资金工作实施意见》，并向市财政申请追加农村危房改造推广使用新型墙材补助经费，并落实到位，使各城区和各县镇使用新型墙体材料顺利开展，完成改造项目的验收任务。

【建设工程造价管理】 2010年，南宁市建设工程造价管理部门开展建设工程定额编制，重点抓好轨道交通的定额编制，针对新技术、新材料、新工艺的变化状况，做好跟踪、调查和测定。制定《南宁市城市轨道交通工程预算定额》，听取行业专家对编制工作的意见，以进行合理的修订。同时，对《南宁市轨道交通工程估价表》的材料库、机械库进行编码及定价，完成编码4000余条、材料定价3000余条。开展重点工程、为民办实事工程的造价审核。完成南湖—竹排冲水系环境综合整治工程、南湖隧道工程、南宁至武鸣城市大道工程等13个项目、共计造价28亿元的工程造价审核工作；完成南宁孔庙工程、紫金苑住宅工程、向南居住宅工程等8个项目、共计造价1亿元的建设工程结算纠纷造价审核。开展工程造价全过程管理试点，创新在施工过程中工程造价管理模式，变工程造价管理中"事后管理"为"事前和事中管理"。及时准确发布《南宁市建设工程造价信息》，定期发布有关建设工程的人工、材料、机械台班及设备等市场参考价格和工程技术经济指标、造价指数等造价信息，完成编制和出版《南宁建设工程造价信息》12期土建材料、市政材料、安装材料、园林材料、六县地方材料和知识讲座版块；完成《南宁建材信息》6期的资料审核、出版，对所有刊登建材厂家的材料价格进行供货合同的备案，备案合同600份。与有关部门合作完成1990~2008年《南宁造价信息》网上录入，记录数据1.50万条。

【工程款清欠】 2010年，南宁市建设管理部门继续加大建设工程款清欠执法力度。一是通过完善实行施工现场封闭管理制度、农民工工资保障金制度、农民工工资发放监控公示制度和联合执法检查制度，加大施工现场巡查频率，强化对潜在的不稳定因素的排查；二是健全清欠信访处理程序，编制办事指南，根据"分级负责、属地管理、谁主管谁负责"的原则，层层落实责任，畅通农民工信访渠道；三是要求各建筑业企业建立清欠应急预案，筹集应急资金，落实专人24小时值班并报送清欠最新情况，在发生群体事件时，立即启动应急预案，平息事态；四是加强联动，对多次发生工程纠纷且不按规定途径限期解决问题的配合政府、司法部门调处工作的责任单位、责任人、劳动保障、建设、房产、公安、工商、金融等有关部门视具体情况，启动清欠联动机制，将不良行为信息录入南宁市建设行业企业信息管理系统和人民银行征信系统，依照有关规定采取重点监控、暂停办理有关手续、全市通报批评等处理措施。通过一系列措施，协调解决涉及工程款和农民工工资4.60亿元，其中拖欠农民工工程款3600万元，涉及被拖欠农民工3.70万人。协同有关部门解决淡村商贸城1号楼、海茵国际花城、恒大绿洲等项目的农民工工资纠纷问题。

村镇建设

【概　况】 2010年，南宁市村镇建设的重点是继续完善、提高村镇建设、管理整体水平，加强对全国重点镇、自治区小康示范镇、社会主义新农村建设、县域经济发展的指导及帮助；对重点乡镇的村镇基础设施进行完善；继续实施城乡风貌改造工程和农村危房改造工程，大力改善城镇、农村的居住环境、生态环境；推进拆迁安置小区建设，改善被征地拆迁农民的居住条件。

【基础设施建设】 2010年，南宁市村镇公共建筑及生产建筑、公共设施建设共完成建设投资18.30亿元。其中：道路桥梁及公共交通建设项目有横县茉莉花大道三期工程、宾阳县城东新区路网建设、马山县银蜂大道延长线扩建工程、上林县城北区那旺桥和中山桥、良庆区那马镇那马街改造工程、高新区新圩村道路硬化等，完成投资9.10亿元。给水、排水及污水处理设施建设项目有六县污水处理工程、横县县城给水设施扩建、江南区吴圩镇中兴街排水沟维修工程、西乡塘区坛洛镇人饮工程和排污系统等，完成投资6.80亿元。市容环境卫生建设项目有六县县城垃圾处理场工程、公厕、江南区吴圩镇垃圾场设施等，完成投资1.60亿元。园林绿化建设项目有横县茉莉花文化公园北面绿化工程、隆安县县城新建道路绿化、宾阳县县城街道绿化和黎塘镇入城道路绿化、青秀区邕江河段北岸滩涂坡地绿化美化等、完成投资2400万元。其他建设项目有横县防洪堤一期工程、宾阳县管道燃气、良庆区那马镇燃气库、江南区江西镇那廊村防洪堤等，完成投资5600万元。

【城乡风貌改造】 2010年，南宁市建设管理部门继续推进城乡风貌改造二期工程。完成青秀区、江南区、西乡塘区、良庆区、邕宁区、武鸣县、横县、宾阳县、马山县9个县(区)，25个乡镇、51个行政村、98个自然屯的9576户房屋外立面改造和24个综合整治村屯(9个为示范村屯)的村屯规划编制、房屋外立面改造、道路硬化、排水沟、垃圾池、篮球场、文化书屋(含图书室)、卫生室、村屯绿化、远程教育终端站点等环境综合整治项目，完成投资2.23亿元。

【农村危房改造与安置房建设】 2010年，南宁市将农村危房改造、安置房建设纳入为民办实事项目。与各县(区)签订责任状，启动农村危房改造二期工程，完成六县六城区1.07万户农村危房改造任务。完成4个拆迁安置小区一期工程，完成2406套26.74万平方米的安置房建设，完成投资4.40亿元。完成新屋村、陈西村、上尧村、永和村等农民回建房建设项目，并交付使用，完成投资3085万元。

(陈　琳)

城市规划

【概　况】 2010年，南宁市规划管理局进行机构调整，收回3个开发区规划管理权，并于11月份增设市规划管理局南宁高新技术产业开发区分局、市规划管理局南宁经济技术开发区分局、相思湖新区规划分局3个派出机构。设科室10个，派出机构10个，局系统直属单位7个。继续推进城市总体规划报批，组织编制城镇体系规划1个、分区规划1个、详细规划17个、专项规划23个和规划研究项目工作4个。其中有21个(含2009年组织编制）控制性详细规划和5个专项规划获市政府批复。《南宁市城市总体规划(2010~2020)》通过住房与城乡建设部常务会议并上报国务院批复。组织开展《南宁市近期建设规划(2011~2015)》、《南宁市“中国水城”规划建设实施纲要》、《南宁“中国水城”建设规划》、《城市内河水系补水工程专项规划》、《南宁市南湖竹排冲水系环境综合整治总体规划》、《南宁市邕江沿岸开发保护综合规划》、《南宁市黄茅坪水库库尾环境综合整治工程方案设计》、《南湖西岸沿线风貌改造方案设计》、《五象新区总部基地修建性详细规划》、《南宁五象新区核心区(东片区)控制性详细规划调整》、《自治区重大公益性项目控详规划》、《南宁五象新区玉洞片区控制性详细规划（修编)》和《五象岭森林公园规划》、《南宁市工业布局规划》、《南宁市中国—东盟国际物流基地控制性详细规划》、《南宁市综合交通规划(2007~2020)》等18个专项规划编制。完成心圩江支流综合整治工程等37个涉“水”项目审批。完成海尔集团、金川集团等项目30多个在五象新区总部基地的规划选址，广西城市规划展示馆、广西铜鼓博物馆等自治区重大公益项目选址，广西老年大学及老干部活动中心等26所大中小学院校申请用地选址，16个加油站、8个变电站等一批市政工程项目选址，东盟商务区11个园区联络部办事处项目建设用地的选址。完成中华路片区、“壮志小区”等一批旧城改造、城中村改造用地批复或前期工作，沙江河环境综合整治工程一期及二期项目等一批“中国水城”项目用地规划；核发五象新区核心区23号路等56条市政道路的建设用地规划许可证以及94份道路蓝线图。12月22日，市规划展示馆开工建设。规划占地面积约2.33万平方米，设计为地下一层、地上二层(局部三层)，建筑面积2.10万平方米，投资1.88亿元，计划2012年前竣工。

【南宁市城市总体规划(2010~2020)】 2010年9月30日，住房和城乡建设部常务会议原则通过南宁市城市总体规划(2010~2020)方案，上报国务院批复。城市性质为南宁是广西壮族自治区首府，面向中国与东盟合作的区域性国际城市，中国西南出海大通道的交通枢纽城市。主要职能为广西壮族自治区首府；区域性国际城市；西南出海大通道的综合交通枢纽；广西北部湾经济区中心城市；泛珠三角经济圈西部区域性中心城市。至2020年，市域总人口控制在780~800万，中心城人口控制在300万以内；中心城建设用地控制在300平方千米以内，人均建设用地100平方米以内。

【南宁市城市近期建设规划（2011~2015)】 2010年，市规划局以正在上报国务院批准的《南宁市城市总体规划(2010~2020)》为依据，组织编制《南宁市城市近期建设规划(2011~2015)》。规划期限与南宁市“十二五”国民经济与社会发展计划一致，制定2011~2015年南宁市城市建设近期发展的总目标和实施内容。12月22日完成中间成果评审。近期发展总目标：中国—东盟自由贸易区的区域性物流基地、加工制造业基地、商贸基地和交通枢纽中心、住处交流中心、金融中心建设取得明显成效，城市综合经济实力明显增强，区域性国际城市功能明显提升，“中国绿城”、“中国水城”(“生态双城”)建设取得明显成效，成为具有民族和地域文化特色的、最适宜人居的城市之一。

【南宁“中国水城”建设规划（2010~2020)】 2009年5月，市规划局委托市城市规划设计院开始编制，2010年12月30日市规划工作委员会会议审议原则通过。规划年限为2009~2020年，分为2009~2010年、2011~2015年、2015~2020年三个阶段。规划以《南宁市总体规划(2010~2020)》中心城规划控制范围约360平方千米(城市建设用地规模约300平方千米)作为规划范围。规划总体目标为以“中国水城”建设改善城市人居环境，以“中国水城”建设促进社会和谐、经济发展和文化传承，以“中国水城”建设打造城市新品牌，实现“水生态良好、水循环正常、水景观优美、水文化丰富、水经济繁荣、水安全保证”的“中国水城”建设目标。城市水网规划结构为“一江、两库、两渠、六环、十八(内)河、八十湖”。一江指邕江；两库指老口梯级水库和邕宁梯级水库；两渠指江北、江南连通渠；六环指构建城市中心城区内的五大环城水系—石灵湖环、大相思湖环(可利江—心圩江—二坑溪—朝阳溪环)、南湖环、凤凰湖环、亭子冲环以及五象湖环；十八

(内)河包括大岸冲、马巢河、凤凰江、亭子冲、良凤江、良庆河、楞塘冲和八尺江、石灵河、石埠河、西明江、可利江、心圩江、二坑溪、朝阳溪、竹排冲、那平江、四塘江；八十湖指5个大湖、23个中湖,52个小湖、湖泊总面积约12.08平方千米。

【南宁市综合交通规划(2007~2020)】 2010年4月13日,市政府批复同意规划中提出的近期建设计划统筹纳入城市近期建设计划中分批实施。规划市域范围为南宁市行政管辖范围，土地总面积2.21万平方千米；核心内容为编制市域对外交通体系规划。中心城包括现状外环高速公路以内区域、外环高速公路以外的邕宁片区以及良庆片区的平乐组团，其中规划建成区范围总面积约298平方千米；核心内容为编制中心城城市交通体系规划。近期交通改善和发展计划以南宁城市交通发展战略为导向,远期规划为目标,确定一系列行动措施,指导南宁城市未来3~4年的交通建设,使交通状况有显著改善。

【南宁市公共交通规划(2008~2020)】 2008年,市规划局委托广西华蓝设计(集团)有限公司编制,2010年12月31日获市政府批准实施。规划范围包括现状外环高速环以内区域以及高速环以外的三塘镇、邕宁组团和良庆组团的中心城区建成区范围,总面积约300平方千米,与城市总体规划保持一致。规划基年为2008年,分两个规划阶段,近期为2008~2015年(2015年为轨道交通近期计划建成年),远期为2015~2020年。规划包括公交现状调查与问题分析，公交发展模型和公交需求分析、预测,公交发展目标与发展策略,公交线网、公交场站、公交专用道、公交车辆等发展规划及建设计划，公交财政与票价政策、优先发展政策，城乡公交一体化发展规划6个方面内容。公交规划发展目标:形成以轨道交通为骨干，以常规公交为主体的公共交通体系，实现各种公共交通方式之间的便捷衔接,满足南宁城区快速、大运量、集约化的出行需求。建立层次化、衔接性、多模式、引导型、信息化的常规公交服务体系。

【南宁市中心城行人过街设施规划】 2008年10月,市规划局委托市城市规划设计院编制;2010年4月13日，市政府批复实施。规划范围为《南宁市城市总体规划(2008~2020)》(报批稿)确定的中心城范围，包括现状高速环内区域和仙葫组团、邕宁组团以及良庆组团的平乐片区。规划分为近期(2009~2011)、中期(2012~2015)、远期(2015~2020)3个阶段。规划目标:以保障过街行人的安全便捷，最大限度地减少行人过街对机动车正常运行的影响为目标，考虑在不同条件下过街行人的不同选择行为，确定市城市道路过街设施规划设计的标准,对行人过街设施进行规划。通过完善行人过街设施体系的规划与一系列实施举措,逐步建成适宜步行的城市环境,为市民提供一个安全、便捷、舒适、优美的出行环境。近期布局规划重点是解决市中心城快环以内人车冲突大的路段、地点行人过街问题，同时在主要道路上初步建立行人过街系统；中期主要结合轨道交通一、二号线的建设,进行过街设施的布局;远期不做具体选点,根据布局原则和设置标准结合实际建设情况进行控制。规划研究内容包括现状行人过街设施调查与分析,行人过街设施总体布局,立体行人过街设施规划；针对现有过街设施存在的问题,提出改善方案和实施建议。

【南宁铁路东站综合交通枢纽规划(2009~2030)】 南宁铁路东站为铁路枢纽新建主要客运站。2009年,市规划局委托中国中铁二院工程集团有限责任公司与市城市规划设计院共同编制,2010年5月11日市规划工作委员会第五次会议原则通过规划方案。南宁铁路东站位于南宁市凤岭片区的凤岭北路北侧，西距既有南宁站10.40千米,东距既有屯里站2千米。柳南客专、南广线按线路类别经屯里站北侧，上跨绕城高速公路后引入东站,南钦线从南广线南侧引入。车站按分场设置，由北向南依次设柳南车场、南广车场和南钦车场。车站同时开设南北广场。根据规划,南宁铁路东站地区将建设成为集铁路、公路客运、轨道交通、公交枢纽、邮政转运中心、大型社会停车场及综合配套服务设施一体的现代化大型综合交通枢纽，多种交通方式形成零换乘。

【南宁市中心城区片区控制性详细规划】 2010年11月，南宁市中心城区14个片区控制性详细规划获市政府批复。包括《西乡塘组团控制规划及安吉、五里亭、永新、友爱片区控制性详细规划》,《南宁市中心城区兴宁组团控制规划及东沟岭片区、兴宁片区、金桥片区控制性详细规划》,《南宁市中心城区江南组团控制规划及亭洪片区、富宁片区控制性详细规划》,《南宁市中心城区仙葫组团控制规划及西片区、东片区、半岛片区控制性详细规划》,《南宁市中心城区青秀组团控制规划》及《南宁市中心城区青秀组团新城片区控制性详细规划》、《南宁市中心城区青秀组团埌东片区控制性详细规划》。

【南宁市凤岭·柳沙片区控制性详细规划】 2010年，南宁市为与火车东站枢纽、轨道交通规划、快速路规划等重大基础设施的选址和建设要求衔接，对原有的规划进行优化调整和深化完善。2009年，市规划局委托市城市规划设计院编制《南宁市凤岭·柳沙片区控制性详细规划》,2010年12月9日市城市规划工作委员会第十一次会议通过规划方案。片区规划范围为竹溪大道、凤岭北路、现状高速东环、凤岭南路、青山路、柳沙半岛滨江路所围合的区域，规划区域总用地面积约31.84平方千米,规划区范围总人口规模预测约74万人。凤岭片区定位为南宁市的会议、展览、体育休闲、文化和商贸中心。是以居住为主,以国际商务、会议、展览和文化为辅,配套城市体育休闲娱乐等功能的城市综合新区，也是未来南宁市中心城东部重要的综合交通枢纽中心。柳沙片区定位为以良好的人居环境为特色,以居住功能为主体,文化教育和休闲度假为辅的现代化、高品质的城市综合滨水新区。规划形成“两主两副、六轴六区”的空间结构形态。两主指城市主中心功能的重要组成部分，即城市会展中心和国际商务中心；两副指凤岭北片区凤凰岭路与枫林路之间区域集中布置的公共服务设施，形成的片区中心;柳沙半岛区域形成的片区中心;六轴指沿快速环路、民族大道、凤凰岭(铜鼓岭)路、凤岭北路、凤岭南路以及现状高环(远期快速路)形成的城市和区域主要交通及空间拓展轴；六区包括商贸会展综合区、商务体育休闲区、凤岭南综合居住区、柳沙综合居住区以及凤岭北东西两个综合居住区。

【南宁市中国—东盟国际物流基地控制性详细规划】 2009年11月，市规划局委托市城市规划设计院编制，2010年10月14日获市政府批复实施。本次规划范围北以城市快速路为界、东以规划南北向干路为界、南面和西面以规划的高速公路辅道为界，规划总面积29.11平方千米，建设用地面积28.14平方千米。规划功能定位为口岸功能，货物集散、储存、中转、配送功能，加工制造功能，商品展示、交易、贸易、流通功能，物流咨询与培训、物流住处服务、电子商务功能，办公、金融服务功能，居住功能。近期（2010~2012）建设成为北部湾和广西领先的综合保税区，制造业集聚区；中期（2013~2017）成为辐射西南地区及东盟的现代综合物流园区；远期（2018~2020）成为服务中国—东盟自贸区的国际物流基和环境舒适的城市新区。规划结构为“两心六区七轴”。两心指绿心和综合服务中心；六区指围绕两心建设的功能相对独立的6个片区，即综合保税区、铁路联运区、南北2个综合配套服务区、东西2个配套工业区；七轴指七条主要的交通轴，是连接基地对外交通及与南宁市其他区域联系的交通走廊，即现高速公路南环段、平乐大道、银海大道、货运专用通道、1号路、7号路、13号路。结合规划的结构，将基地分为20个功能组团：中心绿地组团、商务中心组团、2个出口加工工业组团、2个保税物流组团、3个配套综合居住组团、2个农民回建组团、铁公联运组团、仓储物流组团以及7个配套工业组团。

【五象新区总部基地修建性详细规划】 2009年9月，市规划局委托重庆大学城市规划与设计研究院编制；2010年9月19日，市政府批复实施。该规划是对上一阶段《南宁市五象新区总部基地控制性详细规划》的深化和补充，在遵循原控制性规划的功能定位、总体格局和规划结构的基础上，结合周边区域正在编制的种类规划，进一步深化五象新区总部基地片区的规划设计要求。规划总用地面积259.28万平方米。规划区功能定位为以集商务、办公、研发、产业为一体的企业总部集群为主导，同时兼顾商业金融、文化教育、居住及休闲娱乐等公共服务设施配套功能的城市综合新区。规划区呈“一心、两轴、六片区”的功能结构。一心指中央绿化公园组成的景观中心，两轴分别指沿11号路展开的城市人文景观轴线和沿20号路展开的城市生态景观轴线，六片区分别指沿五象大道分布的商业金融片区、沿20号路南侧分布的商务办公片区、用地南部的总部办公片区、邻五象岭森林公园的文化休憩片区和居住教育片区、行政办公片区。

【项目审批】 2010年，市规划局共核发规划审批件598份，其中公建类417份、私宅类181份；现状规划设计条件194份，其中公建类120份、私宅类74份；总平280份；选址意见书24份；用地蓝线530份；建设用地规划许可证758份，其中公建类345份、私宅类413份；用地批复203份；方案设计批复296份，其中公建类264份、私宅类32份；设计红线（市政工程类）586份；建设工程规划许可证（市政工程类）592份；建设工程规划许可证（房建类）3550份，其中公建类2532份、私宅类950份、临时建筑类68份；竣工合格证2273份，其中公建类1298份、私宅类975份；技术审查357份，其中建筑方案138份、市政项目219份。

【违法建设监察】 2010年，市规划局规划监察大队共受理各类公建批后跟踪项目1000多个，依法立案调查违法建设810件，下发行政处罚告知书653份，行政处罚决定书637份，共收缴罚没款约585万元。对各城区发出《关于请按职责制止、拆除违法建设的函》139件，大队结案转城区拆除的42件，违法建设面积共3.97万平方米。初审各类城区执法文书4531份，其中《责令停止违法建设行为通知书》1920份、《限期拆除告知书》1272份、《限期拆除决定书》1139份、《责令限期依法接受处理的公告》200份。

【提案及信访办理】 2010年，市规划局接收外单位来文3771份，办理发文3693份，承办并答复市人大代表建议20件，市政协委员提案56件。在收到的意见卡中，不满意率为零。设置专门信访接待室，共受理转办各类信访件674件（市长公开电话147件、市政府政民互动平台信访件145份、门户网站规划信息港网上舆情102件、群众来访来信149件、信访局转办95件、网上信访36件），均在规定时限内正式答复，实现信访工作零投诉。

【规划信息化建设】 2010年，市规划局完成城市形态控制与规划方案比较评估系统（三期）新增网络模型数据的部署，增加二、三维数据联动查询功能。完成城市形态控制与规划方案比较评估系统120平方千米精细模型数据的建库并通过验收。完成东盟、凤岭、兴宁、良庆、仙葫5个片区的数字模型更新及天昌文化城、东盟传媒中心等重点项目的建模；完成市民互动平台的数据同步发布、更新功能的开发，优化手写输入法和图片快速调用机制等系统，改进界面，整合栏目，运用大量动画提高展示效果；完成东盟凤岭片区、市中心片区、高新片区2006年尚未完成道路330千米管线普查、地下管线综合信息管理系统、管线监理工程的招标、合同签订、管线探测中期成果外业检查及管线系统原型测试；完成南宁市1:1000数字高程模型数据更新，以及南宁市中心城区及相思湖新区、高新区等片区地籍数据的建库。

城镇（乡）规划

【概　况】 2010年，市规划局组织编制和通过各级政府审批的城镇和村庄规划有武鸣县县城、武鸣县双桥镇、江南区苏圩镇、青秀区刘圩镇、西乡塘区坛洛镇、良庆区那马镇6个城镇总体规划；报市政府审批通过有《伶俐工业集中区核心区控制性详细规划》、《台湾（南宁）轻纺产业园控制性详细规划》2个控制性详细规划。组织开展并审查完成13个乡镇总体规划编制；完成宾阳县城东新区二期片区、城区片区、昆仑大道片区、炮龙文化公园片区4个片区和良庆区那马镇控制性详细规划的审查。开展14个新农村建设村庄规划编制。配合开展涉及南柳、南北、南友、南都、南梧5条高速公路和西江水道两侧的98个自然村的综合整治及房屋外立面改造工作。组织编制城乡风貌改造设计参考图集。组织开展12个乡镇和14个自然村的地形图测绘，除2个涉及调整或新增的村庄未完成测量工作外，其余24个乡镇或村庄的测绘已全部完成并对移交成果进行验收。

【武鸣县县城总体规划（2008～2025）】 2003年，武鸣县政府委托广西城乡规划设计院修编；2010年4月16日，自治区政府批复同意实施。规划区范围包括：城厢镇辖区，南宁华侨投资区的邕晚、建兴辖区，双桥镇的孔镇、镇南、合美、杨李、大禄、平陆、双桥、平稳、平福、跃进村辖区，总面积约132.50平方千米。城市性质定位为南宁市市域副中心城市，全县的政治、经济、文化中心，以发展旅游业和高效农业、工业为主，具有浓郁壮族文化特色的园林城市。近期（2010年）规划人口规模20万，城市建设用地约20平方千米；远期（2025年）规划人口规模30万，城市建设用地约32平方千米。规划期末（2025年）全县总人口控制在80万左右，城镇化水平达到73%。县城用地发展方向主要向西、向南拓展，适当往东发展，东北方向调整补齐。县城形成“一渠、两河、三湖”园林县城格局（指武鸣河、香山河以及北部水渠和以绿化为主的小山丘、淀罗水库、灵水水库、红岭水库所共同限定的空间），最终规划形成“一环双中心”的县城建设用地空间布局（即新建一环形主干道连接起各功能区，通过外迁县级行政办公用地形成新的行政中心，并与老城的商业中心构成城市的双中心格局）。

【江南区苏圩镇总体规划（2009～2025）】 2009年，苏圩镇政府委托广西华蓝设计（集团）有限公司编制；2010年4月2日，市政府批复同意实施。规划期限为2009~2025年。近期为2015年，镇区人口2.10万，建设用地规模200公顷；中期为2020年，镇区人口2.50万，建设用地规模250公顷；远期为2025年，镇区人口3万，建设用地规模300公顷。镇域范围为整个苏圩镇行政区域范围，总面积223平方千米。镇区规划区范围包括苏圩社区和苏保村的行政管辖范围，同时包含作为镇区水源地的新生水库及周边的水源保护区，总面积约13平方千米，规划建设用地面积约3平方千米。城镇性质定位：南宁市菜篮子重要供应基地，是南宁市规划区范围内以农副产品加工、贸易及中转物流为主的小城镇。城镇空间发展方向重点向西、向南，适度向东南，控制向北发展。规划期内向西不跨越高速公路引线，向东南不跨越南宁至上思二级路，高速路引线以西和二级路以东作为镇区远景发展用地。城镇规划形成“两轴、两心、三组团”的规划结构，两轴指沿原二级公路的南北向发展轴线和联系工业与现状镇区的东西向发展轴线，两心指分别位于解放街和镇政府附近的旧镇区公共服务中心及依托南部市场发展起来的公共服务中心，三组团指分别为东部综合组团、西部居住组团、工业及物流组团。

【青秀区刘圩镇总体规划（2007～2020）】 2007年11月，刘圩镇政府委托广西城乡规划设计院编制；2010年4月13日，市政府批复实施。规划期限为2007~2020年。近期规划至2010年，镇区人口5000，建设用地面积47.90公顷；远期规划至2020年，镇区人口9000，建设用地面积79.10公顷。规划区范围东至那热岭、南至尖山、西至那壳岭、北至三界水库。包括刘圩村用地和社区居委会所辖地区，用地总面积约7.50平方千米。城镇性质定位：以特色农产品加工为主，农产品贸易和生态旅游为辅的集贸型小城镇。镇区的主要发展方向：“西进北拓”，构成以“丁”字形骨架构筑“两轴、五组团”的空间结构。两轴指依托贯穿镇区的东西向101省道和南北向二级公路形成的城镇发展轴，五组团指位于镇区西北部的工业组团、二级公路一侧的综合组团、老城区组团、南部居住组团和北部居住组团。

【西乡塘区坛洛镇总体规划（2009～2025）】 2009年，坛洛镇政府委托市城市规划设计院编制；2010年9月19日，市政府批复实施。规划期限为近期2009~2015年，镇区人口2.50万，建设用地面积293.77公顷；远期2016~2025年，镇区人口3.80万，建设用地面积449.74公顷。规划镇域范围为坛洛镇行政辖区范围，包括19个行政村，总面积344平方千米。规划区：包括坛洛村、□湖村、丰平村及东佳村所辖部分用地和金光农场青年分场部分用地，总面积约22平方千米，其中镇区规划建设用地4.49平方千米。城镇性质定位为镇政治经济文化中心，大力发展特色农业，促进农副土特产品为原料的加工制造业和商贸业，协调发展生态农业观光旅游的综合型小城镇。镇区发展方向：以沿南百二级公路往东面整体拓展为主要发展方向，往西为独立组团延伸方式。

【良庆区那马镇总体规划（2009～2030）】 2009年，广西良庆开发区管理委员会委托市城市规划设计院编制；2010年10月25日，市政府批复实施。规划地域范围为那马镇镇域行政辖区范围，总面积约168平方千米。镇区规划范围总面积约14.76平方千米，其中规划建设用地面积（建成区）约9.81平方千米。规划区范围包括镇政府所在地域（城镇建成区范围）及因城镇建设与发展需要实行规划控制的区域（含那马社区及共和村、那僚村所辖部分行政地域范围），规划区总面积约30平方千米。规划期限近期为2009~2015年，镇区人口约4万，城镇建设用地面积480公顷；中期为2016~2020年，镇区人口约6万，城镇建设用地面积700公顷；远期为2021~2030年，镇区人口约9.80万，城镇建设用地面积998.90公顷；远景为2030年以后。镇域规划形成一主一次“两轴”空间发展结构。城镇性质定位为全镇的政治、经济、文化、交通中心，以现代农业产业基地建设为主导，发展特色旅游业、商贸物流业的旅游服务型城镇；远景建成大南宁都市区乃至广西北部湾经济区区域性旅游综合服务基地，建设成为环境优美的现代化城市和宜居生态新区。用地发展方向：近期重点建设沿银海大道南北滨水荡然八尺江、银海大道“一轴、一带”侧重发展。镇布局结构为“一带、三轴、六片区”。一带指以八尺江沿线为生态景观带；三轴指以东西向的高速公路和连接高速的主干道为镇区交通发展轴和以银海大道和桂海高速公路作为镇区南北发展的交通主轴；六个片区指分别为城镇综合服务功能区、高尚住宅及休闲度假区、体育运动休闲区、生态观光游览区、商业住宅区、商贸住宅区。

【台湾（南宁）轻纺产业园控制性详细规划】 2010年8月，南宁—东盟经济开发区管理委员会委托广西城乡规划设计院编制完成，并获市政府批复实施。规划用地范围东至永兴二队、西至安置新村（上豆点）、南临安置新村（下豆点）、北达武华大道，用地面积623.43公顷，规划区容纳人口规模约8.50万，居住人口4.50万。规划功能定位：以制鞋为主导，纺织服装、配套工业、商贸、居住于一体的生态型轻纺产业园区。规划结构为“三心五轴五区”。三心指产业配套服务主中心及两个副中心；五轴为由宁武路、世纪大道、思源南路、宝源南路和永兴南路构成的5条产业园联系轴；五区指制鞋加工区、纺织服装区、辅料饰品区、产业配套服务区以及生活区。各组团依托主要的交通干线和产业结构等联系，共同构成轻纺产业园区紧密的结构网络。

（雷泽识）

勘 测

【概　况】 2010年，南宁市勘测院完成工程项目2545个，生产收入超5000万元。勘测成果合格率100%，勘测资料归档率100%，勘测产品数字化成图率100%。承担城市测量工程项目2369个，比上年同期增加11.50%。竹溪大道—青山路立交桥工程项目获2009年度全国优秀城乡规划设计奖——城市勘测工程二等奖，市建·世贸西城广场工程项目获2009年度全国优秀城乡规划设计奖——城市勘测工程表扬奖。

【基础测绘】 2010年，市勘测院主要采用航空摄影测量和遥感的方法更新大比例尺的地形图和影像图。完成基础测绘业务有：220平方千米1:500、1:1000数字地形图(DLG)的新测、修测，881.30平方千米的正射影像(DOM)生产，330平方千米1:5000数字地形图的生产，136平方千米1:2000数字地形图的生产。

【地理信息数据生产】 2010年，市勘测院利用各种比例尺、多源空间数据，融合“4D”(数字线化图、数字高程模型、数字正射影像图、数字栅格地图)产品与“3S”(全球定位系统、地理信息系统、遥感技术)技术，建立专业地理信息系统。为城市建设提供城市基础空间地理数据、专题空间数据、空间地理数据等。完成南宁市区县交通旅游图、南宁市楼市规划地图、南宁—广西北部湾经济区商贸旅游交通图的编制。

【工程地质勘察】 2010年，市勘测院工程勘察专业共完成承接工程勘察项目176个；地质灾害危险性评估项目11个；承接土工试验市场项目42个。开展基坑监测及工程物探业务，并承接到项目各1个，同时开展岩石试验项目。市勘测院获地质灾害危险性评估乙级资质。

(莫惠荃)

国土资源管理

【概　况】 2010年，南宁市国土资源局完成审查上报用地面积5111.93公顷，获批复2823.79公顷。安排使用新增建设用地指标2263.76公顷，其中自治区下达指标1112公顷，争取追加指标1151.76公顷。安排工业项目用地指标540.66公顷。完成建设用地供应总量2182.33公顷，其中本市级供应量1673.68公顷。收购储备土地593.73公顷，筹措资金27.13亿元。完成征地6073.27公顷，拆迁289.89万平方米。落实补充耕地指标1774.81公顷，盘活存量土地1997.52公顷。立案查处土地违法案件327件，拆除违法建筑物153.28万平方米，收缴罚款1441.16万元；立案查处矿产违法案件45件，收缴罚款420.54万元。全市耕地面积稳定在62.50万公顷，人均耕地966.67平方米，高于全国人均耕地平均水平。完成土地出让收入入库金额121.64亿元。

【国土规划】 2010年8月，《南宁市土地利用总体规划(2006~2020年)》获国务院批复。市辖六县土地利用总体规划均获自治区政府批复。乡镇土地利用总体规划中15个重点乡镇规划成果已上报自治区国土资源厅审查，其余87个乡镇规划正在编制中。

【建设项目用地管理】 2010年，市国土资源局受理建设项目用地预审508宗。其中：审查通过预审506宗(上报自治区国土资源厅预审47宗，已获批准38宗)，因不符合用地预审条件未通过预审的2宗。审查办理用地规划选址手续项目237宗，向市政府、城市规划管理部门反馈意见。审查上报93个批次和单独选址项目，总面积5111.93公顷，获批复2823.79公顷。其中获国务院批复中心城市建设用地1398.13公顷；单独选址项目上报24个、面积2290.09公顷，获批复13个、面积254.47公顷，待批复11个、面积2035.61公顷；县(区)、开发区、新区的城镇建设用地批次上报68个、面积1423.71公顷，获批复54个、面积1171.18公顷，待批14个、面积252.53公顷。上报区位调整批次获批复9个、面积200公顷。申报先行用地项目10个、面积210.99公顷，获批复7个、面积82.24公顷。

【土地利用管理】 2010年，市国土资源局受理国有建设用地供地手续432宗，办结111宗、退件54宗。完成建设用地供应总量2182.33公顷。其中：住宅502.52公顷；市本级住房375.44公顷；廉租房、经济适用房、中小套型商品房三类住宅355.59公顷，占全市住宅用地供应总量的70%以上，符合国家的有关政策规定；市本级基础设施和民生工程用地、高新技术产业和重点工业企业用地供应量948.78公顷。开展国有建设用地使用权出让合同专项清理、房地产用地专项整治以及工程建设领域突出问题排查整治。清理出让合同1.60万份，涉及土地面积8554.97公顷；清理划拨决定书790份，涉及土地面积2715.17公顷；查出并处理到期尚未开工建设、延期竣工的房地产用地7宗，涉及土地面积31.83公顷。清理闲置土地90宗、面积221.48公顷；处置75宗、面积204.40公顷，正在处理15宗、面积17.08公顷。盘活存量土地1997.52公顷。完成南宁高新技术产业开发区、南宁经济技术开发区、南宁—东盟经济开发区、南宁江南工业园区、广西良庆经济开发区、南宁仙葫经济开发区、南宁六景工业园区的土地集约利用的评审。

【土地公开出让】 2010年，市国土资源局组织实施国有建设用地使用权招拍挂公开出让活动41期，成交宗地102宗，面积317.89公顷。其中：经营性用地186.11公顷，工业用地131.78公顷。住宅用地131.69公顷，平均成交楼面地价每平方米2273元。在部分招拍挂出让住宅用地中按比例配建保障性住房，总建筑面积3.12万平方米。其中：廉租住房建筑面积1.20万平方米，公共租房建筑面积1.92万平方米。土地招拍挂成交总额148.26亿元。组织土地二级市场委托交易活动2期，成交宗地2宗，面积9.10公顷，成交额12.50亿元。组织采矿权公开出让活动1期，出让砖瓦用页岩矿、花岗岩矿、建筑用石英砂矿项目5个，出让矿产资源1056万吨(可采储量)，成交额1400万元。

【土地出让金征收】 2010年，市国土资源局发出缴款通知书452份，开具非税收入一般缴款书2110份，成交金额187.03亿元，实现土地出让收入124.13亿元(账面数)，实际完成入库金121.64亿元(用于城建支出额45.62亿元)。其中：划拨土地成本收入2.56亿元，协议出让土地收入5.68亿元，拍卖出让土地收入45.73亿元，挂牌出让土地收入3.79亿元，变更(含划拨补办出让，调整土地使用条件)土地收入31.72亿元，租赁土地收入643.27万元，其他收入(土地滞纳金、利息)等2662.79万元，土地收益金1616.28万元。市本级上缴自治区金库新增建设用地土地有偿使用费7.28亿元，上缴自治区国土资源厅耕地开垦费1.96

亿元,征地管理费7561.99万元。协助税务部门征收土地契税5.30亿元,73个项目的新增建设用地涉及占用耕地345.67公顷,缴纳耕地占用税5.57亿元,合同印花税1669.61万元。组织召开土地出让金催缴工作例会6次,催缴入库金额7.02亿元,追收违约金2662.79万元。

【征地拆迁】 2010年,市政府成立由市长担任指挥长、常务副市长担任副指挥长的征地拆迁工作指挥部,全面负责全市征地拆迁组织指挥、协调和检查。各城区政府(开发区管委会)也相应成立本辖区的征地拆迁组织领导机构。在实行征地包干制、补偿协商与资金拨付双线并行工作机制、下放补偿认定权、补偿协议书审核权和工作经费统筹使用的基础上,进一步改革管理体制,将征地拆迁信访事项答复权一并下放各城区(开发区)行使,进一步促进城区(开发区)统筹调度辖区内各种工作力量,增强征地拆迁的责任意识,做到责、权、利统一,确保征地拆迁工作顺利开展。重大基础设施项目征地,试行由建设项目业主与城区(开发区)一同按包干制模式开展征地的办法,发挥各方优势,调动项目业主的积极性,弥补城区(开发区)征地力量不足现状,加快推进城建项目的征地拆迁进度。6月,国土资源部再次将南宁市列为全国开展新一轮征地制度改革试点城市,市国土资源局起草《南宁市开展新一轮征地制度改革试点方案》上报市政府,拟着重在扩大征地预公告适用范围和进一步前置征地预公告程序、合理划分征地区片并设定最低保护标准、量化产业留用地的价值、转变拆迁安置方式,以及逐步实现征地配套安置措施的一次性量化支付等方面深化征地制度改革,推动征地拆迁科学发展。完成征地面积6073.27公顷,完成拆迁面积289.89万平方米。

【耕地保护】 2010年7月28日,市政府与自治区政府签订耕地保护责任状,确定南宁市2010年度耕地保护目标:耕地面积不少于62.50万公顷,基本农田保护面积为52.62万公顷。市国土资源局会同市农业局、统计局等有关部门召开专题会议,将责任数据分解到各县(区)。10月,市政府与各县(区)政府签订《2010年南宁市耕地保护责任状》。市国土资源局、农业局、统计局、监察局和财政局等部门组成市耕地保护责任目标考核领导小组,对六县六区开展耕地保护责任目标考核。考核结果:各级政府履行耕地保护责任情况较好,综合评定达到合格以上标准。根据2010年度土地利用变更调查初步统计结果,全市实有耕地面积68.84万公顷,基本农田保护面积53.77万公顷,超额完成年度耕地保有量和基本农田保护任务。3月,自治区国土资源厅、农业厅等组成的考核组对南宁市2009年度耕地保护责任目标落实情况进行考核。自治区政府以《广西壮族自治区人民政府办公厅关于全区2009年度耕地保护责任目标履行情况的通报》对南宁市优秀履行2009年度耕地保护责任目标予以通报表扬。市国土资源局组织各县(区)国土资源管理部门进一步落实国土资源部和自治区国土资源厅关于在全国、自治区统一设立基本农田保护标志牌的要求,建立乡镇基本农田保护标志牌102块,建立健全基本农田保护监管体系,落实耕地"占一补一"和"先补后占"制度。南宁市获批涉及占用耕地的非农建设用地69个批次,落实补充耕地指标1774.81公顷(本地补充774.47公顷,异地补充1000.34公顷)。

【土地开垦整理】 2010年,市国土资源局开展土地开垦项目177个,其中市本级148个、六县29个,面积4968.16公顷,预计新增耕地面积4537.15公顷。通过自治区批复确认的开垦项目52个、新增耕地面积394.58公顷。实施六大类土地整理项目46个,其中市本级14个、六县32个。六大类项目:2009年南百高速公路沿线土地整治项目、2009年广西整村推进土地整治项目、2009年结合小型病险水库除险加固土地整治项目、2010年农村土地综合整治项目、2010年广西桂中农村土地整治重大工程,实施面积2.65万公顷,预计新增耕地面积876.49公顷,投资9.17亿元。通过自治区批复确认整理项目5个、新增耕地面积344.80公顷。

市国土资源局组织申报土地整治重大工程项目21个,获自治区国土资源厅批复立项5个,面积3515.88公顷,预计新增耕地面积126.97公顷,投资金额约1.32亿元。组织申报土地整治项目17个,获自治区国土资源厅批复立项8个,实施面积4512.20公顷,预计新增耕地面积120.70公顷,投资约1.69亿元。申报桂中农村土地整治重大工程备选项目17个,获自治区批复立项(2010~2011年)实施9个,实施面积4185.34公顷,新增耕地面积125.06公顷,投资1.22亿元。

【地籍管理】 2010年,市国土资源局完成土地登记9092宗(不含公有住房土地登记部分)。其中:完成发证类土地登记5777宗,抵押登记1336宗,查、解封登记1055宗,延期登记884宗,注销登记40宗。完成公有住房土地登记3.78万宗,协助执行法律文书提出审查建议20件。市本级完成20平方千米的地籍变更调查及228.54平方千米的城镇地籍调查。完成农村宅基地地籍测量52.02平方千米。土地利用现状变更调查涉及变更1.75万个图斑,变更面积7264.43公顷。

【土地储备】 2010年,市国土资源局完成规划定点纳入政府土地储备库的土地41宗,面积1034.23公顷。其中:国有存量用地10宗,面积85.36公顷;新增建设用地31宗,面积948.87公顷。组织13个新增储备项目,用地面积462.07公顷纳入2010年中心城市用地批次上报方案,获自治区政府批准实施。全年完成土地收储面积593.73公顷(新增建设用地面积543.40公顷,国有存量土地50.33公顷),支付征地拆迁和收购补偿费20亿元。移交土地面积250.10公顷,土地出让手续项目46个,出让政府储备用地19宗,成交面积102.11公顷,出让成交100.50亿元。以地融资方式筹措资金27.13亿元,出租储备土地18.24公顷、铺面25间,上缴市财政租金312万元。

【矿产资源管理】 2010年,市国土资源局编制的《南宁市矿产资源开发整合实施方案》获自治区政府批准实施。南宁市列入2010年整合矿区25个,完成矿区范围划定25个,其中有6个矿区完成整合工作,办理采矿许可证。市本级对采矿许可证到期未申请延续、矿区范围内资源枯竭及无故停工满一年的矿山企业的采矿许可证进行注销22本,并在《南宁晚报》公布。完成矿山换证405个。开展整顿煤、泥炭、锑、钨、萤石等矿产开发秩序,打击违法开采以上矿种的专项行动。要求已办理开采登记的矿山建立健全各项规章制度,建立矿区协管员制度,在矿区及路口设立告示牌标明矿区范围和管理责任人。有偿出让采矿权121宗,其中协议出让99宗,挂牌出让22宗,收取采矿权出让款929.93万元。全市各类矿山企业534个，其中自治区级发证的矿山企业36个、市级发证的矿山企业132个、县级发证的矿山企业366个。全市矿山年度检查,应检矿山520个,实检400个。各级发证矿山抽检,抽检自治区级发证矿山24个,合格率100%;抽检市级发证矿山126个,合格率99%;县级发证矿山165个,合格率88%。完成矿产资源补偿费用上缴自治区国土资源厅入库金额1011.84万元。

【土地矿产执法监察】 2010年，市国土资源局完成2009年度国家土地卫片执法检查指出的839个图斑的自查，涉及地块735宗,面积2013.09公顷。其中:军用土地4宗,面积1.80公顷;实地伪变化338宗,面积444.23公顷;实际占用新增建设用地393宗,面积1567.06公顷(合法用地246宗、面积1295.66公顷、涉及耕地568.17公顷,违法用地147宗、面积271.40公顷、涉及耕地132.50公顷)。基本农田4.65公顷，立案查处土地违法案件327件,已结案322件。拆除违法建筑物153.28万平方米，收缴罚款1441.16万元,复耕土地105.70公顷。移送公安机关追究刑事责任4件、移送监察机关追究党纪政纪责任35件,涉及24人。开展巡查7242次，派出人员2.62万人次、巡查车8089辆次，发现土地违法606宗，面积411.20公顷，涉及耕地188.84公顷。制止土地违法370宗,面积51.64公顷,涉及耕地6.81公顷。向各城区政府、开发区管委会发出违法用地情况函告263份,制止拆除违法用地41宗。开展打击非法采矿行动，派出4729人次、车1028辆次,封填煤窑969井,遣散违法人员689人次,查扣挖掘机、推土机和各种大型车辆114辆，收缴其他机械64件，罚款420.54万元。

【地质灾害防治】 2010年，市国土资源局根据市政府的要求和规定,组建43人的地质环境专家库和3家具有资质的地质灾害应急治理专业技术队伍。在突发地质灾害时，专家库和应急队伍立即进入现场调查,为政府决策提供科学依据,并根据需要对灾害进行应急处理，防止灾情扩大,造成二次灾害。共出动专家69人次,处理地质灾害67起,紧急撤离758人,有效避免人员伤亡事故发生。开展全市地质灾害易发区和隐患点普查，通过对127个乡镇、1652个行政村(居委会)、1.53万个村屯、78.96万户居民的调查，基本查明全市地质灾害发育和分布情况,发现地质灾害易发区553个,地质灾害隐患点907个。3月,南宁市遭遇多年来少见的旱灾，根据国土部和自治区国土资源厅的统一部署，市国土资源局组织人员寻找水源，在南宁市选定物探点64个，经分析具备打井条件点46个,安装设备开钻打井点19个,成井12口,总出水量每小时500吨，有效缓解群众饮水困境。首次组织举办突发性地质灾害应急演练，演练充分利用应急联动中心信息平台,运用通信、气象监测、信息发布等多种高科技手段,多部门配合联动,提升地质灾害突发事件的应对能力。根据国土资源部《矿山地质环境保护规定》和《广西壮族自治区矿山地质环境恢复保证金管理办法》要求,按照采矿权审批权限，与市财政部门对接建立保证金收取制度和专户，在矿山还未造成环境破坏前收取矿山开发企业的保证金，如果矿山开采企业不履行恢复治理义务时，使用保证金进行矿山地质环境治理。审查30家矿山恢复治理方案,收缴保证金511.27万元。办理探矿权年检业务164宗,办理探矿权变更、新设、转让初审核查业务29宗。

【国土资源信息化管理】 2010年，市国土资源局进一步完善国土资源综合电子政务系统建设。在国土资源综合电子政务平台的基础上，完成建设用地综合管理系统和城镇地籍管理系统的升级,新增市储备土地管理系统，市土地档案管理系统、市土地档案公开查询系统和市重大项目跟踪管理系统。完善国土资源“一张图”数据库内容,完成影像、地名、土地利用现状、建设用地报批项目,城镇地籍、供地红线、土地利用规划、基本农田、集体土地所有权、新增耕地项目10个数据库的建设。加大市国土资源信息网站的建设力度，对网站的栏目进行调整，新增公有住房土地登记审批信息查询、公有住房网上预约登记等交互栏目。完成远程会商与应急指挥系统的部署,实现国土资源部、自治区国土资源厅、市国土资源局和县国土资源局四级国土资源系统远程会商。

【依法行政】 2010年，市政府颁发实施《南宁市收回国有土地使用权管理暂行办法》，市国土资源局会同市监察局、市人力资源和社会保障局起草《中共南宁市委、南宁市人民政府关于建立土地执法监管共同责任制度的通知》,上报市政府。对《南宁市征用集体土地条例》和《南宁市城市房地产交易管理条例》2部地方性法规,以及《南宁市国有划拨土地使用权出租管理办法》、《南宁市国有闲置土地处置办法》和《南宁市收回国有土地使用权管理暂行办法》3部政府规章进行清理，并将清理意见上报市人大常委会和市法制办审查。办理行政复议案件13件。其中,市国土资源局被复议的案件7件,作为复议机关的案件1件,代市政府复议的案件5件（市国土资源局作为被复议机关和代市政府复议的案件9个),复议机关对具体行政行为的维持率100%。“6·25”全国土地活动日,与自治区国土资源厅、共青团广西区委、共青团南宁市委在民族广场联合举办“保护耕地、青年当先”为主题的系列活动;组织开展“12·4”全国法制日,普法活动,举办国土资源系统干部职工法律知识培训4期，邀请知名律师对市国土资源局近5年来发生的典型案例、行政诉讼举证方式进行剖析、分析、讲解,提高依法行政水平。

【土地权属纠纷调处】 2010年，市国土资源局根据市维护社会稳定办公室《关于做好当前影响社会稳定重点矛盾纠纷问题排查上报工作的通知》要求,组织人力进行土地权属纠纷案件排查，发现江南区江西镇锦江村滕犁坡、根竹坡、六户坡、西平坡与西乡塘区石埠街道办事处的老口村那律坡土地权属纠纷案件,江南区白沙村委会与金沙湾公司对江南污水处理厂二期用地土地权属纠纷案件,武鸣县锣圩镇滬阳村委与南宁华侨投资区团结分场土地权属纠纷案件，宾阳县邹圩镇新华村大松坡与上林县白圩镇玉峰村坡旺坡“插花地”土地权属纠纷案件，西乡塘街道办事处平新村委与南宁市市场开发服务中心对五里亭农贸市场土地权属纠纷案件，市水暖器材厂与那洪街道办事处平阳6队对“邕儿山”土地权属纠纷案件，西乡塘街道办事处平新村委与市市政工程公司土地权属纠纷案件7宗案件存在社会不稳定因素，经市维护社会稳定办公室审定后将江南区江西镇锦江村滕犁坡、根竹坡、六户坡、西平坡与西乡塘区石埠街道办事处的老口村那律坡土地权属纠纷案件，江南区白沙村委会与金沙湾公司对江南污水处理

厂二期用地土地权属纠纷案件2宗列为市级层面处理的土地权属纠纷案件，并由市国土资源局牵头调处责任单位进行调处。（谭世明）

房产管理

【概　况】 2010年1月，市政府将原市房产局和首府房改办整合，组建南宁市住房保障和房产管理局，负责全市住房保障和房产管理，并将原市建委房地产开发企业资质管理等职责纳入其管理。办结各类登记(备案)34.40万宗，直管公房大腾空、大清理、大转化“三大战役”共腾空、收回及转化933套(户)，物业专项维修资金归集8.33亿元。全市9个项目获得自治区物业管理优秀管理小区。完成房屋安全鉴定建筑面积40.77万平方米，白蚁工程防治面积1118.50万平方米。12月，市房屋产权交易中心被住房城乡建设部授予全国房地产交易与权属登记规范化管理单位。

【产权产籍办理】 2010年，南宁市房屋产权交易中心发放《房屋所有权证》(含共有权证)12.55万本；存量房交易登记2.03万宗，面积206.79万平方米；商品房(含经济适用房)登记5.77万宗，面积540.87万平方米；抵押登记(含按揭)9.46万宗，面积1491.85万平方米；核发《商品房预售备案证明》260份，预售总面积664.12万平方米；《商品房现售备案证明》166份，现售总面积496.83万平方米；发放商品房合同登记备案证明5.27万份；完成测绘成果备案3690份，备案面积2261.67万平方米；接待查档人9.22万次，档案利用1.52万份。

【市房屋产权交易中心】 负责南宁市国有土地上房屋权屋登记(备案)和市场、产籍管理的副处级事业单位。2010年，在编干部职工148人，内设登记科、产权科、商管科、交易科、抵押科、租赁科、产籍科、测绘科等13个科室。中心办证服务大厅设置登记区、发证区、缴费区三大区域49个服务窗口，各窗口统一设置开放式低柜台，采用窗口叫号方式受理业务。实行政务公开，办事流程、申请表格、收费依据、服务承诺、便民措施及政务信息等内容上墙公示，实现房地产交易与权属登记管理“一体化”办公，做到一个窗口收件、一套资料内部传递、一次性收费、一个窗口发证的“一站式”服务。开展商品房预售合同登记备案，房屋所有权、他项权、预告及其他登记等各项交易与登记业务。缩短办证登记承诺期限，交易、商品房办证由30个工作日缩短为15个工作日，抵押登记由15个工作日缩短为7个工作日，备案、继承、离婚析产、交易换证、更正、变更由10个工作日缩短为7个工作日，租赁备案由7个工作日缩短为5个工作日，预告登记由10个工作日缩短为2个工作日。在做好房屋登记服务的同时，强化商品房(预)销售监管、预售资金监管和预售合同备案登记管理力度，促进房地产市场健康发展。开展二手房交易结算资金监管，加强对中介机构的检查力度，有效的整顿存量房交易秩序。市房屋产权交易中心档案馆通过科技事业单位档案管理自治区级的评定。该中心设有2392平方米的档案库房，独立的办公区、查档接待区，实现库房、办公和查档三分开。建立高质量的档案图文数据库。库房安装中央空调、烟感自动消防系统、除湿器，设置档案柜1512组，排架总长度1293米，存放各类房产档案187.24万卷。

【直管公房经营管理】 2010年，南宁市房产管理部门抓好直管公房租金收缴，完成租金收缴4015万元，租金收缴率98.33%。开展直管公房“三大战役”。其中，开展砖木结构危旧直管公房“大腾空”共完成腾空122户，对直管公房租赁违规违约行为“大清理”共收回244套，符合廉租住房保障条件的直管公房家庭“大转化”共转化租户567户。通过采取面向社会公开选择出资人的方式筹措改造资金，对269个砖木结构危旧直管公房零星门牌实施改造，取得良好的效果。开展南宁东盟国际商务区各国商务联络部(办事处)房屋的接管，签订缅甸园、新加坡园、柬埔寨园、日本园、泰国园、老挝园等国商务联络部(办事处)房屋的接管协议。做好房屋档案资料整理移交及信息录入，完成房屋档案资料的接收、整理1935份。

【物业管理】 2010年，南宁市从事物业管理服务的企业有635家，其中一级资质13家、二级资质38家，从业人员6万多人。通过开展“优良环境和谐物业”系列活动，向全市物业企业、业主委员会发出“诚信经营真情服务”、“有序参与携手共建”倡议书，提高业主对物业管理的认识，加强业主与物管企业的沟通，减少物业管理矛盾。开展2009年度城市物业管理优秀住宅小区(大厦)评选，共有17个项目获南宁市2009年度城市物业管理优秀小区(大厦)称号，有9个项目获自治区物业管理优秀管理小区(大厦)。引入社会调解员、义务监督员制度，构建多渠道物业管理纠纷调解机制，为居民营造和谐居住环境。

【物业专项维修资金管理】 2010年，南宁市物业专项维修资金管理逐步进入规范化。市物业专项维修资金管理中心根据《关于实施〈南宁市物业专项维修资金管理办法〉有关事项的通知》规定的交存标准，按照新建未配置电梯的房屋专有部分建筑面积每平方米55元、已配置电梯的专有部分建筑面积每平方米77元的标准收取。为解决物业专项维修资金制度实施以前物业小区遗留问题，制定《关于实施〈南宁市物业专项维修资金管理办法〉有关事项的补充通知》，明确在办理预售许可前未缴纳物业专项维修资金的项目交存标准，可以栋为单位按每平方米20元的标准缴纳。共归集物业专项维修资金项目197个，房屋3126栋、建筑面积1383万平方米，资金8.33亿元。核退维修资金差额款1.42亿元，余额6.91亿元。

【房屋安全监管】 2010年，南宁市房产管理部门完善修订《南宁市房屋使用安全管理规定》，开拓房屋鉴定新领域，在事后鉴定的基础上，开展事前鉴定服务。对市轨道交通工程施工现场周边房屋、学校房屋、人员聚集的公共场所和社会公共房屋进行安全鉴定。完成房屋安全鉴定建筑面积40.77万平方米、403栋，完成工程建筑设计和加固维修设计39项、建筑面积约3.60万平方米。

【白蚁防治】 2010年，南宁市白蚁防治所共承接新建房屋白蚁预防工程项目330个、建筑面积1118.50万平方米；竣工验收新建预防工程354个、完成施工面积1111.80万平方米。白蚁防治从单一城市建筑物延伸到园林、农林树木等领域。科研项目《南宁市农林植物白蚁发生种类调查及防治关键技术研究与应用示范》获市科技局20万科技经费支持。市白蚁防治所获2010年度全国白蚁防治行业先进单位称号。

住房保障

【概　况】 2010年，南宁市加大保障性安居工程建设力度，搭建起涵盖廉租住房、经济适用房、公共租赁房、限价商品房、棚户区改造、危旧房改住房改造和拆迁安置房在内的多层次住房保障体系基本框架，超额完成自治区责任状和为民办实事任务。累计解决10万多户中低收入家庭住房困难问题。廉租住房筹集2635套，新增廉租住房货币补贴4211户，当年租赁补贴2.14万户；经济适用住房5657套，建筑面积202.40万平方米，竣工面积67.84万平方米；公共租赁住房新开工建设1550套；限价商品房建设4192套；棚户区立项改造11.70万平方米，开工建设住房3066套；农村危房改造完成1.07万户。

8月27日，边阳街高层廉租住房项目开工。图为开工仪式　　　　肖　垚提供

【廉租住房建设与管理】 2010年，南宁市将廉租住房建设项目列为为民办实事项目，要求廉租住房新开工1700套，续建1100套，竣工2100套。实际新开工建设2016套，施工面积28.55万平方米，增长12.13%；续建3379套，竣工2203套。使用中央廉租住房专项资金购买中小户型经济适用住房作为廉租住房，收购487套。新增廉租住房保障户4983户（市本级4074户、市辖县909户），其中发放补贴4211户（市本级3422户、市辖县789户），完成与自治区政府签订新增租赁补贴年度目标责任的350.92%。实物配租772户（市本级652户、市辖县120户）。实施廉租住房保障2.55万户，完成市政府为民办实事要求保障2万户廉租住房任务的127.49%。开展廉租住房保障年审，对取得廉租住房保障满1年的保障家庭进行年审，年审9432户，其中通过资格年审9271户、清退不符合资格家庭161户。　　　　（肖　垚）

友谊路廉租房工程竣工　位于友谊路西侧。占地面积4.07万平方米，建筑面积5.63万平方米。共建17栋6层住宅楼，1056套。其中：一房一厅336套，每套面积40平方米；二房一厅720套，每套面积约50平方米。考虑到部分保障家庭有下肢残疾的成员，小区里还配套建设有无障碍设施住房，房间里没有台阶，满足下肢残疾需坐轮椅进出的特殊人群的生活需求。小区配套设施齐全，有幼儿园、便民超市、便民菜市、警务室、居民活动娱乐室、社区工作点和医疗服务点以及绿树、草坪、小憩石凳等。项目总投资约9500万元。2008年12月5日开工建设，2010年10月竣工。11月23日，举行首批廉租住房保障家庭现场选房会，共有650户保障家庭参加选房会并顺利领到新房钥匙。

环卫新村廉租房改建项目开工建设　6月28日，位于邕武路环卫新村的环卫职工廉租房（环卫公寓）项目开工建设。该项目既是南宁市重点推进的建设项目，也是2010年为民办实事的重要项目。项目将原有的2栋12层结构建筑全部拆除，在原址上重新建设2栋32层的高层住宅楼。占地面积1.37万平方米，整体建筑地面32层、地下3层，主体建筑的2~32层为住宅，设计住房1550套。第一层为商业用房或停车场，地下3层为公共设施、设备用房或停车场，共设计室内停车位350个，总投资2.09亿元。项目主体建筑室内按照廉租住房的有关标准完成装修，每栋楼宇安装2组共4台电梯，入户大厅安装出入安全门，入户门统一安装防盗门，统一安装铝合金玻璃窗，小区内还将建设2个绿化景观广场，各种配套设施完善。计划建设工期30个月，计划于2012年12月前通过验收并交付使用。

边阳街高层廉租房开工建设　8月26日，位于边阳街高层廉租住房开工建设。项目将二十世纪六七十年代集中连片建造的3层砖木结构危旧直管公房（棚户区）改造建成2栋各33层住宅楼，共1200套住房，占地面积8400平方米。

11月23日，位于友谊路的友谊苑廉租房投入使用　　　　黄　加提供

其中:120套用于安置原地拆迁户，面积为65.60平方米/套；廉租房1080套,其中面积45.30平方米600套,36.70平方米480套,用于安置符合廉租房保障条件的低收入家庭。项目还包括配套公用房面积4465平方米,底层架空层面积1541平方米，地下室建筑面积5016平方米。项目总建筑面积为6.37万平方米，总投资1.75亿元,计划建设周期3年。

（黄　加）

【经济适用住房建设与管理】 2010年，南宁市将经济适用住房建设项目列为为民办实事项目，计划年内竣工4000套，实际竣工面积67.84万平方米、5657套，为目标任务的141.43%;在建面积202.40万平方米;新开工项目1个。为妥善解决经济适用住房新旧政策衔接问题，安排3000多户重新通过资格审核的申购户参加选购房,按新政策受理申请1.15万户、初审合格4556户，货币补贴365户,核准经济适用住房(含全额集资建房)上市交易270套。针对经济适用住房小区出现违规出售、出租、出借等问题,对11个经济适用住房小区进行拉网式排查,入户调查7564套,并逐步在全市范围内开展专项检查。完善相应的管理政策规章，对骗购经济适用住房以及违规出售、出租、出借、闲置等行为,进行相应处理,确保经济适用住房准入和使用公平、公正、公开。

【危旧公房改造】 2010年，南宁市投入直管公房财政维修经费763.65万元,其中投入翻修改造经费403.32万元。翻修改造门牌30个、竣工22个,竣工建筑面积约5400平方米;翻修改造建成住宅房源64套、建筑面积2900平方米,非住宅15套、建筑面积2500平方米;投入大、小修及安全生产经费360.33万元。为缓解危旧直管公房维修改造财政投入不足问题，引入社会资金参与危旧直管公房维修改造。开展招商引资2批次,成功招标的危旧直管公房门牌67个,其中开工项目19个,投入资金212.60万元;使用中央廉租住房保障专项补助资金将危旧直管公房改造为廉租住房，启动衡阳路北一巷314~320号、衡阳西路北一巷1栋2个廉租住房改造试点项目。开展旧城改造项目直管公房动迁安置，完成边阳街高层廉租住房建设项目直管公房动迁，动迁面积1.44万平方米、341户;完成酱料厂和南伦街旧改项目直管公房动迁，动迁面积1.16万平方米、325户;做好香港街旧改项目一期直管公房动迁的收尾工作以及香港街二期、西南商都二期等旧改项目直管公房动迁的前期调查工作。启动中华路36、42、44、46栋危旧房改房成片区改造试点。

【住房保障工作创新】 2010年，南宁市是全国率先开展安居工程（经济适用住房)建设的少数试点城市之一,也是广西住房保障类型最齐全、保障层次最完备、保障量最大的城市。累计解决10万多户中低收入家庭住房困难问题。在市中心区的边阳街建设33层廉租住房项目,是全国在城市中心区建设的最高的廉租住房,既集约用地、又能方便保障对象的工作和生活。创新管理模式和方法,将直管公房调整为廉租住房试点工作成效明显,实物转化1809套直管公房为廉租住房。在全国率先开展经济适用住房使用情况入户调查，并出台解决不同时期新老政策衔接问题的政策文件，创新经济适用住房管理。

住房制度改革

【房改政策】 2010年,南宁市出台《关于贯彻落实〈广西壮族自治区廉租住房保障规划(2009~2011)〉的实施意见》和《南宁市城镇廉租住房资金管理办法》。11月,出台实施《南宁市人民政府关于规范经济适用住房管理的通知》。通知规定:1.市住房保障部门负责本市经济适用住房的回购、上市交易(含转让、抵押、租赁)管理工作。符合以下四个条件之一的可以申请回购：①购房人户口迁离本市或不在本市常住的；②购房人需另行购买住房的；③购房人因大病等特殊原因造成经济困难的；④市政府认定的其他情形。2.购房人按照规定缴纳相关价款取得完全产权后可以上市交易。①2004年12月2日前签订购房合同的经济适用住房，自取得房屋所有权证之日起可以上市交易，交易时按照届时同地段标定地价的10%缴纳相关价款。②2004年12月2日至2009年9月1日前签订购房合同的经济适用住房，自取得房屋所有权证之日起满3年后可以上市交易，交易时按照届时同地段标定地价的10%缴纳相关价款。③2009年9月1日至本通知施行之日前签订购房合同的经济适用住房，自取得房屋所有权证之日起满5年后可以上市交易，交易时按照届时上市交易价格与原购买经济适用住房（包括购买面积超过保障面积部分）价款的差价的60%缴纳相关价款。④本通知施行之日起签订购房合同的经济适用住房，自缴纳契税取得完税凭证满5年并已取得房屋所有权证后可以上市交易，交易时按照购房合同确定的比例向政府缴纳相关价款，该比例按照购房人的购房款与政府的出资额比例确定并明确注明在购房合同中。3.经济适用住房在符合上市交易年限规定并补缴相关价款取得完全产权前,只能用于自住,不得出售、出租、出借和改变住房用途。4.经市政府批准的被拆迁户购买的经济适用住房和按照《南宁市拆迁安置房建设销售管理办法》规定建设和销售的拆迁安置房,其回购、上市交易按照本通知相关的规定执行。已购买其他自有产权住房的，其经济适用住房和拆迁安置房应当按照规定的标准补缴相关差价。《南宁市人民政府办公厅关于加快危旧房改住房改造工作的通知》规定,可以进行危旧房改住房改造的情形有：经房屋安全鉴定机构鉴定为危险住房的；竣工年限超过建筑设计使用年限的;1982年12月31日前竣工,结构不合理,使用功能不齐全,配套设施不完善的；大板住房竣工年限超过20年的；不符合建筑抗震设防要求的。危旧房改住房建筑面积占该住宅小区住房总建筑面积70%以上的，可以对小区全部住房进行整体改造。

【住房补贴与住房资金管理】 2010年，南宁市审核发放住房补贴单位39个、共6396人,应一次性发放住房(含工龄)补贴金额4553万元,实际发放4479万元。其中,企业单位18个、共5990人,应一次性发放住房（含工龄）补贴金额4343万元,实际发放4269万元(补贴资金不足按比例研究发放);行政事业单位(含全额、差额、自收自支)21个、共406人，应一次性发放住房(含工龄)补贴210万元,实际发放210万元。归集其他住房资金1.32亿元，其中售房款4408万元、集资款8054万元、维修款737万元。审核回拨其他住房资金1.56亿元，其中售房款2141万元、集资款1.29亿元、维修款619万元。

（肖　垚）

住房公积金管理

【概　况】 2010年，南宁市新增归集住房公积金29.07亿元，比上年同期增长14.99%；发放公积金个人贷款13.50亿元，完成年计划10.32亿元的130.49%，逾期率为0.38‰；支取住房公积金14.91亿元。住房公积金缴存职工40.75万人，覆盖率93.19%。实现公积金增值收益1.56亿元。对没有建立住房公积金的单位和欠缴、少缴、停缴住房公积金单位开展上门执法，督促其按规定建立住房公积金。做好日常职工投诉、信访，积极维护职工合法权益。草拟《南宁住房公积金管理办法》列入南宁市立法项目。

【公积金贷款】 2010年，南宁市住房公积金运行态势健康良好。根据国家房地产调控政策及发展形势，权衡南宁市职工收入水平、住房需求及中心资金等实际情况，继续执行住房公积金贷款最高限额40万元的政策。向所辖县区自住自建住房发放贷款。向保障性住房发放贷款。在做好贷款发放的同时，公积金中心加强贷后管理和催收，规避资金风险，促进个贷业务的持续发展，年末，个贷逾期率为0.38‰。全年发放公积金个人贷款13.50亿元。

【公积金归集】 2010年，南宁市新增归集住房公积金29.07亿元，完成年计划的111.80%，比上年同期增长14.99%。全市缴存住房公积金职工40.75万人，覆盖率93.19%，增长6.18%，其中新增建立住房公积金单位490个、新增缴存人数3.50万人。

【公积金支取】 2010年，南宁市规范公积金支取，按照住房公积金业务管理规范受理、审核住房公积金提取业务。做好职工缴存公积金自动冲抵贷款的冲还贷项目设计、测试、试运行等工作，制定《冲还贷操作规程》，并于8月在建设银行内部开始进行测试运行。开通联名卡公积金提取业务，职工提取的公积金由公积金中心通过网银直接划入职工个人账户，简化工作流程。在市区设江南、兴宁、西乡塘3个营业部，方便单位和职工缴存。全年发放住房公积金联名卡14万张，支取住房公积金14.91亿元。

（姚　芳）

房地产市场

【概　况】 2010年，南宁市房地产经注册的企业1457家，其中一级企业4家、二级企业36家、三级企业154家、四级企业152家，暂定资质企业1111家。年内，南宁市房地产开发投资在国内外经济大环境仍然较为困难的情况下，呈现大幅度增长。土地出让量价齐增，房地产开发投资稳步增长、税收同比增幅下降、贷款增幅回落，商品房新开工量及批准预售量增长，新建商品房成交量下降，二手房成交量小幅增长，新建商品房、二手房价格增幅回落，住房保障各项工作进展顺利，县域房地产市场保持较好发展势头。房地产开发投资317.50亿元、增长40.04%。

【土地供应市场】 2010年，南宁市经营性房地产用地国有土地使用权招拍挂出让合计149.09公顷，比上年同期增长61.97%；成交价款132.61亿元，增长125.80%；成交平均价每亩592.98万元（每公顷8894.70万元），增长39.42%；平均楼面地价每平方米2579.85元，增长26.38%。其中：经营性商品住宅国有土地使用权招拍挂出让合计131.69公顷，增长45.90%；成交价款99.22亿元，增长68.93%，平均楼面地价每平方米2273元，增长11.35%。

（肖　垚）

【房地产投资及项目建设】 2010年，南宁市房地产开发完成投资317.50亿元，比上年同期增长40.04%，比上年提高26.28个百分点，房地产投资拉动全社会投资增长8.70个百分点，对全社会固定资产投资增长贡献率达20.67%。其中商品住宅投资228.12亿元，增长43.96%（经济适用房投资5.60亿元、增长21.10%）。土地购置面积和成交价款均增长。年度购置土地面积189.58万平方米，增长38.82%；土地成交价款42.06亿元，增长17.78%。商品房施工量、竣工量均有不同程度增长，商品房销售面积、销售额较大幅度增长。商品房施工面积3147.52万平方米、增长20.77%，其中住宅施工面积2378.86万平方米、增长22.02%（经济适用房施工面积134.86万平方米、增长53.05%）；商品房新开工面积967.56万平方米、增长37.86%，其中住宅新开工面积767.78万平方米、增长48.97%（经济适用房新开工面积35.29万平方米、增长293.05%）；商品房竣工面积519.41万平方米、增长18.13%，其中住宅竣工面积433.34万平方米、增长20.03%（经济适用房竣工面积14.50万平方米，增长134.04%）。竣工商品房价值73.31亿元，增长2.59%。商品房销售面积下降，销售收入增长。商品房销售面积666.48万平方米、下降8.72%，其中住宅销售面积583.54万平方米、下降10.31%；商品房销售额342.84亿元、增长3.11%，其中住宅销售额308.71、增长3.72%；商品房每平方米平均销售价格5144元、增长12.96%，其中住宅每平方米平均销售价格4952元、增长11.04%，增幅与上年相比降低8.84个百分点。廉租房建设投资额1.84亿元、下降20.77%，施工面积28.55万平方米、增长12.13%，竣工房屋价值2600万元、增长138.28%。

（杨华伟）

【旧城改造开发】 2010年，南宁市旧城改造项目新增中华路片区、香港街二号地块、虹桥湾小区3个；新开工五里亭四街、雅里下坡项目、中烟技改项目、东沟岭四组团项目4个；续建酱料厂片区、中尧路片区等10多个。完成投资15亿元。计划引进合同内资8.70亿元，完成9.15亿元；实际到位4.60亿元，完成4.65亿元。挂牌出让中华路片区、市客车厂宿舍片区、市柠檬酸厂片区、大学东路162号、东沟岭一组团二期5个旧改项目，引进合同资金50亿元，实际到位16.60亿元。全年发放拆迁许可证29份、拆迁延期证112份、拆迁公告29份、许可前听证会6次，指导选取估价机构19次，完成拆迁项目现场验收11个，核算拆迁项目成本费用9个，出具各种证明35份，完成对3个拆迁企业法人代表和单位名称变更的初审，发放房屋拆迁许可面积75.88万平方米，涉及居民2409户、单位209个。完成房屋拆迁总面积37.92万平方米。其中：住宅21.20万平方米，非住宅16.72万平方米。搬迁居民534户，涉及单位104个。受理台湾街旧改、“中国水城”、凌铁大桥、植物路扩建、香港街旧改5个项目行政裁决，下达行政裁决文书27份，行政强拆申请前听证会4次9户，实施拆迁2户。

（陈　琳）

【商品房市场运行】 2010年，南宁市新建商品房批准预售面积695.87万平方米、比上年同期增长16.16%，其中商品住房556.06万平方米、增长18.28%，办公楼15.20万平方米、增长168.55%，商业营业用房38.46万平方米、下降1.16%。在全国实施房地产市场调控的背景下，全市新建商品房成交面积490.05万平方米、下降42.72%，成交套数5.17万套，下降39.39%。其中：住房成交面积417.36万平方米、下降44.14%，成交套数4.15万套、下降40.54%；商业营业用房成交面积20.44万平方米、下降51.66%，成交套数2126套、下降63.86%；办公用房成交面积13.44万平方米、增长130.53%，成交套数723套、增长1.97%。全市存量房成交面积140.62万平方米，增长9.83%；成交套数1.50万套、增长13.92%。其中存量住房成交面积126.48万平方米、增长7.77%，成交套数1.31万套、增长8.01%。

【房地产市场管理】 2010年，南宁市根据《国务院关于坚决遏制部分城市房价过快上涨的通知》和住房城乡建设部《关于进一步加强房地产市场监管完善商品住房预售制度有关问题的通知》有关要求，开展房地产市场专项执法整治。共检查商品房预售项目158个，房地产中介服务机构店面140余个，对存在捂盘惜售、违规预售商品房等违法违规行为的房地产开发企业和房地产中介服务机构进行立案查处36件。开展经济适用住房使用情况调查，对3个大型经济适用住房小区的7564户住户进行拉网式入户调查，同时对全市房地产中介服务机构的租售代理行为进行检查，对有涉嫌出借、出售、闲置以及私自转售、违规购买、弄虚作假骗取购房资格等行为，经核实后按有关规定严肃处理。印发《南宁市人民政府办公厅关于加快南宁市住房信息系统建设的通知》，加强部门协作，加大投入力度，加快推进南宁市个人住房信息系统建设。加强房地产市场监测，有关职能部门定期收集分析房地产市场行情和舆情动态，编写《南宁市房地产市场十天一报》，为政府决策提供参考。

（肖　垚）

城市防洪

【概　况】 2010年，南宁市邕江防洪排涝工程管理处按照防大汛、抗大洪的要求，坚持早准备、早进入、早设防的原则，修订和完善年度邕江防洪工作预案；落实防洪抢险物资和抢险队伍；开展防汛安全检查和设施设备检修养护；加强人员业务培训，先后举办新进人员、班组（机）长和泵站操作技能培训3期，派8批50多人次到江西鹰潭和上海等有关单位进行技术培训。与市信息办建立的25路邕江外江堤防视频监控画面进行衔接，提升市、处防汛联网体监控效果。与市水文局共同完成防洪水情分析系统建设，提高对雨情、水位、水库、流量、气象等多项水文水情综合收集与分析能力。与珠江水利委员会南宁设计院、武汉大学共同研究、开发竹排冲二泵站运行控制自动化建设改造项目设计，已进入施工阶段。

【河道管理】 2010年，市邕江防洪排涝工程管理处坚持日常巡堤制度，严密监视河道堤防，依法处理河道堤防中的违法行为。处理和纠正在堤防河道滩涂上违章行为15起，发放违章通知书8份，拆除违章建筑一批。打击非法采砂行为，对所管辖的邕江河道禁采区河段实行24小时巡查值班，参与、配合主管局和市河道采砂管理办公室领导的执法，有效地遏制邕江河道非法采砂现象。完成临河建设项目审批14个。对申报的建设项目资料的完整性进行把关，对临河工程项目的建设情况进行跟踪检查，确保各项施工符合河道管理要求。

【防洪工程建设】 2010年，南宁市防洪工程建设项目主要有江南堤路园（三津村—南站南侧路段）和城市防洪体系完善项目等，完成投资3130万元。江南堤路园项目完成8个标段移交前复检，正与市政管理部门办理移交手续。竹排冲泵站扩建工程项目进行竣工验收前自查，并报请自治区水利厅验收。

【防洪设施维修与保养】 2010年，市邕江防洪排涝工程管理处对防洪设施、设备进行定期检查、养护。先后检测变压器设备120台次，高低压配电屏496面次，遥测泵站主电机、防洪闸电动机绝缘电阻87台次，检修保养泵站电力变压器25台；协助供电局对12座泵站高压供电线路进行安全试验；清理防洪闸15座、排水闸9座、穿堤管28条，试关防洪闸18座、交通闸27座，拍门5扇，调节中尧水厂交通闸、五通庙交通闸等闸门止水胶5扇；泵站、闸门等金属结构除锈、油漆保养2650平方米，割除护坡、泵站院内杂草2万平方米；清淤凤凰江、竹排冲、心圩江3座泵站进出水池和平台污垢1451立方米。对17座泵站和46千米堤防进行垂直沉降和水平位移观测，共计观测沉降点165个、位移观测点99个。

【防洪排涝】 2010年，市邕江防洪排涝工程管理处从2月开始反复进行防洪检查，全年开展多层次、多种形式的防汛检查30多次。对存在可能影响防洪安全的问题，制定专门措施予以解决。7月26日，邕江出现超设防洪峰水位，根据自治区、市防汛部门的要求，组织10座排涝泵站投入运行，累计运行机组87台次，总抽排水量119.84万立方米；关闭防洪闸14座、交通闸2座、穿堤管7条。由于措施严密，及时应对，确保安全度汛。先后5次派出抢险队员分别到青龙水库、天雹水库、清平水库等受灾点支援抗洪抢险。

（吴明全）

公共事业

【概　况】 2010年，南宁市自来水供水总量3.76亿立方米，用水普及率95.10%，水质综合合格率100%。污水处理设施建设完成固定资产投资6.38亿元，完成污水处理量1.45亿立方米，比上年同期增长146.99%。完成南湖—竹排冲水系环境综合整治等内河整治项目投资9.40亿元，完成率118.90%。二坑溪综合整治工程于5月初动工，进行河道挖方、导流围堰和灌注桩作业；朝阳溪综合整治三期工程正在修改完善初步设计及征地拆迁；沙江河环境综合整治工程完成初步设计批复，正在开展招标；竹排冲植物园段、水塘江、那平江、亭子江、三岸片排水渠二期工程5个项目开展前期工作。污水处理厂建设从市中心城区扩大至新建的开发区和城郊及六县，全年污水处理厂建设项目11个，其中市本级4个、市辖县7个。年末城市实有天然气供气管道长度累计2048千米，用户17.38万户，供气总量4235万立方米。液化石油气用户59.86万户，供气总量8.64万吨。燃气普及率99.26%。

【供水与污水处理设施建设】

概　况　2010年，南宁市供水和污

水处理设施建设计划投资 6.35 亿元（含武鸣、横县、宾阳、马山、上林五县污水处理厂项目 2.50 亿元），完成投资 6.65 亿元，为年度计划的 104.80%。其中：供水项目建设完成虎丘供水加压站的技改，正式启用南站西路供水加压站、良庆临村供水加压站和柳沙供水加压站；凌铁水厂每日 4 万立方米供水系统技改工程于 9 月完工；陈村水厂二期每日 10 万立方米扩建工程已完成施工招标。江南污水处理厂二期工程、埌东污水处理厂三期工程于年底实现通水运行；五县（武鸣、横县、宾阳、上林、马山）污水处理厂一期工程于 10 月通水运行；三塘污水处理厂一期工程进行厂区土方施工；五象污水处理厂一期工程开工建设。

江南污水处理厂二期工程建设　为世界银行贷款项目，是自治区对南宁市污水处理设施建设目标考核的"十一五"节能减排重点项目之一，也是南宁市 2010 年度重点项目。主体工程于 8 月中旬开工建设，12 月 29 日完成并通水运行。日处理污水量 24 万立方米，总投资 3.17 亿元。

埌东污水处理厂三期工程建设　为自治区对南宁市污水处理设施建设目标考核的"十一五"节能减排重点项目之一，也是南宁市 2010 年度重点项目。埌东污水处理厂三期工程是在原有的一期工程厂区内扩建，12 月 30 日完成通水运行。日处理污水量 10 万立方米，总投资 2.46 亿元。

五象污水处理厂建设　12 月 22 日开工建设，计划于 2011 年完成。设计一期工程污水处理能力每日 5 万立方米，占地面积 6.39 公顷。负责接纳五象新区和邕宁城区的污水，经过处理排入八尺江。工程内容包括：粗格栅及进水泵房、细格栅及旋流沉砂池、AAO 生物反映池、二沉池、紫外线消毒池、出水泵房、鼓风机房等。总投资 1.61 亿元，建设资金来源为银行贷款及企业自筹资金。

县城污水处理厂建设　继隆安县污水处理厂于 2009 年 6 月投产后，宾阳县、武鸣县、横县、上林县、马山县 5 个县城的污水处理厂一期工程均于 2010 年 10 月初通水试运行，改变 5 个县没有污水处理设施的历史，使城镇污水集中处理率均达到 65%以上。县城污水处理厂一期工程建设规模日处理污水量分别为：武鸣县 5 万立方米，横县、宾阳县均为 2 万立方米，隆安县 1.20 万立方米，上林、马山县均为 6000 立方米。除武鸣县污水处理厂的出水水质设计标准为一级 A 标准外，其余 5 个县的出水水质设计均为一级 B 标准。全市城市污水集中处理率达到 90%以上。

【城市节水】　2010 年，南宁市继续对用水量在 1000 立方米以上的 2449 户纳入计划供水管理范围。其中：工业企业 187 户，计划供水量 2484 万立方米；其他计划户 2262 户，计划供水量 1.88 亿立方米。至年末全市计划供水量 2.10 亿立方米，非居民生活用水计划率 95.20%，符合国家对城市实行计划用水的要求。5 月 15~21 日是第十九个全国城市节水宣传周，市节水管理部门围绕"节水全民行动，共建生态家园"宣传主题开展宣传活动。宣传活动内容有节水宣传咨询、节水知识有奖猜谜、节水产品展示、节水板报展示等。组织部分高等院校举办"滴水之行"演讲比赛，在部分院校设立节水宣传咨询点，并帮助一些院校解决厕所沟槽的翻斗式"长流水"冲便装置及铸铁螺旋升降式水龙头存在滴漏等问题。在部分社区围绕家庭节水为主题推广使用节水型生活用水器具，传授节水型器具的使用方法，给群众做操作示范。在一些用水大户的宾馆、酒店对过时的用水器具分期分批进行淘汰改造。全年淘汰改造厕所翻斗式长流水冲便装置 92 套、多孔式冲便装置 100 套、铸铁螺旋升降式水龙头 6279 个。

12 月 22 日，五象污水处理厂开工仪式举行　　周家志　摄

【燃气管理】　2010 年，南宁市燃气管理部门继续深入开展安全生产年活动，以突出预防为主、加强监管、落实责任，做好安全稳定供气。完成销售液化气 8.64 万吨，比上年同期增长 2.63%；用户 59.86 万户，下降 0.2%。管道燃气供量 4235 万立方米，增长 48.65%；居民用户 17.38 万户，其中年内开通 4.33 万户，增长 13.40%；气化率 86.45%，增长 3.38%。

燃气市场管理　4 月，召开全市燃气行业安全生产工作会议，会上市燃气管理部门与 18 家燃气企业签订安全供气目标管理责任书，强化安全供气责任制，将全市燃气行业的安全生产监管责任落实到每个供气企业。会同工商、城管等部门对涉嫌无证燃气供应网点进行执法检查 71 次，出动执法检查人员 435 人次，检查涉嫌违法经营网点 186 个，对存在违法经营行为的 105 个站点进行执法，暂扣钢瓶 1074 个，消除安全隐患，维护燃气市场的经营秩序。危险源监控系统三期工程建设，建设 18 个燃气储配站重大危险源现场监控设施，通过远程监控，随时控制燃气储配的安全状况，为燃气行业安全监管工作提供有力的保障。全年未发生重大危险源引发的重大事故。

供气设施建设　11 月，市管道燃气公司完成三塘气源厂的建设，使全市的天然气储备 2 个气源厂共拥有 8 个 150 立方米 LNG 储罐，储备能力能满足全市用气量由原来不足 2 天增加到 6 天。天然气供气能力每小时 1.20 万立方米。继续推进天然气重点项目建设，做好迎接西气东输配套建设的各项准备；做好推进天然气汽车加气站项目建设。全市天然气管道累计 2048 千米，住宅小区敷设燃气管道累计 1870 千米；居民用户累计

17.38 万户，商业及单位食堂用户 809 家，工业用户 3 家。为用户提供良好的服务环境，实现 IC 卡充值、基础信息查询、工单管理等功能整合；管道燃气公司在市内设有客户服务中心 5 个，基本覆盖市区的主要居民集中区。（陈 琳）

市政市容管理

【城乡清洁工程】 2010 年，南宁市深入持久实施“城乡清洁工程”。以创建国家卫生城市和广西市容环境“南珠杯”竞赛为切入点，进一步明确市及其相关职能部门、市与各县（区），各县（区）与街道办事处、居委会（村）的职责任务，健全完善城乡清洁工程的领导机制、考核监督机制、奖励约束机制、宣传教育机制、保障机制等。查处各类违章行为 43.39 万起，其中摊点乱摆（含跨门槛经营）13.06 万起、车辆乱停放 3.16 万起、垃圾乱扔 2.79 万起、广告乱贴 24.20 万起、工地乱象 1781 起。下发督办函 905 份，对 9000 多个问题进行督察。

【建筑垃圾机械化密闭运输启动】 2010 年，南宁市加强建筑垃圾运输管理，全力推进建筑垃圾机械化密闭运输管理。成立南宁市建筑垃圾密闭化运输工作综合协调办公室，草拟《南宁市人民政府关于建筑垃圾管理的通告》，发放宣传资料 6000 多份，向在市区范围内从事建筑垃圾运输的 80 家企业发出调查通知书。规定从 10 月 1 日起，对建筑垃圾运输车辆实行密闭管理。至年末，广西利玮置业开发有限公司购买的 26 辆新型机械化密闭运输车投入使用。

【“泥头车”撒漏整治】 2010 年，南宁市城管部门协调各城区、开发区执法队伍，开展建筑渣土运输车辆撒漏、轮胎带泥污染城市道路专项整治行动，重点查处竹溪大道、厢竹大道、凤岭片区、东盟商务区、五象大道的渣土运输污染路面行为。发放宣传资料 3000 多份，查处违章运输建筑渣土案件 1781 起，建筑垃圾处置证办理率。比上年同期提高 10 个百分点，泥头车轮带泥上路和泥土撒漏污染路面的问题得到控制。

【医疗废弃物焚烧中心关停】 2010 年，市城管局针对城南生活垃圾填埋场和兆洁医疗废弃物焚烧厂产生臭气扰民问题，迅速采取措施进行整治。通过调整生活垃圾运输车辆进场时间次数、关停兆洁医疗废弃物焚烧厂、对生活垃圾的填埋加厚堆土等，使问题得到解决。

11 月 10 日上午，市城管局党组书记、局长杨玉山（右）为企业颁发建筑垃圾机械化密闭运输通行证　　市城管局提供

【创业街设置】 2010 年，南宁市实施定时定点设置临时摆卖摊创业街工程项目。即在原来流动摊点乱摆严重的街道搭建固定店铺，以低租金出租给困难群体，统一管理经营，既有效解决流动摊点无序摆设引发的问题，又为困难群体提供低成本的创业之路，解决生计问题。为确保项目的公益性，严格限制投资者、入场经营户及其经营行为。申请入场的经营者严格框定在社会低保家庭、零就业家庭、残障人士等困难群体中，杜绝摊点的转租、转让、倒卖行为。在租金方面，实行商家让利一点、政府减免一点、经营户负担一点“三个一点”，收费标准不超过同等类别街道临街店铺的二分之一，确保困难群体负担得起。此外，创业街还推出“六个一”（印制一本手册、配备一个灭火器、发放一套卫生洁具、对一个城管中队、明确一个责任人、公开一个监督电话）管理服务。全市设置创业街 8 条，于 11 月 15 日完成，累计完成投资 250 万元。创业街共设置摊位 483 个（西乡塘区石巷口 99 个、秀灵路西一里 31 个、中尧路 46 个、农院路 130 个、青秀区星湖路北一里 51 个、兴宁区明秀东路三角地 44 个、江南区石柱岭一支路 15 个、良庆区荣光北路 35 个、邕宁区古榕路 32 个），提供工作岗位 1400 余个，受益群众 40 余万人。

11 月 15 日，南宁市建成创业街 8 条。图为农院路创业街一角　　市城管局提供

【市政设施维护与建设】 2010年，南宁市城市管理部门完成道路维修11.59万平方米、人行道维修面积4.70万平方米、下水道疏通107.47千米、清掏沙井7.21万井次、下水道检查井维修2375座、桥梁维修37座，设施完好率86%。在市区人口密集路段设置便民移动公厕10座，完成投资143.65万元；为市区各大型活动场所周边设置便民移动公厕50座次。从10月3日开始更换公共厕所导向牌，11月6日全部竣工，更换公共厕所导向牌128处。累计更换各种标志牌1431处，投资21.37万元。其中：13座城市广场更换157块，96座公园（景区）1057块，9座车站138块，10座加油站79块。在市区街道增设垃圾桶2000个，完成投资145.60万元。清川大桥维修工程4月3日开工，9月25日竣工通车，完成投资约360万元。邕宁区、良庆区、仙葫开发区部分市政道路维修工程，完成投资609万元。无障碍设施完善工程(一期工程)，完成40条道路无障碍设施改造坡道2828个、盲道1.12万米，占总工程量的98%，完成投资519万元。水泥混凝土道路路面伸缩缝及裂缝治理工程，完成投资510万元。对北湖—南棉路口、金湖—长湖路口、桃源—天桃路口进行交通渠化改造。其中北湖—南棉路口已完成，金湖—长湖路口、桃源—天桃路口正在开展征地拆迁相关工作，完成投资40万元。完成厢竹路挡土墙，维修、新增座椅，公园路栏杆等设施建设和维护，其中更换进水井盖4164块、检查井座1792个、维修城市家具90张、油漆城市家具795张、在人行道上设置座椅280张，完成投资504万元。

【"穿衣戴帽"工程】 2010年，南宁市继续实施"穿衣戴帽"工程，9月25日前全部完成。完成立面清洗5.25万平方米，立面装饰27.50万平方米，围墙美化彩化8097平方米，拆除女儿墙5181平方米，完成投资2430万元。完成青秀区长塘镇定西村仲豆坡、吊思坡和长塘村的王里坡3个对口挂钩村屯城乡风貌改造。

【垃圾处理】 2010年，南宁市区焚烧医疗垃圾5300吨，日均处理约15吨，实现垃圾无害化处理100%；处理生活垃圾约65.70万吨，日均处理约1800吨；处置建筑垃圾约120万吨。

【照明管理】 2010年，南宁市路灯管理部门完成路灯维修8500盏次，景观设施5940套，全年预计完成照明设施维护1.43万盏次，路灯亮灯率99.30%，设备完好率95%以上。

【桥梁管理】 2010年，南宁市桥梁管理部门开展桥梁环境卫生整治14次，清理垃圾19吨、涂鸦墙400平方米、小广告1.87万条，疏散流动摊点7405摊次，劝阻乱停乱放车辆1.90万辆次，制止非法挖砂船50余艘，清理流浪汉1440人，疏导交通239起，救助轻生人员23人。征收过桥费1044.30万元。

市政维护工人更换井盖　　市城管局提供

【城市广场管理】 2010年，南宁市城市广场管理处共维修广场各种灯具6530盏(杆)、水管137次、水泵95台次，更换老化电缆约1500多米，修复破损绿化护栏4300米，粘贴脱落的大理石2800平方米，坚持每月检修设施情况2次，确保广场设施设备的完好率。更换广场花景10次，换种鲜花28万盆，补种灌木20.60万袋，修剪灌木25万平方米，更换病害老化灌木6000多平方米。

【内涝防治】 2010年，市城管局坚持以"防大汛、抗大灾、抢大险"为指导思想，超前部署防内涝工作。完成6月15日、7月22~24日、9月22~24日5场局部轻微内涝抢险工作。增加经费投入，加大城市内河和市区防内涝整治力度，2006~2010年，全市安排整治项目49个，计划总投资32.67亿元。主要包括内河清淤及整治、污水管网配套、内涝点整治及排水干渠清淤、排水管网普查等。通过近几年相关项目建设和内涝整治，市区易涝片区由2005年的75个减至2010年的25个，防御内涝的能力不断提高。

【数字城管】 2010年，南宁数字城管按照"天天发现问题、天天解决问题"的要求，快速、高效、精准地处置城市管理中存在的各类问题。数字城管系统采集城市管理案件43.33万件、立案39.03万件(部件1.43万件、事件37.60万件)，派遣处理案件37.36万件，处理完结36.87万件，完结率98.60%。城市管理服务热线"12319"受理群众咨询投诉1.49万件，处理完结1.46万件，完结率98.50%。

【城市管理立法】 2010年4月末，市城管局完成《南宁市城市建筑垃圾管理办法》草案修订，11月17日公布在《南宁日报》和《南国早报》上，向社会公开征求意见。10月31日完成《南宁市市容卫生"门前三包"责任制管理办法》的修订调研。完成市人大常委会下达的地方性法规清理任务，对《南宁市市政设施管理条例》、《南宁市城乡容貌和环境卫生管理条例》等地方性法规进行清理，公布清理后修订的《南宁市禁止乱张贴乱涂写乱刻画规定》和《南宁市城市广场管理规定》。

(蒋舒建)

责任编辑　黄善秋

环境保护·园林绿化

环境保护

【概　况】 2010年，南宁市有各级环保机构37家，其中市本级环保机构7家、县级30家。根据自治区调整污染减排指标的新要求，南宁市制定污染物总量减排预警调控方案并组织实施，确保完成国家和自治区“十一五”污染减排任务，生态环境建设和保护等各项工作取得良好成效。市区环境空气优良天数349天，占全年天数95.62%；南宁市境内所监测的地表水8个断面水质近十年来首次全部达到或优于三类，邕江与贵港市郁江交接断面水质平均值保持在三类，主要江河水环境质量持续得到改善。

【南宁市获中华宝钢环境奖】 2010年2月，南宁市以良好的生态环境质量及在生态建设、改善环境质量、全面建设人与自然和谐相处的现代宜居城市方面的突出贡献获中国环境保护领域最高的社会性奖励——第六届中华宝钢环境奖城镇环境类奖项，是继沈阳、杭州之后全国第3个获此荣誉的省会城市。近年来，南宁市生态环境不断优化，环境质量明显改善，达到了近20年来的最好水平。2009年，南宁市全年空气优良天数362天，优良率99.18%，创10年来最好成绩；城市环境噪声达标区覆盖率80%以上；水环境质量持续改善，主要河流水质保持二至三类。

【大气环境质量】 2010年，南宁市区环境空气中二氧化硫、二氧化氮、可吸入颗粒物年平均浓度分别为每立方米0.028、0.030、0.069毫克，二氧化硫、可吸入颗粒物达到国家二级(一般居住区空气质量)标准，二氧化氮达到国家环境空气质量一级标准。二氧化硫比上年下降12.5%，二氧化氮、可吸入颗粒物分别上升7.10%、38%。全年市区环境空气优良天数349天，占全年天数95.62%，其中空气质量为优的天数148天，为良的天数201天；轻微污染天数16天，占全年天数4.38%。全年API（空气污染指数）值在12~116范围，均值为58。全年主要污染物为可吸入颗粒物，占99.10%，二氧化硫占0.90%。武鸣、横县、宾阳、上林、马山、隆安县城环境空气质量良好，二氧化硫、二氧化氮年均值优于环境空气质量一级标准，可吸入颗粒物达到国家二级标准。

南宁市区酸雨频率28%，降低1.90个百分点。降水平均pH值5.37，酸化程度比上年略有降低。武鸣、宾阳和隆安县城未出现酸雨，横县、上林县城酸雨频率分别为11.59%、4.08%。

【水环境质量】

主要江河水质　2010年，南宁市主要对境内的左江、右江、邕江、郁江和武鸣河5条河流共8个断面进行监测。按全年监测平均值评价，满足国家地表水标准二、三类水质要求的断面各占50%。其中左江入境的上中、右江入境的雁江、邕江上游的老口、右江支流武鸣河叮当断面总体满足二类水质，邕江下游的水塘江和蒲庙、郁江上游的六景和郁江南宁市出境的南岸断面达到三类水质。国家和自治区级对南宁城市环境综合整治定量考核的所有8个监测断面水功能区水质达标率均为100%，8个监测断面枯、丰、平水期10年来首次全部达到或优于三类水质。全市地表水有2个断面获国家级考核水功能区达标率100%。

饮用水源水质　南宁市集中式饮用水源水质月报共监测6个水源。其中，邕江地表水源5个，自上游至下游的顺序依次是：三津、陈村、西郊、中尧、河南水源

2010年南宁市内河综合污染指数评价情况

内河名称	马巢河	可利江	凤凰江	心圩江	竹排冲	朝阳溪	二坑溪	亭子冲	水塘江	八尺江	那平江	良庆河	楞塘冲	石埠河	大岸冲	石灵河	西明河	四塘江
平均综合污染指数	0.30	0.55	1.62	1.68	1.12	1.22	2.85	1.70	0.75	0.16	0.97	0.68	0.61	0.48	0.28	1.10	0.42	0.21
评价分级	重污染	重污染	重污染	重污染	重污染	重污染	严重污染	重污染	中污染	轻污染	重污染	重污染	重污染	重污染	重污染	重污染	重污染	重污染

2009~2010年城市内河水质平均综合指数评价情况

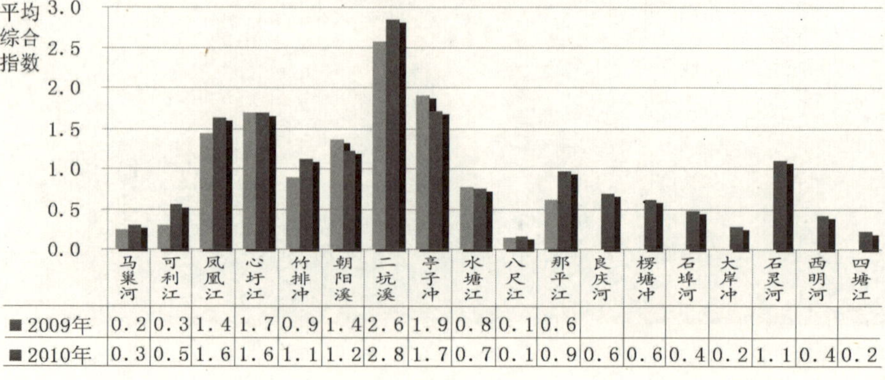

地;邕宁区清水泉地下水源1个。按照"十一五"考核体系不计粪大肠菌群指标评价南宁市饮用水源水质达标率为96.24%。其中，地表水源水质达标率为100%,清水泉水源地主要受总大肠菌群指标超标影响。2010年,横县郁江、上林县北仓河和东春河、马山县那朝水库、隆安县那降水库等地表饮用水源水质均属优良;以地下水为水源的宾阳县城饮用水源地水质良好，武鸣县水质主要受总大肠菌群指标超标影响。

邕江支流水质　监测18条主要城市内河水质,其中八尺江属轻度污染,马巢河、可利江、凤凰江、心圩江、二坑溪、朝阳溪、亭子冲、竹排冲、水塘江、那平江、良庆河、楞塘冲、石埠河、大岸冲、石灵河、西明河和四塘江等17条内河均属重度污染。影响水质的主要污染指标为氨氮、五日生化需氧量、总磷、溶解氧和化学需氧量。

主要湖泊与水库水质　南湖水质类别评价为五类,综合营养状态指数60,属轻度富营养状态,主要影响指标为总氮、总磷。综合营养状态指数比上年略有好转。大王滩水库和仙湖水库的综合营养状态指数分别为48.30和39.10，仍保持正常的中营养状态。

地下水水质　南宁市地下水质良好级50%,较差级44%,极差级6%;地下水污染总指数比上年有所上升,pH值、铁、锰、氨氮、亚硝酸盐等是影响地下水水质的主要指标。

【声环境质量】

城市区域声环境　2010年,南宁城市区域环境噪声平均值54.40分贝,比上年上升0.30分贝。城市区域声环境质量总体达到国家考核指标要求,属较好水平。城市声源构成仍以社会生活噪声和交通噪声为主,占全市声源构成的87.60%。

道路交通声环境　城市道路交通噪声平均值69.10分贝,下降0.20分贝;监测路段超标率30%,下降8.90个百分点。道路交通声环境质量总体达到国家考核指标要求,属于较好水平。武鸣、横县、宾阳、上林、隆安、马山六县县城区域环境噪声为54.10~58.70分贝,均达到的国家考核要求小于60分贝。武鸣、横县、宾阳、上林、马山、隆安县城道路交通噪声为66.70~68.70分贝,均达到国家考核要求(小于70分贝)。

【环境监测】　2010年，南宁市环境保护监测站开展空气、水、声和辐射环境质量监测，同时还开展国控重点监控企业监督性监测、其他污染源委托和监督性监测、环境污染事故应急监测及建设项目竣工验收监测等。全年获得环境监测数据10.77万个,完成日报、周报、月报、快报、简报发布900多期。

【污染物排放】

废水污染物排放　2010年，南宁市废水排放总量3.50亿吨，比上年增加0.11%。其中:工业废水排放量1.24亿吨，生活污水排放量2.26亿吨，所占比重分别为35.45%、64.55%。废水中化学需氧量排放量12.44万吨,减少2.92%。其中:工业废水中排放6.65万吨，生活污水中排放5.79万吨，所占比重分别为53.45%、46.55%。废水中氨氮排放量0.49万吨,减少3.21%,其中:工业废水中排放0.12万吨,生活污水中排放0.37万吨,所占比重分别为24.43%、75.57%。工业污染物中,化学需氧量排放量的82.43%来源于农副食品加工业和造纸及纸制品业。氨氮排放量的79.27%来源于农副食品加工业、化学原料及化学制品制造业和造纸及纸制品业。全年全市城市污水集中处理量为1.46亿吨,污水集中处理率64.42%,其中市区污染水集中处理率82.86%。

废气污染物排放　南宁市工业废气排放总量843.61亿标立方米,减少4.71%。其中:燃料燃烧废气647.49亿标立方米，工艺废气196.12亿标立方米，所占比重分别为76.75%、23.25%。全市二氧化硫排放量7.58万吨,增加17.24%。其中:工业排放6.57万吨，生活排放1.01万吨,所占比重分别为86.63%、13.37%。烟尘排放量2.62万吨,减少8.97%。其中:工业排放2.45万吨,生活来源排放0.17万吨,所占比重分别为93.40%、6.60%。废气中工业粉尘排放量为0.70万吨，减少17.07%。工业污染物中，二氧化硫排放量的72.93%来源于非金属矿物制造业、造纸及纸制品业、农副食品加工业,烟尘排放量的57.86%和工业粉尘排放量的82.75%来源于非金属矿物制造业。

工业固体废物排放　全市工业固体废弃物产生量407.75万吨,增加7.38%;综合利用量384.22万吨，增加11.54%。其中:结合利用往年贮存量0.89万吨;处置量17.54万吨，减少45.73%；贮存量6.77万吨,增加120.70%;排放量0.11万吨,减少29.17%。全市工业固体废物综合利用率94.02%,增加3.35个百分点。工业污染物中,全市工业固体废物产生量的63.03%来源于农副食品加工业、化学原料及化学制品制造业和非金属矿物制造业。

【主要污染物减排】

污染物减排完成情况　2010年7月,市人民政府下发《南宁市人民政府关于印发〈南宁市坚决完成"十一五"节能减排工作目标实施方案〉的通知》,调整减排计划，下达化学需氧量减排项目63

2010年南湖、大王滩水库、仙湖水库水质评价

点位名称	2010年		2009年	
	综合营养状态指数	级别	综合营养状态指数	级别
南湖	60.00	轻度富营养	61.40	中度富营养
大王滩水库	48.30	中营养	44.20	中营养
仙湖水库	39.10	中营养	34.20	中营养

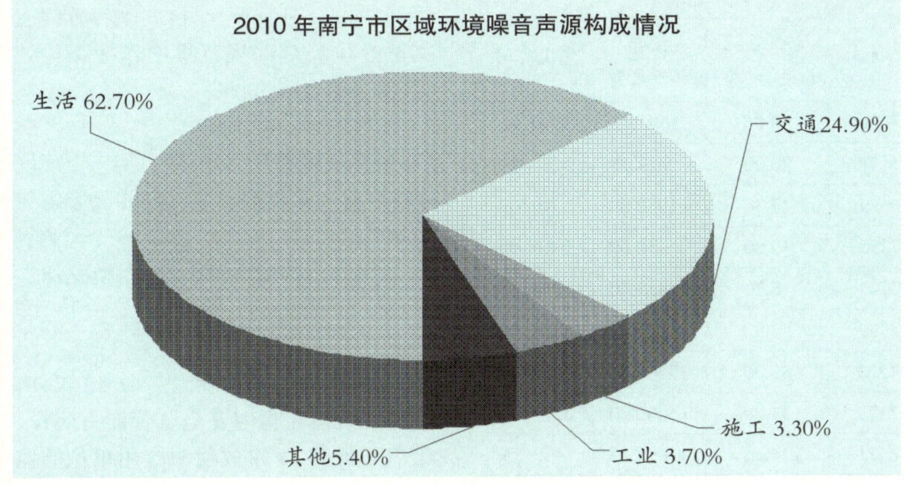

个，新增项目18个；下达二氧化硫减排项目7个，新增项目5个。8月，全部新增项目竣工。全市全年上报国家审核化学需氧量减排项目45个、二氧化硫减排项目6个，其中淀粉32个、制糖废水生化治理设施项目3个在上年全面完成工程建设的基础上稳定运行，年内，全部通过国家的减排项目审核。南宁市通过城市污水处理厂项目和工程减排项目的建设，合计减排化学需氧量1.08万吨，2010年化学需氧量排放量12.44万吨。6个二氧化硫结构减排项目合计减排二氧化硫699吨，2010年二氧化硫排放量7.58万吨。两项主要污染物排放总量均控制在“十一五”主要污染物总量减排控制目标范围内。至年末，经国家核定，“十一五”期间全市累计完成化学需氧量减排2.79万吨，较2005年排放总量削减18.32%；累计完成二氧化硫减排0.73万吨，较2005年排放总量削减10.09%，完成“十一五”污染减排任务。

主要措施　对淀粉企业生产实行环保审批制，对环保设施不能正常运行的企业进行停产治理，确保淀粉企业减排项目通过国家减排核查。8月，市环保局牵头组织对每个污染减排项目进行督查。建成水煤浆锅炉9台替代燃煤锅炉；建成南宁—东盟经济开发区水煤浆集中供热示范项目，大幅减少大气污染物排放；关闭淀粉生产企业1家，淘汰产能0.60万吨；关闭水泥厂5家，淘汰落后产能97.50万吨；关闭废纸造纸企业5家，淘汰落后产能4.36万吨。推进城镇污水处理厂建设，新建成污水处理厂8座，使市区污水处理率达到90%，县城污水处理率达到50%以上，完成“十一五”期间目标任务。

【环保整治专项行动】 2010年，南宁市开展多项环保专项行动，出动1.10万人次，检查企业4381家次，排查出重金属排放企业49家，全面完成全市造纸企业环境污染专项整治。专项行动期间，发现并查处环境违法企业180家，结案129家；挂牌督办项目27个，完成验收27个；期间接到信访投诉8241件，处理率100%，办结率98%。联合市城乡建设委员会、市城市管理局对建筑工地、道路扬尘进行联合执法行动6次。中、高考期间，安排环境监察人员24小时全天候轮值巡查，出动702人次，巡查建筑工地185个，劝阻违规施工158起，立案处罚19件。完成邕江饮用水源一级保护区两岸堤内土地权属调查和邕江河段68公里长禁养区内633户网箱养殖户的拆除、迁移，清理8278箱、16.57平方米；拆除邕江饮用水源地一级保护区内4个砂场；完成水厂取水口一级保护区内滩涂地农作物的清理和在一、二级保护区内水源保护区界标、交通警示牌的设置；拆除位于中尧水厂取水口上游约500米处的冬泳码头；完成水上加油站搬迁的前期准备工作；完成邕江饮用水水源保护区内上尧港和陈东港搬迁前期准备；完成3个驾驶培训基地的清理取缔和趸船清理整治；完成邕江饮用水源保护区内各跨江大桥上设置标志牌。

【污染源普查】

更新调查范围　2010年，南宁市按照国家污染源普查动态更新调查技术规范要求，开展年度更新调查，对883个点源进行发放表格调查，为2009年第一次更新调查对象的58.30%。其中：工业源污染源358个，畜禽养殖业污染源497个，农业源污染源12个，集中式污染治理设施14个，城镇居民生活污染源1个，机动车污染源1个。工业源、生活源、农业源更新调查对象实现各县(区)全覆盖。

更新调查主要结果　该调查的工业能源消耗重点对象358个，全市工业企业原煤消耗量380.78万吨；全市生活煤炭消耗量51.46万吨。

工业源排污　全市工业废水排放1.46亿吨，工业源废水主要污染物化学需氧量排放量4.09万吨，氨氮排放量1708吨；工业废气排放量971亿立方米，废气中主要污染物二氧化硫排放量3.82万吨，氮氧化物排放量2.53万吨，烟尘排放量3.40万吨，粉尘排放量0.94万吨。

农业源排污　更新农业调查对象509个，其中农业点源497个，县(区)农业点源12个；农业污染源化学需氧量排放量6.33万吨，氨氮排放量4242吨。

生活源排污　生活源废水排放量2.10亿吨，生活污水中主要污染物化学需氧量排放量6.14万吨，氨氮排放量6098吨；生活源废气主要污染物二氧化硫排放8234吨，氮氧化物排放1165吨，烟尘排放4631吨；机动车尾气氮氧化物排放量3.28万吨，烟尘排放3328吨。

【城市生活垃圾处理】 2010年，南宁市有垃圾转运站56座。其中：在用42座，在建1座，在拆13座。有垃圾卫生填埋场1个、垃圾堆肥厂1个。生活垃圾做到日产日清，全年处理垃圾58.70万吨，比上年增长1.80%，日平均清运1608吨，城市生活垃圾无害化处理率100%。

【医疗废弃物集中处置】 2010年，南宁市列入集中收集处置医疗垃圾的医疗机构880家(点)，覆盖面达到南宁市所辖6县。收运医疗废弃物5367.41吨，比上年下降7.90%，日均收运14.71吨，所收运的医疗垃圾全部规范集中作无害化处置，集中处置率100%。

【辐射环境质量】 2010年，南宁市环境γ辐射空气吸收剂量率（已扣除宇宙射线响应值）无异常变化，市内29个监测点的年均值范围为32.50~60.80纳戈/时，平均值为45.20纳戈/时。

【核与辐射安全监督管理】 2010年，南宁市开展核与辐射安全监管能力建设，组织开展对61家放射源应用单位的监

“十一五”期间南宁市新增污水处理厂及配套管网建设情况

项目名称	设计处理规模(万吨/日)	投资(万元)	管网建设		主体工程完成时间
			完成管网长度(千米)	投资(万元)	
广西农垦明阳工业区污水处理厂	3.00	7626	38.06	1691.25	2010-05
武鸣县污水处理厂一期	5.00	16178	20.00	906.20	2010-09
横县污水处理厂一期	2.00	6679	17.30	1080.00	2010-09
宾阳县污水处理厂一期	2.00	7355	19.80	450.00	2010-09
上林县污水处理厂一期	0.60	3744	8.70	855.70	2010-09
马山县污水处理厂一期	0.60	3909	7.30	515.00	2010-09
南宁市江南污水处理厂二期	24.00	31723	85.00	25200.00	2010-12
南宁市埌东污水处理厂三期	10.00	11179	38.00	14000.00	2010-12
合　计	47.20	88411	234.16	44698.15	

督检查，全年未发生放射源丢失、被盗、失控等辐射事故。有涉源单位 76 家，密闭源 365 枚，非密封源 35 项，已送贮闲置放射源 9 枚；有 16 万居里的辐照装置 1 家。加强对通讯基站的电磁辐射管理及污染纠纷的处理，调查处理明秀东路北六里、长堽四里虎楼岭等 20 多起移动通讯基站电磁辐射的群众投诉。

【自然生态环境】 2010 年，南宁市有自然保护区 7 个。其中：国家级 1 个；自治区级 5 个；市级 1 个。自然保护区面积 5.17 万公顷，占全市总面积 2.33%；森林公园 5 个，面积 1.07 万公顷。全市森林面积 92.34 万公顷，森林覆盖率 43.65%。

【生态南宁建设】 2010 年 5 月，市政府印发实施《南宁市生态功能区划》，为广西第一个市级生态功能区划；7 月，市人大常委会审议批准《南宁市生态城市建设规划(2010~2020 年)》，为自治区第一个市级生态建设规划；8 月，市委、市政府印发《关于加快生态南宁建设力争在广西率先建成生态文明示范区的决定》，启动生态文明示范区建设。隆安县城厢镇、西乡塘区金陵镇金陵村等 15 个乡镇及行政村获自治区级生态乡镇、生态村命名。南宁市所辖 6 个县的生态县规划均通过当地人大批准。

【环境法制】 2010 年，南宁市开展《南宁市邕江河段水体污染防治条例（修订）》和《南宁市机动车排气污染监督管理暂行规定(修订)》立法调研，组织开展《南宁市环境噪声污染防治条例》执法检查，开展《南宁市燃煤二氧化硫污染防治办法》效果评估和环境保护行政执法案卷评查。举办全市环保系统环保行政执法培训班 1 期。全年各级环保部门实施环境行政处罚案件 258 件，行政处罚听证 5 起。组织行政复议案 2 件，按照自愿、合法的原则进行调解结案。组织召开环境保护行政许可听证会 1 起。全年无行政诉讼案发生。

【建设项目环境管理】 2010 年，市环保局完成高新技术产业开发区、经济技术开发区等国家级开发区的扩区规划环评。全市 21 个工业园区、开发区全部开展规划环评，完成审查 19 个；完成南宁市重大专项规划环评 15 个。贯彻实施《规划环境影响评价条例》，确定南宁市“十二五”专项规划需要开展环境影响评价的具体规划目录，报市政府同意。年初，制定 2010 年落实“项目建设年”和“五场攻坚战”活动环保服务方案，提出环保服务“10 大工作措施”，召开重大项目环评审批对接推进协调会，帮助解决项目建设实际困难，做好广西南南铝加工有限公司年产 20 万吨大规格高性能铝合金板带型材项目等重大项目环保审批。列入自治区统筹推进的 29 个新开工和前期工作重大项目全部开展环评，其中完成环保审批 24 个。全市完成建设项目环保审批 1862 个，完成建设项目环保验收 1133 个。配合自治区环保厅出具上级环保部门审批项目的试生产意见 15 份、验收核查意见 11 份。开展工程建设领域突出问题专项治理，重点加强对“未批先建”、“久试不验”等行为的查处，纠正部分建设项目存在的环境违法违规行为。

【环境污染事件】 2010 年，南宁市发生环境污染事件 17 起，其中水污染突发环境事件 12 起，危险品污染突发环境事件 3 起，气污染突发环境事件 2 起。按《国家突发环境污染事件应急预案》程度分级，均属一般事件。

南湖污染死鱼事件 9 月 6 日，在南湖隧道项目施工过程中，施工方不慎挖破污水管，造成城市生活污水直接从南湖沿岸的两处排涝口溢入南湖，致使部分南湖水质遭到污染，湖水散发异味，溶解氧下降造成死鱼。市政府就此责成有关部门和单位紧急采取有效措施解决，并组织召开新闻通报会。市环保局启动应急预案，对南湖上、中、下湖监控监测，督促施工单位中建五局加快连通污水网管建设，同时加大污水的抽排力度，建议同期抽取邕江水补入南湖，以稀释南湖污染浓度，使南湖水质尽快恢复到景观水质标准。9 月底，连通污水网管建设完成，南湖水质恢复到常态的景观水质标准。

柳沙半岛臭气扰民事件 4~5 月，柳沙半岛一带出现臭气扰民现象，其污染来源于城南垃圾填埋场生活垃圾发酵的臭味、南宁市兆洁特种垃圾处理有限公司医疗垃圾焚烧处置排放的烟气焦味以及养猪场用废旧物资熬制泔水过程中产生的烟气异味，引发柳沙半岛一带市民强烈反应及网友的高度关注。市政府及时组织城管、环保等有关部门采取措施应急处置：清理取缔城南垃圾填埋场西侧带的非法养猪；关停焚烧医疗垃圾的兆洁公司，全市医疗垃圾外运到周边城市安全处置；责成市环卫处制定和实施城南生活垃圾填埋场臭气治理工程计划；组织媒体采访报道。通过一系列措施的实施，柳沙半岛的臭气污染得到有效控制。

【信访与建议提案办理】 2010 年，市环保局共受理全市各级人大建议、政协提案 32 件，全部如期办理完毕；受理群众转办等环境污染投诉 1.25 万件次，处理 1.24 万件次，处理率 99%。其中通过 12369 环保举报诉热线反映的 1.16 万件，直接群众来信、市信访局和自治区环保局等上级部门转办来信 69 件，接待来访 33 批 75 人次。督办县(区)政府解决辖区环境问题督办函 18 件，信访处理复函 36 件，书面答复 12345 转办案件 153 件，处理市数字化城市管理系统 76 件、网上信访 60 件、政民互动 106 件，对市环保局网站市民心声的 357 条咨询投诉信息给予回复。

【排污申报登记与收费】 2010 年，南宁市申报登记水污染物排放企业 253 家、大气污染物排放企业 734 家、固废污染物排放企业 103 家、建筑噪声污染物排放企业 210 家。全市各级环境保护主管部门核准颁发排污许可证 1386 份；征收排污费 3474.54 万元。

【环保科研】 2010 年，市环保科研所派出人员参加各种学习班 70 多人次。开展科研课题研究 7 项，其中《南宁市环保产业现状及发展研究》、《南宁市建设生态文明城市研究》、《生态文明建设指标体系研究》、《木薯废渣生物质能源利用技术研究示范工程》、《建设广西生态文明示范区研究》5 项课题结题。5 月，参加中国环境科学学会 2010 年学术年会、“十二五”环境保护咨询会暨全球华人科学家环境论坛，市环科所选送的《南宁市建设生态文明城市研究》、《废水氮减排的控制要素——“十二五”期间氮减排控制指标分析》两篇论文获优秀奖。10 月，在市科学技术协会主办的第三届《节能减排，科学发展》学术论坛——造纸行业节能减排和循环经济新模式论坛上，有 4 篇论文获奖，其中《南宁市造纸及纸制品行业碳排放量研究》获优秀论文一等奖，

3篇获优秀论文二等奖。全年编制完成建设项目环境影响评价报告书（表）60个，组织完成技术评估项目94个。

【环境宣传教育】 2010年，市环保局与新闻媒体配合，组织对南宁市获中华宝钢环境奖、污染减排、环保专项行动和专项整治、推广使用水煤浆、环境质量状况、生态建设及创建国家环保模范城等重大活动开展集中宣传报道。全年市级以上主流媒体刊发环保新闻报道稿件260篇次，其中在中央媒体刊登专版2次；召开南宁市节能减排、环境质量新闻媒体通报会新闻发布会1次。“六·五世界环境日”暨环境宣传月期间举行环境日主题及宣传月启动仪式，市四家班子领导出席，全市各界代表300多人参加活动。编印环保宣传资料15万份，发布环保高杆广告6块。结合新时期环保工作实际有针对性地开展教育培训，举办南宁市淀粉造纸企业、辐射安全法律法规与防护知识、环境行政执法、绿色系列创建骨干等培训班5期，参训人数600多人次。继续开展节能减排进社区下乡镇和低碳减排讲座活动，指导和组织大专院校环保社团及中小学校开展环保演讲、文艺演出、变废为宝、科普环保模型、生态考察等活动。开展南宁市第五批“绿色环保社区（小区）”创建，并配合自治区“绿色系列”开展推荐评选活动。全市有8所学校（幼儿园）获自治区第5批绿色学校（幼儿园）称号，有11个社区（小区）获南宁市绿色环保社区（小区）称号。

【环境信息建设】 2010年，市环保局制定并落实《南宁市环保系统计算机及网络保密制度》，制定环境信息安全应急处置预案。开展环保系统数据、视频、语音广域网（南宁市部分）的运行与维护，做好污染源在线监控环境信息传输能力技术支持。加强市环保局网站建设，增设“学习沈浩同志，做环保卫士”专栏，利用网络重点宣传“项目建设年”和“服务企业年”活动情况。全年市环保局网站更新信息1.53万条，访问量、点击数分别为44.47万人次、79.61万人次，访问量和点击数均创历年新高。制定《南宁市环境保护局政府环境信息公开办法》等制度，完善政府环境信息公开机制。在中国优秀政府网站推荐及综合影响力评估中获2010年度“中国政府网站优秀奖”。提前半年超额完成市委、市政府下达给市环保局的全年政务信息任务。开展《南宁市环境污染事故应急管理综合平台的开发和应用》项目建设，完成项目测试修改、总结和应用，通过市科技局组织的鉴定，按要求推进国家环境信息与统计能力建设项目建设。获2010年度全国环保政务信息工作先进单位。

（市环境保护局）

园林绿化

【概　况】 2010年，南宁市园林系统承担城建项目29个，其中续建项目4个、新建项目17个、前期准备工作项目8个，总投资14.38亿元，年度投资8.52亿元。完成260万株树木种植、体育休闲公园一期、凤岭儿童公园一期、安吉花卉公园一期等城市增绿、景观提升、绿色惠民、花卉美化、环境整治工程，以及建设南湖—竹排冲、可利江、心圩江、青秀湖等“中国水城”绿化项目。完成固定资产投资9.66亿元，比上年增长81.60%，其中完成城建项目投资7.36亿元，增长84%；完成招商引资实际到位内资5549.10万元；完成预算外收入1.31亿元。公园绿化建设、更新改造及维护投入1.54亿元。生产苗木340.30万株（袋）、盆花570万盆。全年新增公共绿地面积514.59公顷，市区建成区绿化覆盖面积8687公顷，绿地面积7555公顷，公园绿地面积2148.66公顷，市区建成区绿地率、绿化覆盖率和人均公园绿地面积分别为35.10%、40.36%和9.83平方米，增长0.92%、0.71%和0.22平方米。12月20日，体育休闲公园、凤岭儿童公园基本建成。

可利江一瞥　　市园林局提供

【“中国绿城”创建】

种植260万株树木工程　2010年，南宁市投资1.86亿元，种植乔木260.37万株，为年度计划的100.14%。其中大规格乔木20.37万株，小规格乔木240万株。

花卉生产布置　南宁市园林系统生产盆花570万盆，完成中国—东盟自由贸易区论坛、春节、中国国际商务文化节暨中国（南宁）国际时尚博览会、第五届泛北部湾经济合作论坛、国庆节、“两会一节”、2010全国知名民营企业兴业北部湾活动等重大节庆日活动花卉布置340万盆。完成“鲜花下地”项目花卉生产和布置种植200万盆，设计和布置特色园林小品230个。

【“中国水城”园林绿化项目建设】

南湖—竹排冲连通水系环境综合整治绿化工程　2010年，完成投资5198.90万元，为年度计划的115.53%，种植大树1936株、乔木6348株、灌木1.40万株、散生竹1.40万株、丛生竹2068丛、地被11.87万平方米、草皮11.71万平方米、水生植物及观赏草1658.65平方米、观花植物1324.15平方米。

可利江园林绿化改造提升工程　完成投资4245万元，为年度计划的106.13%。完成原场地苗木移植6992株，清除草皮23.03万平方米,清除原有地被植物。种植大树646株、乔木7905株、灌木1.67万株、地被8.53万平方米,种植水生植物600盆、5416平方米,铺设草皮16.98万平方米,堆叠景石4782.53吨,场地内回填土方3.15万立方米、种植土2.45万立方米,完成地形整理22.07万平方米。

心圩江二期建设及园林绿化改造提升工程　完成投资2017万元,为年度计划的100.85%。种植大树395株、常规乔木7932株、孤植灌木3933株、棕榈科植物609株,安装景石770吨。

青秀湖公园建设工程　完成投资3034万元,为年度计划的101.13%。种植大树266株、乔木1607株、灌木4718株、地被2.28万平方米、草皮5.57万平方米,回填种植土3.06万立方米,整理地形6万平方米、墨石641.75吨,安装给水管道1580米,开挖土建土方1万立方米、雨水管506米、围堰工程4814立方米、砌筑冲沟片石1302立方米、混凝土涵管70米、冲沟混凝土垫层293立方米。

【街道绿化建设】　2010年,南宁市继续实施道路绿化增花添彩二期工程、主干道绿化给水管网一期工程、黄土裸露专项整治三期工程。重点在会展路、平乐大道、荔滨路等原有绿化带进行部分改造,在道路绿化中推行群落式、多品种、大绿量的植物配置手法,以高大常绿浓荫树木为基调树种,配植观花观果乔灌木,增添园林绿化中的彩色因素,在"绿化"的基础上增强"彩化"效果。完成投资430万元,移植乔木2289株,增种乔木559株、灌木1289株、地被1.87万平方米,铺设花架210米;继续完善城市道路绿化基础设施建设,实施主干道绿化给水管网一期工程;街道绿地黄土裸露专项整治三期工程年内投资300万元,片植灌木4014.80平方米,种植三角梅3.60万株,护栏安装6892.30米。

【街道绿化养护】　2010年,市绿化工程管理处根据南宁市街道绿化养护要求和季节气候特点,分重点、有针对性地对全市主要街道和精品线路绿化植物进行"特别"养护,运用科学养护方法和科技手段进行乔灌木控花促花,确保开花植物在"两会一节"等节庆期间应时开花;对受损绿化带进行补种,恢复绿化。全年补种乔木1087株、孤植灌木8603株、片植灌木6万平方米、草本地被1.68万平方米、草皮763平方米;加大对全市主要街道绿地上死、危树及枯枝处理力度,降低台风期间及平时绿化植物安全隐患;配合开展创卫迎检工作,对街道绿地进行灭鼠堵鼠洞、治理黄土裸露、清理卫生死角;继续完善绿化养护档案管理,加强对全市绿化植物的检查管理力度,增强绿化植物病虫害防治研究和处理能力。

【公园建设】

概　况　2010年,南宁市园林系统有公园12个,分别为:南宁市南湖公园、人民公园、动物园、金花茶公园、狮山公园、滨江公园、石门森林公园、新秀公园、安吉花卉公园、邕江滨水公园、凤岭儿童公园、体育休闲公园。南宁市邕江滨水公园和体育休闲公园分别于2月27日和12月20日建成开放。

南湖公园　2010年,完成预算外收入542.20万元,从预算外资金中投入245.60万元,加大园容园貌的综合整治力度。开展创建"国家卫生城市"和创建"三优一满意"(优美环境、优良秩序、优质服务、让游人满意)公园活动,继续实施"城乡清洁工程"及安全生产和社会综治管理。承接青秀湖公园西段一期工程、南湖放生台和生态岛等工程建设,总投资3200多万元。配合"中国水城"重点工程项目竹排冲连通渠及南湖隧道工程的建设,完成树木、地被植物移植任务;完成花卉生产布置任务65万盆。

人民公园　完成预算外收入1416万元,其中投入园林建设150万元。生产盆花52万盆、各种袋苗3万袋、阴生植物3000盆、肉质植物1000盆、水生植物1780盆。承接心圩江环境综合整治二期工程,完成南宁市无障碍设施工程(园林部分)项目,总投资1145万元。全年累计完成盲道、坡道、厕位、扶手、停车位等设施改造646.68万元。完成投资38万元的荫生园湿地景观改造二期工程,完成叠景石400多吨,回填种植土200多立方米。自筹资金122万元投入园林基础设施建设,更新后山花圃喷淋系统,建设侧门游客休闲长廊和值班室,修缮荫生园玻璃房及荫棚等。对机修房前路面、园内9座公厕设施、损坏的花岗岩石板道路、烈士碑八角亭及陈列馆广场休闲长廊进行全面维修。新增东门雨淋315变压器1台,建设变压器房70平方米,缓解该片区用电的紧张状况;完成东门、周转房、园湖路铺面线路改造1250米的配套设施建设。投入20万元,种植各类袋苗12万袋,回填种植土100立方米,设置围栏1500米;修剪整形大树600多株;做好公园花坛、门区的花卉日常布置;搞好植物、花卉病虫害防治以及动物防疫,投入12万元对全园树木进行白蚁专项防治。

动物园　完成预算外收入7558.84万元,入园人数146万人次,比上年增长37.70%,为年度任务量的132.70%。开展创建"三优一满意"公园活动,全年接受中央电视台、新华社、《南国早报》、广西电视台等媒体正面报道200多次。完成水世界一期工程的改造,对飞天梭、飞碟窗、浪摆、SPA、四螺旋的水池进行铺设大理石和马赛克;对中心舞台进行改造;完成水世界二期建设,包括无敌大喇叭、超级大碗和滑板冲浪3个主打项目,附属设施死海、亲亲鱼池、儿童游泳池、水世界餐厅、烧烤城、贵宾休闲区等项目,占地面积1公顷,回填土方2万多立方米。完成全市2010年种植260万株树木工程动物园增种树木工程的全部苗木种植任务,新引进洋蒲桃、糖棕、狐尾椰子、小叶榄仁等亚热带植物203株。完成加勒比水上世界周边环境改造,完成两栖爬行馆、鹦鹉馆建设,对海豚馆、长颈鹿馆、涉禽馆、斑马馆等馆舍进行改造。种植大王椰、洋蒲桃、糖棕、银海枣、老人葵等乔、灌木3230株(袋);种植春羽、白柄亮丝草、袖珍椰子等阴生植物710盆;种植花叶良姜、文殊兰等地被植物2950平方米;全年园内摆花4002盆,铺种草皮1.90万平方米。展出动物205种3015头只,繁殖动物32种253头只。转让动物7种30头只,主要有犀鸟、阿拉伯狒狒、山魈、长臂猿等。策划并举行多项活动,有新春猛虎大拜年、"小象公主征名活动"、"动物妈妈是怎样照顾宝宝的"、"海豚放生"等科普活动,组织举办亚洲超模挑战水世界、"狂欢美食节"、"夺宝奇兵"、"新起点　新希望《新闻在线》'加勒比水世界'夏季观众联谊活动"等娱乐活动。

金花茶公园　完成预算外收入643.11万元,投入建设资金78万元(其中财政投资25万元)。完成茗香丘景区和耐冬亭的设计及施工。对沙地足球场进行整体改造,重新规划建设人造草皮足球场和塑胶网球场,整治周边环境的绿化。完成公园东大门维修工程;完成厕所、标牌、盲道设施改造,主园路全部以沥青罩面。进行公园园区绿化供水管网改造，安装供水管网950米。继续进行黄土裸露地整治，移（种）植乔灌木1023株、地被植物1120平方米，补植草皮3260平方米，换种草本花卉1.02万盆。9月30日，完成种植260万株树木工程、金花茶公园大门区及茶花精品园增种乔木工程，工程占地约9700立方米，投资65.31万元。完成北门门区和阳性茶花区地形的改造。完成可利江生态环境综合整治工程——绿化工程三、四标段项目，投资额921万元，种植大树278株、常规乔(灌)木8113株、竹子5000袋，片植灌木3.09万平方米，铺种草皮5.78万平方米，散置景石1700吨。3月，参加在重庆举办的第七届中国茶花大会暨国际茶花育种年会，获栽培金奖(金花茶)1个、栽培铜奖(显脉金花茶、东兴金花茶)2个和组织奖，被中国花协茶花分会授予中国“金花茶育种科研基地”称号。经中国茶花命名统一登录委员会审查，公园培育的茶花新品种“冬月”、“金背丹心”在《中国花卉园艺》2010年16期上发表，为中国茶花家族增添两名新成员。12月24日获南宁市“青少年科技活动基地”称号。

狮山公园 完成预算外收入215.41万元，投入园容园貌建设36.48万元。完成狮山公园二期工程，开挖建筑基础29组，其中完成基础混凝土浇筑24组。完成430米道路混凝土路面浇筑及1000米道路水稳层。完成竹影桥工程，投资785.93万元，建筑面积约1200平方米。完成园容绿化改造，投资152.20万元；投资42万元，完成园内绿化改造8130平方米。

滨江公园 完成预算外收入77.85万元，投入园容园貌建设9.06万元。完成江滨休闲公园二期工程，总投资499万元，全长约310米。铺设硬地铺装5000平方米，布置景石59.81吨，种植乔木189株、孤植灌木及竹类680株、灌木约3938.45平方米、马尼拉草3055.68平方米。完成栏杆灯第三期改造维修，更换电缆线1200米、景观灯56盏，完成投资额10万元。完成旧公园绿化景观改造，项目投资额6.60万元。完成种植260万株树木工程——江滨休闲广场景观恢复工程，总投资60万元，种植富贵榕、苹婆、风铃木等绿化树种。

石门森林公园 完成预算外收入153.84万元，投入园容园貌建设57万元。完成征地拆迁及施工图设计等工程前期准备工作，征地拆迁投资1.08亿元，征地63.16公顷。完成种植260万株树木工程，种植榕树、香樟、樱花树等各类乔木500株。引入资金2000万完成樱花谷主题乐园建设，增设海盗船、狂呼、飞椅等13个大型游乐设施及各类儿童游乐设备。投入预算外资金22万元进行园容园貌整治，完成公园林木修枝整形，总面积约86.71公顷。完成北大门入口花坛改造和停车场建设及绿化改造。组织义务植树1756人次，种植大花紫薇、菩提树等各类乔木、灌木828株。完善园内警示牌和警示标志，增设防火警示牌15块；安装安全警示牌21块、警示标志57处。

新秀公园 完成预算外收入80.07万元，投入园容园貌改造建设25万元。完成市委、市政府无障碍设施建设工程，增设残疾人厕所3座、盲道1650米、扶手50米、无障碍停车位3处、无障碍标识11处、无障碍行进路线2处、无障碍坡道9处、残疾人信息服务3处。完成种植260万株树木工程新秀公园大门及精品景点增种乔木工程，种植乔木8个品种90株、花灌木11个品种523株120平方米，置景观石86吨。基本完成公园与开关厂围墙周边、北门南洋杉景区、儿童游乐园、葵湖驳岸的绿化改造，种植乔木及灌木40个品种250株2.80万袋；布置景石1500吨，铺种草皮1万平方米；铺设景观卵石护坡30多米。完善公园植物雕塑园的建设，完成第一期“鸟巢”、“凤凰”作品的设计及种植。配合儿童游乐园精品景点建设，引进游乐项目15组。完成环湖路面铺设1000平方米及沿石铺设800米。全年生产盆花18个品种20.50万盆，完成二十一时代广场常年鲜花种养工作和元旦、春节、“五一”、“国庆”、“两会一节”等节日的花卉下地种植及布置任务。

安吉花卉公园(原河北苗圃) 完成预算外收入548.68万元。安吉花卉公园建设项目投资3511万元，其中一期完成投资3433万元，二期完成78万元。一期(园路及铺装、排水、景观照明)工程完成投资682万元，占总投资的80%。高压电增容、井水处理设备、城市家具、雕塑、安防广播设备等均在12月前完成招标。二期完成岩土勘察、地形勘测、初步设计，并发布土地征地预公告。引进蝴蝶兰、口红花、倒挂金钟、蕨类、南非万寿菊及水生植物花菖蒲、金娃娃萱草、花叶玉簪、蓝鸢尾、黄鸢尾等新品种试种。苗圃生产盆花211.89万盆。其中：草本花172.27万盆，木本花10.20万盆；培育阴生植物和中高档花卉29.42万盆。完成节庆花卉生产和布置90.60万盆，鲜花下地23.40万盆。

邕江滨水公园 2月20日，协助首府绿委办开展“黄金水道”义务植树活动，自治区建设厅、林业厅，首府绿委办、市园林局干部职工在园区种植木棉、美丽异木棉200株。2月27日，公园一期工程竣工开园。一期工程总投资约6000万元，2008年10月开工建设，2009年12月建成。完成260万株树木种植，种植乔木约2300株、灌木约300株、片植灌木约3万株。完成公园二期工程前期准备工作。筹备推进公园三期建设。三期工程选点在白沙大桥至葫芦鼎大桥间滩涂地，占地面积约10.67公顷。筹备推进柳沙公园建设，占地面积约28.68公顷，东接二期工程用地，西至英华路口，北连规划路，南到邕江河岸。

凤岭儿童公园 2008年4月2日经市政府批复立项，总投资2.48亿元，规划占地面积56.29公顷。2010年累计完成投资1.05亿元。完成土方、道路、边坡加固处理、公园围墙、电力电信照明和给排水等五项基础设施建设；开挖土方约69万立方米，处理道路基础5.46平方米，埋设电气管网2.80万米、给排水管网1.02万米、检查井450个；砌筑挡土墙护脚墙1.77万立方米。完成景观绿化工程一期，种植特大及大规格苗木917株、常规乔木3860株、孤植灌木8642株；完成景石布置1700吨、塑假景石320平方米，叠水驳岸基础120立方米、绿化淋水管网6800米；基本完成西南广场周边、风筝草场、叠石飞瀑3个景观点的园林绿化。

体育休闲公园 完成项目投资2205万元，12月20日基本建成开放。主要有土建A标、土建B标、绿化标、附属设施建设等建设内容。其中：土建A标完成投资925万元，外运土方30万立方米，柏油路铺设、游步道、公厕、广场铺装、水电埋设、儿童轮滑场、篮球场、门球场建设基本完成；土建B标部分，北门区、环山道路、广场、山顶平台、奥运景墙、停车场、公厕均已完工。完成公园A区的全面绿化和B区的绿化补遗。总投资790万元，摆放景石1800吨，种植大树200株、乔木1395株、灌木3645株、片植灌木

9113平方米、草皮5.06万平方米。建设张拉膜4处,安装果皮箱143个、灯具33盏,健身器材38套。安放公园雕塑小品动物雕像170多件。

【苗圃建设】 2010年,南宁市有苗圃8个,包括金花茶公园、人民公园、南湖公园、绿化处、江滨公园、南宁花花大世界园林、林业中心、广西烈士陵园等。生产绿地总面积384.27公顷。金花茶公园苗圃全年生产袋苗10.80万袋,播种地苗3万株;生产金花茶1825盆、名贵茶花袋苗1489株,扦插繁殖越南抱茎茶2209株,嫁接杜鹃红山茶806株;完成鲜花下地66.52万盆;生产和布置花卉30.30万盆。花花大世界园林示范苗圃全年生产袋苗62万株,各色扶桑、棕竹4000株,容器苗3.10万株;开展黑熊养殖、食蟹猴养殖;对园区桃花岛、水源林边坡、金花茶、天福湖湖心岛、敢桑紫荆大道以及熊山大草坪进行大规模的乔灌木种植,整合土地180.09公顷,种植乔灌木29万多株。种植沿阶草、春羽、龟背竹、多仔蔓绿绒等荫生地被植物28万多株。全年完成花卉生产和布置115万盆。市绿化处苗圃全年出圃乔木973株、孤植灌木269株、袋苗10.70万袋,生产袋苗12.47万袋,嫁接苗木80株,假植街道移入苗木1132株;对外销售苗木收入4.26万元。狮山公园苗圃全年生产盆花98.50万盆,袋苗4.92万袋。引进、繁殖水生美人蕉、再力花、花叶芦苇等12个品种水生植物6.05万袋;引进、繁殖紫狼尾、花叶蒲尾等13个品种观赏草3.72万盆;繁殖中华大节竹、泰竹、桂竹、吊丝竹等品种竹6789丛(株)。滨江公园苗圃全年完成花卉生产7.61万盆,布置"两会一节"花卉3.51万盆,种植下地花卉2.10万盆,园内平时摆花2万盆。培育羊蹄甲苗3万株,移植蓝花楹、秋枫1000株。人民公园苗圃完成上级下达的50万盆鲜花生产任务;"两会一节"期间,布置完成民族广场三代伟人像、南湖大桥等9个重要景点的花卉摆放任务。

【全民义务植树活动】 2010年1月22日,自治区物价局、财政厅联合下发《关于义务植树绿化费收费有关问题的复函》,公布新的绿化费收费标准为每人每年20元。3月1日,自治区党政军义务植树活动在安吉花卉公园举行。陈际瓦、刘晓琨、沈北海、车荣福、温卡华等自治区领导,出席全国人大、政协两会的广西代表和委员,黄方方、谢寿堂、岑可成等市领导,西乡塘区领导及市直机关干部职工1000多人参加植树活动,种植扁桃、大花紫薇、红花羊蹄甲、白兰等胸径8~10厘米树木2000株。同日,在凤岭儿童公园主会场启动2010年南宁市万人植树造林活动暨建设生态南宁增种20万株大规格树木主题实践活动,部分市领导、青秀区四家班子领导及城区机关干部职工、市园林局干部500多人参加,种植胸径8~12厘米的扁桃、红花羊蹄甲、火焰花、秋枫、苹婆、大花紫薇等景观树种2500多株。3月6日,首府绿委办在市人民公园组织开展首府2010年"植树月"绿化宣传活动。各城区、开发区组织辖区单位制作展出绿化宣传板报91版。5月4日,南宁市青少年纪念五四运动91周年大种树活动在凤岭儿童公园南宁市青少年绿化基地举行,1400多名新老团员、各届青年代表共同种植青年特色林,为保护母亲河造林资金捐款。全市(含六县)组织开展义务植树活动312.21万人次,种植扁桃、红花羊蹄甲、白兰、大花紫薇、马尾松、巨尾桉等树木1265.91万株,占计划任务的103.17%;种植面积8624公顷,占计划任务的103.93%,尽责率89.70%。

12月20日,南宁市体育休闲公园建成开放。图为公园叠水瀑布景观　　市园林局提供

【古树名木保护】 2010年,首府绿委办组织开展对市区古树名木进行全面排查,重点实施救治、复壮,逐株制订治理方案,落实保护措施,明确管护责任。南宁市下拨近10万元补贴经费到各城区(开发区),督促各城区(开发区)重点治理古树56株。配合轻轨、铁路、城建等相关单位开展14株古树的鉴定、保护。

【城市园林绿化法制建设】 2010年7月26日,在南宁市第十二届人大常委会第35次会议上对《南宁市城市园林绿化条例(修订草案)》进行第二次审议。根据《广西壮族自治区实施〈城市绿化条例〉办法》及《南宁市城市园林绿化条例》有关规定,市园林局组织制定《南宁市城市绿化用地面积补偿费收费标准》。11月,自治区物价局、财政厅以《关于南宁市绿化用地补偿收费问题的复函》批准试行《南宁市城市绿化用地面积补偿费收费标准》。调查处理单位庭院、居住内绿化违法案件27件,作出行政处罚决定2件;协助城市管理综合执法部门调查处理道路绿化违章案件28件,处理数字城管传送案件3312件。

【第二届中国(郑州)绿化博览会南宁展园】 2010年9月26日,由市园林局承建的第二届中国(郑州)绿化博览会"南宁园"正式亮相绿博会。南宁园通过古典园林的造园手法,展现"绿水城"相融的生态园林城市主题,以独特的山水田园景观和民族建筑为主景,用自然式的造园手法展示南宁宜居城市的魅力和民族和谐的风貌,从94个参展园中脱颖而出,获室外展金奖、最佳植物配置奖;市园林局获室外展组织奖及先进单位称号。 (李凤琴)

责任编辑　梁　坤

国有资产监管与运营

国有资产监督管理

【概　况】 2010年，南宁市国有资产监督管理委员会扎实推进经济发展方式转变和经济结构调整，推动国有经济总量等主要经济指标迈上新台阶。市国资委监管企业全年实现销售（营业）收入178.77亿元，比上年同期增长20.78%；利润总额15.41亿元，增长1.4倍；工业总产值104.68亿元，增长15.18%；固定资产投资150.60亿元，增长55.10%；上缴国有资本收益（含土地收益）16.74亿元，增长87.88%。至年末，市国资委监管企业资产总额1441.50亿元，利润15.40亿元。

【国企改革与发展】 2010年，市国资委推动优势企业资产重组做大做强，引进香港最大的中国食品进口商和批发商——五丰行有限公司与南宁肉联厂合作重组，3月30日成立南宁五丰联合食品有限公司。在重组过程中原南宁肉联厂在职员工717人、离退休人员695人得到妥善安置，实现平稳过渡。国有企业改制稳步开展。重点推进自治区要求在2010~2011年内完成中房集团等10家企业改革，完成列入自治区重点企业改革计划的市伞厂、油毡厂、皮鞋厂、皮件厂4家企业改革。分流安置特困企业职工步伐加快，将特困企业职工安置列入振宁、壮宁、沛宁、农工商等市国资委监管企业年度经营业绩考核目标，推进市政府确定的19家困难企业职工安置。妥善安置特困企业在职员工919人，离退休人员1204人，共发放安置费1.51亿元。开展改制后企业基本情况和改制企业退休人员未列统筹费专项调查，涉及已改制企业66家，退休人员1.67万人和改制时计提的专项资产3.96亿元，协调解决全市国有改制企业退休人员未列统筹费等问题。

【推进“四个年”与打好“五场攻坚战”活动】 2010年，市国资委贯彻落实市委、市政府关于开展“四个年”主题活动和打好“五场攻坚战”的部署，围绕抢抓机遇、加快发展，促进企业做大做强的目标，深入企业走访调研，听取企业汇报，检查工作进展情况，协调解决相关问题。至年末，由国资监管企业承担的重点项目、工业技改重点项目等稳步推进，实际完成投资150.60亿元。其中：“中国水城”、五象新区和轨道交通试验段等一批重点城市建设项目稳步推进；20万吨大规格高性能铝合金板带型材项目正式启动；总投资4.40亿元的锦虹公司异地搬迁建设填平补齐二期技改项目开工、广发重工搬迁、南化公司绿洲化工项目土地收储顺利开展。这些重大项目较好发挥对调整全市国有经济布局结构、提升城市功能的引领带动作用。

【国企法规建设】 2010年，市国资委进一步完善国资监管制度体系，修订《南宁市国资委监管企业负责人经营业绩考核暂行办法》等规范性文件4个，发布《南宁市市属国有企业领导班子及个人综合评价考评办法（试行）》等管理制度6个。与市委组织部共同起草的《市管企业领导班子成员改任非领导职务的有关规定》经市委常委会议讨论通过并施行。建立以企业改革改制、产权与收益管理、业绩考核与薪酬管理、统计评价、财务监督与风险防范等为核心内容的国资监管政策法规体系，以及财务、审计和纪检监督相结合的监督体系，完善全市国资监管制度体系，落实国有资产保值增值责任，促进出资人监管的有效到位和国有企业经营管理水平的提高。

【投融资平台建设】 2010年上半年，市国资委完成南宁产业投资有限责任公司、南宁城市建设投资集团有限责任公司、南宁五象新区建设投资有限责任公司3家投融资平台公司组建。创新投融资平台公司运营模式，建立城市基础设施投资、建设、运营、管理新体制。开拓债券、基金、保险、融资租赁等融资途径。年内，国有投融资平台公司通过发行债券、银行信贷、资本运作、盘活土地等多种方式融资81.82亿元。招商引资稳步开展，市国资委及监管企业实际到位内资28亿元，实际到位外资570万美元。推进广西绿城水务股份有限公司上市准备，并向中国证监会递交IPO（首次公开发行股票）申请材料。12月29日南宁城市建设投资集团有限责任公司10年期15亿元企业债券的发债获国家发展改革委正式核准发行。

【产权与收益管理】 2010年，市国资委为监管企业办理企业国有资产产权登记业务40项，其中占有产权登记业务12项、变动产权登记业务28项；完成资产评估核准备案项目11个（核准2个、备案9个），涉及资产账面金额38.07亿元，评估金额42.95亿元，为企业重组改制、融资、产权转让等提供资产价值参考依据。加强国资监督管理基础性工作，建立市属国有控股上市公司信息监测系统和运营情况信息报告制度。开展监管企业年度国有资本经营预算建议草案试编制，为下一步在监管企业中全面试行国有资本经营预算制度提供经验积累和数据支持。

【国资财务监督与考核评价】 2010年，市国资委进一步规范企业综合绩效评价。出台《南宁市国资委监管企业负责人经营业绩考核暂行办法》、《监管企业综合绩效评价管理暂行办法》及《实施细则》等一系列文件，将直管企业细分为一般竞争性企业、政府投融资平台公司和公益性企业三类并确定考核指标，同时提高基薪水平，客观公正地考核企业负责人的经营业绩，探索建立符合现代企业制度要求的激励和约束机制。完成上年度全市国有及国有控股企业国有资产统计报表编审汇总、监管企业财务决算报表审计及年度企业经营目标责任书的签订，与23家直管企业签订年度企业经营目标责任书。严格控制职务消费，审核批复市国资委直管24家企业领导人员职务消费预算方案，核定年度直管企业职务消费预算总额3683万元；加强职务消费跟踪检查，开展直管企业的职务消费情况抽查，对超出预算额度支出的企业进行通报批评，强化监管企业领导人员职务消费的管理和监督。

【国企监事会监管】 2010年，市国资委完成对市南方担保有限公司、市公共交通总公司和南宁地区印刷厂等22家企业法定代表人开展任期经济责任审计。整理分析企业监事会上报的上年度工作总结和本年度工作计划，提交《市属国有企业监事会上年度工作情况分析报告》，进一步掌握企业监事会的人员构成和职责履行情况，提出加强和改进监事会工作的建议。指导南宁城市建设投资集团有限责任公司等企业监事会建立和完善监事会日常工作制度。加强调研，积极推进我市国有企业外派监事会工作，形成《向国有企业派驻监事会的必要性》调研报告，向市机构编制委员会上报《关于核定首批向我市直属国有独资企业派驻监事会机构人员编制的请示》。出台《南宁市人民政府国有资产监督管理委员会监管企业经济责任审计管理暂行办法》和《南宁市人民政府国有资产监督管理委员会监管企业内部审计工作报告制度暂行规定》。

【国企党建】 2010年，市国资委做好企业领导班子考核调整。采取企业党组织自评、考核组考核等形式对31家企业（市管18家、直管13家）领导班子成员共187人进行年度考核，组织2383人进行民主测评。根据考核结论，加大对企业领导班子调整力度。完成23家企业领导班子的调整充实，涉及人员68人；完成振宁公司、沛宁公司、产业投资公司、会展公司4名总经理，振宁公司、产业投资公司、大地飞歌公司3名副总经理以及凤凰纸业总会计师等职位面向社会公开招聘；完成全年新农村建设指导员16人、挂职干部14人的选派；完成企业7名优秀年轻干部到委机关和3名委机关工作人员到企业挂职锻炼以及南宁市13名优秀年轻干部、5名年轻干部到市管企业挂职锻炼。组织开展以“创建先进基层党组织、争当优秀共产党员”为主要内容的创先争优活动和“学习型党组织”建设活动。开辟“绿城党旗红”国资委党委支网站，健全学习型党组织建设网络平台。抓好企业党组织管理，与35个企业党组织签订2010年度党建工作目标管理责任制责任书。举办入党积极分子培训班，发展监管企业新党员340名。完成所属企业1.28万名党员和1471名入党积极分子的月缴党费、身份证和电话号码及517个党支部通信地址等基本信息的采集、录入。

2月3日，南宁市国有资产监督管理工作会议在市政府会议中心召开　　赵　兵　摄

【国企党风廉政建设】 2010年，市国资委组织召开监管企业领导和重点岗位、关键岗位人员近500人参加的南宁市国有企业廉政工作会议，与各企业主要负责人签订党风廉政建设责任状，要求各企业建立配置科学、制约有效的“三重一大”（重大决策、重要人事任免、重大项目安排和大额度资金运作）决策制度并作为企业的一项基本制度严格执行；严格审核企业购买公务用车32辆。开展工程建设领域突出问题专项治理，完成对2008年以来立项、在建和竣工的22家企业、258个项目的排查。开展监管企业“小金库”专项治理，224家企业完成自查自纠，有6家企业存在“小金库”，涉及金额819.81万元。共受理信访案件40件，其中直接来信来访19件次，上级交办21件，初核完成34件，正在核实6件，立案1件，处分1人。（卢　晴　秦　庆）

南宁振宁资产经营有限责任公司

【概　况】 2010年，南宁振宁资产经营有限责任公司拥有子公司5家（南宁振宁工业投资管理有限责任公司、南宁振宁开发有限责任公司、南宁振宁物业管理有限责任公司、南宁振宁商贸投资有限责任公司和南宁锦虹棉纺织有限责任公司）；授权企业1家（南宁市自行车总厂）；参股企业5家（南宁振宁西南薄板钢管有限公司、南宁美恒安兴纸业有限责任公司、南宁美时纸业有限责任公司、南宁金浪浆业有限公司、百会集团公司软袋分公司）。公司总资产23.98亿元，负债总额18.26亿元，所有者权益5.72亿元，资产负债率76.15%。主要经营国有资产投资参股、产权经营、房地产开发、物业管理、租赁业务、国内贸易和咨询服务等。完成工业总产值17.21亿元，销售收入19.10亿元，利润2073万元，净资产收益率4.67%。技改投资2.57亿元，招商引

资4468万元。全年没有发生死亡和重特大安全事故。

【项目建设】 2010年，振宁公司面对通货膨胀预期，国家对房地产宏观调控，原材料涨价等困难和影响，狠抓项目立项和落实，完成以南宁锦虹棉纺织有限责任公司搬迁、填平补齐为重点的6大项目建设方案。振宁公司与子公司、子公司与部门层层签订风险责任状，使项目落到实处。南宁锦虹棉纺织有限责任公司易地搬迁项目获自治区重点产业振兴与技术改造财政补助300万元和国家重点产业振兴与技术改造财政补助2900万元；12月22日填平补齐项目开工；完成技改投资额2.40亿元；项目建设累计完成技改投资额4亿元，完成项目总投资额53.48%。

【经营管理】 2010年，振宁公司按照市委、市政府和市国资委布置，确立“围绕发展抓项目、抓好项目促发展”工作思路，提出构建振宁北湖工业园区和振宁科工贸园区的设想，进一步明确公司向以工业为主体，房地产、商贸和物业协调发展，有较大经济总量、集团化的经济实体方向发展的目标。

工业投资 按照市委、市政府抓好工业经济振兴攻坚战的部署要求，确保公司工业生产稳定运行。南宁锦虹棉纺织有限责任公司、南宁振宁西南薄板钢管有限公司产值17.21亿元。南宁锦虹棉纺织有限责任公司实现生产、搬迁两不误，工业生产产销两旺，完成产值10亿元，比上年同期增长54.14%；销售收入10亿元，增长54.89%；实现利润1300万元，增长237.66%。增幅创历史新高，连续九年实现产值和销售收入持续增长。

房地产开发 制订《新形势下项目营销对策及计划》，推出精装房、半精装房、特价房、团购、首付分期付款等营销方式，实现项目营销新突破。计划推销653套房、销售面积6.20万平方米；实际完成销售612套，销售面积5.80万平方米，销售率93.60%。

商贸流通 将房地产和纺织业纳入商贸扩大经营的思路，促使商贸流通业做大做强。提高现有资产的出租率，抓好与租户间的各项协调服务；做好规范管理，提高商贸档次。振宁大酒店全年平均入住率80%以上，实现收入395万元；加强招商租赁管理，推进阳光康城的招商，康城商业建筑总面积1.73万平方米，完成招商1.67万平方米，出租率96.57%。

物业管理 组织开展争创南宁市优秀住宅小区活动。加强物业服务费的收缴，印染分厂生活区物业收费率由70%提高到91%，其他小区收费率为96%以上。开展以“加强节水减排，促进科学发展”为主题的宣传活动，各物业小区倡导业主、员工节约用水，推行节水措施，加大节水减排力度，提高水资源利用率。继续开展“创优树品牌”活动。

（黄正斌）

南宁壮宁资产经营有限责任公司

【概　况】 2010年，南宁壮宁资产经营有限责任公司拥有9家控股企业（南宁壮宁工贸园有限责任公司、南宁同达盛混凝土有限公司、广西建和新型建材有限公司、南宁康诺生化制药有限责任公司、南宁南机动力有限公司、南宁七彩虹印刷机械有限责任公司、南宁天就置业有限责任公司、南宁壮宁物业发展有限责任公司、广西金牛股份有限公司）；3家参股企业（南宁五菱桂花车辆有限公司、广西玉柴专用汽车有限公司、广西南宁凤凰纸业有限公司）；5家授权企业（南宁机械厂、南宁筑路机械厂、市水泥厂、市伞厂、市皮鞋厂）。总资产23.54亿元，净资产9.11亿元；从业人员2536人。完成工业总产值8.18亿元，工业增加值8679万元，销售收入7.98亿元；技改投资1869万元。

【企业改革】 2010年，壮宁公司继续推进企业歇业和兼并重组。指导做好市伞厂歇业、市皮鞋厂关闭工作，引入战略合作伙伴广西丰业投资有限公司合作重组南宁康诺生化制药有限责任公司，制定职工分流安置方案并实施；配合市国资委与香港五丰行有限公司重组南宁肉类联合加工厂，新组建的南宁五丰联合食品有限公司于5月21日挂牌运行。

【创建学习型企业活动】 2010年，壮宁公司创建学习型企业活动取得显著成效。南宁机械厂“职工书屋”获中华全国总工会批准为“全国职工书屋”；南宁五菱桂花车辆有限公司总工程师黄相山获中国科协、国家发展改革委、科技部和国务院国资委授予的2009~2010年度“全国‘讲理想、比贡献’活动科技标兵”称号；南宁七彩虹印刷机械有限责任公司职工蒙礼平获市总工会举办的2010年南宁市职工职业技能大赛车工组总成绩第一名。

（唐逢志）

南宁沛宁资产经营有限责任公司

【概　况】 2010年，南宁沛宁资产经营有限责任公司以资产投资经营、产权交易、商品和物资经营、市场开发、商贸科技、商贸信息、房屋租赁、物业管理为主要经营范围。沛宁公司经市国资委多次授权，期间经过企业改革改制，现有：南宁国际经济技术合作公司、市房产建设开发公司、市林业局木材公司、市皮件厂、南宁银濠企业管理有限责任公司、市油毡厂、市洗车公司、市民政企业总公司、市建筑材料科学研究所、南宁地区经济技术协作公司、南宁地区青山工业公司、南宁地区乡镇企业供销公司、南宁地区印刷厂、南宁地区林业汽车运输公司、市南地电影公司、市对外经济贸易公司、市工业供销公司、市乡镇企业供销公司、市对外经济开发总公司、南宁视力E制药厂、市新阳造纸厂、市装饰涂料厂、市蔬菜公司、广西区医疗器械研究所、广西区医疗器械工业公司、南宁地区信息服务中心服务部、市华园建筑安装工程总公司、市四海糖业有限责任公司、南宁康乐股份有限公司、市机电设备股份有限公司、市住宅建设投资有限责任公司、南宁壮宁砂石有限责任公司、市商业装饰有限责任公司、南宁天恒电影有限责任公司、南宁民族影业文化娱乐有限责任公司、南宁银河有限责任公司、市基础工程总公司、市红砖质量检测站等授权企业38家。总资产10.80亿元，营业收入3.78亿元，上缴税金2055万元。

【企业改革】 2010年，沛宁公司推进授权企业改革改制，对特困企业以“歇业晒壳”方式，采取先分流安置职工，再择机对企业实行关闭破产或撤销出售的办法推进改革。指导企业编制职工安置方案，并经市人力资源和社会保障部门审核，报市企业改革领导小组办公室联席会议审定后，由市财政核拨经济补偿金至企业发放。实行改制企业1家；南宁国际经济技术合作公司等16家企业实行职工分流安置。共安置职工 840 人，离退休人员 756 人，发放安置费 8973 万元。

【企业合并重组】 2010 年，沛宁公司推动南宁银河有限责任公司吸收合并南宁地区电影公司。根据两家企业现状和职工意愿，推动实行合并重组，由南宁银河有限责任公司吸收南宁地区电影公司的资产并安置职工，承担债务。

【国有资产接收】 2010 年，市国资委授权沛宁公司持有和管理市机电设备股份有限公司、市对外经济开发总公司国有股权。制订《南宁沛宁资产经营有限责任公司授权企业接收工作管理办法》，按接收程序对以上两家公司国有股权进行接收管理，安置职工，接收后继续安排留守人员处理该公司的日常事务和遗留问题。

【国有资产管理】 2010 年，沛宁公司对南宁银河有限责任公司、南宁银濠企业管理有限责任公司、南宁天恒电影有限责任公司、南宁恒升世华物业服务有限责任公司、南宁康乐股份有限公司 5 家企业国有股权进行重新登记，补发沛宁公司对以上企业国有股权持股证，确保国有股权控制权。对授权企业南宁地区青山工业公司土地权属进行调查并寻找解决途径，力争收回土地使用权。完成对南宁康乐股份有限公司、市机电设备股份有限公司、市商业装饰有限责任公司债权债务、资产情况的调研。将授权企业市洗车公司 1418 万元债权，以 2 折多价格出资 230 万元从壮宁公司购回，确保市洗车公司资产不流失；将受客观条件限制、长期收益低，管理难度大的西关路 27 号新裕丰大厦商场底层的 4 个铺位和桃源路 70-5 号底层铺面按资产处置程序挂牌转让，收回资产收益 102 万元。按照“有进有退”经营策略，将持有的南宁银濠企业管理有限责任公司 35%国有法人股权，以进场公开挂牌方式对外转让股权，通过竞价成交额 308 万元。制定南宁康乐股份有限公司国有法人股转让方案，拟将该公司国有法人股转让，方案已报市国资委审批。根据市政府确定引进年产 20 万吨大规格高性能铝合金板带型材项目部署，将市皮件厂作为该项目用地征地拆迁单位，由沛宁公司指导该企业实施职工安置，按政策发放补偿费，企业实行关闭。

【招商引资技改项目】 2010 年，沛宁公司完成市国资委下达的招商引资任务，共引进内资 2000 万元，技改项目投入 3952 万元。其中：南宁天恒电影有限责任公司的相思湖综合楼项目合作开发 3700 万元；南宁银河有限责任公司迎宾饭店、星湖旅社、银河大酒店技改项目投入 252 万元。 （龙文原　卢永恒）

南宁威宁资产经营有限责任公司

【概　况】 2010 年，南宁威宁资产经营有限责任公司拥有市国立房地产开发公司、北海威宁房地产开发有限责任公司、南宁威宁物业管理有限公司、市正成开发总公司、邕江大学、南宁威宁租赁实业有限责任公司、南宁威宁生态园有限责任公司、南宁威润工贸有限公司、市市场开发服务中心、南宁科瑞房地产市场开发有限公司、南宁技术交流站、市演出公司、市政源印刷厂、南宁金桥农产品有限公司(参股)等控股公司、授权管理单位及参股公司 14 家。以完成固定资产投资任务和提高资产运营效益为目标，稳步推进广西体育中心、邕江大学新校区等自治区、南宁市重点项目建设，着力构建社会公共设施投融资平台，推动各项工作的开展。实现主营业务收入 3.30 亿元，实现利税 1.30 亿元，实现利润总额 6300 万元，净资产收益率 3.11%，完成固定资产投资 16.58 亿元，招商引资 8000 万元，总资产 51.28 亿元。

【行政事业性国有资产管理】 2010 年，威宁公司优化行政事业性国有资产管理模式，加强阳光威宁租赁平台建设，夯实资产管理基础。新接收房产面积 1696 平方米，完成土地变更面积 3.22 万平方米，房产变更面积 1.50 万平方米，房产评估 30 宗，价值 8403 万元；举办国有商铺竞租 7 期，参与竞租商铺 122 间，租金增长率 85%；举办土地竞租 4 场，租金增长率 7.80%。市场铺面出租率达 98%以上。拍卖处置置地广场商场、停车场及 24 套国有住宅资产，实现资产变现 2723 万元，总成交金额高出评估价 404 多万元，实现资产价值最大化。推进行政事业单位办公用房租赁制度建立，与市接待办等 31 家行政事业单位签订办公用房租赁合同。配合市政府办公厅调配安置市价格认证中心、市节能监察中心等 8 家单位办公用房。

【重大工程建设】 2010 年，威宁公司承担广西体育中心、邕江大学新校区、广西文化艺术中心等 17 个城建项目的建设任务，其中自治区重点项目 5 个，南宁市重点项目 9 个。开工项目 3 个，竣工项目 1 个。广西体育中心一期工程主体育场项目于 6 月 30 日竣工验收，并于 8 月 11 日正式启用，二期工程于 2011 年 1 月 15 日开工建设；邕江大学新校区项目于 5 月开工建设，至 12 月实现多数主体建筑封顶；南宁市规划展示馆、民歌博物馆项目建设正式启动。

【资产盘活与开发】 2010 年，威宁公司以房地产项目开发为重点，推进南宁奥园等项目开发。开发房屋在建面积 10.39 万平方米，实现销售面积 3.30 万平方米；完成邕州老街酒吧廊二期工程建设，并为 2010 南宁·东南亚国际旅游美食节提供场地保障。加大农贸市场开发力度，完成市场改造项目 14 个，创办青秀区星湖路、邕宁区古榕路等 3 条创业街。合作开发江南梦之岛项目于 8 月动工建设；金桥农产品批发市场完成一期交易行、信息服务大楼、综合服务大楼等主体建设及二期征地拆迁，并与 11 个协会(合作社)签订战略合作协议，累计完成商铺销售 412 套、销售面积约 7 万平方米，完成商铺招租 360 套。

【广西体育中心运营管理】 2010 年，威宁公司探索广西体育中心在文化交流、体育赛事、会展服务等方面的特色经营道路，制定运营预算和运营方案。自 8 月 11 日启用以来，为“天昌杯”中国之队国际足球赛、中越青年大联欢、“大地飞歌·2010”第十二届南宁国际民歌艺术节暨第七届中国—东盟博览会开幕晚会提供场地支持和设备设施保障。引进天王天后演唱会、“爱在邕江”香港明星足球队走进南宁慈善友谊赛等商业活动。

（罗春玉　黄　俊）

责任编辑　李敬江

工 业

综 述

【概 况】2010年，南宁市工业系统继续开展“项目建设年”、“服务企业年”活动，组织开展“工业经济振兴攻坚战”、“产业园区建设攻坚战”，把做大、做强、做优工业作为全市调整经济结构、转变经济发展方式、增强可持续发展能力的核心战略和主导方向，抓住宏观经济回暖、广西北部湾经济区加快建设等有利时机，组织实施战略产业培育工程，推进重大项目技术改造，加强经济运行调控和强优企业扶持，加快工业园区建设，推进工业节能降耗，加强技术创新和信息化建设，全市工业呈现出生产、效益、投资同步较快增长的良好态势。规模以上工业增速上半年高开低走，下半年平稳回升。全年产值和增加值增速分别比上年提高17.83和3.24个百分点，工业生产基本摆脱金融危机的影响，走上良好的增长轨道。规模以上工业企业经济效益综合指数261.70%，提高33.11个百分点，创“十一五”时期以来新高。工业利润比上年增长87.83%。工业投资保持快速增长，投资结构继续优化，完成工业投资354.07亿元，增长46.41%；完成技术改造投资367.19亿元，增长38.26%。投资继续向重点产业集中，农产品加工、机械制造、铝加工、生物工程与制药、电子信息、化工、建材、造纸8个重点产业完成投资占全市工业投资73.36%。重工业增长好于轻工业，规模以上轻重工业产值比例48.48:51.52，重工业产值增速比轻工业快7.29个百分点，重工业利润增速比轻工业快96.89个百分点。非公经济快速发展，规模以上非公经济工业企业完成产值924.17亿元，增长39.60%，对全市规模以上工业增长贡献率85.29%；实现利税66.25亿元，增长62.74%，高于全市平均水平16.23个百分点。重点产业增长贡献大，8个重点产业完成产值1144.55亿元，占全市规模以上工业总产值88.81%，增长34.87%。其中：铝加工、电子信息、机械制造产业增速分别为65.55%、58.78%、49.38%。开发区及县域工业增长好于城区，南宁高新技术产业开发区、南宁经济技术开发区、南宁—东盟经济开发区3个开发区规模以上工业总产值平均增长40.37%；六县平均增长40.58%；六城区平均增长26.10%。工业总产值超亿元企业299家，增加75家。亿元企业共完成工业总产值965.82亿元，占全市规模以上工业总产值74.95%。其中：产值50亿元以上的企业1家，10亿~50亿元的企业12家，5亿~10亿元的企业27家。实现工业出口交货值53.66亿元，增长58.91%，工业出口交货值占规模以上工业销售产值比重比上年提高0.72个百分点。南宁市获广西工业产业发展奖一等奖。

【工业主要经济指标】2010年，南宁市规模以上工业企业有1303家。按企业规模划分：大中型企业100家，小型企业1203家；按企业经济类型划分：国有企业68家，集体企业26家，股份制企业889家，外商及港澳台商投资企业98家，股份合作企业1家，其他企业221家；按轻重工业划分：轻工业企业636家，重工业

2010年南宁市工业主要产品产量情况

产品名称	计量单位	产　量	比上年增长(%)
成品糖	吨	1018816	-20.34
卷烟	万支	3631084	4.87
啤酒	千升	114405	4.11
淀粉	吨	817730	-0.01
罐头	吨	128512	-15.74
饲料	吨	3447588	17.49
中成药	吨	67982	134.09
烧碱(折100%)	吨	185927	-13.90
聚氯乙烯树脂	吨	66344	-33.66
纱	吨	33577	16.11
生丝	吨	3540	-7.50
铝材	吨	61624	9.66
发电机组(发电设备)	千瓦	351495	15.25
小型拖拉机	台	131498	12.94
电力电缆	千米	782550	18.13
纸浆(原生浆及废纸浆)	吨	434890	12.40
机制纸及纸板(外购原纸加工除外)	吨	674993	7.12
纸制品	吨	231318	41.66
水泥	吨	11867270	17.66
商品混凝土	立方米	9564737	21.97
平板玻璃	重量箱	5186023	14.25
电子元件	万只	4280	195.99

企业667家。实现工业增加值484.81亿元,比上年增长15.80%,工业增加值占地区生产总值26.93%,提高0.97个百分点;其中规模以上工业企业实现工业增加值404.18亿元,增长17.82%。规模以上工业企业实现工业总产值1288.69亿元,增长31.32%;主营业务收入1209.20亿元,增长39.18%;利税总额131.23亿元,增长46.51%(盈亏相抵实现利润63.76亿元,增长87.83%)。规模以上工业企业从业人员平均18.97万人;工业经济效益综合指数261.70%,提高33.11个百分点;总资产贡献率16.31%,提高2.35个百分点;资本保值增值率129.32%,提高10.14个百分点;资产负债率56.98%,下降1.53个百分点;流动资产周转率2.74次,减慢0.08次;成本费用利润率6.05%,提高1.52个百分点;劳动生产率228428元/人,提高17.04%;产品销售率93.98%,提高1.20个百分点。

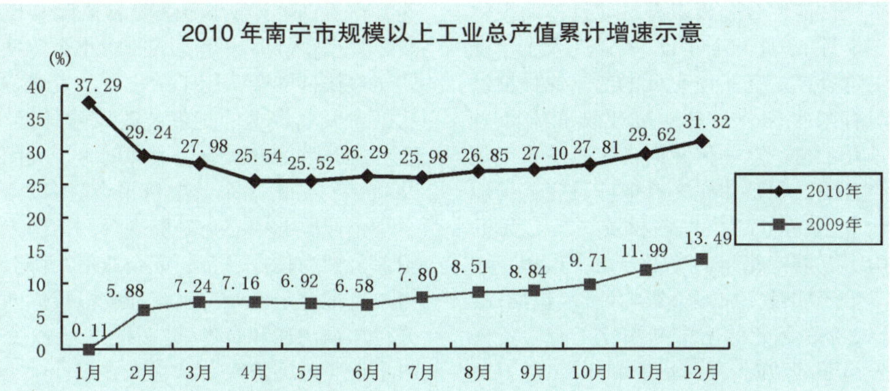

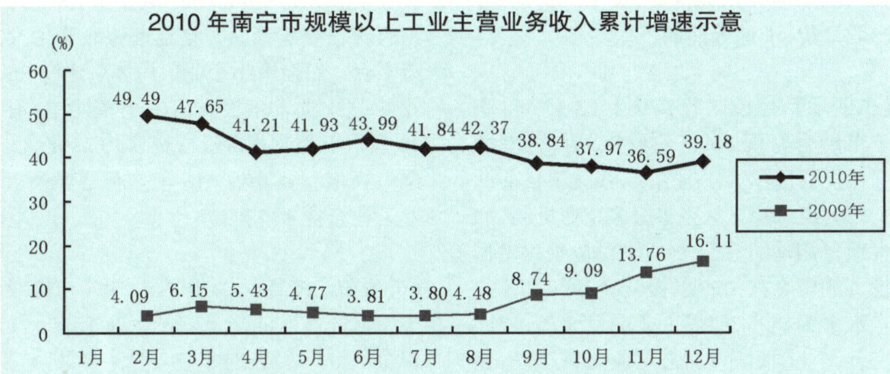

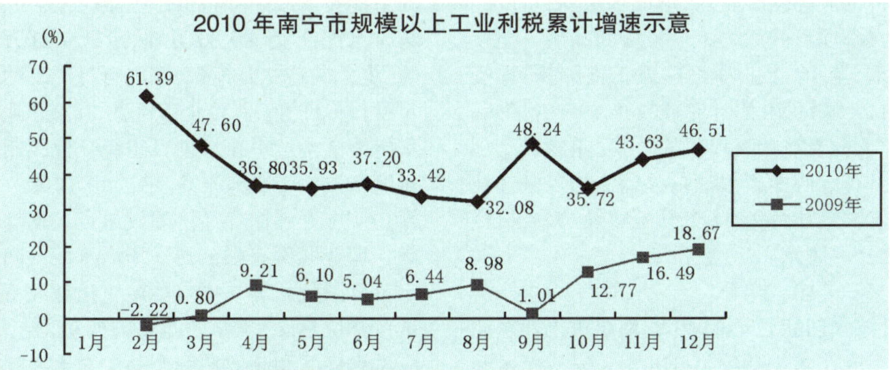

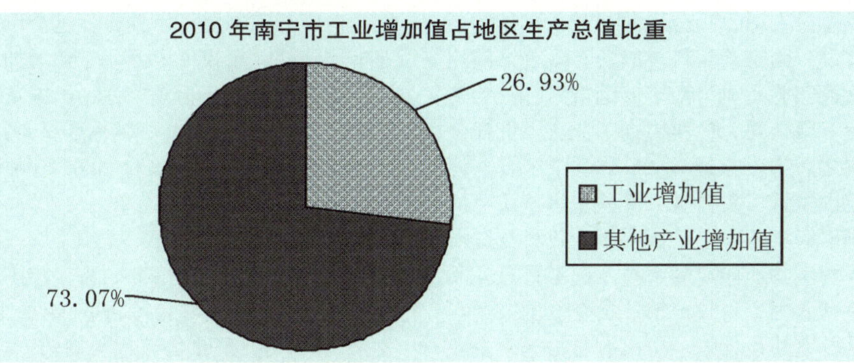

【亿元工业企业建设工程实施】 2010年,南宁市继续实施亿元工业企业建设工程,选择销售收入在8000万元以上的重点企业培育发展,集中优势资源,在技术改造贴息、技术创新补助、融资推介、土地供给等方面给予优先倾斜和扶持;建立和完善市领导定点联系重点企业制度,对亿元强优企业实行服务全覆盖,千方百计帮助企业协调解决征地、拆迁、融资、煤电油运等方面的困难和问题。重点支持100家企业进入亿元企业行列。至年末,产值超亿元企业有299家,比上年增加75家,亿元企业共完成工业总产值965.82亿元,占全市规模以上工业总产值74.95%。

【服务企业年活动落实】 2010年,南宁市工业信息化委员会制定全市“服务企业年”活动实施方案及市领导联系县(区)、重点企业、重点项目和产业园区方案,将市级层面的270多家重点企业分由市四家班子领导及两院主要领导负责对口联系,推进服务企业工作。开展“行千里路,访百家企业”活动,建立和完善企业问题协调例会制度、部门联席会议制度、问题处理反馈制度、项目并联审批等制度,构建服务企业长效机制。加强对各责任部门问题处理进度的定期跟踪和督查通报,确保问题得到及时解决。至年末,市级层面共收集企业提出的问题和建议386个,办结(含已解决和正在按规定程序办理)380个,办结率98.40%。

【产业园区建设攻坚战实施】 2010年,南宁市出台《中共南宁市委 南宁市人民政府关于进一步加快开发区(工业园区)发展的决定》、《南宁市人民政府关于进一步加快开发区(工业园区)发展的若干意见》、《南宁市开发区(工业园区)发展考核评价及奖惩办法(试行)》,明确从2011年1月1日起由南宁高新技术产业开发区托管西乡塘区安宁街道,南宁经济技术开发区托管江南区吴圩镇,拓展开发区发展空间,增强产业园区发展后劲。全市有工业园区19家,其中国家级开发区2家,分别为南宁高新技术产业开发区、南宁经济技术开发区;自治区级开发区5家,分别为南宁—东盟经济开发区、广西良庆经济开发区、南宁六景工业园区、南宁江南工业园区和南宁仙葫经济开发区;享受自治区级经济开发区政策的开发区1家,即隆安华侨管理区;县(区)工业集中区11家,分别为宾阳县黎塘工业集中区、宾阳县芦圩工业集中区、隆安县宝塔工业集中区、南宁伊岭工业集中区、上林县象山工业集中区、马山县苏博工业集中区、横县那阳工业集中区、兴宁区三塘工业集中区、邕宁区东部工业集中区、青秀区伶俐工业集中区和西乡塘区工业集中区。其中,被自治区确认为A类产业园区11家(年内,南宁伊岭工业集中区获自治区确认,成为南宁市第11个获得自治区确认的A类产业园区),B类产业园区1家。工业园区规划面积460.08平方千米(含托管区),已开发面积78.79平方千米。推进园区基础设施建设,完善园区投资环境,共完成基础设施投资85.40亿元,为年计划60亿元的142.30%。台湾(南宁)轻纺产业园、台湾(南宁)光电产业园、南宁国际物流基地路网工程争取到广西北部湾经济区重大产业发展专项资金前期经费610万元,南宁—东盟经济开发区、南宁六景工业园区、南宁生物制药产业园和南宁保税物流中心等基础设施建设争取到广西北部湾经济区重大产业发展第一批专项资金1.33亿元。完成园区工业用地储备311.70公顷。继续对建设工业标准厂房实施补贴政策,完成标准厂房建设面积77.50万平方米。各园区在坚持做好以商招商、点对点招商、会展招商,突出产业招商。围绕铝加工、机械与装备制造、农产品加工、电子信息、生物工程与制药、新材料、新能源等重点领域,重点引进产业配套性强、关联度高的企业,推动产业集聚、企业集群、产品链式化发展。12月23日,市政府与富士康集团有限公司签订战略合作框架协议及相关协议。富士康集团有限公司通讯网络产品事业群将首先启动南宁高新区投资项目,同步建设江南区电子产业园生产研发项目,主要生产电子书、智能手机、GPS(全球定位系统)、高端路由器、高端交换机、网卡等电子产品。各园区组织人员参加市政府组织的赴珠三角地区开展的投资促进活动,拜访企业26家,落实签订投资协议项目3个,委托招商2个。全市19个产业园区共实现工业总产值752亿元,比上年增长41.10%。

【战略性主导产业培育工程实施】 2010年,南宁市实施“政府主导投入、企业主体运营”投资新模式,以重大项目建设培育大企业大集团,带动产业链条式、集群化发展;重点推动铝加工、机械装备制造产业结构调整和优化升级,培育形成战略性主导产业。重点推进的南南铝加工有限公司年产20万吨大规格高性能铝合金板带型材、南宁锦虹棉纺织有限责任公司易地搬迁改造、南宁广发重工集团有限公司整体搬迁改造、南宁五菱桂花车辆有限公司中重型专用车生产、南宁绿洲化工有限责任公司30万吨离子膜烧碱和年产32万吨聚氯乙烯5个重大产业项目建设取得实质性突破。其中:南南铝加工有限公司年产20万吨大规格高性能铝合金板带型材项目首期工程于8月26日开工建设,项目进入土建施工阶段;投资4.40亿元的南宁锦虹棉纺织有限责任公司易地搬迁改造项目12月开工;投资35亿元的南宁广发重工集团有限公司整体搬迁改造项目完成用地预审、备案、节能评审;投资7.76亿元的南宁五菱桂花车辆有限公司中重型专用车生产项目完成环境影响评价、核准;投资30.83亿元的南宁绿洲化工有限责任公司30万吨离子膜烧碱和年产32万吨聚氯乙烯项目完成备案、安全评价、环境影响评价、土地等前期工作。

【工业项目建设工程实施】 2010年,南宁市结合开展“项目建设年”活动,着力强化投资目标责任的落实、强化项目前期工作的组织领导,完善服务企业机制、加大项目用地协调服务、加大企业和项目投资的资金扶持;以提升装备和工艺技术水平为核心,加强工业项目储备,建立完善工业项目库;加强工业项目建设,保持工业高强度投入,形成长短项目并重、大小项目并举的工业投资新高潮。至年末,全市“工业项目建设工程”完成投资119.48亿元,累计完成投资199.39亿元。“工业经济振兴攻坚战”30个重大投资项目有广西国泰粮油食品精深加工搬迁技术改造项目等27个开工建设,完成投资72.57亿元。

【技术创新】 2010年,南宁市工业企业完成技术创新项目316个,完成技术开发总投入10.20亿元。推进技术创新体系建设,南宁八菱科技股份有限公司的热交换实验室成为南宁市继培力(南宁)药业有限公司、广西中烟工业有限责任公司之后第三家通过CNAS(中国合格评定国家认可委员会)实验室审核认可的国家级实验室。广西明阳生化科技股份公司生物质能源酶解技术国家重点实验室列入国家科技部第二批企业国家重点实验室建设计划。全市有自治区级企业技术中心42家,总数居自治区第一。组织实施信息化与工业化融合试点工程,指导17家企业开展两化融合示范企业建设及37个两化融合项目建设,其中有7个两化融合项目获自治区工信委立项支持。

【中小企业扶持】 2010年,南宁市建立和完善融资服务政策文件,出台《南宁市中小企业信用担保机构风险补偿资金管理办法》、《南宁市小企业贷款风险补偿资金管理暂行办法》等。安排中小企业发展专项扶持资金,用于中小企业发展贷款平台配套资金、担保技改风险补偿、“全民创业”新办工业企业补助等。利用“两台一会”中小企业融资平台(即以市中小企业服务中心为融资平台、市南方担保公司为担保平台、市企业信用协会为项目推介平台),与国家开发银行广西分行加强沟通和合作,分三批共为47家中小企业解决贷款4.28亿元,累计中小企业贷款5.13亿元。加强政银企合作,组织召开银企座谈会,搭建起银企沟通交流平台。加强中小企业信用体系建设,推荐的第二批114家诚信中小企业中,有95家中小企业获得银行贷款共22亿元。全市新增工业企业318家,新增规模以上工业企业186家。

【工业节能降耗】 2010年,南宁市继续实施节能技术改造,安排工业节能专项资金2200万元,对节能量大、效果明显的节能技术改造项目给予资金奖励。共淘汰水泥产能103.80万吨、造纸4.22万吨、皮革制造2万标张,完成自治区下达年度目标任务。制订全市年度30家企业实施清洁生产审核计划,组织企业编制年度清洁生产实施方案。在全市17家制糖企业中开展循环经济建设试点,推动南宁糖业股份有限公司、华润水泥(南宁)有限公司等7家自治区级循环经济试点单位建设。开展汽车以旧换新、推广应用水煤浆和高效照明产品、对重点耗能企业实行强制能源审计,促进全市工业节能降耗。规模以上万元工业增加值综合能耗比上年下降17.82%,61家重点耗能企业节能量28.48万吨标准煤,超额完成自治区下达3.92%和12.62万吨标准煤目标任务。

【工业招商引资】 2010年,南宁市围绕农产品加工、机械与装备制造、铝加工、化工、建材、造纸、生物工程与制药、电子信息8大产业，以发展产业集群、引进配套产业企业、延伸产业链为核心，以项目促招商，促成南南铝加工有限公司与湖南南车株洲电力机车有限公司签订合作框架协议。引进内资工业项目256个，合同引进资金288.01亿元，比上年增长23.27%，实际到位142.98亿元。12月24日，市政府与富士康集团签订战略合作框架协议，富士康通讯网络产品事业群落户南宁。 （潘彩献 谭颜言）

【特色园区建设】 2010年，南宁市全面启动特色产业园区建设，其中南宁高新技术产业开发区生物制药产业园一期基本建成，正在加快培力（南宁）药业、广西圣保堂药业、广西博科药业等重点药企的技术改造和科技成果产业化；二期已开工建设主干路网，生物工程技术中心建设已启动前期工作。南宁—东盟经济开发区农副产品加工园正在完善园区基础设施建设，重点实施年产20万吨珠江啤酒、统一集团饮料制造、森景园番茄仔、紫薯加工等项目。南宁—东盟经济开发区轻纺加工特色产业园区实施南宁麦斯鞋业有限公司年产400万双高档女鞋、南宁楠熙鞋业制造、广西贯铨鞋业制造等项目；江南工业园区铝加工产业园的政府一号工程年产20万吨大规模高性能铝板带型材项目已全面展开，项目资金陆续到位；邕宁八鲤工业集中区南宁机械制造产业园区抓紧平整土地，为南宁广发重工整体搬迁等项目入驻完善条件；中国留学人才产业园落户南宁；南宁高新技术产业开发区电子信息及软件产业园和光电科技产业园、南宁经济技术开发区北部湾科技园、南宁六景工业园区化工产业园区等特色园区建设正在加快。 （朱政军）

化学工业

【概 况】 2010年，南宁市规模以上化学工业企业有177家，比上年增加19家。按工业行业分类标准主要有化学原料及化学制品制造业、塑料制品、橡胶制品、石油化工4大类。其中：化学原料及化学制品制造业109家，塑料制品业59家，橡胶制品业5家，石油化工业4家。全部从业人员平均人数1.99万人。主要产品产量：塑料制品25.54万吨、烧碱18.59万吨、聚氯乙烯树脂6.63万吨、润滑油1.14万吨、化肥10.52万吨、合成氨14.30万吨、松香6.41万吨、盐酸9.35万吨、硫酸3.62万吨、化学农药4.26万吨。实现工业总产值157.42亿元，增长33.70%，占全市规模以上工业总产值12.22%，增加0.22个百分点。其中：化学原料及化学制品制造业111.45亿元，增长34.20%；塑料制品业41.57亿元，增长28.59%；橡胶制品业1.67亿元，增长38.74%；石油加工、炼焦及核燃料加工业2.73亿元，增长137.9%。工业增加值50.28亿元，增长34.33%，占全市规模以上工业增加值12.44%；主营业务收入139.78亿元，增长39.79%，占全市规模以上工业企业11.56%。实现税金2.50亿元，增长11.11%；利润6.47亿元，增长5291.67%，占全市规模以上工业利润10.15%。有亿元以上产值企业40家，增加16家（化学原料及化学制品制造业26家，增加11家；塑料制品业12家，增加3家；石油加工、炼焦及核燃料加工业2家，增加2家），实现工业总产值108.76亿元，占全行业工业总产值69.30%。亏损企业47家，亏损面26.55%，亏损总额8200亿元。

【技术改造】 2010年，南宁市化学工业企业完成投资29.39亿元，占全市工业投资8.37%。实施技术改造项目116个，总投资64.44亿元，计划投资28.32亿元，完成投资21.38亿元，占全市工业投资5.82%。建成投产项目61个。列入市2010年“工业项目建设工程”重点工业投资项目计划的技术改造项目16个（新建11个，续建5个），总投资74.90亿元，当年计划投资29.60亿元，完成投资7.82亿元。主要有：南宁化工股份有限公司采用环保清洁安全技术搬迁建设离子膜法烧碱及配套生产安装项目，和昌（广西）化工有限公司年产10万吨硫酸钠功能母料项目，南宁绿洲化工有限责任公司采用清洁生产技术建设年产30万吨离子膜法烧碱生产装置项目等。其中总投资25.31亿元的采用环保清洁安全技术搬迁建设离子膜法烧碱及配套生产安装项目，是南宁化工股份有限公司开展“实施二次创业，再创南化辉煌”主题实践活动的重点项目之一。广西田园生化股份有限公司投资3亿元的年产1.70万吨农药加工分装技术改造项目、广西雄塑科技发展有限公司投资1亿元建设的年产1.30万吨PVC塑料管材、管件项目列为南宁市有较好的经济效益的重大项目。

【技术创新】 2010年，南宁市化学工业企业完成新技术、新工艺及开发应用的技术创新项目14个。列入市技术创新计划的新产品开发项目9个，总投资2.56亿元，其中获得补助225万元。主要有：广西武鸣金峰化工科技有限公司投资2.40亿元建设的塑料、涂布造纸、橡胶专用纳米碳酸钙专利技术产品产业化生产示范，市化工研究设计院投资300万元开发肉桂油直接加氢制备苯丙醛中试研究，市亚多制漆有限公司投资200万元建设天然生物多功能复合抗菌环保涂料的开发，自治区化工研究院10.80%滴酸草甘膦水剂项目，广西田园生化股份有限公司5.10%虫酰肼·甲维盐可湿性粉剂的研制开发项目，自治区化工研究院和广西新晶科技有限公司共同开发的新型环保防锈颜料磷钼酸铝锌项目，广西三

南宁楠熙鞋业有限公司、广西贯铨鞋业有限公司产品 孙贵寿 摄

晶化工科技有限公司三聚缩合炉节能改造及尾气余热回收项目(获2010年度广西科学技术进步奖三等奖),广西田园生化股份有限公司5.10%虫酰肼·甲维盐可湿性粉剂的研制开发项目,南宁飞日润滑油有限公司绿色多效有色金属切削油项目(获2010年度市科学技术进步奖三等奖)。 (朱政军)

铝加工业

【概 况】 2010年,南宁市规模以上铝加工业企业有20家(不含铝箔印刷企业)。其中:电解铝生产企业1家、铝板带箔生产企业1家、铝型材生产企业2家、电线电缆生产企业14家、工业铝制品加工生产企业2家。全部从业人员平均人数5172人。年电解铝生产能力1.50万吨,铝板带箔生产能力5.10万吨,铝型材生产能力9.30万吨(建筑型材3.50万吨、工业电子铝型材1.20万吨),铝压铸件生产能力500吨。主要产品为铝型材、电线电缆、日用铝制品、包装4大类,其中"南南"商标为中国驰名商标,"南南"牌、"国凯"牌、"八菱"牌为广西名牌产品,"银杉"电线电缆为国家重点电力工程输电导线定点产品。主要产品产量:电力电缆78.26万千米,电解铝6889吨,铝材6.16万吨(铝型材1487吨、铝板材624吨、铝带材1.11万吨、铝箔材8519吨)。规模以上铝加工企业实现工业总产值65.97亿元,比上年增长65.55%,占全市规模以上工业产值5.12%。其中,电线电缆企业总产值44.29亿元,铝生产和深加工企业总产值21.68亿元。实现税金0.87亿元,增长21.78%;利润1.95亿元,增长78.90%。有亿元以上产值企业11家。亏损企业2家,亏损面10%。

【技术改造】 2010年,南宁市铝加工投资项目有11个(新建6个、续建5个),当年建成投产2个。总投资60.41亿元,当年计划投资25.23亿元,完成投资7.31亿元。主要有:南南铝加工有限公司年产20万吨大规格高性能铝合金板带型材项目、铝材产业升级暨太阳能铝制品开发技术改造等,广西南慧电缆有限公司投资1.10亿元建设的年产600千米0.6/35千伏电力电缆生产,广西上林县南南实业有限责任公司年产6000吨精铝技术改造,广西广缆科技有限公司投资3亿元建设的上海浦东电缆南宁生产基地技术改造等。技术改造后,铝加工企业的生产能力得到较大提高,铝板带箔产能由4.30万吨提高到5.10万吨,铝型材产能由6万吨提高到8.50万吨,铝压铸件产能由300吨提高到500吨。市政府将南南铝加工有限公司年产20万吨大规格高性能铝合金板带型材项目列为全市的"一号工程",8月26日首期工程开工建设。

【新产品开发】 2010年,南宁市铝加工企业列入自治区、市技术创新计划项目3个,完成新产品开发项目4个,新产品产业化1个。全行业完成新产品产值10.26亿元,首次实现新产品产值超过10亿元。南南铝业股份有限公司根据市场及自身实际,推进铝板带箔型材精深加工产业的技术创新,开发出新产品400多个,主要产品有太阳能框架、太阳能集热产品、交通用大功率嵌入式水冷散热器、铝天花板、铝箔食品餐盒、家用铝箔包装纸、铝箔风管、铝圆片、涂油铝箔、涂层铝箔等铝板带箔型材精深加工产品。

(朱政军)

南南铝业股份有限公司生产车间　　周家志　摄

建材工业

【概 况】 2010年,南宁市规模以上建材工业企业有138家。全部从业人员平均人数2.03万人。主要产品涉及水泥、水泥制品、平板玻璃、镀膜玻璃、玻璃纤维、砖、砂、石材、粘土矿、排水管、水泥压力管、水泥电杆、水泥枕轨、商品混凝土、建筑陶瓷、高温耐火材料等。主要产品产量:水泥1186.73万吨、商品混凝土956.47万立方米、瓷质砖8092.56万平方米、平板玻璃518.60万重量箱、钢化玻璃105.50万平方米、卫生陶瓷制品388.48万件、耐火材料制品4.41万吨。规模以上建材工业企业实现工业总产值95.94亿元,占全市规模以上工业总产值7.50%。其中:非金属矿物制品业工业总产值91.12亿元、非金属矿采选业工业总产值4.81亿元。工业增加值34.45亿元,占全市规模以上工业增加值8.52%;主营业务收入93.01亿元;税金总额4.86亿元;利润总额8.20亿元。有亿元以上产值企业29家。亏损企业33家,亏损面23.91%,亏损总额5300万元。

【技术改造】 2010年,南宁市建材工业技术改造投资完成51.49亿元,比上年增长116.29%,占全市工业投资14.67%。实施技术改造项目184个,总投资53.07亿元,当年计划投资29.53亿元,完成投资36.66亿元,占全市工业投资9.98%。列入市2010年"工业项目建设工程"重点工业投资项目计划的技术改造项目10个(新建7个,续建3个),固定资产投资计划42.90亿元,当年固定资产投资计划9.83亿元,完成投资18.31亿元。主要有:广西武鸣锦龙建材有限公司日产4500吨新型干法水泥生产线,计划总投资8.50亿元,完成投资1.27亿元;广西三维铁路轨道有限公司铁路轨枕及配件生产,计划总投资1.50亿元,完成投资4249万元;市大明山水泥厂年产60万立方米预拌混凝土搅拌站,计划总投资5000万元,完成投资5000万元;广西盛天集团预拌砂浆技术，计划总投资1亿元，完成投资5500万元；广西福基混凝土有限公司年产90万立方商品混凝土，计划总投资5000万元，完成投资3000万元。

【技术创新】 2010年，南宁市建材工业完成新产品开发2个，即广西青龙化学建材有限公司EVB保温隔热防炎干粉砂浆研制项目、广西绿桂化工建材有限公司YNMT隔热防晒涂料研发及应用。列入市技术创新计划项目有广西正田节能玻璃有限责任公司投资500万元开发的中空内置隔热可透视遮阳帘(门窗)开发项目，获得补助30万元。 （朱政军）

【散装水泥生产与应用】 2010年，南宁市散装水泥办公室根据国家、自治区关于推广预拌砂浆的有关文件精神，起草《南宁市预拌砂浆生产企业布点方案》和《南宁市预拌砂浆管理规定》，推动南宁市预拌砂浆政策文件的建立健全。全市有散装水泥供应企业29家，完成散装水泥供应量393万吨，比上年增长15.93%；散装水泥专项资金征收1508万元，增长5%。受理建设工程缴纳散装水泥专项资金662项，核退74项；出动执法人员659人次，检查建筑工地177个，对6个不规范使用散装水泥的工地提出整改。

（市散装水泥办）

【淘汰落后产能与节能降耗】 2010年，南宁市根据国务院《批转发展改革委等部门关于抑制部分行业产能过剩和重复建设引导产业健康发展若干意见的通知》，制定《南宁市2010年企业淘汰落后产能工作方案》，完善淘汰落后产能鼓励政策，提出具体的工作目标要求，共淘汰水泥落后产能103.80万吨，完成当年自治区工信委下达的淘汰落后水泥生产能力任务。至年末，全市水泥产业结构得到较大改善，产能为1560万吨，其中新型干法产能985万吨，企业平均规模52万吨。广西四合工贸有限责任公司在日产水泥熟料4000吨项目投产的同时，拆除4条旧水泥生产线，总能力45万吨。中大型水泥企业占全市总量的份额越来越大，在产量、市场和价格上取得绝对的支配地位，华润(南宁)水泥有限公司、广西华润红水河水泥有限公司、广西华宏水泥股份有限公司3家企业的水泥产量占全市水泥总量68.80%。全市建材行业有20家企业列入重点耗能企业，全年节能15.97万吨标准煤，占全市61家重点耗能企业节能量的56.07%，综合能源消费量(吨标准煤)102.87万吨，比上年下降5.32%，产值能耗50.66吨标准煤/万元，下降20.77%。广西华宏水泥股份有限公司投资2590万元的余热发电技术改造项目全面施工。 （朱政军）

制糖工业

【概 况】 2010年，南宁市制糖企业(集团、公司)有10家，下属17家糖厂日榨能力9.83万吨。其中：南宁糖业股份有限公司4家糖厂日榨能力3.48万吨（明阳糖厂1.40万吨、伶俐糖厂6800吨、香山糖厂8000吨、东江糖厂6000吨)；广西隆安南华糖业有限责任公司2家糖厂日榨能力8000吨(那桐糖厂4000吨、南圩糖厂4000吨)；广西上林南华糖业有限责任公司日榨能力4000吨，广西马山南华糖业有限责任公司日榨能力1500吨；横县冠桂糖业有限责任公司2家糖厂日榨能力8000吨(谢圩糖厂4000吨、石塘糖厂4000吨)，南宁良庆冠桂糖业有限公司日榨能力6000吨；广西永凯糖业有限责任公司2家分公司日榨能力1.40万吨(宾阳大桥分公司1.20万吨、宾阳黎塘分公司2000吨)；农垦糖业集团金光制糖有限公司日榨能力8000吨，农垦糖业集团良圻制糖有限公司日榨能力4000吨；东糖集团横县新凯糖业有限责任公司日榨能力5000吨；华盛集团廖平糖业有限公司日榨能力5000吨。全部从业人员平均人数1.43万人。主要产品有白砂糖、赤砂糖、酒精、蔗渣浆、机制纸、纤维板、碎粒板、复合肥等。2009~2010年榨季，从2009年11月3日南宁糖业股份有限公司明阳糖厂开机，到2010年4月3日上林南华糖业有限责任公司停机，共152日，比上榨季少10日。

全市12个县(区)和南宁—东盟经济开发区原料蔗种蔗面积15.49万公顷，比上榨季减少2.61万公顷，减幅14.94%。主要品种有：新台糖22号、25号、28号，粤糖93/159，台优，新台糖16号，粤糖00236，桂糖21号等；同时引进柳城03/182，桂糖02/37，桂糖02/901，桂糖02/467，台糖7802/668，福农15号，赣蔗18号等新品种试种示范。因受长期干旱影响，加上种蔗成本增加，挫伤农民种蔗的积极性，造成种蔗面积减少。全榨季入厂原料蔗831.09万吨，减少14.97%；平均每公顷产原料蔗(工业单产)55.95吨，减少0.90吨。全市榨蔗量830.14万吨，机制糖产量106.16万吨(白砂糖101.76万吨、赤砂糖4.40万吨)，与上榨季相比，机制糖产量减少17.66万吨（白砂糖减少19.37万吨、赤砂糖增加1.71万吨)，下降14.26%；平均甘蔗含糖分14.36%，平均总收回率87.16%，提高0.18个百分点，平均吨糖耗蔗7.83吨，减少0.07吨。平均白砂糖生产成本每吨3017.15元，增长25.83%；白砂糖不含税销售成本每吨3574.69元，增加743.27元；白砂糖单位含税成本每吨4300.87元，增加1041.52元。平均百吨蔗耗标煤4.34吨，降低0.59吨；吨蔗耗电量35.104千瓦时，增加0.49千瓦时；吨糖新取水量4.57立方米，减少7.80立方米。

全市制糖企业实现工业总产值49.55亿元，增加6.07亿元，增幅13.96%；工业增加值17.50亿元，增加5.54亿元，增长46.32%；利税总额10.68亿元，增加6.06亿元，增长131.17%(利润6.74亿元，增加4.70亿元，增长230.39%)。在2010年举办的第22届全国食糖产品质量综合评定中，南宁糖业股份有限公司伶俐糖厂(“云鸥”牌)、明阳糖厂(“明阳”牌)、香山糖厂(“大明山”牌)、东江糖厂(“古府”牌)，广西隆安南华糖业有限公司那桐糖厂(“蝶花”牌)、南圩糖厂(“嘉城”牌)，横县冠桂糖业有限公司石塘糖厂(“晨露”牌)连续3年评为产品质量优秀企业。

【技术改造】 2009~2010年榨季，南宁市制糖工业企业重点对节能降耗、污染减排、综合治理等方面进行技术改造，各制糖企业已实现部分生产过程的自动化、信息化控制，加强制糖过程物料快速分析检测、制糖新技术新设备研发与应用，加快实现高效有序的均衡生产；全市所有制糖企业污染物排放在2009~2010年榨季开榨前均达到国家制糖行业一级以上清洁生产水平。制糖工业企业投入技术改造资金11.02亿元，实施技术改造项目24个，重点对节能降耗、综合利用、扩大产能、原料基地建设等方面进行投资。主要项目有：广西上林南华糖业有限责任公司投入3000万元进行生产线节能技改；广西农垦糖业集团股份有限公司投入221万元对电器设备节能降耗项目进行技术改造，投入1421万元增加糖业信息化项目，投入5395万元进行甘蔗全程机械化建设；南宁糖业股份有限公司伶俐糖厂投入599万元对75吨锅炉进行技术改造；横县冠桂糖业有限公司投入5.44亿元建设年产6.80万吨漂白蔗渣浆。

【制糖综合利用】 2009~2010年榨季,南宁市17家糖厂,利用制糖副产品生产浆、纸、酒精有6家,生产复合肥2家;利用蔗渣生产纸浆24.31万吨、纸制品及机制纸15.10万吨、酒精3.03万吨、复混肥9万吨。由于生产成本、经济条件基础、市场等原因,除南宁糖业股份有限公司整合集团糖厂的蔗渣制浆造纸、糖蜜生产酒精、滤泥制作肥料,形成企业良好的产业链外,其余糖厂的综合利用产品都没能充分利用。大多数糖厂将有高附加价值加工产品的原料蔗渣、糖蜜、滤泥等外卖,使得整个产业在综合利用及产业链延伸方面比较匮乏,可再生资源未能体现其高附加价值,造成资源的浪费。

【糖料蔗收购价格】 2009~2010年榨季,南宁市糖料蔗收购价格继续采取蔗糖价格挂钩联动、二次结算的管理方式,统一糖料蔗收购首付价和二次结算办法。糖料蔗普通品种收购首付价每吨284元(不含税费)与制糖企业一级白砂糖平均含税销售价格每吨3900元实行挂钩联动。食糖销售价格超过每吨3900元时,在糖料蔗收购首付价的基础上,蔗糖挂钩联动价格按6%的联动系数进行二次结算。在榨季中期,对糖料蔗收购价格实行再次提前联动,统一按一级白砂糖含税销售价每吨4400元对应普通糖料蔗收购价格每吨314元实行提前联动;到榨季生产结束,食糖销售接近尾声时,对食糖销售价格进行核查,进行二次结算,核定制糖企业生产的亚一级白砂糖平均含税销售价格每吨4979.47元,二次结算价格为34.77元。全榨季普通甘蔗品种收购价每吨348.77元。糖料蔗品种实行优质加价、劣质减价。在普通品种糖料蔗收购首付价的基础上,新台糖系列品种糖料蔗每吨加价5元,即收购首付价格为每吨289元;粤糖93/159、粤糖00/236、柳城03/182、赣蔗18号品种糖料蔗每吨加价20元。劣质、淘汰品种糖料蔗每吨减价20~110元。全市制糖企业在糖料蔗进厂15天内按收购首付价和良种加价给蔗农兑付蔗款,二次结算的兑付蔗款在2010年9月底前兑付完成。

(黄春霞)

2009~2010年榨季南宁市制糖工业实现利税前10位企业情况

企业名称	日榨能力(吨/日)	产糖量(吨)	工业产值(万元)	利税总额(万元)	从业人数(人)
南宁糖业股份有限公司	34800	460905	189846	34222	4847
广西永凯糖业有限责任公司宾阳大桥分公司	12000	95132	31717	10384	1201
广西隆安南华糖业有限责任公司	8000	58563	27287	10032	1130
横县冠桂糖业有限责任公司	8000	77937	70702	8739	2080
广西上林南华糖业有限责任公司	4000	48301	23012	7915	751
农垦糖业集团良圻制糖有限公司	4000	56321	25168	6628	833
华盛集团廖平糖业有限公司	5000	53468	22860	6469	351
南宁良庆冠桂糖业有限公司	6000	79207	34398	6242	799
农垦糖业集团金光制糖有限公司	8000	67044	27634	4810	950
东糖集团横县新凯糖业有限责任公司	4000	47500	15790	1305	819

造纸工业

【概　况】 2010年,南宁市规模以上制浆造纸及纸制品企业有101家,全部从业人员平均人数1.17万人。主要产品有漂白化学木浆、漂白蔗渣浆、新闻纸、书写纸、胶印纸、有光纸、生活用纸、瓦楞原纸、包装纸、卫生用品等。共生产纸浆43.49万吨,比上年增长13.40%;机制纸及纸板67.50万吨,增长13.10%;纸制品23.13万吨,增长41.70%。实现工业总产值68.34亿元,增长38.94%。其中:纸浆制造工业总产值17.48亿元,增长48.60%;造纸工业总产值32.92亿元,增长32.21%;纸制品工业总产值17.94亿元,增长43.25%。主营业务收入51.63亿元,增长37.19%;实现税金1.29亿元,增长9.09%;实现利润1.47亿元,增长503.99%。亏损企业18家,亏损面17.82%,亏损总额9900万元。至年末,南宁市对不符合国家产业政策的小纸厂实行限期关闭,淘汰关闭小纸厂9家。

【技术改造】 2010年,南宁市造纸行业完成技术改造项目72个,完成投资18.97亿元,占全市工业投资5.40%。技术改造后,纸浆制造生产能力61.30万吨,增加12.30万吨;纸及纸板制造生产能力78.20万吨,增加12万吨。列入市重点工业投资项目的浆纸技术改造项目10个(新开工5个,续建5个)。新开工项目:广西横县嘉宝纸业有限公司年产2万吨高级生活用纸;市佳达纸业有限公司年产5万吨高档生活用纸;博源膨化芯材有限公司无尘纸生产;广西凤凰纸业有限公司年产3万吨高级生活用纸技改和节能减排资源循环利用。续建项目:南宁劲达兴纸浆有限公司年产9.80万吨浆生产线和年产20万吨高级文化纸;广西永凯糖业集团有限公司年产9.50万吨漂白蔗渣浆和年产20万吨高档文化用纸;广西永凯大桥纸业有限公司年产20万吨高档文化用纸。

【技术创新】 2010年,南宁市造纸工业企业获市科学研究与技术开发计划立项的项目有:广西博世科环保科技有限公司的大型二氧化氯制备系统研制与应用示范、自治区机械工业研究院的制浆过程在线卡伯值传感与控制系统研究、广西南宁凤凰纸业有限公司的利用制浆黑液(废液)生产木质素磺酸钠(浓缩液)。由南宁侨虹新材料有限责任公司承担的无尘纸表面疵点在线检测、清除系统开发项目列为市2010年技术创新项目。广西舒雅护理用品有限公司开发的双芯婴儿尿裤、尿片产品通过市工业新产品认定。南宁侨虹新材料有限责任公司技术中心、广西华劲集团股份有限公司南宁纸业分公司技术中心通过自治区认定为市级技术中心。

(程　雁)

食品工业

【概　况】 2010年,南宁市食品工业规模以上企业有292家。其中:农副食品加工183家、食品制造54家、饮料制造53家、烟草制品2家。全部从业人员平均人数4.42万人。已形成制糖、烟草、罐头、酿酒、淀粉、饮料、乳制品等门类较为齐全、具有一定规模的工业体系。主要产品有:机制糖、卷烟、碳酸饮料、啤酒、罐头、乳制品等。共生产成品糖101.88万吨,比上年下降20.34%;卷烟363.11亿支,增长4.87%;乳制品7.67万吨,增长29.99%;软饮料47.60万吨,增长11.43%;小麦粉10.70万吨,增长30.39%;罐头12.85万吨,下降14.81%;啤酒11.44万千升,增长4.26%;淀粉81.77万吨,增长2.97%;饲料344.76万吨,增长21.11%。规模以上食品工业企业实现工业总产值382亿元，增长23.49%；主营业务收入380.48亿元，增长24.09%；利税总额69.05亿元，增长21.46%(利润24.50亿元，增长35.80%)。其中：农副食品加工业实现工业总产值247.93亿元，增长26.67%；主营业务收入235.77亿元，增长21.06%；利税总额20.77亿元，增长39.46%(利润13.11亿元，增长57.61%)。食品制造业实现工业总产值40.09亿元，增长22.10%；主营业务收入34.93亿元，增长31.25%；利税总额3.15亿元，增长48.71%(利润2.15亿元，增长58.30%)。饮料制造业实现工业总产值45.96亿元，增长28.29%；主营业务收入51.11亿元，增长54.28%；利税总额5.58亿元，增长65.55%(利润3.47亿元，增长106.59%)。烟草制品业实现工业总产值48.05亿元，增长6.85%；主营业务收入58.68亿元，增长12.57%；利税总额39.55亿元，增长15.18%(利润5.78亿元，减少13.64%)。

【技术改造】 2010年，南宁市农产品加工业完成技术造改投资73.49亿元，比上年增长45.38%，占全市工业技术改造投资20.91%。主要项目有：投资1.63亿元的广西巨东食品有限公司畜禽屠宰加工；投资5000万元的华茗园国际集团有限公司年产1万吨茉莉花茶和10吨茉莉香精香料；投资3000万元的北京张一元茶业有限责任公司年产1500吨茉莉花茶；总投资5.88亿元的广西中烟工业有限责任公司南宁制造部年产50万箱卷烟扩建至80万箱技术改造；投资5488万元的市范记食品有限责任公司食品生产基地建设；投资6500万元的广西皇氏甲天下乳业股份有限公司前处理及灌装生产线设备更新改造；投资1400万元的市好聪仔食品有限公司农产品深加工(果脯)技术改造；投资5000万元的广西新秀食品有限公司葛根植物饮料生产、绿豆加工；投资2.20亿元的广西汇华食品有限公司畜禽深加工；投资1.05亿元的广西伊灵复烤烟厂年产60万担烟叶打叶复烤生产线；投资1.95亿元的广西五丰粮食集团黎塘粮食产业园；投资5217万元的南宁青岛啤酒有限公司提升啤酒生产产能及产品档次技术改造；投资3.10亿元的广西国泰粮食集团有限公司粮油食品精深加工搬迁技术改造及30万吨粮食生产基地建设；投资5.16亿元的广西珠江啤酒有限公司首期年产20万千升啤酒工程。建成并投产主要项目有：广西华兴食品有限公司家禽加工生产项目，年新增加工肉鸭6万只；广西汇华食品有限公司畜禽产品深加工项目，年新增加工冷鲜肉生产能力7.30万吨。

【技术创新与新产品开发】 2010年，广西皇氏甲天下乳业股份有限公司高维生素B2酸奶加工技术中试，广西南宁百洋食品有限公司即食鱼皮、鱼骨休闲食品研究开发，广西石埠乳业有限责任公司年产1.20万吨谷物系列饮料技术开发及产业化生产，广西南宁市好聪仔食品有限公司新型果蔬变温干燥(非油炸)技术应用等4个项目列入市技术创新项目计划。广西皇氏甲天下乳业股份有限公司研发中心扩建、广西汇华食品有限责任公司肉鸡屠宰加工生产线产品追溯管理系统2个项目被列为自治区重点产业发展技术改造资金项目。南宁中诺生物工程有限责任公司、广西大学海藻糖行业标准和国家标准的研制项目获市科学技术进步奖一等奖和广西科学技术进步奖二等奖；广西明阳生化科技股份有限公司食品、医药用特种糊精的研制生产与推广应用项目和淀粉基复合型低温肉制品添加剂MYS-261的研制开发与应用项目、广西皇氏甲天下乳业股份有限公司超高温水牛奶生产技术研究项目获市科学技术进步奖二等奖。

广西珠江啤酒有限公司生产车间　　孙贵寿 摄

【特色园区建设】 2010年，南宁市推进特色园区建设，进一步完善作为特色食品加工产业主要承载体的南宁—东盟经济开发区现代特色食品加工产业园区基础设施建设，重点推进投资5.25亿元的年产20万千升“珠江啤酒”项目、投资6000万美元的“统一”饮料项目、投资10亿元的“双汇食品”项目，以及年产700万箱罐装“王老吉”饮料项目等，借助“双汇”、“珠江啤酒”、“统一”、“王老吉”等品牌效应，整合利用周边自然生态资源和市场优势，合理规划布局，重点发展肉制品、方便食品、饮料(茶叶)、调味品、果蔬、豆类加工产业，依靠科技发展逐步实现由初级加工向精深加工发展转变，由传统加工工艺向先进适用技术采用转变，推进农产品加工原料生产基地化，产销经营一体化，推进产业集聚发展，打造产业特色鲜明、产业配套完善、产业竞争力强的特色食品产业园区。至年末，南宁—东盟经济开发区现代特色食品加工产业园入驻企业有28家，总投资超过25亿元，全年实现工业总产值12.49亿元，占开发区工业总产值19%。（唐亚亚）

机械工业

【概　况】 2010年，南宁市规模以上机械工业主要有金属制品业、通用设备制造业、专用设备制造业、交通运输设备制造业、电力机械及器材制造业、仪器仪表及文化办公用机械制造业、通信设备计算机及其他电子设备制造业7大类共243家企业。其中：金属制品40家、通用设备制造35家、专用设备制造55家、交通运输设备制造30家、电气机械及器材制造53家、仪器仪表及文化办公用机械制造10家、通信设备计算机及其他电子设备制造20家。全部从业平均人数4.02万人。有亿元以上产值企业62家。其中：金属制品10家、通用设备制造2家、专用设备制造10家、交通运输设备制造7家、电气机械及器材制造19家、通信设备计算机及其他电子设备制造14家。主要产品涉及改装汽车、手扶拖拉机、低速载货车、摩托车及零配件、柴油机、矿山机械、建筑机械、水泥生产设备、制糖成套设备、水轮发电机组、导线、立体仓库、搅拌机、印刷机、减速机、压缩式垃圾专用运输车、压缩式垃圾中转站、垃圾处理设备、电动机、各种仪器仪表设备、汽车零部件等。主要产品产量:采矿设备 7977 吨、起重设备 11.84 万吨、发电设备 34.15 万千瓦、改装汽车 4187 辆、摩托车 15.09 万辆、小型拖拉机 13.15 万台、变压器 24.20 万千伏安、电力线缆 78.25 万千米。实现工业总产值 265.94 亿元,比上年增长 50.83%。其中:金属制品业 43.49 亿元,通用设备制造业 18.60 亿元,专用设备制造业 40.23 亿元,交通运输设备制造业 32.85 亿元,电气机械及器材制造业 78.75 亿元,通信设备计算机及其他电子设备制造业 43.06 亿元,仪器仪表及文化、办公用机械制造业 8.96 亿元。主营业务收入 230.95 亿元,增长 83.45%。其中:金属制品业 33.25 亿元,通用设备制造业 18.97 亿元,专用设备制造业 38.90 亿元,交通运输设备制造业 29.14 亿元,电气机械及器材制造业 70.54 亿元,通信设备计算机及其他电子设备制造业 38.30 亿元,仪器仪表及文化、办公用机械制造业 1.85 亿元。全年实现税金 4.49 亿元,增长 50.93%;实现利润 11.02 亿元,增长 101.01%。盈利企业 212 家,亏损企业 31 家,亏损面 12.76%。

【技术改造】 2010 年,南宁市机械装备制造业技术改造投资项目 189 个,当年完成投资 29.27 亿元,累计完成投资 53.91 亿元。其中,新投产项目 100 个,当年完成投资 12.65 亿元,累计完成投资 21.03 亿元。当年完成投资额前 5 位的有:广西中宝能源开发有限公司太阳能发电机生产,完成投资 1.03 亿元;广西鑫基起重设备有限公司建厂房、生产线建设,完成投资 8000 万元;南宁凯源铁塔有限公司钢结构产品,完成投资 7395 万元;广西远跃机电有限公司电子产品组装生产,完成投资 7181 万元;广西盛虎金属制品有限公司金属、塑料制品生产基地,完成投资 6453 万元。当年投产的主要项目有:广西嘉捷科技发展有限公司厂房建设,完成投资 1.97 亿元;广西凯斯博电气设备制造有限公司节能变压器及配电生产,完成投资 1.20 亿元;广西银钢南益制造有限责任公司三轮车、农机技术改造一期工程,完成投资 1.13 亿元;武鸣佳营汽车车厢改装厂厂房建设及设备投资,完成投资 6267 万元;市鼎天机械制造有限公司手扶拖拉机二期工程,完成投资 5450 万元。

【技术创新】 2010 年,南宁市新立项的机械工业技术创新项目 28 个。其中:自治区技术创新立项 7 个,投资 5364 万元;市技术创新立项 21 个,投资 1.56 亿元。主要有:南宁新歌山电子科技有限公司射频识别(RFID)技术产品开发及产业化,投资 3000 万元;南宁一举医疗电子有限公司年产 5000 台高频 X 射线发生器产业化,投资 3000 万元;广西领华数码科技有限公司年产 38 万套 GPS 导航仪整机产业化,投资 2038 万元;南宁广发重工集团有限公司 1150 毫米 6 辊高精度精密钢板材冷轧机组全套设备全系统的设计制造,投资 2200 万元;广西申能达智能技术有限公司高效节能太阳能光伏发电智能控制系统,投资 500 万元。完成技术创新项目 14 个。主要项目有:南宁格地汽车零部件有限公司机动车换挡操纵机构分总成产品产业化;广西南宁市精祥仪表有限责任公司液压挖掘机功率优化系统;广西地凯科技有限公司防爆型电涌保护器;广西宇达水处理设备工程有限公司高效低耗的淀粉脱皮黄浆水处理脉联净化装置等。

【产品开发】 2010 年,南宁市机械工业完成新产品开发项目 19 个。主要有:南宁五菱桂花车辆有限公司的 GN180-200G 沼液沼渣抽排机、1WG6 微耕机 2 个新产品;南宁八菱科技股份有限公司汽车系列散热器等 6 个新产品;广西南宁市精祥仪表有限责任公司的液压挖掘机功率优化仪、工程机械工况及 GPS 测控一体化监控仪等 2 个新产品;南宁桂格科技有限公司客货车前后组合灯等 2 个新产品;南宁燎旺车灯有限责任公司轿车前后组合灯等 4 个新产品;广西申能达公司一体化冷热联供机组新产品;广西宇达水处理设备工程有限公司无填料冷却塔、淀粉脱皮黄浆水处理脉联净化装置、全自动一体化净水装置等 3 个新产品。 (农 刚)

通信设备与计算机及其他电子设备制造

【概 况】 2010 年,南宁市规模以上通信设备、计算机及其他电子设备制造业企业有 20 家,比上年增加 4 家。全部从业人员平均人数 1.50 万人。实现工业总产值 43.06 亿元,比上年增长 58.78%;主营业务收入 38.31 亿元,增长 101.22%;利税总额 3.64 亿元,增长 77.56%(利润 3.23 亿元,增长 83.35%)。有亿元产值企业 12 家。丰达电机(南宁)有限公司实现工业总产值 17.39 亿元,为南宁市最大的电子产品制造企业。

年内,中国移动广西通信信息产业园、领华数码南宁科技园、富士康生产基地、南宁国家火炬软件产业基地等项目落户南宁高新技术产业开发区。12 月 22 日,中国移动广西通信信息产业园在南宁高新技术产业开发区开工建设,规划建筑面积 10 万平方米。12 月 23 日,市政府与富士康集团有限公司在南宁签约战略合作框架协议以及有关合作协议,根据签订的框架协议,双方将在电子信息产业、配套的铝加工产业和商贸等领域进行合作与交流。富士康集团有限公司通讯网络产品事业群将首先启动南宁高新技术产业开发区项目,同步开展江南区电子产业园生产研发项目,主要生产电子书、智能手机、GPS、高端路由器、高端交换机、网卡等电子产品。

【技术改造与技术创新】 2010 年,南宁市电子信息产业技术改造投资项目 72 个,完成投资 13.22 亿元,占全市技术改造投资 3.60%。主要有:广西领华光电科技有限公司 LED 节能产品生产基地建设,完成投资 7242 万元;中霸电子科技(南宁)有限公司多功能智能化钟表及配件、数码产品生产,完成投资 3382 万元;深圳市仁海电子有限公司汽车用电脑散热器生产,完成投资 3000 万元;市申科软件园开发有限公司软件园二期综合楼建设,完成投资 2500 万元;广西西南数据通信有限公司微型投影仪生产,完成投资 2312 万元;广西宏超世宇通信有限公司通信平台设备采购,完成投资 2200 万元;南宁捷赛数码科技有限责任公司半导体照明产品及节能控制系统,完成投资 2000 万元。南宁新歌山电子科技有限公司射频识别系统一期 3000 万张项目建成投产。广西地凯科技有限公司有线电视信号电涌保护器研发和产业化、南宁新歌山电子科技有限公司射频识别(RFID)技术产品开发及产业化、广西申能达智能技术有限公司智能控制水温分层整体平移的低谷电中央空调储冷系统、广西领华数码科技有限公司年产38万套GPS导航仪整机产业化、市鼎光电子有限责任公司LED(发光二极管)车用配套灯、南宁一举医疗电子有限公司年产5000台高频X射线发生器产业化6个项目获技术创新补助资金170万元。方圆标志认证集团广西有限公司、山东浪潮齐鲁软件产业股份有限公司的广西产品质量安全数据溯源与监管系统研发及应用,广西大学、广西南宁信控科技有限公司的基于IEC61131-3标准的软逻辑先进控制平台软件,广西大学、广西南宁永凯实业集团有限责任公司的基于密文和网络行为监控的全通网络信息系统3个项目获广西科学技术进步二等奖。广西交通科学研究院、南宁捷赛数码科技有限责任公司研发的高速公路大规模远程多业务智能集中监控系统,南宁(中国—东盟)商品交易所有限公司、广西科技信息网络中心的大宗现货电子商品交易平台交收配对管理系统的研究与开发,南宁海蓝数据有限公司的越南文印刷体OCR(光学字符识别)识别引擎研发3个项目获广西科学技术进步三等奖。南宁海蓝数据有限公司的越南文印刷体OCR识别引擎研发、南宁西岸枫谷商务数据有限公司的WebDesk中间件—支持任意文档在线编辑控件2个项目获市科学技术进步二等奖。

【产品开发】 2010年,南宁强国科技有限公司研发的水文缆道智能控制装置、广西申能达智能技术有限公司研发的一体化冷热联供机组、市精祥仪表有限责任公司研发的液压挖掘机功率优化仪和工程机械工况及GPS测控一体化监控仪4个产品被认定为市工业新产品。

(马祥琼)

生物工程与制药工业

【概 况】 2010年,南宁市列入统计口径的生物与制药生产工业企业有59家。全部从业人员平均人数9200人。生产中药6.80万吨,比上年增长134.10%;化学原料药3057吨,增长10.90%。规模以上医药工业企业实现工业总产值51.63亿元,增长15.81%。其中:化学药工业企业7.52亿元,增长3.15%;中药工业企业33.52亿元,增长14.71%;生物、生化制品制造工业企业3.89亿元,增长19.71%;兽用药工业企业3.69亿元,增长60.70%。主营业务收入45.73亿元,增长39.48%;实现税金1.81亿元,增长23.20%;实现利润2.87亿元,增长136.67%。有亿元以上产值企业22家,共完成工业总产值36亿元,占生物工程与制药工业总产值69.26%。

【技术改造】 2010年,南宁市生物与制药生产工业技术改造投资项目72个,完成投资19.39亿元,比上年增长136.13%,占全市工业技术改造投资5.52%。建成投产项目35个。主要有:南宁赢创美诗药业有限公司年产300吨氨基酸衍生物和相关化合物投资项目;广西南宁智天生物科技有限公司低聚异麦芽糖生产发酵系统建设;市冠峰制药有限公司医药生产基地建设;广西圣康制药有限公司制药二期生产线;广西南宁百会药业集团有限公司药品GMP(生产质量管理规范)技术改造;广西普生投资有限公司中草药加工;广西源安堂药业有限公司南宁分公司南宁药品生产项目;广西千珍制药有限公司消炎片等特色中成药产业化开发技术;南宁越恩生物科技有限公司血浆(球)蛋白质生产;广西昌弘制造有限公司提取车间技术改造;广西古方药业有限公司固体制剂生产线技术改造;广西久辉制药有限公司制药生产线厂房设备投资;南宁鑫浪生物保健食品公司羊胎盘口服液生产线投资;广西永舜生物工程有限公司兽药生产项目二期;广西健丰药业有限公司片剂车间扩建技术改造、新建保健车间;市一峰生物科技有限公司金银花及衍生制品基地建设等。广西万寿堂药业有限公司妇科血证特效药道地药材滇桂艾纳香种植示范基地项目获国家资助30万元。

【技术创新】 2010年,南宁市生物工程与制药工业投入资金1.25亿元,完成创新项目15个。主要有:市中诺生物工程有限责任公司海藻糖国家标准的编制;广西益浩水煤浆设备有限公司和广西南宁百会药业集团有限公司等水煤浆洁净燃料和锅炉新技术的应用;恒拓集团广西圣康制药有限公司清肝解毒片的开发与产业化;市神牛生物科技有限公司酪蛋白磷酸肽产品开发;市昌弘制药有限公司乳结泰胶囊的研制开发、仙黄胶囊的研制开发、双花草珊瑚含片的产业化;广西博科药业有限公司益肾健骨胶囊开发与产业化;广西铁哥制药有限公司右旋糖酐铁膜分离生产工艺。其中,南宁中诺生物工程有限责任公司海藻糖国家标准的编制达到国际先进。广西中医学院制药厂的七味刺榆颗粒研究与开发获广西技术发明奖二等奖和市科学技术进步奖二等奖;南宁中诺生物工程有限责任公司、广西大学海藻糖行业标准和国家标准的研制获广西科学技术进步奖二等奖和市科学技术进步奖一等奖;广西桂西制药有限公司妇炎康胶囊的开发与应用、恒拓集团广西圣康制药有限公司清肝解毒片的开发与产业化获市科学技术进步奖三等奖。培力(南宁)药业有限公司企业技术中心试验室认可建设等通过市级鉴定。至年末,全市生物工程与制药工业有市级技术中心11个、自治区级技术中心6个。

【产品开发】 2010年,南宁市生物工程与制药工业新产品开发立项21个。主要有:培力(南宁)药业有限公司对肿节风、肉桂等4味广西特色中药配方颗粒的产业化研究;广西北斗星动物保健品有限公司丁蟾乳炎喷剂的研究与开发;广西万寿堂药业有限公司民族药决明山绿茶技术开发与产业化;广西古方药业有限公司新药乳宁胶囊产业化;广西中医药研究院制药厂新药——通络下乳口服液技术深度开发;广西方略药业有限公司痔炎消片产业化。通过鉴定验收的新产品有:培力(南宁)药业有限公司中药新药安心颗粒的质量标准研究、三七等7味广西道地药材的配方颗粒规范化示范研究;南宁市维威制药有限公司消炎灵胶囊、维威抗菌液、维C银翘胶囊。

(彭远利)

纺织工业

【概 况】 2010年,南宁市列入统计口径的纺织生产企业有22家(棉纺1家、丝绸纺织15家、纺织制成品制造6家)。全部从业人员平均人数6300人。生产范围包括棉纺织加工,缫丝加工,绳、索、缆制造,纺织服装制造。其中:棉纺生产企业1家,生产纱3.36万吨,比上年增长16.10%;生产布754万米,增长12.50%。缫丝绸生产企业15家,生产桑茧丝3540吨,下降7.50%,占广西桑茧丝产量23%;生产绢纺丝586吨,增长75.30%。实现工业总产值25.35亿元,增长35.51%(棉纺总产值10.28亿元,增长52.81%;缫丝绸总产值8.87亿元,增长24.65%);销售收入 23.08 亿元，增长 50.11%；实现利润 4570 万元，增长 396.98%；实现税金 6065 万元，增长 31.69%。有亿元以上产值企业 6 家，其中南宁锦虹棉纺织有限责任公司工业总产值超 10 亿元。亿元企业共实现工业总产值 18.85 亿元，占全市纺织工业总产值 74%。

【技术改造】 2010 年，南宁市纺织工业完成技术改造投资 3.36 亿元，比上年增长 27.21%。主要有：南宁锦虹棉纺织有限责任公司生产基地搬迁、生产线改造；广西丝绸（集团）有限公司丝绸加工基地厂房建设及设备投资；横县桂华茧丝绸有限公司年产 5 万条蚕丝被续建工程；广西上林大染坊茧丝绸有限公司第二期 12 组缫丝机建设；上林县海润丝业有限公司节能减排等。

【技术创新】 2010 年，南宁市纺织工业主要技术创新项目有：南宁锦虹棉纺织有限责任公司对尘笼式集聚纺开发及产业化；广西上林大染坊茧丝绸有限公司应用记忆纤维开发抗皱免烫丝绸面料；横县桂华丝绸有限责任公司对鲜茧生产优质丝绵被产品及应用等。南宁锦虹棉纺织有限责任公司莱裕隆纱线项目获市科学技术进步奖二等奖；广西百大丝绸集团有限公司技术中心升级为自治区级技术中心。全市纺织行业累计有自治区级以上技术中心 3 个。

【产品开发】 2010 年，南宁锦虹棉纺织有限责任公司开发的磁性紧密纺纱线技术国内领先，通过新产品认证的有：纯棉精梳 14.6 号紧密纺针织纱、纯粘胶 14.8 号紧密纺针织纱、粘胶与精梳棉混纺 14.7 号紧密纺针织纱、纯棉精梳 18.2 号紧密纺针织纱、麻赛尔与精梳棉混纺 22.6 号赛络纺纱、麻赛尔 13.1 号赛络紧密纺针织纱、麻赛尔 19.7 号赛络纺针织纱、精梳棉、天丝与粘胶混纺 36.6 号赛络纺纱、纯棉精梳 48.6 号负压赛络紧密纺纱、纯粘胶 19.7 号负压赛络紧密纺针织纱、纯粘胶 14.8 号负压赛络紧密纺针织纱、粘胶与精梳棉混纺 14.7 号负压赛络紧密纺针织纱、纯粘胶 19.7 号负压赛络紧密纺针织纱。 （彭远利）

印刷工业

【概　况】 2010 年，南宁市列入统计口径的印刷生产企业有 43 家。全部从业人员平均人数 3700 人。实现工业总产值 21.96 亿元，比上年增长 32.38%；销售收入 20.57 亿元，增长 73.85%；实现税金 0.47 亿元，增长 30.71%；实现利润 1.16 亿元，增长 351.03%。有亿元以上产值企业 4 家。

【技术改造】 2010 年，南宁市印刷工业完成技术改造投资 3.82 亿元，比上年增长 26%。主要有：市上英印刷有限责任公司彩色印刷搬迁改造；广西新华书店集团有限公司广西新新华印刷中心；广西南宁彩帝印刷有限公司八色印刷设备、改造生产线；市新大海包装印刷有限责任公司年产 1100 万平方米印刷包装产品；广西瑞熙特种票证印务有限公司年产 2 万标准箱防伪发票印刷；市方达印刷有限责任公司彩色印刷生产（海德堡四色印刷机）；宾阳县永发包装有限公司彩色印刷生产线建设；南宁温龙铝箔印刷包装有限公司包装印刷生产线；广西北斗星彩色包装印务有限公司四色印刷设备；南宁日恒升印务有限公司彩色印刷搬迁改造；市前程印务有限责任公司印刷生产等。通过技术改造，印刷产业实力进一步增强。 （彭远利）

卷烟工业

【概　况】 2010 年，广西中烟工业有限责任公司内设南宁制造部、柳州制造部（对外分别称广西中烟工业有限责任公司南宁卷烟分厂、柳州卷烟分厂）等 20 个部室、中心，辖广西真龙纸品包装有限责任公司、广西真龙国际大酒店有限责任公司 2 家全资子公司及广西真龙彩印包装有限公司、广西甲天下水松纸有限公司 2 家控股子公司。全部从业人员 3289 人（在岗员工 2760 人、其他 529 人）。总资产 98 亿元，其中固定资产 23.14 亿元、流动资产 58.04 亿元，资产负债率 17.24%。销售收入 118.26 亿元，比上年增长 12.97%；利税总额 81.70 亿元，增长 16.38%（利润 12.69 亿元，下降 6.81%）。被中国烟草专卖总公司评为全国卷烟销售工作先进单位；获中国国家标准化管理委员会授予 4A 级标准良好行为企业称号；获国家工商行政管理总局授予国家商标战略实施示范企业称号；被评为广西烟草提前实现百亿税利目标突出贡献单位；获自治区总工会授予广西五一劳动奖状和百佳模范职工之家称号。

【卷烟生产经营】 2010 年，广西中烟工业有限责任公司生产卷烟 716.50 亿支（143.30 万箱），比上年增长 4.41%，其中合作生产卷烟 296 亿支（59.20 万箱），增长 6.64%。按类别分：一类烟 5.92 亿支（1.18 万箱），二类烟 26.21 亿支（5.24 万箱），三类烟 288.79 亿支（57.76 万箱），四类烟 245.53 亿支（49.11 万箱），五类烟 150.05 亿支（30.01 万箱）。销售卷烟 721.26 亿支（144.25 万箱），增长 5.03%。万支卷烟生产综合能耗 3.64 千克标准煤、水 0.11 吨、电 7.46 千瓦时；万支卷烟平均消耗烟叶 7.25 千克、滤棒 1860.59 支、盘纸 626.50 米。卷烟产品有“真龙”、“甲天下”2 个品牌共 20 个规格，其中“真龙”系列卷烟主要面向高档和中档卷烟市场，“甲天下”系列卷烟主要面向低档卷烟市场。全年生产“真龙”系列卷烟 120.79 亿支（24.16 万箱），销售 121.54 亿支（24.31 万箱）；生产“甲天下”系列卷烟 299.71 亿支（59.94 万箱），销售 302.08 亿支（60.42 万箱）。

【烟叶基地建设】 2010 年，广西中烟工业有限责任公司实行原料一体化管理，继续完善基地烟叶质量数据库，以生产方式现代化、烟叶品质特色化为目标，建立工商协调机制，推进烟叶基地建设，提升基地烟叶适用性。年内，国家烟草专卖局确认广西贺州富川为特色烟叶开发基地单元、云南文山（景屏整县推进、新沟新区开发）、贵州黔西南猪场坪为现代烟草农业整县推进基地单元，新增云南曲靖罗平大水井为 2011 年基地单元，为公司的云南优质烟叶提供了储备。深化“产、学、研、企”四位一体的项目联合攻关模式，投入基地科研经费 1820 万元，与云南、贵州、重庆、湖南、湖北和广西产区以及科研院所共同开展“密集式烤房对红大品种烘烤提香工艺技术研究”及“丘北基地烟叶标准化生产与特色烟叶开发”等 12 个科研合作项目，全部顺利结题，促进了基地烟叶生产技术水平和烟叶质量提高。坚持早计划、早衔接、早调拨、加工快、调运快、入库快的原则做好烟叶采购，共采购烟叶 76.65 万担，其中基地烟叶 63.59 万担，原料基地化供应率 82.96%。

【技术改造】 2010 年，广西中烟工业有限责任公司实行扩建和适应性调整相结合的方式，提升卷烟生产能力、烟叶仓储能力和科研创新能力，实施固定资产投资项目137个，完成投资6.01亿元。主要项目有：投资15.86亿元的南宁卷烟分厂“十二五”时期的技术改造，包括制丝、卷包、动力及干冰线等车间的综合布线、大屏显示、安防监控、会议系统及网络设备采购等子项目进入方案设计及图纸优化阶段；柳州卷烟分厂干冰膨胀烟丝生产线项目；研发大楼综合办公自动化系统、综合布线工程等项目完成并通过验收。

【科技创新】 2010年，广西中烟工业有限责任公司新研发“真龙”（灵韵）、“真龙”（禅韵）、“真龙”（巴马印象）、“真龙”（馨云）4个新产品。与南通滤棒试验工厂、韩国泰荣公司合作研发双沟槽滤棒、颗粒沟槽滤棒、活性炭复合滤棒、DNA复合滤棒，并在“真龙”（灵韵）、“真龙”（佳韵）、“真龙”（馨云）的产品开发和改造中应用；研究实现埋线滤棒的自主生产并在“真龙”（珍品）改造中进行应用。投入经费7600多万元，开展卷烟原料、卷烟调香、卷烟工艺和产品安全等多个重点技术领域研究，完成“真龙特色卷烟产品的研究与开发”等40个科研项目并通过鉴定，科研成果项目部分得到推广应用。先后完成对“真龙”（珍品）、“真龙”（天翔）改造，所用香精香料采取向全球知名香精香料公司招标，其中“真龙”（珍品）改造运用特色天然植物提取液龙莲香1号和具有微胶囊香味缓释功能的ZLKJ-02技术。做好各种商标的维护和注册，对技术创新和研究过程中产生的科研成果申请专利保护，至年末，公司“真龙”、“甲天下”商标系列注册有100项，并完成“真龙”、“甲天下”商标在香港、澳门、台湾的注册，“真龙”在马来西亚、新加坡的注册。有授权国家专利55个（发明专利12个、实用新型专利43个）。

【企业管理】 2010年，广西中烟工业有限责任公司以行业卷烟上水平为指导方针，完成公司“十二五”发展规划和“五做”（做大规模、做强企业、做精品牌、做优人才、做厚文化）实施方案的编制；以做好这包烟为目标，抓好技术创新、基础管理、原料保障、市场营销、队伍建设上水平；以常态化运行、双向激励推进、持续改进提升为主线，开展标杆管理；以对标为抓手，稳步有序推进优秀卷烟工厂创建；实行量化管理，引入考核机制，全面提升公司的创新水平，实现创新项目从量变到质变的转变。设备检查实现规范化管理，每月在两个分厂进行交叉互检、节能专项检查、特种设备专项检查、外围设备检查等，针对检查发现的主要问题每月以通报形式提出整改建议，督促相关部门做好整改，使月度设备检查真正形成闭环管理。推行精细化和信息化管理，全年制丝设备故障率1.02%，比上年降低0.12个百分点；卷包设备有效作业率90.06%，提高0.19个百分点；动力保障率99.90%；设备完好率保持100%。按照行业安全生产“三化建设”（安全生产标准化建设、安全管理信息化建设、安全文化建设）要求，修订安全生产管理标准34个、构筑公司安全管理信息系统平台。

【信息化建设】 2010年，广西中烟工业有限责任公司引入知识管理理念，创新信息管理模式，构建企业知识分类体系，综合归类形成《广西中烟知识分类表》；梳理完善协同系统知识库，构建知识沉淀、共享、创新、学习与应用的知识管理雏形和“小车模型”结构的知识流管理体系，为推进企业学习型组织建设，提升企业软实力及修订《卷烟工业企业知识分类与编码》技术标准奠定实践基础。继续开发客户关系管理系统（CRM），增设绩效管理、人力资源、信息管理、采购管理、真龙高端俱乐部等7个模块，完成CRM的二期建设并通过验收。

9月27日，广西中烟工业有限责任公司南宁卷烟分厂技改工程开工仪式举行　周丽霞提供

【广西中烟工业有限责任公司南宁卷烟分厂】 2010年，广西中烟工业有限责任公司南宁卷烟分厂占地面积13.71公顷，有每小时生产4500千克、1000千克的叶丝生产线各1条，每小时生产1500千克的梗丝生产线1条，卷接机组21台（套），包装机组20台（套），滤棒成型机6组，堆垛机10台，自动巡航小车6组，机械手2组。年卷烟生产能力425亿支（85万箱）。在岗员工897人。全年生产卷烟363.10亿支（72.62万箱），比上年增长4.87%。其中：一类烟5.92亿支（1.18万箱），增长57.87%；二类烟1.18亿支（0.24万箱），增长3774.10%；三类烟50.27亿支（10.05万箱），增长29.02%；四类烟192.43亿支（38.49万箱），增长3.52%；五类烟113.30亿支（22.66万箱），下降3.66%。每万支卷烟平均消耗烟叶7.15千克、滤棒1924支、盘纸618米，综合能耗3.40千克标煤。加强生产过程监控，共开展基础工艺改进实验及质量标准研究12项；初步建立生产过程管理基础信息数据库和工艺异常问题处置经验库，实现在线控制与工艺分析的协同作业；制定《生产现场工艺管理规定》等4类8项制度，实现与公司27个在用的工艺质量管理标准文件有效对接与整合；引入“预防性维修”理念，加强备件领用计划的准确性。完善安全管理组织机构，加强安全教育培训和安全检查考核，安全隐患整改率100%，新职工及转岗职工三级安全培训率100%。 （周丽霞）

供电业

【概　况】 南宁供电局是南方电网公司直辖、广西电网公司所属大一型供电企业。2010年，南宁供电局负责南宁市六县

六城区以及百色市平果县及平果铝等区域的电力供应和电网运行维护。至年末，在册职工 1916 人；供电客户 43.41 万户。有 35 千伏及以上变电站 69 座。其中：500 千伏变电站 1 座，主变 2 台，主变容量100 千伏安；220 千伏变电站 15 座，主变 24 台，主变容量 3930 千伏安；110 千伏变电站 44 座，主变 80 台，主变容量 3378 千伏安；35 千伏变电站 9 座，主变 15 台，主变容量 72 千伏安。输电线路总长 2795 千米，配电线路总长 2766 千米（地下电缆 80 千米、低压配电架空线路 930 千米）；电缆分接箱 946 台；局属配电变压器 663 台；一户一表配电变压器 938 台，开闭所 330 座，柱上开关 974 台。固定资产原值 72.86 亿元，固定资产净值 50.85 亿元。全年完成供电量 164.7 亿千瓦时，售电量 157.79 亿千瓦时，主营业务收入 83.47 亿元。

【电网规划与建设】 2010 年，南宁供电局根据南宁市政府“工业经济振兴攻坚战”、“产业园区建设攻坚战”等工作重心，跟进“园区经济，总部经济”建设步伐，组织召开“十二五”电网发展战略合作框架协议讨论会，与南宁市签订“十二五”电网发展战略合作框架协议。12 月 15 日，南宁“十二五”电网规划通过广西电网公司的组织审查。全年主网开工项目 16 个、竣工 26 个，建成投产变电站 10 座，增加主变容量 120 万千伏安，增加线路 360 千米。投产 220 千伏变电站 3 座、110 千伏变电站 8 座，新增电容量 157 万千伏安，线路 640 千米。新增客户 6.05 万户，增加容量 69.15 万千伏安。

【电网技改与维修】 2010 年，广西电网公司下达南宁供电局电网技术改造项目 30 个，计划投资 8641 万元，实际安排资金 5965 万元，完成投资 4483.11 万元（含追补资金项目和跨年度项目）。完成建设项目 12 个，完成投资 2381.54 万元。南宁供电局安排自筹技改项目 39 个，计划安排资金 1230 万元，项目和资金完成率均 100%；批复的修理项目 30 个，实际安排资金 4382 万元，完成投资 4382 万元，项目和资金完成率均 100%；自筹安排修理项目 82 个，计划投资 2060 万元，项目和资金完成率均 100%。完成幸福家园等 4 个小区的远停远送集抄改造试点，集抄改造 13.10 万户。

【供电保障】 2010 年，南宁供电局制定《南宁供电局电能质量管理标准》、《地区调度无功和电压调整办法》、《变电站无功电力调整办法》。7 月，根据上半年电压管理情况，修编《C 类和 D 类电压合格率管理标准》，明确分局对所辖电压监测仪的安装、维护和合格率管理要求，实现对 C、D 类电压监测的有效管控。实施保供场所分点承包机制，保供电任务较轻的分局跨辖区负责接待宾馆等保供场所的定点保障。推行输电线路防外破属地联动奖惩机制，将途经各县的 44 条保供电输电线路划分到当地县级供电企业进行防外破巡视管理，共同防范线路外破事故。制定重要客户检查方案，重点对隐蔽设备进行检查与危险点分析，抓好低压设备定检预试，将红外、局放检测等设备状态检查手段延伸应用到 6 个特级保供电场所的主设备。累计保供电 282 天，完成中国—东盟自贸区论坛、第五届泛北部湾经济合作论坛、中越青年大联欢、“两会一节”等 205 项一级及以上保电任务。

【电费电价管理】 2010 年，南宁供电局引进金融机构（银行、金融担保）以连带责任保证、抵押、质押等方式，为客户电费进行账户监管、电费缴付担保，并签订三方协议。对 40 个关口计量点以及 997 个三类及以上客户计量点进行现场检定，合格率 100%。完成对 112 户低矮表箱的整改、198 户预付费装置的改造、1 万户郊区一户一表轮换及档案规整、2748 户郊区进户线的改造、127 户残旧安全性差计量装置改造。至年末，在运行的单相电能表 53.40 万只（电子表 37.13 万只）、三相表 4.61 万只（电子表 3.33 万只）、预付费电能表 2715 只，年度电能计量准确率 99.99%。全年售电收入 70.84 亿元，比上年增长 22.44%；应收电费余额 2906 万元；累计收回 3 年以上陈欠电费 207.40 万元。年度电费回收率 99.79%；陈欠电费回收率 79.40%。

【营销稽查】 2010 年，南宁供电局完成稽查抽样 3.90 万份，发现差错及不规范样本 94 份，涉及差错电量 229.40 万千瓦时，差错电费 36.83 万元。查获违约、窃电案件 144 起，补收电费 255 万元、违约金 479.40 万元。全年补收电费 291.83 万元，收取违约使用电费 479.40 万元。

【安全生产】 2010 年，南宁供电局建立健全责任制、问责制、激励制、考核制“四类”安全生产制度，开展“安全生产年”活动，组织员工参加全国网上安全知识竞赛，发布《体系化、规范化建设工作方案》、《体系建设工作计划》，编制并发布管理工作标准、技术标准、管理规定 77 个，作业规范 190 个；开展体系培训班 45 期，培训 2100 人次；修编并发布应急综合预案和 16 个专项预案。编制完成车间级应急处置预案 98 个，班组级应急处置预案 1058 个，开展局、车间级应急演练 46 次，编制巡维中心、监控中心、有人值班变电站三种管理模式下的实施细则，建立“8+1”模式的评价标准体系。开展“争当啄木鸟”活动，收到建议 736 条，落实整改 75 条。发生一般设备事故 3 起，比上年下降 25%；发生设备一类障碍 10 起，下降 50%。实现安全生产 365 天。11 月 12 日，在南方电网公司的安全生产风险管理体系外部审核中，总评得分率 68%，获钻石体系 3 钻证书，成为首个一次外审即通过 3 钻考核的南方电网公司下属单位。全年实现 3 个百日安全长周期，跨年度安全天数 2037 天，为历史最高纪录。综合电压合格率 99.56%，比上年提高 0.11 个百分点；城市供电可靠率 99.93%，平均客户停电时间减少 2.25 小时。220 千伏、110 千伏继电保护正确动作率 100%。安全生产考核得分连续两年在广西电网公司系统名列第一。

【供电服务】 2010 年，南宁供电局落实营销代码改造、掌上营销系统、营销监控系统、电力“一卡通”、数字化档案管理系统等项目的建设和实用化推广，开发基于广电网络（CATV 网络）双向互动集抄系统，拓展应用功能，选择安宇花园小区共 56 户居民客户作为试点对象。在东方明珠建成广电网络双向互动集抄和客户端智能用电管理体验室。建成投运三级计量网络和数字化档案管理系统，方便各工种快速收集、保存、移交、借阅客户档案。落实南方电网公司《供电营业厅建设与管理标准》，加强营业厅标准化管理，规范营业服务行为，营业厅网点个数增加到 18 个，东方明珠营业厅通过 A 类供电营业厅达标评审，青秀、七一、望州南、城西、五里亭、壮锦等 B 类供电营业厅通过广西电网公司达标评审。

（苏维富）

【电动汽车充电站建设】 2010 年，南宁市为促进电动汽车的推广应用，加快出台电动汽车及配套产业扶持政策，对充电设施运营许可、手续办理、后期管理等给予政策支持。5月28日,市政府与广西电网公司签订《推动广西新能源汽车产业发展,加快电动汽车充电设施建设战略合作框架协议》,双方把电动汽车充电设施作为发展电动汽车产业的重要配套和智能电网的重要组成部分,以此助推南宁市低碳经济发展。市政府将电动汽车充电设施建设作为重要的公用性市政工程,列入重点工程项目建设管理,将电动汽车充电设施规划纳入城乡建设规划、土地利用总体规划等相关规划中,在充电设施布点、配套道路建设及供电线路通道用地方面给予保障。广西电网公司则设立专项投资支持10千伏及以下配网建设与改造,为充电设施的接入创造条件。9月1日,分别在南宁民族大道竹溪立交桥北侧公交停车场内和南宁国际会展中心东侧停车场开工建设两个电动汽车充电站。

南宁竹溪立交电动汽车充电站 位于南宁民族大道竹溪立交桥北侧公交停车场内,是为市公交总公司电动公交车专门建设。占地面积1090平方米。分为充电区和设备区两个区域,充电区终期计划安装充电机10台,本期安装中型直流充电机8台,可同时为8台电动公交车提供"一车一桩"快速充电服务。站内配套安装相应的配电系统、监控系统、计费及安防系统。2010年9月1日开工建设,10月10日竣工,10月18日投入使用。总投资469万元。

南宁国际会展中心电动汽车充电站 位于南宁国际会展中心东侧停车场,是一个公共充电站。占地面积1100平方米。分为充电区和营业区两大区域,其中充电区设在户外停车场,面积800平方米;营业区设在南宁国际会展中心广场地下负一层,面积300平方米。站内配置有中型直流充电机1台、小型直流充电机4台、交流充电桩3个,可同时为2辆电动公交车、6辆小车提供充电服务;并配套安装相应的配电系统、监控系统、计费及安防系统,客户可根据需要自行选择快充、慢充、定时充、定金额充、定电量充等个性化充电方式。2010年9月1日开工建设,10月16日竣工并投入运营。总投资696万元。 (书 弄)

南宁竹溪立交电动汽车充电站 孙贵寿 摄

二轻集体工业

【概 况】 2010年,南宁市二轻集体工业联社管理的集体所有制工业企业有市手表厂、南宁汽车配件总厂、市制鞋厂3家;成员单位有32个,其中隶属联社管理的城区联社1个,市属县级联社6个,改制后组织关系转入属地城区党委管理的集体企业25个。纳入联社管理的企业只有市手表厂生产经营正常。

【协调与服务企业】 2010年,市二轻集体工业联社继续帮助联社成员单位和联社3家直属集体企业做好协调服务和改制工作。市多丽电器有限责任公司是南宁市名牌集体企业,2003年完成企业改制,之后生产规模不断扩大。2010年,该企业厂区被划入旧城改造区域,厂内已办理报批手续且开工过半的生产大楼面临停工和半途而废,市二轻联社在得到多丽电器有限责任公司的诉求后,及时指导该厂收集整理依规办理的相关报建材料,向市政府有关部门反映企业发展实际情况,经过与有关部门的沟通协调,化解了多丽电器公司厂区面临搬迁的危机。市毛毯总厂1997年停产,2006年11月因债务问题厂区2.13公顷土地被法院拍卖,职工安置问题一直无法得到解决,一度成为社会不稳定的重点单位,市二轻联社多年来不间断地向市有关部门反映均无法解决。自南宁市开展"服务企业年"活动以后,市二轻联社再次整理该厂相关材料,走访市有关部门,取得市工信委、国资委、国土局、法院、财政局、建设局和劳动保障局等单位的理解和支持,并经市政府常务会议研究同意,由市财政出资2600多万元按国有企业职工安置标准"特例"安置毛毯厂职工,于2010年1月25日(春节)前把安置费用发放到职工手上,为217名解除劳动关系的在职职工办理《失业证》。市水暖器材厂已停产多年,2003年南宁地区撤地建市后,南宁市接收原属南宁地区的华园建筑安装工程有限责任公司,市政府决定由华园建安公司以承担债务式兼并拥有优良资产和土地资源的市水暖器材厂,兼并协议于2006年签定并得到市国资委和市二轻联社的批复,但兼并方承诺的职工安置费用一直没有到位,水暖器材厂职工意见很大,矛盾日益突出。市二轻联社多次与市国资委、市沛宁资产经营有限责任公司、兼并方市华园建筑安装工程有限责任公司和实际出资方市德全房地产公司沟通,促使兼并方于2010年10月22日实质性出资1204万元安置好市水暖器材厂职工,并超出政府失业金标准一次性向解除劳动关系的职工发放全部失业金。市制鞋厂于1996年5月停产,市二轻联社通过各种渠道寻找合作方、承包方、兼并方,并希望通过改革改制来摆脱企业困境,但由于该企业债务沉重,空亏大,土地面积小,厂房基本为危房,职工人数多等原因,企业无法摆脱困境,只能靠出租厂房来缴纳职工的各种社保费,待岗职工没有任何生活费。市二轻联社注意加强对该厂改制工作法规宣传和业务指导,帮助他们向社会保障部门弄清在改制中应缴纳的各项欠费,理清内外债,让兼并双方真正明白在改制中应承担的责任和风险;同时汲取先期改制企业在改制中的经验教训,确立先定规矩后办事原则,明确规定市制鞋厂的规定动作,至年末,企业已进入改制的实质操作阶段。南宁汽车配件总厂自2002年初停产以来,职工一直停薪整体下岗。企业挖掘闲置资产潜力,租赁厂房和厂区场地、车间,下岗职工从2008年起人均每月可发生活费300元。由于企业的租赁经营收入难于满足退休职工提出发放生活补贴的要求,职工意见较大,为使企业尽快摆脱困境,企业经过努力找到一家有兼并意向的投资商,企业改制已进入实质操作阶段。

【市手表厂生产经营】 2010年,市手表厂调整经营策略,建立企业发展的长效机制,坚持技术和科技创新、管理创新,企业生产实现产销两旺,生产入库手表(机芯)85.09万只,实现工业总产值2752万元,比上年增长12.88%;实现税金619.55万元,利润498.78万元。

(梁荃启)

饲料工业

【概况】 2010年,南宁市饲料加工工业获证企业有186家。其中:配合、浓缩料企业121家,添加剂预混料企业65家。主要分布在江南区、西乡塘区、兴宁区和良庆区,全部从业平均人数近1.10万人。产业逐渐形成包括饲料原料、饲料加工、饲料机械、饲料添加剂以及饲料支持服务体系在内的门类比较齐全、功能比较完备的产业体系。全年饲料生产总量314.85万吨,比上年增长27.50%。其中:配合饲料289.95万吨,占总产量91.70%;浓缩饲料21万吨,占6.67%;添加剂预混合饲料3.90万吨,占1.23%。实现工业总产值89.50亿元,增长9.80%,在全市工业门类中排名第二。饲料产品质量合格率96.20%。

【饲料安全监管】 2010年,南宁市开展以"保障饲料安全,推进健康养殖"为主题的饲料质量安全执法年活动,加强对饲料生产企业质量安全检查和经营企业的管理,共出动执法人员1250人次,检查饲料生产企业350家次、经营企业1160家次、畜禽养殖场(户)122家次,印发《饲料和饲料添加剂管理条例》等宣传材料8000多份,查处饲料生产和经营企业违法行为35起,罚款4.58万元。8月,开展饲料质量安全大检查,检查178家饲料生产企业的420个饲料产品,总合格率78%。 (市水产畜牧兽医局)

2010年南宁市主要饲料加工企业情况

企业名称	主要产品	产量(吨)	工业总产值(万元)	销售收入(万元)	从业人员
南宁滴源粮油饲料有限公司	配合、浓缩饲料	406393	146091	110149	171
南宁正大畜牧有限公司	配合、浓缩饲料	214362	64309	64309	163
广西富丰集团有限公司	配合、浓缩饲料	86926	37115	33741	160
南宁湘大骆驼饲料有限公司	配合、浓缩饲料	65072	32180	19999	151
市广东温氏畜禽有限公司	配合、浓缩饲料	99570	29871	29871	292
广西鸿牌科技饲料有限公司	配合、浓缩饲料	98113	28979	28979	120
市中良神邦饲料有限责任公司	配合、浓缩饲料	57495	27142	27142	110
广西南宁康佳龙饲料有限公司	配合、浓缩、预混饲料	89642	26340	26622	135
市华港农牧发展有限公司	配合、浓缩、预混饲料	100679	26303	26303	165
广西南宁百洋饲料集团有限公司	配合、浓缩饲料	86552	25966	49744	150
广西汇杰科技饲料有限公司(艾格菲)	配合、浓缩饲料	32293	25834	25834	90
南宁通威饲料有限公司	配合、浓缩饲料	84110	24371	24371	74
广西辽大饲料集团有限公司	配合、浓缩饲料	93083	23276	25230	151
南宁大大饲料有限公司	配合、浓缩饲料	76272	22359	22455	111
南宁东方红饲料有限公司	配合、浓缩饲料	69790	21718	21718	101

注:饲料工业免征增值税

民政工业

【概况】 2010年,南宁市民政福利企业有27家,职工1308人,其中残疾职工645人。民政福利企业不断加强内部管理,开展技术创新和技术改造,组织新产品开发,发挥福利企业的优势,开拓市场,大部分企业实现年度生产经营目标。共完成工业总产值5.98亿元,工业增加值1.28亿元,销售收入7.34亿元,利税总额4587.09万元。 (陆丽霞)

2010年南宁市主要民政企业情况

企业名称	主要产品	工业总产值(万元)	利税总额(万元)	职工人数(人)
南宁五星饲料添加剂有限公司	饲料添加剂	2805	334	71
市五龙车桥有限责任公司	农用车桥	11708	184	72
广西佳利工贸有限公司	PAP管材	10059	752	50
市荣腾纸箱包装有限责任公司	纸箱、纸盒	926	54	38

责任编辑 孙贵寿

农　　业

综　　述

【概　况】 2010年，南宁市贯彻落实中央和自治区关于“三农”工作部署要求，抓好“稳粮保供给、增收惠民生、改革促统筹、强基增后劲”各项工作，重点实施“1396”工程，全市农业农村经济实现平稳较快发展。

农林牧渔业总产值403.24亿元，比上年增长5.89%。其中：农业产值211.18亿元，增长5.43%；林业产值18.76亿元，增长11.43%；畜牧业产值137.63亿元，增长5.91%；渔业产值16.92亿元，增长6.31%；农业服务业产值18.74亿元，增长6.05%。农林牧渔业产业比重分别为：农业52.37%，比上年提高0.37个百分点；林业4.65%，提高0.89个百分点；畜牧业34.13%，降低1.20个百分点；渔业4.20%，提高0.07个百分点；农业服务业4.65%，下降0.13个百分点。农业增加值244.41亿元，增长5.62%。

农作物播种面积92.27万公顷，比上年增加0.76万公顷，增长0.83%。其中粮食种植面积43.87万公顷，增加3100公顷，总产204.23万吨，减产2.34%。经济作物种植面积27.12万公顷，减少0.14万公顷，下降0.51%。其中：水果、蔬菜、糖料蔗、鲜茧等主要农产品产量居自治区前列；茉莉花、木薯、香蕉、甜玉米等特色产业产量居全国首位。

肉类总产量60.76万吨，比上年增长4.20%。其中：猪肉产量35.79万吨，增长3.59%；生猪出栏487.17万头，增长3.47%；生猪存栏368.08万头，增长13.17%；禽蛋产量2.29万吨，增长17.11%；牛奶产量4.75万吨，增长8.53%；水产品产量19.17万吨，增长6.37%。淡水水产品总产量、牛奶总产量居自治区第一；生猪和家禽等主要畜禽产品的产量均排自治区前两位。

农村用电量7.67亿千瓦时，比上年增长4.40%。化肥使用量（折纯）42.96万吨，增长3.84%。有效灌溉面积21.81万公顷，增加1.61万公顷。1395个行政村，通汽车1394个，占99.93%；通电话1393个，占99.86%；通自来水1269个，占90.97%。

农民人均纯收入5005元，比上年增加620元，增长14.15%。农村居民人均生活消费支出3335元，增长11.02%，农村居民恩格尔系数为42.55%。

【农产品质量安全整治】 2010年，南宁市各级农业部门开展农产品质量安全整

2010年广西南宁绿色食品生产企业名录

生产单位	产品名称	注册商标	绿色食品编号
市金嘟来食品有限责任公司	红莲月饼(莲蓉类馅料)	五心＋图形	LB-51-0906201990A
市金嘟来食品有限责任公司	五仁月饼	五心＋图形	LB-51-0906201991A
市金嘟来食品有限责任公司	金桂枸杞月饼(哈密瓜馅料)	五心＋图形	LB-51-0906201992A
市金嘟来食品有限责任公司	紫米月饼(莲蓉类馅料)	五心＋图形	LB-51-0906201993A
广西石乳茶业有限公司	茉莉花茶	石乳	LB-44-0809203331A
市储备粮管理有限责任公司	金泰银针米	桂井	LB-03-0805201780A
市储备粮管理有限责任公司	银针丝苗米	桂井	LB-03-0805201781A
市储备粮管理有限责任公司	雪银黏米	桂井	LB-03-0805201782A
市储备粮管理有限责任公司	泰优香米	桂井	LB-03-0805201783A
市储备粮管理有限责任公司	纯香米	桂井	LB-03-0805201784A
市储备粮管理有限责任公司	百合香糯米	桂井	LB-03-0805201785A
市储备粮管理有限责任公司	雪莹米	桂井	LB-03-0805201786A
市储备粮管理有限责任公司	丰优香米	桂井	LB-03-0805201787A
市储备粮管理有限责任公司	马坝油黏米	桂井	LB-03-0805201788A
市储备粮管理有限责任公司	福优香米	桂井	LB-03-0805201789A
市储备粮管理有限责任公司	珍桂米	桂井	LB-03-0805201790A
广西现代农业科技示范园	农科院葡萄	双熟	LB-18-0805201829A
广西农垦国有金光农场	番木瓜	金光	LB-18-0904201216A
广西农垦国有金光农场	香蕉	金光	LB-18-0904201217A
广西农垦国有金光农场	网纹甜瓜	金光	LB-18-0904201218A
广西农垦国有金光农场	红心橙	金光	LB-18-0904201219A
广西农垦国有金光农场	椪柑	金光	LB-18-0904201220A
市聚银酒店公司莲蓉食品厂	纯正白莲蓉馅	聚盈	LB-51-0810203643A
市聚银酒店公司莲蓉食品厂	纯正红莲蓉馅	聚盈	LB-51-0810203644A
广西横县西津矿泉水有限公司	饮用天然矿泉水	西津	LB-38-0803200820A
广西农垦糖业集团良圻制糖有限公司	白砂糖	涌泉	LB-12-0903200780A
广西横县新凯糖业有限公司	白砂糖	蜜蜂	LB-12-0904201185A

治，严把投入品源头、生产基地监管、市场准入三道关口；开展高毒高残留农药专项整治、农产品质量安全监测、蔬菜产品质量安全市场准入、服务“两会一节”等各项监管。全市各级农业部门对产地、农贸批零市场上市的156.50万批次蔬菜、水果、粮油等农产品进行农药残留监测，平均合格率99.70%，没收销毁农药残留超标蔬菜9万多千克。全市农产品质量安全管理水平稳步提高，有效地防止蔬菜等农产品农药中毒事件的发生。

（黄兰芳）

2010年南宁有机食品生产企业名录

生产单位	产品名称	注册商标	证书编号
广西莫老爷食品有限公司	油茶籽	莫老爷牌	COFCC-R-2003-007-Y
广西莫老爷食品有限公司	油茶籽油	莫老爷牌	COFCC-R-2003-007
广西石乳茶业有限公司	茶叶	石乳	COFCC-R-0509-0054

2010年南宁种植业无公害农产品产地认定情况

产品名称	产地名称	规模(公顷)
稻谷	宾阳县无公害稻谷生产基地	8070.00
稻谷	邕宁区优质谷生产基地	4211.30
稻谷	兴宁区优质谷生产基地	969.70
稻谷	江南区优质谷生产基地	804.00
稻谷	青秀区优质谷生产基地	1751.60
优质谷	良庆区优质谷生产基地	1999.30
板栗、蕉类、荔枝、龙眼、柑橙	隆安县水果生产基地	9874.50
叶菜、瓜菜、块根、块茎类、茄果类、菜豆类、莲藕	宾阳县蔬菜生产基地	5667.00
荔枝、龙眼、柿子、香蕉、李	横县水果生产基地	9070.00
稻谷	横县优质稻生产基地	27483.67
西甜瓜	广西南宁华侨投资区无公害西甜瓜产地	17.60
龙眼、荔枝、柑橘、葡萄	青秀区无公害水果生产基地	362.00
结球甘蓝、东升南瓜、香芋、西红柿	青秀区无公害蔬菜生产基地	170.00
蔬菜	市绿大洲农业开发有限责任公司蔬菜生产基地	6.67
胡萝卜、辣椒和西瓜	广西无公害王灵农场蔬菜产地	189.70
荔枝	广西无公害南宁市良庆区南晓镇荔枝产地	800.00
稻谷	广西无公害南宁市青秀区稻谷生产基地	560.00
瓜类、叶菜类、四季豆	隆安县雁江镇福颜村蔬菜生产基地	140.00
四季豆、黄瓜、辣椒、甜玉米、紫糯玉米、香葱	江南区江西镇蔬菜基地	1400.00
稻谷、玉米	武鸣县粮食生产基地	13760.40
菠萝	良庆区菠萝生产基地	1176.70
叶菜、瓜类、豆类、茄果类、根茎类	良庆区蔬菜生产基地	1866.00
菜心、白菜、芥菜、芥蓝、茄瓜、苦瓜、蒲瓜、豆角、辣椒	西乡塘区金陵镇三联村蔬菜生产基地	200.00
叶菜、豆角、瓜类	邕宁区蔬菜生产基地	1077.00
叶菜类、瓜类蔬菜、豆类和西瓜	兴宁区五塘镇蔬菜(西瓜)生产基地	843.67
叶菜、豇豆、瓜类	江南区蔬菜生产基地	2593.00
大白菜、瓜类、豆角、茄子	良庆区蔬菜生产基地	837.00
西瓜	江南区西瓜生产基地	5726.65
四季豆、毛节瓜、野菜、甜瓜等	市蔬菜研究所蔬菜生产基地	3.33
叶菜、瓜类、豆类	兴宁区三塘镇蔬菜(西瓜)生产基地	783.67
龙眼	武鸣县龙眼生产基地	5000.00
稻谷	广西无公害上林县稻谷产地	6487.00

【农业执法】 2010年，市农资打假工作领导小组办公室根据自治区农业厅、工信委、公安厅、工商局、质监局、供销社、水产畜牧局、农机局八部门联合下发的《转发农业部等六部门关于印发2010年全国农资打假和监管工作要点的通知》精神，做好全市农资打假协调，加强联合执法，采取上下联动、部门联动、区域联动、分工行动、各负其责、各司其职，严厉打击农资市场的不法行为，有效规范农资市场的经济秩序。共出动执法人员2.11万人次、车辆4870辆次，整顿市场2144个次，检查企业1.18万家次，捣毁制假窝点4个(假肥料窝点3个、假农药窝点1个)，查处案件456件，罚款215.39万元，查处农资产品85.35吨，货值332.21万元，挽回经济损失247.86万元。

（韦国宁）

【为民办实事项目实施】 《南宁市2010年130万亩超级稻示范推广》项目是南宁市2010年20件为民办实事项目之一，是自治区“1000万亩超级稻为民办实事项目”的组成部分。2010年，南宁市采取措施全面落实超级稻示范推广。一是落实首长负责制。市政府与各县(区)政府签订目标管理责任书，层层落实项目实施责任。二是健全组织机构。市、县(区)、乡镇三级都分别建立超级稻推广项目实施管理机构，为项目实施提供组织保障。三是技术保障到位。市、县(区)两级成立超级稻推广农业专家和农技人员组成的技术指导组，为各县(区)项目实施提供技术支持。四是防灾减灾工作有序。以防治水稻“两迁”害虫(稻飞虱、稻纵卷叶螟)为中心的病虫防治措施得到有效落实，抗低温、抗旱、防涝、双抢和抗台风侵袭等效果明显。五是加大超级稻新品种和栽培新技术引进和推广力度，推广应用良种9个，推广高产栽培新技术5项。全市超级稻实际推广种植面积8.88万公顷，超额完成计划任务，其中：早稻种植面积4.66万公顷，中稻种植面积713公顷，晚稻种植面积4.15万公顷。市辖各县(区)均超额完成超级稻年度推广任务。（杜　勇）

【新农村建设】 2010年，南宁市12个新农村建设示范村总投资 3966.14 万元，已全部开工建设。全市培育出一批新农村建设示范样板和亮点，新农村建设水平进一步提高。城乡风貌改造二期工程提前超额完成自治区下达任务，其中房屋外立面改造 1.04 万户，占计划 9025 户的 115%；完成投资 1.89 亿元，占计划投资 1.62 亿元的 116%；24 个综合整治村屯的全面整治项目全部竣工，完成投资 3910.92 万元，占计划投资 3783.96 万元的 103.36%。（李富益）

【农业抗灾】

抗旱保春耕　2010 年 2 月以来，南宁市出现持续高温少雨天气，各地平均气温比常年同期偏高 2℃~3.40℃，降水量比常年同期偏少 8~10 成，在高温、少雨气候条件影响下，全市有 28 座水库干涸，各县（区）旱情逐渐加剧。至 3 月 11 日，全市 12 个县（区）93 个乡镇 985 个村屯受旱，受旱农业人口 109.77 万，因旱造成 8.86 万人和 4.12 万头牲畜饮水困难。农作物受灾面积 6.52 万公顷，成灾面积 0.29 万公顷，因旱造成农业直接经济损失 3448 万元。南宁市采取积极措施应对灾情保生产，全市春耕生产进度总体与上年基本持平。至 3 月 24 日，全市下田农机 1.32 万台次，早稻已浸播 2940 吨，占应播总量 94%，早稻旱育技术普及率 90%以上，西（甜）瓜等经济作物地膜应用率 85%以上。春种进度最快的是春玉米，播种面积 5.87 万公顷，比上年同期增加 1000 公顷以上；新种果树和西（香）瓜分别为 4.40 万株和 3.58 万公顷，进度略快于去年同期。（杜　勇）

局部强降雨灾害　5 月 31 日至 6 月 1 日，南宁市马山、上林、宾阳等县因受弱冷气和低涡降雨系统影响，不同程度地遭到洪涝灾害。全市农作物受灾面积 5600 公顷，成灾面积 3300 公顷，绝收面积 740 公顷。受灾农作物主要有玉米 2700 公顷、水稻 1613 公顷、桑园 133 公顷。马山县洪涝灾害共造成 5.85 万人受灾，其中 1100 人饮水困难，受灾农作物 2353 公顷（成灾 1700 公顷、绝收 740 公顷），造成农业、交通、水利等直接经济损失 1463.45 万元，其中农业损失 954 万元，水利设施水毁损失 42 万元。灾情发生后，市委、市政府领导召集市农业局等单位领导奔赴马山县里当、金钗等重灾乡镇开展灾情调查、救灾指导。市、县两级农业部门成立救灾工作领导小组和灾后生产指导小组，研究制订农业救灾相应技术措施和灾后恢复生产项目实施具体方案，深入灾区对农业生产受灾情况进行调查、核实，指导救灾和灾后恢复生产等各项工作，努力把灾害损失降到最低。

强台风灾害　9 月 21~24 日，南宁市受 11 号台风“凡亚比”影响，大部分出现中到大雨，部分暴雨，局部大暴雨天气，全市各县（区）不同程度受灾，其中隆安县香蕉受灾面积 200 余公顷，共约 32.40 万株香蕉被风吹折、倒伏（普通农户受损 21.35 万株，专业户受损 11.05 万株），直接经济损失 869 万元。此外，其他农作物也不同程度受灾。市委、市政府高度重视灾情，第一时间组织农业等部门负责人赶到灾害发生地查看灾情、指导抗灾减灾，要求农业、民政等部门及时核实灾情，发放救灾物资和恢复生产专项资金。市农业部门及时成立应急组织机构，制定抗灾保生产方案，指导县（区）开展生产自救。隆安县农业技术部门及时开展香蕉风灾后保果保产的试验研究，对不同受灾症状、不同成熟度的香蕉分类进行试验，细化试验研究的技术方案，确保试验的科学性和可操作性。

（刘晓峰）

农业产业化

【农民专业合作社】　2010 年，南宁市加大政策、项目资金和服务等支持力度，扶持农民专业合作社向优质谷、蔗糖、蔬菜、水果、食用菌、桑蚕、畜牧、奶业、水产、速生丰产林、花卉苗木、中药材、香料等农业特色优势产业发展。全市有注册登记的农民专业合作社 753 家。其中：产加销一体化服务 395 家，占 52.50%；生产服务为主 220 家，占 29.20%；运销服务为主 41 家，占 5.40%；加工服务为主 17 家，占 2.30%；其他 80 家，占 10.60%。全市农民专业合作社直接带动和辐射带动农户 16.75 万户，占全市农户总数的 13%。

【农业龙头企业】　2010 年，南宁市按照“品种特色化、基地园区化、生产标准化、经营产业化、管理科学化、投入多元化”的思路，以大型龙头企业为核心，打造农业产业化集群，促进“种、养、加”特色优势产业发展。全市有市级以上农业产业化重点龙头企业 102 家，其中国家级 10 家，自治区级 30 家；以订单、合作、股份合作等较稳定的利益联结方式的企业占 80%以上。形成蔗糖、优质粮、木薯、桑蚕、花茶产、甜玉米、食用菌、林纸、奶业、水果等产业龙头企业群，带动农户 60 万户以上。（梁玉珍　吕校成）

【土地流转】　2010 年，南宁市出台《关于稳步推进农村土地承包经营权流转和促进农业规模经营发展的意见》，印发《南宁市农村土地承包经营权流转试点工作方案》、《南宁市农村土地承包经营权流转实施细则》等文件，11 月，召开全市农村土地经营权流转现场会，对土地流转工作进行总结部署，推动全市土地流转工作的开展，促进农业生产方式的进一步转变。全市农户家庭承包耕地流转面积 3.36 万公顷，比上年增长 16.70%，占全市家庭承包耕地的 10.80%。其中，实现适度规模经营土地面积 1.72 万公顷，千亩以上大面积连片流转或整合流转面积达到 1.04 万公顷。通过土地流转，有效地将社会资金、人才、技术、管理等方面先进经验和要素吸引到发展特色水果、花卉苗木、蔬菜、经济林等高效种植业，以及现代畜牧养殖小区、设施农业、旅游观光农业等高效项目开发上。至年末，通过土地流转经营的单位数量有 482 个，流转入种养大户土地面积 1.47 万公顷，流转入专业合作社土地面积 0.23 万公顷，流转入企业的土地面积 0.39 万公顷。其中，隆安县金穗公司完成土地流转面积 0.12 万公顷，企业经营规模上升至 0.24 万公顷，产值 8000 万元，增长 37.5%。

（梁玉珍）

农业科技

【水稻新品种试验】　2010 年，南宁市在横县继续建立 20 公顷水稻试验基地；在武鸣、宾阳、隆安、上林、马山 5 个县建立 5 个新品种引进试验、示范展示基地，每个基地面积 3.33 公顷，全市试验示范基地早、晚两造共计 56.67 公顷。早造参加水稻新品种引种试验的有 25 个，水稻新品种展示 35 个，其中超级稻新品种 6 个。还在横县建立水稻品种纯度鉴定圃，对 12 个水稻品种纯度进行田间种植鉴定。全年制种田田间花检抽检面积 306.67 公顷，占制种生产面积 40%以上，保证了杂交水稻制种生产纯度达标种子，确保农业生产用种安全。开展“看禾选种、助农增收”活动，搭建种子企业新品种试验、展示和农民选种用种的平台，全年种子企业参试参展110家。

（黄荣芳）

【“三免”技术推广】 2010年，南宁市继续推广“三免”技术（即水稻免耕抛秧、玉米免耕栽培、马铃薯稻草覆盖免耕栽培），完成水稻免耕抛秧技术推广10.77万公顷。其中：上半年完成3.73万公顷，下半年完成7.04万公顷。推广玉米免耕栽培技术2.90万公顷，占计划面积的108.80%。其中：上半年完成2.13万公顷，下半年完成0.77万公顷。推广马铃薯免耕栽培技术，2009年冬至2010年春完成稻田马铃薯免耕栽培技术推广0.83万公顷，平均公顷产鲜薯21.53吨，免耕总产鲜薯17.79万吨，比常耕平均公顷增产3吨，增产15%，比常耕总增产2.48万吨，总增收1984万元以上。冬种马铃薯推广品种主要有中薯1号、紫花K3、东农303、中薯213、大西洋、合作88、早大白等。

【间套种植技术推广】 2010年6月、9月、11月，农业部先后在武鸣县、马山县和宾阳县召开全国华南大豆与甘蔗等作物间套作配套技术研究与示范现场会、全国南方地区夏大豆间套种高产创建示范现场会和全国农作物新型间套种技术研讨会3个全国大型农业会议。年内，全市共推广间套种面积7.35万公顷，比上年增加0.88万公顷，增长13.70%。其中：甘蔗、木薯等经济作物间套种3.77万公顷，玉米等粮食作物间套种1.80万公顷，其他作物间套种0.66万公顷。主要间套种模式有：玉米套种大豆2.92万公顷，玉米套种花生0.36万公顷，木薯套种西（甜）瓜1.21万公顷，木薯间种花生0.55万公顷，甘蔗套种西瓜0.98万公顷，果园间套种蔬菜0.27万公顷，莲藕套种晚稻0.19万公顷。 （杜　勇）

【病虫害防治】 2010年，南宁市农作物主要有害生物总体发生程度为中等，发生总面积189.47万公顷。其中：水稻病虫害63.98万公顷，玉米病虫害8.80万公顷，甘蔗病虫害23.67万公顷，蔬菜病虫害21.33万公顷，农田鼠害18.20万公顷。实施防治总面积171.07万公顷，共挽回粮食作物损失60万吨，挽回经济作物损失105万吨，总体防效91.50%。强化专业化机防队伍的建设，新成立专业化防治队伍20个，全市约80支重大病虫应急防治专业化队伍实施统防统治示范面积2.35万公顷。加强病虫害绿色防控示范基地建设，通过持续应用杀虫灯、黄板、性激素诱杀等新防控技术，实施示范面积1500公顷。植物检疫共实施产地检疫1024.33公顷，种子检疫134.77万千克，苗木检疫107.29万株；签发调运检疫1.58万批次，其中种子395.96万千克、苗木97.99万株、农产品类16.70万吨。

（黄树生）

【土壤肥料监测】 2010年，南宁市对耕地地力监测共采集样品1.44万个，其中土样1.41万个、植株样360个；化验样品9594个，其中土样9248个、植株样346个；完成相关田间试验466个，供试作物主要有水稻、甘蔗、玉米、蔬菜、水果等。

【中低产田土壤改良】 2010年，南宁市实施中低产田改良41.72万公顷，主要类型有干旱灌溉型12.31万公顷，渍潜稻田型0.70万公顷，坡地梯改型0.30万公顷，渍涝排水型0.15万公顷，瘠薄培肥型25.60万公顷，其他类型2.65万公顷。主要措施有开沟排水、集雨补灌、打井灌溉、坡改梯、经济植物篱、聚垄耕作、沟垄栽培、深耕深松、少耕免耕、增施有机肥、地膜覆盖、秸秆还田、施用改良剂等。

【测土配方施肥】 2010年，南宁市测土配方施肥工程以国家测土配方施肥补贴资金项目为依托，以超级稻示范推广、秋冬种产业开发、农作物间套种技术示范推广行动为载体，以技术进村入户、推广到田为突破口，高标准、多区域、多层次建立市县级万亩、乡级千亩、村级百亩高产示范区，大力推进“按方施肥到田”、“配方肥下地”，提升全市测土配方施肥水平。全市全年10个项目承担单位的化验室均建设完成并投入使用，共推广测土配方施肥面积36.33万公顷，建立中心示范片402个，面积5.84万公顷；完成肥料试验706个，其中肥效田间小区试验96个，对比试验211个。根据试验和示范片验收结果，测土配方施肥比常规施肥的肥料利用率提高5个百分点，平均每公顷节本增效459元，总节本增效1.67亿元。同时，减少化肥施用6000多吨。

（黄武杰）

【蔬菜新品种引进】 2010年，南宁市蔬菜研究所通过参加广州、北京等种子交易会及自治区内百色、桂林等种子信息会，引进蔬菜良种，共收集各类蔬菜品种49个。其中：番茄38个，辣椒6个，毛节瓜3个，豆角2个。通过引种观察，确定一点红野菜、农092毛节瓜、象牙四季豆、红至尊水果番茄、赛福大番茄5个具有推广价值的品种作为继续品比观察的品种。全市各种蔬菜新品种的种植均有增加，特别是小吉宝小番茄，种植面积133.33公顷，实现种植面积翻番，种子出现脱销情况。全年推广新品种面积约1400公顷，其中番茄266.67公顷，毛节瓜333.33公顷，其他蔬菜品种800公顷。

（邝伟生　陈喜平）

【蔬菜基地建设】 2010年，南宁市、城区两级财政共投入资金750万元（市财政投入715万元、城区财政配套35万元），基地自筹3957万元，在兴宁、青秀、江南、西乡塘、邕宁5个区及武鸣、横县、宾阳、马山4个县分别开发建设蔬菜生产基地4个、冬种蔬菜基地3个及蔬菜标准化生产基地6个，面积600公顷，建成自动喷灌、滴灌、雾化灌溉面积117公顷，育苗及栽培大棚250个、5.60公顷，打机井2口，建水塔1座、抽水站3个，铺设输水管道3600米，加固山塘大坝7处，建拦河坝1座，修建地头水柜20个，建三面光渠道1.36万米，平整、修建机耕道4100米，在200公顷基地安装诱虫设施。蔬菜示范基地生产条件得到改善。

（黄兰芳）

【农技培训】 2010年，南宁市以进一步提高农民科技水平、就业能力和增加农民收入为目标，以农业实用技术培训、职业技能培训、“阳光工程”等为主要形式，开展培训。投入财政专项资金300多万元，争取国家和自治区财政资金243.90万元，培训农民37.30万人次，其中农业实用技术培训26.60万人次，农村劳动力转移培训10.70万人次，“阳光工程”培训6000人。全市新型农民培训“三进村”（人才培养进村、培训教师进村、媒体资源进村）项目培训30.88万人次，完成自治区下达24万人次任务的128.67%；农村中等专业实用人才培养招生录取1005人，完成自治区下达960人招生任务的104.7%。

（王冬梅）

粮食种植业

【粮食生产】 2010年，南宁市以“稳定面积，调整结构，主攻单产，确保安全”为目标，继续开展粮食高产栽培技术，推广良种良法，大面积推广超级稻。继续抓好粮食作物间套种、测土配方施肥技术等，努力实现粮食增产目标。全市粮食播种面积完成43.87万公顷，比上年增加0.31万公顷，增长0.72%。粮食总产量204.23万吨，减少2.34%。年内，南宁市获自治区粮食生产先进市称号；分别获自治区超级稻示范推广项目突出贡献奖、优质粮食产业奖、超级稻示范推广项目科技进步成果三等奖。

【超级稻推广】 2010年，南宁市超级稻推广面积8.88万公顷，比上年增加0.50万公顷。品种主要有中浙优1号、Y两优1号、天丰优998、特优航1号、培杂泰丰、特优175等。市农业局实施的"南宁市百万亩超级杂交水稻示范推广"项目获市科技成果一等奖。

【优质稻生产】 2010年，南宁市继续扩大优质稻种植规模，调整优质稻品种结构，提高单产，推广应用"稻—灯—鸭"、"稻—灯—鱼(蛙)"生态模式和有机稻生产技术，培育和打造"绿色优质谷"、"优质有机米"品牌，提高市场竞争力。优质稻生产基地主要分布在武鸣、上林等县。全市优质稻播种面积25.10万公顷，比上年增长0.16%；每公顷单产5453.40千克，增长0.70%；总产量136.89万吨，增长0.76%。

【玉米生产】 2010年，南宁市玉米播种面积10.75万公顷，比上年增长2.09%；每公顷单产4395千克，减少17.40%；总产量47.25万吨，减少3.63%。推广应用模式有玉米套种大豆、玉米套种木薯、玉米套种花生。

【豆类生产】 2010年，南宁市豆类播种面积2.46万公顷，比上年增长5.87%；每公顷单产1381.09千克，减少10.87%；总产量3.40万吨，减少5.82%。

【薯类生产】 2010年，南宁市薯类播种面积1.76万公顷，比上年增长7.97%；每公顷单产2017.95千克，减少30.08%；总产量3.56万吨，减少24.42%。

（田乙凤）

经济作物种植业

【概 况】 2010年，南宁市各类经济作物(含其他农作物)种植面积占农作物总播种面积52.45%，比上年增加5%，经济作物与粮食作物种植面积比例1.10:1。

【木薯生产】 2010年，南宁市木薯种植面积5.63万公顷，比上年增长2.60%；总产量56.77万吨(干片)，增长6.48%，面积和产量均居广西首位。木薯主要产区为武鸣县、隆安县和西乡塘区。其中武鸣县是全国最大的木薯生产基地县，木薯种植面积2.80万公顷，产量30.37万吨，分别占全市总面积和总产的50%和53%。当家品种为华南205，占种植总面积90%。重点推广GR891、南植199两个优良品种。品试观察与繁育品种有桂热3号、新选048、辐选01、1747。年内，实施南宁市生物能源(木薯)基地建设项目，在武鸣县和西乡塘区建立良种繁育基地、新品种品比展示基地和高产优质示范基地，通过推广良种良法提高木薯单产水平。主要推广深耕深松、合理密植、地膜覆盖、测土配方施肥和病虫害综合防治等高产节本增效技术。重点推广地膜木薯套种西(甜)瓜、地膜木薯间种花生等"三避"和间套种技术，全市推广木薯间套种栽培技术近2万公顷，木薯种植效益大幅度提高。全市共有规模以上木薯淀粉生产企业54家(武鸣县有木薯淀粉企业32家)，年产木薯淀粉81.77万吨；酒精企业12家。全年木薯收购价格一直维持在较高价位，木薯干片每吨收购价1800元，农民种植木薯收入10.22亿元。 （兰张红）

【油料生产】 2010年，南宁市油料作物播种面积4.18万公顷，比上年增长3.76%；花生播种面积4.14万公顷，增长3.52%；油料总产量10.89万吨，增长8.77%。连续两年突破10万吨大关。 （田乙凤）

【桑蚕生产】 2010年，南宁市桑园面积有2.87万公顷，比上年增长7.10%；桑蚕茧产量6.41万吨，增长16.10%。全市重点推广的蚕品种为两广二号、桂蚕一号；桑品种为桂桑系列。小蚕共育率71.40%，方格蔟应用率46.70%。有桑蚕协会39个，蚕种场5家，年产一代杂交种50.90万张，增长63.10%。由于加大对微粒子病的防治力度，当年微粒子病毒率仅为0.02%，蚕种质量进一步提高。有缫丝企业14家，年加工干茧1.08万吨，生丝产量3495吨，工业产值9.70亿元，上缴税金2806万元。分别增长63.17%、30.51%、124.09%、399.29%。年内，随着全球经济逐步好转，主销市场因补库存而使丝绸进口量增加，全球大宗商品价格不断攀升，国内纺织原材料纷纷涨价，导致干茧价格从3月的8.70万元涨到12月的13.60万元，涨幅56.30%；生丝价格从30.40万元涨到39.50万元，涨幅29.90%，全年鲜茧价格维持在每千克30元以上的高位水平。鲜茧平均收购价每千克31.11元，提高43.70%；蚕茧产值19.90亿元，增加8亿元，增长67.20%。

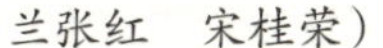
（兰张红 宋桂荣）

南宁市百万亩超级杂交水稻示范推广项目获市科学技术进步奖一等奖 杜 勇提供

【糖料蔗生产】 2010年，南宁市甘蔗种植面积16.52万公顷，比上年减少0.47万公顷，下降2.77%，甘蔗产量1044.01万吨，增产8.51%；

【茶叶生产】 2010年，南宁市茶园面积1738公顷，当年采摘面积1656公顷。茶叶总产量2690吨，其中绿毛茶2628吨，占茶叶总量97.70%。茶叶生产主要集中在横县、武鸣县和上林县，其中横县茶园面积1531公顷，茶叶产量1850吨，面积和产量分别占全市的88%和69%，南山“白毛茶”列入地理标志产品。

【茉莉花生产】 2010年，南宁市茉莉花种植面积4017公顷，总产量5.48万吨。横县为茉莉花主产区，种植面积3975公顷，产量5万吨以上，是全国最大的茉莉花和茉莉花茶生产基地。全市有50公顷基地获得有机茉莉花生产基地认证。共有花茶加工企业110多家，主要品牌有“金花”、“郁江”、“石乳”、“南方”等。9月10~12日，2010年中国国际茉莉花文化节在横县举办，进一步推动茉莉花产业的发展。

【西（甜）瓜生产】 2010年，南宁市西(甜)瓜种植面积3.74万公顷，产量89.72万吨，面积与产量分别比上年增长3.60%和4.70%。其中西瓜面积3.30万公顷，产量82.62万吨。西瓜主要产区为江南区、兴宁区、良庆区、西乡塘区、邕宁区、青秀区、横县和武鸣县，江南区吴圩镇和苏圩镇是全国大型西瓜供应基地之一。西瓜品种包括以新红宝品种为主的大型瓜系列、以小麒麟、黑美人为主的小型瓜系列和广西三号、广西六号、蜜童等无籽瓜系列。全市90%以上的西瓜采用地膜覆盖等“三避”技术和嫁接栽培技术，重点推广膜下滴灌等先进技术和间套种栽培模式。5月15日，2010年广西西(甜)瓜产销对接洽谈会暨第二届吴圩西瓜节在江南区举行。 （兰张红）

【水果种植】 2010年，南宁市水果种植面积8.60万公顷，总产量123.29万吨，比上年增长17.97%，总产值30.54亿元，增长41.30%。通过走出去、请进来、办活动扩影响、建市场监测点、完善服务体系、发挥商协会作用等措施，打开果品销售良好局面，水果销售出现全面上扬好形势，香蕉销售形势平稳，平均价格每千克2.20元，增长83.30%，龙眼平均售价每千克7~8元，最高每千克10元。

香蕉生产　香蕉种植面积3.25万公顷，产量86.20万吨，分别比上年增长21.10%和30.70%，面积产量位居自治区第一。通过品种结构调整、产期调节、狠抓流通销售环节，香蕉销售形势平稳，价格稳中有升，全年香蕉平均价格每千克2.20元，实现香蕉顺产顺销；实施国家农业部创建标准果园建设项目，分别在隆安县金穗公司和西乡塘区桂洁公司建立2个千亩香蕉标准果园，实现香蕉的生产标准化、管理集约化和产品优质化。市财政投入340万元，配套建设香蕉标准园3个，引导香蕉产业向标准化集约化方向发展。

荔枝生产　荔枝种植面积1.28万公顷，产量3.97万吨，主要产区为邕宁区、良庆区、横县。

龙眼生产　龙眼种植面积1.86万公顷，产量9.53万吨，主产区以武鸣县为主。 （欧桂兰）

【蔬菜生产】 2010年，南宁市蔬菜播种面积16.60万公顷，比上年增加3909公顷，增长2.41%；产量345.50万吨，比上年增加12.65万吨，增长3.80%；实现产值55亿元，比上年增加2.90亿元，增长5.56%。大力发展以“南菜北运”、“西菜东运”为主的秋冬季蔬菜生产，产品主要销往北方地区和粤港澳地区。全市秋冬菜种植面积9.47万公顷，产量200万吨，产值28亿元。 （黄兰芳）

【食用菌生产】 2010年，南宁市财政投入50万元，分别在横县、兴宁区和西乡塘区建立蘑菇工厂化示范、珍稀食用菌示范和套种食用菌立体种植示范基地12万平方米，共举办食用菌生产技术培训班200期，培训菇农1.50万人次，发放资料4.50万份，出墙报210期，播放录像165场，扶持食用菌专业协会和合作社14个，会员9300多人，带动种菇农户4.38万户，从业人员8.21万人，引导和带动食用菌向高产、优质、高效、品种多样化方向发展。全年食用菌生产面积1450万平方米，总产量11.51万吨，产值6.60亿元。食用菌种植规模最大的是双孢蘑菇，面积1322万平方米，占总种植面积的91.17%，其他品种生产面积分别为：平菇45万平方米、凤尾菇31万平方米、袖珍菇19万平方米、鸡腿菇6平方米、金福菇、金针菇、茶薪菇各5万平方米；全市共有规模食用菌加工企业4家，年加工食用菌3万吨。开展食用菌滥用荧光增白剂及使用高毒高残留农药专项整治，强化对违法使用非食用物质和滥用食品添加剂的监管。全市共监测食用菌产品3181批次，合格率100%。 （黄兰芳）

水　产　业

【概　况】 2010年，南宁市水产养殖面积2.74万公顷，比上年增长2.54%。其中：池塘养殖面积1.08万公顷，山塘、水库养殖面积1.49万公顷，河沟养殖面积1552公顷，分别增长0.82%、4.55%和0.13%，其他养殖面积130公顷，减少31.22%。全市淡水产品产量19.17万吨，增长6.71%。其中淡水捕捞产量1.62万吨，养殖产量17.55万吨，分别增长2.45%和7.11%。淡水捕捞中，鱼类1.48万吨，甲壳类397吨，贝类939吨，分别增长1.91%、9.07%和10.47%，其他类66吨，减少15.38%。淡水养殖产量中，鱼类17.55万吨，贝类799吨，其他类837吨，分别增长7.11%、12.86%和2.45%，甲壳类680吨，减少5.56%。

【渔业基础设施建设】 2010年，南宁市财政投入290万元用于扶持渔业基础设施标准化建设，扶持16个水产养殖场进行池塘标准化改造，改造面积205.40公顷；扶持6个龟鳖养殖场进行养殖设施标准化建设，新建龟鳖养殖池1.20万平方米。

【产业化生产】 2010年，南宁市罗非鱼产量4.06万吨，比上年增长6.26%。南宁百洋罗非鱼加工厂加工罗非鱼原料鱼3.10万吨，出口罗非鱼片1.05万吨，增长38%，创汇3900万美元。其中养殖户向加工企业出售罗非鱼原料鱼1.90万吨，占南宁百洋加工厂加工量的58%。1~6月，全市交售到罗非鱼加工厂的罗非鱼原料鱼4524.35吨，获自治区淡季补助扶持资金67.87万元。

【水产品质量安全管理】 2010年，南宁市财政投入专项经费，在全市开展水产品药物残留快速检测。接受农业部和自治区水产品药残抽检124例，组织六县六区开展快速检测1000例，检测指标合格率99%以上。新增无公害水产品养殖基地4个，获农业部健康养殖示范场6个。

【庭院渔业】 2010年，南宁市庭院养殖产量837吨，其中龟产量137吨，鳖产量486吨，蛙产量207吨。龟鳖养殖年产值超过2000万元的企业有2家，年产值20万元以上的养殖户发展到112户。

【人工增殖放流】 2010年，南宁市投入20.53万元，在邕江市区段、马山县红水河段，隆安县右江河段组织人工增殖放流4次，投放草鱼、鲢鱼、鳙鱼、黄颡鱼、倒刺鲃、细鳞斜颌鲴等品种共300万尾。

【渔业用油财政补贴】 2010年，南宁市有机动渔船2716艘（捕捞渔船2672艘、养殖并用渔船44艘），获中央财政2009年度下半年渔业用油油价财政补贴980.20万元。

【渔政管理】 2010年，南宁市对2730艘渔业船舶进行年度检验，检验通过2486艘；举办渔业船员培训班4期，培训船员351人；为2411艘渔船的3963名船员办理渔业互助保险；开展打击电鱼行为专项执法8次，查处电鱼案件2起，整治违章载客、超员作业渔船6艘；调查处理渔业污染事故8起；完成野生动物办证审核158本。

【邕江网箱清理整治】 2010年，南宁市水产畜牧兽医局根据《南宁市2010年邕江网箱清理整治工作实施方案》要求，完成南宁市邕江托洲大桥上游1500米至六律大桥下游200米河段禁止养殖区内的网箱养鱼清理整治，实际清理网箱8287箱，涉及养殖户633个，100%完成邕江河段网箱拆除搬迁任务。

畜 牧 业

【概 况】 2010年，南宁市肉类总产量60.76万吨，比上年增长4.20%；禽蛋产量2.29万吨，增长17.11%；牛奶产量4.75万吨，增长8.54%；生猪出栏487.16万头，增长3.47%；家禽出栏1.33亿羽，增长4.22%；牛出栏21.07万头，增长5.09%；羊出栏20.11万只，增长8.18%；生猪存栏368.08万头，增长13.17%；家禽存栏5187.76万羽，增长6.96%。奶牛存栏及产量均位列自治区第一，其中牛奶产量占广西的半数以上，生猪、家禽出栏量均位列自治区第二，蛋产量位列自治区第三。

【养殖业产业结构调整】 2010年，南宁市按照国家农村经济发展战略，根据水产畜牧行业特点，加快产业结构调整，促进水产畜牧业规模化、标准化、产业化、现代化发展。全市有16家畜禽规模场获得农业部畜禽规模标准化示范场称号。通过龙头企业带动“公司+农户+基地”养殖模式，由温氏、金陵、正大、富丰、凤翔、利源、富凤、良凤等专业养禽龙头企业带动养殖农户1.50万户，全年养殖出栏家禽1亿羽，新增养殖户300多户，新增家禽出栏2000多万羽；有50多家“叮当”牌鸡专卖店；皇氏、石埠、壮牛、金光、童乐等乳业龙头企业，带动养殖农户350多户，养殖奶牛8200多头。生猪、家禽标准化规模场（小区）出栏量分别占60%、85%以上；奶牛95%。

【畜禽品种改良】 2010年，南宁市加大畜禽品种改良和新技术推广力度，重点抓好牛品种改良，完成杂交配种母牛6.28万头，其中牛冷冻精液人工授精6.09万头，优良种公牛本交配种1906头，生产杂交牛犊3.09万头。

【畜产品加工】 2010年，南宁市水产畜牧业着力开发市场旺销的肉类系列加工食品。在加工上形成华兴食品、皇氏乳业、达尊食品、富丰春江食品、汇华食品等一批食品加工龙头企业，全市养殖产品规模化加工产值10多亿元，其中乳业加工年产值6亿多元（仅皇氏乳业乳品产销量4.70万吨，产值4亿元）。在连接市场上还涌现以凤翔食品、晨康利食品为代表的集生产、加工、销售为一体的龙头企业。

【生态循环养殖】 2010年，南宁市推广生态循环养殖模式，抓好规模化、标准化养殖场建设，规模养猪、养牛场绝大部分都建有沼气池等粪便处理设施。年内，建成沼气池2万多立方米，化粪池5万立方米；发展生物发酵床养殖技术，建成发酵床畜禽舍4万平方米；推广应用无公害标准化生产技术，通过无公害基地认证的养殖企业（基地）200个，通过无公害产品认定养殖企业150家；标准化生产覆盖率进一步扩大，无公害生猪、家禽、水产品比例，分别占生猪、家禽出栏和水产品总量的50%、80%和30%。

【生鲜乳管理】 2010年，南宁市有奶站14个，规模奶牛养殖场20个，奶牛存栏1.40万头，乳品加工企业7家。全市开展生鲜乳收购站专项整治行动，制定并严格落实《南宁市生鲜乳收购站专项整治行动方案》，宣传《乳品质量安全管理条例》等法律法规，禁止使用、添加违禁药物和有毒有害物质。经过整治，全市14家奶站全部取得生鲜乳收购许可证。

【生猪养殖】 2010年，南宁市全面推进生猪规模场标准化改造，在全市生猪规模养殖场推行品种良种化、养殖设施化、生产规模化、防疫制度化、粪污处理无害化和监管常态化，生猪出栏487.16万头，比上年增长3.47%；生猪存栏368.08万头，增长13.17%。投入2566.90万元，建设完成生猪养殖项目37个，新建粪便污水处理沼气池3406立方米，化粪池3580立方米，消毒池1330平方米，猪舍标准化改造6.62万平方米。争取到国家生猪调出大县奖励资金1382万元，其中武鸣县975万元，横县407万元。生猪良种补贴项目供应良种补贴猪精32万瓶，项目实施配种能繁母猪8万头，受益农户5.50万户。

【家禽养殖】 2010年，南宁市家禽出栏1.33亿羽，比上年增长4.22%；家禽存栏5187.76万羽，增长6.96%。家禽生产结构调整快速发展，产业往纵深发展。凤鸣农牧有限公司建设50栋全自动化笼养肉鸡舍封闭场，年出栏200万羽健康肉鸡；富凤农牧公司新建存栏50万套种鸡场。温氏、富凤、金陵、巨东等龙头公司以“龙头企业+农户”形式分别在邕宁区、宾阳县、西乡塘区、兴宁区新带动农户300多户，新建一批养禽小区。鸽子养殖以江南区、良庆区为重点。

【草食动物养殖】 2010年，南宁市草食动物养殖得到快速发展。黑山羊圈养技术在隆安、武鸣县得到发展，羊出栏20.11万只，比上年增长8.18%；牛出栏21.07万头，增长5.09%；牛奶产量4.75万吨，增长8.54%。隆安县发展山羊圈养养殖；横县校椅镇利用当地丰富的秸秆资源，新建大型奶牛养殖场和山羊养殖场。草食动物生产及市场供应稳定，活牛收购价格每千克21元左右，山羊价格每千克24元左右；牛肉、羊肉价格总体保持平稳。肉兔养殖发展形成以兴宁区、横县、上林县及宾阳县为重点，养殖草食动物成为农民增收的新途径。

【禽蛋生产】 2010年，南宁市蛋鸡存栏806.40万羽，其中专用型蛋鸡30.29万羽；兼用型（农村散养肉蛋兼用）鸡776.11万羽；禽蛋产量2.29万吨，比上年增长17.11%。南宁诚兴农业有限责任公司投资7000万元建设存栏100万羽的蛋鸡场。

【畜禽免疫】 2010年，南宁市继续做好畜禽春、秋两季集中强制免疫及冬季集中补免工作，参与集中强制免疫工作1.67万人，各种重大动物疫病应免畜禽免疫率均达到100%，全年未发生重大动物疫情。口蹄疫免疫生猪524.69万头、牛97.66万头、羊24.99万只；猪瘟免疫生猪550.35万头；高致病性猪蓝耳病免疫生猪490.92万头；禽流感免疫鸡7813.19万羽、鸭2004.92万羽、鹅51.17万羽、家禽41.29万羽；鸡新城疫免疫鸡7264.68万羽；其他家禽33.61万羽。共发放猪口蹄疫疫苗1427万毫升、牛羊O-I型口蹄疫双价苗323.20万毫升、猪瘟疫苗941.70万头份、高致病性猪蓝耳病疫苗583.54万毫升（头份）、禽流感疫苗5425.50万毫升、新城疫疫苗1672万羽份，发放各类消毒药12.84吨、动物免疫档案1.84万本，满足防疫需求。共完成高致病性禽流感免疫抗体检测5.60万羽份、口蹄疫免疫抗体检测0.52万头份、猪瘟免疫抗体检测0.50万头份、新城疫免疫抗体检测5.10万羽份、高致病性猪蓝耳病免疫抗体检测0.35万头份，各项免疫抗体合格率均达到农业部要求的70%以上。

【动物疫病监测】 2010年，南宁市开展动物疫病的监测预警，利用采样送检或自检办法，建立监测数据库，规范监测档案，分析监测数据，为重大动物疫病防控和疫情预报预警提供科学依据。其中：高致病性禽流感、新城疫监测在定点活禽市场及全市各农贸市场采集棉拭子和血清样品480份，组织脏器200份；口蹄疫（O型）、猪瘟、高致病性猪蓝耳病监测在全市各重点屠宰场采集猪、牛血清各240份，猪、牛、羊扁桃体、颌下淋巴结和腹股沟淋巴结样品120份；疯牛病、羊痒病监测采集屠宰场牛脑组织50头份、羊脑组织50份；蓝舌病、小反刍兽疫监测采集山羊血清240份、棉拭子150份；牛瘟、牛传染性胸膜肺炎监测采集血清600份。经送检，均未发现阳性样品。

【人畜共患病监测】 2010年，南宁市完成对全市25个奶牛养殖场（小区）以及个体养殖户3348头奶牛结核病、布鲁氏菌病的检测工作。其中：狂犬病监测采集狗脑17头份、免疫犬血清40头份送检；耕牛血吸虫病监测耕牛400头；猪链球菌病监测在重点生猪屠宰加工厂采集屠宰猪扁桃体、淋巴结20份送检；屠宰生猪旋毛虫感染状况专项监测在重点屠宰加工厂采集猪膈肌样品100头份。

【流行病学调查】 2010年，南宁市协助农业部和国际粮农组织（FAO）开展禽流感流行病学专项调查5次，涉及全市12个县（区）130个乡镇758个村6744个散养户和399个规模养禽场及重点屠宰场。检查鸡89.88万羽、鸭37.81万羽、鹅0.57万羽；口蹄疫流行病学调查采集送检猪、牛血清样品240头份，自检组织样品240头份。结合春、秋两防开展专项调查4次，涉及12个县（区）52个乡镇87个村937个散养户和1461个规模养畜场，检查生猪1.37万头、牛0.21万头、羊1.65万只；猪甲型H1N1流感流行病学调查在重点屠宰场采集送检猪血清、棉拭子各115份；布鲁氏菌病流行病学调查采取普查与抽样调查相结合的方式，对全市分布有奶牛、羊的12个县（区、开发区）进行摸底调查，并对近三年的奶牛饲养量、奶牛布病既往检测结果进行统计分析，共采集血清样品3348头份。

【畜禽产品检疫】 2010年，南宁市严把检疫关，加强对上市畜禽及其产品的产地检疫和屠宰检疫。建立有检疫报检点320个，采取对规模养殖场到场检疫，对农户散养畜禽设点或到户检疫，动物产地检疫开展面100%，报检检疫率100%。加强屠宰检疫证章管理，3月开始在市区三大定点屠宰场配置终端电脑设备，使用“广西动物检疫证章使用监督管理系统”，当班检疫人员对进场屠宰牲畜的来源、检疫、出证等情况实时录入电脑，使进场牲畜检疫情况及时快捷传送并便于查询统计。在屠宰场建立批发商、零售商数字库，为电子出证进行前期铺垫，进一步完善动物及动物产品追溯系统。年内，全市屠宰检疫生猪213.46万头，牛、羊15.78万头（只），家禽38万羽，其他家畜0.31万头（只），检出并无害化处理病害家畜760头。

【动物防疫条件审查】 2010年起，南宁市在辖区内全面开展养殖、屠宰加工等场所的摸底调查和登记造册，并组建市级、县级动物防疫条件审核专家库进行动物防疫条件审查和发证，全市共发放动物防疫条件合格证133本。

【畜产品安全监管】 2010年，南宁市开展食品安全整治专项行动，加大对养殖、屠宰等各环节家畜及其产品的质量安全监督抽查力度，对辖区规模养殖场养殖档案特别是兽药使用情况和登记制度落实情况进行监督检查，重点对年出栏肉猪1500头以上的养殖企业和进入定点屠宰场的生猪进行“瘦肉精”项目监测，共完成盐酸克伦特罗检测1.18万批次，莱克多巴胺5938批次。配合农业部完成畜产品例行抽样4次，分别在养殖、屠宰和流通环节抽样畜产品598批次，合格率均在99%以上。

【生鲜乳安全监管】 2010年，南宁市建立健全奶畜养殖场（厂、点）、生鲜乳收购点、运送单位监管档案，严格对生鲜乳收购站和运输车辆的许可管理，加强生鲜乳生产、收购、运输的日常监督检查。共检查收购站和养殖场235家次，抽检生鲜奶200份，检测三聚氰胺、抗生素项目，合格率100%。

【兽药安全监管】 2010年，南宁市做好监督、指导企业规范生产、经营和使用兽药工作，严厉打击使用违禁药物和有毒有害物质行为。共出动执法人员4300人次，检查兽药生产、经营企业1098家次，动物诊疗机构153家次，查处假、劣兽药案76起，罚没金额6.75万元。

【固定资产投资】 2010年，南宁市养殖业完成全社会固定资产投资18亿元，完成全年计划任务100%。其中：良种培育完成投资1.30亿元；动物产品加工完成投资7400万元；畜禽栏舍建设完成投资2.69亿元；池塘建设完成投资7200万元；饲料兽药加工完成投资1.15亿元。全年新动工建设上规模养殖加工厂场200多家，总投资额达5个亿，其中投资1000万元以上的规模场有南宁诚兴现代化蛋鸡场、柯利莱现代化原种猪场、大富华饲料农牧有限公司育种中心等。

【新技术新品种推广】 2010年，南宁市推广水产畜牧新品种、新技术，促进水产畜牧结构调整，推动产业优化升级。全年推广宝路罗非鱼养殖面积200公顷、花鳗养殖4万~5万尾、杂交鲟鱼养殖面积1万平方米、黄金兔养殖5000只、野猪养殖1万头(年内出栏5000头)。罗非鱼深水井塘、中塘养殖技术推广面积13.33公顷；罗非鱼地网捕捞养殖技术推广面积333.33公顷。发动50家养殖户采用生猪生物发酵床技术饲养生猪面积5万平方米，存栏生猪3万多头，出栏6万多头。推广奶水牛性控中试技术，完成配种母牛2000多头，产母犊率80%以上。推广山羊圈养配套技术，圈养山羊5000多只。

（市水产畜牧兽医局）

农业综合开发

【概 况】 2010年，南宁市农业综合开发项目有137个，获各级财政资金1.44亿元。其中：中央财政5521万元，自治区财政2087万元，市财政6357万元，县(区)财政配套428万元。按项目类别分，土地治理项目19个，产业化经营项目118个。

【中央与自治区立项项目】 2010年，南宁市获批的国家立项农业综合开发土地治理存量项目7个，总投资5822万元，比上年增加541万元，增长10.24%。其中：中央财政资金3290万元，自治区财政资金1361万元，市、县级配套资金284万元，群众自筹资金887万元。获批的国家立项农业综合开发高标准农田示范建设工程项目1个，项目总投资1700万元。其中：中央财政资金1000万元，自治区财政资金400万元，市、县级配套资金100万元，群众自筹资金200万元。获批的国家立项农业综合开发土地治理增量项目3个，总投资2350万元，增加2350万元，增长100%。其中：中央财政资金1250万元，自治区财政资金530万元，市县级配套资金95万元，群众自筹资金475万元。获批的国家立项农业综合开发产业化项目5个，总投资5343.76万元，增加2903.21万元，增长118.96%。其中：中央财政资金490万元，自治区财政资金196万元，市县级配套资金49万元，群众自筹资金3808.76万元，银行贷款800万元。获批的国家立项农业综合开发产业化财政贷款贴息项目7个，总投资2.36亿元，增加1.55亿元，增长192.80%，其中中央财政资金491万元。获批的国家立项农业产业化部门项目1个，总投资412.50万元，减少457.70万元，下降52.60%，其中中央财政资金110万元。

【市级立项项目】 2010年，南宁市立项农业综合开发土地治理项目9个，总投资2851万元，比上年增加2个，增加投资751万元，主要用于武鸣县、宾阳县、横县、江南区、兴宁区、邕宁区、西乡塘区、青秀区、马山县。市级农业产业化经营项目105个，总投资3330万元。

【项目管理】 2010年，南宁市全面推行农业综合开发土地治理项目法人制、招投标制、工程监理制、资金和项目公示制。市、县(区)农业综合开发办公室作为农业综合开发项目的法人，负责项目的全面管理。对土地治理项目主要单项工程的勘察设计、施工、监理、主要设备和材料的采购，实行公开招标。全市有武鸣、横县、宾阳、上林、隆安、西乡塘、邕宁7个县(区)是国家农业综合开发项目县(区)，这些县(区)每年都获得国家和自治区财政的支持，其他非国家项目县(区)长期得不到上级财力的扶持，市级的土地治理项目向这些非国家项目县(区)倾斜，年内共安排市级土地治理项目9个，全市各县(区)均衡开发、和谐发展。市级产业化资金重点培育优势产业和特色经济，支持发展优质谷、糖料蔗、果蔬、桑蚕、木薯、商品林、花卉、畜禽、牛奶、罗非鱼等十大优势特色产业，培育壮大一批成长性好、带动力强的产业化龙头企业，建设一批规模较大、具有区域特色的农业产业基地，大力扶持农民专业合作社发展。

【项目成果】 2010年，南宁市在土地治理项目中，新增和改善灌溉面积2480公顷；新增和改善除涝面积686.67公顷；新增节水灌溉面积1333.33公顷；年节水量124.20万立方米；增加农田林网66.67公顷；增加机耕面积853.33公顷；扩大良种种植面积1340公顷；控制水土流失面积560公顷。扶持3个农技服务站，完善农产品质量检测体系2个；提高农产品优质品率，优质农产品种植面积2606.67公顷，其中优质粮食种植面积306.67公顷。增产粮食7538吨、糖料蔗2.86万吨，使7.40万农民直接受益，增加纯收入增加额1375万元，新增增加值3079万元。产业化财政补助项目中，通过产业化经营项目的实施，以产业化经营企业带动和辐射周边的农村和农民，以推广示范农业高新技术和转变农民的思想观念，依靠科技力量，调整农业产业结构。项目实施后，年新增农业总产值8486.26万元；新增增加值1970万元；新增利税953.50万元；直接受益农户4329户；直接受益农业人口1.78万；直接受益农民年收入增加总额7379万元；新增就业人数514人。年内，国家产业化贴息项目实施后，全市农产品交易额6.32亿元；新增增加值1.99亿元；年新增利税1.15亿元；直接受益农业人口15.26万；直接受益农民年收入增加总额3.81亿元；新增就业人数1447人。

【项目验收】 2010年，南宁市对各级立项的农业综合开发项目按照《国家农业综合开发资金和项目管理办法》和《国家农业综合开发竣工项目验收考核评分试行标准》进行竣工验收考评。主要是针对2009年度土地治理项目和2010年度实施完成的市级产业化项目。检查验收结果表明：南宁市各级农业综合开发项目全年实施情况较好，各项建设任务和主要技术经济指标基本完成，资金管理和使用较为规范，工程质量和管护达到有关要求，成效显著。没有发现县级财政配套资金不足额到位、没有滞留财政资金，也没有挤占、挪用、抵顶项目资金现象，但工程施工和项目实施进度缓慢、不按时竣工结算的比较普遍，尾欠工程较多。

【资金管理】 2010年，南宁市县(区)农业综合开发办公室设立农业综合开发资金财政专户，指定专人管理，专账核算。项目实施完成并通过验收以后，按照规定的程序和手续办理报账和资金结算。无偿资金实行县级财政报账制。实行限时办结制度，国家和自治区财政资金到达市农发专户之日起，10个工作日内拨给项目实施的县(区)财政农发专户，市级项目的财政资金是自批复之起5个工作日内拨出。项目建设竣工后，经验收办理竣工手续，依照审计报告、监理报告和其他相关资料进行工程资金结算。明确工程管护主体，办理移交手续。管护主体建立运行管护制度，明确职责，管好用好建成项目，确保长期发挥效益。

（李燕妮）

扶贫开发

【概 况】 2010年，南宁市扶贫开发继续以国家扶贫开发重点县和贫困村为重点扶持区域，采取整村推进方式，启动和实施为期两年（2009~2010年）的第三批91个贫困村整村推进扶贫开发，重点抓贫困地区基础设施建设、产业开发和劳动力技能培训。全市共投入各项扶贫资金3.39亿元，用于种植业5802.36万元，养殖业1959.13万元、加工业14万元、基础设施8270万元，其他2597.30万元。投入贫困村各项扶贫资金（不含贴息贷款）9538.47万元（投入实施第三批整村推进扶贫开发贫困村91个9145.80万元）。扶贫项目扶持农户5.87万户、受益人口25.04万。全市得到扶贫贷款的农户1.25万户。扶贫项目吸收劳动力6.97万人。农村贫困人口由年初27.45万人降至年末22.45万人。

【扶贫建设项目实施】

自治区2010年第一批贫困地区基础设施建设项目 2010年8月，由市扶贫办和市财政局联合下达各县（区）。主要建设内容为：村级道路（通屯道路）181条280.90千米、独立桥13座201延米、小码头3处。受益2.59万户11.36万人（革命老区村1.89万户8.40万人）。项目安排到贫困村的总投资有2803.60万元（自治区财政2208.30万元、县区配套246.90万元、群众自筹348.40万元），受益1.97万户8.68万人。至年末，完成项目建设任务。

自治区2010年第二批贫困地区基础设施建设项目 12月，市扶贫办和市财政局下达各县（区）。主要建设内容为：村级（通屯）道路96条132.80千米、独立桥13座254延米、道路挡土墙1处、人饮工程10处。要求于2011年6月末前全面完成建设任务。项目受益1.53万户7.08万人（革命老区村0.84万户3.95万人）。该项目安排到贫困村的总投资有1480.50万元（中央和自治区财政1156.70万元、县区配套163万元、群众自筹160.80万元），受益1.19万户2.84万人。

南宁市2010年市本级财政农村基础设施修建贫困村和革命老区200千米通屯道路建设项目 4月，市发展改革委下达各县（区）。项目被列为市政府2010年20件为民办实事项目之一。主要建设内容为：通屯道路191条282.91千米、独立桥13座。项目计划总投资3523.40万元，其中市财政2300万元、县（区）配套687万元、群众自筹536.40万元。至年末，完成项目建设任务。

跨地区异地安置移民村屯基础设施建设项目 2010年自治区安排南宁市跨地区异地安置村屯建设资金182万元，实施项目16个，要求2011年6月末前全面竣工。至年末，完成项目建设任务85%。

国家以“县为单位、整合资金、整村推进、连片开发”试点建设项目 马山县作为该项目试点，经过两年（2009~2010年）实施，至年末，项目共投资8550.10万元，其中中央财政资金1000万元、自治区专项资金509.13万元、整合各部门资金3899.60万元、农户自筹1210.50万元、投工投劳折款1930.90万元。完成修路18条23.20千米、沼气池1000座、独立桥2座、人饮工程1处，种植优质桑334.54公顷、旱藕266.67公顷，饲养黑山羊种1000只、杜东母猪3364头、马山土鸡10万羽，建学校5所，建单户型卫星广播电视地面接收站100座，建文明卫生屯2个，完成项目建设任务100%。

贫困村重点产业开发项目 由自治区下达南宁市。市扶贫办和市财政局于2010年10月下达各县（区），要求2011年6月末前全面完成建设任务。项目计划总投资2293.63万元，其中自治区财政749万元、自筹资金1544.63万元。共实施子项目21个（种植业15个、养殖业6个），项目覆盖114个贫困村1.32万农户。至年末，完成项目建设任务80%。

【扶贫贴息贷款项目实施】

扶贫贴息到户贷款项目 2010年，南宁市在马山、隆安、上林、武鸣、横县及邕宁、良庆、西乡塘、江南区实施。发放贷款1.10亿元，贷款期限1年，年贴息率5%。共有1.20万农户获得贷款。

扶贫龙头企业贴息贷款项目 南宁市有11家扶贫龙头企业获扶贫贴息贷款，贷款规模1.13亿元，带动10万多农户发展生产。贷款期限1年，年贴息率3%。

【扶贫培训】

农民农业实用技术培训 2010年，南宁市和县（区）扶贫部门以第三批整村推进贫困村群众为主要对象，采取农户课堂培训、异地培训和现场培训等方式，根据生产发展、农民需求和农时需求，举办各类农业实用技术培训班160期（次），培训农民1.91万人次，发放培训资料3.30万份。

贫困劳动力转移就业职业技能培训 市扶贫部门指导南宁市等一中等职业技术学校、广西高级技工学校、南宁运德汽车运输职业学校和马山县职业学校、上林县职业学校等扶贫培训基地开展劳动力转移就业培训。完成2056人的培训任务，其中转移就业培训707人、学历班899人、大石山区贫困村屯特困生450人。

贫困村“两委”干部培训 市扶贫部门组织一期贫困村“两委”干部培训班，对第三批整村推进贫困村的110名“两

5月24~28日，南宁市2010年贫困村“两委”干部培训班举行　　谭春兰提供

委”干部进行扶贫项目管理、产业开发、扶贫培训、扶贫资金管理等方面培训，发挥贫困村“两委”干部组织带领群众脱贫致富的作用。

【定点帮扶贫困村】 2010年，南宁市安排138个市直机关、企事业单位和驻邕部队定点帮扶91个实施第三批整村推进扶贫开发的贫困村。市直单位(企业、部队)共派干部953人次到帮扶村开展工作，驻村工作队队员到贫困村开展工作4028人次。市直属机关和各县(区)机关先后共投入资金2629.30万元，协助指导贫困村修建村屯道路189.20千米，修建人饮(水利)工程117处。举办各类科技培训班130期，培训贫困村农民9300人次。维修学校32所，资助贫困生1022人，扶持五保户、困难户1228户。

【整村推进扶贫开发】 2010年，南宁市第三批91个贫困村整村推进扶贫开发工作实施两年(2009~2010年)来，总投资2.20亿元，修建四级路120千米、通屯路880千米、沼气池570座、村委办公楼8栋、卫生室40间、计生室26间，村级小学危房改造2000平方米，解决10万人饮水困难，改良基本农田333.34公顷，发展经济林、果666.67公顷，新增绿化面积666.67公顷，实施产业开发项目40个，培训农民4.30万人次（农业实用技术培训4万人，转移就业职业技能培训3000人)，扶持8个扶贫龙头企业等。至年末，完成项目建设任务。 （谭春兰）

农业机械化

【概　况】 2010年，南宁市农业机械化管理局下辖市农机安全监理所、市农业机械化技术学校、市农业机械化技术推广服务站、市农业机耕队、市农机化服务公司、南宁丰腾农机有限责任公司、南宁奔腾农机有限责任公司。全市12个县(区)设有农业机械化管理局(中心)。农机机构50个，在职人员434人，其中专业技术人员248人。

农机总动力390.33万千瓦，比上年增长7.93%；有各类拖拉机14.12万台，增长9.86%，其中大中型拖拉机新增254台，增长8.92%；联合收割机2520台，增长42.80%，新增755台；水稻插秧机2009台，增长105.80%，新增1033台；甘蔗砍收机械3545台(套)，增长12.74倍，新增3287台(套)。农业生产耕、种、收综合机械化水平36.52%，提高12.27%，其中水稻耕种收综合机械化水平达到54.82%，提高7.71%。甘蔗耕种收综合机械化水平41.30%，提高2.30%。农机总作业值39.25亿元，增长14.60%，农机作业服务纯收入10.20亿元，增长14.60%。

【千乡万村现代农机装备推进工程】 2008~2010年，市农机局贯彻落实自治区政府办公厅《关于实施“千乡万村现代农机装备推进工程”的通知》文件，新增水稻联合收割机1777台，比目标任务增加182台；新增水稻插秧机1930台，比目标任务增加1220台；水稻耕种收综合机械化水平55.95%，比目标任务增加10.95%。新增大中型拖拉机1194台，比目标任务增加454台；甘蔗联合收割机36台；甘蔗中耕培土机、甘蔗割铺机、甘蔗剥叶机、甘蔗装载机、甘蔗提升机、甘蔗收集机、蔗叶粉碎还田机等5100台。全市蔗地机耕水平90.50%；中耕施肥机械化水平21%，机收水平4%，分段式收获技术在多家重点户推广应用，滴灌节水设备在武鸣县宁武镇部分种植大户应用。新增农机专业合作社147个，比目标任务增加42个；入社机具3650台，农机资产原值1亿元，年作业量2.40万公顷，服务数十万户，年经营总收入1.50亿元，年纯收入4500万元。在武鸣县建立木薯生产机械化示范基地。市农机技术推广站与武鸣县农机技术推广站联合研制出木薯种植机、木薯杆粉碎还田机和木薯收获机。其中木薯杆粉碎还田机在武鸣县、隆安县、西乡塘区推广5065台；大型木薯收获机在全市推广32台。武鸣县农机技术推广站改进、研制出本地马铃薯收获机样机。武鸣县双桥镇平陆村种植大户(承包20公顷)购置马铃薯种植机和收获机投入生产。2008~2010年，全市争取各级农机购置补贴资金1.82亿元，补贴农民购置农机具4.38万台，拉动农民投入3.32亿元。

【农机购置补贴】 2010年，南宁市共使用各级农机补贴资金9657.55万元，补贴各种农机具2.62万台，直接受益农户2.38万户，分别比上年增长52%、94%、93%。其中：使用中央资金7948.33万元，自治区资金986.34万元，南宁市财政配套资金708.97万元，县级财政配套资金13.92万元。拉动农民投入购机资金1.59亿元。完成使用自治区“农机下乡”补贴资金228.50万元，补贴机具3078台，直接受益农户2863户。

【农机服务】 2010年，南宁市农机系统组织农机干部、技术人员下乡5800多人次，发放政策宣传和技术服务资料5.86万份，赠送支农物资9200元，为农民办实事46件，开展指导农民检修保养农机具6.80万多台套，确保投入春耕生产的农机具完好率达到96%以上，全市投入春耕机犁耙、运送农资等作业拖拉机9.23万台(大中型拖拉机3489台)，组建农机作业服务队1300个，出动救灾农机具1.32万台，抢运救灾物资2520吨，排涝3500公顷，农机抗旱浇地20.27万公顷，运送人畜饮水3051台次，缓解人畜饮水困难1.50万多人；完成机耕面积26万公顷、机械插秧面积1.38万公顷。农机维修点审定324个，组织469台水稻联合收割跨区机收，作业面积2.06万公顷，农机手跨区作业收入2612万元。组建千家万户型甘蔗机收服务户569个，甘蔗机收服务队20个，完成机收甘蔗5940公顷。

【农机专业合作社】 2010年，市农机局贯彻《农业部关于加快发展农机专业合作社的意见》，安排专项资金30万元扶持农机专业合作社发展，新成立农机专业合作社8个。至年末，全市有农机专业合作社147个，超额完成自治区“千乡万村现代农机装备推进工程”提出的“乡乡有社”任务。3月4日，南宁市农机化工作会议上表彰“十佳”明星农机专业合作社，给每个明星农机专业合作社各奖励2台水稻插秧机、1台甘蔗剥叶机，价值分别为3.60万元、1.30万元。

【农机技术推广】 2010年，市农机局组织举办新机具新技术现场演示会45场次，发放技术资料3.60万份，引进推广各类农业机械4.91万台(套)，推广实施水稻机插秧2.51万公顷、机收15万公顷，蔗地机械深耕6万公顷、甘蔗机械开行4.25万公顷、甘蔗机械中耕培土2.30万公顷、机械喷灌8000公顷、甘蔗机收5900公顷、农田化肥深施15万公顷、农作物机械化秸秆粉碎还田11万公顷(稻秆粉碎还田10万公顷，木薯杆粉碎还田

4000 公顷、甘蔗叶粉碎还田 2600 公顷)。推广木薯收获机械 33 台,机收木薯面积 440 公顷。

水稻生产全程机械化技术　推进以水稻机械化育插秧技术和山区水稻机收为重点的水稻生产全程机械化。8 月 6 日,在武鸣县召开南宁市“双抢”农机化工作会议暨小型水稻联合收割机现场演示会。全年举办场机插秧育秧技术培训和现场演示会 35 期,新增水稻联合收割机 755 台,比上年增长 42.80%;新增水稻插秧机 1033 台,增长 105.80%。全市完成水稻机耕面积 25.62 万公顷,占播种面积 90.40%,完成机械化插秧 2.52 万公顷,占播种面积 8.90%,完成水稻机收 15 万公顷,占播种面积 53.30%。上林县、马山县、隆安县等山区县水稻联合收割机拥有量分别提高 240.90%、152.50%、140.90%,插秧机拥有量分别提高 29.70%、52.80%、16.80%。

甘蔗生产全程机械化技术　1 月 5 日,配合自治区农机局在金光农场举行“全区甘蔗收获机械现场演示会暨甘蔗收获机械化论坛”,来自农业部农机化司、自治区各有关部门领导、专家和企业负责人等共 500 多人参加,农业部农机化司副司长刘宪、自治区党委、副书记陈际瓦、自治区人大常委会副主任覃瑞祥、自治区副主席陈章良、自治区政协副主席彭钊、南宁市副市长温守荣等领导出席会议并作指示。2 月 5 日,在武鸣县城厢镇大梁村举行南宁市分段式甘蔗收获机械化现场会。市糖办和制糖企业代表、甘蔗收获机械生产企业技术人员、群众等 150 多人到场观摩。2 月 7 日,全市农村工作会议甘蔗收获机械现场会在隆安县那桐镇那桐社区举行,美国凯斯 7000、日本文明号 4000 切断式甘蔗联合收割机、柳州汉升甘蔗整杆式联合收割机、五菱桂花甘蔗割铺机、飞燕甘蔗剥叶机、科丰割铺机、甘蔗收集车、木薯收获机等机具分别进行现场作业演示。年内,全市推广甘蔗联合收割机 27 台、甘蔗剥叶机 574 台、甘蔗割铺机 2098 台、甘蔗装载机 418 台、甘蔗提升机 167 台、甘蔗收集机 67 台,大型蔗叶粉碎整地一体机 52 台。完成蔗地机耕 6 万公顷、甘蔗中耕培土 2.27 万公顷,甘蔗机收 5940 公顷,机收水平 3.89%。

香蕉生产机械化技术　从 6 月开始,市农机推广站与武鸣县农机推广站共同研制香蕉根茎粉碎机,12 月研制出广西首台香蕉根茎粉碎机,12 月 24 日在西乡塘区金陵镇金陵村大林坡的香蕉地里作业演示,该机具可一次完成香蕉杆的推倒、粉碎、还田等作业,并具有防纤维缠绕功能,作业成本每公顷 5250 元,比人工处理香蕉根茎(每公顷成本 1.05 万元)减少一半成本,效率提高 10 倍。

木薯生产机械化技术　市农机技术推广站在武鸣县太平镇庆乐村建立 13.33 公顷木薯生产机械化技术示范基地,实施木薯生产机械化技术,开展木薯生产各环节机械化技术试验、示范对比及技术培训活动,召开新机具、新技术现场演示会,辐射带动周边地区推广应用木薯生产的新机具、新技术。4 月 26 日和 12 月 30 日分别召开全市木薯种植及收获机械化技术演示培训现场会,演示南宁朗禾农业科技有限公司提供的深松联合整地机、木薯施肥播种机、多功能喷雾机和中国热带农业科学院提供的木薯收获机等木薯生产机具。

【农机安全生产】 2010 年,市政府加强对农机生产的安全管理。首次与各县(区)政府签订农机安全生产目标管理责任状,各县(区)政府与乡镇政府签订农机安全生产责任状,农机监理部门与农机户签订农机安全生产责任书,明确农机所有者和使用者作为安全生产主体的安全责任。以“关爱生命,平安出行”工程为载体,开展“百万农民文明交通宣传员”及“农机安全文化乡村行”活动。采取农机安全文艺演出、放映农机安全题材的电影及录像、组织山歌对唱、组织农机安全知识抢答竞赛等形式宣传农机安全法律法规;组织农机管理、监理干部深入乡镇、村、屯,开展农机安全宣传教育、农机技术培训、农机技术咨询等活动,把农机知识、安全技术、安全管理先进经验及农机安全文化送到基层。共印发宣传资料 9 万份,出动宣传车下乡巡回宣传 86 辆次,悬挂宣传横幅 360 条,张贴宣传标语 2.50 万张,出版宣传板报 48 版,媒体宣传 25 次,发短信息宣传 10 万条次,组织放映安全题材的电影 12 场次,组织农机安全文艺演出 12 场次,给中小学校上农机安全教育课 66 次。创建平安农机示范县(区)2 个,平安农机示范乡镇 17 个、平安农机示范村 130 个、平安农机示范户 1500 户。至年末,全市共创建“平安农机”示范县(区)4 个,“平安农机”示范乡镇 26 个,“平安农机”示范村 232 个,“平安农机”示范户 2500 户。武鸣县通过国家安监总局和农业部考评验收,12 月成为第二批全国“平安农机”示范县。严厉查处拖拉机违法载人、无牌无证行驶、无证驾驶等违法行为,出动农机检查人员 6509 人次,检查各类拖拉机 1.97 万台次,处理违法行为 2967 台次。9 月 10 日至 12 月 19 日在全市范围内开展农机“百日安全无事故”活动,为“两会一节”和亚运会举办创造良好的安全环境。10 月 25 日,市政府在武鸣县举行南宁市农机事故应急救援预案演练,共有 200 多人观摩,提高农机安全突发事件应急处置能力。全年完成农机安全技术检测 3.41 万台。农机死亡事故为零。

【农机产品质量监督】 2010 年,南宁市各级农机部门在各镇圩日利用车载广播进镇入村宣传农机购机补贴、农机产品、农机有关法律法规并为农民提供农机识假辨假和科学使用知识咨询服务。共开展活动 15 场次,悬挂横幅标语 1416 条、发放宣传资料 1.97 万份,接待农民咨询 3500 人次。4 月 15~16 日,市农机局与广西农机质量投诉监督站联合开展农机打假检查行动,组织 15 人执法检查组对市区农机销售市场和农机生产企业进行检查。全年开展检查 18 次,出动执法车 198 辆次、执法人员 642 人次,检查农机产品经销点 265 个、生产企业 18 个、维修网点 20 个,查获不符合要求产品 662 台(件),货值 34.09 万元,教育、纠正违法生产、经营行为 98 次,维护农机户的利益。

【农机教育培训】 2010 年,南宁市农机部门共举办甘蔗生产全程机械化培训班 13 期,培训技术人员 125 人次,农民 2800 人次。举办水稻机械化育插秧培训新技术新机具现场演示 35 场次,印发农机实用技术规范及技术简介等资料 6000 份,农民观摩 5000 人次。在木薯收获季节,举办木薯收获机械技术现场演示培训 6 场,受训农民 1120 人。培训拖拉机驾驶员 8524 人、收割机技术人员 2176 人、插秧机技术人员 2425 人、其他农机技术人员 1.55 万人次、农机管理人员 313 人次。

（陆凤婵）

农工商企业

【概　况】 2010 年,南宁农工商集团有限责任公司紧紧把握企业优势产业，充分挖掘集团公司土地、项目、对外租赁物业三大资源，以增强经济实力、做大做强农工商集团为目标，推动项目建设和各产业发展，经济总量持续增长，企业实现平稳较快发展。完成工农业总产值4.09亿元，比上年增长4.67%；固定资产投资5.60亿元，增长11.71%；招商引资到位资金3.70亿元，增长68%；销售收入3.30亿元，增长59.24%；实现利润8127万元，增长4.88%；企业总资产24.67亿元。

【生产经营管理】 2010年，集团公司按照“巩固提高农业、加快发展工业、加速扩大第三产业”的经营指导方针，转变发展方式。调整农业产品结构，巩固名优水果种植、花卉苗木、渔业养殖、奶牛养殖、生猪养殖五大基地的建设发展，引导职工引进新品种，提高农业单产，千方百计增加农业岗位收入，稳定发展农业产业。全年水果产量5612吨，牛奶产量5114吨，水产品产量3711吨；出栏生猪8.81万头，家禽137万羽；销售花卉苗木339万株；粮食购销总量8996吨。集团公司总部对外租赁物业12.80万平方米，出租率99.61%，收入1310万元。2万平方米罗文综合市场年末竣工，正在开展招商工作。制定和完善集团公司各项管理制度，加强各项基础管理工作，全面清查集团公司总部各种经济合同履约情况，逐步建立健全集团公司经济合同档案，确保各项经济合同按约履行。（欧宗殿）

林　　业

【概　况】 2010年，南宁市植树造林1.47万公顷(荒山荒地造林8009公顷)，林地总面积104.70万公顷，森林覆盖率44.92%，比上年增长0.50%。全市活立木蓄积量3200.73亿立方米，增长4.90%，森林蓄积量3149.79亿立方米，增长5.10%。完成幼林抚育2.20万公顷，成林抚育2.80万公顷，苗木产量2964万株。新建沼气池4820座，累计建成沼气池48.30万座。完成固定资产投资41.50亿元，增长39.07%。实现林业总产值208.75亿元，增长56.20%，其中第一产业产值40.52亿元，第二产业产值163.85亿元，第三产业产值4.38亿元。完成集体林权制度改革勘界46.23万公顷，发证37万公顷。年内，南宁市获自治区林业产业总产值超百亿市称号。（罗旻雯）

【植树造林】 2010年，南宁市完成人工新造林1.47万公顷（荒山8000公顷、迹地更新6600公顷、低改53.33公顷），占全年计划任务102.9%，其中营造以速丰桉为主的速丰林1.25万公顷。完成退耕还林工程的配套荒山1000公顷、马山县国家级石漠化治理工程封山育林1500公顷、上林县退耕还林工程的封山育林项目666.67公顷。全民义务植树1042.98万株，为计划任务的104.30%。新育苗面积64.88公顷，为计划任务的120.10%；中幼林抚育面积3.38万公顷，为计划任务的144.94%。

【国有林场】 2010年，南宁市有国有林场9个，分别是南宁市丁当林场、横县石塘林场、横县镇龙林场、宾阳县黎塘林场、上林县龙山林场、马山县永州林场、武鸣县朝燕林场、隆安县礼智林场和良庆区南州林场。全市国有林场经营管理面积4.36万公顷，其中有林地3.20万公顷，有林地占林地经营总面积73.40%；活立木蓄积量206.25万立方米。荒山造林面积86公顷，迹地更新1102公顷，幼林抚育面积3353公顷，成林抚育面积1562公顷；木材产量6.71万立方米，松脂产量322吨，八角产量39吨，玉桂产量27吨，松香产量1.26万吨，木片产量2.02万立方米，刨花板产量2.31万立方米。年内新增固定资产934万元，实现林业产业总产值3.21亿元。全市国有林场中经济建设发展最好的是武鸣县朝燕林场，年内木材产量3.88万立方米，占全市国有林场的57.85%；松脂产量102吨，占全市国有林场的31.67%；松香产量1.26万吨，占全市国有林场的100%；林业产业总产值2.56亿元，占全市国有林场的79.67%。（梁月芳）

【林地管理】 2010年，南宁市实行林地定额管理，自治区下达南宁市定额500公顷。年内，国家林业局和自治区林业厅共审批审核南宁市工程建设征占用林地68宗。其中：临时占用林地5宗，直接为林业生产服务设施用地3宗，长期用地60宗。共征占用林地面积678.52公顷。其中：长期用地652.90公顷，临时占用林地25.62公顷。直接为林业生产服务设施用地4.46公顷。市林业局审批临时占用林地1宗，面积3.42公顷。（林志武）

【自然保护区】 2010年，南宁市建成的森林自然保护区5个，总面积5.13万公顷；保护小区1个，面积347公顷。分别为广西大明山国家级自然保护区、广西龙虎山自治区级自然保护区、广西龙山自治区级自然保护区、广西三十六弄—陇均自治区级自然保护区、广西弄拉自治区级自然保护区和南宁市良庆区那兰鹭鸟保护小区。其中，广西大明山国家级自然保护区面积1.70万公顷，主要保护对象是南亚热带天然常绿阔叶林及其生态系统和珍稀濒危野生动植物物种，具有较完善的行、游、住、食、娱、购等旅游配套服务设施。广西龙虎山自治区级自然保护区面积2255.70公顷，主要保护对象是以岩溶地区的珍贵药用植物和自然景观，是自治区级森林和野生动物类型综合性自然保护区，具有较完善的行、游、住、食、娱、购等旅游配套服务设施。广西龙虎山自治区级自然保护区面积1.07万公顷，主要保护对象是南亚热带天然常绿阔叶林及其生态系统和珍稀濒危野生动植物物种。广西三十六弄—陇均自治区级自然保护区面积1.28万公顷，主要保护对象是生长在石灰岩上的蚬木、金丝李、任豆树等国家级重点保护野生植物或属广西珍贵的树种。广西弄拉自治区级自然保护区面积8481公顷，主要保护对象是南亚热带岩溶森林生态系统、珍稀濒危野生动植物及其生境、喀斯特地貌独特的自然景观。良庆区那兰鹭鸟自然保护小区面积346.70公顷，由良庆区南晓镇林业站管理。

（梁开毅）

【森林保护】 2010年，南宁市发生各类森林案件644件，查处(破)案件589件，综合查处率91.46%。其中立刑事案件139件，查破91件，查破率65.47%；抓获犯罪嫌疑人110人；受理林业行政案件505件，查处498件，查处率98.61%；抓获违法人员684人，罚款332人，警告教育276人，收缴林木树木4340立方米、野生动物3480只(头、条)。（吴金阳）

【野生动物保护】 2010年，南宁市辖区内获核发换发野生动物驯养繁殖许可证66家，主要驯养繁殖虎纹蛙、野猪、豪猪、梅花鹿、食蟹猴、中华竹鼠、蓝孔雀、环颈雉等；获野生动物经营利用许可证有93家。南宁市有灵长类养殖场6家，食蟹猴存栏量3万多只；蛇类养殖场7家，蛇存笼量10万多条；野猪豪猪养殖场11家，野猪存栏量1.50万头；虎纹蛙养殖场14个，年养商品蛙6万千克。（梁开毅）

【山林纠纷调处】 2010年，南宁市开展山林权属争议问题排查5次，排查出跨市山林纠纷5件，跨县（区）山林纠纷8件，县内山林纠纷562件。全年调结跨县（区）山林纠纷10件（历史积案9件，含已报市政府裁决意见6件），办结撤证案1宗，挽回经济损失720万元。主持和配合其他部门促成兴宁区昆仑镇农屋坡14队与宾阳县思陇镇柳洞村陶石坡等3件山林纠纷的当事人达成调解协议；向市政府提报6宗纠纷案件的行政裁决意见，其中市政府已作出行政裁决1件；组织对横县石塘镇三联村旺块经联社与宾阳县露圩镇八凤村委马元村村民小组“峨除山”权属争议等19件案件进行现场勘验；主持举办6件纠纷案件的当事人质证辩论会；协调组织召开纠纷问题处理工作协调会23件次，提出纠纷问题处理调解协商（建议）方案6个，其中组织召开国有横县石塘林场与宾阳县甘棠镇南桥村委南岸经联社山林权属争议案件协调会5次。市林业局全年共接待群众因山林权属问题来访32次计91人，开展“公开大接访暨与民沟通”活动4次，答复纠纷问题信访件7件。全市林业系统共接待群众来信来访45封（批）、1904人次，防止涉林群体性事件48件。（梁伟）

【森林防火】 2010年，南宁市加强责任制落实，层层落实森林防火责任制，层层签订森林防火目标管理责任状。大力宣传国务院新《森林防火条例》和《广西森林防火实施办法》，出动宣传车731辆次，印发各种宣传资料43.32万份，举办培训班139期。强化林区野外火源管理，在“三月三”、清明节和“两会一节”等重要时段，对重点林区、景区和和墓区加强巡逻监控，对危险地段采取死看死守。加强设施设备建设，营造生物防火林带64千米，开设防火阻隔带24千米，购买风力灭火机640台、无线对讲机117部，扩建银岭和良凤江等林火监控点。年内，全市发生林火51起，其中一般火灾20起；较大火灾31起。过火面积502.07公顷，受害森林面积141.69公顷，森林受害率控制在0.20‰。（曾奇）

【森林病虫害防治】 2010年，南宁市有森防检疫站8个，设专职检疫员56人；有测报站点8个，其中4个为国家级中心测报点，有基层测报员200人。全市林业有害生物发生总面积7502.33公顷，成灾面积873.33公顷，主要发生种类为松毛虫、松茸毒蛾、油桐尺蠖、桉树枝瘿姬小蜂、八角尺蠖、桉树青枯病。受2009年秋季至2010年春季高温干旱和2006年大规模发生后多年虫口基数累积的影响，2010年松毛虫在南宁市局部地方暴发成灾，成灾主要分布于隆安县城厢、南圩、雁江、都结，宾阳县黎塘、甘棠、武陵、古辣、露圩、王灵，横县校椅、陶圩、六景、石塘、镇龙等乡镇，发生总面积5644.67公顷，成灾715.33公顷，与2009年相比大幅上升；松茸毒蛾发生面积426.67公顷；油桐尺蠖发生面积223.33公顷，成灾73.33公顷；八角尺蠖发生面积133.33公顷；桉树枝瘿姬小蜂发生面积360.33公顷，成灾面积6.67公顷；桉树青枯病发生面积158公顷。年内，共投入林业有害生物防治经费97万元，实施防治作业面积6655公顷，实际防治面积5995.67公顷，预防面积98.67公顷，重复防治面积560.67公顷。5月和9月开展松材线虫病和松墨天牛监测普查，共调查监测松林面积50.43万公顷；调查发现各种原因导致枯死的松木3255株，经对其中370株抽取884个样本进行检验，均未发现有松材线虫。共实施木材调运检疫301.70万立方米，复检木材4940立方米；种苗调运检疫328万株，实施种苗产地检疫517.87公顷，复检苗木52.30万株。在产地调查中，发现检疫性林业有害生物红棕象甲疫情零星发生，主要分布江南区江西镇一带。3月开始，与自治区森防站、自治区气象局合作开展利用环境和灾害监测预报小卫星进行林业有害生物监测预报研究，并于9月应用遥感数据对横县、宾阳县的松毛虫发生趋势进行预测。（雷秀峰）

【林业产业】 2010年，南宁市有木材经营加工单位（个人）及其他林业企业3484家（经营销售企业963家、生产加工企业2521家）。其中：人造板加工企业192家，锯材、木片、旋切单板加工企业1707家，木、竹家具加工企业437家，其他木、竹制品加工企业159家。林化产品加工企业23家，木竹制浆造纸企业3家。全市林业第二产业生产总产值163.90亿元，第三产业产值4.40亿元。木材产量153.80万立方米，竹材产量368.30万根，松香产量4.60万吨，机制纸及纸板产量86.80万吨，人造板产量161.40万立方米。有亿元以上工业产值企业6家（新增国有武鸣县朝燕林场1家）。其中，广西南宁凤凰纸业有限公司生产纸浆11万吨，产值8亿元，销售收入7.70亿元，税金4750万元，利润5181万元，从业人员1135人。广西丰林木业林业开发有限公司生产中密度纤维板16.80万立方米，产值2.30亿元，销售收入2.30亿元，税金1358.90万元，利润5048.50万元，从业人员489人。广西高峰人造板有限公司生产中密度纤维板16.02万立方米，产值2.07亿元，销售收入2.21亿元，税金1638万元，利润2309万元，从业人员245人。广西华劲纸业集团南宁纸业分公司竹浆造纸5.60万吨，产值3.06亿元，销售收入3.09亿元，税金4138万元，利润8023万元，从业人员1252人。南宁利通树脂有限公司是韩国利通株式会社生产歧化松香1.20万吨，产值3.01亿元，销售收入1.90亿元，税金65.47万元，利润301万元，从业人员45人。国有武鸣县朝燕林场生产松香1.28万吨、松节油1920吨，加工单板4600立方米、木片1937吨，总产值3.20亿元，销售收入2.20亿元，税金542万元，利润54万元，从业人员289人。（玉雯雯）

【农村能源建设】 2010年，南宁市新建非贫困村农村沼气池4820座，完成投资2369.10万元。其中：中央投资723万元，自治区林业部门投资216.90万元，市财政投资96.40万元，县（区）财政投资96.40万元，农民自筹1236.40万元。累计建成农村户用沼气池48.30万座，年产气量2.03亿立方米，适宜建池农户入户率68%。每年可减少二氧化碳排放739万多吨，减少甲烷排放6000多吨，可节约薪柴96万吨，保护林地6.40万公顷。（张海琳）

【国家森林城市创建】 2010年，中共南宁市委、市政府出台《关于创建国家森林城市的意见》、《关于实施五大森林工程加快创建国家森林城市的决定》，将创建国家森林城市列入市委、市政府重要工作日程。10月9日，南宁市对《南宁森林城市总体规划》进行修编。市政府与各县（区）、各有关市直单位签订创建国家森林城市目标管理责任书，明确各单位的工作职责。至年末，全市森林覆盖率44.92%、建成区绿化覆盖率38.98%、绿地率33.67%、人均公园绿地12.53平方米，38项考核指标都达到国家森林城市的标准要求。（罗旻雯）

水　　利

【概　况】 2010年，南宁市有水利工程2.70万多座(处)。其中：大型水库3座、中型水库26座，小(一)型水库206座，小(二)型水库516座，总库容25.71亿立方米，有效库容13.25亿立方米；水闸工程42座(处)；电灌排涝站189座(处)。共有万亩以下小型灌区5922个，万亩以上中型灌区51个(1万~5万亩一般中型灌区34个，5万~30万亩重点中型灌区17个)，30万亩以上大型灌区1个。共建成每秒0.10立方米流量以上渠道1.05万千米，防渗渠道4269千米，占全长的40.6%，其中每秒0.10~1立方米流量渠道7587.67千米，防渗渠道2710千米；每秒立方米流量以上渠道2927千米，防渗渠道1558千米。共有各类引水工程2123处，设计引水流量每秒2463立方米，实际引水流量每秒115.46立方米。现有各类泵站9972处，其中：机电提水工程3124处，总装机3946台（套）9.66万千瓦，有效灌溉面积5.73万公顷；水轮泵站290处。共建成塘坝及水柜水井等集雨工程3.82万座（处），总容量1.36亿立方米，有效库容1.24亿立方米，全市水利工程有效灌溉面积23.96万公顷、农田旱涝保收面积19.24万公顷、有效实灌面积17.44万公顷，分别占耕地面积的66.70%、49.50%、44%，平均灌溉水利用系数0.42。已建成地方农村水电96处，装机容量6.37万千瓦，年均发电量每小时2.12亿千瓦。市区建防洪堤45.42千米，其中，50年一遇洪水标准防洪堤江北21.40千米、江南15.96千米和沙江堤1.38千米，二十年一遇洪水标准防洪堤6.67千米。

全市水土流失面积2935.54平方千米（占总面积13.30%）；崩岗1044座；石漠化面积1451.38平方千米。

年内，全市组织和协调的水利固定投产投资17.13亿元，为年度计划的101%，其中由市水利部门直接参与的水利建设项目资金共10.52亿元，并提前落实1000多万元项目前期经费，实施1400多项水利基础设施建设。新增解决35.39万农村饮水安全问题，完成硬化渠道602.51千米。改善灌溉面积1.04万公顷，恢复灌溉面积1694.18公顷，增加灌溉面积400.20公顷。征收水资源费317万元、水土保持规费325万元；治理水土流失面积24.95平方千米；合同引资3亿元，实际到位4000万元。

【水利工程项目建设】 2010年，南宁市共实施水库除险加固149座，总投资5.22亿元；完成115座，完成投资3.92亿元。其中72座中央专项水库除险加固工程均全面完工并投入使用验收，完成投资8.23亿元。实施农村饮水安全工程项目690项，完成投资1.99亿元，解决35.39万农民饮水安全问题。实施渠道硬化602.51千米，完成投资1.38亿元。冬春水利建设开工667项，竣工607项，完成投资5.67亿元。新修建防渗渠道107.70千米，改善灌溉面积1.03万公顷，恢复灌溉面积1693公顷，增加灌溉面积400公顷。

城市内河综合整治　完成内河清淤5.38千米，南湖—竹排冲水系环境综合整治工程年度完成投资6.21亿元。可利江—心圩江连通运河工程年度完成投资3.41亿元。可利江综合整治工程一期完成投资0.66亿元；二期完成投资0.52亿元。心圩江综合整治一期工程完成投资1.27亿元；二期工程完成投资0.44亿元。

老口水利枢纽工程　完成投资3.83亿元。完成A、B线路基施工，进行右岸临时土石围堰、左岸船闸围堰施工、土石方开挖等。

邕宁区防洪工程　完成投资2.02亿元。一期工程蒲庙堤人民医院—蒲庙大桥段(第一段)初步设计水利部珠江委已批复，已进场施工，正在进行拆迁工作。一期工程八尺江大桥-梁村段（第二段）初步设计水利部珠江委已批复，已完成招标工作，该段征地已基本完成。

石埠防洪堤工程　完成投资1.13亿元。完成工程项目所需征地54公顷，各标段已进场开展堤防、泵站、排涝闸等施工。其中一标段石灵河临时泵站已完成设备安装工作。新泵站建筑主体已封顶，主体装修已完成，管理用房已完成二层楼面钢筋制作安装工作，已完成堤防填筑19.50万立方米；二标段已完成33万立方米堤防填筑，永安、抱村泵站已开工。

【抗旱救灾】 2010年，南宁市降雨主要特点是汛前降雨偏少。上半年全市12个县（区）出现旱情，涉及103个乡镇2136个村屯，受灾人口162.48万人；农作物受旱面积170.87千公顷，其中轻旱134.10千公顷，重旱35.70千公顷，干枯1.10千公顷；缺水水田56.58千公顷，旱地112.55万公顷；因旱造成22.92万人和10.35万头牲畜发生饮水困难。

旱情发生后，南宁市及时启动抗旱应急响应，先后多次发出紧急通知，分阶段对抗旱工作作出部署。南宁警备司令部召开常委会议，专题研究部署警备区部队抗旱救灾工作。各县（区）及时召开会议，研究部署辖区的抗旱工作。市政府先后在隆安县、青秀区召开抗旱现场会，

2010年南宁市中国保护动物名录

中国Ⅰ级：黑叶猴、熊猴、金钱豹、苏门羚、蟒蛇、黑鹳、鼋、梅花鹿(主要是人工养殖)

中国Ⅱ级：虎纹蛙、大鲵、原鸡、林麝、黑熊、凤头鹃隼、雀雕、猛隼、小鸦鹃、草鸮、雕鸮、海南鳽、白琵鹭、鸳鸯、黑翅鸢、黑冠鹃隼、苍鹰、黑鸢、赤腹鹰、凤头鹰、松雀鹰、雀鹰、鹰雕、普通鵟、秃鹫、白尾鹞、草原鹞、鹊鹞、白腹鹞、鹗、白腿小隼、红隼、灰背隼、燕隼、灰鹤、褐翅鸦鹃、领角鸮、红角鸮、鹰鸮、领鸺鹠、斑鸺鹠、仙八色鸫、冠斑犀鸟、白鹇、蛇雕、大壁虎、山瑞鳖、猕猴、短尾猴、小灵猫、大灵猫、斑林狸、细痣疣螈、穿山甲。

2010年南宁市中国保护植物名录

中国Ⅰ级：钟萼木、石山苏铁、云南苏铁

中国Ⅱ级：格木、桫椤、水蕨、金毛狗、福建柏、白豆杉、香樟、花榈木、红椿、紫荆木、锯叶竹节树、马蹄参、木瓜红、蚬木、金丝李、苏木、顶果木、青檀、火麻树、地枫皮、海南风吹楠、海南大风子、海南椴、任豆、榉树、半枫荷、蒜头果。

濒危树种：龙州锥

研究部署抗旱保春耕。市防汛抗旱指挥部4月13日印发《关于做好抗旱保供水和保春耕生产工作的紧急通知》。自治区、南宁市、各县(区)领导带领工作组深入旱区检查指导抗旱,成立抗旱督查组、抗旱工作队前往旱区帮助抗旱。从3月26日起,市水利局组织11个工作组分别联系12个县(区)对抗旱保春耕进行督促指导。3月31日,南宁警备区首长机关和直属队及各县(区)人武部、干休所开展向干旱灾区捐款献爱心活动,累计筹得爱心款4万多元。南宁警备区先后向旱灾地区捐赠各类抗旱生产生活物资6万多元。4月2日,警备区派出2台运输车,为隆安县丁当镇送去价值5万元的抽水设备(含抽水机、水管)13台(套)。协调武警水电第一总队,为隆安县送去矿泉水、抽水泵、机油等一批抗旱物资,价值10万元。3月30日,共青团自治区委、共青团市委在南宁市三美学校启动八桂青少年爱心甘霖援助行动“绿城青春涌泉”抗旱救灾援助行动。收到各类捐赠,包括物资及现金价值26.50万元。3月29日,共青团江南区委组织开展“捐献一瓶水,奉献一份爱”江南区青春“涌泉行动”启动仪式,收到物资包括1510件饮用水和3.72万元善款;中国石油南宁分公司青年文明号集体给西乡塘区3个乡镇、1个办事处送去柴油2吨,用于帮助农民抗旱抽水保春耕。同时,协调专业打井队伍找水打井。中国地质调查局水文地质环境地质调查中心、广西地质勘察总院、广西地矿建设工程有限公司和广西272地质队4个单位分别组织打井队伍,到旱区开展打井工作,至4月末,在隆安、马山、上林、宾阳县和邕宁区打井52口,其中出水18口,解决4830余人的饮水困难和200多公顷农作物灌溉。全市财政共下拨抗旱资金300万元。投入抗旱人员110.73万人次,投入的抗旱设施有:机电井725眼,泵站663处,机动抗旱设备6.24万台(套),运水车1.04万辆次;全年累计投入抗旱经费2918万元,抗旱用电598万度、用油1641吨;累计抗旱浇灌面积7.26万公顷,解决人畜饮水困难15.36万人和牲畜6.48万头。

【水土保持管理】 2010年,市水利局及时办理水土保持行政审批手续,配合政府开展联合审批10次,现场办结审批46个项目,全年共审查审批水土保持方案150多个。3~5月,组织执法人员集中一个半月时间对南宁市周边重点开发建设区、东盟商务园区、高新技术开发区、经济技术开发区等开展开发建设项目水土保持专项执法检查,共执法检查585次,检查各类开发建设项目411个,查处水保违法违规案件12件。完成8个电力工程项目水土保持设施验收工作,征收水土保持规费325万元。督查促使开发建设项目业主投入水土保持治理资金10.68亿元,完成治理水土流失面积24.95平方千米。

【水政水资源管理】 2010年,市水利局争取自治区水利厅专项资金30多万元,率先在全自治区开展永久性水法规宣传牌制作安装,近百块永久性水法规宣传牌覆盖全市29座大中型水库大坝、重要饮用水水源地水库、重要水利设施以及部分重要河道。重新整合水政监察支队,联合国土、公安、海事等部门开展联合执法,重点加强对非法采沙的打击力度,在邕江市区上下游设立2个采沙管理检查站,对在邕江沿河非法停靠的采沙船进行全面集中清理行动,共警告驱赶违法采沙船561艘,查扣违法采沙船15艘,强制拆除违法采沙船5艘,罚没现金13.50万元,有效遏制邕江市区非法采沙现象。查处城市内河区域水事违法建设案件12件,处理水事违法案件40件,调处水利纠纷3起。同时指导督促江南、西乡塘、兴宁、邕宁等城区开展采沙整治。

(卢明发)

【库区移民】 2010年,南宁市有大中型水库移民11.56万户46.06万人。其中:搬迁移民6.36万户25.41万人;淹地不搬迁移民5.16万户20.65万人。新建工程移民3526人,分别是百龙滩水电站马山县库区901人,乐滩水电站马山县库区1537人,岩滩水电站外迁至宾阳县黎塘园艺场安置移民1088人。全市移民分布在6个县、6个城区和南宁高新技术产业开发区,涉及96个乡镇、478个村民委员会、3037个村民小组。

后期扶持政策 建立完善大中型水库移民后期扶持资金发放机制,及时足额发放后期扶持补助资金。全市列入大中型水库移民后期扶持人口39.97万人,发放后期扶持补助金2.40亿元。

新村建设工程 自治区下达南宁市水库移民基础设施建设项目187项,总投资8269.20万元,受益群众6.13万人,其中移民4.56万人。至年末,已全面完成第一批水库移民新村111个项目的建设任务,完成投资4265万元。其中:完成移民新村项目42个,总投资2308万元;饮水项目19个,总投资132万元;新建道路项目50个,总投资1825万元。

基础设施建设 市财政投入资金用于小型水库移民基础设施建设,改善移民生产生活条件。市本级财政首次筹出经费1300万元,相关县(区)财政也相应筹措配套经费229.56万元,解决小型水库移民基础设施建设项目54个(道路项目34个,饮水项目18个,供电项目2个),总投资1635.8万元。其中:市财政投资1300万元、县(区)配套229.56万元、群众自筹106.24万元。至年末,第一批41个项目全部完工,完成投资1250万元。列入为民办实事项目的6个水库移民基础设施建设项目,完成总投资202万元,受益移民2.92万人。

教育培训 组织全市水库移民骨干、部分库区移民分3期3批共150人到自治区水库移民工作管理局位于桂林市恭城县黄竹岗水库移民的培训基地进行思想观念和生产技能培训。全市加大对水库移民、移民示范户、移民种养能手开展农村实用技术和劳动力转移技能教育培训,共举办移民农业技术培训班320期,培训8900人次;移民就业技能培训班52期(次),新增转移劳动力620人。累计转移劳动力1590人,完成年初制定的劳动力转移目标。

增收工程 重点抓横县校椅镇醝冷村陆村经济联社的工厂化蘑菇生产基地、江南区苏圩镇佳棉村精品瓜菜大棚种植、青秀区南阳镇雄会村和留凤村的网箱养鱼等3个移民增收试点项目的建设,总投资223万元。

安置工程 配合有关部门做好老口航运枢纽工程建设移民安置各项前期工作,完成项目可行性研究报告阶段建设征地移民安置规划设计报告初步审查,协调隆安县、江南区、西乡塘区完成老口航运枢纽工程建设征地淹没实物指标复核外业工作及搬迁安置的新址初步选址等工作;协调处理岩滩水电站东兰县外迁至黎塘园艺场移民遗留问题,协调做好乐滩水电站库区移民安置。 (覃 梦)

责任编辑 卢景林

南宁市住房保障和房产管理局

2010年，南宁市全面超额完成与自治区签订的保障性安居工程责任状任务和为民办实事任务。廉租住房筹集2635套，新增廉租住房货币补贴4211户，全年租赁补贴2.14万户；经济适用住房建设面积201.49万平方米，竣工5657套，面积67.84万平方米，新开工昌泰·金华园经济适用住房项目；公共租赁住房新开工建设1550套；限价商品房建设项目2个，共4192套，竣工2968套；棚户区共立项实施改造11.70万平方米，开工建设住房3066套，农村危房改造完成1.07万户。

全市拥有廉租住房、经济适用住房、公共租赁住房、限价普通商品住房、拆迁安置房、棚户区改造和危旧房改造（包括农村危旧房改造）等类别的保障性住房，多层次住房保障体系基本框架已搭建起来。至年末，累计廉租住房竣工5217套，在建4224套，保障2.55万户；经济适用住房（含集资建房）竣工8.06万套，在建1.38万套；公共租赁住房开工建设1550套；限价普通商品房竣工2968套，在建1224套；城市和国有工矿棚户区改造开工建设住房3066套。累计解决10万多户中低收入家庭住房困难问题，成为广西住房保障类型最齐全、保障层次最完备、保障量最大的城市。

2010年4月3日，自治区党委书记、自治区人大常委会主任郭声琨（前左三），自治区党委常委、市委书记车荣福（前左一）等自治区、市领导到友谊苑廉租住房项目调研

2010年7月13日，自治区副主席高雄（前左三）、自治区住建厅厅长严世明（前左二）在市委常委、常务副市长周家斌（前右二）的陪同下考察凤岭北廉租住房项目

2010年2月9日，南宁市住房保障和房产管理局举行揭牌仪式，市委副书记覃孟征（前左四），市委常委、常务副市长周家斌（前右四）出席

2010年8月27日，边阳街高层廉租住房项目开工仪式举行

2010年12月，南宁市房屋产权交易中心被住建部授予全国房地产交易与权属登记规范化管理单位称号。图为交易中心主任覃兰秋在揭牌仪式上讲话

南宁市人力资源和社会保障局

2010 年 2 月 10 日，市委副书记刘长林（左）、自治区人社厅副厅长于祖毅（右）为南宁市人力资源和社会保障局揭牌

2010 年 1 月 8 日，南宁市人事局和南宁市劳动和社会保障局合并为南宁市人力资源和社会保障局。2 月 10 日，市人力资源和社会保障局正式挂牌运行。

年内，市人力资源和社会保障局以创先争优活动为契机，坚持以科学发展观统领全局，落实中央、自治区和南宁市应对宏观经济形势的一系列政策措施，围绕市委、市政府建设区域性国际城市和广西“首善之区”的战略部署，坚持民生为本、人才优先这一主线，充分发挥人力资源和社会保障职能作用，克难攻坚，各项工作取得较好成绩，全市人力资源和社会保障事业得到全面协调发展。获全国科技活动周广西活动优秀项目奖以及 2009 年度自治区社会主义新农村建设指导员工作先进后盾单位称号。

服务大局攻重点，就业再就业工作取得新进展。为民办实事项目城镇新增就业 7.38 万人，下岗失业人员实现再就业 1.86 万人，帮助就业困难人员实现再就业 5152 人，城镇登记失业率 3.69%，农村劳动力转移就业新增 9.72 万人，农村劳动力转移就业职业技能培训 5.25 万人，创业培训 7537 人，职业资格证核发 4.04 万人，局属技工学校毕业生推荐就业率达 98%以上。

千方百计克难点，社会保障体系建设实现新突破。社会保障与群众利益息息相关，是保民生的着力点。针对社保覆盖面偏小、保障能力较弱的难点，加大工作力

2010 年 11 月 26 日，自治区、市领导共同启动 2010 年南宁市创业活动月启动仪式暨创业成果展示会

2010 年 12 月 18 日，社保政策进社区活动现场

度，强力推进覆盖城乡的社保体系建设，使人民群众共享经济社会发展的成果。全年全市养老、失业、医疗、工伤、生育保险参保人数分别为58.60万、39万、156.11万、35.81万、36.28万，各项社会保险费征收分别为44.27亿元、1.50亿元、10.79亿元、3873万元、4012万元，提前完成“社会保险惠民工程”为民办实事项目，在自治区率先实现5项社会保险的市级统筹，第一个完成在金保工程中嵌入城镇企业职工基本养老保险关系转移接续功能模块。

南宁人力资源市场

创新机制育亮点，区域人才高地建设达到新高度。贯彻落实全国、自治区人才工作会议精神，加快确立人才优先发展战略布局，以高层次创新型人才为重点，实施人才强市战略，为首府经济社会又好又快发展提供人才智力支撑。

科学规范抓热点，人事制度改革不断得到深化。着重从机制创新、完善管理入手，抓好公务员管理、事业单位岗位设置管理、绩效工资实施、军转安置等工作，进一步营造规范有序的用人环境。

全力以赴化焦点，构建和谐劳动关系迈出新步伐。全市各类企业劳动合同签订47.02万人，签订率98%，劳动监察立案611件，结案606件，结案率99%；劳动争议仲裁立案2717件，结案2587件，结案率95%。

2010年1月13日，南宁市“十二五”人才发展规划编制工作会议召开

2010年11月5日，第十三届全国大中城市工伤保险经验交流会在南宁市举行

2010年4月6日，为监狱服刑人员开展SIYB（创办和改善你的企业）创业培训

南宁市教育局

2010年5月31日，自治区党委常委、市委书记车荣福（前右二）到市衡阳路小学进行"六一"节慰问，并参加经典诵读活动

南宁市教育局是市政府工作部门，主管全市教育事业和汉语言文字工作。现辖12个县（区）、3个经济开发区中小学校和幼儿园。"十一五"时期，南宁市全面贯彻党和国家教育方针，大力实施教育优先发展战略和人才强市战略，全面实施素质教育，进一步深化教育改革，加快发展教育事业，全市各级各类教育发展取得显著成绩。

一是学前教育形成多元发展新格局。坚持政府主导、社会参与、公办民办并举的办园体制，初步形成公办、民办幼儿园互相促进、共同发展的多元化办学格局。2010年，民办幼儿园在园幼儿9.90万人，占全市在园幼儿数57.23%。二是义务教育转入均衡发展新征程。全面实行城乡免费义务教育，重点在经费投入、基本建设等方面向农村学校、薄弱学校倾斜。市本级共投入20.30亿元，新建、迁建及扩建一批中小学校，义务教育由全面普及转入均衡发展。其中2009年武鸣县被评为全国推进义务教育均衡发展先进县。三是普通高中教育跨进优质发展新阶段。实施学校建设"精品工程"，全市39所普通高中通过自治区普通高中一级学校评估，占全市普通高中的45.35%。同时，加强自治区示范性普通高中建设，实现县县有自治区示范性普通高中的目标。全市有自治区示范性普通高中19所，在校生4.81万，占普通高中在校生的41.31%。四是职业教育步入快速发展新行列。全面实施职教攻坚，共投入攻坚经费11.63亿元，全市中职学校学生人均校园面积、建筑面积、设备值、图书4项主要指标全部超过攻坚要求，每县均建有综合性县级职教中心1所，办学条件得到极大改善。有自治区示范性中等职业学校7所，其中国家中等职业教育改革发展示范学校2所（广西共有9所）。五是教育经费投入实现新增长。坚持以财政投入为主，不断完善教育经费保障机制，逐年加大教育投入。全市教育经费总投入205.84亿元，年平均增长24.77%，其中预算内教育经费拨款150.42亿元，年平均增长27.81%；多渠道筹措教育经费55.42亿元。六是学校基础设施建设取得新进展。市区新建滨湖路小学、桂

2011年1月28日，书记夏建军（左一）、局长施日全（左二）、副局长杨捷（左四）参观南宁市中小学师生迎春书画作品展

2009年9月15日，副局长刘彪（前左二）在南宁市职业教育攻坚工作领导小组会议上汇报

2010年10月30日，副局长章志宏（前）出席南宁市青少年科技创新大赛作品展开幕式并讲话

2011年7月14日，局长施日全（右纪委书记韦家甫（右一）参加全市治理教收费专项工作座谈会

雅路小学、仙葫学校等12所中小学校，逐步缓解区域内适龄儿童少年就近接受义务教育难的问题。七是教师队伍专业化建设实现新发展。坚持把教师队伍建设摆在重要位置，树立“教育家办教育”的理念，积极实施“高素质校长培训工程”、“356人才培养工程”、“南宁市21世纪园丁工程”等，选派骨干校长到英国、美国、加拿大等国家培训，与北京大学、广西师范大学等自治区内外高校合作开展教师、校长培训，举办培训班30多期，培训校长、教师近6000名。八是素质教育取得全面发展新成果。深化课程改革，创新学校德育工作，率先在广西实行中考及招生制度改革，素质教育成果显现，教育教学质量稳步提高，体育、艺术教育硕果累累。九是学生资助工作迈进全程覆盖新时期。建立健全覆盖从小学到大学的家庭经济困难学生资助体系，五年全市共资助家庭经济困难学生和特定学生132.70万人次，累计发放财政资助经费8.33亿元。十是教育国际交流合作迈出新步伐。市教育局分别与美国跨世纪文化交流中心、加拿大素里市等签订国际教育交流与合作协议。市二中、市三中等7所学校与国外学校建立友好合作关系。部分学校接收东盟国家学生来邕就学及聘用外籍教师执教，增进国际教育交流。其中2009年，市政府同意建设南宁三中国际学校，项目正在筹备中。

首府南宁正在形成多层次、多形式、学科门类基本齐全、结构合理的教育体系，成为广西莘莘学子向往的理想求学之地。市教育局先后获全国未成年人思想道德建设工作先进单位、全国教育督导先进集体、全国职业教育先进单位、自治区基础教育课改工作先进集体等称号。

2010年12月27日，良庆区语言文字工作评估汇报会举行

2007年11月30日，南宁市中等职业学校国家助学金发放启动仪式

南宁市第二中学凤岭校区信息楼全景

2010年1月15日，南宁市第四届中小学残疾学生运动会暨特奥会比赛现场

2010年11月24～25日，举办南宁市第十二届中小学艺术节。图为学生才艺展演

南宁市国家税务局

2008 年 12 月 12 日，国家税务总局副局长王力（右一）到市国税局考察调研

“十一五”期间，南宁市国家税务局深入贯彻落实科学发展观，以创新为总抓手，以“质量、效率、落实”为工作主线，以“实、新、特、好、快”为总要求，突出抓好收入，抓实征管，抓强队伍，抓活基层，全力打造“电子国税、文化国税、创新国税、效能国税、和谐国税、平安国税”，争当自治区国税系统学习、工作、党风廉政建设和精神文明建设“四个模范”，取得丰硕的成果。市局和各基层局共获各类荣誉 160 多项，所有基层局全部获得市级文明单位称号，14 个基层局获自治区文明单位称号；市局连续 4 年获全市 90 个窗口服务行业达标竞赛第一名；在 2010 年全国 35 个城市纳税人满意度调查中，排名第 11 位，比 2008 年的调查排名上升 4 位。其中暗访办税服务厅得分为 97.95 分，排名上升至全国第 4 位。

“十二五”时期，市国税局将围绕“服务科学发展、共建和谐税收”的主题，牢记“为国聚财、为民收税”的神圣使命，秉持“依法行政、依法治税”的原则，致力建设服务、责任、法治、廉洁的国税机关，推进南宁国税事业科学发展，为南宁市加快建设区域性国际城市和广西“首善之区”做出新的更大贡献。

2010 年 8 月 26 日，中共南宁市委党校国税分校成立

搭建广西国税 12366 纳税服务平台

税务人员深入企业开展调研服务活动

建设标准化办税服务厅

2010 年 2 月，在自治区率先成立纳税人学校，先后举办各类培训班 110 多期，免费培训 1.30 万多人次

2010 年 9 月 28 日，举办创先争优演讲比赛

南宁市财政局

2010年1月28日，局长刘志烈（左二）一行6人到良庆区那马镇共和村慰问困难户和特困户

2010年，南宁市财政局充分发挥财政职能作用，增强责任意识，创新工作方式，积极培植、拓宽、壮大财源，狠抓财政收入组织工作，优化支出结构，有力推动财政收入快速增长。财政收入跃上新台阶。全市财政收入300.88亿元，比上年增长30%；一般预算收入156.10亿元，增长29.77%；一般预算支出261.49亿元，增长28.47%。收入总量、收入增幅、一般预算收入增幅、财政支出增长速度分别居全自治区第一、第四、第三和第八位。

支持重大产业项目建设。市本级财政共筹措资金36.79亿元，用于铝板带型材项目、南化整体搬迁、锦虹新增年产9.70万锭项目、广发重工搬迁改造项目、服务业引导等。抓好融资，为城建筹集资金。城建项目资金计划319.30亿元，其中财政性资金235.88亿元。五象新区完成投资69.40亿元，交通基础设施完成投资231.87亿元，“中国水城”建设完成投资26.36亿元。关注民生，注重为民办实事。全市用于“三农”、教育社会保障和就业、医疗卫生和住房保障等民生支出133.01亿元，占全市一般预算支出的52.29%。市本级筹措17.65亿元，确保20件为

2010年2月9日，南宁市2010年财政工作会议在市委、市政府会议中心召开

2010年2月9日，南宁市金融工作办公室成立并在市财政局办公楼举行揭牌仪式

2010年8月2日，市契税征管职能划转到市地税局，并举行赠车仪式。图为市财政局局长刘志烈（左）向市地税局赠送3辆东风景逸汽车

民办实事项目资金需要。筹措7.76亿元保障性住房资金，新建廉租房2016套，竣工经济适用房5613套。深化财政改革，加大财政监督。进一步推行公务卡改革，指导县(区）国库机制支付制度改革，对市本级实行国库集中支付的432个单位支付50.88亿元。支持上林县作为自治区直管县财政体制试点工作，指导武鸣县开展农村金融改革试点工作，落实经费补助350万元。完善规范政府采购，市本级完成政府采购金额53.85亿元，节约资金17.09亿元。加强对财政投资项目评审，全年审结项目3723项，项目审核率93.97%，其中工程项目审定金额66.25亿元，净核减额22.55亿元，核减率25.39%。继续开展小金库专项治理，共清查出“小金库”40个，涉及金额1273.08万元。《南宁市十年（2011~2020年）财源建设规划》中期研究成果顺利通过评审，课题研究成果达到国内同类研究先进水平。

2010年11月6日，《南宁市十年（2011~2020年）财源建设规划》课题中期研究成果评审会在市财政局召开

南宁市城市管理局
南宁市城市管理综合行政执法局

2010年，南宁市城市管理局（南宁市城市管理综合行政执法局）抓科学发展，形成科学发展新共识；抓以城为本，服务为民的实践，促进工作作风进一步转变；抓项目建设，促进市政公用设施建设进一步完善；抓服务保障，促进服务重大活动能力进一步提升；抓巩固深化，促进“城乡清洁工程”品牌进一步夯实；抓法规建设，促进城市管理法制化建设得到新提升。通过上述举措，营造洁齐美的市容环境，提升市政公用设施档次，提高城市管理服务水平，为加快建设区域性国际城市和广西“首善之区”做出新的贡献。

2010年1月1日新年第一天，自治区党委书记、自治区人大常委会主任郭声琨（左一）慰问环卫工人

2010年1月24日，市长黄方方（左二）慰问城管队员

2010年3月19日，市委常委、副市长周家斌（右一）；市委常委、宣传部部长，副市长吕洁（右二）参加“3·19”城市管理公众参与日活动

局领导班子在研究工作

2010 年 12 月 4 日，党组书记、局长杨玉山(右)上线南宁电视台“政风行风面对面”节目

市政维护工人在更换井盖

城管执法现场

环卫车辆现场作业

南宁市工商行政管理局

2010 年 11 月 16 日，国家工商总局局长周伯华（中）在自治区主席马飚（右一）、自治区工商局局长朱军（左一）的陪同下视察南宁广告监管中心

2010 年，南宁市工商行政管理局学习贯彻党的十七届四中、五中全会精神，落实科学发展观，坚持国家工商行政管理总局提出的只有依法加强市场监管，工商行政管理才能树立公平公正的执法权威；只有全力服务科学发展，工商行政管理才有充分发挥职能作用的地位；只有切实维护消费者合法权益，工商行政管理才有群众支持的根基；只有建设高素质的干部队伍，工商行政管理改革发展才有坚强的组织保障。做到监管与发展统一，监管与服务统一，监管与维权统一，监管与执法统一。落实自治区工商局的工作部署，优化投资环境、整顿和规范市场经济秩序、加强食品安全监管、维护消费者的合法权益，为促进首府经济社会科学发展、和谐发展做出积极贡献。

大力服务非公经济发展，继续落实优化环境、促进发展 33 条措施。实施商标品牌战略，商标注册量占广西第一，拥有各类注册商标 1.26 万件。通过“红盾护农”、“双培

2010 年 11 月 18 日，在自治区工商系统军事训练汇报大会上，市工商局女子方块队和男子方块队分别获得一等奖和三等奖

2010 年 4 月 15 日，举办流动维权强化监管活动启动仪式。图为流动维权强化监管服务车整装待发

双促”等措施，登记注册农民专业合作社714户，有农村经纪人5155人；查处农资违法案件185件，为农民挽回经济损失26.11万元。

加强市场监管和消费维权、打击非法传销。开展打击传销百日行动3次、打击传销联合整治行动40余次。发放《食品流通许可证》9169户，创建农村食品安全示范店1376家，立案查处各类制售假冒伪劣食品案件38起，取缔食品无照经营户278户。整治违法虚假广告行动深入推进，12315行政执法体系平台建设工作有新进展。建立消费者协会投诉站、12315申诉举报联络站2112个，发布消费提示5期，受理消费者咨询4.26万件、申诉672件、群众举报805件，申诉成功调解率96%，为消费者挽回经济损失180多万元。服务首府创建国家卫生城市活动，投入创卫经费95万元，对市区191个集贸市场进行3次集中整治。获南宁市创建全国文明城市立功受奖集体嘉奖。在南宁市纠风办组织的政风行风评议中，市工商队伍群众测评满意度均为100%。

2010年3月13～19日，以“消费与服务”为主题，在县（区）设立18个“3·15”主题会场，开展消费维权大服务周活动。图为在西乡塘“3·15”主题会场工商人员庄严宣誓承诺

2011年1月7日，南宁市成立首支打击传销联合执法专业队

2010年12月20日，市工商局档案规范化建设通过市档案局评审，局机关及18个县(分)局档案室全部晋升为一级单位

2011年1月20日，执法人员与商务、城管、卫生等部门工作人员在青秀区华园市场检查肉食摊点的进货票据凭证

南宁市质量技术监督局

南宁市质量技术监督局内设办公室、监察室、法规科、开发区办事处、标准化科、计量科、质量科、安全监察科、食品生产监管科9个职能科室，设有稽查支队、南宁—东盟经济开发区质监分局；下辖武鸣、横县、宾阳、上林、马山、隆安6个县质量技术监督局。全系统共有在职干部职工216人，其中公务员143人。

①

2010年，该局加强县级公共检验检测平台建设，筹措资金900万元购置检验设备、建立实验室，实现人才、设备等资源的有机整合。整合后，六县质监技术机构共引进大学本科以上人才22人，比整合前翻一番；检验项目869个，比整合前增长8.80%。其中：横县质监局建成建材类产品检验实验室及商品净含量定量包装实验室，国家茉莉花及制品实验室通过国家认监委的现场审查，广西淀粉中心通过自治区级扩项及复评审计量认证考核验收。横县产品质量监督检验所、隆安县检验站、马山县检验站积极整合机构，拓展检测项目，取得良好的经济和社会效益。加强质量监督工作。全市工业产品质量定检合格率85.90%；食品监督抽查合格率90.60%；新装特种设备注册登记率，以及锅炉、三类压力容器、电梯、大型游乐设施定检率均为100%；其他特种设备检验率98.50%以上；全市无重特大食品和特种设备责任安全事故发生。全市千亿元产业和规模以上工业企业的主导产品采标率为88%。全市计量器具检定率为95.60%，定量包装商品净含量合格率为91.80%。全市系统行政相对人满意率为99.90%；质量技术监督行政服务工作及时率为100%，年度工作目标完成率100%；行政执法结案率为97.60%；行政服务工作差错率和行政行为在行政复议或诉讼中的撤销、变更率均为零。

该局围绕“抓组建、增活力、树典型”的工作重点，有计划、有重点地推进“创先争优”和“党组织建设年”活动。进一步完善党员活动室、党员读书阅览室、文明市民学校等学习教育阵地。结合“四型”(学习型、创新型、效能型、廉洁型)机关创建活动，成立本系统文化艺术联合会和书法协会。制作的“加强四型党组织建设，推动质监科学发展”课件获市直机关2010年南宁市直机关组织工作创新成果优秀奖。市质监局驻市政务服务中心质监窗口被评为南宁市2010年度政务服务工作先进单位。市质监局、武鸣、宾阳、上林县质监局被评为自治区级文明单位；马山、隆安、横县质监局被评为市级文明单位；横县、武鸣县质监局被评为广西质量技术监督工作八强县局。

⑤

⑥

① 2010 年 7 月 28 日，南宁市实施质量兴市战略工作会议在市委、市政府会议中心召开，正式启动质量兴市活动

② 2010 年 12 月 10 日，局长覃家源（前左）与南宁高新区管委会签订质量兴区合作备忘录

③ 2011 年 1 月 5 日，南宁市 2010 年度实施质量兴市战略绩效考评工作汇报会在市政府召开，南宁市以满分的成绩通过自治区实施质量兴桂战略领导小组的考评

④ 2010 年 9 月 5 日，全国第一批重点跟踪区域省际交叉检查组组长柴天顺（前中）一行在副市长温守荣（前左）、自治区质监局副局长杨艳阳（前右）陪同下参观南宁市质监展厅

⑤ 2010 年 4 月 29 日，自治区质监局副局长李振华（右三）检查南宁市特种设备安全

⑥ 2010 年 7 月 23 日，党组书记李善钦（左一）带领局干部职工到市委党校“党性党风党纪教育基地”开展警示教育活动

⑦ 2010 年，市质监局开展以乳制品生产企业为重点的食品安全整顿工作。图为党组书记李善钦（右）带队深入乳制品生产企业现场检查

⑧ 2010 年 9 月，开展“质量月”暨“实验室开放”活动

南宁市中级

南宁市中级人民法院贯彻落实科学发展观，始终坚持“三个至上”(党的事业至上、人民利益至上、宪法法律至上)指导思想，努力践行“为大局服务，为人民司法”工作主题，以“勇夺广西第一、争创全国一流”为目标，围绕审判执行工作，积极推进政法“三项重点工作”(社会矛盾化解、社会管理创新、公正廉洁执法)，取得良好业绩。2010 年，全市法院受理各类案件共 4.24 万件，其中市中院受理 9328 件；审结 4.15 万件，其中市中院审结 8997 件，结案率比上年上升 0.94%（广西为 0.39%）。

恪尽职守，围绕大局服务地方建设全力化解社会矛盾。自觉以能动司法理念围绕市委“四个年”主题活动、“五场攻坚战”的工作部署，主动为加快推进“三基地三中心”（中国—东盟区域性物流基地、加工制造基地、商贸基地，区域性信息交流中心、交通枢纽中心、金融中心）建设提供司法保障与服务。坚持“调解优先、调判结合”，进一步完善立案调解、民事调解、刑事附带民事调解、行政协调、执行和解、再审调解等和谐办案机制，建立健全诉讼与非诉讼相衔接的矛盾纠纷解决机制，千方百计平息民生纠纷，积极破解执行难题，倾力化解社会矛盾，全力维护首府社会稳定。

立足本职，让审判实践丰富社会管理创新内涵。通过推行圆桌审判、判后寄语、心理辅导机制、社会矫正及庭前社会调查制度等，积极探索审理和帮教未成年被告人的工作模式。通过开展法律“进社区、进学校、进农村、进企业”活动、建立“驻村法官”、“法官工作站”制度以及司法救助机制等，落实司法便民、利民、为民措施。通过创新审判公开制度，率先在广西法院通过网络平台对案件庭审过程实行直播，积极推行裁

2010 年 10 月 29 日，院长周腾在亚太地区法官研讨会上发言

2010 年 12 月 28 日，举行庆祝市中级人民法院成立 60 周年大会

2010 年 4 月 9 日，最高人民法院副院长熊选国率量刑规范化工作中央检查组对南宁市量刑规范化试点工作进行检查指导，听取试点情况汇报

2011 年 2 月 15 日，院长周腾(二排左三)到江南区召开座谈会，听取市人大代表对法院工作的意见和建议

2010 年 10 月 15 日，召开全市法院审判执行工作运行态势分析会

人民法院

判文书上网、举办法院开放日活动，打造阳光审判。

积极探索，以司法改革推进审判管理取得实效。努力创新机制、完善管理，全面推进信息化网络建设。通过调整审判管理机构与职能、推行深层次的业务运行季度分析制度、持续开展超审限案件专项整治工作、开展大规模的案件质量评查活动，推动审判工作整体均衡发展，有效地促进了审判质效的提升。

严管厚爱，促队伍素质提高确保公正廉洁执法。大力开展以创先争优、建立学习型单位为主题的党建活动，加强干警理想信念、社会主义法治理念及职业道德教育；激活选人用人机制，优化干部结构；加强文化建设凝心聚气，营造积极向上、奋发有为的法院文化氛围。通过切实提高干警的政治、业务、文化素质，确保公正廉洁执法。有 60 多项研究成果在全国、全自治区法院评比活动中获奖；一批干警在案件评查、裁判文书评比、司法统计分析、审判案例编写、法警技能竞赛等业务活动中获得优良成绩。

2001~2010 年，连续 10 年被评为广西法院目标管理、绩效管理考评一等奖，曾获市首批文明机关、广西法院文明窗口单位、广西维护国防利益和军人军属合法权益先进集体和全国法院文化建设先进集体、全国法院清理执行积案先进单位、全国巾帼文明岗等荣誉称号，并有调研、司法统计、办公室、涉诉信访、刑事审判、知识产权审判、执行、司法警察等 12 个单项工作在全国法院系统评比中受到表彰奖励。2010 年 2 月，市中院被自治区高级人民法院记集体二等功一次；被评为自治区级文明单位。在 2011 年的市人民代表大会上，市中院的工作报告通过率为 86.78%，创下历年新高。

2010 年 8 月 5 日，首次对减刑案件实行开庭审理。图为在广西女子监狱对 15 件减刑案件进行公开开庭审理

2010 年 5 月 28～29 日，2010 年广西法院优秀研究成果交流会上，市中院被评为“全区法院第二十届学术讨论会组织工作先进单位”。图为副院长黄芳上台领取奖牌

2010 年 7 月 7～8 日，举行干部竞争上岗演讲大会

2010 年 4 月 16 日，举行首府法官“读书与思考”学习活动启动暨广西新华书店集团有限公司赠书仪式。图为院长周腾在启动仪式上致辞

2011 年 1 月 24 日，公开开庭审理在广西具有较大影响、社会普遍关注、公安部督办的武宣县泰龙矿业有限责任公司涉黑案

中国人民解放军广西南宁警备区

2010 年，中国人民解放军广西南宁警备区深入贯彻落实科学发展观，着眼有效遂行多样化军事任务，加强部队思想政治建设，坚持党管武装，坚持走军民融合式发展道路，部队和民兵预备役全面建设取得新的进步。党委“一班人”继续深化拓展应急防卫作战准备成果，积极推进军事斗争准备由应急备战向长期准备转变，坚持以创建学习型党委和创先争优活动为抓手，以制度建设为核心，以提高贯彻落实科学发展观能力为重点，组织开展“培育当代革命军人核心价值观”、“创建学习型党组织”、“创先争优”等活动。青秀区人武部、横县人武部被广西军区评为全面建设先进单位，有 5 个团级单位主官、4 名团级党委书记分别受到上级通报表彰。

严把征兵标准，输送合格兵源

依据《民兵训练大纲》，从难从严开展训练

年内，南宁警备区加大依法从严治军力度，开展进行新条令集训和“学法规、用法规、守法规”活动，狠抓作风纪律教育整顿和隐患排查，建成警备区本级视频监控、车辆智能化管理系统，促进部队正规化建设和安全管理。着眼部队担负的任务，做好城市警备工作，加大城市警备纠察力度，及时开展军警联合执法和专项整治行动，集中公开销毁处理假冒军车 57 辆，较好地维护军队良好形象，警备纠察连被广西军区评为基层建设标兵单位和先进基层党组织。做好国防后备力量整组、各种预备役人员登记统计和高校毕业生预征工作，严把兵员质量关、圆满完成新兵征集和士官直招工作。积极组织民兵预备役人员参与地方经济社会化建设，出色完成抗旱救灾、“两会一节”安保执勤、应急维稳等急难险重任务。深入开展后勤法规专项整治，全面规范后勤管理秩序，积极探索物资联合采购新模式。加大对资金使用安全管理，警备区本级先后投入资金 200 多万元，整治民兵武器装备仓库营区环境，修建机关生活区停车场，规范营区管理秩序，装备保障水平稳步提升。武鸣、马山县人武部被广西军区评为民兵报废弹药销毁先进单位。把西乡塘区坛洛镇东佳村那学坡确定为警备区和西乡塘区军民共建社会主义新农村建设和双拥模范城示范点，协调筹措资金 290 余万元，用于那学坡的社会主义新农村建设项目。

2010 年 6 月，开展军服专项整治活动

军地联手，严打假冒军车

2010年11月30日，市委人民武装委员会第十八次、市国防动员委员会第十五次全体（扩大）会议召开

2010年8月1日，南宁警备区民兵应急分队接受广州军区点验

开展双拥共建活动

向旱区捐赠爱心物资

2010年4月，组织民兵舟桥分队开展防汛训练

广泛开展全民国防教育

中国人民武装警察部队南宁市支队

2010 年，中国人民武装警察部队南宁市支队强化思想政治建设，围绕基层反映和官兵关注的问题，突出抓好整改落实，坚持按基础工程、灵魂工程、战略工程抓核心价值观教育，官兵集体荣誉感得到有效激发，官兵总体思想稳定。支队被武警广西总队表彰为思想政治教育先进单位。

年内，支队学习贯彻《中华人民共和国人民武装警察法》暨中心工作网上集训精神，抓好执勤隐患整治，初步建成完整配套的执勤设施，基本消除执勤目标的主要隐患。抓好军事训练，坚持按纲施训，分步细训，专勤专训。突出加强反恐力量建设，部队遂行多样化任务能力得到提高。固定勤务确保绝对安全，各项重大临时勤务实现万无一失。组织“条令学习和安全教育月”学习活动，突出抓好一日生活等制度落实，机关按条令指导、干部按条令带兵、部队按条令运转、官兵按条令办事的格局基本形成。坚持每季度组织安全隐患鉴定和排查治理，严格制度、严守纪律、根治侥幸、确保安全，制定下发支队纪律“双十条”，安全发展根基得到夯实。支队被武警总部表彰为连续 5 年以上预防事故案件工作先进单位。注重建强支部，分期分批逐个党支部考察帮建，深入开展“双争”和“创先争优”活动，评比表彰“红旗单位”、“红星个人”。投入 200 余万元为基层和官兵办 10 件实事。有 1 个中队被评为基层建设标兵中队、6 个中队被评为基层建设先进中队、3 个中队立集体三等功、1 名中队主官立二等功。注重后勤队伍建设，参加总队后勤业务比武获 6 个单项第一名和团体第一名。严格执行公务卡结算制度，所属单位均达到规定家底限额标准。注重提高遂行任务中的保障能力，重大任务后勤保障到位。新机关建设有序推进，支队被总部评为文明卫生警营达标单位、车辆管理先进单位。圆满完成中国—东盟自由贸易区论坛和南宁市春节大型烟火晚会现场警卫任务、中央首长来邕视察警卫勤务、第五届泛北部湾经济合作论坛现场机动备勤任务、广西体育中心启用仪式安全保卫和中越青年大联欢活动机动备勤任务、“两会一节”警卫任务，配合公安机关担负亚运会（亚残会）期间城市武装巡逻任务。

2010 年 2 月 1 日，市委常委、政法委书记朱育兆（右）到支队五中队慰问武警部队官兵

2010 年 2 月 9 日，自治区人大常委会副主任吴恒（左一）到支队慰问

2010 年 3 月 6 日，与共建单位市财政局联合开展送温暖献爱心活动，为驻地群众服务

2010 年 3 月 25 日，举行抗旱救灾捐款仪式

2010 年 8 月，担负“中越青年大联欢”活动安保备勤任务

2010 年 9 月 24 日至 10 月 24 日，担负“两会一节”警卫任务

南宁糖业股份有限公司

南宁糖业股份有限公司是一家以制糖生产为核心、多元化经营的大型企业，组建于 1996 年 7 月，1999 年改制上市，是中国制糖行业最大的国有控股上市公司，2009 年度中国轻工业制糖行业十强企业。公司所属直属厂 7 个、控股子公司 9 个，有员工 6000 多人，主要经营机制糖、各类文化用纸、生活用纸制品、蔗渣浆、酒精、复合肥等产品的制造和销售。具备日榨甘蔗 3.20 万吨、年生产机制糖 70 万吨、年产机制纸 20 万吨、蔗渣浆 9.80 万吨、食用酒精 3 万吨的生产能力；年产糖量约占广西食糖总量的 8%、全国食糖总量的 5%；年销售收入超 40 亿元、利税超 5 亿元。“云鸥”牌白砂糖、“明阳”牌白砂糖被评为 2007~2010 年中国名牌产品，其中“云鸥”牌被评为“建国以来广西 60 最具影响力品牌”。糖、蔗渣浆、纸、酒精四大类产品在市场上享有较高声誉。公司多次被授予全国五一劳动奖状、广西农业产业化十大龙头企业、广西优秀企业、广西企业 100 强等称号；连续 12 年获南宁市“振兴南宁‘创新经济效益杯’劳动竞赛金杯奖”，多次被评为南宁市明星企业。

公司产品

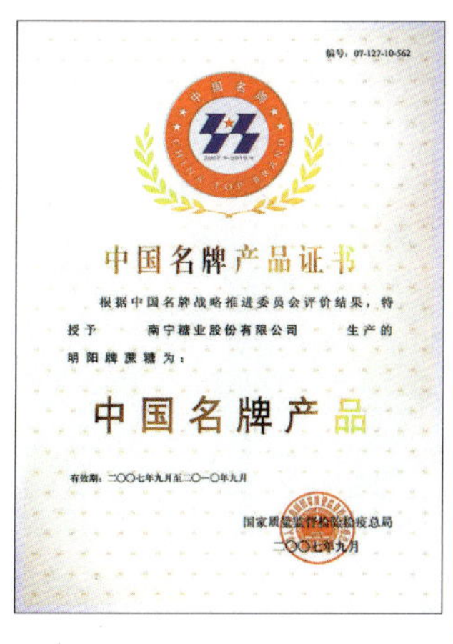

荣誉牌匾和证书

南宁锦虹棉纺织有限责任公司

董事长　杨远立

南宁锦虹棉纺织有限责任公司是国有控股大型棉纺织企业，资产总额4.37亿元，生产占地面积17万平方米，有棉纺纱锭15万锭、线锭5万锭，376台织机，具有年产纱3.50万吨、线4000吨、布600万米的生产能力。彩虹纱系列纱线、彩色竹节牛仔布用纱、梦丽特纤维混纺系列纱线等20个产品多次获自治区、南宁市新产品和科技进步奖励，主导产品纯粘胶系列、涤粘混纺系列、阳离子涤粘混纺系列为广西名牌产品，享誉广东、浙江市场。

2010年，锦虹公司围绕“技术创新、管理创新、营销创新”目标，以科学发展观为统领，通过开展党组织建设年活动，打造出企业改革发展和稳定的坚强核心，同时在基层党支部和党员中开展质量攻关、技术攻关活动，党员与员工群众结成“一帮一同发展”对子，凝聚和激发广大党员和广大员工的生产动力。克服原料价格迅猛上涨、运输成本不断上升的压力，完成全年生产经营和搬迁改造建设目标。全年棉纱产销量3.55万吨，完成工业总产值10.05亿元，销售收入10.16亿元，实现税金3609万元，实现利润1293万元，巩固了广西纺织企业排头兵的地位，再次获全国纺织工业先进集体称号，再次进入全国纺织服装企业竞争力500强、全国棉纺企业社会贡献率50强行列，获全国厂务公开民主管理先进单位、广西百强企业、全自治区用户满意企业、广西实施卓越绩效模式先进企业、南宁市先进单位、南宁市优秀企业等荣誉称号。

2010年3月24日，自治区党委常委、市委书记车荣福（左二）到锦虹公司调研

年内，锦虹公司实施易地搬迁建设技术改造工程进入攻坚阶段，开始实施设备安装。全部工程建成后将形成24.40万环锭纺纱锭、4万线锭、864头进口喷气纺纱的生产规模，形成生产自动化、高效化、机台工艺精确化、机电一体化，在线质量自动监测的全新现代化生产流程。项目达产后将实现年产优质棉纱3.60万吨、高档服装面料1500万米、年销售收入超10亿元、利税1.50亿元的大型棉纺织企业。

2010年4月14日，市长黄方方（前左二）到锦虹公司调研产业发展项目

公司引进的进口自动络筒机

2010 年 12 月 22 日，被列入南宁市重点建设项目的锦虹公司易地搬迁建设填平补齐技改项目开工仪式举行

公司实施搬迁改造建设的新厂全景效果图

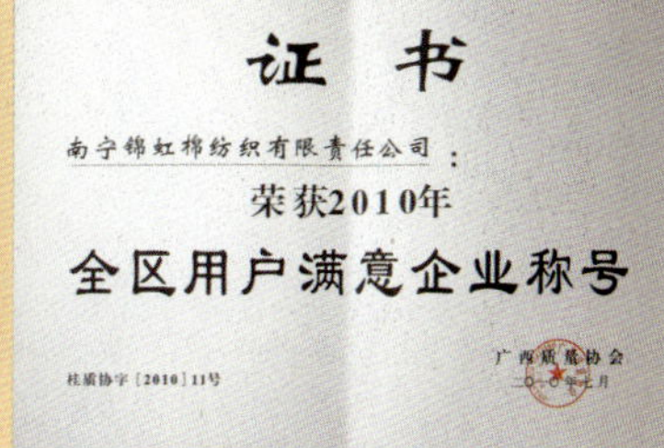

荣誉证书和牌匾

中国电信股份有限公司南宁分公司

中国电信股份有限公司南宁分公司，是中国电信广西分公司的下属分支机构，是境外上市的中国电信股份有限公司的组成部分，是南宁市主导电信运营商。主要经营固定电话、移动通信、卫星通信、互联网接入及应用等综合信息服务业务。拥有覆盖市区及市辖六县、通达世界各地的通信信息服务网络，建成覆盖最广的 CDMA　3G 网络，拥有“天翼”、“我的 e 家”、“商务领航”、“号码百事通”等品牌，具备电信全业务、多产品融合的服务能力和渠道体系，能够满足全市客户的多种通信及信息服务需求。2010 年，公司以科学发展观为指导，致力于信息化基础设施建设。加大力度实施城市信息化、政务信息化、行业信息化、社区信息化、家庭信息化的“蓝色天空”信息化工程和百乡千村万户上宽带工程。至年末，拥有固定电话 126 万户、小灵通 18 万户、3G 天翼智能手机 5 万户，有线宽带 69 万户、无线宽带 7 万户。

党委书记、总经理　班兆林

2010 年 6 月 28 日，中国电信集团公司总经理王晓初（中）在广西分公司总经理赵强（左一）、南宁分公司总经理班兆林（右一）陪同下视察分公司

2011 年 2 月 18 日，副市长李志勇（中）到分公司视察。图为分公司总经理班兆林（左一）、副总经理叶绿秋（右一）在汇报南宁信息化网络与平台建设情况

2010 年 8 月 21 日，广西第一个信息化小区——西乡塘区新阳上社区信息化建设启动仪式举行

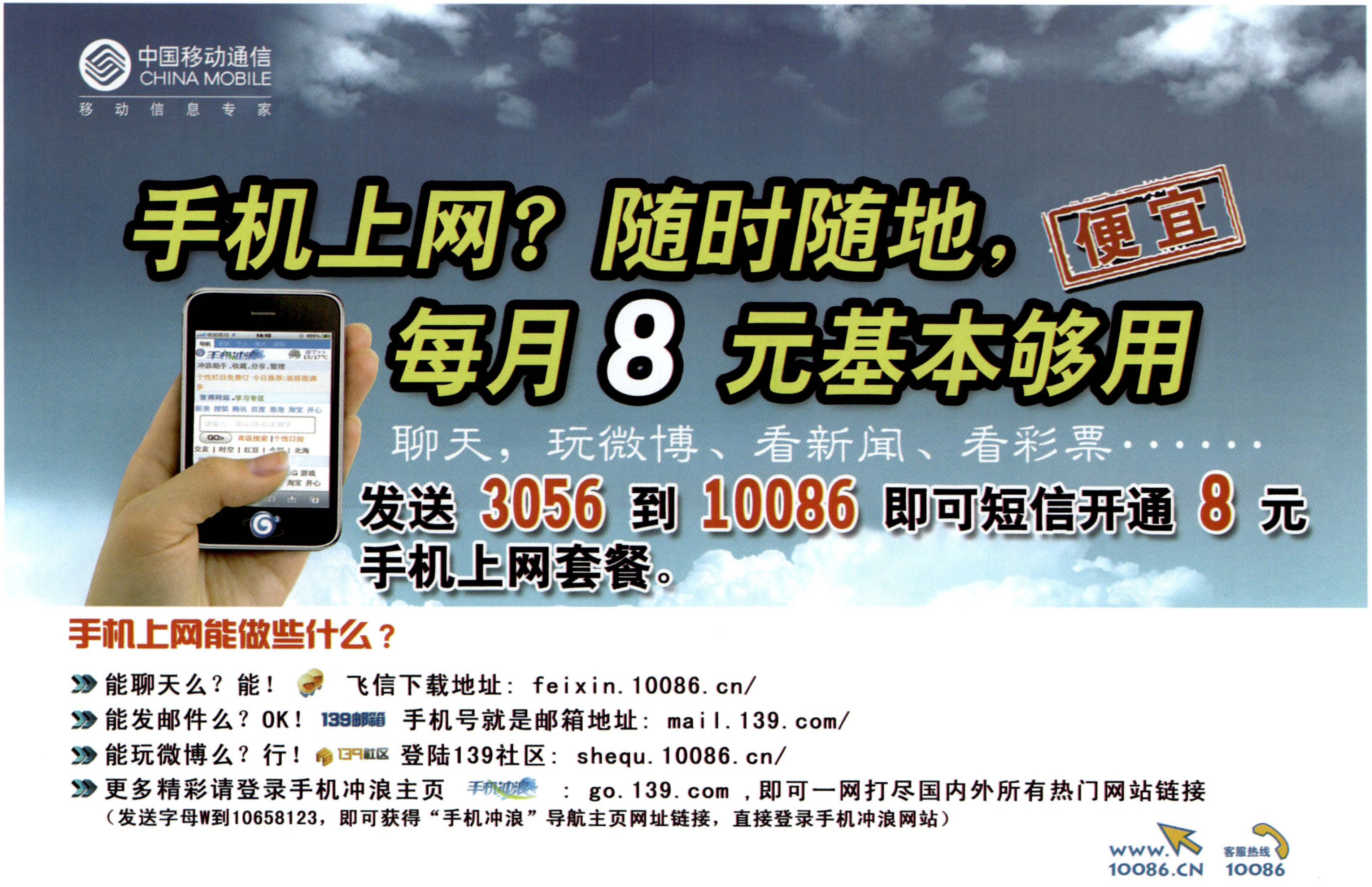

中国移动通信
CHINA MOBILE
移动信息专家
手机上网？随时随地，便宜
每月8元基本够用
聊天，玩微博、看新闻、看彩票……
发送3056到10086即可短信开通8元手机上网套餐。
手机上网能做些什么？
能聊天么？能！ 飞信下载地址：feixin.10086.cn/
能发邮件么？OK！ 139邮箱 手机号就是邮箱地址：mail.139.com/
能玩微博么？行！ 139社区 登陆139社区：shequ.10086.cn/
更多精彩请登录手机冲浪主页 手机冲浪 ：go.139.com，即可一网打尽国内外所有热门网站链接
（发送字母W到10658123，即可获得“手机冲浪”导航主页网址链接，直接登录手机冲浪网站）
WWW.10086.CN
客服热线 10086

南宁市劲源电机有限责任公司

董事长　刘海东

南宁市劲源电机有限责任公司——前身系始建于 1966 年的南宁市电机厂，属原机电部系统生产中小型电机的专业企业。2000 年经南宁市政府批准，整体改制而成。2010 年有职工 280 人，工程技术人员 60 人；拥有加工设备 190 台（套），固定资产 2000 万元；电机年生产能力 30 万千瓦。

该公司生产的主要产品有：Y 系列电动机（机座号 Y80~355）；Y2 系列电动机（中心高 H80~355 毫米、0.18~355 千瓦）；YD 型系列油冷式电动滚筒；YWD 型系列油冷外装式电动滚筒（直径 φ320~1000 毫米，可装逆止器，筒体包胶）；YZD 系列振动源电动机（0.12~3 千瓦）；YVP 系列变频电动机；YTC 齿轮减速电动机；YD 系列变极多速电动机；YCT 系列电磁调速电动机；YEJ 系列电磁制动电动机；各种系列齿轮减速机。产品严格按照国家标准设计、制造和试验，并通过 ISO 9001:2008 质量管理体系认证，因生产工艺先进、质量稳定可靠，品种规格齐全，曾多次获得自治区、市的嘉奖。“劲源”牌油冷式电动滚筒获 2000 年度自治区政府颁发的自治区级优质产品证书；并被自治区科技厅授予信息化管理示范企业。为平果铝业公司、岩滩电站等多个国家重点工程配套。产品辐射全国，并出口东南亚地区。

该公司积极开拓经营渠道，在搞好主导产品生产的同时，努力发展其他业务，先后成立精工电梯公司、溢澜焊接技术有限公司和鹰腾机电维修公司 3 个二级公司。为实行强强联合，与香港创荣发科技有限公司共同投资 3000 万元，在南宁高新区购地 2.33 公顷，成立广西强源电机有限公司；为扩大企业规模，在南宁邕宁工业园区开辟一个生产基地，为在西南地区生产和销售电机、电动滚筒等产品的区域性龙头企业。

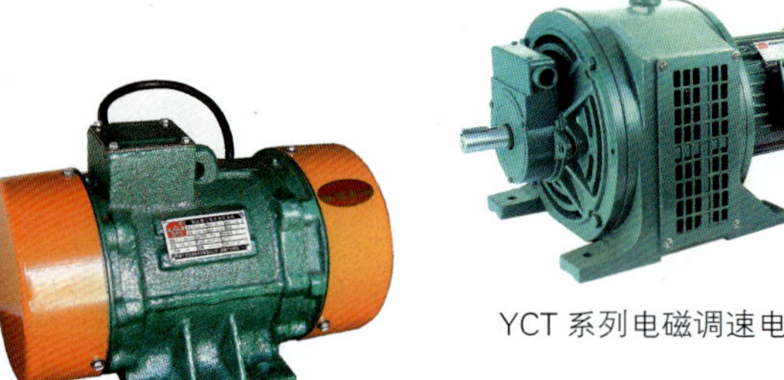

YZD 系列振动源电动机

YCT 系列电磁调速电动机

公司办公楼

Y 系列电动机

YWD 型系列油冷外装式电动滚筒
YD 型系列油冷式电动滚筒

位于南宁高新区的公司生产基地

荣誉牌匾

南宁市英华学校

学校创办人　李　聪

南宁市英华学校由李聪创建于 1994 年 5 月，是自治区示范性普通高中、示范性特色学校。校园占地面积 8.67 万平方米，实行全寄宿制教育，设小学部、初中部、高中部。2010 年，有教学班 46 个，在校生 1722 人，教职工 236 人。学校大力构建和谐校园，加强校园文化建设，不断提升育人水平，坚持“责任与荣誉”教育，教育教学质量稳步提高。为家庭困难的优秀学子减免学杂费近 200 万元；在民盟南宁市委会组织的农村教育烛光行动中，继续与那楼中学结对支教，派出优秀教师上示范课，并进行师资培训；与市交警六大队结对慰问那陈镇五户留守儿童；组织学生慰问良庆区玉洞村孤寡老人。继续进行市级课题《开展课外阅读，提高语文综合素养》研究；新增自治区级 C 类课题《初中·高中学科教学衔接问题的研究》。坚持“成人、成才、成功”的育人目标，办学效益不断提升。138 名初中毕业生在中考取得总分 A 等 18 人，总分 B+53 人，单科成绩 A+20 人，单科成绩 A101 人。高考大学上线率 95%，其中一、二、三本上线率 46%。坚持开门办学，与国外学校友好往来。6 月，接待新西兰国立学院校长麦克里奇先生、主任安吉利亚·当娜到校参观交流；12 月，接待英国国际教育交流考察团到校参观、听课并进行国际合作交流。是年，获国家、自治区、市级奖励的教师 82 人次，其中：杨彩瑛被评为南宁市优秀教师，卢晚珍被评为“十一五”时期南宁市教学骨干。获国家、自治区、市级奖励的学生 146 人次，其中高三(1)班卢初晓发明的“河道清污水车”、“空调冷凝水雾化处理”分获南宁市青少年科技创新大赛一、二等奖。被评为全国民办教育先进集体、全自治区社会组织深入学习实践科学发展观活动先进单位；学校网站获南宁市优秀教育网站评比二等奖。

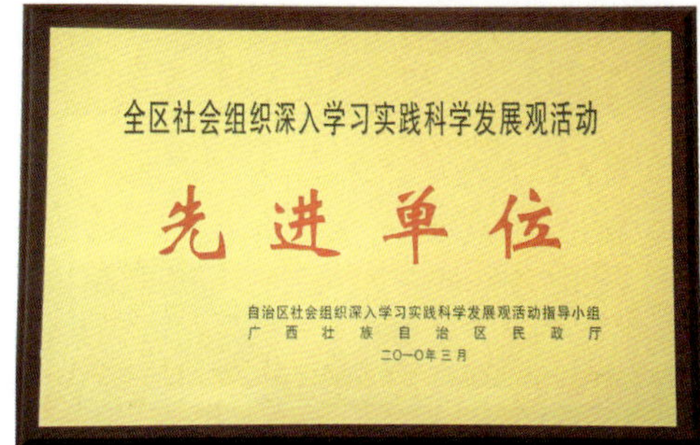

荣誉牌匾

2010 年 3 月 10 日，自治区人大常委会副主任荣仕星（右二）到学校考察调研

南宁市南湖公园

九拱桥

南宁市南湖公园位于南宁市东南部，总面积 192.20 公顷，其中陆地面积 85.20 公顷、水体面积 107 公顷。是一座以观赏园林植物为主的具有广西民族特色和亚热带风光特色的综合性公园，是绿城南宁一张靓丽的名片。园内有九拱桥、韦拔群李明瑞烈士陈列馆、兰花盆景园、南湖名树博览园、南湖水幕电影综合水景、南湖亲水步道等主要景点。2002 年 10 月免费开放，成为南宁市最大的免费开放公益性公园。每年有大批党政领导人和中外嘉宾来园参观考察，年接待游客约 500 万人次。2009 年 4 月，被评为自治区文明单位。

2010 年，南湖公园深入贯彻落实科学发展观，扎实开展“党组织建设年”、“绿城党旗红，先锋促发展”创先争优活动和党建示范点活动，进一步增强党组织的战斗堡垒作用和党员的先锋模范作用，不断提升党的思想、作风、执政能力建设，有力地推进公园“三个文明”建设。加大园容园貌的综合整治力度，狠抓园林绿化管理，不断提升园林养护和管理水平。深入开展创建“国家卫生城市”和创建“三优一满意”公园活动，继续实施“城乡清洁工程”，抓好安全生产和社会综治管理，全力营造平安、和谐的公园环境。投资 3200 多万元，完成青秀湖公园西段一期工程、南湖放生台和生态岛等工程建设；配合“中国水城”重点工程项目竹排冲连通渠及南湖隧道工程的建设，完成树木、地被植物移植任务。同时，完成花卉生产布置 65 万盆，为南宁市节假日的绿化、美化、彩化作出贡献。

雾森景观

名树博览园

大树盆景园

交通运输业

铁路运输

【概　况】 2010年，南宁市境内国家营运铁路有湘桂线和吉村至维罗(含南环、天潭、玉洞)、南昆线扬美至雁江，线路总长（含复线)406.15千米，营业里程298.95千米。铁路职能机构、单位有:南宁铁路局机关行政部门29个、党群部门8个、政法部门驻地在南宁4个(公安局、公安处、运输检察院、运输法院)。局机关附属单位驻地在南宁26个。局属单位驻地在南宁有19个,其中运输单位10个、非运输单位9个。广西宁铁多元投资集团有限责任公司所属公司驻地在南宁有4个。车站25个(湘桂线17个、南昆线8个),其中南宁站为特等站,南宁南站、黎塘站为一等站，其余22个站为四等站。铁路经济吸引区范围为市区和市辖宾阳、横县、隆安3县。全年发送旅客1005万人，比上年增加72万人。发送货物580.70万吨,减少44.20万吨。到达货物824.90万吨,减少37.90万吨。完成客货运输收入18.20亿元,增加1.70亿元。南宁站年内无路风事件发生，继续保持全国、自治区“文明单位”和铁道部“文明车站”称号。南宁客运段的T5/6次、2571/2572次、K21/22次、K537/538次、T39/40次列车再次被评为全路“红旗列车”。

【客货运输】 2010年,南宁站围绕“服务旅客货主,实施品牌战略”工作目标,通过强化过程监督、整合客服系统、整治突出问题等措施,促进服务质量稳步提高。全年发送旅客918.30万人，比上年增长7.70%。发送货物112.58万吨，减少23.60%。运输收入11.68亿元，增长10.40%，并于7月份创下1.15亿元的单月历史纪录。除担当日常41对图定旅客列车值乘外,还值乘南宁至上海南K960/59次图定临客1对,担当临客339列次、加挂车14831辆次、旅游专列33列、军运357辆。全年运送旅客4707万人次,增长17%;完成乘务工作量4.46亿辆千米,增长5.10%;完成车补收入1.12亿元;完成旅行服务收入8872万元,其中餐营收入5349万元、售货收入3523万元。南宁车务段发送旅客381.80万人，超额完成年计划5.50%,增长8.30%。货物发送799.80万吨,装车13.40万辆,分别完成年计划98.10%、96.40%,分别下降0.10%、2%。货物到达1451.20万吨，卸车23.40万辆，分别增长18.80%、10.80%；运输收入12.46亿元,超额完成年计划1.80%,增长15.30%,其中客运收入1.63亿元、货运收入10.83亿元,分别增长33.30%、13%。保价收入932.50万元，超额完成年计划12.30%,增长11.10%。

【机车运用】 2010年，南宁机务段配属机车188台,其中电力机车144台,内燃机车44台,日支配机车284台。担负湘桂线南宁至衡阳间旅客列车，湘桂线南宁至凭祥间、南昆线南宁至威舍间、黎湛线(河茂线)黎塘至湛江(茂名)间、益湛线玉林至贺州间客货列车牵引任务,并担负中越国际客货列车过境任务。12月1日,铁路局调整机务客运值乘交路,南宁机务段不再担负柳州至衡阳区段，新增柳州至湛江(茂名)区段客车牵引任务。牵引里程客运1682千米，货运1614千米。完成机车牵引总重733.50亿吨千米,比上年增长2.10%。机车总走行5020.80万千米,增长3.30%。完成货运机车日车里程456千米,日产量117.60万吨千米/台日,技术速度每小时48.40千米,列车平均牵引总重3204吨。机车检修完成电力机车中修46台、小修210台,内燃机车小修498台,机车整备6.70万台次(内燃4.74万台次、电力1.96万台次)。电力机车单耗每万吨千米107.89千瓦时,比预算降低0.53%，节电234万千瓦时,按价折算节约224万元；内燃机车燃油单耗每万吨千米22.87千克，比预算降低0.87%,节约柴油643吨,按价折算节约426万元。生产生活用水69.30万吨,比局标降低22.80%；生产用电及各种用油折算标准煤552.30吨,比局标降低32%。

【客车检修】 2010年，南宁车辆段有生产车间6个、生产班组110个。配属客车1487辆,其中空调客车1216辆(含单节空调客车64辆),占82%,客车总数比上

2010年南宁市境内火车站运输任务完成情况

车站 \ 项目	旅客发送量（万人）	货物发送量（万吨）	货物到达量（万吨）	运输收入（万元）
南　宁	918.30	112.60	251.50	116800.00
南宁南		228.10	352.60	42417.40
黎　塘	85.70	155.70	101.90	13089.40
六　景		20.90	34.20	2484.60
邕　宁		13.40	5.30	1229.80
屯　里		19.30	48.50	1572.20
长堽岭		25.00	10.00	3313.10
金鸡村	0.10		2.10	1.20
隆　安	0.90	5.70	18.80	995.90

年增加4.40%；代管邮政车12辆、行李车74辆，客车保有1573辆。担当南宁铁路局客车段修和43对87组图定客车（其中空调客车33.50对69组）以及各种军、专、特、临客运用维修工作。完成客车段修809辆，发电车中修15辆，分别比上年增长6.90%、36.40%。客车辅修1856辆、A1修215辆，分别超过年计划的3.10%、7.50%。新增临时图定客车1对4组。客车走行5.47亿辆公里，增长4.30%。客列检检修53.17万辆次；库列检检修26.10万辆次；轮对修理5724条；整修客车172列2722辆；整编开行临客453列7774辆次；军运150列433辆；加挂客车12589辆次，临修客车3268辆，运用换轮2197条。客车最高使用率94.80%，交车计划兑现率93%，一次交验合格率100%。

【货车检修】 2010年，南宁南车辆段有生产车间12个，生产班组97个。拥有行车、探伤、试验、检测等设备500多台（套）。担负铁路货车检修，完成货车厂修253辆、段修1.38万辆、辅修1020辆，比上年分别下降20.70%、6.60%、74.50%；自备车厂修、段修分别完成315辆、1548辆，比上年增长7.10%和9.40%；临修完成5872辆；列检检修27万列1274.91万辆。罐车普洗完成1594辆；闸调器大修完成2125条；路用货车低摩改造完成779辆，折角塞门改造完成1192辆；自备车折角塞门改造完成312辆。货车厂、段、辅修一次交验合格率为98.20%、97.60%、98.60%，均高于部标要求。

【工电维修】 2010年，南宁工务段管理铁路正线851.50千米、站特线473.80千米、道岔1392组、桥梁272座、隧道9座、涵渠2264座。完成线路保养725.30千米，其中优良647.80千米，合格65.20千米，合格率98.30%，比上年提高1.30%。道岔维修822组，优良749组，合格57组，合格率98.10%，提高0.40%。综合维修桥梁42座4552.20米，涵渠108座2629.40米，验收全部优良。轨检车全年检查线路1.20万千米，优良1.10万千米，优良率92.10%，合格933.10千米，合格率99.90%。更换钢轨54.90千米，混凝土轨枕更换2.55万根，失效木枕更换3400根，其中更换钢轨增加8.90千米，更换混凝土轨枕增加6769根，更换失效木枕比上年减少752根；成组更换混凝土岔枕51组，抽换岔枕3290根。对管内29处A级断轨风险地段，安排专人24小时巡查监控。在重点区段线路每500米配备一副鼓包夹板，做好防断应急准备。南宁电务段信号管辖站场299个，通信线路管辖分布里程2919千米，管辖车站站点262个。完成维修生产换算工作量7.59万换算道岔组，其中信号设备4.12万组、通信设备3.47万组。完成信号施工12项。重新制订通信中修五年工作计划及编制，完成通信中修项目11个，网络及传输设备优化项目8个；完成更换44台数字列车广播机以及益湛线闭路电视用户安装等重点施工；完成无线列调“大三角”场强的测试，入库机车无线设备检测12.43万台次。

【水电供应】 2010年，南宁供电段完成牵引供电受电量4.42亿千瓦时，比上年增长3.70%，供电量4.46亿千瓦时，增长9.70%；牵引供电损失率-0.89%，下降4.80%；功率因素0.92，与上年持平。完成电力受电量1.52亿千瓦时，增长7.50%，供电量1.38亿千瓦时，增长8.40%；力率0.99，与上年持平；负荷率66.50%，增长12.20%；变压器利用率28.60%，增长4.90%；电损率8.90%，减少0.70%。完成供水量1879.60万吨，减少1.40%；供水损失率17.90%，减少2.50%；净水合格率、消毒水合格率均为100%，与上年持平；扬水耗电量640.20万千瓦时，增长0.70%。水电费总收入1.43亿元，水电费回收率97.60%。基建、大修、更新改造工程项目竣工38个，完成投资1821.80万元。

【物资保障】 2010年，南宁物资供应段完成物资供应额5.40亿元，比上年增长23.60%，供应兑现率98.50%，质量合格率100%。一级道砟供应39.90万立方米，增长58%；物资采购节支1953万元，超预算节支计划185%，采购价格平均节约率5.50%。完成防洪石料供应1.06万立方米，其中片石6930立方米、道砟3642立方米。按时足量储备片石、碎石道砟，对常用防洪物资下达储备计划实行动态管理。汛期供应防洪抢险物资34批次134笔，完成防洪物资保障任务。

【安全生产】 2010年，南宁铁路运输生产单位探索运输安全规律，提升设备质量，完善安全管理。除南宁客运段、南宁南车辆段、南宁工务段各发生1件一般行车责任事故外，其余单位运输生产安全总体稳定。10个单位无责任事故天数分别为：南宁站6777天、南宁供电段3508天、南宁车辆段2679天、南宁电务段2554天、南宁机务段2513天、南宁车务段2219天、南宁物资供应段680天、南宁客运段255天、南宁南车辆段108天、南宁工务段69天。

【信息技术应用与开发】 2010年，南宁铁路局信息技术所完成90个生产信息系统安全稳定运行维护、24个新线建设方案和设计审查、15个信息系统项目改造和新建、5个科研项目开发、10个运输生产应用系统研制、南宁站小型机及存储系统更新建设。完成客票系统5.2版本升级，涉及全局1个地区中心、65个车站、1个客运段、135个客票代售点。完成路局新建120线10个人工坐席客服中心。完成调度系统4.0升级，涉及全局21个调度台、384个受令点。加强信息系统监控、巡检和维护，为信息安全使用提供技术保障。

【铁路建设】

南广铁路工程建设　2010年，南广铁路工程全面完成新建南宁至广州铁路年度计划投资任务。全线永久性征用地交付1500.50公顷、临时用地办理1250.20公顷，各占计划100%。房屋实际拆迁完成42.80万平方米，占调查总量的94%（不含厂矿企业、学校等重大拆迁）。路基土石方完成5443万立方米，完成88%；桥梁折合完成9.16万成桥米，完成72%；涵洞完成2.24万横延米，完成91%；隧道贯通66座，完成7.24万成洞米，完成68%；完成道砟储备82万立方米；四电集成、钢轨、轨枕、道岔等完成招标。

南宁铁路枢纽工程建设　南宁铁路枢纽工程各项施工准备就绪，新南宁邕江四线特大桥、新邕宁邕江特大桥、花油山隧道等重点控制工程全面启动，快速推进。近期主要有柳南客运专线、南广铁路、云桂铁路、南钦线、金南线、南凭线6条铁路引入新双线。工程静态投资126.90亿元，正线长度52.30千米（不含南环线），区间时速按250千米客运专线标准，枢纽内时速按120千米设计。含新建南宁东站、沙井铁路货运中心、屯里动车所及走行线、北湖客技站及走行线和南宁南编组站、南宁站、南宁机务段改扩建等系列重点项目。

新南宁邕江四线特大桥动工　11月30日，新南宁邕江四线特大桥首个水中墩承台开始浇筑。是整个南宁铁路枢纽中的控制性重、难点工程，全长1723.70米，四联连续梁依次跨越江北大道、邕江、江南大道、五一大道，连续梁单孔最大跨度128米，结构形式复杂，线性控制较难。3个主墩均为水中墩，需搭建水上作业平台进行施工，施工单位为中铁四局六公司。

南宁铁路局调度楼主体结构封顶 11月19日完成。位于凤岭北路，是一个集控制、管理、设备用房为一体的多功能运输调度指挥中心。建成后，将使全局运输调度指挥设施设备更加完善，能满足高铁、普铁同时运营需要，成为服务运输生产，集通信、G网中心、信号、电力、牵引变电、车辆、信息为一体的中枢机构，实现调度指挥系统一体化。

（徐维春）

公路管理

【概　况】 2010年，南宁市公路总里程1.06万千米。其中：等级公路9210.30千米，比上年增加246.90千米；高速公路526.54千米，增加1.57千米；一级公路39.50千米，减少0.08千米；二级公路991.10千米，增加35.70千米；三级公路902.10千米，增加0.90千米；四级公路6751.10千米，增加208.80千米；等外公路1356.30千米，减少53.60千米。南宁市交通运输局负责管辖公路7837.05千米。其中：国道30.80千米，县道1264.24千米，乡道2351.55千米，专用道82.07千米，村道4108.39千米。

【农村公路建设】 2010年，南宁市农村公路建设计划投资1.41亿元，完成投资1.55亿元，为计划的109.77%。其中农村公路建设项目24个，共132千米，桥梁467延米。通乡油路项目2个共46千米，计划投资1790万元，完成投资1790万元，为计划的100%。其中：武鸣县里建至府城740万元，横县旺完至露圩1050万元。农村公路渡口改造、渡改桥项目3个共467延米，计划投资1.21亿元，累计完成投资1810万元，为计划的14.95%。通建制村沥青或水泥路工程项目19个共86.26千米，计划投资4005万元，完成投资4005万元，为计划的100%。

【农村公路养护】 2010年，南宁市农村公路养护里程3697.86千米。其中：县道良等路里程765.82千米，好路率76.31%，差路率1.55%；乡道良等路里程1290.60千米，好路率56.24%，差路率6.30%；县道养护示范路27.86千米，好路率82.06%，差路率为零；乡道示范路7.31千米，好路率80.69%，差路率为零。实施农村公路基础设施完善工程，计划投资3000万元，完成3000万元，为计划的100%。其中：新建错车道411处，完成投资452.10万元；滑坡塌方整治48处，完成投资250.56万元；路政工程项目6个（减速带359处，人行横道线139处，千米桩84根，设置示警桩1.96万根，增设交通标志牌6131套，防护墩23.86千米），完成投资2097.18万元；公路绿化美化工程567.29千米，完成投资200.21万元。完成公路大、中修工程22.03万平方米。其中：水泥路面2.73万平方米，沥青路面12.03万平方米，砂土路面7.27万平方米；完成公路绿化（补种路树）25.10万株；浆砌片石挡土墙1.06万立方米；公路水毁抢修工程清理上边坡塌方242处3.97万立方米，回填路基（扩宽路基）81处6459立方米，路面抢修46.95万平方米，抢修桥梁3座，修复涵洞64道194.50米。

11月30日，新南宁邕江四线特大桥水中墩承台开始浇筑。图为20号、21号、22号水中墩施工场景。 王诗斌　摄

【路政管理】 2010年，南宁路政管理坚持每月不少于20天的巡查，确保每月巡查国道不少于4次，巡查县道不少于10次，巡查乡道不少于6次。发现公路安全隐患及时排除，发现涉嫌违法行为迅速制止和处理，特别是在元旦、春节、国庆及“两会一节”期间，增加路政执法人员上路巡查频率，处理超限运输车辆200辆，确保重大节日和重要时期辖区公路特别是旅游公路的安全畅通。

道路运输

【概　况】 2010年，南宁市共有客运企业28家（不含子公司、分公司），有营运客车4288辆，营运货车7.77万辆；拥有100辆以上货车的货运企业85家。全市建有公路客运站63个，市区长途公路客运站主要有埌东、江南、安吉、金桥、北大5个一级客运站，各县城均有二级客运站，部分乡镇建有等级客运站。开通公路客运班线926条，日均发送8500多个班次，运送旅客13.50万人，春运高峰时日运送旅客近20万人次。开通南宁至香港和越南河内、岘港、下龙湾、海防等地的国际客运班线。全市共有公路货运站（场）30个，物流配送线路可通达全国各地，南宁市发展成为大西南最大的道路运输物流集散地之一。完成客运量8855万人，客运周转量167.34亿人千米，货运量1.66亿吨，货运周转量245.33亿吨千米，分别比上年增长13.51%、14.04%、25.01%和24.18%。

【春运道路旅客运输】 2010年春运期间,南宁市日均投入客车4200辆,完成32.86万班次,其中加班9106班次,包车1005班次;完成客运量717.13万人次,客运周转量10.95亿人千米,分别比上年增长5.87%和15.49%;客运收入1.51亿元,增长9.78%。发放春运加班(包车)牌3898块,其中广东春运加班(包车)牌1172块,其他跨省加班(包车)牌388块,自治区内春运加班(包车)牌2338块。检测合格车辆3923辆,发放春检合格证3932张,春运客车合格率100%。

【道路运输行业监管】 2010年,南宁市道路运输行业监管部门开展对全市客运企业、客运站和道路货物运输企业的质量信誉考核和对维修、驾培行业的专项整治;出动综合执法队员1.66万人次,处置数字城管等各类投诉事项2.96万个,配合城区开展治理"五乱"(摊点乱摆、车辆乱停、垃圾乱扔、广告乱贴、工地乱象)行动449次,查扣非法营运"三车"(人力三轮车、二轮摩托车、残疾车)4483辆次;查扣违法(章)营运客车2226辆次、营运货车4443辆次、出租车128辆次、面包车610辆次。

水路运输

【概　况】 2010年,南宁市有水路运输企业43家(沿海航线企业5家,省际航线企业36家,自治区内航线企业2家),有港口(码头)73个,服务企业12家,船舶管理企业4家,运输船舶1619艘、63.16万吨位、1.04万客位,完成全社会货运量1986万吨,比上年增长25.50%。货运周转量53.89亿吨千米,增长23.70%。其中:沿海运输完成货物运输量113.30万吨,货物周转量15.47亿吨千米;远洋运输完成货物运输量62.60万吨,货物周转量16.66亿吨千米。完成港口吞吐量485.41万吨,增长12%,其中完成集装箱吞吐量8926万标箱。开通南宁港良庆码头至广东佛山港、广州黄埔港、深圳蛇口港,南宁港上尧码头至广州港,南宁港银泉码头至广东新会新港3条班轮集装箱航线。新造船舶47艘、6.61吨位,投资9919万元。

【南宁港一期工程开工建设】 2010年11月27日,南宁港一期工程项目开工仪式在横县南宁港六景港区六景转运站作业区举行。南宁港一期工程是自治区首批西江黄金水道建设项目,也是南宁市完善交通基础设施攻坚战项目和南宁市2010年城市建设第一期投资项目。项目包括南宁港六景港区六景转运站作业区工程、南宁港六景港区八联联营厂作业区工程和南宁港中心城区牛湾作业区一期工程。项目建设规模为:六景港区六景转运站作业区工程,新建2000吨级件杂货泊位4个,年吞吐能力142万吨,项目工程可行性报告批复总投资2.67亿元,建设工期8个月;南宁港六景港区八联联营厂作业区工程,新建2000吨级多用途泊位3个、件杂货泊位3个,年吞吐能力221万,项目工程可行性报告批复总投资3.51亿元,建设工期12个月;南宁港中心城区牛湾作业区一期工程,新建1000吨级多用途泊位3个、2000吨级件杂货泊位3个、2000吨级多用途泊位5个,年吞吐能力403万吨,项目工程可行性报告批复总投资8.54亿元,建设工期18个月。

【水路运输行业监管】 2010年,南宁市水路运输行业监管部门组织对全市水路运输服务业、港口经营业、水路运输业及所属运输船舶进行核查,核查水路运输企业38家,核查率100%,核查运输船舶1108艘,核查率97.45%;对辖区水域开展水路运政执法大检查行动,出动执法人员1766人次,沿江检查船舶306艘次,发放《责令整改通知书》6份,整改合格6份,整改合格率100%。加强对港口经营行为的规范,对南宁港危险货物装卸严格执行申报审批制度,利用现代管理监控手段,遏制违规操作行为和集装箱船舶超载现象。指导协助企业开通南宁港良庆码头至广东佛山港、广州黄埔港、深圳蛇口港,南宁港上尧码头至广州港,南宁港银泉码头至广东新会新港3条内河集装箱定期班轮航线,推进全市内河港口向综合港口物流方向发展。

城市客运

【概　况】 2010年,南宁市有公交企业6家,拥有公交营运车辆2598辆,公交运营线路137条;运营线路总长2336千米;中心城区站点500米覆盖率98%,达到国家规定的大中城市标准;公交出行比重超过18.11%,位居自治区前列。完成公交客运量6.36亿人次,比上年增长11.80%;全市有出租汽车企业10家,出租汽车4795辆。南宁市交通运输局组织完成建设便民候车亭20个和更新发展60辆空调公交车两个为民办实事项目。

【城市客运行业监管】 2010年,南宁市新开行公交线路3条,调整和优化公交线路25条,调整或增设公交站点148个,取消公交站点105个,在节假日和重大活动期间开设临时公交专线14条;更新空调公交车60辆,投入试运行纯电动空调公交车8辆,新增和更新公交车78辆;完成对市区8条重点路段的50个公交站牌的改造;加大对公交车不规范、不文明行车行为的查处力度,组织稽查人员随机跟车检查公交车3594辆次;对重点场所的出租汽车拒载现象开展专项治理行动;出租汽车行业完成经营体制改革,实现公司化经营;在2009年报废车辆的基础上,根据实际情况采用公开招投标方式,分批投放650辆新运力,确保行业健康发展。

【春节公交运输】 2010年春节期间,南宁市共投入营运公交车1.79万辆次,发班8.65万趟次,运送乘客636.04万人次,与上年同期相比客运量增加6.39%,没有发生行车责任事故、火灾和设备事故。

【交通基础设施完善攻坚战】 2010年,南宁市交通基础设施完善攻坚战项目计划投资230亿元,完成231.87亿元,为年度计划的100.80%。其中:铁路项目完成投资109.39亿元,民航项目完成投资7.64亿元,黄金水道项目完成投资6.81亿元,公路及运输站场项目完成投资80.08亿元,城市轨道交通项目完成投资1.82亿元,城市交通基础设施项目完成投资26.12亿元。在58个重点项目中在建45个(含续建项目),其中新开工项目19个,包括:黄金水道项目新开工5个,公路及运输站场项目新开工11个,城市交通基础设施项目新开工3个。其余13个计划新开工项目开展前期工作。竣工项目3个,分别是科德路心圩江桥、通乡水泥路和通村水泥路。

【行业安全监管】 2010年,南宁市交通运输局深入开展"安全生产年"活动,推进安全生产"三项行动、三项建设"(执法、治理、宣教三项行动,法、体、机制,保障能力,监管队伍三项建设),深化安全生产专项整治和隐患排查治理，开展行业安全生产大检查6次，检查行业各类企业698家次，查出一般隐患863处，整改855处，整改率99%；检查管辖公路和在建工程施工现场83处，查出一般隐患26项，完成整改26项，整改率100%。道路运输领域无一次死亡10人以上的重特大责任事故，水路运输、公共交通、交通基础设施建设领域无一次死亡3人以上或直接经济损失1000万元以上的较大责任事故，各项指标均在市政府下达的安全生产目标管理考核控制指标之内。

【应急管理】 2010年，市交通运输局制定防汛抗旱和防内涝工作预案，组建应急抢险队伍，开展防汛抗旱和防内涝的各项工作。落实公交车60辆、5~8吨的货车25辆、机动船舶10艘和拖轮2艘作为防内涝和防汛应急运力，畅通绿色通道，优先安排救灾物资的运输；组织防洪拖轮建造、购买和租用，确保防汛拖轮保障；加大公路日常巡查密度，组织力量对全市遭受水毁的66条农村公路进行抢修抢通，确保公路安全畅通。结合交通运输行业特点，组织开展公交车辆突发事件应急演练、港口危险化学品泄漏应急救援演练、客运站场停放车辆突发火灾事故应急救援演练、防洪应急运输保障演练、水毁公路应急抢险演练，检验和提高交通运输应急组织指挥系统和应急救援队伍的反应能力和战斗能力。组织参加南宁市危险化学品运输重大事故应急演练，提高交通运输部门对危险化学品这一重点监管行业的安全防范和事故应急处置能力。组建南宁市首支港航应急救援队，从各港航企业抽调45人组成6个抢险中队，配备小型快艇1艘、指挥工作船1艘，调配应急机动运输船舶10艘，负责对市辖区范围内水路运输和港口码头生产突发事件、水路应急物资运输的抢运、水运基础设施建设突发事件作出救援响应，协助政府相关救援部门完成水路运输和港口码头突发事件的应急处置。

【行业精神文明建设】 2010年，市交通运输局结合"发展环境建设年"和公共文明指数测评活动，组织客运、公交、出租汽车行业开展以"关爱生命、文明行车"为主题的优质服务竞赛活动，评选表彰交通窗口行业服务优质的公交车100辆、出租汽车100辆和客运班线车100辆，带动和促进全市交通运输行业特别是窗口行业文明创建，营造良好的交通运输环境。 （宋正兴 钱俐华）

民用航空

【概 况】 2010年，南宁吴圩国际机场共执行航线85条(含加班包机航线)，其中国内航线67条、地区航线3条、国际航线15条，平均每日起降144架次。共保障起降飞机5.24万架次，其中运输架次5.19万，分别比上年增加7797架次7860架次，增长17.48%、17.87%；完成旅客吞吐量563.30万人次，增加111.30万人次，增长24.62%；完成货邮吞吐量5.56万吨，增加9364.80吨，增长20.24%。机场跑道长3200米，宽60米，其中含两侧道肩各宽7.50米的跑道，跑道两端均设I类精密进近灯光系统。平行滑行道长3200米，宽23米。跑滑间设有3条快速出口滑行道和4条联络滑行道。停机坪17.90万平方米，有机位25个，机位组合将为2E5D18C。飞行区等级为4E级，可起降B747同类及以下机型。年内南方航空公司和深圳航空公司在南宁机场设立基地，停场过夜飞机每天达16架次。

【新航线开通】 2010年，南宁机场共新增航线21条，分别为：合肥—南宁—三亚；南宁—长沙—郑州；武汉—南宁—三亚；南宁—杭州；南宁—北京南苑；南宁—佛山；南宁—长沙—南京；南宁—长沙—青岛；南宁—合肥—青岛；南宁—重庆—银川；南宁—厦门—杭州；南宁—郑州—哈尔滨；南宁—福州—济南—大连；昆明—南宁—万象；昆明—南宁—仰光；南宁—台北；南宁—桂林—成都；南宁—南昌—温州；南宁—西安—天津(新引进的奥凯航空公司开通)；南宁—泉州—杭州；南宁—南京—天津。

【机场基本建设】 2010年，南宁机场在机场生活区修建二期业务用房(140套)，新建过夜停车场，规范旅客停车管理秩序。完成新货运站应急扩建2928平方米，停机坪扩建6.45万平方米，新增机位11个。为缓解候机楼规模和设施不足的压力，对候机楼进行应急改扩建8200平方米，工程实施后候机楼面积可达3.27万平方米，并增加值机柜台、安检通道以及相关配套设施。

【安全管理】 2010年，南宁机场坚持抓短板，不断提高安全软、硬件保障能力，加快推进安全管理体系建设。以符合"两审"(安全审计和保安审计)要求为标准，制定南宁机场航空安全保卫培训大纲和培训计划，对《南宁吴圩国际机场使用手册》、《南宁吴圩国际机场规范化基础管理手册》、《南宁吴圩国际机场安全管理体系手册》和《南宁吴圩国际机场航空安全保卫方案》等有关内容进行充实完善；加快推进安全管理体系(SMS)建设，制定《2010年全面推进SMS建设实施方案》，相继开展SMS宣传教育、行业专业培训；投入专项资金472多万元，对涉及飞行安全、地面安全、空防安全、消防安全的22个硬件项目进行更新改造，为广西机场管理集团有限责任公司实现安全发展提供硬件支撑。通过加强对新货运站、新机坪、航站楼应急扩建项目施工现场安全管理和巡检力度等措施，确保扩建期间机场安全运行。同时，开展安全专项整治活动，重点抓好飞行区、停机坪、行车安全、危险品运输、鸟害防治等安全管理。

【服务体系完善】 2010年，南宁机场从社会需求以及自身发展需要出发，制定机场公司服务体系实施总体方案，召开服务体系试行动员大会，签订《服务质量目标责任书》和《服务质量风险抵押责任书》，成立服务质量管理委员会以及协调委员会，定期召开航空公司意见征集会。组织重点服务单位骨干到厦门、南京以及长沙机场开展服务质量调研；召开专题研讨会，征求各服务保障单位意见，不断完善服务体系。旅客平均满意度81%，货主平均满意度92.80%。设置24小时旅客表扬投诉电话，收到旅客表扬95起，重大表扬10起(含送锦旗)；受理旅客投诉84起，无民航局消费者事务中心认定的有效投诉。

【国庆黄金周服务保障】 2010年国庆黄金周期间，南宁机场保障飞机起降935架次，其中运输机931架次，为上年同期的103.54%和103.10%；完成旅客吞吐量10.82万人，货邮吞吐量862.40吨，分别为上年的124.42%和115%。放行正常率100%，航班正常率94%。 （许 康）

责任编辑 卢景林

信 息 业

信息化建设

【概　况】 2010年，南宁市实施信息化带动战略，以"项目建设、资源整合、信息共享、应用推广"为重点，加快推进区域性信息交流中心建设，全面推进"数字南宁"建设。完成25个信息化重点项目建设和推进，项目计划总投资3.74亿元，其中开工项目10个、完成建设项目6个，累计完成投资约3700万元。全市有200多个党政机关、事业单位及国有企业使用办公自动化系统。完成全市115个党政部门、社会团体、国有企业政务网站的建设和整合，建设全市重大活动专题网站8个。政务信息网主网站信息更新3.67万多条，公开市政府信息公开目录8891条，累计3.98万条。完成市区、县城、乡镇及农村无线3G网络覆盖率95%，保障全市重大活动网络和通信顺畅。开展信息化知识、技能和技术应用培训，提升南宁市信息化管理从业人员的队伍水平。组织开展信息系统与网络安全紧缺人才、县(区)农村信息化、市政府网站应用与管理、市电子政务内网办公自动化系统培训，累计培训人员3000多人次。6月25日，在南宁市信息网络管理中心增挂"南宁市信息安全测评中心"牌子，进一步规范和加强全市政府信息系统安全，提升政府信息系统安全保障能力。年内，南宁市再次获中国城市信息化50强称号，在全国城市排名前20位，并获2010中国城市信息化管理创新奖。

【区域性信息交流中心建设】 2010年，南宁市依据《南宁市区域性信息交流中心建设规划》，制定区域性信息交流中心的建设工作思路、分年度建设计划，加快推进打造"五中心一基地"(即区域性的网络中心、信息资源中心、发布中心、应用中心、服务中心和信息产业基地)，为加强信息基础设施建设，增强信息资源开发建设，推进信息化建设应用，加快信息产业和信息服务业发展提供支撑和服务。规划和引导各运营商投入到区域性网络中心建设，基础网络覆盖城乡，"三网融合"(广播电视网、电信网与互联网的融合)和"3G"(第三代移动通信技术)网络稳步发展；2007年10月26日开工建设，总建筑面积25.54万平方米、总投资9448万元的市信息化大楼基本建成，为全市统一的网络管理、信息设备托管、信息技术服务提供支撑。编制市政务信息资源目录体系，推进人口、法人、企业、空间地理信息和宏观经济等重要公共基础信息库建设应用。编制完成区域性信息交流中心一期重点项目计划表，启动区域性信息交流中心一期工程建设。与新华社合作，加快中国—东盟数据库、中国—东盟综合信息门户平台建设，逐步建立中国—东盟区域性的经济、社会、旅游等基础数据库、中国—东盟博览会等专题数据库及在中国—东盟区域内首发、及时、权威的信息发布平台。实施市新闻网二期工程，整合全市新闻信息资源，建设面向东盟的重点新闻网和地方特色门户网站。发展信息服务业，构建以电信运营商提供信息服务为基础，电子商务和"两会一节"信息服务为特色信息服务体系，内容涵盖金融、商贸、交通、物流、网络、房产、科技、工程、会展、家政、货运、出国、劳务、留学等行业。加快构建区域性信息产业基地，引进富士康等世界知名IT企业入驻，推动南宁信息产业实现跨越发展和结构优化升级。至年末，全市有软件企业380家，初步形成通讯业、电子产品制造业、软件开发和信息系统集成业等电子信息产业链。

【经济与社会领域信息化】

电子政务网络　2010年，南宁市拓展升级南宁市电子政务内、外网络平台建设，核心骨干网络带宽1000兆。按照市、县(区)、乡镇(街道)、村(社区)的四级网络架构要求，逐步实现全市范围的统一政务网络覆盖，为电子政务建设提供统一的网络平台。在电子政务内网一期基础上，新增54家政府部门(包括市管企业20家)内网接入，为全面推广市政府公文流转办公自动化，逐步实现全市无纸化公文交换提供保障。完成20家搬迁单位网络迁移保障工作。

政务网站　市政府门户网站(www.nanning.gov.cn)正常运行，1月开通政务网手机版，使市民能够随时随地使用手机访问网站，累计访问量超过90万人次。全年网站更新信息3.67万条，用户访问1781.77万人次，页面浏览量2.23亿次；各县(区)、开发区、各部门网站信息更新19.42万条，用户访问873.83万人次，页面浏览量1.87亿次；市政府信息公开目录平台(市级)公开信息8891条，累计公开3.98万条。在2010年第四届中国政府网站国际化评测中，连续3年获优秀外文版奖，在全国省会及副省级城市国际化程度排名第5；在2010年第九届中国政府网站绩效评估中，在省会(首府)城市排名第14，在全国5个自治区首府城市中排名第1，在西部12个省区市省会(首府)城市中排名第3。

网络问政　开展政风行风面对面网上访谈活动，组织"政风行风面对面"活动12期，实现与网民实时互动交流，演播室直评和面向全社会播放的方式，让部门"一把手"和群众零距离交流。政民互动平台回复市民咨询投诉信件6039件，网上信访系统回复市民来信1038件；收到市民咨询投诉信件6159件，办结 6053 件；每月平均受理 514 件，在规定时间内信件回复率 99.19%。

政府机关绩效管理系统　由市城乡数字化建设办公室承建。2010 年 6 月 5 日开始建设，总投资 1978 万元；至年末，完成项目调研、需求分析、设计、招标等前期工作，整理完成 122 个部门绩效指标制定、实施及培训，建成一期项目包含部门绩效、重点项目督查、财政性资金、领导驾驶仓 4 个系统，完成硬件及系统软件的安装部署、绩效平台展示厅的装修及一期项目启动会的筹备。9 月 16 日，系统正式上线启动，实现全方位政府绩效信息化管理创新。

防汛应急指挥决策支持系统　由市城乡数字化建设办公室承建。2009 年 4 月 7 日开始建设，总投资 1063.91 万元；该系统二期工程一期项目 2009 年 7 月投入试运行，2010 年 3 月通过验收。为覆盖市防汛办、水利局、气象局等 7 个相关单位的防汛应急系统网络，实现市气象局、自治区水文水资源南宁分局等单位防汛基础数据的实时交换与整合；涉及 28 座大中型水库及重要水电站、泵站、河道、堤防、大坝等信息，市气象局 148 个气象站点雨量数据，以及自治区水文水资源南宁分局 35 个河道水文站、19 个水库水文站的水情数据、118 个水文雨量站点的雨量数据（包括河道水文站和水库水文站）。建立 24 个河道、水库重点区域的视频监视点，搭建防汛指挥决策支持系统，为防汛应急指挥提供实时数据和视频图像参考。系统集信息采集、信息查询、信息管理、汛情监视、GIS（地理信息技术）操作、城市防洪和调度指挥为一体，有效提升全市防汛应急能力水平。

人口基础信息共享平台　由市城乡数字化建设办公室承建。2008 年 12 月开始建设，总投资 276.60 万元；2010 年 6 月投入试运行，12 月通过验收。该平台整合各部门提供的人口基础信息 234 万余条。其中：计生信息 9.20 万余条；民政信息 4.60 万余条；人事信息约 2 万条；房产信息 13.70 万余条；公积金信息近 18 万条；劳保信息 187 万余条。平台共享各相关业务数据 221 万条。

政务地理信息共享服务平台　由市城乡数字化建设办公室承建。2010 年 3 月开始建设，总投资 724 万元；9 月投入试运行。该平台以先进的 3S 技术（地理信息技术 GIS、遥感技术 RS、全球定位系统 GPS）为基础，充分利用与整合全市自然资源与空间地理基础信息资源，建成空间数据交换、政务地理信息共享服务、政务地理信息资源查询与展示、运维管理子系统等业务系统，提供基础地理数据应用服务。建成市政务地理空间信息数据中心，整合数字城管、应急联动中心、国土、规划等共建单位的政务地理信息数据，生成政务专题图层 203 个。至年末，掌握“数字城管”各类井盖、公共设施等图层 88 个，标准地址 12 万多条，城市基础及应急通用地图图层 44 个，2005 年、2007 年、2008 年遥感影像，2009 年南宁快环内地形图，规划路网等数据。通过平台地理数据生成的政务电子地图、政务专题图层以及各类遥感影像均可在各部门建设行业地理信息系统时共享利用。

领导决策支持与分析系统二期　完成 100 个基于统计信息的决策分析模型的设计工作，提供统计报表生成功能，实现统计信息业务综合平台，为领导决策科学、便利、准确提供服务。系统数据采集试点覆盖全市各县（区）涉及投资、贸易、工业、房地产和建筑业、服务业等领域的基层单位 8700 多个。

数字化城管系统扩容　扩大数字化城管系统的资源整合与应用范围，加快完善和拓展数字化城管地理信息数据系统，完善数字化城市管理考核评价体系。完成系统硬件平台的升级与扩容、系统平台软件升级、应用开发建设；在原市级综合评估系统功能模块上增加单位网格区域评价、监督员评价、监督员工作量细化评价、工作网格评价等功能；更新快速环道以内区域 140 平方千米、快速环道以外区域 73.40 平方千米的城市管理部件和地址；增加凤岭一带新建 7.20 平方千米，东盟商务区周边新建 5.36 平方千米的系统应用区域。

电子政务内网 OA 系统　市电子政务办公自动化系统新增 54 家单位接入政务内网，累计接入单位 200 多家，注册人数 2500 多名。组织机关办公自动化系统应用对口培训 10 次。通过电子政务办公自动化系统完成公文交换 8685 份、公文传阅 6625 份，单位间收发文处理31.02 万份，初步实现全市无纸化公文交换。

数字认证　CA（数字）证书推广在市政协、市统计局应用，用户数 2000 人。市财政局计划在全市统一使用的国库集中支付、非税、预算等系统中使用 CA 证书，年内完成一、二期推广应用方案；市信用办、市政府集中采购中心计划在全市信用信息系统、市政府采购管理信息系统中应用 CA 证书。

部门业务系统　2010 年，建设市安全生产应急救援指挥中心二级平台系统、市社会治安电子视频监控系统二期、市社会稳定信息网络化管理系统、市价格监测与监管服务系统、市接待办接待业务管理系统、市粮食保障（指挥）系统、市文化市场信息管理系统、市交通管理信息化工程二期、市网络舆情综合管理系统、市流动人口服务管理系统、市政府采购管理信息系统、市环境保护及监测系统工程二期、市财政局集成 CA 安全应用项目、南宁加工贸易综合服务平台等 20 多个部门业务系统建设，为各部门业务职能提供科学规范的信息化管理，提高南宁市政务信息化水平。

【“绿城党旗红”网络党建信息平台】　由市委组织部承建。2009 年 10 月开始建设，总投资 997.80 万元；2010 年 8 月 7日正式启用。该平台开通党员服务、在线教育信息发布、网上办公、互动交流、网络调查 6 项功能，为党组织和党员提供党务服务，实现网上活动与网下工作的“无缝”对接。依托农村现代远程教育网络，将党建信息平台的触点延伸到全市基层党组织 1.30 万多个；结合手机信息平台，将党建信息平台的触点延伸到全市党员群众 22.30 万多人。推动基层党建工作由传统向现代、封闭向开放、单边向互动转变，进一步提升党建科学化水平。10 月，在中国信息协会主办的 2010 中国城市信息化发展论坛暨成果评选中获 2010 中国城市信息化管理创新奖。

【信息整合共享】　2010 年，南宁市广泛应用企业基础信息共享平台，为市场监管、财税增收提供服务，并使政府各相关管理部门及时了解全市经济运行状态，为领导决策提供辅助作用。整合企业数据 66 万多条，其中工商 21 万条、质监 8.70 万条、地税 23 万条、国税 13.30 万条。该平台搭建涉税信息系统，20 家相关单位可通过系统交换涉税信息，进一步提升全市税务征收水平。

【农村信息化】　2010 年，南宁市加快实施信息惠农工程，带动城乡协调发展，构建“三农”（农业、农村、农民）信息服务体系，加快农村经济社会的发展。至年末，建成农村站点1500多个，实现市场、科技和政策等信息进村入户，协同抓好党员队伍建设；开展建设农村信息化示范工程，建设10多个信息化乡镇及近百个农村信息服务站，农民可免费查询和发布农产品供需等信息；开通服务“三农”的广西农村致富信息平台和96118信息热线，农民可以通过网络和电话获取知识；为所有村镇打造门户网站，实现“一镇一门户”的信息展现平台。（冼就毅）

【信息产业】 2010年，南宁市规模以上通信设备、计算机及其他电子设备制造业企业有20家(新增4家)，其中工业产值超亿元企业12家(新增5家)，从业人员年均1.50万人。完成工业总产值（现价)43.06亿元；主营业务收入38.31亿元，利税3.64亿元，利润3.23亿元。开展技术改造项目72个，完成技术改造投资13.22亿元，占全市技术改造投资3.60%。中国移动广西通信信息产业园、领华数码南宁科技园、富士康生产基地、南宁国家火炬软件产业基地等项目落户南宁高新技术产业开发区。其中：12月22日，中国移动广西通信信息产业园举行开工仪式，规划总建筑面积约10万平方米，总投资6.30亿元；12月23日，全球最大的电子产业专业制造商及世界500强企业——富士康集团与南宁市签署战略框架合作协议，并与高新区管委会签订厂房租赁协议，整体租用高新区南宁—东盟总部基地三期厂房，在高新区设立网络事业群生产基地。（马祥琼）

【广西软件研发人才小高地】 位于南宁高新技术产业开发区。2010年，获自治区及南宁市的人才专项扶持资助100万元；组织软件、生物小高地企业参加申报市小高地项目获180万元资助。新增国家级科技和产业化项目10个、地方级科技和产业化项目28个；科技活动经费筹集总额2.80亿元（企业自筹1.20亿元、国家支持0.80亿元、地方政府支持0.60亿元、金融机构贷款0.20亿元)；科技活动经费总投入2.60亿元（研究与试验发展1.30亿元、软件研发0.80亿元、新产品开发0.40亿元、培训费用0.10亿元)。新增获国家和省市级科技奖12个、软件著作权登记24个、授权专利5个、软件产品登记33件，新通过ISO系列认证企业21家、CMM/CMMI三级评估企业1家、其他资质认证企业数20家。（李绍华）

【南宁软件园】 位于南宁高新区科技工业园。占地面积29万平方米，建筑面积8.90万平方米。2010年，入驻企业360多家，经认定的软件企业有68家，占全自治区的60%。产品主要包括系统集成、电子商务、现代通信技术、软件中间构件、CAI课件、ERP、CRM、IDC、GIS等150多项。搭建的软件公共技术服务平台已获3项国家标准。特色产业集群初见雏形：以广西桂能软件有限公司和广西南博国际信息有限公司为代表的电子政务系统研发，以天翌(广西)通信发展有限公司、南宁海蓝数据有限公司和广西南宁奇网计算机有限公司为代表的软件与信息服务外包产业，以广西卡斯特动漫影视有限公司、南宁九金娃娃动漫有限公司和南宁市平方软件新技术有限责任公司为代表的文化创意产业，以南宁银河南方软件有限公司和广西德意数码股份有限公司为代表的物联网系统研发等。实现技工贸总收入21.40亿元，工业总产值21.40亿元，利税3200万元。

【自治区首个信息化社区成立】 2010年8月21日，西乡塘区新阳街道办事处新阳上社区举行“信息化社区”挂牌仪式，成为自治区第一个信息化社区。由中国电信南宁分公司提供技术支持。在社区每个家庭布放宽带端口和线路，使住户享受到电信部门提供的各种宽带应用服务，如远程医疗、远程教育、视频点播、声像通、远程会议等；通过电信网组成的数字化智能网，实现三表抄送、门禁系统、视频监控、保安报警等与住户居住安全、消费密切相关的功能。通过建立社区网络服务综合信息平台，将社区门户网站、呼叫中心、短信平台和网络电视平台、电子阅览室、信息服务自助终端，为居民提供“一网式”、“一线式”综合服务。重点开发辖区人口、重点对象、社区组织、社工队伍、公益性设施等基础信息，及科普、民政、劳动、文化、计划生育、卫生、公安、商业、建设等专题信息。覆盖住户3650多户，受益1.25万人。

通　信　业

【概　况】 2010年，南宁市有中国电信股份有限公司南宁分公司、中国移动通信集团广西有限公司南宁分公司、中国联合网络通信有限公司南宁市分公司3家电信运营商。电信南宁分公司建成3G基站694个、WLAN AP（无线局域网接入点)共1080个；移动南宁分公司建成3G基站宏站646个、室分612个；联通南宁市分公司建成3G基站900多个。完善全市通信网络基础设施，加快宽带网络和“无线城市”建设，无线网络无缝覆

8月21日，西乡塘区新阳街道办事处新阳上社区举行信息化建设启动仪式　农荣生　摄

盖，市区、县城、乡镇及农村行政村基本实现3G信号覆盖，提高城市通信信息服务质量。完成电信业务总量171.72亿元，比上年增长20.60%。市话交换机总容量887.81万门；固定电话（含小灵通）用户119.96万户，下降11.79%；移动电话用户484.43万户，增长17.05%；互联网用户90.81万户，增长34.92%。城市居民通讯类年人均消费支出784.02元。各电信运营商加强通信设施检查维护，扩大通信容量和覆盖区域，提高设备的负载能力和可靠性，完成泛北部湾论坛、广西体育中心启用仪式暨中国—巴林足球友谊赛、中越青年大联欢活动、2010年国际田联世界半程马拉松锦标赛以及“两会一节”的通信保障。（梁一家）

【中国电信股份有限公司南宁分公司】

概　况　2010年，中国电信股份有限公司南宁分公司下辖南宁市青秀、兴宁、邕宁良庆、西乡塘、江南5个区域分公司及武鸣、横县、宾阳、上林、马山、隆安6个县分公司；实施从传统基础网络运营商向现代综合信息服务提供商转变，拥有商务领航、我的e家、号码百事通、无线市话（小灵通）、移动电话、IP（网协）直拨电话、互联星空、全球眼、新视通等业务品牌。实现业务收入14.47亿元，净利润4.41亿元。

网络建设　电信南宁分公司重点建设移动电话网络、宽带接入网、无线网络等。至年底，城区新建FTTB/FTTH（光纤到楼道或光纤到户）接入网覆盖178个小区；新增ONU（光网络单元）—LAN（局域网）端口容量13334线，CDMA（码分多址）基站217个，室内分布系统114套、334万平方米；部署RRU（室分站点）信源100套；新建WLAN（无线局域网）热点25个，AP接入点244个。IP城域网扩容二期项目竣工，出口带宽扩容至240千兆，IPTV（网络电视）平台完成建设上线运行，一级干线等骨干网战略项目建成20个。6县城区宽带提速光进铜退项目建成接入网15个、宽带0.72万线、窄带1.58万线，县城宽带4兆达标率100%。完成二级光缆干线宾阳、武鸣乡镇传输网老旧设备退网改造。将其电路割接至新建的传输城域网，提高传输网络运行的安全性。

“无线南宁”建设　电信南宁分公司加大“无线南宁”项目建设的投入，新建室外基站217个、室内分布系统144个，使全市室外基站达到1148个，室内分布系统666个；城区EVDO（3G上网）覆盖率100%，拓宽信息化应用的地域。

信息化战略合作　2009年5月16日，南宁市政府与中国电信广西公司签署《信息化战略合作框架协议》。2010年，电信南宁分公司加快信息基础设施建设，扩容平安南宁工程，以中国电信全球眼系统为依托的“天网”监控系统遍布主要街道、路口、广场等。在主要河流、大中型水库还负责监控着汛情、旱情。推出交通E通、警务通、翼机通、数字城管、乡村医生门诊统筹及手机报账系统等信息化应用业务，打造具有南宁特色的信息化城市品牌。

客户服务　电信南宁分公司继续向社会推出市话详单查询、固定电话和宽带安装预约服务、网上营业厅，建立重要客户和VIP客户的服务体系等措施提升客户服务水平。12月25日起，推出“五个一”（一张账单，明白消费；一点查询，自主订退；一键接入，便捷沟通；一站服务，首问负责；一声提醒，温馨关怀）服务新措施，提高用户对电信服务满意度。年内，10000号人工接通率一直维持在87%以上；“我的e家”业务客户满意率95%；“商务领航”业务客户满意率95%；装移机一次预约成功率77%；故障申告量比上年下降38%；品牌客户故障修复及时率89.10%；客户基础资料管理100%达标；装移机用户回访满意度100%；客户有理由服务投诉为零。

电话用户实名制施行　9月1日起，电信南宁分公司开始实施电话用户实名登记制度。用户在办理固定电话（含宽带）装机、移机和过户、办理移动电话入网和过户，须提供真实有效身份证件，如实填写相关信息。分两个阶段施行：第一阶段，自9月1日起，实现新发展及过户业务的实名登记率100%；第二阶段，至年末，做好未实名登记老用户补登工作。

新“天翼国际卡”推出　至11月末，南宁市共有“天翼国际卡”用户1688个。12月1日起，电信南宁分公司推出新的“天翼国际卡”，通话业务漫游258个国家和地区，服务范围涵盖美国、英国、德国、日本、韩国、澳大利亚等全球五大洲的国家和中国香港、澳门、台湾地区。新一代国际卡可以兼容CDMA与GSM（全球移动通讯系统）网络。国际漫游资费下降50%以上。如：原在英国漫游拨打中国内地每分钟26.89元，现为7.99元；原接听电话每分钟5.99元，现为2.99元；下降幅度分别为70%和50%。

IPTV业务试点　1月1日，电信南宁分公司开始试点IPTV业务；至1月25日，有200部IPTV进入市民家庭。IPTV业务为“三网融合”业务，将原普通电视机顶盒更换为网络电视机顶盒，再由电信调制解调器中引线到网络电视机顶盒，实现看电视、视频点播以及信息服务、视频通信等多种互动多媒体功能。期间网络电视能收看全国各地100多个频道，能反复收看3天前各频道播出的所有节目；能点播1万多部电影、电视剧。至年末，客户量352户。

物联网应用　4月，翼机通在南宁市区正式商用。翼机通是以中国电信天翼手机为载体的物联网技术的具体应用，是中国电信面向社会提供的综合信息服务。翼机通自2009年开始研发，不仅为用户提供传统的手机通信服务，还可通过手机实现门禁、考勤、食堂消费、信息发布等服务。首先在全市各大中专院校宣传推广翼机通，将饭卡、学生证、借书证、门禁卡等多卡合为一卡，为学生和教职工的工作、学习和生活提供便利。至年末，翼机通在工商、税务、医院、物流、金融和公共交通等行业应用。

横县手机报账项目　6月，电信横县分公司与横县卫生系统合作建设，总投资8万元；8月建成“乡村医生门诊统筹及手机报账系统”，有66名乡村医生办理手机报账业务注册，实现自治区新农合手机报账行业应用项目的首个突破。11月末，获自治区公司行业应用项目突破奖。至年末，全县乡村医生注册加入使用该系统近800人，并在全县乡村诊所普及使用。（农荣生）

【中国移动通信集团广西有限公司南宁分公司】

概　况　2010年，中国移动通信集团广西有限公司南宁分公司下辖西区、东区、南区、邕宁、武鸣、横县、宾阳、上林、马山、隆安10个分公司。主营业务收入保持平稳增长，客户规模400多万；实现移动通信网络乡镇覆盖率100%，行政村覆盖率99.50%以上，自然村基本覆盖。

业务经营　移动南宁分公司拥有自营服务厅166个、指定专营店424个、特约代理点3290个。拥有“全球通”、“神州行”、“动感地带”等客户品牌的移动信息业务，与1300多家企业合作建设企业信息网。服务网号139、138、137、136、135、134、159、158、150、151、152、188、187。主要经营移动话音、数据、IP电话和多媒体业务，具有计算机互联网国际联网单位经营权和国际出入口局业务经营权。除提供基本话音业务外，还提供彩信、彩铃、来电提醒、随E行、飞信、手机报、GPRS（通用分组无线业务）行业应用、i万家、无线局域网接入等增值业务。同时开通24小时网上服务厅，移动客户可享受话费查询、缴费记录查询、积分查询、业务办理、短信天地、服务厅导航、手机归属地查询等服务。与237个国家和地区的387个通信运营商开通GSM国际漫游业务，并与180个国家和地区的281个通信运营商开通GPRS国际漫游，国际短信共通达62个国家和地区的111家通信运营商。

网络建设　移动南宁分公司推进网络黑点整治，完成中心机房二路由、集团客户专线隐患、长环长链等专项整治，完成城区主服优化、县城乡镇专项网络优化，以及GSM14.1、14.2期等工程建设任务。搭建市场网络融合应用管理平台，建立一线问题快速响应流程，组建WLAN测试团队、应急保障突击队。新增GSM基站275个、TD基站180个，城镇市区管道管程增长298千米。建设WLAN热点118个。

企业文化建设　移动南宁分公司启动“榜样先锋行”活动，员工减压、员工激励、员工提升三项计划顺利实施。以创先争优、百天创优、青年文明号创建为契机，各项劳动竞赛、党工团工作取得成效。开展企业影响力提升活动，参加赈灾扶贫、助残送温暖等公益及慈善事业，全年捐赠款物超过10万元。以“三服务”（服务厅服务好客户、后台服务好前台、上级服务好下级）原则为指导，“五象争锋”班组建设成效显著。重点示范班组银田服务厅获中央企业红旗班组称号，10个班组分别获集团、自治区级、市级工人先锋号；73个班组分别获全国、自治区、南宁市青年文明号。　（黄　英）

【中国联合网络通信集团有限公司南宁市分公司】

业务经营　2010年，中国联合网络通信集团有限公司南宁市分公司按照“规模发展3G业务、稳定发展2G（第二代移动通信技术）业务、快速发展宽带业务、大力发展集团业务、创新发展增值业务、积极发展融合业务”的经营思路，进一步加大市场拓展力度。通过高校促销、城中村促销、新农合促销、基站脱闲、返乡促销等系列活动和推进渠道转型，移动业务总收入比上年增长19.89%。宽带业务开展以“宽带中国，畅享在沃”、“宽带提速，全民4M”为主题的路演活动，实现业务快速发展，业务增长98.50%。

网络建设　联通南宁分公司按照“强化网络支撑能力，确保业务发展需要”的思路，打造优质网络。共建设2G基站118个、WCDMA（宽频分码多重存取）基站338个、室分系统站点221个、宽带端口15万个，移动网络的覆盖率得到有效提升，3G网络覆盖率年末比年初提高130%。

客户服务　联通南宁分公司从改善客户感知入手，通过开展零容忍、今天我的微笑最美、树服务标杆，创服务能手等系列精品服务活动，引入“第三方服务质量评测”监督机制，推动各营业窗口基础管理和现场管理的提升。组织iPhone俱乐部活动，丰富VIP（贵宾）客户服务内容，提升客户感知。开展对钻、金、银客户分级分步专项维系，开展客户一对一回访，提升VIP客户满意度。服务质量综合满意度比上年提升106%。　（陆　忠）

邮　政　业

【概　况】　2010年，南宁市邮政局辖邮政支局所200个、电子化邮所189个。设邮政储蓄（含邮政储蓄银行）网点157个、信筒信箱735个。有邮路91条，单程总长度17139千米（其中全国干线邮路7条、单程长度8547千米，省内干线邮路9条、单程长度3396千米）。生产用汽车186辆；固定资产原值4.26亿元，邮政生产用房面积13.89万平方米。实现邮政业务收入2.99亿元，全员劳动生产率人均7.09万元，邮政服务质量用户评价综合满意度为93.30分。

【函　件】　2010年，市邮政局继续开展邮政服务中小企业“直邮通”业务，为中小企业提供产品推介业务。为市交警违章账单、北部湾银行对公账单、太平人寿新增年度分红账单等为代表的账单提供投递服务，函件业务规模进一步扩大。函件业务量3427.76万件（国内3422.06万件、国际5.70万件）。建立健全大客户企业相关的个性化数据库，共有名址数据库108万条，准确率95%，基础地址覆盖率91.37%，建立更新组织机构名址5.31万条，有公务精英、白领丽人、中小学生、夕阳红等精品数据库22个。

【邮政金融代理】　2010年，市邮政局贯彻中央扩大内需的政策，布放集即时转账、账户查询、消费结算于一体的“商易通”，满足中小型企业及商户营运和业务结算需求，并提供小额贷款业务，拓宽中小农商户的融资的渠道。开展“合规管理年”活动，开发邮政储蓄卡、保险、基金、国债、理财等产品，加快发展代理金融业务。至年末，全市有邮政储蓄（含邮政储蓄银行）网点157个；设置自动取款机（ATM）87台；邮政储蓄净增额14.76亿元，累计余额72.47亿元，成为南宁城乡居民资金结算、融资筹款的主要渠道。投资521万元对27个邮储网点进行装修改造，改善服务环境。

【电子商务】　2010年，市邮政局在189个城乡电子化邮所开通航空客票业务，提供航班查询、订票、送票一条龙服务，方便单位和群众出行，累计出票近2万张，并将代办道路交通违法、加油、车辆保养、衣食住行打折优惠等整合打包，开发自驾车主会员俱乐部“自邮一族”项目，有车族会员近3000人。

【集　邮】　2010年，市邮政局抓住南宁市区集邮零售市场回归和集邮管理体制理顺的契机，把握上海世博会、广州亚运会、中国—东盟自由贸易区建成等重大活动，开展邮品首发仪式和集邮沙龙等活动，做好相关题材集邮品的开发和销售，定向开发邮册1.58万册、邮资封80.69万枚、个性化邮票2.99万版。

【速递物流】　2010年，市邮政局依托全程全网优势，继续打造“EMS”（邮政特快专递服务）品牌，根据不同市场和人群需求，实现自治区内主要城市之间邮件次晨达、网购E邮宝、同城特快专递等业务，打响“思乡月”、“五节联送”等节日营销品牌。推进农村邮政基础设施建设、支持邮政进入农资市场，发挥邮政企业品牌、网络、服务等优势在“三农”服务中的作用，进一步推动全市农村邮政物流发展。完成代理特快专递邮件153.11万件(国际1.16万件、国内151.95万件),有农资直销点124个、加盟店179个,农资配送2049吨；速递物流业务收入2805万元。

【邮政信息化建设】 2010年，市邮政局试行广西机要邮件处理系统,增强机要邮件的内部处理和内控能力。1月,完成储蓄系统2.0版本改造试点工程上线。3月,完成南宁邮政生产网(骨干网)改造工程。4月,完成全自治区邮政网汇通二期工程上线推广工程、邮政“自邮一族”业务电子商务信息平台上线。5月,完成邮政金融网点终端数据传输安全工程和理财规划系统上线。6月,将CDMA2000无线接入方案应用于收寄校园、退伍军人包裹,缩短处理时间;完成邮件容器信息系统和邮政航空票务V3.2版本系统上线。7月,完成人民银行反假货币信息系统上线。8月,完成报刊发行系统3.0升级。11月,完成电子商务网站系统工程上线。

【邮政处理能力提升】 2010年，市邮政局在南宁邮区中心开展“优化流程、降本增效”改革,邮件处理能力进一步增强,完成总包邮件接发758万袋，比上年增长16.43%，邮件传递时限综合准时率达99%以上,机要邮件总包失密丢损率为零。包含南宁至北京、武昌、南昌、上海、广州、西安、昆明7条一级干线邮路,省内干线邮路长度(单程)1747千米。城乡投递员613人,城市投递段道345条,路线长度（单程)4940千米；农村投递路线372条,覆盖乡镇102个、行政村1509个,路线长度(单程)1.22万千米。服务人口691.69万。上海世博会和广州亚运会期间,加强检查,确保邮件安全生产,完成南宁、上海邮件交换量8.36万袋(盒),全程无质量差错。 （潘　玉）

无线电管理

【概　况】 2010年，南宁市辖区依法设置的各类无线电台(站)12992个。其中：广播电台(电视台)4个;高频电台4个;甚高频、特高频电台2493个;船舶电台28个;集群基站5个,集群移动台1403个;蜂窝移动基站6137个;无线接入基站2367个;无线数据电台6个;卫星地球站7个;微波接力站253个;业余电台285个。各类无线电用户单位174多家。

年内，南宁市无线电管理处做好无线电管理基础工作,维护空中电波秩序。做好行政许可和频率占用费收取。受理南宁供电局等21个单位的频率台站申请,审批双工频率3组、单工频率15个、船舶电台呼号7个、临时指配双工频率5组、微波频率4对,颁发新设电台执照141个,到期换发执照6个,报停单位3家,收回双工频率3组、单工频率2个,报停执照181个。收取南宁市150多家无线电设台用户的无线电频率占用费106.10万元。强化基础技术设施建设。完成当阳街绿都商厦B级监测固定站850平方米的装修，完成B级监测测向站设备的安装调试并投入使用;完成新购置的上林、宾阳两县小型站机房装修；遥控站选址基本完成，初步确定南宁市江北大道怡璟湾小区C栋2301房作为遥控站的站址;完成B级固定站及宾阳、上林县小型站机房的视频监控和防盗报警系统的安装。完善设备维护保养责任制,落实“设备定人、维护定期、使用定时”制度,明确重要设备使用及工作要求,先后对全市2个固定监测站、3个小型监测站和2辆移动监测车进行定期巡检和维护，满足辖区无线电波监测需求。加强对业余无线电的引导和管理。召开业余无线电爱好者座谈会，组织业余爱好者在防城港市企沙镇蝴蝶岛开展“2米波段环亚太地区远距离通信试验活动”。为解决业余无线电运动长期无固定活动场所的问题,无偿提供给广西阳光业余无线电俱乐部一间办公室。

【无线电监测】 2010年，市无线电管理处开展日常监测和专项监测，注重监测数据分析与应用。开展航空无线电导航、对讲机频率、第三代移动业务、广播电视、2.5G频段固定业务、集群通信等重要业务和频段的监听监测，进一步完善电磁环境监测数据库，逐步建立监测技术指标。利用固定站、小型站和移动站进行无线电监测6570小时,发现并处理不明信号5起,上报监测月报10份。先后开展广播电视、对讲机、公众通信基站等专项清理。开展监督核查和行政执法236人次,核查设台用户11家,核查设备205台,处理违规行为5件,对53家非法设台单位进行行政执法,发出《责令改正通知书》53份,立案3件,结案3件,扣留设备1台。及时查找、消除有害干扰,受理干扰申诉16起,其中涉及移动、电信、联通等运营商的干扰申诉8起,涉及公安、供电、铁路、广电等部门的干扰申诉7起。做好无线电安全保障。完成第七届中国—东盟博览会、2010年南宁“中国石化杯”国际田联世界半程马拉松锦标赛等重要活动的无线电安全保障任务。派出人员96人次、监测车24辆次,完成监测102小时,处理干扰1起。防范和打击重大考试的无线电作弊行为。为研究生考试、公务员考试、高考、国家司法考试、广西面向全国公开选拔工业化和城镇化人才考试、全国执业兽医资格考试等提供无线电安全保障14次,派出人员199人次、监测车46辆次,完成监测210小时,发现作弊信号2个，实施无线电压制1起,配合公安机关抓获作弊嫌疑人2人,收缴作弊设备1套。

【无线电管理宣传】 2010年，市无线电管理处加大《中华人民共和国无线电管理条例》及有关法律、法规的宣传力度,提高广大群众对无线电管理工作的认知度,发放宣传资料2000余份,报纸、电视宣传30多期，主办大型宣传活动1起,在市区LED大屏幕持续播放30秒宣传片2个月，利用公众移动网络向辖区用户发送宣传短信上百万条，利用网络平台举办无线电管理知识竞赛1期，还召开设台用户、业余无线电爱好者的座谈会和宣贯会，向用户进行无线电管理新业务、新技术和相关法律法规的宣传。9月是无线电管理宣传月，联合移动、电信、联通、业余无线电团体、重点设台单位和新闻媒体等部门开展发送手机短信、播放宣传片、开展网络知识竞赛等形式多样的宣传活动。9月11日,在朝阳广场举办主题为无线电管理就在你我身边的大型宣传活动,通过文艺表演,举办无线电科普图片展览、无线电监测演示、无线电科普知识互动抢答、无线电行政许可咨询、发放宣传纪念品等活动。

（覃　巍）

责任编辑　梁笑飞

商业贸易

综　　述

【社会消费品零售】 2010年，南宁市贯彻落实扩大内需、促进消费各项政策措施，克服自然灾害等不利影响，完善城乡市场体系，组织开展各类促消费活动，改善消费环境，消费品市场保持平稳较快增长态势。实现社会消费品零售总额905.93亿元，比上年增长20%，超额完成预期目标，总量占自治区的27.69%，总量和增幅均位居自治区第一；增幅比上年提高3.40个百分点，高于全国平均水平1.60个百分点，在全国27个省会（首府）城市中排名第5，在11个西部省会（首府）城市中排名第2。消费品市场运行呈现以下主要特点：

1.城乡市场消费活跃。随着城乡一体化进程步伐的加快，城乡居民收入提高，购买力增强，南宁市城乡市场继续保持较快增长势头，特别是农村市场，在国家“家电下乡”、“汽车下乡”一系列拉动农村消费政策的带动下，市场零售额增幅快于城市。城镇消费品零售额861.12亿元，比上年增长19.99%，占社会消费品零售总额95.05%，城镇消费继续占据主导地位；农村消费品零售额44.81亿元，增长20.23%，快于城镇0.24个百分点。家电下乡产品销售59.03万台，销售金额12.28亿元，居自治区首位。

2.批发零售业占据市场主导地位。批发零售业实现零售额827.47亿元，增长19.98%，占全市消费品零售总额91.34%。

3. 限额以上批零企业领跑消费品市场。限额以上企业和大个体实现零售额354.35亿元，增长30.11%，比限额以下企业和小个体高15.81个百分点，占全市消费品零售总额39.11%，直接拉动社会消费品零售总额增长10.86个百分点。

4.节会经济助推消费市场。举办南宁消费购物节、2010南宁·东南亚国际旅游美食节、中国国际商务文化节暨中国（南宁）时尚博览会、第三届中国—东盟国际汽车展览会、2010中国国际茉莉花节等专业会展，宾阳县炮龙节、武鸣县“三月三”歌圩美食节等特色节会。全市举办专业会展69场、特色节会31场。各商家还抓住元旦、春节、“十一”黄金周等节日，开展促销活动，促进消费品市场繁荣。

5.热点商品销售旺盛。限额以上批发零售业零售25类商品中，增幅超过20%的有14类。消费热点主要有：汽车类零售额156.01亿元，增长34.40%；商品房的热销，带动家用电器和音像器材类商品实现零售额28.46亿元，增长40.49%；休闲、保健及保值增值类商品俏销，日常生活必需品继续保持平稳增长。

6.县（区、开发区）消费协调发展。在15个县（区、开发区）中，消费增速在17%以上的有13个，其中以汽车销售为主的江南区增速28.16%。兴宁区、青秀区和西乡塘区均实现零售总额170亿元以上，其中兴宁区实现零售总额208亿元，居各县（区、开发区）之首。

7.居民消费价格总水平温和上涨。受供需关系、成本推动、气候反常等多重因素影响，食品类价格大幅上涨，以及居住类价格上涨的推动，居民消费价格指数比上年上涨2.50%，低于全国平均水平0.70个百分点，低于自治区平均水平0.40个百分点。（杨户芬）

【农贸市场建设】 2010年，南宁市商务局按照创建国家卫生城市的统一部署，组织各城区、开发区和相关部门做好城市农贸市场活禽经营区改造，落实市财政专项补贴1000万元，完成81个农贸市场640个经营摊点的销售、宰杀、展示三分离改造，确保通过国家卫生城市技术评估专家组的评估。（潘贤新）

【酒类市场经营管理】 2010年，南宁市根据自治区商务厅相关要求以及《广西壮族自治区酒类管理条例》和商务部《酒

8月11日，2010年南宁消费购物节新闻发布会举行　周家志　摄

类流通管理办法》，推行酒类备案制度和随附单制度，依法核发酒类经营许可证，按经营业态分类编号，抓好随附单的发放、领取、登记、保管、核销等各环节，杜绝随附单转让、买卖、租赁、涂改等非法行为的产生，确保酒类市场繁荣稳定。在市区开展联合专项整治行动 93 次，出动执法人员 2231 人次，查处经营户 145 家，暂扣各种酒类商品 6142 瓶；新办酒类批发许可证 283 个、酒类零售许可证 978 个，发放酒类流通随附单 2105 本，随附单使用率 93%。（阳 柳 兰 贞）

【成品油市场经营管理】 2010 年，南宁市有成品油批发企业 11 家、成品油零售企业 352 家。其中：管理性公司 10 家，加油站 332 座（中国石油化工集团公司南宁分公司加油站 156 座，中国石油天然气集团公司南宁分公司加油站 30 座，其他国有控股成品油企业加油站 24 座，社会办加油站 122 座）。成品油销售 109.45 万吨（汽油 41.67 万吨、柴油 67.78 万吨），比上年增长 33.20%。开展成品油执法检查 72 次，出动执法人员 686 人次，查扣非法经营流动加油车 49 辆，查处、取缔非法经营加油点 3 个；办理成品油违法案件 45 件，上缴罚没收入 28.60 万元。（阳 柳 梁 槟）

【市场运行监控】 2010 年，市商务局加大市场运行监测力度，确保市场运行平稳。1.加强市场监测，优化监测结构。5 月，商务部对重点流通企业、城市生活必需品市场、重要生产资料市场监测报表制度进行修订，市商务局做好新旧报表衔接工作，确保报表的报送质量。对一些规模小、无法承担监测报表报送的样本企业进行调整，将新开业、规模较大的企业列入监测样本企业，共剔除倒闭、经营不善及无法承担监测报表报送样本企业 6 个，新增样本企业 22 个。2.加强市场运行分析。坚持按月、季、年度开展市场运行分析，反映市场需求动态、价格变动等情况，为宏观决策提供可靠依据。3.做好春节、“十一” 黄金周等重大节日市场供应。启动生活必需品日报制度，监测市场运行动态，向自治区商务厅、市委和市政府报告当天市场运行情况，确保节日市场供应充足，品种丰富，价格平稳，满足群众需要。4.做好应急商品供应预算。开展对粮油、肉类、蔬菜、矿泉水等重要生活必需品和应急物资的摸底调查，做好应急商品准备，完善应急预案，确保紧急情况下生活必需品和应急商品调得动、运得出，保障市场供应稳定。5.做好猪肉储备。完成 2000 吨猪肉的储备任务，其中冻猪肉 250 吨；生猪活体储备 3.50 万头（折合猪肉 1750 吨）。（杨户芬）

【“万村千乡” 市场工程实施】 2010 年，南宁市实施“万村千乡”市场工程，构建农村现代流通体系，建设、改造农家店 50 家（日用消费品农家店 30 家，农资农家店 20 家），配送中心 3 个。完成建设改造农家店累计 1291 家（日用消费品农家店 836 家，农资农家店 455 家）。以连锁经营、物流配送为代表的现代流通方式在农村市场快速发展，以城区店为龙头、乡镇店为骨干、村级店为基础的农村现代流通网络逐步形成。

【“双百”市场工程实施】 南宁市自 2006 年实施国家商务部为构建农产品现代流通体系，解决农产品“卖难”问题，促进农业增效、农民增收、农村发展而启动的“双百”市场工程（即重点改造 100 家大型农产品批发市场，培育 100 家大型农产品流通企业）以来，至 2010 年，累计支持大型农产品批发市场冷链项目 1 个、大型农产品流通企业冷链项目 2 个等 10 个项目的建设和改造。年内，南宁市获自治区农贸市场建设扶持资金 60 万元，直接带动企业投资 115 万多元。（黄小蓉）

【市场体系建设】 2010 年，南宁市抓住《国务院关于进一步促进广西经济社会发展的若干意见》出台、多区域合作开放开发等机遇，推进区域性商贸物流基地建设，规划建设一批重大商贸、物流项目，引导商圈和重点区域建设，以点带面，加快城乡商业基础设施建设，市场体系建设取得新成效。基本完成朝阳商圈发展更新规划编制，正在筹划五象新区、五一路商圈发展规划，北京华联、深圳南城百货、人人乐、富安居、南宁梦之岛等企业不断推进连锁经营扩张，南宁华南城展览中心、南宁保税物流中心 1 号、2 号冷库投入使用，大嘉汇·东盟国际商贸港酒店用品区、大商汇建材家居区、广西海吉星农产品国际物流中心一期、永凯购物广场等商场、市场相继建成投入运营，全市新增商业面积约 60 万平方米，进一步完善南宁作为广西北部湾经济区核心城市的服务功能，提升区域性商品流通辐射力。（潘贤新）

【南宁（中国—东盟）商品交易所】 简称 NCCE（英文名称 Nanning 〈China—ASEAN〉 Commodity Exchange），由南宁市人民政府协助筹建，并在国家商务部备案，于 2006 年注册成立的大宗商品现货电子交易市场，注册资本 1 亿元。2007 年 10 月开始试运行，2008 年 5 月 16 日挂牌交易。主要从事工业品、农产品、能源产品、进出口商品、机械化工等大宗物资的竞价交易、信息咨询、会议会展服务，对饮食业、娱乐业、仓储物流业的投资与管理。上市交易的品种有：白糖、大豆、玉米、籼稻、豆粕、豆油、化肥、糖蜜、废钢等。计划上市交易的品种有：酒精、

5 月 28 日，大商汇国际建材城开业　　蓝剑锋提供

淀粉、电解铝、铁矿石、钢材和木材等。2010年，会员单位近700家，交易所除在广西设立货物交收仓库外，还在东北、华北、华中、华东、华南、西南设立有交收仓库100多家，总库容1000多万吨，发展铁路、公路、航运等储运企业为物流会员50多家，物流配送网络遍布全国，实现“集中交易、分散交收、就近提货”的崭新物流模式。交易所在自治区交收类商品总量240多万吨，占自治区物流量12.40%，仓库利用率103%，仓储费增长15%；成交量2.50亿吨，成交金额6141.42亿元。（欧阳玮）

【主要商业街区】

百货、超市街区　2010年，南宁市城区百货、超市街区主要集中在朝阳商圈、埌东—凤岭商圈及民族宫商业街区，即市中心百货大楼、民族宫七星路一带、埌东金湖广场一带。主要商业零售企业有南宁梦之岛百货、广州友谊商店、巴黎春天百货、南宁百货、北京华联、深圳南城百货、沃尔玛、人人乐、华润超市和交易场、和平商场等，其中南宁梦之岛百货、广州友谊商店、巴黎春天百货、南宁百货等经营高、中档次百货商品为主，北京华联、深圳南城百货、沃尔玛、人人乐、华润超市等百货、超市经营中档次百货商品为主，交易场、和平商场等经营大众化百货商品为主。

巴黎春天百货外景　　孙贵寿　摄

2010年南宁市大型商业零售网点（56个）

南宁百货大楼（朝阳路）　梦之岛购物中心（古城路）　梦之岛百货（民族大道）　梦之岛水晶城百货（金湖路）　梦之岛金朝阳折扣店（人民东路）　梦之岛优购超市（金湖路）　南宁百货大楼五象购物中心（民族大道）　广州友谊南宁店（金湖路）　巴黎春天百货（民族大道）　新朝阳商业广场（民生路）　民族商场（人民东路）　裕丰商厦（西关路）　搜品廊（西关路）　沃尔玛购物广场朝阳路店（朝阳路）　沃尔玛购物广场民族大道店（民族大道）　广西华联综合超市民族宫店（民族大道）　广西华联综合超市江南店（亭洪路）　广西华联综合超市碧园店（明秀西路）　深南城百货城北店（友爱南路）　深南城百货新阳店（新阳路）　深南城百货新城店（东葛路）　深南城百货良庆店（金沙大道）　人人乐超市五象店（民族大道）　人人乐超市江南店（星光大道）　人人乐超市仙葫店（蓉茉大道）　利客隆超市华西店（华西路）　利客隆超市桃源店（桃源路）　利客隆超市相思湖店（大学路）　利客隆超市广园店（东葛路延长线）　利客隆超市滨湖店（滨湖路）　利客隆超市秀灵店（秀灵路）　利客隆超市中华店（中华路）　利客隆超市新民店（新民路）　利客隆超市友爱店（友爱北路）　利客隆超市竹溪店（竹溪南路）　利客隆超市陈东店（大学路）　利客隆超市江南店（星光大道）　利客隆超市北湖店（北湖路）　利客隆超市竹溪2店（竹溪南路）　利客隆超市五一店（五一中路）　利客隆超市衡阳店（衡阳东路）　华润万家购物广场（东葛路）　国美电器金朝阳店（人民东路）　国美电器西大店（明秀西路）　国美电器万达店（民生路）　国美电器民族宫店（民族大道）　国美电器航洋店（民族大道）　苏宁电器朝阳店（人民中路）　苏宁电器江南店（星光大道）　苏宁电器南棉店（友爱南路）　苏宁电器友爱店（衡阳西路）　富安居[国际]家居建材广场（长湖路）　广西南宁电子科技广场（星湖路）　南宁文化综合市场（新民路）　春城家居广场（安吉路）　众乐家私城（安吉路）

美食商业街　有中山路小吃一条街、长湖路餐饮一条街、青秀山东南亚美食街、邕州老街文化旅游美食一条街、水街特色小吃街等。中山路小吃一条街，北起朝阳路五岔路口，南至桃源路，长948米，是南宁传统的美食一条街，云集南宁各老字号餐馆、饮食店，汇集南宁特色传统名小吃老友粉、八珍粉、粉饺、鸭红、海鲜烧烤、酸品、甜品等。

商业步行街　兴宁路、民生路是南宁市传统商业街。兴宁—民生路步行街范围包括兴宁路、民生路西段（当阳街至朝阳路段），两侧骑楼沿街立面具有“南洋建筑”风格，主要经营服装、餐饮、鞋帽、眼镜、箱包、工艺品等商品。

装饰材料一条街　位于人民路，从人民—解放路口至人民商厦路段两边约600米。1985年起逐步形成装饰材料一条街。

电子科技信息一条街　位于星湖路，西起七星路，东至园湖路，长1200米。是自治区最大的电子信息产品集散地，以经营电脑、服务器、交换机、打印机、MP3及数码相机等产品，并形成以南宁电子科技广场、永通电脑城、星湖电脑城等专业市场为核心，集计算机、电子产品及其耗材销售、网络系统集成、软件应用研究与开发、电子元器件制造为一体的电子产品制造、销售、技术服务商业街区。

通讯商品一条街　位于东葛路，长1271米。是南宁市手机及配件、电话机等通讯产品销售企业、维修店最密集的街道，汇集王者数码通讯手机城、三明通讯广场、蜂星电讯（南宁总店）、中仁通讯、海印电器、通讯总汇南宁分场、鑫辉通讯等大型手机卖场。

汽车一条街　位于白沙大道，是自治区规模最大的汽车销售一条街，汇集奔驰、宝马、捷豹、路虎、丰田、本田、三菱、日产、别克、海南马自达、捷达、富康、大众等国内外著名汽车品牌，面向广西、辐射西南乃至周边国家越南等汽车市场，成为全国16个著名汽车市场之一。

唐山路“古玩街”　位于西乡塘区，东靠北湖路，北邻唐山路，西连友爱广场，东西走向，长820米。有商铺近400间，主营古玩字画、古典工艺、红木家私、天然奇石、古旧兵器、新旧乐器、陶艺、紫砂茗茶、根艺雕塑、陶瓷文物等。

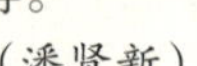
（潘贤新）

社会服务业

【概　况】 2010年，南宁市社会服务业新增企业、经营户9194家。按行业分：从事住宿和餐饮业企业、经营户2644家；从事卫生、社会保障和社会福利业企业、经营户243家；从事文化、体育和娱乐业企业、经营户343家；从事居民服务与其他服务业企业、经营户3570家；从事租赁与商务服务业企业、经营户2082家；从事信息传输、计算机服务与软件业企业、经营户184家；从事广告业企业、经营户147家；从事其他服务业企业、经营户41户（均为个体经营户）。其中：个体经营户6497户，从业人员1.80万人；私营企业2546家，投资者7944人，雇工1.65万人；内资企业126家；外商投资企业25家。至年末，从事社会服务业的各类企业、经营户5.44万家。按行业分：从事住宿和餐饮业企业、经营户1.63万家；从事卫生、社会保障和社会福利业企业、经营户1443家；从事文化、体育和娱乐业企业、经营户1788家；从事居民服务与其他服务业企业、经营户2.02万家；从事租赁和商务服务业企业、经营户9903家；从事信息传输、计算机服务与软件业企业、经营户2615家；从事广告业企业、经营户2063家；从事其他服务业企业、经营户111家。其中：个体经营户3.80万户，从业人员8.97万人；私营企业1.39万家，投资者2.31万人，雇工4.49万人；内资企业2068家；外资企业495家。

【居民服务与其他服务业】 2010年，南宁市居民服务与其他服务业新增企业、经营户3570家。其中：个体经营户3011户，从业人员7335人；私营企业534家，投资者583人，雇工3300人；内资企业24家；外资企业1家。至年末，居民服务与其他服务业各类企业、经营户累计2.02万家。其中：个体经营户1.74万户，从业人员3.42万人；私营企业2395家（含分支机构349家），投资者2441人，雇工7520人；内资企业409家（企业法人244家）；外资企业12家（分支机构8家）。

【租赁与商务服务业】 2010年，南宁市租赁与商务服务业新增企业、经营户2082家。其中：个体经营户419户，从业人员878人；私营企业1581家，投资者6395人，雇工8961人；内资企业73家；外资企业9家（分支机构2家）。至年末，租赁与商务服务业企业、经营户累计9903家。其中：个体经营户2247户，从业人员3952人；私营企业6783家（分支机构351家），投资者1.40万人，雇工2.20万人；内资企业758家（企业法人523家）；外资企业115家（分支机构75家）。

【信息传输计算机服务与软件业】 2010年，南宁市信息传输、计算机服务与软件业新增企业、经营户184家。其中：个体经营户66户，从业人员130人；私营企业92家，投资者175人，雇工576人；内资企业14家；外资企业12家（分支机构11家）。至年末，信息传输、计算机服务与软件业企业、经营户累计2615家。其中：个体经营户326户，从业人员584人；私营企业1607家（分支机构53家），投资者2385人，雇工4971人；内资企业365家（企业法人64家）；外资企业317家（分支机构308家）。

【广告业】 2010年，南宁市广告业新增企业、经营户147家。其中：个体经营户33户，从业人员72人；私营企业106家，投资者462人，雇工2699人；内资企业8家。至年末，广告业企业、经营户累计2063家。其中：个体经营户108户，从业人员251人；私营企业1815家（分支机构67家），投资者2332人，雇工5467人；内资企业140家（企业法人123家）。

【卫生社会保障与社会福利业】 2010年，南宁市卫生社会保障和社会福利业新增企业、经营户283家。其中：个体经营户278户，从业人员482人；私营企业5家，投资者7人，雇工18人。至年末，卫生社会保障和社会福利业企业、经营户累计1443家。其中：个体经营户1380户，从业人员3046人；私营企业52家（分支机构4家），投资者64人，雇工301万人；内资企业11家（企业法人7家）。

【文化体育与娱乐业】 2010年，南宁市文化体育与娱乐业新增企业、经营户243家。其中：个体经营户143户，从业人员507人；私营企业97家，投资者145人，雇工444人；内资企业2家；外资企业1家。至年末，文化体育与娱乐业企业、经营户累计1788家。其中：个体经营户1141户，从业人员2606人；私营企业544家（分支机构35家），投资者678人，雇工2069人；内资企业97家（企业法人59家）；外资企业6家。

【其他服务业】 2010年，南宁市从事其他服务业新增企业、经营户41家，其中：个体经营户41户，从业人员213人。至年末，从事其他服务业企业、经营户累计120家。其中：个体经营户78户，从业人员313人；私营企业6家，投资者11人，雇工18人；内资企业36家（企业法人27家）。 （李凤玲）

【拍卖业】 2010年，南宁市辖区合法拍卖企业有93家，比上年增加4家。主要经营项目有工商行政管理、海关和司法机关等罚没的物品，以及抵债物品、生活资料、无主物品、闲置物品、积压物品、艺术品、房地产、无形资产、银行不良资产、土地使用权、生产经营权、股权等。全年拍卖企业共举办拍卖775场次，成交额110.79亿元。其中：拍卖土地使用权83场次，成交额84.22亿元；房地产286场次，成交额18.76亿元；机动车68场次，成交额5099.93万元。缴税1.60亿元。

【典当业】 2010年，南宁市辖区内合法典当企业有26家，盈利15家，亏损11家。实收资本2.07亿元，业务笔数1677笔，典当总额1.63亿元（动产9134.80万元，房地产6659.30万元，财产权利490万元），典当金额9544.30万元，缴税83.50万元。 （丁玉林）

住宿与餐饮业

【概　况】 2010年，南宁市住宿和餐饮业新增企业、经营户2644家。其中：个体经营户2506户，从业人员8362人；私营企业131家，投资者177人，雇工542人；内资企业5家；外资企业2家（分支机构2家）。至年末，从事住宿和餐饮业企业、经营户累计1.63万家。其中：个体经营户1.53万户，从业人员4.47万人；私营企业685家（分支机构146家），投资者955人，雇工2275人；内资企业261家（企业法人127家）；外资企业45家（分支机构26家）。 （李凤玲）

【桂菜经营】 南宁市餐饮业经营的桂菜系列主要由桂北风味菜、桂东南风味菜、桂西风味菜、滨海风味菜和少数民族风味菜，以及各种风味小吃组成，形成桂菜微辣、带甜、有酸、新鲜的特色，风味独特，别具一格。南宁、梧州、玉林等地方风味讲究鲜嫩爽滑、用料多样，如玉林三宝（牛巴、牛腩、牛肉丸）、菠萝焗饭，梧州纸包鸡，南宁腰卷，邕州鱼角、猪肚鸡，荔浦芋头鸭等；少数民族风味多就地取材，制法独特，具有浓郁的乡土气息，如客家皇蒸鸡、壮乡田螺猪手等；桂北风味品味醇厚、色泽浓重，擅长以山珍野味入菜，如桂林黄焖鸡、酿三宝等。桂菜原料采用鱼、鸡、虾、蟹、猪、牛、羊、芋头、马蹄、莲藕、竹笋等，在佐料上采用豆腐乳、辣椒酱、白酒、黄皮酱、柠檬等，烹调方式采用扣、蒸、炖、酿、焖、炒、炸，形成清甜、鲜香、脆嫩风味特色。广西风味菜讲究粗物细作，形量协调，香气蕴藉，色彩清丽，如巴马烤整猪、苗家竹板鱼、侗乡竹笋肉、瑶山泥巴鸡、壮家粉芭肉、毛南烤香猪、京族花衣蜇皮、脆皮扣肉、脆皮狗肉、白切狗肉、纸包鸡等。以南宁明园新都大酒店、南宁西园饭店、南宁凤凰宾馆、广西新华大酒店、南宁荔园山庄、南宁饭店和广西南宁肥仔餐饮有限责任公司、金龙寨等主要经营桂菜。

【桂菜品评】 2010年12月10日，由自治区商务厅主办，广西烹饪餐饮行业协会、广西市场营销协会承办的第二届桂菜品评会在南宁西园饭店举行。同时举办桂菜发展论坛、第二届广西绿色名优食品产销对接会等系列活动。自治区内的餐饮企业、绿色名优食品生产（加工）企业的代表和各市商务局及相关部门的领导、嘉宾等出席品评会。有52个代表队参加，参赛菜品178个，评选出金牌桂菜特金奖6个、金牌小吃特金奖3个、金牌桂菜奖46个、金牌小吃14个。南宁凤凰宾馆制作的“虫草蛤蚧炖山鸡”、广西新华大酒店制作的“官府四宝”、广西南宁桂林肥仔餐饮连锁企业制作的“甲鱼土鸡黑米煲”、南宁明园饭店制作的“壮王环豆肴酥肉”获金牌桂菜特金奖；市黄姑生榨米粉店制作的“天天生榨米粉”获金牌小吃特金奖；南宁西园饭店制作的“芋丝木瓜酥”获金牌面点特金奖。

【传统食品】

老友面（粉） 南宁传统小吃。关于它的来历，民间众说纷纭。据说，在20世纪30年代，有一个食客经常去中山路一间小吃店就餐，久而久之，客主成了朋友。有一次，食客外感风寒卧床不起，店师傅听说后便给食客做了一碗面，放上酸笋、辣椒、豆豉、姜、葱等，食客吃完后大汗淋漓，全身感觉舒畅放松，连打一串喷嚏后风寒痊愈，高兴之下给小吃店送去“老友常来”牌匾。“老友面”从此得名。制作方法：先将精面粉加鸡蛋和面，反复搓揉，用竹杠反复压打，切成细面条，再以爆香的蒜泥、豆豉、酸辣椒、酸笋、碎牛肉、醋、骨头汤等配料与之烹煮而成。其特点是酸、辣、咸、香兼备，有祛风散寒、通窍醒食和兴奋精神的作用。主料用米粉称“老友粉”。50年代起，一直由南宁第二饮食公司主营老友面（粉），其中以位于中山路的中山饮食店最为著名，老友面又称“中山老友面”，香港《文汇报》、广东《羊城晚报》和《南宁晚报》等媒体曾对其作专题介绍。该公司制作的老友面1997年12月在首届全国烹饪协会举办的中华名小吃比赛中被认定为“中华名小吃”，同年在广西传统美食比赛中被评为广西大众化优良风味小吃。2008年11月，南宁老友粉被列入第二批自治区级非物质文化遗产名录。南宁市制作经营正宗老友面（粉）的饮食店有南宁亚光实业总公司大同饮食店、共一饮食店、共东饮食店、杏花村饮食店、建政饮食店、亭子饮食店等。

米 粉 南宁传统食品。清末民初，粤商来邕兴办餐饮业时从广东引进，称沙河粉。此前，本地虽有民间蒸制，但质量不及沙河粉。制作方法：选用大米淘净浸透加水磨浆，掺入用开水冲兑的适量熟浆拌匀（或用适量米饭与米一同磨浆），放入金属托盘（米浆以仅铺过盘底），蒸成薄片，折叠切成条，叫做切粉；在舀米浆入托盘后加入碎肉、葱花、香菇末、碎虾米等配料，蒸煮后卷成筒状称卷筒粉，在梧州及广东一带叫肠粉；将用布滤干成粉团的米浆煮至五成熟，放在石臼中舂成软硬适度有韧性的稠浆（现代多用机械搅拌），用粉榨器就着沸水锅压榨入锅煮熟成线的叫生榨粉，因从桂林引进，又称桂林米粉。切粉、生榨粉在食用时用沸水烫热加入骨头汤称汤粉，配以肉类的称肉粉，不配肉称素粉。肉粉又依据不同肉类称为猪肉粉、牛肉粉、鸡肉粉、牛腩粉、鸡杂粉、杂烩粉。用油炒的称炒粉，配以叉烧、卤水相拌的称干捞粉。

干捞粉 南宁传统小吃。兴于清末民初。因其食用时不加入汤水仅以叉烧、卤水凉拌而得名。制作方法：取切粉置于捞篱内放入开水锅中氽一下，装碗后加入叉烧或牛锅烧、焯过水的绿豆芽、炸黄豆（或炸花生仁），淋上用10多种配料熬成的酸甜卤水及少许熟花生油拌匀即可食用。味道鲜美、清滑可口。

炖 粉 两广传统小吃。南宁流行于水上居民和沿江居民间。制作方法：将大米淘净，兑水磨成米浆，分成几盆调入可食用的红、黄色素，用浅陶盆置锅中分层匀入米浆，先蒸一层原色米浆，待第一层蒸熟后，再依次分别加入黄色、红色米浆，反复依次加入各色米浆，每层约0.20厘米厚直至蒸满盆，在面上洒入些碎肉、花生碎、葱花之类，称夹层炖粉糕。如在蒸煮各色米浆至中间层加入绿豆沙再依次加入各色米浆蒸煮，则称夹心绿豆炖粉糕。中间加入芋头碎粒，则称芋头炖粉糕。色泽美观、软滑可口、老少皆宜。

宾阳酸粉 宾阳传统小吃。制作方法：精选上好的晚稻大米，经24小时浸泡并淘洗，用土制的石磨磨浆。经过7天时间反复的漂浆，漂浆期间要根据气温的不同进行不定时换水。蒸制时采用大铛木盖浮托蒸法蒸米粉，蒸熟一条折叠一条并抹上一层花生油。配菜有叉烧、炸波肉、炸牛肉巴、炸灌风肠、炸花生或黄豆和腌制的新鲜黄瓜。调味品主要是将陈皮、八角、葱条等十多种香料用纱布包好，加水、盐、蚝油、味精等加温煮制卤水。再用糖、盐、米醋调制糖醋至酸甜适口。切好米粉放在碗内，将切好的叉烧等配料平摊在米粉上，再放些鲜红的生辣椒和蒜茸、香菜，浇上卤水及糖醋，加些花生油即成。爽滑可口、酸甜适中、柔嫩香脆。

凉 粉 南宁传统消暑小吃。制作方法：将凉粉果中的白色粉粒加工榨出液体，加热冷却后形成晶莹透明的晶体，将熬过的红糖水加入，捣碎晶体作凉拌吃。清凉甜爽。

粉 虫 南宁传统小吃。始于清代。制作方法：用黏米洗净浸透、磨成稀稠适宜的米浆，滤成湿粉团置锅内煮至半熟，起锅揉搓至软硬适度有韧性的粉团，然后搓成条状，扯下小段在专用竹箕背搓几下，成虫状，置于蒸笼蒸熟。如搓粉时加入少许可食用色素，如花米红、姜黄等，则做出的粉虫色彩好看又诱食欲。配以猪肉、牛肉或杂烩做成“炒粉虫”、“粉虫汤”。形似虫草，食之韧软。

粉 饺 南宁传统小吃。清末民初已面市。南宁解放前，以“粉角九”的粉饺最出名。制作方法：选用黏米浸透磨成稀稠适度的米浆,滤成湿粉团置沸水中煮至半熟,加入适量薯粉(生粉),将粉团反复搓揉至有韧性,搓成条状擀成薄片饺皮,包入拌食盐、香油、味精、五香粉的碎猪肉、虾米、香菇、马蹄或凉薯末合成的馅心,置托盒蒸熟。食用时配以黄皮酱、海鲜酱、豉熟油及少许葱花、芫荽之类的佐料。饺皮韧软、爽滑,馅料鲜甜味美。

粉　利　南宁季节性传统食品。始于明末清初。民间以其寓意"吉利",故在冬至、春节期间最为旺销。制作方法:将浸透的大米加水磨成浆,滤成湿米粉,搓揉成团,放入沸水锅蒸至半熟,置于案板揉搓至有韧性,搓成直径 4.50 厘米的圆条状,切成段,置笼屉蒸熟。蒸熟的粉利须入水保存,以防干裂。食用时切成片,配以各种肉类制成"炒粉利"、"粉利汤",亦可打火锅"烫粉利"。粉韧爽口,味道鲜美。

油炸粽　南宁传统小吃。始于清末民初。尤以亭子雷四婆的油炸粽最出名。制作方法:将糯米淘洗净浸透,捞起沥干,取 100~150 克糯米,少许绿豆,用粽叶包成长 12 厘米、宽 7 厘米、厚 5 厘米扁形粽子,置锅中煮熟,然后捞起晾干,剥去粽叶,放到烧滚约 180 度的油锅内炸至外皮色泽金黄即可。外皮酥脆、色泽金黄、内部松软、香脆可口。

蕉叶糍　南宁传统小吃。相传始于宋朝。民间多在中元节制作。制作方法:选用糯米淘净浸透磨浆,用布袋滤干成湿粉团,经搓揉捏成长条状,用经热水烫软洗干净并刷上食油的芭蕉叶把粉团包好,置蒸笼蒸约 20 分钟即可食用。可制成咸甜两种。做甜味的方法是:将糖煮成浓浆,加入猪油与湿米粉搓匀;咸味的即在湿粉中加入些许盐搓匀,或包入炒干的横县头菜末、碎猪肉、花生之类的咸馅。蕉叶清香、糍粑软韧、清甜可口。

艾　糍　南宁市传统小吃。也称艾粑粑,一般多在清明前制作。民间有"吃了野艾糍,春耕倍添劲"的说法。艾糍是由艾草或白头翁草做出而成,艾草容易找,常长在田边或房前屋后的空地上。用白头翁草做出来的艾糍,颜色比艾草做的浅,味道更为清香、有韧性。制作方法:摘下野生的艾叶或白头翁草嫩叶部分备用,并在果园里摘下新鲜的柚子叶或芭蕉叶后,剪成巴掌大小洗净(再放些油入热水中煮煮更好)待用;将嫩艾叶用石灰和水泡浸两三天以去污(白头翁草洗净即可),然后洗净捞起剁碎(越碎越好),加入赤砂糖和水,煮艾叶或白头翁草碎成糊,将其和入糯米粉中,艾糍外衣即成;将炒花生舂碎后拌入赤砂糖和炒过的白芝麻(味甜而不腻且香)作馅;将馅包入已和好的艾叶糊的面团中(像包汤圆一样),压扁即给每个包好的艾糍附上一小片柚子叶或芭蕉叶,环状放入蒸笼蒸 15~20 分钟即可食用。艾草味辛,气味特别,具有较多功效,被称为"医草"。《本草纲目》记载:艾草性味苦、辛、温,入脾、肝、肾。艾以叶入药,性温、味苦、无毒、纯阳之性、通十二经,具回阳、理气血、逐湿寒、止血安胎等功效。因此常吃艾糍,有利健康,尤其适合女性食用。白头翁草具有清热凉血、解毒的功效,且气味比艾草清香,用白头翁做的艾糍,适合肠胃湿热的人食用。

凉　粽　中国传统夏令小吃。古称角黍,《初学记》引晋周处《风土记》载:"仲夏端午,烹鹜角黍。""进筒粽,一名角黍,一名粽。"《续齐谐记》载:"屈原五月五日自投汨罗而死,楚人哀之,每逢至日,以竹筒贮米,投水祭之。"说明最迟在晋代,民间已有端午节包角黍之俗。大约在清代传入南宁一带并从角锥体改为圆柱体,从角黍改称凉粽。现仍流传于南宁市各地。制作方法:将糯米浸透,拌入少许枧水,用几张竹叶包成条状,用细线捆扎牢,置沸水锅煮熟。食用时除去竹叶,蘸以糖浆。粽身晶透,入口脆滑有竹叶清香。

猪肉绿豆粽　南宁传统风味食品。始于唐宋时期。制作方法:将去皮肥猪肉洗净切条,加入佐料腌制半天待用;绿豆磨碎淘洗去皮,选用大糯米淘净沥干,将粽叶若干张摊开,放上适量糯米,在中间开一沟,放入绿豆和一条经腌制猪肉,再加一次绿豆,加一次糯米覆盖好豆、肉,然后包起,中部微突隆,用粽绳扎牢,置沸水锅中煮半天左右即可。其特点是软、沙、香。民间在春节吃的粽子称大粽,品种多,一般每个重 0.25 千克,大的重达几公斤甚至十几公斤,称枕头粽;品种根据所包裹配料的不同,有板栗肉粽、绿豆肉粽、饭豆肉粽、虾米粽、蟹肉粽、腊肠粽、牛肉粽等。

五色糯米饭　壮族传统食品。南宁流传"壮家五色饭"的传说。传说壮族小姑娘小莲与妈妈相依为命。一天,妈妈摔断了腿,不能劳动。小莲给妈妈煮好饭菜才上山放羊。但小莲出去后饭菜被猴子吃掉了。怎样才能防止猴子偷吃饭菜呢?小莲上山采集枫树叶、黄花草、红蓝草等几种植物,捣烂后和白米蒸煮,制成红、黄、蓝、紫、黑五色饭。猴子再来就不敢吃了。壮家人因此爱上五色饭。每年农历三月初三,每家都蒸五色糯米饭。制作方法:分别将旱米果、香饭花或姜葱、枫叶或枫树皮、红蓝草捣烂加水加热制成大红色、黄色、黑色和紫红色液体,将糯米分别浸泡在各色液体中,待米粒通体染上颜色后滗去余汁,分别入甑蒸煮,出甑后再将各色熟饭放入大铁锅中搅匀,便呈黑、红、黄、紫、白 5 种色彩。饭色油光鲜亮,互不沾染。饭质嫩软,气味清香。

黄花饭　南宁壮族食俗。一般在农历二三月,特别是二月初二春社节祭社时制作。制作方法:先将黄花树的黄花置锅中加水煮沸,水变黄水,滤去渣,留水蒸饭,便得黄花饭。此时天气回暖,细菌繁殖,易得病,吃黄花饭,对预防肠胃疾病有一定作用。

豆蓉糯饭　南宁传统食品。民国初年,南宁早市常见卖糯米饭的小摊设在街头,供人们"食过早"(即吃早餐)。制作方法:摊档主将大口陶盆放在箩中,盆内盛满糯米饭,饭旁放着绿豆蓉;不论冬夏,盆底均置一炭炉,盆上放着一钵油炸糯米锅巴,另一钵则放着一块块卤熟的半肥瘦肉或腊肠。出售时档主用双手将糯饭捏好,夹入绿豆蓉、油炸锅巴或猪肉或腊肠在糯饭中间,捏成饼状,沾上香酥芝麻、葱花、生晒豉油,放在一块清洁的荷叶上,顾客即可拿着食用。味清淡可口,柔软香甜,油而不腻,可谓色香味俱全。

瓦煲饭　南宁传统食品。传说由广东传入,但已形成南宁特色。制作方法:选优质米入沙煲,采用转炉煮饭,炉的一半有火,一半无火。先用猛火烧沸,然后转到无火焗饭。由于瓦煲较厚受热散热较慢,受热均匀,故煮出来的饭不硬、不烂、不焦,饭香纯正。焗饭时,将配好佐料的肉类菜蔬,铺陈于饭面,饭熟菜熟,味道鲜美。有香菇瘦肉饭、鱿鱼猪肉饭、猪肝饭、排骨饭、腊味饭、虾仁米饭等 10 余种,饭热菜香。

卷筒粉　南宁风味小吃。制作方法:用上等的白米经浸泡淘洗磨成浆,将米浆放入托盘摊匀,撒上半肥瘦碎猪肉、上好的大头菜末、花生末、葱等佐料蒸熟,出托时卷成圆筒状。入口柔韧、香滑、清爽。

八仙粉　南宁风味小吃。制作方法:选用带有韧性的新鲜切粉,煮粉前先在热锅里盛入大半碗猪骨熬成的上汤,汤沸后放入鱼饺、肉片、熟鹌鹑蛋、香菇、黄花菜、鱿鱼、鸡肉丝、瘦猪肉片、鱼片、新鲜嫩蔬菜等各两三件，猛火煮沸片刻，再倒入200克切粉，待锅中汤水再沸后加少许香葱、香油、盐、味精等调味，即可装碗食用。配料多、营养丰富、合理搭配、粉韧爽口、味道鲜美。

八宝饭　南宁风味小吃。制作方法：选用优质的香糯浸洗后用竹箕滤干水，置蒸笼或饭甑蒸熟，倒在盘里加些猪油、白糖拌匀，然后将少许蜜枣、杏仁、莲子、冬瓜糖、桂圆肉、葡萄干、蜜饯等干果放入碗内摆好，再将一些干果拌入饭中，盛入碗里压实，中间压成窝状，放些豆蓉馅，再用糯饭盖住压平，重新置蒸笼内蒸三四十分钟即可。食用时把碗里的八宝饭扣于碟中，浇上少许用糖和菱粉调制的芡汁，饭软味甜，食而不腻。

酿苦瓜　南宁特色家常菜。制作方法：选用中粗直的青嫩苦瓜，洗净切成每节2寸长的瓜筒，掏出瓜瓤，将猪肉与花生仁剁成肉泥，与浸透的糯米、盐、猪油、香葱、香料拌匀作馅，填入瓜筒中，置锅中蒸熟即可上碟食用。既有苦瓜的清香，又有肉馅的鲜美，味道甘甜可口。

炒田螺　两广传统风味小吃。流行于南宁城乡。制作方法：将田螺置清水盘中养数日，常换水，让田螺吐尽泥污，然后洗净外壳的泥苔，用刀敲碎螺尾顶尖，剥去螺盖后入锅，加入少许食油、盐、姜、酒等配料爆炒片刻，以除去腥味，再加些水煮至熟透，最后加入紫苏、假蒌、香葱、蒜苗、酸笋、啤酒及适量油、盐调味拌匀，便可上桌食用。多在夜市小吃档供应，食客享用时用口吸吮，嗞嗞有声，别有情趣，民间谓之吮田螺。螺肉滑脆，汤味鲜美，诱人食欲，并有滋阴降火的功效。

粥　品　南宁传统食品。南宁人喜欢吃粥，而料粥相传于清末民初从下江（梧州以下）引进。过去，常有商人用小船游弋在河面上兜售用河鲜为主料烹制的粥品，称“艇仔粥”。在市面上则以“谟觞粥”店最出名。制作方法：选用上好大米，明炉微火煮至米烂待用。食用时可根据口味，明火现煮配制成猪肉粥、牛肉粥、鸡肉粥、鱼片粥、猪杂粥、鸡杂粥、皮蛋瘦肉粥、三鲜粥、猪红粥等，上碗时加入姜丝、葱花、胡椒粉即成为美味粥品。粥品稠滑、味道鲜美。

鱼　扣　邕宁区蒲庙镇那路村一道传统的特色菜肴。制作方法：选择500克左右的鲮鱼做原料。将活鱼洗净，去头、去皮，取鱼肉，把鱼肉剁成泥（也可用绞肉机绞）后，倒入盆里摔打20分钟（以把一小块鱼泥投入水中能浮上来即可），然后加入适量的食盐、胡椒粉，拌均匀后待用（用作包鱼扣的皮）。接着制作鱼扣的馅。鱼扣的馅使用瘦猪肉、虾米、香菇、马蹄、花生、芝麻、头菜、葱等8种材料。把花生、芝麻用文火炒香，把其他馅料剁碎，加入适量的生粉和少许鱼肉泥（使蒸熟的鱼扣切开时馅不容易散开）及舂碎的花生、芝麻，搅拌均匀后即成鱼扣馅，把馅包入先前制作好的鱼肉泥中即制成鱼扣（包好的鱼扣形状像只大包子），再把鱼扣放入烧开的锅里煮30分钟，待鱼扣从锅底浮到水面即可捞起，趁热滴上几滴老抽抹匀，冷却后，将鱼扣放入油锅里炸至表面金黄后捞起冷却，切成片状装盘，再放入蒸笼蒸20分钟即可以上桌（蒸得越软越好吃）。因鱼扣采用鱼做主料，有着“年年有余”的寓意，又因它的形状是圆形的，有“团团圆圆”的象征，是该村逢年过节必备的菜肴。

脆皮扣　良庆区、邕宁区一带的特色菜肴。制作方法：选上好皮薄的五花肉1000克，清洗干净，改刀切成500克一块的大块，取干净的锅，放入改刀后的五花肉，加入冷水，放入姜块葱条和酒，猛火烧开，改小火煮20分钟，捞出放在盘中，然后在肉皮上均匀地抹上盐和大红浙醋；取炒锅，垫上锅箅，将抹好醋的肉皮向下放到锅中箅子上。然后倒入花生油，至泡到猪皮但不超过猪皮为好，盖上锅盖，大火烧制，待油发出爆炸声后，关至中小火，炸40分钟，待皮炸到金黄时即可捞出。脆而有韧性，肥而不腻，遇汤皮亦不变软。（书　弄）

高峰柠檬鸭　起源于武鸣县一带的一道特色菜，尤以武鸣县高峰境内酒家饭店最优故得名。制作方法：将鸭宰后洗净、去内脏切成块，入锅用猛火炒至六成热，再将切成丝的酸辣椒、酸姜、酸柠檬、醋藠头、酸梅、生姜、蒜泥等佐料入锅同炒，拌匀后改文火焗至八成熟后加入豆瓣酱同炒至熟透，淋上适量香油即可出锅上碟。味道酸辣适度，肉质鲜嫩入味爽口。

（余朝霞）

横县鱼生　横县传统食俗。制作方法：将1.50~2.50千克重的活鲩鱼杀死去皮，把鱼两侧面的肉削除出来，用卫生纸包好吸干水分，将鱼肉切成“双飞”薄片，摆在盘里。然后用冷开水将生姜、紫苏、鱼腥草、柠檬叶、大头菜、洋葱等佐料洗干净，甩干水分后切成细丝，指天椒、蒜瓣、酸藠头等切成片。将酱油、花生油、酸醋、胡椒粉等放入小碗搅匀作调料。食用时各取少许青料、姜丝、花生米和酸藠头，连同蘸了调料的鱼生片一起吃。其特点是味鲜可口。卫生部门检查发现，鱼生片有生虫，食者易患肝吸虫病，提倡不食鱼生。但横县不少群众食鱼生已成习惯。

（书　弄）

酸　肉　南宁壮族传统食品。流行于隆安县邕天（南宁至天等）公路南面的都结、同乐、普权、新风、达利、平养、平荣、荣朋等村屯壮族聚居区。制作方法：把猪肉（最好是五花肉）的皮面置锅中煮成金黄色，加入蒸熟的玉米粉（小米粉更好）、精熟盐（每千克猪肉掺60~70克以不太咸为宜），经反复搓揉，至肉变软后置瓷罐中密封，两个星期后肉即变酸，便可吃用。开罐后，要在三五天内吃完，否则时间长了，酸肉会变质生虫。放装罐时，用小罐为好，也可用小食品袋来装，装量以一餐吃完为宜，用绳子绑好袋口密封。可把若干袋一起放进一个大罐里腌制，吃用时按量取出即可。酸肉有两种吃法：一是切片后即吃，这种吃法能保持原味，稍酸，多吃不腻；二是把黄豆或玉米炒熟和酸肉一起吃，这种吃法香味可口，食欲倍增。用酸肉下酒或佐玉米粥，风味独特。一般家庭逢年过节时宰一头肥猪，把猪肉全部腌酸，作为常备肉食。如有贵客光临，就用酸肉来招待。

（黄永清）

羊　酱　又叫“羊精”、“羊瘪”。马山县东部山区瑶族的一道特色菜肴。制作方法：羊杀好后，将羊的一段细嫩的小肠割下，分绑两头，入锅用油煎至小肠爆裂、黄熟，内溶物溢出后，加水煮10分钟，将小肠捞起滴水沥干，切成小块，再放入锅中，配以适量的羊血和剁碎的羊肉、羊杂以及盐、姜、辣椒等佐料制成。羊酱汤，汤色幽绿，其味甘苦。因羊吃百草，小肠内溶物为羊分解草料后尚未吸收的养分，据说有健胃的功效，民间称之为医治疾病的“百草药”、“长寿药”。

羊　红　传说此菜肴为环大明山地区周边各土司的宴席菜。制作方法：用刚宰杀的黑山羊鲜血和炒好的羊内脏（俗称“羊下水”、“羊杂”），加上香菜、花生等佐料制成，装盘后样子像一盘红“豆腐”，味鲜美异常。

清水羊肉汤　马山特色菜。制作方法：将黑山羊羊肉砍块，放入有清水的锅中烧开去除血水，沥水后用清水洗净，再倒进放有枸杞、、花菇、红枣、生姜等开沸的锅中煮熟后，蘸料汁即可吃。蘸料配方是羊肉店独特配制的秘方，并以新鲜香椿嫩芽为主料，使蘸料具有山野清香的风味。肉香浓郁，无膻味。

腊　肉　南宁传统风味食品。制作方法：冬天腊月时人们把买来的猪肉搓适量的盐放在盘里腌到二月，用菜叶清洗除去肉表里油腻盐质，然后串挂起来，风干即成腊肉。人们选择腊月做腊肉是因为天气比较寒冷干燥，猪肉不易变质腐烂。

糯米血肠　壮族普遍喜爱的传统食品，壮语称为"楞棒"。制作方法：把蒸到半熟的大米或糯米趁热拌上鲜猪血以及各种香料，紧紧灌入洗干净的猪肠内封口蒸熟即成。食用时可切成片，或用油煎炸，或用甑蒸热。色泽油亮，异香扑鼻，味道鲜美，脍炙人口。　（书　弄）

茶　业

【概　况】 2010年，南宁市有10+1商业大道茶叶批发市场、横县西南茶城2个成品茶叶批发零售专业市场。主要经营名优绿茶、茉莉花茶、六堡茶、普洱茶、黑茶和全国各地的著名紫砂制品乃至东南亚锡制品、瓷器和玻璃器皿等茶具。

【10+1商业大道茶叶批发市场】 又称广西南宁茶叶批发市场，位于亭洪路10+1商业大道B、C区，占15栋楼的一、二层商铺，其中首层经营与茶叶有关商品的商铺465间，经营面积2.65万平方米；二层大开间商场建筑面积2.76万平方米。是自治区内最大的成品茶批发零售专业市场，以经营成品茶叶的批零为主，同时经营茶具及与茶相关的工艺品和茶叶包装设备等。市场汇集茶叶6大系列近百个品种，包括中国茶王—大红袍、福建安溪铁观音茶、云南普洱茶、浙江龙井茶、台湾红茶、乌龙茶、信阳毛尖、湖南黑茶和广西本地的六堡茶、横县茉莉花茶、凌云白毫茶、昭平将军峰茶、西山茶、三江茶、灵山茶、西林茶、覃塘毛尖茶及越南茶、斯里兰卡红茶等，还有来自全国各地的著名紫砂制品及东南亚锡制品、瓷器和玻璃器皿等茶具以及茶床、茶台等木制根雕工艺品。至2010年末，有茶叶经营户416家，全年茶叶成交量644吨，成交额2.40亿元。

【横县西南茶城】 又称横县城北市场，位于"中国茉莉之乡"——横县县城内。是国内最大的花茶专业市场。由茉莉花交易市场、原料茶市场和成品茶市场组成，占地面积3.80万平方米，建筑面积1.90万平方米。

茉莉花交易市场　1993年6月开市，占地面积1.20万平方米，有摊位120个，经纪人200多位。该市场主要用于交易新鲜的茉莉花、玉兰花，交易期为每年的4~10月，2010年成交量2.86万吨，成交额2.89亿元；平均价每千克10.13元。日最高成交量320吨，最高成交价每千克20.90元。

原料茶市场　1997年5月建成，占地面积1.30万平方米，有店铺118间，经营户300多家，主要进行绿茶茶坯交易，为横县茉莉花茶加工基地供应花茶茶坯，市场内有来自福建、云南、贵州、湖北、浙江等全国各地的茶商，茶叶品种繁多，已成为买卖全国茶的市场。2010年，成交量2万吨，成交额5.79亿元。

成品茶市场　2004年9月3日开业，占地面积1.30万平方米，有店铺84间，由原产地茶商入场经营，直销横县茉莉花茶、安溪铁观音、云南普洱茶和全国各地名茶。

【2010年中国国际茉莉花文化节】 2010年9月10~12日，2010年中国国际茉莉花文化节在横县茉莉花文化公园举行。由中国花卉协会花文化专业委员会、中国茶叶流通协会茶馆专业委员会、南宁市政府主办，横县政府承办。这届茉莉花文化节以"好一朵茉莉花"为主题，围绕茉莉花之"好"开展好花、好茶、好音乐、好风光、好环境等系列活动。主要有开幕式晚会"圣达音乐之夜"、中国国际茉莉花产业发展论坛、全国茉莉花茶市场形势分析会、人体花艺花绘魔幻秀、花海·音乐之旅、茉莉花工艺暨摄影、书画展、横县美食节等。应邀前来参加茉莉花文化节的泰国、越南、马来西亚、日本等国的官员、商家、游客，国内的有关专家学者，自治区、南宁市领导，各友好市、县的领导，各地花茶加工企业经营者、投资客商及横县各界群众代表共1万多人参加开幕式。新华社、《人民日报》、中新社、中央电视台、中央人民广播电台、《光明日报》、《经济日报》、《工人日报》、《广西日报》、广西人民广播电台、广西电视台、《南宁日报》、《南宁晚报》、南宁电台、南宁电视台以及《香港大公报》、《香港文汇报》、《香港商报》等58家媒体73名记者到会采访。11日，举行招商引资项目签约仪式，签约项目16个，总投资52.93亿元。其中：外资合同项目1个，投资5亿元；内资合同项目13个，投资22.93亿元；内资意向协议项目2个，意向投资25亿元。项目涉及地产开发、现代仓储、矿物材料开发与加工、汽车销售、林产业加工贸易物流、农产品鲜储加工、种养殖等。期间，还举办美食、农副产品展销活动，展示横县的风味小吃、特色美食、特色农副产品及美食文化。　（书　弄）

肉食品商业

【生猪屠宰管理】 2010年，市商务局继续将市区生猪定点屠宰厂（场）的屠宰监督管理行政执法权下放给市商务综合行政执法支队，委托其对市区生猪定点屠宰厂（场）进行监督检查；并发挥市肉类食品协会作用，加强行业自律。出动执法人员2.15万人次，打击、取缔私宰窝点59个（次）；没收私宰生猪613头、私宰牛19头，没收并无害化处理私宰肉2.78吨。

【生猪屠宰加工业】 2010年，南宁市有依法设定的生猪定点屠宰厂（场、点）154家，其中机械化生猪屠宰厂65家、半机械化生猪屠宰场36家；从业人员1350人。全市生猪进点屠宰量208.78万头，比上年增长5.72%。其中：城区生猪进点屠宰量118.63万头，增长5.39%；六县生猪进点屠宰量90.15万头，增长6.15%。供应市中心区猪肉的大中型机械化生猪屠宰厂有南宁五丰联合食品有限公司肉类加工分公司、市江南肉类联合加工厂，日宰生猪分别为1000头、900头左右；供应市中心区猪肉的小型生猪定点屠宰场有邕宾、谢树河、城关、大沙田、仙葫5家生猪定点屠宰场。南宁市继续把乡镇生猪定点屠宰厂（场）的技术改造列入为民办实事项目，投入技术改造资金927.50万元，其中：自治区财政50万元、市财政500万元、县财政18万元、企业自筹359.50万元。完成生猪定点屠宰厂（场）技术改造52家。　（黎　剑）

食盐商业

【概　况】 2010年，南宁盐业分公司（广西南宁盐务管理局）下设沙井食盐配送中心，辖黎塘盐业支公司，在职人员90人。主要从事盐品购、销经营活动，负责全市12个县(区)的食用碘盐、多品种盐、小工业用盐、农牧渔业用盐及其他用盐的供应和管理工作。主要经营桂山牌精制盐、日晒精盐、海晶盐和腌制用盐等，为丰富盐品市场，满足各阶层消费者需要，还开发钙、锌、硒强化营养盐，低钠营养盐以及沐浴盐、浴足盐、洗涤盐等多品种盐。全年购进盐品5.40万吨，总销量5.40万吨，其中小包装盐销售2.67万吨，多品种盐销售3449吨，饲料用盐销售1.38万吨。销售收入8300万元。

【盐政管理】 2010年，南宁盐业分公司坚持日常检查与专项检查相结合的市场监管机制，采取有计划、不定期地开展拉网式检查、暗访和抽查、鼓励举报等方式对市场进行监管，组织开展春季、夏季、秋季、冬季4次专项整治行动，对市场进行集中整顿，采取突击检查、轮流蹲点、半夜守候等方式，加大对重点区域重点盐品的巡查、检查；与公安、工商等执法部门协作，紧跟线索追查涉盐案件。查处私盐案32件，办结26件，没收各类私盐、假盐共120.60吨。（崔玉善）

烟草商业

【概　况】 2010年，南宁市烟草专卖局(公司)下辖青秀、西乡塘、兴宁、江南、邕宁、良庆6个城区烟草专卖局(营销部)和武鸣、横县、宾阳、上林、马山、隆安6个县烟草专卖局(营销部)，从业人员972人。总资产10.72亿元。销售卷烟22.73万箱，利税总额7.32亿元。市烟草专卖局被评为全国卷烟打假工作先进单位和全国烟草行业企业文化建设先进单位。

【营销网络建设】 2010年，市烟草专卖局(公司)按照“优化模式、完善机制、强化服务、增强能力”的要求，提升网络软实力。加强终端建设，推广网上订货，完善网订系统功能，网订客户数7934户，占客户总数29.70%；推进客户经理工作模式转型，优化客户经理工作流程，细化服务标准、内容、评价等工作规范；健全信息采集网络，坚持“均衡投放、稍紧平衡”货源投放原则，完善货源分配政策，提升客户服务水平，维护卷烟价格稳定；根据各类客户群体的个性化需求，组织开展多场商场超市类、食杂类客户培训，提高客户卷烟经营能力。突出品牌培育，加大重点品牌和二类烟培育，实现重点品牌销量13.69万箱，比上年增加2.56万箱，增长23.10%；一、二类烟销售2.18万箱，增加2.80个百分点。制定和完善物流标准化管理手册，运用并推广“8S”(即：整理、整顿、清扫、清洁、素养、安全、节约、环保8个项目，因其古罗马发音均以“S”开头，简称“8S”)现场管理模式，落实行业物流标准体系，促进管理升级、降低劳动强度，提升作业效率；完成物流系统1号分拣线技术改造，分拣能力由每小时1.15万条提高至1.20万条；发挥物流技术人员的首创精神，对原有闲置的分拣设备进行改造，自主设计组装出一条异型烟打码线，解决异型烟不能打码到条的难题，为企业节约资金10多万元；在扩大城网弹性配送的基础上，推广农网“块状配送”新模式，对全辖区配送线路进行优化调整，提高满载率，降低总里程，共减少配送线路27条、送货车3辆、送货人员7人，城网送货车满载量由原来的3500条提升至4500条，单车装载量提高28.50%。

【专卖市场管理】 2010年，市烟草专卖局(公司)与公安机关建立联合打假机制，深挖分散隐蔽的制假窝点，摧毁制假能力；联合公安、工商等部门开展卷烟市场清理整顿，重点对宾馆酒楼、名烟名酒店、娱乐场所和物流仓储等特殊场所进行检查治理，加大对无证户的整治，建立市场清理整顿常态机制，保持卷烟市场的高压打击态势。查处涉烟违法案件3718件，其中案值超5万元的案件52件，涉案金额超百万元的制售假冒卷烟网络案件4件。查获非法卷烟2716件，烟叶烟丝353吨，制假机械13台(套)；依法铲除非法烟苗面积12.07公顷，移栽大田的非法烟叶面积177.27公顷，追究刑事责任62人。8月17日，市烟草专卖局联合市公安局，捣毁大型涉烟犯罪团伙1个，查处卷烟制假密点、假烟储运仓库4个，抓获犯罪嫌疑人22人，涉案金额2000多万元，是南宁市近10年来破获的最大的涉烟案件。年内，宾阳县烟草专卖局破获两起案值超百万元的制售假冒卷烟网络案件，实现县级局“打假破网”新突破。（黄建超）

石油商业

中国石油化工股份有限公司广西南宁石油分公司

【概　况】 中国石油化工股份有限公司广西南宁石油分公司隶属于中国石化广西石油分公司，2010年，辖南宁市、崇左市的14个县级公司，主要经营汽油、柴油、润滑油等，是南宁市、崇左市成品油主渠道供应的国有控股大型企业。在南宁市辖区内设有邕宁、马山、上林、武鸣、隆安、横县、宾阳7个县级石油分公司，在营加油站156座，在用油库2座(均可通过西南管线下载油品)。公司在

市烟草专卖公司物流系统1号分拣线　　黄建超提供

岗人员 1755 人，总资产 8.67 亿元，成品油销售 88.18 万吨，销售收入 68.55 亿元，利税总额 3.28 亿元（税金 1.08 亿元）。公司名列广西企业 100 强第 19 位。

【成品油市场供应】 2010 年，中石化南宁石油分公司开展“经营攻坚年”、“网建突破年”、“强化管理年”活动，营销做到早计划、早部署、早落实，根据市场变化，细化各时段的营销措施，抓好集团消费用户、在建工程、糖厂等三大板块客户的开发和维护，做好客户的稳定和扩增。严格按照国家发改委规定的成品油批发零售价格供应，维护市场秩序。成品油批发零售价格调价 4 次，时间分别为 4 月 13 日、6 月 1 日、10 月 26 日、12 月 22 日，至年末，每升油品零售价格为：E90 号汽油 6.43 元，E93 号汽油 6.89 元，E97 号汽油 7.45 元，0 号柴油 6.73 元。成品油总销量 88 万多吨，被广西石油分公司评为挖潜增效先进单位和网络建设先进单位。

【加油站网点建设】 2010 年，中石化南宁石油分公司新建投入使用加油站 7 座，形象改造加油站 15 座（南宁市辖区 10 座），完善加油站的服务功能和消费环境。

【中石化加油 IC 卡发行】 2010 年，中石化南宁石油分公司 IC 卡联网加油站 203 座，在营发卡充值点 68 座，并为发卡网点全面增配 POS 机、打印机、验钞机、候车椅等服务设施，改善服务环境和提高服务水平。全年发行 IC 卡 6.64 万张，持卡消费比例 19.58%。

【经营管理】 2010 年，中石化南宁石油分公司持续推进内部改革，稳步实施加油站薪酬调整。根据广西石油分公司实施加油站员工薪酬分配方案，对加油站员工薪酬结构和标准进行调整，实行绩效工资，按照汽油、柴油和人均销量实行分油品种类、按不同吨油标准兑现，增设技能等级津贴、站长管理津贴等，薪酬结构更加明晰合理，保持员工收入的基本稳定和逐步增长；全面推动 HSE（英文缩写，即健康、安全、环境），开展“我要安全”主题活动，开展《安全生产禁令》宣传贯彻、未遂事件分析、标准操作、达标创优等活动，推行集团公司员工心得体会卡、班前 5 分钟思考卡、HSE 观察卡；加大 HSE 督查力度，健全 HSE 督查体系，开展防雷、防静电、防山体滑坡等各类安全检查；强化数质量管理，维护品牌形象。做好油库流量表、油罐车容积表、加油站容积表的标定，加强油品质量监督抽检和铅封管理，确保油品的质量；开展技能操作人员的岗位培训，开展职业技能鉴定和技术比武活动；加强库站“五小建设”（小食堂、小浴室、小活动室、小宣传栏、小药箱），为库站配置热水器、电磁炉、微波炉、电饭锅等生活设施，解决员工吃饭难、洗澡难等问题。

（陈启慧）

药品商业

【概　况】 2010 年，南宁市有药品经营法人批发企业 102 家，非法人批发企业 16 家；药品零售企业 1936 家。在药品零售企业中，药品零售连锁企业（总部）29 家；药品零售连锁门店 1140 家，其中市区 821 家，六县 319 家（武鸣县 79 家、横县 35 家、宾阳县 89 家、上林县 21 家、马山县 57 家、隆安县 38 家）；药品零售店 767 家，其中市区 252 家，六县 515 家（武鸣县 81 家、横县 172 家、宾阳县 100 家、上林县 55 家、马山县 70 家、隆安县 37 家）。

【药品经营管理】 2010 年，南宁市食品药品监督管理局强化药品监管，严把市场准入关，做好药品经营企业换证、再认证，完成 785 家企业药品经营许可证的换发，对不符合换证条件的和提供虚假材料的 36 家零售企业，取消其药品经营资格；核发 206 家新开零售企业药品经营许可证，受理变更申请 224 家，不同意变更 15 家，注销 4 家。继续实施药品经营质量管理规范，开展药品经营许可证 GSP（良好的药品供应规范）认证及再认证、GSP 跟踪检查等，完成对 66 家药品经营企业 GSP 认证及再认证现场检查，23 家 GSP 跟踪现场检查。做好药品市场日常监管，出动车辆 1345 辆次，执法人员 2822 人次，检查药品批发企业 125 家次，药品零售连锁企业 62 家次，药品零售门店 1157 家次，药品批发企业和药品零售企业的日常监督检查覆盖面 100%。

医疗机构制剂配制及用药监管　开展对二、三级医疗机构用药的监督检查，重点检查药品购进渠道、提供合法票据等情况，检查三级医疗机构 13 家，二级医疗机构 14 家，监督检查率100%。按照《医疗机构制剂配制质量管理规范》，检查医疗机构制剂室，全市有 2 家医疗机构的制剂室通过换发医疗机构制剂许可证的现场检查，8 家医疗机构暂停配制制剂并提出延缓换证的申请。

国家基本药物目录品种监管　强化药品企业质量安全第一责任人责任，完善企业质量保证体系，实施基本药物电子监管，按照国家食品药品监督管理局基本药物分类实施药品电子监管计划的要求，组织基本药物生产企业和配送企业实施药品电子监管，确保基本药物流向清晰。年内，有 26 家药品零售企业完成电子监管系统的安装。

药品营销人员登记备案　继续实行药品销售人员登记备案制度，全年备案人数 1200 多人，涉及药品生产、经营企业 560 多家，分期分批向社会公布并更新 12 期。

【药品市场专项整治】 2010 年，市食品药品监管局加大药品行政执法与刑事执法相衔接工作的有效合力，组织开展查处制售假劣药品违法行为，查处网络、邮寄销售咳喘散等假药案 1 件，确定犯罪嫌疑人 2 人，经协商移送公安部门处理；查处涉嫌假冒名牌产品越南白虎膏、越南白虎活络膏案 1 件，捣毁生产窝点 1 个，网络销售假药越南白虎膏窝点 1 个，现场查获标示越南生产的药品成品、半成品共 153 箱，价值 20 万元；查处无证经营假诊断试剂违法行为 1 起，摧毁 1 个无证经营窝点；查处“挂靠”、“走票”等无证经营药品违法行为，立案查处药品“走票”案件 3 件，涉案金额 5 万多元。会同公安、工商、卫生、新闻媒体等部门开展百日打假行动暨严厉打击非药品冒充药品专项行动，对中尧路、五一路伟康市场保健品店、中草药经营门店进行专项检查，查处非药品冒充药品一批，摧毁无证经营药品窝点 1 个，取缔无证经营中药饮片门店 3 家，没收非药品冒充药品 68 箱，价值 36 万元。

（蓝　雅）

粮食流通

【概　况】 2010 年，南宁市粮食局管理的独立核算的国有粮食企业 95 家，从业人员 1115 人。国有粮食企业有粮食仓库 1172 间，有效仓容 48.94 万吨，总资产 8.67 亿元，总负债 7.70 亿元，资产负债率 88.89%。国有粮食企业总购进粮食 20.78 万吨（贸易粮，下同），销售粮食 20.90 万吨,年末粮食库存14.04万吨;国有粮食企业实现粮油商品(产品)销售收入6.39亿元,利润1160万元。全市非国有粮食经营(含加工)企业763家(已纳入粮食局日常统计范围的有155家,占非国有粮食经营企业总数20.31%),粮食总购进量27.78万吨,销售量27.37万吨,年末粮食库存1.40万吨。粮食转化企业1006家,其中饲料生产企业324家,养殖用粮企业9家,工业转化用粮企业243家(酒精生产企业15家,制酒企业228家),食品及副食品酿造企业383家,其他转化用粮企业46家,已纳入日常统计范围的重点粮食转化企业145家(饲料生产企业42家,养殖用粮企业5家,酒精生产企业5家,制酒企业34家,食品及副食品酿造企业59家),占转化企业总数14.71%;粮食转化企业粮食总购进量182.24万吨,粮食转化量177.67万吨,年末粮食库存9.93万吨。市粮食局被自治区文明委列入自治区和谐建设在基层活动典型范例单位;市储备粮管理有限责任公司被评为自治区粮食仓储规范化管理优秀单位;沙井粮食储备库被评为全国粮食仓储规范化管理先进企业。

【粮食安全保障】 2010年,市粮食局做好粮源的筹措、调拨、运输、加工和供应,增加市场粮食投放量,适时轮换销售储备粮,平抑市场粮价,全市国有粮食企业和重点非国有粮食经营企业、重点转化企业总购进粮食230.80万吨,销售粮食225.82万吨。加强粮食的内购外采,满足市场需求,粮食实现总量、购销、品种供求平衡,保证市场供应和粮食价格基本稳定;加强市本级储备成品粮、成品食用油储备安全管理;把自治区政府新增加给南宁市储备粮任务落实到县(区);开展粮油仓储企业规范化管理创新年活动,加大粮食仓储基础建设,投资948.30万元,新建仓容1.33万吨,维修粮食仓容7.73万吨。重点解决粮仓隔热、防潮、密闭性能,安装电子测温、环流熏蒸、机械通风设备等,保证储粮安全,科学保粮率98%。3月中旬至4月下旬,组织302名粮油专业人员在全市开展拉网式的春季粮油安全大普查,检查粮食储备库、粮所(站、点)78个,仓库986间,粮食仓容35.79万吨,检查库存粮食17.09万吨(原粮),油脂594吨。全市粮食部门的库存粮油实现"一符四无"(账实相符、无虫、无霉变、无鼠雀、无事故)的粮食储备库、粮所(站、点)达到100%。

【粮食直接补贴政策实施】 2010年,自治区政府下达南宁市对种粮农民实行直接补贴与储备粮订单收购挂钩的收购任务12万吨,其中武鸣县1.65万吨、横县3万吨、宾阳县3.35万吨、上林县1.95万吨、隆安县0.50万吨、邕宁区1.55万吨。收购任务由县(区)政府分解到乡镇,乡镇政府再分解到村,由村委会根据农户的种粮面积、粮食产量、商品量等情况,将订单分配落实到农户。落实到农户的粮食数量一般每户不少于500千克,对一些有订单计划的村屯单户售粮不足500千克的,允许周边户联合推选一户代表与村委会签订售粮计划,一般每个联合户不宜超过5户农户,售粮总数控制在1500千克左右。粮食直接补贴标准:对列入直补订单收购计划的粮食(不分品种),在自治区公布的收购价格的基础上,统一按每千克0.24元进行补贴,售粮农户的粮食直补资金由县(区)乡镇财政所通过农补网"一折通"直接兑付给农户。至年末,粮食部门收购农民订单粮食12.24万吨,完成任务101.60%。11.70万户签订粮食直补订单收购合同的农民获得国家粮食直接补贴款2938万元。

【粮食产业化经营】 2010年,南宁市粮食企业发展粮食产业化经营,开展粮油精加工、深加工,实施创品牌战略,通过创名优品牌来提高企业经济效益。参与粮食产业化经营种植面积10.54万公顷(签订"订单"面积2.68万公顷),收购优质稻13.27万吨,加工销售优质米6.50万吨。市储备粮管理有限责任公司采取"公司+科研+基地+农户"的经营模式,继续与自治区农科院水稻研究所合作,投入科研经费10万元,开展"桂井09香"、"桂井1号"、"桂井丝苗"等新品种种植试验和推广,在青秀区建立优质种子基地13.33公顷和新品种示范基地36.67公顷,在横县、武鸣、良庆区、西乡塘区建立绿色食品优质稻基地666.67公顷,在横县、象州县建立有机稻种植基地33.33公顷,通过打造优质稻的产、供、销、加的粮食产业化经营链,所生产、加工的"桂井"牌系列优质米市场销路好,实现利润1029万元。武鸣县国有粮食购销企业以市场为导向,实行生产、收购、加工、销售一体化的粮食产业链的做法,加工生产的"伊岭"牌系列优质米、优质花生油,市场销路广,实现利润31万元。横县国有粮食购销企业实施粮油品牌,实现利润19万元。上林县国有粮食购销企业通过发展优质稻产业化经营,开展粮油精加工、深加工,创优质粮油品牌,加工生产的"明山"牌系列优质米,市场销路好,实现利润48万元。宾阳县国有粮食购销企业把开展粮油精加工、深加工和实施粮油品牌战略结合起来,实现利润47万元。隆安县国有粮食购销企业搞好多种经营,实现利润39万元。南宁军粮供应站通过开展粮油精加工、深加工,实现利润26万元。

【粮食政策法规宣传】 2010年,市粮食局加大《南宁市粮食流通管理办法》的宣传,营造粮食行政主管部门依法行政,粮食经营者守法经营的氛围。结合国务院《粮食流通管理条例》颁布实施6周年和第30个世界粮食日宣传活动,围绕"提高依法行政,保障国家粮食安全"、"节约用粮,科学管粮,确保首府粮食安全"主题开展多种形式宣传。投入经费18.50万元,召开宣传《南宁市粮食流通管理办法》座谈会16次,有213家粮食经营户参加;分别组织132人、203人参加国务院《粮食流通管理条例》和《南宁市粮食流通管理办法》征文活动和知识竞赛;发放宣传资料8600份,悬挂宣传横幅45条,张贴宣传画120幅,出宣传板报26版。

【粮食专项执法检查】 2010年,市粮食局开展国家政策性粮食竞价销售出库监督、粮食收购资格、储备粮直补订单收购政策落实情况、国家粮食库存、社会粮食供需平衡调查和社会粮食流通统计执法、粮油质量安全专项检查。加强粮食质量源头管理,投入10万元,组织50名粮油科技人员到六县六城区的67个乡镇,对当年收购的粮食样品148份进行抽样检验,把好原粮质量关。加强对粮食收购市场监管,将全市327家具备粮食收购资格的经营企业名单在《南宁日报》上予以公告,让全社会参与监督,举报无证收购粮食的行为。开展粮食流通监督检查532次,出动行政执法人员2754人次,检查粮食经营企业(户)1293家,查处涉粮案件97件,其中:责令改正66件,警告3件,移交有关部门处理21件,进入经济处罚程序的案件7件,罚款1850元。

(农建和　陆兆强)

供销合作社

【概　况】 2010年,南宁市供销合作联社内设机关党委、理事会办公室(保卫科)、监事会办公室、人事教育、综合业务、财会审计、社有资产运营管理和纪检监察8个科室,辖武鸣、横县、宾阳、上林、马山、隆安6个县和邕宁、良庆2个区供销合作联社,有市桂果香果品有限公司、南宁冠昌资产经营有限责任公司、市国欢日用杂品有限公司、市鸣欢烟花爆竹有限公司、市冠腾综合贸易公司、市万拓再生资源有限责任公司、市农业生产资料公司、市供达贸易有限责任公司、市土产公司、市第二日用杂品公司、市第二物资回收公司等直属企业11家,县属企业28家,基层供销合作社108家。在岗职工1672人。全年完成商品购进26.20亿元,比上年增长17.40%,其中农副产品购进2.81亿元,增长23%;商品销售29.76亿元,增长20.50%(销售化肥51.43万吨,增长22.30%)。实现利润613万元,增长17.89%。新建各类农民专业合作社(协会)10个;招商引资实际到位资金5651万元;“新网工程”建设完成160个经营网点的更新改造任务。市供销合作社获自治区供销社系统综合业绩考核评比特等奖。

【乡镇基层社改造重组】 2010年,市联社以“一网三社”(新农村现代流通服务网络、基层供销社、农民专业合作社、农村社区综合服务社)建设为重点,加快乡镇基层供销社改造重组步伐,完成基层供销社改造重组35个。为解决青秀、江南、兴宁、西乡塘4个城区乡镇供销社土地进入改制成本问题,市政府专门召开由国土、财政、国资委、供销等部门参加的协调会,形成《关于南宁市供销社企业改制有关问题协调会的会议纪要》,市联社根据《会议纪要》制定出具体的实施方案报市政府审批。

【农资商品供应】 2010年,南宁市、县(区)两级供销合作联社结合抗冻救灾恢复生产实际,把农资商品组织供应作为一项重要任务来抓,多方筹措资金、联系货源,做好淡季化肥储备,保证农业生产用肥、用药、用膜的需求;配合工商、质量技术监督等部门开展农资商品打假活动,指导农资市场和农资经营单位依法经营。供应化肥51.43万吨,比上年增长22.30%;农膜803.03吨,农药3537.30吨。没有出现销售假冒伪劣化肥、农药等农资商品的现象。

【农副产品购销】 2010年,南宁市、县(区)两级供销合作联社以专业合作社(协会)为载体,开展农副产品购销。共收购马铃薯、西红柿、辣椒等农产品2.81亿元,较好地帮助当地农民解决卖难问题,促进农民增收。市五里亭蔬菜批发市场通过加强经营管理,完善市场各类硬件设施,提升服务水平,市场交易额38.10亿元。

【农业产业化经营】 2010年,南宁市、县(区)两级供销合作联社抓好各类农民专业合作社(协会)的建设,新建各类农民专业合作社(协会)10个,累计成立专业合作社(协会)86个。以专业合作社(协会)为载体,推进农业产业化经营,创办各类商品生产示范基地,带动入社农户调整农业产业结构,种植优质高效的经济作物,并组织农产品收购,解决农民增产后的卖难问题。通过农民专业合作社(协会)巩固和创办优质杂交水稻、桑苗、马铃薯、辣椒、西红柿、金银花、板栗和木薯等商品示范种植基地16个,示范种植面积3866.67公顷,入社会员4.60万户,带动13.50万户农民种植相关经济作物,帮助农民实现收入78亿元。

【烟花爆竹经营管理】 2010年,市联社发挥南宁市烟花爆竹流通行业协会的作用,抓好烟花爆竹的经营管理和市场供应,规范和协调烟花爆竹经营行为,销售烟花爆竹1538万元,比上年增长17.58%。

【社有资产管理】 2010年,市联社结合南宁市“服务企业年”活动,加强对社属企业的指导和管理。召开市联社常务理事会对市联社控股、参股企业预决算及工作安排进行审议,并对当年的发展目标提出更高的要求,增强企业的紧迫感和使命感,加快发展步伐;贯彻落实《南宁市供销合作联社社有资产监督管理实施办法》,规范企业行为,按《公司法》的要求强化企业管理,确保社有资产的保值增值;指导市农业生产资料公司改制,增强企业活力和市场竞争力,实现企业更好、更快的发展。市联社直属企业共盈利908万元,比上年增长19%,上交税费1018万元。

【“新网工程”建设】 2010年,市联社加快推进“新网工程”和“万村千乡”市场工程建设,强化经营网络的“双向流通”功能,加快基层经营网点改造升级,提高网络运营的质量;依托供销社传统特色经营,打造农资现代经营、农副产品购销、日用消费品现代经营、再生资源回收利用、特殊商品(即烟花爆竹)现代经营五大网络,围绕统一采购、统一价格、统一标识、统一配送、统一核算、统一管理,抓好区域性物流配送中心、县乡超市与村屯农家店连锁经营网络。投入“新网工程”建设资金958万元,改造完成乡镇中心百货超市15个,建设农家店142个,新建南宁市农资、武鸣县农资、宾阳县农资、上林县农资、良庆区农资5个物流配送中心,改造经营面积2万多平方米。市供销合作联社获自治区供销社系统新网工程建设考核评比特等奖。

【家电下乡活动】 2010年,市联社继续开展家电下乡活动,根据自身的经营特色,采取灵活多变的经营方式,抓好元旦、春节、“五一”、“十一”等重大节日商品的供应,共销售电视机7562台、洗衣机3308台、电冰箱1697台、空调机930台。 (蓝 蔚)

物　流　业

【概　况】 2010年,南宁市加快发展大物流,推进广西北部湾经济区开放开发,制定《加快南宁市大物流发展的实施方案》;完成《南宁市区域性国际物流基地建设规划(2008~2020年)》编制,12月获批准。全年货运总量1.92亿吨,比上年增长23.76%。其中:铁路货运量590.85万吨,下降6.77%;公路货运量1.66亿吨,增长25.01%,货物周转量245.33亿吨千米,增长24.18%;水运货运量1986.10万吨,增长25.50%,货物周转量53.89亿吨千米,增长23.70%;航空货运量3.10万吨,下降24%。6月29日,南宁市被国家商务部授予全国流通领域现代物流示范城市。

【物流园区】 2010年,南宁市加大物流园区建设,具有较强辐射功能的南宁保税物流中心封关营运。南宁华南城、广西海吉星农产品国际物流中心等大型专业批发市场加快建设,现代物流基地建设取得新进展。

中国—东盟国际物流基地　位于良庆区。规划用地面积29.11平方千米(比上年增加10.09平方千米的原因是规划调整),规划为综合型物流园区。已入园的重点建设项目有南宁保税物流中心、南宁国际综合物流园、中国东盟钢铁物流配送中心，其中南宁保税物流中心项目2009年末建成,2010年7月25日封关运营。南宁国际综合物流园的南宁玉洞冷库，一期3万吨的现代化多温区1号、2号冷库于2010年8月投入运营,3号、4号5万吨低温冷库于12月相继调试运营。园区还引进广西方舟建材综合城、南宁(中国—东盟)医药物流中心、南宁生产资料物流中心、中国东盟啤酒文化街、南宁大型粮食交易市场、南宁中央直属储备糖库等项目。

安吉综合物流园　位于西乡塘区。规划用地面积约6平方千米，园区往东扩至北湖路,往西扩至安吉大道,比原规划扩大3.60平方千米，规划为贸易服务型和货运服务型物流园区。已有超过40家各类物流企业入驻园区。2010年，重点建设项目有南宁大商汇商贸物流中心、福安家家具精品馆和南洋大酒楼。其中:大商汇商贸物流中心项目占地面积73.75公顷,总投资25亿元,完成投资7亿元。由全国500强企业之一的新希望集团投资兴建,集商品交易、现代物流、展览展示、电子商务、办公居住、文化娱乐等功能为一体的商贸物流中心，国际建材城一期6万平方米交付使用，引进国际国内陶瓷卫浴品牌商户130余家，2010年5月28日开业；项目配套的10万平方米国际住区开工建设，部分建筑已主体封顶；国际建材城二期6万平方米陶瓷卫浴区开工建设；单体建筑面积16万平方米的城市标志性建筑——大商汇国际家居博览中心完成规划设计。园区还引进广西东盟工业产品贸易中心、广西工业器材物流、市农副产品物流中心等项目。

江南综合物流园　位于江南区,规划用地面积约5.40平方千米（不包括沙井分区），以各类大型专业批发市场、运输配送、代理分销、连锁配送为优势业务的组合式物流园区,集合仓储、运输、第三方物流等企业。2010年,重点建设项目有南宁华南城和广西海吉星农产品国际物流中心。其中：南宁华南城占地面积227.07公顷,建筑面积488万平方米,总投资120亿元,分两期建设,建成后将成为一座集交易、展示、资讯交流、仓储、配送、货运以及金融结算等功能于一体的世界工业原料及商品交易中心,2010年完成在建工程110万平方米,举办“2010中国—东盟轻工产品展览会”,为中国—东盟自由贸易区搭建一个集展示、交易于一体的国际化轻工业平台。广西海吉星农产品国际物流中心项目占地面积37.88公顷，建筑面积约52万平方米，总投资13.40亿元,建成后将由集散交易、物流仓储、商业服务三大功能区组成,成为经营品种包括食糖、茧丝绸、粮油、水果、蔬菜、副食品、花卉等商品,集批发交易、加工、配送、进出口贸易及电子商务为一体的大型物流中心，项目一期于2010年3月23日开工建设,8月31日竣工,10月开业。

金桥综合物流园　位于兴宁区快速环道与昆仑大道至三塘片区。占地面积3.46平方千米。设计建设成为农资、农副产品、建材等其他产品(商品)贸易集散地。主要鼓励大型商贸企业建立区域性的采购和配送中心，支持重要商品储备设施、大型农产品批发市场、大型三方物流配送中心、市场信息网络、电子商务平台的建设。已有玉柴南宁国际物流中心、金源国际汽车城、东盟—川桂物流园和南宁金桥农产品批发市场等物流项目落户园区。东盟国际商贸港由广西桂嘉汇房地产集团有限公司投资建设,2008年开工建设,2009年12月营业，占地面积28.67公顷,建筑面积43万平方米,总投资9.50亿元,建设内容为酒店用品、小商品专业市场等商业设施和计算机管理信息系统、商务配套设施等。2010年,重点建设项目有东盟—川桂物流园和南宁金桥农产品批发市场。其中:东盟—川桂物流园项目一期大嘉汇·东盟国际商贸港,占地面积26.88公顷，计划投资9.50亿元，至2010年已竣工建筑面积36万平方米,完成投资5亿元,项目内容有酒店用品、玩具、美容美发用品、名优产品中心等;2010年续建配套住宅及商业、酒店用品市场二期，小商品市场二期和建材市场,建筑面积26.60万平方米。金桥农产品批发市场，由广西五洲交通股份有限公司与南宁威宁资产经营有限责任公司共同出资组建，占地面积92.13公顷，建筑面积76万平方米，总投资12.30亿元,项目一期14.19公顷,建设有交易服务大楼、信息网络中心、电子结算及农产品信息中心、交易行,专设台湾农产品交易区;二期73.56公顷,规划建设冷库、动植物检疫检测中心、交易大棚、生猪和禽类屠宰区、农产品深加工区等。

【南宁保税物流中心】　位于良庆区,设在中国—东盟国际物流基地的保税物流区内。2009年2月11日,海关总署、国家财政部、国家税务总局和国家外汇局批准设立,总投资10亿元,包括海关卡口区、办公服务区、海关查验区、保税物流区4个功能区,12月22日，通过国家联合验收组验收。2010年1月7日,南宁保税物流中心揭牌;7月26日封关运营。封关运作后的南宁保税物流中心，将港口的保税功能区延伸到内陆南宁，并与钦州保税港区、凭祥综合保税区和北海出口加工区拓展的保税物流功能，构建起较为完善的广西北部湾经济区保税物流体系，成为联系中国西南地区和东南亚地区间的核心枢纽和连接海港、空港和

1月7日,南宁保税物流中心揭牌仪式举行　　周家志　摄

边境口岸的大型物流商贸基地。至年末，建成保税仓库面积2.50万平方米，查验仓库2400平方米，集装箱堆场和仓库堆场面积约9万平方米；出租保税仓库面积5114.30平方米，办公场所510.20平方米，现场业务受理柜台6个。受理进出口报关单2745票，进出口货物量30.70万吨，货物总价值9297万美元，入库税款1.69亿元(人民币)。其中保税物流业务报关单77票，货物总计3600吨，进出口总额2390万美元，与17家企业签订合作协议。（王永红）

【现代物流企业】

广西超大运输有限责任公司　由市第二运输有限责任公司和市中转联运公司于2000年10月合并组成的民营运输企业。公司凭借资质运输企业的优势和品牌影响力，通过强强联合、资产重组、并购等措施，在发展客、货运输主导产业的同时，发展多种经营。至2010年，集团公司发展成为一家以客、货运输为主的大型综合运输企业。在职人员8042人(驻邕单位在职人员1662人)。产业有客运(普通客运、快速客运、旅游客运、国际运输、公交、出租车客运)、货运(货运业务、信息服务、国际货代、货物配载、零担快运、集装箱运输、危险品货物运输、装卸搬运、仓储、物流配送)，兼营汽车销售、汽车维修、汽车租赁、机动车驾驶员培训、宾馆、广告、房地产。注册资本5500万元，资产总额16亿元，占地面积55.56万平方米。有一级货运站2家，二级货运站3家，各类营运车辆5120辆，其中客车2468辆，货车2652辆，吨位2.47万吨。有联盟企业60多家，业务网络覆盖广西，通达全国各省。全年货运量385万吨。

广西运德汽车运输集团有限公司　前身是成立于1952年的国营南宁汽车运输总公司，2002年改制为民营企业。具有交通部一级客运资质，系国家大型二类企业。2005~2007年成功收购北海汽车运输总公司、北海市客运中心，投资控股越南山德汽车联营公司、柬埔寨运德国际旅游有限公司、香港运德运贸有限公司、澳门运德运贸有限公司，已拓展成为横跨南宁、北海、崇左3市13县，延伸到越南、柬埔寨、香港、澳门的大型跨境跨国运输集团。2010年，总资产18亿元，辖汽车客货服务总站26家和直属单位34个，有A级汽车检测站5家，甲类保修厂6家，乙类保修厂14家；独资经营广西运德集团北海汽车运输有限公司、北海和信客运中心有限公司，控股广西运德集团南宁凤之岭汽车运输有限公司等企业33家，参股经营广西通港旅运有限公司、桂龙国际运输有限责任公司等企业7家。业务经营有跨国客货运输、国内道路客运、旅游客运、城市公交、的士出租，各类货物运输，大型仓储、装卸、物流配载信息，运输服务、国际货运代理、人身意外保险代理、机动车辆保险代理、货物运输保险代理，各类汽车、摩托车施救、检测、修理，汽车、燃油料、零配件销售，汽车技术培训，商贸，旅游，宾馆餐饮，广告、装潢，房地产开发、物业管理，煤炭销售等。有各类营运车辆2488辆。其中客车2085辆，货车403辆。在职人员6074人。客运汽车以豪华大巴及舒适型卧铺车为主；货运汽车主要为大型载重车及零担快车，零担运输网络辐射华南及中南各省市并办理中转28个省市的零担业务和货物快递业务。全年货运量40.82万吨，比上年减少65.11%(因田东—德保、靖西火车线路开通，通过公路运输的煤、铝等货物改走铁路运输，致使公司运量大幅下降)。（书　弄）

南宁国际综合物流园有限公司　2008年12月成立，注册资本1亿元，是广西北部湾国际港务集团有限公司的全资子公司之一。公司顺应南宁及自治区内外大型产业基地的保税物流服务需求，建设南宁国际综合物流园区，打造广西北部湾的“无水港”和冷链物流基地。投资建设的南宁国际综合物流园位于南宁市五象新区西南端，占地面积3.66平方千米。其中，南宁保税物流中心项目占地面积27.44公顷，2009年末建成，2010年7月26日封关运营。二期项目为北部湾港冷链物流基地——玉洞冷库，占地面积22.56公顷，拟建冷藏库6个，总仓储能力30万吨。至年末，1~4号冷藏库竣工并投入使用，仓储能力6万吨，基本解决南宁及周边地区的果蔬冷藏储存、冻品储存以及进出口和配送需求；建筑面积约3万平方米的中国—东盟进出口商品展示中心主体工程竣工。

广西海吉星农产品国际物流有限公司　深圳市农产品股份有限公司(简称农产品公司，股票代码：000061)控股组建，2008年9月19日成立，注册资本1.50亿元。由该公司投资兴建的广西海吉星农产品国际物流中心位于南宁市江南工业园区内，占地面积37.88公顷，建筑面积约52万平方米，总投资13.40亿元，物流中心一期占地面积12.50公顷，2010年8月建成，10月第七届中国—东盟博览会期间开业。分集散交易、物流仓储、商业服务三大功能区，包括水果、蔬菜、粮油、副食品、花卉、食糖、茧丝等品种，集批发交易、加工、配送、进出口贸易及电子商务为一体大型物流中心。建成后年交易规模可达500万吨。项目一期同时启动以按国家级标准建设的食品安全检测中心为主的食品安全可追溯系统、以市场业务运行平台和信息采集发布平台为主的信息系统、以400呼叫中心和农产品供应链条上多级客服在线联网服务为主的客服系统建设。

（王永红）

广西海吉星农产品国际物流中心一期农产品交易仓储区　蓝剑锋提供

责任编辑　孙贵寿

对外经济贸易

对外贸易

【概　况】 2010年，南宁市进出口贸易总额22.13亿美元，比上年同期下降20.62%，进出口顺差9.74亿美元。其中：出口15.93亿美元，下降33.10%；进口6.19亿美元，增长52.69%。市属企业进出口贸易总额19.18亿美元，下降22.61%。其中：出口13.18亿美元，下降37.55%；进口6亿美元，增长63.04%。有进出口业绩的企业688家，其中出口100万美元以上191家、进口100万美元以上56家。按企业性质分，私营企业572家，占83%；国有企业46家，占7%；"三资"（中外合资、中外合作、外商独资经营）企业70家，占10%。

【出口贸易】 2010年，南宁市出口贸易15.93亿美元，其中市属企业出口13.18亿美元。出口额较大的商品有耳机、耳塞、电脑零附件、木衣架、冻罗非鱼片、松香、锑的氧化物、松香和树脂酸衍生物、松香精、柴油货车、电感器、电缆等。主要出口东盟、欧盟、美国、日本、韩国、吉尔吉斯斯坦、印度、澳大利亚等国家和香港特别行政区。

【进口贸易】 2010年，南宁市进口贸易6.19亿美元，其中市属企业进口6亿美元。进口额较大的商品有锰矿砂及其精矿、煤油馏分的油及制品、煤、木薯淀粉、冶炼钢铁废料、传声器零件、盐、履带式挖掘机、其他烟煤、甘蔗原糖等。主要进口印度尼西亚、新加坡、泰国、南非、日本、加蓬、澳大利亚等国家。

（梁　明　冯立芳　石敏洁）

【来（进）料加工贸易】 2010年，在自治区对外贸易整体下滑的背景下，南宁市加工贸易出口3.03亿美元，比上年增长59%；进口0.71亿美元，增长19%；占全市对外贸易比重由上年的13%上升到20%。加工贸易梯度转移企业完成加工贸易进出口90%，安排劳动就业近2万人，注册资本总计3.37亿元。加工贸易出口

2010年南宁市主要出口商品企业情况

单位：万美元

企业名称	主要出口商品	出口金额
丰达电机（南宁）有限公司	耳机、耳塞	19672
南宁富宁精密电子有限公司	风机、风扇、电脑零附件	6464
广西南宁百洋食品有限公司	冻罗非鱼片	3959
广西日星金属化工有限公司	锑的氧化物、化工产品	3881
广西南宁怡凯进出口贸易有限公司	木衣架、塑料制其他家庭用具	3449
广西南宁市群勤贸易有限公司	塑料制小雕塑品及其他装饰品、手电筒、提箱	3020
南宁利通树脂有限公司	松香、松香精、酚醛树脂	2030
胜美达电机(广西)有限公司	电感器	1984
广西集盛食品有限公司	小白蘑菇罐头、鲜甜玉米、马蹄罐头	1896
南南铝业有限公司	铝合金制型材、铝制品	1717
广西越洋化工有限责任公司	多磷酸、磷酸	1649
南宁市惠耐福贸易有限公司	塑料制品、塑料制小雕塑品及其他装饰品	1621
广西桂花机械进出口有限责任公司	柴油货车	1528
广西南南铝箔有限责任公司	铝箔、铝合金板	1487
中国轻工业南宁设计工程有限公司	纸浆制品、纸制品、切纸机、通用桥式起重机	1409
广西澳宁电线电缆有限责任公司	电缆	1324
广西顺利贸易有限公司	松香	1282
广西恒冠进出口贸易有限公司	棉≥85%未漂平纹布、未漂白与聚酯短纤混纺的缎布	1275
南宁松浩林化有限公司	松香、二苯胺及衍生物	1237
南宁市旺尔德贸易有限公司	玻璃杯、小雕塑品及其他装饰品、塑料制品	1222
南宁哈利玛化工有限公司	松香和树脂酸衍生物、松香精、初级形状的酚醛树脂	1188
广西凯天贸易有限公司	棉≥85%未漂平纹布、重量≤10千克的便携数字式自动设备、聚酯变形长丝≥85%	1182
南宁善平贸易有限公司	未搪瓷钢铁餐桌、厨房等家用电器、塑料或纺织材料作面的提箱	1165
南宁化工股份有限公司	有机—无机化合物	1159
南宁博高贸易有限公司	塑料制小雕塑品及其他装饰品、未搪瓷钢铁餐具	1009
南宁久巨进出口贸易有限公司	塑料制小雕塑品及其他装饰品、塑料制品、帚刷拖把	1003

注：按出口额1000万美元以上排序

2010 年南宁市进出口商品国家(地区)总值

单位:万美元

国家(地区)	进出口额	出口额	进口额	比上年同期增减%		
				进出口	出口	进口
亚洲	120772	82152	38620	-14.54	-32.50	96.82
欧洲	21129	18111	3018	-49.54	-50.90	-39.41
北美洲	18083	15567	2516	-50.41	-53.18	-21.73
非洲	17480	7167	10313	48.41	-18.81	249.49
拉丁美洲	8422	6024	2399	-13.44	-19.79	8.02
大洋洲	5906	2777	3129	-11.46	-2.95	-17.85
东南亚国家联盟	50667	25084	25583	18.16	-28.17	221.57
欧洲联盟	16888	14051	2838	-52.20	-54.43	-36.87
亚太经济合作组织	129458	87656	41801	-5.90	-20.97	56.82

商品以高新技术产品和机电产品为主，高属附加值产品主要有耳机、耳塞、电脑散热器、电感线圈等。（李　锋）

【机电产品进出口】 2010 年，南宁市市属企业机电产品进出口 7.06 亿美元，比上年减少 19.67%。其中：机电产品出口 5.83 亿美元，占市属出口总额 44.24%，减少 19.56%；机电产品进口 1.23 亿美元，减少 20.17%。出口主要机电产品有电器电子配件（耳机、耳塞、风机、风扇、电感器、电脑零附件）、铝板铝型材、电线电缆、节能设备、柴油货车、起重机等。主要出口东盟、日本、韩国、欧盟、印度、美国、等国家和香港。（贺　晖）

【化工与相关工业产品出口】 2010 年，南宁市市属化工产品出口 2.35 亿美元，比上年增长 53.21%，占市属出口额 17.83%。出口主要化工产品有松香、锑的氧化物、松香和树脂酸衍生物、松香精、硝酸铵、三氯异氰尿酸、糊精及其他改性淀粉、多磷酸等。主要出口美国、越南、韩国、日本、荷兰、印度尼西亚、马来西亚等国家。

【轻工业品与工艺品出口】 2010 年，南宁市市属轻工业品与工艺品出口 3.88 亿美元，比上年下降 57.28%，占市属出口额 29.44%。出口主要轻工业品与工艺品有木衣架，牙刷，纸卫生巾及止血塞，婴儿纸尿布，塑料或纺织材料作面的提箱，初级形状的酚醛树脂，塑料制小雕塑品及其他装饰品，塑料制品，草、藤、竹等编制的篮筐，纸制的盘、碟、盆、杯及类似品，玻璃杯，卫生纸，塑料片或纺织材料作面的手提包，塑料制鞋面的鞋靴、伞骨（包括装在伞柄上的伞骨）等。主要出口美国、韩国、德国、越南、英国、西班牙、日本等国家。

【纺织品与服装出口】 2010 年，南宁市市属纺织品与服装出口 1.07 亿美元，比上年下降 77.11%，占市属出口额 8.12%。出口主要纺织品与服装有未漂白与聚酯短纤混纺的缎布，棉≥85%未漂平纹布，平方米重≤100 克、化纤制针织或钩编套头衫、开襟衫、男衬衫、马甲等，合成纤维制针织或钩编的女式便服套装、男裤，合纤制短袜及其他袜类，聚氯乙烯浸涂、包覆或层压的纺织物，纺织材料制披巾、头巾、围巾，聚酯短纤<85%棉混未漂平纹布、平方米重>170 克等。主要出口吉尔吉斯斯坦、越南、意大利、美国、伊朗、阿联酋等国家和香港。

【食品与土畜产品出口】 2010 年，南宁市市属食品与土畜产品出口 2.35 亿美元，比上年下降 26.42%，占市属出口额 17.83%。出口主要食品与土畜产品有冻罗非鱼片、小白蘑菇（洋蘑菇）、菠萝和清水马蹄罐头、制作或保藏的猪肉及杂碎、供农药用麻黄浸膏粉、非醋方法制作或保藏的甜玉米、灵长目哺乳动物（包括人工驯养、繁殖）、柚油、笋干丝、红茶及其他半发酵茶、干蔬菜及什锦蔬菜等。主要出口美国、墨西哥、日本、澳大利亚、德国等国家和香港。

【五金矿产品与建材出口】 2010 年，南宁市市属五金矿产品与建材出口 1.42 亿美元，比上年下降 36.24%，占市属出口额 10.77%。出口主要五金矿产品与建材有天然硫酸钡（重晶石）、轧制后未深加工的无衬背铝箔、用气体等燃料的钢铁制家用炊事器具及加热板、钢铁结构体及部件、钢铁制品、铝制品、钢铁制螺纹制品、硅锰铁、贱金属雕塑像及其他装饰品、铸铁管及空心异型材、铝合金制型材、未锻轧锰、挂锁、不锈钢制餐桌、厨房或家用电器等。主要出口日本、沙特阿拉伯、阿联酋、英国、越南等国家。

（梁　明　冯立芳　石敏洁）

对外经济合作

【概　况】 2010 年，南宁市继续支持企业到境外投资建厂办实业，推动有能力、具备条件的企业走向国际市场，重点扶持具有一定规模实力、品牌优势和市场基础的企业到境外设立贸易机构，投资办厂，同时开展其他形式的对外经济技术合作。有 6 家市属企业到境外投资办厂或创立办事处，总投资 8600 万美元。第七届中国—东盟博览会期间，推出“走出去”项目 3 个，意向投资 5000 万美元。

（黄显能）

【对外承包工程与外派劳务】 2010 年，南宁市落实国务院公布的《对外承包工程管理条例》，赋予具备条件的各类所有制企业对外承包工程和劳务合作经营权。继续扩大对外承包工程在东南亚、澳大利亚等市场的份额，拓展非洲、欧洲市场。累计完成境外承包工程合同额 4870 万美元，先后派出工程劳务人员 1000 人次。

【境外直接投资】 至 2010 年末，南宁市累计有 50 家企业到 20 多个国家和地区

2010 年南宁市境外投资企业情况

单位:万美元

境外投资企业名称	投资国别	投资类型	投资金额
南宁裕丰房地产有限责任公司	英国	独资	6000
广西汇鑫矿业有限公司	老挝	独资	100
广西华实房地产开发有限公司	澳大利亚	合作	2200
广西田园生化股份有限公司	越南	独资	230
广西国厚贸易有限公司	印度尼西亚	独资	100

（王才信）

投资办企业、成立分公司和驻国外办事处，从事境外加工贸易和贸易合作的企业有50家。其中：境外投资企业39家、办事处11家，总投资2.08亿美元。合资企业23家，总投资1.43万美元；到东盟国家投资29家，成立办事处9家，总投资1.80亿美元，占总投资的89%。投资领域主要有地产开发、汽车运输、药品生产、咨询、物流、木薯和农产品种植加工、矿产开采加工、金属冶炼等。投资的国家和地区主要有澳大利亚、英国、越南、老挝、柬埔寨、香港等。

利用外资

【概　况】 2010年1~12月，南宁市完成合同外资7.07亿美元，比上年同期增长15.86%；实际利用外资自治区口径3.58亿美元，增长18.21%；直接利用外资商务部口径3.30亿美元，增长18.62%。合同外资、直接利用外资两项指标在自治区14个地市中均居首位，占自治区合同利用外资总额和直接利用外资总额的三分之一。全年新批设立外商投资企业73家，办理外资企业设立及变更审批事项148个，外资来源地呈现多元化，但仍以亚洲国家(地区)为主。亚洲各国(地区)到南宁市投资的合同利用外资6.80亿美元，增长45.87%，占全市合同外资总额的95.48%；直接利用外资2.17亿美元，占全市直接利用外资总额的65.66%。合同外资排位在前十位的国家和地区：香港3.50亿美元，马来西亚2.42亿美元，韩国5515万美元，瑞典3606万美元，澳门2578万美元，台湾375万美元，新加坡189万美元，日本165万美元，塞舌尔90万美元，加拿大54万美元。直接利用外资排位在前十位的国家和地区：香港1.89亿美元，瑞典6878万美元，英属维尔京群岛4228万美元，澳门1779万美元，德国1494万美元，马来西亚1053万美元，萨摩亚1000万美元，英国180万美元，日本117万美元，中国台湾75万美元。

【外资审批】 2010年，南宁市第一产业新批外商投资企业4家，合同外资4099万美元，占全市合同外资总额的5.74%；直接利用外资7358万美元，占全市直接利用外资总额的22.28%。第二产业新批外商投资企业11家，合同外资1.77亿美元，占全市合同外资总额的24.94%；直接利用外资6643万美元，占全市直接利用外资总额的20.11%。引进台湾统一集团有限公司、五丰行有限公司等知名企业集团。其中，五丰行有限公司对南宁肉联厂重组改制设立南宁五丰联合食品有限公司，总投资8788万美元，合同外资2878万美元；市国资委作为南宁五丰联合食品食品公司的股东直接参与企业的管理经营，是自治区第一个作为外资企业股东的市国资委。第三产业新批外商投资企业58家，合同外资4.94亿美元，占全市合同外资总额的69.55%；直接利用外资1.90亿美元，占全市直接利用外资总额的57.61%。其中，交通运输业大项目带动作用增强，广西阳鹿高速有限公司，合同外资2.39亿美元，占全市合同外资总额的33.65%，是南宁市第一家以BOT(建设—经营—转让)方式投资高速公路的外资企业。全年新批外商独资企业48家，合同外资5.74亿美元，直接利用外资3.19亿美元。新批中外合资、合作企业24家，合同外资1.36亿美元；直接利用外资1081万美元。

随着国家鼓励东部地区外商投资企业向中西部地区转移，南宁市承接东部沿海地区的劳动密集型、加工贸易型、资源开发型外资企业的产业转移成效明显。统一中国投资有限公司和广州统一企业合资在南宁市设立南宁统一企业有限公司，总投资3300万美元，合同外资425万美元；广州农标普瑞纳投资有限公司在南宁市设立广西农标普瑞纳饲料有限公司，总投资800万美元，合同外资400万美元；嘉汉板业(广州)投资有限公司在南宁市设立嘉汉板业(广西)营业有限公司，总投资1000万美元，合同外资500万美元。

合同外资超1000万美元的外资企业有17家，合同外资6.82亿美元，占全市合同外资总额的96.10%。合同外资超3000万美元的外资企业有7家，其中广西阳鹿高速公路有限公司2.39亿美元、广西欣希迈实业有限公司5600万美元、广西中矿联合浩达实业发展有限公司5500万美元、广西升源达商贸有限公司4860万美元、广西港龙进出口贸易发展有限公司4000万美元、广西斯道拉恩索林业有限公司3606万美元、广西京润商贸有限公司3600万美元，合同外资共5.11亿美元，占全市合同外资总额的71.92%。重点企业有：南宁五丰联合食品有限公司2738万美元，和昌(广西)化工有限公司增资1758万美元，广西美工机械设备有限公司1600万美元，广西爱冠电子有限公司1160万美元，广西泰科电子有限公司1050万美元，广西金鲤水泥有限公司增资2578万美元，广西港龙进出口贸易发展有限公司4000万美元，广西京润商贸有限公司3600万美元，广西升源达商贸有限公司4860万美元，广西中矿联合浩达实业发展有限公司5500美元，广西欣希迈实业有限公司5660万美元等。直接利用外资超1000万美元的企业有11家，分别是广西斯道拉恩索林业公司6878万美元，华润置地(南宁)有限公司5628万美元，广西鑫伟酒店管理有限公司5861万美元，南宁浚朗科技有限公司1800万美元，广西金鲤水泥有限公司1671万美元，广西沃顿国际大酒店有限公司1651万美元，南宁赢创美诗药业有限公司1494万美元，嘉汉板业(广西)营林有限公司1400万美元，南宁荣荣大酒店有限公司1290万美元，可口可乐(广西)饮料有限公司1000万美元，南宁麦斯鞋业公司1000万美元。

(张　旭)

【外资管理】 2010年，南宁市招商促进局将提高行政审批效率、加快推进项目建设、改进政务服务水平作为加强和改进外资审批与管理的重点，加快建立权责明晰、行为规范、运转协调、廉洁高效的机关内部管理机制。全市外资审批时限为3个工作日，为自治区各地市规定的承诺时限最短。全年未出现超时限办结和发生企业投诉、申请听证、行政复议、行政诉讼等情况。在具体审批中，一是严格执行国家外资审批政策。根据商务部《关于进一步改进外商投资审批工作的通知》精神，将自主创新、节能环保、资源综合集约利用、保障和促进就业等纳入外资审批管理重点范畴，在批准文件中体现相关要求。二是推进外商投资企业设立审批提速。遵守首问负责制、限时办结制、责任追究制三项制度，加强对外资重大项目的协调与服务，建立重大项目绿色通道，改进审批代办服务，为外国投资者代办项目核准、合同章程审批、公司登记注册、开工报建等行政审批事项。三是加强市政务服务中心局审批窗口建设与管理。制订窗口接待企业办事工作规范，杜绝“门难进、脸难看、事难办”的现象发生。四是加强外资企业审批执法培训。邀请自治区商务厅外资处黄海华副处长主讲《进一步做好利用外资工作—外商投资审批体制改革》的专题培训，组织各县（区）、开发区负责外资审批的业务主要人员参加。同时，加强对外资审批行政执法人员的管理，选派一名外资审批服务窗口年轻干部参加自治区行政执法人员资格培训和考试。五是加强行政执法案卷评查。每半年对由服务窗口已办结的外资企业设立、变更审批事项，抽取20%的档案进行检查，重点审查报批材料是否齐全完整、合同章程是否符合外资法律法规、是否存在超权限审批事项等内容。针对县（区）基层招商部门没有发证权的情况，对县（区）审批办理的外资企业审批事项，在发放外商投资企业批准证书前，市招商促进局对每个县（区）办理的外资审批事项都进行严格的行政执法案评查，进一步规范基层外资审批行政执法行为。（张　旭）

【外企管理与服务】 2010年，市招商促进局抓好外资存量的筛选和分析，对2007年以来南宁市已批的尚有资金存量的外资项目进行分析和筛选，摸清家底，明确年内可进资的项目及资金存量，做好实际利用外资预测，采取有效措施跟踪督办资金到位，为完成2010年的实际利用外资任务打好基础。了解企业增资扩股情况，给各县（区）、开发区下发企业增资扩股情况调查表，让各县（区）、开发区深入辖区企业调研，全面了解企业增资扩股动态，为增资扩股企业做好服务。深入企业调研，给各县（区）、开发区下发企业存在问题调查表，摸清问题，及时获得反馈，有针对性开展企业服务。先后为大赛璐公司协调市国税局，解决税务问题，协调南宁海关现场业务处，解决产品出口退运转关问题；为盛虎金属制品公司协调有关供电部门，解决用电接火及开闭锁接线问题；为鑫伟万豪酒店协调市交警部门解决在民族大道旁设立酒店相关指示牌及酒店门前道路车辆乱停乱放问题，协调市旅游局，解决旅游业资质认定问题；协助和昌化工公司了解办理煤炭进口的相关手续；针对华润置地公司提出的青秀路—中新路丁字路口设置红绿灯的问题，协调市交警部门给华润置地作明确的答复；针对部分企业反映的机动车进出市四家班子办公场所难的问题，行文请示市政府，为广西丰林木业集团股份有限公司、龙昌日用品工业（南宁）有限公司、广西昌弘制药有限公司、南宁中达丰田汽车销售服务有限公司4家办理车辆通行证。做好联合年检。为150多家参检企业解答年检疑难问题，帮助80多家企业处理登录密码、报表填报、数据录入等问题，参检企业340多家。

（李　兴　何伟洁）

2010年南宁市主要外商投资企业情况

单位：万美元

类别		项目（个）	投资总额	注册资本	合同外资额
按投资方式划分	合资	24	38869.00	18589.00	11275.70
	合作	1	2300.00	3032.00	2338.00
	外资	48	127990.50	57331.50	57370.50
	股份				
按行业划分	农业	4	10442.00	4459.00	4349.00
	采掘业		−769.00	−256.00	−256.00
	制造业	11	40679.00	19399.00	16898.00
	电力业	1	57.00	40.00	40.00
	建筑业	1	29.00	29.00	29.00
	交通运输、仓储和邮政业	2	68396.00	24034.00	23925.00
	应用软件服务	3	45.00	45.00	22.00
	批发零售业	32	43620.60	25758.60	21571.30
	餐饮业	6	2884.50	1404.50	1404.50
	金融业		703.00	316.00	161.00
	房地产	2	441.00	1082.00	382.00
	租赁商务服务、社会经济咨询、企业管理机构	8	325.40	335.40	153.40
	工程管理服务、技术服务、地质勘察	1	2300.00	2300.00	2300.00
	汽车保养	1	3.00	3.00	3.00
	文化、体育和娱乐业	1	3.00	3.00	2.00
按国家及地区划分	中国（投资性公司投资）	4	5699.00	2900.00	1580.00
	香港	40	60765.90	40531.90	34970.90
	澳门		11211.00	4640.00	2578.00
	中国台湾	9	1100.00	666.00	375.00
	日本	1	410.00	370.00	165.00
	韩国	2	16021.00	5515.00	5515.00
	新加坡	2	193.00	189.00	189.00
	马来西亚	2	68257.00	24145.00	24183.00
	文莱				52.00
	柬埔寨	1	10.00	7.00	7.00
	越南	1	3.00	3.00	2.00
	英国			732.00	1.00
	加拿大	2	110.00	107.00	54.00
	美国	4	−4225.00	−4591.00	−2365.00
	英属维尔京群岛	1	31.00	31.00	31.00
	瑞典		9443.00	3606.00	3606.00
	澳大利亚	1	3.00	3.00	3.00
	法国	1	5.00	5.00	5.00
	加纳	1	0.60	0.60	0.30
	委内瑞拉		−78.00	−58.00	−58.00
	塞舌尔	1	200.00	150.00	90.00

（何伟洁）

责任编辑　廖胜兰

旅 游 业

综 述

【概 况】 2010年,南宁市有旅行社81家,其中出境旅行社13家、一般旅行社53家、分社15家。有英、日、法、越、朝鲜、泰等国语种及中文普通话持证导游员2700人。星级饭店81家,其中五星级6家、四星级13家、三星级29家、二星级33家(含县〈区〉4家),总客房1.60万间,床位2.71万张。接待国内游客3705.03万人次,比上年同期增长20.64%;国内旅游收入234.10亿元,增长30.77%;接待入境旅游者16.75万人次,增长36.57%;国际旅游收入3.79亿元,增长40.68%,各项指标均创历史新高。旅游总人数、总收入均居自治区第一。全年无重大旅游投诉事件,无重大旅游安全责任事故发生。对2006年评定的全国及广西工农业旅游示范点和2007年12月以来创建的A级旅游景区(10家)进行复核。在《中国青年报》举办的"2009年中国青年喜爱的旅游目的地"评选活动中,南宁市在全国200个提名旅游城市中排名第九,获中国青年喜爱的旅游目的地城市称号。南宁国际民歌艺术节在首届中国旅游节庆品牌评选活动中,获2010中国最受网友喜爱的旅游节庆奖。

【招商引资】 2010年,南宁市旅游部门协助万景集团、大连顺屹有限公司、中国建筑集团做好在南宁旅游项目选址和项目投资前景工作。分别为鑫伟万豪大酒店、嘉和集团建设星级酒店、广西金沙选矿机械有限公司投资建设南宁国际旅游集散中心提供政策咨询服务。与广西方鼎房地产开发有限公司签订投资1.40亿元开发建设"春天花园"酒店、房地产项目合作意向书;引进广西粤鹏建材公司投资1亿元发展陶瓷业。 (周思伶)

【生态旅游营运】

2010年青秀山国庆生态文化旅游节 2010年9月28日至10月7日在青秀山风景区举行。主题为生态、健康、活力,内容有迎国庆暨"两会一节"花展、万人相亲大会、青秀山第一届国际插花艺术节、2010青秀山热带风情缤纷水果美食节、青秀山金秋户外拓展挑战赛、青秀山长廊主题图片展等。期间购票入园游客量12.76万人次,比上年同期增长58%。

(胡镇芳)

龙虎山第五届原生态板栗美食节 10月1~7日在广西南宁龙虎山自然保护区举行。突出"原始、自然、野趣、美食"生态旅游主题。期间接待游客1.53万人次,比上年增长26%,总收入85.16万元。

2010南宁后花园·上林生态旅游养生节 11月在上林县举行,导入生态旅游概念,以千龙探母、千莲献寿、千渡河公、千猴戏鼓、千名霞客登山行等系列活动为载体,展现上林绿水青山宜人居的天然生态美景,打造上林独具特色的生态旅游特色品牌。 (周思伶)

旅游资源

【概 况】 南宁市旅游资源分布广,种类齐,数量多,相对集中在市区和各县城附近,具有浓郁的壮族风情和亚热带风光特色。2010年,全市有旅游景区(点)100多家,主要旅游景区景点42家。其中:国家4A级旅游景区9家,3A级旅游景区12家,全国工农业旅游示范点6家,广西工农业旅游示范点15家。新增1家国家4A级旅游景区——广西民族博物馆,2家国家3A级旅游景区——大王滩风景区、凤凰谷风景区。凤凰谷风景区、侯哥花果山休闲农庄、青秀区加踏坡获广西农业旅游示范点称号,江南区江西镇扬美古镇获中国历史文化名村称号,武鸣县下渌村获二星级"农家乐"称号,宾阳县蔡氏书香古宅群景区获广西特色景观旅游名镇(村)示范单位称号。

河流湖泊与水景 有邕江、左江、右江、红水河四大河流,两岸风光秀丽,部分河段具有开发潜力和开发价值。许多短小溪流因山地落差较大,形成瀑布景观,以大明山龙尾瀑布、横县九龙瀑布群较有名。人工水库遍布南宁市,有丰富的湖泊景观资源,如南湖、凤凰湖、金沙湖、大龙湖、西津湖、龙潭等。其中大龙湖水库是世界十大岩溶水库之一,湖边奇峰突兀,造型各异,14个岛屿点缀湖中,景色秀丽。

流水侵蚀地貌与岩浆侵蚀喀斯特地貌景观 流水作用所形成的侵蚀剥蚀低山丘陵,主要有青秀山、五象岭、昆仑关等,多栽种松树、杉树及绿阔乔木林,形成绿色森林植被景观。喀斯特地貌主要有伊岭岩、金伦洞等溶洞。其中金伦洞是广西喀斯特地貌最长、最大、最深的原始石谟山洞,穿越12座山腹,河穿岩中过,水自洞中流,游程10千米,洞内石钟乳、石柱、石幔千姿百态。

温 泉 主要有九曲湾温泉、嘉和城温泉和那马温泉。九曲湾温泉和嘉和城温泉均位于兴宁区,距市区12千米,交通便捷,泉水水温常年在53℃~69℃之间,来自地下1200~1300米深的地层,含多种微量元素矿物质,对人体有良好的保健作用。那马温泉位于良庆区,距市区20千米,泉水来自1200米地下的深层地热,温度最高38℃,是一种淡温型医疗矿水。

动植物景观 南宁气候温和,适于动植物繁衍生息。广西药用植物园现存植物3000多种,其物种比明代李时珍的《本草纲目》记载的中草药多出1000多种;金花茶公园拥有全国乃至世界最大的金花茶基因库,种植有中国一级重点保护植物金花茶。大明山自然保护区有维管束植物2023种，包括中国一级保护植物钟萼木；国家保护动物如黑叶猴、飞虎（鼯鼠）、苏门羚、原鸡、大小灵猫等38种。还有广西南宁龙虎山自然保护区、良凤江国家森林公园、老虎岭森林公园、五象岭森林公园、横县九龙瀑布群森林公园。

古遗址与文物　主要有新石器时代的顶蛳山贝丘遗址、豹子头贝丘遗址、灰窖田贝丘遗址、唐智城垌古城垌遗址、明清伏波庙，以及始建于南明的兴陵、清代的新会书院、两湖会馆、粤东会馆、思恩府试院、邕江防洪古堤等。

宗教庙寺建筑与古塔　庙寺主要有青秀山观音禅寺、水月庵，明清伏波庙，宋代应天寺，清代五圣宫、北帝庙等保存完好或已修复。还有天主教堂、基督教堂、清真寺等。古塔有始建于明代的龙象塔（20世纪80年代重修），清代的秀峰塔、文江塔、承露塔等。

近现代文物遗址与当代城市建筑　主要有中共广西省"一大"旧址、共青团南宁地委旧址、昆仑关战役旧址、桂南战役阵亡将士纪念亭、昆仑关战役博物馆、邓颖超纪念馆等，这些文物遗址既有旅游价值，又是爱国主义教育、革命传统教育基地。南宁国际会展中心、南湖水幕电影综合水景、埌东新区、广西人民会堂、民族广场、江北大道、民族大道、朝阳路、万达商业广场、地王大厦等充满现代都市气息。其中：南宁国际会展中心为南宁市标志性建筑；民族大道全长12千米，栽种各树种5万多株，为自治区最长、最宽、最亮丽的园林生态大道。

古代摩崖石刻与古碑石刻　主要有唐代智城碑和六合坚固大宅颂碑石刻、青秀山摩崖石刻、青龙崖石刻、明代灵水石刻、清代起凤山石刻、凿字山石刻、六公祠碑刻、雷婆岭摩崖石刻等，具有较高的历史文化与观赏价值。其中被誉为岭南第一碑的唐代六合坚固大宅颂碑，从侧面反映当时少数民族地区政治、经济、文化状况以及激烈的阶级斗争，是广西较早用汉文记载少数民族文化生活事件的碑刻，对研究壮族历史、文化具有重要意义。

壮族风情与地方文化习俗　南宁是一个以壮族为主、多民族聚居的首府城市，广西博物馆和广西民族博物馆素有"壮乡辞典"之誉，壮族的风土人情、生活习俗、服饰装束、文化艺术等均保留着本民族的特色。"三月三"歌圩、炮龙节、春牛舞、师公戏、抢花炮、打扁担舞、农具节、达努节、邕州老街庙会、蒲庙开圩纪念日、关公磨刀诞、壮族三声部民歌等具有鲜明的地方民族文化特点。南宁的杧果、菠萝蜜、菠萝、荔枝、龙眼、红龙果、西瓜等各色水果，横县茉莉花茶、上林香米、马山黑山羊、隆安板栗以及南宁老友粉、绿豆粽、粉虫、粉饺、蒲庙生榨米粉、吴圩牛杂、灵马鲶鱼、高峰柠檬鸭、宾阳酸粉等特产与地方小吃吸引众多游客。

（梁一家）

旅游景区开发建设

【青秀山风景名胜旅游区】

概　况　青秀山风景名胜旅游区位于南宁市东南面。主要由青山、凤凰岭、帽子岭、雷劈岭等十几座山峦组成，面积约13平方千米，其中核心景区约6平方千米。景区以森林为主体，以绿色为特征，群峰起伏、林木青翠、泉清石奇，"草经冬而不枯，花非春而常放"，是南宁市的"绿肺"。景区集旅游观光、休闲娱乐、科研科普于一体，有植物3414种，其中中国一级保护植物72种，中国二级保护植物109种，森林覆盖率98%；有苏铁园、雨林大观、青秀山长廊、东盟友谊园、广西十二世居民族雕塑园、南宁国际友好城市雕塑园、龙象塔、状元泉等景点30多个，2000年被评为国家4A级旅游景区。2010年，入园游客量191.60万人次，其中购票入园人数173万人次，比上年同期增长26%；政府公务接待659批次8774人次，省部级以上领导贵宾53批次639人次；接待国内旅行团游客量2.13万人次，国外旅行团游客量1.45万人次。

景区建设　2010年，景区管委会累计征收景区规划用地516.39公顷，投资11亿多元推进风景区项目建设。其中列入南宁市"百项重点工程"的有青秀山营造林工程、青秀山森林植物园，在南宁市"260万株树木种植工程"中承担4.50万株树木种植。青秀山营造林工程占地90.98公顷，计划总投资4.48亿元。年度计划投资1.74亿元，完成2.51亿元，为年度计划的143.80%。征收土地3.78公顷，签订个人房屋及地上附属物补偿协议书216份，拆除房屋1.20万平方米。青秀山森林植物园项目总占地458.70公顷，计划总投资42.41亿元。年度计划投资11.19亿元，完成8.54亿元，为年度计划的76.30%；征收土地311.20公顷，签订地上附属物协议书454份。"260万株树木种植工程"中种植苹婆、人面果等乔木4.50万多株，完成种植任务。青秀山生态保护工程项目占地186.76公顷，计划总投资4.77亿元。年度计划投资1500万元，完成投资1500万元，为年度计划的100%。青秀山北门区工程项目占地20.01公顷，计划总投资3亿元。年度计划投资600万元，完成909.50万元，为年度计划的151.60%。青秀湖公园东段工程项目占地38.55公顷，年度计划投资3600万元，完成939.30万元，为年度计划的26.08%；征收国有土地4.40公顷，签订个人房屋及地上附着物补偿协议书6份。核心景区改造提升工程中的青秀山植物引种工程年度计划引进植物新种1000种，全年引进植物新种1008种，完成投资686万元；凤凰塔改造工程年度计划投资50万元，完成50万元；青秀山长廊改造工程年度计划投资934万元，完成934万元；东盟园苹婆林环境改造提升工程年度计划投资460万元，完成462万元；五象雕塑项目年度计划投资55万元，完成55万元；状元泉文化园工程年度计划投资200万元，完成200万元；观音禅寺周边环境及配套停车场改造工程年度计划投资100万元，完成100万元；青秀山边界围墙建设工程年度计划投资113万元，完成113万元；松涛路道路改造工程年度计划投资400万元，完成405万元；景区旅游服务设施改造和维修工程年度计划投资139万元，完成139万元。

景区管理　强化绩效考核办法，组织各部门签订目标责任状，拟定《绩效考核办法》，严格实行目标考核管理；投入人力、物力重新运作广告公司，成立户外运动分公司，完善子公司管理；开展诚信经营活动，对商业网点的明码标价、亮证文明经营等服务进行不定期检查，严格执行各项安全生产管理制度，加强经营者安全生产自律意识，并获南宁市价格诚信单位称号；做好安全生产，全年无森林火灾、无林木盗伐案件、无森林火警发生。

风景名胜资源保护　执行《南宁市青秀山风景名胜区条例》，对文物、重点景观、古树名木实施专项保护，对文化古迹保护有保护范围、保护标志、记录档案和保护机构。抓好生态示范区建设，严格限制在风景区内采摘野生动植物标本、野生药材和其他林副产品，制定《青秀山风景区树木砍伐、移植、修剪管理办法》，规范风景区内涉及植物砍伐、移植、修剪等行为；加强对核心景区园容园貌、环境秩序的保护，提高森林覆盖率，古建筑、古树名木保护率和可绿化率均为100%。定期对核心保护区内生物资源与环境因素进行监测和评估，垃圾无害化处理率100%，无焚烧枯枝和树叶现象，废气排放达标，空气质量达到一级标准。

招商引资　全年完成全社会固定资产投资11.90亿元，为年度计划的106.10%，增长55.90%；完成合同实际到位内资7.89亿元，为年度计划的105.21%；完成年度目标任务新批合同外资300万美元。

新春系列活动　2月6~18日在景区举行。主题为吉祥、喜庆、欢乐，主要有锦绣青秀山·迎春百花展；“2010超级High乐园”主题活动；青秀山金虎闹新春民俗系列活动；快乐小虎队主题文艺汇演；“金虎啸春增福运”喊山大王挑战赛；青秀山新年“登高祈福走大运”活动；欢乐情人节·情定青秀山主题活动；青秀山新春“青山秀水　绿城翡翠”杯万元摄影大赛；青秀山新春快乐拓展挑战赛等。期间入园游客量16.21万人次，增长53.99%。

“青山秀水　绿城翡翠”杯摄影大赛　1月1日至5月10日在景区长廊举行。邀请自治区内外专业摄影人士、摄影爱好者、广大游客以青秀山风景为题材进行拍摄。170多名摄影家和摄影爱好者参赛，收到投稿作品近3000幅。

青秀山桃花艺术节　2月10日至3月15日在景区环山秀坪、桃花岛等景点举行。主题为桃花情缘，主要有“桃花报春”主题园林小品、“踏春赏花”古装美女秀、“桃花情缘”大型交友活动、桃花许愿祈福活动、“人面桃花相映红”摄影比赛等。期间购票入园游客量37.40万人次，增长44.23%。

“五一”南宁首届户外拓展嘉年华　5月1~4日在景区水上拓展基地举办。电视台、电台、网络等媒体配合宣传，是南宁乃至广西最大规模的户外拓展竞技挑战活动。期间购票入园游客量5.07万人次，增长3.32%。

国庆节“万人户外相亲大会”　10月16~17日在景区环山秀坪举行。设有个人资料展示、特别推荐会、零距离面对面、通讯录寻缘、互换情缘卡、留言袋留言、广播传情、红娘栓对等内容。期间入园游客量1.78万人次。

2010年第一届插花艺术展暨南宁市高技能人才技能大赛　9月28日至10月7日在景区长廊举行。邀请南宁市各大公园、高校、花店及插花爱好者共40多个单位和个人、200多个作品参赛。参赛人员运用鲜花、干花、绢花等不同的花材，通过增设博古架的形式，结合各种花器，比拼插花技能，展示插花艺术。

（胡镇芳）

【大明山风景旅游区】

概　况　大明山位于武鸣县东北部，横跨武鸣、上林、马山、宾阳4县，平均海拔1200米，主峰龙头山海拔1760米，为桂中第一峰。2002年7月，经国务院批准成为国家级自然保护区。保护区总面积约1.70万公顷，有林面积约1.60万公顷，森林覆盖率98.90%，负氧离子平均每立方厘米含量10万个以上，最高30万个以上，以多样性山地森林生态系统及珍稀濒危特有动植物资源为主要保护对象。动植物资源丰富。有维管束植物209科764属2023种，分别占广西植物区系列科、属、种的73.90%、43%和28%。野生脊椎动物31目90科208属294种。其中：鸟类151种，哺乳类动物60种，爬行类动物42种，两栖类动物19种，鱼类动物22种。294种野生脊椎动物中，有中国一级保护动物黑叶猴、金钱豹、林麝、蟒4种，中国二级保护动物34种，中国濒危（动物）物种48种，中国保护有益动物196种。2023种植物中，有中国一级保护植物钟萼木1种；中国二级保护植物桫椤、格木、白豆杉、福建柏、观光木、马蹄参、紫荆木等18种；中国三级保护植物9种，特有种88种，仅局限于大明山的特有种30多种。主要景点有：龙头山，橄榄幽谷（深沟峡谷长35千米、深约500米、最宽处1200米），锦绣峡谷，望兵山（海拔1506米），水陈峰（海拔1451米），迎客奇峰，镆鋣神女峰（海拔100米以上），将军峰（海拔200米），夕照石林，层峦叠翠，仙女下凡，仙人台，莲花台，金龟戏水，壮乡田园等，是中国野生动物保护科普教育基地、中国—东盟博览会接待基地、中国东盟形象大使培训基地、中国少数民族宗教研究基地、中国少数民族文学研究基地、广西生态学教学基地、广西最好玩的十个地方之一和南宁最具休闲养生特色景区；“大明山夏至养生旅游节”被中国国家旅游局列入2009年生态旅游年的主要活动之一。2009年9月，国家旅游局《北部湾旅游发展规划》明确将南宁大明山国际山地生态度假旅游区列入2009~2012年北部湾旅游发展重点突破阶段的重点地区。2009年12月被评为国家4A级旅游景区，被国际生态合作组织命名为国际生态安全旅游示范基地。

景区基础设施建设　景区拥有旅游专用线府雷二级公路，由都南高速公路府城出口处至景区入口服务区，全长约19千米，从南宁市区到大明山的车程由2个多小时缩短至1小时；有入口处、灯笼花苑、观雪亭、冰凌雾凇、龙亭、云龙佛光、天坪服务区、养生之旅、爱心草坪、龙母文化园、飞鹰峰11个停车场，可停放车辆1000多辆；设置生态厕所34座；有可容纳5000~6000人活动的天坪广场，内有一个露天大舞台，可供歌舞、风情表

5月1~4日，“五一”南宁首届户外拓展嘉年华活动在青秀山风景名胜旅游区水上拓展基地举行　周　华提供

演之用，设有各种特色小吃和独具特色的旅游商品出售点，是景区内最大的饮食、游乐、购物场所。建有气象观测站、自来水净化、高压变电等设施，开通程控电话、移动电话。有可供游客食宿的大明山专家楼、培训中心、龙腾楼、大明山宾馆、观日山庄等，床位600多个，餐厅可容纳2000多人同时就餐。景区向游客开放的游道有览胜之旅、神奇之旅、养生之旅、休闲之旅、仙境之旅、临崖之旅6条线路，正在建设的有朝圣之旅、探秘之旅2条游道；主要有橄榄大峡谷、不老松、飞鹰峰、金龟瀑布等4个主打景点和163个景点，初步建成以观光休闲为基础，以度假疗养为核心，以民族文化旅游为品牌，以科考教育和户外运动为特色的综合性旅游目的地。

（大明山风景旅游区管委会）

【昆仑关风景区】

概　况　昆仑关位于兴宁区与宾阳县交界处，距昆仑镇约3千米的暗探山和领兵山的山隘上，距市区56千米、宾阳县城30.50千米，是中国十大名关之一，具有险要的地理位置和深厚的历史文化资源。以昆仑关定名的昆仑关景区融自然景观和历史人文景观为一体，成为不可多得的文化遗产、名胜古迹和旅游景点。昆仑关景区以昆仑关为中心，由昆仑山、抵宝山、领兵山、之堪山、大象山和草帽山围合而成，面积约70公顷。昆仑关战役遗址文物保护范围：以纪念塔为中心，北、西、南三面至旧邕宾公路外侧，东面以昆仑古道为基线外延50米范围内。包括抵宝山和暗探山，面积约17.75公顷，主要有南牌坊、北牌坊、纪念塔、将士墓、纪念碑亭、古关楼、古驿道、中村正雄墓等文物建筑。旧址内的文物建筑保存良好，是南宁市为数不多的有关抗战题材的战争遗址，具有较高的历史文化价值。发生在1939年12月18~31日的昆仑关战役，是抗日战争期间中国军民抗击日本侵略军的首次攻坚大捷。昆仑关战役和昆仑关战役遗址是中华民族的精神财富，也是南宁人民的骄傲。2006年6月，昆仑关战役遗址被国务院公布为全国重点文物保护单位。2007年4月，昆仑关景区旅游正式纳入《环大明山旅游带总体规划》，昆仑关景区定位为抗战文化旅游区。2008年，昆仑关战役博物馆建成并对外开放，昆仑关景区被评为国家3A级旅游景区。昆仑关战役遗址也是全国首批国家国防教育示范基地、自治区级爱国主义教育基地和南宁市最具历史纪念意义景区。2010年11月，获首批自治区民族团结进步教育示范基地称号。

昆仑关大捷纪念封发行　2010年4月21日，昆仑关战役遗址保护管委会与南宁邮政局联合举行昆仑关大捷纪念封首发仪式。纪念封一套四枚，通过集邮品的形式来反映昆仑关景区和昆仑关战役。

南宁市纪念中国人民抗日战争胜利65周年书画展　9月3日在市图书馆开幕。由昆仑关管委会、市图书馆和南宁昆仑关书画院共同主办。副市长温守荣、市政协副主席黎四龙，抗战老战士和社会各界人士200多人出席开幕式。展出书画作品150幅，自治区原主席韦纯束，自治区党委原副书记、文联主席潘琦，自治区政协原副主席潘鸿权，书画家周榕林等人的作品一同参展。

南宁昆仑关书画院成立　12月18日南宁昆仑关书画院成立揭牌仪式在昆仑关战役博物馆临时展厅前举行。自治区政协原副主席潘鸿权，文化部中国诗书画院院长胡忠元，上海将军书画院院长朱国祥、副院长孙存江，抗战将领吕旃蒙之女吕玲及书画艺术家等120多名嘉宾出席揭牌仪式。

景区项目建设　2010年，昆仑关战役博物馆临时展馆主体工程竣工，南门区工程完成场地平整，开挖山门并开砌基础。继续加快推进昆仑关景区一期配套工程，包括完善文物库房、展柜灯光、广播系统、中央空调、数字化管理和安防监控、博物馆前广场改造及景观绿化工程等，总投资约1855万元，已完成招投标。昆仑关景区二期建设配套工程基本完成设计方案，报市规划局审批。

接待服务　接待自治区老领导赵乙生、民盟中央副主席李重庵、北京大学党委副书记张彦及内蒙古自治区人大、湖南省衡阳市委宣传部、海南省三亚市、天津市委统战部、北京市西城区、黑龙江省哈尔滨市、江西省南昌市代表团，参加全国十省（区）二十五（州）市人大财经工作联席会议的百名会议代表到景区参观考察。接待参加文化部与自治区主办的“情系八桂—两岸文化联谊行”大型两岸文化交流活动的120多名台湾文化代表团团员凭吊昆仑关战役阵亡将士。全年共接待游客50万人次。

旅游节庆　做好农历五月十三日的“关公文化节”活动的引导和安全保卫。搭建2个文艺舞台，组织6个文艺表演团体约2000多名演员参与演出，引导群众开展积极健康的精神文化生活。文化节期间有近10万人次到景区参观、祭拜抗日英烈、观看演出。

文物史料征集　征集到《良友画报》全套312本、《支那事变画报》增刊35本及抗战时期文物34件。收集海峡两岸刘炳南等将军书画作品200多幅。推进“感动手印”征集，征集到抗战老兵、广西学生军、抗战将领后代70人。

大种树活动　民革自治区委、民革

9月3日，南宁市纪念中国人民抗日战争胜利65周年书画展开幕式在市图书馆举行

徐晓芳　摄

南宁市委员会、市文化新闻出版局、市广播电影电视局、广西机电公司、建设银行广西区分行、《南宁晚报》、盛天集团、广西科桂贸易有限责任公司、兴宁区地税局、兴宁区工商联、兴宁区人民东路社区等机关、企事业单位职工及市民近3000多人参加植树活动。继续与《南宁晚报》开展种植“读者林”；与建设银行广西分行开展种植“建行林”活动，栽种南洋杉1000株、桃树1500株。完成市政府下达种植2010棵大树任务。　　（徐晓芳）

旅游市场开发

【市场交流合作】 2010年，南宁市旅游局在中国国际商务文化节暨中国（南宁）国际时尚博览会举办期间，搭建惟一的公益性主题宣传展位——南宁旅游馆。通过开展现场推介南宁旅游景点、旅游线路，展示南宁特色旅游商品、特色民俗文艺表演、举办南宁旅游专场推介会、为中外客商提供博览会优秀导游讲解等活动，向参加博览会的中外客商和市民宣传、展示南宁旅游风采。开展“南宁旅游大篷车走进湖南”专题旅游宣传促销活动，先后到湖南衡阳、岳阳、长沙3个旅游客源地城市开展南宁旅游推介会和大型广场旅游宣传。并与三市旅游局签署合作协议，巩固南宁第二大国内客源地市场。参加中国世界旅游城市市长论坛，宣传南宁旅游整体形象。副市长潘和钧作题为《构建更加和谐城市环境　打造宜居宜商宜旅的中国绿城》的发言，介绍南宁市在打造中国绿城、中国水城，促进城市人居环境与旅游业和谐发展的经验和做法，宣传南宁旅游整体形象。

【旅游促销】 2010年，南宁市加大旅游营销及宣传力度，组织旅游行业参加2010中国国内旅游交易会，海峡两岸旅行业联谊会，广西旅游西南地区、华东地区旅游专题宣传推介活动，越南下龙国际旅游节，新加坡旅游展，马来西亚旅游展，韩国首尔国际旅游展，香港国际旅游交易会，2010中国桂林国际旅游博览会，2010广东国际旅游博览会等境内外旅游专业会展活动11个。随同广西旅游交流团到台湾推介，与自治区旅游局联合在高雄市举办南宁旅游专场推介会，推广、促销南宁旅游产品及精品线路。开展“我为南宁旅游献一策”有奖征文活动，收到征文投稿360多篇，征集到的许多作品主题鲜明、观点独特、立意深远，为南宁旅游业的发展提出科学性、前瞻性的意见和建议，通过广泛吸引民智推动南宁旅游业全面快速发展。参与自治区旅游局在中央电视台综合频道及新闻频道“朝闻天下”媒体广场节目中展播的“天下风景，美在广西”广西旅游整体形象广告宣传，在《南国早报》、南宁电视台等新闻媒体开展系列专题、专栏宣传，使南宁旅游整体形象及形象定位更深入人心，使旅游目的地的功能地位更凸显。更新、制作新版南宁旅游系列宣传品，制作发行《南宁旅游年票》明信片册、《南宁印象》旅游礼品邮册8万多份，制作“2010南宁月月旅游节”宣传折页投放全市的广西旅游信息屏资料架，布设广西旅游信息屏近100台。

【旅游项目规划】 2010年，市旅游局根据广西北部湾经济区发展的要求，制定南宁市发展“大旅游”工作方案。开展《南宁市旅游发展总体规划》修编和《南宁市旅游业发展“十二五”规划》、《南宁国际都市休闲旅游发展规划》的编制并于年内完成初稿编制。组织相关专家成立课题组，开展《南宁市加快发展旅游业促进财源建设对策研究（2010~2020年）》课题研究，与市委党校合作开展《南宁培育特色旅游业，打造区域性国际旅游目的地和旅游集散地的研究》课题。指导隆安县开展《布泉山水生态旅游区规划》的编制并通过专家评审；指导和扶持马山县编制《马山县弄拉旅游风景区规划》并通过专家评审。

【南宁月月旅游节活动】 2010年，市旅游局举办56个旅游主题活动和节庆活动。1月，2010南宁月月旅游节暨“南宁人游南宁”启动仪式；2月，宾阳炮龙节、龙虎山猴王贺岁送吉祥暨土菜美食节、青秀区“金汇如意坊”春节文化庙会、青秀山桃花艺术节；3月，第三届南宁赏花旅游节；4月，全国百城世博旅游宣传活动周活动、广西药用植物园养生保健旅游节、南宁昆明旅游自驾车互动宣传活动；5月，第二届唐人文化节、九曲湾温泉欢乐水世界狂欢节；6月，大明山养生旅游节、龙舟上水节；7月，青秀区长塘甜瓜美食文化旅游节；8月，龙虎山首届香蕉美食文化旅游节；9月，“我为南宁旅游献一策”征文活动颁奖典礼；10月，花花大世界“激情金秋”国庆主题文化旅游节、青秀山国庆生态文化旅游节、西乡塘区

2月24日，宾阳炮龙节在宾阳县城举行　　文建宁　摄

第二届香蕉旅游美食节、南宁动物园“水陆狂欢嘉年华”活动、良凤江森林公园“十一”金秋欢乐节、龙虎山第五届原生态板栗美食节、大明山登高旅游节、2010南宁·东南亚国际旅游美食节、青秀区伶俐镇渌口坡“百家宴”活动；11月，2010南宁后花园·上林生态旅游养生节、首届南宁·东南亚国际温泉养生旅游节；12月，中国黑山羊之乡——广西南宁·马山第四届文化旅游美食节。通过策划、包装、举办“月月旅游节活动”，制造旅游消费热点，发挥旅游节庆活动聚集人气、拉动消费的作用。

旅游行业管理

【旅游饭店管理】 2010年，南宁市旅游主管部门继续做好饭店星级评定，对新建饭店进行动态跟踪，加强指导、培育，指导在建的南宁环球国际大酒店、景都国际商务大酒店等10多家饭店按照星级标准配备服务项目和装饰装修。对星级标志使用权限满5年的满江红大酒店等30家星级饭店进行评定性复核。对金富盈大酒店、帝豪酒店进行四星级初评，对精通酒店集团旗下的8家饭店进行实地考察。景都国际商务大酒店被评为预备四星级饭店，景湖假日酒店被评为三星级饭店，全市星级饭店数量81家。

【旅行社管理】 2010年，南宁市旅游管理部门贯彻落实《旅行社条例》，加强旅行社规范管理。开展旅行社质量保证金清退及交存，办理清退42家旅行社的质保金226万元；督促旅行社按照新条例到指定银行办理质保金存入手续；开展旅行社责任保险统保示范项目推广。南宁市已投保旅责险统保示范项目的旅行社33家，购买其他保险公司责任险产品的旅行社34家；推行《团队出境旅游合同》、《大陆居民赴台湾地区旅游合同》和《团队国内旅游合同》示范文本。推动旅行社启用新版合同文本，规范经营行为，维护旅游经营者和旅游消费者双方的合法权益；做好上海世博会服务，引导游客文明观博等。南宁市81家旅行社组织前往参观上海世博会的游客10多万人，基本达到无安全事故、无重大旅游质量投诉，实现“秩序、安全、质量、效益”的世博旅游保障目标。

【旅游安全管理】 2010年，南宁市旅游业坚持安全第一，预防为主的方针，强化安全生产责任制，狠抓各项安全防范措施的落实。开展安全生产培训教育，组织旅游安全知识培训教育、全市旅游企业负责人参加自治区旅游局举办的全区旅游安全培训班，有2000多人次参加不同层次的旅游安全知识培训。开展安全生产大检查和安全隐患排查，在全市范围内开展春节、国庆黄金周和“两会一节”安全生产大检查、旅游设施设备安全大检查、“平安行车旅游”等活动。累计检查旅游饭店、旅行社、景区（点）企业840家次，出动检查人员160多人次，下达安全隐患整改通知及建议28份。全年无重大旅游安全责任事故发生。

【旅游市场管理】 2010年，市旅游局结合全国旅游服务质量提升年，开展“品质旅游、伴你远行”旅游质量宣传、定期发布旅游质量相关信息、开展促进旅游重点领域服务质量提升活动、开展旅游质量专项检查等20多项活动。开展提升旅游质量“3·15”广场活动，组织60多家企业到朝阳广场进行宣传。举办2010年南宁市“文明旅游进社区”活动，在新兴苑社区、文华园社区、明秀水电社区、南湖嘉宾社区、梦之岛水晶城同时举行。举办文明旅游、理性消费旅游常识和法规知识宣传咨询，发放《品质旅游出行提示》，引导市民增强旅游质量意识，在旅游中树立优质优价、理性消费、合理维权的消费观念，倡导文明旅游、安全旅游。全面开展“一日游”、“零负团费”等旅游市场专项检查，与公安、工商、商务、卫生、质监、价格等部门的配合，组织多次市场整顿、打击野马和骗购的专项治理活动。开展旅游专项检查5次，检查旅行社及门市部40多家次。接到旅游投诉案件145件，不予受理投诉45件，经审理受理100件，结案率100%，结案满意率100%，挽回经济损失25万元。

【旅游培训】 2010年，市旅游局结合创建国家卫生城市，在旅游行业广泛宣传文明旅游、文明服务、诚信服务的理念，组织开展“青年文明号”的创建活动。命名表彰2009年度南宁市旅游行业市级“青年文明号”集体17个。举办导游人员年审培训4期，参训1183人；举办整改培训班1期，参训30人；举办导游人员岗前培训2期，参训493人；举办“农家乐”经营者培训班10期，参训1027人；组织大明山导游培训1期，参训55人；举办广西旅游行业信息数据采集培训班1期，参训200人。 （周思伶）

2010年南宁市景区（点）

国家4A级旅游景区：南宁青秀山风景名胜旅游区　南宁嘉和城温泉谷　南宁九曲湾温泉景区　广西现代农业技术展示中心（八桂田园）　南宁动物园　广西药用植物园　大明山风景旅游区　广西科技馆　广西民族博物馆

国家3A级旅游景区：南宁良凤江国家森林公园　南宁武鸣伊岭岩风景区　南宁市人民公园　南宁市金花茶公园　南宁乡村大世界　横县西津湖景区　昆仑关风景区　广西南宁龙虎山自然保护区　广西九龙瀑布群森林公园　宾阳古辣镇蔡氏书香古宅　大王滩风景区　南宁市凤凰谷风景区

全国农业旅游示范点：广西现代农业科技示范园（希望田野）　广西现代农业技术展示中心（八桂田园）　南宁乡村大世界　南宁扬美古镇　南宁坛洛镇金满园休闲观光果园

全国工业旅游示范点：南宁西津水力发电厂

广西农业旅游示范点：南宁上林三里·洋渡生态农业旅游点　南宁上林不孤村生态农业旅游点　南宁横县石井生态农业旅游点　西乡塘区石埠“美丽南方”忠良村　武鸣纳天山庄　横县木祥生态园　宾阳古辣镇蔡氏书香古宅　武鸣下渌村　青秀区伶俐镇渌口坡村　青秀区长塘镇加踏坡　广西药用植物园　绿水江仙缘谷景区　侯哥花果山休闲农庄　南宁市凤凰谷风景区

广西工业旅游示范点：南宁青岛啤酒有限公司

其他景区：南宁海底世界　广西民族文物苑　南宁圣天宝风景区　南宁市狮山公园　南宁市南湖公园　广西亚热带作物研究所植物园　武鸣灵水风景区　宾阳白鹤观度假区　宾阳程思远故居　上林县大龙湖景区　马山金伦洞景区　马山定乐江绿谷生态园　马山红水河百龙滩风景区

责任编辑　梁　坤

会 展 业

综 述

【概 况】 2010年，南宁市有南宁国际会展中心、广西展览馆、广西博物馆、广西科技馆4个可供展览的专业场馆，总面积20多万平方米。在南宁国际会展中心共举办展会活动423场，展览有第七届中国—东盟博览会、第14届南宁国际学生用品交易会暨2010中国·东盟(南宁)国际教育展览会、工展会·香港时尚产品博览会、2010中国国际商务文化节暨中国(南宁)国际时尚博览会、2010广西(南宁)房地产博览会、2010南宁啤酒文化节、第三届中国—东盟(南宁)国际汽车展览会等73场；其他活动有隆安县经济社会发展成果展、2009~2010年广西食糖交易会暨中国糖业协会商业流通会员座谈会、2010欢乐养殖节暨泛珠畜牧水产合作洽谈会、H3C 2010年度春季巡展等350场。每年定期举办的中国—东盟博览会、中国—东盟商务与投资峰会、南宁国际民歌艺术节、南宁国际学生用品交易会，使南宁与东盟乃至世界各国的交流合作进一步深化，南宁城市知名度和影响力进一步提升。南宁市办展能力，服务水平大幅提高，涌现出一批专业化、市场化、高水平的会展组织。如南宁国际会议展览有限责任公司拥有南宁国际会展中心等大型办展会所及一批专业办展人才，经营范围包括会议、展览、信息咨询、中介服务等，并承办有南宁国际学生用品交易会等展会。南宁大地飞歌文化传播有限责任公司是直属于南宁市政府的国有独资企业，承办有南宁国际民歌艺术节等展会。中国—东盟博览会获2009~2010年度中国会展业金手指奖·十大影响力展览会。 (梁一家)

【南宁国际会议展览有限责任公司】 2010年，南宁国际会议展览有限责任公司负责南宁国际会展中心的运营和管理，按照“三抓二创”(抓场馆经营开发、抓设备和安全保障、抓精神文明建设、创优质服务、创高效管理)的思路，共承接和自办、合办展会活动423场，为中国—东盟博览会、中国—东盟商务与投资峰会、工展会·香港时尚产品博览会、2010中国国际商务文化节暨中国(南宁)国际时尚博览会等大型展会做好服务；整合资源，合办和自办展会项目，成功承办第14届南宁国际学生用品交易会暨2010中国·东盟(南宁)国际教育展览会、第三届中国—东盟(南宁)国际汽车展，合办2010南宁新春(年货)购物节、广西婚庆文化博览会、2010南宁啤酒文化节和隆安县经济社会发展成果展6个展会。实现“三个零”和“两个提高”，即安全生产零事故、消防安全零事故、设备运行零故障、服务质量进一步提高、经营收入较大提高。会展中心场地全年使用面积478万平方米，经营总收入比上年增长34%。会展中心被评为“中国十佳品牌会展中心”，获“新世纪十年·中国最佳展览馆奖”。 (韦 珍)

【南宁大地飞歌文化传播有限责任公司】 南宁市政府为市场化运作南宁国际民歌艺术节而创立的文化传播企业，是南宁国际民歌艺术节的主要承办单位。设有演艺、宣传策划、技术设施等部门。以“创城市文化品牌，建产业互动平台”为经营理念，成功策划2002~2010年南宁国际民歌艺术节的整合推广、市场化(招商、票务)运作；2002~2010大地飞歌晚会和2003~2006风情东南亚晚会；2002节庆文化与城市经济发展国际主题会、2002首届西部城市房地产高峰论坛、2003~2004南宁国际学生用品交易会、2003~2004南宁国际教育展、2004东南亚国际时装秀、中国—东盟博览会会徽揭晓仪式等活动。南宁国际民歌艺术节获2005年度国际节庆协会(IFEA)行业评选最高奖，是中国节庆协会组织在国际节庆领域首次获奖；2006年获中国最具国际影响力十大节庆活动、IFEA最佳全程电视节目银奖、最佳杂项多媒体银奖、最佳节事照片银奖、中国节庆产业十大魅力节庆奖等。2006年“大地飞歌”开启欧洲之旅，将民歌节推向世界，向欧洲展示南宁崭新城市形象及广西民族文化特色。

商业展览

【工展会·香港时尚产品博览会】 2010年1月28日至2月2日在南宁国际会展中心举行。由香港中华厂商联合会创办于1938年，是香港目前规模最大、影响力最大的消费类品牌展览会。为2010年首个国内工展会·香港时尚产品博览会，也是广西首次引进、移植的国际品牌博览会。由广西国际博览事务局、香港中华厂商联合会主办，南宁市政府承办。展览面积6000平方米，设展位200个，设有香港名牌广场、健康美食区、服饰精品·美容区、生活·家具区、香港地道美食区5个主题展区。现场展出服装配饰、美容化妆用品、家用电器等香港品牌及各种香港地方特色小吃。参展香港企业100多家，观展群众7.50万人次。1月28日，开幕典礼上抽出香港海洋公园单人4日游大奖，由工展会大使、著名香港影视明星邓萃雯以抛绣球方式抽出。

【2010年广西机械设备展览会】 2010年3月26~28日在南宁国际会展中心举行。由广西机械工程学会主办，广西木薯产业协会、中国淀协木薯淀粉专业委员会协办，南宁南春展览服务有限公司承办。展会面积1.08万多平方米。设展厅3

个，分别为第四届广西国际糖业/淀粉/酒精/粮油技术设备展(1号厅)、第三届广西国际环保节能/沼气技术设备展(3号厅)、第十一届广西广告技术设备展览会(2号厅)。展示国内外先进的糖业机械设备及技术、淀粉酒精设备、环保化工机械、沼气设备、粮油食品机械、衡器、广告印刷机械、图文设备、数码影像设备、摄影器材等产品。同时举办2场现场技术交流会，分别展示液化蒸发一体化技术、模拟移动床色谱分离技术及其应用、现代节能技术和装备以及甘蔗渗出器、连续立式结晶装置、糖干燥冷却系统、热喷涂技术、振动时效技术等。来自德国、英国、瑞典、荷兰、新加坡等国家以及中国北京、上海、天津、重庆、广东等地区的350多家单位参展，参观洽谈客商1.50万人，成交及达成意向金额1000多万元。

【广西第16届汽车交易会】 2010年4月15~18日在安吉大道广西汽车市场举行。由西乡塘区政府、广西日报传媒集团、广西机电设备有限责任公司主办，广西机电设备有限责任公司承办。主题为我有我车，感动生活。开展魅力名模、动感汽车，购车抽大奖、免费游世博，阳光之旅、畅游八桂，抗旱救灾、“蓝丝带”行动四个主题活动。展会面积1.20万平方米，有近50家汽车经销商、45个国内外知名品牌、300款车型参展，其中20款各品牌新车为自治区首发。观展群众13.40万人次，成交新车2562辆。

（梁一家）

【2010中国国际商务文化节暨中国（南宁）国际时尚博览会】 2010年4月23~25日在南宁国际会展中心举行。由商务部中国国际贸易学会、自治区商务厅和南宁市政府主办，市商务局、市大型活动办公室、中国国际贸易促进委员会南宁市支会、南宁国际会议展览有限责任公司、北京中瑞恒联商务会展有限公司承办，主题为时尚与创意。展会面积2万平方米，设展厅5个，展品涉及奢适品、珠宝、名车、豪宅、时尚家居、时装、美妆、时尚创意等领域。来自美国、日本、德国、法国、意大利、新加坡、韩国、希腊、捷克、斯里兰卡等30多个国家的230多家国际、国内知名时尚机构参加展会。举办全球时尚文化论坛、国际奢适品产业论坛、创意文化时尚论坛、国际时尚生活方式及用品展以及“星光闪耀、时尚南宁”颁奖盛典晚会等活动。观展群众5万人次，贸易成交额10亿元。在23日开幕式上，南宁市获国际商务文化名城称号。

（韦　珍）

【2010年广西（南宁）房地产博览会】 2010年5月1~3日在南宁国际会展中心举行。由广西日报传媒集团、自治区商务厅主办，《广西日报》、《南国早报》、《当代生活报》、《南国今报》、《南国城报》、《健报》、广西新闻网、南国早报网承办。展会面积3万平方米，设展厅8个。其中：1层3个展厅为房地产展区，面积1.30万平方米；2层5个展厅为家装、建材、家居和家电展区，面积约1.70万平方米。参展楼盘63家、企业300多家，其中，房地产企业40多家，家装、建材、家居和家电等品牌260多个。新增家电展和广东家居专业展区2个，并设立媒体展示区，包括广西新闻网、南国早报网、时空网、搜房网、新浪网、房地产信息网、城市来了网、非官方网等网络媒体集中进行专题演示和现场展会实时报道。观展群众28万人次，达成意向成交额12亿元。期间，提供看房专车60余辆，开通8条免费看房专线和数十条楼盘看房直通车，运送市民近3万人次到60余个楼盘现场看楼选房。开展对话2010·广西地产发展高峰论坛，结合当年房地产业的基本形势和政策发展走势、宏观调控与当年地产政策走势分析、广西房地产发展形势分析，分别举行对话2010·地产发展形势论坛、北部湾房地产发展机遇论坛、百姓论坛3场主题论坛。（梁一家）

【2010南宁啤酒文化节】 2010年6月11日至7月11日在南宁国际会展中心举行。是国内第一个大型室内啤酒节，创下“3000人同看世界杯足球赛转播”的先河。由南宁—东盟经济开发区、南宁国际会议展览有限责任公司主办，南宁市中通会展服务有限责任公司和深圳市东方龙展览策划公司承办。主题为喝啤酒、尝美食、看世界杯、珠江啤酒尽情尽兴。展会以南非世界杯足球赛的举办为契机，开展看“世界杯”、啤酒文化、美食、群众文娱等活动。使用会展中心2号、3号展厅及9米西侧平台，规划世界杯足球赛观赛区、足球宝贝表演区、美食区、啤酒文化展示区等活动区域，面积1.60万多平方米。每天均开展酒王争霸赛、足球颠球大赛、足球宝贝选拔大赛、文艺表演及幸运竞猜、抽奖等群众性活动。参与群众6万人次，售出啤酒200多吨，交易额约100万元。

【第14届南宁国际学生用品交易会暨2010中国·东盟（南宁）国际教育展览会】 2010年7月9~11日在南宁国际会展中心举行。由南宁市政府、中国国际贸易促进委员会广西分会主办，市教育局、市人力资源与社会保障局、市人才交流服务管理办公室、南宁国际会议展览有限责任公司、南宁国际学生用品交易展览有限责任公司承办。展会面积3.50万平方米，分为学生用品、国际教育两个展区和1个展会配套活动，新增创意市集展区，展示内容涵盖数码通讯产品、文体用品、电子出版物、教学仪器设备、学生服饰、学生保健品、动漫作品、动漫周边产品、国内外院校展示、教育交流等。学交会展

7月9日，第14届南宁国际学生用品交易会暨2010中国·东盟（南宁）国际教育展览会开幕式举行　　陆文平　摄

位817个，参展商家（单位）近300家。教育展展位120个，分为国外院校、国内院校、培训和留学服务机构四类，参展的国外院校有新加坡南洋理工学院、新加坡建筑学院、日本千叶科学大学、美国教育集团、美国长岛大学、悉尼科技大学、英国INTO教育集团等；参展的国内机构有北京师范大学国际交流服务中心、广西教育厅留学服务中心、中国继续教育学院民航管理学院、自治区示范性中学、职业学校等近60所。同时举办第六届广西动漫节、合浦汉墓文物展、名家书画走进校园古砚大观展、i创意·爱生活青年创意市集、南宁教育人才交流大会、收集印章畅游展会、首届“朱槿花”杯南宁国际学生英语风采大赛。　（韦　珍）

【北部湾（南宁）第五届汽车展】　2010年9月2~4日在南宁国际会展中心室外广场举行。由中共南宁市青秀区委员会、青秀区政府、广西汽车经销商协会、中汽南宁尚格会展服务有限公司主办，自治区商务厅支持举办。主题为魅力广西·驾驭梦想。展会面积1万多平方米。共有60多家汽车经销商、50个汽车品牌、近200款新车参展。观展群众12万人次，成交新车2712辆。首开广西车展星光夜市，9月3日、4日车展从8点30分营业到22点，供市民夜晚观车展。

【首届中国—东盟轻工产品展览会】　2010年10月20~24日在南宁华南城会展中心举行。由中国国际商会、中国—东盟博览会秘书处和南宁市政府主办，市商务局、江南区政府和南宁华南城有限公司承办。展会面积1.50万平方米，设标准展位614个，设香港产品、台湾产品、华南城组团、工艺礼品、数码通信、政府组团、东盟特色商品7个展区。参展企业365家，其中来自中国台湾地区的参展企业100多家、珠三角地区70多家、东盟国家60多家。同时举办华南城—东盟汽车展销会、“低碳生活从我做起”千人签名等活动。轻工产品展览会接待客商33.50万人，签约意向金额9.50亿元，实际成交2.60亿元；展销汽车1645辆，销售额2.40亿元。

【第三届中国—东盟（南宁）国际汽车展览会】　2010年12月2~6日在南宁国际会展中心举行。由南宁市政府、自治区商务厅、中国汽车工业国际合作总公司主办，南宁国际会议展览有限责任公司、广西机电设备有限责任公司、中汽尚格展览公司承办。展会面积6.10万平方米，设室内展厅13个以及室外会展广场。分乘用车、商用车、汽车零部件及汽车用品4个展区，涵盖整车、汽车零部件、汽车维修检测设备、汽车服务用品、汽车节能环保产品、汽车信贷保险、金融服务等内容，近80家国内外整车厂商600余辆车参展。同时举办2010南宁汽车模特大赛、汽车飘移表演、试乘试驾大PK、汽车彩绘设计大赛、车友团购会等活动。期间，观展群众25万余人次，现场车辆成交量4902辆，总销售额约9亿元。在首届中国会展业年会暨北京国际会展产业高峰论坛上被评为中国十佳品牌汽车展览会。

10月20日，首届中国—东盟轻工产品展览会开幕典礼举行　江南工业园区管委会提供

大型会议

【中国—东盟自由贸易区论坛】　2010年1月7~8日在南宁荔园山庄举行。由中国商务部、泰国商务部、文莱外交与贸易部、柬埔寨商务部等中国与东盟各国经贸主管部门及广西壮族自治区政府共同主办，亚洲开发银行、中国国家开发银行、中国进出口银行协办。主题为互利共赢，再创辉煌。论坛围绕贸易提振产业活力、投资共创经济繁荣、打造区域经济合作新亮点3个议题展开讨论。中国和东盟国家领导人、中国和东盟经贸主管部门领导和官员、中央部委领导和官员、协办和支持单位领导、中外知名专家、周边省代表、中外企业代表等400多名嘉宾参加论坛。形成并通过《主席声明》。同时举办中国—东盟投资合作项目签约仪式，共签约项目18个，金额49亿美元（约合382亿港元），项目涉及中国、菲律宾、柬埔寨、越南、缅甸、老挝、马来西亚、印度尼西亚等国家，涵盖通讯技术、电力、农业等行业；还开展中国—东盟自贸区商务门户网站开通、广西钦州保税港区和南宁物流保税中心揭牌仪式等活动。

【首届中国速生丰产林产业发展论坛】　2010年1月25~27日在南宁三月花国际大酒店举行。是中国速丰林产业发展第一次全国性论坛。由国家林业局造林绿化管理司、速生丰产用材林基地建设工程管理办公室和中国绿色时报社主办，中国绿色时报社承办。论坛围绕国家有关速生丰产林建设的方针、政策、产业发展等问题展开探讨。广西、河北等省（自治区）的速丰林基地市（县）林业局、金光集团等大型林板及林纸企业和造林公司、苗圃、林用化肥及农药等速丰林产业发展相关单位的代表共150余人参加。

【2010美国创意设计、绿色建材及水环境（南宁）研讨会】　2010年7月7~8日在南宁明园新都酒店举行。由美国驻广州总领事馆主办，市城乡建设委员会、中国国际贸易促进委员会南宁市支会、广西华蓝设计（集团）有限公司、榜样国际传媒4家单位承办。主题为创意规划、绿色建筑。美国Arquiectonica设计公司，美国麦王环保能源集团、美国美意空调集

团、美国哈希公司、美国亚图建筑设计咨询(上海)公司等9家美方公司重点推介美国先进的创意设计，以及介绍美国建材、服务提供商和水处理企业的先进经验。中美双方就建筑设计规划、城市污水治理经验、水环境和绿色建材等方面的课题进行研讨和经验交流。来自地产业、建筑设计和环境保护等行业的广西及南宁93家企业160多名代表参加会议。此外，美国驻广州总领事馆商务处与南宁市旅游局就共同开发双方的旅游市场进行交流。

【第五届泛北部湾经济合作论坛】 2010年8月12~13日在南宁荔园山庄举行。由国家发展改革委、交通运输部、商务部、中国人民银行、海关总署、国家旅游局、国务院发展研究中心、人民日报社、国家开发银行和广西、广东、海南三省(自治区)政府共同主办;广西北部湾经济区规划建设管理委员会办公室，南宁市政府,自治区发展改革委、财政厅、交通运输厅、商务厅、外事办、国资委,广西博览局、社会科学院、北部湾发展研究院,综合开发研究院(中国·深圳)承办。主题为中国—东盟自贸区建设与泛北部湾经济合作。论坛围绕中国—东盟自由贸易区建成与南宁—新加坡通道建设，北部湾对话世界500强——泛北部湾经济合作中的国际投资与产业发展，泛北部湾地区航运、港口、物流合作3个议题进行讨论。共有62名嘉宾在论坛上致辞、发表演讲或进行对话交流。期间,举办“北部湾对话世界500强”活动,有22家跨国公司负责人和北部湾经济区四市(南宁、钦州、北海、防城港)市长参加对话,围绕“国际产业转移背景下跨国投资的路径选择”和“泛北部湾区域产业发展新趋势与国际投资新机遇” 发表演讲和参加对话交流。来自中国和印度尼西亚、菲律宾、新加坡、泰国、越南以及柬埔寨、老挝、缅甸等8个东盟国家政要、专家学者等400余人出席,美国、法国、芬兰等国家的22家世界500强企业参会。

【第八届全国检察长论坛】 2010年9月7~8日在广西沃顿国际大酒店举行。由最高人民检察院检察日报社主办，自治区检察院协办，南宁市检察院承办。主题为:“强化法律监督与深入推进三项重点工作”。来自17个省、市(自治区)、新疆生产建设兵团和军事检察院的三级检察院代表约250人围绕会议主题进行研讨交流。会议还对本年度部分检察宣传先进单位进行表彰。

【中国少数民族文学学会第七届代表大会暨学术研讨会】 2010年10月9日在南宁举行。由中国少数民族文学学会主办,中央民族大学、广西大学、南宁市大明山国家级自然保护区协办。会议分三个阶段,包括2个研讨区和5个议题。第一、三阶段的开幕式与主旨发言、分组讨论在广西大学进行，第二阶段的会议在南宁市大明山国家级自然保护区召开。分为作家文学和民间文学两个研讨区，主要议题包括民族文学研究反思、民族文学发展的趋势与走向、民族文学个案研究、民族文学学科建设与人才培养、民族文学与自然生态研究5个方面。100多名汉、壮、蒙古、回、满、彝、朝鲜、布依、裕固等民族的作家、教授和学者参加,收到论文70多篇。

【全国开发区社会发展暨第三届人口和计划生育工作年会】 2010年10月24~26日在广西沃顿国际大酒店举行。由全国开发区协会主办，南宁经济技术开发区承办。与会代表围绕开发区经济发展、征地拆迁、人口管理、计划生育等问题进行交流和探讨。全国80多名国家级经济技术开发区相关代表和北京大学、南京大学、中央财经大学、南京人口学院的专家、教授参加会议,交流论文22篇。期间，召开国家开发区社会发展座谈会和第三届全国开发区人口计生专题会。

【民盟2010中国城市文化(南宁)论坛】 2010年11月4~6日在南宁饭店举行。由民盟中央文化委员会和民盟南宁市委会共同举办。主题为城市文化与现代宜居城市建设。与会代表针对现代宜居城市文化内涵和文化传承、现代城市文化与文化产业、南宁市现代城市文化与区域性国际城市建设等专题展开研讨与交流。同时,还分别就城乡建设与发展、将南宁打造成为东盟当代文化艺术的区域中心、南宁城市文化建设的展望、南宁的文化品格和精神、弘扬城市文化特色打造人类宜居城市作主题发言。自治区内外48个省、市民盟组织的领导、专家学者及特邀嘉宾近200人参加论坛。开幕会上,民盟中央文化委员会向南宁市赠送价值39万元的《新农村卫生健康手册》1万册。

【第十三届全国大中城市工伤保险经验交流会】 2010年11月5日在南宁举行。主题为:“工伤保险在当前社会经济条件下的务实与前瞻”。会议围绕工伤保险市级统筹、老工伤人员纳入社会统筹、工伤保险工作难点问题对策等主要政策和做法进行交流,对重点、难点和热点问题进行研讨。南宁、济南、武汉、杭州、哈尔滨、银川6个城市代表在会上作经验交流发言，其中南宁市就提高工伤保险统筹层次等经验做法进行重点介绍。来自济南、郑州、哈尔滨等17个城市社会保障系统单位的专家代表参加。

【全国农作物新型间套种技术研讨会】 2010年11月13~14日在南宁召开。由全国农业技术推广服务中心、自治区农业厅主办,广西农业技术推广总站、广西优质农产品开发服务中心、宾阳县政府承办。主题为农作物新型间套种技术。与会代表参观宾阳县王灵镇胡萝卜标准化生产基地、黎塘镇司村晚稻套种莲藕示范基地和马铃薯免耕栽培技术示范基地、宾阳县黎塘莲藕专业批发市场，并就中国农作物新型间套种技术现状、问题及前景进行交流与讨论。来自广西、福建、重庆、四川、贵州、云南、甘肃、陕西8个省(自治区)、市农业技术推广部门及自治区有关市县农业部门的代表约130人参加。

【全国知名民营企业兴业北部湾活动】 2010年11月24~25日在南宁荔园山庄举行。由自治区政府和中华全国工商业联合会主办，自治区北部湾经济区管委会办公室、工商业联合会、投资促进局和南宁、北海、防城港、钦州、玉林、崇左市政府承办。通过招商推介会、项目洽谈会、项目签约、实地考察等形式,向知名民营企业推介北部湾经济区保税物流体系、重大产业投资项目、重点产业园区及招商引资优惠政策等，共商地方经济建设与民营企业合作的发展大计，共同探讨广西北部湾经济区的发展商机，展望广西北部湾经济区未来的发展前景。同时，举行广西北部湾经济区投资项目推介会,南宁、北海、钦州、防城港、玉林、崇左等广西北部湾经济区6个市的市长和民营企业家进行互动对话，探讨广西北部湾经济区商机,进行招商项目洽谈。会后，与会民营企业家分成4个小组到广西北部湾经济区6市参观考察。约有400

11月24~25日，全国知名民营企业兴业北部湾活动在南宁举行　　刘宇 摄

多名来自全国各地的嘉宾和知名民营企业代表参加活动，其中企业家代表约240人。24日签约仪式上，共签约项目18个，总投资128.09亿元。其中：合同项目14个，总投资83.89亿元；协议项目4个，总投资44.20亿元。项目涉及制造业、农副产品加工、旅游、商贸物流、基础设施建设等。

公益展览

【首届南宁—贵阳艺术名家书画联展】2010年3月31日至4月6日在南宁跨世纪大酒店书画艺术馆举行。为南宁、贵阳两地书画名家在南宁举办的首次联展。由市委宣传部、市文联主办，南宁跨世纪大酒店书画艺术馆承办，南宁美协名誉主席曾邕生和贵阳学院美术系教授龙开朗联合办展。展出作品80幅（曾邕生书画作品20幅，龙开朗书画作品60幅），其中有曾邕生曾在国家美术展获奖的部分作品以及龙开朗为庆祝新中国成立六十周年而创作的贵州民族风情百米长卷图。免费向社会开放，各界人士200多人出席联展。

【广西（南宁）人居环境建设10年巡展】2010年4月27日至5月3日在广西科技馆举行。由市委、市政府主办。通过山青水秀、绿色之城；携手共建、文明之城；城乡统筹、可持续之城；安居乐业、宜居之城；以民为本、安全之城；功能完善、便捷之城；低碳环保、生态之城；和谐开放、魅力之城八大主题，展现“邕城人居环境建设工作成就”和“建设宜居城市的宏伟蓝图”以及北部湾经济区开放开发的壮举。柳州、桂林、北海、钦州、防城港、玉林、百色、崇左8个城市也应邀组织参展。联合国副秘书长兼人居署执行主任安娜·卡珠穆罗·蒂贝琼卡博士，自治区副主席高雄，市长黄方方，市政协主席岑可成，市委常委、宣传部部长、副市长吕洁，市人大常委会副主任卢丽芬等领导以及柳州、桂林、北海等广西其他城市领导出席开幕式。在27日开幕式上，南宁市政府授予安娜·卡珠穆罗·蒂贝琼卡女士南宁市荣誉市民称号并颁发证书。展览免费向社会开放。

【中国—东盟自由贸易区建设成就展】2010年10月20日至11月8日在广西民族博物馆举行。为第七届中国—东盟博览会系列活动之一。通过图片、图表、文字、音视频等形式，反映自贸区建设的历史、各方面取得的成就，以及自贸区前景展望，包括反映中国—东盟博览会和中国—东盟商务与投资峰会对促进自贸区发展成果展示。同时展示中国与东盟艺术家（包括青少年）的美术、书法和摄影作品。主要分为中国—东盟自由贸易区成就展区、中国—东盟自由贸易区成就展——艺术展区、中国—东盟博览会和中国—东盟商务与投资峰会成就展区。展览免费向社会开放。

【隆安县经济社会发展成果展】2010年11月6~7日在南宁国际会展中心举行。为广西首个在南宁国际会展中心举办独立展览的县份。由隆安县委、县政府主办，南宁国际会议展览有限责任公司承办。主题为蝶城隆安，兴隆平安。由总体概况、乡镇亮点、工业建设、招商引资、农业建设、城镇建设、文化建设、旅游发展8个板块组成，有25个国际标准展位和18个展板。全县10个乡镇、2个经济园区和19家重点企业参加展出，通过图文并茂、产品展销和文艺展演等形式，全方位、多角度展示隆安县“十一五”时期经济社会发展成果。（梁一家）

责任编辑　梁笑飞

4月27日，广西（南宁）人居环境建设10年巡展开幕式举行　　邓江宁 摄

个体私营经济

个体经济

【概　况】 2010年，南宁市新发展个体工商户3.63万户，从业人员7.09万人，注册资金19.15亿元。至年末，全市有个体工商户20.13万户，从业人员39.41万人，注册资金73.33亿元。除传统批发、零售业和住宿、餐饮业外，个体经济已向农、林、牧、渔业，制造业，交通运输、仓储和邮政业，房地产业、科学研究、技术服务和地质勘查业等热门行业发展，实现个体经济创业领域全覆盖。实现生产总值19.44亿元，销售总额或营业收入128.13亿元，社会消费品零售额110.19亿元。

【个体工商户分布状况】 2010年，南宁市个体工商户呈以下分布状况：第一产业有1940户，从业人员4513人，注册资金1.71亿元，户均注册资金8.80万元；第二产业有1.11万户，从业人员3万人，注册资金6.92亿元，户均注册资金6.22万元；第三产业有18.82万户，从业人员35.95万人，注册资金64.71亿元，户均注册资金3.44万元。

【个体贸易业】 2010年，南宁市个体贸易业新开业2.40万户，从业人员4.20万人，注册资金12.60亿元。全市个体贸易业实有12.09万户，从业人员23.51万人，注册资金41.20亿元。其中：城镇个体贸易业9.70万户，从业人员17.30万人，注册资金40.17亿元；农村个体贸易业2.39万户，从业人员6.21万人，注册资金1.03亿元。全市个体贸易业销售总额83.56亿元，社会消费品零售额72.68亿元。按地域分，城镇个体贸易业销售总额或营业收入67.99亿元，社会消费品零售额56.78亿元，分别占总数的81.30%和78.12%；农村个体贸易业销售总额或营业收入15.57亿元，社会消费品零售额15.90亿元，分别占总数的18.70%和21.88%。

【个体社会服务业】 2010年，南宁市个体社会服务业新开业1.06万户，从业人员2.31万人，注册资金4.15亿元，分别比上年增加198.42%、197.30%和36.54%。全市个体社会服务业实有6.72万户，从业人员12.40万人，注册资金23.47亿元。按地域分，城镇3.76万户，从业人员8.58万人，注册资金20.18亿元；农村2.96万户，从业人员3.82万人，注册资金3.29亿元。按行业分，交通运输、仓储和邮政业2.94万户，从业人员3.46万人，注册资金6.17亿元；信息传输、计算机服务和软件业326户，从业人员584人，注册资金596万元；住宿和餐饮业1.53万户，从业人员4.47万人，注册资金11.69

2010年南宁市个体经济行业分布情况

行业分类	个体工商户		
	户数	从业人数	注册资金(万元)
合　计	201292	394132	733345.87
农、林、牧、渔业	1940	4513	17075.63
采矿业	258	1024	15417.76
制造业	10493	28288	50561.69
电力、燃气及水的生产和供应业	35	89	1239.40
建筑业	348	696	1992.60
交通运输、仓储和邮政业	29381	34563	61655.73
信息传输、计算机服务和软件业	326	584	596.03
批发和零售业	120867	235115	412046.26
住宿和餐饮业	15320	44749	116909.71
金融业	3	4	9.50
房地产业	30	68	70.80
租赁和商务服务业	2247	3952	13064.32
科学研究、技术服务和地质勘查业	66	195	324.32
水利、环境和公共设施管理业	7	27	47.50
居民服务和其他服务业	17363	34267	27574.96
教　育	9	33	217.11
卫生、社会保障和社会福利业	1380	3046	5808.98
文化、体育和娱乐业	1141	2606	8516.37
其　他	78	313	217.20

亿元；租赁和商务服务业2247户，从业人员3952人，注册资金1.31亿元；居民服务和其他服务业1.74万户，从业人员3.43万人，注册资金2.76亿元；卫生、社会保障和社会福利业1380户，从业人员3046人，注册资金0.58亿元；文化、体育和娱乐业1141户，从业人员2606人，注册资金0.85亿元。全市个体社会服务业营业收入120.27亿元（其中城镇95.10亿元，农村25.17亿元），社会消费品零售额101.37亿元(其中城镇73.04亿元，农村28.33亿元)。

私营经济

【概　况】2010年，南宁市新开业私营企业1.07万户，投资者1.99万人，雇工5.73万人，注册资金140.83亿元，分别比上年增加50.22%、76.93%、17.03%和62.89%。至年末，全市有私营企业4.45万户，投资者14.40万人，雇工43.65万人，注册资金498.37亿元，分别增加20.19%、13.82%、13.11%和26.73%。全市私营企业工业总产值38.29亿元，占全市工业总产值的2.55%；全市私营企业销售收入和社会消费品零售额共98.28亿元，占全市国内商业社会消费品零售总额的10.85%。

2010年南宁市私营企业行业分布情况

行业分类	私营企业			
	户数	投资者人数	雇工人数	注册资金(万元)
合　计	44480	144005	436547	4983712.60
农、林、牧、渔业	1235	2375	5402	825423.00
采矿业	293	460	2205	58612.00
制造业	4432	8389	38657	880335.00
电力、燃气及水的生产和供应业	170	654	669	44064.00
建筑业	2194	3550	8141	457684.00
交通运输、仓储和邮政业	993	2013	4455	134081.00
信息传输、计算机服务和软件业	1607	2385	4974	125802.00
批发和零售业	17846	96446	317588	585184.06
住宿和餐饮业	685	955	2275	45472.00
金融业	104	258	417	107367.00
房地产业	2184	3841	8597	868718.00
租赁和商务服务业	6783	14229	22318	159183.54
科学研究、技术服务和地质勘查业	2686	4638	9682	482383.00
水利、环境和公共设施管理业	175	481	855	47865.00
居民服务和其他服务业	2395	2441	7520	101337.00
教　育	96	137	404	8376.00
卫生、社会保障和社会福利业	52	64	301	4439.00
文化、体育和娱乐业	544	678	2069	46696.00
其　他	6	11	18	691.00

【私营企业分布状况】2010年，南宁市私营企业呈以下分布状况：按产业划分，第一产业有1235户，投资者2375人，雇工5402人，注册资金82.54亿元，分别占总数的2.78%、0.58%、1.24%和16.56%；第二产业有7089户，投资者1.31万人，雇工4.97万人，注册资金144.07亿元，分别占总数的15.94%、2.94%、11.39%和28.9%；第三产业有3.62万户，投资者12.86万人，雇工38.15万人，注册资金271.76亿元，分别占总数的81.29%、89.29%、87.38%和54.53%。按地域划分，城镇有3.56万户，投资者5.59万人，雇工9.19万人，注册资金403.95亿元，分别占总数的79.96%、38.80%、21.03%和80.05%；农村有8913户，投资者8.81万人，雇工3.45万人，注册资金94.42亿元，分别占总数的20.04%、61.20%、78.97%和18.95%。按行业分，农、林、牧、渔业1235户，注册资金82.54亿元；制造业4432户，注册资金88.03亿元；建筑业2194户，注册资金15.77亿元；批发和零售业1.78万户，注册资金58.52亿元；信息传输、计算机服务和软件业1607户，注册资金12.51亿元；科学研究、技术服务和地质勘察业2686户，注册资金18.24亿元；居民服务和其他服务业2395户，注册资金10.13亿元。从组成看，独资企业3469户，投资者3485人，雇工22.23万人，注册资金99.95亿元；合伙企业669户，投资者1676人，雇工4361人，注册资金5亿元；有限责任公司4.03万户，投资者13.87万人，雇工40.97万人，注册资金386.21亿元；自然人独资有限责任公司3135户，投资者3135人，雇工1.17万人，注册资金27.93亿元；法人独资有限责任公司191户，投资者192人，雇工1224人，注册资金6.59亿元；股份有限责任公司76户，投资者172人，雇工143人，注册资金7.20亿元。

（廖成琇　王洁芝）

责任编辑　李敬江

2010年南宁市私营企业生产经营情况　　单位：万元

分类	总产值	销售总额或营业收入	社会消费品零售额	其中					
				城镇			农村		
				总产值	销售总额或营业收入	社会消费品零售额	总产值	销售总额或营业收入	社会消费品零售额
合　计	399894	638717	344088.00	339910	542909	292023	59984	95808	52065.00
第一产业	17035	9820	8538.00	14480	8347	7257	2555	1473	1281.00
第二产业	382859	68016	67063.25	325430	57813	57002	57429	10203	10061.25
第三产业		560881	268486.75		476749	227764		84132	40722.75

财政·税务

财　　政

【概　况】 2010年，南宁市财政局内设科室19个，下设二层机构13个；辖六县、六区、五开发区财政局。全系统有干部职工1874人(市财政局252人)。面对国际金融危机的持续影响和多种自然灾害造成的困难，全市各级财政部门迎难而上，履行财政职能，坚持生财有道、聚财有方、用财有规的理财原则，抓好财政收入，成为自治区首个突破300亿元的城市，财政收入300.88亿元，比上年增长30%；财政收入占GDP(地区生产总值)16.71%，提高1.54个百分点。财政支出更关注民生，民生支出133.01亿元，占全市财政一般预算支出52.29%。市财政学会获全国大中城市社科联标兵社会科学团体称号。2月9日，市财政局增挂南宁市金融工作领导小组办公室牌子。

【财政收入】 2010年，南宁市各级财政部门始终把财政收入任务作为全年工作重中之重来抓，建立目标责任制，分解下达各阶段财政收入任务，加强税源监控，制定和落实财政收入激励制度，调动各部门组织财政收入的积极性、主动性和创造性，确保财政收入稳定增长。

全市财政收入　完成300.88亿元，完成市十二届人大第八次会议批准预算收入的110.17%，完成自治区政府下达目标任务的106.59%，比上年增收69.51亿元，增长30%。其中：一般预算收入156.09亿元，增长29.58%；上划中央税收收入110.42亿元，上划自治区税收收入34.37亿元。

全市财政总收入　完成296.69亿元。其中：一般预算收入156.10亿元，转移性收入140.59亿元（上级补助收入108.73亿元，上年结余收入31.86亿元）。

市本级财政收入　完成149.03亿元，比上年增收29.90亿元，增长25.10%。其中：一般预算收入99.12亿元，增长30.28%；上划中央税收收入46.37亿元，上划自治区税收收入3.50亿元。

市本级财政总收入　完成234.11亿元。其中：一般预算收入(含分享城区收入)99.12亿元；转移性收入134.99亿元(上级补助收入108.73亿元)。

全市一般预算收入构成　税收收入完成110亿元。其中：增值税9.52亿元，完成预算的91.86%，比上年增收1.60亿元，增长20.13%；营业税33.45亿元，完成95.99%，增收6.78亿元，增长25.44%；企业所得税12.99亿元，完成118.24%，增收5.13亿元，增长65.20%；个人所得税5.41亿元，完成101.79%，增收1.21亿元，增长28.72%；城市维护建设税8.81亿元，完成102.44%，增收1.54亿元，增长21.14%；房产税3.60亿元，完成79.60%，增收262万元，增长0.73%；印花税2.44亿元，完成136.78%，增收1亿元，增长69.47%；城镇土地使用税2.03亿元，完成93.60%，增收1169万元，增长6.10%；土地增值税9.06亿元，完成125.15%，增收1.90亿元，增长26.53%；车船税1.26亿元，完成121.22%，增收3432万元，增长37.35%；耕地占用税5.99亿元，完成82.18%，减少9839万元，下降14.10%；契税15.03亿元，完成85.05%，增收5441万元，增长3.76%。非税收入完成46.10亿元。其中：专项收入4.35亿元，完成99.75%，增收8175万元，增长23.12%；行政事业性收费12.83亿元，完成109.26%，增收2.08亿元，增长19.39%；罚没收入5.32亿元，完成165.60%，增收2.36亿元，增长79.48%；国有资本经营收入20.24亿元，完成339.91%，增收11.30亿元，增长126.36%；国有资源(资产)有偿使用收入2.73亿元，完成92.29%，增收5334万元，增长24.33%。

【财政支出】 2010年，南宁市各级财政部门贯彻落实积极财政政策，加强预算执行管理，严格控制行政事业单位运行成本，优化支出结构，加强资金监管，财政支出保持增长，各项重点支出得到较好保障。

全市财政总支出　完成270.84亿元。其中：一般预算支出261.49亿元，转移性支出9.34亿元（体制上解支出3.79亿元，专项上解支出2.55亿元，调出资金3亿元）。

市本级财政总支出　完成219.16亿元。其中：一般预算支出123.68亿元，转移性支出95.48亿元(体制上解支出3.79亿元，专项上解支出2.55亿元，补助下级支出86.14亿元，调出资金3亿元)。

全市一般预算支出构成　完成261.49亿元，完成预算的92.86%，比上年增加57.94亿元，增长27.86%。主要支出项目：一般公共服务支出30.21亿元，完成96%，增加4.82亿元，增长18.97%；国防支出1.61亿元，完成92.57%，增加8085万元，增长100.55%；公共安全支出14.61亿元，完成91.66%，增加1.68亿元，增长12.96%；教育支出43.60亿元，完成95.27%，增长39.08%；科学技术支出2.84亿元，完成97.70%，增长27.24%；文化体育与传媒支出4.34亿元，完成87.47%，增加1.18亿元，增长37.30%；社会保障和就业支出39.96亿元，完成94.74%，增加18.41亿元，增长85.42%；医疗卫生支出20.57亿元，完成96.21%，增加5.96亿元，增长40.77%；环境保护支出3.45亿元，完成83.65%，减少8095万元，下降19%；城乡社区事务支出21.85亿元，完成96.59%，减少5.04亿元，下降18.74%；农林水事务支出19.14亿元，完成97.72%，增长28.38%；交通运输支出12.55亿元，完成92.82%，增加8.51亿元，增长210.02%；资源勘探、电力信息等事务支出18.46亿元，完成94.02%，减少2166万元，下降1.16%；商业服务业等事务支出2.68亿元，完成76.34%，增加8084万元，增长43.10%；国土资源、气象等事务支出1.71亿元，完成59.82%，减少4428万元，下降20.61%；住房保障支出6.93亿元，完成99.01%，减少404万元，下降0.58%；粮油物资储备管理事务支出2995万元，完成64.42%，减少1195万元，下降28.52%；其他支出16.50亿元，完成75.85%，增加9.37亿元，增长131.56%。

【基金收入】

全市基金收入　2010年，南宁市财政部门完成基金收入144.08亿元，完成预算的111.34%，比上年增收52.35亿元，增长57.08%。其中：地方教育附加收入2.24亿元，完成163.16%，增收4233万元，增长23.33%；地方水利建设基金收入2.95亿元，完成88.76%，增收6637万元，增长29.08%；国有土地使用权出让金收入128.41亿元，完成106.99%，增收46.22亿元，增长56.24%。

市本级基金预算收入　完成130.15亿元，完成预算的108.22%，比上年增收46.17亿元，增长54.97%。其中：地方教育附加收入1.92亿元，完成165.46%，增收3000万元，增长18.53%；地方水利建设基金收入2.67亿元，完成85.48%，增收5967万元，增长28.82%；国有土地使用出让金收入116.06亿元，完成103.95%，增收40.82亿元，增长54.26%。

【基金支出】

全市基金预算支出　2010年，南宁市财政部门完成基金预算支出126.31亿元，完成预算的73.16%，比上年增加45.08亿元，增长55.49%。其中：教育支出2.46亿元，完成65.06%，增加1.11亿元，增长81.78%；城乡社区事务支出118.05亿元（国有土地使用权出让金支出107.33亿元），完成75.41%，增加41.57亿元，增长54.35%；农林水事务支出4.65亿元，完成52.50%，增加1.86亿元，增长66.76%。

市本级基金预算支出　完成113.46亿元，完成预算的74.58%，比上年增加40.69亿元，增长55.91%。其中：教育支出2.24亿元，完成70.67%，增加1.11亿元，增长98.14%；城乡社区事务支出106.74亿元（国有土地使用权出让金支出97.18亿元），完成76.14%，增加37.69亿元，增长54.59%；农林水事务支出3.66亿元，完成55.09%，增加1.42亿元，增长63.13%。

【支持经济建设】2010年，南宁市财政部门本着优先安排重点、集中财力办大事的原则，支持重大产业项目建设。市本级财政支出36.79亿元扶持产业项目建设。其中：支出10.90亿元用于年产20万吨大规格高性能铝板带型材项目，10.28亿元用于加快南宁化工集团有限公司整体搬迁，1.85亿元用于南宁锦虹棉纺织有限责任公司新增年产9.70万锭项目，1.12亿元用于南宁广发重工集团搬迁改造项目；补助富士康集团南宁项目建设4000万元、南宁金浪浆业有限公司项目建设4000万元；拨付工业用地储备资金8.16亿元；支持发展现代服务业、会展业、旅游业划拨专项资金各1000万元；航空航线补助6000万元，服务业引导资金1000万元；家电下乡补助资金2.17亿元，汽车、摩托车下乡补助资金1.12亿元；支持农业产业化资金3100万元。

【支持社会事业发展】2010年，南宁市财政用于“三农”（农业、农村、农民）、教育、社会保障和就业、医疗卫生和住房保障等民生支出133.01亿元，占全市一般预算支出52.29%，其中教育、社会保障和就业、医疗卫生支出分别比上年增长39.08%、85.42%、40.77%。市本级财政筹措资金17.65亿元，确保20件为民办实事项目的实施。

农林水事业　一般预算支出19.14亿元，基金支出4.65亿元。其中：良种补贴、退耕还林补助、农资综合直补、粮食直补及农机具购置资金等3.91亿元，争取获得国家和自治区财政补助资金7600万元；水利工程建设及维护资金2.99亿元，农用水利建设资金1.37亿元，农村道路建设资金1.46亿元，人畜饮水项目资金1.66亿元，土地治理资金3900万元，村级一事一议补助资金8400万元，森林生态效益补偿资金4600万元。

教育事业　一般预算支出43.60亿元，基金支出2.46亿元；落实教育收费减免政策，落实资助库区移民、被征地拆迁户、农村特困家庭、扶贫异地安置等特定人员或家庭的学生子女就读等教育资助政策，兑现义务教育阶段教师绩效工资，筹措教育基建资金22.89亿元，用于改善学校环境条件。

社会保障事业　支出20.57亿元，支持医药卫生体制改革，加大对基层卫生和人才队伍建设，健全基层公共卫生服务体系。拨付8400万元支持公园免费开放；拨付200万元用于农村文化戏台建设。落实城市公交、农村道路客运等公益性交通油价补贴7200万元，拨付城市公交企业补助资金1.04亿元。拨付就业补助资金1.46亿元，解决城镇新增就业7.30万人，转移农村劳动力9.72万人，帮助2.38万人实现再就业。落实资金1.92亿元，保障城乡低保人员基本生活，将城市最低生活保障月人均标准从280元提高至300元，城区（含开发区）、县的农村最低生活保障年人均标准从1000元分别提高到1400元、1200元。加强保障性住房建设，筹措资金7.76亿元，新建廉租住房2016套，竣工经济适用房5613套，并实行经济适用房货币补贴。拨付资金7000万元，解决特困企业职工生活、医疗保险等问题。

【城建项目资金筹集与管理】2010年，市财政局成立投融资工作领导小组，负责统筹城建筹融资。全年投资建设项目562个，落实城建项目资金319.38亿元，其中财政资金236.88亿元。推进项目建设，其中五象新区完成投资69.40亿元，交通基础设施完成投资231.87亿元，“中国水城”项目完成投资26.36亿元。在清理核实融资平台债券情况的基础上，筹措资金16.23亿元，用于增加融资平台的资本金。创新思路，拓宽融资渠道，通过召开重点项目融资工作座谈会，银政企对接会及参加项目对接会等方式，累计对接项目240个，争取资金235.58亿元，获得主权贷款回补资金1.25亿元，并发行南宁建宁水务集团8.50亿元企业债券和南宁市城市建设投资发展总公司15亿元企业债券，开辟基础设施融资新渠道。全年统筹安排还本付息资金 54.30 亿元，维护政府信誉。协调市国土资源局等部门加强土地出让金收入征管，市本级土地出让金收入 121.64 亿元，比上年增长 52.22%。

【财政改革】 2010 年，市财政局推进收入分配制度改革，针对市本级在规范津贴补贴过程中出现的实际问题，开展调查摸底，提出兑现县（区）规范公务员津贴补贴前的各类奖励意见；根据自治区有关文件精神，拟定全市开展义务教育阶段教师绩效工资改革的政策文件和具体措施；进一步推行公务卡改革，扩大财政国库管理制度改革覆盖面，指导县（区）财政国库集中支付制度改革，全年对市本级实行国库集中支付的 432 个单位支付 50.88 亿元，放开国库集中支付代理业务工作，审核新增 9 家商业银行进入网络测试阶段。支持上林县作为自治区直管县财政改革试点，试点期间，市财政局与上林县进行基数核实、改革实施办法下达前市财政局代自治区承担的补助项目清理等。为解决改革后市财政动用自身财力对试点县给予资金支持时的方式选择问题，市财政局与自治区财政厅进行沟通，两次到财政厅作专题报告，对上林县给予资金支持，使试点进展顺利。指导武鸣县开展农村金融改革试点工作，落实改革试点经费 350 万元。完善规范政府采购制度，市本级通过政府采购专户支付政府采购资金 53.85 亿元，节约采购资金 17.09 亿元，节约率 24.10%。财政投资项目评审审结项目 3723 个，项目审核率 93.97%，其中工程项目审定金额 66.25 亿元，净核减额 22.55 亿元，核减率 25.39%。

【财政管理】 2010 年，市财政局按照中央、自治区关于加强财政管理、推进财政科学化精细化管理的要求，规范流程，细化管理，在《南宁市本级财政资金市长审批制度》基础上，进一步细化和改进财政资金审批和拨付流程，明确岗位职责，提高信息化水平，财政资金分类管理更科学、规范，更深入和精细化；加强财政预算编审管理，将行政事业性收费收入和政府性基金收入全额纳入预算管理，加强部门预算专项和结转资金统筹力度，推进资产管理与预算编制有机结合，细化预算编制；完善集体民主决策的评审机制，使预算编审更公正、公开和透明。强化预算执行管理，深化财政国库管理制度改革，建立预算收支执行责任制度、分析和动态监控机制、资金安全保障机制，提高预算执行均衡性，并规范资金拨付管理。年内，编制《南宁市十年（2011~2020 年）财源建设规划》，11 月 6 日通过专家组评审。

【财政监督】 2010 年，市财政局继续抓好对机关和事业单位“小金库”专项治理。开展机关和事业单位的“回头看”，在“回头看”自查自纠中查出“小金库”20 个，涉及金额 51.33 万元，重点抽查发现“小金库”18 个，涉及金额 482.65 万元；开展国有及国有控股企业、社会团体“小金库”治理，按照动员部署、自查自纠、重点检查和整改落实 4 个步骤进行，9 月下旬开始自查自纠，发现“小金库”5 个，涉及金额 826.47 万元。继续组织开展对包括家电、汽车和摩托车下乡专项补助资金、旅游发展专项资金、教育资助基金、惠农专项资金等专项资金使用检查。开展会计信息质量检查，查出违规金额 1727.86 万元，存在问题有原始凭证和会计核算不符合规定、收入未及时上缴财政专户、固定资产未入账、虚增支出等。

（李建南）

国家税务

【概　况】 2010 年，南宁市国家税务局内设科室 13 个、直属机构（稽查局为副处级局，车辆购置税征收管理分局为正科级分局）2 个。设有第一稽查局、第二稽查局、第三稽查局，均为正科级局。设信息中心、机关服务中心、票证中心 3 个事业单位。辖六县、六区、三开发区国税局。全系统在职人员 1606 人。负责增值税、消费税、企业所得税、外商投资企业和外国企业所得税、储蓄存款利息所得个人所得税、车辆购置税的征管。管辖纳税户 11.27 万户。其中：一般纳税人 1.06 万户，小规模企业 2.11 万户，个体工商户 6.78 万户，非增值税纳税人 1.31 万户。市国税局办税服务厅被评为全国税务系统先进集体；西乡塘区国税局、良庆区国税局、南宁华侨投资区国税局和市国税局第一稽查局、第二稽查局被命名为第十三批自治区文明单位。在 2010 年全国 35 个城市纳税人满意度调查中，市国税局排名第十一位。

纳税金额前 10 名的单位有：广西中烟工业有限责任公司（65.51 亿元），广西烟草公司南宁市公司（3.60 亿元），广西电网公司（3.55 亿元），中国移动通信集团广西有限公司（3.37 亿元），广西电网公司南宁供电局（1.79 亿元），南宁糖业股份有限公司（1.72 亿元），中国移动通信集团广西有限公司南宁分公司（1.65 亿元），广西北部湾银行股份有限公司（1.51 亿元），华润水泥（南宁）有限公司（1.09 亿元），广西冠桂糖业有限公司（7600 万元）。

【国税收入】 2010 年，市国税局开展税源调查，及时分解组织收入目标任务，多次组织召开收入分析动员会，提高组织收入的紧迫感和主动性。强化收入质量管理，定期对各征收单位收入质量进行通报；扩大税源监控面，将 1107 户重点企业纳入市级监控范围，监控户数比上年增长 3.26%，监控企业收入比重超过

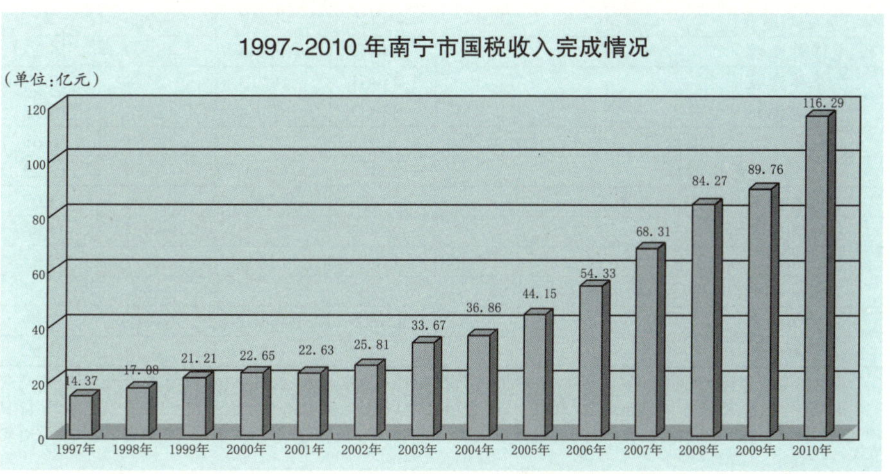

2010 年南宁市国税收入分项情况

单位:万元

项　目	2010 年	2009 年	增减额	增减%
收入总计	1289930	990032	299898	30.29
税收合计(总局口径)	1278480	977347	301133	30.81
税收合计(自治区局口径)	1162860	897630	265230	29.55
税收合计(市口径)	1153621	887377	266244	30.00
一、国内两税	825598	679043	146555	21.58
1.国内增值税	567977	472386	95591	20.24
(1)工业增值税	323107	284643	38464	13.51
卷烟	68276	54919	13357	24.32
啤酒	2182	2243	-61	-2.72
机糖	34477	32684	1793	5.49
纺织	4903	3824	1079	28.22
造纸	11864	9669	2195	22.70
化工	10404	12929	-2525	-19.53
医药	6604	6305	299	4.74
建材	39757	27806	11951	42.98
其中:水泥	19661	12906	6755	52.34
有色金属	3534	4169	-635	-15.23
机械	8424	7944	480	6.04
电力	58931	67331	-8400	-12.48
其中:发电	4542	6140	-1598	-26.03
供电	54389	61191	-6802	-11.12
(2)商业	244870	187743	57127	30.43
2.国内消费税	257621	206657	50964	24.66
卷烟	235324	194163	41161	21.20
啤酒	2766	2631	135	5.13
二、二小税(总局口径)	341524	226075	115449	51.07
二小税(自治区局口径)	337262	218587	118675	54.29
1.企业所得税(总局口径)	340510	222259	118251	53.20
企业所得税(自治区局口径)	336248	214771	121477	56.56
其中:批发零售业	62063	42948	19115	44.51
制造业	39471	30235	9236	30.55
金融业	51601	35547	16054	45.16
其中:银行业	31671	12157	19514	160.52
证券业	9973	16775	-6802	-40.55
其他金融业	5325	4371	954	21.83
信息传输业	54472	50143	4329	8.63
其中:广西移动	50137	46383	3754	8.09
房地产业	72005	33179	38826	117.02
(1)内资企业所得税(总局口径)	227942	138114	89828	65.04
内资企业所得税(自治区局口径)	223680	130626	93054	71.24
(2)外商所得税	112568	84145	28423	33.78
2.利息所得税	1014	3816	-2802	-73.43
三、车辆购置税	111358	72229	39129	54.17
四、海关代征两税	10202	11720	-1518	-12.95
五、其他收入(行政性收费收入、罚没收入)	1248	965	283	29.33
六、专员办退税	-8225	-6437	-1788	
附:1.涉外税收	184859	135860	48999	36.07
2.个体税收	21451	18013	3438	19.09
3.出口退税	-80337	-67764	12573	18.55
其中:(1)出口退增值税(中央和地方共享)	-56913	-56522	391	0.69
(2)免抵调库	-23344	-11000	12344	112.22
4.中央企业所得税固定收入	4262	7488	-3226	43.08
5.防洪保安费	26995	20472	6523	31.86
6.已办理退税(不含出口退税)	-16859	-12438	4421	35.54
7.在途税金(专业行扣款未到国库)	554		554	
8.卷烟两税	303600	249082	54518	21.89
9.啤酒两税	4948	4874	74	1.52

注:1.收入总计=税收合计(总局口径)+海关代征两税+其他收入;2.税收合计(总局口径)=国内两税+三小税(总局口径)+车辆购置税;3.税收合计(自治区局口径)=税收合计(总局口径)-中央企业所得税固定收入-车辆购置税;4.企业所得税(自治区局口径)=企业所得税(总局口径)-中央企业所得税固定收入

85%。严格重点税源监控数据采集,加强数据质量审核、评估和考核;进一步提高重点税源数据质量。利用综合征管信息数据和重点税源监控数据,对列入市局监控范围的重点税源企业的申报情况进行即时监控。深化税收分析预测,开展行业分析评比,税收预测准确率 97%以上,达到自治区国税局优秀等次。推广重点税源企业监控管理系统,深化数据综合应用,严密掌控重点税源变化态势,把握组织收入主动权,确保税收收入及时均衡入库。累计组织各项税收入库(国家税务总局口径,不含海关代征数)127.85 亿元,比上年增收 30.11 亿元,增长 30.81%(自治区国税局口径税收入库 116.29 亿元,增收 26.52 亿元,增长 29.55%;市口径税收入库 115.36 亿元,增收 26.62 亿元,增长 30%),税收收入总量、增收额以及增幅创历史新高。

【税收征管】 2010 年,市国税局加强征管基础管理,开展漏征漏管户清理检查,强化税务登记管理,把握税源分布情况。推进税收专业化、信息化管理,创新纳税评估方式方法,强化发票管理,税收科学化、专业化、精细化管理水平和征管质量进一步提高,逾期申报处罚率、逾期申报责令限改率、税种登记率、非正常户解除处罚率均为 100%,申报率考核达到自治区优秀等次;平均当月税款入库率 99.95%,滞纳金加收率 100%,按金额计算滞纳金加收率 100%;不含稽查查补税款,新增欠税率为零。

税收专业化管理　将 2010 年确定为"税收专业化管理项目建设年",重点选择具有普遍指导意义的 24 个行业管理类型的办法或模型进行规范和再造。把近年来专业化管理形成的几十个管理模型或管理指南汇编成册,方便推广使用。根据各县(区)局管理的企业特点,合理下达专业化管理项目,初步形成分行业管理、分风险差别管理、借助第三方信息强化专业化管理和以标杆企业为标准,加强同类型企业的税收管理的四大类专业化管理模式。开发专业化管理信息平台,确立统一的税源数据采集标准,实现专业化管理模型的实时更新,有效提高了征管质量和效率。

发票管理　强化发票管理,完善普通发票代开管理办法,防止虚列成本、少征多扣等违法行为；推行网络发票，市国税局作为自治区首个网络发票试点单位，2010 年 11 月 10 日通过网络开具第一张电脑版万元普通发票。网络发票管理系统的推广应用，实现发票工作的电子化，便于税务机关对发票领购、开具、留存、纳税申报等情况进行网上监控和管理。稳步推进普通发票换版，至年末，有 95%的纳税人办理新版发票领购手续。开展代开普通发票检查和税收票证检查，对税收票证的填写及代开发票申请审批进行规范。按月发布增值税专用发票供票预警数据，加强执法风险防范。对 3011 户一般纳税人的增值税专用发票数量进行调整，月供票量从 8.85 万份降至 3.98 万份，降幅 55%。

纳税评估　利用增值税一般纳税人预警监控系统进行数据采集分析，对 15 个平均税负率低于自治区平均水平的行业进行预警分析和纳税评估，发现并纠正香料油加工、汽车销售、煤炭等行业中存在的税收管理问题。开展所得税评估，把连续 3 年以上亏损、长期微利微亏、跳跃性盈亏、减免税期满后由盈转亏或应纳税所得额异常变动等情况的企业，作为评估管理重点，对企业合并、分立、改组改制、清算、股权转让、债务重组、资产评估增值以及接受非货币性资产捐赠等涉及企业所得税的特殊事项进行有效管理。推广应用企业所得税综合信息监控管理系统，使纳税评估对象确定更加科学合理。共完成增值税纳税评估 1271 户、消费税纳税评估 28 户、企业所得税纳税评估 385 户，核增增值税 956 万元、消费税 21.48 万元、企业所得税 3295.32 万元，征收滞纳金 445.83 万元，调减增值税留抵 38.79 万元，核减亏损 1806 万元。

货物和劳务税管理　构建增值税一般纳税人预警监控机制，提升信息管税水平。在 2008 年和 2009 年试点基础上，2010 年 8 月起，市国税局将网上认证、远程抄报税、农产品收购发票防伪税控开票系统推广到全市所有增值税一般纳税人。至年末，对 9800 户企业培训安装远程抄报税系统和升级网上认证系统，445 户农产品收购企业全部成功安装农产品收购发票开票系统；每月使用远程抄报税系统的纳税人占一般纳税人总户数 50%，每月通过网上认证系统认证发票近 15 万份，占一般纳税人全部认证发票 83%。有 445 户纳税人通过农产品开票系统开具收购发票，每月平均 2.20 万份。三大系统推广后，纳税人足不出户就可以完成纳税申报、抄报税、认证发票等。该系统还实现税务机关控制税源风险和纳税人自我控制税务风险的良性互动，通过数据比对、分析，及时发现税源监控中的风险点和风险环节，破解农产品收购企业虚开发票行为。贯彻落实增值税转型等结构性减税政策，做好增值税转型对经济、社会、税收影响的调研及测算，加强政策宣传辅导；建立增值税转型多级政策反馈机制，做好政策执行过程中的跟踪问效，为企业抵扣固定资产进项税额 5.49 亿元，为 3.50 万户小规模纳税人减征增值税 1.27 亿元。落实 1.60 升及以下排量汽车减按 7.50%征收政策，为纳税人办理减征车购税 5610 万元。为福利、资源综合利用、农资、化肥、饲料、软件等生产企业办理增值税减免退返 9.39 亿元。做好一般纳税人的认定，对销售额超过标准的 1768 户小规模纳税人改定为一般纳税人。对 6 个卷烟零售单位的卷烟零售价格进行实地采集，并完成 22 个卷烟牌号的经济指标数据、零售价格等系列报表的统计上报。

所得税管理　深化企业所得税信息化建设，完善已有企业所得税综合信息管理监控系统，推出房地产收入成本监控系统，提高查询统计分析的效率，年内通过该系统筛选税负低、长亏不倒等存在疑问的企业近 200 户，对 47 户纳税人所属期 2009 年度所得税进行纳税评估，调增应税所得额 492 万元，补税 123 万元。严格所得税退税，推行“一退一评估”制度；建立完善企业所得税的分行业、分类型管理办法；制定房地产行业管理指南，完善汽车行业纳税评估模型，建立指标参数体系，评估中发现指标异常汽车销售企业 7 家，查补税款 252 万元。落实各项所得税优惠政策，为 125 户享受北部湾经济区税收优惠政策的企业减免地方分享部分企业所得税 5442 万元，办理退税 8 户，退税 2684 万元。加强与市地税局的协作，抓所得税与其他税种之间的联动，推进综合管理，实现企业所得税入库34.05 亿元，比上年增加 11.83 亿元，增长 53.20%。抓好 2009 年度所得税汇算清缴，市国税局管辖近 2.80万个企业所得税纳税人，盈利纳税人 5961 户，盈利面 21.66%。其中：内资 5789 户，盈利面 21.46%；外资 172 户，盈利面 31.56%。

出口退税管理　对出口货物退免税审核、审批流程进行调整和规范，使其与新出口退税管理模式相适应。强化出口退税考核机制，提高退税工作效率和质量。加强对外贸企业滞留单证的管理，采取信息缺失反馈制度和函查制度，减少退税单证因信息缺失而无法审核通过办理退库的问题，提高出口退税审核通过率；推行出口退税分类管理办法，简化出口退税审核流程，加快审核审批速度。深化出口退税管理模式改革，全面推行生产企业免抵退税“清单报批”制度，实施商贸企业按属地“征退合一”管理模式改革，使出口货物征退税管理有效衔接。全面化解出口退税审核“就单审单”症结，实现出口退税管理全程电算化管理，推进出口退税与国库、银行一体化进程。为 420 户出口企业办理出口退（免）税额 8.03 亿元，比上年增加 1.26 亿元，增长 18.57%。其中，退税 5.70 亿元，免抵税 2.33 亿元。

个体税收管理　加强漏征漏管户管理，开展税务登记情况抽查两次。上半年对兴宁、青秀、西乡塘、江南 4 个城区部分路段的税务登记情况进行检查，抽查 551 户，发现漏征漏管户 20 户。针对检查发现的问题，下发《南宁市国家税务局关于加强个体工商户税收征管有关问题的通知》，完善个体户税收管理的有关制度和措施。下半年对部分专业商场和综合市场进行检查，抽查富安居家居建材商场、大和平商场、时代天骄商场、广和机电城等 4 个大型商场和专业市场。对未纳入综合征管软件管理的无证户的税款征收情况进行抽查，促使税款按时征收，定额公平合理，防范收税不开票和税票大头小尾行为。

【依法治税】　2010 年，市国税局依托税收征管、执法信息系统，建立执法风险预警和评估制度，建立健全税收执法考核指标体系，全面排查执法风险点，共梳理 7 个方面 50 多个税收执法风险点；印发防范风险手册 3000 册。举办防范税收执法风险讲座 20 期，培训 1300 多人次；监控税收执法行为 58.85 万次，纠正执法偏差 1700 多次，执法正确率 99.85%。发挥公职律师的作用，提高重大案件审理、行政复议和应诉质量，有效防范和化解税收执法风险，实现涉税大案要案零发生的目标。加强税法宣传教育，做好“五五”普法，加大对涉税违法案件的曝光力度，发挥12366服务平台和国税网站等载体作用，营造依法诚信纳税的良好氛围。开发稽查选案辅助分析系统，解决以往选案过程中筛选过程复杂、工作量大且稽查、审计、评估易重复等问题，提高选案准确率。对航空运输相关配套服务企业、药品经销企业、房地产及建筑安装企业、非居民企业、交通运输业等行业开展税收专项检查，查补入库税款、滞纳金和罚款合计1.03亿元。组织开展查处发票违法活动，出动执法424人次，检查企业105户，发现并查处有发票违法违章行为企业41家，涉及非法取得或开具发票815万份，非法发票金额4981万元，查补税款518万元。开展打击制售假发票行为48次，打掉发票制售团伙3个，捣毁窝点11个，抓获犯罪嫌疑人42人，收缴各类作案设备10台，缴获印章240枚，查获各类假发票209.81万份，最高可填开金额近300亿元。加强涉税检举案件查处，受理涉税检举案件165件，查补入库57万元。检查纳税人165户，选案准确率100%，查补入库税款、罚款及滞纳金2.34亿元。曝光涉税案件10件，涉及税款、罚款及滞纳金539万元。

【税收信息化建设】 2010年，市国税局研发税收专业化管理、税收收入监控、稽查选案软件、发票库存预警、政府采购、政务提醒软件、内部信息交换、12366知识平台等应用软件，搭建一体化的信息系统管理平台。组织研发“360信息管理系统”，应用其中的部门内控、一般纳税人预警监控、税企e家等3个信息系统，提高税收管理服务水平。全市一般纳税人电子申报税率92.08%，小规模企业电子申报率84.79%，网上财务报表报送率70.73%。建立完善信息采集、分析、应用、反馈机制，开发应用第三方涉税信息共享及税收分析平台，实现市国税、地税纳税人基础信息和动态信息交换与共享、市政府34个职能部门信息共享，扩展功能包括数据分析利用、税收风险提示、税源管理和监控。通过取得地税和外部其他部门的数据，在后台进行数据处理、分析，通过网页形式展现，供各部门进行分析利用。依托该平台采集包括工商、地税、质监、家电下乡、医保等数据89万条。利用第三方信息来源，加强税收征管稽查，有效遏制部分纳税人利用信息不对称，进行账外经营、隐瞒收入、偷逃税款的行为。加强数据采集管理和数据质量监控，坚持每旬发布数据质量监控结果，每月的数据采集差错率都在0.01%以下，低于自治区国税局制定的目标。共完成个体定额户银税扣款65.34万笔，扣款1.04亿元；完成各项涉税数据查询和税收分析425项（次）；利用短信发送平台受理各类短信发送申请62次，发送短信100.33万条。

【纳税服务】 2010年，市国税局拓展服务载体，在自治区国税系统率先开展“纳税服务大行动”，成立市委党校国税分校，成立纳税人学校，组织纳税人培训班81期，培训9685人次。完成办税服务厅标准化建设，完善纳税自助服务区，为纳税人提供自助纳税申报、发票打印、抄税认证事项，建立和完善纳税服务考评体系和纳税人需求快速反应机制。拓宽12366服务功能，人工处理话务量10.21万人次，当场答复率98.50%。推出预约式、个性化纳税服务，纳税人通过平台进行发票及办税预约；对跨国企业、集团企业、列入国家税务总局和自治区国税局管理的大企业以及上市企业、经营模式和涉税业务复杂的企业及行业，提供个性化咨询服务，对享受税收优惠政策的特殊企业推行“南宁国税税企e家通”邮件服务，发送、修改政策邮件和政策提醒，使纳税人感受到税务机关对纳税人权益的尊重和保护，提高纳税遵从度。在全自治区率先提供全年无休息购车入户“一条龙”服务。兑现各项税收优惠政策，为纳税人办理减免退税16亿元。

【税收宣传】 2010年，市国税局发挥12366平台作用，创新税收宣传形式，开拓电话、网络、短信、电子邮箱等多元化增值服务，满足纳税人不同层次的需求。短信发送涉税提醒2万条、税法宣传27万条、税务通知3.73万条，电子邮箱发送税收政策4条。按季度编写《12366问题集萃》和《税收热点问题速递》，印制各类办税指南19万份。利用纳税人学校和办税服务厅为纳税人宣传辅导新办企业、新政策、办税流程、操作应用等涉税知识。开展第19个全国税收宣传月活动，与市地税局联合在金湖广场举行宣传月活动启动仪式，进行税法知识有奖竞答和税收文艺表演；举行首府国税纳税申报方式发布会暨“纳税服务大行动”启动仪式；在广西电台、南宁电台开设国税直播热线，进行税收宣传月热线快报；举办局领导网上在线访谈活动。税收宣传月期间，国税系统组织税收文艺演出5场，观众1万余人；召开税企座谈会36次；印发宣传资料5万多份；出版宣传板报25期；悬挂宣传横额53幅，张贴宣传画500多幅；在各级新闻媒体发表税收宣传文章180多篇，在各级电视台播放税收新闻29条、公益广告60余次；发送税收宣传短信25万条；开展税法宣传进学校6次，参与人数3000人；开展税法宣传进军营5次，参与人数800多人次；曝光涉税案件6起。举办的青年税收服务志愿者启动仪式暨“税收杯”首府青年迎“五四”活动，获全国税收宣传月活动优秀项目奖。（邓有侃）

地方税务

【概　况】 2010年，南宁市地方税务局内设科室（中心）14个、直属机构5个（稽查局3个、税务服务中心1个、契税所1个），辖六县、六区、五开发区地税局，41个税务所（税务分局）。全系统有1639人，其中在编职工1296人，助征员193人，退休人员150人。负责14.69万户纳税人的地方税收征管，其中单位纳税人5.51万户，个人纳税人9.18万户。完成地税收入121.15亿元，占自治区地税收入23.96%。其中政府考核一般预算收入120.52亿元（市区收入105.95亿元，占全市地税收入87.91%；六县地税收入14.57亿元，占全市地税收入12.09%）。市地方税务局服务中心被评为全国税务系统先进集体，南宁经济技术开发区地税局、横县地税局六景分局、宾阳县地税局黎塘分局被命名为第十三批自治区文明单位。

纳税金额前10名的有：广西中烟工业有限责任公司（3.88亿元），广西荣和企业集团有限责任公司（1.59亿元），中房集团南宁房地产开发公司（1.55亿元），广西盛东房地产开发有限公司（1.47亿元），市城市建设投资发展总公司（1.06

亿元），市柳沙企业有限责任公司(1.01亿元)，广西电网公司南宁供电局(8500万元)，广西保利房地产有限责任公司(8400万元)，广西荣和置业开发有限责任公司(8000万元)，市龙光房地产开发有限公司(7800万元)。

【地税收入】 2010年，市地税局组织地税收入121.15亿元，其中政府考核一般预算收入120.52亿元，按可比口径增长22.93%，增收22.48亿元；完成全年目标任务115.09亿元的104.72%，超收5.43亿元；完成全年目标任务118.92亿元的101.35%，超收1.60亿元；占全市财政收入300.88亿元的40.05%。税收收入总量、增收额、增幅以及占财政总收入的比重均创历史新高，超额完成自治区地税局和市政府下达的税收收入任务。累计办理减免税退税1.28亿元，比上年增加1100万元，增长9.40%；征收防洪保安费、地方教育费附加、文化事业建设费、工会经费和残疾人保障基金等其他收入3.86亿元，增加6721万元，增长21.11%。

全市地税收入的主要特点：1.税收收入实现重大突破。全年地税收入120.52亿元(政府考核收入口径，下同)，与上年的83.55亿元相比，年内连续跃上90亿、100亿、110亿和120亿4个台阶，成为自治区首个地税收入突破百亿元大关的城市，收入规模相当于2006年全年收入的3倍。2.全市地税收入占自治区地税收入、全市财政收入比重逐年提高。全年全市地税收入由2006年占自治区地税收入和全市财政收入比重22.16%和34.02%提高到24.44%和40.06%，分别提高2.28个百分点和6.04个百分点。3.第二产业税收收入增长快于第三产业，增收占比明显上升。全年全市第二产业地税收入26.26亿元，增长50.31%，快于全市平均增幅20.38个百分点，增收8.79亿元，提高28.23个百分点；第三产业收入69.88亿元，增长23.81%，增收13.44亿元。第二产业收入增长快于第三产业26.50个百分点，得益于全市固定资产投资规模不断扩大和工业企业生产经营效益回升。4.重点税源税收收入稳定增长，支撑作用不断增强。全年全市2374户上年度纳税超过10万元的重点税源企业共缴纳各项地方税收65.74亿元，占全市地税总收入67.93%，重点税源对全市地方税收的支撑作用在不断增强；全市纳税超过100万元以上纳税户1207户，增加254户，累计缴纳各项税收收入81.60亿元，增加19.64亿元。其中纳税突破千万元大关的企业177户，增加42户。5.县域税收增长明显快于市区，收入占比提高。全市各县(区)地税收入普遍实现较快增长，市区12个征收单位地税收入完成105.95亿元，占全市税收收入总额87.91%，增收18.31亿元，增长20.89%；6个县地税收入完成14.57亿元，占全市地税收入总额12.09%，增收4.18亿元，增长40.18%。县域税收增长快于市区19.29个百分点，收入规模占比比上年提高1.48个百分点。

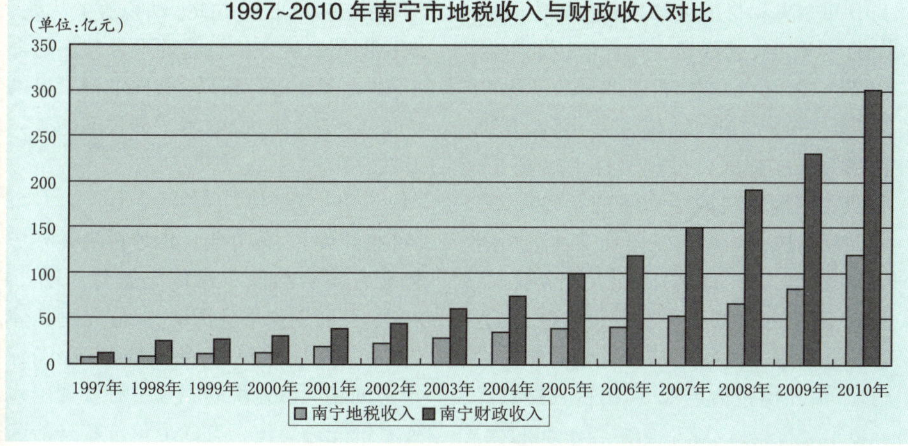

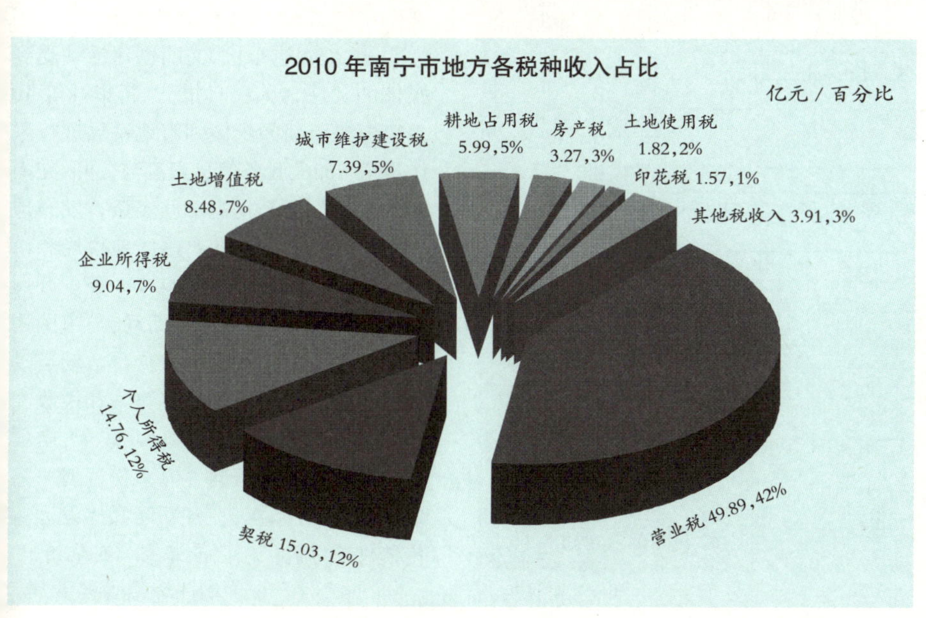

【税收管理】 2010年，市地税局坚持科学化、精细化管理，创新完善各项税收征管方式方法。1.行业纳税评估向纵深化推进。以重点税源管理为抓手，以分析为基础，以案例为载体，健全和优化纳税评估流程，不断完善纳税评估指标体系，编印《南宁市地方税务局纳税评估操作实务》，指导纳税评估的开展，形成企业自我普查、征管单位检查和市局组织重点交叉检查的三级立体评估模式。完成评估企业385户，评估入库税款3.80亿元，加收滞纳金289.64万元。2.重点税源管理形成专业化监控。继续以“四位一体”(税收分析、纳税评估、税源管理、税务稽查)联动机制为核心，不断完善重点税源监控管理方式，推进税源分类分行业专业化管理，强化税源管理的针对性和实效性。全市2374户重点税源企业共缴纳各项地方税65.74亿元，占全市地税总收入67.93%。3. 重大项目管理构建规范化格局。加强重大项目的跟踪与清理，构建重大项目税收属地征管体系，实行重大项目完全税收属地化管理，全市纳入监控管理的建筑安装、房地产业项目1.43万个，税收收入39.09亿元，占全部地税收入32.43%。其中，对跨区域重大项目税收

实行委托代征，代征税款 2.64 亿元；相关印花税收入 1.57 亿元，增收 0.58 亿元。4.契税征收管理实现平稳化过渡。4 月 1 日，在全自治区率先接管契税征收，与财政部门实行“双轨制”运行。7 月 1 日起，由地税部门全面接管，契税各项征管交接和对欠税的清理稳妥顺利推进，实现契税划转平稳过渡，契税收入 15.03 亿元，增长 3.80%。5.社会综合治税形成制度化管理。建立和完善社会综合治税的各项制度建设，制定《南宁市社会综合治税工作考核评比管理办法》，实现与所有协税护税单位直接开展合作的网格化综合管理模式，社会综合治税走上规范化、制度化管理的轨道，税收入库超过 17 亿元，占全部地税收入 14.05%。

【依法治税】 2010 年，市地税局对房地产、建筑安装、交通运输等行业开展专项稽查，共检查企业 222 户，查补入库 4.18 亿元，比上年增长 62%，增收 1.60 亿元。与公安部门联合开展打击发票违法犯罪活动，破获贩假、制假发票案件 6 件，捣毁制贩售假发票窝点 13 个，缴获假发票 901.55 万份，假发票可开具金额总计 483.97 亿元，涉税金额 22.46 亿元。

【税收信息化建设】 2010 年，市地税局加强税收信息化的建设，有针对性地加快信息管税进程，基本实现市级信息化数据大集中。扩大应用联网系统，拓展财税库行系统运用范围，加强部门沟通，实现财税库行联网报税户 5.11 万户，入库税收 117.63 亿元，占地税总收入97.60%，个体税收批扣业务纳入财税库行联网系统。推广应用 GIS 系统（地理信息系统），依托数字化规范税源管理。投入近百万元引入 GIS 系统，结合广西地税信息系统开发构建“南宁市地方税务局数字化税源管理系统”，在青秀区地税局进行试点。试行在线网上开票，依托网络化加强发票管理。开发“在线发票开具系统”，在青秀山风景区和青秀区地税局管辖的 25 户餐饮、住宿业纳税人中试点运行，通过在线网络开具服务业发票 1.90 万份，开票金额 5900 万元。推行网上开具缴款凭证，在江南区、南宁高新技术产业开发区、宾阳县地税局试点运行，实现纳税人足不出户就完成纳税申报缴税，缓解办税大厅压力，减轻纳税人负担，提高办税效率。12 月 1 日，广西康华药业有限责任公司财务人员通过广西地税网上缴税系统打印出广西首张地税网上缴款凭证。

【纳税服务】 2010 年，市地税局贯彻落实中共中央和自治区加强和改善宏观调控的一系列决策部署，以及广西北部湾经济区、西部大开发、再就业税收优惠政策，为 735 户企业（纳税人）办理地方税收减免 3.71 亿元，办理退税 1.32 亿元。贯彻落实国家税收法律法规及政策，提高政策的执行力，对规范性文件进行清理，共清理文件 339 份。加大资金投入，完成 14 个办税服务厅规范化改造，改造后的办税服务厅服务功能齐全，便民设施完善，环境整洁美观，为纳税人提供优质的办税环境。开发办税服务厅绩效考评管理系统并推广应用，构建“绩效考评科学、办税流程规范、服务标准统一”的办税服务厅规范化管理机制，打造法治、公平、文明、高效的办税服务厅。市地税局办税服务厅在 2010 年国家税务总局面向全国 34 个城市的地税系统开展的纳税人满意度调查中，得分 98.64 分，位列全国第三，在西部城市中位于第一。开展“心连心”纳税辅导，构建长效服务机制。加强对重点行业、重点企业、重大项目和热点税收问题进行有针对性的“一对一”、“一帮一”纳税辅导，辅导企业 150 多家，培训企业财务人员 2000 多人次，发放学习资料 6000 多份，为纳税人解决问题 152 个。完善纳税人培训学校和纳税人之家，并拓展至全市 17 个县（区、开发区）地税局，构建上下联动的培训服务机制，开展税收援助，维护纳税人权益。共受理各类纳税人上门咨询事项 4300 人次，培训纳税人 5000 多人次。拓展“ETS”（电子税务服务）功能，完善 12366 纳税指南库，形成 12366 纳税服务热线、地税网站、税务信息管理平台“三网合一”的电子化服务格局。共向纳税人提供涉税服务 73.20 万次，解决涉税问题 5.56 万次。

【税收宣传】 2010 年，市地税局举办形势教育报告会及革命传统教育活动 10 多次；开展创先争优活动，抓好先进集体（单位）、文明单位、青年文明号、巾帼标兵岗创建。市地税局服务中心获全国税务系统先进集体，有 3 个单位获自治区文明单位，23 个单位（集体）获广西青年文明号、市先进单位，文明创建活动受到媒体的关注，《人民日报》、新华社等 10 多家中央级新闻媒体到市地税局进行采访报道。加大政务信息交流与公开，在南宁地税网站更新信息 200 多条，发布地税新闻 630 多条，在自治区地税局和市地税局本级编发政务信息 996 条。开展第 19 个全国税收宣传月活动，与市国税局联合在金湖广场举行宣传月活动启动仪式，进行税法知识有奖竞答和税收文艺表演，组织税收宣传项目 23 个，向群众发送税法宣传资料 5 万多份（册）、短信息 20 多万条次，在各新闻媒体发表宣传稿件 73 篇。 （李玉露　孙炳清）

责任编辑　孙贵寿

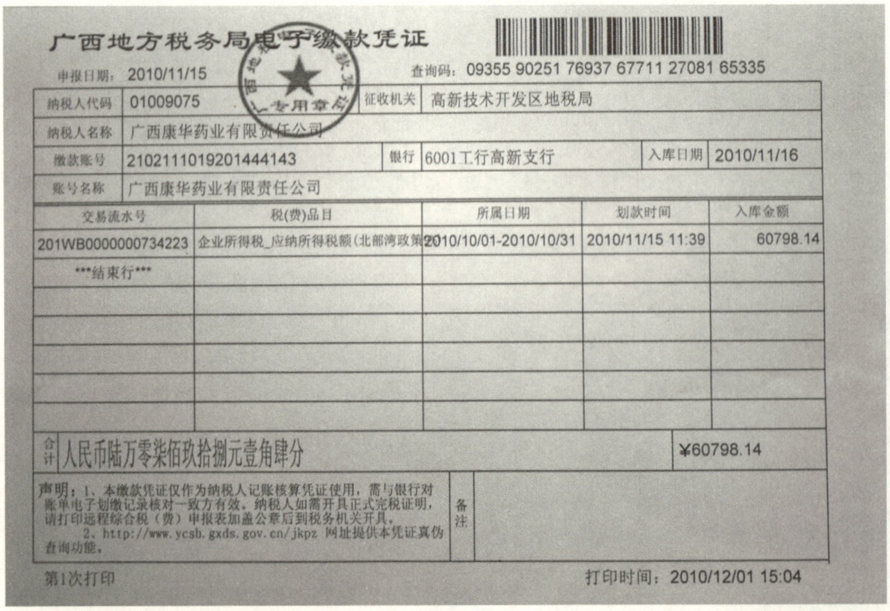

广西地方税务局电子缴款凭证

申报日期：2010/11/15　　查询码：09355 90251 76937 67711 27081 65335

纳税人代码	01009075	征收机关	高新技术开发区地税局
纳税人名称	广西康华药业有限责任公司		
缴款账号	2102111019201444143	银行	6001工行高新支行　入库日期 2010/11/16
账号名称	广西康华药业有限责任公司		

交易流水号	税(费)品目	所属日期	划款时间	入库金额
201WB0000000734223	企业所得税_应纳所得税额（北部湾政策	2010/10/01-2010/10/31	2010/11/15 11:39	60798.14
结束行				

合计　人民币陆万零柒佰玖拾捌元壹角肆分　¥60798.14

声明：1、本缴款凭证仅作为纳税人记账核算凭证使用，需与银行对账单电子划缴记录核对一致方有效。纳税人如需开具正式完税证明，请打印远程综合税（费）申报表加盖公章后到税务机关开具。
2、http://www.ycsb.gxds.gov.cn/jkpz 网址提供本凭证真伪查询功能。

备注

第1次打印　　打印时间：2010/12/01 15:04

广西地税首份网上打印缴税凭证　　市地税局提供

金　　融

银　　行

【概　况】

各项存款　2010年，南宁市金融运行总体平稳，各项存款余额保持较快增长态势。至年末，全市金融机构人民币各项存款余额3892.26亿元，比年初增加660.90亿元，增长20.45%，增幅比上年同期下降18.76个百分点。金融机构人民币储蓄存款余额1367.29亿元，增加251.09亿元，增长22.50%，增幅下降3.09个百分点，其中活期、定期储蓄存款分别增加176.43亿元和74.66亿元，新增存款中活期占70.27%，储蓄存款呈活期化态势。储蓄存款继续增长，主要是城乡居民可支配收入增加，同时受央行加息、房地产市场调控等因素影响，居民投资股市、房市意愿不高，储蓄存款实现稳步增长。金融机构人民币企业存款余额1610.67亿元，增加248.66亿元，增长18.26%，增幅下降33.82个百分点；其中新增企业活期、定期存款占比分别为69.35%、30.65%，企业存款呈活期化态势。企业存款大幅回落，主要是商业银行贷款规模受限，以及政府投融资平台公司新增贷款减少，从而直接影响企业派生存款大幅减少。财政存款余额减少38.77亿元，下降37.87%，增幅下降66.40个百分点。机关团体存款余额比年初增加114.09亿元，增长26.90%，增幅下降1.84个百分点。财政存款余额降幅大，主要是用于民生、基础设施建设的财政性资金支出加大。

各项贷款　受宏观调控政策影响，银行体系流动性收紧，货币政策步入“稳健”新周期，信贷总量逐步回归正常状态。至年末，南宁市金融机构人民币各项贷款余额3909.02亿元，比年初增加630.90亿元，增长19.25%，增幅比上年同期下降22.25个百分点，主要特点是信贷期限结构呈明显中长期化态势。全市金融机构人民币中长期贷款余额3379.96亿元，增加616.10亿元，增长22.29%，增幅比上年同期下降24.11个百分点；新增中长期贷款占全部新增贷款额的97.65%，增幅上升8.23个百分点。短期贷款余额504.54亿元，增加17亿元，增长3.49%，增幅下降28.76个百分点。票据融资余额24.46亿元，减少2.23亿元，下降8.36%，票据融资下降，主要是商业银行适时收缩流动性较强的票据融资业务。贷款投向结构重点集中，投资和消费贷款实现平稳较快增长。南宁市通过加大项目建设力度促发展，全市固定资产投资项目进展加快，全市金融机构在信贷总额受限的情况下，优先向重点行业和优质客户放贷，新增贷款主要投向基建、重点项目、个人消费等领域。全市单位固定资产贷款增加267.59亿元，增长15.95%；固定资产银团贷款增加106.45亿元，增长96.66%。个人中长期消费贷款比年初增加171.44亿元，增长35.03%，增幅比上年同期下降20.63个百分点，原因是受国家房地产政策调控影响，商业银行房贷风险意识增强，房贷增幅回落。中长期单位经营贷款增加31.49亿元，增长7.83%；单位短期经营贷款增加43.84亿元，增长11.63%，在各类贷款较快增长的背景下，用于生产经营的贷款增速相对缓慢，折射出基本建设投资项目对生

2010年南宁市金融机构人民币信贷收支情况

单位：亿元

项　目	余　额	项　目	余　额
各项存款	3892.26	银团贷款	6.51
企业存款	1610.67	贸易融资	15.77
财政存款	63.60	中长期贷款	3379.96
机关团体存款	538.23	个人贷款	764.28
储蓄存款	1367.29	个人消费贷款	660.78
活期存款	810.80	单位贷款	2383.29
定期存款	556.49	经营贷款	433.79
农业存款	83.53	固定资产贷款	1945.69
委托存款	26.42	普通并购贷款	15.79
其他存款	202.52	银团贷款	216.58
各项贷款	3909.02	固定资产贷款	216.58
境内短期贷款	504.54	票据融资	24.46
个人贷款及透支	44.35	贴现	24.46
个人消费贷款	9.34	现金投放(+)回笼(-)	-84.09
单位普通贷款及透支	437.90	现金收入	4883.28
经营贷款	420.90	现金支出	4799.19
固定资产贷款	12.06		

产经营贷款的信贷“挤出效应”显现，金融机构对实体经济信贷支持力度减弱。

现金收支　全市金融机构累计现金收入4883.28亿元，现金支出4799.19亿元，收支轧差，全年累计净回笼现金84.09亿元，比上年同期减少15.66亿元。

经营效益　全市金融机构实现本外币利润105.96亿元，比上年同期增长21.32%。

【中国人民银行南宁中心支行】2010年，中国人民银行在南宁市的分支机构有7家，员工563人。其中：省会中心支行1家，员工440人；宾阳、横县、武鸣、马山、上林、隆安6个县各有县支行1家，员工123人。

金融改革　人民银行南宁中心支行以创先争优活动为基点、开展业务竞赛活动，实现总行“全员参与，提高素质，成果转换”的业务竞赛要求，获总行“创新金融服务，支持经济发展”业务竞赛活动优秀组织奖。组织成立跨境贸易人民币结算试点工作领导小组及办公室，代自治区政府拟写《关于在广西开展人民币直接投资的请示》报国务院，广西边贸结算两种模式为跨省结算提供畅通便捷的清算服务平台，广西跨境贸易人民币结算7652笔，居全国第一；结算总金额突破126亿元，居8个边境省(自治区)第一；出口结算金额93亿元，占全国货物贸易出口结算量的28%，居全国第一；对越南直接投资100万元，实现人民币跨境直接投资业务“零”突破。以农村金融改革试点田东县为基础模式，制定扩大广西农村金融服务改革试点的指导意见，成立“农金村办”工作室，部署推动自治区13个扩大试点县的农村金融改革工作，建设广西多层次、广覆盖、可持续的农村金融体系。广西所有县域支付系统覆盖率62%，农信银支付清算系统覆盖率100%，建立信用镇(村)209个、信用农户18万个。建立广西金融市场联席会议制度，联合自治区工业和信息化委员会等举办非金融企业债务融资工具培训班，推动广西中小企业集合票据试点工作。广西企业新增发行非金融企业债务融资工具75亿元，比上年同期增长6.50倍；中期票据实现零的突破。

金融调控　落实适度宽松的货币政策，创新窗口指导会议形式，制定信贷指导意见，鼓励县域法人金融机构新增存款一定比例用于当地贷款。制定《南宁市金融机构隔夜头寸拆借暂行办法》，运用各种货币政策工具，通过优惠准备金政策，增加地方法人金融机构可用资金150.15亿元，向总行争取调增再贷款和再贴现限额30亿元，合理调节区域流动性。至年末，自治区民贸民品企业优惠贷款余额30.15亿元，增长1.05倍，人民银行贴息6245万元，增长1.31倍。

金融稳定　关注大型商业银行分支机构改革进展情况，稳步推进新型农村金融组织组建。建立健全金融稳定评估、信息共享机制，加强对银行信贷风险监测，掌握和评判金融业运行风险状况。实现玉林原人民银行组建的4家城信社市场退出，完成北海关闭的12家城信社资产处置，配合汇达公司完成广西资产包拍卖处置，全自治区人民银行待清理资产挂账损失全部得到核销。作为广西社会信用体系建设联席会议牵头单位，与自治区高级人民法院、工商局建立信息共享机制。出台广西信用评级管理办法。首次对全自治区银证保金融机构反洗钱进行非现场监管评估，对49家金融机构反洗钱进行现场检查，协助执法机关开展对“7·3”专案等涉及金额近百亿元的27起要案反洗钱调查。明确对金融机构及金融服务系统的准入、检查及处罚等各环节的管理规程，首次全自治区同步对工商银行广西各分支机构开展综合业务现场检查，处以罚款金额312.90万元。

金融服务　开展金融统计执法检查，拓展重点行业监测深度，率先在全国开展农户问卷调查试点。增设青年课题研究小组，总结广西“十一五”时期金融业发展成就，研究提出广西金融业改革发展“十二五”规划建议。启动非金融机构支付服务监管，制定支付清算系统和账户业务参与者管理办法，为自治区1194家银行网点搭建全天候的网上跨行支付清算系统平台，共办理资金清算金额12.79万亿元。开展发行会计核算、发行库标准化及发行基金物流管理，全年累计投放发行基金973.74亿元，回笼发行基金1109.67亿元，假币收缴量下降37%，货币发行更加安全高效。国库直接支付涉农财政补贴项目扩大到19个，工会经费国库收支管理模式向全国推广，电子缴税100%覆盖全自治区，共办理预算收支业务2982万笔、金额8649.11亿元。完成两网分离工程和省级数据中心内网纵向防火墙的建设任务，制定广西金融IC卡应用指引，加强对各银行金融机构信息安全的指导和监督，完成上海世界博览会、中国—东盟博览会、广州亚运会等重要时期的各业务系统运行维护保障。办好自治区政府门户网站金融网页，加强政务信息报送。

外汇管理　争取获得银行边贸结算账户结售汇管理、个人本外币兑换特许业务试点优惠政策，规范边境地区货币兑换市场建设。全面推广进口核销制度改革，为企业银行节约成本。向总局争取广西辖区地方金融机构年度融资性对外担保余额指标7375万美元、短期外债余额指标1000万美元。做好南宁保税物流中心、中国—东盟博览会的外汇管理与服务。全面启动外汇金宏系统，推广个人外汇非现场监管系统，完成边境地区人民币申报、网上购物等11项核查和星展银行等7家银行国际收支统计申报业务现场核查，开展企业外汇收支专项检查、打击外汇违规资金流入专项行动等，维护外汇市场健康良好秩序。

（陈恒丹）

【中国工商银行广西分行营业部】2010年，中国工商银行广西壮族自治区分行营业部辖支行16家，营业网点108个，员工2386人。至年末，各项存款余额632.51亿元，比年初增加49.74亿元；各项贷款余额593.28亿元，增加84.80亿元；实现中间业务收入3.72亿元；资产质量保持优良，不良贷款率连续12年低于1%。资产业务方面，加大优质信贷市场拓展力度，支持铁路、电力、公路等国家和自治区重点项目、重大项目建设，支持制糖、造纸等广西支柱产业的发展，支持循环经济、节能减排、环保产业等绿色经济发展，向城建、糖业、交通和铁路等行业投放贷款38亿元。支持地理位置和建筑品质好、满足百姓基本居住需求的房地产项目，全年发放住房开发贷款24.91亿元。建设个人贷款旗舰店，全面构造“旗舰店+一般个贷中心”的业务受理格局，个人贷款余额201.30亿元，增加53.60亿元。负债业务方面，依托网点数量多、领先的结算优势、优秀的客户经理团队，加强公私联动，做好系统客户、重点客户和重要项目的营销服务，拓展各类交易市场经营商户、中小企业股东等客户群体，加快拓展新农村市场，促进对公存款和储蓄存款齐头并进，对公结算账户存量、净增数、新开户数3项指标位居同业市场第一。通过开展理财沙龙、优质客户积分回馈等方式，做好客户维护。中间业务方面，加快投行业务发展，做大基础类投行业务，提升常年财务顾问、信息咨询、投融资顾问等投行业务在公司有贷户中的覆盖率。研发个人购自用车、商用车、车位(库)、个人贷款客户分期付款专用卡、单位市场运作建房等分期付款产品。拓展实物黄金积存、黄金AU(T+D)新业务，全年累计销售品牌金58千克，账户金2736千克。创新服务管理，以解决客户“排长队”为抓手，加快渠道建设，投入资金专门用于网点装修、升级改造和增加自助设备，改善网点营业环境，构建物理网点和电子银行协调发展、互相促进的多元化、立体化的服务体系。

(王圆圆)

【中国农业银行股份有限公司广西分行营业部】 2010年，中国农业银行股份有限公司广西壮族自治区分行营业部辖一级支行14家，其中：城区8家、县域6家；员工2370多人；对外营业网点154个，其中城区90个、县域64个。农行广西分行营业部围绕北部湾经济区建设、中国—东盟自由贸易区建设等首府主流经济建设热点，坚持自主创新，主动搭建银政、银企合作平台，各项业务取得进展。至年末，各项存款余额591亿元，比上年同期增长31%；各项贷款余额445亿元，增长26%；实现中间业务收入3.20亿元，拨备后利润12亿元。

业务发展 坚持结合区域经济发展战略，组织筹措资金。利用现金管理平台、网上银行等结算手段，抓集团性、系统性客户的资金归集。至年末，公司类存款余额107亿元，增长55%。举办“2010新春商户南宁主场联谊会”、“春天行动”钻石客户联谊会、第二届“农行杯”高尔夫球精英邀请赛、高端客户“迎佳节 健康行”高尔夫乐满地专场、友爱支行钢材市场客户联谊会等高端客户联谊活动，密切银企关系，挖掘高端客户潜力。代理南宁市国库集中支付和非税收入业务，加强与地方社会保险、医疗保险、住房公积金等部门合作，以发行联名卡等方式，搭建服务平台。把握好政策机遇，重点支持北部湾区域沿海石化工程、沿海钢铁基地、国家级保税区及园区建设、港口建设、城市基础设施、优势产业工程等重点项目。向广西北部湾国际港务集团有限公司、广西铁路投资(集团)有限公司、南宁交通水利投资有限责任公司、广西建工集团有限责任公司、广西水利电业集团有限公司、中国电信股份有限公司广西分公司、广西金融投资集团城建发展有限公司、广西水利电力建设集团有限公司等项目(客户)新发放贷款30多亿元。为客户进行评级、授信，重点向广西民族经济资金管理局、广西医科大学一附院、广西大学等一批教育、卫生机构类信贷优质客户，发放贷款10多亿元。通过对广西联航投资有限公司、广西金广源投资有限公司等8家客户申请以动产浮动抵押方式开立银行承兑汇票承兑申请人及汇票收款人的准入，引入南宁市虎邱城北钢材市场和南宁电子科技广场列入可采取互保、联保、引入商业担保机构、市场方担保等保证担保方式办理信贷业务，支持中小企业发展。率先在南宁城区推行个人贷款业务集中经营管理模式，简化业务流程。至年末，该部个人贷款余额94亿元，增长52%。依托网络、网点的优势，依靠电子银行科技支撑，发展中间业务。率先在全自治区农行系统实行网点“1+1”营销新模式改革。重点加强与国海证券、招商证券、长城证券、华泰证券等大型券商的合作，通过驻点资源倾斜，促使以上券商引导大量客户在农行开立第三方存管资金账户。加强对企业年金业务的营销，重点选定98家优良信贷客户，以及自治区国有资产管理委员会下属广西金融投资集团等20家目标客户作为年金业务营销的重点对象为企业量身定做企业年金服务方案。选择在全国范围内具有较大影响力的宝城、倍特、宏源、国海良时、广晟期货签订联合营销实施方案，推广银期转账业务。营销新型投资银行业务，办理广西金融同业首单中期票据业务、广西金融同业首笔上市财务顾问业务、广西分行首笔并购贷款业务、农银金融租赁公司成立后首笔融资租赁业务等新业务；通过跨区域合作，与新加坡分行、广西越洋化工有限责任公司签署三方上市财务顾问意向性协议，起动转矩发展企业上市财务顾问业务。

9月20日，工行广西分行营业部举办工商银行VIP大讲堂——艺术品收藏、鉴赏与投资专题讲座　王圆圆提供

服务“三农” 推进“三农”金融事业部制改革，组织各县支行梳理掌握当地特色产业、主要资源特点和同业发展状况，描绘南宁市六县主要资源和特色产业详细的分布图，制定6个县支行服务“三农”三年发展规划，创新和推广一系列“三农”产品，构建“三农”金融同一品牌“金益农”；惠农卡逐步成为农户农副产品兑付款、移民补偿款、财政直补资金、医疗报销款等资金的最佳入账通道；推广横县事业部服务三农“青桐模式”；与广西银联公司联合在横县茉莉花交易市场创建“刷卡无障碍农贸市场”，与农

业、林业、供销社、妇联和团委等部门签订合作协议,支持农业产业化龙头企业、县域中小企业、县域城镇化建设和解决农民贷款难问题。至年末,该部农业产业化龙头企业贷款余额18亿元,累计发放县域中小企业贷款8亿元,县域城镇化贷款余额6亿元,累计发放县域个人贷款20亿元。

金融服务　根据南宁市规划中心外延的趋势,加大南宁新兴区域的网点布局。规划搬迁调整到埌东和凤岭开发区一带网点11个,柳沙半岛一带2个,五象新区1个,相思湖新区1个;搬迁到江南壮锦大道一带1个,五一西路富宁新村一带1个,快环建材市场和昆仑大道2个,安吉路延长线1个。对于搬离后的网点原址及老商业区,通过发展离行式自助银行,扩大网点服务区域,设立离行式自助银行8家;年末全辖共有ATM自助取款机(含CRS自助存取款机)204台、自助终端151台,150个网点均配备网银电脑,安装转账电话3676台。开展"绿色行动",实施招牌亮化工程,全年新装修改造网点35个,新设离行式自助银行10家、旗舰型离行式自助银行2家;完成所有网点的文明标准服务导入和新一级标识(LOGO)门牌更换。

内部管理　加大内部管理考核监督力度,改革科级干部年度考核办法,突出以季度为考核重点,实施分类考核支行行长、副行长、机关各部室及专营机构,专项考核分管零售业务副行长,穿透式考核网点主任等考核激励机制。围绕业务经营发展中心,有针对性地开展监督检查,增强内部风险控制能力。加强员工培训,共组织开展各项规章制度学习、新业务知识、服务礼仪等各类培训班以及岗位资格考试150多期,培训1.31万人次。

(曾　敬)

【中国建设银行股份有限公司广西分行】2010年,中国建设银行股份有限公司广西壮族自治区分行在南宁城区共有机构104家,员工2416人。至年末,各项存款余额1528亿元,各项贷款余额1039亿元。

存款业务　对公存款方面,以账户营销和升级为重点,扩大客户群体,优化账户结构,实现从"抓存款"到"抓客户结算资金"的转变。储蓄存款方面,实行差别化、立体式营销。利用龙卡通、结算通、联名账户、代发工资、基金定投、银证通、银保通等基础账户类产品的特点和优势,扩大优质客户群体。

贷款业务　发放贷款2.45亿元支持北部湾经济区开发建设。发放贷款10亿元支持地方交通基础设施建设。依托"民本通达"民生系列产品综合服务方案支持国家民生领域建设,向医院、学校、环境保护等领域客户投放贷款23亿元。通过"速贷通"、"成长之路"两大品牌,投放小企业非贴贷款20多亿元。在确保个人住房贷款领先优势的同时,推进个人助业贷款、个人消费贷款的发展,发放个人贷款321亿元。

中间业务　重点发展造价咨询、银行卡、电子银行等传统厚利性产品,以及企业年金、融资租赁、并购顾问、信托理财、龙信等新型产品,拓宽中间业务收入来源,实现中间业务收入8.53亿元。

网点和内部管理　完成105个网点的二代转型,横向整合对公网点14个;新增投放自助设备65台;全面实施营业网点岗位人员标准配置,网均配备客户经理3.50人、理财师2.50人。制订贷后管理手册,提升贷后管理质量;推进"内控与案防制度执行年"活动,严格落实案件防控责任制,规范各类财务开支行为,规范集中采购管理,优化采前、采中、采后全流程,防范商业贿赂风险。推进"平安建行"创建活动,共有334个营业网点获"平安建行"称号,全年无案件和重大违规事件发生。

(彭瑞娟)

【中国银行南宁市邕州支行】2010年,中国银行南宁市邕州支行管辖营业部1家,城区营业性支行27家,分理处1家,员工近500人。邕州支行重点抓好项目营销、客户拓展和网点转型,快速做大业务规模,提高市场竞争力,各项业务实现健康较快发展。至年末,人民币各项存款余额94亿元,比上年增加23亿元;各项贷款余额83亿元,增加5亿元;外币各项存款余额6399万美元。公司金融业务方面,在维护好原有优质客户基础上,重点挖掘铝业、林业等支柱产业,紧跟机场扩建、沿海铁路、东盟保税物流园等一批自治区政府重点工程,抓住地方支柱产业的大型企业,发展公司企业客户业务。行领导带队通过各个击破、逐条跟进方式落实重点客户和项目。从整合资源入手,组建精干的行政事业团队,加强对行政事业单位的营销。个人金融业务方面,推广和销售理财产品,用理财锁定存款,成为促进储蓄存款稳定增长的新亮点。继续做好客户基础工作,以借记卡、电子银行等业务为切入点,扩大支行市场占有率。优化网点布局,加快网点转型,完成改造的网点4个、局部改造1个。成立个人贷款中心,提供个人住房(含二手房)贷款、汽车消费贷款、个人经营类贷款等贷款业务服务,零售贷款余额近62亿元。

(骆　颖)

【交通银行广西分行本部】2010年,交通银行广西壮族自治区分行本部(南宁市)有机构网点37个,员工813人。至年末,人民币各项存款余额311.43亿元,比年初增加66.79亿元,增长27.30%。其中:对公存款余额245.82亿元,增加52.21亿元,增长26.97%;储蓄存款余额65.62亿元,增加14.58亿元,增长28.56%。人民币各项贷款余额234.31亿元,增加24.24亿元,增长11.54%。外汇各项存款余额2906万美元,减少3091万美元,减少51.54%;外汇各项贷款余额1.12亿美元,减少1769万美元,减少18.69%。

业务发展　个人业务方面,坚持以客户为中心的发展策略,通过公私联动、体验式营销、客户互荐等方式,巩固和扩大基本客户群体,推动个人存款增长。推广"基金诊断"服务模式,从财富管理的角度提供销售顾问式服务,基金销售取得较好成效。结合客户多渠道投资喜好,做好金银章币、保险、个人黄金买卖等产品销售服务。作为上海世界博览会合作伙伴,做好服务博览会工作。开发太平洋联名卡业务,扩大用卡范围和个人金融业务品种;推进太平洋卡业务配套服务,扩大商户POS刷卡交易量。全年零售贷款新增10.40亿元,增长44.51%。公司业务方面,加大对交通、港口、水利、电力、水泥等重点行业以及广西支柱产业发展力度。至年末,支持推进自治区、市级重点项目35个,总投资194.97亿元,投入信贷资金99.28亿元,主要集中在能源、交通、港口、水利、产业、社会公益等领域。其中：基础建设方面22个，总投资134.97亿元，投入信贷资金69.49亿元，项目12个。采取信托、票据、保函及其他多种金融工具，支持地方经济，通过银团贷款、信托贷款等渠道累计注入省外投资资金78.72亿元。实施“绿色信贷”工程，促进经济金融可持续健康发展，对节能减排行业授信企业29户，投入信贷资金54.50亿元。成立中小企业专营机构，开辟审批绿色通道，树立“展业通”和“蕴通供应链”服务品牌。国际业务方面，统筹安排外汇资金运用，根据实际业务需求进行调配，提高外汇资金的使用效率，坚持以客户为中心，创新业务品种，开发理财型外汇融资产品，为多个重点企业办理“内保外贷”业务，为企业提供系列业务跨境服务。

网点服务与内部管理　设立钦州支行，提升对北部湾经济建设的服务能力。加强传统网点的功能改造和职能调整，增强网点服务功能。新增自助区（点）5个、ATM自助取款机20台、CRS自助存取款机15台、自助通设备6台，完成搬迁人工网点1个，功能区调整3个。统一更新所有自助区的设备标识、操作指南、安全提示，提升ATM单笔取款限额，增强自助设备服务水平。风险内控方面，将风险排查和持续动态的资产结构调整贯穿于资产管理过程始终。建立会计业务飞行突击检查和飞行查库机制，加强非现场监控工具的使用，提高风险防控能力。

（练宇静）

【中国光大银行南宁分行】　2010年，中国光大银行南宁分行辖同城支行8家、二级分行1家、异地支行1家（桂林支行）。紧跟自治区及南宁市经济建设步伐，推动业务全面健康发展。至年末，各项存款余额247.36亿元，比年初增加49.21亿元，增长25%；各项贷款余额198.26亿元，存贷比为87%，完成总行下达的任务指标；实现中间业务收入8131万元，比上年同期增长2240万元，增长38.02%；实现账面税前利润4.80亿元；不良贷款额4815万元，不良率0.24%，贷款不良率及不良额连续8年实现“双降”。投行和企业年金业务在业界领先。投行业务方面，累计承销短期融资券业务41亿元，实现中间业务收入975万元，占自治区市场份额80%以上，保持市场第一的领先地位；企业年金客户数116家，归集托管资金规模3.23亿元，管理个人账户5488个，企业年金托管资金规模在自治区排名第一，市场占比超50%。打造企业文化，组织员工参与抗旱救灾、母亲水窖西部行等弘扬社会责任的公益类活动。母亲水窖广西行活动走访都安等广西缺水地区，考察水窖工程，为当地希望小学捐赠物资。分行营业部以第一名成绩入选中国银行业协会2010年千佳示范单位。

（刘　楊）

【广西北部湾银行】　2010年，广西北部湾银行资产规模大幅增长，机构建设稳步推进，金融产品不断创新，公司治理不断完善，各项经营指标总体运行良好。至年末，资产总额590.35亿元；各项存款余额341.56亿元，实现营业总收入17.87亿元；实现利润6.32亿元。北部湾银行紧抓市场拓展时机，加快机构建设，先后在贵港、玉林设立一级分支机构，实现在北部湾经济区“4+2”（南宁、北海、钦州、防城港、玉林、崇左）城市服务网络的全覆盖。在贷款增幅、增速、投放频率受限情况下，建立与自治区外同业合作关系，作为牵头行和代理行，发起广西有色金属集团5亿元流动资金银团贷款，得到深圳发展银行响应；作为发起人与汇丰银行、深圳发展银行、汉口银行3家金融机构组成银团向南宁糖业股份有限公司贷款6亿元。调整和优化信贷结构，重点发展中小企业和个人贷款，推出适合小企业及个体工商户的微小信贷新产品——“北部湾微贷”，发放微小贷款1708笔，累计发放贷款金额超过4亿元。拓展以资金业务、票据业务、理财业务、贸易融资业务、国际业务等多元化经营的利润增长模式。国际业务方面，与境内外64家金融机构建立合作关系，其中东盟国家金融机构32家，实现国际业务结算量3.32亿美元，12月29日，办理首笔跨境贸易人民币结算业务。强化内控制度及监管规章的贯彻落实。至年末，北部湾银行监管资本净额42.62亿元，资本充足率16.98%，核心资本充足率16.29%，拨备覆盖率217.71%，不良贷款率0.98%，流动性比例为48.26%，成本收入比41.83%，资产利润率（折年）1.02%，资本利润率（折年）11.92%。

（杨　源）

【南宁市辖区农村信用社】　2010年，南宁市辖区农村信用社有县级农村合作金融机构8家，营业网点263个，员工2600多人。

存、贷款　南宁市辖区8家县（市、区）农村信用社各项存款余额341.24亿元，比上年增加90.86亿元，增长36.29%。其中：储蓄存款余额204.66亿元，增加50.13亿元，增长32.44%；对公存款余额136.58亿元，增加40.73亿元，增长42.50%。各项贷款余额238.85亿元，增加63.76亿元，增长36.42%。全年累计发放各项贷款170.97亿元，增加35.68亿元，增长26.37%。其中：发放涉农贷款88.13亿元，增加34.16亿元（占南宁市各家金

信贷人员送贷上门支持广西金牌帆船食品公司加工玉米项目　　李继宁提供

融机构涉农贷款增量的80.53%)。不良贷款减少1.98亿元，不良贷款余额占比为3.58%,下降2.43个百分点。全辖农村信用社实现经营利润6.89亿元，增加1.59亿元。

中间业务　利用网点和网络优势开展代付蔗款、代发工资、代扣税款、代发粮食直补、代收学费、代发退耕还林款、代办保险、代理新农村社会养老保险等业务，实现中间业务收入4593.81万元，累计发行桂盛卡76.48万张。

业务发展　南宁市辖区农村信用社开展强基惠农春季大行动，投入抗旱救灾和春耕生产支农资金56.78亿元,支持农业生产发展。支持首府重点项目建设，向南宁市建宁水务集团追加贷款2000万元,贷款余额1.39亿元;向南宁交通水利投资有限责任公司追加贷款4500万元,贷款余额1.37亿元;向南宁化工股份有限公司发放贷款1.10亿元；向南南铝业股份有限公司追加贷款2700万元,贷款余额4000万元。农村信用社在南宁市城区的贷款余额146.39亿元，比年初净增44.65亿元。支持蔗糖生产和香蕉规模种植。投放甘蔗生产贷款3.50亿元,支持农民种植甘蔗；给辖区制糖企业发放流动资金贷款10.85亿元,支持制糖企业扩大生产规模；发放香蕉种植贷款1.19亿元,支持3300多户农户发展和扩大香蕉种植。支持中小企业和县域经济发展。创新贷款担保方式，开办质押+保证贷款、联保和仓单质押贷款、林权抵押方式发放贷款等业务，加大对中小企业特别是涉农企业的信贷投入。发放中小企业贷款86.26亿元，比上年多发放17.89亿元;中小企业贷款余额117.79亿元,比年初增加41.73亿元。发放贷款6500多万元支持新农村建设。发放小额信用贷款5.20亿元,支持辖区农户发展种植、禽畜养殖、水产养殖业生产,并发放0.80亿元贷款支持农户解决生活困难。发放农村青年创业贷款16.56亿元,支持农村创业青年2.60万多人。

网点与内部管理　广西农村信用社联合社南宁办事处指导南宁辖区农村信用社加强经营和管理，先后开展贷款五级分类、大额贷款、ATM运行、单人临柜、安全保卫等各种检查,对检查发现的问题进行督促整改。协调好辖区农村信用社与当地政府的关系，南宁辖区8家农村信用联社争取到地方政府出台实行“存贷同比”原则保证存款增长。南宁市辖区农村信用社营业网点263个，均与全自治区农村信用社实现数据集中联网、全国通存通兑,大小额支付、所有结算业务即时到账,并开通网上银行、手机短信通等业务。安装自助取款机155台。全年无重大经济案件和安全责任事故。

（李继宁）

证　券

【证券经营】 2010年，南宁市有证券公司1家(国海证券有限责任公司),基金管理公司1家（国海富兰克林基金管理有限公司），证券营业部36家，增加14家。南宁市证券营业部全年代理沪深证券交易所证券交易总额5562.80亿元,比上年同期增长6.17%。其中,A股5321.33亿元,B股7.58亿元,基金24.16亿元,债券4.77亿元,权证174.92亿元,其他证券30.04亿元。投资者开户数67.73万户，增长22.39%；证券营业部托管市值624.65亿元，增长47.36%;36家证券营业部全年实现净利润3.45亿元，减少36.93%。至年末，国海证券公司总资产116.51亿元,净资产24.51亿元,净资本20.74亿元,实现净利润4.52亿元。国海富兰克林基金公司资产总额4.77亿元,实现净利润0.79亿元；国海富兰克林基金公司旗下有基金产品8只，其中股票型基金7只，债券型基金1只;8只基金总份额为163.30亿份，基金资产总规模192.42亿元。

【期货经营】 2010年，南宁市有期货营业部18家。共代理期货交易量4514.47万手,比上年同期减少19.91%;累计成交额38494.66亿元,增长209%;投资者开户数1.65万户,增长68.74%;实现手续费收入1亿元，增长78.26%；实现净利润2507.01万元,增长58.61%。

【上市公司】 2010年，南宁市新增上市公司1家,上市公司共8家，分别是南宁百货大楼股份有限公司、南宁糖业股份有限公司、南宁化工股份有限公司、广西桂冠电力股份有限公司、广西五洲交通股份有限公司、广西南方食品集团股份有限公司、阳光新业地产股份有限公司、广西皇氏甲天下乳业股份有限公司（新增)。8家公司总资产441.40亿元,总股本46.54亿股,总市值382.08亿元,分别占广西27家上市公司总资产、总股本及总市值的40.25%、35.19%、25.04%。8家公司全部盈利，实现净利润合计18.24亿元,平均每股收益0.39元。

（高瑞启）

2010年南宁上市公司情况

公司名称	总股本（万股）	总资产（万元）	净资产（万元）	营业收入（万元）	净利润（万元）	每股收益（元）	净资产收益率(%)	总市值（万元）
广西桂冠电力股份有限公司	228044.95	1820829.23	442642.57	421864.11	66291.22	0.29	18.49	1003397.79
南宁化工股份有限公司	23514.81	247407.53	86564.80	109180.35	1170.67	0.05	2.57	174009.62
广西五洲交通股份有限公司	55586.77	983735.76	266625.35	35839.65	21382.53	0.38	9.52	406895.15
南宁百货大楼股份有限公司	26040.96	108827.20	33000.00	185768.80	9759.95	0.37	34.09	246868.30
阳光新业地产股份有限公司	74991.30	646214.30	286976.90	304234.70	43539.20	0.58	20.16	537687.84
南宁糖业股份有限公司	28664.00	431276.58	160787.35	387501.90	18385.74	0.64	13.31	683636.40
广西南方食品集团股份有限公司	17825.95	83469.91	27726.26	42170.23	16198.85	0.91	74.95	240650.38
广西皇氏甲天下乳业股份有限公司	10700.00	92266.83	74879.64	41102.26	5692.97	0.53	7.74	527617.00

保　　险

【概　况】 2010年，南宁市保险市场主体增多,机构网络进一步健全。新增天平汽车保险股份有限公司广西分公司1家财产险公司在南宁设立自治区级分公司,中国太平洋人寿保险股份有限公司1家人身险公司在南宁设立中心支公司,广西恒安宇成保险代理有限公司、广西传凯保险代理有限公司、广西万易达保险代理有限责任公司3家保险专业代理公司在南宁注册成立。至年末,全市有自治区级保险分公司27家,其中财产险公司16家,人身险公司11家。保险公司地市级分公司和中心支公司9家，支公司及营业部62家，营销服务部210家;保险代理公司法人机构16家、分支机构8家,保险经纪公司分公司12家,保险公估公司法人机构1家、分支机构4家,保险兼业代理机构543家。全市各保险公司共实现原保险保费收入57.22亿元,占广西保险业总保费比重29.97%，比上年同期增长42.51%，在自治区地级市中增速排名第一。其中，财产险公司保费收入21.48亿元,增长45.96%;人身险公司保费收入35.74亿元,增长40.51%。财产险公司车险业务在新车销售激增的带动下实现高速增长，保费收入16.33亿元,增加5.16亿元,增长46.22%,成为拉动财产险公司整体保费快速增长的主要动力。财产险公司企财险、工程险和责任险均实现高速增长，保费收入分别为1.84亿元、0.59亿元、0.65亿元，增幅分别为51.05%、267.29%、56.27%。人身险公司普通寿险保费收入2.70亿元,减少4.17%。分红险、投连险、万能险、意外险、健康险保费收入分别为24.82亿元、0.67亿元、3.33亿元、0.95亿元、3.28亿元，增幅均在10%以上。其中,分红险保费收入增加8.73亿元,增长54.28%,成为拉动人身险保费收入高速增长的主要动力。全年保险业共支付各类赔款和给付保险金12.13亿元,增长6.30%。其中,财产险公司支付各类赔款和给付保险金7.39亿元,增长5.75%;人身险公司给付各类保险金4.74亿元,增长7.16%。

【保险监管】 2010年，广西保险监督管理局强化市场监管,规范保险市场秩序。共派出37个检查组216人次，对31家保险机构开展现场检查。对17家保险机构进行处罚,罚款148万元,吊销营业执照2家;对26名高管和责任人员分别给予责令撤换(撤销任职资格)和警告等处罚,处以罚款39万元。创新监管手段,建立健全分类监管、产险公司月度风险分析、保险司法案件报告等制度,加强保险公司中介业务监管。制定外部审计协助检查制度、独立检查制度、查处分离制度,提高现场检查和行政处罚的规范化、科学化。加强调控引导,建立寿险业结构调整核心数据通报制度，加强对产险公司费用政策、绩效考核制度以及经营指标的分析与监测，促进全行业推进结构调整。加强教育监督,保护保险消费者利益。通过媒体公开发布投保人身保险新型产品风险提示和防范假保险机构、假保单公告,增强消费者自我防范意识。全年处理信访件194件。督导保险公司贯彻落实《人身保险业务基本服务规定》、车险承保理赔信息自主查询制度等,推动保险公司完善客户服务管理。制定《全区扩大农村金融改革试点保险工作方案》,指导推动扩大保险试点区域和试点险种。协调推动将“两属两户”(军属、烈属、五保户、低保户)农房保险扩展至沿海0~3千米范围内的所有农房，共承保农房95万户。指导制定《广西中小出口企业海外信用风险保障政府计划试行方案》，并争取落实专项保费扶持资金300万元。与自治区公安厅交通管理局、农业机械化管理局分别联合制定广西酒驾行为与交强险费率联系浮动制度、拖拉机交强险地区费率制度，完善交强险费率机制。协调推动自治区有关部门出台支持广西保险业发展的政策措施，如争取自治区财税部门出台文件将广西保险营销员营业税起征点从每月3000元提高到5000元。与自治区高级人民法院、广西保险行业协会签订合作备忘录，建立健全保险诉讼案件联合调解机制。

（吴年冬）

2010年驻南宁市保险公司名录

财产保险公司

中国人民财产保险股份有限公司广西分公司　中国太平洋财产保险股份有限公司广西分公司　中国平安财产保险股份有限公司广西分公司　华安财产保险股份有限公司广西分公司　天安保险股份有限公司广西分公司　中国大地财产保险股份有限公司广西分公司　安邦财产保险股份有限公司广西分公司　都邦财产保险股份有限公司广西分公司　阳光财险保险股份有限公司广西分公司　渤海财产保险股份有限公司广西分公司　太平财产保险有限公司广西分公司　永诚财产保险股份有限公司广西分公司　华泰财产保险股份有限公司广西分公司　鼎和财产保险股份有限公司广西分公司　天平汽车保险股份有限公司广西分公司　中国出口信用保险公司南宁营业管理部　中国人民财产保险股份有限公司南宁市分公司　安邦财产保险股份有限公司南宁中心支公司　中国大地财产保险股份有限公司南宁中心支公司　中国太平洋财产保险股份有限公司南宁中心支公司　中国平安财产保险股份有限公司南宁中心支公司　永诚财产保险股份有限公司南宁中心支公司

人身保险公司

中国人寿保险股份有限公司广西分公司　中国太平洋人寿保险股份有限公司广西分公司　中国平安人寿保险股份有限公司广西分公司　新华人寿保险股份有限公司广西分公司　泰康人寿保险股份有限公司广西分公司　平安养老保险股份有限公司广西分公司　太平人寿保险有限公司广西分公司　中国人民人寿保险股份有限公司广西分公司　信诚人寿保险有限公司广西分公司　民生人寿保险股份有限公司广西分公司　合众人寿保险股份有限公司广西分公司　中国人寿保险股份有限公司南宁分公司　中国人民人寿保险股份有限公司南宁分公司　中国太平洋人寿保险股份有限公司南宁中心支公司

2010年驻南宁市各人身保险公司保险业务情况

单位：百万元

保险机构	保费收入							赔付支出			
	人寿保险					意外伤害险	健康险	赔款	死伤医疗给付	满期给付	年金给付
	小计	普通寿险	分红寿险	投资连接保险	万能保险						
中国人寿保险股份有限公司广西分公司（含集团业务）	102714	18561	83622		531	2615	5612	3058	1788	12297	5180
中国太平洋人寿保险股份有限公司广西分公司	28736	2198	26213		325	1100	1508	271	240	3280	665
中国平安人寿保险股份有限公司广西分公司	68849	4252	33925	4434	26238	403	9815	1276	2079	3401	2920
新华人寿保险股份有限公司广西分公司	34566	227	34338		2	523	1395	362	220	582	193
泰康人寿保险股份有限公司广西分公司	21379	250	17691	607	2831	1829	2390	384	1352	111	264
平安养老保险股份有限公司广西分公司	554		554			2190	8525	4993			2
太平人寿保险有限公司广西分公司	13158	551	12604	4		212	1646	905	43		359
中国人民人寿保险股份有限公司广西分公司	26988	621	23049		3318	503	996	572	70	119	109
信诚人寿保险有限公司广西分公司	4391	274	2458	1659		66	504	41	82	16	
民生人寿保险股份有限公司广西分公司	2414	24	2390			20	277	17			87
合众人寿保险股份有限公司广西分公司	11380	4	11318		58	18	159	6	23		26

注：平安养老保险股份有限公司广西分公司成立后，其原归属中国平安人寿保险股份有限公司广西分公司经营的业务未分离核算和统计

2010年驻南宁市各财产保险公司保险业务情况

单位：百万元

保险机构		中国人民财产保险股份有限公司广西分公司	中国太平洋财产保险股份有限公司广西分公司	中国平安财产保险股份有限公司广西分公司	华安财产保险股份有限公司广西分公司	天安保险股份有限公司广西分公司	中国大地财产保险股份有限公司广西分公司	安邦财产保险股份有限公司广西分公司	都邦财产保险股份有限公司广西分公司	阳光财产保险股份有限公司广西分公司	渤海财产保险股份有限公司广西分公司	太平财产保险有限公司广西分公司	永诚财产保险股份有限公司广西分公司	华泰财产保险股份有限公司广西分公司	鼎和财产保险股份有限公司广西分公司	天平汽车保险股份有限公司广西分公司	中国出口信用保险公司南宁营业管理部
保费收入	企业财产保险	4812	2888	2630	1345	78	101	11	652	966	125	4	845	96	3815		
	家庭财产保险	236	482	−53	−46	−16	−4			4				7			
	机动车辆保险	53568	32580	31346	20593	2202	3703	939	1115	2741	129	6718	678	2220	3867	885	
	工程保险	1007	1566	645	15	741			19	101			184	248	1379		
	责任保险	1450	1278	2636	106	5	751	8	49	37	1	4	26	37	142		
	保证保险	−69	−9	2459	−55	−72								4			
	船舶保险	165	109	222								204			8		
	货物运输保险	1438	535	382	21		317		3	56		5	3	47	45		
	农业保险	492	462				20										
	其他财产保险		48	324						140					1		1545
	短期健康保险	885	773	235	57	4	302		65	80	2		57		6		
	意外伤害保险	1371	1496	2901	657	132	97	9	104	1591	3	29	117	42	200		
赔款支出	企业财产保险	1055	577	265	181	12	199	3	45	9		5	506	17	971		
	家庭财产保险	73	1	4		3											
	机动车辆保险	24743	10553	12042	7096	1098	1251	455	856	1081	106	925	540	326	691	14	
	工程保险	222	21	107		37	3			7					810		
	责任保险	810	391	860	28		21		−8	1			2		296		
	保证保险	−4		137		1								3			
	船舶保险	77	17	231											3		
	货物运输保险	303	159	197	4		34		3					1			
	农业保险	571					57										
	其他财产保险									12							−479
	短期健康保险	451	434	35		20	110		22	71	2		5				
	意外伤害保险	512	315	528	281	5	127	9	66	220		11	1	8	8		

责任编辑　周　红

经济管理与监督

宏观经济管理

【经济调节】 2010年，南宁市发展和改革委员会发挥职能作用，加强和改善经济调节基础性工作。组织编制本年度全市经济和社会发展计划，组织实施城市建设投资、农村建设投资、基本建设项目前期工作，提出确保完成计划目标的建议，并将具体目标分解给各县(区)、开发区和市各有关部门及单位。加强对国家宏观调控政策实施效果的跟踪分析，提出贯彻落实的措施建议。研究提出南宁市保增长、扩内需、调结构、促进经济平稳较快发展的措施建议。加强经济社会发展计划执行情况跟踪检查，加强经济预(监)测，强化信息收集反馈上报，编印《发展改革要报》38期。加强对经济环境和发展条件的分析，抓住国家实施积极的财政政策和适度宽松货币政策的机遇，扩大投资规模。

【经济监预测】 2010年，市发展改革委加强对全市经济社会发展的监控，把握经济社会发展特别是投资、民生等重点领域中的主要矛盾和突出问题，形成定期分析、研讨、适时预测预警、定期汇报报告制度。坚持每季度经济分析，向市委、市政府提交经济分析报告，针对经济运行中存在的突出问题提出对策建议。对年度主要经济指标、“十一五”规划和科学发展三年计划主要指标完成情况进行预测，提出完成目标任务的措施建议。同时，密切监控全市固定资产投资进展情况，坚持每月对投资情况进行分析和监测，发现问题并提出相应措施，为市委、市政府投资调控提供参考意见。通过编发《发展改革要报》等方式，反映南宁市与国内大中城市、西部省会城市经济指标比较情况，对国家宏观政策调整进行分析研究。

【国民经济和社会发展第十二个五年规划纲要编制】 2010年，市发展改革委组织开展南宁市国民经济和社会发展第十二个五年规划纲要编制。组织开展“十二五”规划前期研究，完成专题研究报告16个，起草规划纲要基本思路研究报告报市委、市政府审议通过。参与、配合市委起草完成关于制定“十二五”规划的建议。基本完成“十二五”规划纲要编制，报市委、市政府审定通过。在规划纲要编制中，突出建设区域性国际城市和广西“首善之区”、在全自治区率先实现全面建设小康社会目标的总目标，准确把握科学发展、加快发展、率先发展、和谐发展的主题和加快转变经济发展方式的主线，提出“十二五”发展的主要目标、任务和保障措施等。同时，向国家、自治区发展改革委汇报，争取南宁市“十二五”规划纲要及其专项规划的相关内容和重大项目纳入国家、自治区“十二五”规划纲要及其专项规划。

【年度计划编制】 2010年，为应对国际金融危机的后续影响，市发展改革委提出经济社会发展计划建议，在总结上年经济社会发展计划执行情况的基础上，编制本年度全市经济社会发展计划。主要预期目标是：国内生产总值增长14%；财政收入增长18%；全社会固定资产投资增长30%；全部工业总产值增长16%；社会消费品零售总额增长17%；出口增长10%，外商直接投资增长15%；万元生产总值能耗降低2%；化学需氧量排放量削减2%，二氧化硫排放量不增加；城镇居民人均可支配收入增长12%，农村居民人均纯收入增长10%；居民消费价格总水平涨幅5%左右；城镇新增就业人数6万人，城镇登记失业率4.5%以下；人口自然增长率10‰以下。2月，通过市委、市政府和市第十二届人民代表大会第八次会议批准。

【“十二五”专项规划编制】 2010年，市发展改革委牵头组织、推动市国民经济和社会发展第十二个五年规划各专项规划编制。全市编制专项规划34个，组织开展南宁市农村基础设施建设、生物产业发展、节能减排、循环经济发展、低碳经济发展5个专项规划的编制。督促其他29个牵头单位开展南宁市商贸物流发展、环境保护、交通发展、水利发展、教育事业发展等29个专项规划的编制。至年末，基本完成专项规划初稿34个，各专项规划的重点内容纳入市国民经济和社会发展“十二五”规划纲要。

【重大政策与课题研究】 2010年，市发展改革委牵头组织起草《自治区人民政府关于进一步促进南宁市经济社会发展的若干意见(代拟稿)》；牵头起草《中共南宁市委　南宁市人民政府关于贯彻自治区党委政府加快经济发展方式转变决定的意见》，并由市委、市政府印发实施；牵头研究制定《南宁市贯彻落实中共中央　国务院关于深入实施西部大开发战略的若干意见工作方案》及相关项目表等文件，并由市委、市政府印发实施；牵头起草《关于支持和鼓励总部经济发展的若干规定(试行)》，并由市政府印发实施。围绕市委、市政府关注的重大问题，组织开展专题研究，为市委、市政府决策提供参考。按照“十二五”规划纲要编制要求，组织开展产业发展、统筹城乡改革等16个前期课题研究；开展南宁市实现全面建设小康社会奋斗目标研究，启动南宁市建设内陆开放型经济战略高地研究，开展南宁市城市公共资源市场化配置研究，开展南宁市产业结构调整促进十年(2010~2020年)财源建设研究，开展南宁市战略性新兴产业发展研究，开展南宁国家高技术生物产业发展政策研究、南宁国家高技术生物产业基地建设管理及专业园区建设管理模式研究、打造南方特色国家生物产业基地对策研究、南宁生物产业统计体系与产业指标课题研究，开展南宁市特色农产品基地建设研究，开展南宁市固定资产投资运行情况分析研究、市城市路网建设规划研究、市投融资体制创新研究、企业债券发行与定价研究等。

【专项投资计划编制下达】 2010年，市发展改革委编制下达城建项目投资计划，共下达城建计划3期，年度安排资金计划330.76亿元。其中：建设项目392个，年度安排资金计划245.53亿元；前期工作项目222个。编制下达市本级财政预算内资金基建投资计划，年度安排市本级财政资金计划2.80亿元，安排竣工决算项目2个、建设项目24个、前期工作项目17个。10月，根据项目实施进度情况对部分项目投资计划进行调整，保证项目建设的顺利推进。编制下达市本级财政预算内资金教育基建投资计划及调整计划，年度安排教育基建投资计划22.89亿元，其中市财政筹措14.53亿元(含11.03亿元银行贷款)。12月初，调整安排可用资金计划5.16亿元，调整资金的项目32个。编制下达农口各项投资计划，分别下达市本级财政资金水库移民基础设施项目投资计划、市本级财政养殖业标准化项目投资计划、市本级财政农村基础设施建设工程贫困村和革命老区通屯道路项目投资计划等12个，年度计划投资5.32亿元，其中市财政资金1.86亿元。编制下达节能减排项目计划，下达市本级节能减排专项资金计划4批，年度安排市财政专项资金2092万元。编制下达基本建设项目前期工作计划，安排用于49个项目前期工作的市财政预算内专项资金1200万元。

【投资项目管理】 2010年，市发展改革委做好投资项目储备，启动全市投资项目信息库建设。组织投资项目上报、汇总，编制支撑全年全市1480亿元投资目标的投资项目册，投资项目共3151个，计划总投资5794亿元，年度计划投资1610亿元，对全年全社会固定资产投资1480亿元目标的支撑率为108.80%。启动投资项目信息库建设。建立投资项目台账管理制度，对列入各项投资计划的项目均建立台账，实行投资项目进展情况每月报告、统计、分析制度。在此基础上，通过组织到先进城市考察学习，研究制定南宁市投资项目信息库建设方案，完成投资项目信息库软件原型开发。完善投资项目审批，提高审批效率。逐步实现投资项目对接协调与集中审批常态化，完善并联审批制度，调整审批流程起止点，减少前置条件，加快审批，有效落实投资项目推进责任制。审批投资项目795个。其中：审批类561个，核准类193个，登记备案类41个。组织召开投资项目对接协调会10次，现场给予审批、核准、备案、批复及提供解答等服务的投资项目683个，计划总投资1644.25亿元，办理事项683项。统筹推进100个重点投资项目前期工作。研究提出重点前期工作投资项目100个，跟踪了解投资项目前期工作进展情况及存在问题，牵头组织召开重点前期工作投资项目协调会3次，协调解决66个投资项目前期工作推进过程中存在的困难和问题。全年100个重点前期工作投资项目批复可行性研究报告51个，初步设计49个，用地预审57个，建设用地规划许可37个。争取上级对重大投资项目的支持：城市轨道交通规划获国家批准，项目可行性研究报告通过评估；老口水利枢纽工程可行性研究报告获国家发展改革委批复；南宁机场扩建工程获批准立项。争取广西文化艺术中心、邕江大学新校区、罗文大桥等一批重大投资项目获自治区发展改革委审批。

【重点项目建设】 2010年，市发展改革委重点抓好项目建设，以重大项目建设带动投资任务的完成。争取一批重大项目列入自治区层面统筹推进重大项目。南宁市列入自治区层面统筹推进重大项目共82个，总投资977.60亿元，年度计划投资98.80亿元。其中：新开工项目20个，续建项目39个，竣工投产项目12个，前期工作项目11个。至年末，完成投资151.8亿元，为年度计划的1.54倍。推进"五场攻坚战"项目建设，加快重点项目推进。组织全市月月重大项目开竣工仪式，不断掀起投资新高潮。全市开竣工重大项目共1126个，总投资1059亿元。其中：开工项目721个，总投资910亿元；竣工项目405个，总投资149亿元。项目涉及基础设施、产业发展、社会事业、房地产等方面。做好中央、自治区在邕单位重点投资项目服务，服务中央、自治区在邕单位重点建设项目44个，总投资1411.89亿元，年度计划投资227.82亿元。

【资金筹措】 2010年，市发展改革委争取中央、自治区资金用于南宁市投资项目建设。通过组织投资项目上报，督促投资项目业主做好项目前期工作，全市获中央、自治区资金项目965个，获中央资金9.11亿元、自治区资金0.90亿元。加强中央财政资金项目建设管理，各批次投资项目全部开工建设，地方配套资金落实率超过100%。策划、组织项目申请国际金融组织和外国政府贷款。支持武鸣县人民医院利用北欧投资银行贷款购置医疗设备项目获国家发展改革委批复，获北欧投资银行贷款300万欧元。协调有关部门做好南宁职业技术学院相思湖新区新校区二期工程列入国家利用亚洲开发银行贷款备选项目规划的上报。协调市卫生局、市第九人民医院和市红十字会医院做好南宁市卫生系统利用奥地利政府贷款购置医疗设备项目列入2011年外国政府贷款备选项目规划的有关工作。

【体制改革与创新】 2010年，市发展改革委推动各项改革和机制体制创新。南宁肉类联合加工厂与市银河公司、自行车总厂等企业的合作重组进程加快，振宁、壮宁等资产经营公司加快转型。南宁建宁水务集团有限责任公司等国有控股或国有独资公司管理体制与运行机制进一步完善。广西绿城水务股份有限公司上市申报材料正式被证监会受理，南宁城市建设投资集团有限责任公司15亿元企业债券获准上市发售。继续开展政府投资项目代建制试点，并对投资项目全过程严格监督，建立投资项目代建情况月报制度，对投资项目实施情况进行不定期检查。代建投资项目62个，涉及城建、教育、科技、文化等领域，计划总投资44亿元。启动全市统筹城乡综合配套改革。起草完成《南宁市统筹城乡改革工作方案》并由市委、市政府印发实施，确定2个城区、6个乡镇作为改革试点，正式启动全市统筹城乡改革。深入开展医药卫生体制改革。成立由市长担任组长的市医药卫生体制改革工作领导小组，落实经费、办公地点，并在市发展改革委增设医药卫生体制改革科，形成内部机制，确保医药卫生体制改革顺利开展。加快推进基本医疗保障制度建设，城镇居民基本医疗保险、新型农村合作医疗“参保参合”率均为90%以上，各级财政对“参保参合”人员人均补助每年120元，住院报销比例最高为85%。隆安、上林县及六城区59个乡镇卫生院和65个社区卫生服务中心初步实施国家基本药物制度。基层医疗卫生机构改革试点稳步推进，基层医疗卫生机构能力建设得到加强。实施国家基本药物制度试点机构基本完成综合改革，占全市基层卫生机构总数的61.20%。医药卫生体制改革政策体系基本构建，起草完成医药卫生体制改革系列配套文件，明确医药卫生体制改革的目标和措施。制定《医药卫生体制五项重点改革2010年度主要工作任务责任书》，将年度医药卫生体制改革任务落实到各县(区)。研究制定改革方面的系列管理办法。牵头制定出台《南宁市节能减排专项资金管理办法》；启动《南宁市国民经济和社会发展规划编制和实施暂行管理办法》的编制；编制完成《南宁市政府投资项目管理办法》，形成法律审查稿。（杨华伟）

统　　计

【概　况】 2010年，南宁市统计局以提高统计数据质量为中心，以提升统计服务水平为着力点，加强统计基础工作，发挥统计职能作用，做好经济运行和社会发展的统计监测，推动统计工作全面协调发展。共获奖50项，被国务院经济普查领导小组授予第二次全国经济普查国家级先进集体称号。

【专项统计调查】 2010年，南宁市按照标准化、规范化的要求，组织实施各项统计调查。一是严格执行国家统一的统计分类、标准和编码，及时更新维护全市基本单位名录库。至年末，全市共有单位

2010年南宁市重点建设项目名录

自治区层面统筹推进重大项目　共81个，计划总投资977.60亿元，年度计划投资98.80亿元。新开工项目有20个：郁江老口航运枢纽工程、南宁至武鸣城市大道、玉洞大道(平乐大道—龙岗大道段)、罗文大桥、武鸣县城绕城公路、玉柴机器股份有限公司南宁工程机械生产研发、宾阳县广西东林木业有限公司高密度纤维板技改、九州通医药集团股份有限公司现代医药物流加工、广西南南铝加工有限公司大规格高性能铝合金板带型材、广西永凯糖业有限责任公司宾阳黎塘分公司技改、广西国泰粮食集团粮油食品精深加工搬迁技改、南宁中央直属储备糖库、南宁工业科技物流、邕江大学新校区建设、南宁国家高技术生物产业基地宝塔医药产业园基础设施建设一期工程、隆安华侨管理区(南宁国家高技术生物产业基地生物能源产业核心区)基础设施建设二期工程、广西千年健药业有限公司民族药生产、广西武鸣金峰化工科技有限公司20万吨/年纳米碳酸钙、和昌(广西)化工有限公司年产10万吨Na_2SO_4功能母料产业化开发、宾阳县人民医院扩建；续建项目有38个：南宁电厂一期、市防洪工程石埠堤、平乐大道、邕武路(快环—规划新外环高速路段)扩建、五象大道延长线、北湖路北延长线、大学路至明秀路口综合交通工程(城市轨道交通试验工程)、凤岭南路(青环路—开泰路段)、高坡岭路、五象新区核心区商业大道、五象新区堤园路(五象大道—外环高速路段)道路及道路护岸工程、南宁绿洲化工有限责任公司离子膜法烧碱生产、南宁绿洲化工有限责任公司聚氯乙烯生产、南宁麦斯鞋业公司综合鞋业制造、武鸣县广西丝绸(集团)有限公司丝绸加工基地、南宁劲达兴纸浆有限公司年产9.80万吨桑枝浆、横县广西永凯糖纸有限责任公司年产20万吨中高档文化用纸、广西珠江啤酒有限公司首期年产20万吨珠江啤酒、隆安县广西四合工贸有限责任公司日产4000吨新型干法旋窑水泥熟料生产线技术改造、南宁锦虹棉纺织有限责任公司异地搬迁技术改造、马山集新水泥有限公司日产2500吨熟料新型干法生产线、武鸣县广西平铝集团有限公司特种电线电缆生产、上林钒矿综合利用工程、横县广西永凯糖纸有限责任公司年产9.50万吨漂白蔗渣浆、广西工业器材物流项目、广西东盟工业产品物流项目、市农副产品物流中心、南宁国际综合物流项目一期工程、南宁大商汇商贸物流中心、东盟国际工业原料产品物流项目、三塘生活污水处理厂一期工程、南宁水环境综合治理工程、南宁生态环境综合整治工程、利用亚洲开发银行贷款市城市环境改善工程、利用世界银行贷款市城乡环境综合整治工程、沙江河环境综合整治工程、南宁再生资源产业项目、市一级强制戒毒所；竣工投产项目有12个：银海大道拓宽工程(龟背桥—平乐大道段)、凌铁大桥、玉洞大道(银海大道—平乐大道段)、五象大道八尺江桥工程、南宁劲达兴纸业有限公司年产20万吨高级文化纸、广西永凯大桥纸业公司制糖综合利用、广西金鲤水泥公司横县新型干法转窑水泥生产线带纯低温余热发电、广西田园生化公司农药加工分装、南宁金桥农产品批发市场、广西亚太科技职业学院、广西经济职业学院二期工程、广西体育中心主体育场；前期工作项目有11个：南宁城市轨道交通工程、南宁广发重工集团有限公司贯流机组生产基地技术改造、广西铸锻中心节能环保技术改造一期工程、广西太华医药有限公司非PVC高科技医用软装输液生产线、玉洞运输物流配送中心、广西文化艺术中心、老南宁古城文化旅游景观、南宁文化艺术创作展示、南宁五菱桂花车辆有限公司年产2万辆专用车搬迁改造、皇氏乳业水牛奶系列产品及亚热带果奶等特色产业加工、中国—东盟南宁国际农业生产资料物流配送中心。

“项目建设年”重点建设项目　共100个，计划总投资1140.92亿元，年度计划投资255.20亿元：南宁城市轨道交通工程、大学路—明秀路口综合交通工程、中心城港区牛湾作业区一期工程、六景港区一期工程、忻城周安至宾阳新桥二级公路、南宁电厂一期、郁江老口航运枢纽工程、南宁市江北环城水系一期工程子项目(可利江—心圩江连通运河)、石埠堤工程、邕宁区防洪一期工程、物流基地基础设施、邕武路扩建(快环—高速环路段)、凌铁大桥、银海大道拓宽、玉洞大道(银海大道—龙岗大道段)、五象大道延长线(银海大道—壮锦大道段)、可利大道东段(北湖北路—邕武路段)、安吉大道—北湖北路延长线连接东西向道路、安吉大道北延长线(安吉大道—尾燕岭段)、南宁—武鸣城市大道(尾燕岭—双桥段)、青山路南湖连接线、五象新区核心区3号路(堤园路—玉洞大道段)、长堽路二期工程(长堽火车站—厢竹大道段)、高坡岭路、五象堤园路西段(南宁机电学校—青龙江口段)、五象新区堤园路、五象新区龙岗片区道路、五象新区总部基地场地平整、五象新区蟠龙片区道路、五象新区总部基地路网、北湖北路东三里(园湖北路—邕武路段)、凤岭北片区路网完善、平乐大道(南宁大桥—银海大道段)、隆安华侨管理区水路点二期基础设施、南铝加工有限公司大规格高性能铝合金板带型材、南宁国家高技术生物产业基地宝塔医药产业园、武柳集团防城港钢铁项目南宁钢材深加工基地、广西永凯糖业有限责任公司宾阳黎塘分公司制糖生产线搬迁技改、广西三维铁路轨道有限公司铁路轨枕及配件生产、广西东林木业有限公司高密度纤维板生产、黎塘粮食产业园、市佳达纸业有限责任公司2.50万吨高档生活用纸生产、广西高峰五洲人造板有限公司中(高)密度纤维板、南宁锦虹棉纺织有限责任公司异地搬迁技术改造、南宁绿洲化工有限责任公司离子膜法烧碱生产、南宁绿洲化工有限责任公司聚氯乙烯生产、南宁劲达兴纸业有限公司浆纸、广西中烟公司南宁制造部年产50万箱卷烟扩建至80万箱技改、广西银钢南益制造有限公司年产18万台农机生产线、广西珠江啤酒有限公司首期年产20万吨珠江啤酒、玉柴工程研究院南宁基地、中国—东盟科技企业总部基地三期综合楼、广西松日有色金属有限公司有色金属深加工扩能、上林南南实业有限公司精炼铝加工、上林南华糖业有限公司技改、南宁广发重工集团有限公司整体搬迁改造、广西平铝集团有限公司电线电缆生产、广西丝绸集团有限公司年产800吨高品位出口桑蚕丝生产基地和80万件出口丝绸服装、苍鹰公司武鸣氮肥厂34万吨尿素生产、广西金洪混凝土有限公司预拌混凝土生产、南宁化工股份有限公司采用环保清洁安全技术搬迁建设离子膜法烧碱及配套生产线、广西金鲤水泥公司横县干法转窑水泥生产线带纯低温余热发电、广西国泰粮油食品精深加工搬迁技改、广西田园生化股份有限公司农药加工分装、横县六景广西永凯漂白蔗渣浆高档文化用纸、横县冠桂糖业有限公司石塘分公司日榨5000吨蔗糖技改、广西四合工贸有限公司日产4000吨新型干法旋窑水泥熟料生产线、南宁金桥农产品批发市场、南宁国际综合物流园、南宁东盟国际工业原料产品物流城(南宁华南城)、广西海吉星农产品国际物流中心、东盟—川桂商贸物流项目(大嘉汇·东盟国际商贸港)、南宁大商汇商贸物流中心、市第一人民医院门诊综合楼扩建工程、市青少年活动中心、新民族影城、市科技馆(新址)、广西体育中心二期、青秀山森林植物园、青秀山营造林工程、五象新区堤园路滨江公园、凤岭儿童公园、年内增种260万株树木工程、竹排冲上游沙江河环境综合整治工程、埌东污水处理厂三期工程、南湖—竹排冲水系环境综合整治工程、利用世界银行贷款市城乡环境综合整治工程、心圩江环境综合整治工程、可利江环境综合整治工程、二坑溪综合整治工程、朝阳溪(重型机械厂—二十八中段)环境综合整治工程、西明江生态环境综合整治工程、昌泰清华园、青秀区凤岭佳园拆迁安置小区、华润·万象城、林里桥拆迁安置小区、家园小区(兴宁区拆迁安置小区)、中房碧翠园、鑫利华花城、保利龙湖蓝湾。

5.27 万个。其中:法人单位 3.88 万个,产业活动单位(含法人单位本部)1.40 万个。二是贯彻落实全国统一核算地区生产总值(GDP)的工作制度,重点加强工业、农业、投资、商业、居民收入等专业数据与 GDP 核算数据的衔接。三是以建立科学完备的数据质量评估体系作为提高统计数据质量的重要抓手,建立以相关指标、行政记录和主要联网直报企业数据为评估标准的质量评估体系。四是建立国民经济核算部门统计联席会议制度。根据市政府的要求,开展与国民经济核算部门统计"一对一"的对接活动,市政府办公厅印发《关于建立南宁市国民经济运行统计分析联席工作会议制度的通知》,成立国民经济核算部门统计联席会议办公室,制订国民经济核算部门统计联席会议制度、联席会议成员单位职责和主要指标表,使国民经济核算统计数据更客观地反映全市经济社会发展情况。共完成定期统计调查和专项调查 30 多项。做好工业、农业、投资、商业、劳资等专业统计常规调查,做好"三下"企业(规模以下工业企业、限额以下贸易餐饮业企业及资质以下建筑企业)、旅游业、城乡居民收入、服务业、劳动力、私营单位工资等各项统计抽样调查,开展第二次全国 R&D(研究与试验发展)资源清查。通过严格执行统计制度,确保统计数据全面准确、真实地反映全市各行各业发展、运行、变化动态,如实反映本级社会经济发展变化动态。

【全国普查工作】 2010 年,市统计部门协调组织做好第六次全国人口普查工作。市政府成立由常务副市长担任组长的市政府人口普查领导小组,组建市人口普查领导小组办公室,建立健全市、县、乡、村四级普查网络,各级普查机构落实普查经费,为全市人口普查顺利推进提供组织和经费保障。制定全市人口普查宣传方案,建立市人口普查宣传网站;召开全市人口普查宣传工作会议,有计划地组织各新闻媒体开展人口普查宣传报道;组织开展新《中华人民共和国统计法》暨第六次全国人口普查大型广场"宣传日"活动和广西第六次全国人口普查宣传月暨人口普查动员誓师活动;印制《致人口普查调查对象一封信》230 万份、《人口普查宣传册》25 万册及大量的普查宣传资料;制作候车亭人口普查宣传标语牌 350 块 680 面;组织人口普查宣传车 284 辆次下乡入村开展宣传活动。做好"两员"(普查指导员和普查员)选调和普查业务知识培训。共组织人口普查员 4.23 万人;全市各级普查机构共举办培训班 674 期,培训 10.22 万人次。11 月 1 日零时标准时点起开始进行入户人口普查登记。市人普办深入普查第一线检查督查,确保完成人口普查现场入户调查登记。做好第二次全国农业普查、第二次全国经济普查后续工作。向市政府作经济普查成果专题汇报;5 月,召开经济普查结果新闻发布会;6 月,向社会发布南宁市第二次全国经济普查主要数据一、二、三号公报;更新完善单位名录库,对全市经济普查先进单位和个人进行表彰;编辑出版经济普查单位名录汇编、经济普查简明手册和全国第二次农业普查资料。

【统计法制建设】 2010 年,市统计局坚持把统计纳入依法行政的轨道,开展统计法制宣传教育。开展《统计法》和《统计违法违纪处分规定》贯彻执行情况大检查,对 465 个重点检查对象进行现场检查,营造依法统计的社会氛围。加大对统计违法违纪案件的查处,查处违法案件 107 件。强化新修订的《统计法》的宣传教育。根据新修订的《统计法》实施后统计执法条文和要求的变化,研究制定一系列规范性执法案例,召开市统计局各科室、各县(区)统计局执法人员执法工作培训会,有效提升各级统计执法人员的执法水平。

【统计服务】 2010 年,市统计局定期或不定期向各级党政领导及各部门提供反映经济社会发展状况的统计资料、历史资料和各种对比资料;为市委全会和扩大会议,人大、政协"两会",市政府全体会议和市经济工作会议等重要会议提供数据服务和经济社会发展情况分析预测。6 月,在《南宁日报》全文刊登南宁市第二次全国经济普查公报(一、二、三号);10 月中国—东盟博览会期间,对市区交通、宾馆、商业、餐馆、景点等服务行业的重点单位进行快速调查,编发《中国—东盟博览会南宁统计快讯》9 篇上报市委、市政府。强化经济形势分析会制度,加强对重要领域、重要行业和企业的跟踪调查,做好对季度经济运行情况的分析,撰写月度、季度经济形势分析文章;全面总结全市各方面发展情况,撰写各类综合分析和专业分析,为市委、市政府判断全市经济走势、部署经济工作提供依据。做好统计预警预测监控,增强统计信息的时效性,提高向市领导报送统计信息的效率和频率,加强月度、季度全市各项经济指标的审核评估和分析,加强统计数据"关联性、匹配性、协调性、同比性、环比性、支撑性、宏观性、微观性"的分析监控,为市委、市政府做好统计服务。发挥统计资源优势,及时编发各种统计资料。共组织编发《南宁统计年鉴》、《南宁市情手册》、《南宁经济动态月报》等资料 1.30 万多册,及《统计分析》、《统计报告》等资料 500 多期。

【统计信息化建设】 2010 年,南宁市在自治区率先推进统计数据网上直报,统计信息化水平进一步提升。全市有 1 万多个基层单位通过网上直报统计报表,其中工业、固定资产投资、房地产开发、建筑、商业、住宿、餐饮、劳资、服务业等统计专业常规定期报表实施网上直报,农业、投资专业的联网直报已推广到乡镇一级。市、县、乡三级统计信息网络联网建设进一步完善,县(区)统计网络并入全国统计系统内网,乡镇(街道)完成统计专用宽带的安装。县(区)级 IP 电话建成开通,自治区、市统计系统视频会议系统建成。南宁统计信息内网和南宁政务信息网统计局网站建设不断完善,市级党政领导、部门及社会公众均可以通过互联网访问统计局网站,了解南宁市经济发展的情况以及有关的统计数据。

(李鸿宽)

审　　计

【概　况】 2010 年,南宁市审计局完成审计项目 88 个。查出违规金额 1.62 亿元,核减工程投资 3.03 亿元(局本级核减 1.81 亿元、下属市公共投资审计中心核减额 1.22 亿元),查出管理不规范金额 22.33 亿元,损失浪费金额 9301 万元,应上缴财政 2299 万元。移送有关部门处理案件 8 件,涉及金额 3.13 亿元。

【县区审计】 2010 年,南宁市 12 个县(区)和南宁华侨投资区审计局共完成审计项目231个。其中:预算执行情况审计18个,财政决算审计1个,专项资金审计123个,行政事业审计63个,固定资产投资审计24个,企业审计2个。审计查出违规金额1982万元,管理不规范金额6.33亿元,应上缴财政65万元,核减工程投资金额1361万元。审计移送处理1件,涉及金额14万元。

【本级预算执行审计】 2010年,市审计局主要审计市财政局具体组织的市本级预算执行情况和市建设委员会、市民族事务委员会、市交通警察支队、市水产畜牧兽医局、南宁住房公积金管理中心、市农业机械化管理中心上年度预算执行及决算(草案)审计。重点审计本级财政预算执行和其他财政收支的管理情况。审计查出管理不规范金额7195万元。

【政府投资工程审计】 2010年,市审计局围绕提高绩效,采取审计和审计调查方式,加大对政府投资工程项目审计力度。对2008~2009年市新增中央投资项目、中小学校舍安全工程、2008~2010年市廉租住房项目的建设和资金管理情况进行审计调查。对南宁火车站南站南侧路、五象大道、北大桥、桃源桥、滨江路、七一总渠改造、江南污水处理厂一期、埌东污水处理厂二期等22个城建工程项目进行审计。共查出管理不规范金额4.02亿元,核减工程投资1.81亿元。还对市城市轨道交通工程、广西郁江老口航运枢纽工程等18个政府投资项目进行跟踪审计,跟踪审计金额约82亿元,出具跟踪审计整改意见书13份。下属市公共投资审计中心共接审项目495个,接审金额15亿元;审结356个,审计金额8.46亿元,核减金额1.22亿元。

【行政事业审计】 2010年,市审计局对南宁市2009年6月至2010年5月救灾资金和物资,江南区政府2008~2009年度"两基"(基本普及九年义务教育和基本扫除青壮年文盲)巩固提高经费,青海玉树地震抗震救灾资金和物资,以及对宾阳县、邕宁区、良庆区、兴宁区2009年农村义务教育经费保障机制落实情况专项资金进行审计调查。对市中小学及中等职业学校(含技工学校)食堂财务收支情况进行专项审计调查。共查出管理不规范金额1522万元。

【农业与资源环保审计】 2010年,市审计局对马山县大石山区基础设施建设大会战资金管理情况进行审计,对市本级和上林县2006~2009年退耕还林专项资金审计调查,对市埌东污水处理厂三期、江南污水处理厂二期、三塘污水处理厂一期、六景工业园污水处理厂一期、三塘污水处理厂三期工程5个项目建设情况进行跟踪审计调查。审计查出管理不规范金额895万元,违规金额867万元。

【经济责任审计】 2010年,市审计局共实施完成经济责任审计项目31个,审计经济责任人31人(区长5人、部门领导24人、企业领导2人)。委托社会审计机构实施国有企业领导人员经济责任审计23人,委托内部审计单位实施事业单位的领导干部经济责任审计12人。查出违规金额2239.10万元,管理不规范金额15.86亿元,上缴财政金额1523.91万元。移送税务机关查处2件,涉案金额9688.73万元。

【内部审计】 2010年,南宁市内部审计项目完成285个。其中:财务收支审计36个,工程项目审计191个,经济责任审计26个,专项审计调查28个,内控制度审计2个,绩效审计1个,成本分析1个。审计总金额4.73亿元,纠正违规行为金额2600万元,核减工程投资224万元。经审计,提出合理化建议182条,被采纳182条。 (邱丽萍)

物价管理

【概　况】 2010年,南宁市物价局把群众反映强烈、价格投诉较多的停车管理收费、物业服务收费、市场设施租赁收费作为解决价格热点难点问题的突破口,开展"价格监管攻坚年"活动,推进价格改革,改进价格监管,保持价格总水平基本稳定,整顿规范市场价格秩序,共查处价格违法金额485.54万元,有效地维护市场价格秩序。

【价格调控】 2010年,南宁市克服自然灾害多发重发、外部环境复杂等不利影响,价格总水平呈温和上升态势。全年累计上升2.50%,涨幅比全国平均水平低0.80个百分点,比自治区平均水平低0.50个百分点,在全国36个大中城市排名第32;经济增长速度14.20%,比全国平均增长速度10.30%高3.90个百分点,较好地实现经济高速增长、物价涨幅相对温和的良好局面。

市场价格预测预警　密切关注重要商品市场价格动态,加大对价格热点、难点问题的调查研究和分析预测力度,为各级政府提供大量有数据、有分析、有预测、有对策建议的报告。向国家上报价格数据3万条,价格分析材料80余篇;向市委、市政府报送政务信息并采用92条。坚持月度价格形势分析和例会制度,及时发现苗头性、倾向性、趋势性价格问题,正确把握价格总水平走势,为价格调控、出台政策提供参考,召开价格形势分析会12次,编写价格形势分析报告14期。继续落实价格信息发布制度,在新闻媒体发布农产品价格信息288期,发送涉农价格信息的手机短信10.70万条次。

价格应急监管　为保持灾害期间南宁市价格总水平基本稳定,开展抗灾救灾价格监管,加大市场巡查和价格监督检查力度;加强价格监测和预警,启动重要商品市场供应和价格监测一日一报制度,每天中午12点前以《价格每日动态》的形式向各级领导、各相关部门报送当天本市粮油肉禽蛋等主要副食品、鲜菜鲜果和主要生产资料市场供应和价格变动情况。加强重大节日期间的价格监管。在中国国际商务文化节暨中国(南宁)时尚博览会、"两会一节"期间,对市区宾馆客房、餐饮、旅游包车、停车场等服务价格实行临时价格干预措施,防止服务价格快速上涨。

涉农价格监管　执行粮食最低收购价格、茧蚕收购指导价格政策。落实蔗糖价格挂钩联动机制、提前联动、二次结算、良种加价政策,2009/2010年榨季,自治区物价局核定普通品种糖料蔗收购首付价每吨260元与制糖企业食糖每吨3500元挂钩联动。随着蔗糖价格上涨,南宁市根据实际情况进行提前联动2次,把普通品种糖料蔗收购首付价由每吨260元提高到314元。榨季结束后,开展糖料蔗收购价二次结算,会同有关部门对17个企业逐项进行调查和核实,在核查食糖销售价格的基础上,核定糖料蔗收购价二次结算价格为每吨348.77元,最终南宁市普通糖料蔗收购价为每吨348.77元,与初定的首付价每吨260元相比,每吨甘蔗增加收入88.77元,全市212万蔗农增收7.37亿元。适当调整

2010/2011年榨季蔗糖价格挂钩联动水平，进一步向蔗农倾斜，糖料蔗普通品种收购价每吨350元与食糖销售价格每吨4800元挂钩联动，引导农民合理种植、发展生产；及时根据价格形势，按普通糖料蔗收购首付价格每吨410元与一级白砂糖含税销售价格每吨5800元挂钩进行提前联动。开展涉农收费专项检查，出动330人次，检查单位108个，查出违法金额36万多元。

【价格改革】 2010年，南宁市推进资源性产品价格和环保收费改革。一是推进电价改革。严格执行工商业用电同价政策、城镇污水生活垃圾处理企业用电价格按一般大工业电价执行时免收基本电费政策。为抑制高耗能企业盲目发展，促进经济发展方式转变和经济结构的调整，全面清理高耗能企业的用电价格优惠，取消对电解铝、合成氨、电石、电炉铁合金、电解烧碱、电炉黄磷等高耗能企业用电价格优惠；继续对电解铝、铁合金、电石、烧碱、水泥、钢铁、黄磷、锌冶炼8个行业实行差别电价政策，进一步提高差别电价加价标准；对能源消耗超过国家和地方规定的单位产品能耗(电耗)限额标准的，自6月1日起实行惩罚性电价。二是开展趸售电价核定。会同南宁供电局、广西水利电业集团有限公司，对11个县(区)(含代管县)上年度趸售电量结构进行核查。三是实现城市供水用水同城同价。市岭村河水库管理所、天雹水库自来水厂城市供水价格继续与广西绿城水务股份有限公司执行同一城市供水价格标准。四是完善城镇生活垃圾处理费收费政策。自1月1日起，在全市范围内统一执行南宁市第三步城镇生活垃圾处理费收费标准，即城镇居民为每户每月8元，执行第三步收费标准后，全年全市城镇生活垃圾处理费收费收入5000万元。五是提高二氧化硫排污费征收标准。自1月1日起，南宁市二氧化硫排污费征收标准由每污染当量0.90元调至1.20元，促使企业降低二氧化硫的排放量，改善全市生态环境。

【价格管理】

规范教育收费 2010年，南宁市贯彻落实教育惠民政策，减轻家长负担。春季学期起，取消全市公办普通高中的内膳生工友费、水电费、校园安全管理费、微机使用费和城市公办初中、小学的内膳生工友费，取消金额2629.96万元，惠及学生39.72万人；对在全市普通高中就读的库区移民子女实施免除学费政策，实际免除学费累计1509.30万元，惠及学生3.30万人次；对涉及市中小学、特殊教育学校、技工学校及中等职业学校校舍安全工程建设的11个行政事业性收费实行免收政策。同时，运用收费政策，支持和促进南宁市教育事业发展。自秋季学期起，市物价局在对全市13所公办幼儿园近3年成本逐个严格审核的基础上，按照“合理补偿成本，优质优价、与社会承受能力相适应”的原则，在自治区规定的收费限额内逐个核定各公办幼儿园的具体收费标准。加强民办教育机构收费管理，规范民办教育机构的收费行为，审批7所学历民办教育机构收费，办理备案登记的非学历民办教育机构13所。核定9所学校热水费和15所学校住宿费，改善学校学生生活条件。

规范“三车”停放保管服务收费 由于南宁市停放保管服务收费缺乏统一规定，市区各路段收费标准不一，停放保管秩序混乱，引发大量的收费纠纷。为适应形势的发展，市物价局在上年调研的基础上，通过召开价格听证会、举办网上听证、开展网上调查，广泛征求社会各界意见，在平衡各方面利益、充分考虑到低收入群体承受能力，制定南宁市电动自行车停放保管收费标准，电动自行车白天为每次0.50元，晚上为每次0.80元，过夜为每次1.50元。并在全市经营性停车场(点)使用统一标价牌，规范停车行业明码标价。至10月末，通过监制审核停车场(点)344个，有效引导停车服务业经营规范化。为确保新政落到实处，开展“三车”(自行车、电动自行车、摩托车)停放保管服务收费秩序专项整治，派出人员给近300名“三车”保管人员宣讲新政策，两次召集各主管部门召开政策提醒告诫会，多次深入主管部门调查并敦促加强日常管理，集中检查整治投诉较多的停车场(点)100多个，对有违规收费和不明码标价行为的保管点均当场纠正，责令限期整改，对个别屡查屡犯的停车场进行处罚。

物业服务收费整治 采取检查与调研相结合、政策宣讲与举办培训相结合、企业自律和社会监督相结合的方式，出动150人次对全市近400家物业服务企业的物业收费行为开展检查，查处价格违法案件5件，退还业主多收价款42.13万元；对全市350家物业企业进行全面调查；对全市176家物业企业359名负责人进行政策培训；12358价格举报电话处理物业服务类收费的举报案件208件，答复并结案166件。

交通运输价格管理 核定公路汽车客运票价。根据《广西壮族自治区道路旅客运价规则和运价管理规定实施细则》核定南宁市各条公路客运上限票价，维护客运市场价格秩序。配合市政府做好更新发展60辆空调公共汽车的惠民低票价审批；对上年城区普通公交票价由每人次1.20元降为1元后实行财政补贴的方案，提出按公交行业平均客运成本与票价差额亏损的80%比例给予企业补贴的意见，6月已全部发放到企业，保持企业正常的运营。规范统一公交IC卡的收费行为。从10月1日起，新发行的公交IC卡执行自治区统一为每张25元的工本标准；因丢失、损坏需补发公交IC卡的，执行自治区统一为每张15元的工本费标准，停止公交企业自行确定的公交IC卡收取租金的方法。

药品价格监管 开展实施国家基本药物制度试点，加强基本药物价格管理，从3月1日起，全市3个试点县(区)27个农村基层卫生院和6个城区的73个社区试点基层卫生服务站(中心)全部执行国家基本药物制度，配备使用国家基本药物并实行零差率销售，切实减轻人民群众的医药费用负担；区分各类药品的标价方式，选择3家大型药品零售企业开展使用专门标价签的试点。为进一步规范南宁市医疗服务价格，核定8家医疗机构的医疗服务价格和住院病房床位费。

制定新建居民住宅小区供配电设施建设维护费标准 通过深入基层、召开座谈会等形式对居民住宅小区供配电设施建设维护费收费进行调研，制定具体的收费标准，并于6月1日起实施，保证全市建成区范围内新建居民住宅小区供配电设施统一规划、建设、运行维护的质量，提高供配电的可靠性和稳定性，保证居民正常用电需求，解决小区长期维护管理的资金问题。

经济适用住房价格审核 完成厢竹路北面经济适用住房项目投标上限控制价、昌泰清华园桃园组团10~14号楼高

层经济适用住房最高销售价、富宁新兴苑地块小高层经济适用住房最高销售价格3个小区总建筑面积76.60万平方米的经济适用房价格核定和调整；配合市政府做好城区拆迁安置小区建设；会同市住房保障和房产管理局拟定市公有住房2010~2012年度经济适用住房指导价格和超标面积市场价格，报市政府待批。

游览参观点价格监管　对大明山旅游区全景门票价格按基准票价每人每张128元和花花大世界景区门票价格由每张10元调至20元进行备案；开展旅游参观点的园中园门票价格调查，对列入广西景点目录实行政府定价、政府指导价的市属部分景点进行园中园项目、门票价格、门票收入情况的调查，确定价格管理的形式、方法，规范门票价格政策，推动旅游经济发展。

【收费管理】　2010年，市物价局规范收费行为。一是对涉及南宁市“项目建设年”百个重点建设项目和在工商行政管理部门登记注册的国有及国有控股特困企业，实行部分行政事业性收费减免政策，减免幅度10%~20%，减免金额200万元。二是清理规范涉企行政事业性收费、经营服务性收费、社团收费，对未经批准的行政事业性收费项目、不尽合理或政府设置的行政事业性收费项目一律取消；对偏高的行政事业性收费标准予以降低；对行政机关以经营服务性收费名义收取费用的，社会团体将会费与行政许可或行政职能挂钩强制收取的均一律取消。派出12个检查小组对42个社团开展收费专项检查，并对25家代行使政府职能、具有垄断地位、对企业收费较多的社团进行重点检查，有效地遏制乱收费行为。三是开展行政事业性收费年审。审验收费单位114个，审验率100%，基本合格率99.90%；审验收费许可证正本114个、副本114个，进一步规范收费行为；核发《收费员证》454个。四是规范农贸市场设施租赁费收费行为。通过召开现场协调会，化解矛盾；规范引导，两次下发文件对现行收费政策进行重申和规范，并召开提醒告诫会；加强法治建设，草拟《南宁市农贸市场设施租赁费收费管理暂行办法》，并广泛征求各方面意见。

【价格秩序整顿】　2010年，市物价局严格按照“强化价格监管，优化价格服务，严格价格执法”的要求，加大价格违法行为查处力度，开展涉农收费、行业协会、食盐、教育等7个专项检查；加强节假日和重大活动期间市场价格监管和明码标价管理。查处价格违法案件82件，涉案金额485.54万元，实行经济制裁424.12万元，其中退款333.96万元、罚款31.23万元、没收58.93万元，有效地维护市场价格秩序。继续打造“12358”价格举报电话品牌，受理各类价格举报投诉咨询6404件，查处违法案件33件，实行经济制裁82.13万元；强化网络投诉受理查办工作，受理网络投诉案件117件，办结率100%。开展价格诚信单位评选审验活动，扩大评选范围，把公园、景区和物业服务等企事业单位纳入参评范围，对29家申报第三届价格诚信单位候选单位，49家第一、二届南宁市价格诚信单位进行审验，最终评出第三届南宁市价格诚信单位16个，继续保留价格诚信单位43个。

【米粉生产厂家串通涨价案件查处】　2009年12月28日，市物价局从媒体和群众举报了解到米粉价格上涨有串通之嫌的信息后，采取一系列价格监管措施。一是成立米粉涨价调查工作领导小组，全面负责米粉调查部署和组织领导。二是开展调查取证。先后出动360余人次对全市米粉生产厂家、农贸市场米粉经营摊点和米粉店开展拉网式调查；向有关媒体、举报人征集线索；专门发函给鲜一阁食品厂，要求对涉嫌串通涨价行为进行说明；派出检查人员到南方公司了解情况。成立市联合调查组，重点调查串通涨价嫌疑较大的生产企业。三是开展价格监测。启动价格监测应急制度，出动52人次对米粉店和主要菜市的米粉摊点进行定点价格动态监测，并实行一日一报制度。四是开展成本调查。组织人员对6家米粉生产厂家和23家米粉店的生产经营成本进行调查。五是加强舆论宣传。通过媒体广泛宣传价格政策，将查处情况向社会公布，召开政策提醒告诫会，向经营者发放价格法律法规和政策资料500多份，要求企业加强价格自律，自行纠正价格违法行为。经过历时3个多月的价格监管，完成米粉涨价案件的查处，并对涉案的18家米粉生产厂分别给予10万元、3万元、警告等处罚，维护市场价格秩序。

【价格服务】　2010年，市物价局办理价格认证业务2776宗，鉴定标的总金额1.93亿元，其中涉案刑事案件的价格鉴定2330宗，鉴定标的3298.96万元。对本市出租车运营成本和部分县（区）自来水供水、经济适用房、公交客运、生猪屠宰、旅游景点等成本进行监审，核增（减）成本金额367万元；完成生猪、蔬菜等17个主要品种农产品生产成本收益的调查工作。加强宣传价格政策，做到政策出台前有舆论准备、政策出台后有宣传解释和舆论引导，在市主流媒体上刊发新闻报道100多篇；完善门户网站建设，网页点击率91万次以上。

【价格法制建设】　2010年，市物价局制定《南宁市涉税财物价格认定管理实施办法》，经市政府常务会议审议通过，于11月9日以市政府办公厅的名义转发，标志着南宁市涉税财物价格认定正式纳入政府管理轨道。坚持集体审议制度，召开审价会2次；完善行政审批制度，在行政审批大厅办理审批事项236项，在承诺时限内办结率100%；重视人大代表、政协委员意见，办理人大议案2件、政协提案6件。

【价格听证】　2010年4月21日，市物价局分别召开南宁市电动自行车停放保管服务收费标准价格听证会。设4名听证人和19名听证会参加人，听证会参加人由10名消费者、4名经营者、4名政府部门代表、1名专家组成。消费者采取自愿报名、随机选取和委托市消费者协会、市总工会推荐两种形式产生；经营者由市物价局委托城区物价局及街道办推荐产生；专家、政府部门人员由市价格主管部门聘请。完善价格听证制度，积极探索网上价格听证，4月23日通过南宁政务信息网举办网上价格听证，为南宁市首次通过网络平台对政策制定进行听证，收到网民意见和建议50多条。

2010年南宁市居民消费价格变化情况

月份	1月	2月	3月	4月	5月	6月	7月	8月	9月	10月	11月	12月
环比	100.4	100.5	98.4	100.7	99.4	99.7	100.7	100.0	100.7	101.4	102.0	100.9
同比	102.3	102.9	100.7	101.2	101.9	101.8	102.4	101.9	102.1	103.4	104.5	104.8

2010年南宁市居民消费价格指数

类别	与上年比(%)	类别	与上年比(%)
居民消费价格总指数	102.5	耐用消费品	96.1
食品类	106.6	家庭日用杂品	103.9
粮食	107.7	医疗保健和个人用品类	100.8
油脂	100.5	医疗保健	100.0
肉禽及其制品	102.1	个人用品及服务	102.5
蛋	106.2	交通和通信类	100.8
水产品	108.6	交通	102.5
菜	126.1	通信	98.9
糖	105.3	娱乐教育文化用品及服务类	97.3
干鲜瓜果	117.8	文娱用耐用消费品及服务	96.0
烟酒及用品类	100.3	教育	94.0
烟草	99.2	旅游	103.7
酒	101.4	居住类	107.1
衣着类	97.0	建房及装修材料	105.8
服装	95.8	租房	100.9
衣着材料	103.1	自有住房	102.5
家庭设备用品及维修服务类	97.9	水、电、燃料	110.5

（王荣姣）

工商行政管理

【概　况】 2010年，南宁市工商行政管理局按照国家工商总局提出的“四个只有”(只有依法加强市场监管，工商行政管理才能树立公平公正的执法权威；只有全力服务科学发展，工商行政管理才有充分发挥职能作用的地位；只有切实维护消费者合法权益，工商行政管理才有群众支持的根基；只有建设高素质的干部队伍，工商行政管理改革发展才有坚强的组织保障）和自治区工商局提出“人要精神，物要整洁，执法严肃，服务周到”的要求，以实施自治区“工作落实年”和市委、市政府“四个年”主题活动、打好“五场攻坚战”等活动为载体，发挥职能作用，优化投资环境，整顿和规范市场经济秩序，维护消费者的合法权益。查处案件3123件(一般程序案件2019件、简易处理案件1104件)，罚没款483.71万元。推进学习型党组、学习型机关、学习型干部等活动，全系统有12个单位获自治区青年文明号称号。

【企业登记管理】 2010年，市工商局对重大项目、国有改制企业、上市企业、外商投资企业实行全程跟踪服务，制定实施《企业登记注册与年度检验工作规范》，登记注册做到“三提前、三提供、三告知”(提前预查企业名称、预审登记材料、调查合作方信用；提供政策咨询、工商登记注册要件、登记注册示范文本；告知非货币出资的相关规定、分期缴付出资比例要求、涉及经营范围的法律法规)，窗口服务做到工作标准、工作程序、办理时限、服务模式、自办代办“五个一样”，在市监察局、市政务中心每季度对全市行政窗口评比中，市工商局多次获流动红旗，办理业务量、效能提速和满意度均在前5名。打破单一登记发照的常规，发挥企业登记和监管“经济户口”的职能，参与各项整治行动，为促进南宁经济发展和社会和谐服务。新登记注册内资企业697家，注册资金239.96亿元。其中：国有企业41家，集体企业51家，股份合作企业4家，公司制企业597家，其他企业4家。注销企业410家，注册资金2.86亿元。至年末，全市有内资企业1.27万家，其中企业法人5851家，注册资金366.35亿元。按经济性质划分：国有企业1583家(其中企业法人702家)，注册资金37.42亿元；集体企业2057家(其中企业法人876家)，注册资金9.30亿元；股份合作制企业253家（其中企业法人48家)，注册资金11.36亿元；公司制企业7964家(其中企业法人4217家)，注册资金308.17亿元；其他企业842家(其中企业法人8家)，注册资金1001万元。按产业划分：第一产业内资企业343家(其中企业法人200家)，注册资金14.37亿元；第二产业内资企业2148家(其中企业法人1136家)，注册资金103.44亿元；第三产业内资企业1.02万家（其中企业法人4515家)，注册资金248.55亿元。新登记外资企业109家(企业法人50家、外商投资企业分支机构59家)，投资总额4.70亿美元，注册资金2.68亿美元。至年末，累计外资企业1210家(企业法人538家，外商投资企业分支机构671家，受托经营1家)，投资总额4.47亿美元，注册资金2.81亿美元。

【个体登记管理】 2010年，市工商局制定《南宁市工商局个体工商户登记管理工作规范》，重点对市场准入条件、工作程序及文明执法等方面进行规范。落实自治区工商局关于实施“走百访千定点帮扶个体私营经济”工程、《自治区工商行政管理局关于2010年服务非公有制经济发展工作方案》和《优化非公有制经济产业环境方案》，配合做好非公企业党建和创先争优的指导。落实国家工商总局和自治区工商局关于改善创业环境、推动全民创业的措施，支持各类市场主体发展的优惠措施等有关优化环境的文件，放宽市场准入，鼓励全民创业，主要在个体私营经济登记办照、注册登记费减免等方面给予最大限度的照顾和优惠。鼓励下岗失业人员、进城务工经商农民、大中专毕业生、残疾人、复员退伍和转业军人积极创业；鼓励经营者以货币、实物出资，或以工业产权、专利技术、专有技术、高新技术成果等无形资产出资创业。按照“非禁即准，非限即可”的要求，推动全市非公有制经济发展。派出4638人，走访经营户2.63万家，建立联系点1041个，帮助经营户解决问题461件；引导1295人走上创业和再就业的道路，其中持《再就业优惠证》申请办理个体工商户42人、享受地方再就业优惠政策7人、高校毕业生从事个体经济263人(办理个体工商户5人)，落实国家和地方再就业优惠政策免收工商行政管理性收费5.40万元，其中落实再就业优惠政策免收1.66万元。全市新发展个体工商户3.62万户，从业人员7.09万人，注册资金64.65亿元。至年末，全市共有个体工商户20.13万户，从业人员39.41万人，注册资金73.33亿元。办理注销个体工商户1.68万户。

【企业年检】 2010年，市工商局对企业年检进行重大改革，制定《企业年度检验工作规范》，在全市工商行政管理系统统一办理企业年检的程序和流程，并按内资和外资企业年检进行规范；首次推行网上年检，为顺利推进网上年检，做好网上年检的前期宣传活动，利用市局办照大厅公告、LED 电子屏滚动播出、触摸屏查询、“导办”台拷贝、电子邮件邮寄资料，网上下载年检须知等多种方式宣传发动。在年检窗口设置服务台 2 个，向咨询企业做好网上年检的解释，并帮助有需要的企业提供年检数据录入。帮助外资企业提交网上年检材料 145 份，为外资企业打印年检报告书 132 份，帮助录入年检数据 112 份。为减少企业工作人员在前台等候的时间，推出特色服务，开展上门年检、预约年检、集中年检服务。与联通、移动公司等外资企业以及银行系统、保险系统、电信系统、石油系统、利客隆超市等约 1000 家企业进行集中年检，提高年检率。应参加内资企业年检 1.30 万家，实际参加年检 9899 家，合格率 76.39%。其中：注册分局应检 9202 家，实检 8225 家，合格率 97.80%；全市申报网上年检 1 万余家，合格率 100%；私营企业应检 2.92 万家，实检 2.86 万家，合格率 97.80%，网检合格率 100%。应参加年检的外商投资企业 854 家，实检 784 家，合格率 91.80%。其中：应检法人企业 332 家，实检 284 家，参检率 85.55%；应检分支机构 522 家，实检 499 家，参检率 95.59%，网检合格率 96.08%。外资企业未参加年检原因有：出资未到位，申请延期年检；办理清算备案，准备注销；未申报年检；分支机构超过经营期限，未办理注销登记手续。

【市场监管】 2010 年，市工商局按照国家工商总局、自治区工商局和市政府的工作部署，立足市场监管执法，推进长效机制建设，以开展流通环节食品安全监督管理为重点，保障群众的生命安全和身体健康、促进首府经济社会发展。

流通环节食品安全整顿　制定下发《南宁市工商系统流通环节食品安全整顿工作方案》，与县分局、基层工商所层层签订食品安全整顿责任书，将食品安全整顿纳入年度市场监管目标管理体系，组织开展督查和评估，并在全局通报。向地方政府和食品安全协调委员会汇报，争取到南宁市食品安全委员会办公室划拨食品安全专项经费 25 万元，参与制定完善《南宁市食品安全行政执法责任制度》、《南宁市食品安全行政执法责任追究制度》、《南宁市食品安全事故信息报告制度》等制度，加强部门协作，与质监、食药、农业、商务等相关部门组织开展保健食品、酒类和农产品等联合执法检查。年内，发放《食品流通许可证》9169 张，查处取缔无证照食品经营户 278 户，立案查处假冒伪劣食品案件 38 件，案值 9.70 万元，查扣收缴各类假冒伪劣食品 1.83 万千克，查获“三无”（无产品名称、厂名、厂址，无生产日期和保质期）食品 390 包，全年未发生食品安全责任事故。

流通环节食品（节日）市场重点时段整治　围绕元旦、春节、中秋、国庆等重大传统节日，以及“两会一节”、国际半程马拉松比赛等重大活动，开展食品市场检查。加强各项大型活动的驻点监控，派出执法人员进驻中国—东盟博览会、东南亚美食节等展会活动现场，妥善受理处置消费申诉，消除食品安全隐患。加强市场巡查，抓好各类批发市场、集贸市场和大型商场超市等重点单位的执法检查，监督其建立落实食品进货台账等自律制度和食品质量自检，严格把好食品进货关。集中食品安全监测车、快速检测箱等设备设施，开展食品质量筛查。出动执法人员 6120 多人次、执法车 1040 辆次，检查农贸市场（超市）672 个次，个体经营户 6.84 万家次，查处无照经营 189 家。

农村乡镇等重点地区整治　抓好农村、城乡结合部、学校周边等重点区域的执法整治，制定《开展农村食品市场专项整治行动工作方案》，以农村地区小商店、小食杂店为重点，检查农村地区集贸市场 1759 个次，查处案件 11 件，罚没金额 2.60 万余元。推动农村食品安全示范店建设，在全市 1376 个行政村创建示范店 1376 家，覆盖率 100%。针对学校周边和幼儿园周边的食品安全状况，组织开展专项执法整治 2 次，发出责令整改通知书 286 份，督促 311 名食品从业人员办理健康证明，保障学校周边食品安全。

食用油、乳制品等重点品种整治　针对“地沟油”、“问题奶粉”等群众关心的热点问题，围绕食用油、乳制品、酒类、肉类等重点食品，加强市场执法检查。参与制定市政府《关于加强地沟油整治和建立餐厨废弃物处理厂》等文件，组织开展全市性食用油市场专项执法检查 2 次，出动执法人员 2046 人次，检查各类食用油经营企业 1351 家次，责令改正未依法执行食品进货台账制度的经营户 6 户，查处取缔无证照废弃油脂回收加工窝点 2 处、无证照猪油加工窝点 1 处；组织开展食用油质量监测行动 2 次，抽样送检食用油样品 29 批次，样品检测项目合格率 100%。在问题乳粉清查中，根据国家工商总局的统一部署，集中时间集中力量，于年初对 2008 年问题乳制品流通环节处理情况进行复查。7 月和 9 月，召开专题工作会议，与县分局、基层工商所层层签订工作责任书，集中开展流通环节乳品和含乳食品集中清查专项行动，对全市 1489 户乳粉经营者进行地毯式清查，并逐户签订《乳粉质量安全承诺书》，未发现存有或经营问题乳粉的违法行为。对肉类和酒类等重点食品进行专项执法整治，查获各类规格假冒“红星二锅头”酒 2094 瓶，查扣收缴各类假冒伪劣食品 1.83 万千克，有效整顿食品市场流通环节。

流通环节上市食品质量监测　按照自治区工商局流通领域商品（食品）质量监测工作计划，打击违法添加非食用物质和滥用食品添加剂经营行为，开展蜂蜜、食用油、酒类、年货食品、乳制品、儿童食品等专项抽样监测行动。抽样监测食品 134 批次、复合食品添加剂 30 批次、重要商品 54 批次，抽样筛查食品样品 4965 批次，查获使用蛋白糖和糖精钠加热浸泡加工青枣作为红枣销售、使用“果绿”等化学物质加工浸泡干豌豆作为新鲜青豆销售等影响较大的违法案件。

构建食品安全事故应急防控体系　建立和完善食品安全防范和应急处置体系，设立食品安全事故应急处置指挥室，配备视频监控系统，在大型超市、集贸市场设立视频摄像头，对食品超市的生鲜、散装、裸装等食品安全隐患较高的重点食品经营区域进行监控。配备多方通话系统、GPS（全球定位系统）电子地图、食品安全信息系统等软件系统，完善事故应急预案，组建应急机动队伍，确保在食品安全突发事件发生后，能够第一时间到达事发地点，采取控制措施；第一时间查出问题所在，对症下药确定解救方法；第一时间对安全事故进行控制，防止事故蔓延；第一时间追溯问题食品源头，彻底消除隐患。依托应急指挥平台，成功处置“广西壮文学校食物中毒事件”、“不合格油茶籽油召回事件”等突发事件，在“3·

28农残超标大白菜”事件中，反应迅速、报告及时、控制有力，查扣农残超标大白菜3335千克，追回流入市场的白菜4904千克。

生产资料市场监管　根据国家工商总局7月1日实施的《网络商品交易以及服务行为管理暂行办法》，市工商行政管理部门进一步加大互联网商品交易行为的监管力度，建立健全全市互联网网站、银行、保险公司、证券公司等经营主体台账及基本数据库，初步掌握全市互联网、金融、保险、证券市场的大致情况，为日常监管打好基础。利用现代监测设备和方式，实行互联网每日监测制度，查处互联网违法经营行为。通过网上检查各类网站400余家，监测互联网商品广告800余条，出动执法人员110人次，现场检查各类网站实体60家，处理消费者举报网购案3件。加大对品牌汽车和二手车市场的监管力度，采取工商所不定期巡查和回访的方式，发放“工商工作联系卡”，密切和企业沟通，为企业排忧解难。出动执法人员700人次、执法车300辆次，检查各类汽车企业204家，查处各类违法案件13件，其中立案调查案件10件，罚没款入库5.50万元；查缴涉嫌超标的电动自行车322辆；查处违法经营钢材16.82吨，汽车、摩托车配件9847件(套)，成品油62吨，查扣涉嫌质量不合格铝型材1850条，罚没不合格热轧带肋钢筋11.32吨。

文化市场监管　组织执法人员重点对繁华街区、车站、城乡结合部的图书报刊及音像制品摊店、网吧经营场所进行全面清查，严厉查处出售各类政治性非法出版物、传销书刊，非法音像制品，取缔销售非法及盗版出版物和黑网吧。出动执法人员1157人次、执法车419辆次，检查已登记网吧1017家，查处取缔黑网吧235家，没收用于无照经营的电脑427台。在常规监管中，检查娱乐场所、网吧、书报门店759家，查缴非法书刊210本，非法盗版音像制品5000多张；与文化、公安部门联合执法，查缴非法出版物3791余册(份)。

直销经营监管　加强对南宁市直销企业及其分支机构经营行为的监管，要求直销企业对组织召开的培训、会议必须到市工商局报备，所在辖区执法人员到场进行检查。对全市12家直销企业及其分支机构进行自查；完成上级交办的对长青(中国)日用品有限公司等6家申请直销经营资格或直销开放区域的企业经营情况初审。处理国家工商总局打击传销规范直销系统转办有关线索43个，办理自治区工商局、市长热线、市信访局等部门转来有关信访件及转办函33件。

教育培训机构整治　按照自治区工商局、教育厅、人力资源和社会保障厅、公安厅、民政厅联合下发的《关于对以戒除网瘾为名侵害未成年人合法权益的教育机构进行排查整治的通知》要求，制定整治方案。通过严把市场主体准入关，严格执行国家关于前置审批的规定，规范市场主体经营资格，对辖区内从事教育、职业技能培训的民办教育培训机构进行全面排查，登记造册，有效掌握辖区教育培训机构。对以营利为目的，未取得相关部门许可，擅自开办“戒除网瘾”等教育培训机构的依法查处取缔。出动检查执法人员762人次、执法车160辆次，参加联合检查69次，检查教育培育机构124家，督查34家。

校园周边经营秩序整治　组织开展校园周边经营秩序整治4次，检查学校及周边经营户6856户、学校456家，查处无照经营摊点129户。加强对学校及幼儿园周边的网吧治理整顿，规范互联网上网服务营业场所的经营行为。检查已登记网吧624家，没收违法经营电脑660台，查处取缔黑网吧235家，没收违法所得1.74万元，罚没金额19.45万元。开展校园周边集贸市场秩序整治，规范食品经营行为。把学校内及学校周边的商店作为重点规范区域，把粮油及米面制品、奶制品、豆制品、饮料、儿童食品等作为重点监管品种，重点检查经营户落实索证索票、购销台账、进货验收等制度。检查集贸市场183个，查获销售“三无”小食品31件。

黑网吧专项整治　开展黑网吧整治行动8次。在巩固校园周边整治的基础上，对城乡结合部及农村专项整治，开展“春风护苗、关爱留守儿童”集中整治农村网吧。其中打击力度最大的一次是8月、9月组织开展的取缔黑网吧集中整治行动，查处取缔黑网吧215家，查扣电脑420台，罚款7万多元，遏制“黑网吧”高发态势。

查处取缔无照经营行为　按照“边排查摸底、边安排部署、边查处取缔”的原则，对辖区内所有经营主体进行“拉网式”全面排查，详细记录无照经营户的监管巡查情况。实行亮照经营，对取得工商营业执照而不亮照(证)经营的，当场责令改正，确保亮照率100%。加强与质量技术监督、卫生、公安、消防、安全生产监督管理、文化等部门的联系，建立无照监管情况通报制度，对巡查或查处中发现不属于本部门职责范围的无证无照经营行为，及时通报相关执法监管职能部门，使监管更加到位。在查处取缔无照经营行动中，出动执法人员4154人次、执法车1519辆次，检查经营户1.82万户，查处无照经营案件190件，取缔无照经营户189户，下发限期整改通知书1167份，督促重新补办营业执照1519户，罚款25.80万元。

按照《自治区工商局办公室关于开展查处取缔烟花爆竹无照经营行为专项行动的紧急通知》的部署，开展查处取缔无照经营烟花爆竹行为专项行动，围绕烟花爆竹集中销售摊点、燃放地区，细化目标任务，按照信用分类监管制度及时开展市场巡查，结合建立“经济户口”实施属地监管，加强对烟花爆竹市场主体的日常监管，实行烟花爆竹市场主体的动态监管，做到回访、年检验照、日常监督“三到位”，逐步建立烟花爆竹经营长效管理机制。出动执法人员2099人次，执法车774辆次，下发限期整改通知书12份，对擅自改变经营场所的烟花爆竹经营户责令整改2户，查处取缔无照经营烟花爆竹139户，查扣烟花爆竹360万头，罚款1490元。

打击非法生产经营建设行为　9~10月，组织在全市范围内集中开展整治非法违法生产经营建设行为专项整治行动。将任务和目标分解到所、定位到岗、落实到人。出动执法人员2770人次、执法车683辆次；查处涉及非法经营、违法生产经营无照经营324家，其中无照经营农药1家、汽柴油1家、网吧10家、红砖1家、饮食及食品经营户5家，罚款14.36万元。督促无照经营户办理执照56户；抄告安监、公安28户。

【打假专项整治】　2010年，市工商局在打击制售假冒伪劣商品专项整治中，保持高压严打态势。采取平时和节假日重点检查、专项检查、交叉检查、定期检查或不定期拉网式大检查等形式，重点对群众消费密切相关的奶制品、儿童食品、粮油食品、豆制品、病死害畜禽和注水肉、肉制品、禽蛋制品、腌制食品、冷冻食品、饮料、糖果、饼干、酒类、日用化妆品、通信器材、服装等开展专项活动，出动执法人员 9760 人次，检查经营户 4.67 万户次，检查各类批发零售市场 1039 个，捣毁制假窝点 1 个，立案查处假冒伪劣商品案 253 件，其中假冒伪劣 158 件、违反商品质量法规 92 件、伪造产地冒用质量认证标志 66 件。查处的假冒伪劣商品主要有：假酒 4900 瓶，劣质饮料 120 瓶，劣质食品 287 千克，冒牌大米 604 袋，劣质小家电 440 件，假冒自行车 26 辆，销毁假烟 44 件，烟丝 550 千克，各类食品 128 个品种；案值 38.70 万元。违法主体有公司制企业 45 家、个体工商户 190 户。

【"12315"平台建设】 2010 年，市工商局发挥"12315"申诉举报指挥中心的作用，继续抓好"12315"行政执法体系四个平台建设，打造科技化、现代化消费维权平台。"12315"指挥系统共受理消费者咨询申诉举报 4.37 万件，办结率 100%，调解成功率 96%，为消费者挽回经济损失 180 多万元。

"12315"指挥调度平台　继续进行升级改造，增设夜间语音录音受理功能，实现受理消费申诉举报多样化；增加"12315"系统提醒功能和短信提醒功能，逐步完善系统绩效考核功能，提高申诉举报单分流快速处置率。10 月 3 日国庆节值班期间，"12315"指挥中心接到一起食品消费申诉，将该申诉分流到双生分局，双生分局执法人员立即派员调查了解，同时联系食品生产厂家协商处理，经协调，厂家、商家与消费者最后达成调解意见，由厂方赔偿申诉人 2000 元。

广告监测互动平台　重点监测在互联网发布虚假广告和虚假宣传的行为，及时通报"12315"申诉举报中心。"12315"申诉举报中心择机向社会发布消费警示，提醒消费者在进行消费或寻求服务时引起注意，防止发生消费纠纷。共发布消费警示 5 期。

网络监测平台　"12315"申诉举报中心升级电子地图查询功能，与版式监管辖区分布图无缝对接；完善多方通话功能和 GPS 执法车辆定位功能，提高应急联动指挥的快速性。完善市局、县(分)局及基层工商所"三级联动"的网络体系，把"一会两站"(消费者协会，工商所"12315"申诉举报受理站，乡镇、街道、企业"12315"联络站)纳入网络平台。构建以市工商局相关职能监管部门为成员的消费维权协作网络与大中型商场、超市为骨干的消费维权社会监督网络，开展"12315"进商场、进超市、进市场、进企业、进学校等活动，建立青少年维权教育基地。与 43 家大型企业、商场建立消费纠纷和解"绿色通道"。

移动监管平台　"12315"申诉举报中心完善多方通话功能和 GPS 执法车辆定位功能，提高应急联动指挥的快速性。在广西首先推行"流动维权·强化监管"的机制，由"坐等维权"转变为"主动维权"，在全市工商系统配备流动维权车 13 辆，设置流动维权岗 52 个，在主要市场、街道、商场、乡镇，现场受理申诉举报、接受群众投诉咨询、调解消费纠纷、收集案源线索，现场查处违法案件。上林县工商局流动服务车通过进乡镇、进村屯，及时根据群众举报线索发现案源，先后查获涉嫌假冒的小包装"珍妮诗"洗发水 4300 多包，案值 6000 多元。年内，全市 13 辆流动服务车和 52 个流动服务岗受理消费者咨询申诉举报 3.50 万多件，为消费者挽回经济损失 15 万元。

【"3·15 国际消费者权益日"活动】 2010 年，市工商局联合市消费者协会与县(分)局消协分会，围绕"消费与服务"年主题，开展"3·15 国际消费者权益保护日"活动。主会场由以往的 1 个增加到 12 个，活动时间从一天延长为"消费维权大服务周"。各分会现场设立法规政策咨询台、假冒伪劣产品鉴别台，宣传消费维权法律法规知识，及时发布消费维权信息，曝光侵害消费者权益典型案例，普及消费知识，揭露消费陷阱，引导消费者科学、理性、文明、健康消费，现场受理举报申诉。全市有 300 个单位、168 家企业 3 万多人参加；设立消费维权服务点 313 个，开展咨询服务活动 114 场次，接受咨询 5660 人次，发放宣传材料 14.04 万份，出版板报、专栏 236 个，设立"12315"公益广告牌 30 个，现场受理申诉 72 件，当场办结 35 件，为消费者挽回经济损失 14.20 万元。

【"诚信兴商宣传月"活动】 2010 年 9 月 1~30 日，市消费者协会开展"诚信兴商宣传月"活动，重点宣传《消费者权益保护法》和《良好企业保护消费者利益社会责任导则》。制定《南宁市 2010 年"诚信兴商宣传月"活动方案》下发各城区分会、县协会，统一使用"诚信兴商宣传月"活动标识，倡导"诚信兴商"的经营理念，推动企业诚信水平再上新台阶。所属各城区分会及县协会利用"一会两站"维权网络，在各县(区)、乡镇市场、经营点悬挂宣传标语，制作"12315"宣传资料 4500 份，发放到各县各村屯，进一步提高消费者自我维权意识，印刷"良好企业保护消费者利益社会责任导则"1.35 万份，发放到各大小型企业。

【消费投诉处理】 2010 年，市消协落实中国消费者协会"消费与服务"年主题，关注消费热点、难点投诉问题，为消费者排忧解难。做好商品消费投诉受理工作，接受消费者咨询 5130 次，受理消费投诉 860 起，解决 843 起，解决率 98%，为消费者挽回经济损失 104.57 万元。消费者投诉的商品质量问题 551 起，占总投诉量 64%，其中

"3·15 国际消费者权益日"活动现场　　周家志　摄

百货类投诉278起，占总投诉量32%。百货类商品质量问题投诉排名第1。

【红盾护农】 2010年，市工商局按照自治区工商局有关红盾护农行动的统一部署，制定《南宁市工商局2010红盾护农行动实施方案》，成立红盾护农工作领导小组，重点是规范农资经营户建立“两账两票一卡一书”（农资经营户实行进货台账、销货台账“两账”登记，出具农资产品进货和销货发票，出售农资时提供农资质量信用卡，与工商部门签订农资商品质量责任书）、种子留样备查公告管理、农资经营绿黑名单公示、农资监测公告管理等农资市场监管制度。建立定期巡查和不定期抽查相结合的长效监管制度，形成市局、分局、工商所三级联动的巡查监管模式，查验农资经营户农资商品来源，证照是否齐备有效，确保农资商品质量合格。出动检查人员7350多人次、执法车辆1020辆次，检查农资企业1860家次、农资经营户1.35万多户次，农资经营秩序良好。

“红盾护农”宣传活动 春耕播种期间，结合“3·15”消费者权益保护宣传活动和春季出现的罕见干旱天气，组织“支农护农惠农”红盾护农宣传活动，重点开展真假农资识别，下乡进村到田间地头发放政策、法规、农资实用知识等宣传资料。出动人员1920人次、宣传车280辆次，开展宣传咨询活动39次，制作宣传横幅519条，发放农资宣传资料1.81万份，接受群众咨询270多次。

农资商品质量监测 加强流通领域肥料商品质量的监控，市工商系统共抽检农资商品110批次。3月5日和7月9日，组织各县（分）局开展自治区工商局安排的2010年第一、二阶段共60个批次流通领域肥料商品质量定向监测工作。县（分）局自筹资金新增加50批次农资样品进行抽检。对抽查中发现的包装标识不合格或涉嫌假冒伪劣的农资商品，及时予以查处。

查处假冒伪劣农资违法违规行为 分别开展红盾护农“保春耕”、“护夏种”、“促秋播”3次农资打假专项整治集中行动，重点对种子、化肥、农药及农机具进行检查，打击制售假冒伪劣农资经营行为。主动加强与农业、供销合作社、质量技术监督、公安等部门及新闻媒体的配合，形成整体合力，营造打假护农的良好氛围。各县（分）局、工商所配合农业主管部门做好农资产品质量的检查，对种子、化肥、农药等重点农资产品进行质量跟踪检查，对假冒伪劣、过期失效、质量不合格的产品给予查处。充分发挥“12315”网络申诉作用，维护农民群众合法权益，建立农资投诉举报网点，加强对农资经营户的指导服务。在农资经营户门店显著位置设立工商“服务‘三农’、红盾护农”公示栏，在“公示栏”中标注受理投诉的举报电话。以“12315”申诉举报中心为依托，在各乡镇设立“12315”投诉举报受理站，健全完善的农资商品质量监管网络。出动执法人员8310人次、执法车1.46万辆次，检查农资企业1860家次，农资经营户1.35万多户次，立案查处制售假冒伪劣农资案185件，案值110.58万元，罚没款42.04万元，查扣假冒伪劣化肥42.08吨，没收不合格化肥11.30吨，为农民消费者挽回经济损失26.11万元。

【双培双促】 2010年，市工商局开展“双培双促”活动，发挥“经纪活农、合同帮农、商标富农”等服务“三农”工作机制作用，与地方相关部门联合，通过“办培训、办市场、办协会”，“抓支部建设、抓积极分子培养、抓作用发挥、抓组织协调”和“政策促动、职能带动、帮扶助动、管理推动、信息牵动”的“三办四抓五联动”的办法帮扶农民，把从事农村经纪活动的优秀骨干培养为党员发展对象，把从事农村经纪活动的党员培养成促进农业发展、农民致富的带头人。市工商局下辖的各县（分）局与当地党委组织部、农业局、科技局对农村党员经纪人和农民专业合作社、农村行业协会、龙头企业经营者中的党员开展集中培训学习，并把优秀农村经纪人推荐给当地党组织列为组织培养对象，由所在地党委组织部门或基层组织开展集中培训学习，实施“结对”联系培养措施，把优秀农村经纪人培养成党员，推动农村党的建设。全市工商行政管理系统共举办农村经纪人培训班51期，接受培训4448人，其中党员1662人，发放培训学习资料1.01万份。通过对农村经纪人有计划培训和引导，促进农村新型经济组织的发展。新登记农民专业合作社303户，出资总额1.96亿元，合作社成员2904人。至年末，全市农民专业合作社有714户，出资总额3.28亿元，合作社成员7337人。其中：农民成员7161人，非农成员119人，企业单位成员25人，社会团体成员32人。农民合作社经营范围涉及农业生产资料购买，农产品销售，农产品加工、运输、贮藏，农业生产技术、信息服务以及种植业等。在农业专业合作社带动下，形成“一村一品、一季一品”的优势特色产业格局，有种植、养殖、加工等特色镇13个、特色产业村184个。其中横县工商局把农民专业合作社登记工作下放到各基层工商所，简化登记程序和手续，支持指导有条件的农民尽快组建农民专业合作社。至年末，发展农民专业合作社195户，注册资金3499万元，成员1584人，雇工2.99万人，生产经营基本覆盖桑蚕的养殖，水稻、甘蔗、花茶、蘑菇、甜玉米等30多个支柱特色产业和服务项目，带动12万户36万农民致富。

【商标管理】 2010年，市工商局坚持服务与监管并重，以保护注册商标专用权为核心，以指导企业品牌建设和商标兴农为重点，加强商标管理。

商标法律法规宣传 以知识产权宣传月活动为契机，围绕“创造·保护·发展”的主题，以流通领域的商标热点难点问题为重点，针对消费者和企业对商标注册和保护问题，广泛开展商标法律、法规宣传活动。4月20日组织专业人员参加自治区知识产权办举办的2010年“广西知识产权”宣传周暨4·26“世界知识产权日”庆祝活动，为现场群众提出的商标申请、使用和保护等问题提供咨询服务，发放商标法律知识宣传资料1000多份，展示“推进商标战略实施工作”板报等。5月28日，市工商局与中华商标协会专家委员会联合举办“商标真假识别培训会”，由中华商标协会专家委员会与飞利浦投资有限公司知识产权部的专家就如何辨别商标真假进行培训，全市工商系统102名执法人员参会。宾阳县工商局举办企业、农民专业户代表参加的商标培训班，召开商标下乡现场会3期，为参培人员提供商标咨询339人次，帮助查询商标285件，指导办理商标注册7件。

商标兴企和商标富农活动 将中小企业、私营企业、涉农企业作为商标帮扶重点。接受商标法律法规咨询764人次，其中企业245家（服务类企业73家）。对企业商标注册、使用和保护及申报驰（著）名商标给予积极的建议和提示，发放《商标注册建议书》、《商标规范使用建议书》、《争创驰（著）名商标建议书》117

份。把南宁翠玲珑天然珠宝有限责任公司（“翠玲珑”商标）、广西健丰药业有限公司（“健丰”商标）、南宁糖业股份有限公司（“古府”商标）、广西发昌香业有限公司（“仙葫”商标）等87件注册商标作为广西著名商标重点培育对象，发放《争创驰（著）名商标建议书》31份，向广西中烟工业公司、南宁童乐乳业有限责任公司等19家发出《关于继续申请认定广西著名商标的通知》。推行基层工商所“一所一标”、“一社一标”商标培育工作机制，建立完善商标富农机制。基层工商所共引导培育127家个体或私营企业注册商标，引导农民专业合作社等52家涉农企业申请注册农产品商标。引导培育“明山人”、“桂西牛”、“石塘沙姜”、“周鹿野香牛肉”等农产品商标108件。全年全市申办商标注册3831件，通过商标注册4194件。至年末，全市拥有有效注册商标1.22万件，注册商标数量居自治区第一位；培育广西著名商标69件（其中培育农产品商标29件），成功申报广西黎塘工业瓷厂的“美洁”、广西纵览线缆集团有限公司的“纵览”等广西著名商标28件（其中农产品商标8件）。

注册商标专用权保护　按照“保品牌、端窝点、查要案”的要求，先后开展保护广州亚运会标志、绿色食品标志，保护商标专用权执法行动，加强对专卖店、商场超市、商品批发市场和商标印制企业的检查，强化注册商标专用权行政保护执法。出动执法人员4241人次，检查重点区域52处，各大超市、商场及农贸市场142个次，绿色食品生产企业、经销企业及相关经营户6491户，未发现违反法律法规使用亚运会标志和绿色食品标志行为。依法打击仿冒行为，查处误导和打击“傍名牌”行为。查处违反商标法规案193件，案值77.11万元，罚款38.85万元；查处在商品上伪造或冒用认证标志、名优标志、假冒知名商品特有名称、包装装潢和误导宣传案件21件，案值4.53万元，罚款37.54万元。查处“美的”电饭煲、“ZIPPO”打火机、“立白”洗衣粉、“凤凰”自行车等知名注册商标侵权案139件，案值65.79万元，罚款32.60万元。

【合同监管】　2010年，市工商局围绕民生热点问题加强经济合同监管。重点推广涉农合同和土地流转合同示范文本，加强对涉农企业、农民专业合作社和农户使用“订单农业”合同的指导和推广，规范合同签约。全市发放“订单合同示范文本”3121份，签订“订单农业”购销合同2.63万份，合同金额3.95亿元。宾阳县工商局指导农户签订“订单农业”合同，带动农户种植优质水稻2.67万公顷、优质糖料蔗2.40万公顷、种桑0.53万公顷，合同履行率100%。全市签订土地流转承包及种植承包合同1500份，合同金额3300万元。在日常监管中，严厉打击合同欺诈行为，重点加强对消费品、生产资料购销以及房屋买卖、旅游等服务合同的监管，检查各类合同5681份，合同金额9.28亿元，其中涉农企业405家、农产品购销合同5600份、合同金额5200万元。同时，继续开展“诚信经商”教育活动，推动企业诚信等级建设。通过为企业办理股权出资质押登记、动产抵押登记，拓宽企业融资渠道。办理企业股权出质抵押登记160份，出质股权数6.03亿元，被担保债权数额15.46亿元。其中：有限责任公司出质股权数4.18亿元，被担保债权数额9.40亿元；办理动产抵押529份，借贷合同370份，主债权金额41.44亿元，变更主债权2件，金额1930万元，注销偿清债务86件，债务金额4.60亿元。加强对拍卖行为的监督管理，维护拍卖合同双方权利人的合法权益，备案拍卖活动520场，拍卖委托850份，标的物金额85.50亿元；现场监拍162场次，拍卖标的成交金额75.61亿元，受理拍卖投诉13件，解决拍卖纠纷7件。

【广告监管】　2010年，市工商局加强广告监管执法，实行“定人、定点、定媒”责任制的媒体监测方式，运用数字化信息技术，对广告进行全方位监测和监管

媒体广告监管　依托广告监管中心数字化监测平台，建立快速发现机制、快速反应机制，加强对媒体广告的日常监测和检查。采取监测—预警—查处的做法，对全市电视、广播、网络、平面广告等进行24小时不间断监测。监测媒体广告15.32万条。其中：网络广告1079条，平面广告2.18万条，电视广告9.15万条，广播广告3.88万条。涉嫌违法广告5552条，涉嫌违法率3.62%；查处违法广告案220件，罚没款87.75万元；发出《违法广告警示通知书》114份。

广告市场主体监管　5月起，结合《广告经营许可证》的换证开展广告经营资格检查，对注册登记的广播电台、电视台、报刊出版单位等78家广告经营单位进行资格检查，重点检查报刊、电视等媒体对广告审查、广告档案等各项制度执行情况，落实广告发布者的责任并强化行业自律。《南宁广播电台》、《南宁广播电视报》、《女性天地》和《三月三》杂志等广告经营单位，主动停止发布合同价值100多万元的“问题广告”，广告违法率比上年下降7.64%。规范媒体广告代理行为，9月29日举办各媒体广告代理商“诚信经营抵制违法广告”专题讨论会，《南国早报》、《南宁晚报》、南宁电视台、南宁广播电台及18家广告代理商参加会议，签订《广播电视新闻媒体“打虚假、树诚信”倡议书》。

食品广告专项整治　6月18日至7月18日在辖区开展食品广告专项整治，全市工商系统各级广告监管单位采取集中检查与日常监督相结合的方式，对辖区发布的食品广告、保健食品广告进行重点治理，出动执法人员1135人次、执法车325辆次，对电视台、网站、印刷品广告媒体等播放、张贴、悬挂、散发的广告进行监督检查，检查食品门店1027家、药店358家、广告条幅137条、固定印刷品广告15期、电视台7家、网站25家，查处“关支灵牌西摩免疫胶囊”、“张大宁”、“压乐胶囊”等保健食品广告案3件，拆除违法户外广告、横幅7幅。

违法违规广告整治　7~9月，对南宁百货大楼一心药店、安康大药房、古城大药房、博爱大药房等7家药店进行现场检查。把整治低俗不良广告作为医疗药品广告整治的重要工作，加强对广播、电视、报纸及互联网等广告的监测，把握广告监管主动权。发出《违法广告预警通知》8份，防止非法“性药品”、“性病治疗”及不良广告蔓延或失控。各县局、各工商分局按照属地管理的原则，加强对辖区设立的103个主要门户网站、医疗保健、药品信息服务等专业网站进行监测和检查，查出2个网站存在非法性病治疗广告，拆除涉“性”的不良户外广告5张，涉及“性药品”的门店招牌不良广告2块。

药品广告专项整治　2009年12月至2010年10月开展药品广告专项整治，将违法药品广告发布的重灾区电台、电视台的“非黄金时段”、生活类都市报发布的广告、影响社会文化环境的“滥广告”作为专项行动规范和整治的重点，立案查处违法违规药品广告案144件，罚没款14.13万元。对市食品药品监管局移送的114件违法药品广告案件，全部立

案查处(立案94件,通过监测复查并作出处罚20件)。

农资广告监测　建立"农资广告"监测信息库,加强对农药、种子、化肥等农资广告的监测。在三塘镇、五塘镇开展为期1个月的农资广告专项检查,检查农资经营户30户,责令8户广告涉嫌存在问题的经营户改正,查缴涉农违法广告150多份。在新闻媒体发布《农资广告警示》3期,提高农民对违法违规农资广告的防范意识和识别能力。

【消费指导】 2010年,市工商局充分发挥"12315"消费申诉举报平台,开展反商业欺诈和不正当竞争执法活动,引导消费。3月,在全市开展"3·15国际消费者权益日"活动,高频率、高密度宣传消费知识;5月20日至6月20日,开展绿色食品标志专项检查,出动执法人员1357人次,检查绿色食品生产和经销企业、超市、商场、农贸市场,宣传绿色食品标志的规范使用和绿色食品安全消费知识,引导消费者购买绿色标志食品。各县(区)工商行政管理部门,加强家电下乡政策的宣传和消费指导,全市家电下乡消费申诉仅发生2件,没有发现假借"家电下乡"的名义销售不合格和假冒伪劣商品的违法行为。

【公平交易执法】 2010年,市工商局经济检查部门落实《反垄断法》、《反不正当竞争法》等法律法规,开展查处各种商业贿赂的法律知识宣传;同时在本系统设立举报箱,公布举报电话,动员社会力量扩大案源,排查案件线索,坚决打击在市场交易中给予收受回扣和假借促销费、广告费等商业贿赂行为。查处案件3123件。其中:一般程序案件2019件,简易处罚案件1104件;罚没款483.71万元。在查处的案件中,违反《反不正当竞争法》案32件,罚款49.14万元;虚假宣传扰乱正当竞争案199件,罚款109.46万元;不正当有奖销售案件10件,罚款11.30万元。

【打击非法传销】 2010年,市工商局针对非法传销不断翻新的活动手法,通过"流动维权、强化监管",各县(分)局、工商所利用流动维权车、维权岗的形式,开展相关法律法规宣传活动。发放自治区工商局编印的《剑指传销》和本局印制的宣传单7万份,以及利用悬挂横幅、张贴宣传画、大型LED广告屏、电视、报纸、手机短信等形式向群众进行广泛宣传;与市委政法委、综治办联合开展创建"无传销社区"活动。严惩为传销活动提供便利条件件的租屋业主,对该类行为立案处罚20件。加大传销活动的查处力度。从市局到各县(分)局均成立打击传销专业执法队,组织1000多名工商执法人员参与市政法委组织开展第三个打传"百日行动"、"630打传专项行动"专项整治行动。对传销违法犯罪活动较猖獗的住宅小区和出租屋聚集地进行突击检查,打掉传销团伙29个,查获涉嫌传销违法犯罪人员1436人,刑事拘留130人,教育遣返1306人。年内,市工商行政管理系统清理传销窝点641个,清查遣散传销人员2839人,行政处罚32人。做好群众举报和来信来访接待,受理群众有关传销电话举报和咨询96件,办理自治区工商局、市长热线、市信访局等部门转来有关信访件及转办函33件,处理国家工商总局打击传销规范直销系统转办有关线索43件。 (廖成琇　王洁芝)

劳动与社会保障

【概　况】 2010年1月8日,南宁市人事局、南宁市劳动和社会保障局合并为南宁市人力资源和社会保障局。2月10日,市人力资源和社会保障局正式挂牌运行。年内,市人力资源和社会保障局围绕民生为本、人才优先的主线,发挥人力资源和社会保障职能作用,全市人力资源和社会保障事业得到全面协调发展。为民办实事项目城镇新增就业7.38万人,下岗失业人员实现再就业1.86万人,帮助就业困难人员实现再就业5152人,城镇登记失业率3.69%,农村劳动力转移就业新增9.72万人,农村劳动力转移就业职业技能培训5.25万人,创业培训7537人,职业资格证核发4.04万人,局属技工学校毕业生推荐就业率98%以上;全市养老、失业、医疗、工伤、生育保险参保人数分别为58.60万人、39万人、156.11万人、35.81万人、36.28万人,各项社会保险费征收分别为44.27亿元、1.50亿元、10.79亿元、3873万元、4012万元,提前完成"社会保险惠民工程"为民办实事项目,在自治区率先实现5项社会保险的市级统筹及在金保工程中嵌入城镇企业职工基本养老保险关系转移接续功能模块。各类企业劳动合同签订47.02万人,签订率98%;劳动监察立案611件,结案606件,结案率99%;劳动争议仲裁立案2717件,结案2587件,结案率95%。

【就业与再就业】 2010年,根据经济企稳回升的新形势,南宁市重点抓紧抓好就业再就业,为首府经济社会发展提供支持。围绕"四个年"主题活动和打好"五场攻坚战",市人社局通过举办"就业援助"、"春风行动"、"民营企业招聘周"、"大学生就业服务月"等系列就业服务活动,为高校毕业生、进城农民工、就业困难和失业人员的就业搭建平台,确保全市就业局势基本稳定。为24家企业接收104名高校毕业生给予一次性岗位补贴20.80万元,回邕报到的应届高校毕业生实现就业1.84万人,就业率91.26%。安排使用再就业保障资金1.25亿元,其中支付公益性岗位补贴1492.41万元、社会保险补贴1311.26万元、再就业培训和职业介绍补贴481.98万元;为3417户从事个体经营的下岗失业人员减免税费921.54万元。组织下岗失业人员再就业培训1.42万人,帮助5152名就业困难人员实现稳定就业。通过送岗位、送政策、送服务、送培训、送补贴活动,走访下岗失业人员特困家庭2011户,帮助871名就业困难人员、27户零就业家庭实现就业。

【"行千里路访百家企业"活动】 2010年,市人社局围绕"服务企业年"活动,解决企业用工难问题。开展"行千里路,访百家企业"活动,做好用工需求调查,及时掌握用工缺口,搭建企业与劳动用工对接平台,提供用工服务,引导城乡劳动者就地就近就业。通过各级人才和人力资源市场为3.13万家次企业提供招聘服务,组织引导42万人次进场洽谈,达成用工意向15.09万人次。举办园区、乡镇专场招聘会100多场,帮助9.72万农村劳动力实现就地就近转移就业。

【国家级创业型城市创建】 2010年,南宁市不断加大创建国家级创业型城市工作力度,围绕促进创业带动就业的主题,落实创业政策,加大创业指导力度。制订创建工作考评标准和考核评估制度,对各县(区)创业开展专项督查活动,总结经验,推广成功做法。全市累计审核发放个人小额担保贷款551笔，放贷金额1148.10万元，发放企业申请贷款1530万元。培训创业师资人员29人,举办创业培训300个班次,培训7537人。举办各类创业项目推介活动40场,推荐项目5230个次。开展“2010年南宁市创业活动月”活动,展示创业成果,提供创业服务，营造良好的创业氛围。加大创业基地、创业孵化基地建设,培育创业孵化基地36个、返乡农民工创业品牌基地25家。年内,南宁市在全国创建创业型城市工作绩效考评会议和自治区人才工作会议上作经验交流。

【职业技能培训与鉴定】 2010年，南宁市加大培训力度,整合各类培训资源,扩大培训覆盖面,扩宽培训专业,提高补贴标准,加强培训基金的管理,开展农村劳动力转移就业职业技能培训、创业培训、再就业培训和订单培训，提升劳动者的职业素质和技能水平。下岗失业人员再就业培训1.57万人，农村劳动力转移技能培训5.25万人;组织技能大赛6场,举办高技能人才技能大赛技艺展示、高技能人才成长事迹巡回报告会等高技能人才系列活动；在高职院校和各类企业开展鉴定,推进技师社会化考评,通过职业技能鉴定4.04万人，其中技师和高级技师522人。

【技工教育】 2010年，市人社局贯彻落实国家职业教育政策，使广西南宁高级技工学校的整合建设进入实质性运作。承办中南西南大区技校校长论坛暨体协年会、中国职教集团职业院校后勤管理专业委员会年会和自治区技工院校一体化课程改革现场观摩会暨南宁市中职教育加工制造业专业集团年会。新校区项目建设累计完成投资5100万元,落实到位资金5亿元（其中中央扩大内需资金300万元),保证工程建设资金的需要。在继续打造加工制造强势专业的同时,新增设新能源、安防监控与楼宇智能化技术等7个专业。年内招收新生3225人（其中高级工班666人），应届毕业生2524人,毕业率100%,毕业生推荐就业率98%；学生职业技能考试2879人,合格率95.06%；特殊工种上岗证考试461人,合格率95.66%。落实国家对中职学生的资助政策,为学生办理助学金、学费减免等资助手续9632人次,争取资助金额1166.30万元。与30家大中型优质企业签订订单培训协议，与自治区内外200多家企业保持长期的用工合作，为毕业生落实就业岗位。完成非学历培训1980人次。

【社会保险市级统筹】 2010年，南宁市以非公企业、“驻邕大学生”为扩面重点，扩大基本医疗保险、生育保险的覆盖面；推进医疗和生育两项社会保险市级统筹,11月1日全面启动,至年末5项社会保险全部实现市级统筹。为2075名企业军转干部调整提高困难生活补助金。对1.49万名生活困难的企业离休人员、企业离退休军转干部等进行慰问，发放慰问金333万元。为6.08万人次参保人员支付门诊慢性病医疗费用4945.70万元。加大落实“五缓三降三补”(“五缓”是指对暂时无力缴纳社会保险费的困难企业,在一定条件下允许缓缴养老、医疗、失业、工伤和生育5项社会保险费;“三降”是指阶段性降低医疗、失业、工伤3项社会保险费费率;“三补”是指对在领失业金期间的失业人员就读中等职业(技工)学校的给予补助,对困难企业开展职工技能培训和技能鉴定补贴)政策力度，进一步完善帮扶困难企业的政策，通过阶段性降低失业、医疗、工伤3项社会保险单位缴费比例，帮助企业减少社会保险费支出1.20亿元。

南宁职业技校技能比赛　　周家志　摄

【基本养老保险】 2010年12月1日,南宁市城镇企业职工基本养老保险关系转移接续系统正式启用，实现包括农民工在内的所有参加城镇企业职工基本养老保险人员，其基本养老保险关系可在跨省就业时随同转移；在转移个人账户储存额的同时,按比例转移单位缴费部分;参保人员在各地的缴费年限合并计算、个人账户储存额累计计算等3项新功能。南宁市是自治区首个完成在金保工程中嵌入城镇企业职工基本养老保险关系转移接续功能模块的城市。养老保险参保人数58.61万人,养老保险基金收入44.28亿元。不断提高社会保险政策普惠性，为2.85万名超过法定退休年龄的老人办理补缴和申领待遇手续。做好18.58万名企业退休人员养老金调整，调整后人均月增加养老金118.14元。

【被征地农民社会保障】 2010年5月，南宁市出台《南宁市被征地农民就业培训和社会保障暂行办法》,将市财政补助比例由原来的30%提高到50%，加大被征地农民参加保险力度，切实维护被征地农民利益，办理被征地农民参加养老保险登记1.02万人。

【新型农村养老保险】 2010年，南宁市着力推进“社会保障惠民工程”等为民办实事项目，指导武鸣县推进新农保试点工作,武鸣县参保登记28.2万人,缴费金额2105.77万元,参保率85.03%;发放待遇6.94万人,发放金额4621.73万元,发放率98.83%。

【失业保险】 2010年，南宁市注重将国家出台的相关扶持政策向中小企业、非公企业等经济实体倾斜，失业保险参保人数39.04万人，其中农民工参保人数9.08万人,占参保总人数的四分之一;港澳台及外资企业参保人数5.34万人,占参保总人数七分之一;农民工、港澳台及外资企业的扩面参保工作取得实效。征收失业保险费1.60万元，比上年增长14%。进一步发挥失业保险“保生活、促就业、防失业”的功能，加大失业人员培训力度。组织7993名失业人员参加职业技能培训，支出培训补贴640万元，实现再就业3199人，再就业率36%。进一步落实积极就业政策，发挥失业保险预防失业的作用，认定38家困难企业（市本级企业12家、县属企业26家），涉及员工4.46万人次，拨付困难企业的社会保险补贴1591.22万元。继续执行“降低失业保险费率1%”的政策，减少企业应缴纳失业保险费7084.48万元，涉及企业2.54万家、48.54万人次。

【基本医疗保险】 2010年，南宁市深入推进城镇基本医疗保险市级统筹，不断扩大城镇居民和职工基本医疗保险覆盖面。市政府办公厅出台《关于提高城镇居民基本医疗保险待遇的通知》，市人社局与市财政局联合下发《关于提高我市城镇居民基本医疗保险财政补助的通知》，明确从2010年起，各级财政对参保居民按不低于每人每年120元的标准进行补助，即在原补助标准基础上每人每年提高补助20元，实现为民办实事项目中提出的提高参保人员财政补助标准从每人每年115元提高到135元，各级财政补助资金到位7294.87万元，参加城镇居民医保92.99万人。参保居民单次住院及门诊大病的人均报销费用比上年增加99.80元，增长14.50%；人均现金支付费用减少409元，降低22.50%。市本级为参保居民结算住院医疗费用1.35万人次2782.98万元。12月15日，南宁市与海南省社保局签订《异地就医结算协议》，明确海南省和南宁市两地参保人员的异地就医费用结算办法，为两地参保人员异地就医搭建更为便捷的医保费用结算平台。

年内，市政府出台《南宁市人民政府关于调整〈南宁市城镇职工基本医疗保险医疗互助暂行办法〉有关待遇支付内容的通知》、《南宁市人民政府办公厅关于提高城镇职工基本医疗保险待遇的通知》，完成“提高大病互助基金支付水平、降低个人负担比例”政策调整。市人社局出台《关于调整城镇职工基本医疗保险床位费支付标准的通知》，完成“降低职工和居民住院共付段个人自付比例，降低乙类药个人先自付比例，降低体内置入材料费个人负担比例”等政策调整，全年参加城镇职工医保63.12万人。参保职工单次住院的人均报销费用比上年增加1079.20元，增长21.30%，人均现金支付费用减少932.80元，降低29.40%。市本级为参保职工结算住院医疗费用7.44万人次4.19亿元。

【生育保险】 2010年，南宁市深入推进生育保险市级统筹，不断完善社会保障制度，组织成立工作领导小组，制定市级统筹方案；抓好基金清核，加快推进网络建设，加强政策宣传和解读，做好人员培训和管理对接，确保南宁市生育保险市级统筹顺利启动。出台《南宁市人民政府办公厅关于印发南宁市生育保险市级统筹实施方案的通知》，全市职工生育保险参保人数36.28万人，为企业职工支付生育保险医疗费用和津贴7877人次3856.99万元。

【工伤保险】 2010年，南宁市贯彻落实《广西壮族自治区人力资源和社会保障厅 住房和城乡建设厅关于做好建筑施工企业农民工参加工伤保险有关工作的通知》，将建筑施工企业农民工纳入工伤保险范围。研究制定有雇工的个体工商户参加工伤保险具体办法，宣传新修订的《工伤保险条例》，促进扩面征缴。全市工伤保险参保人数35.81万人，工伤保险费征缴收入3958万元。

【劳动合同实施】 2010年，市人社局开展全面推进小企业劳动合同制度实施和彩虹计划等专项行动，小企业劳动合同签订情况有所提高。全市各类企业签订劳动合同47.02万人，签订率98%；补签9.92万人。

【劳动保障监察】 2010年，南宁市做好全国劳动保障监察“两网化”管理试点城市推进工作，基本形成“两级执法、三级监管、四级网络”劳动保障监察执法体系建设。全市6个县、6个城区和3个开发区劳动保障监察信息网络建设全面启动，形成“纵到底、横到边”劳动保障监察方式。联合市建委、公安局、总工会等单位开展农民工工资支付情况专项检查活动和查处非法使用童工打击违法犯罪专项整治行动，开展整顿人力资源市场专项检查活动。建立集体投诉受理事先介入机制，对多人投诉的用人单位进行主动巡查，及时查找隐患，化解问题。建立建筑行业欠薪监控机制，对存在欠薪隐患或发生过欠薪的企业全部进行工资支付监控，监控企业130家。劳动监察立案611件，结案606件，处理突发事件197件，为1.27万名劳动者追发工资待遇4539.40万元。在全市范围内开展“服务企业年”送法入企活动，走访各类用人单位1.51万户，发放宣传资料6万多份。

【劳动争议仲裁】 2010年，市劳动争议仲裁机构加强协调劳动关系三方机制建设，开展劳动关系和谐单位创建活动。注重案前调解，调配充实调解人员，把调解贯穿在案件处理的全过程，立案受理劳动争议案件2717件，结案2587件，结案率95%，其中以调解方式结案1299件。做好人事争议仲裁，坚持仲裁“关口前移”，建立与单位联系制度和惩处职工事前报告制度，指导用人单位依法进行人事管理，坚持以调解为主，维护当事人合法权益。处理人事纠纷34件，其中开庭裁决1件、案外调解处理3件、从源头上化解人事纠纷29件。

【农民工工资保证金制度实施】 2010年，南宁市通过实施农民工工资保证金制度和监控制度，把好预防拖欠农民工工资的“关口”，形成用人单位作为本单位工资支付的责任主体、各行业主管部门负责对本行业用人单位工资支付进行监督管理、人力资源和社会保障部门负责解决拖欠工资问题的具有南宁特色的“拖欠受损、拖欠受罚”工资支付监控机制。全市农民工工资保证金制度覆盖建筑、交通、水利水电工程、铁路等行业，缴存额度累计8.59亿元。 （彭　涛）

质量技术监督

【概　况】 2010年，南宁市质量技术监督以开展质量提升活动为重要抓手，各项工作按预定目标顺利推进，全市质监系统发展整体水平有新的提升。南宁市局、横县局和武鸣县质检所有4人分别获全自治区质监系统十一五科技兴检、人才强检、文明亮检先进个人称号；市质监局2人分别被市委、市政府记南宁市创建全国科技进步先进市及国家科技进步示范市个人三等功、获嘉奖；横县、武鸣县质监局被评为广西质量技术监督工作八强县局。

【质量监管】 2010年3月，市质监局质量兴市领导小组成立，落实人员协调筹备质量兴市活动前期工作。7月28日，召开全市质量兴市启动会议；市委、市政府下发《关于实施质量兴市战略的决定》。在各城区、开发区范围内实行市质监局领导分区定点联系，进一步推进质量兴区工作。马山、上林、隆安县相继启动质量兴县，宾阳、武鸣、横县进一步深化质量兴县。以“质量兴市”为载体，开展系列主题活动，先后在企业开展特种设备、重点工业产品、食品等重点行业实施质量兴桂（市）战略提升质量安全水平主题活动；召集辖区144家6类重点产品企业召开实施“质量兴市”战略、推进六类重点产品（复混肥料、磷肥、人造板、钢筋、水泥、电线电缆）“三抓手” 质量监管暨“质量提升服务进万企”培训会。介绍质量兴市、质量兴企，抓好产品质量监管、产品质量监管“三抓手”（以“帮扶和指导企业建立质量管理体系，落实企业质量安全主体责任”为“第一抓手”、以“建立网络互联重要数据报送溯源全覆盖与现场查验相结合的监督机制” 为 “第二抓手”和以“建立信用分类管理、舆论监督、市场化和质量保险相结合的社会化大监督机制”为“第三抓手”）工作推进情况，深化六类重点产品“三抓手”监管工作情况，对开展“质量兴市”、“质量兴企”、“质量提升服务进万企”等活动做部署安排。组织全市400余家食品生产企业召开“质量兴企”暨落实质量安全主体责任工作会议，重新签订食品质量安全承诺书，进一步提高企业食品安全第一责任人的意识；深入企业开展以落实企业主体责任，确保食品质量安全为主题的质量大讲堂活动；市、县质监局分别举办“质检邀您看企业　食品安全大家行”及“实验室开放”集中展示月互动活动，邀请社会各界人士共同参与；动员组织辖区15家水泥和电线电缆产品生产企业，分别选取辖区水泥和电线电缆产品先进企业各1家的产品标准和实物质量为标杆，开展“产品质量对比提升”活动。收集“标杆企业”的产品标准、生产装备、实物质量指标、计量检测指标、质量管理制度、售后服务指标、可持续发展指标等主要数据，查找指标差距背后的问题和原因，制定改进措施、实现提升和赶超。先后投入约10万元，印制质量提升、质量兴市（县企）活动宣传手册等大量资料，免费发放给有关部门及企业，扩大宣传效果，提升质量兴桂（市）战略的社会影响力。组织撰写水泥、白砂糖等重点工业企业的产品质量指标、质量监管情况、食品质量安全状况、特种设备安全状况、企业采标情况等统计分析报告。指导辖区企业填报工业产品生产许可证。审核工业产品生产许可证申报材料210份；向广西生产许可证办公室上报申证、变更、换证材料123份。完成辖区263家获证工业企业的生产许可证年审。加强工业产品质量监督检查，定检工业产品949批次，合格率85.90%。制定复混肥料、人造板、钢筋、水泥、电线电缆、磷肥6类重点工业产品110家企业推进“三抓手”监管工作方案、巡查方案。选取南宁戴明检测有限公司作为安检线“三抓手”工作试点试行网络监管，并在全国质检系统信息化建设工作会议上作现场演示。根据全市各优势产品生产企业情况，宣传、发动、组织相关企业参与2010年广西名牌目录推荐，共推荐36家企业46个产品。组织企业参加广西名牌申报培训，做好引导、帮扶工作。

7月，组织开展“质检邀您看企业　食品安全大家行”活动。图为活动启动仪式

市质监局提供

【食品质量安全监管】 2010年，市质监局推行和完善“三抓手”长效监管模式。按照自治区质监局要求在乳制品生产企业开展“三抓手”试点，制定《南宁市质监系统2010年全面推进“三抓手”工作方案》，明确目标和要求，拟定乳制品生产企业“三抓手”试点推进计划表，组织召开乳制品等8类重点食品生产企业 “三抓手”监管工作会议，布置生产企业开展“三抓手”试点的具体要求。南宁市7家乳制品生产企业均已按要求相继在食品生产企业电子监管系统填报上传原料进货台账、销售台账、生产过程控制情况、出厂检验报告等相关信息。按照自治区质监局和市食安委的部署，对面制品、葡萄酒、食用淀粉、化妆品、乳制品、肉制品、蜜饯、儿童食品、一次性塑料餐饮具、大米、月饼等生产企业开展监督抽查和检查，抽查样品810批次，其中合格734批次，合格率90.60%。按照国家质检总局下达的食品安全风险监测任务，配合广州质检院完成对辖区乳制品、饮料、蜜饯、调味品、蜂蜜、食用植物油等产品的风险监测任务，发现问题企业3家，及时消除食品安全隐患。

节假日与“两会一节”食品安全保障　结合节日食品生产和消费特点，组织专项的食品安全检查，对南宁市生产的年货食品、儿童食品、粽子等重点产品开展食品质量安全监督抽查。特别是在中秋节前夕，通过开展月饼生产企业落实质量安全主体责任现场互动活动、现场生产条件和过度包装检查、产品抽样检验等措施加大对月饼生产企业家监管力度，出动执法人员186人次、执法车92辆次，检查企业81家次，抽检样品69批次，实物质量合格率97.10%，对现场检查中存在问题较多的企业要求立即进行整改，并对8家企业进行立案处理。“两会一节”期间，加强对乳制品、大米、小麦粉、食用植物油、白酒、饮料、调味品等重点食品生产加工企业的监督检查，出动执法人员450多人次、执法车230多辆次，检查食品生产企业280多家次。大部分企业食品卫生条件保持较好，针对检查中发现的个别企业洗手更衣设施不完善，出厂检验不齐全等问题，责令其限期整改。按照《南宁市2010年“两会一节”期间食品安全事故应急预案》要求，做好食品安全事故的预防预警和应对突发事件的准备工作，督导重点食品生产加工企业按照《食品安全法》的要求制定食品安全事故处置方案，检查食品安全措施的落实情况，消除食品安全事故隐患。

食品生产许可管理　加大对无证生产行为的查处力度，查处无证生产食用冰、糕点、饮料等企业共8家。引导和帮扶企业规范生产行为，通过升级改造，争取取得食品生产许可证。至年末，受理企业食品生产许可申报材料138份，向自治区质监局上报符合发证条件企业材料59份，符合期满条件企业材料59份，符合变更条件企业材料23份，不予许可材料18份，对495家获证食品生产企业开展年度审查，均合格通过年审。按照自治区质监局要求推进行政许可网上审批，5月15日起，市质监局受理的食品生产许可申报均在网上办理。

问题乳粉彻查　2月，集中对辖区乳制品生产企业和以乳粉为原料的食品生产加工企业进行全面清查。出动执法人员202人次、执法车84辆次，检查相关食品生产加工企业269家次，未发现问题乳粉，所有企业在用的乳粉均能提供相应批次含有三聚氰胺项目检验合格的检验报告。

问题青豆整治　11月，针对南宁市出现“干豌豆染色后作为新鲜青豆销售”的情况，根据市政府统一部署，市质监部门牵头，与工商、农业、卫生等部门组成联合检查组，出动执法人员30人次、执法车10辆次，先后对3个涉嫌“问题青豆”制作窝点进行联合执法检查，对3个加工点抽取若干个半生半干的青豆和干豌豆、豌豆浸泡液以及“果绿”添加物交由卫生部门负责检验。对加工点的干豆原料及浸泡豌豆采取登记保存和封存。

【标准化监督管理】

实施技术标准发展战略　2010年1月，市质监局筹备并通过市政府组织召开全市标准化工作会议，落实各项任务。3月，按照《南宁市实施技术标准发展战略方案(2009~2012)》及联席会议制度要求，组织召开南宁市实施技术标准发展战略第一次联席会议，进一步落实各成员单位及相关单位的职责，编制印发《2009~2012年南宁市实施技术标准发展战略工作目标分解表》，以推进方案的实施，形成齐抓共管、全面推进的局面。启动“质量兴市”活动，实施技术标准发展战略。为鼓励全市企事业单位开展重要技术标准的研究和制(修)订，增强自主创新能力，提升南宁市优势特色产业产品综合竞争力，组织全市13个单位提出项目22个申报全自治区2009年度重要技术标准奖励项目，其中南宁化工集团有限公司主要起草的国家标准GB 1903-2008《食品添加剂　冰乙酸(冰醋酸)》、广西亚热带作物研究所起草的行业标准NY/T 880-2004《芒果栽培技术规程》、广西农业科学院农业资源与环境研究所主要起草的DB45/T 218-2005《无公害食品　香蕉生产技术规程》、横县质监局起草的DB45/T 384-2007《茉莉花茶》4个项目获自治区政府奖励。组织有关单位申报成立标准化技术委员会，争取制定标准的话语权。由市质监局推荐，广西明阳生化科技股份有限公司向自治区质监局递交成立“全国木薯淀粉加工业标准化技术委员会”(分技术委员会)及“广西淀粉产品标准化技术委员会”的申请。

地方标准制(修)订　组织完成《无公害产品　甜玉米》、《无公害产品　甜玉米生产技术规程》2项广西地方标准的报批，由自治区质监局批准发布并于3月实施。围绕服务南宁市有色金属、汽车、石化、食品、冶金、机械、电力等千亿元产业和优势特色产业的发展，上报申请制定《制糖企业能源计量器具配备和管理要求》等广西地方标准20项，其中由市质监局提出、南宁糖业股份有限公司明阳糖厂等单位负责起草的《制糖企业能源计量器具配备和管理要求》、广西亚热带作物研究所负责起草的《芒果套袋技术规程》及《芒果采后商品化处理技术规程》、南南铝业股份有限公司负责起草的《铝及铝合金加工企业清洁生产规范》、广西南宁百洋饲料集团有限公司负责起草的《罗非鱼苗种规模化越冬养殖技术规范》5项标准制订项目，经自治区质监局批准立项列入当年第二批广西地方标准制订计划。至年末，《里当鸡养殖技术规程》、《罗非鱼苗种规模化越冬养殖技术规范》、《西方蜜蜂饲养技术规范》3项广西地方标准项目开展征求意见。

标准宣贯　为帮助企事业单位的标准化人员能够及时、准确地掌握企业标准的编写方法，提高标准编写水平，保证企业标准编写质量，举办GB/T 1.1-2009《标准化工作导则第1部分:标准的结构和编写》和GB/T 20000.2-2009《标准化工作指南第2部分:采用国际标准》培训班，全市食品、化肥、机械加工等行业近百家单位的代表参加培训；针对南宁市部分企业生产不符合标准的超薄塑料购物袋现象，组织召开《塑料购物袋》等国家标准的学习培训会，参加培训的塑料袋生产企业18家，督促相关企业及时调整产品结构，确保南宁市“限塑”取得实效。7月，与中国物品编码中心广西分中心联合举办商品条码知识与应用培训班1期，共有21家连锁超市和药店的44名从事商品条码管理的工作人员参加培训。针对南宁市月饼生产中存在的标识问题，向100多家企业、单位的代表宣传GB19855-2005《月饼》、GB7718-2004《预包装食品标签通则》中有关月饼标识的内容要求，规范月饼产品标识。

农业标准化示范区建设　2010年是国家级第六批农业标准化示范区项目建设的第三年，也是考核验收年。南宁市5个项目中除横县茉莉花种植示范区项目因当年特大旱灾影响需延期考核验收外，武鸣县黄鸡养殖标准化示范区、上林县桑蚕生产农业标准化示范区、宾阳县糖料甘蔗生产标准化示范区、横县国家外种瘦肉型猪养殖标准化示范区4个示范区项目按验收计划通过自治区质监局组织的考核验收。

标准化良好行为企业试点　2010年是广西纵览线缆有限责任公司、南宁邦克电力设备有限责任公司2家企业开展“标准化良好行为”自治区级试点第二年，市质监局结合开展“质量提升服务进万企”活动，督促、帮扶2家试点企业做好企业标准体系建立、试运行等，确保按期完成确认验收。年内，南宁邦克电力设备有限责任公司因企业整体搬迁向自治区质监局申请延期确认，广西纵览线缆有限责任公司于12月通过AAA级确认。

国际及国外先进标准采用　为提高南宁市主要工业产品的质量水平，通过贯彻强制性国家标准，推进采用国际标准及国外先进标准工作，鼓励南宁市列入“千亿元产业”、“百亿元产业”的主要工业产品的生产企业开展采用国际标准及国外先进标准标志产品的备案，帮助相关企业了解办理采标产品备案的程序及要求。有4家企业的10种产品完成采用国际标准产品标志申报备案并获准使用采标标志。

标准化专项督查　开展肥料产品执行标准专项检查。按照自治区质监局“采取各市质监局交叉检查的方式”的要求，南宁市与来宾市互相检查，市质监局检查来宾市肥料生产企业8家。配合来宾市质监局检查南宁市肥料生产企业34家。针对南宁市有4家肥料生产企业的产品标识及执行标准不符合强制性标准要求的情况，发出《责令整改通知书》责令其进行整改。开展实施国家强制性标准专项监督检查，对南宁市相关生产企业进行执法检查，出动执法人员260人次、执法车130辆次，检查生产企业140家，当场处罚违法行为2起，立案查处37起。

企业标准备案　完成企业标准备案。完成企业标准备案115个，标准修改7个，为130家企业免费提供标准信息咨询服务。

【计量监督管理】

计量监查　2010年，南宁市计量检定机构共检定强制检定计量器具11.16万台(件)。其中:贸易结算类8.59万台(件),安全防护类1.98万台(件),医疗卫生类2242台(件),环境监测类3673台(件)。规范餐饮业计量行为,市质监系统组织开展全市餐饮行业计量监督检查专项行动,出动检查员173人次、检查车57辆次，抽查餐馆饭店73家、米粉店69家;抽查在用的计量器具137台(餐馆饭店衡器114台,米粉店衡器23台)。市区检查结果仅有2家饭店在用的3台衡器经法定计量检定机构检定合格,下达《责令改正通知书》28份。为加大宣传报道力度,扩大社会影响力,邀请《南宁日报》记者对检查活动进行跟踪报道。推进水表强制检定工作的落实，市质监局联合市节水办对市区部分新交付使用的楼盘开展水表计量监督检查，抽查3个大型楼盘9栋单元楼在用的水表，发现一些楼盘新安装的水表在交付使用前未按规定申请强制检定，检查人员随即责令相关责任单位限期整改，并要求楼盘物业管理部门加强对水表、电表、煤气表等涉及民生强检计量器具的管理，维护商品房业主的合法权益。组织开展汽车衡计量专项整治工作。对全市7家电子汽车衡获证生产企业实施监督检查，抽查企业生产、管理记录250多份,针对企业存在标准砝码数量配置不够等问题发出《责令整改通知书》7份。4~10月,对广西电能计量检测中心南宁检定所分阶段实施电能表强检情况计量监督检查,对该所检定合格的电能表抽取样表5000只送自治区计量院进行综合检测,其中4998只电能表检测结果为合格,合格率99.96%。

计量惠民及宣传服务　市质监局采取多种形式开展计量惠民及宣传服务活动。开展“免费检定计量惠民,促进城乡和谐发展”活动。对市区63家主要集贸市场和11家乡镇(城区)卫生院实施免费检定,免费检定衡器1.23万台,医用三源11台(套),减免检定收费193万元。各县质监局对辖区20家集贸市场实施免费检定活动,免费检定衡器811台,减免检定收费11万余元。春节前夕,联合自治区计量院对南宁国际会展中心年货市场进行检查,检查摊点300多个、电子秤192台,现场检查发现不合格电子秤6台,现场为年货摊点免费检定电子秤186台。“5·20世界计量日”期间,联合自治区计量院在星湖路居民小区开展现场服务活动,技术人员为居民免费检测血压计、眼镜、电子秤、电能表、水表等计量器具,发放计量知识、家庭节能小知识等资料1000余份。在“质量月”和中秋节前夕,向全市月饼生产企业发放《限制商品过度包装要求　食品和化妆品》(GB23350-2009)、《食品和化妆品包装计量检定规程》(JJF1244-2010)等资料200多份,向生产企业宣传过度包装有关规定，从生产源头抓好过度包装监管。组织人员到南广高速铁路等重大建设项目的制梁工地开展计量帮扶活动，指导建立完善计量管理体系,建立计量标准6项,提供免费咨询17次,帮助检定校准计量器具52台套。

商品量计量监管　完成国家质检总局和自治区质监局部署的“十类”定量包装商品净含量抽查,抽查大米、果汁、调味料、电信电缆、熟肉制品、涂料、茶叶、汽车润滑油、冷冻饮品、挂面“十类”定量包装生产企业42家,抽样检验45批次，净含量检验合格率91.80%。在市区范围加强对液化石油气、肥料、水泥等定量包装商品净含量的日常监督抽查力度,检查肥料生产企业27家，抽查产品32批次,合格29批次,合格率90.60%;抽查水泥生产企业6家,抽查产品8批次,合格6批次,合格率75%;抽查液化石油气充装企业17家,抽查产品48批次,合格29批次,合格率60.40%。各县质监局组织开展辖区商品量计量监督抽查工作，抽查定量包装商品108批次，合格87批次，合格率80.60%。对于抽查不合格的企业，市质监局积极帮助其查找原因，督促整改，不断提高南宁市定量包装商品净含量抽查合格率。

能源计量监管　加强与自治区计量院、明阳糖厂、良圻糖厂等单位沟通联系,共同研究制定《制糖企业能源计量器具配制和管理要求》广西地方推荐性标准，完成标准征求意见和组织专家论证等工作。8月,组织召开全市节能减排工作会议，向重点用能企业宣传贯彻国务院、自治区、南宁市节能减排工作会议精神和国家标准GB17167-2006《用能企业能源计量器具配备和管理通则》,并对用能企业的能源计量管理进行部署。全市61家重点用能企业的负责人参加会议。按照自治区质监局《计量工作目标实施指南》、《节能减排预警调控方案》、《2010年节能减排工作实施方案》等文件要求，组织开展全市重点耗能企业现场检查督促、指导帮扶,对企业的能源计量器具配备和管理情况、能源计量管理制度执行情况、能源计量器具量值溯源情况、能源数据采集和管理情况等进行检查。出动194人次对全市61家重点用能企业实施100%监督检查和帮扶，帮助企业解决实际问题56个,指导13家重点用能企业编写能源数据分析报告13份。

计量行政许可　组织计量标准现场考核33项，核发计量标准考核证书31份；为企业办理计量标准考核证书变更手续5个,委托技术机构培训检定人员50人，新发和复查换证的计量检定员证66本,指导、帮助企业建立计量标准29项。

【特种设备安全监察】　2010年，南宁市拥有特种设备2.27万台(件)。其中:锅炉2145台,压力容器5129台,电梯1.12万台,起重机械3417台,大型游乐设施129台(件),厂(场)内专用机动车辆716台;

在用压力管道 596 千米（1.45 万条）；各类气瓶 130 多万只。新装特种设备注册登记率以及锅炉、三类压力容器、电梯、大型游乐设施定检率均为 100%；其他特种设备检验率达 98.50%以上；全市无重特大特种设备责任安全事故发生。至年末，市质监局办理日常业务 6041 件，复审作业人员证 5193 人。办理特种设备告知业务 3460 台(件)。其中：锅炉 232 台、压力容器 417 台(件)、电梯 1853 台、起重机械 710 台、大型游乐设施 33 台(件)；压力管道 215 个单位。发放特种设备使用证 2581 台(件)。其中：锅炉 181 台、压力容器 356 台(件)、电梯 1568 台、起重机械 351 台、厂(场)内专用机动车辆 109 台、大型游乐设施 16 台(件)；压力管道 714 条。对 239 家特种设备使用单位、73 家特种设备资质单位的在用特种设备开展现场监察，出动检查人员 598 人次，发出《特种设备安全监察指令书》92 份。

【特种设备安全系列专项检查整治】 2010 年 3 月，市质监局对全市 76 家饮料生产企业在用压力容器尤其是快开门式压力容器使用单位进行逐家检查，对使用非法特种设备、超期不检、无证上岗等行为下达《安全监察指令书》；对逾期不整改的 3 家企业进行立案处理，督促企业对存在隐患的特种设备进行整改；4~5 月，重点对市区各类钢材市场和物流工业园使用的流动式起重机械和厂内专用机动车辆进行专项检查，针对流动式起重机械流动性大、难以监察到位的特点，明确市场管理者的安全生产主体责任，向业主宣传安全使用特种设备的要求，共同做好特种设备安全监察。5 月，针对全市中小学的实际情况，考虑到教学工作的需要，确保校园特种设备的安全管理落到实处，及时消除各类安全隐患。6~7 月，开展南宁市气瓶安全专项整治，对全市 24 家各类气瓶充装单位进行逐家检查，重点检查危险化学品充装单位特别是乙炔、液氯、液化石油气充装单位，严厉查处违法情况。在元旦、春节、清明、“五一”、中秋、国庆等节假日期间，在全市范围内对各类人员密集的公共场所特种设备，大型商场、娱乐场所的电梯，旅游景点的大型游乐设施的使用登记、定期检验、维护保养情况，操作人员的持证上岗情况进行检查，对公园大型游乐设施开展 100%的排查。加强对电梯使用过程的安全监察，制订下发《2010 年全市电梯电子动态监管实施方案》，核实全市在用电梯底数，在自治区质监局开发的软件基础上，选择广西日立电梯空调有限公司、南宁东信电梯空调有限公司、市永日电梯空调有限责任公司 3 家电梯维保单位进行录入试点。开展应急救援演练工作，分别在南宁化工股份有限公司、南宁动物园、南湖公园开展机电类和承压类特种设备的应急救援演练，通过组织开展应急救援演练，提高对各类突发事件的应急水平。9 月 13 日凌晨，成功处置南宁市一起液化天然气罐车倾翻事件。

【打假治劣】 2010 年，南宁市质监系统出动执法人员 3400 多人次、执法车 1600 多辆次，检查企业 1800 多家次，立案 718 件，结案 701 件，结案率 97.60%，处理群众投诉市长热线 41 起，及时率 100%，群众满意率 100%，无行政复议或行政诉讼案件，行政执法工作差错率以及行政行为在行政复议或行政诉讼中的撤销变更率均为零。严格按照行政执法“三分离”体系文件及工作规范开展行政执法，所有案件均严格执行“立案调查、审理、执行”三分离制度。开展阳光审案，全系统共选取 8 个案件进行阳光审案。每个季度都严格按照质量管理体系的要求，开展以检查行政执法“三分离”、行政案件审理、结案率等为主要内容的行政执法监督检查，检查案件 124 件，被检案件均能做到程序合法、处罚依据适用法律正确，立案调查、审理、执行“三分离”，也基本能按时限办结，但仍存在部分案件案审记录不够规范、详细等问题。并针对近年未结案件的情况开展清理，进一步规范行政执法行为。

农资执法打假　出动执法人员 1062 人次、执法车 415 辆次，检查农资生产企业 276 家次，整顿农资市场 64 个次，查处农资违法案件 138 件，查获假冒伪劣农资 700 多吨，涉案货值 158 万元，受理农资举报投诉 20 件，为群众挽回经济损失 130 余万元，严厉打击假冒伪劣农资坑农违法行为。结合开展农资打假活动，与各城区政府联合开展复混肥料免费检验活动，在南宁市 4 个城区 15 个乡镇免费抽取肥料样品 43 批次，涉及复混肥料 108 吨，批次合格率 86%。在国家质检总局 9 月上旬组织开展的区域性产品质量问题省际交叉检查中，检查组对南宁市区域性复混肥料质量整治工作给予高度评价。

絮用纤维制品监查　在全市范围集中开展絮用纤维制品专项检查，主要检查辖区絮用纤维制品生产企业以及部分幼儿园在用絮用纤维制品的质量现状。检查絮用纤维制品生产企业 10 家、经销企业 15 家，抽取样品 5 批次，立案查处质量违法案件 2 件，有效规范全市絮用纤维制品市场。

钢筋混凝土排水管专项整治　组织全市排水管生产企业的负责人召开钢筋混凝土排水管专项整治工作会议，宣传讲解《中华人民共和国工业产品生产许可证管理条例》、《输水管产品生产许可证实施细则》等相关规定，确保南宁市排水管产品质量安全。6~11 月开展为期半年的整治，获得生产许可证的排水管生产企业 11 家，其他企业也在积极申报，达到整治一类产品、整顿一批企业、规范一个行业的目标。对全市 13 家无证生产单位进行立案查处。

机动车辆制动液产品专项检查　对全市汽配市场的机动车辆制动液产品开展专项执法检查，检查机动车辆制动液经销点 21 家，涉及机动车辆制动液品牌 15 个，抽取样品 8 批次，合格 4 批次，不合格 4 批次，查处违法企业 1 家。

家电下乡产品市场核查　由自治区质监局科技认证处、稽查局、中国质量认证中心广州分中心以及市质监局稽查支队组成核查小组，对市区及武鸣县城销售的家电下乡产品开展市场核查，并上报中国质量认证中心。涉及 5 家商场 49 种不同型号的微波炉、电磁炉等家电下乡产品，为进一步加强家电下乡获证产品质量监督做好基础性工作。

【质监技术机构建设】 2010 年，南宁市质监系统开展县级技术机构整合，通过争取拨款、自筹资金等渠道，筹款约 900 万元购置检验设备、建立实验室，实现人才、设备等资源的有机整合。整合后，六县质监技术机构引进本科以上人才 22 人，比整合前翻一番；检验项目 869 个，比整合前增长 8.80%。横县质监局以国家质检总局批准筹建国家食糖及加工食品质量监督检验中心、茉莉花及制品实验室为契机，筹措资金 32 万元，建成建材类产品检验实验室及商品净含量定量包装实验室。10月下旬,国家茉莉花及制品实验室通过国家认证认可监督管理委员会的现场审查。武鸣县质监局筹措资金130万元,新购设备,开展人员培训,引进先进管理系统软件,11月上旬广西淀粉中心通过自治区级扩项及复评审计量认证考核验收。宾阳县质监局以计量所为依托整合质量计量检验检测中心后,开展人员竞争上岗和分配制度改革,调动各方面积极性。上林县质监局将原有质检所、计量所整合后,打破人员编制,统一调配使用检测资源,投入42万元整治内外环境,优化服务形象。5月下旬,自治区质监局批准筹建横县产品质量监督检验所、隆安县检验站、马山县检验站。

(黄隽瑜　田　田)

食品药品监督管理

【概　况】 2010年1月,根据《中共南宁市委、南宁市人民政府关于南宁市人民政府机构设置的通知》,南宁市食品药品监督管理局由自治区垂直管理部门成为市政府工作部门;10月25日,成立二级机构南宁市食品药品监督所。机构调整后,市食品药品监管局继续加强食品药品安全监管,严厉打击无证经营和制售假劣食品药品违法行为,确保全市人民群众饮食用药安全。年内,受理餐饮服务、药品经营、医疗器械经营等行政许可事项4379件;查处案件48件,货值金额43万多元,罚没总额112.60万元;受理药品、医疗器械举报、投诉38件,立案查处3件。

【食品安全监督】 2010年,市食品药品监管局履行餐饮服务食品安全许可和监管职责,创新监管模式,按照自治区食品药品监管局制定的《全区开展餐饮服务食品安全监管风险排序和压力传递工作方案》,在全市组织实施餐饮服务食品安全分类分级管理,明确监管部门和餐饮服务单位食品安全职责。制定《南宁市实施餐饮服务食品安全分类分级管理工作方案》,对餐饮服务单位进行风险排序,依风险高低采取针对性监管。将学校以及幼儿园食堂、大型宾馆饭店、政府和"两会一节"重点接待宾馆饭店、大型特大型重点建设工程工地和单位食堂、旅游接待餐馆等用餐人数多、涉及面广的餐饮服务单位列为高风险单位,作为重点监管和指导对象。制定《关于进一步加强和规范餐饮服务单位承办大型集体宴席管理的通知》,在承办200人以上的集体宴席酒店、饭店中推行报告备案、落实食品安全管理员、严格供餐能力、要求留样等八项措施,并按不同风险突出重点,落实监管频次和培训频次。受理《餐饮服务许可证》开办、变更、延续、补发和注销申请2671件;现场看点、验收3871家次,派出检查人员3425人次、执法车1510辆次;办结发放《餐饮服务许可证》2046家;出动执法人员9470人次,检查餐饮服务单位1.27万家次。

创建餐饮服务食品安全示范街　5月14日,市食品药品监管局召开餐饮服务食品安全示范街创建动员大会,把南宁市长湖路作为第一批创建路段,采取分类指导,按照标准整改的原则,对该路段的餐饮单位逐个检查指导,争取达到示范店标准。至年末,完成首批60家企业前期工作。

整治"五小行业"中小饮食店　为配合南宁市创建全国卫生城市活动,针对"五小行业"中小饮食店存在问题,市食品药品监管局协调各城区,组织开展以各城区农贸市场为核心,辐射1.50千米范围内的小饮食店为重点的专项整治行动,印制"创卫"工作通告发放给各小饮食店,充分履行告知义务。期间,出动执法人员1206人次、执法车653辆次,检查餐饮服务单位5312家,核发临时《餐饮服务许可证》1536张。

餐饮服务食品安全监督抽验　市食品药品监管局实施《全区2010年餐饮服务食品安全监督抽检实施方案》,组织开展食品安全风险评估和安全隐患排查。以学校幼儿园食堂、建筑工地食堂、农家乐旅游点、小型餐饮单位为抽检重点单位,对沙拉、凉拌菜、生食水产品、鲜榨果蔬汁、熟肉制品、非发酵豆制品、直接接触餐食的快餐托盘、大餐盘(碟)、原料煎炸过程中的食用植物油等19个重点品种的320个批次进行重点抽样,样品送交自治区食品药品检验所检验。

【餐饮服务食品安全专项整治】 2010年,市食品药品监管局开展对非法添加非食用物质和滥用食品添加剂、食用油脂、乳粉及乳制品、"地沟油"、一次性筷子等专项检查,全面推进小餐饮卫生整规,进一步完善长效监管机制,在11月末前提早完成整规率100%的目标;在元旦、春节、"五一"、中秋、国庆等节庆期间开展餐饮服务食品安全专项检查,出动执法人员2112人次,检查餐饮服务单位656家次;在中考、高考前对市辖区24所学校食堂进行食品安全专项检查,出动执法人员524人次、执法车辆121辆次,检查学校食堂24家,学校周边餐饮服务单位231家。全年无一例重特大餐饮服务食品安全事故发生。

【农村食品安全监管】 2010年,市食品药品监管局会同市食安委通过采取调研、开会布置、加强宣传、强化培训和督查、落实责任等措施,继续推行农村50人聚餐报告指导制度。采取巡回督查,深入镇村开展农村"乡村厨师"登记、培训,检查50人聚餐报告指导落实情况,挤出资金作为农村50人聚餐报告指导补助经费。至年末,全市建立县(区)、镇、村三级餐饮服务食品安全协管员、信息员网络,各镇均成立食品药品安全工作领导小组,各行政村成立食品药品安全信息工作站。行政村推行率90%以上,报告指导农村50人以上聚餐报告1500多次。

【保健食品安全监管】 2010年9月29日,市政府对市编办、市卫生局《关于我市保健食品监管工作交接情况的报告》作出批复,由市食品药品监管局自10月起正式接管保健食品监管职责。结合南宁市保健食品产业现状和特点,建立规范保健食品监管工作机制,制定《机构改革过渡时期保健食品零售企业原〈卫生许可证〉延用申办程序》、《南宁市保健食品经营企业验收实施标准(试行)》、《南宁市保健食品许可审批流程》等制度,规定审批工作程序和文书规范,并给持有原《卫生许可证》的保健食品经营企业核发《南宁市食品药品监督管理局保健食品经营条件审核证明》,受理审批61家次。与公安、工商、卫生等部门联合开展保健食品专项整治行动,对中尧路和五一路伟康市场的保健食品经营企业进行检查。出动监督检查人员983人次、执法车辆215辆次,检查保健食品生产企业12家、销售单位702个,对保健食品冒充药品的不合格产品,当场予以没收,查扣假冒伪劣保健食品161种次、不合格产品

1752盒,货值金额5.60万元,责令停业5家,移交工商部门案件1件,配合相关部门处理普通食品宣称功能案件5件。

【药品安全管理】

药品生产监管　2010年，市食品药品监管局强化药品生产企业监管。以落实《药品生产质量管理规范》为重点,采取模拟飞行检查、重点监督抽查等方式,开展对药品生产企业是否按核定的处方工艺进行生产的专项检查，并按照信用等级对评定为失信、严重失信的生产企业强化监管，增加对评定为严重失信企业的检查频次。出动检查人员300多人次,检查药品生产企业120多家次,对未严格按照GMP（药品生产质量管理规范)生产的企业下达《责令整改通知书》。坚持每周一次对正常生产的注射剂生产企业、每月一次对暂停生产的注射剂生产企业派驻监督员进行检查，保证高风险药品的安全生产。派驻112人次对7家注射剂生产企业、1家兴奋剂生产企业、2家第二类精神药品生产企业进行驻厂检查，对企业存在的问题及时提出并监督整改。开展基本药物品种处方工艺核查。对22个基本药物品种进行核查,均能按批准的处方和工艺生产。全面推行药品生产企业质量受权人制度。市辖区在产的40家制剂生产企业(含基本药物生产企业、中成药生产企业、注射剂生产企业)已全部实施质量受权人制度。实施药品生产企业负责人约谈制度。对新开办、检查中发现问题较多和法定代表人、质量负责人变更的企业约50家进行约谈，对问题较多的企业做到监管重点前移,防止药害事件的发生。

药品经营管理　严把市场准入关。做好药品经营企业换证、再认证。完成785家企业《药品经营许可证》的换发证工作，对不符合换证条件的和提供虚假材料的36家零售企业,取消其药品经营资格。核发新开办零售企业《药品经营许可证》206家;受理变更申请224家,不同意变更15家,注销4家。继续深入实施药品经营质量管理规范，有计划有步骤地开展药品经营许可证GSP认证及再认证、GSP跟踪检查等工作。完成对66家药品经营企业GSP认证及再认证现场检查,23家GSP跟踪现场检查。做好药品市场日常监管。出动执法车1345辆次、执法人员2822人次,检查药品批发企业125家次、药品零售连锁企业62家次、药品零售门店1157家次,全年药品批发企业和药品零售企业的日常监督检查覆盖面均达到100%。加大药品广告监测力度，上报自治区食品药品监管局违法广告药品290件，全部移交同级工商行政管理部门查处。

医疗机构制剂配制及用药监管　为规范医疗机构制剂配制及药品使用安全,有2家医疗机构制剂室通过换发《医疗机构制剂许可证》的现场检查,8家医疗机构除1家不提出换证申请外其余已暂停配制并提出延缓换证的申请。重点检查其是否按《医疗机构制剂配制质量管理规范》要求配制制剂、成品是否检验合格后使用、原辅料和成品是否按规定贮藏等,确保医疗机构制剂配制质量。同时开展对全市二、三级医疗机构用药的监督检查,重点检查药品购进渠道、提供合法票据等情况,检查三级医疗机构13家、二级医疗机构14家,监督检查率100%。

国家基本药物目录品种监管　强化药品企业质量安全第一责任人的责任，完善企业质量保证体系。实施基本药物电子监管。按照国家食品药品监管局基本药物分类实施药品电子监管工作实施计划的要求，组织全市基本药物生产和配送企业实施药品电子监管，确保基本药物流向清晰。年内,辖区1家药品生产企业和26家药品零售企业完成电子监管系统的安装。

药品营销人员登记备案　继续施行药品销售人员登记备案制度，全年累计备案人数1200多人，涉及药品生产、经营企业560多家，分期分批向社会公布并更新12期。

从业人员培训　举办餐饮服务企业负责人和从业人员食品安全知识培训班44期,3530名餐饮服务单位负责人、5431名餐饮服务单位从业人员参加培训并通过考试取得《培训合格证》;举办药品从业人员培训班5期,1876人参加培训并通过考试,其中市区1620人、横县178人、马山县78人;举办南宁市医疗器械不良事件监测及医疗器械广告监测培训、植入材料和人工器官经营监管暨不良事件监测培训班,80多家植入材料和人工器官经营企业负责人参加培训。

【药品专项整治】2010年，市食品药品监管局严厉打击各种制售假劣药品等违法行为，加大药品行政执法与刑事执法相衔接工作的有效合力，对触犯刑律的案件坚决移送司法机关追究刑事责任。出动执法人员667人次，检查生产企业20多家次、经营企业200多家次、医疗机构30多家次，立案查处药品违法案48件,移交司法机关处理假药案2件,涉案金额43万多元。

查处制售假劣药品违法行为　查处网络、邮寄销售咳喘散等假药案1件,确定犯罪嫌疑人2人，经协商移送公安部门处理；查处涉嫌假冒名牌产品越南白虎膏、越南白虎活络膏案1件,捣毁生产窝点1个，网络销售假药越南白虎膏窝点1个，现场查获标示越南生产的药品成品、半成品153箱,货值20万元;查处无证经营假诊断试剂违法行为1件,摧毁无证经营窝点1个;查处"挂靠"、"走票"等无证经营药品违法行为，立案查处药品"走票"案件3件,涉案金额5万多元。

非药品冒充药品专项检查　会同公安、工商、卫生、新闻媒体等部门开展百日打假行动暨严厉打击非药品冒充药品专项行动,对中尧路、五一路伟康市场保健品店、中草药经营门店进行专项检查,查处非药品冒充药品1批，摧毁无证经营药品窝点1个，取缔无证经营中药饮片门店3个，没收非药品冒充药品68箱,货值约36万元,立案查处7件。

疫苗产品专项检查　出动执法人员328人次,检查疫苗配送(经营)单位352家次、乡镇卫生院25家次，对经营、配送、使用有问题批号的狂犬病疫苗,生产单位生产的其他批号狂犬病疫苗及其他疫苗产品进行重点检查。

中成药生产质量、医用氧使用专项检查　出动检查人员105人次,对35家企业的35个常年生产的中成药品种进行全面检查;对2家医用氧生产企业和5家医疗机构抽查是否有工业氧代替医用氧使用情况;书面检查反馈医疗机构108家。

【医疗器械管理】2010年，市食品药品监管局严格执行医疗器械经营行政许可、产品注册审批流程,强化对医疗器械经营许可、产品注册的审批管理,严厉查处申报资料存在的弄虚作假等问题,收到医疗器械经营企业申请行政许可事项349家次,收到自治区食品药品监管局委托现场检查6家,派出检查组355个710

人次，作出《医疗器械经营企业许可证》新办行政许可154家，换发11家，变更128家，补发2家，注销12家，对提供虚假材料或不符合验收标准的不予许可34家；审批一类产品注册证15个。对上年度通过医疗器械质量管理体系认证或考核的生产企业进行跟踪回访及监督检查，检查覆盖率100%。重点核查医疗器械生产企业质量体系考核中突出问题的整改落实情况，下达《整改通知书》3份。对上年度新开办的122家医疗器械经营企业进行监督检查，检查覆盖率100%，重点检查企业质量管理人的在岗情况、企业注册地址、仓库地址的变更情况及企业经营产品的购销台账的建立情况。开展分子筛制氧设备使用情况、植入材料和人工器官医疗器械经营企业、口腔义齿生产企业等专项整治行动。监督检查市区3家医疗机构使用分子筛制氧设备进行集中供氧的情况；检查植入材料和人工器官医疗器械经营企业134家，对8家涉嫌不在原址办公的植入材料和人工器官经营企业进行注销公示。

【药品不良反应与药物滥用监测】 2010年，为进一步推动药品不良反应监测，市食品药品监管局牵头组织市卫生局、市计生委等部门召开联席会议，成立市药械不良反应/事件监测工作领导小组，明确各部门责任，并联合下发《关于进一步加强2010年南宁市药械不良反应/(事件)监测工作的通知》。上报药品不良反应2779例，超额完成675例；8所强制戒毒所、8家美沙酮药物维持治疗门诊上报药物滥用报告调查表1885份，上报覆盖率100%。

【药品进口备案】 2010年，市食品药品监管局履行药品进口备案职责，严格审核备案申请。发出《药品进口通关单》16份，其中进口原料药6440千克，价值154.88万美元，进口数量和价值比上年增长10%；进口药材650吨，价值13万美元，进口数量和价值比上年下降38%。

【特殊药品管理】 2010年，市食品药品监管局严格执行特殊管理药品巡查制度，每半年对特殊管理药品经营企业进行巡查，检查企业72家次，对储存专库(柜)、报警装置、账物相符等情况进行检查；开展非法买卖含麻黄碱类复方制剂专项检查，出动执法人员350多人次、执法车辆170多辆次，检查生产和经营含麻黄碱类复方制剂的企业200多家次，检查发现生产企业所用麻黄碱原料均持有《麻黄碱购用证明》、生产、购销过程均符合规定，成品销售均有记录可追溯。审核办理麻醉药品和精神药品邮寄证明386份，上报特殊药品购用材料11份，初审新申办的特殊药品经营企业7家次，现场检查3家。

【药品监督抽验】 2010年，市食品药品监管局共进行药品抽样197批，其中对药品批发企业和医疗机构基本药物的监督抽验覆盖率100%，抽样基本药物78批、37个品种，检验86批，不合格25批，不合格药品命中率29.06%。此外，针对中成药标准偏低容易造假问题，组织开展基本药物黄连上清片的专项监督抽验，对全市药品经营批发企业经营黄连上清片进行检查，并对9家药品生产企业生产的黄连上清片抽样19批，发现掺假生产的假药黄连上清片4批，涉及药品生产企业2个，均已立案查处。

【药品监管信息化建设】 2010年，为整顿和规范药品市场秩序，实现药品流通的批发、零售到使用单位的全过程监管，市食品药品监管局投入100万元建设药械实时监控系统一期工程，配置服务器、中文版操作系统及数据库等软件；开发实时监控系统软件，通过安装在药品经营企业的客户端软件定时采集各企业的药品购进、销售、库存等业务数据，经互联网将数据上传到指定服务器，由监管人员通过查询跟踪服务器的数据实现对药品流通信息的实时监控。至年末，该药械实时监控系统处于运行调试阶段，接入系统的药品连锁企业26家。

【食品药品安全宣传】 2010年，市食品药品监管局加强与自治区、市主流媒体的联系与沟通，充分利用新闻媒体、政府网站等平台开展相关食品药品安全知识宣传。组织召开新闻通气会，向各新闻媒体提供新闻采写线索；开展“3·15”食品药品安全知识宣传活动、销毁假劣药品行动、餐饮食品安全示范街启动仪式、科技宣传周等宣传活动，组织新闻媒体记者进行现场采访报道。开展宣传活动15次，发放宣传资料1.50万份，接受群众咨询或服务4000多人次，在《中国医药报》、《广西日报》、《南国早报》、《南宁日报》、《南宁晚报》以及广西和南宁电视台、网站等发新闻稿16篇(条)；向自治区食品药品监管局网站发送信息稿件19篇，在市局政务信息网页更新政务动态120篇。 (蓝　雅)

安全生产监督管理

【概　况】 2010年，南宁市安全生产监督管理局以开展“安全生产年”活动为主线，突出构建大安全格局，实现全市安全生产总指标控制在自治区下达范围内的工作目标，确保首府春节、“国庆黄金周”、“两会一节”等重大节庆期间全市生产安全形势稳定。发生各类安全事故1206起，死亡532人，受伤1145人，直接经济损失1932.48万元。事故起数、死亡和受伤人数分别比上年下降26.28%、1.85%和37.97%，直接经济损失比上年上升25.72%。一次死亡3~9人较大事故9起，死亡28人，比自治区控制指标数少2起。全市各类事故死亡人数控制在指标内，占自治区下达给南宁市全年控制指标数的99.43%。在自治区年度安全生产目标管理考核中连续第6年被评为优秀。

【安全生产监督体系建设】 2010年，南宁市安全生产体系建设不断健全完善，建立以四级监管队伍为基础的安全监管网络，实施安全生产分级量化执法。至年末，全市所有乡镇均建立安全生产管理组织机构，所有村(社区)均配备安全检查员，有乡镇和村一级专职安全管理人员330人，兼职安全管理人员1847人，享受安全生产工作津贴。安全生产执法监察网络逐步完善，市安全生产监察支队20个编制人员全部到位，配备的执法装备基本满足现阶段的执法要求，完成多项安全生产主动性专项监察；宾阳县、武鸣县、兴宁区、西乡塘区、经开区建立监察队伍。各县(区)加强乡镇安全监管人员的业务培训和指导，帮助乡镇安全监管机构建立和完善安全监管体制、机制，规范安全监管台账，强化乡镇安监站安全监管职能。

【安全生产检查】 2010年，南宁市组织开展元旦春节、全国和自治区“两会”、汛期、“两会一节”、国庆节和第四季度全市安全生产大检查活动6次，参与企业5万多家，各级各部门出动检查督查人员9230人次、执法车3640辆次，排查治理各种安全隐患6.22万处，其中重大事故隐患793处。特别是山西王家岭煤矿发生“3·28”特大透水事故后，市安委办立即按照《国务院安委会关于立即开展全国安全生产大检查的通知》和自治区的统一部署，3月末至5月下旬、开展为期两个月的全市安全生产大检查活动。组成9个督查组，对生产经营单位、各级各部门开展安全生产大检查情况进行综合督查。7月中旬，组织开展安全生产大检查“回头看”活动，对大检查中发现的问题，进一步落实整改责任，落实整改资金，确保限期整改。根据极端天气增多的情况，加强汛期、强降雨、高温等极端天气过程的安全监管。从4月下旬起，针对汛期各类生产事故易发、高发的特点，进一步加强煤矿、非煤矿山、尾矿库、危险化学品、烟花爆竹等重点行业的安全监管，对汛期应急值守提出明确具体的工作要求，对强降雨可能引发山体滑坡、泥石流等山洪灾害的地段进行重点监测，及时发布灾害预警，落实群众转移安置预案，随时应对突发汛情，避免因强降雨天气而引发安全生产事故。9月10日起至12月19日在全市范围内开展以“打非治违、治理隐患、防范事故、确保安全”为主题的“百日安全无事故”活动。活动期间，全市出动检查员4200多人次、检查车2500多辆次，重点检查和排查道路交通、车站码头、人员密集场所、高危行业等存在的安全隐患，实现零事故目标。

【专项整治】 2010年，南宁市对煤矿、非煤矿山、道路和水上交通、危险化学品、烟花爆竹、人员密集场所消防安全、农机、建筑施工、特种设备10个重点行业和领域开展安全生产专项整治，强化高危行业安全监管。

煤　矿　重点对上林县4对矿井存在的井下局部巷道高、宽度不够，行人斜井台阶不规范等7项29处安全隐患进行整治；市和产煤县（区）成立专门的打非队伍，取缔非法盗采矿产资源场点850个。

非煤矿山　加强资源整合与整顿关闭，“一山多证”的采石场全部不予延期换证，低于年产5万吨的采石场不予审批，全面淘汰“洛阳钻”，70%的采石场使用中深孔爆破、液压破碎锤二次破碎、机械化铲装、非电起爆等技术工艺；开展尾矿库隐患综合治理，排查治理安全隐患287处。

危险化学品　加强危险化学品生产、储存、运输、经营、使用等环节的安全检查管理，督促指导危险化学品运输企业加强对司机和押运人员的安全教育，严格审批程序和上路检查，杜绝违章、违规和非法运输。开展为期3个月的打击非法加油站流动非法销售成品油专项整治行动，查处油罐车当街兜售柴油行为8件。

烟花爆竹　南宁市、宾阳县及宾阳县乡镇三级党委政府组织打击非法生产、运输、销售烟花爆竹行为，实施非法烟花爆竹“禁生产”、“抓源头”、“截运输”、“堵流通”四项措施，投入“打非”经费150万元，由有关乡镇采取“人盯户、人盯人”的办法，对屡劝不止的非法生产者采取行政、刑事拘留等手段进行严厉打击。拆除非法生产工棚94座200多间，收缴爆竹药品1990千克、半成品和成品爆竹4158万头，抓获违法犯罪嫌疑人20人。

道路交通　规范车辆定期维护、营运客车安全管理系统、GPS车辆监控系统和行车记录仪的使用和管理，严格执行安全监控和长途客车驾驶员中途休息制度，开展综合执法行动，查获超限运输车96辆；开展城市客运安全大检查，实施“文明交通行动计划”和“畅通工程”，落实预防事故“五整顿”（指组织驾驶员队伍、路面行车秩序、交通运输企业、机动车生产和改装企业、危险路段整顿工作）、“三加强”（加强责任制、加强宣传教育、加强执法检查）措施，重点加强“两个时段”（下午、夜间重点时段）、“三种道路”（二级路、国道和农村地区道路）、“四种车辆”（小型客车、大型客车、摩托车和轻型货车）、“五种交通违法”（无证驾驶、酒后驾驶、疲劳驾驶、超速驾驶、摩托车超限载人）的管控和整治，从源头上消除事故隐患。

水上交通　开展水路运政综合执法大稽查，推进全市渡口渡船专项整治，对10艘在邕江市区河段从事经营作业的餐饮趸船实施行政强制处理措施。

人员密集场所消防　构筑社会消防安全“防火墙”工程，开展建筑消防设施专项治理排查、文物单位消防安全专项检查、商场消防安全专项治理、易燃可燃装修材料整治“回头看”、校园消防安全专项检查等专项治理行动，督促整改火灾隐患和消防违法行为2667处，临时查封危险部位5处，实施行政处罚84件，责令“三停”（停止施工、停止使用、停产停业）企业30家，罚款105万元。

建筑施工　开展治理工程建设领域突出问题，对912个南宁市投资500万元及以上涉及安全生产的工程建设项目进行排查，督促业主落实安全生产主体责任，确保建设项目必需的安全投入，确保安全设施与主体工程“三同时”（同时设计、同时施工、同时投产），确保施工安全。特别是中铁十八局宾阳那适铁路隧道建设项目“7·11”事故发生后，立即针对建筑领域突出问题开展专项治理行动，防范类似事故发生。

特种设备　加强对锅炉、压力容器、管道、电梯、超重机械、大型游乐设施、厂（场）内机动车辆、客运索道八大类特种设备的安全检查，检查特种设备使用单位51家、特种设备1060台（件），在用各类气瓶3.61万只，压力管道127米，发出《特种设备安全监察指令书》12份。

农业机械　督促签订农机安全责任书2.61万份；加强农机联合执法检查，以创建“平安农机”为突破口，提高全市农机安全生产水平。

【重大隐患整改】 2010年，南宁市完善市、县（区）、乡镇（街道）、社区（村）四级重大事故隐患督促整改机制，强化事故隐患整改。市政府公布市级重点督促整改的重大事故隐患13项。市安委办先后组织开展专项督查5次，向相关单位、政府和部门下发督办函30份；定期公布各项市级重点督促整改的重大事故隐患整改完成情况。至年末，自治区重点督办的市永泽宾馆重大事故隐患得到有效排除；13项市级重点督促整改的重大事故隐患，完成整改11项，延期整改2项；780项县、乡、村三级重点督促整改的重大事故隐患基本完成整改。

【重大危险源监控】 2010年，南宁市进一步完善市、县（区）、乡镇（街道）、社区（村）、生产经营单位五级重大危险源监控制度，从10月起，开展全市重大危险源普查活动，对全市非煤矿山企业584家、危险化学品企业2593家、烟花爆竹生产企业2家和批发企业15家的220处重大危险源重新登记建档。开展重大危险源安全状况评估，使全市排查登记建档的重大危险源均配备相应的监控报警系统和应急设备、设施，完善监控制度。

【打非治违】 2010年，南宁市采取举报有奖、突击检查、联合执法、从重处罚等措施，组织开展打击安全生产非法行为专项行动。组织安全生产行政执法4285次，其中由市、县(区)政府组织的联合执法217次，关闭无证无照非法生产经营点1924处。从8月起，在全市开展为期3个月的集中打击非法违法安全生产建设行为专项行动，出动检查员7110人次、执法车2200多辆次，检查生产经营单位5962家，查处各种安全生产违法违规案1427件，行政处罚91件。在打击非法矿山开采行为方面，采取炸毁井筒、填平井口、断水断电、遣散人员、堵死矿产品销售渠道等措施对私挖滥采等违法采矿行为进行整治，填埋和炸毁新(旧)小煤井850口，收缴各种采煤工具2800多件、煤炭300多吨，查扣挖掘机7台，收缴空压机42台、运煤车21辆，遣散参与盗采民工680多人次，抓获涉及非法采煤性质不法分子59人。在打击非法烟花爆竹生产行为方面，始终保持高压态势，主要领导亲自带队进村入户，对新桥镇等非法烟花爆竹生产严重的乡镇进行地毯式清查，捣毁非法烟花爆竹生产窝点325个，行政拘留8人。在打击非法建设行为方面，针对私人建房存在的非法占地、未经许可开工建设、聘请无资质施工队伍等违法、违规现象予以制止和打击，重点对城乡结合部、村屯私房建设进行排查、检查，处罚安全生产违法行为685件。

【安全生产保障】 2010年，南宁市推动企业开展安全生产标准化创建活动，创建本质安全型企业。年初，各县(区)确定3家以上企业，行业(领域)管理部门确定1~2家企业作为本辖区、本行业(领域)创建安全生产标准化的企业，推动企业实现安全管理程序化、技术装备先进化、岗位作业标准化、生产环境安全化。分别召开矿山、烟花爆竹、危险化学品安全生产标准化企业现场会。全市进入安全生产标准化企业行列的企业221家。市财政安排200万元专项资金用于对企业安全生产技术措施项目的扶持，带动22家企业安全生产投入6000多万元。全面推广采石场中深孔爆破技术，全市98座尾矿库大部分加装安全监控设施；危险化学品、烟花爆竹生产企业危险工序和岗位大部分加装DCS自动控制和报警系统。

【安全生产宣传教育】 2010年，南宁市举办2010年全国“安全生产万里行”南宁出发仪式、全市安全生产成就展、万里行新闻采访座谈会、全国“安全伴我行”演讲报告会等活动，通过“万里行”采访团在邕的系列新闻采访活动，以及安监、公安、教育、卫生、工青妇等部门和社团深入基层开展安全生产帮扶和宣传活动。同时，组织开展全市“安全生产月”活动，南宁电视台、南宁广播电台在黄金时段开辟安全生产新闻专栏，《南宁日报》开设安全生产之窗专栏，进一步营造全社会关注安全、关爱生命的氛围。组织县(区)安监系统200多人进行为期2天的安全生产执法培训活动，规范基层安全生产执法行为；面对建筑事故多发势头，针对农民工开展形式多样的安全生产宣传教育活动，有效减少建筑施工安全事故发生；加大企业员工培训力度，发放特种作业资格证7103本，培训安全管理负责人并发放安全管理资格证3165本，提高从业人员安全生产知识技能和防范事故能力。部署《国务院关于进一步加强企业安全生产工作的通知》文件的宣传，要求各部门和企业组织专题学习讲座，各县(区)组织科级以上干部和企业负责人参加讲座，各企业也通过董事会、厂部会、车间会、班组会，挂横幅、贴标语、展板报等形式进行学习宣传。安排专项宣传经费8万元，先后在南宁安全生产信息网、《南宁日报》刊登解读文章，印制并发放企业员工单行小册子2万多本。

6月18日，全国“安全生产万里行”南宁出发仪式举行　　市安监局提供

【应急救援】 2010年，南宁市加强应急管理，完善全市安全生产应急救援体系。加强应急预案修订和备案。根据国家安监总局颁布实施的《生产安全事故应急预案管理办法》，组织各级、各部门和生产经营单位修订完善本单位应急预案。至年末，15个县(区)、开发区完成政府和管委会层面的安全生产应急预案的编制，全市矿山、危险化学品、烟花爆竹等高危行业企业的应急预案规范编制率100%，评审率100%，备案率100%，初步建立全市从政府、部门到企业具有针对性、衔接性和可操作性的预案体系。充实和完善市安全生产专家库和组织管理工作，将专家库原有专家93人增加到108人，并发挥专家组在安全生产应急预案编制和评审、安全标准化建设、重大事故隐患评估和验收等方面的重要作用，使全市安全生产更具科学性、权威性和有

效性。加强安全生产专业应急队伍建设，市财政投入专项资金50多万元用于市级及危化、矿山救援中队装备的完善及救援队员的业务培训，提高队伍实战能力。举行市级安全生产应急救援大演练，9月下旬在兴宁区三塘镇成功开展有600多人参与和观摩的危险化学品道路运输泄漏突发事件应急救援演练。各县（区）、部门和企业也组织开展本辖区、本单位的应急救援演练活动。全市有10个行业（系统）开展市级规模应急救援演练，进一步提高应对突发事故的应急救援能力。（马　瑛）

口岸管理

【口岸建设】 2010年，市口岸办编制《南宁“十二五”口岸发展规划》，制定“十二五”期间南宁口岸的发展目标和建设内容，将南宁水运口岸转新开项目列入“十二五”重点建设项目。南宁水运口岸有南宁港、邕宁港、横县港，港口吞吐量2302万吨。其中：散装化学危险品9.95万吨，砂石1938.50万吨，其他353.60万吨。进一步完善空港口岸配套查验检验设施，跟进南宁吴圩国际机场新航站区空港口岸前期规划，南宁机场联检楼运行正常，空港口岸出入境旅客21.14万人次。（梁　勇）

【出入境检验检疫】 2010年，广西出入境检验检疫局共检验检疫出入境货物14.80万批次，总值148亿美元。其中检出不合格货物1408批次，总值32.90亿美元。检疫出入境交通工具30.30万辆（艘、架）次；出入境人员564.90万人次，发现病例2581例，检出艾滋病毒感染者9例；截获入境动植物疫情1.28万批次，有害生物206种1.28万次；有毒有害物质19批次；旅邮检截获禁止进境物5088批次，截获有害生物24种44次。检疫入境集装箱10.10万标准箱。

【口岸疫情疫病防控】 2010年，广西出入境检验检疫局抓好自治区17个一类口岸卫生检疫核心能力建设，各口岸基本完成建设任务，10个达标口岸通过预验收。加强口岸疫病疫情防控和突发卫生事件应急处置，实行“三个联合”（完善与属地政府部门传染病或突发公共卫生事件的联防联控机制，落实与属地卫生部门的合作，建立和完善疫情信息相互通报、突发公共卫生事件联合处置、定期联席会议等制度。完善与口岸查验部门的传染病疫情防控合作机制，加强边境地区疫情信息通报、口岸现场疫情处置等方面的合作。完善与越南毗邻口岸卫生检疫部门的传染病联防联控工作机制）、“四项制度”（传染病疫情收集制度，传染病疫情评估制度，传染病疫情报告和通报制度，传染病疫情或突发公共卫生事件处置制度）为主要内容的“3+4”口岸传染病疫情防控模式，落实联防联控机制，促进口岸手足口病、禽流感、霍乱、登革热、疟疾等疫病疫情的防控工作常态化、科学化。及时发现并处理广西口岸首例输入性手足口病病例。完善口岸卫生应急和反恐制度建设，加强应急反恐技术培训和演练，提高口岸一线应急反恐技术水平，成功处置2起入境旅客核辐射因子监测个案和中越边境地区59例发烧病例的突发事件，第一时间将越南等东南亚国家发生的登革热疫情上报国家质检总局并发布疫情警示通报。配合总局和自治区落实口岸卫生检疫安保措施，保证上海世博会、广州亚运会和中越青年大联欢活动期间广西口岸的卫生安全。落实国家质检总局有关边境贸易的管理办法，加强与地方政府及有关部门的合作，采取措施加强和规范中越边贸检验检疫监管，防止动植物及其产品携带疫病疫情经口岸传入传出。联合海关、边防、商务、水产畜牧兽医、林业等部门开展广西中越边境疫情防控联合督查活动；加强口岸消毒设施建设，在友谊关、浦寨、水口和峒中4个边境口岸安装使用全自动车辆消毒通道设备；针对越南木薯干片非法入境及从中检出危险性有害生物的情况，向自治区政府及商务部门提出打击越南木薯干片非法入境和加强监管的意见建议，有关部门及时出台相关措施，禁止越南木薯干片从非设关通道入境；针对东兴、凭祥中越边境观赏性植物和水果山竹等非法入境的现象，加强与越南对口部门的会晤和地方政府部门的联系，提出有关加强打私和检验检疫监管的意见建议；完成北海口岸进口2800头新西兰荷斯坦种奶牛的隔离检疫任务。

【检验检疫服务】 2010年，广西出入境检验检疫局服务地方经济发展。促进北部湾经济区建设，配合自治区政府和有关部门申报设立钦州保税港区、梧州再生资源工业园区和南宁检验检疫机构；配合自治区政府完善友谊关电子口岸和建设防城港电子口岸；做好封关运作的钦州保税港区、南宁保税物流中心出入境货物的检验监管和通关服务，做好凭祥综合保税区和凭祥中越跨境经济合作区的筹建。加强中国—东盟自由贸易区框架下检验检疫合作机制研究，充分利用广西地缘优势，深化与东盟国家检验检疫机构的合作交流。继续与越南植检部门联合开展中越边境地区实蝇监测；向地方政府提出关于利用南宁—曼谷公路扩大中泰农产品贸易的建议；与越南相关部门联合开展进出境水产品质量安全监管合作，解决越南输华水产品卫生证书甄别真伪问题。服务第七届中国—东盟博览会，进一步完善查验措施，提高检测速度，查验来自东盟10国、澳大利亚、日本、韩国及中国台湾等国家和地区的展品254批，总值36.78万美元，对检出疫情或质量问题的展品实施退运或销毁。查验出入境飞机93架次、人员7652人次，截留禁止旅客携带入境动植物产品12批次24千克。连续第7次保持服务博览会零投诉。促进外贸转变发展方式，将国家质检总局关于开展“质量提升服务进万企”活动的部署与落实广西检验检疫局服务发展的两个十大措施相结合，帮助企业增强质量意识，提高质量管理水平，扩大产品出口。开展质量宣传和免费培训服务，增强企业第一责任人意识，为138家企业举办培训班58次。为企业提供技术和信息支持，完成38家样本企业的技术性贸易措施影响调查，收集发布最新技术性贸易措施信息642条，帮助企业提高产品质量和应对国外技术壁垒的能力。组织开展管理体系认证有效性监督检查，维护企业的合法权益。加强质量和风险分析，重点选取进口铁矿、铜精矿、可利用废物原料以及出口打火机、烟花爆竹等部分重点敏感商品的质量分析，及时将有关产品质量情况通报地方政府和有关部门，发布警示通报，帮助外贸企业规避进出口风险。做好工业品、进出口食品分类管理，探索建立与广西出口食品情况相适应的检验检疫监管模式。继续实施直通放行、绿色通道制度，与南宁海关联合实施区域通关合作，提高通关速度。

（谭业军　谢清达）

海　关

【概　况】　南宁海关是广西口岸进出关境监督管理机关，业务管辖范围为自治区全境，面积23.67万平方千米。关区共监管口岸26个(一类口岸14个、二类口岸8个、边地贸口岸4个),监管边民互市贸易点25个。2010年,南宁海关设12个隶属处级海关和11个缉私分局,派驻机构3个(现场业务处、驻机场办事处、驻玉林办事处),总关机关设局、处、室19个，事业单位2个。关区干部职工1939人,其中关员1388人、缉私警察551人。年内，南宁海关坚持把强关建设作为推进关区科学发展的有效载体，从优化资源配置、完善制度机制、夯实业务基础等多方面入手,重点推进分类通关改革、内控机制建设、“三查合一”、制度体系建设、综合考评体系建设、关警融合和后勤保障体制改革等，推动强关建设取得新的成效。监管进出口货物6237万吨,货值216.45亿美元，进出口报关单17万份，比上年分别增长1.80%、40.90%、5.20%。监管进出境运输工具28.42万辆(艘)次,人员603.59万人次,监管邮、快递总数51.88万件,查获违禁音像印制品7278件；查获侵犯知识产权货物总数61.20万件。税收入库128.32亿元,增长17.10%，继续保持全国海关第15位;审批减免税1.77亿元。加工贸易合同备案204份,备案金额5.40亿美元。开展稽查作业241起、办结222起,补税入库1124万元。立案侦办走私犯罪案件52件,案值4.27亿元，立案调查走私违规及其他违法案件1508件,案值4.49亿元;查办旅检行邮渠道走私毒品案件7件，查获毒品5414.70克；上缴罚没收入9210.50万元,抓获犯罪嫌疑人162人。

【监管通关】

物流监控　2010年，南宁海关推进监管场所达标整改，关区列入海关总署验收计划内的1~8类34家监管场所中有26家通过验收，验收达标率76.50%,提前完成海关总署2010年末达标验收率50%的指标。加强规范申报管理,电子退单率0.88%、人工退单率1.73%、修改报关单率5.87%,分别比上年下降41.72%、44.19%和11.86%。强化保税货物的实际监管,保持加贸管理指标处于优良水平;健全物流监控体系，抓好查验作业质量和效率,提高行邮物品监管水平,进一步规范边贸管理,强化实际监管。共监管进出口货物6237万吨,货值216.45亿美元,进出口报关单17万份,分别增长1.80%、40.90%、5.20%;监管运输工具28.42万辆(艘、架)。监管进出境人员603.59万人次；边贸进出口总值42.43亿美元，增长36%。

行李邮递物品监管　开展4个月进出境行李物品监管规范化专项整治活动,打击行邮渠道走私违法活动。编印下发《南宁海关行邮监管现场缉毒案例汇编》，定期开展违禁品查缉形势分析,深入现场指导督促,优化执法管理。加强免税商店和免税品监管，关区免税店计算机系统管理全部实现，视频监控设施安装应用进一步强化。加强快件监管,通过强化申报规范化管理,防止模糊申报,着力打击拆票走私、模糊申报逃税走私等行为。监管进出境人员603.59万人次，邮、快递总数51.88万件,查获违禁音像印制品7278件。

加工贸易监管　推进加工贸易内销便利化，落实支持服务广西承接东部地区加工贸易产业转移各项措施和相关税收优惠政策,重点扶持电子、石化、鞋业、皮革加工等行业做大做强。引入4家大型鞋业企业和中石化等重点项目，提供上万个就业岗位,产业转移成效初显。加工贸易进出口总值15.67亿美元,比上年增长35.40%。审批加工贸易合同268份,备案金额6.38亿美元，加工贸易实际进出口值17.50亿美元。

边境贸易监管　对边贸管理中的热点、难点问题多次调研,组织召开关区互市工作会议3次;推进新的《边民互市贸易管理操作规程》制定,逐步研究形成解决关区互市管理热点难点问题的措施;推动落实新的边地贸口岸船舶和货物管理办法,对关区边小贸易、互市贸易高速增长背后可能隐存的问题高度关注,就管理制度是否落实、监管是否到位、走私行为是否查处等开展专项检查。关区互市贸易带进带出货物量94.78万吨、货值45.09亿元，分别比上年增长38.70%和50%。其中:进口76.22万吨,货值35.74亿元,增长37.80%和55.30%;出口18.56万吨，货值9.35亿元，增长42.50%和32.50%。边贸进出口货值42.43亿美元，增长36%。

中国—东盟博览会进口展品监管　以实现“通关高效、监管到位、服务优质、形象良好”为目标,成立以关长为组长的支持服务中国—东盟博览会领导小组，抽调业务骨干在南宁口岸设立驻会监管工作组,在南宁、桂林空港和凭祥、东兴等边境口岸设立现场监管小组；严格执行《南宁海关对中国—东盟博览会进口展品监管实施细则》规定,优化监管模式增强实际监管掌控力，加强对展会期间展馆的巡查以及价格调研，实现进境展品审批、申报、查验、放行、进出仓等监管全过程的信息化管理，进一步提升监管服务水平。展会期间,受理申报的进境展品253票、总重163.40吨、货值92.80万美元;监管进出境航班116架次、进境人员3.06万人次、出境人员3.32万人次,给予印尼副总统布迪约诺、老挝副总理阿桑·劳里、越南副总理张永仲等东盟国家领导人以通关礼遇39人次。

风险管理、稽查和企业后续管理　实现风险管理整体推进，加强风险管理片区协作，强化两级风险情报布控中心建设,推广应用直属海关平台,加大涉税风险分析力度,风险布控有效率21.70%,布控补税2429万元。以企业分类信息和风险分析为基础,加大重点税源商品、重点行业、高风险企业稽查力度,全面推动各隶属单位企业稽查,开展稽查作业241件,办结222件,补税入库1124万元。加大报关市场管理和规范力度，优化企业分类管理,引导企业守法自律,核查企业信息2079家,新评定AA类和A类管理企业31家。

【征收税款】　2010年，南宁海关完善综合治税机制,加强税收预测监控,坚持量质并举、以质促税,全面落实“以管增税”、“以打促税”、“以廉保税”的要求,税收征管能力和水平进一步提高,税收征管、通关监管、后续管理和打击走私有效协调联动,确保税收应收尽收。税收入库128.32亿元,比上年增长17.10%,继续保持全国海关第15位。后续补税2.71亿元,其中审价补税2.23亿元,增长35.15%。全年一般贸易、重点商品、加工贸易内销料件、转关运输价格水平保持在绿色区间，应收尽收率113.70%,海关总署抽样考核显示，南宁海关税收征管主要指标列全国海关前列。将进口减免税优惠政策落到实处，审批减免税1.74亿元。

【打击走私】 2010年，南宁海关坚持“主战场”缉私思路，加大货运渠道打私力度，先后侦破货运渠道走私出口稀土等一批大要案。重视非设关地打私，突出重点打团伙，参与海关总署和地方组织的专项行动、推动反走私社会综合治理3个环节，持续保持打私高压态势，从源头上打击和整治“两北”地区群体性绕关走私活动，先后打掉幕后团伙29个。推动地方党政进一步深化反走私社会综合治理，推动广西反走私综合治理进程，各级地方党政反走私责任进一步落实。立案侦办走私犯罪案件52件案值4.27亿元；立案调查走私违规及其他违法案件1508件，案值4.49亿元；立案查办海关监管区域案件544件，案值4.51亿元；抓获犯罪嫌疑人162人；查办旅检行邮渠道走私毒品案件7件，查获海洛因、大麻等5414.70克。成功侦破重特大走私犯罪案件5件，其中，成功侦破“12·02”货运渠道走私出口稀土专案，涉嫌走私出口稀土4196吨，案值1.09亿元，偷逃税款1300万元；立案侦办“6·18”特大走私塑料碎片案，涉嫌走私塑料碎片2.14万吨，案值1.10亿元，涉税2188万元；立案侦办“5·31”涉嫌走私废旧轮胎案，涉嫌走私废旧轮胎3万多吨；立案侦办“5·13”走私汽车案，涉嫌走私高档汽车500多辆，案值1亿元，涉税3000万元；立案侦办“6·11”互市渠道走私坚果、橡胶圈案，案值423万元。（黄伟文）

海事管理

【概　况】 南宁海事局隶属广西海事局垂直管理，下设邕宁、横县、左江、隆安4个海事处，负责南宁、崇左2个地级市行政区域内的水上交通安全监督管理。南宁辖区河流隶属珠江水域，有通航河流12条，通航里程1111千米，其中干流784千米、支流327千米，主要河流有左江、右江、郁江。至2010年，辖区有船水库14座，渡口143道(南宁市83道、崇左市60道)，圩渡点30个，装卸客货的码头(含自然坡岸)90个；航道上跨河桥梁48座，过江管线129条，船闸4座，取水口25处，有船县(区)15个、乡镇80个、行政村223个；从事水运生产企业53家。年内，按照“保安全、保稳定、强服务、重创新、快发展”的基本思路，加大水上交通安全监督管理力度，加强海事行政许可，有效地维护辖区水上交通秩序。辖区发生统计上报船舶交通事故4起。其中：大事故1起，死亡2人，沉船1艘；一般事故3起，直接经济损失7万元。与上年同期相比，事故次数上升300%，大事故次数持平，死亡人数上升100%，事故直接经济损失下降56.25%。其中：运输船舶发生水上交通事故3起，大事故1起，死亡2人，沉船1艘，直接经济损失7万元；非运输船舶(工程船)发生水上交通事故1起。

【通航监管】 2010年，南宁海事局坚持专项治理与长效管理相结合，开展安全生产、邕江河道船舶规范管理、内河砂石采运船舶等专项整治活动和“大船小证”综合治理专项检查9个。主动介入，加大水工项目现场监管力度，审批桥梁、码头、航道疏浚等水工项目23个，发布航行通告18次。完成巡航检查830次，时间4543小时，里程14.51万千米，出动执法人员2894人次。其中：海巡船艇巡航检查373次，时间1819小时，里程1.45万海里（2.69万千米），出动执法人员1513人次；巡察车巡航检查457次，时间2724小时，里程11.83万千米，出动执法人员1381人次。

【水上应急搜救】 2010年，南宁海事局履行市水上搜救中心办公室职责，完善各类搜救应急预案，更新指定的市水上搜救力量，协调组织中心各成员单位开展水上搜救工作。组织搜救行动7次，遇险人员19人，获救19人，搜救有效率100%。

【船舶监管】

船舶安全检查 2010年，南宁海事局以“四客一危”(客渡船、客滚船、旅游船、高速客船、危险品船)船舶、老龄船舶检查为重点，以提高船舶安全适航性能和安全防污染管理水平为目标，加强对船舶安全检查管理。通过结合船舶安全配员和船舶自动识别系统专项检查活动及船舶吨位丈量专项检查开展船舶安全检查。在检查中，按要求进行船员实操能力考核，有效提高船员业务技术素质和实际操作能力，确保船员适任。检查船舶5141艘次，安检船舶1624艘次，发现缺陷7812个，缺陷率4.81，滞留船舶5艘。

船舶登记 严格把好船舶登记一审、二审关，及时更新从事船舶登记人员的业务知识，对未注销的160多份船舶抵押权登记档案逐个检查。办理船舶登记1714艘次。其中：船舶所有权登记537项次，船舶国籍登记632项次，船舶抵押权登记67项次，船舶光船租赁登记26项次，船舶注销登记452项次。做好船舶登记及船舶IC卡的制作、发放，发放船舶IC卡451张。

船舶进出港签证 船舶签证艘次和货物吞吐量比上年有所增加，旅客客流量大幅增长，主要原因为经济增长使货运量逐步增长，且更多的乡镇客渡船和旅游船纳入海事监管范围。严把船舶进出港签证关，办理船舶进出港签证44万艘次，比上年增加3.20%；货物吞吐量2302.01万吨，增加18.20%，客流量778.34万人次，增加14.10%。

【船舶防污及危险品管理】 2010年，南宁海事局进一步强化船舶载运危险货物的现场监督管理，在辖区开展危险货物申报单位和装箱单位信誉类别评定，其中2家散装化学品运输公司的船载危险货物申报信誉等级初次申请获得评定；组织辖区企业参加危险品申报员、装箱检查员培训考核；参与南宁市饮用水水源地和环保专项整治工作。辖区载运危险品船舶出港264艘次，危险货物出港9.95万吨，船舶污染物接受处理含油污水1250千克，发放油类记录簿73本，垃圾记录簿71本。全年未发生危险品运输和污染事故。

【船员管理】 2010年，南宁海事局树立“有效监管、优质服务”的理念，开展“作风改进年”和“服务企业年”活动，按照船员管理体系要求开展船员管理。辖区持证技术船员有1689人。其中：一等船员31人，二等船员292人，三等船员755人，四等船员312人，五等船员299人。共发放船员各类证书和服务簿4202本，组织内河船员统考2期，参加考试528人次。（黄荣丹）

责任编辑　梁笑飞

教　　育

综　　述

【概　况】 2010年，南宁市各类中小学幼儿园共有2916所，在校生117.78万人，专任教师5.95万人。师生比例：幼儿园1:29.17，小学1:18.40，普通初中1:16.39，普通高中1:16.99，中等职业学校1:43.10。校园面积和生均校园面积：小学1288.62万平方米和24.47平方米，普通初中613.19万平方米和23.68平方米，普通高中585.03万平方米和50.26平方米，中等职业学校316.27万平方米和31.72平方米。校舍面积和生均校舍面积：小学349.74万平方米和6.64平方米，普通初中235.39万平方米和9.08平方米，普通高中237.81万平方米和20.43平方米，中等职业学校69.98万平方米和7.01平方米。少数民族在校生比例：小学56.61%，普通初中55.80%，普通高中53.50%。义务教育普及程度：小学学龄儿童净入学率99.89%、辍学率0.02%，毕业升学率100%；初中入学率99.60%、辍学率0.10%，毕业升学率91.52%。

中等职业学校有85所，在校生22.77万人。全市辖区范围内有普通高等院校31所（本科院校7所、高职高专院校19所、独立学院4所），在校生27.64万人；成人高等院校6所，在校生8.81万人。有2所院校获得博士学位授予权，6所院校获得硕士学位授予权；在校研究生1.23万人。

全市教育经费总收入61.90亿元，比上年增加16.26亿元。其中：财政拨款47.45亿元，增加13.66亿元；预算外资金8.70亿元，增加1.12亿元；其他5.75亿元。教育经费总支出60.54亿元，增加15.52亿元，其中财政拨款支出38.58亿元，增加10.71亿元。总支出中，人员经费支出40.89亿元，公用经费支出19.48亿元，基建支出0.17亿元。

【学校基础设施建设】 2010年，南宁市教育基建安排项目81个，其中中小学续建项目22个、新建项目43个、职业教育攻坚项目14个、高校建设项目1个；计划投资22.89亿元，调整计划5.16亿元。其中，14个职业教育攻坚项目，65个中小学新建、继建项目建成投入使用，累计完成投资12.03亿元。完成2009年中央及自治区下达的151个中小学校舍安全工程项目，新建及加固改造教学楼、学生生活用房、教学辅助用房等教育教学设施，总建筑面积13.81万平方米，累计完成投资1.50亿元。市本级继续安排中小学校舍安全工程项目75个单体项目，总建设面积11.41万平方米，总投资1.50亿元。其中市本级筹措7500万元，县（区）配套7500万元。中央及自治区继续安排市中小学校舍安全工程项目160个单体项目，总建设面积13.37万平方米，计划总投资1.67亿元。

【教师队伍建设】 2010年，南宁市以人才活动月为平台，举办“八桂”名师演讲、中小学名师风采展、学科带头人论坛和初中英语教师教学技能比赛，开展名师服务基层活动——《黄河清问题导学教学法推广应用》等活动，展示全市中小学教师队伍建设成果。继续做好特级教师工作室工作，成立第二批特级教师工作室12个。与北京大学教育学院合作，在北京大学举办第四期南宁市优秀教师专业发展高级研修班，100名优秀教师和部分教育管理干部参加培训。与华东师范大学合作，举办南宁市高中数学骨干教师专业发展高级研究班，56名学员参加为期15天的脱产培训。与广西师范学院合作，对乡镇中心校204名语文、数学骨干教师进行为期3个月的培训。与北京师范大学合作，成立北京师范大学南宁市教育教学实践基地，接纳广西籍的北京师范大学免费师范生47人到市一中、二中、三中、八中、三十三中、盲聋哑学校和自治区直属机关第三幼儿园开展为期3个月的教育教学实习。成立广西师范大学博士、硕士研究生南宁市教育局工作站，密切高校与地方教育行政部门的联

10月8日，市第六职业学校仙葫校区一期工程建成投入使用　　市教育局提供

系，发挥高校人才的智力优势，实现资源共享。

全市中小学教师中，获“八桂”名师9人、自治区优秀班主任13人、“八桂”优秀乡村教师35人、市第六批优秀青年专业技术人才42人、市第七批专业技术拔尖人才12人、市优秀教师210人、市优秀教育工作者40人、“我最喜爱的老师”20人、市教坛明星5人、学科带头人105人、教学骨干1523人。“十一五”期间，全市培养、评选教坛明星29人、学科带头人503人、教学骨干5908人。兴宁区人民东小学教师李祥军获2010年“宝钢杯”全国杰出中小学中青年教师银奖。良庆区阳光新城学校教师莫莎莎的五年级综合性学习《歇后语》说课获第二届全国中小学公开课电视展示活动暨说课专场展示活动大赛一等奖。

【教育督导】

县级主要领导干部教育工作督导考核　2010年4月30日，市教育督导团办公室下发《关于做好我市2009年度县级政府及县级党政主要领导干部教育工作督导考核的通知》，组织指导各县（区）党委、政府开展自查自评。6月17~22日，组织考核组对南宁市六县六城区党政主要领导干部教育工作进行督导考核。重点考核义务教育“以县为主”管理体制落实、教育经费投入和管理、提高普及程度、改善办学条件、教师队伍管理、职业教育攻坚任务落实情况六项内容，按照各县（区）政府自查、市级督导考核、反馈等程序进行。10月27~29日，马山县通过自治区政府教育督导团考核组对马山县2009年县级政府及县级党政主要领导干部教育工作的督导考核。

城区“两基”复查迎检　11月9日，市教育督导团办公室组织兴宁区、青秀区、西乡塘区、邕宁区、良庆区5个城区政府督学对江南区进行“两基”（基本普及九年义务教育、基本扫除青壮年文盲）市级复查，指导江南区做好迎接自治区复查工作。11月17~19日，江南区通过自治区政府教育督导团“两基”巩固提高复查。

职业教育攻坚专项督导检查　自4月上旬起，市教育督导团办公室先后3次组织部分政府督学和特邀督学组成督导检查组，对中等职业学校进行职业教育攻坚专项督查。督查重点是基建项目建设进展、自治区评估验收各项指标完成情况以及存在的问题和困难，为市政府进一步推进职教攻坚工作提出建议和意见，为各县及中职校攻坚工作指出整改方向。至年末，完成市职业教育攻坚各项目标任务。

自治区义务教育学校常规管理达标县（区）创建　3月11日，南宁市举办自治区义务教育学校常规管理达标县（区）创建工作交叉检查培训会，规范各县（区）义务教育学校常规管理达标县（区）评估工作。3月8~19日，在各县（区）教育部门和学校自查自评、县级评估的基础上，全市交叉检查，对存在问题进行整改。4~11月，市教育督导团办公室先后组织对全市12个县（区）进行市级评估验收。至12月30日，全市12个县（区）分6批先后通过自治区创建义务教育学校常规管理达标县（区）的评估验收。

教育基建项目专项督察　7月21~30日，市教育督导团办公室会同市中小学校安工程领导小组办公室及市监察局、市发展改革委等部门，对全市各县（区）校安工程专项资金项目及2010年为民办实事教师周转房项目进行专项督查。督查全市校安工程专项资金建设项目151个，2010年为民办实事教师周转房项目13个，提出项目建设中存在的问题及整改意见，确保项目按计划如期推进。

【语言文字工作】　2010年，市语言文字委员会办公室深入横县、邕宁区、良庆区指导迎接国家三类城市（县城）语言文字达标评估工作，3个县（区）均通过评估。与广西大学外语学院联合组织检查组对青秀山旅游风景区和狮山公园等市旅游窗口单位的中、英文社会用字进行检查，对存在问题进行修正。开展第三批市级语言文字规范化示范校创建活动，评出市第一职业技术学校等40所中小学、幼儿园为市级语言文字规范化示范校。4月，开始使用计算机辅助普通话测试，全年组织普通话测试21次，参加测试的教师、公务员、职校生等3971人。组织全市中小学校开展中华经典诗文诵读比赛活动，学生组获奖190人，教师组获奖62人。组织全市中小学校开展规范汉字书写比赛活动，评出市级一等奖77个、二等奖270个、三等奖450个、组织奖12个。承担国家语委开展普通话普及情况入户调查任务，按质按时完成市区100户和马山县90户入户调查。

【教育科研】　2010年，市教育科学研究所组织先进科研机构评选，评出优秀科研机构89所。召开中小学“科研兴校”研讨会，总结推进教育科研。定期在六县县中举行教研日活动，促进市区与县中学校之间的沟通交流，市二中、三中分别与3所县级中学结成学校联合体。组织指导学校申报科研课题立项。市级教育科学规划课题立项803个，自治区教育科学规划课题立项143个，推荐申报全国2010年度教育科学规划课题9个。市教科所承担的自治区教育科学“十一五”规划重点课题《新课程背景下教师心理健康状况的调查及对策研究》、《新时期壮族地

11月17~19日，自治区对江南区创建义务教育学校常规管理达标区进行评估

市教育局提供

“八桂”名师——市第三中学教师黄河清在上“问题导学教学法”专题示范课

市教育局提供

区教师心理健康状况的调查与对策研究》、《校本教研与教师专业化发展的研究》通过自治区规划办鉴定验收，其中《校本教研与教师专业化发展的研究》课题研究成果获教育部基础教育课程改革科研成果三等奖。总结推广市三中数学特级教师黄河清的教学经验，分别在武鸣高中和市三中组织召开黄河清“问题导学教学法”研究成果推介会。完成12个县(区)教育行政机构履行职能情况调查；完成学校周边环境整治的现状及其对策研究，并撰写《南宁市学校周边环境整治的现状及其对策研究报告》。参与市老年科技工作者协会的社区教育调研，召开座谈会18次，与150多名学校街道和政府相关机构工作人员座谈。

【课程改革】 2010年，南宁市继续深化课程改革，以减轻学生过重的课业负担、提高学生的学习质量为重点。主要措施有：加强对教育规律的研究，进一步拓展与新课程相适应的教学制度、教学方式、校本教研制度，优化教学活动，转变教师的教学方式和学生的学习方式，实现减负增效。开展义务教育阶段教学常规管理检查，进一步强化教学中心地位和教学质量意识，引导学校注重“备课、上课、批改作业”3个基本环节，加强教学过程的监控和管理，探索建立提高教学质量的长效机制。落实《南宁市中小学教研组工作规程》，通过抓好市级校本教研实验基地建设，树立一批校本教研和教研组建设的典型，促进义务教育均衡发展。

【校外活动】

辅导教师与学生培训　2010年，南宁市举行航模、机器人辅导教师培训和摄影辅导员、演讲技巧培训等，提高校外活动辅导员的业务水平和演讲选手演讲技巧。不定期组织专家对各中小学校的机器人、航模、演讲、讲故事兴趣小组的学生进行大赛前的强化培训。寒、暑假期间在中心场馆开办机器人基础、航模、琵琶演奏、象棋、围棋公益兴趣培训班，免费培训学生2000多人次。

读书活动　开展第十七届“辉煌共和国”全国青少年爱国主义教育读书活动，参加活动学生近70万人，收集征文310篇，有3名学生被选拔参加自治区读书教育活动演讲、讲故事比赛。开展南宁市中小学2010年“书香绿城”读书月活动，举办“好书伴我成长”征文比赛。组织参加南宁市2010中华经典诗文诵读比赛，学生组获一等奖42人、二等奖64人、三等奖84人，教师组获一等奖15人、二等奖16人、三等奖31人，市滨湖路小学获一等奖。选送4所学校的节目参加广西“新童谣、新儿歌”创作表演大赛，市滨湖路小学获金奖第一名，市逸夫小学获金奖第五名。

科普活动　市教育局举办中小学多种竞赛活动。主要有：举办南宁市第九届中小学生机器人竞赛，承办2010年南宁市中小学生科技大赛；组织学生参加广西机器人竞赛、第十届中国青少年机器人竞赛、WRO世界机器人奥林匹克竞赛中国区选拔赛、“南海大沥创新杯”亚洲机器人锦标赛中国区选拔赛和2010年VEX机器人世界锦标赛，组织开展2010年南宁市中小学生航模比赛等，均取得优秀成绩。其中组织参加第十二届“飞向北京—飞向太空”全国航空航天模型教育竞赛总决赛，获一等奖1个、二等奖9个、三等奖10个；组织市24支代表队参加在安徽芜湖举行的第十五届驾驭未来车辆模型总决赛及2010建筑模型总决赛，获一等奖1个、二等奖7个。

文艺活动　组织参加第四届中华民族艺术特长生广西选拔赛，市二十九中的独弦琴齐奏“京岛渔歌”获一等奖。组织参加第三届中华民族艺术特长生全国选拔赛，市二十九中学生周博的架子鼓独奏获特等奖；市中小学校外教育活动中心获优秀组织奖。开展“法律伴我成长”中小学生法制漫画比赛，展出学生作品455幅。

社会实践活动　与香港中华电力有限公司联合举办“中电新力量计划2010”中国内地赛区活动，有9所学校的31支队伍200多名学生参加向社会大众推广低碳生活理念活动。组织30名中小学生到湖南卫视参观、体验电视节目的录制，到韶山毛泽东故居参观。组织100名摄影小记者到宾阳县古辣镇蔡氏书香古宅开展拍摄活动。让学生通过活动感受历史、体验生活。　　（苏　净）

【教育合作交流】 2010年7月28日，日本宇城市市长筱崎铁男率领的日本宇城市中学生海外研修事业派遣团一行来南宁市，与市十四中开展校际交流，安排8名学生进行住家交流，感受中国的传统文化和广西风情，体验南宁市轻松愉快的住家生活，以此为契机进一步扩大两市教育领域的交流。宇城市自2006年与南宁市建立友好关系之后，已经3次与市十四中开展学生住家交流活动，市十四中2010年也派出43名学生赴日本宇城市进行住家交流。　　（黄　加）

【教育信息化建设】

农村中小学现代远程教育工程　2010年，南宁市投入90万元为1200多所农村中小学现代远程教育项目学校维修损坏的项目设备；投入135万元为9所乡镇中心小学装备计算机网络教室共9间、计算机369台、资源库9套；投入65万元建设农村中小学现代远程教育工程项目学校师资培训教室，装备计算机网络教室1间、计算机103台、服务器1套；为3所农村中心小学装备“班班通”多媒体设备72套。

教育信息化基础设施建设　市直属学校增补配备校园网、计算机网络教室、多媒体教室、班班通、教师电子备课室、教学用机器人、校园电视台等信息化设施，共装备校园网路由器53套、校园网防火墙15套、计算机网络教室7间（每间计算机56台、服务器1套）、多媒体教室16间、班班通70套、电子阅览室4间（每间计算机41台、服务器1套）、教学用机器人116套、校园电视台专用设备7套，共投入资金799.10万元。充实和完善教育城域网资源和软件，新增购买物理、化学、生物实验仿真系统软件1套，研究性学习专题资源及视频课程资源库1套，班主任专题资源及视频课程资源库1套，本地教育资源库管理系统1套、电子期刊库1套；完成南宁教育城域网原有门户网页、综合信息平台、5套资源库、数字图书馆、试题库、视频库的全面升级，共投入资金80万元。

教师信息技术应用能力培训　举办中小学教师教育技术能力建设计划紧缺人才培训班1期、贫困县及边远农村中小学信息化教学紧缺人才培训班2期、东北师范大学教育技术学专业研究生课程培训班4期、教育部—微软（中国）携手助学VCT应用实验项目培训班1期、多媒体课件制作培训班2期、教育城域网资源应用培训班3期、校园网站设计与制作培训班2期，参加培训教师800人次。教师参加全国、自治区信息技术与课程整合评比活动，获全国一等奖14个、二等奖33个，自治区一等奖4个、二等奖12个；参加自治区中小学现代教育技术优秀论文、教育叙事报告、教学设计、课例、教育主题网站、计算机教育软件和VCT作品评比活动，获自治区一等奖91个、二等奖132个；参加教育部—微软（中国）携手助学VCT应用实验项目2010年度创新教师竞赛活动，获全国一等奖4个、二等奖5个、三等奖10个，其中获一等奖的作品被推荐代表中国到南非参加2010年全球创新教师大赛。

教育信息化应用　举办教育城域网、校园网站、实验教学和设备管理信息化、中小学图书馆管理信息化的建设与应用及信息化教学研讨活动；开展教育部—微软（中国）携手助学VCT应用实验项目、中国—联合国儿童基金会远程协作学习项目和广西电教馆《“多媒体进课堂”综合解决方案的教学实践研究》、《农村中小学现代远程教育工程在民族地区教育应用持续发展机制的研究》、《探索网际协作共享优质资源，缩小城乡中小学教育教学水平差异的研究》等课题的研究与实践活动；对19所全国、自治区现代教育技术实验学校进行检查评估，督促学校在教学、科研、管理等方面全面应用现代教育技术。

信息技术学科教学活动　组织举办2010年信息技术学科优秀论文、优秀课例评选活动，2010年度南宁市中小学电脑制作评比活动和全国青少年信息学奥林匹克联赛初赛南宁赛区、复赛广西赛区活动，3次中小学学信息技术学科教学研究课观摩研讨活动，全国电脑制作活动机器人指导教师培训班2期，全国电脑制作活动指导教师培训班1期，信息技术学科教师电子白板应用培训班1期，信息学奥林匹克联赛复赛选手培训班1期，参与活动人员480多人次。学生参加全国电脑制作评比活动、信息学奥林匹克联赛，获全国一等奖11个、二等奖16个、三等奖24个；自治区一等奖74个、二等奖9个。（苏　净）

【教育惠民工程】2010年，南宁市教育惠民工程是市政府确定20件为民办实事项目之一。工程有3个子项目涉及家庭经济困难学生的资助，各级财政计划安排资金1.02亿元用于资助家庭经济困难学生。对就读普通高中的库区移民子女和在国家扶贫开发工作重点县就读的学生免除学费；资助1.24万名家庭经济困难大中小学生，其中资助大学新生1300人、普通高中生5100人、初中生3000人和小学生3000人；资助中等职业学校学生，其中对具有南宁市户籍的中职学生每人每学年资助1000元，对征地拆迁户子女、库区移民子女、扶贫异地安置人员、城镇低保人员、农民特困家庭子女、退伍士兵、国办福利机构大龄孤儿七类特定人员每人每年资助2000元，对中等职业学校全日制在校一、二年级所有农村户籍学生和县镇非农业户口的学生及城市家庭经济困难学生每人每学年发放助学金1500元，继续资助中等职业学校特定专业学生第三学年生活费每人1500元。实现“不让一个学生因家庭经济困难而失学”的目标。全年累计发放资助款2.64亿元，受助家庭经济困难学生35.42万人次。发放生源地信用助学贷款7804万元，受惠大学生1.32万人。

（黄　加）

中职学生资助　中等职业学校学生资助包括中等职业学校国家助学金、中等职业学校实施学费资助、农村家庭经济困难学生和涉农专业生免学费资助、特定专业生第三学年生活费和中等职业学校奖学金5项。全市支付中等职业学校助学资金共9049.06万元，资助学生12.17万人次。其中：发放国家助学金4388.07万元，资助6.68万人次；学费资助款2053.09万元，资助3.30万人次；农村家庭经济困难学生和涉农专业生免学费资助款2173.64万元，受助学生1.70万人次；特定专业生第三学年生活费324.66万元，受助学生4400人；奖学金109.60万元，奖励500人。

义务教育阶段学生资助　继续落实国家对农村义务教育阶段寄宿制学生实行生活费补助。中央、自治区财政全年安排资金1.14亿元，受助学生13.90万人。市财政安排330万元资助义务教育阶段家庭经济特别困难学生6000人。

普通高中学生资助　南宁市设立普通高中特定人员免除学费、中央彩票公益金资助农村学校高中生和2010年秋季学期新设立的普通高中国家助学金3项资助政策，用于资助普通高中在校的家庭经济困难学生，资助面覆盖全市高中在校生的30%。全市发放普通高中助学资金4728.70万元，受助学生8.17万人次。其中：普通高中免除库区移民子女和国家扶贫开发重点县的学生学费1509.30万元，受助学生3.30万人次；中央彩票公益金337.65万元，受助学生0.68万人次；普通高中国家助学金2881.75万元，受助学生4.19万人次。

贫困大学生资助　南宁市通过采取多元化资助政策，打造全方位多角度贫困大学新生保障体系。根据学生不同情况采取不同的资助方式扩大受助学生比例，提高特困学生受助标准，资助项目有路费、学费和生活费等，解决家庭经济困难大学新生上学难的问题。各级财政和社会捐赠共筹措资金857.16万元，其中自治区144.30万元、市级财政260万元、县级财政211.75万元、社会捐助241.11万元；受助学生5800人。申请生源地信用助学贷款大学生1.32万人，其中新生6830人，每名大学生按学年申请，贷款金额为5000~6000元，共发放申请贷款金额7804万元。助学贷款申请人数和贷款人数均比上年翻倍。

【教育收费规范】 2010年，南宁市贯彻执行教育收费政策，继续把规范中小学教育收费、治理教育乱收费作为推进"安教工程"的重要工作来抓。各中小学校从2010年春季学期起，取消公办普通高中内膳生工友费、水电费、校园安全管理费、电脑使用费和城市公办初中、小学内膳生工友费。秋季学期起，中小学生公寓直供热水费由行政事业性收费转为服务性收费，收费方式改为学生自愿刷卡按实际消耗水量交费执行。严禁中小学举办各类收费补习班。召开南宁市治理教育乱收费局际联席会议2次，研究规范中小学教育招生和收费等工作，联席会各成员单位按照分县(区)负责的原则，加强对中小学教育招生和收费的监督、检查和指导。对全国治理教育乱收费专项督查组指出的南宁市有关中小学存在的问题进行整改。市本级和各县(区)共组织100多个联合检查组，对全市2000多所中小学校教育招生和收费情况进行检查和抽查，共清退教育违规收费金额1.90万元。

【招生考试】

普通高考　2010年，南宁市报名参加全国普通高考总人数为4.83万人（含中职对口，"3+2"中职、中师招生考试的人数），实际参加4.58万人，录取3.27万人(本科1.41万人、专科1.86万人)。其中：市区参加考试2.04万人，录取1.49万人(本科7161人、专科7785人)；武鸣县参考5600人，录取4261人(本科2391人、专科1870人)；横县参考5000人，录取3370人（本科1047人、专科2323人)；宾阳县参考8101人，录取5827人(本科2040人、专科3787人)；上林县参考2836人，录取1878人(本科597人、专科1281人)；马山县参考1693人，录取1179人(本科392人、专科787人)；隆安县参考2159人，录取1240人(本科473人、专科767人)。

成人高考　全市报名参加考试总人数3.52万人(免试1人)，占广西考生三分之一。其中：市区2.94万人、武鸣县893人、横县1105人、宾阳县2388人、上林县438人、马山县443人、隆安县546人。

中　考　全市报名参加考试6.82万人。其中：市区2.65万人、武鸣县6305人、横县1.34万人、宾阳县9844人、上林县4355人、马山县4690人、隆安县3124人。实际录取7.88万人，其中普通高中新生3.94万人、中等职业学校新生3.94万人。

自学考试　全市分别在1月、4月、10月组织高等教育自学考试3次，报名考试1.50万人，报考科数3.08万科。

基础教育

【概　况】 2010年，南宁市有基础教育学校2916所，在校生117.78万人，专任教师5.98万人。其中：小学1515所，在校生52.65万人，专任教师2.86万人；初中263所，在校生25.98万人，专任教师1.58万人；普通高中86所，在校生11.65万人，专任教师6850人；中等职业学校52所，在校生9.97万人，专任教师2313人；特殊教育学校10所，在校生2290人，专任教师268人；幼儿园990所，在园幼儿17.30万人，专任教师5930人。

全市初中毕业生8.61万人，高中阶段学校计划招生7.79万人，其中普通高中计划招生3.86万人、中职学校3.93万人；初中毕业升学率90%。实际招生7.88万人，其中普通高中招生3.94万人、中职学校3.94万人；初中毕业升学率91.52%。高中阶段普通高中和中等职业学校招生数量比例为1:1。全市学前三年毛入园率68%，学前一年毛入园率90%。小学学龄儿童入学率99.89%，辍学率0.02%；初中入学率99.60%，辍学率0.10%。

全市义务教育学校以"两基"巩固提高为重点，加大投入，建立义务教育经费保障机制，落实中小学公用经费基本标准；修编中小学校布局调整方案，推进小区配套学校建设；加强农村中小学现代远程教育工程建设、教育信息化基础设施建设，促进义务教育由全面普及转入均衡发展。全市12个县(区)通过自治区义务教育学校常规管理达标县(区)评估验收。

【示范性学校与幼儿园建设】 2010年，南宁市加快自治区示范性普通高中建设步伐。隆安县中学通过自治区示范性普通高中验收，实现南宁市县县有示范性普通高中的工作目标。先后完成对横县中学和市三十六中学的自治区示范性普通高中市级复查，指导横县第二高级中学完成自治区示范性普通高中申报立项，做好自治区第二批自治区示范性普通高中复查评估迎评工作。组织开展自治区、市级示范幼儿园评估，武鸣县太平镇庆乐小学附设幼儿园被评为南宁市第一所示范性乡镇中心幼儿园；马山县中心幼儿园被评为自治区示范幼儿园。

【学科竞赛】 2010年，南宁市中小学各学科教师参加各种课堂教学竞赛。其中，参加自治区和全国青年教师优秀课比赛，小学语文、数学、英语、思想品德等和中学语文、数学、英语、物理、化学、生物、政治、历史、地理、信息技术、体育、音乐、美术等参赛学科均获一等奖。

学生参加全国高中学科竞赛。其中：数学科获一等奖17人，获奖人数占自治区获奖人数的三分之二，有2人进入国家冬令营集训队；生物科、化学科分别有13人、11人获一等奖，获奖人数超过广西的半数；在第十四届全国华罗庚金杯总决赛中，市代表队8名队员获金牌1枚、银牌2枚、铜牌5枚。　　（苏　净）

【赛事获奖】 2010年1月29日，在"歌唱祖国"全国民族中学文化艺术节比赛中，南宁沛鸿民族中学艺术团的节目《挑着好日子山过山》、《壮族大歌》分别获歌唱类银奖、铜奖，《山歌一唱妹就来》、《歌的家乡》、《美丽神奇的地方》获优秀奖；指导教师温智淞获优秀指导奖和惟一的特别贡献奖；南宁沛鸿民族中学获优秀组织奖。9月18~19日，首届全国青少年科学影像节活动颁奖典礼在北京举行，南宁市参赛作品获一等奖3个、二等奖6个及三等奖5个，西乡塘区君武小学教师李玉萍被评为优秀辅导教师。其中优秀作品分属科学DV作品、科普动画作品、科普漫画作品及科技摄影作品4个板块，3个一等奖均为科学DV作品，分别为西乡塘区君武小学的《拯救小叶榕》、市三中的《鲜切果蔬褐变抑制探究》以及市衡阳路小学的《白糖是怎样变成“棉花”的》。10月30日，在市中小学生校外教育活动中心举行南宁市中小学生科技大赛。大赛以“体验、创新、成长——走进低碳生活”为主题，分为青少年和科技辅导员两个活动板块和竞赛、展示两个系列。全市14所学校的336名学生参加太阳能动力车赛、遥控平路竞速赛、四驱车轨道竞速赛、遥控车三对三足球赛、车辆模型模拟赛、建筑模型比赛6个子项目的比赛。市十四中和市高新小学分别获中学组和小学组的团体总分第一名，11所学校获优秀组织奖；市民族大道中段小学学生曾庆江及南宁沛鸿民族中学学生成智龙分别获“中天”太阳能动力竞赛小学组和中学组一等奖；34名老师获优秀指导教师奖。11月20日，参加2010年全国啦啦操联赛华南赛区比赛，市第六职业学校分别参加中学组自由舞蹈一级赛和街舞一级赛，获总分第一名，进入两个项目的全国总决赛；南宁外国语学校获中学中专组技巧(二级难度)和中学中专组花球(三级难度)两个第一名。

【第十二届中小学艺术节】 2010年11月24~25日，在市中小学生校外教育活动中心观演厅举行。进行表演类声乐、器乐、舞蹈、课本剧四大项目的总决赛。各县(区)、开发区以及市教育局直属各学校156所学校共1066个节目参加角逐，评出声乐(合唱)节目金奖7个、银奖14个、铜奖3个，器乐节目金奖9个、银奖3个，舞蹈节目金奖17个、银奖48个、铜奖3个，课本剧节目金奖7个、银奖3个。

(黄　加)

【中考招生改革】 2010年，南宁市按照“谁主管、谁负责”的原则，实行中考责任追究制，落实保密措施，加强考试各个环节的监控和管理，确保考试安全、有序进行。继续实行命题、审题人员资格认证制度及命题与审题工作分离制度；实行中考和初中毕业考试“两考合一”；中考的各科成绩和总成绩均以等级形式呈现；对初中毕业生进行综合素质评价，将评定结果当做学生毕业和高中阶段学校招生的重要依据；继续实施定向生分配制度，将自治区示范性普通高中指令性招生计划30%的名额，分配给承担地段生源的各初中学校。强化对六县中考考生语文、数学、英语3个学科的无纸化模拟测试，全市实行无纸化统一阅卷。

【进城务工人员子女就学】 2010年，南宁市各级教育行政部门积极统筹协调城区所辖各中小学校，根据进城务工人员随迁子女流入的数量、分布和变化趋势等情况，合理调配现有的教育资源，解决进城务工人员子女的就学问题。建立完善的工作制度和管理机制。安排在中小学就读的进城务工人员随迁子女，与本市学生享有同等权利，有正式学籍，同样参与各种活动和评优评先，完成学业后，发给义务教育证书。春、秋季两学期，南宁市义务教育阶段中小学共安置进城务工人员随迁子女10.08万人次。

11月24~25日，南宁市第十二届中小学艺术节在市中小学生校外教育活动中心观演厅举行。图为学生才艺展演集锦　市教育局提供

特殊教育

2010年，南宁市有特殊教育学校10所，另在市区10所小学附设10个弱智儿童辅读班。全市7~15周岁适龄“盲、聋哑、弱智”三类残疾儿童3027人，已入学2691人，入学率88.90%。在校生2290人，专任教师268人。

南宁市在广西率先成立特殊教育专业委员会，率先实现“县县有特殊教育学校”的目标。举办特殊教育师资培训班2期，各特殊教育学校校长、教师40人参加培训。组织教师赴桂林、深圳、香港等特殊教育学校学习，继续组织市级特殊教育专家组到隆安、马山两县进行巡回指导。市盲聋哑学校成为首批自治区示范性特殊教育学校立项建设学校。

4月7日，“香港苗圃行动”慈善机构向市盲聋哑学校捐赠一台价值84万港元的进口盲文印刷机，用于设立在该校的广西盲教资源中心的盲文印刷。

中等职业教育

【概　况】 2010年，南宁市有中等职业学校85所，其中市第一职业学校、市第三职业学校、市第四职业学校、市第六职业学校、横县职业教育中心、广西南宁高级技校、市卫生学校7所为自治区级示范性中等职业学校。在校生20.77万人。设置专业60多个，覆盖农林、资源与环境、加工制造、交通运输、商贸与旅游、社会公共事务及医疗卫生等13个产业门类。做好中等职业教育招生、送生专项督导，将中等职业教育招生、送生任务列入对各县(区)党政主要领导干部年度考核目标之一，纳入督政范围。继续推进职业教育攻坚，全年职教攻坚财政经费投入4.59亿元，为年度计划的212.66%。市一职校五象校区和市六职校仙葫校区一期工程在秋季学期投入使用，其余学校和六县职教中心的建设项目部分竣工或按计划推进。完成市一职校土木水利工程类实训基地、市三职校旅游类(西餐专业)实训基地、市四职校交通运输类实训基地及市六职校信息技术类实训基地建设。新创建自治区级示范性校内和校外实训基地8个。

【职业教育攻坚】 2010年，市职业教育攻坚领导小组继续推进职业教育攻坚工作，实行攻坚工作例会制度、信息通报制度、攻坚工作督查制度和攻坚目标任务完成情况每月统计通报制度。9月14~15日和12月23~29日，市政府教育督导团组织督查组分别对六县和中等职业学校的职业教育攻坚项目建设进展情况、攻坚经费落实与使用情况、攻坚档案材料整理情况等进行职业教育攻坚专项督导检查。督查结果：全市中等职业教育办学条件得到全面改善，生均校园面积73.39平方米（达标值50平方米），生均建筑面积20.62平方米（达标值20平方米），生均设备价值5223.13元（达标值3500元），生均图书册数31.21册（达标值30册）四项指标全部达标，完成攻坚各项目标任务。

【示范性中等职业学校与专业建设】 2010年，南宁市继续通过加大投入、严格标准和规范管理来推进示范性中等职业学校和专业建设。重点完善市一职校、市六职校、横县职教中心3所自治区示范性中等职业学校建设，加强推进市三职校、市四职校2所自治区立项建设示范性中等职业学校的建设。11月，市三职校、市四职校通过自治区示范性中等职业学校的检查评估，12月被确定为自治区示范性中等职业学校。加强中等职业学校专业规范化建设，对新设置的25个专业进行评估，审定20个；对全市10个自治区示范性专业进行复评和2个新申报自治区示范性专业进行初评，规范职业学校专业设置。

【中等职业教育教学研究】 2010年，南宁市举办职业教育教学改革专题报告会，举行职业教育课堂教学设计评比、教学观摩、教学研讨等形式多样的教研活动；开展职业教育教学改革项目研究、教育教学论文评比和南宁市专业化人才培养重点计划项目《中等职业教育专业（学科）高层次人才培养》课题研究工作；加大中等职业学校师资培训工作力度，选送近300名中等职业学校教师参加国家级、自治区级4大类29个项目培训；3月市组队参加2010年自治区中等职业学校学生专业技能比赛，获一等奖13个、二等奖35个、三等奖43个。11月，经自治区教育厅组织专家组进行实地考察和考评，市一职校、市六职校在广西30所申报的中等职业学校中获广西中等职业学校教科研20强称号。

【中等职业学校校长联谊会】 2010年6月4日，南宁市中等职业学校校长联谊会成立。校长联谊会以沟通、交流、协作、发展为目的，旨在加强各中等职业学校之间的交流与联系，共同做好南宁市中等职业教育。首期联谊会确定组织领导成员名单，提出近期任务和要求。9月7日，第二期联谊会在市六职校举行，市教育局在会上传达广西教育工作会议精神，介绍未来10年广西教育战略的重点，对进一步做好南宁市职业教育提出要求，以中职新生入学教育为主题。10月15日，第三期联谊会在市一职校举行，以展示全市中等职业学校参加“2010年全区第七届中职学校文明风采大赛”的成果为主题。全年举办校长联谊会5次。

【中等职业教育技能比赛】 2010年3月27日至4月2日，南宁市选派152名学生参加在南宁市、柳州市、桂林市举行的广西中等职业教育技能比赛。在12大专业54个技能比赛项目中，获一等奖13个（团体3个）、二等奖35个（团体5个）、三等奖43个（团体3个）。

【就业指导】 2010年，南宁市组建和完善南宁中等职业教育网，为学校和学生提供职教信息和就业指导服务。4月30日，举办2010年南宁市中等职业学校技能人才供需洽谈会，240多家广西内外企业和用人单位提供1.03万个就业岗位。为提高就业指导工作人员的能力和水平，5月和11月分别举办两期职业学校就业指导工作培训班。与南宁高新技术产业开发区、南宁经济技术开发区和广东、浙江等地的部分企业开展校企合作办学，为提高毕业生的就业质量做好服务工作。全市中等职业学校毕业生就业率96.39%。

【社会就业培训】 2010年，南宁市中等职业学校继续发挥自身教育培训资源的优势，利用职业教育培训资源，以农村中等职业学校和各类职业培训机构为主要培养阵地，面向社会开展各种短期职业培训以及农村劳动力转移职业技能培训等活动。中等职业学校与市各有关部门开展“阳光工程”、“就业再就业培训工程”、“贫困村劳动力转移就业培训工程”、“雨露计划培训工程”和农村劳动力转移就业培训，参加培训约50.22万人次。

（苏　净）

【市四职校与市二师合并】 2010年11月9日，南宁市第四职业技术学校与市第二师范学校合并组建新的南宁市第四职业技术学校。占地面积40公顷。原市第二师范学校是学前教育师资培养重要基地，但专业过于单一；原市第四职业技术学校拥有汽修、篮球、艺术等自治区示

3月27日至4月2日，南宁市选派学生参加广西中等职业教育技能比赛。图为汽车维修专业技能比赛现场　　市教育局提供

范性专业,但办学场地过于狭小。两校合并组建,将紧密结合南宁市社会经济发展需要办学,培养广西学前教育师资和南宁市各个产业的中等技术人才。

(黄 加)

民办教育

2010年,南宁市抓好民办学校依法办学、规范办学和提升学校教育教学水平等工作。按照《中华人民共和国民办教育促进法》及其实施条例的要求,加强对民办学校办学工作的引导,使举办者增加对学校的投入,进一步改善办学条件。健全民办学校办学管理制度,将民办学校年检以及变更事项情况在市教育网站公布,让公众了解民办学校办学情况,接受社会监督,加强民办学校依法办学自律性。对12所民办中等职业学校申请增设24个专业进行评估,审定19个;对6所民办中等职业学校进行合格评估,初评结果合格5所、不合格1所,并报自治区教育厅复评;完成对36所民办中等职业学校和123所短期培训学校的年度检查,并向社会公布年检结果。

高等教育

【概 况】 2010年,南宁市有南宁职业技术学院、邕江大学、广西东方外语职业学院3所高等院校,在校生3.01万人,毕业生就业率均在95%以上。(苏 净)

【南宁职业技术学院】

概 况 位于大学西路,占地面积134.59公顷,其中相思湖新校区占地面积124.33公顷。有教职工880多人(专任教师750多人),其中具有高级专业技术职务任职资格的教师170多人,硕士研究生教师140多人,"双师型"教师520多人。有全日制在校专科生1.58万多人,非全日制在校生4230人,到东盟国家留学的学生1130人,生源来自18个省(市)、自治区。下设二级学院11个,开设高职专业63个。教学辅助用房和行政用房面积23.42万平方米,校舍总面积44.28万平方米。固定资产总值9.58亿元,教学科研仪器设备总值1.20亿元,信息化设备资产488.40万元;图书馆藏书纸质图书75.60万册,电子图书500千兆,数字资源量2780千兆。年内,录取新生7300人,其中自治区7022人、自治区外278人;实际就读6002人。

教育教学成果 南宁职业技术学院是教育部确定的首批28所国家示范性职业技术学院建设学院之一。有国家级精品专业1个、国家级精品课程9门、教育部教改试点专业2个,室内设计技术、机电一体化技术、物流管理、酒店管理、应用泰国语、软件技术6个专业为国家示范重点专业建设。2010年1月24日,学院在南宁国际会展中心举办国家示范建设成果汇报会上,广西教育厅厅长高枫向学院转发教育部和财政部授予的"国家示范性高等职业院校"牌匾。

学院的营销与策划专业教学团队、证券投资与管理专业教学团队、应用越南语专业教学团队、机电一体化技术专业教学团队获2010年广西高校自治区级教学团队称号;学院被评为第七届中国—东盟博览会志愿服务先进集体,获2010年广西就业工作先进集体和2010年度广西高校学生资助工作先进单位等称号。教师参加校外各级各类科研课题立项申报30项,获广西第十一次社会科学优秀成果三等奖1项,实现学校在省部级社会科学优秀成果奖零的突破;65篇论文获2010年度广西职业院校教育教学优秀论文,学院获2010年广西职业院校教育教学论文评选工作优秀组织奖;3人入选南宁市第七批专业技术拔尖人才,3人入选南宁市第六批优秀青年专业技术人才;由5名教师完成的职务发明专利《五色彩虹鸡尾酒的制备方法》获专利申请号。《南宁职业技术学院学报》蝉联第四届全国高校优秀社科期刊,《饮食文化研究》栏目获"特色栏目"奖。学生在第三届全国饭店业职业技能竞赛、全国大学生技能大赛、广西高校计算机应用(网页设计)大赛、广西首届高职大学生技能竞赛、第四届广西大学生电子设计竞赛、全国越南语大赛、全国英语口语大赛等一系列专业技能比赛中获奖60多项;获自治区普通高等教育优秀大学毕业生称号38人,2010年度广西三好学生14人、优秀学生干部7人、先进集体5个。

专业、精品课程、教材建设 学院结合北部湾经济区产业发展需要,新增15个新专业和6个专业方向;修订2010级57个专业的人才培养方案;申报5门2010年自治区级精品课程。营销与策划专业入选国家教学资源库。完成2010年学校重点教材建设立项申报工作、"十二五"期间广西高等学校重点教材立项建设工作、2006~2009年广西高等学校优秀教材评奖活动、教学课件与软件的应用开发等工作。依据《教育部关于组织申报国家教育体制改革试点的通知》精神,组织申报南宁高等职业院校改革试验区项目。

毕业生就业推荐 学院通过各种渠道抓毕业生就业推荐工作,为毕业生提供806个用人单位1.13万个岗位需求信息;实现有效供需比为1:2.15。毕业生初次就业率92.56%。

国际交流与合作 学院派出60名应用泰国语专业学生和51名应用越南语专业学生分别到泰国和越南交流学习,接受10名泰国佛统皇家大学教师、11名泰国皇家理工大学学生来院学习培训。引进泰语、越南语外教各1名,英语外教3名,派出2名越南语教师到越南河内国家大学下属外国语学院任教。与澳洲辽湾职业技术学院签订合作办学协议。参加中国—东盟教育部长圆桌会议暨第三届中国—东盟教育交流周活动,院党委书记代表学院作题为《"跨国式工学结合"人才培养实践探索》的主题发言。

扶贫助困 学院进一步完善"奖、助、贷、勤、减、免"的贫困生资助体系,通过绿色通道入学的学生2192人,占新生总数的36.50%;缓交学费1277多万元,办理生源地助学贷款1229万人;发放各类奖、助学金1323.60万元;通过各种渠道为家庭经济困难生提供资助115.80万元。

社会服务 4月,学院7名学生入选上海世博会广西馆礼仪工作人员。8月,共有503名学生演员、104名越南语专业志愿者和500名学生观众参加2010年中越青年大联欢活动,学院团委被中越青年大联欢活动组委会授予2010年中越青年大联欢活动先进集体荣誉称号。10月,组织师生参与"两会一节"志愿服务工作,被"两会"指挥中心授予"两会一节"志愿服务先进集体称号。11月19日,结合"结对共建、创先争优"活动的开展,与兴宁区委组织部、兴宁区团委、朝阳街道办事处在望州南社区共同举办"南宁职业技术学院大学生党员社区挂职工作"启动仪式,12名大学生党员进入朝阳街道办事处下辖社区担任社区副书记。

与市残疾人联合会合作开展李嘉诚基金《长江新里程计划——高科技助残就业项目》培训。3月，中国残联就业服务指导中心在全国测评试点城市南宁进行《残疾人职业能力评估系统》在线测评工作，与市残联组织南宁300多名就业年龄段的肢体、听力和语言障碍的残疾人参加残疾人职业能力在线测评，通过测评325人。测评结果为残疾人就业指导工作和残疾人职业生涯设计、就业服务工作决策提供科学依据。为残疾人提供和推荐有针对性的职业技能培训，培养具有工程制图、动漫设计、广告设计等专业高技能残疾人才近100人。　　（谢丹妮）

【邕江大学】　1985年，由民革自治区委创办。是经教育部批准的民办全日制普通高校，隶属自治区教育厅。学生从全国高考中招生录取，面向全国招生，享受国家普通高校学生的待遇。2009年7月31日，南宁市政府和民革自治区委签订合作协议，合作共办邕江大学。有北湖、五象新区两个校区，校园总面积103.33万平方米。2010年4月，位于五象新区龙岗片区的新校区动工建设，规划面积86.42万平方米，建筑面积40多万平方米，投资概算9.60亿元。有在校生6000多人，专、兼职教师300多人。设有工学院、计算机学院、管理学院、人文学院、交通学院、开放教育学院6个二级学院，开设35个专业（方向），涵盖工学、管理学、人文学科、社会学科、农学5大学科门类。有电脑、语音、电气、电子、理化等实验室和图书馆，有电脑300多台、英语调频发射台1座。

【广西东方外语职业学院】　2004年6月经自治区政府批准创办的全日制普通高校，教育部备案，国家承认学历，是广西惟一独立建制的外语类高校。位于南宁仙葫经济开发区五合大学城内，校园占地面积67.66万平方米。2010年，在校生8300多人。设有东南亚语言文化学院、欧美语言文化学院、国际经济与贸易学院、国际工商管理学院、人文艺术学院、信息工程学院6个二级学院，开设41个专业（含方向）。建设有标准的图书馆、阅览室、语言训练室和多媒体教室，校园宽带网和外语调频发射台，标准学生公寓、餐厅和运动场等设施。　　（苏　净）

2010年南宁市获自治区荣誉称号教师名录

自治区优秀班主任：莫祖越（良庆区那马初级中学）　梁宏德（西乡塘区双定中学）　李翠玲（市安宁路小学）　黎省元（邕宁区百济中学）　雷连表（隆安县南圩镇中心小学）　梁少彩（横县南乡镇第三初级中学）　潘敏革（马山县白山镇合作初中）　吴选英（市第二十八中学）　李泽源（市第三十三中学）　王红梅（市第一职业技术学校）　马志健（市天桃实验学校）　梁凯（市第二中学）　黄文昭（市第八中学）

自治区“八桂”名师：黄河清（市第三中学）　徐华（市第二中学）　刘华（市第八中学）　刘春妮（市第十四中学）　毛永幸（市第一职业技术学校）　张永红（市园湖路小学）　韦均艺（宾阳中学）　王瑾（市滨湖路小学）　田济川（市第二中学）

自治区优秀特岗教师：李玉珍（马山县金伦中学）

自治区“八桂”优秀乡村教师：石云娥（兴宁区五塘镇岽悬教学点）　莫意光（市第四十五中学）　陆秀联（江南区吴圩镇中心学校）　罗绍芳（江南区明阳第二中学）　李星华（青秀区长塘镇初级中学）　苏华（青秀区南阳镇新楼小学）　卢强（西乡塘区金陵镇中心小学）　覃少曾（西乡塘区石埠中心小学）　石会杰（西乡塘区双定中学）　黄享升（邕宁区蒲庙镇中心学校）　黄明珍（邕宁区那楼中学）　苏凤良（良庆区那马镇中心学校）　黄少明（市第四十六中学）　梁丽莹（江南区那洪中学）　李成忠（武鸣县锣圩高中）　黄肖娇（武鸣县城厢镇城东小学）　陆玉广（武鸣县甘圩镇中心学校）　陆建基（武鸣县宁武镇宁武小学）　麦家秋（横县南乡镇陈塘村委小学平田教学点）　黄洁文（横县马山乡双桥村委小学）　颜桂新（横县镇龙乡中心学校）　何朝华（横县新福镇第一初级中学）　雷榜铜（横县峦城完全中学）　吴世贵（宾阳县武陵镇初级中学）　覃建源（宾阳县宾州镇德明完小）　黄健平（宾阳县新圩镇三塘学校）　苏达树（上林县白圩镇朝韦小学）　韦芳柳（上林县乔贤镇绿浪小学）　覃育日（上林县白圩镇覃排初级中学）　温捷（马山县古零镇古零初中）　谢云花（马山县林圩镇片联中心小学）　郑雅文（马山县周鹿中学）　陆盈（隆安县第一中学）　陆璐（隆安县南圩镇中心小学）　陆秉青（隆安县特殊教育学校）

2010年南宁市获“我最喜爱的老师”名录

梁东旺（市第三中学）　黄瑛静（南宁沛鸿民族中学）　樊蓉（市第十四中学）　韦苏（市第九中学）　李焕峰（市盲聋哑学校）　尹立雅（市第一职业技术学校）　霍红（市天桃实验学校）　庞毅（市第三十六中学）　石登学（市邕武路学校）　钟蕙（市滨湖路小学）　杨乐（市秀田小学）　吴桂莲（江南区江西中学）　谢宏良（邕宁区城关第一小学）　莫祖越（良庆区那马初级中学）　潘东海（武鸣县武鸣高级中学）　曾雪秋（宾阳县芦圩完全小学）　吴杰（横县职业教育中心）　黄学敏（马山县马山中学）　石兰松（上林县西燕镇中心学校）　苏秀群（隆安县丁当镇中心小学）

2009年7月31日，市长黄方方（前左）代表南宁市政府与自治区人大常委会副主任、民革自治区委主委刘新文（前右）代表民革自治区委共同签署合作共办邕江大学协议　　黄　加提供

责任编辑　黄善秋

科　学

科学技术

综　述

【概　况】 2010年，南宁市科技工作突出抓项目、兴产业、优环境、促创新、强能力五大重点，继续推进第四轮创新计划项目，累计实施创新计划1136个，实施产业重大科技专项13个、市本级科学研究与技术开发项目167个，被列入国家科学研究与技术开发计划项目58个、自治区科学研究与技术开发计划项目116个。开发工业新技术、新产品126个，其中具有自主知识产权的高新技术和新产品72个。新增国家高新技术企业33家、创新型企业13家、中小科技型企业62家、国家高新技术企业89家。高新技术产业工业增加值突破150亿元，为2005年的2.67倍，占全市工业增加值由“十五”期末的34%增长到40%以上。有工程技术研究中心34家（国家级1家、市级33家）、企业技术中心54家（自治区级37家、市级17家）、广西千亿元产业研发中心9家；国家重点实验室（非粮生物质酶）1家、CNAS（中国合格评定国家认可委员会）认可实验室2个、自治区重点实验室9个、自治区重点实验室培育基地9个、区域特色优势科技创新基地6个；国家级孵化器1个（南宁新技术创业者中心）、自治区级孵化器3个；建立信息化示范企业54家（自治区级34家、市级20家），95%规模企业应用1个单元以上信息化技术。引进、选育、试验示范推广农业优良新品种和农业先进实用技术108个，获国家新品种认定2个，组织开发农业新产品20个，实施县域经济特色产业科技专项25个，扶持培育科技型龙头企业技术创新中心10个、开发农产品加工新产品新技术33个。被认定为自治区首批农业产业科技重点示范县（区）6个。重点建设5个新农村建设科技示范县（区）、10个新农村建设科技示范乡镇和34个新农村建设科技示范村，其中列入国家科技示范乡镇2个，自治区科技示范县(区)3个、示范乡镇3个、示范村15个。主要农作物良种、先进适用技术覆盖率分别为95%和89%，实现农民增收2.62亿元。重点建设科技专家大院9个、农村专业技术协会7个、农村区域科技成果转化中心5个、农村星火科技培训学校5所，建立农业信息化示范县(区)3个和农业科技信息化示范点14个。专利申请量1452件、授权量889件，分别比上年增长21.10%和42.47%。重点帮扶知识产权强县2个和企业专利试点14家。科技“一招三引”（招商、引资、引技、引智）活动签约项目44个，金额4.58亿元。全市取得科技成果960项，增长38.73%。通过自治区级科技成果鉴定64项、市级以上科技成果鉴定58项，获广西科学技术进步奖20项、南宁市科学技术进步奖39项。登记、鉴定、获奖的181项成果中，技术达到国际领先或先进水平的14项、国内领先或先进水平的153项，自治区内领先或先进水平的9项，其他5项。有国家级科普教育基地2个、自治区级青少年科技教育基地22个、市级青少年科技教育基地45个。被国家科技部批准为国家创新型试点城市，入选建设创新型国家十大创新模式贡献城市。

【南宁市被确定为国家创新型试点城市】 2010年4月7日，南宁市被国家科技部批准为国家创新型试点城市，成为广西惟一的国家创新型试点城市。《南宁市国家创新型试点城市工作实施方案》通过国家科技部专家委员会答辩和国家科技部审定备案。《南宁市科技自主创新体系建设和加快南宁市创新型城市建设》课题研究，获国家科技部专项经费100万元支持。推进科技进步与创新，连续10年5次获全国科技进步先进市称号，成为国家科技进步示范市，是自治区惟一的示范市、西部地区惟一和全国仅有的5个省会示范城市之一。

【南宁市入选建设创新型国家十大创新模式贡献城市】 2010年12月，南宁市建设东盟合作前沿城市的发展模式被写入《2006~2010建设创新型国家白皮书》，入选2006~2010建设创新型国家十大创新模式贡献城市，并跨入全国25个绿色创新城市行列。

【创新计划实施】 2010年，南宁市继续推进第四轮创新计划（2008~2010年），完成自治区政府下达的31项创新计划指标任务，并通过验收。3年累计组织实施创新计划1136个，总投资53.45亿元，财政拨款2.96亿元，其中市本级创新计划项目627个，总投资35.36亿元，财政拨款1.67亿元；项目实施完成后，预计新增产值74.30亿元、利税13.05亿元、创汇6623万美元。累计实施重大科技专项25个，攻克铝加工、汽车零部件、制糖、淀粉加工、造纸、化工、建材等重点工业产业共性技术和关键技术，引进开发工业先进技术125项，开发工业新产品255个，规模以上工业企业新产品产值年增长24%以上。新增高新技术企业66家，高新技术产业工业增加值年增长22%，南宁高新技术产业开发区高新技术企业总产值占园区工业总产值比重51%以上。培育创新型试点企业22家，建立制造业信息示范企业39家，工程技术研究中心21家、企业技术中心36家、中小企业创新科技服务网服务示范企业48家。重点培育发展粮食、蔗糖、水果、蔬菜、畜禽、桑蚕6大特色优势产业，引进、推广农业新品种320个，其中推广应用千万头（亩）

以上的标准化种养农业新品种39个；引进、开发、推广农业新技术102项，开发应用农产品加工新技术75项、新产品48个。实施社会发展科技项目56个，攻克重大共性关键技术31项，研究开发新产品53个。加强科技节能减排，建立节能减排技术集成应用示范企业14家，开发、应用节能减排新技术30项。建立科技重点示范县（区）5个、示范乡镇10个、示范村34个，重点建设农业科技创新示范基地15个，主要农作物良种、先进适用技术覆盖率分别为95%和89%，“三农”（农业、农村、农民）科技信息服务网覆盖全市12个县（区）。开展科技、文化、卫生“三下乡”活动50多次，发放宣传资料2万多册。

“十一五”期间，南宁市继续推进第三轮创新计划（2005~2007年）和启动实施第四轮创新计划（2008~2010年），两轮创新计划共实施创新计划项目2354个，财政投入7.38亿元，带动R&D（研究与试验发展）经费投入212.45亿元，年增产值362.30亿元、利税73.05亿元。

【工业科技创新】 2010年，南宁市引进开发工业新技术、新产品126个，其中具有自主知识产权的高新技术和新产品72个；培育新增国家高新技术企业33家、创新型企业13家、中小科技型企业62家，帮扶34家企业科技项目获国家科技型中小企业创新基金立项，获科技经费支持2100万元，居自治区第一；高新技术产业工业增加值突破150亿元，是2005年的2.67倍，占全市工业增加值比率由“十五”末的34%增长到40%以上；扶持提升南南铝业股份有限公司、广西玉柴专用汽车有限公司等12家工程技术研究中心研发能力，其中自治区级工程技术研究中心6家。

“十一五”期间，南宁市围绕推进铝加工、机械装备与制造、化工、生物工程与制药等主导产业和重点产业科技创新，累计开发工业新产品652个、新技术273项；扶持培育自治区级创新型试点企业17家、国家高新技术企业89家，占全自治区的30%；高新技术产业工业增加值年均增长29.86%，主导产业工业总产值占全市的80%以上；一批拥有自主知识产权的工业新产品、新技术研制成功，“海藻糖”国家标准编制、智能化多级别可信安全服务平台等一批工业科技成果达到国际先进水平，制糖生产过程质量分析管理系统研发、固体α-乙酰乳酸脱羧酶研制、电机监护系统研制与应用等一批工业技术达到国内领先水平。

【农业科技创新】 2010年，南宁市引进选育、试验示范推广金陵黄鸡、Y两优1号、胡萝卜高产栽培技术等农业优良新品种和农业先进实用技术108个，面积16.53万公顷，新增产值8.30亿元，获国家新品种认定2个；组织开发农业新产品20个，新增产值8000万元，解决出口型罗非鱼标准化养殖、超级稻新品种选育等六大农业优势产业发展关键技术问题；实施县域经济特色产业科技专项25项，解决技术难题35个，新增产值7.50亿元，农民增收1.62亿元；扶持培育蔗糖、蚕丝等科技型龙头企业技术创新中心10个，开发农产品加工新产品新技术33个；宾阳、横县、上林、武鸣、西乡塘、兴宁6个县（区）被认定为自治区首批农业产业科技重点示范县（区），重点示范水稻、桑蚕、木薯、香蕉、罗非鱼5大农业产业。

“十一五”期间，南宁市引进、选育、试验示范推广农业新品种、新技术568项，开发新产品102个，新增产值32亿元；形成粮食、蔗糖、水果、蔬菜、桑蚕、畜禽6大特色优势产业群，其中茉莉花种植面积居世界第一，木薯种植面积居全国第一，肉鸭、鲜米粉加工产业居华南地区第一，超级稻种植面积居自治区第一，罗非鱼、食用菌等8个农业产业居自治区第一。

【民生科技创新】 2010年，南宁市重点扶持建设分娩镇痛技术服务中心、骨髓干细胞治疗骨病研究平台、西南濒危药材资源开发国家工程实验室等6个民生科技创新平台和广西博世科环保科技有限公司等23家民生科技企业；推广应用“优化临床护理路径在急性冠脉综合征紧急介入治疗的应用研究”等涉及粮食安全、食品安全、卫生健康等先进科技成果29项，推进西南濒危药材资源开发国家工程实验室建设，转化科技成果3项。

“十一五”期间，组织实施涉及民生科技发展的科学研究与技术开发计划项目297项，加强对医疗卫生、健康保障、公共安全等民生科技支撑，消化性溃疡发病与气象因子关系、基于智能手机的交通管理移动办公系统等一批民生技术达到国际先进或国内领先水平，中药配方颗粒、益血安胶囊等一批中药新产品相继研发应用，培力药业成为自治区首家通过CNAS认可的药品生产企业，广西万寿堂药业有限公司研制的“益血安颗粒”获国家三类新药证书；建立国际领先水平的国际灵长类动物模型与医药产业化示范基地、中国—东盟（广西）灵长类实验动物与生物科技研发中心；建立南宁市分子免疫血液和遗传重点实验室、人胚胎干细胞研究平台、儿童心脏病治疗中心、艾滋病预防诊疗中心等9个重大疑难疾病诊疗技术平台。

【科技节能减排】 2010年，南宁市实施“沼气纯化制备生物燃气产业化研究”等10项涉及工业废水、废渣、废气处理及生物能源新技术新产品和洁净能源综合利用关键技术攻关项目，其中“新型风、光互补储能照明系统开发”项目实现年产销5000套、销售收入6000万元、利税793.24万元；引进推广应用“大型二氧化氯制备系统”、“利用低汞触媒催化乙炔生产氯乙烯”等节能减排新技术11项。扶持建设南宁化工股份有限公司、广西华宏水泥股份有限公司等11家节能减排技术集成应用示范企业，财政拨款280万元。

“十一五”期间，南宁市先后引进、开发应用“基于膜分离技术工艺的植物原料药废水治理及循环利用”、“淀粉工业废水生化处理新技术研究”等涉及环境综合治理、生态环境保护和生态能源开发等节能减排新技术23项，在新能源开发、节能技术和清洁能源技术开发应用方面取得一批科技成果，建立制糖、化工、造纸等重点行业循环经济发展模式。

【高新技术产业】 2010年，南宁市组织实施高新技术产业科学研究与技术开发计划项目21个，总投资1.09亿元，财政拨款640万元，项目完成后年新增产值5.74亿元、利税1.03亿元、创汇930万美元。引进开发具有自主知识产权的高新技术和新产品72个，培育新增国家高新技术企业33家（累计有89家）、创新型企业13家、中小科技型企业62家；34家企业科技项目获国家科技型中小企业创新基金立项，获科技经费支持2100万元，居自治区第一。高新技术产业工业增加值突破150亿元，为2005年的2.67倍，占全市工业增加值由“十五”期末的34%增长到40%以上。南宁高新技术产业开发区实现工业总产值543.39亿元，比上年增长32.58%，194家规模以上工业企业实现产值251.22亿元，占南宁市规模工业产值总量的19.49%，组织园区企业申报国家创新基金获立项19个，占全市立项总数的56%，占自治区立项总数的21%，获科技经费支持1040万元，占自治区总额的17.85%。获得各级技术创新立项90个，无偿资助3500万元。新增2家获CNAS认可的企业检测（测试）实验室，获CNAS认可实验室累计有3家。

【区域性科技创新体系建设】 2010年，南宁市建成启用总建筑面积3.20万平方米、可同时孵化100家创新型科技企业的南宁市科技企业孵化基地，成为自治区首家开放式大型准生物医药专业孵化器。新增孵化企业61家、孵化项目70项，引进留学人员企业11家，孵化毕业企业14家，培育出规模企业8家。新增自治区级信息化示范企业8家，推进技术创新研究开发、科技创新创业、科技资源共享三大公共科技创新平台建设，为企业实现经济效益2.30亿元、利税2310万元，农民增收8910万元。建立中国—东盟区域性科技数据综合信息服务平台2个行业节点和6个企业节点。南宁高新产业技术开发区生物公共技术平台和软件公共技术平台累计完成投资2000多万元，成功孵化出邦尔克生物科技、灵康赛诺科等生物企业，其中软件公共技术平台二期“软件测试平台”获国家标准立项3个，并与国际软件标准化中心签订合作框架协议，纳入国际标准体系，开放运营以来共有15个项目、超过400人次使用该平台实施项目合作。广西武鸣安宁淀粉有限责任公司与中国农业大学生物质中心共建“南宁市生物燃料工程技术研究中心”，投入2000万元建设木薯加工废水生物燃气工程平台及生物燃气产业工程技术人才培训平台。南宁科技网、科技信息服务网、中小企业创新科技服务网、科技文献共享平台、生产力促进中心联动服务平台、“三农”科技服务网、南宁专利信息服务平台的服务功能不断完善，中小企业创新科技服务网数据量为4000千兆字节，近千家中小企业网页入网或链接。科技文献共享平台运行2年多来，培训企业应用人员600多人次，发展单位和个人会员500多个，为企业提供信息查询2500余条次，利用文献1100多篇，下载技术应用论文和专利文献900余篇，解决生产、技术、项目难题43个。

“十一五”期间，南宁市建立各类专业孵化器5个，孵化场地30余万平方米，其中国家级孵化器1个（南宁新技术创业者中心）、自治区级孵化器3个，建立信息化示范企业54家（自治区级34家、市级20家），95%规模企业应用1个单元以上信息化技术，应用面比2005年增长12个百分点。

2010年南宁市被国家认证的高新技术企业

企业名称	企业所在地
广西恒顺电器有限公司	高新区
广西天岳科技发展有限公司	青秀区
广西化工研究院	西乡塘区
南宁富莱欣生物科技有限公司	高新区
广西综讯科技有限公司	高新区
南宁一举医疗电子公司	经开区
广西广联饲料有限公司	南宁六景工业园区
广西昊华科技股份有限公司	高新区
广西麦德罗威科技有限公司	高新区
南宁市桂福园农业有限公司	高新区
广西三原高新科技有限公司	高新区
南宁市鼎光电子有限公司	高新区
南宁银河南方软件有限公司	高新区
南宁市糖业合金榨辊公司	高新区
广西海蓝数据有限公司	高新区
南宁中诺生物工程有限责任公司	高新区
广西乐土生物科技有限公司	高新区
南宁广通数字技术有限公司	高新区
南宁南特变压器制造有限公司	高新区
广西德意数码股份有限公司	高新区
南宁市国土资源局资源信息中心	青秀区
广西明阳生化科技股份有限公司	江南区
中国轻工业南宁设计工程有限公司	江南区
广西比莫比科技开发有限公司	江南区
广西南宁叶茂机电自动化有限责任公司	高新区
广西建筑科学研究院	西乡塘区
广西金雨伞防水装饰有限公司	兴宁区
南宁市南轻型汽配有限责任公司	兴宁区
广西武鸣金峰化工科技有限公司	武鸣县
广西青龙化学建材有限公司	隆安县
广西南宁化学制药有限责任公司	经开区
广西投资集团维科特生物技术有限公司	南宁—东盟经开区
广西玮美生物科技有限公司	南宁—东盟经开区

【科技中介服务体系建设】 2010年，南宁市以创新、整合、服务为主线，继续推进和加强市、县（区）生产力促进中心联动服务体系服务能力，建立国家级示范生产力促进中心3个，建立各类资源数据库20个、示范服务企业140家、科技信息服务节点128个，为企业和社会各界提供信息和咨询服务6500条（次），开展中介服务87项，包装国家级、省市级项目56个，实施项目34个。组织各类培训123期，培训人员5600人次；引进新技术、新产品48项，促进企业新增产值2.30亿元、农民增收1.30亿元。重点建设广西中国—东盟科技合作与成果转化网南宁节点和南宁有色金属加工（子）网，中国绿城技术转移网服务企业50家，提供咨询服务380次。技术合同认定登记118项，成交金额9410.67万元。

【科技示范点建设】 2010年，南宁市科技引领新农村建设取得进展，主要农作物良种、先进实用技术覆盖率分别为95%和89%，实现农民增收2.62亿元；重点建设武鸣、横县、宾阳、西乡塘、江南5个新农村建设科技示范县(区)和云表镇等10个新农村建设科技示范乡镇、太平镇林渌村等34个新农村建设科技示范村，其中列入国家新农村建设科技示范乡镇2个，自治区新农村建设科技示范县(区)3个、示范乡镇3个、示范村15个，示范推广应用新品种34个，面积6.57万公顷，新增产值1.36亿元；示范推广养殖新品种1500万羽，新增产值9.50亿元；示范推广种养新技术25项，受益农民38.60万户。建立横县、宾阳、青秀3个农业信息化示范县(区)和横县振兴村、青秀区独岭村等14个农业科技信息化示范点。重点建设和提升隆安县金穗香蕉现代农业科技示范园、青秀区长塘提子高效种植科技示范园等5个现代化科技示范园和横县甜玉米农业科技创新示范基地、兴宁区五塘镇万亩苦瓜示范基地等13个农业科技创新示范基地。重点建设提升武鸣县龙眼、宾阳县蔬菜、西乡塘区香蕉等9个科技专家大院、7个农村专业技术协会、5个农村区域科技成果转化中心、5所农村星火科技培训学校。

“十一五”期间，南宁市建立星火农业科技专家大院22个、农民科技培训星火学校8个、农村专业技术协会33个、农村区域科技成果转化中心5个、农村信息化基地10个，南宁科技网、中小企业创新科技服务网、“三农”科技网络服务覆盖到全市12个县(区)和54个乡镇、24个示范村、885户示范户及960家企业，构建市、县(区)、乡镇、村(企业)多级科技网络服务体系。

【知识产权战略实施】 2010年，南宁市专利申请量1452件（发明专利593件、实用新型622件、外观设计237件)、授权量889件(发明专利138件、实用新型543件、外观设计208件)，分别比上年增长21.10%和42.47%。专利申请资助和授权奖励576件（发明214件、实用新型259件、外观设计70件、发明专利授权33件)，资助奖励73.18万元。重点帮扶横县、宾阳2个知识产权强县和南南铝业股份有限公司、广西万寿堂药业有限公司等14家企业专利试点。实施知识产权与专利领域科技计划项目8个，财政拨款250万元。组织28项专利参加2010年广西专利集市展示交流会。4月20~26日，全国知识产权宣传周期间，宣传以“尊重知识，崇尚创新，诚信守法”为核心理念的知识产权文化。开展知识产权现场宣传咨询服务活动6场、摆放宣传板报42块、举办专利与企业创新宣讲班1期、知识产权工作座谈交流会1场及专利知识培训班1期，发放知识产权宣传资料1.50万份，接待社会各界人士2万多人次。

“十一五”期间，南宁市专利申请量累计5062件、专利授权量累计2729件，分别比“十五”增长92.47%和100%，提前一年实现“十一五”末年专利申请量达到1000件的目标；南南铝业股份有限公司、广西万寿堂药业有限公司2家企业被列为自治区级企业知识产权工作示范单位，有12家企业被列为自治区级知识产权试点企业。

【科技交流与合作】 2010年，南宁市组团参加广西科技活动周暨广西新技术新产品交流交易会、第九届中国(合肥)自主创新要素对接会、第十三届北京国际科技产业博览会、第十二届中国(深圳)国际高新技术成果交易会等科技“一招三引”活动。签订科技合作项目44个，签约金额4.58亿元。获“第十九届广西科技活动周最佳组织奖”和“第十三届中国北京国际科技产业博览会最佳组织奖”。1月4日，越南驻中国大使馆科技参赞阮嘉胜率领越南科技考察团一行24人，考察横县畜牧产业、广西童乐周进乳制品有限公司奶水牛养殖基地及校椅镇石井新村。1月广西科技活动周期间，签订科技项目13个，签约金额2.48亿元，涉及环保技术、科技种养、医药合作等领域，有一半是与高校及科研院所合作的项目，其中南南铝业股份有限公司与广西大学合作的风、光、LED(发光二极管)新能源技术配套铝质零组件产品研发项目签约3600万元，中国水产科学院与广西百洋集团有限公司合作的项目签约2300万元。4月8日，组团参加第九届中国重庆高新技术交易会暨第五届中国国际军民两用技术博览会，市长助理唐铁昂率团参加战略性新兴产业发展高峰论坛、知识产权国际论坛、孵化器国际论坛等活动，签订科技合作意向项目5个，成交1000万元。6月24日，中越啤酒生产技术交流与项目洽谈会在南宁高新区举行，越南啤酒协会主席阮文越率考察团一行14人到会参加技术交流与项目合作洽谈，南宁邦尔克生物技术有限责任公司与越南青松贸易公司签订了α-乙酰乳酸脱羧酶销售合同，签约金额28万美元。6月30日，北京交通大学副校长张星臣赴南南铝业股份有限公司调研，双方就共建铝合金开发及应用基地达成协议。8月24日，中国热带农业科学院品质资源所书记、国家木薯产业技术体系首席专家、研究员李开绵率领由木薯专家及部分省、市、县木薯试验站站长等组成的服务团，到武鸣县开展木薯产业调研和科技服务活动。

“十一五”期间，南宁市广泛开展科技交流与合作，累计签订科技合作项目263项，签约金额45.43亿元，其中外资6810.24万美元。

【市校与校企科技合作】 2010年，南宁市与广西大学实施“市校科技合作”重大科技专项课题13个，市财政拨款285万元。广西大学分别与南宁市富庶淀粉有限责任公司签订“淀粉工业废水生化处理新技术研究”合作项目(市财政拨款25万元)，与南宁邦尔克生物技术有限责任公司签订“酶法膜清洗再生技术研究及膜再生专用酶制剂开发”合作项目(市财政拨款30万元)，与南宁福民节能保温陶粒制品厂签订“多微孔隔热保温型无机胶凝材料的开发及性能研究”合作项目(市财政拨款20万元)，与广西南宁信控科技有限公司签订“糖厂澄清工段pH值智能优化控制系统”合作项目(市财政拨款20万元)，与横县达金生食用黑豚有限公司签订“黑豚人工配合饲料的研究”合作项目(市财政拨款20万元)，与广西南宁永凯实业有限责任公司签订“分布式密文全文检索系统研制”合作项目(市财政拨款25万元)，与广西震铄木业有限公司签订“木材人造板相关专利技术产品的产业化”合作项目(市财政拨款30万元)，与南宁市馨宇蛇类养殖基地签订“眼镜蛇标准化养殖技术研究应用”合作项目(市财政拨款15万元)，与南宁市劲源电机有限责任公司签订“全数字网络化智能型交流伺服驱动装置开发”合作项目(市财政拨款20万元)，与广西红豪淀粉开发有限公司签订“保鲜材料专用变性淀粉产业化示范”合作项目(市财政拨款20万元)，与南宁市河杨生物科技有限公司签订“中兽药有效成分及其免疫增强剂——免疫球蛋白的高效分离纯化方法研究”合作项目(市财政拨款15万元)，与南宁市雄牛牧业公司签订“应用转基因娟姗牛乳腺生产人药用干扰素的研究”合作项目(市财政拨款20万元)，与广西南宁百洋饲料集团有限公司签订“蔗糖废糖蜜在水产饲料中的应用”合作项目(市财政拨款25万元)。

南宁市与广西大学机械工程学院联合开展服务企业技术对接活动，26家机械装备与制造企业与机械工程学院达成“全自动频谱振动时效仪的研究与开发”、“制糖离心机筛篮材质、转速、内径与厚度的关系论证”、“开放式网络化数控技术示范与应用研究”、“家用光风一体化稀土无刷发电机机组”等7项技术合作协议。第十三届中国北京国际科技产业博览会期间，南宁市政府与中国农业大学签订《市校科技合作协议》，双方合作建设南宁农林生物质工程技术中试基地，广西武鸣安宁淀粉有限责任公司与中国农业大学生物质中心签订《共建南宁市生物燃料工程技术研究中心合作协议》，投资2000万元，重点建设木薯加工废水生产生物燃气平台及生物燃气产业工程技术人才培训平台。

“十一五”期间，南宁市设立市校科技合作专项，组织实施产、学、研结合科技项目35个，其中有20个科技合作项目为企业新增产值2.26亿元、利税2991万元、创汇100万美元。

【自主创新环境建设】 2010年，南宁市不断优化自主创新环境，进一步完善科技政策法规，修订《南宁市科学研究与技术开发计划项目管理暂行办法》、《南宁市科学研究与技术开发计划项目结题规程》，出台《南宁市科技咨询和科学研究与技术开发计划项目评估专家管理办法》、《南宁市科学研究与技术开发计划项目立项评估评审办法》。科技人才队伍进一步壮大，有各类人才78万人，其中专业技术人才24.70万人。全民科技素质进一步增强，开展“科普六进(进社区、进广场、进学校、进农村、进企业、进机关)”活动103场次，科技、文化、卫生“三下乡”活动60场次；组织农业技术培训452期，培训农民6.65万人，发放科技书籍8.35万册、科技资料5万份，获全国科技活动周广西活动优秀组织奖，有9项活动获全国科技活动周广西活动优秀项目奖、广西科普长廊竞赛三等奖及自治区企业科技科普知识展示竞赛二等奖。

自然科学研究与技术开发

【概　况】 2010年，南宁市实施国家、自治区和市三级科学研究与技术开发项目341个。其中，国家立项58个、自治区立项116个，分获3021万元和2203万元科技经费支持；市级立项167个(工业82个、农业49个、社会发展31个、其他5个)，市财政拨款6450万元，带动R&D(研究与试验发展)总投入6.46亿元，项目完成后，预计年增产值37.60亿元、利税9.10亿元、创汇8600万美元。实施产业重大科技专项13个，市财政拨款1980万元。实施工业科技创新项目56个，总投资1.99亿元，市财政拨款2640万元。引进开发工业新技术新产品126个，其中具有自主知识产权的高新技术和新产品72个。实施农业科技创新项目49个，引进选育、试验示范推广农业优良新品种和农业先进适用技术108个，获国家新品种认定2个，组织开发农业新产品20个。实施社会发展科学研究与技术开发项目31个，总投资9537万元，市财政拨款733万元。实施软科学研究及其他项目11个，市财政拨款280万元。

“十一五”期间，南宁市组织实施“863”计划、攻关计划、新产品计划、火炬计划、星火计划、中小企业创新基金等国家、自治区及市本级科学研究与技术开发计划项目1514个，其中获国家、自治区立项或重点支持的分别为191个和421个，科技经费支持总额2.12亿元，立项数和科技经费支持额分别比“十五”增长202.80%和253.33%；实施市级科技项目757个，带动R&D总投入28.68亿元，项目完成后预计年增产值153.68亿元、利税37.16亿元。

【星火计划】 2010年，南宁市实施香蕉产业升级关键技术研究与示范推广项目，选育出香蕉新株系2个，建立水肥调控节本增效模式示范基地10个，面积1113.33公顷，其中“喷水带+撒肥”模式可现实节本增效每公顷1.57万元、“水肥一体化Ⅰ”模式可现实节本增效每公顷1.74万元、“水肥一体化Ⅱ”模式可现实节本增效每公顷2.16万元、“电脑全自动控制”模式可实现节本增效每公顷1.76万元，建立香蕉抗寒害冻害及产期调节技术研究与应用示范基地3个，面积23.33公顷。实施罗非鱼标准化生产体系建设与产业化项目，选育出罗非鱼新品种2个，建立罗非鱼越冬养殖核心示范和罗非鱼均衡上市技术示范基地403.93公顷，实现淡季上市提早30天以上，淡季上市量占全年上市量的44%以上。建立出口型罗非鱼标准化养殖示范基地20个，示范养殖424.93公顷，示范基地生产的罗非鱼98%以上达到出口标准。项目累计推广出口型罗非鱼标准化养殖0.10万公顷，总产罗非鱼1.55万吨，养殖户新增产值2656万元。实施肉鸡产业化养殖技术研究与示范应用项目，建立里当鸡保种场，存栏里当鸡核心种群1150羽，里当鸡地方优良种质资源被国家品种资源审定委员会审定为广西麻鸡高品质肉鸡，选育出“金陵黄鸡”、“金陵麻鸡”2个肉鸡新品种，并通过国家新品种审定。制定《优质肉鸡种鸡高效饲养和鸡苗高效繁育技术规程》、《规模化养殖小区及规模化健康养殖技术规程》和《白羽快大肉鸡全自动化生产技术规程》3个规程，推广集约化养殖户7016户，企业累计新增产值3.57亿元，养殖户累计新增收入2.16亿元。其中“优质肉鸡新品种‘金陵麻鸡’选育、繁育及示范推广”项目获2010年南宁市科技进步一等奖。实施桑蚕新品种引进与示范推广项目，示范推广新品种“农桑14号”，建立示范基地33.33公顷，每公顷桑叶增产1.35万千克，每公顷达到112.50万千克。重点实施蚕蛹接虫草项目和蚕桑副产品综合利用技术开发项目，建立示范基地1个，发展养殖户200户，新增收入80万元。开展桑枝生产食用菌和生产人工造板试验，全年利用干桑枝条达5.50万吨，种植食用菌20万袋，新增产值80万元。

【工业科技项目实施】 2010年，南宁市实施工业科学研究与技术开发项目166个，国家、自治区和市三级财政拨款6259万元。其中：国家级51个，科技经费支持2555万元；自治区级59个，科技经费支持1064万元；市级项目56个，总投资1.99亿元、市财政拨款2640万元。其中，组织实施有色金属深加工、机械装备制造、化工、制糖造纸、汽车零部件、建材、节能减排等领域重大科技专项9个，总投资1.43亿元，市财政拨款1000万元，项目完成后，预计年增产值7.38亿元、利税1.63亿元、创汇3085万美元。围绕南宁国家高技术生物产业基地建设，组织实施生物制造产品关键技术研究项目8项，总投资1145万元、市财政拨款240万元，项目完成后，将开发出新型生物制品18个、结晶果糖国家标准1个，为企业年增产值1亿元、利税2685万元、创汇100万美元。组织实施高新技术产业项目21个，总投资1.09亿元、市财政拨款640万元，项目完成后，预计年增产值5.74亿元、利税1.03亿元、创汇930万美元。

“十一五”期间，南宁市实施工业科学研究与技术开发项目722个，国家、自治区和市三级财政拨款2.56亿元。其中：国家级142个，科技经费支持6555万元；自治区级192个，科技经费支持4889.50万元；市级388个，市财政拨款1.42亿元。

【农业科技项目实施】 2010年，南宁市实施农业科学研究与技术开发项目57个，国家、自治区和市三级财政投入1942万元。其中：国家级2个，科技经费支持241万元；自治区级6个，科技经费支持71万元；市级49个，总投资1.12亿元，市财政拨款1630万元。主要围绕农业重大科技专项、县域经济特色产业、特色优势农业产业技术集成示范推广、新农村建设科技试点示范、农业科技创新示范地建设与能力提升、新型农村科技服务体系建设与能力提升等组织实施，项目完成后，预计年增产值8.20亿元、利税2.70亿元、创汇630万美元。

“十一五”期间，南宁市实施农业科学研究与技术开发项目343个，国家、自治区和市三级财政投入1亿元。其中：国家级32个，科技经费支持2285万元；自治区级94个，科技经费支持2054万元；市级217个，总投资1.12亿元，市财政拨款5694万元。

【社会发展科技项目实施】 2010年，南宁市组织实施社会发展科技计划项目31个，其中科技惠民重大科技专项2个，总投资710万元，市财政拨款310万元。组织开发具有自主知识产权的创新中药新药产品3个，总投资1376万元，市财政拨款60万元，项目完成后，预计年增产值2.94亿元、利税6910万元；组织实施中药创新产品开发与产业化项目5个，总投资4860.72万元，市财政拨款140万元，项目完成后，预计年增产值1.17亿元、利税2799万元；特色中药民族药材资源可持续利用关键技术研究及种源、药源基地建设项目3个，总投资150万元、市财政拨款40万元，项目完成后，预计年增产值2474.50万元、利税98.50万元；重大疑难疾病诊疗技术平台建设项目4个，总投资550万元，市财政拨款150万元；常见、多发、妇幼、老年疾病的预防诊治新技术研究开发项目29个，总投资429.50万元，市财政拨款83万元；物流、商贸科技支撑关键技术研究及示范项目2个，总投资290万元，市财政拨款45万元，项目完成后，预计年增产值400万元、利税100万元；公共安全防灾减灾环保关键技术研究开发项目2个，总投资210万元，市财政拨款25万元。项目完成后，预计年增产值100万元、利税12万元；可持续发展实验区示范建设项目1个，总投资1987.72万元，市财政拨款30万元，项目完成后，预计年增产值2500万元、利税383万元、创汇260万美元。

“十一五”期间，南宁市组织实施社会发展科技项目297个，建立国际或国内领先水平的国际灵长类动物模型与医药产业化示范基地、中国—东盟（广西）灵长类实验动物与生物科技研发中心以及南宁市分子免疫血液和遗传重点实验室、人胚胎干细胞研究平台、儿童心脏病治疗中心、艾滋病预防诊疗中心等9个重大疑难疾病诊疗技术平台。

【软科学研究项目实施】 2010年，南宁市实施十二五科技政策取向研究、知识产权工作现状与对策研究、实施知识产权战略与知识产权十二五规划调查研究等市级软科学研究计划项目3个，总投资35万元，市财政拨款29.50万元。“十一五”期间，南宁市实施软科学研究及其他科技项目17个，市财政拨款165.50万元。

【产业重大科技专项实施】 2010年，南宁市组织实施产业重大科技专项13项，市财政拨款1980万元，R&D总投入2.14亿元。项目完成后，预计年增产值10.31亿元、利税2.22亿元、创汇3585万美元。其中组织实施有色金属深加工、机械装备制造、化工、制糖造纸、汽车零部件、建材、节能减排等领域重大专项6个，总投资1.43亿元，市财政拨款1010万元，项目完成后，预计年增产值7.38亿元、利税1.63亿元、创汇3085万美元；香蕉产业升级关键技术研究与示范推广、肉鸡产业化养殖技术研究与示范应用、罗非鱼标准化生产体系建设与产业化、桑蚕新品种引进与示范推广等重大科技专项5个，总投资6448万元，市财政拨款660万元；社会发展领域重大科技专项2个，总投资710万元，市财政拨款310万元。

“十一五”期间，南宁市组织实施铝加工、机械制造、生物医药、农业优势特色产业、节能减排、人口健康、公共卫生安全等对产业或行业有较大影响的重大科技专项37项，产业科技创新能力进一步提升。

【科技型中小企业技术创新资金项目实施】 2010年，南宁市获国家科技型中小企业技术创新资金立项项目34个，获无偿资助金额2100万元。其中：南宁亿通电气有限公司“基于嵌入式系统和PLC的多功能励磁装置”项目，获80万元；南宁生源中药饮片有限责任公司“野生蹼趾壁虎的GAP生产及精制饮片粉的开发”项目，获80万元；广西钧富凰地源热泵有限公司“亚热带地区地源热泵供热制冷节能系统”项目，获70万元；广西高玺科技有限公司“三维数字城市生活订单平台”项目，获80万元；南宁市平方软件新技术有限责任公司“面向中国—东盟自由贸易区的汉越泰智能辅助翻译平台”项目，获90万元；广西中盟世纪软件股份有限公司“面向水泥行业的企业集群供应链管理系统的开发和应用”项目，获70万元；南宁恒安节电电子科技有限公司“基于电流读数确定补偿无功功率的三相工业节电器开发”项目，获70万元；广西昌洲天然药业有限公司“采用膜组合分离提取积雪草苷、三七叶苷并治理提取废液的工艺技术研究及应用”项目，获80万元；广西桂能软件有限公司“具有自主版式的工程图文处理系统——OneDPS”项目，获70万元；广西技术市场“面向东盟的国际技术转移服务”项目，获80万元；南宁市宣胜投资管理咨询有限公司“面向科技型中小企业技术创新的融资服务”项目，获70万元；广西南宁灵康赛诺科生物科技有限公司“基于灵长类动物模型的人类疾病研究及治疗技术开发评价与应用服务”项目，获90万元；南宁新技术创业者中心“南宁高新区生物工程公共技术服务平台”项目，获70万元等。

“十一五”期间，南宁市获国家科技型中小企业技术创新资金立项98个，获无偿资助金额4619万元。

【科学技术支出】 2010年，南宁市科学技术支出中，财政拨款2.87亿元（含六县六城区）。其中，市财政拨款1.49亿元，占全市财政一般预算支出的1.20%。市财政拨款中，科学研究与技术开发经费6600万元（其中市财政增拨科研专项600万元），重点立项实施产业重大科技专项13项，市级科学研究与技术开发计划项目

167项，带动R&D总投入6.45亿元。组织实施创新计划项目627项，总投资35.36亿元，市财政拨款1.67亿元。被列入国家科学研究与技术开发计划项目58个，获3021万元科技经费支持；被列入自治区科学研究与技术开发计划项目116个，获2203万元科技经费支持。

“十一五”期间，南宁市科学技术支出中，财政拨款11亿元（含六县六城区），其中，市财政拨款5.47亿元。

科学技术普及

【概　况】 2010年，南宁市以广西(南宁市)科技活动周(1月)、保护知识产权宣传周(4月)、全国科技活动周(5月)、科普大行动(10月)为载体，开展科普进广场、科普进社区、科普进学校、科普进农村、科普进企业、科普进机关等科普活动42个。获全国科技活动周广西活动优秀组织奖及全自治区企业科技科普知识展示竞赛二等奖，有7个活动获全国科技活动周广西活动优秀项目奖。投入科普经费1600多万元，其中市财政投入815万元、企事业单位投入600多万元、社会团体及个人投入250万元。开展科普进企业活动102场次，服务企业1526家，开展技术培训和指导活动247期次、专家咨询活动155期次、解决企业技术难题150个，服务企业职工5万多人次。开展科普进农村活动2317次，发放科普图书和科技资料104万份。开展科普进广场、社区活动168次，发放科普资料7.63万份，参与群众9.45万人。市蔬菜研究所被评为全国科普教育基地，市中心血站、气象局、星湖小学等8个单位被评为自治区级青少年科技教育基地；市中小学校外教育活动中心等11个单位被评为市级青少年科技教育基地。全市有国家级科普教育基地2家、自治区级青少年科技教育基地22家、市级青少年科技教育基地45家。全市利用青少年科技教育基地开展活动183期次，参与群众2.57万人。组织参加全国和广西青少年科技创新大赛，获全国一等奖4个、二等奖7个、三等奖5个；获自治区一等奖39个、二等奖38个、三等奖34个。

【科技下乡】 2010年1月15日，南宁市科技活动周重要活动之一的科技、文化、卫生“三下乡”活动在西乡塘区金陵镇举行。来自全市10多家单位及20多个涉农企业的100多名专家和科普工作者开展香蕉种植技术、肉鸡养殖技术、蔬菜栽培技术、法律知识、计划生育知识、农业机械补贴政策、新农合政策等科普知识宣传活动，赠送科技书籍1000册，发放各种科普宣传资料1万多份，参与群众3万多人。5月21日，全国科技活动周科技、文化、卫生“三下乡”暨壮乡民俗风情文化艺术节在宾阳县露圩镇举行，市科普工作联席会议成员单位以及有关涉农企业和科研院所开展知识产权宣传，农业新品种、新技术咨询，医疗卫生、优生优育宣传，防震减灾咨询等系列活动，累计发放科普书籍1000多册、科普资料共5000多份，参与群众2.80万人。

重要科技活动

【南宁市科技活动周】 2010年1月12~15日，南宁市科技活动周与第十九届广西科技活动周暨广西新技术新产品交流交易会同期举行。以科技支撑发展，创新引领未来为主题，组织开展科技创新成就展、科技人才交流大会、科普长廊展示竞赛、科技合作项目洽谈签约、“三下乡”科普活动以及科技创新产品、名特优农副产品展销等系列活动。组织参会企、事业单位97家、参展产品445个；签约项目13个，签约金额2.48亿元；参与群众约10万人，获第十九届广西科技活动周最佳组织奖。14日，市委、市政府召开科学技术表彰奖励大会，南宁市获“国家科技进步示范市”和“2007~2008年度全国科技进步先进市”，表彰奖励2007~2008年度全国科技进步先进县(区)及先进个人、2009年度南宁市科学技术进步奖42个(一等奖6个，二等奖14个、三等奖22个)，“科技种养大王”5人和“科技种养能手”15人。同日，召开年度科普工作联席会议。

【参加全国科技活动周】 2010年5月15~21日，南宁市以“携手建设创新型南宁”为主题，开展全国科技活动周南宁市活动。16日，全国科技活动周南宁市科普进社区活动启动仪式在江南区金沙湾社区举行。同日，在宾阳县古辣镇举办“‘蚕娘兴业’擂台赛暨科普知识进家庭”主题实践活动。开展采蚕茧、评估蚕茧质量两项竞赛，来自古辣镇、甘棠镇、大桥镇等6个乡镇的40名种桑养蚕妇女能手参加比赛，评出一等奖2个、二等奖4个、三等奖6个，累计赠送科普书籍、发放宣传资料及奖品9500份，参与群众2700多人。17日，以“消防关系你、我、他”为主题，开展安全消防科普活动。19日，开展全国科技活动周南宁市星湖小学体验科技展示活动，1800多人参加活动。20日，市科技局与广西大学机械工程学院联合开展服务企业技术对接活动，来自全市机械装备与制造业26家企业的负责人与机械工程学院的专家开展交流与技术对接，达成“全自动频谱振动时效仪的研究与开发”、“制糖离心机筛篮材质、转速、内径与厚度的关系论证”、“开放式网络化数控技术示范与应用研究”、“家用光风一体化稀土无刷发电机机组”等7项技术合作协议。21日，在宾阳县露圩镇举行全国科技活动周科技、文化、卫生“三下乡”暨壮乡民俗风情文化艺术节。

【参加北京科博会】 2010年5月27~31日，南宁市组团参加第十三届中国北京国际科技产业博览会，参会企业12家，展出高新技术项目19个、新产品56个，开展科技创新成果展示交易、技术转移对接洽谈、项目采集等系列活动；签订科技合作项目4个、签约7600万元；涉及节能建材、生物化工、新材料等领域；推介招商项目121个；获第十三届中国北京国际科技产业博览会最佳组织奖。

【参加深圳高交会】 2010年11月16~21日，南宁市组团参加第十二届中国深圳国际高新技术成果交易会，组织23家企业、16项高新技术项目和25个高新技术产品参展，涉及有色金属深加工、电子信息、新能源、生物技术、节能环保等领域，专题推介展示南宁科技企业孵化基地；签约科技合作项目5个，签约1.23亿元；技术配对洽谈5个；组织申报本届高交会优秀产品8个。

科学技术成果

【科技成果登记】 2010年，南宁市获自治区级科技成果登记项目64个(工业32个，农业14个，社会发展18个)。其中：省级计划项目14个、市级计划项目42个、其他(计划外项目)8个。技术水平达国际领先水平1个，国际先进水平5个，国内领先水平19个，国内先进水平32个，自治区领先水平2个，自治区先进水平2个，其他3个。

2010年南宁市获广西技术发明奖项目

等　级	项　目　名　称	承　担　单　位
二等奖	七味刺榆颗粒	广西中医学院制药厂

2010年南宁市获广西科学技术进步奖项目

等级	项　目　名　称	承　担　单　位
二等奖	海藻糖行业标准和国家标准的研制	南宁中诺生物工程有限责任公司、广西大学
	“复配—酯化”新工艺在木薯变性淀粉产业化的应用	广西武鸣县安宁淀粉有限责任公司、广西大学
	巨型水电站国产化计算机监控系统在龙滩水电站的研制应用	龙滩水电开发有限公司、国网电力科学研究院、中国水电顾问集团中南勘测设计研究院
	基于密文和网络行为监控的全通网络信息系统	广西大学、广西南宁永凯实业集团有限责任公司
	模糊神经网络的数值预报产品释用预报方法	广西气象减灾研究所、广西气象台、广西气候中心、柳州师范高等专科学校、南宁市气象局
	基于IEC61131-3标准的软逻辑先进控制平台软件	广西大学、广西南宁信控科技有限公司
	红水河广西流域鼠疫自然疫源地成因及预警防制技术研究	广西疾病预防控制中心、南宁市疾病预防控制中心、隆林各族自治县疾病预防控制中心、西林县疾病预防控制中心
三等奖	南宁市百万亩超级杂交水稻示范推广	南宁市农业技术推广站
	优质肉鸡新品种“金陵黄鸡”选育繁育及示范推广	广西金陵养殖有限公司
	淀粉基复合型低温肉制品添加剂MYS-261的研制开发与应用	广西明阳生化科技股份有限公司
	越南文印刷体OCR识别引擎研发	南宁海蓝数据有限公司
	5.10%虫酰肼·甲维盐可湿性粉剂的研制开发	广西田园生化股份有限公司
	新型环保防锈颜料磷钼酸铝锌	广西化工研究院、广西新晶科技有限公司
	铁基复合材料制备工艺及应用研究	广西大学、南宁市摩力特种合金铸造厂
	高速公路大规模远程多业务智能集中监控系统	广西交通科学研究院、南宁捷赛数码科技有限责任公司
	大宗现货电子商品交易平台交收配对管理系统的研究与开发	南宁(中国—东盟)商品交易所有限公司、广西科技信息网络中心
	优质高产香蕉威廉斯B6选育与组培工厂化技术体系升级及产业化应用	广西植物组培苗有限公司、广西农业科学院、南宁美泉组培苗有限公司、广西水果生产技术指导总站、广西农业科学院生物技术研究所
	南宁市城区暴雨洪涝灾害分析研究	广西水文水资源局、广西水文水资源南宁分局、南宁市洛佳电子科技有限责任公司
	千斤拔种质资源评价及繁育技术研究与示范	广西南方天然药物科技有限公司、钟山县科学技术试验所

2010年南宁市获市级科学技术进步奖项目

等级	项目名称	承担单位
一等奖	海藻糖行业标准和国家标准的研制	南宁中诺生物工程有限责任公司、广西大学
	PS系列造纸工业用新型多元变性淀粉的研制生产和推广应用	广西明阳生化科技股份有限公司
	七味刺榆颗粒的研究与开发	广西中医学院制药厂
	优质肉鸡新品种"金陵黄鸡"选育繁育及示范推广	广西金陵养殖有限公司
	两系超级稻新品种的选育、引进及示范与推广	湖南隆平种业有限公司广西分公司、南宁市沃德农作物研究所
二等奖	木薯淀粉及酒精生产中废水处理循环利用的关键技术研究	广西武鸣县安宁淀粉有限责任公司
	食品、医药用特种糊精的研制生产与推广应用	广西明阳生化科技股份有限公司
	淀粉基复合型低温肉制品添加剂MYS-261的研制开发与应用	广西明阳生化科技股份有限公司
	超高温水牛奶生产技术研究	广西皇氏甲天下乳业股份有限公司
	高效率节能型曳引式电梯	南宁市德泰电梯制造有限公司、广西特种设备监督检验院
	环保E1级阻燃中高密度纤维板的研制	广西丰林木业集团股份有限公司
	莱裕隆纱线	南宁锦虹棉纺织有限责任公司
	越南文印刷体OCR识别引擎研发	南宁海蓝数据有限公司
	WebDesk中间件——支持任意文档在线编辑控件	南宁西岸枫谷商务数据有限公司
	武鸣县木薯产业技术开发与示范	武鸣县科学技术局
	薄皮甜瓜新品种选育与大面积推广应用	南宁市农业技术推广站、广西农业科学院园艺研究所
	5万亩绿色优质稻生产开发	南宁市良庆区农林水利局、南宁市良庆区科学技术局
	血清可溶性E—选择素与糖尿病角结膜上皮改变的相关性研究	南宁市第一人民医院
	全产程腰硬联合阻滞分娩镇痛的应用研究	南宁市妇幼保健院
	南宁市城市道路交通工程规划设计规范	南宁市公安局交通警察支队
三等奖	CK020铝合金冰箱拉手产品研究与开发	南南铝业股份有限公司
	5.10%虫酰肼·甲维盐可湿性粉剂的研制开发	广西田园生化股份有限公司
	绿色多效有色金属切削油	南宁飞日润滑油有限公司
	妇炎康胶囊的开发与应用	广西桂西制药有限公司
	清肝解毒片的开发与产业化	恒拓集团广西圣康制药有限公司
	加速器分总成优化技术	南宁格地汽车零部件有限公司
	有机茶标准化栽培关键技术研究与示范	横县科技开发中心、广西桂林茶叶科学研究所、广西南山白毛茶茶业有限公司
	南宁市温室大棚次生盐渍化问题研究	南宁市蔬菜研究所、南宁市土壤肥料工作站
	肉鹅新品种健康养殖技术示范	南宁市青秀区科学技术局、广西大学
	黑豚立体笼架养殖技术引进及示范推广	横县达金生食用黑豚有限公司
	心理干预对农村留守儿童的个性情绪行为的影响研究	南宁市第一人民医院、马山县人民医院
	广西沿海地区高碘食物与易感HLA等位基因人群甲状腺疾病的关系	南宁市第二人民医院
	卵母细胞线粒体对胚胎发育潜能的研究	南宁市第二人民医院
	特应性皮炎预测模型建立及干预治疗研究	南宁市第二人民医院
	细胞因子与Graves病细胞凋亡以及凋亡相关蛋白表达的研究	南宁市第二人民医院
	应用Y连接器行Amplatzer法治疗膜部室间隔缺损的临床研究	南宁市第三人民医院
	城市食品安全关键技术综合研究与应用	南宁市疾病预防控制中心
	基于智能手机的交通管理移动办公系统	南宁市公安局交通工程科学研究所
	土地征用调查测量内业数据处理系统	南宁市勘测院

"十一五"期间,南宁市获自治区级科技成果登记项目 308 个。其中:达到国际领先水平 2 个,国际先进水平 18 个,国内领先水平 103 个,国内先进水平 148 个,自治区领先水平 18 个,自治区先进水平 5 个,其他 14 个。

【科技成果鉴定】 2010 年,南宁市通过市级以上科技成果鉴定的项目 58 个(含计划外项目 8 个)。其中:工业 28 个,农业 15 个,社会发展 14 个,知识产权 1 个。技术水平达国际领先水平 1 个,国际先进水平 3 个,国内领先水平 12 个,国内先进水平 37 个,自治区领先水平 2 个,自治区先进水平 3 个。

"十一五"期间,南宁市通过市级以上科技成果鉴定 271 个(含计划外项目 41 个)。其中:工业 130 个,农业 66 个,社会发展 73 个,知识产权 1 个,软科学 1 个。技术水平达国际领先水平 1 个,国际先进水平 14 个,国内领先水平 79 个,国内先进水平 148 个,自治区领先水平 20 个,自治区先进水平的 4 个,其他 5 个。

【科技成果获奖】 2010 年,南宁市有 59 个科技成果获省、市科学技术奖。获自治区科学技术奖 20 个(技术发明奖二等奖 1 个,科技进步奖二等奖 7 个、三等奖 12 个)、南宁市科技进步奖 39 个(一等奖 5 个、二等奖 15 个、三等奖 19 个),其中:工业 17 个,农业 9 个,社会发展 13 个,技术水平达国际领先、国际先进水平 2 个;达到国内领先、国内先进水平 37 个。获得计算机软件著作权 2 个、发明专利证书 3 个、新药证书 2 个,通过国家品种审定 1 个。据可统计经济效益的 26 个科技成果中,2007~2009 年已创新增产值 19.16 亿元,新增利税 4.55 亿元,出口创汇 10.58 亿美元。上年实现收入超千万元的项目 18 个,其中超亿元项目 6 个。

"十一五"期间,南宁市获国家科技进步奖 3 个、自治区科学技术奖 100 个、南宁市科学技术进步奖 192 个(重大贡献奖 2 个、一等奖 26 个、二等奖 65 个、三等奖 99 个)。

【科技表彰奖励】 2011 年 1 月 7 日,自治区党委、政府在南宁举行 2011 年广西科技活动周开幕式暨科技表彰奖励大会,南宁市获广西技术发明奖二等奖 1 个,广西科学技术进步奖二等奖 7 个、三等奖 12 个,授予横县郑开辉(蘑菇种植)、西乡塘区蒙瑞菊(黑豚养殖)为 2010 年度广西科技种养大王称号;授予隆安县黄超(鸡养殖)、邕宁区林汉文(红龙果种植)、横县彭永东(蔬菜种植)、兴宁区黄联莉(奶牛养殖)、李勇(蛇、鸽养殖)为 2010 年度广西科技种养能手称号。1 月 12 日,市委、市政府召开科学技术表彰奖励大会,表彰 2010 年度南宁市科学技术进步奖一等奖 5 个、二等奖 15 个、三等奖 19 个,授予横县郑开辉(蘑菇种植)、西乡塘区蒙瑞菊(黑豚养殖)、梁洁言(香蕉种植)、隆安县黄超(鸡养殖)、邕宁区林汉文(红龙果种植)为 2010 年度南宁市科技种养大王称号,授予横县彭永东(蔬菜种植)、兴宁区黄联莉(奶牛养殖)、李勇(蛇、鸽养殖)、武鸣县李安华(马铃薯种植)、覃莲珍(黑豚、猪养殖)、青秀区周国新(桑蚕种养)、马山县蓝庆营(生猪、鸭、鱼养殖)、西乡塘区卢才福(生猪养殖)、陈本南(鱼养殖)、江南区梁洁珍(西甜瓜种植)、易广平(鸽子养殖)、良庆区黎家楣(鸡养殖)、宾阳县陈利宗(生猪养殖)、上林县蓝云杰(兔子养殖)、韦向军(甘蔗种植)为 2010 年度南宁市科技种养能手称号。

【科技成果转化与示范推广】 2010 年,南宁市实施"应用于太阳能发电的铝合金材料加工工艺与装备研究"项目,市财政拨款 200 万元,项目完成后,预计年新增产值 1.80 亿元、利税 4400 万元、创汇 1600 万美元。实施"CPU 水冷散热器铝钎焊技术与装备的研发"项目,财政科技拨款 100 万元,项目完成后,预计年新增产值 5440 万元、利税 1006 万元、创汇 480 万美元。实施"制糖生产全过程自动控制技术集成应用示范"项目,市财政拨款 200 万元,项目完成后,预计年新增产值 3300 万元、利税 360 万元。实施"地下工程用 CPS 复合防水材料的开发及产业化"项目,市财政拨款 50 万元,项目完成后,预计年新增产值 3500 万元、利税 700 万元。实施"基于 SOA 的药械智能实时监管平台"、"双甘膦制备草甘膦除草剂绿色清洁生产新工艺研发"、"SL-1350 型全自动带回溶连续分蜜机"等 21 个项目,总投资 1.09 亿元,市财政拨款 640 万元,为企业创造年新增产值 5.74 亿元、利税 1.03 亿元、创汇 930 万美元。广西武鸣县安宁淀粉有限责任公司和中国农业大学联合实施的"生物燃料工程技术研究中心建设——沼气纯化制备生物燃气产业化研究"项目通过中期查定,累计生产生物天然气 42 万立方米。

(伍美新 谢倚宁 覃 燕)

气象工作

【概 况】 2010 年,南宁市气象局辖武鸣、横县、宾阳、上林、马山、隆安县气象局及邕宁区气象局。内设办公室、人事教育科、业务科、行政执法办公室,下属市气象台、地面观测站、高空探测站、城区观测站、生态与农业气象观测站、信息与技术保障中心、财务核算中心及人工影响天气办公室。南宁市遭遇罕见的气象干旱、5 次强降水天气过程和"灿都"、"康森"和"凡亚比"等热带气旋的袭击。全年共启动重大应急响应 9 次,应急响应时间 300 多小时。通过信息专报、电视、网站、电子显示屏等渠道及时发布预警信息,发布决策气象服务材料 144 期,决策气象短信 114 条次,决策短信接收14.76 万人次,各类灾害天气预警信号 192 次,公众预警短信接收人次超千万条。市气象局参加自治区气象局、自治区人力资源和社会保障厅、自治区总工会联合举办的"2010 年全区气象行业综合气象观测业务技能竞赛",获地面测报团体第一名,高空气象测报团体第二名,地面、高空个人全能第一名。

【人工影响天气作业】 2009 年 8 月至 2010 年 4 月,南宁出现夏、秋、冬、春连旱,特别是南宁市北部旱情严重,且干旱持续时间长。全局干部职工在抗旱救灾的气象服务第一线连续奋战 8 个多月,做好监测分析、预报预警和灾害影响评估,优质服务于地方政府、部门及公众,最大限度地减轻干旱灾害可能造成的损失。市气象局人影部门抓住有利天气时机,加强对作业点的管理,在 52 个炮点成功实施地面火箭人工增雨作业 109 次,发射火箭弹 289 枚,累计增加降水约 7500 万吨,直接经济效益 2940 万元。

【重大社会活动气象保障服务】 2010 年 8 月南宁市举行"中越青年大联欢活动"期间,为台风活跃的季节。27 日,南宁市区出现明显降雨,市气象局准确作出 28 日晚的大联欢活动大会期间无雨的预报结论。活动期间南宁市气象局以专题气象服务、手机短信等形式,提供专项气象服务材料22期,发送手机短信4173条。

“两会一节”期间,从10月19日开始,市气象局向“两会一节”组委会提供的气象服务转向精细化和短临预报,每天早上8时至晚上8时,通过手机短信、电台、互联网等方式,每3小时向组委会成员及公众滚动提供未来3小时天气预报。为自治区领导和“两会一节”组委会领导建立“手机短信服务群组”,自治区党委、政府主要领导及“两会一节”组委会领导可“零距离”掌握天气情况。提供专项气象服务材料30期,发布手机短信31条。

【现代气象业务体系建设】 2010年,市气象局加快现代气象业务体系建设步伐,组织编制《南宁市气象灾害应急预案》,与市委组织部合作,以全市党员干部现代远程教育平台,农村气象综合信息电子显示屏为依托,启动乡镇气象信息服务站建设。自治区惟一空间天气观测站——南宁空间电离层垂直观测站、五合GPS-MET水汽监测站、五合土壤水分自动站建成并投入试运行。完成新一代数据卫星广播系统市级站建设。全市各台站综合气象观测系统运行监控平台运行稳定。

入汛后,南宁市气象局与市防汛办合作开发的“南宁市水库防汛气象监测预警”系统及“横县水库防汛指挥平台”系统投入试运行,两个系统把气象信息和水库信息集合到一个系统中,不但使气象信息发挥更大作用,也给水库度汛提供有力保障。

【气象科普宣传】 2010年,市气象局结合“3·23”气象日、“5·12”防灾减灾宣传日、全国科技活动周期间组织开展专题气象科普宣传活动11次。通过发放气象科普资料、播放气象科普影片、专家讲解和现场参观等方式,向市民普及气象科学知识。接待参观群众4200余人,发放气象科普资料逾万份。加大青少年科技教育力度,市气象局被命名为南宁市和自治区青少年科技教育基地。

年内,市气象台多次接受南宁电视台、南宁电台、《南宁晚报》《南宁日报》、《南国早报》等新闻媒体采访,使市民能够及时了解当前和近期天气情况。与《南宁晚报》、南宁电视台进行深入合作,每天除分别给两家媒体专门供稿外,还安排人员接受专访。还与南宁电台合作,首席预报员每天在节目中播报当前和近期天气情况,宣传防灾减灾知识。(江　雪)

水文工作

【概　况】 2010年,南宁市水文水资源局辖龙州、宁明、崇左、那岸、那岸(二)、大新、下颜、南宁、武鸣、扶绥、上林、邹圩、镇龙、露圩、平而、新和、鸭水滩、水口、那堪、宁明县、横县、邕宁、峦城等水文(位)站23个,雨量站220个,水质监测站14个,泥沙站6个和蒸发站11个。承担南宁市、崇左市辖区范围内的江河湖库的水文测验、水文情报预报、水文分析计算、水质监测、水资源调查评价、建设项目防洪评价以及建设项目水资源论证等工作。市水文水资源局加快水文新技术应用步伐,加强水文信息化建设,做好重点防洪城市(镇)水文监测站网建设和中小河流山洪易发区雨量站的建设,密切监测辖区江河湖库的雨情、水情变化情况,及时(30分钟内)向各级防汛抗旱指挥部门直至国家防总报送水文信息。1~5月编写南宁市和崇左市辖区内的旱情专报,向自治区水文水资源局及两市防汛抗旱指挥部发送。完成全年水文测验、水文情报预报、水质监测、水文资料整编以及水毁工程的修复。在自治区水文系统年度综合评比中获优秀奖。12月7日,自治区机构编制委员会《关于水文机构有关机构编制问题的批复》同意自治区水文水资源南宁分局更名为南宁市水文水资源局,增挂南宁市水环境监测中心牌子。

年内,市水文水资源局完成中小河流洪水易发区90多个站点建设。7月28~29日,组织相关泥沙站技术骨干在隆安水文站举行“新型采沙仪器使用管理经验交流会”,提高泥沙站用缆道取沙的测验水平,解决缆道取沙的技术难题。在大新、天等、扶绥新设3个墒情移动观测站,推进旱情监测。完成南宁水文站应用ZFZ-01型数字式蒸发器观测蒸发量作为整编成果的研究试验、南宁水文站应用水质监测仪在线监测水温数据作为水温观测值及整编成果的研究试验,并在南宁水文站正式应用。9月9日,新修建的宁明县城永久性水位台投入使用。

【水文资料整编】 2010年,市水文水资源局做好资料工作,做到“四随”(随测算、随分析、随整理、随发报);完成上年度水文资料整编,有水位资料19站年、流量资料15站年、泥沙资料6站年、降雨量资料88站年、水温资料8站年、蒸发量资料11站年、岸温资料6站年,向自治区水文水资源局提交完整的水文资料成果,资料质量为优良等级。完成上年度水资源公(简)报资料统计、上报。

【水文情报预报】 2010年,市水文水资源局辖区内各江河洪水均较小,大部分洪水均在高洪水位级以下。全年各测站的水情电报绝大部分是通过遥测和电话语音、网络报汛系统进行自动转发,减少值班人员抄报再录入上网的中间环节,从而提高信息传输速度,基本上能在15分钟内传到自治区水文水资源局。共收、发水雨情报45.44万份,包括大中型水库(电站)的转发报文。越南有关部门自5月1日~9月30日通过互联网向市水文水资源局拍发谅山、高平两个水文站的水情、雨情报902份。汛期期间,局管内各江河共发生需要发布预报的洪水10场次,为有关防汛指挥部门发布预报12次,按照《水文情报预报规范》进行误差评定,平均预报精确度为90.60%。

【水质监测】 2010年,南宁水环境监测中心完成左、右江以及邕江河段全年水质常规监测,及南宁市水源地水质监测和国际河流入境水体水质监测,共布设断面19个。每月末与市水利局共同在《南宁晚报》上发布《南宁市供水水源地水资源质量公报》;每2个月发布《水质通报》1期,送给南宁市、崇左市政府和有关部门参阅。完成上年度水质资料整编任务;继续开展取水许可水质检测;配合南宁市、崇左市做好农村饮水安全规划调查。继续做好南宁市、崇左市饮用水源地水质自动监测站点的维护,保证水质信息不中断。受南宁市、崇左市水利局的委托,参与编制南宁市、崇左市突发性水污染事件水利系统应急预案报告。5月中旬完成新设区市河流交界断面的设置的查勘,并实施水质监测和成果上报。7月下旬通过实验室资质认可评审。

(黄召生)

防震减灾

【概　况】 2010年,南宁市地震局坚持以人为本、科学减灾的指导思想,以最大限度地减轻地震灾害损失为宗旨,围绕地震监测预报、地震灾害预防、地震应急救援三大工作体系目标,加强防震减灾社会管理和公共服务。分获中国地震局颁发的2009年度全国市(县)防震减灾工作综合评比优秀奖、地震监测预报单项奖和广西防震减灾工作综合评比一等奖。

【监测预报】 2010年，南宁市地震监测仪器装载车配备列入市政府为民办实事应急装备工程项目，市财政投入41万元，配备越野车1辆及GPS(全球定位系统)定位仪2台、加固型车载电脑2台。对市(县)143个地震宏观观测点建设情况进行核查，投入30万元，对其中51个地震宏观观测点观测环境进行改善；完成总投资136万元的24个地震宏观观测点远程观测项目的论证、申报。在广西地震台(站)观测质量评比中，南宁九塘的水位、水温观测项目分获一等奖，石埠水位、水温观测项目分获二等奖，测震台网获优秀奖。

【震灾预防】 2010年，市地震局加强地震行政许可审批管理。有76个建设工程项目依法进行地震安全性评价，按照地震安全性评价报告所确定的抗震设防要求进行抗震设防；对无需进行地震安全性评价的建设工程项目，按照地震烈度区划图或者地震动参数区划图、地震动参数复核结果或地震小区划成果所确定的抗震设防要求抗震设防，共办理“建设工程抗震设防要求的确定”行政审批66项。11月，市防震减灾工作领导小组办公室印发《关于开展全市防震减灾工作检查的通知》，重点检查全市推进防震减灾所采取的主要措施落实情况，主要包括：地震应急组织领导机构建设、防震减灾经费保障、防震减灾目标责任考核机构、震害防御、次生灾害源排查、地震应急准备；地震部门监测预报，震情跟踪实施状况；发改、国土、规划、建设、教育、地震部门建设工程抗震设防监督管理情况及推进的保障措施等。

【防震减灾宣传】 2010年，市地震局深入开展防震减灾知识“六个进”(进学校、进社区、进机关、进企业、进农村、进街道)活动，把防震减灾知识纳入全市国民素质教育体系及中小学校公共安全教育纲要，并作为各级领导干部和公务员培训教育的重要内容。与市委组织部、市人力资源和社会保障局联合举办公务员防震减灾和应急管理培训班。全市近500所学校组织各类防灾减灾知识讲座，约100万师生受到教育。开展防震减灾知识下乡村活动，把建设农村民居防震保安建设工程知识送到乡村；开展建设平安小区活动，把地震应急救援、自救互救知识送到街道、社区。参与安全生产宣传活动，把地震科普常识、防震避险知识送到厂矿、企业。开展“常备不懈、警钟长鸣”——南宁市中小学校防震减灾主题教育活动，在《小博士报》开展中小学生防震减灾知识宣传，发行量10万份；地震灾害体验项目列入南宁市为民办实事项目“中小学校安全教育体验中心建设”的子项目，投资约300万元。在全国综合减灾示范社区——良庆区金象社区举办南宁市“防灾减灾日”主题宣传活动，把防震减灾知识送进社区。在自治区、南宁市新闻媒体开设专题、专栏，刊播防震减灾文章、信息16篇(条)；接受英国电视台、新华社广西分社、广西电视台、南宁电视台、《南宁日报》、《南宁晚报》、《南国早报》等新闻媒体13批25次采访。印发《地震应急避险自救互救手册》等科普书籍10万册；编印《防震减灾知识》、《汶川地震纪念》、《农村民居防震保安建设》宣传挂图4500份。组织开展市中小学生地震科技夏令营活动。

【应急救援】 2010年，市地震局完成南宁市首个应急避难场所建设，总投资400多万元的南湖公园应急避难场所建设项目竣工投入使用。8月17日在横县与灵山交界地区发生3.50级地震，市地震局及时组织现场工作队，深入到震中区调查震情灾情，指导当地政府开展地震应急处置工作。配合市政府在横县组织开展南宁市首次地震应急综合演习。演习模拟为12月27日上午9时21分在横县县城发生里氏6级地震，震源深度约25千米，震中距约100千米，初步认定地震烈度为八度。震后30分钟，南宁市召开市地震应急指挥部门紧急会议，宣布启动《南宁市地震应急预案》三级响应，全面部署抗震救灾。市地震应急指挥部各地震现场工作队编成21个组，演习包括震中余震监测；抢险搜救、灭火扑救和安全疏散；伤员救治、疫情防治；震区通讯抢修；震区供电抢修；灾民安置和生活安排；各种危险源(次生灾害)排查除险等七个方面。

【市地震信息监测中心成立】 2010年，南宁市地震信息监测中心经市机构编制委员会批准成立，隶属市地震局领导，正科级事业单位，核定编制11人。占地面积0.69公顷、总投资1500万元的市地震信息监测中心(包括防震减灾指挥中心)项目年内投资330万元，完成征地、场地地震安全性评价、初步设计等前期工作。

(庞小立)

社会科学

社会科学研究

【概　况】 2010年，南宁市社会科学院紧紧围绕市委、市政府中心工作大局，加大思想解放和开拓创新力度，开展课题研究、科研管理、学术交流、决策咨询、编书办刊、队伍建设等各项工作。

【课题研究】 2010年，市社科院与广州

12月27日，南宁市举行地震应急综合演习。图为演习现场指挥部　　庞小立　摄

市社科院联合攻关完成《南宁市加快北部湾经济区核心城市建设战略研究》和《南宁市建设区域性国际城市战略研究》两项重大课题；与成都市社科院联合攻关完成《南宁市统筹城乡发展战略研究》重大课题，其成果由广西人民出版社公开出版。完成《南宁市创建“健康城市”对策研究》、《郑州、南昌、昆明、南宁四城市项目审批情况对比分析》、《邕江大学改革与发展战略研究》、《南宁市支柱产业选择及培育研究》、《南宁市发展环境建设对策研究》、《南宁市发展农村公共事业对策研究》6项南宁市重点社科课题；先后承担完成《南宁市“十二五”统筹城乡改革发展研究》、《南宁市党政人才队伍建设研究》、《南宁市人才强市战略研究》、《南宁市民族关系状况监测》、《武鸣县“十二五”城镇化研究》等课题。承担《南宁市中长期人才发展规划纲要(2010~2020年)》、《南宁市“十二五”人才发展规划纲要》、《南宁市“十二五”文化发展规划》、《南宁市“十二五”农业发展规划》、《隆安县“十二五”规划》、《兴宁区“十二五”工业发展规划》、《江南区“十二五”工业发展专项规划》、《上林县“十二五”发展规划纲要》等一系列规划的编制工作。参与教育部人文青年项目《贸易、投资与环境协同发展的机制研究》及广西哲学社科研究项目《广西北部湾经济区新型工业化道路及建设优势产业集群研究》。市政府立项《南宁市转变经济增长方式战略研究》、《南宁市提高在中国—东盟自由贸易区中的地位和作用研究》2个重大课题。

【编书办刊】 2010年，市社科院主办的《创新》杂志由单月刊改为双月刊，并进行部分栏目的调整，定位为综合性社科学术刊物。全年出版《创新》杂志6期，编发文章184篇，约149万字，多篇文章被《中国人民大学复印报刊资料》等全国权威刊物转载。2月初，市社科院组织编纂的《2010年南宁市经济发展蓝皮书》和《2010年南宁市社会发展蓝皮书》由广西人民出版社出版发行。组织专家完成编辑出版重大课题成果专著《南宁市建设区域性国际城市发展战略研究》、《南宁市统筹城乡发展战略研究》、《铁血昆仑关　铸就民族魂》3部。

【理论宣传与学术交流】 2010年，市社科院科研人员在《广西日报》和《南宁日报》等报刊上公开发表理论文章100多篇。组织科研人员参加中国—东盟自由贸易区论坛、中国—亚洲区域合作与融合经验交流国际研讨会、中国农村土地流转问题研讨会等学术研讨活动。市社科院专家学者先后就南宁市经济社会发展中的热点问题接受各级新闻媒体采访，接受各种采访60余次，派出领导和专家参加全市理论宣讲活动，到各单位宣讲30余场次。

【全国城市社科院第二十次院长联席会暨“低碳经济与城市发展”论坛】 2010年5月20~21日，由市社科院承办的全国城市社科院第二十次院长联席会暨“低碳经济与城市发展”论坛在南宁举行，出席会议的有全国大中城市社科院(联)、宣传部以及广西社科院共36家、100多名代表；特邀中国社科院副秘书长、欧亚所党委书记晋保平以及广西社科院党组书记、院长吕余生出席并致辞，自治区党委常委、南宁市委书记车荣福出席并讲话。中国社科院城市发展与环境研究所可持续发展研究室主任、研究员陈迎作题为《低碳经济与城市发展》的主题演讲。与会代表围绕“低碳经济与城市发展”主题进行研讨。　(张少宁)

地方志工作

【概　况】 2010年，南宁市人民政府地方志编纂办公室切实履行工作职能，做好地情书编纂指导和服务，编纂出版《南宁年鉴》(2010年卷)、《南宁百年图录》(1900~2000)。继续做好第二部《南宁市志》(1991~2005)编修，全书86部专志和总述、大事记、附录的编辑全部完成。做好《南宁新百年图录》(1991~2005)、《南宁历史人物》、《南宁古籍文献丛书》旧志系列之二《邕宁县志》、《邕宁一览》等地情书编纂工作。拓展读志用志途径，《南宁年鉴》全文录入南宁政务信息网，年点击率10多万人次；参加市民政局与广西大学联合修订的《南宁市城区地名规划方案》以及《南宁市新区、开发区地名命名》的论证、评审、修订；参与《南宁孔庙陈列设计方案》评审修改和《广西孔庙》审定；参与中国水城建设中连通渠的命名评审会，为中国水城建设提供地情资料；应市教育局教科所、市历史学会邀请，为全市中学历史教师开设《南宁历史概貌讲座》。还为南宁电视台、《南宁晚报》、《南宁日报》等媒体提供地情资料。拓展地方志服务的方式方法，向各县(区)、市直各单位免费发放《南宁百科全书》、《南宁开埠百年》、《南宁百年图录》(1900~2000)、《南宁年鉴》(2010年卷)等书籍1000多册。加强县(区)地方志工作督查和指导。深入横县、上林、良庆、西乡塘等县(区)地方志办公室调查了解和指导修志业务，参与《隆安县志》和《武鸣县志》的三级评审。配合自治区地方志编纂工作督查组到马山、宾阳两县开展督查。此外，具体指导《南宁市法院志》、《南宁市第四人民医院志》、《南宁市邕江大堤管理处大事记》、《南宁市青秀年鉴》和《南宁市第四人民医院年鉴》等书籍编修工作。加强地方志培训，举办地方志书、年鉴编修人员培训班1期，市属各承修单位80多名修志工作者参加培训。11月，《南宁年鉴》(2009年卷)获全国地方志系统第二届年鉴评比特等奖；副主任梁新莲被评为全国方志系统先进工作者。2011年1月6日，自治区第一轮修志工作总结表彰大会在南宁西园饭店举行。《南宁市志》(1999年版)被评为“十佳市志”；《南宁百年图录》被评为“十佳地情书”；《南宁年鉴》(2009年卷)、《良庆区年鉴》(2008年卷)被评为“十佳年鉴”；市地方志办公室被评为“十佳方志办”；市委常委、宣传部部长、副市长吕洁获“十佳领导组织奖”；梁新莲获特别荣誉奖。

【《南宁年鉴》(2010年卷)出版】 由市政府主办、市地方志办公室主持编纂。为大16开精装本，全面系统地记录2009年南宁市经济和社会发展的基本情况，汇集年度南宁市自然、政治、经济、文化、科技、社会等领域的各类信息，全书约220万字，内分39个类目、146个统计图表，随文配722幅照片。基本内容分综合情况、动态信息、辅助资料三大部分。综合情况部分设特载、特辑、南宁概貌、专题调研与经济分析4个专栏；动态信息部分设中国—东盟博览会·峰会·民歌节、南宁与东盟、党政机关、人民团体、法制、军事、开发区·新区、城市建设与管理、环境保护·园林绿化、国有资产监管与运营、工业、农业、交通运输业、信息业、商业贸易、对外经济贸易、旅游业、会展业、个体私营经济、财政·税务、金融、经济管理与监督、教育、科学、文化、新闻出版、卫生、体育、社会生活、区县、人物31个类目；辅助资料有大事记、城市竞争力、图片专辑、附录4个类目。综合情况及动态信息各部类的内容均作条目化处理，以方便读者检索。部类和条目之间设有分目层次。政治、科学、人物等部类的分目下设次分目层次。全书配备目录、索引双重检索系统。内容结构上重点设置特辑、中国—东盟博览会·峰会·民歌节、南宁与东盟等凸显南宁特色与年度特点的类目，详细记录南宁市年度亮点、“两会一节”在南宁召开的盛况及南宁与东盟在经济、文化等方面的交流与合作；增设专题调研与经济分析类目，全面展现南宁市在加快建设区域性国际城市和广西“首善之区”所取得的业绩及研究成果；进一步规范类目设置，调整中国—东盟博览会·峰会·民歌节、人民团体、农业等类目名称。2009年12月，该书编纂全面启动；2010年4月，正式开展书稿编纂；8月底，基本完成全书稿件编辑校对；10月，由广西人民出版社公开出版发行。同月，该书精装光盘成为“两会一节”中外嘉宾客商赠品之一，进一步扩大《南宁年鉴》的影响力，为南宁经济社会发展服务。同年1月和10月，《南宁年鉴》（2009年卷）分获第四届全国年鉴编纂出版质量评比一等奖、全国地方志系统第二届年鉴评比地市级地方综合年鉴特等奖。

【《南宁市志》编修】　2010年，第二部《南宁市志》（1991~2005）编修工作稳步推进。至年末，第二部《南宁市志》86部专志和总述、大事记、附录的编辑全部完成。10月，第二批共43个专志评审稿上报自治区地方志办公室进行三级评审。

【《南宁百年图录》出版发行】　由南宁百年图录编纂委员会和中国第二历史档案馆合编。《南宁百年图录》以图片为主，前置序、卷首语，于图片当中穿插分述文章、引言，后置后记，分上、下两卷出版，为16开本。图片收集的年限为20世纪的100年（1901~2000），并作适当的上溯和下延。该书图片收集范围为2000年（含2000年）前南宁市行政区域，以市区为主，兼及市辖邕宁县、武鸣县和2003年划归南宁市管辖的宾阳县。内容涉及政治、经济、文化、社会等方面，力求直观反映南宁百年社会的真实面貌。上卷内容以时间为序分成“清王朝崩溃与旧桂系掌政”（1901~1921）；“新桂系崛起与国共斗争”（1921~1937）；“民族危难与抗日救亡”（1937~1945）；“国民党统治结束与南宁解放”（1945~1949）4个部分。共收录照片600余幅。下卷主要内容以时间为序分成“人民民主政权创建与国民经济恢复”（1949.12~1952.12）；“社会主义改造与计划经济建立”（1953.1~1957.12）；“‘大跃进’与国民经济调整”（1958.1~1966.4）；“‘文化大革命’十年”（1966.5~1976.10）；“拨乱反正与改革开放起步”（1976.10~1992.1）；“大西南出海通道枢纽与中国绿城建设”（1992.2~2000.12）；“专题”（1949.12~2000.12）7个部分。共收录照片1027幅。该书于2003年开始编纂，上卷于2005年4月由广西美术出版社出版；下卷于2010年8月由广西美术出版社出版，并公开发行。

【《隆安县志》通过终审验收】　《隆安县志（1986~2006）》主要记载1986~2006年隆安县自然、政治、经济、文化、社会等各方面的情况。2006年10月启动编修，至2009年末全书编纂基本完成；2010年1月21~22日，《隆安县志（1986~2006）》三级评稿会召开，评审稿约120万字，自治区、南宁市地方志办公室的领导和专业人员，隆安县有关领导、县志办全体人员和各承修单位修志人员等约150人参加会议。10月，《隆安县志》（1986~2006）通过自治区地方志编委会审查验收，符合志书出版质量要求，同意送出版社公开出版发行。

【《南宁历史概貌》专题讲座】　2010年11月19日，南宁市地方志办公室副主任、副编审梁新莲应市教育科学研究所、市历史学会邀请，在市第四中学作《南宁历史概貌》专题报告，全市中学历史教师约200人参会。

【自治区地方志编委会督查组到南宁市督查】　2010年11月24~29日，以自治区政协常委、教科文卫体委员会副主任蓝日基（正厅级）任组长的自治区地方志编纂委员会办公室督查组一行5人，到南宁市检查贯彻落实国务院颁布的《地方志工作条例》、《广西壮族自治区实施〈地方志工作条例〉办法》和第二轮地方志书及年鉴编纂进展情况。督查组采取召开座谈会、听汇报和实地考察等方式，24日下午到南宁市，25日、26日分别到马山、宾阳县进行督查。　（梁笑飞）

党史资料征集与研究

【概　况】　2010年，中共南宁市委党史研究室编纂《中国共产党南宁历史》第一卷、第二卷，《中共南宁党史人物传略》第二辑、《莫文骅将军文集》、《中共南宁历史图解》、《南宁市大事记》（2009年卷）、《抗日战争时期南宁市人口伤亡和财产损失》、《南宁市革命遗址遗迹》等图书。收集、征集南宁市大事记资料。全年共收集资料20万字，图片300余幅。开展学术交流。5月，组织10人到贺州、梧州、玉林、贵港等市党史部门学习党史正本的编写经验；8月，组织4人参加由乌鲁木齐市举办的“西部城市第八次党史协作会议”。11月，被自治区人力资源和社会保障厅、自治区党委党史研究室授予集体二等功，陆文权被授予个人二等功。

【编研成果】　2010年1月，市委党史研究室编纂的《莫文骅将军文集》由广西人民出版社出版发行。全书收录莫文骅将军各时期撰写的文稿87篇，55万字。7月，《中国共产党南宁历史》第一卷（民主革命时期）由中共出版社出版发行。全书26万字。记录自1926年中共南宁第一个党组织——中共南宁支部成立的24年间，中共南宁组织以争取中华民族的独立和解放为己任，在国民党顽固派的残酷镇压下，几经起落，前赴后继地为中国人民的解放事业进行艰苦卓绝的斗争，最终于1949年12月4日迎来南宁解放的光辉历程。12月，《中共南宁党史人物传略》第二辑由广西人民出版社出版发行。全书收录南宁党史人物76人，36万字。

【纪念莫文骅诞辰100周年暨《莫文骅将军文集》出版发行座谈会】　2010年3月25日，纪念莫文骅诞辰100周年暨《莫文骅将军文集》出版发行座谈会在邕江宾馆召开。市四家班子领导、老同志代表、莫文骅子女亲属、生前身边工作人员及南宁市有关单位和各界代表80多人出席。市委副书记刘长林、自治区原主席韦纯束、莫文骅将军儿子莫安临等在会上作发言。

【县（区）党史资料征集与研究】　2010年，横县编纂出版《抗美援朝中的横县女儿》丛书，30万字；宾阳县编纂出版《血与火的岁月——宾阳抗日斗争和日军暴行纪实》丛书，32万字；马山县编纂出版《马山党史人物传》丛书，30万字、《马山县组织史资料》第三卷，共5万字；邕宁区编纂出版《民主革命时期中共邕宁县地方党组织人员名录》丛书，30万字。

（廖运山）

责任编辑　方　明

文　　化

综　　述

【概　况】 2010年，南宁市有专业艺术表演团体9个，文艺演出2171场，观众324.30万人次。有网吧846家，娱乐场所387家；电影放映单位10个，放映电影6.92万场，观众249.40万人次。县级以上公共图书馆16个，图书总藏量5005.50千册(件)。博物馆5个，文化馆12个，乡镇文化站102个，社区文化活动室237家，村文化室616家。县(区)文物管理所7个，文物保护单位171个。有档案馆16个，档案全宗1346个，馆藏档案454.87万卷。在全国声乐大赛中，市艺术剧院演员廖鸿飞获民族组优秀奖，实现南宁市声乐文华奖零突破；在CCTV青歌赛中进入民族唱法决赛获第16名；在广西戏曲青年演员大赛中，南宁市获一等奖2个、二等奖2个、三等奖3个；在广西舞蹈青年演员大赛中，6个节目全部进入决赛，获一等奖3个。

【文化设施建设】 2010年，南宁市建成乡镇综合文化站102个，完成六县六城区文化信息资源共享工程县级支中心建设12个；建成农家书屋731家；全面启动49个村级公共服务中心建设。重点文化建设项目进一步推进。10月，南宁博物馆、南宁民族艺术基地项目开工建设。至年末，孔庙迁建工程项目(一期)以及南宁商会旧址、临江街壁画、那莲戏台维修工程、北帝庙维修工程竣工；广西省土改工作团第二团团部旧址维修工程完成田汉团部等旧居，完成总工程量50%；广西文化艺术中心、市社会艺术培训中心、市中心图书馆、顶蛳山遗址博物馆等项目进行前期筹建；民歌博物馆完成立项。

【精品工程】 2010年，南宁市推出大型粤剧《海棠亭》。该剧以北宋大词人秦观贬为南宁横州编管期间为民间办学的故事为线索，以典雅优美的抒情唱段、优美的人物造型，体现现代文化语境下南派粤剧内容与形式的双美。开展广西壮族自治区成立50周年文艺演出《锦绣壮乡》中的经典歌曲《你来了》MTV拍摄；开展大型舞剧《百鸟衣》项目立项；进行“十二五”期间小戏小品、音乐舞蹈作品策划等。持续塑造南宁“邕州神韵天天演”文化品牌，在保持粤(邕)剧基本风格的同时，以吸引青年消费群体为目的，不断调整经营思路。突出剧目创新，相继推出邕州神韵语言版、综艺版、民族器乐版等演出内容，促使演出节目更趋时尚化、青春化；拓宽经营渠道，以设茶座、品美食的方式，让新会书院的经营方式趋于多元化，成为老百姓喜爱的大舞台，成为南宁市物质文化遗产与非物质文化遗产结合的范例。同时整合现有资源，筹备民族歌舞天天演、话剧天天演项目。

【重大演出活动】 2010年1月7日，南宁市承办中国—东盟自由贸易区建成文艺晚会“和风吹绿—江水·风情东南亚”，晚会以和谐、友谊为主题，以欢乐绚丽为主调，以中国、东盟国家的经典歌舞为主体，展示广西特色、中国气派、东盟风情。8月28日，由中共中央对外联络部、中国外交部、中国共青团中央主办，中共广西壮族自治区委员会、自治区政府承办的《青春·友谊之歌》中越青年大联欢晚会，由南宁本土演职人员4000多名全面打造。10月20~24日南宁国际民歌艺术节期间，举办开幕式晚会“大地飞歌·2010”、广西青年歌手演唱会“美在广西”、外国艺术家专场演出、绿城歌台、首届乡村社区和谐文艺大展演5项文化活动。策划实施纪念泛北部湾经济合作论坛5周年文艺晚会“南宁·北部湾之夜”，以“同创和谐·共赢未来”为主题，以蔚蓝色

“邕州神韵”演出片段　　周家志　摄

的海洋文化为主线，展示具有中国、东盟特色的歌、舞、乐节目。组织与筹备广西第七届残疾人运动会开幕式文艺晚会“放飞梦想”。组织策划“情系八桂·广西地方戏曲专场演出”桂台交流活动。

6月5~16日，市粤剧团携《西河会妻》、《目连救母》、《风雨泣萍姬》、《乾隆点状元》、《三戏周瑜》、《玉碎宫倾恨绵绵》6台南派粤剧大戏参加新加坡国际艺术节和在法国巴黎举办的“欧洲华人粤剧”文化节交流演出9场，并取得成功。10月25日至11月1日，由广州市文化广播电视新闻出版局、南宁市文化新闻出版局、广州市粤剧振兴基金会联合主办，广州市红豆粤剧团和南宁市粤剧团联合承办的“南国红豆·粤桂飘香——两广粤剧文化交流活动”，重点推出两广粤剧精品剧目展演、两广粤剧文化讲座、粤剧艺术进校园等版块内容，中国著名粤剧表演艺术大师红线女自始至终参加活动，引起巨大反响。9月10~11日，市艺术剧院赴越南访问演出；12月，赴广州参加亚运会期间的歌舞展演活动。

【文化遗产保护】 2010年，南宁市全国第三次文物普查第二阶段工作通过自治区“三普”办验收，转入第三阶段。从普查新发现的244处不可移动文物中新公布蕾冒领摩崖石刻等17处为市级文物保护单位。完成文物数据库建设，并通过自治区文物局验收。抢救性发掘上林县九龙窑遗址，共发掘出土碗、盘、碟、盏、瓶、罐、钵等器皿20多种，采集标本近千件，为研究宋代青瓷窑分布和汉壮地区青瓷窑的相互关系提供重要实物资料。完成新华路水塔等文物的维修，推动金狮巷民居群保护和开发利用。全市博物馆实施免费开放。完善邓颖超纪念馆开展陈列改造工程。开展旧城改造和市政设施建设中的文物调查，开展“5·18”博物馆日、文物保护知识竞赛、开放考古工地等形式多样的活动，提高群众文物保护意识。非物质文化遗产保护稳步推进，南宁多声部民歌等25个项目被列入自治区级保护名录，16个项目被确定为市级第三批非物质文化遗产保护名录，24人被确定为第二批南宁市非物质文化遗产名录项目代表性传承人，武鸣县被命名为中国壮乡文化研究保护基地。有市级以

第二批南宁市级非物质文化遗产名录项目代表性传承人名单(24人)

项目名称	姓名	性别	年龄	推荐单位
壮族三声部民歌	莫花美	女	53	马山县文化局
松柏汉族多声部平话山歌	农凤英	女	79	兴宁区文化局
松柏汉族多声部平话山歌	潘兆君	男	77	兴宁区文化局
邕剧	蒋耀鸣	男	66	市邕剧团
邕剧	梁克俭	男	65	市邕剧团
丝弦戏	磨长永	男	67	宾阳县文化局
丝弦戏	关　艳	女	32	宾阳县文化局
疍家婚礼	张秀华	女	79	江南区文体局
宾阳游彩架	覃凤梧	男	73	宾阳县文体局
壮族“三月三”歌圩	李超元	男	62	武鸣县文体局
邕剧	李传湘	女	69	市邕剧团
邕剧	杭　彪	男	80	市邕剧团
壮族会鼓	韦建延	男	57	马山县文体局
壮族抢花炮	孙子奇	男	54	邕宁区文体局
壮族骆垌舞	潘腾宗	男	81	武鸣县文体局
壮族五色香糯米饭	黄硕英	女	58	武鸣县文体局
红良壮族打铁技艺	林万乔	男	92	隆安县文体局
红良壮族打铁技艺	林仁超	男	46	隆安县文体局
宾阳炮龙节(组织)	吴荣新	男	54	宾阳县文体局
丝弦戏	熊兴亮	男	61	宾阳县文体局
宾阳游彩架	何丹健	男	57	宾阳县文体局
百鸟衣	韦其本	男	69	横县文体局
葛麻村十六炮会(组织)	黄道敬	男	71	横县文体局
葛麻村十六炮会(组织)	邓享朝	男	51	横县文体局

第三批南宁市级非物质文化遗产名录(16个)

项目名称	项目类别	保护单位
南宁多声部民歌	民间音乐	市群众艺术馆
南宁平话民歌	民间音乐	市群众艺术馆
壮族“九莲灯”花手舞	民间舞蹈	市群众艺术馆、隆安县文化馆
马山打榔	民间舞蹈	马山文化馆
百合茅山舞	民间舞蹈	横县文化馆
横县壮族采茶戏	民间戏剧	横县文化馆
壮族采茶戏	民间戏剧	邕宁区文化馆
壮族“亥日”	民俗	市群众艺术馆、隆安县文化馆
上林壮族灯酒节	民俗	上林县文化馆
稻神祭	民俗	隆安县文化馆
宾阳“老穷”的故事	民间文学	宾阳县文化馆
扬美豆豉制作技艺	传统手工技艺	江南区文化馆
宾阳壮锦编制技艺	传统手工技艺	宾阳县文化馆
横县鱼生制作技艺	传统手工技艺	横县文化馆
横县大粽	传统手工技艺	横县文化馆
宾阳酸粉	传统手工技艺	宾阳县文化馆

上非物质文化遗产保护项目53个，传承人47人。建立濒危项目传承培训基地35个，建成邕剧展示中心。完成《南宁市非物质文化遗产名录图典》编写。

【文化产业】 2010年，南宁市继续实施文化重大项目带动战略，推动南宁博物馆、南宁民族艺术基地、民歌博物馆等重点文化项目建设。唐人文化园举办第二届唐人文化节，逐渐提升文化园产业价值，6月正式挂牌成为自治区级文化产业示范基地。推进新会书院“邕州神韵天天演”项目，在原有欣赏邕粤剧的基础上，加入时尚元素，使新会书院逐渐成为南宁文化旅游新标地。组织艺术院团参加“中演院线”演出项目推介会、第九届中国艺术节舞台演出交易会，推动市艺术剧院在全国艺术院团中率先进入中演院线，使艺术院团实现由管理型艺术团体向经营型艺术团体的转变。组织相关单位参加第六届深圳文化产业博览会。“一地一节”活动继续发挥扩大“文化搭台，经济唱戏”的作用。其间横县茉莉花节签约项目16个，总投资约52.93亿元；武鸣“三月三”歌圩签约项目9个，总投资37.77亿元；宾阳炮龙节期间观光游客50多万人，旅游收入8000多万元。

群众文化

【概　况】 2010年，南宁市有市级群众艺术馆1个、辖县文化馆6个、城区文化广播电视站6个、乡镇文化站102个。开展乡村社区和谐文艺大展演活动，为群众文化搭建展示平台。结合自治区“千团万场”活动，先后举办新年音乐会、“能帮就帮，新春送温暖，四进社区”文艺演出活动、绿城南宁欢度元宵广场化装舞会等系列群众文艺活动，以及全市少儿、青春艺术大赛等，形成重要节日精彩不断，群众演出活动丰富多彩。全市开展群众文化活动2.10万场。2010年南宁市农民工文化艺术节，组织进工地文艺演出14场、放电影22场，开展送书活动2次、医疗咨询服务2次、举办知识讲座2次、建立工地图书交流站2个，受益农民工近3万人。南国之光残疾人艺术团通过参加各类演出募捐活动来回报社会，协助市残联成功举办全国第二十个助残日广场文艺演出活动。市群众艺术馆获全国助残先进示范基地单位称号，副研究馆员黄增况创作的歌曲《虫虫飞》获2010年全国儿童歌曲大奖赛广西赛区金奖。

【首届乡村社区和谐文艺大展演】 2010年3～12月，由市委宣传部、市文化新闻出版局、市广播电影电视局、南宁日报社、市文联主办，市群众艺术馆等单位承办。为南宁市2010年“两会一节”系列文化活动之一，分乡村社区初赛、县(区)复赛和全市决赛3个阶段。活动内容有舞蹈、声乐、曲艺、戏剧4个大类，以乡镇(街道办)、社区为单位组队参赛。从初赛、复赛到决赛，全市有12个县(区)、102个乡镇、21个街道办、1300多个村委会和300多个社区委员会参与，开展各种文艺演出活动2230多场，参与群众120多万人次。此次大展演是近年来南宁市组织的一次规模大、覆盖面广、影响力大的活动，丰富群众的业余文化生活，做到“老百姓演老百姓看”，形成村村有阵地、乡乡有舞台、月月有活动、季季有赛事的格局和“百姓小舞台，和谐大社会”的活动模式。

【“助残日”广场文艺演出】 2010年5月16日，由市残疾人联合会主办，青秀区残联、市群众艺术馆、市盲聋哑学校承办的南宁市第二十个全国“助残日”广场文艺演出在民族广场举行。节目有残疾人自编自导自演的歌舞表演、成语小品等，其中《阳光少年》、《呐喊》、《载歌载舞》、《天路》等节目展现残疾人自强不息、敢于拼搏、勇于挑战的奋发精神。参加活动的观众约5000人。

【市少年儿童艺术节大赛】 2010年6月5～26日，由市群众艺术馆、北京华联综合超市股份有限公司联合主办。大赛设少儿卡拉OK、电子琴、器乐、故事相声、模特表演、舞蹈、美术、书法等项目，参赛1300人，获奖476人。

【首届青年美术作品展】 2010年7月18～26日在市图书馆举行。由市文化新闻出版局、市文联主办。收到美术作品186件，其中油画作品79件、国画作品23件、雕塑和装置作品22件、影像作品23件，展出106件。展览的部分作品将入选《南宁市首届青年美术作品优秀作品集》。

【全国残疾人文化活动周】 2010年8月25日在横县体育馆举行。由市残联、市文化新闻出版局主办。市南国之光残疾人艺术团为当地观众表演大合唱、拉丁舞、混声小合唱、快板书等节目15个。并从2010年起，将每年的8月定为开展全国残疾人文化活动周。

【经典爱国诗词配乐朗诵大赛】 2010年9月8日，由市委宣传部、市文化新闻出版局主办的南宁市第二届“我邀明月颂中华”——经典爱国诗词配乐朗诵大赛决赛在广西儿童剧场举行，六县六城区12支代表队参加。以举办配乐诗朗诵大赛为载体，营造欢度中秋佳节的喜庆氛围。上林县代表队获一等奖。并从获奖代表队中选拔代表南宁市参加自治区决赛。

【“华联杯”文艺活动】

“夕阳秀”艺术大赛　2010年2月19～26日在华联荣宝华店举行。由市群众艺术馆、北京华联综合超市股份有限公司联合举办。主题为火红夕阳、秀美绿城，旨在弘扬民族传统文化、展示南宁市中老年人的艺术风采。设卡拉OK、舞蹈及综合才艺三大类比赛。参加比赛有71个社区近2000人，节目360个，观众近10万人次。《山水相依情相伴》和《雨后春笋》获舞蹈比赛一等奖；梁直、梁柱分别获综合才艺、演唱一等奖。

社区文化艺术节　11月24日至12月4日在江南华联店举行。由市群众艺术馆、北京华联综合超市股份有限公司联合举办。设有声乐、舞蹈、综合才艺3大类比赛。参演群众1500人，节目400余个，观众约5万人。农棹菲获声乐比赛一等奖，边淑艳获综合才艺比赛一等奖，市交警支队获舞蹈比赛一等奖。

【市级非物质文化遗产名录暨代表性传承人评审】 2010年1月和3月，市文化新闻出版局分别组织专家评审会及局际联席会，对 2009 年 12 月末 12 个县（区）文化馆上报的 17 个申报第三批市级非物质文化遗产名录项目、24 名第二批市级非物质文化遗产名录项目代表性传承人进行评审。评审通过 16 个市级非物质文化遗产代表性名录及 24 名非物质文化遗产代表性传承人，于 4 月 2 日进行公示。（姚 彧）

专业艺术

【概 况】2010 年，南宁市有专业艺术团体 9 个，其中市属 2 个（市艺术剧院、市粤剧团）、县（区）级 6 个及市艺术创作研究所。市艺术剧院在编人员 185 人，设有歌舞团、话剧团等，共演出 114 场次，观众约 26 万人次。市粤剧团、邕剧团为“两块牌子、一套人员”，在职人员 80 人，设有演员队、乐队、舞美队等，全年演出 252 场，观众约 10 万人次。成功推出大型粤剧《海棠亭》，组织多次《海棠亭》研讨会听取专家的意见，对剧目进行新一轮的修改与完善，进一步打造成为广西精品、国家精品剧目。组织人员专门拍摄《此恨绵绵》、《风雨泣萍姬》、《龙象塔奇缘》等具有较高保存及研究价值的原创经典剧目。在横县 4 所学校成立非物质文化遗产传承基地，做好粤剧、邕剧传承教育，定期到各传承基地教授粤剧、邕剧的唱腔、身段等有关知识。利用新会书院这一平台，做好邕剧展。

【演出活动】

市艺术剧院 2010 年 1 月 7 日，在市人民会堂参加庆祝中国—东盟自由贸易区建成“和风吹绿一江水·风情东南亚”文艺晚会；3 月 21 日在五象广场参加 2010 红十字公益晚会；4 月 2 日参加由市电视台举办的南宁市社会各界抗旱赈灾义演晚会；4 月 28 日在南湖隧道工地参加以送文化为主题的南宁市农民工文化艺术节启动；5~7 月、11~12 月分别赴横县、武鸣、宾阳、隆安、邕宁、马山、上林、西乡塘区等地实施南宁市 2010 年为民办实事项目文化惠民工程“送戏进乡村”演出 62 场；7 月 13 日在市三中逸夫体育馆参加自治区“中桓杯”第七届残疾人运动会暨第二届特殊奥林匹克运动会开幕式文艺晚会；8 月 12 日在南宁国际会展中心参加纪念泛北部湾经济合作论坛 5 周年文艺晚会“南宁·北部湾之夜”；8 月 28 日在广西体育中心参加中越青年大联欢“青春·友谊之歌”晚会；9 月 10~11 日赴越南访问演出；10 月 20 日在广西体育中心参加“大地飞歌·2010”南宁国际民歌艺术节开幕式晚会；10 月 21 日在市人民会堂参加广西青年歌手演唱会；12 月 4 日赴扶绥县参加“一杯净水一片爱心”慈善晚会；12 月 22 日在广西电视台参加由自治区纪委、自治区党委宣传部主办的“践行‘六戒’、弘扬清风”廉政文化主题晚会。慰问部队演出 4 场，进社区、广场演出 10 场。全年演出 114 场次，观众约 26 万人次。

市粤剧团 6 月 5~16 日，参加 2010 年新加坡艺术节演出活动，演出 8 场。演出剧目主要以原创和南派特色剧目为主，包括 6 台大型粤剧《乾隆点状元》、《目连救母》、《西河会妻》、《风雨泣萍姬》等和 2 台《精选折子戏专场》。10 月 29 日至 11 月 1 日，在南宁剧场承办“2010 两广粤剧交流精品剧目展演”活动，广东、广西著名粤剧表演艺术家欧凯明、梁素梅等参加演出。11 月 4~13 日，应法国欧洲粤剧研究会联合会总会、欧洲时报和荷兰广州同乡会的邀请，赴法国和荷兰进行为期 10 天的演出及友好访问。参加多彩民族“情系八桂·广西地方戏曲专场演出”、2010 泛北部湾论坛文艺晚会及中越青年大联欢等演出活动。全年演出 252 场（农村演出 45 场），其中公益性 207 场、指令性 42 场、商业性 3 场，观众约 10 万人次。（韦思私 陈 叶）

【文学艺术主要成果】2010 年，市文联所属各协会会员发表专著 19 部，获得自治区级以上奖项作品 131 部（件）。

文 学 城市传记《岭南美玉》（徐歌著）、《一城浪漫》（谭延桐著）、《风雨千年》（李绿江著）均由广西师范大学出版社出版；青春影像故事《毕业前，我们有些故事》（王勇英著）福建少年儿童出版社出版；长篇小说《南宁旧事》（黄雅纯著）四川文艺出版社出版，《心路》（李志权著）中国文联出版社出版，《红绒线》（蓝朝云著）吉林人民出版社出版；中短篇小说集《拐角》（梁福著）香港天马出版有限公司出版；短篇小说《爱情到处流传》（付秀莹著）获《小说选刊》杂志社举办的首届“茅台杯”小说选刊年度大奖、中国作家出版集团举办的中国作家出版集团奖优秀作品奖，《老鼠玛丽亚小姐的故事》（陈黎明著）获中国作家协会《小说选刊》杂志社举办的首届全国小说笔会征文三等奖；散文集《艺苑漫笔》（莫珍英著）广西人民出版社出版，《长路当歌》（林万里著）广西民族出版社出版；儿童作品“捣蛋双胞胎”第二系列《我的快乐我做主》、《把你写成大坏蛋》、《熊小豆是棒棒糖》、《老妈掉进瓶肚子》（王勇英著）广东新世纪出版社出版；文学新视野《花瓣集》（黄祥伸著）中国国际文艺出版社出版；小说散文作品集《到远方寻找》（周剑著）通天国际出版（香港）有限公司出版；文集《地摊集》（笔名：严磷，黄仁廉著）中国文联出版社出版；作品集《情歌海》（笔名：若舟，黄景林著）中国文联出版社出版；广西西林一门三总督系列《岑毓宝》（梁福著）作家出版社出版；人物传记《硝烟》（李绿江著）、《检阅》（潘茜、伢子著）广西美术出版社出版；文学评论《红楼梦札记》（潘学军著）广西美术出版社出版。

戏 剧 戏剧小品《风声》（编剧郑天雄）获中国戏剧文学学会举办的首届全国戏剧文化奖小型剧本一等奖、广西曲艺家协会举办的第七届广西曲艺文学奖三等奖，《所有人的梦想》（编剧梁天晖）、《鸭子重生记》（编剧蓝运群）获中国戏剧文学学会举办的首届全国戏剧文化奖小型剧本三等奖；话剧小品《猪吃老虎》（编剧卢大任）获中国戏剧文学学会举办的首届全国戏剧文化奖小型剧本二等奖、广西曲艺家协会第七届广西曲艺文学奖二等奖；三幕多场次话剧《追求》（编剧刘丕展）获中国戏剧文学学会举办的首届中国戏剧文化奖大型剧本铜奖；电影文学剧本《鸟语学院》（编剧曾桂清）获中国戏剧文学学会举办的首届中国戏剧文化奖剧本奖；相声《洞房烛夜》（编剧纪宝庆）获广西曲艺家协会举办的第七届广西曲艺文学奖二等奖；小品《好卖不赚钱》（编剧伍灵）获广西曲艺家协会举办的第七届广西曲艺文学奖三等奖,《志愿者》(编剧郑天雄)获广西戏剧家协会举办的首届广西校园戏剧节·大学生戏剧奖二等奖。在自治区文化厅举办的第四届广西青年演员大赛表演中,邕剧《芦花荡》(黄俊成表演)、《五台会兄》(包卓金表演)获表演一等奖,粤剧《目连救母之奈何桥》(姚艳表演)、话剧《雷雨》片段(孙展表演)获表演二等奖,话剧《雷雨》片段(徐艺瑗表演)获表演三等奖。《乾隆点状元之牢狱咏》(包卓金、姚艳表演)获自治区文化厅举办的第三届广西粤曲大赛表演一等奖。

音　乐　歌曲《紧紧握住百姓的手》(徐世宁、陆坚词,傅磬曲)获自治区党委宣传部举办的广西第十一届精神文明建设"五个一工程"(2008~2009)入选作品奖;《美丽的侗家姑娘》(李君词、陈国凡曲)、《幸福走进我侗家》(若舟词、陈国凡曲)分别获中国少数民族音乐学会举办的首届"民族之声"全国声乐乐器作品征集大型系列音乐活动作品创作银奖、铜奖;《侗妹打油茶》(黄灿词、陈国凡曲)、《何日团聚圆明园》(张俊秋词曲)分别获中国少数民族音乐学会举办的"感动中国"——全国第五届新创歌词、歌曲大赛二等奖和优秀奖。在中国音乐文学学会举办的全国首届21世纪华人音乐奖全国大型音乐展评上,歌曲《南珠的传说》(劳廉先词、范成伦曲)获作词一等奖;《茉莉之乡》(汪华民词、周国森曲)获作词、作曲一等奖;《我从天上来》(袁梅松词,石玉祥、玉振航曲)获作曲二等奖;《爱与你同行》(汪华民词、周国森曲)获作曲二等奖。《小狗与小猫》(黄灿词、玉振航曲)获中国儿童音乐学会举办的"颂今杯"全国少儿歌曲创作大赛三等奖;《五十六种颜色》(谭延桐词、全彪曲)获中央电视台、中央人民广播电台、中国音乐家协会举办的"唱响中国——听众最喜欢的歌"广西赛区十强;《梦的眼睛》(梁绍武词、傅滔曲)获中央电视台举办的全国儿童歌曲创作比赛金奖;《虫虫飞》(黄增况词、黄晓艳曲)获中央电视台全国儿童歌曲大奖赛优秀作品奖;《手机》(罗金陵词,何振国、利宇翔曲)和《阳光真好》(陆坚词、刘友平曲)、《春雨》(王鑫词、罗东斌曲)、《桂林真好玩》(龙靖词、王梦灵曲)分别获自治区文明办、教育厅、团区委、妇联举办的广西新童谣新儿歌创作表演大赛金奖和银奖;《快乐的成长》(陆坚词、傅滔曲)获自治区广电局举办的广西儿童歌曲创作评选银奖。歌手廖鸿飞获中国文化部举办的第九届全国声乐比赛民族组优秀演员奖,文化部、中央电视台举办的"神华杯"书香榆林2010中国民歌邀请赛民族唱法最佳男歌手,自治区党委宣传部、广电局、文化厅、文联、广西电视台举办的第十四届"CCTV青年歌手大奖赛"广西选拔赛民族唱法二等奖,演唱剧目《壮锦》获中国文化部举办的第九届中国艺术节个人表演奖。在自治区党委宣传部、广电局、文化厅、文联、广西电视台举办的第十四届"CCTV青年歌手大奖赛"广西选拔赛中,歌手危瑛获民族唱法一等奖;池一萃、袁泉获流行唱法二等奖;朱妮获民族唱法三等奖;大山情人组合(黄莹、方妮、邝小玲)获原生态唱法三等奖;南宁市组队的广西国税税官合唱团获合唱三等奖。音乐书籍《广西三江侗族芦笙谱》(陈国凡著)广西民族出版社出版;原创音乐专辑《幸福也是一首歌》、大提琴演奏专辑《感触》(赵琳著)中国唱片广州公司出版。

舞　蹈　《士兵兄弟》(贾戈、郑华表演,罗伟、郭元军指导)、《阮玲玉》(蒙璐表演,陆莹莹指导)、《中国芭比》(胡程程表演、李莹、梁玉田指导)获自治区文化厅举办的第一届广西舞蹈青年演员大奖赛一等奖;《糯玉香》(覃福邦、覃祉幸编导)获自治区文化厅举办的中国东盟艺术教学成果展演红铜鼓舞蹈比赛创作金奖。中国舞教材二级《大家来照相》(刘慧编导);三级《滴滴答》、《字母歌》(姜燕指导);三级《旗语兵》,六级《萤火虫小夜曲》、《小花帽》,八级《天上人间》(石恩、卢剑指导);三级《三字经》、五级《寻胡隐君·上学路上》(麦秋圆、刘艳丹、蒋其幸、石晶指导);七级《小花旦》、五级《寻胡隐君》、六级《侗乡小歌台》(刘慧、黄燕美指导);七级《小花旦》、八级《哈密姑娘》(周妍、陈燕婷指导)获自治区文联、广西舞蹈家协会举办的《新农村少儿舞蹈美育教材》、《中国舞教材》成果展演一等奖。中国舞教材三级《三字经》、《小木偶》(刘慧、黄燕美指导),二级《月儿》、五级《波浪手》、六级《小木童》(姜燕指导)获自治区文联、广西舞蹈家协会举办的《新农村少儿舞蹈美育教材》、《中国舞教材》成果展演二等奖。

美　术　国画《岁月无声》(黄浦作)入选福建省美术家协会举办的福建土楼—客家永定—全国中国画大赛作品展,《四季如歌》(李莉作)入选中国美术家协会举办的全国首届现代工笔画展,《踏莎行》(罗晶晶作)入选中国美术家协会举办的2010年全国中国画作品展;花鸟画《暮色溶溶》(吴善贞作),国画《空山新雨后》、《四季如歌》(黄浦作)、《青春纪事》(罗晶晶作)入选自治区文联、广西美术家协会、河南省美术家协会举办的河南·广西美术作品展。在广西国际博览事务局、团区委等多家单位共同主办的第四届中国—东盟青年艺术品创作大赛中,花鸟画《湾畔暮野》(吴善贞作)获二等奖;国画《苗山十月秋风细》(滕春任作)、美术作品《棱》(李红霞著)为入选作品。在自治区妇联、文联举办的"放飞艺韵抒展巾帼风华"——纪念三八国际劳动妇女节100周年广西女性书画摄影作品展中,熊海容、梁彩媚获美术二等奖,吴红霞获三等奖,覃爱国获优秀奖。

书　法　李达旭行书作品入围自治区文联举办的广西文艺作品赴越南交流展;潘继坦、刘小静作品入选中国书法家协会举办的全国首届篆书展;潘继坦、黎健、韦志端作品入围中国书法家协会举办的第三届扇面书法艺术展;李达旭、梁启机、黎健、韦志端等作品获广西书法家协会举办的广西首届册页书法展提名奖;黄大业、潘继坦、滕民初、梁春、李洪旺、莫基新、刘小静、周焕俭、韦潇等作品入选广西书法家协会举办的广西首届册页书法展。在自治区妇联、自治区文联举办的"放飞艺韵　抒展巾帼风华"——纪念三八国际劳动妇女节100周年广西女性书画摄影作品展中,刘小静获书法类一等奖,陈小冰、韦潇获二等奖,马艺伦获三等奖。《隶书百家姓》、《楷书百家姓》、《行书百家姓》、《草书百家姓》字帖一套4本(卢定山著)由广西美术出版社出版;书法专集《花影墨韵》、《奔驰墨韵》(秦胜国著)由中国画报出版社出版;教材《全国高等学校公共艺术课程通用教材·书法欣赏》(李达旭著）由广西美术出版社出版。

摄　影　《漓江人》组照(余根示摄）获中国摄影家协会举办的第23届全国摄影艺术展优秀奖；《淡烟疏雨松林间》(李东方摄)获广西摄影家协会举办的“青山秀水绿城翡翠”杯摄影作品大赛三等奖；《山寨情歌》(滕忠摄)入选自治区文联、摄影家协会、台湾摄影家联谊会举办的广西台湾风光风情摄影艺术交流展；《柿子飘香》(卢伊琳摄)入选中国摄影家协会举办的“中国生态城·金柿美玉溪”全国主题摄影大赛。在自治区妇联、文联举办的“放飞艺韵　抒展巾帼风华”——纪念三八国际劳动妇女节100周年广西女性书画摄影作品展中，张素珍作品获摄影类一等奖；李放、江洋获二等奖；杨丽英、梁新颖、韦竞平获三等奖；蒋桂兰、覃连蒂、陆乃玉、陈宜平、张丽萍、唐柳英获优秀奖。在广西国际博览事务局、团区委等多家单位共同主办的第四届中国—东盟青年艺术品创作大赛中，《中国—东盟博览会开幕式》(黄大年摄）获优秀作品；《跃起》(农敏摄)，《壮族少女》、《南宁新貌》(黄大年摄)获入选作品。

电　视　电视访谈节目《自贸区　零距离》(总策划:覃露莹，策划:卢建伟、杨洁，撰稿:杨华，摄影:杨昭)获中国电视艺术家协会举办的首届全国优秀电视评论节目推选访谈评论类三等奖；专题片《感恩重建之健身房老板—雷伟》(编导:石伟俊、李文静，编辑:陈戈，合成:蒋朝妮）获中国广播电视协会举办的十二届电视外宣“彩桥”节目评析活动《中国都市》栏目三等作品，《洋博士的“农夫式”人生追求》(编导:李桦、朱铁军，编辑:陈戈，合成:蒋朝妮)、《不灭的龙魂》(编导:石伟俊、刘迪，编辑:陈戈)分别获中国广播电视协会举办的第十二届电视外宣“彩桥”节目评析活动长篇类二等作品和优秀作品；论文《电视新闻播音的美学思考》(刘锦钢著)获中国电视艺术家协会、主持人专业委员会举办的2010年度主持人优秀论文三等奖；在广西广播电影电视局、广西电视艺术家协会举办的2009年度广西电视文艺优秀作品评比中，宣传片《2009快乐女声南宁唱区广告片之艾梦萌篇》(策划:余伟，导演:班宁，合成:黄志成，摄影:黄生)获电视广告片类二等奖(2010年颁奖)；综艺节目《2009快乐女声南宁唱区30进10晋级赛》(南宁电视台大型活动部集体)、《“自贸区零距离”之文化篇直播晚会》(总策划:覃露莹，导演:李文静、陈戈，主持:张尉林)获电视综艺节目类三等奖（2010年颁奖)；电视剧《仙剑奇侠传三》(总策划:李跃，监制:罗春子，策划:张婷，美术助理:姚卫，剪辑助理:唐美红，制片助理:杨媛）获电视剧类二等奖(2010年颁奖)；纪录片《画心》(编导:农丹，摄影:陈敏)获电视纪录片类一等奖(2010年颁奖)，《光阴的故事》(编导:徐海彬，摄影:陈敏，解说:郑浩，策划:叶艳华，化妆:叶云，灯光:曾门新)获电视纪录片类二等奖(2010年颁奖)，《壮乡纪事》(编导:侯长明，摄影:徐海彬，解说:郑浩)获联合国教科文组织北京办事处、中国民族影视艺术发展促进会举办的第四届民族语言、民族题材电视节目“金鹏展翅”奖纪录片类二等奖。

民间文艺　舞蹈《鼓乐铿锵》(陈广、郑天雄、张玉珍编导)获中国民间文艺家协会举办的婺源中国乡村文化旅游节展演金奖，《鹤舞》(苏珏卿、郑天雄编导)获中国民间文艺家协会举办的第十届中国民间艺术节(广场舞)银奖，《丰收四季乐》(郑天雄、韦佩、曾俊平编导)获广西民间文艺家协会举办的广西刘三姐民间文艺奖二等奖；自治区文联、民间文艺家协会授予李槐武广西民间文艺大师称号，邹玉特、刘雪山广西高级工艺师称号。

（陆雅婷）

【艺术研究】 2010年，市艺术创作研究所在职人员6人。上半年市艺术创作研究所组织业务骨干赴广州、福州、上海、成都、重庆等地对艺术研究院所的职能定位、规模、核心业务和发展趋势进行调研，完成调研报告并上报政府部门。完成2010文化年鉴的编撰，约2万字；《广西通志·文化》南宁部分编辑，约10万字。歌曲《山歌带我回故乡》和《男人的歌好风流》在马山县第四届文化旅游美食节开幕式演出使用；歌曲《无力承受》和《爱到放弃》分别被中央电视台第三套和歌手冯俊杰专辑录用，《心鼓》为首届东兰国际铜鼓节大型鼓乐文艺演出使用。文艺评论《婉约之美的形象展现》在《广西日报》发表；稻作文化研究《广西米粉》在《西部开发报》发表。创作电视电影《右江锄奸》三部曲（《决不放过你》、《追凶二十年》、《惩罚者》)，广西大型电视系列片《广西北部湾经济区志》(合著)。大型文化艺术活动策划:完成《马山民俗文化展示馆陈列方案》，该馆是马山县重大文化项目，以现代的陈列设计理念和独特的审美思想全面展示马山县丰富多彩的民俗文化艺术。为传承和发展刘三姐山歌文化，应广西民委、广西山歌学会邀请，撰写《建立广西歌圩策划案》、《打造广西原生态歌圩策划书》。应河池市政法委邀请，撰写《河池市政法系统“抗旱救灾　共建平安河池”大型文艺演出暨公安110报警定位警示牌建设启动仪式策划方案》并实施。应马山县古零镇党委、政府邀请，完成《首届马山古零农民艺术节策划方案》。应东兰县党委、政府邀请，完成《首届东兰国际铜鼓节大型鼓乐文艺演出策划方案》。应东兰县委宣传部邀请，完成《东兰县歌舞剧团成立52周年庆典文艺晚会演出方案》并实施。应南宁市电科广场邀请，完成《南宁电科成立十周年纪念活动暨文艺演出策划方案》并实施。应自治区体育局邀请，完成《广西第三届万村农民篮球大赛策划总案》、《广西城乡万人气排球大赛策划总案》。（潘雨茜）

电影放映

【电影经营】 2010年，南宁天恒电影有限责任公司直属的星湖影城、中华电影院、江南电影院3家影院，电影票房收入950万元，比上年增长49.84%。其中:星湖影城票房收入718万元，增长66.98%；中华电影院票房收入149万元，增长24.17%；江南电影院票房收入83万元，与上年持平。针对影厅少节目场次安排较困难的情况，对影院设备、影厅进行升级改造，其中星湖影城新增影厅2个、增加1.3K数字放映设备2台及装修影厅1个；江南电影院增加1.3K数字放映设备1台；中华电影院增建影厅3个，增加1.3K数字放映设备3台，对影厅楼梯通道进行改造。3家影院共有影厅16个，座位数2039个，数字放映设备1.3K10套、2K1套，3D立体放映设备1套。

【影院建设】 2010年,位于中国—东盟商务区中越路北面的新民族影城建设项目进入第二年,采取每层分4个区的方式进行施工。至年末,一区完成20~25米架子搭设、墙柱钢筋绑扎、模板安装;二区完成10~15米梁板模板安装;三区完成20~25米架子搭设、墙柱钢筋绑扎、模板安装加固和混凝土浇筑;四区完成10米梁板模板安装、钢筋绑扎和混凝土浇筑。完成投资6111.90万元。2月,位于大学路北面相思湖影城综合楼项目开工建设。开发面积4731.59平方米,总建筑面积3.84万平方米,其中影视建筑面积1.31万平方米,总投资9311.18万元。完成主、副楼的土方、桩基础、基坑支护施工,完成投资约3700万元。 (侯双穗)

公共图书事业

【概　况】 2010年,南宁市有公共图书馆16个,图书总藏量5005.50千册件。市图书馆与市少儿图书馆、六城区图书馆的电子图书共有34万册接入南宁政务信息网、南宁文化信息网和市图书馆网,供市民在线阅读。

【市图书馆】

概　况　2010年,市图书馆设有采编部、外借部、期刊部、技术部、信息部、读者活动部、业务辅导部等部门9个。在职人员65人,其中业务人员61人。馆内设市民阅读中心、文学借阅室、自然科学借阅室、社会科学借阅室、综合借阅室、特色藏书阅览室、参考文献阅览室、工具书阅览室、电子阅览室、过报过刊阅览室、残疾人阅览室、典藏室、专家研究室等服务窗口13个,阅览座位1497个,有读者自修室、读者活动室、多功能报告厅等读者活动场所。1月,市图书馆被评定为国家(地市级)一级图书馆;5月,获广西公共图书馆先进集体称号。

藏书建设　建成密集书库,新增密集书架346米。调整综合借阅室、自然科学借阅室、社会科学借阅室、典藏室的近40万册图书的布局。继续征集南宁人的著作及有关南宁的作品;收藏一批反映南宁政治、经济、文化和社会发展历史面貌的老照片,辑成《南宁老照片》专辑,并按类、按专题存档;采集反映广西及南宁、东盟等地经济、文化、民风民俗的各类文献资料,征集《广西北部湾经济开放开发报告(2006~2010)》、中国—东盟博览会秘书处编辑的1~5届《中国—东盟博览会画册》等一批反映北部湾开发和中国—东盟博览会的文献资源。采编部制订《随书光盘著录细则》,对随书光盘进行书目数据著录,完成8485张随书光盘回溯建库,随书光盘结束手工登记借阅的历史,进入计算机管理系统。全年文献采购经费136万元。其中:纸质图书80万元、期刊18万元、音像资料4万元、地方文献10万元、电子图书18万元、电子期刊6万元。年度新增图书5万种6.95万册。其中:纸质图书1.90万种3.60万册,电子图书3万种3万册,视听文献84种702册件,报刊合订本1020种2484册。馆藏量74万册,比上年增长9.62%。帮助城区图书馆分编图书5374种5445册。

读者服务　编写《南宁市图书馆读者网上续借、预约须知程序》,并彩印成5000份小册子向读者免费发放。5月,图书馆服务周期间,推出电子图书、电子期刊使用培训,设计数字资源与服务培训课程,教读者方正电子图书、CNKI期刊数据库以及国家图书馆数字资源等使用方法。馆内民警读书基地挂牌成立,为市公安局民警免费办理在市、城区各图书馆通借通还的借书证,成为继2007年免费为残疾人办理图书借书证之后的又一项免费举措。新增横县百合镇、中国人民解放军某部、警犬训练队、市政协、广西储备物资管理局九三一处、蒲庙镇华康村稔床坡6所图书流通站,全市共有馆外图书流通站41个。全年接待读者92.91万人次,其中外借11.99万人次、阅览64.02万人次(电子阅览室和计算机免费阅览区域的读者4.95万人次)、各类读者活动参加人数16.90万人次。文献外借25.14万册次,其中图书外借21.81万册、期刊外借3.07万册次、光盘外借2588张。新办图书借书证8590张、自修证1756张,办理有效借书证累计3.60万张。接待咨询4823人次。

网络服务　完成南宁市图书馆网(www.nnlib.com)部分栏目的重新设置,在网站首页设置“绿城讲坛”版块,分预告、掠影、视频等子栏目;新增“媒体报道”版块。全年发布信息新增数据2057条,其中南宁市图书馆网站786条、南宁文化信息网722条、南宁政务信息网516条共158万字、图片5170张、视频35分钟,视频资源总量115千字节,报送文化信息32条。电子图书在线浏览2.29万次、下载数量5193次、资源检索7.25万次。新增北大方正电子图书3万册,购买清华同方CKNI电子期刊数据库6个。

文化信息资源共享工程建设　3月,协助共享工程广西分中心完成县级支中心5个、乡镇级基层服务点24个、村级基层服务点1642个的各项数据统计,用于全国文化信息资源共享工程设备发放;5月,对2010年以前建成的市级支中心2个、县级支中心7个和乡镇级基层服务点60个的运行经费进行调查、统计,上报共享工程国家中心。8月和11月,协助共享工程广西分中心工作组,深入各县(区)开展2010年全国文化信息资源共享工程督查和2009年度共享工程验收。全市建成共享工程县级支中心12个、共享工程乡镇基层服务点102个、共享工程村级基层服务点1317个。协助邕宁区、青秀区等县级支中心开办共享工程(乡镇、村级)基层服务点管理员的培训班2期。在寒暑假及节假日期间利用共享工程设备播发优秀视频影视作品40场,观众5285人次。

绿城讲坛　举办讲座56场、听众1.75万人次。其中馆内讲座38场,听众1.15万人次;馆外讲座18场,听众6044人次。重点推出“感恩·励志”暑假公益演讲会和走进县(区)学校,关注未成年开展思想道德系列讲座,引起社会各界的广泛关注。其中,“感恩·励志”系列讲座是市图书馆首次与《当代生活报》联合主办,并由光亮残疾人演讲团承办。主讲人有盲人按摩师、画师陶进、独臂企业家黄友、脚残作家宋多河和特教专家曾柏良,以及双上肢残疾的心理咨询师张卫方、聋哑少女画家曾毓珺等,举办15场,听众近4000人。

专题展览　推出专题展览29期,制作专题板报98个,共994条。内容有第四届南宁人著作展、吴忠才捐赠地方党史文献资料展等图书展;新书讯、书里书外、暑期图书情报等图书宣传专栏;“阅读、传播、文化”,“今天你读了吗”等专题书摘;“看两会·观世博”、“祝福你,伟大的祖国”、“推动全民科学阅读共建学习型社会”等图片展览。举办大型专题展览有:纪念抗日战争胜利65周年书画作品展、市首届青年美术作品、南宁·长沙书法篆刻精品交流展等。

科普教育　5月,与南宁民航、南宁青岛啤酒有限公司等科普基地合作,组织读者参观有关航空航天、啤酒生产;与市科协、江南区科协合作,举办青少年科技创新大赛作品展。暑假期间推出《创卫科普环境》、《暑期低碳科普生活》、《暑期科普》、《暑期阅读》、《暑期图书情报》、《未成年人法律探秘问答》等专题板报。

南宁图书馆学会　编辑《邕图通讯》4期。第2期进行改版,新增党建要闻、媒体聚焦、邕图笔记等栏目。11月11~12日,召开南宁市图书馆学会第六次会员大会暨第22次科学研讨会,大会选举新一届学会理事,完成学会章程的修改。组织三期图书馆管理员培训班。协助广西图书馆学会完成市公共图书馆2010年业务数据的统计,广西地市级、县级公共图书馆“十二五”期间开展免费服务运行经费测算的调查等。

(贺南潮　李　霞)

【市少年儿童图书馆】

概　况　2010年,市少年儿童图书馆在职人员23人。馆内设有外借处、中学阅览室、教学参考室、儿童求知乐园、电子阅览室和声像服务室等服务窗口,有多功能活动室、自学阅览室等读者活动场所,阅览座位660个。新办读者借书证1400个,有效借书证累计9600个。接待读者63.80万人次,借阅书刊39.80万册次。分编入藏各种载体文献6075种1.90万册件,其中连环画636种2913册。馆藏量30.30万册件,电子期刊1400种。组织开展各类业务培训15期;举办市第17届少儿图书馆工作研讨会;开展以少儿图书馆阅读指导工作研究为主题的学术研讨活动;馆办内刊《南宁少图简讯》全新改版。

读者活动与服务　组织阅读指导、读者培训、竞赛等各种主题活动、图书馆活动日56次,参加活动的读者2.20万人次。主要有市第三届我“阅读、我快乐”少儿故事大王选拔邀请赛;2010年全国科技活动周南宁市科普进社区、进农村活动;“低碳生活,从我做起”读者问卷调查;共享世博盛会,创造美好未来专题图片展;暑期世博知识有奖问答;蒲公英阅读行动图书捐赠活动;与广西庭艺外国语培训学校共同开展儿童双语跳蚤市场、圣诞迎新双语乐游园活动以及与广西金太阳教育培训学校合作举办童心看南宁大型户外写作活动等。开办英语、作文、数学、书画等兴趣班,培训少儿读者1.50万人次。在市文化、科技、卫生三下乡、全国图书馆服务宣传周以及全国科技活动周等活动中,组织工作人员开展送书阅览宣传服务活动。为馆外45个图书流通站送书23次,各流通站接待读者13.50万人次。

(周　凝)

【市新华书店有限责任公司】

概　况　2010年,在职人员242人,总资产3亿多元,经营总面积约5万平方米。经营网点有南宁书城新华大厦、南宁书城五象大厦、南宁书城科园分店、南宁书城邕宁分店、物流教材配送中心。销售总额1.91亿元,比上年增长11%,实现销售总额新高。开展南宁市2010年“书香绿城”主题读书月活动、“世界读书日”主题书展、时寒冰《中国怎么办》读者见面会、栾加芹《不生病的智慧》——问道养生名家大讲堂、彭匈的《红楼那些人儿》新书发布会等活动,邀请名家进校园作讲座7场。参加广西新闻出版局科技“三下乡”活动,捐赠图书1365册、码洋2.50万余元;参与广西新闻出版局捐资助学活动,捐赠图书1121册、码洋3.20万余元。挖掘重点图书品种,采取多种形式,做好重点图书的陈列销售。在书城新华大厦、五象大厦和科园分店安装闭路电视监控系统,通过技防和人防等多种形式加强公司内部经营管理。全年销量在100本以上的图书有6479种、91万册,码洋1900多万元;销量在300本以上的图书有1006种、38万册,码洋720多万元;销量在500本以上的图书有652种、44万册,码洋800多万元;销量在1000本以上的图书有338种、65万册,码洋1100多万元。

南宁书城新华大厦　全国第一家由企业自筹资金兴建的大型书城,是国内建成的第三座书城。位于新华路15号(民生路80号),1996年6月15日建成开业,是全国新华书店系统中率先全方位使用BIMS图书营销管理系统进行图书进、销、存、调、退管理的单位。楼高10层,建筑面积1.20万平方米,经营面积约6000平方米,经营图书16万多种、音像制品5万多种。销售额6059万元,增长3.50%,人均劳动生产率约56万元,各项经济指标位居自治区零售书店之首。获2010年度中国书业卖场坪效最高新华书城、广西新华书店系统四星级书店、南宁市先进集体等称号。

南宁书城五象大厦　中国十大超级书城、广西新华书店系统四星级书店。位于民族大道98-1号,2006年11月5日落成开业。楼高20层,建筑面积3.30万平方米,其中主业经营面积1万多平方米。经营图书16万多种、音像制品5万多种,副业经营面积约2万平方米。是集读书、休闲、娱乐、四星级酒店为一体的大型综合书城。销售额4698万元,增长18.90%,人均劳动生产率约45万元,各项经济指标位居自治区零售书店前列。获自治区新华书店系统四星级书店称号。年内投资1200多万元,对书城进行二期扩建工程主体建设,工程投入使用后,将增加营业面积4000多平方米。

(谭继来)

文化市场管理与演出经营

【文化市场管理】

概　况　2010年5月19日,南宁市文化市场稽查支队更名为南宁市文化市场综合执法支队,设稽查一科、稽查二科、综合科,在职人员15人。先后开展元旦、春节期间文化市场专项整治,农村网吧集中整治,文化市场护苗专项整治,公共文化经营场所安全大检查,“平安世博”文化市场专项保障,暑假、中国—东盟博览会、国庆节、广州亚运会和亚残会期间文化市场集中整治等专项行动,为世博会和广州亚运会的举办创造和谐的社会文化环境。

音像市场整治　对南宁市通银商

场、银兴商场、民族商场部分经营户经营盗版音像制品的违法行为进行集中整治。3月31日在民族商场三楼的音像制品经营点，收缴盗版音像制品9140张；6月13日，在大沙田三叠石路东二巷14号1楼仓库查获《北部湾集结号》、《优化资本运作》等60个品种共8234册涉嫌传销类的非法出版、盗版书刊。全年检查音像制品经营单位2702家次，警告71家次，没收非法音像制品15.13万张；检查书报刊经营单位3427家次，收缴非法出版物15.85万册，检查印刷经营单位1860家次，警告20家次。

网吧整治　加强对网吧的巡查监管，突出重点时段、重点场所，严格规范经营者的行为，根据《互联网上网服务营业场所管理条例》规定，严厉查处网吧接纳未成年人进入和不按规定核对、登记上网消费者的有效身份证件的违规经营行为。对无证经营的黑网吧，函告工商行政管理部门查处取缔。全年出动检查人员3.15万人次，检查网吧1.12万家次，警告250家次，立案调查243件，罚款58.38万元，依法责令停业整顿31家，吊销《网络文化经营许可证》3家。

娱乐市场整治　加大对超时经营、噪音扰民等问题的查处，开展游艺娱乐场所专项整治。重点打击游艺娱乐场所在国家法定的时间之外接纳未成年人的经营行为，清理游艺娱乐场所设置具有赌博功能和含有《娱乐场所管理条例》第十三条禁止内容的游戏、游艺机，取缔黑电子游戏机室等无证经营的游艺娱乐场所；全年检查歌舞娱乐场所2059家次，警告51家次；检查游艺娱乐场所1681家次，收缴违禁电子游戏机电脑板218块，取消无证经营电子游戏机室18家。

网络文化市场计算机监管平台建设　南宁市根据自治区文化厅关于加快推进广西网络文化市场计算机监管平台建设的工作部署和要求，全面启动全市网吧安装监管软件。4月末，建设完成市、县（区）两级监管平台，监管网络覆盖全市网吧，实现与自治区级监管平台、文化部中央监管平台互联互通，并形成24小时技术监管状态。全市两级执法部门通过监管平台在网上巡查网吧2万多家次，告警、记录和禁止不良信息10万多条，对擅自不安装、卸载监管软件的网吧警告、处罚1000多家次。　（吴朝霞）

【市演出公司】　2010年，市演出公司组织的演出经营活动有：1月，完成哈萨克斯坦国立马戏团在贺州市商业性演出8场。10月，参加南宁国际民歌艺术节开幕式晚会的制作并且承担和完成民歌节18个国家艺术团的后勤保障、排练、演出；完成民歌节“八桂绿城歌台”舞台、舞美、中外艺术家的节目选编演出，世界艾滋病日宣传活动的舞台、舞美及整套活动流程。完成国家下达的农村电影放映、电影下社区放映及公益性电影放映357场。

（邵发建）

文物·博物

【概　况】　2010年，南宁市有文物保护单位171个，其中国家级文物保护单位3个、省级22个、市县级146个；博物馆5个。10月18日，位于五象新区的南宁博物馆项目开工，博物馆的基本陈列、文物征集等相关方案在筹备中，总建筑面积3万平方米，总投资2.74亿元。完成廉政教育、爱国主义教育、旅游宣传以及未成年人教育等版本讲解词的编写与校对；完成自治区第一批党史教育基地以及自治区第五批爱国主义教育基地的申报。南宁市第三次文物普查田野调查通过国家验收组整体验收，市博物馆被自治区文化厅评为第三次文物普查实地调查阶段先进集体，蒲晓东、卢敏生、夏丽娜被自治区文化厅评为第三次文物普查实地调查阶段先进个人。完成对南宁古城墙涂鸦进行考察和清洗维护，并经专家验收合格。邓颖超纪念馆全年接待观众12.86万人，参观团体300多个。其中：接待中、小学28所，师生2.02万人；接待机关、企事业单位、部队、大中专院校、旅游团队等团体300多个、观众4.53万人。

【文化遗产保护与宣传活动】　2010年5月18日，在广西文化遗产保护宣传月活动启动仪式上，市博物馆在广西博物馆展出展板2块，以图文并茂的形式，分为前言、领导重视文博工作、不可移动文物、馆藏文物精品和非物质文化遗产5个部分，宣传南宁的历史与文化，让市民直观了解南宁的历史文化。结合5·18国际博物馆日“博物馆促进社会和谐”和6·12文化遗产日“文化遗产就在我身边”的主题，在上林明亮镇九龙小学开展宣传活动，展出展板27块，展示南宁市全国第三次普查成果及南宁市文物保护单位，同时组织中小学生参观考古发掘现场等。分发文物法、保护文化遗产宣传资料1000多份。在宣传月中，邓颖超纪念馆讲解员在参加自治区组织的“全区文化遗产保护宣传讲解大赛”中获特邀组二等奖，专业组和志愿者组三等奖。

【文物调查与挖掘】　2010年3月，市博物馆主持“忻城周安—上林—宾阳新桥”

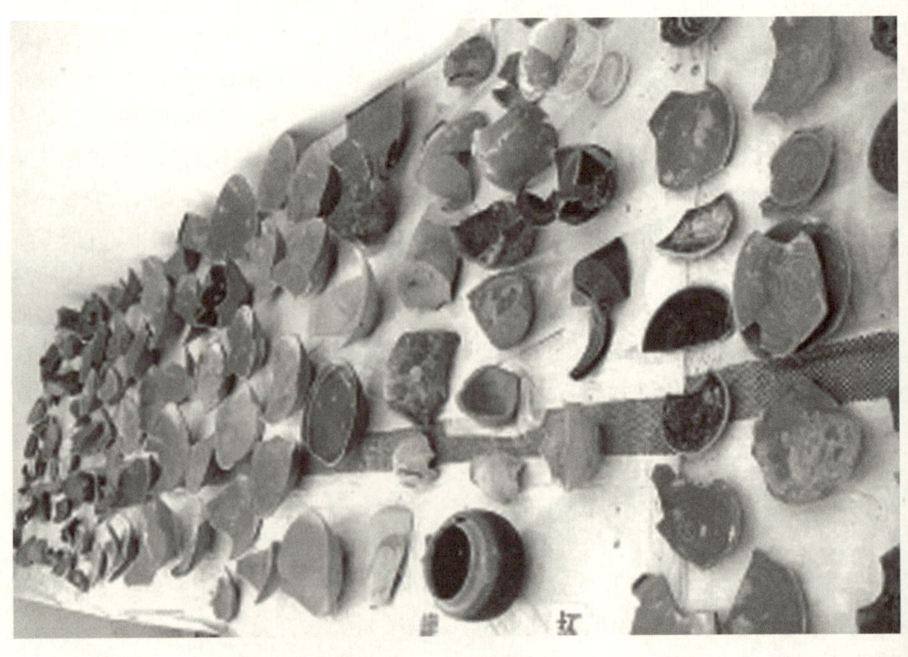

5~6月，在上林县九龙窑址发掘出的器皿　　潘　登　摄

二级公路扩建施工“九龙窑址”的抢救性考古发掘。历时68天，实际发掘面积483平方米，揭露出龙窑1条，发掘出土的遗物主要有碗、盘、碟、盏、瓶、罐、钵等器型20多种，共采集标本近千件，为研究宋代广西青瓷窑的分布和汉壮地区青瓷窑的相互关系提供实物资料。9～12月，参加自治区文化厅左江岩画申遗办牵头组织的左江岩画考古调查，开展左江岩画有关的专项文物调查，寻找岩画所在地域内可证实这项文化遗产历史与演变的重要依据。先后对南宁港中心城港区牛湾作业区和南宁港六景港区一期工程、北际二轻片区、大学路片区、五里亭片区、雅际片区二期、南宁木材厂片区、市金钢水泥厂片区、中华路三华片区、北大路区机电南宁分公司片区、市饮食公司片区、广东商业街片区、东沟岭组团片区、南钢片区、市味精厂片区、华电南宁华南城项目、轨道一号线项目、自治区外办生活区片区等近20处旧城改造片区进行地面文物调查，对涉及有关文物保护的保护措施提出意见和建议。协助广西文物考古研究所，先后对平果至马山高速公路项目、马山至来宾高速公路项目以及昆明至南宁高速铁路项目南宁段等进行文物调查。为全面了解南宁市工业遗产情况，编制《关于开展南宁市工业遗产调查工作方案》，并组织专业技术人员开展调查，组织调查组成员到柳州学习观摩和交流，调查工作取得初步成效。全年市博物馆共征集到80件陶瓷类文物，器型包括印模、执壶、罐、碗、盏、盘、碟、钵、轴座、器座等，并邀请自治区专家进行鉴定，与会专家一致认为此批器物对研究广西的陶瓷业发展历史具有重要的学术价值，具有较高的收藏价值。

【文物征集及鉴定】 2010年，征集到的文物主要有汉代陶器、拓片、樟木楹联、牌匾、字画、石柱础等200余件。对1300余件文物进行鉴定，确认二级文物17件套，实际件数17件；确认三级文物119件套，实际件数190件；确认一般文物854件套，实际件数1166件。

【文物保护管理】 2010年，市博物馆完成全市馆藏珍贵文物的数据采集，核对本市辖区内珍贵文物情况，并按自治区文物局的要求进行补充和完善。完成市级文物保护单位的公布，经过专家论证，市政府公布宗圣源祠、莫文骅故居等17处不可移动文物为市级文物保护单位。开展粤东会馆文物整理，编纂出版馆内书画作品、书籍、民俗文物400多件(套)的整理、清洁、拍照、登记造册。编纂出版南宁历史文化遗产丛书之《南宁文物》。根据文物普查第三阶段工作进度要求，与广西师范学院信息中心、广西测绘中心共同开展《南宁市不可移动文物地理信息系统》软件课题开发，基本建立南宁市不可移动文物地理信息系统。

（蒙洁慧）

【南宁孔庙】 是古代儒学之府。始建于北宋皇祐年间，原址在新华街水塔脚南侧附近，南宋宝庆三年(1227)迁至今南宁饭店内。1982年10月因南宁饭店扩建，仅存的大成殿被拆除。2002年，市人大代表和政协委员提议将南宁孔庙迁建工程列为南宁市重点文化工程项目，作为文化传承建筑重新修建。新孔庙按历史上孔庙建筑规划进行建造，新址位于青环路。2005年9月动工兴建，后由于工程造价设计等原因停工，2010年10月复工建设，年末完成碑亭、棂星门、大成门、大成殿、崇圣祠等主体工程和两侧厢房等瓦面工程建设。并相继展开陈列布展工作，确定南宁孔庙大成殿保留传统祭拜功能，陈列孔子四配像等。大成殿孔子像为黄铜塑身的帝王坐像，像高3.80米、纵横2.40米×2.30米，立于高1.50米、纵横3.50米×3米的底座上，由著名雕塑家石向东铸造完成；礼乐器、香炉等由苏州市平江区儒雅礼乐器制作工坊金海鸥创作完成，编钟、编磬、古琴、瑟、埙等乐器均可定音演奏；崇圣祠陈列红陶孔子圣迹图，是从原北平民社1934年3月影印的明万历年间版104幅圣迹图中精选出50幅，由著名的红陶艺术家卢权智加工创作而成，每幅80厘米×60厘米；匾额、案台等依山东曲阜孔庙规制在曲阜定做。

（梅晓光）

档　案

【概　况】 2010年，南宁市有档案馆16个，其中国家综合档案馆13个（市级1个、县(区)级12个)、专业档案馆2个、部门档案馆1个，在职人员79人。档案全宗1346个，馆藏档案量454.87万卷，录音、录像档案1166盘，照片档案6.30万张，资料8.97万册，档案案卷排架1.38万米；开放档案全宗622个8.26万卷，其中建国前7814卷、建国后档案7.48万卷；档案案卷级目录99.62万条，文件级目录518.64万条，档案全文扫描236万页。加强档案业务建设、档案馆库建设、档案资源建设、档案信息化建设和档案干部队伍建设，档案事业得到长足发展。市档案局(馆)被评为2008~2010年度全国省会城市和计划单列市档案宣传工作优秀单位，获广西档案网站建设一等奖、年度档案目录数据采集报送工作二等奖。《南宁市档案事业发展“十二五”规划》纳入市“十二五”专项规划编制范畴。

【档案馆基础建设】 2010年，南宁市、县

12月末，南宁孔庙迁建工程主体建筑竣工。图为大成殿　　梁一家提供

(区)档案部门筹划综合档案馆新馆建设项目前期工作。5月17~28日,市档案局组织市委办公厅、市发展改革委、市财政局、市国土局、市建委、市固定资产投资办公室、市规划局、市审计局等19个单位代表分赴广东、内蒙古、上海等5个省(自治区)、市,参观考察6个档案馆的建设规划设计、功能布局、投资规模、经费筹措、设施设备、运行管理、综合利用等情况。年内,市综合档案馆新馆建设项目基本完成征地、设计方案征集和评审工作。10月,隆安县成为首批纳入2010年自治区县级综合档案馆建设规划的5个县之一,并进入项目方案设计阶段,12月中旬分别获得中央补助建筑面积1618平方米、预算内拨款307万元,自治区预算内拨款100万元,专项经费407万元。上林县、江南区档案馆项目建设列入2011年项目计划,并着手准备新馆建设项目规划上报、定点和土地划拨。

【县(区)档案工作目标管理】 2010年,南宁市继续推行县(区)档案工作目标管理,并首次纳入全市县(区)绩效考评体系,考评权重分3分。根据全市档案工作会议精神,印发《关于印发〈2010年各县(区)档案工作目标管理考核指标〉的通知》,下达全面提高档案服务能力、全力推进档案馆基础建设、优化档案事业发展环境、加强档案干部队伍建设、规划"十二五"5项目标。12月27~29日,市档案局组成考核组对12个县区档案工作目标任务的完成情况进行考核验收。经综合评定,兴宁区、马山县档案局(馆)获档案工作目标管理一等奖,武鸣县、隆安县、江南区、青秀区、良庆区档案局(馆)获档案工作目标管理二等奖,西乡塘区、邕宁区、横县、宾阳县、上林县档案局(馆)获档案工作目标管理三等奖。

【档案接收】 2010年,南宁市各级档案部门抓好档案资源体系和档案利用体系建设,加大档案接收进馆力度,提供档案服务。重点开展重大活动、重大事件、重大项目和重要民生等方面档案的征收集,并采取多种形式,将散存于社会的有特色的、有保存价值的档案收集进馆,不断丰富和优化馆藏结构。全市各级各类档案馆接收纸质档案57.23万卷,录音、录像档案245盘,照片档案1.70万张。其中接收"南宁市学习科学发展观活动"、"两会一节"、"南宁市庆祝广西壮族自治区成立50周年纪念活动"、"纪念昆仑关大捷70周年活动"等纸质档案1201卷(盒)、书画作品2幅、图片889张,现行文件1800多件;武鸣县档案馆接收《武鸣骆越文化遗产撷英》;上林县档案馆接收上林籍著名画家罗鼎华等名人书画6件、被誉为"岭南第一碑"的唐碑智城碑拓片188幅;兴宁区档案馆接收重大项目档案357卷912件。

【档案利用】 2010年,南宁市各级档案部门坚持以"服务先行"为重点,进一步提高档案服务质量和服务能力。设立政府信息公开查阅点,接收政府公开信息近3万件,开通网络,配置专用设施设备,为各界查档人员提供优质的档案信息服务。全市各级各类档案馆接待查档人员12.26万人次,提供档案20.86万卷及3.30万件,复制档案7万页;利用现行文件1170人次1765件;利用资料399人次369册。提供查询的内容有:修史编志、工作查考、维护权益、职工办理养老保险、居民购买经济适用房、婚姻状况和处理纠纷等方面。市民为申请经济适用房、廉租房到各级档案馆查档成为年内档案利用的新热点,第一季度总接待量与上年同期相比增加一倍多,仅3月接待995人,创历年同期新高。

【档案安全管理】 2010年,南宁市各级档案部门不断加强档案安全制度建设,建立健全档案保管、利用、数字化加工、修裱等各环节的安全管理制度,规范工作流程。坚持开展档案安全检查,狠抓落实,加大投入,配置档案安全设备,确保档案实体和数据安全。加强春节、国庆节等国家法定节假日对档案馆库房和数据库机房安全检查,加大对档案馆的技术防护,投资8万元设计安装新的档案馆监控报警系统,馆库范围内实行全天24小时监控;兴宁区档案馆配备气体消防、中央空调等安全防护设备;江南区政府投入近10万元为档案馆更换防盗防火报警器和服务器,档案安全保管条件有较大改善。一批国家重点档案得到及时抢救和保护,全市完成档案修裱9128页。

【机关档案管理】 2010年,南宁市各级档案行政管理部门抓好机关档案工作目标管理评定。按照《广西壮族自治区机关档案工作检查管理办法(试行)》要求,经年终检查和综合考评,参加档案年度检查的市级单位108个,评出优秀单位35个,合格单位73个;县(区)机关和乡镇机关年检率100%,合格率90%以上,优秀率25%以上。30个市、县(区)直机关档案室通过定升级评审,其中晋升自治区特级档案室1个,市直机关一级综合档案室5个、二级综合档案室4个、三级综合档案室1个,晋升县直机关一级综合档案室19个。

【企事业单位档案管理】 2010年,南宁市重视国有大中型企业和民营企业档案管理,通过下发企业档案工作文件、推广企业档案工作先进经验、组织培训、召开会议等形式,重点开展《企业档案工作规范》宣传,推行新的企业档案工作规范。9月27~28日,市档案局与市国资委、工信委、工商联联合发文举办企业事业单位(含民营企业)专(兼)职档案人员业务知识讲座,讲授国家档案局新颁布实施的《企业档案工作规范》,参加培训198人。各县(区)根据部署,采取培训班或现场指导等形式,开展《企业档案工作规范》宣传。指导企业档案室开展文件材料归档范围和保管期限表的修改审批、档案目标管理认定,有8个企事业单位档案管理通过达标认定,其中市八中、三十九中、邕宁高级中学、阳光新城学校、兴宁区官桥小学、西乡塘江北小学、人民公园7个单位被评定为科技事业单位档案管理自治区级,良庆区水利电力有限公司达到企业档案工作目标管理自治区级。各县(区)根据年度工作目标要求,开展对改制(破产)企业做好档案处置的指导,并引导规模以上民营企业开展档案工作。横县接收两家破产国有企业档案进馆5243卷;上林县接收破产改制企业档案1756盒;西乡塘区主动介入市钢产厂改制档案处置,接收涉及企业兼并的合同书、协议书等材料进馆100多件。

【重大建设项目档案管理】 2010年,南宁市各级档案部门围绕市委、市政府"项目建设年"活动,加强对重大建设项目档案的监督指导和专项验收。市档案局多次到广西体育中心、南宁大桥、华润水泥、广西田园生化股份有限公司、南宁麦斯鞋业股份有限公司、南宁绿洲有限责任公司、广西经济职业学院、东江糖厂等单位进行指导，其中东江糖厂 6 千吨/日技改工程档案通过市档案局组织的专项验收；各县（区）按照要求，对所辖范围的重大建设项目建档进行跟踪、登记，指导做好项目档案接收进馆和验收；兴宁区印发相关文件，建立城区重点建设项目档案登记备案；邕宁区主动介入辖区内公路重大建设项目的建档；江南区接收星光大道、亭洪路及江南大道等重大项目征地拆迁档案进馆 1200 卷。

（邓淑华）

【城建档案管理】 2010 年，市城建档案馆完成档案整理上架共 2.19 万卷，完成计划的 121%，并按要求做好档案查阅、利用的登记；接待来访调阅 890 人次，调阅档案 1623 卷。接待房地产公司、工厂、单位建房等来访业务咨询 530 人次，对全市各城建档案室及建设单位编制竣工档案外出业务指导 63 次，回收《建筑工程跟踪卡》250 份，接收建筑工程等各类档案 2.09 万卷，开具移交工程竣工档案证明 204 份，进行市政验收 21 次、现场指导 27 次。完成目录录入 8.78 万条，录入二级目录 44 万条。（雷泽识）

【农业农村档案管理】 2010 年，南宁市开展乡镇机关（街道办）合格档案室、行政村示范档案室创建活动以及行政村档案管理模式改革试点、行政村文件材料归档范围和保管期限表编制、指导乡镇（街道办）开展村级（社区）干部建档工作。市档案局会同自治区林业厅和自治区档案局到武鸣县太平镇对林权档案归档工作进行调研和指导，多次深入武鸣县、隆安县、江南区等县（区）指导林改档案建档。会同市林业局研究起草《南宁市集体林权制度改革档案数字化项目实施方案》，并印发各县（区），利用南宁电台“南宁市 2010 年政风行风热线”栏目专题，宣传指导林改档案工作。各县（区）按照《集体林权制度改革档案管理办法》，开展建档指导和培训，分别编制林权制度改革档案分类大纲和各镇村代码表。武鸣县顺利完成全县林改档案建档，在钦州市浦北县召开的自治区集体林权制度改革档案管理现场会上作典型发言。兴宁区除制定林改档案各村镇代码表和分类大纲外，还在所辖昆仑镇开展试点，以点带面推进林改档案工作。开展乡镇机关（街道办）合格档案室和行政村示范档案室创建活动，所有乡镇机关（街道办）档案室均达合格以上等级标准；行政村示范档案室创建工作均达到年度工作目标 20%的要求。开展行政村档案管理模式改革试点、行政村文件材料归档范围和保管期限表编制、乡镇（街道办）村级（社区）干部建档指导。绝大部分县（区）实行“村档镇管村用”管理模式，以该模式管理的档案 4953 卷共 5.53 万件。其中，宾阳县、隆安县档案局借助组织、民政部门的力量来推动“村档镇管村用”；全市建立村干部档案 5658 卷，六城区中有 5 个城区村级（社区）干部建档率达 100%。

【社区档案管理】 2010 年，市社区档案工作列入年度检查范围，与乡镇、街道档案工作捆绑检查，实行同部署、同落实、同检查。全市 329 个社区全部建档，其中优秀社区 297 个，建档率 100%、合格率 100%、优秀率 90%以上。武鸣、宾阳、上林、马山、隆安 5 个县和青秀区社区档案工作全部达到优秀等级。

【档案信息化建设】 2010 年，市档案馆继续开展馆藏纸质档案全文数字化工作，扫描档案 50 万页。青秀区结合年度档案归档，同步开展进馆档案全文数字化。兴宁区争取项目立项，完成 20 万页馆藏婚姻档案的全文扫描；市档案馆配置了档案数据容灾备份系统，建立 325 万条的县（区）档案文件级目录数据专库，按时完成数据采集并报送自治区档案局；南宁档案信息网站实现市、县（区）档案信息网信息资源共享，公众访问量达到 100 万人次。首次建立县（区）网站建设考评办法，经专项考评，横县、兴宁区、青秀区、西乡塘区、良庆区档案局（馆）被评为网站建设优秀单位。

【档案法制检查】 2010 年，南宁市档案行政执法工作列入市人大工作日程。10 月 12～15 日，市人大常委会副主任卢丽芬一行 15 人对贯彻落实《中华人民共和国档案法》情况进行执法检查，检查组对隆安县档案馆、江南区档案馆、市地方税务局、市水利局、三十三中、市城市建设投资发展总公司等单位近年来贯彻实施《中华人民共和国档案法》的情况进行抽查。12 月 21 日，市十二届人大常委会第三十八次会议听取和审议市政府关于实施《中华人民共和国档案法》的情况报告和市人大常委会执法检查组的检查报告。在全市范围内开展民政档案专项执法检查。市档案局与市民政局联合转发《自治区民政厅办公室、自治区档案局办公室转发民政部办公厅、国家档案局办公室关于开展民政档案行政执法检查的通知》，布置各县（区）对贯彻执行《收养登记档案管理暂行办法》和《婚姻登记档案管理办法》情况进行自查，做好迎接自治区民政档案执法检查。6 月 21～22 日，自治区、市档案局和自治区、市民政厅组成的联合检查组对市民政局、隆安县民政局、西乡塘区民政局的收养登记和婚姻登记档案情况进行抽查。各县（区）档案部门围绕年度目标，将档案行政执法检查列入年度计划。横县、马山、隆安、兴宁、西乡塘、邕宁 6 个县区分别联合人大、政协、法制及其他部门对所辖单位进行档案执法检查，并下发整改通知书和情况通报。开展档案行政执法检查 15 次，检查单位 643 个。8 月 25 日，在南宁市召开的第二届全国省会城市和计划单列市档案宣传工作会议上，市档案局作典型发言，并获 2008-2010 年度全国省会城市和计划单列市档案宣传工作优秀单位称号，市档案局潘胜中获优秀工作站站长称号。

【档案业务培训与职称评定】 2010 年，南宁市各级档案部门结合年度工作目标和新的业务规范，开展档案干部业务培训。举办各类培训班 43 期，培训 1708 人次。并分批组织档案员 122 人分赴沈阳、大连、长春、重庆等地市档案局（馆）专题参观、学习。有 11 人获得档案系列馆员职称资格，6 人获得助理馆员职称资格，4 人获得管理员职称资格。（邓淑华）

责任编辑　黄善秋

新闻出版

报 纸

【概 况】 2010年，南宁市有市办报纸3家（《南宁日报》、《南宁晚报》、《南宁广播电视报》，其中《南宁广播电视报》全年停刊），驻市各类报纸23家。南宁日报社辖有《南宁日报》、《南宁晚报》、南宁新闻网（简称“两报一网”）、南宁日报社印刷厂。《南宁日报》周七刊，对开12版，彩色印刷，平均期发行量8.68万份，总发行量3168.20万份；《南宁晚报》周七刊，四开48版，彩色印刷，平均期发行量15.60万份，总发行量5631.60万份。南宁新闻网继续不断创新，网站点击率不断提升（日点击率3万人次）。至年末，南宁日报社有职工374人。其中，在职人员320人（新闻专业人员184人，高级专业技术职务任职资格18人、中级42人、初级140人）；离退休人员54人。报社所属报纸和网站做好重要宣传和专题报道，举办主题社会活动；围绕产品质量，推进两报改版；坚持深化人事制度改革；创新思路开拓市场，经营创收取得良好效益；新闻中心印务中心项目土建工程基本完成，进入内部装修招标阶段，购进3000多万元的高新印刷设备基本安装完毕，进入调试阶段。报社所属印刷厂，经过多次技术改造和更新设备，印刷能力、印刷质量和经济效益在全市（含驻市）印刷行业中排在前列。南宁日报社获广西新闻奖一等奖2个、二等奖6个、三等奖15个；获五象新闻奖4个（其中摄影1个）。

【南宁日报社重要宣传与专题报道】

中共南宁市委十届九次全会宣传报道 2010年1月11日，中共南宁市委十届九次全体（扩大）会议在南宁召开。会议主要学习贯彻中央和自治区经济工作会议精神，听取和讨论市委常委会2009年工作报告，分析当前形势，部署2010年经济工作等重要内容；自治区党委常委、市委书记车荣福，市委副书记、市长黄方方分别在会上作重要讲话。1月12日，两报分别在头版头条刊登《中共南宁市委十届九次全体（扩大）会议召开》消息，对会议进行全面报道；南宁新闻网也对会议进行详细报道，使广大读者及时了解会议重要精神和相关情况。

深入学习实践科学发展观宣传报道 2010年1~12月，两报一网经精心策划，对继续深入开展学习实践科学发展观的情况及涌现出的先进单位、先进个人的经验和事迹进行大量报道，配合市委、市政府中心工作的开展。

“四个年、五场攻坚战”专题报道 2010年，南宁市深入开展“四个年、五场攻坚战”活动。1~12月，两报一网对“四个年、五场攻坚战”活动进行全面报道。《南宁日报》充分发挥党报权威性作用，以“万众一心，奋力拼搏，打好五场攻坚战”为主线，以专版形式，运用多种新闻体裁，全方位、多角度、立体式地进行报道。两报一网对每月一次的全市重大项目开、竣工活动都及时进行报道。《南宁日报》共开设专版60个，专栏10个；《南宁晚报》、南宁新闻网充分发挥各自优势，分别开辟栏目，对“四个年、五场攻坚战”进行极具特色的报道。两报一网通过专题宣传使市委、市政府的战略部署深入人心，推动工作的开展。

中越青年大联欢专题报道 2011年8月27~30日，中国和越南青年大联欢活动在南宁举行。两报一网对活动进行大量报道。《南宁日报》以中越友好，青春携手为主题，推出10多个版的系列报道。8月6日，“中越青年大联欢活动”筹备工作汇报会在南宁召开。8月7日，两报分别在头版头条刊登《全力做好服务 办好国际盛会》消息，详细报道自治区党委常委、市委书记车荣福在会上的重要讲话内容。两报一网还分别开辟专栏，进行详细报道。据不完全统计，两报一网刊发活动专题报道稿件4000多篇（幅）。

国际半程马拉松比赛专题报道 2010年10月16日，2010南宁“中国石化杯”国际田联世界半程马拉松锦标赛在南宁举办。两报一网刊登《绿城马拉松赛将航拍直播》、《绿城市民可“鸟瞰”长跑盛会》等消息，对比赛做宣传。《南宁日报》用10多个版面，《南宁晚报》用近20个版面，南宁新闻网也利用自身特色对此项比赛赛事，以及南宁城市形象进行多层面、全景式报道，展现南宁区域性国际城市的魅力。两报一网刊登相关稿件2000多篇（幅）。

“两会一节”专题报道 2010年10月19~24日，第七届中国—东盟博览会、第七届中国—东盟商务与投资峰会和2010年南宁国际民歌艺术节（简称“两会一节”）在南宁举办。期间，《南宁日报》以“花海绿城又飞歌 金秋盛典展辉煌”为主题，每天推出5大主题板块、10个整版的内容，共计80个版，对“两会一节”进行系统性、全方位报道；《南宁晚报》发挥都市报优势，南宁新闻网开辟专门栏目，对“两会一节”进行大量报道。两报一网刊登稿件6000多篇（幅）。

乡村和谐文艺大展演活动专题报道　2010年3月至12月中旬，南宁市举办首届乡村社区和谐文艺大展演活动。市辖12个县（区）、102个乡镇、21个街道办、1300多个村委会和300多个社区，120多万人次参与。两报一网进行专题报道。3月9日，两报分别刊登《搭建百姓小舞台　构建和谐大社会》等报道。之后，两报以系列报道形式，南宁新闻网以专题栏目形式，对活动进行大量报道。两报一网共刊登稿件5000多篇(幅)。

国内重大事件及突发灾害报道　2010年4月，青海省玉树县发生重大地震灾害后，两报一网连续刊登6000多篇(幅)相关抗震救灾报道。年内，两报一网分别开辟专栏，先后对上海世界博览会(第41届世界博览会)、甘肃省舟曲县特大泥石流灾害、广州亚运会(第16届亚洲运动会)进行大量报道。

先进人物报道　2010年，两报一网大力宣传报道南宁市涌现出来的先进人物，其中对黄胜新、朱传波两位先进人物作重点宣传。1月18日，两报在头版刊登《血与火铸就新时期钢铁卫士》、《关于授予黄胜新同志“模范消防卫士荣誉称号的命令》等报道，对广西壮族自治区公安消防总队南宁市支队特勤大队一中队代理副中队长、先后13次被各级党组织表彰为“优秀共产党员”，2009年7月被广西壮族自治区政府授予爱国为民好战士的黄胜新进行宣传报道。至年末，两报一网断继续对黄胜新的先进事迹不断进行宣传报道。6月下旬，《南宁日报》在头版推出“绿城党旗红　好党员感人事”专栏。《南宁晚报》、南宁新闻网也分别开辟栏目，陆续报道南宁市基层共产党员的模范先进事迹。重点对南宁水利系统荣获“南宁市优秀共产党员”，“敬业守责、敢做善成的模范基层带头人”朱传波进行详细宣传报道。6月22日，日报在头版刊登《敢做善成的共产党员朱传波》一文，并配发评论员文章《南宁需要更多的朱传波》。6月24日，两报一网刊登《车荣福看望慰问朱传波》消息，报道市委领导对朱传波的关爱。7月1日，两报一网刊登《树立先进典型　弘扬崇高精神》一文，对市委举行表彰仪式，授予朱传波“南宁市优秀共产党员”、“敬业守责、敢做善成的模范基层带头人”荣誉称号进行报道。此后，两报一网加大宣传力度，对朱传波先进事迹报告会、市各单位向朱传波学习讨论活动等进行大量报道。7月11~12日，两报一网和市相关5家主流媒体，派出记者前往朱传波的家乡江西省崇义县思顺乡思顺村采访。对其成长环境、成长过程、鲜为人知的故事、乡亲的评价等进行深入了解。作多角度深度报道，收到良好效果。

【南宁日报社主题社会活动】

“践行三贴近走进百乡镇”活动　2010年，南宁日报社举办“践行三贴近走进百乡镇”大型新闻采访活动。8月9日，举行启动仪式，市委常委、宣传部部长，副市长吕洁出席仪式并授旗。至10月，两报一网80%的采编人员走遍南宁市12个县（区)102个乡镇，发稿100多万文字，图片1000幅。此次活动，覆盖面广，时间跨度大，参与采编人员多，成为一次创新报道方式和报道内容的生动实践。

消费购物节　2010年8月20日至9月5日，2010年南宁消费购物节在南宁举行。由市商务局和南宁日报社主办。期间，两报一网分别开辟“消费全城通”等栏目，推出汽车、金条大奖，100枚金币天天抽奖派送等活动，掀起全城欢乐购物热潮。参与商家销售额总计4.30亿元，收到良好的社会效益和经济效益。

【承办中国晚报协会年会】　2010年10月17~22日，中国晚报协会第25届年会在南宁召开。由南宁日报社承办。全国140多家晚报总编辑和代表嘉宾共200多人出席。南宁日报社举全社之力，扎实做好各项筹备工作。市委、市政府将年会“全国晚报老总看南宁”采访活动纳入2010年“两会一节”活动重要内容。期间，市委、市政府举行欢迎座谈会，自治区党委常委、市委书记车荣福，市委副书记、市长黄方方和市四家班子有关领导出席。通过承办此次年会，向全国各家晚报媒体展示南宁作为区域性国际城市和广西“首善之区”的无限魅力，提高知名度。

（苏贤庆）

广播电视

【概　况】　2010年，南宁市(含驻市)有省级广播电台1座、地级广播电台1座；省级电视台1座、地级电视台1座；县级广播电视台6座。市属有线电视用户(含六县六城区)87.04万户。有卫星广播电视接收站4.04万个。市广播电视系统有员工779人(市属562人、县属217人)。年内，市广播电视系统坚持“新闻立台、活动兴台、科技强台、经营富台”原则，以“当喉舌、做表率、出精品、创实绩”为目标，推动广播电视各项工作取得新发展、新突破。获“十一五”广西广播影视创新先进集体等18个综合奖项，获广西广播电视奖等81个单项奖。电视台安全播出近4万小时，电台安全播出2万多小时，发射台安全播出2.70万小时，停播时间0秒。出动车辆90多辆次、执法人员300多人次；查处非法销售点27家，查处没收天线325面、接收机255台、高频头383只，遥控器203个；查处非法安装的设备114套；通过宣传，群众自动拆除207套，有效遏制倒卖直播卫星“村村通”(指20户以上已通电自然村中的盲村广播电视村村通直播卫星覆盖工程）设备的行为。截至10月20日，提前完成2010年全市2580个村屯“村村通”建设任务，发放设备7.87万套，完工率100%；利用上级补助资金完成投资2064万元，投资完成率100%。截至11月12日，全市12.65万套加密型卫星接收设备的用户信息全部录入国家广播电视总局直播卫星管理中心用户数据平台，用户信息录入率100%。投入1688万元用于技术设备升级改造。其中：建成广西第一家采用数字化全高清格式设备进行电视新闻制作播出的200平方米高清新闻演播室；投入500万元配置目前全自治区地市级电视台装备最精良、技术最先进的数字微波新闻直播车，为新闻直播常态化提供有力的技术支持；对全数字硬盘播出系统升级改造，电视台4个频道实现全数字硬盘播出。投资885万元参与拍摄电视剧《忘掉我是谁》和《春暖花开》共63集。《忘掉我是谁》11月底在全国10家地面电视台播放,《春暖花开》12末底发行,利润率预计达45%。市广播电影电视局在影视剧产业的先行先试,走在自治区前列。全年系统总收入1.2亿元,比上年同期增长24%。其中:电视台收入1.02亿元,增长22%;电台收入1683万元,增长40%,创历史新高。存在的主要问题:员工的思想政治素质和专业技术水平有待进一步提高;单纯依靠广告经营创收的局面还没有得到彻底扭转,产业发展步伐不够大,新媒体业务开发力度有待进一步加强;面对"三网融合"的发展态势,研究不够、应对办法不多等。

【南宁电视台】 2010年,南宁电视台与市广播电影电视局为台局合一体制。设有总编室、新闻综合频道、都市生活频道、影视娱乐频道、公共频道、节目部、广告部、大型活动部、综合部、产业开发部等部门,并管辖南宁宣宁电广传媒有限责任公司、南宁广电传播商务发展有限责任公司、南宁广播电视技术开发公司3个公司。有员工317人(中、高级技术职务任职资格55人)。节目同时以数字和模拟信号方式传输,无线覆盖市辖六县六城区,用户人口53万。年内实现新闻直播常态化,新闻时效极大提升。《南宁新闻》栏目从7月1日起实现直播,提高时政新闻的时效性。加大民生新闻直播节目的分量和质量,以《新闻夜班》为主要直播平台,组织"宾阳炮龙节"、"直击春运"等90多场次的新闻事件直播,体现"第一时间,我在现场"的定位。推出《潮涌北部湾》等4档新节目,对《新闻多看点》、《帮得行动》等栏目进行改版。在南宁市区所能接收的60多个电视频道中,南宁电视台4个频道的市场份额有3个进入前10名,其中新闻综合频道的市场份额居第1、都市生活频道居前5,市场份额比上年同期增长44.67%。播发各类新闻稿件1.20万多篇,被中央视台采用稿件300余篇。收入1.02亿元,增长22%。

【南宁人民广播电台】 2010年,南宁人民广播电台与市广播电影电视局为台局合一体制。内设总编室、新闻部、新闻综合广播、交通音乐广播、乡村生活广播、播出部、广告信息部、大型活动部等8个部门。有员工95人(中、高级技术职务任职资格29人)。3月,对一、二、三套节目进行全新改版。共有《南广新闻网·今早报》、《南广新闻网·晚间报》、《南广新闻网·百姓热线》、《绿城夜话》、《畅听在路上》、《音乐快车道》、《粤听越爽》等近百个栏目。改版后收听率、市场占有率有明显提高。专业调查公司提供的广播收听率报告数据显示:在南宁市区所有能接收的11个广播频率中,FM101.7新闻综合广播平均收听率排名第2;FM107.4交通音乐广播排名第4;FM104.9乡村生活广播排名第五。市场份额,FM101.4新闻综合广播排名第2;FM107.4交通音乐广播排名第4;FM104.9乡村生活广播排名第5。节目品牌效应逐步形成。同时,发挥户外直播室作用,开展"爱心送考"、"畅通南宁绿色交通"等直播活动,拉近与受众之间的距离。都市生活频道推出的"帮女郎"和"帮得调解团"深受观众喜爱,在社会上拥有较高的知名度及美誉度。共播出各类稿件9.30万多篇,有60余篇被中央人民广播电台采用,其中在重点栏目《新闻报摘》、《全国新闻联播》播出20多篇。

【南宁广播电视技术中心】 2010年,南宁广播电视技术中心与市广播电影电视局为台(中心)局合一体制。内设技术综合部、技术制作部、播出部、发射台4个部门。有员工86人(中、高级技术职务任职资格22人)。把技术创新与节目创新相结合,改进技术设备,扩大总体影响力。完成对新闻非编制作网硬盘阵列的扩容,增加5.50TB(万亿字节)空间满足新闻频道各档节目的制作需求。配合2号高清演播室的启用,搭建非编采集系统。完成录音室改造,使录音室在配音的同时还可以进行音乐制作。播出系统完成末级数字化改造,并对系统进行硬件和软件的升级,播出系统数据服务器由原来的DELL2850更换为DELLR610,播出系统数据服务器操作系统从WIN2000改为WIN2003。将播出机房原模拟字幕系统改为数字字幕系统。9月8日,完成新旧编码系统切割,实现从上载到播出、传输的全数字化,提高南宁电视台节目的播出质量。完成发射台地质灾害评估低压配电柜改造工程和发射台电台更换天馈系统前期准备工作。投资1000多万元,新购数字电视新闻传输系统等30多项设备。400平方米全景开放式新闻直播厅正在建设中。获广西壮族自治区广播电视系统科技创新奖。播出部累计安全播出3万多小时,发射台累计安全播出2万多小时。完成直播475次(600多小时),现场录像100多场,参与人员1432人次。为电视台制作片头105个,总长度2080秒;宣传片270个,总长度6750秒;平面659个,专题片71个,总长度2100分;其他279个。在广西广播电视节目录制质量奖评比中,《南宁新闻》、《2010房地产博览会》获一等奖;《2010春天的旋律》、《守望山石的精灵》获二等奖。

【大型活动与直播报道】

中·马·越春节晚会2010 2010年2月12日晚,由中国南宁电视台、马来西亚家娱频道及越南国家数字技术电视台联袂主办的中·马·越春节晚会2010,在中国南宁、马来西亚吉隆坡、越南河内同时举行。整台晚会突出三方互动。设表演区3个,采取观众喜闻乐见的综艺晚会形式进行,由3个国家的艺术家作文艺表演。晚会借助卫星传输通道,三向互传电视信息、三向互动多点连线,同步直播。

"星光闪耀 时尚南宁"颁奖盛典晚会 2010中国国际商务文化节暨中国南宁时尚博览会"星光闪耀 时尚南宁"颁奖盛典晚会于2010年4月22日晚在南宁国际会展中心举行。由南宁电视台承办。晚会糅合中国传统元素、壮族原生态表演和各类时尚概念,让"中国创造"的魅力得到充分诠释,展示南宁的城市时尚魅力新形象。中外艺术家、模特共同表演时装、歌曲、激光水鼓、原生态舞蹈配合时尚服装展示等节目。同时,揭晓颁发"中国元素十大时尚品牌"和"中国元素十大新锐时尚品牌"各奖项。自治区党委常委、市委书记车荣福,自治区人大常委会副主任荣仕星,自治区政协副主席彭钊和南宁市四家班子有关领导,以及冰岛、波黑、埃塞俄比亚等国驻中国使领馆官员和国内外嘉宾出席颁奖盛典晚会。

国际田联世界半程马拉松锦标赛直播　2010年10月16日，2010年南宁"中国石化杯"国际田联世界半程马拉松锦标赛、第五届南宁国际半程马拉松比赛暨第28届南宁解放日长跑活动在南宁举行。中央电视台、南宁电视台、广西电视台、厦门电视台联合对赛事进行全球直播。南宁电台FM101.4新闻综合广播全程直播赛况，时长205分钟。FM107.4交通广播以直播赛程沿线交通路况为主，时长330分钟。两台参与直播采编播人员50多人。除直播车，移动采访车现场播出外，还在赛事起点、终点、沿线设了数十个记者连线点。参加直播人员多、设备全、时效快，影响大，有连线，有嘉宾点评，有背景情况介绍，实现与赛事零距离、全方位、立体化报道。交通广播高频度及时插报交通路况，为赛事顺利举办、疏导交通发挥重要作用。

南宁首届网络迎新晚会　2010年12月30日晚，南宁电视台主办的南宁首届网络迎新晚会在南宁电视台8号演播厅举行，晚会具有草根性、趣味性、本土性、互动性等特征。节目大多为南宁本土网友的才艺或特殊才艺表演。晚会节目、主持人的征集采用网络下载报名表、电子邮件发送节目视频方式进行。晚会直播中，通过边看边聊、情绪表达、微博等形式，使现场、主持人、网友间实时互动交流。约2万人观看晚会直播，网站点击量为每15分钟1800次左右。

2010南宁电视观众节暨金秋欢乐购物节　南宁电视台主办的2010南宁电视观众节暨金秋欢乐购物节于2010年10月30日至11月15日在广西展览馆和南宁电视台举办。内容包括"25位热心观众评选"、"100张笑脸评选"、"观众开放日"、"金秋欢乐购物节"、"观众欢乐夜"等系列活动。8~12月，南宁电视台还配合推出"走进25个社区"活动。举办的各项活动互动性强，吸引大批热心观众和市民参与。

【驻市广播电视机构】

广西人民广播电台　2010年，播出卫星广播、经济广播、教育生活广播、交通广播、文艺广播、北部湾之声6套节目，其中卫星转输卫星广播、经济广播、文艺广播、交通广播、北部湾之声5套节目，对国内播出的节目互联网转播。全年公共广播节目播出时间36292小时。其中：新闻资讯类节目5523小时30分钟；专题服务类节目11614小时；综艺益智类节目13764小时30分钟；广播剧类节目862小时；广告类节目1902小时30分钟；其他类节目2625小时30分钟。转播中央人民广播电台节目时间1825小时，购买交换节目时间2059小时。播出广播剧256部2338集。

广西电视台　播出卫视频道、综艺频道、都市频道、影视频道、资讯频道、公共频道、科教频道、国际频道、乐思购频道9个频道节目。全年公共电视节目播出时间64264小时12分钟。其中：新闻资讯类节目7163小时52分钟；专题服务类节目8407小时44分钟；综艺益智类节目8236小时42分钟；影视剧类节目23504小时5分钟；广告类节目6778小时8分钟；其他类节目10173小时41分钟。转播中央电视台节目时间246小时52分钟，购买交换节目时间49477小时26分钟。播出电视剧935部27299集、动画片54部8038集。

中央人民广播电台广西记者站　发挥中央主流媒体作用，对广西抗旱抗洪、中国—东盟自由贸易区论坛启动、第七届中国—东盟博览会、中越建交60周年等重大事件进行宣传报道。年初，广西发生严重干旱，广西记者站派员深入基层一线，从不同的新闻角度，采写播出大量新闻稿件，引起较大反响。在大旱之后的广西大涝中，广西站记者又继续奔波

2010年南宁市广播电视系统节目获奖情况

获奖单位、名称(荣誉称号)、等级	授予时间	发奖单位
南宁电视台《开在村里的"劳动力市场"》获2009年城市新闻一等创优短消息	2010年5月	中国广播电视协会
南宁电视台《新闻多看点》获2009年城市新闻三等创优优秀栏目	2010年5月	中国广播电视协会
南宁电视台《关注香蕉严重滞销》获2009年城市新闻一等创优连续/系列报道	2010年5月	中国广播电视协会
南宁电视台《为了六个人的生命——紧急征集七百份救命血》获2009年城市新闻三等创优新闻专题	2010年5月	中国广播电视协会
南宁电视台《15岁"网瘾"少年被辅导教师暴打致死》获2009年城市新闻三等创优新闻专题	2010年5月	中国广播电视协会
南宁电视台《"虎娃闹春"——2010年南宁少儿春节联欢晚会》获《盛世2010年全国春节电视文艺晚会评选》综合奖类三等奖	2010年6月	中国广播电视协会
南宁电视台影视娱乐频道《串串乐动画城》栏目获"2009年度少儿精品发展专项资金及国产动画发展专项资金项目评审"优秀国产动画栏目二等奖	2010年7月	国家广播电影电视总局

在各个重灾区，发挥广播优势，播发大量突发事件稿件。广西记者站发挥桥梁作用，与地方电台保持良好互动，促进中央台与地方台的沟通与合作，提升媒体竞争优势 （侯双穗）

新闻出版（版权）管理

【概　况】 2010年，南宁市有印刷企业426家（参加年检413家）。其中：出版物印刷企业74家；包装装潢印刷企业152家；其他印刷品印刷企业174家；排版制版装订专项许可企业13家。从业人员1.32万人。音像制品零售及出租单位341家。出版物发行企业891家。其中：总发企业1家；批发企业92家；零售企业793家；全国出版物连锁经营企业1家；区域出版物连锁经营企业2家；读者俱乐部2家。销售总额11.50亿元，从业人员3792人，网点数量2532个。全市印刷工业总产值23亿元，上缴税费4865.22万元。出版物发行销售总额1.16亿元，比上年增加1052万元；利润总额1189.77万元，增加109万元；上缴税费538.84万元，增加49万元。加强文化市场综合执法支队的建设，加大法律法规宣传培训和市场监管力度，开展一系列“扫黄打非”专项行动，整顿规范出版物市场和印刷企业经营秩序，新闻出版（版权）社会管理成效显著。文化市场综合执法支队获2010年广西“扫黄打非”工作先进集体称号。市印刷行业协会被自治区民政厅评为自治区民间社会组织先进单位（是自治区各印刷行业协会中惟一获此殊荣的协会）。

【出版物市场监管】

新闻出版行业企业年度核验和换证 2010年，市新闻出版管理部门做好企业年度核验和换证。对全市印刷企业、“三印”（复印、打印、影印）单位进行年度核验。全市有印刷企业426家，申请参加2010年年度核验的413家，未报送年审材料参加核验的3家，申请注销的10家；“三印”单位通过核验630家，违规不予核验1家，申请注销27家，没有参加核验52家。对出版物发行单位进行年度核验及《出版物经营许可证》换证，以及音像制品零售、出租单位核验换证。全市有出版物批发单位103家，通过核验97家，没有参加核验6家；出版物零售单位794家，通过核验648家，没有参加核验或因其他原因缓验140家；音像制品零售（出租）单位188家，通过核验341家，没有参加核验换证47家。

新闻印刷出版行业管理 南宁市召开“新闻打假”工作会议，部署开展打“四假”（假报刊、假记者站、假记者、假新闻）行动。通过打假，净化环境。年内，审批各类内部资料性出版物81种、126期21.20万份（册）；为59家印刷企业审核报送行政审批材料73份（26家新申办印刷企业、33家办理变更登记事项印刷企业）。对印刷复制企业和出版物市场进行专项检查；组织出版物印刷企业开展“3·15”少年儿童读物类出版产品质量监督检测活动。

印刷企业业务员培训班 11~12月，市新闻出版管理部门分三期对全市各印刷企业的420名业务员进行培训。培训内容《出版管理条例》、《印刷业管理条例》、《印刷业承印管理规定》、《印刷企业业务员业务知识》等政策法规和业务知识。考试合格者，发给《南宁市印刷企业人员岗位培训合格证》。

《南宁市印刷企业概览》出版 1月，南宁市新闻出版局和市印刷行业协会组织编写的《南宁市印刷企业概览》，由广西人民出版社出版。印数5000册。该书重点介绍全市主要印刷企业212家。其中：出版物印刷企业49家；内部资料性出版物印刷企业5家；包装装潢印刷品印制企业96家；排版、制版、装订专项印刷企业9家；其他印刷品印刷企业42家；印刷物资企业11家。该书的出版，有利于增强社会对企业的了解，为企业拓展业务提供更广阔的市场空间。

【版权管理】 2010年，市新闻出版管理部门通过抓教育培训，推广使用正版软件。采取由政府出资，免费培训的方式，对各单位分管领导、部门负责人和技术人员进行版权法律法规宣讲，邀请软件专家进行软件知识辅导和讲解。组织人员深入各单位抓点上的普法教育，先后到各县（区）、各单位、各企业开展普法宣传活动84次。通过点面结合的教育培训，既解决思想上的模糊认识，又解决软件正版化中的技术问题。

【扫黄打非】 2010年，南宁市各级“扫黄打非”部门按照全国、自治区和《2010年南宁市“扫黄打非”行动方案》的部署，组织市“扫黄打非”工作小组各成员单位参加第二十三次全国“扫黄打非”工作电视电话会议（广西分会场），并在各县（区）设立分会场，使各级“扫黄打非”工作部门了解2010年全国“扫黄打非”工作的重点。组织召开2010年度全市“扫黄打非”工作会议，传达上级指示精神，全面部署年度“扫黄打非”工作。按照上级部署，结合实际，制定《2010年南宁市“扫黄打非”行动方案》并印发实施，明确了以封堵查缴政治性非法出版物为第一任务、以开展网络“扫黄打非”斗争为突出任务、以打击淫秽色情等文化垃圾和侵权盗版制品等非法出版物为重点的“扫黄打非”工作。部署开展各阶段集中行动和专项治理。加强对各县（区）“扫黄打非”的指导和督查，督促对群众举报、上级暗访检查中发现的问题及时有效地治理。进一步强化对出版物市场、印刷市场、互联网和手机媒体的日常监管；组织开展“扫黄打非”集中行动和专项治理，严密封堵政治性非法出版物，严厉查缴淫秽色情、侵权盗版等非法出版物。出动执法人员7596人次，检查音像经营单位2150家次，没收非法音像制品12.37万张（盒）；检查书报刊和印刷经营单位4271家（次），没收非法出版物15.08万册、“六合彩”非法资料12.97万册（份）、传销类非法资料8234册（盘）；开展网上“扫黄打非”，删除互联网和手机媒体淫秽色情及低俗信息935条，清理关闭淫秽色情及低俗内容网站59个，关闭存在大量淫秽色情及低俗信息的论坛栏目63个；办理刑事案件2件，刑事拘留4人。

举办各类宣传活动 4月20~26日，南宁市“扫黄打非”工作部门为迎接“4·26世界知识产权日”，组织开展“绿书签行动2010”系列宣传推广活动。在全市各大出版物集中交易场所、书城、音像店内组织开展著作权法宣传活动，并向社会公众免费派发寓意为“有生命力的、纯净的、充满希望的绿色文化环境”的绿书签2000余张；与教育等部门联合举办“加入绿书签”签名活动，在全市中小学生中广泛宣传著作权法，积极倡导广大青少年“加入绿书签，享受正版生活”；向市二十九中学赠送正版优秀图书300余册。

“扫黄打非”集中行动　组织开展网上“扫黄打非”行动，专项整治互联网和手机媒体淫秽色情及低俗信息。删除互联网和手机媒体淫秽色情及低俗信息895条，清理关闭淫秽色情及低俗内容网站59个，关闭存在大量淫秽色情及低俗信息的论坛栏目63个；报公安部封堵境外淫秽色情网站16个；办理行政案件3件，处罚3人，办理刑事案件2件，刑事拘留4人。在春节及全国“两会”（全国人大、政协会议）前后组织开展整治文化市场集中行动。春节前后共出动执法人员562人次，检查网吧和出版物经营场所928家次，查处违规经营单位26家，取缔黑网吧3个、非法出版物经营摊点2个，收缴盗版音像制品3260件、书报刊286件、“六合彩”非法资料218件。取缔1家非法出版物经营摊点，收缴非法出版物250件。开展文化市场集中整治行动，通过加强对交通枢纽、邮递货运等环节的监控，防止境外政治性非法出版物流入；通过加强网络监控，封堵、拦截网络反动信息；通过加强市场巡查，严厉查缴各类非法出版物，净化社会文化环境。开展“平安世博”（在上海举办的第41届世界博览会）和“迎亚运”（在广州举办的第16届亚洲运动会）文化市场集中整治行动。坚决打击各类销售、贩卖政治性非法出版物及“法轮功”邪教宣传品、淫秽色情出版物、“六合彩”非法资料、侵权盗版制品的违法行为，取缔无证游商、摊点，为上海世博会和广州亚运会、亚残运会（在广州举办的2010年亚洲残疾人运动会）的成功举办营造良好文化氛围。开展打击盗版音像制品专项行动。1~3月，出动执法人员985人次，检查音像制品经营单位669家次，责令改正39家，警告28家，收缴非法音像制品2.46万张。开展春季中、小学生教材教辅读物市场专项检查。3月初，连续对全市各大教材教辅读物批发单位进行检查，查处涉嫌发行盗版中小学教辅读物案件1件，查缴盗版教辅读物10万余册。开展暑假期间文化市场集中整治行动，保护未成年人成长良好环境。共对违规接纳未成年人上网的网吧吊销5家、停业整顿一批，查缴盗版音像制品、电子出版物和非法书报刊3.77万件。加大对传销类非法出版物的查处力度，重点查缴《北部湾集结号》等非法出版物。查缴传销类非法出版物8234册（盘），取缔传销类非法出版物地下发行窝点1个。整治“六合彩”资料专项行动，严厉打击宣扬赌博内容非法出版物的经营活动。7月，对集贸市场、菜市、街道社区等“六合彩”资料密集经营的区域（场所）进行反复清查，严厉打击“六合彩”资料非法经营活动。取缔兜售“六合彩”资料的游商地摊1155个，收缴“六合彩”资料6.98万册（份）。开展印刷企业清查行动，严密封堵查缴政治性非法出版物。出动执法检查人员567人次，检查各类印刷企业380家次，收缴非法出版物2.80万余件。

查处大案要案　侦破“7·29”手机网站强迫卖淫案。2009年7月29日，市公安局网警支队报警网站接到群众举报：有一个手机网站，站内有大量淫秽信息，并且有卖淫团伙发布公开招聘18岁~20岁左右的年轻女子假装处女卖淫的信息。网警支队与治安支队联合组成专项行动小组进行查处。2009年12月16日，专案组在南宁市朝阳广场旁的海宝宾馆当场将犯罪嫌疑人抓获。根据突击审讯，随后将1名嫖客、4名卖淫女（其中一个年仅15岁）、以及涉嫌介绍卖淫的1名犯罪嫌疑人抓获。并对主要犯罪嫌疑人给予刑事拘留，对案件进一步审理。侦破涉嫌传播淫秽信息案件。2010年2月4日，市公安局网警支队接自治区公安厅网警总队移交山东临沂市公安机关打击淫秽案件专项线索：发现一个淫秽色情网站，网站站长在广西南宁活动，要求依法查处。3月4日，市公安局网警支队在西乡塘公安分局协助下，依法传唤某大学学生。对其给予警告处罚，并将该事件通报学校，由校方加强教育和监督。6月14日成功查处一起无证经营传销类书刊案件，查获《北部湾集结号》等非法出版或盗版书刊4000余册。

销毁非法出版物　4月22日，南宁市“扫黄打非”办公室与自治区“扫黄打非”办公室联合承办2010年全国侵权盗版及非法出版物集中销毁行动广西·南宁分会场活动。公开销毁12万件侵权盗版及非法出版物，为“扫黄打非”和净化社会文化环境营造良好舆论氛围。自治区副主席李康、副市长李国忠等领导，外国驻南宁总领事馆文化官员，自治区、南宁市“扫黄打非”成员单位有关领导，以及南宁市部分出版物经营单位业主、学生代表等约600人参加。

【农家书屋工程建设】 2010年，市新闻出版管理部门根据自治区审批的“农家书屋”建设计划，以及南宁市为民办实事项目内容，组织开展相关工作。督促县（区）抓好在建农家书屋基础设施的配套；印发《关于进一步加快推进“农家书屋”建设工作的通知》；与市政府督查室深入宾阳、上林等县督促加快农家书屋的书架、桌椅等配套设施的配备进度，实地检查20多个农家书屋设施配备情况；督促农家书屋配套出版物中标单位做好2009~2010年度国定农家书屋配套出版物（图书、电子音像制品、报刊等）的配送；指导县（区）做好农家书屋工程信息系统填报；组织开展农家书屋“两赛一活动”（读书征文比赛、阅读演讲比赛和科技知识讲座群众性活动）。其中各县（区）开展“我的书屋，我的家”农家书屋阅读演讲活动，共有近百名选手参加数十场初选比赛，听众超过万人。隆安县南圩镇灵利村雅林屯17岁的壮族女选手周楚明，被自治区推荐代表广西参加“我的书屋，我的家”——全国农家书屋阅读演讲活动大赛。至年末，全市建成“农家书屋”731家。其中：国定“农家书屋”586家；南宁市为民办实事项目建“农家书屋”145家。

（李　庄　宁强智）

责任编辑　李志楠

卫　　生

综　　述

【概　况】 2010年,南宁市辖区(含自治区直属,不含村卫生室)有卫生机构2310家。其中:医院76家,乡镇卫生院122家,疾病预防控制机构15家,卫生监督所14家,妇幼保健机构9家,社区卫生服务站中心(站)95家,门诊部22家,诊所、卫生所、医务室1931家,其他卫生机构26家。市属卫生机构2272家(不含村卫生室),比上年增加14家。其中:医院64家,乡镇卫生院122家,疾病预防控制机构13家,卫生监督所13家,妇幼保健机构8家,社区卫生服务中心(站)95家,门诊部15家,诊所、卫生所、医务室1931家,其他卫生机构11家。

全市辖区医疗机构床位2.82万张,其中医院2.08万张、卫生院5572张。每千人口床位3.98张。市属医疗机构床位数1.87万张,其中医院1.17万张、卫生院5572张。

全市辖区卫生人员4.63万人,增加4821人。卫生技术人员3.79万人,其中执业(助理)医师1.43万人,注册护士1.46万人。每千人口卫生技术人员5.35人。每千人口执业(助理)医师2.02人,每千人口注册护士2.06人。市属卫生人员3.29万人,增加3814人。卫生技术人员2.70万人,其中执业(助理)医师1.05万人,注册护士1.01万人。

全市乡镇卫生院有卫生人员6827人;全市1392个行政村,设村卫生室2318个,村卫生室执业(助理)医师265人,乡村医生3740人。

【医疗服务】 2010年,南宁市辖区医疗机构诊疗2873.45万人次,其中医院诊疗1341.20万人次。医疗机构住院89.41万人,其中医院住院54.59万人。与上年比较,全市医疗机构诊疗总量增加319.58万人次,住院人数增加7.59万人。全市辖区医院病床使用率91.79%,增长4.83%。出院者平均住院12.20日,与上年基本持平。全市辖区医疗机构医师人均日担负诊疗8.37人次,日担负住院1.74床。全市辖区医疗机构门诊病人人均医疗费98.28元,住院病人人均住院费5317.30元。

【国家基本药物制度与综合改革】 2010年,南宁市分批启动实施国家基本药物制度和基层医疗机构综合改革试点。从2月末起,在上林县、隆安县和青秀区28个乡镇卫生院和六城区72家社区卫生机构试点实施基本药物制度建设,配备使用国家基本药物(307种)、实行基本药物零差率销售,全部执行广西国家基本药物集中采购中标品种目录价格,通过自治区采购平台进行网上采购,由县(区)级以下遴选入围的配送商进行统一配送。7~9月,青秀区刘圩镇卫生院、西乡塘区南棉社区卫生服务中心列入自治区先行综合改革先行试点单位,从编制使用、岗位设置、人员聘用、绩效考核和绩效等方面进行全方位改革。从9月起,在隆安县、上林县、青秀区27个乡镇卫生院和六城区64家社区卫生服务机构进行综合改革试点。11月全市5个城区31家乡镇卫生院列入自治区第二批实施国家基本药物制度暨综合改革试点单位并启动。抽样调查表明,实施基本药物制度的基层医疗卫生机构门诊量比上年增长14.91%,门诊病人人均药品费用下降20.69%,住院病人人均药品费用下降9.46%,居民享受到基本药物制度零差率销售带来的实惠。

【卫生基础项目建设】 2010年,南宁市卫生系统建设项目91个,完成投资4.37亿元,基础设施建设完成投资2.91亿元,设备购置完成投资1.03亿元。其中:扩大内需项目66个,完成投资1.37亿元;自筹项目25个,完成投资1.54亿元。

市卫生系统申报当年市财政预算内建设项目13个,总建筑面积36.28万平方米,总投资12.78亿元。重点项目情况:市一医院门诊综合楼,建筑面积4.98万平方米,投资2.91亿元,2009年1月开工建设,至年末大楼主体封顶,累计投入建设资金1.51亿元;市五医院门诊综合楼,建筑面积2.33万平方米,投资8386.90万元,2009年5月开工建设,至年末大楼主体封顶,累计完成投资5300万元;市二医院大沙田分院住院楼,建筑面积1.39万平方米,投资4818.70万元,2009年5月开工建设,至年末基本竣工,累计完成投资3845万元;市二医院外科医技综合楼,建筑面积3.71万平方米,投资1.60亿元,至年末工程奠基,累计完成投资700万元;市卫生学校新校区(一期)科研报告获批复,办理用地红线,总平面规划通过评审;市八医院门诊住院综合楼,初步设计获批复,建筑面积3.45万平方米,投资约1.79亿元;广西艾滋病治疗关怀中心(南宁),立项获批复,建筑面积2.20万平方米,投资8210万元;市卫生监督所新址,项目建议书送审,建筑面积1万平方米,投资约5000万元;邕宁区医院(东盟友谊医院),整体搬迁项目立项,建筑面积5万平方米,投资1.45亿元,项目计划申请2011年中央投资;市妇幼保健院扩建工程,建筑面积3.50万平方米,投资约1.80亿元。

【公共卫生项目建设】 2010年,自治区安排南宁市乡镇卫生院、村卫生室和社区卫生服务中心建设项目。其中:9个中心卫生院污垃电(污水、垃圾、配电)建设项目及环境辅助设施建设，计划投资1623万元(中央投资900万元、地方配套423万元、业主自筹300万元),总建筑面积1.48万平方米,各项目均已开工建设;村卫生室新建项目88个,列入城乡风貌改造二期工程8个，合建于村级公共服务中心49个,总投资704万元(中央投资156万元、自治区财政548万元),至年末项目全部完工;5个社区卫生服务中心项目,总建筑面积7880平方米,总投资1600万元（中央预算内投资1000万元、自治区配套200万元、城区配套400万元),年内开工建设项目4个。自治区2008年规划为每个中心卫生院装备医疗设备20万元、每个普通卫生院装备8万元、每个村卫生室装备0.50万元,至年末各类设备到位。

【卫生健康惠民工程】 2010年，市政府将基本公共卫生服务、救助贫困危重孕产妇、救助贫困肺结核患者、免费婚前医学检查项目、艾滋病综合防治工程、为市民举办健康讲座100场、购置采血和供血专用车、新型农村合作医疗建设列入为民办实事项目。由市卫生局牵头承办卫生健康惠民工程、社会保障惠民工程2个项目中的8个子项目，有7个子项目完成目标任务(全市免费婚前医学检查率65.70%，未达到目标任务要求的80%)。至年末，各基层医疗卫生机构开展居民健康档案建档、健康教育、传染病报告、老年保健、慢性病管理以及精神病管理等9项基本公共卫生服务项目,为203.55万城乡居民建立个人健康档案,城市居民健康档案规范化建档率41.36%，农村居民健康档案建档率26.19%；儿童建证（卡）率和规划免疫接种率为95%以上，城市老年居民健康管理率60%；孕产妇系统管理率89%，全市婚前医学检查率65.70%(其中各城区平均婚检率31%,各县平均婚检率87.62%);抢救贫困重危孕产妇85人,投入救治经费107.05万元;救助贫困肺结核患者1882人,投入经费75万元;为市民举办健康讲座123场,参加人员1.57万人次;全市有469.36万名农民参加新型农村合作医疗，参合率92.57%；完成采购的两辆采血和供血专用车，通过验收后于11月26日正式交付使用。

医政管理

【医院管理年活动】 2010年，南宁市继续深入开展医院管理年和医疗质量万里行活动,将卫生院、民营医院全部纳入活动范围，加强医院管理内涵建设，开展“医院管理年”和全市性医疗质量大检查活动2次,对市、县、乡36家各级医疗机构进行医疗质量大检查。2家三级综合医院率先在全市范围内开展临床路径管理试点，市一医院选择10个专业20个病种、市二医院选择9个专业10个病种进行试点。组织和指导市第三、第五、第六医院和市中医院等单位开展等级医院创建工作。市第六医院、隆安县医院2家医院通过自治区卫生厅“二级甲等医院”评审。进一步优化诊疗流程,推广预约诊疗服务，全市二级以上医院基本推行预约诊疗服务，继续实行二级以上医疗机构检查结果互认。

【医疗安全管理】 2010年，南宁市继续深入开展平安医院建设，组织开展医院安全管理监督检查，查找医疗安全薄弱环节。加强急诊值班排班、院内急会诊管理,提高急诊救治水平。加强防护设施建设，督促医疗卫生单位制定防范风险应急预案,及时化解各种矛盾和纠纷。加强医疗技术协作管理,强化医疗机构监管,制定《南宁辖区医疗机构技术协作管理规定》,对医疗机构之间的技术协作按照属地原则，统一纳入当地卫生行政部门管理。4月末,完成辖区医疗技术协作的清查。

【120急救医疗】 2010年，南宁急救医疗中心120受理呼叫4.01万人次，调度出车3.25万辆次,救治人数3.07万人次(其中危重病例2817人次，到达现场已死亡1372人，现场抢救无效死亡21人),院外抢救成功率99.50%。120平均反应时间14.70分钟,平均应急时间38.40分钟。院前急救病种分类：交通事故伤6747例、其他损伤6316例、其他中毒1949例、酒精中毒1601例、妊娠病和分娩病及产褥期并发症1401例、心脏病1184例、高血压1046例、消化系统疾病1017例、脑血管病946例、呼吸系统疾病759例、神经系统疾病495例、恶性肿瘤344例、煤气中毒155例、泌尿系统疾病114例、药物中毒114例、溺水92例、电击伤73例、农药中毒71例、食物中毒42例、传染病32例、其他疾病1.02万例。

【医疗纠纷处置及医疗事故鉴定】 2010年,南宁市卫生部门加强与司法、保险部门间沟通与协作，配合司法部门拟定医疗纠纷第三方调处实施的有关意见,为市司法部门培训医疗纠纷调解和处理知识150多人次。市医学会医疗事故技术鉴定办公室受理来自医患双方、卫生行政部门和法院委托的医疗纠纷案件83件。其中:医患双方共同委托5件,卫生行政部门移送25件,法院移送53件。已鉴定64件(包括上年移送12件),终止5件,中止7件,暂不受理6件。年末,市医疗纠纷人民调解委员会挂牌成立。

【医疗机构药事管理】 2010年，南宁市各医疗机构贯彻《处方管理办法》、《抗菌药物临床应用指导原则》,开展抗菌药物临床应用评价,促进临床合理用药。加强医疗机构药品和器械不良反应信息报告与防范管理,建立健全各级医疗机构健全药事管理体系,调整完善药品动态监控及超常预警机制,坚持每季度对全市26家二级以上医院的中西药品使用进行动态监测。抓好处方点评及限额管理。严把麻醉药品准入关,做好医疗机构使用麻醉药品的监管。开展全市麻醉药品临床使用与规范化管理培训,培训360人。

【医院感染管理】 2010年，南宁市加强医院感染量化管理考核体系建设，制定《南宁市医院感染管理质量考核评分细则(试行)》,举办二级以上医疗机构医院感染管理培训班，对医院感染监控信息管理系统开展现患率调查，逐步完善医院感染流行暴发的预警功能，加强医院重点部门的医院感染控制，特别是重症监护室、新生儿病房、血液透析室、手术室、消毒供应等部门的医院感染预防和控制。

【优质护理服务示范工程】 2010年4月，南宁市卫生局举办南宁市创建优质护理服务示范工程暨新时期护理管理研讨班1期。6月和9月,组织市属及各县(区)

医院护理部主任、护理骨干参加全自治区护理管理培训班和第三届中国医院协会全国护理管理大会。建立自治区"优质护理服务示范工程"重点联系医院4家，市"优质护理服务示范工程"联系医院17家，开展医院对口帮扶7对。11月，开展医疗服务质量大检查，组织专家对全市26家医疗机构开展优质护理服务示范工程活动进行督导，纠正一些工作人员将示范工程活动等同于"无陪护"的错误认识，明确示范工程是通过责任护士全面、专业的护理服务，扭转依赖家属或家属自聘护工承担患者生活护理的局面。探索建立工效挂钩的绩效考核制度，激发护士工作的主观能动性，逐步建立健全护理管理长效机制。全市二级以上医疗机构开展建立"优质护理服务示范工程"示范病区活动，建立示范病区64个，试点病房根据卫生部相关规定，细化分级护理标准并向患者和社会公示，逐步推行责任包干制护理的模式，实施APN排班（连续性排班），为患者提供全面、全程、连续的护理服务，所有医疗机构均启用表格式护理记录。

【护理安全管理】 2010年6月，"南宁市护理安全自愿报告系统"网站建成并试运行，开展护理不良事件报告系统运作。南宁市护理质量控制中心先后在各级护理学术会议举行培训讲座5次，介绍"护理安全自愿报告系统"的研究思路和运行原则，鼓励护理人员主动报告不良事件，要求各医疗机构规范安全管理项目，统一导管安全标识、毒麻药品标识，统一使用安全腕带，开展应急技能培训。召开全市护理部主任安全管理座谈会，组织观看南京儿童医院徐宝宝死亡、北京大学第一医院事件录像并进行安全讨论，6家医院护理部主任介绍安全护理开展的经验。

【护理专科培训】 2010年6月，南宁市分期分批派出专科护士到省级专科培训基地，接受专科准入资格培训。选派护理骨干陆续到香港特别行政区学习先进的管理理念和管理措施。全年举办专科培训51期，培训约2300人次。

【白内障患者复明工程】 2010年，南宁市继续实施国家"百万贫困白内障患者复明工程"项目，利用中央补助项目资金40万，为500例贫困白内障患者实施复明手术。项目由市第一、市第二、武鸣县和隆安县医院承担。4家医院共完成手术613例，完成项目任务的122%。其中：市第二医院超额完成105例，隆安县医院超额完成35例。

【医师执业考试管理】 2010年，南宁市卫生部门组织受理医师执业考试报名，完成3483名考生实践技能操作考核、2472名考生笔试考试任务。完善国家执业医师考试南宁考点的建设，完成南宁考点考试基地易址的建设和调试，将考试基地从市第二医院改迁至市急救医疗中心。

【中医基本情况】 2010年，南宁市有中医机构197家。其中：中医（含中西医结合）医院10家，中医诊所187家。公立中医医院9家，民营中医医院1家。二级甲等中医医院7家。10所中医医院共有病床1405张，业务用房建筑面积8.12万平方米，医疗设备总值9230万元。全市9家公立中医医院诊疗总人数98.77万，出院4.34万人次。全市有中医药人员1156人、基层中医药从业人员841人，中医类别执业医师428人、执业助理医师110人。

【中医药服务能力建设】 2010年，南宁市完成4个上年中央补助南宁市中医药服务能力建设项目，加强对横县中医院中药房、隆安县中医院中药房、武鸣县中医院中药房、上林县中医院农村医疗机构中医特色专科（专病）建设项目管理，基本完成项目目标。完成1278名上年中央补助广西基层常见病、多发病中医药适宜技术人员培训任务。本次基层中医适宜技术推广涉及8家中医院、118家乡镇卫生院、95家社区卫生服务机构和2222家村卫生室，实际完成培训2682人，使用项目资金334.68万元。加强自治区中医药医改项目建设，做好12个基层中医民族医重点专科项目的第一年建设。实施中（壮）医人才研修和骨干培养项目，确定9家中医院37名中（壮）医骨干培养对象。完成自治区中医药管理局下达的75名壮、瑶族聚居区常见病多发病中医药适宜技术推广项目的人员培训任务，实际完成培训76人。

【中医重点专科建设与中医人才培养】 2010年起，南宁市计划用3年时间，利用项目经费137万元，建设5个县和邕宁区中医医院中医骨伤科、中医妇科、针灸推拿科和壮医专科共12个基层中医民族医重点专科。利用项目经费12.80万元，选送市、县7家中医院16名中医师和15名壮医学员参加广西中（壮）医优秀临床人才项目研修学习，实际选送37人，完成率119.35%。加强市中医院、市第七医院国家"十一五"重点中医专科建设和4个上年中央补助南宁市中医药服务能力建设项目工作。各项目县（区）中医医院制定实施重点专科建设发展规划，重点专科人才培养发展计划，制定重点病种的中医药特色诊疗方案和疗效评价措施。组织实施2008~2009年基层中医药适宜技术推广项目培训，实际完成培训2682人，超额完成58人，完成率102.20%。开展传统医学医术确有专长和师承人员考试考核，受理38名考生报考，完成南宁、崇左、防城、北海、百色、钦州等6市58名考生考试考核工作。首次受理中医师承人员师承学习备案申请，有3名师承学员签订《师承公证合同》。组织"综合医院中医药工作示范单位"创建活动，市第一、二医院和横县医院成为自治区级综合医院中医药工作示范单位，市第一医院和横县医院通过全国综合医院中医药工作示范单位评审验收。

【医疗机构药品与医用耗材集中采购】 2009~2010年药品采购周期中，南宁市药品和医疗器械集中采购领导小组按属地管理的原则，组织全市辖区内所有非营利性医疗机构参加全自治区药品和医用耗材集中采购活动，加强对医疗机构在集中采购活动中的组织指导、监督管理，取得较好效果。全市辖区内47家医疗机构业务总收入50.83亿元，药品总收入20.62亿元，药品采购总金额18.64亿元，采购入围药品金额17.76亿元，重点监控药品采购总金额2086.36万元，让利于患者近亿元；医用耗材（包括高、低值医用耗材和检验试剂）集中采购金额4.78亿元，让利于患者近2000万元。47家医疗机构药品和医用耗材集中采购金额占医疗机构总用量的94%以上。

【医德医风教育】 2010年3月2日，市卫生局召开全市卫生系统党风廉政暨行风工作会议，明确全市卫生系统继续落实党风廉政和行风建设责任制，逐级签订责任状，由市卫生局党委书记、局长分别与各县(区)卫生局局长、局属单位行政主官、23家民营医院院长签订《2010年行风建设目标管理责任状》。在全市卫生系统开展加强廉政建设，拒绝商业贿赂主题活动。通过开展医德医风教育活动，医护人员的自身修养得到加强，职业道德得到提高，救死扶伤、服务人民群众、以病人为中心的服务理念成为全体医务人员的自觉行动。

疾病预防控制

【传染病疫情报告】 2010年，南宁市无甲类传染病疫情。乙类传染病报告发病率365.80/10万，死亡率2.63/10万，病死率0.72%。全年除鼠疫、霍乱、SARS、人感染高致病性禽流感、脊髓灰质炎、出血热、登革热、炭疽、白喉、百日咳、血吸虫病、黑热病、包虫病和丝虫病无发病和死亡报告外，其他病种均有报告。乙类传染病报告发病率略有下降，主要是病毒性肝炎、甲型H1N1流感、痢疾、乙脑、狂犬病、新生儿破伤风、麻疹等病种发病率较上年有所下降；死亡率有所上升，死亡率上升的主要原因是艾滋病、甲型H1N1流感报告死亡率上升。乙类传染病发病率居前五位依次为：病毒性肝炎、结核病、梅毒、淋病和痢疾；病死率居前五位依次为：狂犬病、艾滋病、甲型H1N1流感、肺结核、病毒性肝炎。由于丙类传染病报告发病数上升较快，全市法定传染病报告总发病率上升明显，与上年相比，传染病报告总发病率上升71.85%，死亡率上升5.49%，病死率下降38.62%。丙类传染病占法定传染病总数的74.52%，手足口病占41.98%，急性出血性结膜炎占21.50%。全市共有疫情网络直报单位222家，传染病疫情网络报告率100%。浏览审核传染病报告卡片12.42万张，报告12.33万张，报告率99.26%。全市突发公共卫生事件网报55起。其中：较大事件1起(死亡2人)，一般事件50起(手足口病占20起)，未分级事件4起；全年无特别重大、重大事件发生。网络直报系统传染病自动预警信号2756条，排除2703条，疑似事件53条，均及时通知相关业务部门处置。

【免疫规划】 2010年，南宁市常规免疫冷链运转12次。全市适龄儿童建卡11.96万人，出生上卡率17.14‰。1~12月“五苗”基础免疫接种情况为：卡介苗99.50%；脊灰疫苗99%；百白破疫苗98.50%；麻疹疫苗（含麻疹、麻腮、麻风、麻腮风疫苗）98.67%；乙肝疫苗99.36%。乙肝疫苗首针24小时及时接种率95.64%；乙脑疫苗接种率96.83%；A群流脑接种率98.19%；A+C群流脑接种率94.73%；甲肝疫苗接种率95.03%；百白破疫苗接种率95.93%。完成8月龄至14岁儿童麻疹疫苗强化免疫接种任务，接种11.75万人次，接种率为95%以上。超额完成15岁以下儿童乙肝疫苗补种任务，接种人数8.10万人，补种率100.56%；报告AFP(急性弛缓性瘫痪）病例32例，报告发病率1.39/10万，无脊灰野毒株引起的脊灰病例。免疫规划针对疾病均控制在较低水平，全年麻疹发病仅1人，发病率0.01/10万，提前达到国家基本消除麻疹目标；新生儿破伤风发病5例，发病率0.05‰；无脊髓灰质炎、百日咳、白喉病例发生。

【结核病防治】 2010年，南宁市以乡镇为单位督导短程化疗(DOTS策略)覆盖率100%。累计登记活动性肺结核病人5467例，发现新涂阳肺结核病人1971例，发现率75%以上，治愈2009年登记的新涂阳肺结核病人1840例，治愈率91.8%。年内，为传染性肺结核病人免费治疗纳入全市为民办实事项目内容，发现病人1882人，病人2月末好转率96.2%，所有项目病人均享受市政府提供免费检查和治疗，投入经费75万元。

【手足口病防控】 2010年，南宁市手足口病发病明显增多，且出现重症及死亡病例。报告病例为4.02万例，其中重症病例360例、死亡病例28例。暴发疫情20起，发生的手足口病危重病例其病原大部分为肠道病毒EV71型病毒。疫情发生后，市政府于3月召开全市防控工作会议，市委常委、宣传部部长、副市长吕洁对全市手足口病防控作出部署。市卫生局组织医疗卫生机构迅速开展防控工作，成立并调整市级手足口病医疗救治专家组，下发手足口病医疗救治方案及指导意见，指定14家医院为手足口病救治定点医疗机构。对全市手足口病防控进行全面督导，组织人员到各定点治疗单位、各县(区)卫生局、托幼机构等有关单位和部门，抓防控落实。加强疫情监测报告，实行手足口病疫情日报告制度，并由疾控机构每日对网络直报系统信息进行审核分析，着重抓好聚集性病例的处置，对出现聚集性病例的幼托机构，实行停课，采取隔离治疗病例、消毒等控制处理措施，有效控制疫情蔓延。开展手足口病防治知识的宣传，在报纸、电台、电视台等主要媒体刊播有关手足口病防控知识，编印宣传资料41万多份，发放至各县(区)、各有关部门。加强培训，提高应对能力，组织专家开展重症病例的早期识别、流行态势等方面研究，指导临床救治及防控工作，举办培训8期，培训1828人次，各县(区)及各医疗机构均进行全员培训。自治区、市财政投入550多万元防控专项经费，配备18台儿童呼吸机，增强定点医院重症病例救治能力。经采取各项防控措施，疫情得到有效控制，手足口病发病恢复到往年散发状态。

【艾滋病防控】

疫　情　2010年，南宁市新报告艾滋病病毒感染者970例，艾滋病病人908例。报告的1878例艾滋病病毒感染者和病人中，异性性传播占68.10%，注射吸毒传播占17.52%，同性性传播占2.34%，性+注射毒品占2.02%，母婴传播0.80%。艾滋病发病由高危人群向普通人群蔓延。

艾滋病防治保障　市委、市政府将防治艾滋病列入为民办实事项目，投入1500万元作为艾滋病防治专项经费。市编委调剂增加市卫生局行政编制8人，增核全市各级疾控机构全额拨款事业编制245人，用于配备艾滋病防治专业人员。各县(区)卫生局及疾控中心设立艾滋病防治组织机构，落实专人开展艾滋病防治。为艾滋病专业防治机构增加办公、实验室设备。4月，做好广西艾滋病临床关怀中心(市四医院)建设项目立项，

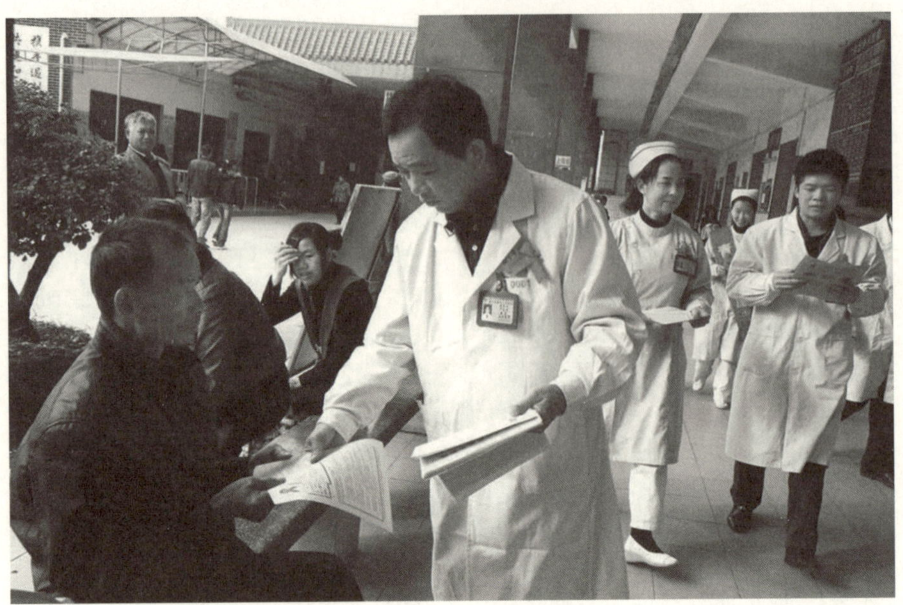

12月1日，市第九医院医务人员在发放防治艾滋病材料　梁晓杨提供

经市发改委立项，建筑面积2.20万平方米，总投资约7638万元，项目可行性研究计划及环境影响报告已完成初稿并报审。制定《南宁市孕产妇免费咨询检测及减免阳性产妇部分住院费用方案》，对孕产妇实行免费艾滋病咨询检测和阳性产妇减免部分住院费用。全市累计接诊孕产妇5.34万人，其中接受免费咨询5.08万人（95.10%），接受免费检测4.23万人（79.1%）。阳性产妇数57人，均已得到减免部分住院费用。在全市1381个公共场所和1837个街道办（居委会、村委会）放置安全套及安全套发售设施。加强艾滋病防控督导。加强艾滋病病毒职业暴露的防护，规范暴露后处置，有效控制艾滋病病毒通过职业暴露传播，切实保障工作人员的职业安全，组织制定《南宁市艾滋病病毒职业暴露处理工作方案（试行）》，于10月印发各县（区）及有关单位执行。

艾滋病防治宣传教育　由市委宣传部组织各相关部门采取多种形式开展艾滋病防控宣传，在主要道路LED电子屏、文字屏滚动播发艾滋病防治宣传片和宣传标语300多条次，在公交线路的移动电视播放艾滋病防治公益广告宣传片，每天循环播放24次。南宁电视台、南宁电台累计播放艾滋病防治新闻报道32次，《南宁日报》、《南宁晚报》及南宁新闻网累计刊登艾滋病防治新闻报道30次、公益广告31次。各县电视台累计播放艾滋病防治公益广告1631次、新闻报道78次。在各县（区）的行政村设置砖砌宣传栏及墙体标语。全市326所学校将艾滋病健康教育内容纳入教学课程，开展预防艾滋病课外活动1251次。由市委组织部牵头，市人社局、卫生局配合，对政府各部门、各企事业单位的领导干部、新录用公务员4845人进行预防控制艾滋病培训，艾滋病基本知识知晓率99%。召开预防控制艾滋病座谈会20次，参加人数1052人。

【碘缺乏病防治】　2010年，市疾病预防控制中心根据国家和自治区的部署，与盐业管理部门组织相关人员开展实现消除碘缺乏病目标县级检查评估，评估内容主要包括组织领导、碘盐管理、监测与防治和健康教育内容4个方面。考评结果显示，全市达到实现消除碘缺乏病目标要求，并向自治区防治地方病考评组提交省级验收申请书。组织相关单位于5月15日开展“科学补碘，持续消除碘缺乏病”为主题的宣传活动，发放防治宣传资料6万多份，接受相关知识咨询1万多人次。

【狂犬病防治】　2010年，市卫生部门根据《南宁市养犬管理条例》要求，加强狂犬病防治知识的宣传，特别是农村地区的宣传，群众防治知识得到进一步提高。加强医务人员培训，举办暴露前预防接种培训班1期，培训各有关单位从事犬伤暴露后伤口处置的医务人员200多人，科学指导狂犬病防制措施的落实。全年狂犬病发病10例，比上年下降58.30%。

【血吸虫病防治】　至2010年，南宁市已连续22年无本地血吸虫病和报告，14年未发现本地传播恶性疟疾病例，寄生虫病防治取得显著效果。年内，全市查螺面积390万平方米，未新发现残存螺点，查病1660人，未发现病患者。

【重点疾病监测】

鼠疫监测　2010年，南宁市疾病预防控制中心采集鼠血502份，502份鼠疫F1抗体检测结果阴性。动物监测50份，结果阴性。鼠类内脏鼠疫杆菌培养211份，未培养出鼠疫杆菌。

霍乱监测　监测标本3664份，其中重点人群监测495份，医院腹泻病人检测2554份，均未发现霍乱病患者。

疟疾监测　完成未外出居民血检1.40万人次，未检出疟原虫阳性者。流动人口血检1905人次，检出疟原虫阳性18例（其中间日疟例11例、恶性疟7例），临床诊断4例，经个案追踪调查证实，均为流动人口，所有病例得到及时全程治疗，无继发二代病例。

流感哨点监测　流感监测采集标本1323份，检出阳性291份，其中B型流感病毒阳性165份，甲型H1N1流感病毒阳性58份，甲型H3N2流感病毒阳性68份。

出血性大肠菌0157监测　采集样本698份，其中腹泻病人结果为阴性，动物粪便标本中有3份为阳性。

手足口病监测　监测手足口病病例246例，标本492份，其中231例病例的监测结果已出，阳性标本210份（EV71型阳性57份，COXA16型21份，其他肠道病毒132份）。

慢性病及死因监测　高血压、冠心病、脑卒中、糖尿病、恶性肿瘤“慢五病”总报告发病率为860.52/10万，其中：高血压发病率275.08/10万，冠心病92.04/10万，脑卒中240.06/10万，糖尿病155.54/10万，恶性肿瘤97.80/10万。

农村卫生

【新型农村合作医疗制度建设】　2010年，南宁市加强新型农村合作医疗制度建设。一是提高筹资标准，由上年每人每年100元提高到150元。其中：中央财政补助60元，自治区财政补助37元，市财政补助10元，县（区）财政补助13元，参合农民个人缴费30元。市级补助资金于4月足额划拨各县（区）。二是合理调整补偿方案。适当提高封顶线和实际补偿比例，基金补偿封顶线基本提高到4万元以上，高于“参合农民住院最高补偿达到当年农民人均纯收入的6倍以上”的目标。三是选定武鸣县、横县、宾阳县、隆安县和邕宁区为门诊统筹试点县（区）。各试点县（区）制定《门诊统筹实施方案》，并启动门诊统筹报销试点。四是加强信息化建设。从农村卫生经费安排74万元，为县、乡两级经办机构各配置一套电脑及票据打印机，为加快新农合信息系统建设充实硬件设施。全市12个县（区）全部开展新型农村合作医疗（简称“新农合”），覆盖农业人口507.02万人，有469.36万新农民合，参合率92.57%，本年度共筹集新农合基金8.72亿元（含历年节余）。至年末，全市参合农民累计受益213.86万人次，支出新农合基金总额5.71亿元，其中，住院补偿4.96亿元，门诊补偿4474.40万元，其他补偿3021.10万元，资金使用率80.54%，住院补偿比为42.91%，受益率45.56%。资助农村五保户、残疾人、低保对象及农村独生子女户27.06万人参加新农合，资助金额811.72万元。住院统筹基金最高支付限额4万元以上，达到农民人均纯收入6倍以上的医改目标要求。

【城市卫生对口支援农村卫生】　2010年6月，市卫生局召开全市第五周期对口支援工作启动会，安排全市18个县级以上医疗机构对口支援18个乡镇卫生院、2个三级医院支援6个县医院。为进一步加强二级医疗机构对口支援乡镇卫生院工作，11月2日，自治区卫生厅根据项目实施情况决定扩大第五周期对口支援覆盖面，安排增补18个县级医疗机构对口支援18个乡镇卫生院。

【乡村医生补贴待遇提高】　2010年，根据自治区财政厅、卫生厅印发的《广西壮族自治区乡村医生待遇补助暂行办法》，各县（区）筹措补助资金，对乡村医生的补助在原来每人每月补助30元的基础上，从3月1日起提高到每人每月300元，由各县（区）根据自治区卫生厅制定的《目标责任绩效考核办法》考核后发放。

【基层医疗卫生人员培训】　2010年，南宁市共获得中央补助广西农村卫生人员培训项目资金91.08万元，开展基本公共卫生服务专项培训。培训乡镇卫生院公共卫生人员107人、乳腺癌和宫颈癌普查卫生技术人员219人、乡村医生1263人，完成培训任务的80%。启动实施高等医学院校农村订单定向免费培养项目，为全市20个乡镇卫生院各招收1名定向免费全科医学本科生，并与县（区）卫生局签订5年服务协议。根据自治区以全科医生为重点的基层医疗卫生队伍建设规划，开展乡镇和城市社区卫生人员在岗培训。培训乡镇卫生人员522人次、村卫生室人员1605人次、社区全科医生及护士498人次。启动乡镇卫生院全科医生转岗培训，全市培训157人，每人培训4个月，由广西卫生管理干部学院负责培训，自治区财政下达培训补助每人8000元。

妇幼保健

【孕产妇保健】　2010年，南宁市各级卫生部门加强妇幼保健网络建设，以“降消”（降低孕产妇死亡率，消除新生儿破伤风）项目为抓手，保障母婴安全为核心，加强高危孕产妇和儿童管理，提高住院分娩率，孕产妇产后访视率和新生儿访视率明显提高，主要妇幼保健指标优于全国平均水平。全市孕产妇系统保健管理率81.66%，产前检查率97.74%，产后访视率88.63%。全市住院分娩率99.79%，其中：城区平均99.85%，六县平均99.73%，城乡差距明显缩小。全市孕产妇死亡率24.21/10万。其中：城区孕产妇死亡率23.24/10万，六县孕产妇死亡率27.15/10万。上林县和邕宁区孕产妇死亡率为0。

【儿童保健】　2010年，南宁市各医疗保健机构为0~36个月婴幼儿建立儿童保健手册，开展新生儿访视及儿童保健系统管理，对新生儿进行2次家庭访视，对儿童保健1岁以内至少4次，对2~3岁每年至少2次。进行体格检查和生长发育监测及评价，开展心理行为发育、母乳喂养、辅食添加、意外伤害预防、常见疾病防治等健康指导。全市新生儿访视率88.63%，3岁以下儿童系统管理率80.92%，7岁以下儿童系统管理率79.04%。全市婴儿死亡率5.25‰，5岁以下儿童儿童死亡率7.63‰。新生儿破伤风发病5例，发病率0.05‰，低于国家及自治区控制指标（1‰）。

【婚前医学检查】　2010年，南宁市继续实施免费婚前医学检查。2月，全市召开婚检专项工作通报会。3月，市卫生局召开城区免费婚检工作推进会，研究部署全年免费婚检，各县卫生局和妇幼保健院积极与政府、民政部门沟通，注重简化流程，共同推进婚检。8月下旬，市政府召开全市免费婚前医学检查工作推进会，各县（区）、各部门采取有效措施，免费婚前医学检查率迅速提升。婚前医学检查率65.70%，比上年提高49个百分点，其中：城市婚检率31%，农村婚检率87.62%。马山县婚检率96.18%，排在自治区各县（区）首位，上林县排第3。筛出地中海贫血阳性1.57万人，其中有遗传高风险夫妇双方阳性的1682对；查出艾滋病病毒阳性101人，梅毒阳性547人，霉菌感染2311人，滴虫感染86人，淋病17人。医务人员进行婚育医学指导和诊治，为新婚夫妇的家庭幸福、预防出生缺陷、提高出生人口素质把好第一关。新生儿出生缺陷发生率14.18‰，比上年稍有下降。对7523名孕妇进行地中海贫血的产前诊断，查出重症地中海贫血儿564人。

【救助贫困危重孕产妇】　2010年，南宁市各级卫生部门以实施救助贫困危重孕产妇项目为平台，加强妇幼保健，以农村为重点，调整和利用现有医疗卫生资源，加强和完善城乡妇幼保健三级网络建设，强化各级管理职能，提高孕产期保健服务质量，确保贫困孕产妇在发生危及生命的并发症或合并症时，能够得到有效救治，进一步降低孕产妇死亡率，提高全市妇女健康水平。累计抢救贫困重危孕产妇85人，所有救助对象均享受市政府提供的免费检查和治疗，投入救治经费107.05万元，其中市财政投入74.93万元、县（区）财政配套32.12万元。

【农村妇女增补叶酸项目】　2010年，南宁市根据自治区统一部署，全市各县（区）通过广泛宣传、加大培训力度，抓好项目督导等措施，提高群众对补服叶酸的认同度，农村妇女补服叶酸项目进展顺利。各县(区)利用婚姻登记、婚检、产前检查等服务时机，向服务对象进行一对一的预防出生缺陷知识健康宣传，利用公交车车身和公交站亭制作公益性广告；利用电视台、婚育学校、开展培训讲座、出版墙报专栏、赠送宣传资料、书写固定永久宣传标语、下村放录像、入户访视等途经深入开展宣传。全市举办培训班 107 期，培训 5081 人次。完成孕前及孕早期妇女叶酸免费服用 3.49 万人，发放叶酸片 9.29 万板，叶酸发放完成率 39.84%；其中高风险待孕妇女领取叶酸人数 39 人；叶酸服用依从人数 1.57 万人，依从率 45.06%；增补叶酸知识调查人数 1.89 万人，知晓人数 1.56 万人，知晓率 82.63%。

【农村妇女"两癌"普查试点】 2010 年，马山县为自治区 8 个项目试点县之一，除白山镇、百龙滩、乔利乡外，在其他乡镇全面铺开"两癌"(宫颈癌、乳腺癌)检查。宫颈癌检查任务数 2.25 万人，实际完成检查人数 2.26 万，完成率 100.49%。其中：阴道镜 1827 人，查出滴虫性阴道炎 93 人，霉菌性阴道炎 705 人，细菌性阴道炎 735 人，子宫肌瘤 412 人，其他良性疾病 752 人，宫颈活检 469 人，阳性 20 人，确诊宫颈癌 13 人。完成乳腺癌检查 1782 人，完成率 119%，其中乳腺彩超检查人数 1483 人，查出乳腺癌 7 人，良性肿瘤 37 人，病理检查 16 人。

社区卫生服务

【概　况】 2010 年，南宁市有社区卫生服务机构 95 个（社区卫生服务中心 33 个、社区卫生服务站 62 个），覆盖服务人口 192.88 万。其中：户籍人口 136.89 万，常住人口 34.23 万，流动人口 21.76 万。共有社区卫生服务人员 1754 人(其中全科医生 437 人、专职防保人员 179 人、社区护士 403 人)。开展健康教育讲座 1358 次，居民接受健康教育 14.63 万人次，出版健康教育专栏 1293 期，发放健康教育处方 97.71 万份，组织公众健康咨询活动 1648 次；建立居民个人健康档案 70.77 万份；0~6 岁儿童建证(卡)12.24 万张，规范预防接种 11.53 万人；0~36 个月儿童系统管理 4.98 万人，新生儿访视 2.03 万人；建立孕产妇保健手册 2.12 万册，孕产妇系统管理 1.99 万人；65 岁以上老年人保健管理 12.32 万人；高血压、糖尿病等慢病专案管理 4.98 万人，特殊人群康复管理 2.33 万人；重性精神病患者健康管理 0.15 万人；门诊就诊 138.17 万人次，出诊 1.52 万人次，急诊抢救 0.12 万人次。

【财政补偿政策】 2010 年，南宁市社区卫生服务机构逐步建立以财政为主的多渠道补偿政策，城区社区卫生服务机构按规定实施国家基本药物制度，严格执行基本药物政策，实行零差率销售，基本药物和增补基本药物非目录药品由自治区统一网上集中招标采购、定价、配送。各城区落实对基本药物零差率销售的补助工作，将上级财政下拨的补助资金划拨到社区卫生服务机构。按照自治区有关规定要求，基本药物零差率销售补助不分实施基本药物制度时间先后，统一按各市、县(区)基层医疗卫生机构 2008 年和 2009 年实际销售药品发生的年平均费用(药品进价)的 15%给予补助。自治区对实施国家基本药物制度的第一批试点县和城区政府举办的乡镇卫生院和城市社区卫生服务机构实行基本药物零差率销售后的收入进行补助，自治区财政按当年应补助资金分两批下拨资金共 1396 万元，市财政还为基层医疗卫生机构拨付九大基本公共卫生项目资金共 4349.31(不含六县)万元。按照试点基层医疗卫生机构药事服务费纳入城镇基本医疗保险支付范围的要求，市社会医疗保险中心于 9 月 2 日预拨药事服务费 33.25 万元到青秀区 15 个基层医疗卫生机构。

【综合改革调研及专题会议】 2010 年 8 月以来，自治区政府领导多次到南宁市，对公立社区卫生服务机构实行国家基本药物制度和综合改革情况进行调研，自治区副主席李康先后 3 次组织召开专题会议，研究解决南宁市社区卫生服务存在的问题并作出指示。9 月 26 日，市长黄方方主持召开全市社区卫生服务机构综合改革工作会议，对公立社区卫生服务机构综合改革中出现的困难和问题进行研究，提出推进社区卫生服务机构综合改革具体要求：一是切实强化城区政府作为医改工作主体的责任意识；二是强调属地管理职能，理顺社区卫生服务机构管理体制；三是结合社区卫生服务机构人员编制核定和绩效工资改革，解决医务人员工资问题；四是研究制定对社区卫生服务机构租房经营进行补贴的办法；五是研究制定社区卫生服务机构建立二级法人账户和分账核算的办法，确保财政补贴尽快发放到社区卫生服务机构；六是研究制定社区卫生服务机构政府举办的具体办法和措施，建立公立社区卫生服务机构用房保障和租金补助机制；七是立足于基本公共卫生服务工作任

11 月 24 日，中央电视台记者在东葛社区卫生服务中心就社区卫生服务工作采访医务人员
梁晓杨提供

务的完成，做好规划免疫和妇幼保健下放到社区的工作。

【服务机构管理权限调整】 2010年，市卫生局将社区卫生服务中心、社区卫生服务站的设置审批、监督管理等职权下放给城区卫生局管理。城区卫生局按照属地原则，负责社区卫生服务中心、社区卫生服务站的规划设置、行政审批、执业登记、校验、日常考核与监督管理等。市卫生局负责全市社区卫生服务的组织领导、宏观管理、统筹协调，设置规划指导。市卫生监督所具体负责对各城区开展社区卫生服务功能的情况进行监督检查和考核考评，对未按规定审批的社区卫生服务机构，依法撤销其行政许可。

卫生监督

【卫生立法】 2010年，市卫生局按照市人大常委会、市政府立法计划要求，开展《南宁市献血条例》、《南宁市公共食(饮)具卫生管理条例》、《南宁市公共用品清洗消毒卫生管理办法》等地方性法规、政府规章的修订工作，参与《南宁市社会医疗机构管理条例》的立法调研活动，完成起草、报送。清理规范性文件45件，确认继续有效28件、予以修改2件、停止执行14件、失效1件。

【卫生行政审批制度改革】 2010年，市卫生局根据市政府《关于深入推进集中办理行政审批事项提高机关行政效能的通知》规定，制定《南宁市卫生局行政审批工作暂行规定》，将市卫生局负责实施的9项行政许可审批项目、5项非行政许可审批项目，全部集中在行政审批办公室(市政务服务中心卫生局窗口)受理、审查、发证，实施"一个窗口"对外办理。进一步健全行政审批规定，明确审批分级管理权限和职责，重新修订行政许可公示、告知承诺、限时办结、行政许可听证、责任追究、许可评价等制度，进一步完善各类许可、备案事项的发证程序、发证条件、办结时限和收费标准等，实现许可的规范化、标准化管理。受理卫生许可审批事项1303项次，其中即办263项，占受理事项的21%。

【医疗服务机构监督执法】 2010年，南宁市卫生监督部门开展打击非法行医及非法采供血"回头看"专项行动，对以往查处及近期群众举报的162户无证行医点进行回访和检查，取缔无证诊所67户。开展口腔诊疗传染病防控、医疗废物等专项监督检查。巡检各类医疗机构354户次，立案查处各类违法案件15件，监测发布的违法医疗广告2730条次，对69户发布违法医疗广告的医疗机构予以行政处罚。

【医疗机构卫生监督等级量化分级管理】 2010年，南宁在全市各社区卫生服务机构、民营医院、门诊部、医学美容机构全面推行医疗机构卫生监督等级量化分级管理。12月2日，市卫生监督所召开年度医疗机构卫生监督等级量化分级管理总结暨授牌大会，对达到卫生监督等级量化分级管理A、B级标准约50家医疗机构分别授予A、B级牌匾。

【食品安全综合协调】 2010年，市卫生局在市区范围内开展第一批食品安全风险监测采集和检测，对近年来食品安全监测发现的高危食品、消费者投诉较多的食品、餐馆以及婴幼儿、老年人等特殊人群的食品卫生质量进行国家抽检，对抽检样品数据进行统计分析。5月24~28日组织卫生、农业、水产畜牧等10个部门，组成6个督查评估组，分别对市辖六县、六城区和3个开发区开展食品安全整顿工作的情况进行督查评估。协调有关部门加强元旦、春节、国际劳动节、国庆节等节假日以及"两会一节"等重大活动和重要会议的食品安全保障，活动期间未发生食品安全事故。

【公共场所卫生监督】 2010年，南宁市公共场所卫生被监督单位8132家，从业人员3.68万人，持健康证明3.51万人，持证率95.52%。全市实施量化分级管理等级评定的公共场所6889户，占持有卫生许可证的公共场所总数84.71%。对公共场所进行经常性卫生监督1.72万户次，合格1.67万户次，合格率96.96%。对公共场所监测样品7050件，合格6904件，合格率97.93%。依法作出卫生行政处罚的228件，结案212件，结案率92.98%。在住宿业、游泳场所全面实施卫生监督量化分级管理的基础上，市卫生部门继续推进沐浴场所、美容美发卫生监督量化分级实施。市本级管辖的持证公共场所583家(旅店业254家，沐浴场所72家，游泳场所27家，美容美发230家)已实施量化评分559家，实施率95.90%。

【生活饮用水卫生监督】 2010年，南宁市持有卫生许可证的供水单位276户(集中式供水单位109户，二次供水单位167户)，从业人员1444人，持健康证明人数1394人，持证率96.54%。对生活饮用水单位卫生监督1042户次，合格1022户次，合格率98.08%。监测饮用水样品404件，合格322件，合格率79.70%。作出卫生行政处罚并结案的案件31件。

【消毒产品卫生监督】 2010年，南宁市有消毒产品生产企业11家、消毒产品经营单位308家、消毒产品使用单位(主要是医疗机构)5312家、公共用品清洗消毒服务机构33家，公共餐(饮)具清洗消毒服务机构32家。对消毒产品生产、经营单位及使用消毒产品的医疗机构进行经常性卫生监督1039户次，合格1036户次，合格率99.71%。监测消毒产品266件，合格263件，合格率98.87%。

【学校卫生监督】 2010年，南宁市卫生监督机构监督各类学校1714所，62.02%的学校已建立学生健康档案，72.52%的学校开设健康教育课。对各类学校进行经常性卫生监督2547户次，合格2479户次，合格率97.33%。

【职业卫生监督】 2010年，南宁市存在职业病危害的用人单位457家，职业病危害因素接触总人数2.95万人。对各类存在职业病危害的用人单位进行经常性卫生监督764户次，合格634户次，合格率82.98%。作出卫生行政处罚并结案的案件1件。

【放射卫生监督】 2010年，南宁市持有放射诊疗许可证的医用辐射单位、直接管辖的非医用辐射单位216家，放射工作人员705人，持有效放射工作人员证478人，持证率67.80%。对各类放射机构进行经常性卫生监督314户次，合格291户次，合格率92.68%。作出卫生行政处罚并结案的案件6件。

【医疗与采供血卫生监督】 2010年，市卫生监督部门对全市各类医疗和采供血机构进行经常性卫生监督 7556 户次，合格 6910 户次，合格率 91.45%。作出卫生行政处罚并结案的案件 203 件。

【传染病防治监督】 2010 年，市卫生监督部门对全市各类传染病防治机构进行经常性卫生监督 1.12 万户次，合格 1.05 万户次，合格率 93.57%。作出卫生行政处罚并结案的案件 5 件。

【食品安全风险监测】 2010 年 4~11 月，市卫生监督部门对流通环节和餐饮消费环节的食品、食品添加剂进行食品安全风险监测，采集食品样品 30 类 765 份，总体合格率 84.84%；采集公共餐饮具样品 200 份进行监测，合格 152 份，合格率 76%。

血液采供

【血液采集】 2010 年，南宁市继续推进中心血站、县级储血点的一体化管理，抓好室内、室间质控工作，加强采供血机构监管，保障血液安全，继续保持临床用血 100%来自无偿献血。通过加强献血服务工作，加大 400 毫升血液招募采集力度，推广血小板使用，采用双份血小板采集，提高机采血小板采集量，献血总量略有提高。1~12 月，全市献血人数 11.16 万人次，比上年增加 4410 人次，增长 3.80%。其中：全血采集 10.48 万人次，减少 5003 人次，下降 4.55%；机采血小板采集 8633 人份，增加 1658 人份，增长 38.80%。血液采集总量为 21.49 万单位（约 43 吨），增加 3959 单位，增长 1.87%。其中：全血采集 17.05 万单位，减少 3430 单位，下降 1.97%；机采成分血采集 4.44 万单位，增加 7389.50 单位，增长 20%。采血招募中，城市居民献血占 91.81%，农村居民献血占 8.19%；团体献血 18.28%，街头献血占 81.72%。献血者重复献血率 61%，一次献血 200 毫升率 24.20%，300 毫升率 19.20%，400 毫升率 49.90%。

【临床供血】 2010 年，南宁中心血站供给医疗单位临床血液 41.18 万单位，比上年增加 2.09 万单位，增长 5.30%。其中：全血 53.50 单位，减少 243 单位，下降 82%；各种成分血 41.17 万单位，增加 2.12 万单位，增长 5.40%。成分输血率 99.98%，与上年基本持平。由于献血人数、全血献血量下降，临床用血量增大，库存血量多数时间处于供血黄色警戒状态，血库血液供应总体偏紧。为保证医疗急救用血的需要，中心血站对部分医疗单位用血实行限量限制供应。在全国出现持续大范围“血荒”的情况下，采供血基本满足全市临床用血的需要。

【血液检验】 2010 年，南宁中心血站对 11.46 万份血液标本进行 HBsAg、HCV、HIV、TP、ATL 检测，比上年减少 1062 份，下降 0.91%；合格 10.95 万份，合格率 95.50%；不合格 5153 份，不合格率 4.49%；不合格率比上年增加 0.66 个百分点。送检 HIV 初筛阳性标本 78 份，34 份确证阳性。进一步加强血液检验过程质量管理，从程序上坚持血液初、复检由不同人员、设备和试剂检验的原则，严格标准操作规程，在检验过程关键控制点设计多项细节监控手段，保证血液检测质量。HIV 标本送检数量较上年明显下降，确证阳性数量增加 7 例，表明献血人群的 HIV 感染率增加，血液安全和血液检测需进一步加强。

11 月 26 日，市政府举行新购采血车启用仪式　　梁晓杨提供

【血液制备】 2010 年，南宁中心血站制备成分血 4.28 万单位，比上年增加 1.04 万单位，增长 2.50%。其中：红细胞 16.32 万单位，增长 1.70%；冷沉淀 1.47 万单位，增长 26%；血浆 18.34 万单位，增长 7.70%；浓缩血小板（手工板）5878 单位，下降 48.60%。血液隔离与放行、贴签、包装的正确率达 100%，全年无质量投诉。

【无偿献血宣传】 2010 年，南宁中心血站组织人员深入各城区 10 个社区、77 个单位开展无偿献血宣传，发放资料 35 万份，宣传画报 4400 张。加强高校献血宣传力度，在设立固定献血日的高校大学生中组织开展献血知识讲座、献血知识竞赛，扩大志愿者队伍，提高大学生献血比例。加强网络宣传，在南国早报网建立献血网络宣传平台，参与中国献血网的网站管理和宣传，在各类网站发表献血宣传文章 55 篇次。加强媒体宣传，在报纸、网站、杂志等媒体发表献血相关文章 403 篇次，在电台、电视台播报献血新闻 3766 篇次，每周在南宁电台播放献血公益广告 10 分钟。先后策划主题献血宣传活动 12 个，如春节前“血脉相连的爱”献血活动、“因为有爱，生命更有意义”情人节献血活动、3 月学雷锋献血宣传活动及五一国际劳动节、五四青年节、“五八”国际红十字日宣传活动等。在全国首创设立“公务员献血月”活动，市四家班子领导带头献血，组织各县（区）、开发区 2048 名公务员献血。深入六县县城及乡镇，利用农村民间节日和民俗活动开展献血宣传，发放宣传资料 2.80 万份，张贴宣传画 870 套。深入隆安、上林、马山、横县等县组织开展县域性献血宣传活动 18 次，动员群众献血 3311 人次。

【献血服务】 2010 年，南宁中心血站完成1118例血液检测不合格献血者反馈。完成12例严重、382例中轻度献血不良反应献血者处置、回访。发送慰问、感激短信28万多条，为献血者补办献血证279本。免费用血报账1035人次，免费用血金额87万元，比上年同期增长11%。随机调查95名献血者评价中心站采血服务质量，满意率100%。

【血液质量管理】 2010年，南宁中心血站抽检全血等8种血液成分765袋次，特殊检查297袋次，其中不合格12袋次。抽检关键物料：血袋类32批次，试剂类97批次，棉枝、酒精、碘酒类6批次，其中1批次棉枝不合格。抽检关键设备：采血秤540台次，体重秤95台次，冰箱440台次，高压灭菌器10台次，大型离心机105台次，计量器具485台次。工艺卫生监控采血屋（车）细菌数培养110次，储血冰箱细菌培养150台次，采血人员手指染菌164人次，紫外线灯92盏次。6~7月，组织对2008版质量体系运行情况进行内审和管理评审，对发现不合格项进行整改。10月接受国家卫生部血液质量督导检查，完成2010版质量体系文件改版。加强血站与医疗单位沟通，严格审批退血申请，降低医院不合理退血率和血液报废率。加强六县储血点质量检查，完成储血点重量管理文件编写。

医学科研与教育

【医学科研】 2010年，南宁市卫生部门开展南宁市科学研究与技术开发和创新计划重大专项3项，获临床和公共卫生等领域科研立项77项，完成科研项目26个。获自治区科技进步三等奖1个，获南宁市科技进步二等奖2个、三等奖8个，自治区医药卫生适宜技术推广奖7个。投入20万元对2008年评定的7个市级重点学科、7个特色专科和1个重点实验室进行重点建设，并开展相关科研工作。

【医学继续教育】 2010年，南宁市卫生部门开展国家级医学继续教育项目1个，自治区级医学继续教育项目8个，市级医学继续教育项目214个，开展专题学术讲座440场次，参加培训4.99万人次。全市医药卫生七大学会38个专业开展学术活动214场次，参加学术活动约1万人次。

【输血医学科研】

临床检测服务 2010年，南宁市完成新生儿溶血病检测、产前血型血清学检测、抗球蛋白检验、交叉配血试验等检测和实验2468例，比上年同期增长13.68%。收集整理中华骨髓库血样标本2000份，查询相应造血干细胞表单2100份，完成1000份标本的HLA分型检测和数据上传。开展亲子鉴定144例（332人），增长136.07%。

科研立项 南宁市卫生部门申报广西卫生厅自筹经费科研课题3项，均获批准立项。3个项目批准立项为南宁市科学研究与技术开发计划第二批项目，获南宁市科技局经费资助9万元。上年所申报的广西自然科学基金课题《广西壮族人群红细胞血型基因结构与多态性研究》获得批准立项，获得广西科技厅经费支持4万元。申报项目《分子免疫血液和遗传重点实验室的建设》获得南宁市人才小高地专项资金（科研、开发类）20万元资助，项目《南宁市输血医学研究紧缺人才培养》获得南宁市专业化人才培养重点计划项目专项资金5万元资助。申报广西壮族自治区第三批重点实验室，10月，参加广西科技厅组织的第三批重点实验室评审答辩。重点完成两项国际合作研究，一是参加第15届国际血小板免疫学研讨会，完成该研讨会包括血小板抗体、基因分型、药物抗体检测等多个分项目的全部合作研究项目，成为中国多个参加研讨会实验室中惟一完成合作研究的实验室。二是参加由英国国家标准与控制研究院（NIBSC）主办的建立WHO HNA-1a抗体参比试剂国际合作研究项目，完成该项目的研究实验，成为亚洲惟一NIBSC指定参加该国际合作研究项目的实验室。

【疾病预防控制科研】 2010年，市疾病预防控制中心组织申报科研课题6项，获立项的科研课题5项（广西自然科学基金立项1项，卫生厅立项3项，市科技局立项1项）；参与国家科技重大专项“十一五”课题2项。科研获奖5项：《红水河广西流域鼠疫自然疫源地成因及预警防制技术研究》获广西科学技术进步二等奖；《红水河广西流域鼠疫自然疫源地成因及预警防制技术研究》和《城市食品安全关键技术综合应用与研究》分别获广西医药卫生适宜技术推广一等奖、三等奖；《红水河流域家鼠鼠疫防制策略研究》获市科学技术进步二等奖；《城市食品安全关键技术综合应用与研究》获市科学技术进步三等奖。市疾病预防控制中心微生物实验室在地市级疾控中心中率先成功分离出甲型H1N1流感病毒；理化实验室新装备离子色谱仪戴安3000仪器，在自治区率先开展面粉中溴酸盐检测。

【卫生信息化项目建设】 2010年，《南宁市卫生局数据中心建设完善项目》通过市发展和改革委员会和市城乡数字化建设办公室审核通过。第一期建设经费100万元，主要包括：建设完善市卫生局数据中心和建设社区卫生服务信息管理系统，建立市卫生信息采集与交换标准规范，建立市卫生系统门户网站。通过公开招标，下半年按期完成第一期建设。

【卫生信息网建设】 2010年，市卫生局对原南宁卫生信息网改版更新，新网站于11月末开通，网站域名保持不变。网站主页开设综合管理、组织人事、政策法规、卫生应急、食品安全与卫生监督、疾病控制、妇幼与社区、农村卫生、医政管理、中医管理、科技教育和纪委监察12个大栏目及42个子栏目。发布信息2.02万条，传输电子文件223份，工作照片1543张。

【办公自动化应用】 2010年7月1日，市卫生局全面使用南宁市电子政务办公自动化（OA）系统进行电子公文交换、办理工作。市卫生局机关所有人员办理公文必须要通过OA办理。局属20家医疗卫生单位和市属六县、六城区卫生局均配备安达通VPN客户端，实现市卫生局与局属20家医疗卫生单位和市属六县、六城区卫生局的公文交换。

【医学科普】 2010年，市卫生系统组织辖区医疗卫生单位开展常规卫生科普专题宣传和卫生“三下乡”、“专项活动日”、“科技活动周”、“科普大行动”等活动，全市医疗机构、疾病预防控制机构、妇幼保健机构及上述机构设在各社区的分院、分支机构、社区卫生服务中心、社区卫生服务站，长期开展医疗卫生科普知识宣传，按要求充分利用单位的科普宣传栏、社区科普活动室等，向居民普及科学知识。全年开展科普进广场115次、科普进社区173次、科普进校园110次、科普进农村294次、科普演出58次、科普讲座319次、科普报告87次，发放科普宣传书刊1.80万册、资料20万册，累计投入经费316万元，惠及民众累计30多万人。12月5日，由市卫生局承办，在朝阳广场举行以传承中医药精粹，传播中医药文化，共享中医药成果，服务基层百姓为主题的"中医中药中国行·广西文化科普宣传周暨南宁市活动启动仪式"。首府各中医药民族医药卫生单位的代表约500人参加活动。当天向首府市民赠送《首府百名中医民族医专家手册》、《首府中医民族医特色专科手册》各2万册。活动累计赠送《广西壮族自治区中医养生保健手册》10万册，活动现场还组织10位全国、广西名老中医进行义诊，30位中医药民族医药适宜技术带头人向市民讲解适宜技术。

【人才活动月医疗卫生系列活动】 2010年10月26~29日，市卫生局承办南宁市人才活动月医疗卫生系列活动。10月26日，组织市医疗卫生专家10人，到宾阳县黎塘镇开展义诊服务，接待群众咨询和义诊近200人次。10月28日，组织市属各医疗卫生单位在南宁中心血站举行南宁市卫生系统人才队伍建设研讨会。10月29日上午，组织全市卫生系统各单位在朝阳广场举行"医疗技术项目与人才成果展示"活动，接待群众咨询、现场义诊约2000人次。

【全国科技活动周南宁市系列活动】 2010年5月15~21日，市卫生局在全国科技活动周南宁市活动期间，组织市属医疗卫生单位参与，开展各场科普宣传活动，取得较好效果。开展相关科普宣传活动9场，制作宣传展板50多张、发放各类科普宣传资料1.60万份，接待咨询3200多人次。

【结核病防治宣传教育】 2010年3月24日是第15个"世界防治结核病日"。3月21日，南宁市"世界防治结核病日"宣传活动在五象广场举行。卫生部副部长尹力，自治区人民政府副主席李康，歌唱家、全国结核病防治宣传形象大使彭丽媛等出席现场宣传活动并讲话，市政府常务副市长周家斌、副市长李国忠出席现场宣传活动。在宣传活动上，尹力、李康等与会领导向学生代表赠送结核病防治宣传画册。尹力一行参观结核病防治宣传展板，慰问现场开展结核病防治咨询的医务人员，并赴市第四医院慰问医护人员，看望结核病患者。

【中医文化科普宣传】 2010年，市卫生局加强中医药文化宣传，突出中医文化建设内涵要素，凝练富有南宁市特色的中医药文化。引导市、县9家中医院在中医文化建设方面形成突破，尤其是市中医院，制订《中医药文化建设实施方案》，凝练"如意"文化，逐步建立医院核心价值理念系统，涵盖办院宗旨、医院定位、核心价值、服务理念等不断完善行为规范体系，形成富含中医药文化特色的服务文化和管理文化。加强中医学术经验继承工作，投入专款3万元，启动市第七医院全国名老中医韦立富主任医师学术经验继承宣传项目，组织拍摄一部专题纪录片、撰写一部30万字人物传记和一部15万字学术专著。

【国际学术交流】 2010年11月22日下午，受世界卫生组织资助来邕参加全国第一届中国妇幼发展论坛的老挝妇幼卫生代表团一行7人到市妇幼保健院参观交流，代表团现场参观了儿科门诊、儿保科、妇保科、孕妇学校、助产士门诊、产科，并与院领导和医务人员进行交流。11月24日上午，日本特别医疗法人稻穗会理事长永野忠相、广西同济医药集团总裁俞云辉一行到市卫生学校参观考察，双方就搭建国际交流合作平台相关合作事宜达成初步意见。12月24日，俄罗斯医疗考察团一行五人到市第一医院参观考察。考察团的妇产科、麻醉科等医学专家到该院手术室观摩，并与该院的同一专科专家座谈，双方就共同关注的医学问题进行交流探讨。 （梁晓杨）

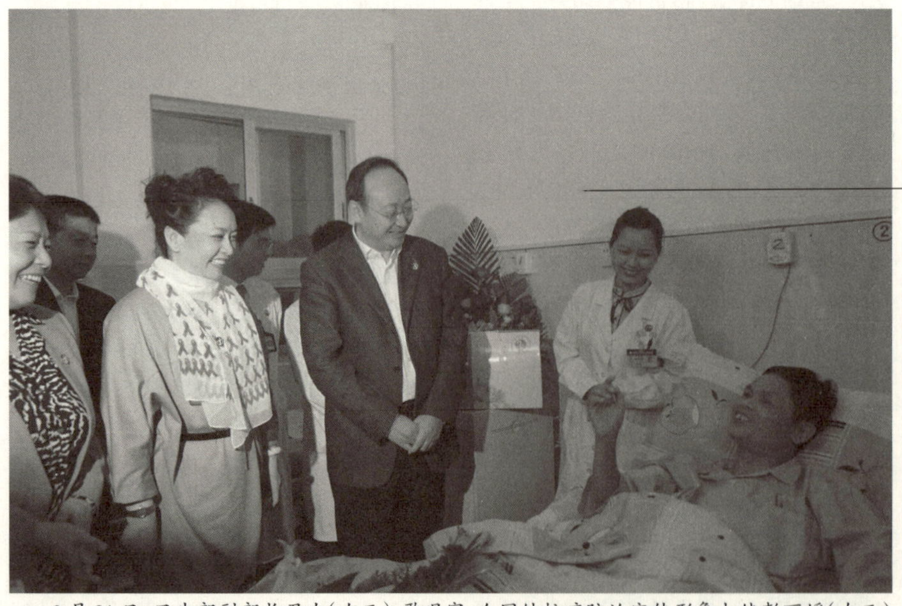

3月21日，卫生部副部长尹力(右三)，歌唱家、全国结核病防治宣传形象大使彭丽媛(左三)在市第四医院慰问结核病患者 梁晓杨提供

爱国卫生运动

【概 况】 2010年，南宁市爱国卫生运动委员会办公室编制9人，市财政每年拨给市爱卫办业务经费5万元，除"四害"(老鼠、苍蝇、蚊子、蟑螂)、农村改厕专项经费120万元。各县(区)均成立爱国卫生运动委员会组织及其办事机构，主任委员由县(区)长担任。各街道办事处、社区(居委会)、单位设有兼职爱国卫生工作人员2721人。

全市参加爱国卫生活动580多万人次，印发各种宣传资料80多万份，出动车辆1800多台次，清除垃圾30多万吨，清理卫生死角2.50万处，清除积水1.40万处，平整洼地16.50万平方米，疏通沟渠13万多米。创建自治区级卫生单位38个、卫生村11个；市级卫生单位20个、卫生村2个。

【国家卫生城市创建】 2010年1月18日，全国爱卫办对南宁市创建国家卫生城市工作进行专门调研。6月29日市委、市政府下文再次对首府南宁创建国家卫生城市总指挥部成员进行调整。7月17~18日，国家卫生城市暗访组对南宁市创卫工作进行暗访。8月16日，全国爱卫办下文明确南宁市创卫工作通过国家暗访调研。11月18日，市委、市政府组织召开首府南宁创建国家卫生城市攻坚大会。2011年1月18~21日，全国爱卫办组织技术评估专家分10个专业组对南宁市创建国家卫生城市进行全面评估，1月26日全国爱卫办下文确认南宁市创建国家卫生城市顺利通过技术评估检查。

【健康教育】 2010年，市政府将为市民举办百场健康讲座列入为民办实事项目内容。5月正式启动，投入资金10万元。全年举办健康讲座100场以上，问卷抽样调查市民卫生知识知晓率和卫生行为形成率达到70%以上。全年各县（区）举办健康讲座119场，参加人员1.50万人。

【控烟项目申报】 2010年7月，南宁市正式申报"无烟城市——盖茨中国控烟项目"。经评审，南宁市获准成为"无烟城市——盖茨中国控烟项目"第二批十个城市之一。项目旨在通过开展高效、负责、可持续发展的控烟行动，努力减少烟草使用导致的疾病和死亡。重点是预防青少年和妇女吸烟、在成人和年轻人中促进戒烟，以及消除环境中烟草烟雾造成的危害。项目期为两年（2011~2012年），每年基金提供经费8万美元。

【市容环境卫生整治】 2010年，南宁市结合开展城乡清洁工程、迎接自治区第七届"南珠杯"竞赛活动，开展市容市貌综合整治。全市查处"五乱"现象133.92万起。其中：摊点乱摆行为39.74万起，车辆乱停放行为17.28万起，垃圾乱扔行为19.71万起，广告乱贴行为56.37万起，工地乱象行为8172起。"数字城管"立案21.58亿件，处理完结20.10亿件，完结率93%；处理生活垃圾25万吨，处理医疗垃圾2396吨，垃圾无害化处理率100%；市政道路完好率90%以上，城市道路亮灯率95%以上；整治违法户外广告206起，拆除违法广告54处，面积5859平方米。全面清理背街小巷、城中村、城乡结合部卫生死角。

【占道经营专项治理】 2010年，南宁市城管综合执法部门统筹协调，公安部门配合，组织力量集中整治占道经营现象严重的地区、地段，重点打击占道经营行为，并组织专门队伍，实施流动巡查，监督分片和守点执法人员的到岗情况，灵活机动地打击占道经营行为。针对社会关注的焦点、群众投诉的热点、市容整治的难点，按照"疏堵结合"的思路，在大力整治的同时，稳步推进定时定点临时摆卖摊（创业街）工作。

【非法"小广告"清理整治】 2010年，首府创卫市容环境卫生部连续下发3份紧急通知，要求各城区、开发区对商铺卷帘门、橱窗玻璃、墙体、通讯、消防、供电等设施和地面上的非法"小广告"进行清理；对辖区内的各级机关单位、大中专院校、厂矿企业、个体工商户及广大市民，采取分区划片、单位包干、门前三包等措施，对道路两侧、地面、车站、码头、城市出入口、立交桥、人行天桥、公交车站亭、单位庭院、楼道等场所上的非法"小广告"进行清理；重点加大对农贸市场、城中村、乡镇和城乡结合部等处违章小广告的清理整治力度。清理非法小广告4万多张。

【建筑施工专项治理】 2010年，市环保局、市城乡建设委员会和市城管局联合开展，针对建筑施工、道路扬尘及建筑施工噪声污染的专项整治行动。整治的内容包括：在市区道路及工地范围从事建筑垃圾、渣土运输的车辆，要执行车辆密闭化运输（用苫布遮盖），解决运泥车在路上抛撒泥土问题；市区内所有建筑工地施工现场出入口要做到混凝土硬化、配备高压水枪清洗轮胎及车身的洗车平台，解决建筑渣土运输车辆轮胎及车身带泥上路引发扬尘污染问题；市区挖泥和拆迁工地要实行湿式作业；建筑工地严格执行午间、夜间施工审批制度，施工过程中采取防尘降噪等措施。查处工地乱象行为8172起。

【病媒生物防制】 2010年，市级病媒生物防制专项经费有232万元；核心城区每年安排60~150万元作为辖区病媒生物防制工作专项经费，其他城区也安排专项经费。各城区、开发区投入除四害经费825万元，投放鼠药96吨、奋斗呐1900千克、砒虫啉杀蟑耳剂2.10万包、其他药品5800千克，堵鼠洞12万个，投放毒鼠屋9.40万个，安装灭蚊灯780个，全市投入使用毒鼠盒23余万个，公共场所、社区庭院安装户外灭蚊蝇灯1050余盏，推广使用封闭式垃圾桶、密闭垃圾屋1.57万个。

【农村改厕项目】 2010年，南宁市执行中央补助地方农村卫生改厕项目任务3.90万座（横县7000座、宾阳县8000座、上林县7000座、马山县5000座、隆安县3000座、武鸣县3000座、六城区各1000座），分布在12个县（区）、140个乡镇、690个行政村、1295个自然屯。全市利用中央和自治区财政补助地方农村卫生改厕项目资金2418万元，市、县（区）财政补助地方农村卫生改厕项目资金296万元。年内，各县（区）项目竣工率100%，直接受益人数19.50万多人，顺利通过自治区爱卫办和全国爱卫办对南宁市改厕项目终期评估考核验收。至年末，南宁市农村卫生厕所普及率68.21%，无害化卫生厕所普及率66.78%，实现"十一五"规划提出的到2010年农村卫生厕所普及率65%的奋斗目标。

【城乡清洁工程】 2010年，市爱卫会制定《2010~2012年南宁市城乡环境卫生整洁行动实施方案》，结合创建国家卫生城市，开展各项整治行动。建成区生活垃圾年总产量为57.90万吨，全部实现无害化处理，无害化处理率76%（已达标），城市生活污水处理率80%（已达标）。至年末，市本级污水处理设施项目建设任务全部完成，污水集中处理能力由原来的44万立方米/天增至78万立方米/天，市区污水集中处理率90.67%。农村生活垃圾和污水处理率分别提高10%，完成50个村庄的环境综合整治。农村生活饮用水水质卫生合格率提高15%。农村卫生厕所普及率提高10%。 （唐 驰）

责任编辑 方 明

体　　育

竞技体育

【概　况】 2010年是南宁市备战广西壮族自治区第十二届运动会和全国第七届城市运动会（以下简称“两会”）的第三年。南宁市竞技体育以实施《奥运争光计划》为目标，根据自治区竞技体育“短、小、灵、水”的发展思路，积极构建市县级业余训练网络，以优势项目为突破口，努力提高竞技体育运动水平。南宁市籍运动员参加国际体育比赛，获金牌5枚、银牌1枚、铜牌1枚；代表南宁市直接参加全国体育比赛，获银牌3枚、铜牌2枚；参加自治区年度比赛，获金牌196枚、银牌142枚、铜牌136枚。从成绩上看，南宁市的游泳、田径、举重、羽毛球、网球、体操、跳水、蹼泳等项目在自治区处于领先地位。南宁市向自治区体育局各训练中心和自治区体育运动学校输送运动员24人、向国家女子举重集训队输送运动员2人，获得参加广西专业队试训集训23人，运动水平居自治区前列。完成798名国家二级裁判员的审批，以及全市24个项目482名运动员的注册工作。王莹、王毅参加第十六届亚洲运动会，获女子水球金牌，被授予广西壮族自治区劳动模范称号；黄月珍参加全国青年女子举重锦标赛，3次创造全国青年纪录，获2010年全国青年女子举重锦标赛体育道德风尚奖运动员称号；蒙珊珊、黄明康参加2010年全国高水平后备人才基地举重锦标赛，获体育道德风尚奖运动员称号。

【参加体育比赛】

自治区各单项锦标赛　2010年7～11月，广西青少年体育单项锦标赛在自治区11个市、县举行。南宁市派出880名运动员组成南宁市队和南宁市联队参加蹦床、技巧、举重、篮球、乒乓球、蹼泳、拳击、柔道、射击、射箭、手球、摔跤、水球、跆拳道、体操、田径、跳水、网球、武术散打、武术套路、艺术体操、游泳、羽毛球、足球24个项目的比赛。获金牌196枚、银牌142枚、铜牌136枚。

全国高水平后备人才基地赛　8月2日，南宁市派出19名运动员组成代表队前往湖南省长沙市，参加全国高水平后备人才基地赛。获金牌3枚、银牌3枚、铜牌2枚、第四名6个、第五名2个、第七名2个、第八名3个，并被评为体育道德风尚奖运动队称号，有2名运动员获体育道德风尚奖。

【备战“两会”】

备战城运会　2010年，南宁市体育局组织召开参加第七届全国城市运动会专项工作座谈会，进一步明确工作重点和任务。10月，根据国家体育总局下发的竞赛规程总则所设的竞赛项目，结合南宁市运动员的特点，与自治区各运动中心联系，研究组队方案。经过精心考察，初步确定参加第七届全国城市运动会运动员名单。编制代表团组团方案，并报南宁市政府同意。南宁市将参加游泳、跳水、射箭、田径、羽毛球、体操、蹦床、射击、乒乓球、跆拳道、举重、国际式摔跤、武术套路13个项目的比赛。同时，密切跟踪各项目运动员的训练情况，了解其体能、状态等状况，为报名参赛奠定良好基础。

备战自治区运动会　2010年，市体育局组织召开广西壮族自治区第十二届运动会筹备工作和2010年自治区单项锦标赛召集人、领队会议，明确各项目的召集人、领队人选和职责，要求各召集人全面负责教练员、运动员的选拔、训练计划的审核、运动队（包括联队）的报名、赛前集训的协调、赛中后勤的管理、赛后总结等。同时，做好与自治区相关部门的沟通与联系，了解相关项目各市备战自治区运动会动态，掌握主要对手情况，制定夺金对策。根据自治区第十二届运动会竞赛总则和报名通知的要求，成立报名工作小组，做好接收、核查和报项，完成第一次报项（除帆板外的19个比赛项目）和运动员初步报名。利用参加各级别、各项目比赛的机会锻炼队伍，以赛带练，取得较好的效果。冬训组织素质测验，检验训练效果，有田径、游泳、蹼泳等21个队491名运动员参加素质测验，467人达标，达标率为95%。年内，依托社会拓宽业余训练网络，挖掘更多的优秀运动苗子，培养符合自治区运动会比赛年龄的运动员。利用周末，举办2010年“迎区运”南宁市武术散打、跆拳道、举重选拔赛暨青少年业余训练选才赛。对南宁市重点项目和青少年体育训练网点进行考核，并对常规管理、教练员的教学计划、训练及输送情况、训练设施改进状况、文化学习、经费投入和使用情况等方面做出综合评定；对训练开展较好的29个训练网点下拨业余训练经费8.66万元，为全市承担24个重点项目训练的单位核拨15.80万元业余训练经费。调整取消训练网点1个，新设立训练网点3个。建立激励机制，拟制《南宁市运动员教练员和有关有功人员奖励办法（草案）》，并报市政府常务会议审议通过，为备战奠定坚实基础。

【南宁市第八届运动会】 2010年4月16～30日在南宁市体育场举行。由市政府主办，市体育局、市体育总会承办的南宁市第八届运动会。自治区党委常委、市委书记车荣福，自治区副主席李康，以及市四家班子有关领导出席开幕式。副市长李国忠主持开幕式。赛事设老年组、公开

4 月 16~30 日，南宁市第八届运动会在南宁市体育场举行。图为开幕式　　陆梓辉　摄

组、青少年甲组、青少年乙组、小学组 5 个组别；设篮球、羽毛球、乒乓球、五人制足球、气排球、拔河、健美操和拉拉操、围棋、象棋、网球、自行车、轮滑、田径、游泳、武术套路、举重 16 个大项，477 个小项；全部项目决出金牌 486 枚，为南宁市已举办的历届运动会设项、设组别最多的一届。增设围棋、拔河、健美操、网球、轮滑、自行车等广大市民喜闻乐见的项目。来自各县（区）、开发区、学校、社会团体的 17 个代表团 4773 名运动员参加各项目比赛。经过 15 天的激烈角逐，公开组获前三名分别为青秀区、兴宁区、西乡塘区；县（区）青少年组获前三名分别为青秀区、西乡塘区和宾阳县；县（区）小学组获前三名分别为青秀区、西乡塘区、江南区；学校青少年组获前三名分别为青秀区、西乡塘区和武鸣县。

群众体育

【概　况】 2010 年，南宁市举办各级各类群众体育运动会、单项比赛和健身活动 828 项次，参与人数 350 万人次，群众参与率 51%，形成全民健身的良好态势。马山县、邕宁区中和乡、江南区江西镇、隆安县那桐镇获自治区民族体育特色之乡称号；马山县民族展示馆获自治区民族体育传承馆；马山县百龙滩镇王政勤、白山镇韦建廷、加方乡莫菊花，邕宁区中和乡孙子奇获自治区民族体育传承人。国家体育总局授予市体育局 2010 年全民健身活动优秀组织奖，授予隆安县文化广播影视和体育局、南宁百货大楼股份有限公司 2010 年全民健身活动先进单位。市民族事务委员会文教科和市体育局群体科获广西壮族自治区民族传统体育先进集体，邱蕾、梁祥春、李天诚、郑本平获广西壮族自治区民族传统体育先进个人。张洪兰、陶剑锋获广西壮族自治区优秀社会体育指导员称号。

【群众体育比赛活动】

冬泳邕江活动　2010 年 1 月 1 日在邕江一桥水域举行。由市政府主办，市体育局、市体育总会、广西游泳协会、市冬泳协会承办，市教育局、市公安局、市城乡建设委员会、市卫生局、市工商局、市城市管理局、市总工会、南宁海事局、6 个城区人民政府、市体育管理培训中心、市大桥管理处、滨江公园共同协办。来自自治区直属部门和单位、市直属部门和单位、城区机关、企事业单位，教育系统的师生，以及南宁市、百色市、崇左市、玉林市、南宁铁路局冬泳协会的冬泳爱好者 2100 人参加当天的活动。

"端午节"龙舟系列比赛　6 月 15~17 日，南宁市举办 2010 年南宁市"端午节"龙舟系列比赛。竞赛项目设公开组 12 人标准小龙舟 800 米直道竞速和公开组 22 人传统龙舟 800 米直道竞速。全市设 1 个主赛场（隆安县），4 个分赛场（横县、宾阳县、江南区、西乡塘区）。除宾阳县因洪水无法举办外，主赛场隆安县及分赛场横县、江南区、西乡塘区，共有 93 支队伍参加，近 25 万名群众到各赛场观看。

第二届广西体育节开幕式南宁市主会场活动　8 月 8 日在南湖名树博览园举行。自治区领导沈北海、车荣福、文明、李康、李达球、李彬，自治区体育局局长容小宁，南宁市市长黄方方等 400 多名厅级以上领导及各界群众 6000 多人参加。开幕式现场组织花式篮球街舞、马术展示、花式轮滑、跆拳道表演、攀岩体验、自行车特技、气排球、投篮 8 个活动展示；市老年人体育协会在南湖公园北广场举办 2010 年南宁市中老年人健身走活动。为期 100 天的第二届广西体育节在自治区拉开序幕。

广西第七届残疾人运动会暨第二届特殊奥林匹克运动会　7 月 12~18 日在南宁举行。由自治区残疾人联合会、自治区体育局主办，市人民政府承办，市残疾人联合会、市体育局、广西梧州中恒集团协办。残运会设田径、游泳、乒乓球、举重、羽毛球、飞镖、盲人柔道、男子聋人篮球、女子坐式排球 9 个项目；特奥会设田径、游泳、乒乓球、滚球 4 个项目。自治区 14 个市及南宁铁路局分别派代表团 535 名运动员参赛。南宁市代表团获金牌 41 枚、银牌 24 枚、铜牌 6 枚，获金牌总数和团体总分第一名。参赛各代表团均获体育道德风尚奖，111 名运动员、51 名裁判员获体育道德风尚奖。

参加广西第十二届少数民族传统体育运动会　11 月 18~24 日在玉林市举行。南宁市组成 183 人的代表团参加抢花炮、珍珠球、毽球、投绣球、板鞋竞速、高脚竞速、武术、龙舟、打陀螺、射弩 10 个竞赛项目和 1 个表演项目的比赛。获金牌 17 枚、银牌 9 枚、铜牌 12 枚，金牌和奖牌数均列自治区第一，并获体育道德风尚奖。

第 28 届南宁解放日长跑活动　10 月 16 日在南宁市举行。中、外专业顶尖选手及南宁市长跑爱好者约 1.50 万人参加。肯尼亚选手 Musyoki Jhon Wambua 获半程马拉松男子组第一名，北京选手付傲霜获女子半程马拉松组第一名；越南选手 NGUYEN VINH THIEN 获 10 公里男子组第一名，越南选手 NGUYEN THI MY THOA 获 10 公里女子组第一名。

未成年人传统健身游戏大赛　12 月 18 日在南湖名树博览园举行。由市精神文明建设委员会办公室、市体育局、市教育局联合举办的 2010 年南宁市未成年人传统健身游戏大赛年度总决赛。设扔沙包、滚铁环、三人板鞋竞速、踢毽子、六人板鞋竞速、跳大绳6个项目,有15个代表队784人参赛。

体育活动黄金周 11月8~14日,由市体育局、市体育总会主办,市体育管理培训中心承办的2010年“南宁体育活动黄金周”各项赛事分别在市体育场和各城区的球馆举行。活动包括南宁市篮球联赛、南宁市气排球锦标赛、南宁乒乓球公开赛、“欧亚杯”南宁业余网球双打比赛、南宁羽毛球锦标赛,有1065人参赛。

“真龙杯”广西第二届城乡气排球赛(南宁市赛区) 10月27~31日在新屋村球场举行。由市体育局主办,市体育管理培训中心、各县(区)文体局承办。有102支队伍921人参赛。经过选拔,南宁市派出5个队参加11月16~18日在南宁举办的广西总决赛。获单位混合组第一名,女子公开组第二名,男子公开组第七名,女子街道乡镇组第四名,男子街道乡镇组第七名。

参加广西第二届“红水河杯”绣排球比赛 9月25~27日在来宾市举行。来自红水河流域的6个城市8支队伍参赛。由南宁市气排球协会选拔组成的南宁市代表队,在继上届获该项比赛的冠军后,再次蝉联冠军并获体育道德风尚奖。

【学校体育】 2010年,南宁市学校体育工作围绕贯彻落实《全民健身条例》、《学校体育工作条例》、《中共中央 国务院关于加强青少年体育增强青少年体质的意见》,市体育局配合市教育局深入各学校指导开展各项体育活动。发动师生参加冬泳邕江,第十二届自治区少数民族传统体育运动会,市未成年人传统健身游戏大赛,第28届南宁解放日长跑,自治区体育传统项目学校篮球、乒乓球和足球赛等大型赛事活动。

【农村与职工体育】 2010年,南宁市农村体育呈现健康发展态势。各地利用新建设的体育场地和设施,因地制宜开展当地农民喜闻乐见的体育活动。1月18~21日在武鸣县举行南宁市2010年村级公共服务中心建设年村级篮球赛决赛,全市49个村级公共服务中心的篮球队经过预赛,由六县各选拔出1支优秀队伍参加决赛,活动取得良好效果,群众参与率显著提高。各县(区)利用节假日,开展形式多样、内容丰富的群众体育活动与竞赛。如武鸣“三月三”民族体育竞技展演活动及武术散打擂台赛、宾阳县第六届职工运动会、横县乡镇篮球赛、上林县庆新春乡村篮球赛、马山县第20届天平“白岫杯”篮球运动会、隆安县纪念“三八”妇女节气排球比赛、兴宁区迎新春农民篮球比赛、江南区气排球赛、青秀区首届首府商会运动会、西乡塘区端午节划龙舟比赛、邕宁区“体育进社区,健康进万家”活动、良庆区第二届职工运动会等。这些活动竞赛规模大、辐射广、群众参与度高,有力地推动全民健身活动蓬勃开展。

【老年人体育】 2010年,南宁市老年人参与健身的积极性和自觉性显著提高,老年人体育活动日趋活跃。全年新审批晨练站5个,培训250人次。举办传统赛事、精品赛事11项次,其中影响较大的有:南宁市中老年人中国象棋比赛、南宁市门球甲级队比赛、南宁市老年人慢步走活动、中老年人迎春秧歌比赛等。组织老年排球、乒乓球、太极柔力球、健身球操、门球、网球等9个队参加中南、西南协作区和自治区老年人体育协会年度常规比赛,获金牌2枚、银牌3枚、铜牌1枚。

【社团体育】 2010年,南宁市社会体育建设和体育社团蓬勃发展,组织开展系列富有区域性国际城市体育文化特色的社会体育活动,举办17项次市级赛事,参与人数1.30万多人。全年审批二级社会体育指导员48人;新成立4个协会(南宁市蟋蟀协会、南宁市网球协会、南宁市举重协会和南宁市羽毛球协会),6个俱乐部(南宁市健泳游泳俱乐部、南宁市大拇指足球俱乐部、南宁市泳将游泳俱乐部、南宁市贝特尼斯健身俱乐部、南宁市群英会马术俱乐部和南宁市凌励乒乓球俱乐部)。至年末,全市有社会体育指导员1.51万人,体育协会19个,俱乐部38个。

【第三次国民体质监测】 2010年是国家体育总局每五年开展一次的国民体质监测年。市体育局制订实施方案,从5月10日起,在全市范围内开展国民体质监测。抽取体质测试样本3792人。其中:青秀区280人;宾阳县280人;兴宁区272人;江南区280人;西乡塘区280人;良庆区280人;横县280人;邕宁区280人;马山县280人;上林县280人;武鸣县280人;隆安县280人;自治区直属机关第三幼儿园440人。监测工作历时1个多月,通过测定,使更多群众了解自身的体质状况,增强体育锻炼意识,并根据运动处方获得日常健身的科学指导,推动全民健身活动的深入开展。

【城乡体育设施建设】 2010年,市体育局组织实施多项新农村建设和为民办实事项目工程。新建或改扩建各类体育场地面积12.26万平方米;建设村级公共服务中心项目49个;国家级乡镇农民体育健身工程6个;村级篮球场二类项目24个;村级篮球场三类项目33个;乡村级篮球场四类项目40个;城乡风貌改造二期工程村级篮球场建设项目14个;在6个县和6个城区的公共场所及市区公园、公共社区等增加建设60套户外运动健身路径,促进城乡体育设施配套的完善。

承办体育赛事

【概　况】 2010年,南宁市以承办体育赛事为平台,不断提高办赛能力,打造体育竞赛品牌,为经济社会发展和全面提升南宁市在国内外的知名度和影响力起重要作用。赛事主要有:广西体育中心启用仪式暨“天昌杯”中国之队国际足球赛、第五届南宁国际桥牌邀请赛、第六届南宁国际围棋邀请赛、第二届南宁象棋国际邀请赛、2010年南宁“中国石化杯”国际田联世界半程马拉松锦标赛暨第28届南宁解放日长跑活动、2010年南宁环青秀山山地自行车越野公开赛等。

【广西体育中心启用仪式暨“天昌杯”中国之队国际足球赛】 2010年8月11日晚在新落成的广西体育中心主体育场举行。由中国足球协会、市政府主办,市体育局、市体育总会承办。全国政协副主席何厚铧,自治区党委书记、自治区人大常委会主任郭声琨,自治区主席马飚,自治区政协主席马铁山,国家体育总局足球运动管理中心主任、中国足球协会副主席韦迪等领导,以及参加第五届泛北部湾经济合作论坛的代表和近4万名观众参加启用仪式并观看比赛。由郭声琨宣布广西体育中心正式启用,自治区党委常委、市委书记车荣福代表南宁市在启用仪式上致辞，马飚、市长黄方方为比赛开球。中国国家男子足球队与巴林国家男子足球队进行一场国际足球比赛。经过90分钟的激战，最终双方以1:1握手言和。中央电视台、南宁电视台、南宁电台进行现场直播。新华社、《人民日报》、中新社等中央驻桂媒体，《广西日报》、广西电视台、《南国早报》、《当代生活报》等自治区、市媒体对活动进行宣传报道。

【第五届南宁国际桥牌邀请赛】 2010年9月9~15日在南宁浙商大酒店举行。由国家体育总局棋牌运动管理中心、自治区体育局、市人民政府主办，市体育局、市体育总会、广西围棋协会联合承办。设公开队式赛、瑞士移位赛、公开双人赛、东盟国家单冠军双人赛4个项目。来自印度尼西亚、新加坡、泰国，以及香港、澳门、中华台北及广西和南宁市8支代表队、50名运动员参赛。经过6天的激烈角逐，印度尼西亚、中华台北的选手包揽东盟国家单冠军双人赛前三名，广西、南宁、印度尼西亚代表队分获团体前三名。

【第六届南宁国际围棋邀请赛】 2010年9月20~24日在南宁市举行。由国家体育总局棋牌运动管理中心、自治区体育局、市人民政府主办，市体育局、市体育总会、广西围棋协会承办。设团体赛和个人赛2个竞赛项目，采用积分编排制，共赛7轮，以个人成绩决定团体名次。来自文莱、柬埔寨、荷兰、印度尼西亚、日本、老挝、马来西亚、菲律宾、新加坡、泰国、美国、越南，以及香港、澳门、中华台北、高雄及广西和南宁等代表队参加。经过7轮角逐，美国洛杉矶队严仲泰、中华台北队张琪琨和日本队山本兴治分获个人赛前三名；美国洛杉矶队、中华台北队、南宁队分获团体赛总分前三名。

【第二届南宁象棋国际邀请赛】 2010年9月20~24日在南宁市翔云大酒店举行。由国家体育总局棋牌运动管理中心、自治区体育局、市人民政府主办，市体育局、市体育总会、广西象棋协会承办。设团体赛和个人赛2个竞赛项目，采用瑞士制（积分编排制）比赛规则，团体赛、个人赛一次进行。来自澳大利亚、缅甸、菲律宾、加拿大（东）、加拿大（西）、英国、德国、荷兰、日本、越南，中华台北、广西和南宁等13支代表队参加比赛。广西队、南宁队和越南队分获团体前三名，广西队秦荣、秦劲松和南宁队蓝向农分获个人前三名。

【2010年南宁“中国石化杯”国际田联世界半程马拉松锦标赛】 2010年10月16日在南宁市举行。由国际田径联合会主办，中国田径协会、市人民政府承办。第五届南宁国际半程马拉松比赛暨28届南宁解放日长跑活动（即大众赛）同时举行。自治区党委常委、市委书记车荣福，国家体育总局副局长、中国田径协会主席段世杰，国际田联主席迪亚克分别在开赛仪式上致辞。国际田联大家庭成员、国家体育总局、中国田径协会官员，以及南宁市四家班子领导到场参加活动。锦标赛设半程马拉松男子、女子组个人赛和团体赛；大众赛设男子、女子半程马拉松和男子、女子10公里比赛，4公里健康跑等5个比赛项目（活动）。在举行第五届南宁国际半程马拉松比赛的同时，还承办全国马拉松积分赛。锦标赛有30个国家和地区的55名官员及123名运动员参加；大众赛有日本、越南、肯尼亚、南非，以及香港、澳门及内地的专业和业余选手14234人参加，为历届参加人数最多。经过激烈角逐，锦标赛组：肯尼亚选手Wilson KIPROP获半程马拉松男子组个人第一名，肯尼亚选手Florence Jebet KIPLAGAT获半程马拉松女子组个人第一名；肯尼亚分获男子和女子团体第一名。大众组：肯尼亚选手Musyoki Jhon Wambua获半程马拉松男子组第一名，北京选手付傲霜获半程马拉松女子组第一名；越南选手NGUYEN VINH THIEN获10公里男子组第一名，越南选手NGUYEN THI MY THOA获10公里女子组第一名。

【2010年南宁环青秀山山地自行车越野公开赛】 2010年12月18日在青秀山举行。由市体育局、市体育总会主办。来自北京、广东、四川、湖南、香港等地和广西及南宁市的200多名选手参赛。设自行车男子、女子公开组和大众组。江苏封宽杰、香港CS车队卢小勇和四川南充无限单车俱乐部李昌德分获男子公开组前三名；香港CS车队吕桃涛、四川夏兰和浙江王仙芳分获女子公开组前三名；南宁麦思车队黄世腾、桂林宁周军、南宁峰行车队周圣淞分获大众组前三名。

体育交流

【概　况】 2010年，南宁市拓宽渠道构建体育交流平台，加强与自治区内外、国内外体育交流合作，把南宁市打造成为面向东南亚的区域性国际体育比赛中心、培训中心及体育文化交流中心。全年接待越南集训队伍150人次；派员赴国外学习考察19人次；承办国际赛事5次，邀请国内外代表队和运动员前来参赛。在所承办的国际体育赛事中，广西体育中心启动仪式暨“天昌杯”中国之队国际足球赛和2010年南宁“中国石化杯”国际田联世界半程马拉松锦标赛成为亮点。南宁国际围棋邀请赛、南宁象棋国际邀请赛、南宁国际桥牌邀请赛等系列精品赛事，成为南宁市乃至广西体育文化对外交流合作的形象品牌，推进南宁与世界、尤其是与东盟国家及城市的交流合作。

【出访交流】 2010年3月23~28日，市政府副秘书长邓卫民率队一行6人，赴卡塔尔多哈市向国际田联汇报世界半程马拉松锦标赛筹备情况。11月22日，市长黄方方、市体育局局长梁桦中和市外办副主任吴天成一行，受邀在摩纳哥参加国际田联颁奖盛典。3月9~15日，梁桦中率市体校武术队一行12人，赴香港特别行政区参加第八届香港武术节比赛。10月3~18日，南宁市派出由市体育局副局长莫树森任领队的南宁市车队，参加由国家体育总局和自治区人民政府主办的2010年中国—东盟国际汽车拉力赛。途经越南、泰国、柬埔寨、老挝4个国家共14个城市，行程6000千米。获越南站场地赛第一名、集结赛海防至荣市赛段冠军车组的成绩，进一步提高南宁的知名度和影响力。

【来访与业务交流】 2010年，市体育局与越南河内市文化体育和旅游局开展合作交流。河内市文化体育和旅游局派出田径、体操、蹼泳、手球、羽毛球等8支队伍共150人次到南宁市进行集训。国际田联联络官员多次到南宁实地考察世界半程马拉松锦标赛的筹备情况并进行工作对接。8月10~11日，巴林国家男子足球队一行30多人到南宁，参加广西体育中心启用仪式暨“天昌杯”中国之队国际足球比赛，并与南宁市中学生开展交流活动。9月9~24日，2010年南宁象棋国际邀请赛、南宁国际围棋邀请赛、南宁国际桥牌邀请赛相继在南宁市举办，越南、菲律宾、文莱、美国、澳大利亚、加拿大、中华台北等派出代表队参赛。10月16日，2010年国际田联世界半程马拉松锦标赛在南宁市举办，有肯尼亚、埃塞俄比亚、墨西哥、秘鲁、加拿大、日本和香港、澳门等30个国家及地区派出运动员到南宁市参赛。

体育产业

【概　况】 2010年，南宁市体育产业有体育场馆、设施13730个；社会办体育项目50多个，经营户340多家(仅有1.60%为全民所有)；全年营业收入近1.26亿元。体育用品生产、销售年实现产值1.16亿元。体育协会19家，体育俱乐部38家，注册资金近900万元。体育彩票销售总额1.96亿元，公益金收入近980万元。据不完全统计，全市体育产业值达4.38亿元，占全市GDP(国内生产总值)比重0.24%。市体育局加大对全市体育产业经营单位的管理和指导力度，建立公开、透明、管理规范的市场服务机制，充分发挥政策对体育产业发展的引导和扶持作用，落实国家制定的体育服务行业标准，加强对体育市场的服务与管理，落实体育经营管理的法律、法规，保障体育市场规范运作，促进体育市场的健康、规范、有序发展。

【体育彩票业】 2010年，市体育彩票管理中心完成销量1.96亿元，比上年增长70%，占自治区销量约37%，名列第一。其中，电脑彩票销量约1.60亿元，即开型彩票约3500万元。新上市销售的玩法游戏——竞彩玩法成为体育彩票销量中的新增点，借助“世界杯”的销售机遇，上市销售第一年就取得了相当好的成绩。全年竞彩玩法销量5179万元，占总销量的26%。

【本体产业开发】 2010年，市体育场、南宁手球训练基地等局属体育产业经营实体积极探索多种经营渠道，开辟新的经营项目，增收节支，取得良好的经济效益和社会效益。体育场馆接待竞技体育比赛6项次，运动队训练30多项次，群众体育活动30项次，学校体育活动1万多人次，群众体育锻炼65万人次；经营管理收入309.80万元。南宁手球基地食堂营业收入290万元；基地奥体宾馆营业收入190万元，年均住客率83%。

【社会体育产业】 2010年，南宁市社会公众参与健身娱乐的积极性高，推动体育健身娱乐业的发展。体育服务业共有各类服务经营单位约500家，年销售收入近2.50亿元。其中健身娱乐单位在体育服务业的各组成行业中数量最多，近350家，年收入约1.26亿元，从业人数3000余人。健身娱乐业的经营项目门类齐全，主要有羽毛球、棋牌、乒乓球、游泳、体操(包括各类健身、健美操)、高尔夫球和网球等，比重分别为41.30%、27.10%、4.10%、12.30%、12.10%、2.10%和1%。健身娱乐业趋于平稳增长。体育培训业的营业收入占体育服务业的13.41%，包括各类体校、俱乐部、运动协会、培训中心、棋院、武术馆等，从业人数占体育服务业的11.60%。单纯从事体育竞赛表演和体育中介的单位较少，营业收入占体育服务业的比重分别只有1.24%和0.32%。此外，体育中介、竞赛表演、体育培训等新兴行业增长速度较快，显示出强劲的发展势头。

2010年南宁市籍运动员荣誉榜

姓名	日期	地点	比赛名称	项目	比赛成绩	
					小项	名次
梁耀月	10-22~10-24	法国	2010年蹼泳世界杯总决赛	蹼泳	50米蹼泳	1
梁耀月	10-22~10-24	法国	2010年蹼泳世界杯总决赛	蹼泳	50米屏气潜泳	1
梁耀月	10-22~10-24	法国	2010年蹼泳世界杯总决赛	蹼泳	100米蹼泳	1
许艺川	10-22~10-24	法国	2010年蹼泳世界杯总决赛	蹼泳	400米蹼泳	1
许艺川	10-22~10-24	法国	2010年蹼泳世界杯总决赛	蹼泳	800米蹼泳	2
许艺川	10-22~10-24	法国	2010年蹼泳世界杯总决赛	蹼泳	200米蹼泳	3
王　莹	11-17	广州	第十六届亚运会	水球	女子水球	1
王　毅	11-17	广州	第十六届亚运会	水球	女子水球	1
覃威丽	08-02~08-08	长沙	全国高水平后备人才基地赛	举重	少年组44公斤级	2
韦方梅	08-02~08-08	长沙	全国高水平后备人才基地赛	举重	少年组44公斤级	4
莫梦霞	08-02~08-08	长沙	全国高水平后备人才基地赛	举重	少年组44公斤级(抓举)	8
林冰莲	08-02~08-08	长沙	全国高水平后备人才基地赛	举重	少年组44公斤级	3
周彩英	08-02~08-08	长沙	全国高水平后备人才基地赛	举重	少年组44公斤级	4
黄明康	08-02~08-08	长沙	全国高水平后备人才基地赛	举重	少年组44公斤级	8
孙有富	08-02~08-08	长沙	全国高水平后备人才基地赛	举重	少年组44公斤级	7

注：合计获世界杯总决赛金牌4枚、银牌1枚、铜牌1枚；亚运会水球金牌1枚(集体)；全国高水平赛银牌3枚、铜牌2枚、第四名6个、第五名2个、第七名2个、第八名3个

(市体育局编写组)

责任编辑　李志楠

社会民生

城市应急联动服务

【概　况】 南宁市城市应急联动中心在市政府应急管理办公室领导下，通过城市应急联动指挥系统进行突发公共事件接报和处置，具体承担市政府应急管理的日常事务。2010年，接听报警求助电话152.81万个，处理各类有效事件35.15万起。其中110事件21.09万起、119事件4385起、120事件4.01万起、122事件9.62万起。完成2010年中国—东盟自由贸易区论坛、南宁市第八届运动会、南宁国际时尚博览会、2010年南宁“中国石化杯”国际田联世界半程马拉松锦标赛、第五届泛北部湾论坛、广西体育中心启用仪式暨天昌杯中国之队国际足球赛、中越青年大联欢、2010年重大事故应急救援演练活动、南宁市突发大气污染事件应急预案处置演练和突发性地质灾害应急预案演练等通信保障任务21批次，为有关单位提供通信用的对讲机1458台次，保证重大活动期间指挥调度通信的畅通。向市委办公厅、市政府办公厅上报各类应急信息549条，出版简报《应急信息周报》40期、《联动信息周报》18期。接待国内外宾客114批次2200人次。

【城市公共安全管理系统】 2010年，市应急联动中心完成联动中心大楼和信息化大楼之间通信网络管道铺设、新建数字通信基站选址和联动中心大楼内部搬迁等系统升级的配套工作；完成应急管理“一网六库”（应急管理工作联络网、救援专业队伍库、救援物资库、应急管理专家信息库、应急管理法规库、突发公共事件典型案例库、突发公共事件预防和应对处置基础知识库）部分系统需求分析和初步设计及数据收集的前期准备。编制的“人才小高地”项目“应急服务质量管理体系研究——ISO9000在城市应急联动系统管理工作中的应用”于4月获得专项资金资助，10月完成质量管理体系控制程序文件，并确定质量记录格式，12月通过中国质量认证中心的审核，并取得证书，完成城市应急联动系统服务质量管理体系建设。

【应急知识普及】 2010年11月15~18日，市应急联动中心和市应急办在南宁桃源饭店举办“南宁市2010年度应急管理培训班”。各县（区）应急办主要领导及市级各单位应急管理从业人员102人参加。代拟《南宁市应急手册发放方案》，制作应急管理宣传板报，在兴宁区望州南社区举办“南宁市《公众防灾应急避险手册》免费发放仪式”。依据方案全市各县（区）8月31日前完成手册140万册发放。

【基层应急管理试点】 2010年，市应急联动中心与市应急办深入全市12个县（区）、3个开发区，对南宁市拟开展的基层应急管理试点工作进行调研，编制完成《南宁市基层应急管理规范化建设试点工作实施方案》，于2011年1月1日开始实施。　（曾瑞萍）

婚姻·家庭

【婚姻登记】 2010年，南宁市内地居民婚姻登记于6月1日实现与全自治区联网，解决传统手工操作模式下的登记不规范、效率低、档案难查找等问题，并有效防止重婚、骗婚现象的发生。继续将免费意愿婚检列入市政府为民办实事项目，全市各级民政部门和婚姻登记处配合卫生部门做好免费意愿婚前医学检查宣传。全年有8.59万人参加免费意愿婚检。为有效应对2010年10月10日3个10登记高峰日，市民政局坚持“民有所需，我有所应”的服务信念，加强领导，提早准备，周密布置，制定预案，实行提前、现场预约，当日现场登记等方式，全天候登记，全方位服务，当天全市各级民政部门办理结婚登记1632对。全年办理结婚登记6.94万对，离婚登记9076对，登记合格率100%。至年末，全市13个婚姻登记处均被评为全国婚姻登记规范化单位，市民政局被评为全国婚姻登记规范化建设“十一五”贡献突出单位。

【儿童收养登记管理】 2010年，南宁市按照《中华人民共和国收养法》、《收养登记工作规范》等法律法规和政策的要求，从有利于被收养的未成年人的抚养、成长，保障被收养人和收养人的合法权益出发，规范国内居民收养和涉港澳台及华侨的收养登记。坚持“以人为本、儿童至上、区别对待、依法办理”的原则，与公安、司法、卫生、计划生育等部门配合，稳妥解决已形成的私自收养问题。办理收养登记406人，合格率100%。　（郑晓红）

【第五届家庭文化艺术节】 2010年11月13日，市妇联、市文明办、市文化新闻出版局联合举办以“竞展家庭才艺　倡扬和谐新风”为主题的南宁市第五届家庭文化艺术节家庭朗诵比赛、家庭才艺比赛。16户参赛家庭围绕孝老爱亲、家庭助廉、文明交通等主题进行表演和展示。在家庭朗诵比赛中，马山县的蒙娟等2户家庭获一等奖，武鸣县的李晖等54户家庭获二等奖，兴宁区的李丽华等9户家庭获三等奖；在家庭才艺比赛中，兴宁区的蒙星慧等2户家庭获一等奖，市直机关的李忠等5户家庭获二等奖，邕宁区的黄运朝等9户家庭获三等奖。

3月24日，市妇联开展"低碳家庭·时尚生活"科普传播进社区主题实践活动。图为市民签名承诺"低碳生活从我做起" 张杏 摄

【"低碳家庭·时尚生活"活动】 2010年3月24日，南宁市妇女联合会与有关部门联合举办广西"低碳家庭·时尚生活"科普传播进社区主题实践活动启动仪式，以文艺演出、现场咨询、有奖知识问答等多种形式倡导低碳家庭生活方式；开展科技创新、家庭小制作征集集锦活动，全市推荐84件低碳小制作参加征集活动，其中16件作品分获一、二、三等奖；在六城区开展家庭低碳生活小档案记录活动，有30户家庭参加。

【"美德在农家"活动】 2010年8月31日，市妇联在江南区扬美古镇开展以"美德花开新农家 巾帼示范创佳绩"为主题的"美德在农家"文艺展演。以说唱、小品、三句半等演出形式展示农村妇女的精神风貌，展示"美德在农家"、"巾帼示范村"创建活动成果，吸引扬美村500多名村民参加。活动当天，市妇联还对2009年评出的12个南宁市"美德在农家"活动示范点和12个南宁市第三批"巾帼示范村"进行授牌，并开展孝老爱亲、文明交通、家庭助廉、低碳生活等内容的有奖知识问答，发放宣传资料5000份。

【百万妇女文明交通宣传员行动】 2010年，市妇联围绕"南宁市文明行动计划"，开展"文明交通，平安叮咛"宣传教育进家庭活动。通过开展"文明交通，平安叮咛"短信征集活动，发动全市妇女及家庭成员为自己的亲人、朋友、同事送上平安叮咛和祝福。全市征集创作短信243条，评选表彰22条优秀短信作品。参与百万妇女交通劝导活动，先后5次组织妇女志愿者进行文明交通劝导活动，督促市民自觉遵守交通规则。

【廉政文化进家庭活动】 2010年，市妇联把廉政教育纳入南宁市2010年基层妇联主席培训班、优秀科级妇女干部培训班及村"两委"(村党支部委员会和村民自治委员会）女干部培训工程的培训课程中，提高女干部勤政廉政的自觉性。继续开展以"筑反腐防线 树廉洁家风"为主题的家庭助廉教育活动。通过发送廉政手机短信、签订家庭助廉承诺书、开展家庭助廉读书活动、举办朗诵比赛、组织文艺演出、组织参观革命纪念馆、观看反腐警示教育片和革命传统教育片等活动，教育引导干部及其家属做到警钟长鸣，防微杜渐，发送家庭助廉短信2.04万条，签订家庭助廉承诺书2412份。

8月31日，市妇联在江南区扬美古镇开展"美德在农家"文艺展演 张杏 摄

【留守流动儿童关爱工程】 2010年，市妇联通过开展系列公益项目活动，为农村留守流动儿童解决实际问题。实施"春蕾计划"，发行"关爱女孩 春蕾计划"贺年卡，筹措资金，继续资助265名贫困中小学女生，新资助46名贫困中小学女生完成学业。实施阳光计划，在农民工子弟学校——裕兴学校成立"南宁市流动儿童之家"，发动南宁市部分的姐为流动儿童之家送去一批文体器材，组织广西中医学院志愿者到该校开展送医送药、关注流动儿童健康的志愿者活动，促进城乡儿童健康成长；实施恒爱行动，发动爱心人士编织捐赠爱心毛衣730多件，学习用品和书籍一批；组织600名爱心家长与孤残、留守儿童结成对子，为留守流动儿童的健康成长创造良好环境。

【平安家庭创建】 2010年6月25日，市妇联在兴宁区朝阳街道鸡村开展"不让毒品进我家 家庭平安促和谐"禁毒宣传进村屯活动，通过举行"不让毒品进我家"承诺签名仪式、禁毒知识有奖问答和禁毒法宣传家庭飞行棋趣味游戏比赛，开展禁毒防艾现场咨询和健康义诊，教育村民珍爱生命、远离毒品。26日上午，在朝阳广场开设法律咨询点，展览禁毒板报和禁毒挂图,向群众宣传禁毒知识、解答法律问题、进行心理辅导,现场解答32名群众禁毒法律咨询,发放禁毒宣传资料1000余份。同日下午,在望州社区戒毒工作站开展“6·26”禁毒宣传活动,给社区5名戒毒人员发放解除社区戒毒书和慰问品,并对参加社区戒毒(康复)表现较差的对象进行告诫。

【清洁卫生进家庭】 2010年,市妇联通过健康教育宣传、与社区居民签订家庭清洁卫生公约、志愿者服务等多种方式,传播卫生知识,传送健康信息,引导家庭改陋习、讲文明、讲卫生。组织妇女清洁队、妈妈保洁队、巾帼劝导队3支队伍,深入望州南社区和望州社区等社区,对楼栋、社区、街道开展“大清扫、大清理、大整治”攻坚活动,清除卫生死角,净化庭院、楼道、小区卫生。发放清洁家园倡议书21万份,签订卫生公约1.90万份,发放宣传资料31万份。

(李永清　谭静宇)

人口与计划生育

【概　况】 2010年,南宁市围绕年初确定的工作目标和重点,以稳定低生育水平为目标,以全面建立和完善人口和计划生育管理新机制为重点,切实解决存在的突出问题和困难,完成年度人口计划及人口和计划生育各项任务。全市出生152227人。年内,市委、市政府获2010年广西人口和计划生育工作先进奖;市人口和计划生育领导小组办公室获2010年广西人口和计划生育工作先进单位奖;青秀区获2010年广西人口和计划生育工作模范县(市、区),武鸣县获全国计划生育优质服务先进单位,江南区、横县、邕宁区、隆安县分获自治区计划生育优质服务先进单位,兴宁区、武鸣县分获自治区人口计生工作先进奖和创新奖,西乡塘区、江南区、上林县和宾阳县获自治区人口计生工作进步奖。武鸣县仙湖镇、横县马岭镇等28个乡镇(街道办)553个村(居)委会被确定为自治区及南宁市2010年度“两无一提高”先进单位。市人口和计划生育委员会被国家人力资源和社会保障部、国家人口与计划生育委员会评为“十一五”全国人口计生系统先进集体。南宁市被确定为国家人口计生综合改革示范市和流动人口基本公共服务均等化试点市。

【目标管理】 2010年,南宁市进一步完善和落实人口计划生育目标责任制。年初,市委书记、市长与各县(区)党政主要负责人及34个相关职能部门主要领导签订《人口和计划生育目标管理责任状》;各级党委、政府和有关部门及村(居)委会层层签订人口计生目标责任状,实行计划生育“一票否决”。年末,组织市人口和计划生育领导小组成员单位副处以上负责人,对上述县(区)和部门进行党政线、计生线、部门线考核,结果全部合格,并经自治区考核验收达标。武鸣县获2010年南宁市人口和计划生育工作特别先进奖;青秀区、江南区、宾阳县、兴宁区、西乡塘区、邕宁区、横县获先进奖;隆安县、良庆区、上林县、马山县获进步奖;武鸣县、江南区获创新奖。市委办公厅、市政府办公厅等26个单位获全市人口与计划生育工作目标管理(部门线)先进奖;市交通运输局、市农业局等9个单位获进步奖。青秀区、武鸣县等8个县(区)人口与计划生育领导小组办公室获全市人口与计划生育工作目标管理(计生线)先进奖;隆安县、良庆区等4个县(区)获进步奖。

【人口计生宣传教育】 2010年,南宁市以婚育新风进万家、关爱女孩和计划生育“三下乡”等活动为载体,建立完善“联合融入、按需施教、参与互动、人文关怀”的人口计生宣传教育新机制。一是环境宣传得到加强。在各级财政投入的基础上,筹集社会资金制作城中村公益宣传牌,由企业出资在各城区的城中村(居)设立人口计生公益宣传牌,在壮锦大道绿城印象旁树立起T型高杆人口计生公益广告牌。全市共设立各种户外宣传牌(高杆T型广告牌、大型喷绘广告牌)645块、固定宣传标语1765条。二是媒体宣传报道实现常态化。在《南宁日报》开设“人口与家庭”、南宁电台开设“人口之声”、南宁电视台开设“人口之窗”,并利用互联网,经常性地进行人口计生工作的宣传报道。全年各类新闻媒体刊播市人口计生信息1690条(国家级110条、省级551条、市级1029条)。三是人口计生主题宣传活动方式多样化。组织开展首届优生优育——健康宝宝大赛、第二届性文化节、计生协会会员“红歌大家唱”暨广场板报比赛、计生家庭就业创业援助启动仪式、婚育新风和关爱女孩等大型主题宣传活动。举办“十大阳光女孩”评选活动,成为全国领先、广西惟一的“关爱女孩行动”工作品牌。

【人口计生利益导向机制】 2010年,南宁市就人口老龄化趋势出台计划生育优惠措施。一是市政府将“居家养老服务工程”列入为民办实事项目,通过政策扶持和引导,采取专业化服务与志愿者服务相结合等方式建立起以居家养老为基础、社区服务为依托、机构养老为补充的新型养老服务体系。在6个城区和3个开发区的22个街道办事处、197个社区开展居家养老服务,逐步解决老年人的后顾之忧。二是以武鸣县被列为全国和自治区首批新型农村社会养老保险试点县为契机,开展农村计划生育家庭参加新型农村社会养老保险试点,由政府为农村计生家庭代缴新农保参保费,投入800万元为5万户农村计划生育家庭缴纳养老保险费,预计代缴满15年后,累计投入将达2.03亿元,解决农村计划生育家庭的“老有所养”问题。三是江南区政府与自治区总工会南宁工人疗养院合作开展“幸福晚年行动”,为1979年以来实行计划生育家庭的父母提供医疗保健服务,提高其生活质量,推动老龄人口关怀事业的发展。

【流动人口计划生育服务管理】 2010年,南宁市新建“计生绿卡”(凡持有此卡,可享受子女公立学校免借读费;贫困户可以在爱心超市领取生活用品等11项优先优惠服务)、“计生一键通”和“多证协管一证”等流动人口综合服务管理新机制,建立完善以政府为主导的部门信息共享、服务管理互动的“多证协管一证”工作机制,各县(区)各有关部门通过“一站式”服务、“一卡通”管理制度,在为流动人口提供就业指南、办证等优质服务的同时,实现部门共享流动人口信息,流动人口计划生育实行共同管理的目标,提升流动人口基本公共服务均等化水平。

【人口计生服务】 2010年,南宁市深化计划生育优质服务先进单位创建活动,提升人口计生服务管理水平。一是围绕构建“优生、聪明、健康、长寿”南宁人群目标，继续开展免费为农村新婚夫妇进行地中海贫血筛查。与解放军第三〇三医院联合开通“地贫高危孕妇免费产前诊断绿色通道”，推动出生婴儿优生促进工程的全面深入开展。全市完成育龄夫妇地贫筛查10238对，对筛查出的368对地贫高风险夫妇进行跟踪指导服务。二是开展“计生国策、优生优育、生殖健康”为主题的大课堂巡讲活动，组织专家深入乡镇、村(居)委会、机关企事业单位进行广泛宣传培训，举办生殖健康讲座100多场，参学2.80万多人次。推进“爱婴教育”工作，举办首届“优生优育——健康宝宝”大赛，有591名幼儿、2000多名家长、1000多名幼教工作者和专家参加。三是整合社区资源，以社区卫生服务机构为依托，于7月设立槎路社区人口·家庭健康服务中心。服务中心总面积1500平方米，分上下两层，集休息视听区、早教乐园、人口文化驿站、营养配餐室、老年人健康活动室、美孕沙龙、心灵绿洲等10个服务功能区于一体，服务范围从以往单一的生殖保健服务，拓展到优生优育、生殖健康、心理咨询、营养膳食等多方面，从对个人的服务拓展到对家庭的服务。其中特色早期教育备受好评，通过新生儿抚触、幼儿智力开发、营养配餐等多元化的早期教育，探索婴幼儿早教模式，提高优生优育水平。四是利用计划生育管理服务网络，进行婚前期教育、孕产期保健、避孕节育和生殖保健知识的宣传和咨询服务。全市接受生殖健康宣传教育服务的育龄群众94万人次；为育龄妇女计划生育服务130万人次；产后、节育手术术后、避孕药具用药后随访保持随访率在90%以上；全市有37万人次已婚育龄妇女参加两年一个周期妇科常见病的普查普治活动，查出妇科病4.50万人，并指导患病妇女就诊或给予相关治疗。

【诚信计生】 2010年，南宁市推进诚信计生工作。一是双向承诺。乡镇(街道)计生办和村(居)民委员会向已婚育龄妇女承诺依法兑现实行计划生育的相关权利，已婚育龄妇女承诺自觉按政策生育，落实避孕节育措施，不违反诚信协议。二是充分自愿。已婚育龄妇女在互相信任的前提下，由10~15人自愿组成诚信计生小组，民主推选产生诚信小组长，小组成员协商、签订《计划生育村(居)民自治诚信协议书》(简称《协议书》)，形成自我管理、自我教育、自我服务、自我监督的运行机制。三是依法自治。在法律法规规定的范围内，诚信计生小组每个成员自觉履行《协议书》中规定的义务。参加诚信小组并守约的计划生育家庭优先享受有关奖励优惠政策及协议中村(居)民委员会承诺的激励措施、各级各部门制定的相应激励机制，帮助计生家庭发展生产、改善生活，激发和调动广大育龄群众“我要计生”的积极性。全市有948个村委开展诚信计生活动，成立诚信计生小组1.60万个，参加诚信计生小组11.90万人。

【阳光计生行动】 2010年，南宁市开展阳光计生行动，以政务公开带动“阳光管理”、以民主评议推动“阳光服务”、以完善社会监督保障“阳光维权”。全市12个县(区)、124个乡镇(街道)、1739个村(居)委会建立固定的人口计生政务公开栏，聘请育龄群众代表和社会知名人士6588人担任政风行风监督员，启用“12356”阳光计生服务热线，畅通群众投诉渠道，建立人口和计划生育有奖举报制度，进一步完善监督管理机制。《中国人口报》以半版篇幅刊登介绍南宁市“权力在阳光下运行，服务在诚信中提升”的阳光计生行动工作经验。北京市、吉林省、浙江省、湖北省、内蒙古自治区等16个省市和桂林市、北海市、钦州市、河池市等自治区内13个市、县(区)130批次、2608名同行到南宁市参观学习。6月21日，中纪委驻国家人口计生委组长勾清明到南宁市检查指导“阳光计生”行动时，给予南宁市阳光计生行动“三好一满意”(领导高度重视好；规范标准化好；把阳光计生融入到基层人口计生工作，促进依法行政、文明执法好；群众满意)的评价。 (林建耀)

城市居民生活

【概 况】 2010年，南宁市城市居民人均可支配收入17740.72元，比上年同期增加1211.14元，增长7.30%。人均消费性支出12866.65元，增加1746.60元，增长15.17%。

【收入构成】 2010年，南宁市城市居民家庭人均总收入20316.62元，其中居民人均可支配收入17740.72元。在居民人均总收入中，工薪收入14617.68元，经营净收入822.72元，财产性收入(包括利息、红利、股息、保险收益、出租房屋、其他投资收入等)350.01元，转移性收入(包括离退休金、社会救济、赔偿收入、保险收入、赡养收入、捐赠收入等)4526.21元。

【实际支出及消费结构】 2010年，南宁市城市居民家庭人均总支出17342.91元。构成分别为：消费支出12866.65元、购房与建房支出916.33元，转移性支出(包括交纳的个人收入税、捐赠支出、购买彩票、赡养支出、非储蓄性保险等)1350.81元，财产性支出18.46元，社会保障支出(包括个人交纳的养老基金、住房公积金、医疗保险、失业基金)2190.68元。在消费支出中，单纯用于服务性消费3182.79元，占消费性支出比重24.70%。

年人均消费性支出构成分别为：食品类4512.72元，占比(恩格尔系数)35.10%；衣着类928.75元，占比7.20%；家庭设备用品及服务类1078.27元，占比8.40%；医疗保健类745.62元，占比5.80%；交通和通讯类2575.17元，占比20%；教育文化娱乐服务类1504.66元，占比11.70%；居住类1177.11元，占比9.10%；其他商品和服务类344.35元，占比2.70%。

【主要耐用消费品购买量及年末拥有量】 2010年，南宁市城市居民平均每百户购买洗衣机8.50台、电冰箱5.50台、微波炉5台、空调器7.50台、淋浴热水器9.50台、消毒碗柜3台、助力车11辆、家用汽车2辆、普通电话机5台、移动电话23.50部、彩色电视机7.50台、家用电脑7.50台、组合音响0.50台、摄像机0.50台、照相机1.50架。年末，平均每百户拥有摩托车55辆、助力车59辆、家用汽车15.50辆、洗衣机100台、电冰箱99台、彩色电视机141台、家用电脑100台、组合音响37台、摄像机8架、照相机55架、钢琴3架、其他中高档乐器7.50件、健身器材7.50套、微波炉82台、空调器148台、淋浴热水器104台、消毒碗柜76台、普通电话机68.50台、移动电话228部、接入有线电视电视机101.50台、接入互联网计算机70台。

【居住状况】 2010年，南宁市城市居民人均拥有住房建筑面积 27.59 平方米，人均住房总使用面积 20.70 平方米。其中：单元式配套住宅占 95%，住房有装修的占 51%，拥有全产权自有房占 95.50%，住房内有浴室厕所的占 99%，使用管道煤气、天然气、罐装液化石油气的居民户分别占 5.50%、4.50%、77%。

【不同阶层收入消费及差异状况】 2010 年，南宁市城市居民中，占总体 10%的最高收入户人均可支配收入 4.25 万元；占总体 10%的高收入户人均可支配收入 2.90 万元；占总体 20%的较高收入户人均可支配收入 2.16 万元；占总体 20%的中间收入户人均可支配收入 1.58 万元；占总体 20%的较低收入户人均可支配收入 1.14 万元；占总体 10%的低收入户人均可支配收入 8433.31 元；占总体 10%的最低收入户人均可支配收入 6398.22 元。最高收入户与最低收入户人均可支配收入之比为 6.60∶1。城市居民中占总体 10%的最高收入户人均消费支出 2.85 万元；占总体 10%的高收入户人均消费支出 2.40 万元；占总体 20%的较高收入户人均消费支出 1.26 万元；占总体 20%的中间收入户人均消费支出 1.23 万元；占总体 20%的较低收入户人均消费支出 9121.36 元；占总体 10%的低收入户人均消费支出 6591.71 元；占总体 10%的最低收入户人均消费支出 5938.31 元。最高收入户与最低收入户人均消费支出之比为 4.80∶1。其中：最高收入户人均食品消费支出 6653.99 元，占消费支出比重 23.30%；最低收入户人均食品消费支出 3387 元，占消费支出比重 57%。 （苏 霓）

时尚习俗

【交 友】

网络征婚 随着互联网的普及，现代生活已进入网络时代。通过网络各种聊天工具如 QQ、MSN，飞信等寻找另一半，成为很多人乐于接受的征婚、交友新模式。网上也专门开设有许多征婚交友频道，为寻找爱情的男女提供方便快捷的服务。只要将自己理想爱人的条件输入电脑，便可获得对方相关资料，进而再联系从而加深了解。一些知名的网站还设有“同城约会”之类的栏目，如珍爱网、百合网、世纪佳缘、南宁时空网等，这更有助于人们了解与自己同地的适龄人的情况。一些大型网站除了提供网络交友平台之外，还会不时地举办线下相亲交友活动。在南宁有很多人通过网络找到自己的另一半，有的甚至通过国际性的交友征婚网站，在异国他乡找到知己。

大型交友会 2010 年，广西电视台综艺频道、市直属机关工会工作委员会等媒体及机构单独或联合举办多次旨在帮助都市单身男女扩大交友范围的活动。5 月 22 日，由市直属机关工会工作委员会主办的南宁市第十届“寻爱之旅”单身干部职工联谊会在乡村大世界举行。10 月 1 日，由共青团广西区委、广西电视台主办，广西电视台综艺频道、青秀山风景区承办的大型相亲活动在南宁青秀山风景区举行，近万名单身男女参与。10 月 16~17 日，由北京中华文化促进会和今日世界杂志社主办，世纪佳缘、新浪交友频道、MSN 交友频道协办，南宁乾元文化承办的“2010 广西万人相亲会”也在青秀山风景区举行。

电视相亲 近年来，随着社会节奏的加快，“剩男”、“剩女”越来越多，人们期待更真实、更快捷、更多元化相亲方式。2010 年 7 月，广西综艺频道开播一档真实婚恋服务类栏目——《爱的就是你》，周一、周二晚 20 点 50 分播出。该栏目以“真诚服务，真实相亲”为宗旨，致力于为广西单身男女提供真诚的婚恋交友服务，为嘉宾提供展示个人风采的平台，并安排至少 3 名心仪的嘉宾进行一对一坦诚约会。栏目以相亲使者为主线，以真实记录加专家点评和主持人评述的方式，为单身男女提供展现自我的机会，搭起相识、相知、相恋的鹊桥。

父母相亲活动 南宁市部分青年男女因学业、工作、社交面狭窄等原因，暂时找不到对象。因此，希望子女幸福的父母采取各种“相亲”活动，替代因学业或工作过于忙碌无暇顾及恋爱、或者是出于各种原因而消极应对婚姻的子女去相亲。在 2010 年各媒体、相关机构举办的相亲交友活动现场，都可看到许多父母带着子女的资料照片，为子女选择合适的对象。更有直接打出“妈妈”牌的大型相亲活动，如 4 月 24 日在南宁市唐山路唐人文化园内举行的南国早报网营养果粒“妈妈相亲团”南宁站活动等。

（汪 悦）

【婚 俗】 与传统的婚俗相比，现代南宁人的婚礼呈现出多样化、个性化的趋势。主要有 3 种方式：一是自筹方式，即由新人自主安排举办婚礼的方式，如旅游、户外、舞会等。二是半委托方式，即由新人决定举办婚礼的地点及规模后，委托婚庆公司提供婚礼主持、设备等服务。三是全委托方式，即请婚庆公司全权操办婚礼。婚庆公司应新人的要求来设计特色的婚宴，有热闹喜庆的轿子婚宴，有到郊外山清水秀的度假村举办的绿色婚宴，有在欧式庭院进行的室外自助餐婚宴。并将婚礼的全过程拍摄下来，刻录成光盘，作永久纪念。

10 月 1 日，在广西南宁万人相亲大会上，家长发“英雄帖”招婚　　王 刚 摄

五星式婚宴　有些新人选择在五星级饭店筹办婚宴，豪华体面。由饭店全方位包办，包括提供司仪、婚宴策划、免费蜜月套房等，并有多项优惠，喜宴的菜色和服务均一流水准，令宾主尽欢。

舞会式婚宴　有些新人选择办一场舞会，和宾客一起为婚礼狂欢，洋化、优雅、随兴。婚宴的方式大都采用自助式。酒足饭饱后，随着音乐轻歌曼舞、尽情欢乐。

餐厅式喜宴　为大众化方式，费用较低廉。新人一般选择经济比较实惠的餐厅宴请亲朋好友。这类餐厅酒楼都开设有为新人提供婚庆服务的项目。

自办式喜酒　即采取在家庭办酒席的方式。一般在农村多见。新人自请厨师到场承办酒席，利用家里的饭厅及房前屋后的场地大摆宴席。花较少的费用，让客人吃上丰盛的菜。具有典型的乡土味，由于邀请的宾客大都是邻居和亲朋好友，主宾可以不拘礼节，场面亲切热闹。

自娱自乐式婚礼　有些新人喜欢用优美的歌声、轻盈的舞姿为婚礼增辉添色，既朴实又华贵，既简单又热闹。主要采取对歌、拉歌、打擂台（一般卡拉OK机都具备打分功能）等形式。选定一家场地面积较大的歌舞餐厅，摆放一些供休息的小型桌椅，备上适量的果盘、冷盘、饮料、香槟、啤酒等。朋友们手挽手、肩并肩簇拥着新郎、新娘共同引吭高歌，来庆祝婚礼。

旅行式结婚　有些新人选择蜜月旅行结婚，经济条件富裕的新人还选择出国旅行，游览名胜古迹、名山大川，既开阔眼界，又留下美好回忆。

水上婚礼　原为南宁水上船民独有的婚礼形式。随着时代的发展，原居住在邕江上、世代以水为伴、靠水为生的水上人家，逐渐舍船到岸上定居，其传统的水上婚礼也日渐为人遗忘。而一些水上人家的后代，仍选择以水上人家传统的结婚形式如绕台围、迎亲、对歌等举办婚礼。　（黄艳阳）

集体式婚礼　有些新人选择参加由机构团体举办的集体婚礼。一般有来自各地的几十对、甚至上百对新人参加仪式。对于新人来说，这种婚礼方式较为经济省心。因为集体婚礼一般都安排周到，隆重典雅，文明健康，气氛欢乐，能让新人觉得光彩又不穷酸，参加者觉得热烈又不庸俗，从而达到家属满意、新人高兴、来宾尽兴的效果。2010年8月1日，由50对新人组成的一场军人集体婚礼在南宁市举办。婚礼当天，50位"最可爱的人"身着军装携手各自的爱人，在市民的见证下，宣告爱的誓言，以婚姻的方式庆祝中国人民解放军建军83周年。

户外式婚礼　有些新人选择郊外林地、公园或田园举行婚礼。把婚礼与郊（户）外游玩结合起来，将优美宜人的环境与喜庆热烈的婚礼完美结合在一起，使来宾心情更加愉悦和轻松。在大自然的怀抱中，翠绿的青草，鲜花和绿叶做成的拱门圈出主会场，整齐的大长桌上铺满鲜花和美食。阳光和蓝天为新人作证，在如茵的草坪上接受亲友们的真诚祝福。此类婚礼还包括湖畔婚礼、高尔夫球场婚礼等等。

教堂婚礼　有些信仰天主教和基督教或者崇尚教堂婚礼这种婚礼仪式的新人会选择在教堂举办婚礼。伴随着《婚礼进行曲》，走在鲜红的地毯上，盛装的新娘手挽着父亲慢慢地走进神圣的殿堂。父亲将女儿的手放在她心上人的手中，乐曲缓缓响起……新人要亲口说出为之坚守一辈子的誓言，要戴上永结同心的婚戒。当神父说"你可以亲吻你的新娘了"时，新人在亲朋好友的簇拥下伴着欢快的音乐声走出教堂，美丽的新娘可以将鲜花和美好的祝福一起抛撒向众人。

车辆迎亲　有些新郎喜欢驾驶摩托车、电动车或乘坐公共汽车或由车友会组织车队前往新娘家迎亲。随着低碳绿色生活理念日渐深入人心，更有一些新人举行自行车婚礼，用自行车组成迎亲车队伴新郎接亲。2010年1月16日，一支由90多辆自行车组成的婚礼花车队，从南宁市北湖路尾出发，沿北湖路、园湖路、东葛路、民族大道等路段穿行20多公里，自行车前把上都挂有一个心型粉色气球，后面还拖挂着一串易拉罐，一路上发出"叮叮当当"的声响，引得路人纷纷观看。　（汪　悦）

【城市雕塑】

南宁的城市雕塑承载着这座城市的历史、文化、传统。至2010年，全市有城市雕塑80余座，既有纪念性的，也有装饰性和主题性的。较具特点的有：步行街口的《跑堂工》，泰安大厦门口的《行进》，金湖广场的《五象泉》，民生广场的《戏水》，埌东高速公路路口的《朱槿花》等。广西艺术学院内设有雕塑一条街，摆设雕塑学院雕塑系同学和老师的创作作品。

【健　身】

概　况　2010年，南宁市群众体育活动蓬勃发展，举办各级各类群众体育运动会、单项比赛和健身活动828项次，参与人数350万人次，群众参与率51%。学校体育严格做好两课一操，开展课外体育活动；职工体育由各级工会牵头，开展经常性气排球、篮球、羽毛球、乒乓球及趣味竞赛等活动；老年人则由老年体协组织拳、剑、舞、棋等各种竞赛；还有群众自发组织的自行车协会、冬泳协会、轮滑协会、信鸽协会、登山协会等，群众体育正形成自愿、多样、潮流化的全民健身模式。早晨，公园成为民俗健身的重要场所，全市晨（晚）练点345个，其中新审批晨练点5个；人们或练着扇子功，或打着太极拳耍着太极剑，或踢着健身球。傍晚，在民族广场、朝阳广场、南湖广场、金花茶公园等处，许多市民自带音响设备，自由组合，跳着民族舞和交谊舞。一些年轻人喜欢玩街舞、滑板、自行车特技和赛车，或租场地踢5人制足球。群众性游泳活动甚为活跃，夏季以自发为主；冬季在邕江开展冬泳已成为南宁市传统体育活动之一。健身路径也在南宁悄然兴起，市区各个广场、公园、住宅小区的健身路径处设有单杠、双杠、仰卧起坐台、梅花桩、平衡木、天梯、扭腰器、太空漫步机等健身器材供市民使用。在健身路径样板工程所在地新秀公园，有3块面积约100平方米的大理石上摆放着各式室外训练器材，每种器械旁都标着功能、训练方法和评分标准。至年末，全市有体育场馆、设施1.37万个；体育服务经营单位约500家，体育服务业年销售收入近2.50亿元。其中，健身娱乐单位约350家，年收入约1.26亿元，占体育服务业的70%以上；从业人员3000余人，占体育服务业人数的60%以上。健身娱乐业的经营主要有羽毛球、棋牌、乒乓球、游泳、体操（包括各类健身、健美操）、高尔夫球和网球等，比重依次是41.30%、27.10%、4.10%、12.30%、12.10%、2.10%和1%。根据营业收入对经营项目进行排序，依次为羽毛球、棋牌、游泳、体操、乒乓球等。

游　泳　南宁地处亚热带，常年气温偏高，群众性游泳活动甚为活跃，每年到游泳场馆游泳的群众均超过20万人次。游泳活动以自发为主，游泳场馆是活动的主要场所，邕江两岸也是群众游泳的去处。2010 年，全市有游泳馆（池）30 多个。冬泳邕江为南宁市四大传统项目之一。1958 年 1 月，毛泽东主席冒着严寒在邕江畅游，激发了市民的冬泳热情，冬泳运动也受到越来越多人的青睐。2010 年 1 月 1 日，由市政府主办，市体育局、市体育总会、广西游泳协会、市冬泳协会承办，市教育局、市公安局、市城乡建委、市卫生局、市工商局、市城管局、市总工会、南宁海事局、六城区政府、市体育管理培训中心、市大桥管理处、滨江公园共同协办的“2010 年南宁冬泳邕江活动”在邕江一桥水域举行。来自自治区直、市直、城区机关、企事业单位，教育系统的师生和冬泳爱好者以及百色、崇左、玉林市、南铁冬泳协会队伍共 2100 人参加。邕江的冬泳点由原来的仅邕江大桥两个点增加到包括西园、淡村、中兴大桥等 5 个冬泳点。

长　跑　早晨和傍晚，在南宁的公园、广场有很多跑步的群众。每年 12 月 4 日举行的南宁解放日长跑已形成群众体育品牌。南宁市群众性长跑运动兴起于 20 世纪 30 年代，1933 年广西省立第一中学率先举行环城赛跑，是南宁最早出现的长跑比赛。2010 年 10 月 16 日，由国际田径联合会主办，中国田径协会、南宁市政府承办的 2010 年南宁“中国石化杯”国际田联世界半程马拉松锦标赛在南宁市举行，同时举行的还有第五届南宁国际半程马拉松比赛暨 28 届南宁解放日长跑活动（即大众赛）。中外专业顶尖选手及首府各界群众约 1.50 万人参赛。

羽毛球　南宁市民喜爱的体育项目之一。从 20 世纪 80 年代的露天水泥场地到如今的室内木板球馆，从三五成群茶余饭后的路边玩耍到有组织的大批业余爱好者，羽毛球运动在南宁市开展得越来越活跃。尤其是场馆向大众开放后，南宁掀起了羽毛球热，群众性比赛不断，参与者一般都在三五百人左右，多时近千人。1999 年，南宁市对外开放的羽毛球馆仅有 5 个；2010 年，有羽毛球馆 30 多个，羽毛球场地 1000 多个。蓝天、飞羽、天空等由羽毛球爱好者自发组织的俱乐部 10 多个。城区 120 万常住人口中大约有 10 万人经常参与羽毛球运动。每年广西业余羽毛球赛均定期在南宁市举行。新成立市羽毛球协会。

街头篮球　街头篮球又称三人篮球。2000 年以后出现并悄然兴起，偶尔会在室外街边篮球场上看见星星点点的三两个人在练习、玩耍着这项前卫、时尚、新潮的运动。至 2010 年，已从开始的星星点点发展到正规街头篮球比赛，大型的街球聚会及商业演出等，深受市民尤其是青少年的喜爱。在广场、大型商场超市门口也兴起投币式街头篮球机，供行人休闲娱乐。街头三人篮球赛在南宁市已成为传统体育赛事之一。2002 年起，街头三人篮球赛每年均在南宁市各广场举行。

五人制足球　在五人制足球中，每支球队只有 5 名队员上场比赛而不是通常的 11 名。五人制足球与普通足球的其他不同包括在较小的场地比赛，使用较小的球门以及较小尺寸的足球，以及缩短了的比赛时间。比赛通常在室内进行。五人制足球是国际足联（FIFA）大力推广的足球运动项目，近年来随着国际、国内的五人制足球赛事的兴起，在广西也迅速升温，作为广西的首府南宁市也不例外，多次组织或参与五人制足球赛。其中，2010 年 4 月 22~29 日举行的南宁市第八届运动会项目里即包括五人制足球比赛。此外，2010 年 11 月 1 日，南宁队在桂林举行的精英赛英超球队官方特批广西、广东、上海五人制足球精英赛中获冠军。

健美塑身　南宁的大众健身事业始于 20 世纪 80 年代末 90 年代初。1998 年后，设备齐全、项目繁多的健身俱乐部和与住宅小区配套的健身馆逐步兴起。2010 年，全市有超越健身馆、五象健身馆等综合型健身馆 10 多家，有众多国家舞蹈协会会员、广西资深教练担任健美操和形体训练的教练；客流量在全国名列前茅；装修、设备等硬件处于中上水平。许多市民开始到健身馆锻炼形体、练健美操和瑜伽等。新成立市贝特尼斯健身俱乐部。

马　术　被西方称为第一贵族运动的马术运动在南宁始于 21 世纪初，大部分马场没有正规的跑马场和驯马师，大部分骑马者也只是把骑马作为一种休闲旅游方式。2010 年，南宁市有跑马场 8 家。除赛马外，马场设有餐馆、烧烤场、休闲屋、拓展区等为顾客提供各种娱乐活动和便利饮食服务的场所。新成立市群英会马术俱乐部。4 月 24 日上午，市社会体育发展中心主办、南宁乘风寨马术俱乐部承办的 2010 年南宁马术公开赛在良庆区那马镇举行。以“全民健身”为主题，来自北京、湖南、青岛及广西的骑马爱好者数十人参加比赛。　（梁一家）

气排球　随着南宁市第八届运动会的结束，登上传统运动会舞台的气排球运动，超越羽毛球，成为最受南宁市民欢迎的体育运动。气排球运动源自 1984 年呼和浩特铁路局济宁分局组织的一场老年人体育活动。其在无规则限制的情况下，组织离退休职工用气球在排球场上打着玩儿。由于气球过轻且易爆，便将两个气球套在一起，后又改用儿童软塑球。随后又参照 6 人排球规则制定简单的比赛规则，并将此项运动取名为“气排球”。经过进一步改良，现在的气排球由软塑料制成，一般为黄色，球体富有弹性，手感舒适，不易伤人，圆周为 75~78 厘米，重量轻，约 120~150 克。比赛时，男子网高 2.10 米，女子网高 1.90 米，男女混合网高 2.00 米；可以采用羽毛球场地。全场长 13.40 米，宽 6.10 米，室内外均可开展；每队 7~10 名，上场 5~6 人。由于气排球运动对场地要求低、规则简单易懂、器材实惠方便、竞技化和休闲化兼备、老幼皆可参与的优势，近年来，逐渐成为一项南宁几乎人人都爱看、爱玩的运动项目。目前，南宁各大体育场馆里，都能见到气排球运动的身影。甚至露天场地上，也常常能见到市民拉网打球。2010 年 10 月 27~31 日，由市体育局主办，市体育管理培训中心、各县（区）文体局承办的广西第二届城乡气排球赛南宁市赛区总决赛在新屋村球场举行，共有 102 支队伍 921 人参赛。　（汪　悦）

【着　装】穿着类商品中，南宁市一直引领广西服装时尚潮流。2010 年，全市城镇居民衣着类年人均消费支出 928.75 元，占消费支出比重 7.20%。南宁人在着装上爱追求潮流时尚，流行休闲装时，便买休闲装；流行西服套装时，又转去买西服套装，大部分人不爱定做衣服，喜欢买来就穿，所以南宁制衣店不多。近年来，许多国内外的品牌服饰纷纷进驻南宁，品牌店较为集中的是南宁百货大楼、梦之岛购物中心、永嘉名店广场、万达购物广场、百盛购物中心、广州友谊南宁店、巴黎春天、七星路服饰一条街等，许多外地人也来此购物。

休闲装　南宁人衣着较随意。夏天，

男子多选择穿短裤短袖衣，但在约朋会友、赴宴请客等正式场合，都会穿得较正规。中青年男子的夏装以圆领和反领T恤为主，文静的男子则比较喜欢衬衫，外加薄料西裤或棉质休闲裤，脚踏皮鞋或休闲鞋。冬天外穿一件夹克、短身风衣，内加件毛背心。现时男士比较流行一种式样笔挺、宽腰、西服袖、夹克领的便装。女孩衣着比较时尚前卫，夏天喜欢穿背心、T恤、紧身衫、低腰裤、吊带裙等，或下着淡黄色帆布裤，上穿净色低领纶衫，外加一件方格短袖红衬衫，斜挎一大布包，极富青春气息；冬天着紧身的牛仔短裤，脚蹬高统皮靴，白色贴身棉背心，皱皮褐色大背包休闲地搭在背后，无拘无束；或黑色平跟小皮鞋，下着短裙，上穿粗线条的浅蓝牛仔衫，略带点孩童稚气的暖纶帽，包含了清纯、狂野、可爱三种完全不同的风格。近年来，许多青少年的服饰深受港台剧或日韩剧的影响，经常追逐剧中当红明星的穿着。

职业装　南宁的白领阶层及在大的机关企事业单位任职的人员，工作时穿着多为正统的职业装。男子为长或短袖衬衣、扎领带，冬季外加西服套装。女子着暗间深灰色的中领套装，宽袖设计的纯白亚麻衬衫，但不作翻领，不扣顶钮，显得更为成熟和内敛，整个人散发浓浓的职业女性味道。而在许多窗口服务行业，如饭店、酒楼、购物中心、超市、通信、美容美发等行业，则着各具特色的职业装束。

运动装　青春多彩、宽松舒适的感觉和健身运动的需要，使南宁各个层次的人群普遍接受运动装。而青少年群体，更是运动装的主要消费群体，并有追逐耐克、阿迪达斯、彪马、李宁等品牌的要求。近年来，随着体育事业的发展和南宁市有组织的群众业余赛事不断增多，对运动装的需求不断增加。　（梁一家）

【饮食习惯】

无鸡不成宴　南宁人的节日食品和宴客菜肴首选白斩鸡（又称白切鸡），有“无鸡不成宴”之说。做法是将肥嫩的本地项鸡（未下过蛋的母鸡）或线鸡（阉鸡）宰杀，掏出内脏后，沥干，在腹腔内抹适量盐及少许切成片的沙姜，放入已烧开的锅内浸泡（水量以浸过整鸡为宜），待水再沸腾后熄火，20分钟后将鸡捞起，待凉后切块上碟，蘸上用沙姜、香葱、香菜、酱油、香油等调制的配料佐食，皮爽肉滑，味道鲜美。

饭前一啖（口）汤　南宁人素来喜欢饮汤。无论是丰盛的宴席或是家庭便饭，汤一般不可缺少，习惯先饮汤后进食，有“食饭先饮汤，胜过开药方”之说。汤依四季变化而不同，冬天为滋补抗寒，一般饮用带温补的汤，并多在汤中配少许姜片或补品；夏季为清暑解热，则放些海带、绿豆或清补凉（一般由沙参、淮山、枸杞、玉竹、红枣、桂圆肉等组成）等寒凉性食物。有的汤略呈糊状，俗称“羹”。20世纪90年代后，酒家、茶楼推出随时向顾客提供各式汤水的服务项目，有的还设电话预约煲汤。

早餐一碗粉　清末民初，粤商来邕兴办餐饮业时从广东引进，时称沙河粉。此前，本地虽有民间蒸制，但质量不及沙河粉。人们选用大米淘净浸透加水磨浆，掺入用开水冲兑的适量熟浆拌匀（或用适量米饭与米一同磨浆），放入金属托盘（米浆仅铺过盘底），蒸成薄片，折叠切成条，叫做切粉；配上叉烧等配料，淋上调制好的糖醋叫酸粉；在舀米浆入托盘后加入碎肉、葱花、香菇末、碎虾米等配料，蒸煮后卷成筒状则叫卷筒粉（梧州及广东一带叫肠粉）；将用布滤干成粉团的米浆煮至五成熟，放在石臼中舂成软硬适度有韧性的稠浆（现代多用机械搅拌），用粉榨工具压榨入沸水锅成线煮熟的叫生榨粉。切粉、生榨粉在食用时用沸水烫热加入骨头汤称汤粉，配以肉类的称肉粉，不配肉的称素粉。肉粉又依据不同肉类称为猪肉粉、牛肉粉、鸡肉粉、牛腩粉、鸡杂粉、杂烩粉。用油炒的称炒粉，配以叉烧、卤水相拌的称干捞粉。米粉成为南宁人常用的一种食品，特别是习惯于早餐吃一碗粉。

热毒饮凉茶　南宁气候比较湿热，每逢季节变换或偶食煎炸食物，人们比较容易上火（即热气），而凉茶清热祛湿，平时喝些凉茶也能起到防病的作用。南宁的凉茶多用中草药配制而成，成分有金银花、野菊花、雷公根、茵陈、木棉花、地胆头、槐花、桑叶、夏枯草、水翁花、板蓝根、半边莲、淡竹叶、山芝麻、两面针等。不同的药材配方煲出不同的功效和味道。品种主要有王老吉、生地、雷公根、菊花茶、罗汉果、茅根竹蔗水等。其中生冲雷公根是南宁的特色凉茶，做法是将黑墨草、雷公根、一点红、车前草这几味药用人工臼溶，再用凉开水勾兑，尽可能保持原汁原味。南宁的凉茶文化历史悠久，最初是一些中草药铺里的药师在店里摆个小凉茶摊，根据药理搭配出不同功效的凉茶，后来发展为一辆小推车、几个凉茶煲的流动摊。原永宁街万昌堂的老牌凉茶、南环路的南环凉茶是老南宁人熟悉的老牌凉茶铺。此外，一些家庭主妇也常常去中药铺买回凉茶的原料或到市场买些如雷公根、茅根、一点红之类的新鲜中草药回家自己煲凉茶。20世纪80年代以后，南宁的凉茶店遍布市区，郑记本草堂等连锁凉茶店也开进大街小巷，加上各种凉茶冲剂及软包装凉茶的问世，给喜欢饮凉茶的南宁人带来很多方便。

闲时一杯茶　饮茶在南宁不仅是一种生活习惯，也是一种文化传统。南宁人喜爱饮茶，也习惯以茶待客。有的在闲暇时间，自己或是约上几位亲朋好友，泡上一壶清茶慢慢品尝和聊天，有的习惯在餐后喝上一杯茶，借以清理口腔与肠胃。南宁人喜欢饮早茶。茶多为清茶和红茶。20世纪80年代以后，南宁茶市得到发展，人们也开始习惯去茶楼饮早茶，并由饮早茶进而发展为饮下午茶、夜茶。茶有花茶、普洱、铁观音、乌龙、龙井、香片等等，茶点有马蹄糕、糯米鸡、肠粉、冬菇滑鸡、烧鸭、烧鹅、凤爪、叉烧包、小笼包、水晶包、饺子、排骨、肚片和粥、粉等几十种。人们上茶楼饮早茶、夜茶，或是叙说友情，或是合家共聚，或是洽谈生意。90年代中后期，南宁开始出现充满闲情逸致、文化内涵丰富的茶艺馆，喝茶、品茗已经成为时尚。

瓜果蔬菜烤着卖　南宁最常见也是南宁人最喜爱的吃法之一。除烤羊肉串、牛肉串、烤鱼、炭烤生蚝、青口螺等丰富的肉类烧烤外，韭菜、茄子、辣椒、玉米、韭黄、空心菜、菜心、凤尾菇等蔬菜瓜果也成了烧烤之物。蔬果烧烤大受欢迎，不仅因为其价位比肉类烧烤便宜，而且经过炭烤和烧烤酱料渗透的蔬菜味道更爽口、美味，可说是吃肉吃烧烤之余的开胃菜。南宁人对烧烤的热衷程度非同一般，除品种花样繁多，南宁人吃烧烤还不分寒暑昼夜，部分烧烤店如小福楼、阿里妈妈、O记烤鱼等已实行连锁经营、全天候经营的模式，从过去单纯夜间经营改为24小时营业。在烧烤食客中尤以年轻人群体最为庞大，从中还诞生了许多“觅食高手”，他们很清楚南宁哪个角落有最好吃的烤生蚝和烤排骨等等。只要在网上搜索“南宁哪里有好吃的烧烤”，就有诸如“南宁烧烤精选推荐”、“南宁特色烧烤指南”众多帖子和博客文章。中山路夜市、建政小巷、石巷口夜市、中华路、南铁夜市等，是南宁烧烤的集中地。

行人难过酸嘢（品）摊　酸嘢，即腌（泡）酸食品。南宁人有吃酸嘢的嗜好，故有“行人难过酸嘢摊”之说。针对妇女对酸嘢的偏爱，又有“女人难过酸嘢摊”说法。选用本地所产木瓜、萝卜、黄瓜、莲藕、椰菜、芥菜、菠萝、杧果、凉薯、刀豆等时令果蔬，配以酸醋、辣椒、白糖等腌制而成。吃起来酸、甜、香、辣，味味俱到，脆爽可口，生津开胃。家庭可制作，街头有摆卖。（黄艳阳）

吃夜宵　许多南宁市民喜欢夜晚到开设在一些路边的饮食摊（店）吃夜宵。其中，中山路夜市是南宁传统的美食一条街，云集南宁各老字号餐馆、饮食店，汇聚了南宁人爱吃的老友粉（面）、八珍粉（面）、粉饺、鸭红（血）、酸品、甜品和烧烤等食品。每晚九点以后，美食街上灯火通明，人声鼎沸，热闹非凡，成为南宁市一道独特的风景线。许多外地游客也前来品尝南宁特色食品。曾在中央电视台展播。

【休闲娱乐】

品　茗　20世纪90年代中后期，随着人们生活水平的提高，充满闲情逸致、文化内涵丰富的茶艺馆开始出现。1998年，南宁市第一家茶艺馆在新竹路开业，主要有普洱、乌龙、铁观音、龙井茶等，消费较高，仍很受欢迎。至2010年，茶艺馆发展到500多家，其环境、品质也发生了较大变化，装饰、音乐更突出文化品位，茶艺更精更专业，价格步向大众化。此外，随着茶叶类型的多样化，茶艺馆也越来越细化，出现了以专营某种茶为主的茶艺馆。以前，茶庄的顾客以中老年人居多；如今，越来越多年轻人的休闲娱乐方式也选择了喝茶。喝茶、品茗已经成为时尚，在装点清雅的环境里，听着音乐，闻着茶香，或叙家常，或侃趣事，或谈生意。葛村路、鲤湾路、新竹路、碧湖路成为茶楼、茶庄密集地。

饮咖啡　喝咖啡是如今许多南宁人生活必不可少的休闲方式之一。同茶道相比，咖啡文化逐渐受到重视。咖啡店主要集中在东葛路一带，有千寻咖啡、上岛咖啡、捷佳咖啡等。分布在市区的咖啡馆或具欧陆情怀，或富英式韵味，大都环境优美、摆设得体、席位舒适。南宁的小咖啡店往往注重专业的咖啡研磨和蒸煮，调制出较有特色的咖啡。规模大的咖啡店更像茶餐厅，兼卖中西式套餐。

泡酒吧　南宁的酒吧出现于20世纪90年代中后期。最早出现时，人们只是在里面喝酒聊天和跳迪斯科，地方较窄，座位拥挤，舞池很小，装修随意，却很受人欢迎。21世纪初，酒吧文化成为一种急速发展的亚文化现象，开始受到社会的关注，并吸引不同年龄、不同阶层的人去尝试和参与。南宁酒吧也飞速发展，酒吧经营出现多元化，主要有校园酒吧、音乐酒吧和商业酒吧三种。多分布在民族大道、桃源路一带，如好时娱乐城、乐巢酒吧、66酒吧等。近年来，随着城市建设步伐的加快和政府部门的扶持，“酒吧一条街”开始出现并趋于兴盛，主要分布在南湖、邕州老街、河堤路一带。

唱KTV　由最早的卡拉OK演变而来。南宁的卡拉OK始于20世纪80年代末90年代初，兴于90年代中后期。如今唱KTV是最为时尚的休闲活动之一，成为现代人在紧张都市生活中放松体验的一种选择。KTV娱乐有专门经营KTV的卡拉OK厅，有设KTV包厢的酒吧、咖啡厅，一些西餐厅、宾馆、酒楼也增设了KTV设备。每家KTV都有一定的优惠时段或优惠制度。主要分布在桃源路、东葛路、金湖广场一带。消费方式主要分两种，一种是按小时收包厢费，酒水另算；另一种是套餐消费制，消费达到最低消费额即免包厢费。大多数KTV娱乐场所均采用进口音响设备及卡拉OK电脑点播系统（VOD），操作简便。近年来，量贩式KTV迅速走红，其最大特点是内设食品超市，供应的饮料和自助餐价格低廉，包间费依每日时段、节假日的不同浮动，从几十元到几百元不等。如佰迪乐KTV、好歌城KTV等。

泡温泉　20世纪后期，南宁市周边距市区二三十千米的地方相继发现3处地热（温泉）。温度和矿化度均达到国家医疗热矿水标准。21世纪初，泡温泉的假日休闲方式已经悄然在南宁市民中升温。温泉这种不分季节的休闲、不分地域的健康、不分时空的文化已经成为生活的时尚元素。由于路程不远，花费不高，设施也较完善，对一些没有选择远足旅行但又想放松身心的都市人很有吸引力。2010年，南宁市提供泡温泉服务的有位于三塘镇的嘉和城温泉谷和九曲湾温泉度假村及位于那马镇的绿都温泉度假酒店3处。

跳街舞　2000年以来，南宁市的街舞爱好者呈发散式发展。以前，练习街舞的主要是十六七岁的中学生，现在不仅初中低年级、高中高年级的学生参与进来，连大学生、社会人士也热爱街舞。在大学校园，学生街舞队已经有竞争，至2010年，南宁市有街舞队二三十支，每支队伍少则三四人，多则三四十人。活动场所多在步行街、各个大学校园附近、大型商场门前、住宅小区的空地上。其中广西大学御所人形街舞队成立于2003年9月，全部由广西大学热爱街舞的学生组成，共有成员300多人，是广西最大的街舞社团之一。

【旅　游】　随着人们物质生活水平的提高和信息化时代的到来，“走马观花”式的观光游时代，已不知不觉开始走向休闲游时代。同时，旅游形式从程式化的团队包价向个性化旅游方向发展，旅游内容则从单纯观光向传统观光、休闲度假和商务会展等多样化转变。有自助旅游、随团旅游和预约旅游3种方式。随团旅游，游览行程由旅行社安排，一般较为科学合理，选择景点以最具有代表性部分或精华部分为基础，适当增减次要景点，基本上能满足大多数游客的要求。优点是省钱省心，是目前外出旅游的首选方式。自助旅游是一种时尚的旅游方式，“驴友”通过网络和熟人等，自主选择和安排旅游活动，且没有全程导游陪同，主要以休闲、度假、娱乐、健身、求知、探险和满足个人特殊爱好等消遣性目的为主。其中自驾车旅游是比较流行的出游方式。自驾车旅游多为亲朋好友结伴同行的休闲型家庭旅游，目的地主要是居住城市周边的景区（点）。双休日和公休假日是自驾车短途旅行的出游高峰。预约旅游，将个人的假期、旅游目的地提前做好安排，提早向旅行社报名，从而享受到提前预订的优惠价格。因其具有较强的计划性，未能被广泛接受，目前主要在国外旅游线路中推介。

【美容美发】　从20世纪80年代起，南宁的美容美发业逐步兴起。美容美发店一般规模较小，多数是个体户经营。大部分美发店均提供修剪发、洗发、吹烫发、染发、焗油、电离子美发及简单的头部保健按摩等服务。近年来,开始出现一批连锁美发机构,如尚艺等美发店,为客户提供发型设计、头发保养等服务。美容院则主要开展皮肤护理及保养、化妆美容、香熏美容护理、足疗保健按摩等专项服务,并按使用的设备、技艺、用料的品牌,划分消费档次和收费标准,满足各层次消费者的需求。传统美容院多以女士美容为主,随着生活质量的提高和社交活动的增多,部分男士也加入美容的行列。为了适应男士的消费需求,一些女子美容院特设男宾部。2004年12月,位于星湖路的悠兰男士理容院开业,为南宁市首家专业男士特色保健美容院。随着人们对美发要求的增加,还出现一批以治愈白发、脱发为主的护发店,一般以连锁店的方式经营,如“黑童”、“章光101”、“全草堂”等。 (梁一家)

【拼车出行】 公车耗时、打车不够划算、养车成本较高,彰公车、的士、私家车之优点而摒其不足的“自驾拼车”,成为近年来南宁市民出行的一种新模式。通过拼车这种方式,可以最低的成本,成为“有车一族”,这就为市民交通出行提供了一种性价比较高的交通选项。常见的有就近拼车,即在一个社区或是一片小的地标范围里(一般3千米以内),具有相同目的地,或可以顺道路过的区域,这样便能够搭顺风车一起上下班或进行其他日常活动。规则是,有车者先设计出从出发地到目的地的一条行程路线,目的地为路过的区域或地段的邻居、朋友甚至不认识的人,一起搭就近车上下班、或是其他日常行为的拼车方法,参与拼车的人分摊一定油费等。就近拼车可用于接孩子放学回家、早上送孩子上学等活动,这就为附近的朋友、邻居节省了每日出行费用及时间。还有拼车打的,如拼车打的去机场、拼车回家过年过节、拼车出行旅游等等。自助拼车响应了政府“低碳环保”的政策,不仅可以减少环境污染,亦有利于缓解城市交通压力,顺应“绿色交通”的发展潮流,就此种意义而言,市民拼车出行,也为绿城南宁增加了一道特别风景线。 (汪 悦)

【网上购物】 随着互联网的普及,现代生活已进入网络时代,人们的购物方式也有很大的改变,除了传统的购物方式,网上购物也逐渐深入人们的生活当中。国内知名的购物网如淘宝、易趣、阿里巴巴等成为人们休闲购物的新去处。在网上开店出售各类商品,也成为一种时尚。南宁时空网商城是南宁较具规模的网购平台,已有注册商家近2万个,会员5万多人。网购的人群中,男性以电脑数码类为主,多为同城交易;女性以化妆品、服装等为主,交易范围除同城交易外,还有国内、国际交易,方便快捷。

【过洋节】 南宁的年轻人流行过情人节、愚人节、母亲节、父亲节、万圣节、圣诞节等。随着对外开放的扩大,年轻人不再局限于过中国的传统节日。每当各种“洋节”来临,都会不同程度地带动消费。

情人节　每年的2月14日为情人节。过此节的主要是年轻人。节前1周左右,南宁的商家开始营造节日氛围,街上到处都摆放着玫瑰、巧克力,供情人之间赠送。当晚,年轻的情侣们会到餐馆欢聚。西餐馆生意特别火爆,必须提前预订。一些青年或中老年夫妇也过此节,互相给配偶送节日礼物,在家中或外出共享二人世界,体验年轻人的浪漫。

愚人节　每年的4月1日为愚人节。过此节的主要是学生和年轻人。在这天,人们通过手机和QQ等网络交流手段,发送一些古灵精怪的短信,互相开着善意的玩笑。也有的会送一些整人的小礼物给朋友。

母亲节和父亲节　每年5月的第二个星期天为母亲节。6月的第三个星期天为父亲节。近年来,由于媒体的宣传,越来越多的人开始重视这两个节日。在节日里,人们会为自己的父母送去节日的祝福和礼物,感谢父母的养育之恩。并成为人们家庭团圆聚会的日子。

万圣节　每年的10月31日为万圣节。过此节的主要是年轻人。当晚,他们聚集在酒吧、夜总会,头戴鬼怪的面具,在阴暗的灯光下做出吓人的举动,然后兴奋的喊叫,彻夜狂欢。

圣诞节　每年的12月25日是圣诞节。是许多南宁人特别是年轻人都喜欢的节日。南宁人将圣诞节进行改良,圣诞节只剩下一个名称而已——没有宗教色彩却增添许多喜庆成分。在南宁,在离圣诞节还有1个月左右的时间,无论在兴宁商业步行街,还是各大商场,商家都装饰着圣诞树,播放圣诞歌曲,还有圣诞装饰贴图、彩旗飘带等,到处洋溢着节日的气氛。圣诞礼品卖得非常火,如圣诞树、圣诞装饰品、圣诞帽等。消费对象主要是学生的圣诞卡片也很畅销,其势头甚至超过新年贺卡。很多酒店从节日一周前就开始预售圣诞大餐,知名的四、五星级酒店自助餐票价格从280元到980元甚至1688元不等,顾客多是年轻情侣和带小孩的年轻家庭。尽管票价高昂,但订餐票仍早早被抢购一空。

南洋节　随着2004年南宁成为中国—东盟博览会举办地后,南宁与东盟各国的交往日益加深,在南宁工作和学习的东盟人士越来越多,在南宁开办的东盟风情餐馆、酒店也日益增多。这些东盟人士会邀上一些朋友、同事,参照家乡的习俗欢度本土节日。2009年4月10日,由市旅游局、泰国驻南宁领事办公室、嘉和城温泉谷及广西民族大学共同举办第三届南宁嘉和城温泉泼水节,中泰宾客共同欢度泼水节及泰国新年。

【宠物饲养】 随着人们生活水平的日益提高,城市里宠物饲养已成为部分人的一种时尚。犬、猫、龟、兔、鼠、鸟类等成为人们饲养的宠物,有的时尚青少年甚至饲养蜥蜴等爬行类动物。在饲养宠物的人群中,以饲养犬类者为最多。在公园、小区绿地,常可见到遛狗的人们。在南宁市花鸟市场,还有专门的宠物交易区。由此而衍生一批宠物医院、宠物美容、宠物用品专卖店。南宁市区有持证犬1.04万只。

(黄艳阳)

民政事业

【概　况】 2010年,南宁市坚持“以民为本,为民解困,为民服务”的宗旨开展民政工作。年内,由南宁市民政局牵头组织实施居家养老服务工程,提高孤儿最低养育标准,提高城乡居民最低生活保障和五保供养标准,新建农村五保供养服务机构,提高享受国家抚恤补助的残疾军人、烈属、因公牺牲的军人遗属等优抚对象的抚恤和生活补助水平,实施12个乡镇干部周转住房建设,改善村(居)委

2010年南宁市区路名命名情况

城　区	标准名称	起　止	长(米)	宽(米)	命名时间
西乡塘区	邕隆路	东起大学西路思德路口,西至外环高速路	10000	12	2010-03
青秀区 兴宁区	长堽西支路	东起长堽路市第十九中学,西至民主路口	900	12	2010-04
青秀区	凤翔东一巷	西起凤翔路,东至盘龙路	300	10	2010-11

（胡小民）

会干部工资待遇等为民办实事项目7个。在全市民政系统开展实施民政基础建设年活动、民政项目建设年、民政信息建设年、民政法制建设年、民政规范管理建设年,先后召开现场会4个,解决基层民政工作人员不足、工作经费紧缺、交通工具和办公设施不足等问题,完成民政项目127个。年内,南宁市获自治区“五个民政建设年”活动先进市;市民政局先后获2010年广西防汛抗旱救灾先进集体,全国婚姻登记规范化建设“十一五”贡献突出单位;兴宁区、青秀区、邕宁区、武鸣县分获自治区“五个民政建设年”活动先进县(市、区);市民政局及西乡塘区、宾阳县分获全国、自治区老龄工作先进单位;全市13个婚姻登记处获全国婚姻登记规范化单位;市中福在线长湖销售厅、福利院、福利医院获全国、自治区民政系统行风建设示范单位。　（李群峰）

【地名管理】 2010年,南宁市继续推进地名公共服务工程,开展地名法规建设、地名规划、地名标志设置、地名信息化服务四项地名公共服务工程。《南宁市地名管理条例》(草案)被列入市人大2011年地方立法计划。完成《南宁市城市总体规划》(2010~2020)规划建设的476条道路、48座立交桥、12座跨江桥梁的名称命名规划,并通过市委、市政府审定。指导有地名规划任务的横县、武鸣、宾阳三县完成地名规划。开展地名命名更名和路牌设置维护。新命名“邕隆路”,“长堽西支路”、“凤翔东一巷”3条路名,“五象广场”复称为“金荔广场”。市区新设置补缺路牌121座,清洁维护路牌135座(次)。按照《国家地名数据库管理系统的技术规范》,建立并初步完善市、县(区)两级地名信息数据库。“南宁地名信息数据库”实现并入民政部“国家地名信息数据库”系统。全市完成地名数据汇总上报5.25万条。进一步完善南宁地名网,充实地名服务内容,提升网站服务功能,成为全国地名网站建设有特色的4个城市之一。

【救灾救济】 2010年,南宁市发生不同程度的风雹、洪涝、干旱等自然灾害,受灾人口227.76万人次,因灾死亡人口6人,因灾伤病人口5人,紧急转移安置6126人,饮水困难人口20.82万人;农作物受灾面积222.45千公顷,其中,成灾面积63.81千公顷,绝收面积6.53千公顷;倒塌房屋1173间,其中倒塌居民住房573户1138间;损坏房屋1132间;直接经济损失26860.74万元,其中农业损失24439.47万元,工矿企业损失572.5万元,基础设施损失1134.25万元,公益设施损失23.9万元,家庭财产损失690.62万元。灾情发生后,南宁市采取积极有效的措施,扎实做好救灾救济工作。2010年全年下拨各县(区)的中央、自治区级和市本级救灾资金共3232.30万元。实施灾害应急救助和冬春灾民生活困难救助工作。全市各级民政部门开展冬春荒救助和2010年初旱灾受灾情况调查摸底,掌握灾区群众生活困难情况,建立灾民救助台账,出台冬春救助和灾民生活救助工作方案,分阶段、按计划、有重点地实施跟踪救助。全市共发放777.4万斤大米、17.72万套(床)衣被,救助灾民15.28万人。开展灾后灾民倒房重建,帮助灾民恢复重建住房654户1358间,全市投入重建资金1774.35万元,其中倒损房户自筹资金756.70万元,社会捐助4.20万元,县级财政投入77.75万元,市本级财政投入138.20万元,中央、自治区财政投入797.50万元。在全市范围内继续开展“全国综合减灾示范社区”创建活动,兴宁区的人民北二里社区和中华社区、青秀区新竹社区、江南区五一中路社区、西乡塘区北湖安居社区等5个社区被国家减灾委、国家民政部授予“第四批全国综合减灾示范社区”称号。牵头组织全市“安心”工程,把民政救灾专项资金的监管列入全市民政工作及党风廉政建设目标管理的重要内容;救灾款物分配使用公开透明,接受社会监督;加强对救灾款物管理使用情况督查,开展救灾款物使用情况专项检查活动,确保救灾款物管理规范、使用安全。　（徐辉龙）

【优抚安置】 2010年,南宁市将“提高享受国家抚恤补助的残疾军人、烈属、因公牺牲军人遗属等优抚对象的抚恤补助和生活补助水平”列入2010年为民办实事项目之一,从7月1日起,对老复员军人、带病回乡退伍军人落实按两年一次,每人每月提高10元抚恤自然增长机制补助。7~12月,全市地方财政对在乡老复员军人和带病回乡退伍军人的抚恤补助自然增长补助兑现3614人发放自然增长补助资金32.53万元。10月1日起,根据国家民政部、财政部《关于调整部分优抚对象等人员抚恤和生活补助标准的通知》,提高重点优抚对象抚恤和生活补助标准。对城镇义务兵952人发放优待金363.30万元,对农村义务兵2558人发放优待金594.70万元;对残疾军人1591人发放残疾抚恤金1323.70万元;对三属(烈属、因公牺牲军人遗属、病故军人遗属)626人发放定期抚恤金368.70万元;对在乡老复员军人3384人发放定期定量补助金1351万元;对带病回乡退伍军人230人发放生活补助金62.83万元;对失散红军11人发放生活补助金8.60万元;对参战参核退役人员7943人发放生活补助金2001.60万元;对参战民兵2.13万人发放生活补助金1493.73万元。做好抗日战争胜利65周年抗日老战士走访慰问和发放一次性生活补助工作,对147人发放一次性生活补助金44.10万元;全市慰问优抚对象1.34万人,发放慰问金额326.60万元。对困难参战民兵7457人发放77.30万元;对其他困难退役人员742人发放19.15万元;对优抚对象发放对联2558副、光荣牌2058块;对特困重点优抚对象192人发放慰问金5.76万元,对三级以上伤残军人33人发放慰问金1.98万元;对7个光荣院发放慰问金

7 万元；给予重点优抚对象临时救助 1646 人次 48.50 万元。全市共完成重点优抚对象新建住房 29 户 56 间，投入建房资金 24.50 万元；维修 26 户 59 间，投入维修房资金 10.80 万元。（韦　琨）

【社会福利】

基础设施建设　2010 年，南宁市做好社会福利基础设施建设。隆安县老年活动中心主体工程竣工；市社会福利院“蓝天计划”项目（国家项目）9 月完成主体工程，进入装修阶段，计划 2011 年 6 月开业；南宁—东盟经济开发区福利院扩建工程进入装修阶段；邕宁区社会福利院厨房扩建工程完成主体工程建设；西乡塘区老年活动中心和社会福利服务中心项目已完成主体工程并转入装修阶段。市盲人按摩康复理疗中心综合楼开工建设，至 12 月，完成地下室二层及地面六层的建设。4 月 28 日开工建设市社会福利医院精神病救助（治）大楼。隆安县社会福利服务中心（国家项目）年末投入使用。社会福利社会化进程加快，市金太阳老年公寓、市一孝护老院 2 家民办福利机构年内开业，新增床位 260 张。对市夕阳红康复护养中心等 19 家民办福利机构给予资金扶持。扶持资金 93 万元，用于老年人服务和无障碍等设施设备的购置和完善。

居家养老服务　居家养老服务列为市政府为民办实事项目，在 6 个城区和 3 个开发区的 22 个街道办事处中的 197 个社区开展居家养老服务。上半年，在西乡塘区瑞士花园社区、壮锦社区建立居家养老服务站并投入服务运营；下半年，各城区陆续建立新的居家养老服务站。根据每个社区居家养老服务中心（站）配 2 名专职服务人员的要求，全市共配备居家养老服务工作专职服务人员 394 人，专职服务人员每人每月工资待遇为 1200 元，市、城区按 1:1 比例配套。7 月 12 日，市本级启动经费和专职服务人员工资费用 400 万元全部下拨到各城区。

孤儿最低生活养育标准提高　南宁市共有符合条件的孤儿 5437 人（农村散居孤儿 4723 人、城市散居孤儿 163 人、机构孤儿 551 人），落实提标所需经费 953.99 万元，市、县（区）按 1:1 比例配套，其中，市本级 468.97 万元、县（区）395.02 万元，年内全部落实到位。

全国无障碍城市创建　南宁市民政系统有市社会福利院、市社会福利医院、南宁残疾儿童康复中心、市盲人按摩康复理疗中心和市救助管理站等 5 个直属福利机构及 32 个市级民办福利机构、28 个福利企业参加创建无障碍市活动，共设置出入口坡化 50 处、安全走道 69 处、无障碍厕所及厕位 98 个、低位服务台 18 个。

明天计划实施　南宁市继续实施“残疾孤儿手术康复明天计划”，组织 15 名残疾儿童入院进行手术治疗，手术类型有髋关节脱位、肠造瘘术、肿瘤、先心病等，年末全部康复出院。

【慈善事业】 2010 年，南宁市慈善事业稳步发展。7 月 9 日，出台《中共南宁市委　南宁市人民政府关于加快南宁市慈善事业发展的意见》，将每年的 6 月 6 日定为“南宁慈善日”。开展抗旱救灾和玉树地震捐赠接收，组织多种形式的募捐活动，全年接收款物 1012.44 万元。组织“慈善情暖万家”、“慈善爱心年夜饭”、“慈善助学”、“慈善助医”、“善学儿童弱视工程”等慰问救助活动，转出定向捐赠款及发放救助金 1005.62 万元。（陆丽霞）

【医疗救助】 2010 年，南宁市城乡医疗救助制度不断完善。南宁市率先在广西出台城乡一体的《南宁市城乡医疗救助办法》，进一步提高医疗救助标准和救助比例，增加大病医疗临时救助项目，简化医疗救助程序，消除城乡医疗救助差别，城乡居民享受平等的医疗救助政策，首创广西城乡居民享受同等救助。将武鸣县、横县作为全市医疗救助信息化建设试点，简化医疗救助程序，实现医疗救助对象在定点医疗机构看病治疗当场得到“一站式”的医疗救助，缓解困难群众看病难、看病贵的问题。全市享受城乡医疗救助 20.37 万人次，发放医疗救助金额 3033.08 万元。其中：享受农村医疗救助 18.32 万人次，发放医疗救助金额2250.52 万元；享受城市医疗救助 2.05 万人次，发放医疗救助 782.56 万元。

【城乡低保】 2010 年，南宁市将提高城乡低保标准纳入全市为民办实事项目，从 4 月 1 日起，各城区（含开发区）城市低保标准从每人每月 280 元提高到每人 300 元；农村低保标准从每人每年 1000 元分别提高到：各城区（含开发区）每年 1400 元，各县每人每年 1200 元。全市有 55.14 万人次享受城市低保，发放9550.59 万元，月人均补助 173 元，超过自治区规定月人均补助 150 元的目标；有 173.08 万人次享受农村低保，发放 9977.47 万元，月人均补助 58 元，超过自治区规定月人均补助 50 元的目标。城乡低保继续保持在动态管理下应保尽保、分类施保，保障城乡困难群众的基本生活。

（林源林）

【社区建设】 2010 年，南宁市继续推进社区建设。一是开展村务公开和民主管理“难点村”治理。全市有 887 个“难点（问题）村”和“一般问题村”，其中“难点（重点）村”39 个、“一般问题村”848 个。“难点村”的主要问题有：村“两委”（村党支部委员会和村民自治委员会）班子凝聚力不强或村干部能力不强，思想认识不到位，工作措施不得力；村落闭塞，经济发展长期滞后；村委会无合理面积的办公场所或办公场所年久失修。至年末，全市 39 个村务公开民主管理“难点村”已有 35 个村整改完毕，3 个村取得初步成效，1 个正在整改。80%左右“一般问题村”得到有效治理。南宁市经验作为典型在自治区村务公开民主管理“难点村”整理工作会议上发言。二是建立健全村（社区）干部激励保障机制，稳定农村（社区）基层干部队伍。下发《中共南宁市委办公厅　南宁市人民政府办公厅关于批转〈市委组织部、市民政局、市财政局关于提高南宁市村（社区）干部补贴标准和村（社区）组织办公经费的通知〉的通知》文件，从 1 月起，大幅度提高村（社区）干部报酬和村（社区）办公经费。随后，市委组织部、市民政局联合下发《关于印发〈南宁市村级干部实绩奖励补贴考核办法（试行）〉的通知》、《关于印发〈南宁市社区组织专职工作人员实绩奖励补贴考核办法（试行）〉的通知》，稳定基层干部队伍，激发基层干部工作热情，增强基层干部的责任感和使命感，促进“难点村”治理工作。三是推进村务公开民主管理示范单位创建。下发《关于深入开展“村务公开民主管理示范单位”创建活动的通知》，并将创建与“难点村”治理结合起来，不定期深入各村进行指导、检查和监督，推进村民自治，扩大基层民主。四是实施乡镇干部周转房建设项目。项目列为南宁市20件为民办实事项目之一。4月，市政府办公厅下发《关于印发2010南宁市年乡镇干部周转房项目建设实施方案的通知》,12月末,12个乡镇干部周转房项目主体工程全部竣工。

（丁振辉）

【社会组织登记管理】 2010年，南宁市对社会组织进行依法登记，依法监督管理，开展社会组织创先争优和党组织建设年活动。全市登记成立社会组织134个,其中社会团体44个,民办非企业单位90个;备案成立社区社会组织62个,其中社会团体38个,民办非企业单位单位24个。至年末,全市累计登记成立社会组织2092个，其中社会团体987个，民办非企业单位1105个;备案成立社区社会组织195个,其中社会团体102个,民办非企业单位93个。社会组织建立党组织379家,应建组建率100%,未组建党组织的社会组织已选派党建工作指导员,选派率100%,实现党的工作在社会组织全覆盖。

（李汉明）

【拥军优属】 2010年，南宁市双拥工作落实全国、自治区拥军优属拥政爱民工作会议的总体部署，广泛深入地开展双拥共创活动,军政军民团结进一步加强。武警消防战士黄胜新获爱国为民好战士、模范消防卫士和第十四届中国青年五四奖章称号;南宁市和青秀区等10个市、县（区）被自治区评为双拥模范城（县、区）,11个单位和23名个人被自治区评为爱国拥军模范单位和个人,11个单位和13名个人被自治区评为拥政爱民模范单位和个人。全年市委议军会议共安排驻军(警)办公、住房及训练场地建设项目投资约1.42亿元，建筑面积约4.06万平方米。

（梁和艳）

【专项救助管理】 2010年，市救助站根据《救助管理办法》和《救助管理办法实施细则》有关规定,依法依规开展城市生活无着的流浪乞讨人员救助管理，完成市人大和市政协“两会”、城乡清洁工程、“两会一节”、亚运会等重大节庆期间及严寒天气时期的救助任务。救助成年受助人员4561人,流浪未成年人救助保护中心救助流浪未成年人455人。救助站被评为2008~2010年度自治区未成年人思想道德建设工作先进集体。

【殡葬服务与管理】 2010年，南宁市通过实施殡仪服务“六公开”制度,即向社会公开殡葬服务项目、收费标准、服务内容、服务程序、服务承诺、服务监督等信息,实现“阳光服务”,进一步提高服务效能。全年服务、火化遗体1.02万具,业务总收入3350万元,六城区火化率68.70%。清明节期间,完成近3万多个骨灰盒(坛)的进出工作,服务市民约50万人,疏通车辆约6000辆,各项服务工作安全无误。

（李群峰）

【老龄事业】

概　况　2010年,南宁市有60岁以上的老年人口114.87万，老年人口比例为16.23%。其中:市区60岁及其以上老年人口44.19万，六县60岁及其以上老年人口70.68万。南宁市老龄工作委员会办公室办理和年审《南宁市高龄老人优待证》2.54万本。老龄工作立足基层、服务基层,培育和完善基层老年人协会点,开展老年文体活动,重视老龄宣传,维护老年人合法权益,努力营造尊老、敬老、爱老的和谐社会氛围。参与南宁“创建全国无障碍城市”工作;开展2010年中国城乡老年人口状况追踪调查；市老年人活动中心建设项目主体封顶。

高龄老年人优待　1月和5月,市政府办公厅下发《南宁市人民政府办公厅关于对全市高龄老人发放寿星津贴的通知》,将发放全市高龄老人寿星津贴的标准及实施办法纳入规范性文件并长期执行。市老龄办组织审批、发放百岁老人寿星津贴,并定期监督检查各县(区)90~99周岁老人寿星津贴发放。南宁市发放100周岁老人津贴标准每月为200元、90~99周岁老人津贴标准每月为50元。百岁老人津贴由市财政支付,90~99周岁老人津贴由各县(区)自筹经费解决。全年为560多名100周岁以上高龄老人发放寿星津贴,补助金额近120万元;为符合条件的高龄老人办理和年审《南宁市高龄老人优待证》2.54万本。市、县(区)实施《广西壮族自治区老年人优待规定》,配合自治区老龄办抓好西乡塘区的自治区试点，于11月成功办理并发放《广西老年人优待证》。

敬老慰问活动　1月末至2月上旬，开展百岁老人春节慰问活动。市委常委、副市长范力和市政协副主席李秋明慰问唐毓玲、梁怡元、朱秀英、黄淑馨4名百岁老人,并发放慰问金和慰问品。期间，共慰问百岁老人503人,慰问金额10.50万元。4月,市老龄办与北海正元老年公寓合作，组织100名困难老年人到公寓进行为期10天的免费疗养,为老年人讲授医疗保健养生知识，进行常规医学体检。5月,组织摄影队深入各县(区)、乡镇的农村,开展为老年人免费摄影活动,免费为老年人拍摄和赠送照片。重阳节期间,陪同自治区老龄办、广西老年基金会慰问上林县、西乡塘区两个老年协会及5户特困老人、老党员、老村干。年内,市老龄办慰问全市135户特困老年人，慰问金额3.95万元。

敬老月活动　10月，在全市范围内广泛开展以“关爱老人送温暖　构建和谐新南宁”为主题的敬老月活动。号召全市各涉老单位开展以敬老慰问、老年文化体育、老年维权、为老志愿服务、老龄工作宣传为主要内容的敬老月活动。市老龄办举办全市老年人文艺汇演，与市老年体育协会共同主办“迎重阳长者健身展示暨联欢活动”,有80个晨练站760名老人展示太极拳、功夫扇等健身项目，并开展系列联欢活动，参加人数1432人;联合广西山东商会、南宁龙池文化艺术创作基地组织老年书画家开展“迎东盟——情满绿城　第二届当代精品书画收藏交易展”。组织西乡塘区、良庆区、江南区开展老年人健康教育讲座及培训，向老年人宣传保健品相关知识，提高辨别真伪信息能力,树立正确健康观念。组织各县(区)老龄办在各村(居)委会开展为老志愿服务活动，重点建设青秀区为老志愿服务示范社区,组织学生、社会各界志愿者走进福利院、敬老院、社区和老年人家中,开展家政、照料、护理、信息咨询、心理疏导、法律维权等志愿服务活动。鼓励社区邻里与高龄、残疾、“空巢”老年人结对子,开展长期志愿服务活动。组建老年志愿者服务队伍，鼓励低龄健康老年人为高龄病残老年人提供志愿服务、参与和谐社区建设管理;开展为老服务活动系列报道,宣传南宁市老龄政策、典型孝亲敬老人物事迹。

老年文体活动　组织市“绿城之声”

老年艺术团参与南宁市“千团万场”系列群众文化演出活动，演出315场，观众1.30万人次。3月，下拨经费支持市老年人门球协会开展全市性门球赛12次，参加6700多人次。7月，组织老年文艺团体，推荐舞蹈《方向舞》、服饰表演《漓江情》、书法作品1幅等3项老年文艺作品参加第二届全国老年文化艺术节，经全国组委会选拔参加全国比赛，获银奖2个。10月，在南鹰宾馆礼堂举办全市老年文艺汇演，近350名老年演员参加；县（区）也组织开展形式多样的老年文艺比赛活动。（梁玉军）

民族事务

【概　况】 2010年，南宁市贯彻执行“各民族共同团结奋斗、共同繁荣发展，保障少数民族合法权益，巩固和发展平等团结互助和谐的社会主义民族关系”的工作方针，协调民族关系，保障少数民族合法权益，维护民族团结，为少数民族群众办实事，将民族工作与开展“创先争优”活动有机结合起来。推进民族工作社会化格局，形成市委、市政府领导下部门主动、社会联动、各方互动、齐抓共管的民族工作新机制。年内，市民族事务委员会协助办理将市艺术剧院命名为市民族歌舞团申报相关手续。于11月15日得到批复，在市艺术剧院挂牌成立。年内，组织4批次的民族工作考察团（组）赴云南、四川、湖北、河南、贵州等地学习考察，接待延边朝鲜族自治州、武汉市、重庆市、乌鲁木齐市、宁波市及自治区内柳州、河池等市民族工作考察团（组）共10多批次。获全国民委系统先进集体称号。

【民族专项资金项目实施】 2010年，南宁市共落实国家、自治区、市本级民族各项资金1053万元，实施村屯道路、人畜饮水、村屯便桥、文化、教育、卫生等项目100个。其中：国家少数民族发展资金项目29个、项目资金300万元；自治区少数民族发展资金项目9个、项目资金67万元；自治区级民族工作经费项目14个、项目资金93万元；自治区民族团结发展资金43万元；民族团结创建示范社区资金15万元；民族关系监测评价处置资金35万元。市本级少数民族发展资金项目48个、项目资金300万元；民贸民品企业扶持资金200万元。还争取中国红十字基金会安排救灾资金200万元，主要用于购买民族乡因洪水受灾群众急需的食品及生活必需品等物资、投入水毁校舍和水毁民房恢复重建以及遭受旱灾的村庄、学校修建饮水项目工程。争取香港乐施会安排上林、马山两县抗旱赈灾粮食62吨（折合人民币23.90万元），受益群众1240户3903人。争取香港乐施会资金59.40万元，用于实施村屯道路、人畜饮水和村级小学校舍维修等项目；发动少数民族联谊会个人会员和单位会员捐款4万多元，购买1万多千克大米帮助马山县里当瑶族乡龙桂村因洪水受灾的200多名瑶族群众渡过难关。县（区）也安排相应的专项配套资金，横县安排县级民族专项配套经费10万元；兴宁区对上级民委要求开展的各项工作和民族工作部门拟开展的工作安排专项经费；江南区本级财政安排城区民族局4万元年度工作经费；青秀区安排19万元；武鸣县安排30万元。

【民族团结宣传教育】 2010年初，市民委会同市委组织部、市学习实践办组成由10人参加的民族团结宣讲团分赴12个县（区）、部分乡镇（街道）进行巡回宣讲。宣讲近20场次，参加活动的干部群众超过3万人次。其中，广西民族大学民族研究所教授龚永辉围绕“关切民族问题　促进壮乡首府科学发展”的主题，阐述其对民族问题、民族的概念、马克思主义民族观的理解和认识，解读中共中央、国务院近年来关于民族和民族问题的基本理论。西乡塘区衡阳街道中华中路社区党支部书记谢华娟结合其在社区开展民族工作的经验做法，以《扎根基层甘于奉献　让民族团结之树常青》为题作“当好四个模范”民族专题报告。市民委会同市学习实践办举办“南宁市坚持科学发展促进民族团结”理论研讨会，邀请国家民委政策法规司原司长、中国法学会民族法研究会会长毛公宁就民族团结工作的重要性、民族团结政策、当前民族团结工作的重点3个方面进行辅导。在全市各县（区）、党组中心学习组开展“民族政策、民族理论”集中学习月活动。市委中心学习组在12月22日专题学习党和国家民族理论和民族政策，邀请自治区民委副主任周健到会进行辅导。在市委党校举办的各类培训班开设民族政策、民族理论课程。在各级党校和新录（聘）用公务员培训中开设党的民族理论和民族政策、民族法律法规课程；在中小学校贯彻《学校民族团结教育指导纲要（试行）》，不断丰富学校民族团结教育的内容和形式，加强创建民族团结进步活动的基础性教育；开展民族团结进步创建活动进社区试点活动，在全市建立社区示范点10个。10月13日，市委、市政府在西乡塘区举行南宁市2010年“民族团结宣传月”活动暨南宁市少数民族流动

10月1日，马山县古寨瑶族乡举行升国旗仪式庆祝建国61周年　周家志　摄

人员服务中心启动仪式。南宁市少数民族流动人员服务中心是全国第一个市级少数民族流动人员服务中心。活动月期间,开展“民族团结宣传社区行”、民族团结宣传进校园、民族团结“心连心”活动周、“访贫问苦”等活动。11月6~10日,根据自治区党委宣传部、统战部及自治区民委的部署,举行全市心连心活动周,通过召开座谈会、入户慰问、发送慰问金、慰问信和慰问礼包等形式,拉近与少数民族知名人士的距离。先后组织壮、瑶、撒拉、回、维吾尔族等51名来自全国各地的少数民族流动人员代表参观全国民族团结进步教育基地——南湖公园李明瑞、韦拔群烈士纪念馆、南宁国际会展中心,青秀山风景名胜旅游区、南宁大桥、广西体育中心及民族广场,进行爱国主义和民族团结宣传教育。组织14名来邕的回、维吾尔族少数民族流动人员代表走进马山县古寨瑶族乡,与当地少数民族群众进行座谈交流,了解民族乡群众生产生活的特殊困难。筹备市城市管理人员与来邕少数民族代表座谈会,让少数民族流动人员了解城市管理法律法规,增进双方了解与沟通;开展少数民族流动人员社会主义法制宣传教育。宣传月期间,各县(区)都设置宣传点,现场提供咨询服务,接待群众现场咨询6800多人次;发放各类宣传资料11.60万份;悬挂宣传横幅416条,张贴宣传标语923条,制作宣传栏、墙报及板报420多块;举行文艺演出24场;举办民族团结心连心座谈会13场;民族知识竞赛16次。

【国家民贸民品优惠政策落实】 2010年,南宁市民贸民品企业共获流动资金贷款中央财政贴息2251万元,优惠利率贷款余额12.73亿元,约占自治区总数的三分之一,流动资金优惠利率贷款数量和获得的中央财政贷款贴息数量首次跃居自治区首位,初步进入全国贯彻民贸民品生产优惠政策先进城市行列。马山、隆安、上林3个县实现民贸企业贴息零突破,有9家民贸企业获流动资金贷款中央财政贴息600万元。市民委会同市工信委、市财政局、市人力资源和社会保障局、人民银行南宁中心支行,共同指导南宁市首批劳动密集型企业贴息贷款试点。全市有9家民品企业被市政府确定为首批劳动密集型贴息贷款试点企业。组织2家企业申报并获得全国民族特需商品生产企业生产补助资金80多万元,组织3家民品企业申报并获得国家定点民品企业技术改造贷款贴息29万。

【首届少数民族文艺展演】 2010年,由市政府主办,市民委、市文化新闻出版局承办,市群众艺术馆协办的南宁市首届少数民族文艺展演,以县(区)为单位,通过初赛、决赛程序,精选具有地域特色、民族特色的壮、瑶族等少数民族原生态歌舞节目12个,于10月15日下午在广西艺术学院会演中心进行首届少数民族文艺展演总决赛和颁奖仪式。参赛演员既有专业文艺工作者,也有村镇、社区、学校的民族文艺业余爱好者。决赛中,横县代表队的舞蹈《凤凰麒麟·茉莉香》和武鸣县代表队的舞蹈《古岳铿锵》获一等奖;马山县代表队的《阿妹今天要出嫁》、兴宁区代表队的《丰收嘿!嘿!嘿!》、良庆区代表队的《斑鸠调》、青秀区代表队的《南宁嘹歌》获二等奖;宾阳县代表队的《壮族敬酒歌》、西乡塘区代表队的《蜂鼓神韵》、上林县代表队的《达奴》、江南区代表队的《南宁春牛舞》、邕宁区代表队的《舞春牛》、隆安县代表队的《那之韵》获三等奖。

【少数民族传统节庆活动】 2010年,南宁市财政拨款近10万元支持武鸣县举办“三月三”歌圩活动,隆安县打造“那文化”民族文化品牌及上林、马山县瑶族“达努节”,宾阳县露圩镇“五言壮欢”歌节,邕宁区“抢花炮”、八音艺术节等民族节庆活动,丰富少数民族文化生活。9月28~30日,市民委与邕宁区党委、政府共同主办邕宁首届八音文化艺术节,邕宁壮族八音队、那路女子八音队、邕宁农民八音队等多支八音表演队伍参加开幕演出,还举行民俗风情表演大巡游、山歌对唱、共赏花灯、书画大赛、粤剧晚会、焰火等系列活动。

【南宁少数民族联谊会】 2010年1月15日,南宁少数民族联谊会换届选举大会在南宁东春酒店举行,大会听取和审议通过《凝聚各方面力量,团结一致,为共同推进首府民族团结进步事业——南宁少数民族联谊会第五届理事会工作报告》、《南宁少数民族联谊会章程》(修改草案)和南宁少数民族联谊会会费收费标准,还按照有关章程选出南宁少数民族联谊会第六届理事会成员,选举产生苏志刚为会长,盘承新、谢寿球、覃彩銮和黄嘉棣、杨远立、谢正文、苏德、陈宇、张清红、韦清文、宋克平等为副会长。至年末,南宁少数民族联谊会有个人会员182人,单位会员29个。

【清真饮食管理与服务】 2010年,市民委落实《南宁市清真食品管理条例》,实施清真标识牌管理,遏制“清真不清”问题发生,保障清真食品安全,确保回族等少数民族群众吃上“放心肉”。为服务好中国—东盟博览会,市民委加强与有关部门的沟通与联系,组织到新疆、陕西等地学习当地清真食品管理服务的先进经验,推进伊斯兰文化中心(清真涉外宾馆)——南宁民族大饭店项目前期工作。

【寄宿制民族班】 2010年,南宁市有武鸣高中、宾阳中学、沛鸿民族中学、南宁市第三职业技术学校、马山县中学、隆安县中学、上林县民族中学、马山县民族中学、隆安县民族中学9个学校开设有自治区级寄宿制民族高中班和民族初中班,在校生民族高中(职高)生1500人,民族初中生750人,每人每年享受生活补助费600元。

【少数民族特困生入学专项补助】 2010年,市民委落实特困少数民族优秀学生入学资助政策,会同市财政局下达年度广西特困少数民族优秀学生入学专项补助经费指标,并对上年度补助资金发放工作进行跟踪检查,全市有73名大学生、74名高中生获2010年度广西特困少数民族优秀学生入学专项经费补助29.30万元,其中大学生入学补助每人3000元、高中生入学补助每人1000元,解决少数民族优秀特困生“上学难”问题。会同市财政局、教育局下达2010年少数民族教育中央补助资金10万元,给予青秀区新兴民族学校用于购置民族特色教学仪器和语音室设备。

【壮语言文字工作】 2010年,市民委开展壮语文社会宣传和应用服务,为全市各单位翻译和联系制作壮文公章、牌匾、路名牌、科室牌360块(条),市区公共场所设置的挂牌、标志牌大都冠上壮文。组织开展的重大活动,均使用壮、汉两种文字横幅、标语。

【公民民族成分管理】 2010年，市民委与市公安局、市教育局规范变更民族成分审核审批程序、工作流程，指导各县（区）做好本辖区公民民族成分变更审核，安排人员进驻市政务服务中心办理公民民族成分变更审核，办理公民民族成分变更审核803人次，提供咨询2100多人次。

【少数民族干部教育】 2010年，市民委共举办少数民族干部主体和专题培训各2个班次，培训科级少数民族干部91人、处级分管民族工作干部27人；选派32名少数民族干部参加各级党委组织部门、上级业务部门的调训。2010年南宁市科级少数民族年轻干部培训班呈现出新的特色：首次安排山歌培训；首次安排现场观摩本地原创民族舞剧精品节目《骆越点兵舞》和贵州省的标志性文化品牌——大型音乐舞蹈《多彩贵州风·天蝉地傩》等体验式教学；首次开展学习成果展示，让学员通过自编民歌、山歌对唱、朗诵等极具特色的节目，展现少数民族年轻干部的风采；首次将“南宁市城市民族工作培训班”培训计划列入国家民委2010年度干部教育培训计划统筹安排。11月8~17日，市民族工作领导小组部分成员单位分管领导、各县（区）民族工作分管领导一行27人，赴中央民族干部学院参加由国家民委主办的散杂居地区民族工作研讨班，这是南宁市首次独立编班组织南宁市县处级领导干部到中央民族干部学院参加培训学习。配合市委组织部选派县（区）分管民族工作的县处级党政领导干部5人参加国家民委在中央民族干部学院举办的广西县（市、区）分管民族工作党政领导干部民族经济管理研讨班。会同市妇联选送10名市直、开发区、县（区）、乡镇（街道）的妇女干部参加广西少数民族妇女干部培训班。

【少数民族流动人员服务管理】 2010年，南宁市少数民族流动人员服务中心成为全国第一个市级少数民族流动人员服务中心。按照公平对待、合理引导、完善管理、搞好服务的原则，构建“13456”立体服务平台，做好少数民族流动人员的服务管理，寓服务于管理之中，使少数民族流动人员在南宁进得来、留得住、有发展。9月3日，国家民委主办的《中国民族报》发表《我国的民族事务服务体系模式》理论文章，将“南宁模式”列入中国民族事务服务体系。以构建“13456”立体服务平台为主体的民族事务服务体系建设“南宁模式”逐步获得肯定。全市为城市少数民族流动人员提供优生优育服务5500多人次，提供就业帮助8430多人次，解决住房问题1.47万多人次。

【民族关系监测评价处置】 2010年初，自治区民委将南宁市确定为自治区民族关系监测评价处置机制惟一试点城市。年内，建立和健全《南宁市民族关系交流沟通联谊制度》、《南宁市民族关系监测评价制度》、《南宁市民族关系监测信息工作制度》等制度14项；建立全市民委系统机关干部对口联系民族关系协调员（少数民族知名人士）工作制度，全市44名民族干部骨干分别对口联系60名民族关系协调员和27家民品企业少数民族负责人；优化民族工作信息员队伍、民族关系协调员队伍、专家顾问队伍人员结构，确定信息员队伍122人，民族关系协调员队伍60人，专家顾问队伍28人。

【民族乡帮扶】 2010年，市委、市政府安排市本级资金3000万元用于上林县镇圩瑶族乡、马山县古寨瑶族乡、里当瑶族乡改善基础设施，共实施通村水泥路建设项目6个34.95千米，通屯水泥路建设项目50个89.22千米，受益少数民族8055户3.59万人；实施人饮工程34处，受益少数民族1987户1.07万人；实施生态家园项目6个，受益少数民族201户932人。 （刘建安）

宗教事务

【概　况】 2010年，南宁市人民政府宗教事务局抓好分管宗教的干部、宗教干部、宗教界上层人士“三支队伍”，健全基层宗教市、县（区）、乡镇“三级网络”建设，发挥宗教工作联席会成员单位作用，共同做好宗教工作。全年召开宗教工作联席会4次，专题分析会4次，宗教局局长会议5次；分别召开各宗教团体、各宗教活动场所负责人会议及教职人员会议3次，选派宗教干部、宗教界人士参加业务学习培训，组织县（区）各宗教局长、宗教团体负责人到外地学习考察。年内，建立横向与南宁市安全、公安、文化、新闻出版等相关部门、自治区内各城市宗教部门、自治区外部分城市宗教部门联系与沟通，纵向和各县（区）、宗教团体、宗教场所保持信息畅通。建立制止非法宗教活动上下联动、左右合作机制和宗教信息互动机制和宗教领域突发事件处置机制。通过信息互动和宗教领域突发事件处置机制，制止多起非法宗教活动。建立宗教工作管理机制，加强对涉及宗教内容的群体活动的管理规定，明确各县（区）党委、政府、相关部门在组织审批涉及宗教内容的群体活动的职责，规范县（区）党委和政府、各部门在涉及宗教内容时群体活动的管理。支持宗教团体开展公益慈善事业，引导宗教与社会主义社会相适应。年内，宗教界为社会公益慈善事业捐款捐物折合人民币近200万元，用于青海玉树赈灾、帮助五保户、贫困山区修路铺桥，修建小学教学楼等。解决宗教教职人员社会保障问题。根据不同教别、标准购买不等险种，协商社会保障局，帮助各宗教团体和部分宗教场所，解决宗教教职人员和工作人员社会保障问题。指导市级宗教团体和各宗教活动场所开展宗教教职人员资格认定和备案，建立电子档案。

【“和谐寺观教堂”活动】 2010年，市宗教局继续开展创建“和谐寺观教堂”活动，规范宗教活动场所自身建设。制定《南宁市开展创建“和谐寺观教堂”活动考评细则》，指导各宗教团体拟定本宗教参与活动的具体方案，其中，市佛教协会制定《南宁市佛教协会关于申请设立佛教活动场所的条件和程序》，市基督教制定《共和堂财务管理制度》等。伊斯兰教协会、佛教观音禅寺、天主教主教府被中央统战部、国家宗教局评为首批宗教团体、宗教活动场所先进单位。

【宗教接待服务】 2010年，市宗教局指导全市各宗教团体和宗教活动场所做好中国—东盟博览会期间国内外信仰宗教的宾客接待服务。清真寺共接待中外穆斯林600多人次，供应清真盒饭6000多份；佛教、天主教、基督教接待中外客人5000多人次。 （聂先锋）

责任编辑　廖胜兰

区　县

兴　宁　区

【概　况】 兴宁区位于南宁市区东北部。东起民族大道与青秀区交界，南临江北大道，西接解放路、华强路及铁路沿线与西乡塘区毗邻，北至广西林科院、广西高峰林场与武鸣县、宾阳县毗邻。土地面积751平方千米。辖区内有南宁火车站、金桥汽车客运站等交通枢纽站点，朝阳路、中华路、友爱南路、人民路、民主路、望州路、厢竹大道、南梧大道、昆仑大道等128条20米以上的主要道路纵横交错，形成贯穿南北东西的交通路网。主要旅游景区(点)有九曲湾温泉度假村、嘉和城温泉谷、人民公园、狮山公园、昆仑关战役遗址、邓颖超纪念馆、新会书院、凤凰谷、乡村大世界休闲娱乐中心、侯哥花果山休闲农庄等。主要矿产资源有黏土、花岗岩、页岩、高岭土、灰绿岩、煤、金、铜、铅、砂、地热、矿泉水等。有三塘工业集中区。2010年，辖3个镇、2个街道，37个社区、37个行政村、375个自然村(屯)。年末户籍总人口29.93万(农业人口13.38万)。人口自然增长率7‰。耕地面积1.56万公顷(水田面积0.76万公顷);林地面积2.51万公顷，森林覆盖率51.90%。地区生产总值89.27亿元;全部财政收入19.10亿元(地方财政一般预算收入3.90亿元)，一般预算支出6.47亿元;城镇居民人均可支配收入19912元，农民人均纯收入5705元。获首批全国法治县(市、区)创建活动先进单位、全国白内障无障碍县(区)、全国科技活动周广西活动优秀组织奖、自治区人口和计划生育工作先进奖;五塘镇计划生育服务所获全国计划生育优质服务乡级示范站称号;朝阳街道虎邱村被评为首批全国人口和计划生育基层群众自治示范村，民生街道人民中社区被评为全国计划生育协会先进单位，朝阳街道望州南社区能帮就帮互助协会被评为全国先进社会组织。

【经济发展概况】

第一产业　2010年，兴宁区实现农林牧渔业总产值10.02亿元。其中:农业产值4.77亿元，林业产值9075万元，牧业产值3.65亿元，渔业产值5396万元，农林牧渔服务业产值1537万元。第一产业增加值6.07亿元。粮食作物种植面积1.17万公顷，总产量5.25万吨。其中:水稻种植面积9530公顷，产量4.71万吨;玉米种植面积1717公顷，产量5630吨。经济作物种植面积4200公顷。其中:甘蔗种植面积2160公顷，产量15.02万吨;木薯种植面积845公顷，产量6180吨;果园面积667公顷，水果产量6080吨;蔬菜种植面积8000公顷，产量15.57万吨。肉类总产量1.85万吨，水产品产量6.11万吨。完成人工造林面积940公顷。水利建设投入1204.36万元，完成水库除险加固2座、农村人饮水工程15处、渠道防渗工程20.70千米。

第二产业　工业企业有325家，实现工业总产值45.03亿元。规模以上工业企业62家，实现工业总产值26.14亿元，利税总额4.23亿元(利润2.78亿元)。第二产业增加值20.71亿元(工业增加值14.38亿元)。完成工业投资10.08亿元，技术改造投资13.17亿元。工业主要产品产量:配混合饲料9.06万吨，家具3.10万件，中成药1780吨，商品混凝土174万立方米，钢材12.15万吨(焊接钢管10.42万吨，其他钢材1.73万吨)。三塘工业集中区入园企业13家，建成投产4家，即南宁兴典混凝土有限责任公司、广西动力源科技发展有限公司、广西嘉捷科技发展有限公司、广西银盾消防器材有限公司;实现工业总产值4亿元。

第三产业　国有企业有67家，集体企业40家，股份合作企业13家;私营企业1248家，从业人员1.27万人;个体工商户3.03万户，从业人员7.72万人。实现社会消费品零售总额208.79亿元。第三产业增加值62.49亿元。推进朝阳商圈建设，改善环境，调整业态，分别联合南宁万达商业广场管理有限公司、南宁百货大楼股份有限公司和广西桂嘉汇房地产集团有限公司举办第二届万达购物节活动、年货展会和大嘉汇采购节。重点推进东盟—川桂物流中心(大嘉汇·东盟国际商贸港)、金桥农产品批发市场、万里汽配城等大项目建设，以项目辐射带动城乡商贸业发展，金桥物流园区格局初步形成。完成房地产开发建设投资30.39亿元，商住房地产建设施工面积245.03万平方米(新开工面积91.03万平方米)，商品房销售63.88万平方米，销售收入额31.95亿元。接待游客126万人次。

招商引资　围绕城区“三区一带”的发展思路，根据城区新的产业定位，加强与长三角、珠三角地区商会、企业的联系，组队参加各种招商和回访企业总部活动，与苏宁置业集团有限公司签订“南宁苏宁广场”、“苏宁电器南宁配送中心”项目投资意向，签约金额23亿元。引进企业(项目)23个，合同引进资金64.38亿元，实际到位资金39.74亿元(内资38.60亿元，外资1779万美元〈广西全口径，下同〉)。

城乡建设　投入5500万元，扩建南京路、济南西路、杭州路，完成龙湖大道、昆仑大道南侧储备地块市政道路等前期工作及长堽路三里二巷道路等10条小街小巷和路灯的改造，完善农村公路基础设施。完成农村危房改造330户。实施“城乡清洁工程”，投入850万元，对农贸市场、市容市貌等清理整治，拆除违法建筑17.46万平方米，制止国土“卫片”案件非法占地32.20万平方米。完成东沟岭一组团二期招拍挂，中兴大道商住配套用地、金桥小区A地块等7个项目土地收储前期工作,正在办理挂牌手续。建成拆迁安置房110套。

【社会事业发展概况】

文明创建活动　2010年,兴宁区深入开展"发展环境建设年·百万青年大行动"暨青年志愿者"创卫先锋行动"、"关爱空巢老人志愿服务"、"百城万店无假货"示范街(店)创建、百万市民文明交通劝导、"做文明有礼的兴宁人"等系列全民性活动,提高创建文明城市的知晓率和参与度,开展文明村镇(社区)、文明单位(机关)、文明小区(庭院)、文明窗口(行业)、文明学校创建活动,推动城乡文明程度协调发展。创新未成年人思想道德教育新模式,建立"走出网吧—走进图书馆—走进博物馆—走进文化馆—走进体校—参加系统才能锻炼"的五步链式服务模式,做好迷恋网络青少年转化工作。昆仑镇八塘村被命名为第十三批自治区文明村镇;兴宁公安分局、虎邱小学、民生街道被命名为第十三批自治区文明单位;武警兴宁消防大队朝阳中队、民生街道新华社区被命名为第十三批自治区军(警)民共建先进单位。累计有市级以上文明单位131个、文明社区33个、文明村(坡)15个、文明乡镇(街道)5个。

科教文卫体事业　投入686万元,组织实施科技项目31个。推广应用农业实用技术5项。举办种养科技培训班67期,培训6000人次。有小学52所(社会办6所),在校生2.69万人;初中18所(社会办7所),在校生8700人;高中2所(社会办1所),在校生9600人。有教职工1453人。小学适龄儿童入学率、小学毕业生升学率均100%,辍学率为零;初中段入学率100%,辍学率0.60%;初中毕业生升高中毛入学率100%。资助家庭经济困难学生1223人次、38.50万元。免除农村义务教育阶段学生学杂费1.42万人次,补助公用经费660.68万元;免除城市义务教育阶段学生学杂费1.17万人次,补助公用经费528.05万元。全面启动EEPO(有效教育)项目实验研究,被列为自治区基础教育学校教学改革示范县(区)。实施文化惠民工程,重点打造兴宁区"老城区新文化"品牌,率先在万达商业广场挂牌成立南宁市首个文化产业链基地。三塘松柏二声部平话山歌传承基地升级为自治区级非物质文化遗产传承基地。组织开展各类群众文化及宣传活动80场次,文艺节目《老城新貌》在南宁市首届乡村社区和谐文艺大展演决赛中获一等奖。建设完成镇综合文化站2个、村级公共服务中心4个、农家书屋14个;放映公益电影444场;新扶持组建社区、村业余文艺团队9个。有医疗卫生机构81个。其中:镇卫生院4所,城市社区卫生服务机构11个,村卫生室41个,个体医疗诊所25所。卫生技术人员496人(镇卫生院213人、城市社区卫生服务机构162人、乡村医生和保健员121人)。镇卫生院设病床169张。投资62万元,完成农村卫生户厕建造1000座。参加新型农村合作医疗农民12.21万人,参合率92.75%。区间(2009年10月1日至2010年9月30日,下同)人口出生3436人,出生率10.20‰。推进体育惠民工程建设,新建户外健身路径3条。元旦、春节、"三八"、"五一"、国庆等节日,组织开展群众性体育活动,组队参加市冬泳邕江活动。参加南宁市第八届运动会获金牌11枚、银牌14枚、铜牌15枚。

民政事业　审批城镇最低生活保障对象5.17万人次,发放低保金865.90万元;审批农村低保对象3.42万人次,发放低保金199.80万元。发放抚恤金、定补金227万元,退伍义务兵家属优待金30万元。临时救济267人次、8.50万元。发放特困户、重灾民救济粮216.75吨(折款86.70万元),救济3193户、5400人。投入5.80万元,重建水毁民房4户、12间。发放冬令救灾救济棉被569床、蚊帐415床、衣服1771件(套)。确定五保老人419人,发放五保供养定补金95.10万元。农村医疗救助303人、56.60万元。免费为382对新婚夫妇进行地中海贫血筛查,为63对贫困地贫高危孕妇提供救治。办理结婚登记3142对,离婚登记562对。

劳动与社会保障　城镇新增就业8264人,城镇下岗失业人员实现再就业1459人,帮助大龄困难人员再就业312人。城镇登记失业率3.50%。农民就业培训1350人,农村劳动力转移就业新增3806人。劳动监察立案调查66件,结案率100%。督促各类企业与劳动者签订合同6.12万人,签订率96.50%。

(韦　钰)

江　南　区

【概　况】江南区位于南宁市区西南部,邕江南岸。东邻南宁经济技术开发区和良庆区,南连钦州市上思县,西接崇左市扶绥县,北与兴宁区、青秀区、西乡塘区隔邕江相望。土地面积1154平方千米。湘桂铁路、黔桂铁路、南防铁路和桂柳高速公路、南宁至友谊关高速公路、机场高速公路及邕江河道过境,南宁吴圩国际机场、南宁铁路南站坐落辖区内,有江南港、西江港、金鸡港等港口,邕江大桥、中兴大桥、白沙大桥、清川大桥、永和大桥、葫芦鼎大桥、北大桥、桃源桥横跨邕江两岸。主要旅游风景区(点)有扬美古镇、锦江生态园和麻子畲。主要矿产资源有煤、石灰石。主要特产有扬美三宝(豆豉、梅菜、沙糕)、木瓜丁、西瓜。2010年,辖4个镇、4个街道(那洪街道由南宁经济开发区托管)、68个行政村、28个社区、780个自然村(屯)。年末户籍总人口44.91万(农业人口24.72万、非农业人口20.19万)。人口自然增长率8.32‰。耕地面积1.47万公顷(水田面积1.25万公顷);林地面积3.42万公顷,森林覆盖率34.25%。地区生产总值73.90亿元;全部财政收入9.89亿元(地方财政一般预算收入3.31亿元),一般预算支出6.37亿元;城镇居民人均可支配收入16611元,

2010年兴宁区各镇、街道情况

名称	土地面积(平方千米)	村民委员会(个)	社区居民委员会(个)	自然屯(个)	年末人口(人)	农林牧渔业总产值(万元)	粮食产量(吨)	农民人均纯收入(元)
三塘镇	192.00	13	5	79	55751	39291	19479	5982
五塘镇	280.00	13	1	125	66067	44953	25505	5145
昆仑镇	133.00	8	1	126	28331	10360	9708	4386
民生街道	22.80	2	17		113708	4263		5705
朝阳街道	10.00	1	15		35439			8718

农民人均纯收入5721元。获全国婚姻登记规范化单位、自治区人口和计划生育工作进步奖、自治区新农合工作先进区；五一中路社区被列为第四批全国综合减灾示范社区。

【经济发展概况】

第一产业 2010年，江南区实现农林牧渔业总产值25.23亿元。其中：农业18.16亿元，林业9247万元，牧业4.24亿元，渔业9339万元，农林牧渔服务业9807万元。第一产业增加值16.23亿元。粮食作物种植面积1.84万公顷，总产量9.70万吨。其中：水稻种植面积1.19万公顷，产量6.92万吨；玉米种植面积5684公顷，产量2.59万吨。经济作物种植面积2.06万公顷。其中：甘蔗种植面积1.51万公顷，产量124.27万吨；木薯种植面积1828公顷，产量1.81万吨；果园面积2622公顷，水果产量3.39万吨；蔬菜种植面积1.97万公顷，产量41.72万吨。肉类总产量2.07万吨，水产品产量1.07万吨。水利建设投入1395.47万元，完成水库除险加固3座，农村人饮水工程13处，渠道防渗工程9.50千米。累计有农业产业化重点龙头企业11家、种养业农民专业合作社(协会)21家，农民合作经济组织成员3500人，带动2.30万户农民参与合作组织的经济活动。

第二产业 工业企业有415家，实现工业总产值95.46亿元。规模以上工业企业87家，实现工业总产值80.35亿元，利税总额9.48亿元(利润5.24亿元)。第二产业增加值35.96亿元（工业增加值30.63亿元）。完成工业投资21.14亿元，技术改造投资23.31亿元。工业主要产品产量：饲料116.37万吨，平板玻璃518.60万重量箱，塑料制品3.76万吨，中成药5008吨，大米6.29万吨，水泥22.25万吨，铝材4221吨，钢材2.99万吨，商品混凝土57.89万立方米，预应力混凝土桩53.10万米等。江南区工业园区完成全社会固定资产投资20.80亿元(基础设施投资3亿元)，累计建成投产企业90家。其中：工业企业62家（含外商投资企业1家），商贸、仓储企业28家。规模以上工业企业33家（亿元以上产值企业10家）。实现工业总产值34亿元(规模以上工业总产值32.90亿元)。

第三产业 国有企业有38家，集体企业123家，股份合作企业8家；私营企业2127家，从业人员1.18万人；个体工商户1.10万户，从业人员2.18万人。实现社会消费品零售总额88.37亿元。第三产业增加值21.71亿元。完成房地产开发建设投资16.02亿元，商住房地产开发建设施工面积362.06万平方米，竣工面积110.43万平方米，商品房销售38.47万平方米，销售额17.24亿元。接待游客11万人次，旅游营业收入71万元，旅游综合收入781万元。

招商引资 推进以商招商，拓宽招商渠道，坚持走出去请进来的招商方式，利用中国——东盟博览会平台，开展承接东部产业转移招商活动，组团到苏州、上海、广州、深圳、西安等地考察招商。合同引进内资48.90亿元，实际到位22.69亿元，新批合同外资1600万美元，直接利用外资1240万美元。

城乡建设 投资4376万元，完成石柱岭二路、菠萝岭正街、白沙南四里及五一路南一里4条城市道路改造扩建。吴圩镇、苏圩镇、延安镇及江西镇完成新建及改造道路16.20千米，硬化道路面积30万平方米。实施“城乡清洁工程”，完成建成区小街小巷改造6条、小街小巷易涝点整治11条，设置创业街1条及便民早市1处。投资250.56万元，完成农村公路基础设施建设项目61个；投资60万元，改造便民渡口码头2处，更新改造船舶2艘。

扬美古镇 江南区志办提供

【社会事业发展概况】

文明创建活动 2010年，江南区开展“做文明有礼南宁人”、“四进社区”、“三下乡”等群众性文明创建活动，推进文明县(区)、文明社区、文明单位、文明村、军(警)民共建先进(标兵)单位创建活动。南宁市国税局第三稽查局、南宁经济技术开发区地税局、新屋小学被命名为第十三批自治区文明单位，南宁市第二人民医院被命名为第十三批自治区军(警)民共建先进单位；被命名为市文明单位3个、文明社区1个、文明镇(村)1个、军(警)民共建先进单位2对。

科教文卫体事业 投入639万元，组织实施科技项目9个。推广应用新品种、新技术，农作物优良品种覆盖率95%，农村先进适用技术普及率100%。举办种养科技培训班215期，培训2.50万人次。获2010年全国科技活动周广西活动优秀项目奖、全国科技活动周南宁市活动优秀项目奖、南宁市第二届优秀科普作品征集评选活动优秀组织奖。有小学94所(社会办16所)，在校生4.21万人；初中26所(社会办11所)，在校生1.26万人；高中3所，在校生7900人。有教职工2646人。小学适龄儿童入学率100%，辍学率为零，小学毕业生升学率100%；初中阶段入学率99.35%，辍学率0.65%；初中毕业生升高中毛入学率85%。资助家庭经济困难学生683人次、42.10万元。实施文化惠民工程，开展百戏进乡村、扶持业余文艺队和电影下农村活动；新建篮球场2个，新建健身路径2条。有医疗卫生机构399个。其中：国有医疗卫生机构47个(乡镇7个)，集体医疗卫生机构1个，村卫生所124所，个体医疗诊所227所。卫生技术人员2569人。医院病床1359张(市级医院638张，乡镇卫生院249张)。投资182万元，完成农村卫生户厕建造1000座。参加新型农村合作医疗农民22.32万人，参合率92.26%。区间人口出生5673人，出生率11.20‰。元旦、春节、“三八”、“五一”、国庆等节日，组织开展群众性体育活动，举办篮球、门球、、乒乓球、象棋、拔河、气排球、太极拳(剑)比赛。参加南宁市第八届运动会获金牌27枚、银牌31枚、铜牌15枚。

民政事业　审批城镇最低生活保障对象3.17万人次，发放低保金545.06万元；审批农村低保对象7567人次，发放低保金125.78万元。发放抚恤金、定补金273.60万元，义务兵家属优待金61.05万元。发放特困户、重灾民救济粮100吨(折款66万元)，救济1489户、2069人。发放冬令救灾救济棉被611床、蚊帐509床、衣服2608件(套)。确定五保老人664人，发放五保供养定补金76.96万元、救济粮119.50吨(折款40万元)、食油补助款8万元。农村医疗救助315人、80.44万元。免费为531对新婚夫妇进行地中海贫血筛查，为91名生活困难的城乡肺结核患者提供治疗，为3名贫困高危孕产妇提供救治。办理结婚登记4564对，离婚登记636对。

劳动与社会保障　城镇新增就业1.11万人，下岗失业人员实现再就业3593人，帮助大龄困难人员再就业1007人。城镇登记失业率3.07%。农民就业培训2614人，农村劳动力转移就业新增5253人。劳动监察立案13件，结案率100%。　(邹　璐)

青　秀　区

【概　况】青秀区位于南宁市区东南部。东邻宾阳县、横县，南接邕宁区，与良庆区隔邕江相望，西靠西乡塘区，与江南区隔邕江相望，北连兴宁区。土地面积872平方千米。是自治区和南宁市党、政、军机关及中国—东盟博览会会址所在地。郁江航道、湘桂铁路、桂海高速公路过境，设有长堽岭、屯里、五合、长塘、伶俐火车站和埌东客运站，三岸、伶俐、五合、独岭高速公路互通，城区中心道路网络四通八达。主要旅游景区景点有青秀山旅游风景名胜区、南湖公园、南湖名树博览园、石门森林公园、金花茶公园、南宁国际会展中心、地王云顶观光、孔庙、广西民族文物苑、金汇如意坊古商城、保爱路天主教堂、中山路基督教堂、中共广西“一大”旧址(雷经天故居)、雷沛鸿故居、黄旭初故居——旭园、广西烈士陵园、广西民族博物馆、民族文物苑、广西博物馆、广西科技馆、邓颖超出生地石刻和邓颖超纪念馆、雷沛鸿故居、洋关码头等。主要矿产资源有煤、石英砂、重晶石、石灰石。主要特产有甜竹笋。有仙葫经济技术开发区、二塘工业园区、伶俐工业集中区。2010年，辖4个镇、5个街道、58个社区、46个行政村、1268个自然村(屯)。年末户籍总人口60.74万(农业人口18.46万，非农业人口42.28万)。人口自然增长率7.40‰。耕地面积1.26万公顷(水田面积6849公顷)；林地面积3.47万公顷，森林覆盖率43.85%。地区生产总值126.40亿元；全部财政收入57.96亿元(地方财政一般预算收入12.33亿元)，一般预算支出11.86亿元；城镇居民人均可支配收入22897元，农民人均纯收入5734元。获全国法治县(市、区)创建活动先进单位、全国模范人民调解委员会、全国五四红旗团委、全国计划生育协会企事业先进单位、全国地方志系统先进集体、全国阳光体育先进县(区)等26项国家级奖励；获广西人口和计划生育工作模范县(区)、广西计划生育协会先进单位、全自治区千万亩超级稻示范推广标兵单位、自治区城乡风貌改造二期工程先进单位、广西青少年科技教育先进集体等44项自治区级奖励。

【经济发展概况】

第一产业　2010年，青秀区实现农林牧渔业总产值19.01亿元。其中：农业7.48亿元，林业1.29亿元，牧业7.21亿元，渔业4149万元，农林牧渔服务业2.62亿元。第一产业增加值10.84亿元。

10月19日，伶俐工业集中区启动区主干道竣工仪式举行　　青秀区志办提供

2010年江南区各镇、街道情况

名称	土地面积(平方千米)	村民委员会(个)	社区居民委员会(个)	自然屯(个)	年末人口(人)	农林牧渔业总产值(万元)	粮食产量(吨)	农民人均纯收入(元)
江西镇	214.00	10	0	103	46146	49540	23385	5531
吴圩镇	394.00	10	2	133	69526	68502	21017	5846
苏圩镇	223.00	15	1	118	64803	80033	37957	5558
延安镇	132.00	5	1	69	27394	37121	9547	5925
福建园街道	16.60	4	13	27	174476			
江南街道	22.20	3	6	23	10200	456		
沙井街道	46.30	9	2	49	54450	17574	1956	

粮食作物种植面积 1.59 万公顷，总产量 8.64 万吨。其中：水稻种植面积 1.13 万公顷，产量 6.63 万吨；玉米种植面积 3960 公顷，产量 1.84 万吨。经济作物种植面积 1.10 万公顷。其中：甘蔗种植面积 4387 公顷，产量 37.42 万吨；花生种植面积 2293 公顷，产量 6337 吨；果园面积 1761 公顷，水果产量 1.10 万吨；蔬菜种植面积 1806 公顷，产量 10.93 万吨。肉类产量 3.21 万吨，水产品产量 6300 吨。水利建设投入 2519 万元，完成 2009~2010 年冬修水利项目 60 个，水库除险加固 7 座、人饮水项目 15 个，解决 4807 人饮水安全问题。完成林业勘界面积 3.79 万公顷，勘界后公示面积 3.37 万公顷，发证面积 3.16 万公顷。完成人工造林面积 1000 公顷。

第二产业　工业企业有 93 家，实现工业总产值 25.37 亿元。规模以上工业企业 30 家，实现工业总产值 11.36 亿元，利税总额 2.79 亿元(利润 2.25 亿元)。第二产业增加值 19.49 亿元(工业增加值 9.36 亿元)。完成工业投资 16.58 亿元，技术改造投资 23.03 亿元。工业主要产品产量：化学农药 1457.36 吨，松香 1723 吨，服装 61.01 万件，商品混凝土 131.95 万吨，塑料制品 4633 吨，建工建材用化学助剂 6595 吨，机制纸及纸板 7854 吨，植物类饮片 220.98 万千克，大米 1.99 万吨，橡胶轮胎外胎 4.75 万条，家具 4.50 万件，纸制品 6854 吨。仙葫开发区累计引入项目 227 个，协议投资总额 204.10 亿元，累计完成投资 181.30 亿元。其中工业企业 43 家(规模以上工业企业 8 家)，实现工业总产值 10 亿元(规模以上工业企业实现产值 5.95 亿元)，财政收入 1.34 亿元。二塘工业园区累计入园区企业 6 家，投产企业有南宁生源中药饮片有限公司、南宁卓雨建材有限公司、南宁金沙选矿机械设备有限公司、南宁东旗近代食品厂、南宁东仔食品有限公司 5 家，实现工业产值近 1 亿元。

第三产业　个体工商户有 2.24 万户，从业人员 35.15 万人。实现社会消费品零售总额 192.23 亿元。第三产业增加值 96 亿元。完成房地产开发建设投资 105.22 亿元，商住房地产开发建设施工面积 1106.36 万平方米（新开工面积 258.28 万平方米)，竣工面积 163.23 万平方米，商品房销售 147.91 万平方米，销售额 99.22 亿元。梦之岛百货古城店扩建完成并引进路易·威登(LV)等世界知名品牌；柳州银行、桂林银行等银行、证券期货营业部、保险机构相继入驻城区开张营业。长塘镇加踏坡被命名为广西农业旅游示范点。

招商引资　实施“大招商、招大商”战略，优化投资环境，推行网络招商、委托招商、商会招商等新型招商模式，面向自治区外大企业、大集团定向招商。引进企业（项目)97 个，合同引进资金102.73 亿元，实际到位 51.57 亿元（内资 49.63 亿元，外资 2863 万美元)。

城乡建设　新建、续建市政基础设施项目 35 个，新建小街巷 5 条、续建小街巷 6 条，为民办实事项目 24 个(城镇交通网络建设项目 18 个，市政路灯安装项目 4 个，排水项目 1 个，污水和垃圾处理项目 1 个)，总投资 2860 万元，其中农村基础设施建设 906 万元，城镇交通网络基础设施建设 1954 万元。完成刘圩镇环垃圾填埋场排水沟、岭南街道路、古榕街排污沟维修改造、仙葫开发区莫村路西一里 4 个为民办实事项目和丹凤路二期、凤岭 7 号路、紫金苑北侧路、汇东郦城旁 4 条道路建设。投入专项资金建设乡镇、村(屯)垃圾池 540 多座，添置垃圾清运车 8 辆，增聘村镇保洁员 137 人，保洁员配置到村。实施城乡风貌改造二期，涉及仙葫经济技术开发区、长塘镇、伶俐镇共 18 个村屯 1305 户，完成墙面涂刷面积 54.48 万平方米、坡屋顶改造面积 3.34 万平方米，综合整治进村道路、排污沟和村屯内美化绿化等，完成投资 3600 万元，被评为自治区城乡风貌改造二期工程先进单位。实施第三批贫困村建设，完成投资 293.40 万元。

【社会事业发展概况】

文明创建活动　2010 年，青秀区加强社会主义思想道德建设，广泛开展城乡共创文明共建、讲文明、树新风活动，建立健全评选先进单位、优秀个人等各类争优创先机制，开展文明单位、文明村镇、文明集市、文明户等群众性精神文明创建活动，倡导农民崇尚科学、诚信守法、抵制迷信、移风易俗，遵守公民基本道德规范，养成健康文明生活方式。长塘镇定西村加踏坡、津头街道埌西村被命名为第十三批自治区文明村镇，青秀区检察院被命名为第十三批自治区文明单位，新竹社区被命名为第十三批自治区军(警)民共建先进单位；命名为市文明单位 3 个、文明社区 1 个、军(警)民共建先进单位 4 对。

科教文卫体事业　投入 824 万元，组织实施科技项目 41 个。实施到期通过上级验收的科技项目 30 个（自治区级 2 个、市级 3 个)。推广绿色品牌优质稻标准化栽培、标准化钢架大棚示范高端精品台湾西甜瓜栽培等先进实用技术 12 项。举办种养科技培训班 9 期，培训 4100 人次。有小学 73 所(社会办 8 所)，在校生 3.81 万人；中学 4 所，九年一贯制学校 6 所(社会办 1 所)，在校生 6625 人；特殊教育班 2 个，在校生 64 人。小学适龄儿童入学率 100%，辍学率为零，小学毕业生升学率 100%；初中阶段入学率 99.70%，辍学率 0.30%。建成桂雅路小学和仙葫学校，当年完成招生开学。资助家庭经济困难学生 14.30 万元，发放进城务工农民子女学生困难补助金 214 万元；办理生源地信用助学贷款 212 人、124.84 万元；安排进城务工农民子女入学 5537 人。组织专场文艺演出 28 场，完成各项演出任务 300 多场，观众 14 万人次；送电影下乡 522 场，送戏下乡 10 余场，观众 18.92 万人次。有医疗卫生机构 339 个，其中国有医疗卫生机构 121 个(乡镇 5 个)，集体医疗卫生机构 35 个，村卫生所 46 所，个体医疗诊所 137 所。卫生技术人员 1.14 万人（乡镇卫生院技术人员 204 人)。医院病床 9646 张（市级医院 767 张，乡镇卫生院 213 张)。参加新型农村合作医疗农民 17.20 万人，参合率 95.60%，缴费 517 万元。区间人口出生 5794 人，出生率 11.37%。投入 85 万元，完成农村卫生户厕建造 1000 座。开展体育活动 235 项次，参与人数 300 多万人次。投资 48 万元，建成村级标准篮球场 6 个；投入 200 万元，建成村级公共服务中心 4 个，健身路径 6 条。举办南宁市中外友人趣味体育运动会、首届首府商会运动会和青秀区农民运动会、社区运动会等。参加南宁市第八届运动会，获金牌 221 枚、银牌 141 枚、铜牌 79 枚。

民政事业　审批城镇最低生活保障对象 2.80 万人次，发放低保金 557 万元；审批农村低保对象 4.20 万人次，发放低保金 241.49 万元。发放抚恤金、定补金 597 万元，退伍义务兵家属优待金 739 万元。确定五保老人 959 人，发放五保供养定补金 237 万元。农村医疗救助 206 人、34.39 万元。办理结婚登记 7187 对，离婚登记 1530 对。

劳动与社会保障　城镇新增就业 1.59 万人，下岗失业人员实现再就业 3708 人，帮助大龄困难人员再就业 1155 人。城镇登记失业率 2.82%。农民就业培训 1.13 万人，农村劳动力转移就业新增

2010年青秀区各镇、街道、开发区情况

名 称	土地面积(平方千米)	村民委员会(个)	社区居民委员会(个)	自然屯(个)	年末人口(人)	农林牧渔业总产值(万元)	粮食产量(吨)	农民人均纯收入(元)
长塘镇	190.00	8	1	85	26827	29107	25545	5203
刘圩镇	158.90	14	1	46	55883	63111	31000	4980
伶俐镇	264.00	8	1	64	35487	29675	18910	5815
南阳镇	97.00	7	1	48	33154	33804	19998	5420
新竹街道	8.50	1	15		196627			7860
中山街道	10.10	2	14		113597	540		5734
建政街道	10.10	1	6		50885			5640
南湖街道	36.40	2	5	1	101047	5660	368	8370
津头街道	650.00	3	9	3	151473	1419	261	8739
仙湖开发区	750.00	3	2	35	67000	5289	4753	5380

注:长塘、刘圩、伶俐、南阳4镇为户籍人口数

5397人。劳动监察立案查处12件,结案率100%。督促用人单位、个体户签订劳动合同2.29万人。10月13日,青秀区星湖创业街建成并投入使用,为50多名下岗职工、生活困难群众提供就业机会。

(蔡光燊)

西乡塘区

【概 况】 西乡塘区位于南宁市区中西部。东邻兴宁区,南与江南区隔邕江相望,西连扶绥县、隆安县,北与武鸣县接壤。土地面积1298平方千米。南宁至昆明、南宁至贵阳两条高速公路于石埠、安吉街道和坛洛镇设有出入口;南宁市快速环道和高速外环道路贯通辖区;南宁铁路局及南宁火车站、南宁港、南宁高新技术产业开发区、市相思湖新区坐落在境内。辖区内有中、高等院校50多所和科研院所20多所以及中、高级教学、科研、推广人员3万多人。主要旅游景区(点)有南宁动物园、广西八桂田园(广西现代农业技术展示中心)、南宁希望田野(广西现代农业科技示范园)、坛洛金满园(广西甘蔗果树良种繁育中心)、心圩天雹水库(南宁圣天宝风景区)、石埠"美丽南方"景区、下楞民俗文化村、心圩越南育才学校总部遗址、中尧黄氏家族民居、四联林氏古祠、陈东老屋、粤东会馆等。主要矿产资源有煤、石灰岩、高岭土等。主要特产有"洛洛香"牌香蕉和花卉、甜瓜等。2010年,辖3个镇、10个街道(心圩街道由南宁高新技术产业开发区托管)、69个行政村、76个社区、372个自然村(屯)。年末户籍总人口77.40万(农业人口26.68万,非农业人口50.72万)。人口自然增长率9.83‰。林地面积1.82万公顷,森林覆盖率19.83%。地区生产总值107.14亿元;全部财政收入21.26亿元(地方财政一般预算收入4.39亿元),一般预算支出10.22亿元;城镇居民人均可支配收入16114元,农民人均纯收入5301元。获广西十大农业产业科技重点示范县(区)建设、广西招商引资先进单位一等奖和2008~2010年自治区招商引资项目大兑现工作示范县(区)称号。

【经济发展概况】

第一产业 2010年,西乡塘区实现农林牧渔业总产值24.12亿元。其中:农业14.73亿元,林业2000万元,畜牧业7.36亿元,渔业1.06亿元,农林牧渔服务业7700万元。第一产业增加值15.34亿元。粮食作物种植面积1.29万公顷,总产量6.28万吨。其中:水稻种植面积7942公顷,产量4.38万吨;玉米种植面积4141公顷,产量1.77万吨。经济作物种植面积1.13万公顷。其中:甘蔗种植面积4529公顷,产量29.26万吨;木薯种植面积3835公顷,产量3.65万吨;果园面积1.66万公顷,水果产量43.35万吨(香蕉种植面积1.51万公顷,产量35.72万吨);蔬菜种植面积1.14万公顷,产量21.84万吨。肉类总产量3.80万吨,牛奶产量1170吨,水产品产量1.19万吨。完成人工造林面积642公顷。水利建设投入4473万元,完成农田水利项目51个,其中水库除险加固6座、硬化渠道21千米,改善灌溉面积2160公顷,恢复灌溉面积2036公顷。投资301.6万元,完成农村人饮水安全工程项目25个,受益3.24万人;投资43.70万元,完成农村道路建设28条28.70公里。投资450万元,完成农业综合开发改造中低产田等项目8个,新增灌溉面积和改善灌溉面积各66.67公顷,新增节水灌溉面积80公顷。巩固超级稻、香蕉、甜瓜、木薯、甘蔗、蔬菜等高产优质农产品万亩规模种植示范基地6个,畜、禽、鱼、虾、龟(鳖)等标准化养殖小区16个,扶持"一村一品"种植养殖专业村30个。有农民专业合作经济组织36个。推广香蕉标准化栽培技术,建成香蕉规模生产示范基地4个,面积286.67公顷;帮扶香蕉高产优质标准化种植示范户120多户,面积1666.67公顷。完成林地勘界面积1.31万公顷,发证前公示面积1.15万公顷,发证面积1.15万公顷。

第二产业 全部工业企业实现工业总产值81.31亿元。规模以上工业企业76家(亿元以上产值企业16家),实现总产值60.40亿元,利税总额8.71亿元(利润5.99亿元)。第二产业增加值33.04亿元(工业增加值27.42亿元)。完成工业投资19.60亿元,技术改造投资13.89亿元。工业主要产品产量:水泥528万吨,商品混凝土277.40万立方米,人造板19.72万立方米,木薯淀粉3.17万吨,啤酒11.44万千升,配混合饲料30.09万吨。

第三产业 私营企业有5619家,投资者1.42万人,雇工2.66万人;个体工商户2.25万户,从业人员4.97万人。实现社会消费品零售总额177.47亿元。第三产业增加值58.76亿元。辖区"一园一带一中心六商圈"(安吉物流园、邕江北岸沿江经济开发带、城北餐饮娱乐中心、安吉商业圈、秀灵路商业圈、五里亭商业

圈、南棉街商业圈、人民西路商业圈、“三华”商业圈)。分布有50多家各类大中型专业批发市场,包括钢材、汽车、家具、装饰材料、机电产品、五金水暖、塑料制品、灯具、小商品、农产品、医药、兽药等市场;深南城百货城北店,利客隆超市相思湖店、秀灵店、友爱店、陈东店、北湖店、衡阳店,广西华联综合超市碧园店,国美电器金朝阳店、西大店,苏宁电器朝阳店、友爱店等链锁综合超市。完成房地产开发建设投资23.35亿元,商品房建筑面积126.31万平方米(新开工面积43.77万平方米,竣工面积161.60万平方米),商品房销售面积25.68万平方米,销售额16.91亿元。接待游客167万人次,旅游综合收入8015万元。4月15~18日举办广西第十六届汽车交易会,成交汽车2562辆。10月1~7日,举办2010年西乡塘区香蕉旅游美食节。

招商引资 坚持请进来、走出去的招商方式,抓好安吉物流园区、北湖工业集中区的招商引资;加强土地资源整合,做好土地收储;制定“招商引资一次性告知工作制度”、“招商引资工作首问责任制度”、“外来投资企业投诉制度”,建立健全招商引资项目绿色通道制度,实行“四个一”(即一个项目、一名处级领导、一个项目协调服务小组、一个工作方案)和“五个包”(即包工作经费、包征地拆迁、包处遗稳定、包协调推进、包拆违清场一包到底)招商引资项目工作机制,规范“一站式”服务和全程代办制,健全督查、考核、奖惩激励机制。引进企业(项目)36个(外资3个、内资33个),合同引进内资86.47亿元,实际到位47.22亿元;完成新批合同利用外资4100万美元,实际利用外资2580万美元。

城乡建设 推进城市交通网络建设,在建的交通项目有南宁公路主枢纽西乡塘客运站、南宁至武鸣城市大道(安吉大道至尾燕岭)、北湖延长线、可利大道东段(高新东三里路至安吉大道)、新阳路北三路西段(明秀西路——新阳造纸厂综合楼)等。投资188万元,完成衡阳路、北湖路、友爱路,完成植树绿化和透水砖铺设等。实施北湖北路延长线建设,概算投资3.22亿元,当年完成投资6157万元。实施城乡风貌改造二期,投资1957.90万元,完成住宅外墙装饰785户和3个远程教育站点、未成年人校外活动中心、科技示范户和科技服务中心、乡镇敬老院、村级计生服务室及村屯绿化、3个村屯规划编制、村屯垃圾池、村屯道路等建设。推进危旧房改造,在建的有台湾街、永宁片区、壮志小区、雅里下坡、酱料厂片区、五里亭片区、中尧路变电站、中华路片区、南宁柠檬酸有限公司北湖北路11-1号田地等危旧房改造项目9个,涉及开发土地面积50多公顷。实施“城乡清洁工程”,投资500万元,完成道路及楼宇美化绿化和农贸市场、城中村及城乡综合部综合整治等。投资566万元,建成通屯水泥路5条19.80千米。推进社会主义新农村建设,实施示范村、百村示范、通屯水泥路等建设。坛洛镇东佳村那学坡“军民共建”新农村示范点,投资237.90万元,完成综合整治小项目16个;自治区2010年农村建设百村示范点之一——金陵镇金陵村大林坡新农村建设,投资10万元,完成高杆路灯安装。

【社会事业发展概况】

文明创建活动 2010年,西乡塘区以构建“富裕文明和谐西乡塘”为目标,以开展深入学习实践科学发展观活动为契机,扎实推进创建文明城区活动。组织开展“爱国歌曲大家唱”歌咏比赛、“爱我中华,颂我祖国”等广场文艺演出活动;开展“我推荐、我评议身边好人”评选、“百佳文明市民学校”评选和“百万市民素质培训”、“百万农民进城务工技能大培训”及“农村党员大培训”等活动;开展文明礼貌进社区、进村屯、进企业、进军营、进工地、进广场等活动。加大村镇文明乡风建设,开展崇尚科学、反对迷信、健康生活等宣传教育,提倡推行新事新办、婚事新办、丧事简办等。加强未成年人思想道德建设,抓好金陵镇金陵村大林坡等3个“未成年人乡村乐园”建设,在全自治区首创“四位一体”(学校、社区、家庭、网络)立体化实验区。全面开展创建文明城区、文明行业、文明单位、文明社区、文明村镇和军警民共建的系列群众性创建活动。安宁街道路西村老直坡、西乡塘区国税局和武警南宁市西乡塘区消防大队北湖中队、南宁市青少年活动中心分别被命名为第十三批自治区文明村镇、文明单位和军(警)民共建先进单位。

科教文卫体事业 投入1218万元,组织实施科技项目11个。实施期满且通过鉴定验收的科技项目7个。成立广西首家科企联合俱乐部,新建广西大学环境学院与市富庶淀粉有限责任公司科企联合工作站,城区科企联合工作站增至5个。通过科企联合俱乐部交流合作平台,促进科技项目申报,有70多家企业、高等院校向自治区、市科技部门申报立项科技项目30多个。举办种养技术培训班39期,培训农民8000多人次。推广应用科技项目主要有:香蕉生产标准化技术推广;黄沙鳖养殖技术应用;金陵优质肉鸡养殖技术推广;生猪标准化养殖技术推广;淀粉生产污水处理、节能减排技术应用等。实施的“香蕉抗寒害冻害及产期调节技术研究与应用”取得预期技术成果,即对秋冬植蕉苗覆盖双膜以及对高大(挂果)蕉株进行削叶、砍割以及茎矮化处理并覆盖天膜,可在冬季抵御寒寒害冻害,正常生长,且香蕉可错峰上市。有小学(不含市直属学校和高新区学校,下同)98所(社会办8所),在校生7.28万人;中学41所(普通初中13所,九年一贯制学校27所〈社会办17所〉,十二年制学校1所),在校初中生2.49万人、高中生99人。有教职工5771人。小学适龄儿童入学率100%,辍学率为零,小学毕业生升学率100%;初中阶段毛入学率106.86%,辍学率0.41%,初中毕业生升学率93.60%。资助家庭经济困难大学新生15人、41万元;资助家庭经济困难学生1275人次、35.24万元(高中生46人、2.30万元;初中生557人、19.50万元;小学生672人、13.44万元);安排进城务工农民子女入学4.14万人次。办理生源地信用助学贷款409人、241.50万元。义务教育学校常规管理达标县(区)通过自治区评估验收。抓好教育部—微软(中国)携手助学VCT应用实验项目学校及项目教师培训,新建成西乡塘区特级教师网。卫国小学作品“学区交通安全问题:我们的解决方案”参加教育部——微软(中国)“携手助学”项目课题研究VCT作品比赛,获全国一等奖,并代表中国到南非参加微软全球教师创新大赛。11月6~9日,全国教育科学规划课题发展与创新教育研究第九届研讨会暨课题研究十年回顾展先后在西乡塘区锦华小学和秀田小学召开。开展“千团万场”群众文化活动1433场次。组织开展元旦、春节期间系列文化活动、庆祝西乡塘区成立五周年活动和农民工艺术节、西乡塘区香蕉文化旅游美食节、大学生艺术盛典、民俗巡游、民间达人秀、书画摄影展、“美丽南方”采风、乡村社区和谐文艺大展演等文化系列活动。送戏下乡270场次、送电影下乡放映1144场次。建成农家书屋30间。完成卫星广播电视接收设备安装5670套,广播电视人口覆盖率95%以上。

有医疗卫生机构(不含个体诊所)163个。其中:自治区、市、武警直属卫生机构13个,城区直属卫生机构8个,社区医疗服务机构36个,村卫生服务机构96个,民营医疗服务机构10个。城区直属卫生技术人员183人,医院病床178张。参加新型农村合作医疗农民24.06万人,参合率91.81%,个人缴款721.82万元。区间人口出生9041人,出生率9.58‰;获广西人口和计划生育工作进步奖和广西阳光计生行动先进单位。投资620万元,完成农村卫生户厕建造1015座。建成村级篮球场3个、体育健身路径2条。组织石埠街道办280名群众参加国民体质监测;元旦、春节、"三八"、"五一"、国庆等节日,开展乒乓球、象棋、拔河、气排球等群众性体育活动,组队参加第五届南宁国际半程马拉松比赛暨第28届南宁解放日长跑活动等全民健身活动;举办南宁市端午节龙舟赛西乡塘区分会场比赛和组队参加南湖主会场比赛;举办西乡塘区第一届运动会,城区单位26个代表团1000多人参加。参加南宁市第八届运动会获金牌32枚、银牌41枚、铜牌31枚。

民政事业　审批城镇最低生活保障对象9.33万人次,发放低保金1514.87万元;审批农村低保对象4.08万人次,发放低保金222.71万元。发放定补金、抚恤金和生活补助348.29万元。发放特困户、重灾民救济粮249.43吨(折款81.31万元),救济3982户、8019人。发放冬令救灾救济衣被3527件(套)。临时救济26人、3.50万元。城市医疗救助484人、155.32万元;农村医疗救助200人、52.88万元。免费为1413对新婚夫妇进行地中海贫血筛查。办理结婚登记7495对,离婚登记1636对。

劳动与社会保障　城镇新增就业1.76万人,城镇下岗失业人员再就业6289人。城镇登记失业率控制在3.18%。农民就业培训4291人,农村劳动力转移就业新增5162人。督促国有企业签订劳动合同2.10万人,集体企业签订劳动合同3.86万人,私营企业签订劳动合同4.36万人,个体工商户签订劳动合同1.45万人;劳动合同签订率99%以上。

(张增清　陆寿成　黄　源)

11月6~9日,发展与创新教育研究全国第九届研讨会在西乡塘区举行　李　程　摄

邕宁区

【概　况】邕宁区位于南宁市区东南部。东邻南宁市青秀区、横县,东南连钦州市灵山县,南接钦州市钦北区,西南连南宁市良庆区。土地面积1255平方千米。湘桂线黎南铁路南环线、南(宁)北(海)高速、省道101线和邕江河道过境。南宁五象大道延长至城区蒲庙镇,蒲庙大桥、仙葫大桥横跨邕江连接青秀区。有邕宁至浦北二级公路。主要旅游景区(点)有蒲津公园、五圣宫、新兴广场、清水泉、顶蛳山贝丘遗址、灵龟山、雷婆岭摩崖石刻、徐汉林烈士陵园、英雄水库、

2010年西乡塘区各镇、街道情况

名　称	土地面积(平方千米)	村民委员会(个)	社区居民委员会(个)	自然屯(个)	年末人口(人)	农林牧渔业总产值(万元)	粮食产量(吨)	农民人均纯收入(元)
金陵镇	197.00	13	1	57	63967	15620		5912
坛洛镇	335.00	19	0	160	74995	30103		5628
双定镇	187.00	6	0	32	74995	11025		5379
西乡塘街道	20.00	1	13	1	161521		16643	
北湖街道	14.50	2	16	2	127440		17972	
衡阳街道	4.50	2	13	2	106058		17169	
华强街道	2.30		5		23072		16708	
新阳街道	4.50	2	13	2	97938		12787	
上尧街道	10.00	3	4	3	63311		16381	
安吉街道	16.00	4	7	7	91542	516		5341
安宁街道	28.00	6	2	37	28073	498		5082
石埠街道	128.00	11	2	69	41008	9762		4326
心圩街道	19.00	8	1	39	51658			
金光农场					10698			

那莲街古建筑等。主要矿产资源有石灰石、砂岩、泥岩、砂石、高岭土、页岩、无烟煤、铅、锌、铜、重晶石等。主要特产甘蔗、蚕茧、淮山等。2010年，辖3个镇、2个乡、65个行政村、9个社区、455个自然村(屯)。年末户籍总人口33.74万(农业人口29.11万、非农业人口4.63万)。人口自然增长率9.19‰。耕地面积3.41万公顷（水田面积1.38万公顷）；林地面积3.32万公顷，森林覆盖率30.72%。地区生产总值41.33亿元；全部财政收入3.10亿元（地方财政一般预算收入8414万元)，一般预算支出6.99亿元；城镇居民人均可支配收入15858元，农民人均纯收入4968元。

【经济发展概况】

第一产业　2010年，邕宁区实现农林牧渔业总产值27.89亿元。其中：农业13.91亿元，林业0.91亿元，牧业11.97亿元，渔业0.82亿元，农林牧渔服务业0.28亿元。第一产业增加值16.74亿元。粮食作物种植面积2.74万公顷，总产量14.04万吨。其中：水稻种植面积2.23万公顷，产量12.08万吨；玉米种植面积3519公顷，产量1.64万吨。经济作物种植面积2.50万公顷。其中：甘蔗种植面积1.80万公顷，产量105.44万吨；木薯种植面积1390公顷，产量1.67万吨；桑园面积3620公顷，鲜茧总产6700吨；果园面积5952公顷，水果产量2.24万吨；蔬菜种植面积8822公顷，产量17.06万吨。肉类总产量5.38万吨，水产品产量9251吨。完成人工造林面积290公顷。水利设施建设投入3031.67万元，完成防洪堤加固2处、小(一)、小(二)型水库除险加固6座，农村人饮水安全工程32处，维修拦河坝、山塘、渠道等其他小型水利工程9处。投资300万元，实施南宁兴大猪场(蒲庙镇)、蒲庙镇联团方顺猪场、广西(五合)桂宁种猪有限公司3个生猪标准化改造和百济乡红星村那荽、那寨2个肉鸡养殖小区及邕宁英雄水蛭养殖基地、蒲庙新新九碗罗非鱼基地、美国牛蛙养殖基地(蒲庙镇郭村)建设。有农业产业化组织209个(种植18个、养殖21个、林特产2个，农村经纪人和专业大户168个)、市级龙头企业2家，规模(500万元)以上企业2家、专业合作社和专业协会46个、专业市场1个，年销售收入1.20亿元。以南宁市广东温氏畜禽有限公司为龙头，发展“公司+农户”模式养殖，建成养鸡小区60多个，合作养鸡户1250户，上市肉鸡1445万羽。采用野猪养殖协会养殖模式，成功发展会员410个，养殖种猪1250头，年出栏万头商品野猪；注册“顶狮山野猪”商标。实施新农村建设科技示范(试点)，建立蒲庙镇孟连村香葱等7个“一村一品”新农村建设科技示范村、农业科技示范基地；成功注册“那楼淮山”商标，蒲庙孟连村香葱、新江屯周村韭菜、那楼罗马村桑蚕、百济仁里村芝麻鸭获无公害农产品产地认证。与广西农科院经作物所合作开展那楼淮山品种选育提纯复种及高产栽培技术示范推广，解决品种杂、种性退化、炭疽病严重、产量低等问题。实施十里养殖长廊专家大院项目，培育养殖大户190户，规模生猪养殖场(50头以上)52家，其中万头生猪养殖场2家，千头以上3家；3000羽以上养鸡场186家，养鸭场8家。年出栏生猪4.40万头、肉鸡430万羽、肉鸭50万羽。

第二产业　工业企业有84家，实现工业总产值18.98亿元。规模以上工业企业19家，实现工业总产值12.31亿元，利税总额3928万元(利润-208万元)。第二产业增加值11.42亿元（工业增加值9.15亿元)。完成工业投资3.60亿元，技术改造投资4.32亿元。工业主要产品产量：纸浆(原生浆及废纸浆)3.19万吨，机制纸及纸板5.75万吨，硫酸3.62万吨，水泥98.20万吨，水泥熟料74.73万吨，商品混凝土57.01万吨，精制茶1995吨。龙岗新区累计入驻企业（项目)82个，总投资超400亿元，涉及工业、教育、房地产、总部基地等产业。

第三产业　国有企业有13家，集体企业20家，股份合作企业43家，私营企业17家；个体工商户4850户，从业人员6780人。实现社会消费品零售总额9.60亿元。第三产业增加值13.17亿元。外贸出口额31万美元。完成房地产开发建设投资2.33亿元，商住房地产开发建设施工面积8.26万平方米(新开工面积7.92万平方米)，商品房销售2.20万平方米，销售额9300万元。接待游客6万多人次。

招商引资　围绕龙岗片区、八鲤工业集中区、五合临港产业园区的产业定位，组织招商队伍赴马来西亚、新加坡、越南等东盟国家，台湾地区、长三角地区、珠三角地区、泛珠三角地区和香港、重庆、湖北、四川、江苏等地开展招商推介活动。接待自治区内外客商55批，签约项目45个。其中：工业项目34个，投资211.34亿元；总部经济项目6个，投资36.44亿元；旅游项目1个，投资63亿元；其他综合项目4个，投资42.22亿元。主要有：福建鼎升泰贸易有限公司投资的钢材加工配套销售，总投资7亿元；三一集团有限公司投资的广西三一产业园，总投资4亿元；东莞帝豪集团有限公司投资的广西民族园，总投资63亿元；中国华电集团公司广西分公司燃气热电厂和分布式能源项目，总投资66亿元；广西国源投资集团有限公司投资的广西浙商总部经济基地，总投资15亿元等。合同引进内资25.70亿元，实际到位8.10亿元，直接利用外资630万美元。

城乡建设　投资20万元，对城区银峰路、新兴街、汉林街旧街等易涝点进行整治；投资4.76万元，建成移动公厕1座。实施“穿衣戴帽”工程，投资359万元，对城区彩虹南路、红星路沿街建筑进

9月21日，总投资1.58亿元重修的八尺江大桥通车　　刘秋明　摄

行立面装饰粉饰和门店招牌整治，其中建筑立面装饰粉饰3.52万平方米。投资191.16万元，新种大树2000株。2009年11月开工建设的邕江防洪堤邕宁城区段（一期），累计完成投资2.10亿元。启动通过城区的云桂铁路南环线、南宁外环高速公路邕宁段路网、南宁中心城港区牛湾作业区和东西向疏港大道建设。6月30日，总投资2.10亿元建设的长3.50公里、宽60米的龙岗大道建成通车。9月21日，总投资1.58亿元重修的八尺江大桥通车。投资7500万元，完成蒲庙至那楼镇龙公路29.50公里全线水稳层建设和部分沥青路面铺设。

【社会事业发展概况】

文明创建活动　2010年，邕宁区以“发展环境建设年”为抓手，以迎接南宁市文明城区测评和配合首府南宁迎接全国城市公共文明指数测评为契机，进一步巩固和拓展文明城市创建成果，开展“迎世博　迎亚运　讲文明　树新风”、“做文明有礼邕宁人”、“我们的节日”、中华经典诵读、“书香绿城”、学习道德模范、学雷锋活动月、关爱空巢老人等活动，加强公民道德建设，开展文明单位、文明村、军（警）民共建先进单位创建活动。城区总工会、城关第四小学和蒲庙镇华康村稔床坡被命名为第十三批自治区文明单位（村）；被命名为市文明单位1个，军（警）民共建先进单位2个。累计有自治区文明单位（村）18个、共建先进单位5对，市文明单位（村）38个。

科教文卫体事业　投入849.30万元，组织实施科技项目50个。实施到期通过上级验收科技项目8个（城区级7个、市级1个）。引进推广农业新品种22个、新技术24个，其中引进推广甘蔗标准化生产、无公害香料蔬菜生产、无公害杂交野猪生产3个标准化种养新技术，为推动种养业向产业化发展提供技术支持。举办农村实用技术和致富技能等科技培训班272期，培训2.76万人次。有小学72所，在校生2.46万人；初中10所，在校生1.32万人；特殊教育学校1所，在校生73人；教师进修学校1所，在校生331人（高中生）。有教职工2406人。小学适龄儿童入学率100%，辍学率为零，小学毕业生升学率99.80%；初中阶段入学率99.20%，辍学率1.50%。资助家庭经济困难大学新生13人、2.60万元；家庭贫困寄宿学生获生活补助1.06万人次、577.88万元；办理生源地信用助学贷款366人、213.30万元。创建义务教育学校常规管理达标县（区）通过自治区评估验收。投入7.56万元，组建村屯社区业余文艺队9个；送戏下乡演出5场、送电影下乡放映877场，观众20万人次；投入170万元，完成那莲古戏台、北帝庙主体维修工程；投入78万元，建成村级公共服务中心3个；完成卫星广播电视接收设备安装6000套。组织八音队参加泛北部湾论坛迎宾活动。有医疗卫生机构133个，其中国有医疗卫生机构9个（城区3个，乡镇6个），村卫生所70所，个体医疗诊所54所。卫生技术人员1084人（城区属539人）。医院病床614张（城区属医院365张，乡镇卫生院249张）。投入1674万元，完成农村卫生户厕建造1000座。参加新型农村合作医疗农民26.45万人，参合率92.83%。区间人口出生4354人，出生率12.89‰。在邕宁新兴广场、蒲庙镇红星社区新兴苑小区、蒲庙镇新兴社区华宏小区、中和乡中和社区各建成户外健身路径1条。投资36万元，建成村级水泥篮球场6个，其中有固定看台的水泥灯光球场3个。投资30多万元，实施国家级乡镇农民体育健身工程项目，建成新江镇体育活动中心，占地面积2400多平方米。元旦、春节、“三八”、“五一”、国庆等节日，举办篮球、门球、乒乓球、象棋、拔河、气排球、太极拳（剑）比赛；组织冬泳队参加南宁市冬泳邕江活动；举办飞虹“亚狮龙迎春杯”羽毛球邀请赛；开展“体育进社区、健康进万家”活动，组织全民健身月系列活动；组织长跑爱好者参加南宁市第五届国际半程马拉松比赛暨28届南宁解放日长跑活动等。参加南宁市第八届运动会获金牌13枚、银牌24枚、铜牌11枚。

民政事业　审批城镇最低生活保障对象1.49万人次，发放低保金307.40万元；审批农村低保对象8.35万人次，发放低保金467.50万元。发放抚恤金、定补金524.90万元，义务兵家属优待金106万元。临时救济9446人次、154.40万元。发放特困户、重灾民救济粮145吨（折款48.70万元），救济2250户、2243人。投入34.80万元，重建水毁民房40户、120间。发放冬令救灾救济棉被1000床、毛毯500床、蚊帐2000床、毛巾被2000床、衣服6000件（套）。确定五保老人1940人，发放五保供养定补金457.80万元、救济粮415吨（折款139.60万元）、食油补助款23.20万元及慰问金78.60万元。农村医疗救助475人、128.40万元；城市医疗救助108人、24.80万元。免费为103名生活困难的城乡肺结核患者提供治疗，为3947名贫困高危孕产妇提供救助，为435对农村新婚夫妇进行地中海贫血检测。办理结婚登记3542对，离婚登记307对。

劳动与社会保障　城镇新增就业1566人，城镇下岗失业人员实现再就业292人，帮助大龄困难人员再就业75人。城镇登记失业率3.28%。农民就业培训2900人，农村劳动力转移就业新增4024人。督促各类企业与劳动者签订劳动合同9188人，个体工商户签订劳动合同1905人。受理举报投诉劳保案件20件，立案18件，结案18件。　（奚少婷）

良　庆　区

【概　况】　良庆区位于南宁市区南部。东邻邕宁区，南接上思县、钦州市钦北区，西连江南区，北隔邕江与青秀区相望。土地面积1379平方千米。南宁至北海高速公路、市外环高速公路、南宁至北

2010年邕宁区各乡镇情况

名　称	土地面积（平方千米）	村民委员会（个）	社区居民委员会（个）	自然屯（个）	年末人口（人）	农林牧渔业总产值（万元）	粮食产量（吨）	农民人均纯收入（元）
蒲庙镇	250	17	4	796	134644	64596	32376	4950.97
那楼镇	354	20	2	719	91655	98032	44708	5112.70
新江镇	165	8	1	220	31247	38366	13836	5019.83
百济乡	310	13	1	408	45673	43292	30694	4970.11
中和乡	176	7	1	332	34214	34590	18783	4390.29

海二级公路、南宁至防城铁路、湘桂铁路过境，有良庆、那马、玉洞3个高速公路出入口，宁村、那铺、大拟、百浪4个火车站。处于南宁市城市发展“重点向南、重点建设五象新区、再造一个新南宁”发展战略的核心区域。主要旅游景区(点)有五象岭森林公园、大王滩风景区、凤亭湖、绿温泉、竹泉岛、那兰生态自然村(白鹭村)、蕾帽岭摩崖石刻。主要矿产资源有铁、铅、锌、铜、钛、重晶石、花岗岩、石灰石。主要特产有南晓土鸡、芝麻鸭、龙眼、荔枝、芒果、西瓜、红龙果、菠萝、柠檬、淮山、彩色蚕茧等。有广西最大的私营企业工业园——广西良庆经济开发区。2010年，辖5个镇、1个街道、57个行政村、12个社区、436个自然村(屯)。年末户籍总人口24.02万（农业人口20.72万，非农业人口3.30万)。人口自然增长率24.47‰。耕地面积1.66万公顷(水田面积1.09万公顷)；林地面积5.28万公顷，森林覆盖率38.60%。地区生产总值71.73亿元；全部财政收入5.40亿元(地方财政一般预算收入1.63亿元)，一般预算支出5.73亿元；城镇居民人均可支配收入15583元。农民人均纯收入5529元。

【经济发展概况】

第一产业　2010年，良庆区实现农林牧渔业总产值21.83亿元。其中：农业13.02亿元，林业1.15亿元，牧渔业7.43亿元，农林牧渔服务业2300万元。第一产业增加值14.30亿元。粮食作物种植面积2.07万公顷，总产量9.87万吨。其中：水稻种植面积1.58万公顷，产量8.44万吨；玉米种植面积3167公顷，产量1.17万吨。经济作物种植面积4.95万公顷。其中：甘蔗种植面积1.77万公顷，产量105.42万吨；木薯种植面积1833公顷，产量3.50万吨；果园面积1.08万公顷，水果产量5.36万吨；蔬菜种植面积1.01万公顷，产量25.60万吨。肉类总产量3.42万吨，水产品产量9281吨。完成人工造林面积1033公顷。水利建设投入1153万元，完成水库除险加固3座，水毁工程修复8处，农村人饮水工程12处，渠道防渗工程10.50千米。投入94万元，完成南晓镇人饮水源应急工程。新建农民专业合作社5个，争取到南宁市农业产业化项目10个，获财政扶持283万元。良种推广和超级稻推广示范共获补贴375.30万元。实施水稻免耕抛秧示范推广1500公顷；引进超级稻新组合品种3个，瓜菜新品种12个。在良庆镇新兰村建成甜玉米生产基地666.67公顷。实施国家测土配方施肥项目，土壤样品测试4个，测土配方施肥推广覆盖面积1.73万公顷。

第二产业　工业企业有238家，实现工业总产值110.39亿元。规模以上工业企业83家，实现工业总产值101.45亿元，主营业务收80.81亿元，利税总额12.31亿元(利润10.78亿元)。第二产业增加值39.67亿元(工业增加值29.33亿元)。完成工业投资15.53亿元，技术改造投资18.31亿元。工业主要产品产量：配混合饲料59.95万吨、成品糖6.88万吨、乳制品1.11万吨、罐头1.48万吨、服装60万件、中成药7748吨、人造板20.88万立方米、机制纸及纸板5.62万吨、水泥26.04万吨、钢材2.95万吨、电子元件1090万只。年内竣工工业项目有凯源铁塔、精益混凝土制品、古方药业等8个，总投资3200多万元。良庆经济开发区累计入驻企业326家，其中工业企业203家，规模以上企业75家，亿元以上产值企业24家，形成有色金属、建材、制药、机械、轻工、食品、饲料等特色产业群。实现工业总产值100.58亿元（规模以上工业实现总产值92.70亿元)，财政收入1.23亿元。

第三产业　各类企业有1440家(个人独资企业189家；合伙企业42家；国有集体企业258家；公司951家)，从业人员4.82万人；个体工商户9931家，从业人员1.72万人。实现社会消费品零售总额16.37亿元。第三产业增加值17.76亿元。外贸出口额3553万美元。房地产开发建设完成房地产开发建设投资7.93亿元，商住房地产开发建设施工面积239.32万平方米（新开工面积163.77万平方米)，竣工面积75.54万平方米，商品房销售18.82万平方米，销售额8.36亿元。接待游客4.15万人次，旅游营业收入52.16万元。

招商引资　依托五象新区核心区和中国—东盟物流基地重点项目的建设，实施“开放带动、产业推动、招商联动”战略，坚持开放共赢，拓展区域经济合作；坚持科学招商，推进产业结构优化升级。以现代物流、有色金属深加工、建材、食品、医药、机械制造等产业为龙头，进行产业链招商。抓好中国—东盟博览会、桂台经贸交流活动和东盟及中东地区开展的专题招商引资活动；组队赴台湾、香港地区和东盟国家及日韩等国，推进在谈外资项目；主动与泛珠三角、长三角及西南各省合作，参加国内百强上市民营企业走进广西活动、中央企业走进广西走进北部湾活动和以广西北部湾经济区为主题的系列招商推介活动。共引进企业（项目)21个，总投资53.35亿元，合同引进内资53.10亿元，实际到位27.47亿元；新批合同外资1666万美元，直接利用外资2553万美元。

城乡建设　实施银海大道拓宽工程，全长13.30千米，计划总投资7.61亿元，当年完成投资1.81亿元。实施城乡风貌改造二期，完成投资3697.20万元，房屋外立面、外墙改造2054户、面积42.99万平方米，坡屋顶改造面积5.51万平方米。投资1614.04万元，完成农村危房改

良庆镇新兰村甜玉米生产基地　　良庆镇提供

2010 年良庆区各镇、街道情况

名　称	土地面积（平方千米）	村民委员会（个）	社区居民委员会（个）	自然屯（个）	年末人口（人）	农林牧渔业总产值（万元）	粮食产量（吨）	农民人均纯收入（元）
良庆镇	61	6	1	252	44022	29897	12925	5315
那马镇	168	7	1	211	20044	32758	10670	5453
那陈镇	295	15	1	264	35615	41287	14385	5778
大塘镇	498	13	1	411	49128	63737	32146	5747
南晓镇	294	13	1	404	44129	54465	20872	5704
大沙田街道	63	3	7	112	39242	3375	2855	

造 526 户。建设生态南宁，种植树木 55.20 万株。采取以房换地、市场化运作方式推进五象新区回建安置整体搬迁 7 个村、1 个社区和 3 家企业，共 3.67 万人，五象新区农民回建安置取得规划定点项目 12 个，占地面积 304.27 公顷。

【社会事业发展概况】

文明创建活动　2010 年，良庆区参与南宁市“感动南宁—文明和谐‘十佳’市民”、首届南宁市“道德模范”评选活动，开展理想信念和社会主义荣辱观教育、“书香绿城”读书活动和“市民素质培训”、“农民就业培训”活动，举办各类培训班 20 期，培训 1 万多人次。以文明交通、安全你我他为主题，开展“关爱生命，文明出行”交通劝导活动，组织志愿文明劝导员在城区主要交通路口开展文明劝导活动 10 多次，发放宣传资料 1 万多份。开展“能帮就帮，志愿服务在绿城”活动，组织党员义工、青年志愿者到社区（村）了解社情民意，参与人员 1 万多人。开展未成年人思想道德建设宣传活动 300 多场次，参与学生 2 万多人次。开展文明单位，文明社区、文明镇村等群众性精神文明创建活动，良庆区国税局被命名为第十三批自治区文明单位；被命名为市文明单位 4 个、文明镇（村）1 个。

科教文卫体事业　投入 547 万元，组织实施科技项目 32 个。实施到期通过上级验收的科技项目 10 个。举办各种科技培训班 28 期，培训 3370 人次。有小学 67 所（社会办 6 所），在校生 3.16 万人；初中 13 所（社会办 8 所），在校生 1.09 万人；高中 2 所，在校生 977 人。有教职工 2326 人。小学适龄儿童入学率 99.99%，辍学率 0.17%，小学毕业生升学率 98.90%；初中阶段入学率 99.77%，辍学率 2.90%；初中毕业生升高中毛入学率 85.60%。资助家庭经济困难学生 530 人次、31.37 万元。创建义务教育学校常规管理达标县（区）通过自治区评估验收；创建国家三类城市语言文字工作达标通过自治区评估验收。举办第二届香火龙民俗文化旅游节，“香火龙”被列入 2010 年自治区非物质文化遗产代表作保护名录。投资 32 万元，建成那马综合文化楼并使用。完成卫星广播电视接收设备安装 3950 台。《良庆年鉴》（2008 年）获全国地方志系统第二届年鉴评奖特等奖。有医疗卫生机构 236 个。其中：国有医疗卫生机构 9 个（城区 4 个，乡镇 5 个），集体医疗卫生机构 9 个，村卫生所 120 所，个体医疗诊所 98 所。卫生技术人员 1128 人（城区属 402 人）。医院病床 1005 张（市级医院 450 张，城区医院 371 张，乡镇卫生院 184 张）。投资 118 万元，完成农村卫生户厕建造 1000 座。参加新型农村合作医疗农民 18.44 万人，参合率 91.57%。区间人口出生 6203 人，出生率 26.28‰（公安部门数据）。组队参加南宁市冬泳活动、马术公开赛、气排球联赛等活动；参加南宁市第八届运动会获金牌 46 枚、银牌 15 枚、铜牌 3 枚。

民政事业　审批城镇最低生活保障对象 755 人次，发放低保金 195.65 万元；审批农村低保对象 6689 人次，发放低保金 384.86 万元。发放抚恤金、定补金 338.82 万元，退伍义务兵家属优待金 52.92 万元。发放特困户、重灾民救济粮 160 吨（折款 32.40 万元），救济 3329 户、6564 人。发放冬令救灾救济棉被 700 床、蚊帐 400 床、衣服 3100 件（套）。确定五保老人 1170 人，发放五保供养定补金 247.68 万元。农村医疗救助 307 人、50.51 万元。办理结婚登记 2831 对，离婚登记 236 对。

劳动与社会保障　城镇新增就业 4692 人，下岗失业人员实现再就业 168 人，帮助大龄困难人员再就业 40 人。城镇登记失业率 3.64%。农民就业培训 1405 人，农村劳动力转移就业新增 3495 人。劳动监察立案查处 8 件，结案率100%；督促企业签订劳动合同 1.78 万人，个体户签订劳动合同 891 人。　（潘艳明）

武　鸣　县

【概　况】　武鸣县位于广西中南部、南宁市区北部。东与上林县、宾阳县交界，南靠南宁市兴宁区，西邻平果县、隆安县，北与马山县接壤。土地面积 3378.36 平方千米。县政府驻城厢镇。都南高速公路、国道 210 线和省道 20321 线过境，有武鸣至南宁二级公路。主要旅游景区（点）有伊岭岩旅游区、灵水、大明山自然保护区、明秀园、春霞园、黄道山、起凤山、三十六弄自然保护区和花花大世界园林区等。主要矿产资源有铜、锰、钨、金、铁、铅、锌、煤、磷等 20 多种，其中已探明铜矿储量 2600 万吨，占广西蕴藏总量 30%。主要特产有“灵水”牌龙眼、“伊岭”牌香米、“洍阳”牌红橙、“石牛”牌干笋、“旋力威”牌辣椒、“锣皎”牌木薯淀粉和玉泉土鸡、灵马鲶鱼等。南宁华侨投资区（即南宁—东盟经济开发区、武鸣华侨农场）、东风农场驻县内。2010 年，辖 13 个镇、198 个行政村、20 个社区、1796 个自然村（屯）。年末户籍总人口 68.19 万（比上年减少 4746 人，原因是 2010 年公安部门进行户口整顿，历年死亡该销未销户的人数增多）。其中：农业人口 56.24 万，非农业人口 11.95 万。人口自然增长率 6.75‰。耕地面积 6.39 万公顷（水田面积 2.39 万公顷）；林地面积 13.99 万公顷，森林覆盖率 47.23%。地区生产总值 149.33 亿元；全部财政收入 8.75 亿元（地方财政一般预算收入 5.35 亿元），一般预算支出 15.63 亿元；城镇居民人均可支配收入 17295 元，农民人均纯收入 6114 元。被评为全国计划生育优质服务先进单位，连续第 4 年获全国生猪调出大县奖励，获全国百县林改典型县、全国平安农机示范县；获 2008、2009 年度广西科学发展十佳县、自治区集体林权制度改革突出贡献奖、自治区林业产业发展十强县、自治区十大林改质量标兵县、自治区城乡风貌改造二期工程先进单位、广西特色畜牧业先进县等称号。

【经济发展概况】

第一产业　2010年，武鸣县实现农林牧渔业总产值75.99亿元。其中：农业41.05亿元，林业2.98亿元，牧业27.05亿元，渔业3.22亿元，农林牧渔服务业1.68亿元。第一产业增加值46.60亿元。粮食作物种植面积7.06万公顷，总产量32.33万吨。其中：水稻种植面积3.73万公顷，产量19.90万吨；玉米种植面积2.06万公顷，产量11.40万吨。经济作物种植面积6.17万公顷。其中：甘蔗种植面积2.25万公顷，产量121.79万吨；木薯种植面积2.80万公顷，产量30.30万吨(干片)；果园面积1.90万公顷，水果产量40.93万吨；蔬菜种植2.66万公顷，产量83.33万吨。肉类总产量14.23万吨，水产品产量3.65万吨。完成人工造林面积1533公顷。水利建设投入9828.73万元，完成水库除险加固8座，水毁工程修复1处，农村人饮工程76处，渠道防渗工程35.70千米。有滴水喷灌设施面积5500公顷(香蕉喷灌设施面积4000公顷，甘蔗和水果喷灌设施面积1500公顷)。建设城郊型农业，打造现代农业示范区，推广良种良法，实施超级稻种植推广、国家级糖料蔗生产基地、万亩木薯良种种植示范区等项目。集体林权制度主体改革通过自治区验收。有农机专业合作社31个，主要农作物综合机械化率55%。投入2038万元，发展生猪、家禽、水产等标准化养殖，新增各类规模养殖场480个，累计有规模养殖场2200个。经自治区农业厅认定无公害生产基地面积1.50万公顷（粮食基地面积1.37万公顷、蔬菜基地面积1300公顷)。建设马铃薯、西红柿、瓜菜三大秋冬种生产基地3.18万公顷（秋种面积1.40万公顷，冬种面积1.78万公顷)。

第二产业　工业企业有6180家，实现工业总产值186.23亿元。规模以上工业企业235家，实现工业总产值153.75亿元，利税总额24.44亿元（利润18.92亿元)。第二产业增加值71.28亿元(工业增加值63.38亿元)。完成工业投资33.53亿元，技术改造投资31.62亿元。工业主要产品产量：机制糖15.23万吨，淀粉44.78万吨，水泥51.78万吨，酒精7527万升，农用氮肥4.95万吨，人造板65.50万立方米，混合饲料23.30万吨。伊岭工业集中区规模以上工业企业89家，实现工业产值48.53亿元，占全县规模以上工业总产值54.22%；5月，被确认为自治区A类产业园区。广西金峰化工科技有限公司、广西武鸣县安宁淀粉有限责任公司2家企业获国家高新技术企业认定。

第三产业　国有企业有23家，集体企业156家，股份合作企业40家；私营企业886家，从业人员8601人；个体工商户1.58万户，从业人员2.56万人。实现社会消费品零售总额36.12亿元。第三产业增加值31.45亿元。外贸出口额1588万美元。完成房地产开发建设投资13.91亿元，商住房地产开发建设施工面积100万平方米(新开工面积28.69万平方米)，竣工面积28.06万平方米，商品房销售51.69万平方米。接待游客206万人次，旅游营业收入5650万元。

招商引资　实行县四家班子领导带头对接洽谈招商项目制度，采取走出去和请进来相结合的办法，组织招商小分队分赴广州、东莞、佛山等珠三角地区和浙江、上海、南京等长三角地区，开展承接产业转移招商推介活动，走访当地知名企业和商(协)会36家，实施招商和项目对接洽谈20多批次；邀请国内外客商320多人到武鸣县参加各种招商推介会12场(次)。新签引进合同项目33个(新批外资合同项目1个)，合同引进资金46.25亿元(合同引进内资45.20亿元，新批合同外资1500万美元)，实际到位25.32亿元(实际到位内资24.72亿元，实际利用外资850万美元)。其中工业集中区新签引进合同项目17个，合同总投资24.90亿元。

城乡建设　投资1453万元，编制完成城西及周边区域控制性详细规划、城市大道两边区域概念性规划、标营新区定罗湖水库及周边区域控制性详细规划等12个。投资5.13亿元，完成南宁至武鸣城市大道武鸣段征地156.33公顷，清表29.50万平方米，路基挖方190万立方米、填方128.60万立方米。投资3830万元，完成里建至府城公路拓宽改造。投资1.57亿元，继续实施城市建设“1236”工程(即县城建设1条环城公路、2个新区，美化改造3段河流，景观改造6条主要街道工程)，开工建设绕城公路西南段，加快红岭新区、标营新区路网建设，实施城东变电站至渡头桥沿河景观改造，开工建设兴武大道延长线、五岭路延长线，完成兴武大道和农坛路路灯改造、兴武大道夜景亮化、香山大道北段和五海路路灯安装、香山大道A支线道路工程。投资1.15亿元，完成武鸣污水处理厂一期建设。投资1283万元，完成宁武镇伏唐村灵泉屯、甘圩镇达洞村那望屯、府城镇永共村老杨屯城乡风貌改造406户。投资1286.60万元，完成农村危房改造800户。社会主义新农村建设投入2255万元，新建廉租住房274套，发放住房补贴544户、63.80万元。

【社会事业发展概况】

文明创建活动　2010年，武鸣县深入开展“发展环境建设年”、“能帮就帮”、“我们的节日”等一系列主题与实践活动，推动群众性精神文明创建活动，加强未成年人思想道德建设，开展向朱传波、滕大韶学习宣传教育系列活动，举办滕大韶先进事迹报告会11场、巡回宣讲100场，参加“向滕大韶同志学习”征文比赛9.70万人。县质量技术监督局、南宁华侨投资区国税局、双桥镇中心学校被命名为第十三批自治区文明单位；宁武镇梁新下敢自然村、马头镇全曾尾雷自然村被命名为第十三批自治区文明村；命名为市文明单位、文明村各1个。

科教文卫体事业　投入2044万元，组织实施科技项目63个。实施到期通过上级验收的科技项目15个（市级8个、自治区级4个、国家级3个)。引进农作物新品种40个，推广农业先进技术18项；推广优良品种15个，良种覆盖率95%以上。在太平镇庆乐村、林渌村建立木薯高产低耗栽培技术示范基地143.33公顷、西红柿标准化栽培技术示范基地200公顷。举办各类实用技术培训班1826期，培训20多万人次；开展科普讲座27期，参加人员8900多人；发放科技资料、图书20.50万份(册)。获自治区科技进步二等奖1项，市科技进步奖3项(二等奖2项、三等奖1项)。有小学125所(社会办1所)，在校生3.71万人；初中26所，在校生2.02万人；高中5所，在校生1.16万人；特殊教育学校1所，在校生96人；中等职业学校1所，在校生5507人(全日制学生1314人，非全日制学生4193人)。教师进修学校1所，在校生288人。有教职工5566人。小学适龄儿童入学率99.99%，辍学率0.01%，小学毕业生升学率100%；初中阶段入学率98.72%，辍学率0.02%；初中毕业生升高中入学率93.68%。免除库区移民子女学费272人12.95万元；资助高中家庭经济困难学生1488人次、104.40万元，初中、小学家庭经济困难学生 461 人次、13.05 万元，家庭经济困难大学生新生 1125 人、116.40 万元；办理大学生生源信用助学贷款 2194 人、1301.71 万元。职业学校减免学费 371 人次、21.22 万元，发放助学金 226 人次、19.50 万元。发放寄宿生生活补助费 1.51 万人次、1022.37 万元。举办武鸣 2010 年度“三月三”歌圩和新创民歌大赛，武鸣县获文化部民族民间文艺发展中心授予中国壮乡文化研究保护基地称号；“壮族五色糯米饭制作技艺”入选自治区第三批非物质文化遗产名录，“壮族师公舞”入选自治区非物质文化遗产扩展项目。举办武鸣县首届乡村文艺大展演。武鸣“尼达妮”合唱团 3 月应邀赴北京参加华彬低碳音乐会，7 月赴上海参加世博会罗马尼亚馆、阿根廷馆、广西馆演出活动，8 月赴北京参加“情耀中华”——第五届中国青少年艺术文艺晚会。县歌舞剧团代表广西到江西婺源参加首届中国农民艺术节非物质文化遗产展演，获金奖。实施文化惠民工程，扶持城厢镇和平社区木棉红艺术团、灵水社区艺术团等 9 个村级(社区)队，演出 275 场；配合南宁市艺术剧院送戏下乡演出 13 场，观众1.20 万多人次。开展文艺下乡演出 80 多场，观众 20 多万人次。投资 986 万元，完成卫星广播电视接收设备安装 2.40 万套。有医疗卫生机构 403 个。其中：国有医疗卫生机构 20 个(县属 7 个，乡镇 13 个)，集体医疗卫生机构 24 个，村卫生所 224 所，个体医疗诊所 135 所。卫生技术人员 2145 人（县属 1091 人）。医院病床 1877 张（县级医院 1190 张，乡镇卫生院 687 张）。投资 186 万元，完成农村卫生户厕建造 3000 座。参加新型农村合作医疗农民 53.14 万人，参合率 93.66%，缴费 1484.95 万元。被确定为创建全国白内障无障碍县，完成百万贫困白内障患者复明工程手术 517 例。区间人口出生 7648 人，出生率 11.34‰；获全国计划生育优质服务先进单位、自治区人口和计划生育工作创新奖。城厢镇男女气排球队参加第二届广西城乡万人气排球大赛南宁赛区总决赛，双双获乡镇组冠军。参加南宁市第八届运动会获金牌 7 枚、银牌 5 枚、铜牌 8 枚。县业余体校运动员参加自治区青少年锦标赛，获金牌 7 枚、银牌 5 枚、铜牌 8 枚。

4 月 16～21 日，中国壮乡·武鸣“三月三”歌圩举行　孙贵寿　摄

民政事业　审批城镇最低生活保障对象 3.15 万人次，发放低保金 518.60 万元；审批农村低保对象 14.29 万人次，发放低保金 833.20 万元。发放抚恤金、定补金 1424.52 万元，退伍义务兵家属优待金 189.61 万元，退役士兵一次性经济补偿金 61.14 万元。临时救济 2.28 万人次、44.60 万元。发放特困户、重灾民救济粮 564.35 吨(折款 203.16 万元)，救济 6343 户、1.33 万人。发放冬令救灾救济棉被 1980 床、蚊帐 1734 床、衣服 9066 件(套)、鞋 3272 双。投资 120.30 万元，重建水毁民房 40 户、120 间。确定五保老人 1794 人，发放五保供养定补金 383.55 万元、救济粮 322.90 吨（折款 129.17 万

2010 年武鸣县各镇情况

名称	土地面积(平方千米)	村民委员会(个)	社区居民委员会(个)	自然屯(个)	年末人口(人)	农林牧渔业总产值(万元)	粮食产量(吨)	农民人均纯收入(元)
城厢镇	245	21	8	147	102583	86742	30183	6681
太平镇	365	12	1	155	38915	50885	21988	6252
双桥镇	204	15	1	129	55648	64679	31793	6388
甘圩镇	93	4	1	20	24582	30266	10068	5506
宁武镇	232	13	1	93	38559	70353	21342	5942
锣圩镇	383	25	1	228	65112	96117	34541	6532
灵马镇	195	13	1	135	49634	33587	17480	5591
仙湖镇	203	10	1	164	39773	50672	28239	5909
府城镇	265	23	1	215	59349	65112	25280	5658
陆斡镇	246	23	1	185	62770	76866	35840	5678
两江镇	200	14	1	133	41889	33001	26544	5480
罗波镇	163	13	1	101	37538	27624	19634	5702
马头镇	161	12	1	91	2394	30249	11323	5321

元）、食油补助款 21.53 万元。农村医疗救助 1.20 万人、46.10 万元。免费为5902 对新婚夫妇进行地中海贫血筛查，为 196 名生活困难的城乡肺结核患者提供治疗，为 14 名贫困高危孕妇提供救治。办理结婚登记 6850 对，离婚登记 875 对。

劳动与社会保障　城镇新增就业 3058 人，下岗失业人员实现再就业 881 人，帮助大龄困难人员再就业 150 人。城镇登记失业率 3.90%。农民就业培训 3802 人，农村劳动力转移就业新增 1.27 万人。参加基本养老保险企业 325 个、2.19 万人，征缴保险费 2.97 亿元，支出 1.83 亿元；参加失业保险 1.80 万人，征缴保险费 753 万元，支出 877 万元；参加基本医疗保险 5.95 万人，征缴保险费 4952 万元，支出 4166 万元；参加工伤保险 1.68 万人，征缴保险费 190.59 万元，支出 65 万元；参加生育保险 1.53 万人，征缴保险费 120 万元，支出 77.83 万元。督促企业签订劳动合同 2.90 万人，个体工商户签订劳动合同 4270 人。劳动保障监察立案 26 件，结案 25 件。

【中国壮乡·武鸣县“三月三”歌圩】2010 年 4 月 16~21 日，中国壮乡·武鸣县“三月三”歌圩在县城举行。分文体、经贸两大活动，分别在兴武大道、城东大草坪、东鸣路、江滨路、文化广场、灵水风景区等分场地开展。其中，文体活动主要项目有歌圩 30 周年庆典仪式、千人竹竿舞表演及竞赛、歌圩活动开幕式、中国壮乡文化研究保护基地授牌仪式暨《壮乡欢歌》文艺晚会、首届中国壮乡歌王邀请赛、民族体育竞技展演、《骆越寻根——壮乡精神》大型书画摄影展、印象·“三月三”夜歌圩、中国非物质文化遗产保护论坛、中国民族民间文化传承和保护论坛等。投资经贸洽谈活动主要有广西淀粉（变性淀粉）与酒精产品暨新技术交易洽谈会、商品展销交易会、旅游美食节、汽车农机展销会、房地产交易会、投资环境说明会暨项目签约仪式、投资经贸洽谈活动与重大项目开竣工剪彩仪式等。期间，邀请自治区内外客商 212 人（自治区外客商 156 人），招商签约项目（广西武鸣县新好景投资发展有限公司“好景新城”项目、保利矿业投资有限公司投资大明山钨矿整合开发项目、广西润宇工贸集团有限公司投资金属加工生产项目、南宁市伊岭绿园节能建材有限公司投资节能建材生产项目、南宁市中凯塑业有限公司投资塑料异型材生产项目等）9 个，总投资 37.77 亿元。　（潘星环）

横　县

【概　况】横县位于广西东南部，南宁市东部。东邻贵港市覃塘区，南接钦州市灵山县、浦北县，西界南宁市邕宁区，北与宾阳县接壤。土地面积 3464 平方千米。县政府驻横州镇。湘桂铁路、黎塘至钦州铁路、南宁至柳州高速公路、粤桂高速公路、国道 209 线、省道 101 线和郁江河道过境。郁江河道流经县内乡镇 14 个。主要旅游景区（点）有：中华茉莉园、九龙瀑布群国家森林公园（入选南宁十大景区）、西津湖风景区、宝华山应天寺、伏波庙旅游区、海棠公园、六景泥盘系标准剖面保护区、岭脚木祥生态旅游村等，是广西 35 个旅游发展重点县之一。主要矿产资源有金、芒硝、膨润土、石灰石、三水铝等 20 多种。中国第一座低水头河床式径流水电站——广西西津水力发电厂坐落县城郁江上游 5 千米的西津村。主要特产有优质谷、果蔗、茉莉花茶、甜玉米、桑蚕、蘑菇、三月红荔枝、大头菜、大粽、芝麻饼等，是“中国茉莉之乡”；“横县茉莉花”获地理标志产品，并注册证明商标。有南宁六景工业园区（自治区级开发区）和那阳工业集中区。2010 年，辖 14 个镇、3 个乡、276 个行政村、26 个社区、1477 个自然村（屯）。年末户籍总人口 120.05 万（农业人口 106.49 万、非农业人口 13.56 万）。人口自然增长率 9.73‰。耕地面积 11.05 万公顷（水田面积 4.92 万公顷）；林地面积 16.03 万公顷，森林覆盖率 46.27%。地区生产总值 136.52 亿元；全部财政收入 8.82 亿元（地方财政一般预算收入 5.30 亿元），一般预算支出 19.17 亿元；城镇居民人均可支配收入 16738 元，农民人均纯收入 5101 元。获广西文明县城称号。

【经济发展概况】

第一产业　2010 年，横县实现农林牧渔业总产值 68.79 亿元。其中：农业 38.92 亿元，林业 2.58 亿元，牧业 22.70 亿元，渔业 3.02 亿元，农林牧渔服务业 1.57 亿元。第一产业增加值 42.18 亿元。粮食作物种植面积 8.03 万公顷，总产量 40.40 万吨。其中：水稻种植面积 5.70 万公顷，产量 30.42 万吨；玉米种植面积 1.95 万公顷，产量 9.02 万吨。经济作物种植面积 3.46 万公顷。其中：甘蔗种植面积 2.39 万公顷，产量 188.68 万吨；木薯种植面积 3016 公顷，产量 2.45 万吨；桑园面积 1.21 万公顷，产鲜茧 2.76 万吨；果园面积 1.45 万公顷，水果产量 4.39 万吨；蔬菜种植面积 2.04 万公顷，产量 40.83 万吨。肉类总产量 7.70 万吨，水产品产量 3.14 万吨。水利建设投入 1.68 亿元，完成水库除险加固 40 座，水毁工程修复 10 处，农村人饮水工程 46 处，渠道防渗 47.80 千米。引进国际上先进的隧道发酵和空调种菇技术，在云表镇朝南村建立蘑菇工厂化生产基地 2 万平方米，每平方米单造产量 30 千克，年可种植 6 造，实现周年化生产，年单产是常规种植模式 24 倍；全县建成工厂化生产基地 4 万平方米。扶持绿香园和龙泰兴两个大棚蔬菜种植专业合作社通过土地流转建成

西津水力发电厂外景　孙贵寿　摄

大棚面积 18.67 公顷，公顷产值 45 万元以上；建成采用水肥一体化、喷灌、滴灌秋冬种基地近 5000 公顷。引进马铃薯播种机械 6 台，在全市率先采用机械播种马铃薯。新增农民专业合作社 55 个，累计农民专业合作社 222 个。实施国家金农工程横县建设项目，建立县级农业信息采集点 1 个、县级平台 1 个、乡镇信息服务站 3 个；实施国家级基层农技推广体系改革与建设示范县项目，推广应用“三免”技术 5.34 万公顷、“三避”技术 1.73 万公顷、间套种技术 1.33 万公顷、测土配方施肥 5.34 万公顷。推广两造西瓜+马铃薯、两造西瓜+两造肉芥菜新种植模式和小蚕共育、甜玉米免耕+定向栽培、平棚种菇+二次发酵、葡萄一年两熟、病虫害综合防治等实用技术；实施国家级水稻玉米棉花良种补贴项目和自治区超级稻补贴项目，推广超级稻种植 1.34 万公顷。

第二产业　工业企业有 5464 家，实现工业总产值 122.70 亿元。规模以上工业企业有 105 家，实现工业总产值 96.63 亿元。第二产业增加值 49.60 亿元，(工业增加值 24.27 亿元)。完成工业投资 64.20 亿元，技术改造投资 34.50 亿元。工业主要产品产量：成品糖 17.20 万吨，精制茶 4.16 万吨，生丝 1574 吨，纸浆 15.80 万吨，水泥 88.76 万吨，钢材 8.44 万吨，发电量 10.65 亿千瓦时。南宁六景工业园区实施基础设施项目建设 14 个(续建项目 10 个，新建项目 4 个)，完成投资 2.51 亿元；入园企业有 56 家，投产企业 32 家，实现工业总产值 35.12 亿元。那阳工业集中区有规模以上企业 12 家，实现工业总产值 19.37 亿元。

第三产业　各类企业有 2375 家。其中私营企业 825 家，农民专业合作社 195 家。个体工商户 3.35 万户，注册资金 5.04 亿元，从业人员 5.62 万人。实现社会消费品零售总额 39.59 亿元。外贸出口额 2655 万美元。完成房地产开发建设投资 8.44 亿元，商住房地产开发建设施工面积 68.99 万平方米(新开工面积 26.81 万平方米)，竣工面积 7.51 万平方米，商品房销售 23.25 万平方米，销售额 5.94 亿元。经济适用房建设投资 4571 万元，建设施工面积 5.52 万平方米，销售额 6600 万元。接待游客 66 万人次，旅游营业收入 8646 万元。

招商引资　突出产业招商、延长产业链，把以商引商作为主要招商方式，把关联企业、合作伙伴等潜在投资者引进来；扶持有市场竞争力的内资企业，引导原有外资企业发展延长产业链项目。以茉莉花产业为载体，加快推动茉莉花—茶—香精香料—茉莉花综合产品、茉莉花—茶—文化—旅游等产业链的发展。依托主导产业，以南宁绿洲化工、国电南宁电厂、劲达兴纸业、永凯糖浆纸、金鲤水泥、桂华茧丝绸、集盛食品、冠桂糖业、丽冠人造板等大项目为支撑，充分发挥大企业、大项目资金、技术、品牌、管理的优势，推动中小企业与大企业的配套协作，促进产业集聚发展和工业合理布局。共引进县外境内项目 85 个，合同引进内资 75.52 亿元，实际到位 33.62 亿元；新批合同外资 4345 万美元，直接利用外资 2690 万美元。

城乡建设　完成《横县县城总体规划(2005~2020)》的局部修改和县城公交网络及停车场专项规划设计、侯塘新区控制性详细规划、11 个乡镇总体规划编制。中国茉莉花茶交易中心、国泰综合楼二号楼等相继竣工并投入使用，县城公交网络系统投入营运；基本完成县城污水管网建设，污水处理厂进水正常运行；县城第二生活垃圾卫生填埋场开始处理垃圾；开工建设城区防洪一期工程(堤园路，计划投资 1.43 亿元)、横州大道、长安大道、市民活动中心、龙池湖整治、县城给水设施扩建等；完成主干道和 20 多条小街小巷改造；在主要十字路口设置红绿灯和交通指挥岗。拓展、延伸城乡清洁工程，重点整治跨门槛道路经营和乱停乱放车辆，清理“牛皮癣”小广告和违章占道落地招牌，查处违法建设项目等。投资 130 多万元，完成兴和村新农村建设试点。

【社会事业发展概况】

文明创建活动　2010 年，横县全面落实《深化全国文明县城创建工作三年规划》，推进群众性精神文明创建，加强文明素质礼仪教育，举办文明礼仪班 23 期，培训 2000 多人次。开展未成年人思想道德建设，树立、宣传道德楷模，助人为乐先进人物麻广林被评为南宁市第一届道德模范；韦进裕被市委、市政府授予“能帮就帮·感动南宁——十佳市民”称号。校椅镇石井村新村自然村、云表镇大良村新安自然村、马岭镇龙坪村第八屯被命名为第十三批自治区文明村镇；横县地方税务局六景税务分局、横县第二高级中学被命名为第十三批自治区文明单位；武警横县消防大队和横县国家税务局命名为第十三批自治区军(警)建民共建单位。命名为市文明单位 2 个、文明镇(村)3 个、军(警)民共建先进单位 1 对。

科教文卫体事业　投入 2475 万元，组织实施科技项目 87 个。实施到期通过上级验收的科技项目 51 个(市级 24 个、自治区级 2 个、国家级科技项目 1 个)。推广应用实用新技术，实施成龄郁闭荔枝园改造增产技术示范、桑枝生产食用菌技术示范推广、工厂化栽培蘑菇技术示范、茉莉花标准化生产技术示范、甜玉米标准化生产技术示范、桑蚕高效种养技术集成应用示范、白毛茶有机茶产业化示范、山羊良种繁育及圈养配套技术示范。举办各种科技培训班 156 期，培训 3.20 万人次。广西南山白毛茶茶业有限公司开展的有机茶栽培技术示范和横县达金生有限责任公司开展的笼架式养豚技术示范项目获南宁市科技进步三等奖。有小学 287 所(社会办 2 所)，在校生 7.36 万人；初中 35 所，在校生 4.24 万人；高(完)中 7 所(社会办 1 所)，在校生 1.40 万人；中等职业学校 1 所，在校生 5018 人；特殊教育学校 1 所，在校生 66 人。有教职工 8379 人。小学适龄儿童入学率 99.92%，辍学率 0.01%，小学毕业生升学率 100%；初中阶段入学率 101.85%，辍学率 1.66%，初中毕业生升学率 87.83%。免除普通高中的库区移民子女学费 6336 人次、274.10 万元；资助家庭经济困难大中小学生 3.50 万人次、3054.36 万元；办理大学生生源地信用助学贷款 2259 人次、1345.37 万元。横县中学、横州镇第一中学、横州镇中心学校、百合镇中心学校被确定为南宁市国家级非物质文化遗产粤剧、邕剧的传承基地。横县大粽制作技艺、横县鱼生制作技艺、横县葛麻炮会、横县壮族采茶戏被列为自治区级非物质文化遗产名录。送戏下乡演出 24 场，观众 3 万多人次；送电影下乡放映 3312 场，观众 82 万人次。完成 2009 年新增中央投资第四批 8 个乡镇综合文化站建设。有医疗卫生机构 1006 个。其中：国有医疗卫生机构 21 个(县属 3 个，乡镇 18 个)，集体医疗卫生机构 784 个，个体医疗诊所 179 所，其他 22 个。卫生技术人员 2117 人（县属 1768 人)。医院病床 1721 张（县级医院 796 张，乡镇卫生院 925 张)。投资 1050 万元，完成农村卫生户厕建造 7000 座。参加新型农村合作医疗农民 97.63 万人，参合率 93.68%，缴费 292.89 万元。农村医疗救助(孕产妇住院分娩降消项目补助)

1.44 万人、598.40 万元。区间人口出生 16455 人，出生率 13.87‰；获自治区计划生育优质服务先进单位。建设户外全民健身路径 4 条。开展群众体育活动，举办气排球、围棋、中国象棋、羽毛球、六人制足球、乒乓球团体、篮球、麻将等群众文体活动；举办首届妇女体育运动会，有 31 个代表团 690 名妇女参加；举办广西首届“五粮醇”杯气排球（横县赛区）比赛。参加南宁市第八届运动会获金牌 39 枚、银牌 20 枚、铜牌 19 枚。

民政事业　审批城镇最低生活保障对象 1.79 万人次，发放低保金 1171.89 万元；审批农村低保对象 42.98 万人次，发放低保金 2222 万元。发放抚恤金、定补金 1467.17 万元，退伍义务兵家属优待金 159.65 万元，退役士兵一次性经济补偿金 105.08 万元。发放特困户、重灾民救济粮 503.30 吨（折款 177.68 万元），救济 2.01 万人。发放冬令救灾救济棉被 1937 床、蚊帐 2900 床、毛巾被 2900 床、衣服 1.02 万件（套）。投入资金 117 万元，重建水毁民房 77 户、220 间。临时救助 291 人次、8.50 万元。确定五保老人 6897 人，发放五保供养定补金 563 万元、食油补助款 50 万元。免费为 9282 对新婚夫妇进行地中海贫血筛查，为 367 名生活困难的城乡肺结核患者提供治疗，为 11 名贫困高危孕产妇提供救治。办理结婚登记 1.01 万对，离婚登记 1215 对。

劳动与社会保障　城镇新增就业 4129 人，城镇下岗失业人员实现再就业 649 人，帮助大龄困难人员再就业 177 人。城镇登记失业率控制在 3.14%以内。农民就业培训 5918 人，农村劳动力转移就业新增 1.48 万人。参加基本养老保险企业 306 个 2.12 万人，征缴保险费 3.21 亿元，支出 2.17 亿元；参加失业保险 1.83 万人，征缴保险费 476.70 万元，支出 432 万元；参加基本医疗保险 7.42 万人，征缴保险费 5263 万元，支出 3571 万元；参加工伤保险 1.23 万人，征缴保险费 175.60 万元，支出 64 万元；参加生育保险 1.22 万人，征缴保险费 87.80 万元，支出 84 万元。督促企业、个体户签订劳动合同 3.43 万人；劳动争议立案 67 件，结案率 94%。

【移民工作】 2010 年，横县有水库库区和安置区移民 35 万多人，涉及乡镇 17 个。年内，投入 689 万元，建设水库移民新村 12 个，涉及 9 个乡镇 12 个村委会，受益 643 户 2527 人；投入 503 万元，修建村屯道路 9 条 22.80 千米，涉及 6 个乡镇 9 个村委会，受益 3900 人；投入 40 万元，建成人饮水项目 5 个，涉及 4 个乡镇 5 个村委会，受益 682 人；投入 68 万元，建设水库移民增收试点项目校椅镇榃冷村委会陆村经联社工厂化蘑菇生产。完成 4 个季度的后期扶持补助资金发放；完成水库移民“十二五”规划编制小型水库库区和移民安置区基础设施建设发展规划；完成大中型水库移民后期扶持政策连带影响情况调查；慰问困难移民群众 1250 户，发放慰问金 26 万元。完成 4800 名水库移民子女就读普通高中和职业学校免除学费的相关审查。县移民局被评为全国水库移民后期扶持工作先进集体。　　（李清俏）

宾阳县

【概　况】 宾阳县位于广西中南部，南宁市东北部。东邻贵港市覃塘区，南连横县、青秀区，西接兴宁区、武鸣县，北与上林县、来宾市兴宾区接壤。土地面积 2308 平方千米。县政府驻宾州镇。为桂中南重要交通枢纽，湘桂铁路、黎塘至湛江铁路、黎塘至钦州铁路在县内黎塘镇交汇，黎塘火车站是广西第二大货运编组站和一级客运站；桂海高速公路、南梧二级公路（国道 324 线）、南柳公路（国道 322 线）过境，有宾阳至上林、宾阳至横县两条二级公路。主要旅游景区（点）有昆仑

2010 年横县各乡镇情况

名　称	土地面积（平方千米）	村民委员会（个）	社区居民委员会（个）	自然屯（个）	年末人口（人）	农林牧渔业总产值（万元）	粮食产量（吨）	农民人均纯收入（元）
横州镇	178.96	21	6	120	167057	53303	31409	6006
峦城镇	78.59	15	1	35	56505	16329	18118	3954
南乡镇	328.33	18	2	145	92222	35300	28593	3347
六景镇	317.96	27	2	100	101075	58362	29349	4965
百合镇	189.17	27	1	96	103602	42230	30255	4440
那阳镇	138.17	15	1	65	63854	29714	23200	4512
莲塘镇	132.96	11	1	45	43523	19706	12436	4508
平马镇	134.55	8	1	53	36378	24143	13140	3515
新福镇	343.39	16	2	131	56335	15654	19006	3061
石塘镇	203.84	15	2	84	71084	47123	29635	4898
陶圩镇	179.25	18	1	90	86283	55902	44421	4776
校椅镇	236.61	21	1	113	104720	94057	49344	6323
云表镇	251.39	13	1	97	78943	99897	22355	5139
马岭镇	92.43	12	1	93	29542	38775	10845	4983
平朗乡	125.34	13	1	52	29335	10072	10394	3309
马山乡	130.87	16	1	75	61381	13947	14722	3799
镇龙乡	210.34	10	1	83	18682	7916	4167	3008

关战役旧址、古辣蔡氏书香古宅、程思远故居和陈列馆、陈平金坑峡漂流、宾州古城文化景区、白鹤观竹海旅游度假区、情人谷相思潭景区等。宾阳炮龙节被列为第二批国家级非物质文化遗产名录，每年农历正月十一举办的炮龙节活动吸引众多游客前来观光旅游；游彩架、丝弦戏被列为自治区级非物质文化遗产名录。主要矿产资源有钨、钼、铋、铜、铅、锌、三水铝、铁、金和石灰石、毒砂、花岗岩等。主要特产有瓷器、皮革、小五金、壮锦、莲藕、香米等。是全国商品粮生产基地县、广西"小五金之乡"。有黎塘、宾州两个工业集中区。2010 年，辖 15 个镇、1 个乡、193 个行政村、40 个社区、1880 个自然村（屯）。年末户籍总人口 105.13 万（农业人口 90.12 万、非农业人口 15.01 万）。人口自然增长率 9.24‰。耕地面积 5.56 万公顷（水田面积 3.36 万公顷）；林地面积 8.26 万公顷，森林覆盖率38.10%。地区生产总值 111.42 亿元；全部财政收入 8.09 亿元（地方财政一般预算收入 4.98 亿元），一般预算支出 15.51 亿元；城镇居民人均可支配收入 16210 元，农民人均纯收入 5209 元。获全国粮食生产先进县、全国计划生育协会先进县称号，被评为自治区林改质量先进县，被列为广西第一批农业科技重点示范县。黎塘镇被评为自治区计划生育协会先进单位。

【经济发展概况】

第一产业 2010 年，宾阳县实现农林牧渔业总产值 45.78 亿元。其中：农业 24.78 亿元，林业 1.65 亿元，牧业 16.15 亿元，渔业 2.63 亿元，农林牧渔服务业 5663 万元。第一产业增加值 28.18 亿元。粮食作物种植面积 6.92 万公顷，总产量 33.56 万吨。其中：水稻种植面积 5.64 万公顷，产量 29.36 万吨；玉米种植面积 7484 公顷，产量 3.10 万吨。经济作物种植面积 5.98 万公顷。其中：甘蔗种植面积 2.38 万公顷，产量 153.80 万吨；木薯种植面积 3294 公顷，产量 2.79 万吨；果园面积 1600 公顷，水果产量 1.13 万吨；蔬菜种植面积 2.19 万公顷，产量 42.55 万吨。肉类总产量 5.97 万吨，水产品产量 2.98 万吨。完成人工造林面积 1497 公顷。水利建设投入 1.43 亿元，完成水库除险加固 12 座，水毁工程修复 90 多处，维修斗闸门 120 多座，农村人饮水工程 54 处，渠道防渗硬化 70 多千米，清淤四级渠道 300 多千米。有市级农业产业化重点龙头企业 4 家，各类农业经济组织（协会）105 个（新成立 33 个），较具特色的有广西宾阳黎塘三禾农民专业合作社（主营胡萝卜）、宾阳县朝阳农业服务专业合作社（主营莲藕）。建立超级稻、"双高"（高产、高糖）糖料蔗、稻藕套种、桑蚕、春橙生产、胡萝卜标准化生产、专业养鸡场、蔬菜标准化生产等特色农业示范基地 53 个，其中超级稻种植面积 1.27 万公顷，糖料蔗面积 2.08 万公顷，桑园面积 9420 公顷，莲藕面积 2300 多公顷。投入 1000 多万元，建设超级稻种植示范与推广、莲藕套晚稻高效栽培技术示范推广、桑蚕标准化园区示范基地等 9 个农业示范开发项目。黎塘稻藕套种基地被定为全国新型农作物间套种技术现场会现场参观点。

第二产业 工业企业有 500 家，实现工业总产值 120.31 亿元。规模以上工业企业 165 家，实现工业总产值 65.69 亿元，利税总额 7.32 亿元（利润 4.86 亿元）。第二产业增加值 45.77 亿元（工业增加值 38.84 亿元）。完成工业投资 34.10 亿元，技术改造投资 32.43 亿元。工业主要产品产量：大米 18.29 万吨，成品糖 13.77 万吨，轻革 270.60 万平方米，人造板 12.33 万立方米，机制纸及纸板 33.31 万吨，水泥 242.20 万吨，钢材 16.57 万吨。投入 6310 万元，抓好黎塘、芦圩工业集中区基础设施建设。黎塘工业园区入园企业有 115 家，投产企业 107 家，实现工业总产值 24.78 亿元、税收 1.60 亿元。芦圩工业园区入园企业有 38 家，投产企业 30 家，实现工业总产值 8.88 亿元、税收 1868 万元。

第三产业 国有企业有 139 家，集体企业 131 家，股份合作企业 36 家；私营企业 1031 家，从业人员 1.19 万人；个体工商户 2.94 万户，从业人员 3.92 万人。实现社会消费品零售总额 45.91 亿元。第三产业增加值 37.46 亿元。外贸出口额 682 万美元。完成房地产开发建设投资 6.49 亿元，商住房地产开发建设施工面积 120.79 万平方米（新开工面积 48.84 万平方米），竣工面积 26.10 万平方米，商品房销售 33.10 万平方米，销售额 7.56 亿元。接待游客 59 万人次。

招商引资 优化服务，强力推进，对列入自治区、南宁市招商引资大兑现的重点企业和重大投资项目，提高审批效率，解决项目实施中的问题；完善机制，抓好落实，坚持"政府引导、市场运作、业主为主"的原则，实行领导跟踪服务制度，领导联系落户企业制度，不定期对招商引资工作完成情况进行督查；拓宽渠道，主动联系、走访、组织客商到宾阳考察。新引进市外境内企业（项目）45 个，合同引进资金 59.38 亿元，实际到位 29.34 亿元；新批合同外资 1800 万美元，实际利用外资 780 万美元。

城乡建设 黎塘镇总体规划通过厅际联席会评审，报自治区政府审批。实施城镇基础设施项目 16 个，总投资 7.08 亿元。主要有：城东新区开发建设工程，完成投资 1849 万元；投资 8063 万元，县城一期生活污水处理厂建成投入营运；与来宾垃圾焚烧厂签订垃圾处理协议，建设日外运 200 多吨生活垃圾处理设施项目。投资 2670 万元，完成农村危房改造 890 户、5.34 万平方米；投资 260 多万元，完成中和街沥青路面铺设、县城芦圩支渠镇中桥建设和县城 6 条街道路面硬化。开展社会主义新农村建设，完成新建、改建和硬化村屯道路水泥路 180.90 千米，解决 2.70 万农村群众"行路难"问题；完成村文化娱乐中心，舞台灯光球场等文体设施建设。开展村庄规划、生态家园村建设，把市级新农村示范村建设和宾阳县"六村"（专业村、信息村、信用村、规划村、协会村、文化村）建设结合起来，确定武陵镇廖村村委高乔村等 12 个自然村为第一批新农村建设"六村"创建村。古辣镇刘村村委水丽村、黎塘镇凤鸣村委独河村被列入南宁市新农村示范村建设。宾阳县被列为自治区村级公益事业建设"一事一议"财政奖补试点县，实施村级公益事业建设财政奖补项目 495 个。其中：村级道路建设 286 个，水利建设 71 个，其他公共建设 138 个。总投资 2925 万元（财政奖补 2195 万元），项目受益人口 35.40 万人。

【社会事业发展概况】

文明创建活动 2010 年，宾阳县组织开展公民道德实践活动，实施"文明交通行动计划"，引导市民文明行车、文明乘车，自觉遵守交通秩序。开展社会公德、职业道德、家庭美德等公民道德建设。推进以城带乡，城乡共建文明，武陵镇白沙村被定为南宁市重点打造培育的生态文明村示范点。开展"能帮就帮，人人都是志愿者"志愿服务活动，参加人数 6000 多人次。县地税局黎塘分局、县质量技术监督局、县气象局、大桥镇、王灵镇被命名为第十三批自治区文明单位、文明镇（村）。命名为市文明单位 3 个、文明镇（村）2 个。

科教文卫体事业 投入1378.80 万

元，组织实施科技项目63个。实施到期通过上级验收的科技项目3个（市级）。开发工业新产品4个，引进、开发工业先进技术项目4个，引进科技成果7个，建立节能减排技术集成应用示范企业2家，引进、示范、推广农业新品种53个、新技术22项，开发应用农产品加工新技术2项，新增高新技术产品4个，新增“三农”（农业、农村、农民）科技信息服务点2个，建立中小企业创新科技服务网服务示范企业1家。建立稻藕套种、胡萝卜、淮山粉垄栽培、马铃薯黑膜覆盖栽培等18个农业科技创新示范基地。举办各类科技培训班123期，培训1346人次。有小学224所（社会办1所），在校生7.33万人；初级中学35所（社会办2所），九年一贯制学校2所，在校生4.16万人；高中9所（社会办2所），在校生1.85万人；特殊教育学校1所，在校生65人；中等职业技术学校1所，在校生1928人；教师进修学校1所。有教职工8412人。小学适龄儿童入学率100%，辍学率0.01%，小学毕业生升学率99.74%；初中阶段毛入学率111.87%，辍学率2.19%；初中毕业生升高中毛入学率82.30%。补助就读普通高中的库区移民子女学费1160人次、59.82万元；资助家庭经济困难的大学新生918人、76.90万元；资助家庭经济困难的中、小学生6.19万人次、3211.18万元（小学生3056人次、90.67万元；初中生4.84万人次、2308.90万元；高中生9927人次、666.50万元；中等职业学校学生2530人次、145.11万元）。创建自治区义务教育学校常规管理达标县通过自治区评估验收。大桥中学被评为广西“校本教研”先进集体。县教育局被评为2009年度自治区学生资助工作先进单位。建成乡镇综合文化站7个、村级公共服务中心5个。入选各级非物质文化遗产名录18个。送戏下乡演出180多场次，观众60多万人次。举办全县首届乡村社区和谐文艺大展演。投资20万元，维修“抗日万人墓”。2月17日，民间炮龙艺术协会炮龙队应新加坡邀请，赴新加坡参加“妆艺大游行”，并作为第一支出场的游行队伍表演。8月2~6日，3台彩架作为迎宾演出队伍参加上海世博会“广西活动周”开幕仪式。9月30日至10月5日，组建艺术团代表南宁市赴韩国果川市参加露天艺术节表演活动，其中游彩架、彩凤表演备受韩国观众的欢迎。有医疗卫生机构393个，其中国有医疗卫生机构27个（县属7个，乡镇20个），村卫生所210所，医务室诊所156所。卫生技术人员2705人（县属卫生技术人员850人）。医院病床2285张（市级医院360张，县级医院713张，乡镇卫生院1212张）。投资511.75万元，完成农村卫生户厕建造1.83万座，改厕普及率70.35%。参加新型农村合作医疗农民80.72万人，参合率91.43%。区间人口出生11805人，出生率11.57‰；被确定为第一批自治区人口和计划生育综合改革示范县，被评为全国计划生育协会先进县、自治区阳光计生行动先进县，获自治区人口和计划生育工作进步奖。建成宾州镇镇安社区、装饰花园、县体育馆、黎塘龙珠广场4条健身路径；完成古辣镇、王灵镇两个国家级农民体育健身工程示范点；投资18万元，建成跆拳道练习馆。成立县、乡镇体育协会12个。参加南宁市第八届运动会获金牌32枚、银牌22枚、铜牌18枚。

民政事业 审批城镇最低生活保障对象4.38万人次，发放低保金821.39万元；审批农村低保对象30.24万人次，发放低保金1458.65万元。发放抚恤金、定补金1100.10万元，退伍义务兵家属优待金205万元，退役士兵一次性经济补偿金123.70万元。临时救济32人次、0.64万元。发放特困户、重灾民救济粮165吨（折款58.53万元），救济6500户、1.10万人。发放冬令救灾救济棉被1000床、蚊帐2000床、毛巾被3000床、衣服9621件（套）。投入59.95万元，重建水毁民房67户、120间。确定五保老人3491人，发放五保供养定补金603.67万元。农村医疗救助2.74万人次、272.51万元。免费为7080对新婚夫妇进行地中海贫血筛查。办理结婚登记9552对，离婚登记1094对。

2010年宾阳县各乡镇情况

名　称	土地面积（平方千米）	村民委员会（个）	社区居民委员会（个）	自然屯（个）	年末人口（人）	农林牧渔业总产值（万元）	粮食产量（吨）	农民人均纯收入（元）
宾州镇	228.61	33	15	285	224663	48422	47158	6123
黎塘镇	202.70	14	9	86	127071	54391	26392	6928
甘棠镇	188.24	14	1	99	52310	25889	20888	4822
思陇镇	173.74	15	2	274	62996	10497	13209	4723
新桥镇	97.93	15	1	146	88335	20124	26560	6753
新圩镇	65.78	6	1	54	30253	18367	12899	4847
邹圩镇	143.77	14	1	118	49799	27875	22932	4455
大桥镇	115.31	16	1	134	77008	44440	31855	5213
武陵镇	146.90	13	1	109	61877	25841	22869	4934
中华镇	74.70	6	0	81	36069	20589	19104	5503
古辣镇	109.09	9	2	88	54079	34646	21612	5773
露圩镇	127.59	5	1	52	37819	20573	16281	4953
王灵镇	148.52	9	1	76	42056	27577	20054	5234
和吉镇	115.44	8	1	55	40491	23397	12039	5071
洋桥镇	105.75	8	1	88	39453	26761	12647	5070
陈平乡	153.50	8	2	147	27094	8033	7522	4465

劳动与社会保障　城镇新增就业6185人，下岗失业人员再就业657人，帮助大龄就业困难人员实现再就业190人。城镇登记失业率控制在3.30%。农民就业培训5230人，农村劳动力转移就业1.37万人。参加基本养老保险企业358个、3.07万人，征缴保险费4.67亿元，支出2.30亿元；参加失业保险2.10万人，征缴保险费463.19万元，支出323.93万元；参加基本医疗保险8.23万人，征缴保险费5907万元，支出3693万元；参加工伤保险1.55万人，征缴保险费162万元，支出40.17万元；参加生育保险1.48万人，征缴保险费172万元，支出17.52万元。劳动保障监察受理23件，劳动争议受理54件，结案率均100%。

【“稻藕套种”技术向全国推广】　2010年11月13日，全国农作物新型间套种技术研讨会在南宁召开，宾阳县委书记周红波在会上就“稻藕套种”技术做典型发言，“稻藕套种”技术向全国推广。当天下午，自治区政协副主席李彬，中国工程院院士傅廷栋、罗锡文，中国科学院院士陈文新，国家农业技术推广服务中心主任夏敬源、国家农业技术推广服务中心首席专家张真和、自治区农业厅厅长张明沛等与会人员在周红波、张先进等县领导陪同下到黎塘镇司村“稻藕套种”示范基地示范现场参观，听取莲藕套种晚稻技术流程介绍。“稻藕套种”技术利用莲藕和水稻的同一水生性，不同的生长特性和水肥的需求巧妙搭配，集无公害标准化生产技术、免耕技术、立体栽培技术和稻草还田技术为一体，提高耕地利用率和产出率，达到藕粮并举，解决有藕无粮的难题。　（卢洁芳）

上　林　县

【概　况】　上林县位于广西中南部，大明山东麓，南宁市东北部。东邻来宾市兴宾区，南连宾阳县，西南毗武鸣县，西北交马山县，北与忻城县接壤。土地面积1869.64平方千米。县政府驻大丰镇。有宾阳至上林、上林至马山两条二级公路。主要旅游景区(点)有大明山国家级自然保护区、大龙湖风景区、三里·洋渡风景区、不孤村人文风景区、唐智城垌古城垌遗址。主要矿产资源有金、铁、锌、锑、煤、滑石、石英石、大理石、方解石等31种，其中矾矿储量3000万吨。主要特产有优质米、茶叶、果蔗、八角。2010年，辖7个镇、4个乡（1个瑶族乡）、131个行政村、16个社区、1355个自然村(屯)。年末户籍总人口48.77万（农业人口43.48万、非农业人口5.29万）。人口自然增长率16.43‰。耕地面积2.75万公顷(水田面积1.67万公顷)；林地面积9.89万公顷，森林覆盖率54.70%。地区生产总值32.17亿元；全部财政收入2.26亿元(地方财政一般预算收入1.42亿元)，一般预算支出11.22亿元；城镇居民人均可支配收入13951元，农民人均纯收入3863元。

【经济发展概况】

第一产业　2010年，上林县实现农林牧渔业总产值21.92亿元。其中：农业8.97亿元，林业1.06亿元，畜牧业10.40亿元，渔业1.42亿元，农林牧渔服务业680万元。第一产业增加值12.96亿元。粮食作物种植面积3.83万公顷，总产量16.02万吨。其中：水稻种植面积2.65万公顷，产量12.78万吨；玉米种植面积8064公顷，产量3.17万吨。经济作物种植面积1.41万公顷。其中：甘蔗种植面积1.03万公顷，产量50.36万吨；花生种植面积2354公顷，产量0.58万吨；木薯种植面积1107公顷，产量0.67万吨；果园面积560公顷，水果产量0.31万吨；蔬菜种植面积5460公顷，产量9.87万吨。肉类总产量3.57万吨，水产品产量1.61万吨。完成人工造林面积1607.50公顷。水利设施建设投入1.03亿元，完成水库除险加固7座、水毁工程修复11处、农村人饮水工程51处、渠道防渗工程36.20千米。引进农业新品种、新技术35项(个)，实施白圩镇、澄泰乡粮油高产田示范667公顷，建成大丰镇云城和巷贤镇留仙两个村连片高产标准化产业基地；免费向农户推广培杂泰丰、丰两优4号和丰两优1号超级稻种子18吨（价值45.60万元），推广超级稻种植面积8004公顷、优质谷种植面积2.35万公顷，桑苗种植面积7057公顷。完成林业勘界面积8.57万公顷，发证面积8.22万公顷。农业产业化新增市级农业龙头企业6家、农民专业合作经济组织60个。实施“千乡万村现代农机装备工程”，农业综合机械化水平39.60%，居自治区前列，推广成效自治区第一，被评为全国农机科普工作先进集体。

第二产业　工业企业有1036家，实现工业总产值19.30亿元。规模以上工业企业27家，实现工业总产值16.26亿元，利税总额3.22亿元(利润2.40亿元)。第二产业增加值8.18亿元（工业增加值6.66亿元)。完成工业投资与技术改造投资8.30亿元。工业主要产品产量：滑石36.04万吨，供电量1.50亿千瓦时，发电量8084万千瓦时，铝锭6889吨，优质米1.03万吨，成品糖5.22万吨，酒精8450千升，白厂丝1535吨，水泥21.65万吨，煤11.66万吨，松香7558吨。广西上林大染坊茧丝绸有限公司丝绸及缫丝技术改造一期、南宁大明山水泥有限公司技术改造一期等项目建成投产。象山工业园区入园企业13家，实现工业总产值8.12亿元。

第三产业　国有企业有55家，集体企业37家，股份合作企业17家；私营企业408家，投资人数1066人，从业人员3617人；个体工商户1.29万户，从业人员1.76万人。实现社会消费品零售总额9.51亿元。第三产业增加值11.03亿元。完成房地产开发建设投资1.08亿元，商住房地产开发建设施工面积17万平方米(新开工面积7万平方米)，竣工面积5万平方米，商品房销售面积11.73万平方米，销售额1.80亿元。接待游客65万人次，旅游营业收入1960万元。

招商引资　抓好旅游、矿产、茧丝绸、农副产品深加工、房地产、商贸、交通等重点产业的招商引资，组织招商小分队13次赴广东、福建、江苏、浙江、上海、山东、江西等省市开展招商推介活动。共引进合同签约项目12个，合同引进资金25.77亿元，实际到位2.91亿元、外资1040万美元。工业集中区引进项目2个，总投资8000万元，当年完成建设投资6200万元。

城乡建设　完成明亮至县城40米进城大道、县城绕城路详细控制规划方案及市政基础设计材料的收集和测量；完成城北小区、澄江河堤园路等防洪设计、市政工程设计、皇周小区详细控制规划设计和土地储备等前期工作；寨柳、城西住宅小区商品房和市政配套工程建设完成投资1.45亿元。建成高14层、总建筑面积2万平方米的集购物、休闲、餐饮、娱乐于一体的锦林大厦综合购物中心。投资3600万元，建设县生活垃圾卫生填埋场；投资1500万元，实施县城供水改扩建、大丰一桥改建、象山工业园区至县城二级公路亮化、县城亮化绿化等。9月30日，投资4590万元的县城污水处理厂通水运行。投资5700万元，完成农村危房改造1900户。抓好县城市容环境卫生综合整治，城区实行两扫两保制，每日清扫保洁面积53万平方米，清运垃圾60多吨。完成“村村通”水泥路建设19条31.80千米、整村推进贫困村扶贫通屯道路建设107条166.90千米。投资149万元，建成农村人饮水安全工程10处，受益838户、3676人。

【社会事业发展概况】

文明创建活动　2010年，上林县以提高市民文明素质、提升城乡文明程度为重点，开展文明创建活动。组织开展道德模范学习宣传、“我推荐、我评议身边好人”和投票评选“感动南宁——文明和谐十佳市民”和组织开展全国第八个“公民道德宣传日”，“做文明有礼的上林人”等系列活动；围绕“迎世博迎亚运”主题，举办全县窗口行业单位和教师“讲文明树新风”文明礼仪培训10余期，培训近1万人次。开展“志愿服务满上林”活动月、“中华经典诵读”等活动和文明单位、文明社区、文明镇（村）等群众性精神文明创建活动。县质量技术监督局、县人民银行、白圩镇耀军庄和县财政局、武警上林县中队被命名为第十三批自治区文明单位、文明村、军（警）民共建先进单位；被命名为市文明单位1个、文明村2个、军（警）民共建先进单位2对。累计有全国精神文明建设工作先进单位2个、自治区文明单位22个、市文明单位39个、县文明单位299个；有全国文明村1个、自治区文明村9个、市文明村29个。

科教文卫体事业　投入583万元，组织实施科技项目20个。实施到期通过上级验收的科技项目5个（市级4个、自治区级1个）。实施缫丝企业废水处理示范与应用、广西蚕茧前触蒸工艺处理、高档丝绸面料开发、发酵床生态养猪技术引进应用研究及示范推广、八角矮化栽培、小蚕共育、农桑14号栽培推广、桑枝培育食用菌等新技术项目7个，其中缫丝企业废水处理示范与应用项目解决蚕丝生产过程中污水净化处理，实现污水“零排放”。举办各种科技培训班90期，培训2.70万人次。有小学118所，在校生2.90万人；初中18所，在校生1.70万人；高中4所（社会办1所），在校生6562人；特殊教育学校1所，在校生58人；中等职业技术学校1所，在校生184人；教师进修学校1所。有教职工3867人。小学适龄儿童入学率100%，辍学率为零，小学毕业生升学率99.90%；初中阶段入学率99.90%，辍学率1.44%；初中毕业生升高中毛入学率85.20%。资助家庭经济困难学生12.90万人次（小学生6.98万人次、初中生5.49万人次、特殊教育学生116人次、高中生3264人次、中等职业技术学校学生257人次、大学新生700人）、4242.45万元。创建义务教育学校常规管理达标县通过自治区评估验收。送戏下乡演出760场次、送电影下乡放映1450场次，观众30多万人次；编演的歌舞《瑶山歌》被市委宣传部、南宁电视台拍摄成跨国联欢晚会节目，在马来西亚、泰国电视台播出；上林巷贤六联山歌、石寨村灯酒节被列为自治区级非物质文化遗产代表名录。有医疗卫生机构345个。其中：国有医疗卫生机构16个（县属5个，乡镇11个），村卫生所236所，个体医疗诊所93所。卫生技术人员1485人（县属497人）。医院病床871张（县级医院405张，乡镇卫生院466张）。投入370万元，完成农村卫生户厕建造7000座。参加新型农村合作医疗农民39.59万人，参合率92.05%，缴费1187.61万元。农村医疗救助2.15万人次、238.63万元。区间人口出生5631人，出生率11.99‰；获广西人口和计划生育工作进步奖。完成国家级乡镇农民体育健身工程项目1个，新建村篮球场10个。参加南宁市第八届体育运动会获金牌23枚、银牌8枚、铜牌1枚。5月，组队参加香港第八届国际武术节武术散打比赛获铜牌2枚。7月，县女子手球队代表南宁市参加自治区女子手球锦标赛获第二名。

民政事业　审批城镇最低生活保障对象6.14万人次，发放低保金1033.24万元；审批农村低保对象23.08万人次，发放低保金1318.55万元。发放抚恤金、定补金594.40万元，退伍义务兵家属优待金39.20万元，退役士兵一次性经济补偿金55.40万元。临时救济2749人次、23.70万元。发放特困户、重灾户救济粮410吨（折款164万元），救济8769户、2.71万人。发放冬令救灾救济棉被4000床、蚊帐2000床、毛巾被1000床、衣服1000件（套）。投入264万元，重建水毁民房165户、338间。确定五保老人2567名，发放五保供养定补金482.55万元（含食油补助款）、救济粮77吨（折款30.80万元）。投入180万元，建成五保村12个。免费为3574对新婚夫妇进行地中海贫血筛查，为143名生活困难的城乡肺结核患者提供治疗，为5名贫困高危孕妇提供救治。办理结婚登记4064对，离婚登记392对。

劳动与社会保障　城镇新增就业1559人，下岗失业人员实现再就业308人，帮助大龄困难人员再就业93人。城镇登记失业率3.80%。农民就业培训3.98万人次，农村劳动力转移就业3280人。参加基本养老保险9142人，征缴保险费1.37亿元，支出0.57亿元；参加失业保险9100人，征缴保险费246万元，支出433.60万元；参加基本医疗保险3.37万人，征缴保险费1392.70万元，支出1877.82万元；参加工伤保险6232人，征缴保险费69.10万元，支出20.48万元；参加生育保险4216人，征缴保险费49.32万元，支出2.65万元。劳动监察立案查处3件，劳动争议调查处理14件。督促用人单位签订劳动合同8878人。

【上林县长寿老人比例超过国际标准】

2010年，上林县有健在的百岁以上老人57人，占全县总人口11.80人/10万人；有90~99岁老人953人，占总人口1.97人/千人。主要分布在塘红、三里、白圩、西燕、乔贤等乡镇。最大年龄为塘红乡蓝桂彬老人112岁。按照申报世界长寿之乡每10万人占7人的国际标准，上林县长寿老人比例达到并超过国际标准。

【2010年上林生态旅游养生节】

2010年11月20~24日在县城举行。主题为共同体验上林山水之美妙、文化之渊源、养生之圣地，享受生态旅游的乐趣。分文体、“神秘上林一日游”、“千名霞客登山行”、经贸和文艺晚会五大活动，分别在县人民会堂广场、大明山旅游区、八寨路和县人民会堂开展。文体活动主要有开幕式大型歌舞表演和彩旗、霞客登山、葵花笑脸、武术、瑶族服饰、千龙探母、千莲献寿、千渡河公、千猴戏鼓9个巡游方块队依次进行的巡游表演以及醉美上林书画摄影作品展。20日上午，在县人民会堂广场举行开幕式，自治区、市有关领导、上林籍在外知名企业代表，县直干部职工、学校师生社会各界等1万多人参加开幕式，壮族著名画家百岁老人罗鼎华和著名画家罗敏华现场将两幅寓意着“福、禄、安、康”的鲤鱼水墨画赠与县委、县政府。“神秘上林一日游”和“千名霞客登山行”活动在开幕式结束后进行。经贸活动主要有投资经贸洽谈、商品展销交易会、生态旅游养生美食节等。“生态养生醉美上林——2010年南宁后花园·上林生态旅游养生节”原生态文艺晚会在县人民会堂举行。经贸活动除投资项目

2010年上林县各乡镇情况

名　称	土地面积（平方千米）	村民委员会（个）	社区居民委员会（个）	自然屯（个）	年末人口（人）	农林牧渔业总产值（万元）	粮食产量（吨）	农民人均纯收入（元）
大丰镇	176	9	4	72	62131	22238	14091	4355
明亮镇	120	8	1	75	31318	18989	14536	3620
巷贤镇	172	12	1	92	46326	33601	26098	3897
白圩镇	234	17	2	172	81238	30062	37954	3651
三里镇	192	14	1	156	55646	24357	24458	3787
乔贤镇	126	7	1	92	35773	11615	8359	3639
西燕镇	292	11	1	131	44931	17363	11237	3899
澄泰乡	112	11	1	119	42209	20506	18030	4320
木山乡	124	6	1	72	20631	13393	2461	3680
塘红乡	181	10	2	242	43538	19325	10732	3548
镇圩瑶族乡	113	10	1	162	23943	5126	4123	3576

洽谈外，还举行美食与商品展销一条街，设置展位约300个，吸引河南、湖南、新疆、内蒙古、四川等省（自治区）及自治区内的客商参加美食小吃及商贸活动。展销的商品有惠农农机产品、工艺美术品、农产品、品牌服装、生活用品、家用电器、保健品、医疗器材、干杂特产等，产品销售总额800多万元。招商引资签约项目分别有上林县综合旅游项目投资、南宁市上林县大明山山地休闲度假中心项目投资、广西上林县生态农业一体化项目投资等，协议总投资约2亿元。

（林　春）

马　山　县

【概　况】 马山县位于广西中部略偏西位置，居红水河中段南岸，大明山北麓，南宁市北部。东邻上林县、忻城县，南连武鸣县，西与平果县、大化瑶族自治县相连，北与都安瑶族自治县隔红水河相望。土地面积2345.33平方千米。县政府驻白山镇。水任（河池）—南宁高速公路、国道210线过境，有马山—大化二级公路，马山—上林—宾阳二级公路。主要旅游景区景点有金伦洞、大明山自然保护区、弄拉自然保护区、百龙滩红水河风光、灵阳寺、永州定乐江绿谷生态农业园、金钗石林城堡、乔老生态民族园等。主要矿产资源有煤、锰、铁、钨、铜、滑石、重晶石、方解石、叶蜡石、石灰石、高岭土等23种。主要特产有黑山羊、里当香鸡、金银花、旱藕粉、八角、黑豆。是中国黑山羊之乡，中国民间文化艺术之乡。马山壮族三声部民歌被列入第一批国家级非物质文化遗产扩展项目名录。有苏博工业集中区。2010年，辖7个镇、4个乡（2个瑶族乡）、145个行政村、6个社区、3001个自然村（屯）。年末户籍总人口54.27万（农业人口49.98万，非农业人口4.29万）。人口自然增长率8.80‰。耕地面积2.27万公顷（水田面积1.03万公顷）；林地面积14.10万公顷，森林覆盖率60.49%。地区生产总值31.64亿元；全部财政收入2.18亿元（地方财政一般预算收入1.38亿元），一般预算支出9.85亿元，城镇居民人均可支配收入14379元，农民人均纯收入3824元。

【经济发展概况】

第一产业　2010年，马山县实现农林牧渔业总产值17.10亿元。其中：农业7.55亿元，林业1.20亿元，牧业7.50亿元，渔业8090万元，农林牧渔服务业479万元。第一产业增加值10.30亿元。粮食作物种植面积39.17万公顷，总产量16.80万吨。其中：水稻种植面积1.65万公顷，产量7.70万吨；玉米种植面积17.57万公顷，产量7.56万吨。经济作物种植面积7.43万公顷。其中：甘蔗种植面积3600公顷，产量14.62万吨；木薯种植面积1900公顷，产量1.80万吨；果园面积1800公顷，水果产量8800吨；蔬菜种植面积6.98万公顷，产量15.60万吨；金银花种植80.30万丛，产量110.40吨。黑山羊出栏4.81万只，年末存栏4.93万只。肉类总产量3.76万吨，水产品产量9158吨。完成人工造林面积1825.50公顷。水利建设投入5086.90万元，完成水库除险加固5座，水毁工程修复121处，小型农田基本建设26处，渠道防渗7.50千米；建成农村人饮水工程90处，受益4.27万人。投资891万元，建成沼气池1800座。

第二产业　工业企业有1350家，实现工业总产值19.84亿元。规模以上工业企业29家，实现工业总产值14.80亿元，利税总额3.37亿元（利润2.73亿元）。第二产业增加值9.69亿元（工业增加值7.20亿元）。完成工业投资6.85亿元，技术改造投资8.98亿元。工业主要产品产量：机制糖1.27万吨，纸浆3.34万吨，水泥25.72万吨，酒精3.01万吨，发电8.37亿千瓦时，铁合金2.60万吨，旱藕粉15.20万吨。苏博工业集中区完成固定资产投资1.62亿元。

第三产业　国有企业有19家，集体企业128家；私营企业102家，从业人员1470人；个体工商户6644户，从业人员7900人。实现社会消费品零售总额10.62亿元。第三产业增加值11.64亿元。完成房地产开发建设投资2570万元，商住房地产开发建设施工面积29.80万平方米（新开工面积6.57万平方米），竣工面积5.49万平方米，商品房销售2.96万平方米，销售额5139.14万元。接待游客24.81万人次，旅游营业收入127.20万元。

招商引资　以旅游资源、工业集中区、特色农产品深加工等项目为推介重点，发挥马山土地价格便宜、劳动力丰富、水电资源充沛和交通便利的优势，做好承接发达地区产业转移、老企业转型改造和新兴资源型工业项目的招商，引进马山县金马混凝土有限公司商品混凝土搅拌站、广西冠涛房地产开发有限公司红河商都房地产开发、广西马山定乐江实业开发有限公司定乐江沿岸生物农业综合开发、广西吉源房地产开发有限公司荷花苑房地产开发等项目4个，合同引进资金9.85亿元，实际到位4.03亿元；新批合同外资500万美元，实际利用外资200万美元。

城乡建设 投资4750多万元，修建县城银峰大道延长线、县城城西小广场；投资5193.78万元，建成县城生活垃圾无害化处理场；投资3750万元，建成县城污水处理厂；投资153万元，建成姑娘江风雨桥。投资9000多万元，完成农村危房改造2407户，总建筑面积约20万平方米。实施城乡风貌改造二期，涉及林圩镇、乔利乡共3个村屯的村容风貌综合整治等17项，完成投资850万元。实施社会主义新农村生态文明和经济建设示范点项目4个（自治区新农村百村示范建设项目2个，自治区新农村“一村一品”示范基地1个，南宁市新农村示范村项目1个），完成自治区3个新农村示范项目投资70.50万元；南宁市新农村示范项目（弄拉生态旅游专业合作社）完成新农村总体村庄建设规划设计和通屯水泥路线路勘测等。

【社会事业发展概况】

文明创建活动 2010年，马山县以“讲文明树新风为”主题，广泛开展公民道德教育实践活动，组织社会各界开展“情系灾区献爱心”、“我们的节日”、“能帮就帮·新春送温暖”等活动，制作《马山县公民文明手册》，发放到所有单位和社区，引导广大市民学礼仪讲文明树新风。开展以“知荣辱、树新风、促和谐”为主题的社会主义核心价值体系宣传教育活动；以开展创先争优活动为契机，开展“先锋耀马山”和“道德模范”、“我身边的好人好事”等评比活动。抓好文明村屯、文明单位创建、军（警）民共建。加方乡新联村板老屯被命名为第十三批自治区文明村屯；县检察院、县气象局被命名为第十三批自治区文明单位；被命名为市文明单位1个、文明村屯2个、军（警）民共建先进单位5对。

科教文卫体事业 投入103万元，组织实施科技项目9个。实施到期通过上级验收的科技项目7个（市级）。推广应用马铃薯新品种及其水肥一体化栽培技术、桑枝栽培食用菌技术、黑山羊高效养殖实用技术、里当鸡高品质养殖技术。举办各种科技培训班7期，培训565人次。有小学141所，在校生3.72万人；初中20所，在校生1.83万人；高中5所，在校生0.71万人；特殊教育学校1所，在校生57人；中等职业学校1所，在校生2646人；教师进修学校1所。有教职工4676人。小学适龄儿童入学率99.98%，辍学率0.02%，小学毕业生升学率100%；初中阶段毛入学率101.37%，辍学率1.77%；初中毕业生升高中毛入学率73.60%。资助家庭经济困难学生4.79万人次（小学生7453人次、初中生2.12万人次、特殊教育学生72人次、高中生1.79万人次、中等职业技术学生594人次、大学新生695人）、1994.64万元。办理生源地信用助学贷款1141人、676.26万元。县文化馆、图书馆和体育馆、民俗文化展示馆对外开放。完成卫星广播电视接收设备安装8040套。5月，马山县民间舞蹈壮族打扁担和壮族打榔被列为自治区级非物质文化遗产名录。壮族会鼓队、打扁担队参加2010年上海世博会“欢腾广西”活动周演出；三声部民歌队代表南宁市参加中央电视台全国原生态民歌大赛，获二等奖。古零镇古零村文艺队表演的舞蹈“猪欢羊叫庆丰年”代表广西赴北京参加第六届全国校园才艺选拔活动全国总决赛，获创作表演一等奖。有医疗卫生机构436个。其中：国有医疗卫生机构15个（县属4个，乡镇11个），集体医疗卫生机构6个，村卫生所（室）345所，个体医疗诊所70所。卫生技术人员1617人（县属536人）。医院病床979张（县级医院470张，乡镇卫生院474张，其他35张）。投资300万元，完成农村卫生户厕建造5000座。参加新型农村合作医疗农民44.70万人，参合率86.96%。实施降低孕产妇死亡率和消除新生儿破伤风项目，救助6855人、334.49万元。区间人口出生6458人，出生率8.80‰。县体育中学整合划入县民族中学。参加南宁市第八届体育运动会比赛获金牌30枚、银牌13枚、铜牌3枚。

民政事业 审批城镇最低生活保障对象3.51万人次，发放低保金567.90万元；审批农村低保对象23.71万人次，发放低保金1352.27万元。发放抚恤金、定补金481万元，退伍义务兵家属优待金64.67万元，退役士兵一次性经济补偿金

2010年马山县各乡镇情况

名　称	土地面积（平方千米）	村民委员会（个）	社区居民委员会（个）	自然屯（个）	年末人口（人）	农林牧渔业总产值（万元）	粮食产量（吨）	农民人均纯收入（元）
永州镇	215	18		176	55634	23655	17432	4165
周鹿镇	331	19		221	91962	26482	26649	3744
林圩镇	306	19		240	91107	19699	23077	3844
乔利乡	172	10		111	39655	23003	15055	4702
白山镇	223	15	6	243	81429	17771	18348	4267
百龙滩镇	88	6		134	21658	7612	6566	3868
古零镇	255	14		190	57171	18033	18751	3812
金钗镇	126	8		267	30825	13978	7875	3686
加方乡	204	17		443	30721	8428	8749	3371
古寨瑶族乡	152	9		260	21339	5535	5537	2759
里当瑶族乡	145	10		295	21165	4821	4527	2263

54.60万元。发放特困户、重灾民救济粮531吨(折款1.59万元),救济1.30万户次、3.93万人次。发放冬令救灾救济棉被7259床、蚊帐1.02万床、衣服1.02万件(套)、毛巾被300床。投入412万元,重建水毁民房296户、622间。确定五保老人2801人。农村医疗救助944人、216.51万元。免费为423对新婚夫妇进行地中海贫血筛查,为114名生活困难的城乡肺结核患者提供治疗,为97名贫困高危孕妇提供救治。办理结婚登记5415对,离婚登记396对。

劳动与社会保障　城镇新增就业1632人,下岗失业人员实现再就业406人,帮助大龄困难人员再就业22人。城镇登记失业率3.42%。农民就业培训1.43万人,农村劳动力转移就业新增9996人。参加基本养老保险企业220个0.73万人,征缴保险费1.51亿元,支出6988.70万元;参加失业保险0.81万人,征缴保险费1653万元,支出805.40万元;参加基本医疗保险3.23万人,征缴保险费1653万元,支出23.85万元;参加工伤保险0.52万人,征缴保险费45.57万元,支出23.85万元;参加生育保险0.46万人,征缴保险费43.35万元,支出23.85万元。督促各类企业签订劳动合同5600人,个体工商户签订劳动合同390人。劳动监察、劳动争议立案11件,结案率100%。(黄　誉)

隆　安　县

【概　况】隆安县位于广西中部偏西南,右江下游两岸,南宁市西北部。东邻武鸣县和西乡塘区,南连崇左市江州区和扶绥县,西接大新县、天等县,北与平果县接壤。土地面积2277平方千米。县政府驻城厢镇。南宁至昆明铁路、南宁至百色二级公路、南宁至百色高速公路及右江航道过境。主要旅游景区(点)有龙虎山自然保护区(南宁十大景区)、渌水江漂流、峨山生态旅游区、榜山文塔、布泉河景区、雁江古镇。主要矿产资源有金、银、煤和水晶石,其中凤凰山银矿藏量居全国第三、广西第一。主要特产有板栗、荔枝、龙眼、香蕉、叮当鸡等,有“中国板栗之乡”之称。2010年,辖6个镇、4个乡、118个行政村、13个社区,1240个自然村(屯)。年末户籍总人口40.22万(农业人口36.02万、非农业人口4.20万)。人口自然增长率6.55‰。耕地面积6.26万公顷(水田面积1.25万公顷);林地面积7.52万公顷,森林覆盖率57.90%。地区生产总值38.98亿元;全部财政收入2.80亿元(地方财政一般预算收入1.60亿元),一般预算支出7.94亿元;城镇居民人均可支配收入14352元,农民人均纯收入3938元。

【经济发展概况】

第一产业　2010年,隆安县实现农林牧渔业总产值24.17亿元。其中:农业13.53亿元,林业14.89亿元,牧业7.56亿元,渔业9763万元,农林牧渔服务业6121万元。第一产业增加值14.90亿元。粮食作物种植面积3.56万公顷,总产量14.39万吨。其中:水稻种植面积1.51万公顷,产量7.84万吨;玉米种植面积1.29万公顷,产量5.75万吨。经济作物种植面积2.43万公顷。其中:甘蔗种植面积1.38万公顷,产量55.39万吨;木薯种植面积8381公顷,产量7.99万吨;果园面积1.02万公顷,水果产量18.79万吨;蔬菜种植面积9994公顷,产量20.54万吨。肉类总产量4.07万吨,水产品产量1.10万吨。完成人工造林面积629公顷。水利建设投入5033.26万元,完成水库除险加固7座,水毁工程修复2处,农村人饮水工程70处,渠道防渗31.18千米,水柜70座(每座60立方米)。

第二产业　工业企业有175家,实现工业总产值33.11亿元。规模以上工业企业49家,实现工业总产值28.89亿元,利税总额3.34亿元(利润2.49亿元)。第二产业增加值13.22亿元(工业增加值10.47亿元)。完成工业投资15.44亿元,技术改造投资13.61万元。工业主要产品产量:机制糖6.45万吨、水泥64.04万吨、淀粉8.33万吨、饲料12.72万吨、酒精7920千升、人造板13.68万立方米、氮肥1.78万吨、磷肥1.26万吨、松香7627吨、发电量2.68亿千瓦小时。隆安华侨管理区完成建设投资14.07亿元;入园企业101家,投产企业50家,实现工业总产值15.02亿元,财政收入3208.15万元。

第三产业　国有企业有1家,股份合作企业2家;私营企业288家,从业人员1152人;个体工商户9621户,从业人员1.22万人。实现社会消费品零售总额9.61亿元。第三产业增加值10.86亿元。完成房地产开发建设投资5570万元,商住房地产开发建设施工面积4.11万平方米(新开工面积8.62万平方米),竣工面积4.11万平方米,商品房销售面积14.60万平方米,销售额3.09亿元。旅游景区(点)接待游客11.80万人次,旅游营业收入780万元。

招商引资　实行项目部门联审制度,保证项目质量,做好隆安华侨管理区生物质能源产业核心区和宝塔医药产业园生物医药核心区的规划,围绕机械制造、五金机电、电子科技、铝材加工、生物能源、生物医药等产业招商。共签约市外境内项目31个,签约内资合同资金35.38亿元,实际到位16.65亿元,工业项目到位资金占到位资金91%。其中,隆安华侨管理区引进企业(项目)8个,总投资3.09亿元;宝塔医药产业园引进企业(项目)3个,总投资15.50亿元,当年完成投资5.50亿元。

城乡建设　完成市政基础设施投资8773万元,建成生活垃圾卫生填埋场,完成城市污水处理厂配套管网建设、城市街道路面改造、富兴巷旧城改造等。以“创建文明城、争创南珠杯”为载体,以“城乡清洁工程”为抓手,实施靓县工程,推行责任追究制、“门前三包”制、“环境卫生日”、县四家班子领导挂点责任区制、“干部包街”制等长效机制,市容环境管理逐步向制度化、规范化、法制化推进。日清扫保洁街道56万平方米,日收运处理垃圾45吨;县城绿化建设投入14万多元,完成绿化面积1400多平方米,改造绿化面积800多平方米。获第七届城市市容环境综合“南珠杯”竞赛特等奖。社会主义新农村建设投入106.60万元,修建村屯道路、生产路11条16.90千米,修建篮球场2个;建成人饮水工程11处,解决3.50万人、4.20万头牲畜的饮水困难。

【社会事业发展概况】

文明创建活动　2010年,隆安县以讲文明树新风为主题,开展“书香蝶城”读书月、“崇尚节约、珍惜资源”宣传教育、文明礼仪宣传教育、“做文明有礼的隆安人”、“和谐建设在基层”等宣传教育活动。完善以学校为主阵地、家庭为基础、社区为平台的“三位一体”教育网络。开展未成年人的思想道德教育和“能帮就帮,人人都是志愿者”、“新春送温暖”、“学雷锋活动月”、“关爱百万空巢老人”、“文明交通行动计划”等系列活动。那桐镇那桐社区兰宋屯、那桐镇龙江村班周屯、南圩镇连安村独山屯被命名为第十三批自治区文明村镇;县人民法院、南圩镇初级中学被命名为第十三批自治区文明单位；县国税局、县武警中队被评为第十三批自治区军(警)民共建精神文明先进单位。

科教文卫体事业　投入 504.50 万元，组织实施科技项目 3 个。实施到期通过上级验收的科技项目 7 个(市级 6 个、自治区级 1 个)。举办各种科技培训班 22 期，培训 8290 人次。实施板栗高产栽培技术集成应用示范，建立板栗高产栽培示范基地 53.33 公顷，集成推广应用高位换冠嫁接、板栗测土配方施肥、板栗病虫害防治、板栗化学疏雄等技术，平均公顷产由 2550 千克提高到 3600 千克。实施黑山羊品种改良及种草圈养技术应用示范，建立圈养山羊示范户 80 个，从云南引进奴比亚山羊种羊对隆安山羊进行品种改良。10 月，广西青龙化学建材有限公司通过国家高新技术企业认定。有小学 127 所，在校生 2.42 万人；初中 15 所(社会办 1 所)，在校生 0.98 万人；高中 3 所(社会办 1 所)，在校生 0.48 万人；特殊教育学校 1 所，在校生 54 人；中等职业学校 1 所，在校生 2059 人；教师进修学校 1 所，在校生 33 人。有教职工 3133 人。小学适龄儿童入学率 99.91%，辍学率 0.01%，小学毕业生升学率 99.60%；初中阶段入学率 115.19%，辍学率 1.94%；初中毕业生升学率 86.50%。资助家庭经济困难的大学新生 158 人、31.60 万元；资助家庭经济困难的中小学生 938 人次，81.44 万元(普通高中生 657 人次，每人 1000 元；初中生 150 人次，每人 700 元；小学生 131 人次，每人 400 元)。1 月，隆安县第一中学、都结乡初级中学被名为广西第五批“绿色学校”。8 月，隆安教育信息网被教育部教育管理信息中心、全国教育信息化专业委员会评为县级优秀网站。打造“那”文化品牌，分别举行那桐“四月八”农具节和城厢“5·13”稻神祭庆典活动，参与活动人数 10 万人次。“那桐壮族农具节”、隆安县“芒那节”(又名隆安稻神祭)、“红良壮族打铁技艺”、“壮族九莲灯”、“南圩亥日”5 个项目被列为自治区非物质文化遗产代表作保护名录。有医疗卫生机构 203 个，其中：国有医疗卫生机构 18 个(县属 6 个，乡镇 12 个)，村卫生所 130 所，学校卫生室 3 家，个体医疗诊所 52 所。卫生技术人员 1368 人。医院病床 1158 张(县级医院 690 张，乡镇卫生院 468 张)。投入 180 万元，完成农村卫生户厕建造 3000 座。参加新型农村合作医疗农民 32.85 万人，参合率 92.89%。区间人口出生 4697 人，出生率 11.77‰；被评为广西计划生育优质服务先进单位。投入 18 万元，新建村屯篮球场 6 个。投入 100 万元，在雁江镇举办 2010 年南宁市端午节龙舟赛主赛场的各项比赛活动，有 59 个队参赛，观众 6 万多人。在春节、“五一”、国庆等传统节日举办气排球、篮球、乒乓球、拔河等比赛；组织开展全民健身活动，参与健身活动人数 60 多万人次。参加南宁市第八届运动会比赛获金牌 21 枚、银牌 21 枚、铜牌 13 枚。县文化广播影视和体育局获国家体育总局授予全民健身先进单位称号。

民政事业　审批城镇最低生活保障对象 5.60 万人次，发放低保金 910 万元；审批农村低保对象 20.90 万人次，发放低保金 1081 万元。发放抚恤金、定补金 538 万元，退伍义务兵家属优待金 58.60 万元，退役士兵一次性经济补偿金 29 万元。发放特困户、重灾民救济粮 334 吨(折款 110 万元)，救济 3270 户、1.32 万人。发放冬令救灾救济棉被 900 床、衣服 1 万件(套)。投入 75.50 万元，重建水毁民房 22 户、49 间。发放五保供养定补金 324 万元、救济粮 321 吨(折款 106 万元)。农村医疗救助 1016 人次、211.19 万元。免费为 509 对新婚夫妇进行地中海贫血筛查，为 170 名生活困难的城乡肺结核患者提供治疗，为 7 名贫困高危孕妇提供救治。办理结婚登记 3581 对，离婚登记 312 对。

劳动与社会保障　城镇新增就业 1615 人，下岗失业人员实现再就业 269 人，帮助大龄困难人员再就业 141 人。城镇登记失业率 3.58%。农民就业培训 2280 人，农村劳动力转移就业新增 8408 人。参加基本养老保险企业 207 个 0.97 万人，征缴保险费 1.63 亿元，支出 7919.78 万元；参加失业保险 0.96 万人，征缴保险费 319.14 万元，支出 442.29 万元；参加基本医疗保险 3.81 万人，征缴保险费 1694.47 万元，支出 1392.05 万元；参加工伤保险 0.63 万人，征缴保险费 79.79 万元，支出 10.19 万元；参加生育保险 0.76 万人，征缴保险费 54.82 万元，支出 19.83 万元。劳动监察立案 3 件，结案 3 件；受理劳动争议仲裁 15 件，开庭审理 14 起。督促各类企业签订劳动合同 9622 人，个体工商户签订劳动合同 1505 人。

(黄永清)

2010 年隆安县各乡镇情况

名　称	土地面积(平方千米)	村民委员会(个)	社区居民委员会(个)	自然屯(个)	年末人口(人)	农林牧渔业总产值(万元)	粮食产量(吨)	农民人均纯收入(元)
城厢镇	386	14	3	192	68687	36806	23468	4267
南圩镇	311	18	2	190	66702	27735	22161	3770
雁江镇	128	9	1	86	27456	19320	14968	3450
那桐镇	187	11	1	124	55714	37932	26232	4502
乔建镇	217	14	1	70	41610	24827	16419	3689
丁当镇	269	10	1	107	35660	43030	10801	4460
古潭乡	108	6	1	56	25502	17334	4607	4027
都结乡	215	19	1	201	39425	12717	12015	2987
布泉乡	174	8	1	112	24052	7277	7893	2681
屏山乡	234	9	1	102	17411	6304	5110	2708

责任编辑　孙贵寿

人　物

新闻人物

绿色中国年度焦点人物

车荣福　自治区党委常委、市委书记。高级经济师、高级政工师。1951年12月生，江西丰城人。大专学历，中共党员。自2008年5月担任市委书记以来，南宁市坚持“生态立市”、“环保优先”发展战略，紧紧围绕建设区域性国际城市和广西“首善之区”战略目标，打造城乡园林绿化系统，推进城市绿化美化，实现生态环境与经济发展的有机统一，取得显著成绩。做好“树”和“水”的文章，统筹城乡绿化美化，注重加强环境保护，大力发展绿色经济。坚持不懈致力建设生态宜居、环境优美、有凝聚力、可持续发展的现代和谐城市，走出一条既要金山银山，又要绿水青山的发展之路。加快建设“百里环城森林生态圈”，持续开展“大种树、种树木”活动，每年种植百万株以上大树，仅2010年就种植乔木260.37万株。在主城区建成70多处城市绿地广场和青秀山风景名胜旅游区、南湖名树博览园等生态主题公园，在各县建成一批生态自然保护区，形成城乡一体的生态体系。在民族大道、快速环道、机场大道、五象大道、白沙大道等主干道建成森林街道230千米，全市公路绿化率84.20%，铁路绿化率98.48%。森林公园方面，南宁凤岭儿童公园、安吉花卉公园和体育休闲公园等9个森林公园新建项目加快推进，南湖公园、金花茶公园等10个森林公园续建项目顺利实施。所辖六县县域生态环境进一步改善。2010年，全市森林覆盖率43.65%，建成区绿化覆盖率40.36%、绿地率35.10%、人均公园绿地12.95平方米。自然保护区面积约5.20万公顷。任职期间，南宁市先后获全国文明城市、中华宝钢环境奖等称号。2011年4月22日被评为第四届2010绿色中国年度焦点人物。

（黄　加）

全国低碳生活创新明星个人

林　峰　农民。1975年5月生，广西宾阳人。中专学历。近年来，注意总结生活经验，结合节能环保的理念，利用不锈钢、铸铁、钢管和铁管几种材料制作低碳环保的多功能节能炉灶，在邻里中推广使用。积极倡导大家参与环保活动，摒弃不爱护环境、不遵守文明公约以及不节电、不节水的习惯。注重环保行为并带动周围的人们，左邻右舍经常向其请教环保知识，学习环保经验。为创造低碳生活、绿色生活作出突出贡献，成为大家竞相学习的榜样。2010年12月获全国低碳生活创新明星个人称号。

（李永清　谭静宇）

模范人物

全国五一劳动奖章获得者

朱传波　南宁市峙村河水库管理所党支部书记、主任。1961年3月生，江西崇义人。大专学历，中共党员。1995年9月从部队转业到市水利局工作。1996年3月任良凤江水利工程管理所主任，当时职工已有9个月未领到工资，经过其坚持不懈地努力，年末全部补发拖欠职工的工资，各项工作步入正轨。2002年3月，调任市砂石专业市场股份有限责任公司总经理，用半年时间完成公司两年来未能完成的征地任务，使公司基础设施建设全部完成。2006年3月末，调到峙村河水库管理所，团结班子，采取一系列措施，使水厂供水收入从2006年1月的46万元提高到当年12月的112万元；罗伞岭水库土地及水面收入从原来几万元提高到2009年的70万元；全所收入从2005年的713万元增加到2009年的1317万元，实现一年扭亏为盈、两年改变面貌、三年稳步发展、四年逆势而上的发展目标。在良凤江水利工程管理所等多个单位工作期间，先后组织完成老虎岭水库管网改造主体工程，峙村河水管所10多项改扩建工程。其敢做善成，创新管理不善经营性资产的处置方式，连续盘活3个濒临破产单位。身患肾病，住院期间，把“办公桌”搬到病房，手术伤口未痊愈，又回到工作岗位。曾7年没回过江西老家，甚至连母亲去世前的最后一面也没见上。2010年6月市委、市政府决定，授予南宁市优秀共产党员、“敬业守责、敢做善成的模范基层带头人”；立广西水利厅二等功，获自治区优秀共产党员、自治区水利系统模范基层工作者。2011年5月被全国总工会授予2010年度全国五一劳动奖章。

（黄　加）

邝伟生　市农业技术推广站站长。高级农艺师。1958年10月生，广西藤县人。大学学历，中共党员。在农业科研一线工作20年，致力于新技术新品种的试验示范和研究推广，为南宁市农业技术推广做出突出贡献。其以项目实施带动产业结构调整，使南宁市粮食单产逐年提高。主持和参与实施国家、自治区、南宁市20多个农业科技项目，累计种植面积66.67万公顷，新增经济效益10亿元以上。育成并推广"广西三号"、"广西五号"西瓜新品种，新增效益15亿多元，税收5亿多元，出口创汇1454万美元。长期深入农业生产第一线，建立技术示范片和举办"农民田间学校"等形式多样的超级稻配套栽培技术、水稻免耕抛栽技术等技术培训班，为农民科学致富、解决就业开创新途径。作为单位人才小高地的学术带头人，注重抓好站内管理，重视对青年科技人员的培养，传帮带教，培育科技人才。研究开发"名、特、优"农产品，科研立项有超级稻、西甜瓜、新型马铃薯等一批发展潜力大、市场竞争有优势的研究课题。先后获各级科技成果奖项22个，在《广西农业科学》、《作物品种资源》等杂志发表《不同耕作方式对冬种马铃薯产量和品质的影响》、《不同耕作方式对冬种马铃薯生理特性的影响》等多篇论文，撰写《玉米高产栽培技术》等农家适用技术丛书。曾获2004年广西五一劳动奖章，2005年自治区先进工作者和2008年广西十佳农业优秀专家、广西科协先进工作者等称号。2011年5月被全国总工会授予2010年度全国五一劳动奖章。（康　宏）

全国模范检察官

彭安明　市人民检察院公诉二处处长，挂任江南区人民检察院副检察长。二级检察官。瑶族，1974年11月生，广西恭城人。大学学历，中共党员。1998~2010年，曾在市检察院反贪局、公诉处、公诉一处、公诉二处工作，成功主办分别由最高人民检察院、国家海关总署、自治区人民检察院、自治区高级人民法院挂牌督办的"02·01"特大跨国走私香烟案等复杂案件。在第三届全国十佳公诉人暨全国优秀公诉人业务竞赛中获优秀成绩。2006年11月被最高人民检察院授予第三届全国优秀公诉人称号，成为该届广西惟一获此称号的检察官，为此自治区人民检察院于2007年2月予以记个人二等功1次；因办案事迹突出，自治区检察院于2007年7月予以记个人二等功1次。2009年3月被共青团自治区委、自治区社会治安综合治理委员会办公室、高级人民法院、人民检察院、公安厅等13个单位联合授予第四届广西杰出青年卫士称号。2010年2月24日被最高人民检察院授予全国模范检察官称号。（蒙　旗）

全国优秀法官

陈玉萍　兴宁区法院民事审判第一庭副庭长。女，1979年6月生，广西兴安人。大学学历，中共党员。2001年7月参加工作。在民事审判一线独立办案6年多，始终秉持司法公正理念，以"司法为民"为审判指导思想，依法公正审判，高质量、高效率地审结各类民商事案件。一直负责审理群体性房地产纠纷案件。2007~2009年，高质量、高效率地审结案件1091件，裁判正确率100%，特别是2008年审结案件432件。多年来，多次拒礼拒贿，从不办人情案、关系案、金钱案。一次在审理一起民间借贷案件中，当事人拿回了被拖欠多年的钱款，为表达对法院公正判决的感谢之情，主动要求将部分还款赠与主办法官，被婉言拒绝，并对当事人说："对你而言，你得回的是欠款；对我而言，你得到的是正义，而正义是不能转赠的。"近3年来，所办案件群众满意率均为100%，实现"零违纪"、"零投诉"的良好社会效果。在忙碌的工作之余坚持撰写案例分析和学术论文。撰写的论文曾获两广"和谐社会与女法官"论坛优秀奖、全国法院系统第十九届学术论文优秀奖、全国法院第二十届学术讨论会二等奖等荣誉。曾获第四届广西杰出（优秀）青年卫士、广西"十佳"法官、广西人民满意政法干警、广西法院办案标兵等称号，立个人三等功5次、二等功2次。2010年被最高人民法院授予全国优秀法官称号。

全国公安机关爱民模范

陈　革　市公安局衡阳派出所民警。三级警督。1976年4月生，广西南宁人。大学学历，中共党员。1997年7月从警。2004年4月，从南宁市公安局巡警支队一大队调到衡阳派出所，分管南铁北一社区治安。面对当时社区管理比较混乱、治安状况比较复杂、群众基础比较薄弱的局面，从挨家挨户上门走访入手，探索社区治安综合治理的新方法和新途径。针对社区特点，发动群众开展群防群治，在小区内成立巡防队，设立门卫值班制度，在每栋楼布建2名治安信息员，形成以派出所民警、治安巡防队员、警民联系点、治保会、治安信息员为点的信息网络，为及时收集各类信息打下基础。同时以警务区工作站为依托，建立楼长、户长负责制，开展邻里守望，实现责任区各类发案总体下降，社会政治局面和治安秩序良好的目标，人民群众对警务室开展的各项工作支持率进一步提高。通过警民联系点2005~2010年共查处案件85件，处理违法人员59人，追回小汽车1辆，为群众挽回经济损失15万元；通过打防并举，做好群众的调解员，使南铁北一社区警务室成为辖区"发案少，秩序好，社会稳定，群众满意的"优秀警务室，得到市委、市政府、市公安局领导及有关部门的肯定。曾获2004~2007年度自治区优秀公安派出所民警，2007年度自治区优秀人民警察；2008年度自治区优秀人民警察、南宁市劳动模范等称号；2008年1月、2009年1月分别立南宁市公安局个人三等功。2010年2月、5月分获自治区公安机关爱民模范、人民满意"十佳"政法干警，3月获全国公安机关爱民模范称号。（杨　梅）

全国十佳公诉人

宁　宇　市人民检察院检察员。三级检察官。1978年8月生，广西玉林人。大学学历，中共党员。2001年1月参加工作以来，刻苦钻研业务，2009年被自治区人民检察院授予广西"十佳"公诉人称号。在第四届全国十佳公诉人暨全国优秀公诉人业务竞赛中，经过当场阅卷并制作审查报告、当场写论文、即时回答专家提问、正反方身份互换辩论等环节的比赛，最终取得总分第五名的优异

成绩。2010年10月26日被最高人民检察院授予第四届全国十佳公诉人称号。

（蒙　旗）

全国模范人民调解员

周国萍　兴宁区朝阳街道办事处华东社区人民调解委员会调解员。女，1958年1月生，广西南宁人。大专学历，中共党员。具有丰富的调解经验，多年来成功调解案件1000余件，成功率96%以上，深受社区居民的赞扬和信赖，被居民誉为“矛盾纠纷的平息员”、“不穿法袍的好法官”。坚持“以事实为依据，以法律为准绳”的纠纷调处原则，重事实、重法律，严格依照法律法规和政策办事，做到实事求是、合情合理进行矛盾纠纷调解。同时，以人为本，以心换心，急群众之所急，想群众之所想，切实维护群众利益。作为社区调解委员会主任，不仅亲力亲为做调解，还注重加强与各部门和单位的协作配合，做好上海路、华强路、济南路和南京路围合区房屋拆迁242户、凤凰宾馆161户、中华路亮化工程29户、瑞康医院48户、上海路朝阳溪58户拆迁调解。曾获自治区优秀人民调解员、全国优秀人民陪审员等称号。2010年获全国模范人民调解员称号。

陆金明　武鸣县双桥镇人民调解委员会主任。壮族，1969年11月生，广西南宁人。大学学历，中共党员。2006年担任武鸣县双桥镇人民调解委员会主任，认真履职，团结带领全镇各村人民调解委员会，建立健全组织机构，抓好规范化建设。结合当地实际积极探索纠纷排查调处新机制，为党委、政府完成各项中心任务服务。实行重大疑难纠纷集体讨论制度和汇报制度，定期召开业务分析会，会诊重点、疑难纠纷和易激化的矛盾纠纷，找准解决矛盾纠纷的突破口，提出调处方案，确保排查调处的针对性。至2010年末，共调解矛盾纠纷案件274件，调解成功270件，成功率98.50%，其中疑难矛盾纠纷案件182件，调解成功182件，成功率100%，无一例民间纠纷转化为刑事案件或群体性严重事件。2008年，担任人民调解委员会主任和司法所所长，双桥镇司法所获全国模范司法所称号。2010年获全国模范人民调解员称号。

郑有聚　宾阳县新桥镇马村村委、党总支书记兼村人民调解委员会主任。1944年2月生，广西南宁人。初中文化，中共党员。1991年担任马村人民调解委员会主任，把开展人民调解摆上村委工作的议事日程，把“为一方服务、促一方繁荣、保一方平安”作为自己的工作宗旨，掌握民情动态，有的放矢地开展人民调解。根据本村实际挑选了一些群众基础好、热爱人民调解的村干部和中青年积极分子组成村人民调解委员会，并在10个村屯分设2~3名调解员和纠纷信息员，制定目标管理责任制，形成横到边、纵到底、事事有人抓、处处有人管的调解防范网络。为妥善处理每一起矛盾纠纷，既当指挥员又当战斗员，当纠纷发生时第一时间到达现场，通过情、理、法相结合的调解办法，尽最大努力化解纠纷，消除隔阂。至2010年末，先后调解辖区内各种矛盾纠纷56件，其中疑难纠纷3件，调解成功率100%，达成的调解协议反悔率为零，没有发生因民间纠纷引起的群体械斗、群体上访和刑事治安案件。2010年获全国模范人民调解员称号。

（王琦汕）

全国维护妇女儿童权益先进个人

陈秀群　江南区妇女联合会主席。女，1965年12月生，广东四会人。大学学历，中共党员。与城区总工会、司法局、法律援助中心、公安分局等相关部门成立职工维权中心，在街道建立维权站，社区设立维权点，楼栋培训维权员，同时建立城区、乡镇（街道）、村（社区）三级信访网络和反家庭暴力投诉点。利用法制宣传日，将人民法庭请到平西村，对村民梁某因遭受家庭暴力诉请离婚的案件进行公开判决。邀请村民代表、社区群众、机关干部及大学生志愿者近300多人参加反家暴白丝带签名的宣传活动，被《广西日报》、《南宁晚报》、《南国早报》、南宁电视台、中央电视台等多家媒体报道。经常深入“出嫁女”问题集中的街道、社区了解“出嫁女”的实际困难，得知富德村“出嫁女”唐姐抚养两个尚在读书的女孩，生活存在困难，因不能出示相关证明，无法领取丈夫留下的一笔遗产时，主动与相关单位联系，奔走于各地办理手续，妥善解决这一问题。2008年的春节为南乡村101名“出嫁女”争取到13万多元的集体分配款；国庆期间，为仁义村5名“出嫁女”争取到修缮房屋或困难生活补助5000余元。近3年来，组织发放各类法律宣传资料3万多份，接受咨询400多次，举办各类维权培训班25次，接待群众信访238件，调解成功率98%。2010年3月获全国维护妇女儿童权益先进个人称号。

李　燕　市中级人民法院民事审判第一庭庭长。女，1957年1月生，广西玉林人。大学学历，中共党员。担任庭长10年来，对涉及妇女儿童权益的案件指派专门审判组负责审理，坚持优先立案、优先审理、优先结案，并研究审理中的突出问题和疑难问题，以指导基层法院的审判。2009年共受理涉及妇女儿童权益的案件389件，全部审结，结案率100%，无一超审限，无一错判误判。工作任劳任怨，直至5月病倒在工作岗位时还放不下手中的工作。严守职业道德，注重职业形象，清正廉洁，自觉抵制各方面的诱惑和压力，慎重交友，从不接受当事人的吃请或送礼，从不利用手中的审判权谋求私利，从不办人情案、关系案、金钱案，从没有被当事人反映过审判作风问题，以自己的行动树立人民法院和人民法官的良好形象。2007年立南宁市法院系统个人三等功；2008年获自治区民族团结进步先进个人称号。2010年3月获全国维护妇女儿童权益先进个人称号。

全国城乡妇女岗位建功先进个人

韩秀清　广西富丰集团总裁。女，1966年12月生，福建人。经济学硕士，中共党员。勤奋创业，敢于创新，凭借智慧和胆识，带领企业不断发展壮大，开创以饲料、养殖、加工这一农业产业链为主轴，以酒店、建筑、房地产、造纸以及投资管理等多元化业务为两翼的发展格局。2009年，在金融危机的影响下，号召集团全体员工，充分挖掘潜力，积极开拓市场，不但有效遏止了经营下滑，而且还在逆境中敢于突破，敢于超越，相继上马多个新项目。在带领企业积极应对危机的同时，组织技术下乡促养殖系列活动，为养殖户排忧解难。为缓解社会就业难题，专门开辟岗位，招聘10余名女大学生加入富丰集团；参加女性就业专场会，为100多名返乡女工提供就业岗位。积极参加扶贫助残活动，为当地福利院儿童送爱心，面向广西高校设立助学金，为一批家庭困难大学新生解决上学难问题。先后获全国杰出创业女性、全国优秀创业女性突出成就奖、广西"十佳"女企业家等称号。2010年3月获全国城乡妇女岗位建功先进个人称号。

姚金秀　农民。女，壮族，1961年生，广西上林人。初中学历，中共党员。在上林县巷贤镇建有占地面积2000平方米、72间猪舍的养猪场，每年向市场提供商品猪1200多头，产值将近200万元。存栏母猪58头，小猪310头，肉猪220头。2008年收入180万元，2009年收入210万元，获利40多万元。为乡亲们举办养猪技术培训班，请兽医站的技术员来讲课，并亲自担任实习指导老师。先后与本村5户困难户结成帮扶对子，为他们垫资建猪舍，赊欠猪仔、饲料，培训饲养技术，无偿帮助做好生猪防疫等，实现脱贫致富。关心村里的困难妇女群众，几年来，先后招聘村里5名贫困妇女到家里就业，每月按时发放工资，不仅解决她们的燃眉之急，还教会她们成为养猪致富能手。带动巷贤镇掀起养猪热潮，全镇年出栏300头以上的养猪大户有46家，年出栏30头以上的有239家，一大批农户走上养猪致富的小康路。2010年3月获全国城乡妇女岗位建功先进个人称号。

（李永清　谭静宇）

全国方志系统先进工作者

梁新莲　市人民政府地方志编纂办公室副主任。副编审。女，1962年1月生，广东罗定人。大学学历，中共党员。1988年10月开始从事地方志工作。担任《南宁市志·政治卷》责任副总纂，《南宁市志·附录》主编，负责编辑加工志稿720万字。参与评审、编辑加工县（区）志40多部（次），市级部门志30多部。担任《南宁市新城区志》、《南宁市郊区志》、《南宁市百年图录》（上下卷）、《南宁开埠百年》、《南宁百科全书》、《南宁简志》、《南宁之最》、《南宁府志》（明清4种8册）、《昆仑关》、《昆仑关战役图集》等书的执行副主编、副总纂或总纂。参与编纂出版《绿城飞歌——南宁市第十届人民政府工作实录》、《南宁旧城址建置研讨会论文集》等。担任《南宁年鉴》1996~2010年卷共15卷的副主编、副总纂或总纂，其中1998年卷、2003年卷、2009年卷分获第二、三、四届全国年鉴出版质量评比城市年鉴综合一等奖；2004年卷获首届中国地方志年鉴评奖特等奖及第三届中国地方志年鉴奖一等奖；2007年卷获第四届全国年鉴编校质量检查评比特等奖。从事地方志书及各类地情书的撰写，并钻研地方志理论，为《新城区志》、《南宁之最》、《南宁百科全书》、《昆仑关》等书撰稿约50万字；撰写理论文章20多篇、地情文章30多篇，分别在《广西地方志》、《南宁日报》及论文集刊物发表。注重读志用志，参与全市有关部门组织的10多个社会文化课题的研究、评估、评审。曾被评为第二届全国地方年鉴工作先进个人、2005年全国方志先进工作者并予以特别嘉奖。2010年获全国方志系统先进工作者称号。

（黄　加）

名　人　录

广西五一劳动奖章获得者

（2011年5月，自治区总工会授予）

陈群娟　女，南宁高新市政环卫有限责任公司班长、农民工

卢植森　市困难职工帮扶中心副主任、市职工医疗互助保障办公室副主任，电器高级工

龙珠宝　苗族，南宁管道燃气有限责任公司管网所巡线班长

陈　秋　南宁品正建设咨询有限责任公司总工程师、总监理工程师，高级工程师

覃　锋　市明天学校校长

陈瑞有　南宁建宁水务集团有限责任公司党委副书记、工会主席，经济师

（康　宏）

第七批自治区优秀专家

（2010年9月中共广西壮族自治区委员会、自治区人民政府授予）

刘春妮　女，市第十四中学教师，中学高级教师

徐　华　市第二中学副校长，中学高级教师

黄文九　广西田园生化股份有限公司副总经理，高级工程师

黄春波　南宁职业技术学院艺术工程学院院长，教授、高级工艺美术师

蒙健宗　南宁邦尔克生物技术有限责任公司副总经理，副研究员

（市委组织部编写组）

广西城乡妇女岗位建功先进个人

（2010年3月自治区妇女联合会授予）

"双学双比"女能手

韦爱华　武鸣县锣圩镇板新村农民

张其建　横县马岭镇龙坪村妇女代表大会主任

文学福　宾阳县古辣镇古辣社区妇女联合会主席

韦兰花　上林县塘红乡中可社区农民

周贵娟　隆安县南圩镇连安村农民

滕红桂　兴宁区五塘镇五塘社区妇女联合会主席

苏锦云　江南区江西镇扬美村农民

陈真学　青秀区伶俐镇那樟村妇女代表大会主任

郭正娇　西乡塘区石埠街道乐洲村村委委员

杜月佐　邕宁区那楼镇那楼社区主任

黄利青　马山县古零镇安善村妇女代表大会主任

"双学双比"先进工作者

李秀乔　市妇女联合会副调研员
韦娇青　西乡塘区妇女联合会主席
黄秋兰　良庆区集体林权制度改革办公室副主任

广西维护妇女儿童权益先进个人

（2010年12月自治区妇女联合会授予）

衣明秀　市妇女联合会权益部部长
黄　芳　市中级人民法院副院长
韦凤枝　市公安局收容教育所副所长
于　健　西乡塘区人民法院副院长
方　媛　青秀区妇女联合会主席
潘惠莲　武鸣县妇女联合会权益部部长
李惠清　邕宁区法律援助中心主任
韦　敏　上林县澄泰乡妇女联合会主席
蒙仪嫚　良庆区人民法院民二庭庭长
农　萍　广西南国雄鹰律师事务所律师

（李永清　谭静宇）

广西"十佳"政法干警

（2011年1月自治区人民政府授予）

滕志毅　兴宁区五塘镇司法所所长

（王琦汕）

南宁市第七批专业技术拔尖人才

（2010年5月中共南宁市委员会、市人民政府授予）

李晓明　南宁邦尔克生物技术有限责任公司技术总监
刘连芳　女，市平方软件新技术有限责任公司董事长，研究员
黄文九　广西农药剂型工程技术研究中心主任，高级工程师
覃卫国　南宁六景工业园区管委会主任、横县人民政府党组成员，高级工程师
罗义学　市公安局交通警察支队副支队长，高级工程师
石建荣　广西华锑科技有限公司总工程师、广西阻燃剂工程技术中心主任，工程师
骆武宁　南宁微控技术有限公司董事长，副教授
黄炳强　市勘测院院长，高级工程师
吴小寅　市环保局环境信息中心主任，高级工程师
罗建周　广西华蓝设计（集团）有限公司技术人员，高级建筑师、一级注册建筑师
卢　镇　广西田园生化股份有限公司研发中心剂型工程部经理，工程师
徐　华　市第二中学副校长，中学高级教师
黄春波　南宁职业技术学院艺术工程学院院长，教授、高级工艺美术师
张永红　女，市园湖路小学校长，小学中的中学高级教师
柒丽蓉　女，南宁职业技术学院服装设计专业教研室主任，副教授
韦均艺　宾阳中学副校长，特级教师
石　鹏　市第二中学副校长，中学高级教师
唐锡海　南宁职业技术学院国家示范性职业技术学院建设办公室常务副主任、高等职业教育研究所主任，教授
杨　捷　市教育局副局长、市第十四中学校长，中学高级教师
韩英蓓　女，西乡塘区教育研究室主任，小学中的中学高级教师
陈雪平　女，市园湖路小学教师，小学中的中学高级教师
冯君南　市第九中学校长，中学高级教师
彭俊姣　女，市第二中学语文学科教研组组长，中学高级教师
刘　杰　女，市第一幼儿园园长，幼儿园高级教师
李　灼　女，市第二中学副校长，中学高级教师
王　瑾　女，市滨湖路小学校长，小学中的中学高级教师
欧桂兰　女，市水果生产技术指导站站长，农艺师
林之桂　市农业科学研究所副处级调研员，高级农艺师
李世才　广西南宁水利电力设计院副总工程师，高级工程师
毕晓磊　市蔬菜研究所技术科科长，高级农艺师
彭凤琼　女，广西南宁水利电力设计院副总工程师，教授级高级工程师
宁维积　横县农业科学研究所副所长，高级农艺师
黄　静　女，市农业技术推广站技术员，农艺师
韦永月　市农业技术推广站技术员，高级农艺师
李凌波　市水产畜牧兽医技术推广站站长，水产工程师
吴曙粤　市第一人民医院副院长，主任医师
黄燕娟　女，市第二人民医院麻醉科主任，主任医师
叶　宁　市第一人民医院心胸外科主任，主任医师
温德树　市第三人民医院脑系科主任，主任医师
吴锋耀　市第四人民医院院长，主任医师
梁　驰　市第二人民医院副院长，主任医师
李建民　市第二人民医院院长、党委书记，主任医师
伍业光　市社会福利医院院长，主任医师
林新勤　市疾病预防控制中心主任，主任医师
陆　坚　市文学艺术界联合会副主席，中学一级教师、二级编剧
王平和　南宁广播电视技术中心副主任，工程师
郝　芸　女，市群众艺术馆调研部副主任，二级演员、二级导演
钟柳红　市社会科学院社会发展研究所所长，高级经济师
谢鸿桂　南宁日报社副总编辑、南宁新闻网执行总编，副编审、高级政工师
覃露莹　女，南宁电视台副台长、新闻综合频道总监，记者

（市委组织部编写组）

南宁市三八红旗手标兵

（2010年3月市妇女联合会授予）

谢华娟　西乡塘区中华中路社区居委会党支部书记、妇女联合会主席
莫莎莎　阳光新城学校副校长
覃洁贞　市社会科学院经济发展研究所所长
覃露莹　南宁电视台副台长、新闻综合频道总监
李桂芝　广西全通投资集团总裁
周丽洁　市储备粮管理有限责任公司总经理、副董事长、党委副书记
陈玉萍　兴宁区人民法院民事审判第一庭副庭长
雷慧玲　邕宁区国家税务局计划征收股股长

韦洁萍　横县公路局片长

南宁市三八红旗手

（2010 年 3 月市妇女联合会授予）

陶志芳　武鸣县交通规费征收稽查办公室出纳
韦桂花　武鸣公路管理局双桥养护站站长
梁莲梅　武鸣县城厢镇大梁村妇女代表大会主任
罗玉香　武鸣县妇幼保健院副院长
杨子飞　横县校椅镇妇女联合会主席
韦玉金　横县云表镇大良村妇女代表大会主任
梁雪梅　横县供电公司城区供电所副所长
陆兰芳　横县审计局经济责任审计股股长
黄凤玲　宾阳县江南纸业有限公司副董事长、财务总监
农小群　市第九人民医院护理部主任、院办党支部副书记
覃月华　宾阳县妇女联合会宣传、儿童股股长
谭丽华　宾阳县卫生局副局长、爱国卫生运动委员会办公室主任
韦佳枝　上林县财政局党组书记
苏秀伟　上林县巷贤镇六联村支书、村委主任
蒙　艳　广西马山供电公司人事部主任
韦　杰　马山县百龙滩镇妇女联合会主席
潘香群　马山县白山镇上龙村妇女代表大会主任
许凤桃　隆安县布泉乡绿泉育苗幼儿园园长
陆凤机　隆安县人民医院副院长
马金燕　隆安县隆安中学办公室副主任
邓　敏　兴宁区教育局基教股干部
林　影　兴宁区计划生育局副局长
徐　莉　江南区国家税务局副局长
梁翠毬　江南区地方税务局计征股股长
孔祥芬　江南区环境卫生管理站工人
班香兰　青秀区伶俐镇独岭村党总支部副书记、村委会副主任、村妇女代表大会主任
周丽滨　青秀区埌西社区党总支部书记
韦小菊　市公安局南湖分局局长
朱开来　市衡阳路小学党支部书记
黄梅莉　西乡塘区城市管理综合行政执法大队机动中队中队长
卢东顺　西乡塘区双定镇兴平村妇女代表大会主任
黄丽宁　邕宁区城关第二小学党支部书记、副校长
黄玉桂　邕宁区蒲庙镇那路村妇女代表大会主任
陈爱古　良庆区良庆镇新兰村妇女代表大会主任
莫海琴　良庆区人民政府办公室主任
陈　燕　兴宁区国家税务局局长
陈俊洁　市人民检察院公诉一处处长
李　宁　市财政局党组副书记、副局长
周艳洁　市人口和计划生育服务中心副主任
秦　涛　市法律援助中心副主任
黄爱娇　南宁经济技术开发区那洪街道妇女联合会副主席
毛永幸　市第一职业技术学校招生就业培训处副主任
王绍丽　市第八中学教师
章志宏　市教育局基础教育科科长
赵亚玲　市疾病预防控制中心结防科科长
黄玉葵　市妇幼保健院妇二科主任兼大妇科主任
潘晓华　市公安局巡警支队 110 警务大队教导员
滕天婴　江南污水处理厂技术维护班班长
黄海云　广西建工集团第一安装有限公司科长
李春慧　广西石埠乳业集团公司总裁

南宁市城乡妇女岗位建功先进个人

（2010 年 3 月市妇女联合会授予）

黄艳英　武鸣县妇女联合会副主席
周月梅　武鸣县水利局财务股股长
陆妹莲　武鸣县公路管理局女工委员会主任
陆兰勤　武鸣县城厢镇从广村妇女代表大会主任
刘孟江　武鸣县宁武镇培桂村妇女代表大会主任
林利娇　武鸣县太平镇文溪社区妇女联合会主席
谢娇春　武鸣县大明山云彩桥食品饮料有限公司副总经理
潘仙立　武鸣县锣圩镇群兴村妇女代表大会主任
甘小莲　武鸣县甘圩镇唐历村农民
黎　晓　横县劳动和社会保障局副局长
黄　颖　横县那阳镇妇女联合会主席
张增少　横县六景镇妇女联合会主席
莫金云　横县云表镇云表社区新兰村农民
颜兰芳　横县峦城镇滩头村农民
雷美华　横县横洲镇曹村农民
林金玲　横县百合镇新圩村农民
曹凤洲　横县南乡镇南乡村农民
周　玲　横县校椅镇青桐村农民
蒙树枝　宾阳县新圩镇党委书记
许　程　宾阳县大桥镇妇女联合会主席
吕　斌　宾阳县科学技术协会副主席
滕爱芝　宾阳县甘棠镇南桥村农民
韦丽萍　宾阳县宾州镇北街村妇女代表大会主任
周美珍　宾阳县邹圩镇白山村妇女代表大会主任
廖燕梅　宾阳县大桥镇罗江村农民
施焕英　宾阳县露圩镇浪利村委六思村农民
古英凤　宾阳县黎塘镇潘山村委青山村农民
温　惠　上林县妇女联合会副主席
颜美红　上林县白圩镇妇女联合会主席
梁英娇　上林县乔贤镇绿浪村农民
覃爱菊　上林县西燕镇云桃村厚赵庄农民
覃佳鑫　上林县澄泰乡澄泰社区农民
蒙碎英　上林县木山乡白境村小联庄农民
李海英　马山县永州镇妇女联合会主席
黄　莉　马山县农业技术推广站副站长
曾月美　马山县古零镇古统村妇女代表大会主任
覃丽萍　马山县林圩镇联合村妇女代表大会主任
韦玉姣　马山县乔利乡古楼村妇女代表大会主任
蓝海青　马山县古寨乡古寨村妇女代表大会主任
陆春妹　隆安县妇女联合会干部
黄敏科　隆安县南圩镇妇女联合会主席
劳竹梅　隆安县南圩镇三宝村农民
赵金红　隆安县都结乡荣朋村农民
隆海霞　隆安县布泉乡岑山村团支部书记
梁华圆　隆安县雁江镇和济村农民
杨英理　兴宁区昆仑镇妇女联合会主席
林玉霞　兴宁区三塘镇妇女联合会主席

潘娇华　兴宁区昆仑镇昆仑村妇女代表大会主任
粟秀贤　兴宁区朝阳街道鸡村妇女代表大会主任
李兰桂　兴宁区五塘镇西龙村妇女代表大会主任
刘延英　江南区延安镇妇女联合会主席
黄摺凤　江南区沙井街道办事处秘书
梁志英　江南区吴圩镇平垌村农民
何月带　江南区苏圩镇镇宁村农民
谢金婵　江南区延安镇那齐村妇女代表大会主任
苏锦云　江南区江西镇扬美村农民
李倩珍　青秀区长塘镇农业服务中心主任
廖建芳　青秀区科学技术局副局长
杨桂清　青秀区长塘镇定西村妇女代表大会主任
杨玉兰　青秀区刘圩镇良合村农民
李丽珍　青秀区伶俐镇王京村农民
马贤秋　西乡塘区科学技术协会副主席
马素艺　西乡塘区金陵镇妇女联合会主席
卢秀莲　西乡塘区金陵镇陆平村妇女代表大会主任
郭正娇　西乡塘区乐洲村农民
陈少花　西乡塘区安宁街道西津村农民
邓春莲　西乡塘区坛洛镇庆林村农民
黎桂平　邕宁区那楼镇妇女联合会主席
樊秀美　邕宁区百济乡妇女联合会主席
何英春　邕宁区中和乡中和社区农民
黄兰梅　邕宁区百济乡南华村农民
刘玉珍　邕宁区新江镇团阳村农民
徐　燕　良庆区人事劳动和社会保障局局长
玉　燕　良庆区良庆镇六晓村妇女代表大会主任
李仕梅　良庆区那马镇共和村妇女代表大会主任
徐小玲　良庆区那陈镇六眼村妇女代表大会主任
韦丽娟　良庆区南晓镇大满村农民
姚　丽　市科学技术协会学会部科员
田　艳　南宁日报社记者
邓小春　中国农业银行广西分行营业部横县支行副行长

南宁市“十大杰出母亲”

（2010年5月市妇女联合会授予）

韦秋菊　宾阳县国家税务局科员
韦月兴　上林县塘红乡邑森村龙黎庄村民
韦水莲　横县横州镇城北社区个体户
马小玲　兴宁区民生街道办事处兴宁社区居民
蓝　彬　江南区人民法院民事审判庭副庭长
陈爱芳　邕宁区新江镇中心学校副校长
刘海燕　市公安局兴宁分局预审大队内勤
孙黔凤　市国家税务局第三稽查局检查二股检查员
杨　玲　市第二十九中学教师
林玉玲　南宁百货大楼股份有限公司信息中心办事员

（李永清　谭静宇）

南宁市荣誉市民

（2010年10月18日，市第十二届人大常委会第三十七次会议通过，市人民政府授予）

安娜·卡珠穆罗·蒂贝琼卡　女，坦桑尼亚人，联合国人类居住区计划署执行主任
洛林·派芬奇　女，澳大利亚人，澳大利亚班达伯格市市长
李晓明　加拿大人，南宁邦尔克生物技术有限责任公司技术总监
赵曾学韫　女，中国香港人，香港恒兴业集团有限公司董事、太平绅士
郭栋强　中国香港人，香港永明集团董事长
庞　奈　英国人，维伯国际英语培训学校首席执行官
陈明谦　英国人，南宁冠星汽车服务有限公司董事长
王东圭　韩国人，南宁利通树脂有限公司总经理
戴国光　马来西亚人，南宁诚兴科技有限责任公司法人代表执行董事

（黄　加）

南宁市第一届道德模范

（2011年1月中共南宁市委员会、市人民政府授予）

南宁市助人为乐模范

羊建明　广西新长江高速公路有限责任公司工程师
郝　毅　广西军区南宁桃源路干休所离休干部
麻广林　横县校椅镇韦村三清自然村村民

南宁市见义勇为模范

马大保　邕宁区那楼镇那盆村村民
刘小坚　市九州出租汽车有限公司驾驶员

南宁市诚实守信模范

农喜耀　隆安县都结乡天隆村小学教师
陆民生　武鸣县城厢镇邓广村村民

南宁市敬业奉献模范

朱传波　市峙村河水库管理所主任、支部书记
黄胜新　武警南宁市消防支队朝阳中队中队长
陆少娥　女，宾阳县甘棠镇那宁村党总支书记、村委会主任
杨家荣　市公安局刑事科学技术研究所教导员

南宁市孝老爱亲模范

蓝金星　女，上林县大丰镇皇周村温边庄村民
覃金玲　女，马山县人民医院主管护师

南宁市第一届道德模范提名奖名单

（2011年1月中共南宁市委员会、市人民政府授予）

南宁市助人为乐模范提名奖

黄美京　女，马山县古零中心小学退休教师
李欣忠　马山县人民武装部副部长兼军事科科长
黄秀明　女，隆安县屏山乡农业服务中心干部
陈　文　南宁化工股份有限公司电仪厂职工
林玉芳　女，市玉芳艺术团团长
谢永秀　女，市华园建筑安装工程总公

司计生专干
滕琳夏　女，南宁铁路局物资供应段会计员

南宁市见义勇为模范提名奖

方经明　武鸣县灵马镇那龙村村民
韦进裕　横县云表镇六河村村民
丁祖兰　女，良庆区大沙田街道玉洞村计生专干
李　成　广西民族大学学生
周瑞雄　江南区江南街道东南村村民
蓝栋华　上林县大丰镇马浦路居民

南宁市诚实守信模范提名奖

肖勇东　市安途出租汽车有限公司驾驶员
周兴初　广西银泉化工有限责任公司董事长兼总经理
彭金妹　女，横县金妹油业食品有限公司董事长
王　晟　广西凤翔集团畜禽食品有限公司总裁
马小云　女，市百佳汇商场管理有限公司总经理

南宁市敬业奉献模范提名奖

梁月勤　女，武鸣县信访局局长
黄捷飞　武鸣供电公司输变电管理所外线班班长
李卫阳　邕宁区人民检察院党组成员、纪检组组长、政工科科长
梁仕河　邕宁区环境卫生管理站工人
徐栋鑫　横县公安局城厢派出所见习民警
李义辉　江南区委政法委副书记
覃燕青　女，青秀区新竹街道办副主任兼新竹社区党委书记
石兰松　上林县西燕镇中心学校教师
刘　珂　市公安局江南分局禁毒大队民警
陈　革　市公安局衡阳派出所民警
卢　珊　女，市第一人民医院副主任医师
沈向东　市广播电影电视局副局长
梁国禄　市委组织部办公室主任

南宁市孝老爱亲模范提名奖

陈爱芳　女，邕宁区新江镇中心学校副校长
卢桂花　女，武鸣供电公司退休职工
刘海珍　女，横县校椅镇校椅社区西街居民
吴子勇　宾阳县武陵中学政教处副主任
潘国坤　青秀区新竹街道新竹社区居民
封红群　女，市五一中路学校教师
葛群英　女，市友益有限公司退休职工
覃春艳　女，西乡塘区北湖街道唐山路社区党总支书记　（劳世青）

逝 世 人 物

（享受副厅级以上待遇）

林道行　（1915-10~2010-01-31）　广东博罗人。1939 年 3 月参加工作，同年 7 月加入中国共产党。历任中国共产党领导的青年抗敌同志会宣传股副股长，广东博罗县桔子乡地下党支部书记、特别支部宣传委员，桔子乡小学教员、教导主任、校长，桔子乡公所副乡长，博罗县政府教育科科员，广东路东新一区人民政府股长，东江纵队五支队大队长，博罗县政府司法科长，党内驻博罗县县委特派员，山东省华东局党校指导员、政治协理员，上海华东人民革命大学副班长、班主任、宣传科科长，南宁市委常委、市委统战部代部长，市委秘书长，市委宣传部部长，副市长，市科技局副局长，自治区文学艺术界联合会筹备小组副组长、自治区文联副主席、党组副书记，南宁市人民政府顾问。是南宁市第七次党代会代表。1983 年 12 月离休。

秋　伟　（1921-12~2010-07-25）　山东临沭人。1939 年 6 月参加工作，1940 年 6 月加入中国共产党。曾任南宁市人大常委会副主任等职。1985 年 11 月离休。

黄翠玉　（1920-01~2010-04-22）　广西北海人。1939 年 5 月参加革命工作，同年加入中国共产党。曾在防城、东兴等地参与建立地下党支部，历任东兴战时服务团中队长、防城联合中学图书馆主任、东兴附小教员、广州市“98”小学教员，香港党办医务训练班学员，粤桂边区纵队三支队军医处主任、后方主任、财经会副主任，广东湛江高雷地委财委办公室主任，桂林市合作社联合社第二副主任、第一副主任，广西农学院党委办公室主任、农学系党总支书记，广西容县杨梅公社管委会主任、城厢公社党委第一书记、杨梅区公所区长，广西容县中学党支部书记，南宁市幼儿师范学校党支部书记，市师范学校革委会副主任、党支部委员、副校长。1983 年 3 月离休，6 月享受厅局级政治、生活待遇，1986 年 4 月经自治区党委确认离休前为副厅级干部。

梁　枫　（1930-10~2010-08-10）　曾用名梁正中。广西临桂人。1956 年 1 月参加工作，1980 年 6 月加入中国共产党。曾在中国台湾装甲兵部队、陆军总部一署服役，1956 年 1~9 月与同学从台湾驾机起义回归大陆后参加北京中共中央军委总政治部起义人员集训。历任内蒙古丰镇中学、凉城中学、集宁师范学校、广西交通学校教师，南宁市总工会、市文学艺术界联合会干事，市棉毯厂、市二轻工业局、市棉纺织厂干事，市五金制品厂、市洗衣机厂厂长，市二轻工业供销公司副经理、总经理。是政协南宁市第五届委员会常委、副主席，政协南宁市第六届委员会副主席。1996 年 6 月退休。

黄选伦　（1927-08~2010-03-15）　广西南宁人。1948 年 3 月参加革命工作，1949 年 7 月加入中国共产党。历任东兰县发展至扶南、左县游击队地方工作人员，十万山区三支队扶南平原区工委地下党工作人员、扶左特派支队副书记，第四野战军一五二师战士，南宁市公安局江西派出所所长、侦察干事，市卫生局、郊区政府干部，中共南宁市委处理历史遗留问题办公室、“文化大革命”遗留问题办公室干事，政协南宁市委秘书科科长、调研员。1987 年 7 月离休，1999 年经自治区老干部局同意，享受地厅级医疗待遇。

卫　华　（1924-01~2010-05-05）　江苏邗江人。1942 年 2 月参加革命工作，1946 年 3 月加入中国共产党。历任新四军二师四旅警卫连战士、政治部抗战剧团团员，中国人民抗日军政大学学员，淮南军分区前锋剧团团员、独立旅文工队分队长，华东野战军第九纵队政治部宣教干事兼总俱乐部主任，第四纵队文工团团员，山东二地委文工团团长兼政治指导员，渤海区党委宣传部文艺科科员，南下大队副教导员、华东（苏州）人民革命大学学员，苏南（无锡）文学艺术界联合会筹委会组织联络组组长，华东（上海）新

旅歌舞剧团办公室主任，华东文化部人事科、戏剧科科员，青年团总支副书记，华南垦殖局广西分局文工团团长，广西文化局社会文化科副科长、艺术科副科长，广西京剧团团长，广西群众艺术馆戏剧舞蹈部主任，广西文化局戏剧研究室负责人，南宁市邕剧团团长，市矿务局办事组副组长、行政科科长，市工人文化宫革委会副主任、市文艺工作团革委会副主任、市文工团副团长、市文学艺术界联合会筹备小组副组长、市文学艺术界联合会副主席。是政协南宁市第四届委员会委员、文化艺术组副组长。1985 年 6 月离休(享受厅局级政治、生活待遇)。

徐绮云 (1923-07~2010-02-12) 广东中山人。1937 年 3 月参加工作，1938 年 11 月加入中国共产党。曾参加香港中共地下党组织南方工委、广东东南特委工作，历任广东东江纵队医务所卫生员、三大队卫生站站长、江南独立大队卫生队队长，山东军区中国人民解放军东纵卫生处干事，华东党校学员，华东党校卫生队医疗助理员，第三野战军荣校休养所所长、总卫生部干事，广西梧州专署公安处保卫科科员，梧州市政府卫生科副科长，梧州市防疫站站长，梧州市卫生局第一副局长，梧州市团委水电站医务所、红十字会医院、妇幼保健所干事，梧州市人民医院、贺县卫生防疫站、梧州市公务医疗门诊部护士，梧州市妇联福利部副部长，梧州市卫生防疫站副站长，南宁市卫生局副局长。1984 年 12 月定为正处级。1985 年 5 月离休，6 月自治区党委组织部批准享受厅局级政治、生活待遇。2009 年 9 月中央组织部批准享受自治区副主席级医疗待遇。

于国荣 (1929-08~2010-11-24) 内蒙古翁牛特旗人。1945 年 10 月参加革命工作，1946 年 6 月加入中国共产党。历任内蒙古翁牛特旗大队、警备四团一营二连通讯员，冀察热辽大军区前支警卫营二连班长、排长，第四野战军十二兵团警卫营二连排长，广西军区警卫营七连连长、警卫通讯连连长、46 速成中学六队区队长，广州军区后勤 442 仓库运输科科长、961 油库副主任。南宁市委监委专职监察员、办公室主任，市直属机关党委副书记、市医药公司革委会主任、市劳动局副局长，市民政局副局长、党委书记、局长、顾问，市委政法领导小组成员、市委政法委员会委员。市第五次党代会代表，市第七届人民代表大会代表，政协南宁市第四届常务委员会委员。1985 年 5 月离休，6 月自治区党委组织部批准享受厅局级政治、生活待遇。

曾少庆 (1917-03~2010-10-16) 曾用名曾景。广西来宾人。1941 年 3 月参加工作，1941 年 3 月加入中国共产党。历任广西学生军抗日宣传队、广西合作人员训练所学员，伪广西柳江县政府合作指导员，广西三江县富禄中心学校、林溪中心学校教导主任，贵州从江县民权队民权干事，广西融县北区游击队政治指导员，柳州龙城中学训导主任、柳州城郊工作组组长、柳州专区干校办事员，柳州市团委组织部长、青工部长、代理书记，柳州市委统战部秘书科科长、私营工业科科长，柳州市面粉厂厂长。南宁面粉厂厂长、党支部书记，南宁罐头厂筹备处主任、党支部书记、党总支书记、顾问，市饼干汽水厂党支部副书记、革委会副主任，市康乐食品厂副厂长，市政协副秘书长。1983 年 3 月离休，7 月自治区党委组织部批准享受厅局级政治、生活待遇。

(市委组织部编写组)

百岁老人

(2010 年，南宁市新增百岁老人 178 人。其中：男性 35 人，女性 143 人)

黄　氏　村民。女，1903 年 1 月 18 日生，广西南宁人。有 3 个子女、6 个孙子女、5 个外孙、7 个曾孙。住邕宁区那楼镇那他村那益坡。生活健康状况：一日 3 餐，每餐适量，主食为米饭、蔬菜、肉类；每天睡眠 8 小时，行动不方便，有高血压疾病；靠子孙赡养。

李月娥　村民。女，1904 年 3 月 18 日生，广西南宁人。有 2 个子女、5 个孙子女、2 个外孙、4 个曾孙。住西乡塘区坛洛镇硃湖村花马坡。生活健康状况：一日 3 餐，主食为米饭、粥、蔬菜、肉类；每天睡眠 10 个小时，行动较为方便，无重大疾病；靠子女赡养。

黄光媚　村民。女，1906 年 7 月7 日生，广西南宁人。有 7 个子女、6 个孙子女。住邕宁区百济乡屯林村。生活健康状况：一日 3 餐，每餐适量，主食为米饭、粥；每天睡眠 8 小时，行动不方便，有头晕、腰骨痛等疾病；靠子孙赡养。

江锦秀　村民。女，1907 年 3 月 8 日生，广西宾阳人。有 7 个子女、4 个孙子女、16 个曾孙。住宾阳县大桥镇陈撰村。生活健康状况：一日 3 餐，主食为米饭、粥、肉类、蔬菜等；每天睡眠 6 小时，行动方便，有老年痴呆症疾病；靠子女赡养。

韦茂香　村民。女，1907 年 8 月 17 日生，广西上林人。有 7 个子女、13 个孙子女、9 个外孙、3 个曾孙。住上林县大丰镇里丹村上崁庄 19 号。生活健康状况：一日 3 餐，每餐适量，主食为米饭、粥、猪肉、蔬菜；每天睡眠 8 小时，行动不方便，有风湿病疾病；靠子女赡养。

张志仙　村民。女，1907 年 9 月 20 日生，广西武鸣人。有 5 个子女、5 个孙子女、15 个外孙、2 个曾孙。住武鸣县府城镇福良村其亮屯 14 号。生活健康状况：一日 4 餐，每餐适量，主食为杂粮、蔬菜；每天睡眠 12 小时，行动不方便，无重大疾病；靠子孙赡养。

姆彩莲　村民。女，1908 年 9 月 2 日生，广西武鸣人。有 3 个子女、3 个孙子女。住武鸣县府城镇启德村板凌屯 50 号。生活健康状况：一日 3 餐，每餐适量，主食为米粥；每天睡眠 8 小时，行动方便，无重大疾病；靠女儿赡养。

黄菊香　村民。女，1908 年 10 月 5 日生，广西宾阳人。有 1 个儿子、5 个孙子女、9 个曾孙。住宾阳县大桥镇丰州村。生活健康状况：一日 4 餐，每餐 2 两左右，主食为米饭、粥、肉类、蔬菜；每天睡眠 6 小时，行动不方便，无重大疾病；靠儿子赡养。

林秀美　村民。女，1909 年 3 月 16 日生，广西马山人。有 4 个子女、9 个孙子女、10 个外孙、1 个曾孙。住马山县林圩镇六马村。生活健康状况：一日 4 餐，每餐适量，主食为米饭；每天睡眠 8 小时，行动方便，有高血压等疾病；靠儿子赡养。

蒙春华　村民。女，1909 年 4 月 30 日生，广西横县人。有 5 个子女、12 个孙子女、6 个外孙、4 个曾孙。住横县横州镇北村委砂路村。生活健康状况:一日 3 餐,每餐适量,主食为米饭;每天睡眠 8 小时,行动不太方便,有高血压疾病;靠儿子赡养。

朱菊媛 居民。女,1909 年 8 月 17 日生,广西桂林人。有 5 个子女、6 个孙子女、7 个外孙、2 个曾孙。住青秀区新民路 29 号。生活健康状况:一日 4~5 餐,主食为粥、米饭、蔬菜;每天睡眠 10 小时,行动不方便,有风湿痛等疾病;靠子女赡养。

黄福兴 村民。男,1909 年 8 月 19 日生,广西南宁人。有 5 个子女、7 个孙子女、2 个曾孙。住良庆区良庆镇新村新一村 15 坡。生活健康状况:一日 3 餐,每餐适量,主食为米饭; 每天睡眠 10 小时左右,行动方便,无重大疾病;靠儿子赡养。

马陈光 村民。男,1909 年 9 月 8 日生,广西南宁人。有 7 个子女、10 个孙子女、8 个外孙、3 个曾孙。住西乡塘区坛洛镇硃湖村八冬坡。生活健康状况:一日 3 餐,每餐 3 两,主食为米饭、粥;每天睡眠 12 小时,行动不方便,有便秘疾病;靠子女赡养。

农子添 村民。男,1909 年 9 月 11 日生,广西横县人。有 5 个子女、8 个孙子女、7 个外孙、14 个曾孙。住横县石塘镇瑶埠村委石岭村。生活健康状况:一日 3 餐,每餐 5 两,主食为米饭、面食;每天睡眠 12 小时,行动一般;靠孙子赡养。

吴交兰 村民。女,1909 年 9 月 18 日生,广西宾阳人。有 4 个儿女、7 个孙子女、8 个外孙、1 个曾孙。住宾阳县宾州镇枫江街 204 号。生活健康状况:一日 3 餐,每餐适量,主食为米饭、粥;每天睡眠10小时,行动方便,无重大疾病;靠儿子赡养。

黄　梗 村民。女,1909 年 10 月 3 日生,广西横县人。有 2 个子女、2 个孙子女、7 个外孙、5 个曾孙。住江南区南宁航道管理局宿舍。生活健康状况:一日 4 餐,主食为米饭、蔬菜;每天睡眠 10 小时以上,行动不方便,有胃痛疾病,靠子女赡养。

颜芝兰 村民。女,1909 年 10 月 4 日生,广西横县人。有 8 个子女、2 个孙子女、4 个外孙。住横县峦城镇彭村。生活健康状况:一日 3 餐,每餐适量,主食为米饭、蔬菜;每天睡眠正常,行动不方便,失明;靠政府救济。

卢惠然 村民。女,1909 年 10 月 15 日生,广西南宁人。有个 1 儿子、3 个孙子女、7 个曾孙。住西乡塘区坛洛镇坛洛村新街 31 号。生活健康状况:一日 3 餐,每餐适量,主食为米饭、粥;每天睡眠正常,行动不方便,无重大疾病;靠孙子赡养。

连桂良 村民。女,1909 年 10 月 21 日生,广西宾阳人。有 4 个儿女、12 个孙子女、3 个外孙、6 个曾孙。住宾阳县宾州镇南山村。生活健康状况:一日 3 餐,每餐适量,主食为米饭、粥、蔬菜;每天睡眠 8 小时,行动不太方便,无重大疾病;靠子女赡养。

施朝安 村民。女,1909 年 11 月 16 日生,广西横县人。有 4 个儿女、5 个孙子女、6 个外孙。住横县平朗乡双窑村会下窑村 2 队 151 号。生活健康状况:一日 3 餐,每餐适量,主食为米饭、蔬菜、肉类;每天睡眠 8 小时,行动不太方便,身体弱;靠子女赡养。

廖秀清 村民。女,1909 年 11 月 23 日生,广西宾阳人。有 6 个子女、18 个孙子女、8 个外孙、40 个曾孙。住宾阳县宾州镇顾明村。生活健康状况:一日 3 餐,每餐适量,主食为米饭、粥、肉类;每天睡眠 10 小时,行动方便,无重大疾病;靠子女赡养。

陆美莲 村民。女,1909 年 12 月 2 日生,广西南宁人。有 1 个子女、1 个孙子女。住良庆区那陈镇六眼村徊徘坡 25 号。生活健康状况:一日 2 餐,每餐适量,主食为米饭;每天睡眠 10 小时,行动不方便,无重大疾病;靠子孙赡养。

陆海新 村民。女,1909 年 12 月 18 日生,广西横县人。有 5 个子女、22 个孙子女、5 个外孙、6 个曾孙。住横县校椅镇六味村委英地村 17 号。生活健康状况:一日 3 餐,每餐适量,主食为米饭、蔬菜;每天睡眠 10 小时,行动方便,无重大疾病;靠儿子赡养。

零国学 村民。男,1909 年 12 月 23 日生,广西横县人。有 5 个子女、12 个孙子女、10 个外孙、5 个曾孙。住横县校椅镇西里村。生活健康状况:一日 2 餐,每餐适量,主食为米饭、粥;每天睡眠 8 个小时,行动方便,无重大疾病;靠子女赡养。

韦锦星 居民。男,1910 年 1 月 1 日生,广西上林人。有 1 个子女、2 个孙子女、2 个曾孙。住青秀区星湖路自治区林业厅宿舍。生活健康状况:一日 2 餐,主食为米饭、粥、蔬菜,每天睡眠 6 小时,行动不方便,有中风等症;靠儿子赡养。

蒙月秀 村民。女,1910 年 1 月 2 日生,广西上林人。有 5 个子女、12 个孙子女、4 个外孙、4 个曾孙。住上林县乔贤镇兴贤街 18 号。生活健康状况:一日 4 餐,每餐适量,主食为米饭、玉米粥、猪肉、鱼;每天睡眠 8 小时,行动方便,有风湿骨痛疾病;靠儿子赡养。

吴秀清 村民。女,1910 年 1 月 7 日生,广西宾阳人。有 3 个子女、4 个孙子女、个外孙、4 个曾孙。住宾阳县宾州镇新廖村。生活健康状况:一日 3 餐,主食为米饭、粥;每天睡眠 10 个小时,行动方便,无重大疾病;靠儿子赡养。

覃宏炎 村民。男,1910 年 1 月 9 日生,广西横县人。有 5 个子女、6 个孙子女、9 个外孙、5 个曾孙。住横县百合镇大炉村委下村。生活健康状况:一日 3 餐,每餐适量,主食为米饭;每天睡眠 7 小时,行动不方便,有失聪症状;靠儿子赡养。

廖树桂 村民。女,1910 年 1 月 17 日生,广西宾阳人。有 3 个子女、2 个孙子女、6 个外孙、2 个曾孙。住宾阳县宾州镇南山村。生活健康状况:一日 3 餐,每餐适量,主食为米饭、粥、少量肉类、蔬菜;每天睡眠 10 小时,行动方便,有老年疾病;靠儿子赡养。

何莲珠 退休职工。女,1910 年 1 月 18 日生,广西南宁人。有 2 个子女、1 个孙子女、4 个外孙、2 个曾孙。住青秀区新民路 29 号。生活健康状况:一日 5 餐,每餐少量,主食为米饭、面食、肉类、蔬菜;每天睡眠 6 个小时,行动不方便,有慢性胃炎、心脏病等疾病;有退休金。

苏志贤 村民。女,1910 年 1 月 23 日生,广西宾阳人。有 3 个子女、7 个孙子女、7 个外孙、1 个曾孙。住宾阳县宾州镇黄卢村。生活健康状况:一日4餐,每餐适量,主食为米饭、粥、肉、菜类;每天睡眠7小时,行动不方便,有高血压疾病;靠子女赡养。

赵玉兰 居民。女,1910年1月25日生,广西天等人。有3子女、5个孙子女、4个外孙、8个曾孙。住青秀区葛园路9号。生活健康状况:一日3餐,每餐2两,主食为米饭、面食;每天睡眠8小时,行动方便,无重大疾病;靠儿子赡养。

翠爱莲 居民。女,1910年2月2日生,广西贵港人。有4个子女、6个孙子女、9个外孙、16个曾孙。住青秀区滨湖路53号。生活健康状况:一日3餐,每餐2两,主食为面食、米饭、粥;每天睡眠12小时,行动不方便;靠子女赡养。

郑月容 村民。女,1910年2月5日生,广西宾阳人。有2个子女、6个孙子女、6个外孙、11个曾孙。住宾阳县宾州镇国太村。生活健康状况:一日3餐,每餐适量,主食为米饭、粥、肉类;每天睡眠10小时,行动不方便,体弱,无重大疾病;靠孙子女赡养。

黄　氏 村民。女,1910年2月5日生,广西马山人。有2个子女、2个孙子女。住马山县永州镇德育村。生活健康状况:一日3餐,每餐2两,主食为米类、蔬菜;每天睡眠8小时,行动不方便,患有风湿疾病;靠子女赡养。

苏合成 居民。女,1910年2月5日生,广西南宁人。有3个子女、14个孙子女、1个曾孙。住兴宁区三塘镇建新村。生活健康状况:一日3餐,每餐适量,主食为米饭、粥;每天睡眠8小时,行动不方便,有点痴呆症;靠子女赡养。

苏总德 村民。女,1910年2月6日生,广西上林人。有5个子女、4个孙子女、12个外孙。住上林县大丰镇云里村内里庄。生活健康状况:一日3餐,每餐适量,主食为粥、肉类;每天睡眠13小时,行动不太方便;靠子女赡养。

韦付英 村民。女,1910年2月16日生,广西宾阳人。有4个子女、10个孙子女、3个外孙、4个曾孙。住宾阳县陈平乡新安村。生活健康状况:一日3餐,每餐适量,主食为米饭、粥、蔬菜;每天睡眠正常,行动较为方便,有咳哮疾病;靠子女赡养。

韦福清 村民。女,1910年2月26日生,广西横县人。有6个子女、6个孙子女、2个外孙、7个曾孙。住横县马山乡西竹村委屋头村92号。生活健康状况:一日3餐,每餐适量,主食为米饭、粥;每天睡眠12小时,行动不太方便,无重大疾病;靠儿子赡养。

周惠娟 居民。女,1910年3月3日生,广东中山人。有2个女儿、8个外孙、8个曾孙。住青秀区建政路12号。生活健康状况:一日3餐,每餐适量,主食为米饭、粥、粉、肉类;每天睡眠9小时,行动较为方便,有高血压等疾病;靠政府救助和女儿赡养。

覃美华 村民。女,1910年3月5日生,广西宾阳人。有5个子女、11个孙子女、14个外孙、3个曾孙。住宾阳县思陇镇平安村。生活健康状况:一日3餐,每餐一碗,主食为米饭、粥、蔬菜;每天睡眠8小时,行动方便,无重大疾病;靠子女赡养。

樊照植 村民。女,1910年3月8日生,广西上林人。有3个子女、8个孙子女、5个外孙、8个曾孙。住上林县乔贤镇横岭村内乔庄12号。生活健康状况:一日2餐少食,主食为米饭、肉类、蔬菜;每天睡眠时间少,行动不方便,有腰腿痛疾病;靠子孙赡养。

吴绍光 村民。男,1910年3月8日生,广西上林人。五保户。住上林县塘红乡万福村万福街。生活健康状况:每日多餐少食,主食为米饭、粥;每天睡眠6小时,行动方便,有关节炎疾病;靠政府救济。

邓汉芳 村民。女,1910年3月10日生,广西南宁人。有3个子女、6个孙子女、5个外孙、12个曾孙。住西乡塘区坛洛镇合志村派宁坡。生活健康状况:一日3~4餐,每餐适量,主食为米饭、玉米粥;每天睡眠12小时,行动方便,无重大疾病;靠孙子赡养。

吕淑华 居民。女,1910年3月12日生,广西陆川人。有4个子女、6个孙子女、8个外孙、4个曾孙。住西乡塘区农院路8号。生活健康状况:一日3~4餐,每餐适量,主食为米饭;每天睡眠10小时,行动较方便,有胃炎疾病;靠子女赡养。

潘引英 园艺农工。女,1910年3月13日生,广西南宁人。有2个子女、9个孙子女、2个外孙、10个曾孙。住江南区群益园艺场1队。生活健康状况:一日3餐,主食为米饭、粥;每天睡眠8小时,行动方便,无重大疾病;靠子孙赡养。

覃秀英 村民。女,1910年3月16日生,广西隆安人。有1个儿子、2个孙子女。住隆安县丁当镇俭安村。生活健康状况:一日3餐,每餐3两左右,主食为米饭、玉米粥;每天睡眠8小时,行动不太方便,无重大疾病;靠儿子赡养。

陆永英 村民。女,1910年3月23日生,广西横县人。有4个子女、12个孙子女、11个外孙、1个曾孙。住横县马山乡西竹村委四乡村。生活健康状况:一日3餐,每餐适量,主食为米类、蔬菜;每天睡眠6小时,行动方便,无重大疾病;靠子女赡养。

谭才记 退休职工。男,1910年3月25日生,广西上林人。住在上林县塘红乡塘红社区上荣庄。生活健康状况:每日多餐少食,主食为米饭;每天睡眠8小时,行动方便,有关节炎症状;有退休金。

邓金连 村民。女,1910年3月27日生,广西横县人。有7个子女、5个孙子女、11个外孙。住在横县校椅镇元凤村委勒芬村。生活健康状况:一日5~6餐,每餐适量,主食为米饭、粥;每天睡眠15小时,行动方便,无重大疾病;靠子女赡养。

磨秀兰 村民。女,1910年3月28日生,广西马山人。有2个儿女、2个孙子女、5个外孙。住在马山县周鹿镇周鹿旧街58号。生活健康状况:一日3餐,每餐适量,主食为米饭、粥、蔬菜、肉类;每天睡眠10小时,行动不方便,有头痛四肢麻木无力等症状;靠子女赡养。

黄武英 村民。女,1910年4月7日生,广西武鸣人。有2个子女、8个孙子女、9个曾孙。住在武鸣县城厢镇大皇后村2队。生活健康状况:一日2餐,每餐适量,主食为米饭、蔬菜;每天睡眠8小时,行动方便，无重大疾病；靠政府救济和孙子赡养。

韦仲明 村民。男，1910年4月8日生，广西武鸣人。有7个子女、16个孙子女、9个外孙、6个曾孙。住在武鸣县双桥镇平陆村平洪屯32号。生活健康状况：一日3餐，，主食为米饭、粥、蔬菜；每天睡眠8小时，行动较方便，无重大疾病；靠政府救济和子女赡养。

黄桂金 村民。女，1910年4月8日生，广西横县人。有6个子女、12个孙子女、9个外孙、2个曾孙。住在横县莲塘镇石柱村。生活健康状况：一日3餐，每餐适量，主食为米饭；每天睡眠8小时，行动不方便，无重大疾病；靠子孙赡养。

蓝秀娥 村民。女，1910年4月8日生，广西马山人。有3个子女、6个孙子女、5个外孙、3个曾孙。住在马山县金钗镇乐江村。生活健康状况：一日3餐，每餐适量，主食为米饭、粥、肉类、蔬菜；每天睡眠6小时，行动方便，无重大疾病；靠儿子赡养。

石大梅 村民。女，1910年4月8日生，广西隆安人。有3个子女、4个孙子女、8个外孙、1个曾孙。住隆安县城厢镇四兴村那稳屯。生活健康状况：一日3餐，每餐适量，主食为米饭、玉米粥；每天睡眠8个小时，行动方便，有风湿骨痛疾病；靠儿子赡养。

方焕典 村民。男，1910年4月10日生，广西横县人。有2个女儿、5个外孙、3个曾孙。住横县百合镇平阳村委新平村。生活健康状况：一日3餐，每餐适量，主食为米饭、粥、蔬菜；每天睡眠10小时，行动方便，无重大疾病；靠侄子供养。

韦月碧 村民。女，1910年4月11日生，广西上林人。有6个子女、5个孙子女、2个外孙、2个曾孙。住上林县塘红乡古春村刁盘庄。生活健康状况：一日3餐，每餐适量，主食米饭、蔬菜；每天睡眠8小时，行动不太方便，有关节炎疾病；靠子女赡养。

麦凤鸣 居民。女，1910年4月11日生，广西南宁人。有1个儿子、1个孙子。住西乡塘区新阳一街27号。生活健康状况：一日3餐，每餐适量，主食为米饭；每天睡眠正常，行动不方便，无重大疾病；靠儿子赡养。

蒙书圣 居民。男，1910年4月11日生，广西宾阳人。有6个子女、12个孙子女、14个外孙、13个外孙。住宾阳县芦圩镇蒙村委大蒙村。生活健康状况：一日3餐，主食为米饭、蔬菜、肉类；每天睡眠正常，行动方便，无重大疾病；靠子女赡养。

关健庄 村民。女，1910年4月15日生，广西宾阳人。有6个子女、12个孙子女、10个外孙、4个曾孙。住宾阳县大桥镇五七村。生活健康状况：一日3餐，每餐2两，主食为米饭、粥、蔬菜；每天睡眠6小时，行动方便，有高血压、胃痛等疾病；靠子女赡养。

黄桂花 村民。女，1910年4月16日生，广西上林人。有3个子女、3个孙子女、4个外孙、5个曾孙。住上林县塘红乡中可社区东耀庄。生活健康状况：每日少食多餐，每餐适量，主食为米饭、粥；每天睡眠8小时，行动不方便，有关节炎等疾病；靠女儿赡养。

甘佳兰 退休农工。女，1910年4月20日生，广西南宁人。有3个子女、3个孙子女、7个外孙、5个曾孙。住西乡塘区金光农场青年分场104号。生活健康状况：一日3餐，每餐适量，主食为米饭、粥、面食；每天睡眠时间8小时，行动方便，无重大疾病；有退休金。

陆荫娟 村民。女，1910年4月20日生，广西南宁人。有4个儿子、12个孙子女、8个曾孙。住良庆区大塘镇大塘社区。生活健康状况：一日少食多餐，主食为粥、蔬菜、肉类；每天睡眠正常，行动不方便，无重大疾病；靠儿子赡养。

卫道莲 村民。男，1910年4月24日生，广西横县人。有2个子女、1个孙子。住横县横州镇教育路北一巷60号。生活健康状况：每日少食多餐，主食为米饭；每天睡眠时间较少，行动不方便，左脚骨折；靠子女赡养。

邓汝桢 村民。男，1910年4月25日生，广西横县人。有6个子女、17个孙子女、10个外孙、18个曾孙。住横县平马镇长安村委周村146号。生活健康状况：一日3餐，每餐适量，主食为米饭；每天睡眠8小时，行动不方便，无重大疾病；靠子女赡养。

黄四姐 退休职工。女，1910年4月27日生，广西南宁人。有5个子女、3个孙子女、4个外孙、2个曾孙。住西乡塘区明秀东路179号。生活健康状况：一日3餐，每餐适量，主食为米饭；每天睡眠9小时，行动方便，有糖尿病症；有退休金。

罗既张 退休干部。男，1910年4月28日生，四川宜宾人。有8个子女、4个孙子女、9个外孙、1个曾孙。住青秀区葛园路4号。生活健康状况：一日3~4餐，主食为米饭、面食；每天睡眠12小时，行动不方便，有便秘、高血压等疾病；有退休金。

廖和气 村民。女，1910年4月28日生，广西武鸣人。有2个子女、3个孙子女。住武鸣县宁武镇张朗村张朗大屯76号。生活健康状况：一日3餐，主食为粥、素菜；每天睡眠10小时，行动较为方便，一般生活能自理；靠孙子赡养。

黄妙华 村民。女，1910年5月2日生，广西南宁人。有4个子女、3个孙子女、7个外孙。住青秀区长塘镇枫木村枫木坡。生活健康状况：一日3餐，每餐适量，主食为米饭、粥、肉类；每天睡眠8小时，行动方便，无重大疾病；靠子女赡养。

邓洗焕 村民。女，1910年5月5日生，广西横县人。有5个子女、12个孙子女、5个外孙、1个曾孙。住横县云表镇广平村委广岭村33队。生活健康状况：一日4餐，每餐2两，主食为米饭、肉类；每天睡眠12小时，行动方便，无重大疾病；靠儿子赡养。

盘秀娥 村民。女，1910年5月6日生，广西上林人。有3子女、2个孙子女、1个外孙、1个曾孙。住青秀区古城路19号。生活健康状况：一日2餐，主食为粉、粥；每天睡眠8小时，行动方便，无重大疾病；靠子女赡养。

谢英利 村民。女，1910年5月8日生，广西横县人。有5个子女、6个孙子女、8个外孙、4个曾孙。住横县云表镇周璞村15队。生活健康状况：一日3餐，每餐适量，主食为米饭、肉、蔬菜；每天睡眠10小时，行动方便，无重大疾病；靠儿子赡养。

梁先兰　村民。女，1910年5月9日生，广西武鸣人。有1个女儿、1个外孙。住武鸣县太平镇葛阳村伏志屯81号。生活健康状况：一日4餐，每餐2两饭，主食为米饭、蔬菜、肉类；每天睡眠10小时，行动不方便，有头昏、高血压等疾病，；靠政府救济。

覃氏英　村民。女，1910年5月10日生，广西上林人。有7个子女、14个孙子女、28个外孙、2个曾孙。住上林县西燕镇塘昶村道纯庄。生活健康状况：一日3餐，每餐适量，主食为米饭、粥；每天睡眠10小时，行动方便，无重大疾病；靠儿子赡养。

覃成明　村民。男，1910年5月13日生，广西横县人。有4个子女、9个孙子女、5个外孙、8个曾孙。住横县马岭镇飞马村二队。生活健康状况：一日3餐，每餐3两，主食为米饭；每天睡眠时间少，行动不方便，无重大疾病；靠儿子赡养。

周斌才　居民。男，1910年5月14日生，广西南宁人，有4个子女，4个孙子女、3个外孙。住兴宁区燕子岭北五里3号。生活健康状况：一日3餐，每餐适量，主食为米饭、粥；每天睡眠8小时，行动不方便，有白内障眼病；靠子女赡养。

钟淑芳　居民。女，1910年5月14日生，广西合浦人。有7个子女，4个孙子女、2个外孙、4个曾孙。住兴宁区长堽岭三里13号。生活健康状况：一日3餐，每餐适量，主食为米饭、面类；每天睡眠6小时，行动方便；靠子女赡养。

胡青桂　村民。女，1910年5月16日生，广西上林人。有5个子女、4个孙子女、15个外孙。住上林县西燕镇江卢村云覃庄7号。生活健康状况：一日3餐，每餐适量，主食粥、蔬菜、猪肉；每天睡眠10小时，行动方便，有骨痛疾病；靠子女赡养。

雷秀凤　村民。女，1910年5月17日生，广西横县人。有1个女儿、1个外孙。住横县峦城镇滩头村8队。生活健康状况：一日3餐，每餐适量，主食为米饭、粥；每天睡眠正常，行动不方便，无重大疾病；靠政府救济。

陈花香　村民。女，1910年5月20日生，广西上林人。有1个女儿、1个外孙。住上林县镇圩瑶族乡东罗村里一庄。生活健康状况：一日3餐，每餐适量，主食为米饭；每天睡眠正常，行动较方便，无重大疾病；靠女儿赡养。

梁有原　男，1910年5月20日生，广西横县人。有7个子女、7个孙子女、8个外孙、5个曾孙。住横县石塘镇下洞村。生活健康状况：一日3餐，每餐适量，主食为米饭；每天睡眠8小时，行动方便，无重大疾病；靠儿子赡养。

卢忠民　村民。女，1910年5月24日生，广西武鸣人。有3个子女、3个孙子女、3个外孙、1个曾孙。住武鸣县宁武镇长安村6组。生活健康状况：一日3餐，每餐2两，主食为米饭、肉类、蔬菜；每天睡眠12小时，行动较为方便，无重大疾病；靠子女赡养。

李彦兰　村民。女，1910年5月26日生，广西武鸣人。有4个女儿、16个外孙、25个曾孙。住武鸣县宁武镇东王村8组。生活健康状况：一日3餐，主食为粥、蔬菜；每天睡眠13小时，行动不方便，有腰痛疾病；靠女儿赡养。

罗业兴　退休职工。男，1910年5月29日生，广西南宁人。有8个子女、8个孙子女、3个外孙、3个曾孙。住兴宁区兴宁路91号。生活健康状况：一日3餐，每餐适量，主食为米饭、蔬菜、肉类；每天睡眠10小时，行动方便，无任何重大疾病；有退休金。

唐玉珍　村民。男，1910年6月1日生，广西武鸣人。有6个子女、10个孙子女、13个外孙、6个曾孙。住武鸣县宁武镇伏唐村伏唐屯64号。生活健康状况：一日4餐，每餐适量，主食为米饭、玉米；每天睡眠10小时，行动较方便，无重大疾病；靠子女赡养。

黄英兰　村民。女，1910年6月4日生，广西武鸣人。有3个子女、3个孙子女。住武鸣县锣圩镇锣圩社区第9组。生活健康状况：一日4餐，每餐适量，主食为米饭；每天睡眠9小时，行动一般；靠子女赡养。

韦月光　村民。女，1910年6月4日生，广西上林人。有6个子女、3个孙子女。住上林县塘红乡中可社区甘泉庄。生活健康状况：一日4餐，每餐适量，主食为米饭、粥；每天睡眠10小时，行动不太方便，有关节炎疾病；靠子女赡养。

思美容　村民。女，1910年6月6日生，广西宾阳人。有6个子女、7个孙子女、20个外孙、4个曾孙。住宾阳县洋桥镇莲塘村委布机村。生活健康状况：一日3餐，每餐适量，主食为米饭、粥、肉类；每天睡眠6小时，行动不方便，双目失明、脚痛；靠儿子赡养。

马悦杏　村民。女，1910年6月7日生，广西南宁人。有8个子女、11个孙子女、8个外孙、2个曾孙。住西乡塘区坛洛镇硃湖村大乡坡24号。生活健康状况：一日3餐，每餐3两，主食为米饭、粥；每天睡眠10小时，行动较为方便，无重大疾病；靠子女赡养。

王寿花　村民。女，1910年6月8日生，广西武鸣人。有2个子女、4个孙子女、3个外孙、5个曾孙。住武鸣县双桥镇杨李村4组。生活健康状况：一日3餐，每餐适量，主食为米饭、蔬菜；每天睡眠时间较短，行动不方便，无重大疾病；靠孙子赡养。

曾秀林　村民。女，1910年6月9日生，广西南宁人。有4个子女、5个孙子女、6个外孙。住良庆区大塘镇那梨村那兰坡49号。生活健康状况：一日3餐，每餐三两，主食为米饭、肉类、蔬菜、鱼；每天睡眠正常，行动不太方便，无重大疾病；靠子孙赡养。

吴继圹　村民。男，1910年6月10日生，广西宾阳人。有7个子女、14个孙子女、8个外孙、6个曾孙。住宾阳县武陵镇四才村。生活健康状况：一日3餐，主食为米饭、粥、蔬菜、肉类等；每天睡眠8小时，行动不太方便，有高血压、腿脚痛等疾病；靠儿子赡养。

黄天娥　村民。女，1910年6月11日生，广西隆安人。有2个子女、1个孙子女。住隆安县屏山乡群力村。生活健康状况：一日3餐，每餐适量，主食为米饭、玉米粥、蔬菜；每天睡眠 8 小时，行动不太方便，无重大疾病；靠政府救济和孙子赡养。

刘月珍 村民。女，1910 年 6 月 12 日生，广西南宁人。有 8 个子女、11 个孙子女、16 个外孙、10 个曾孙。住青秀区刘圩镇文翰街 25 号。生活健康状况：一日 3 餐，每餐 3 两，主食为米饭、蔬菜、杂粮、少量肉类；每天睡眠 8 小时，行动不方便，有咳病症；靠子女赡养。

陆月凌 村民。女，1910 年 6 月 12 日生，广西隆安人。有 3 个子女、6 个孙子女、11 个外孙、3 个曾孙。住隆安县乔建镇慕恭村 18 组。生活健康状况：一日 3 餐，每餐适量，主食为米饭、玉米粥；每天睡眠 7 小时，行动较方便，无重大疾病；靠子孙赡养。

蒙秀花 村民。女，1910 年 6 月 12 日生，广西南宁人。有 3 个子女，5 个孙子女、2 个外孙、1 个曾孙。住兴宁区三塘镇甘村坡。生活健康状况：一日 3 餐，每餐适量，主食为米饭、粥；每天睡眠 8 小时，行动方便，无重大疾病；靠子女赡养。

李桂香 村民。女，1910 年 6 月 14 日生，广西宾阳人。有 6 个子女、11 个孙子女、12 个外孙、6 个曾孙。住宾阳县黎塘冷冻厂。生活健康状况：一日 3 餐，每餐适量，主食为米饭、粥；每天睡眠 8 小时，行动不方便，无任何重大疾病；靠儿子赡养。

王志文 居民。女，1910 年 6 月 15 日生，广西宾阳人。有 5 个子女、10 个孙子女、2 个外孙。住江南区旱岭路 8 号。生活健康状况：一日 3 餐，每餐适量，主食米饭、粥；每天睡眠 14 小时，行动一般，无重大疾病；靠儿子赡养。

蓝青培 村民。女，1910 年 6 月 17 日生，广西上林人。有 5 个子女、4 个孙子女、10 个外孙。住上林县澄泰乡新联村塘峨庄。生活健康状况：一日 2 餐，每餐适量，主食为米饭、粥；每天睡眠正常，行动不太方便，有耳聋失明、身瘫等疾病；靠政府救济。

陆美英 村民。女，1910 年 6 月 17 日生，广西马山人。有 3 个子女、3 个孙子女、6 个外孙、5 个曾孙。住马山县永州镇永州村。生活健康状况：一日 3 餐，每餐适量，主食为米类、蔬菜；每天睡眠正常，行动不方便，无重大疾病；靠儿子赡养。

潘玉莲 村民。女，1910 年 6 月 17 日生，广西隆安人。有 5 个子女、6 个孙子女、6 个外孙、2 个曾孙。住隆安县城厢镇震东村。生活健康状况：一日 3 餐，每餐适量，主食为米饭、粥；每天睡眠 10 小时，行动方便，有咳嗽疾病；靠儿子赡养。

黄奇邦 村民。男，1910 年 6 月 21 日生，广西宾阳人。有 4 个子女、20 个孙子女、4 个外孙、11 个曾孙。住宾阳县大桥镇周岭村。生活健康状况：一日 3 餐，每餐 3 两，主食为米饭、粥；每天睡眠时间 8 小时，行动方便，无任何疾病；靠子女赡养。

李　伦 退休职工。男，1910 年 6 月 22 日生，河北易县人。有 5 个子女、2 个孙子女、3 个外孙、1 个曾孙。住青秀区东葛路 63 号。生活健康状况：一日 3 餐，每餐 2 两，主食为米饭、面、粥、肉类等；每天睡眠 10 小时以上，行动不方便，有心血管等疾病；有退休金。

赖旭东 村民。女，1910 年 6 月 24 日生，广西横县人。有 6 个子女、15 个孙子女、11 个外孙、9 个曾孙。住横县那阳镇那阳村委东阳村 63 号。生活健康状况：一日 2 餐，每餐适量，主食为米饭、粥；每天睡眠 8 小时，行动方便，无重大疾病；靠儿子赡养。

覃致玲 居民。女，1910 年 6 月 24 日生，广西贵港人。有 4 个子女、3 个孙子女、2 个外孙、3 个曾孙。住兴宁区中华路 35 号。生活健康状况：一日 3 餐，每餐适量，主食为米饭、粥、肉类；每天睡眠 8 小时，行动不方便，有轻微高血压症；靠政府救助和子女赡养。

麻　氏 村民。女，1910 年 7 月 1 日生，广西马山人。有 2 个子女、5 个孙子女、5 个外孙、5 个曾孙。住马山县周鹿镇双联村伏念屯。生活健康状况：一日 3 餐，每餐适量，主食为米饭、肉类、蔬菜；每天睡眠 8 小时，行动不太方便，无重大疾病；靠子孙赡养。

杨树英 村民。女，1910 年 7 月 4 日生，广西横县人。有 5 个子女、21 个孙子女、2 个外孙、3 个曾孙。住横县石塘镇逢村 20 队。生活健康状况：一日 3 餐，每餐 3 两，主食为米饭；每天睡眠 10 小时，行动方便，无重大疾病；靠子孙赡养。

林来光 退休教师。男，1910 年 7 月 5 日生，广西南宁人。有 6 个子女、11 个孙子女、5 个外孙、7 个曾孙。住良庆区那陈镇华群村华群坡。生活健康状况：一日 3 餐，每餐适量，主食为米饭、猪肉、蔬菜；每天睡眠 10 小时，行动方便，有风湿病症；有退休金。

姆正敏 村民。女，1910 年 7 月 7 日生，广西武鸣人。有 2 个子女、4 个孙子女、1 个曾孙。住武鸣县两江镇福江村福禄屯 133 号。生活健康状况：一日 3 餐，每餐 2 两，主食为米饭、粥；每天睡眠 8 小时，行动一般，无重大疾病；靠子女赡养。

李清沐 村民。男，1910 年 7 月 9 日生，广西隆安人。有 4 个子女、8 个孙子女、4 个外孙。住隆安县南圩镇古信村。生活健康状况：一日 3 餐，每餐适量，主食为米饭、肉类、蔬菜；每天睡眠 10 小时，行动不太方便，有骨质增生疾病；靠子女赡养。

陈琼英 村民。女，1910 年 7 月 16 日生，广西横县人。有 6 个儿女、12 个孙子女、12 个外孙、5 个曾孙。住横县校椅镇横塘村委福塘村 119 号。生活健康状况：一日 2~3 餐，每餐适量，主食为米饭；每天睡眠 10 小时，行动不方便，无重大疾病；靠子女赡养。

卢华英 村民。女，1910 年 7 月 17 日生，广西隆安人。有 4 个子女、7 个孙子女、8 个外孙、7 个曾孙。住隆安县古潭镇乡振义村。生活健康状况：一日 3 餐，每餐适量，主食为粥；每天睡眠 10 小时，行动不方便；靠孙子赡养。

陶美安 村民。女，1910 年 7 月 22 日生，广西武鸣人。有 3 个子女、12 个孙子女、3 个外孙、4 个曾孙。住武鸣县东风农场龙潭分场 2 队。生活健康状况：一日 3 餐，每餐适量，主食为玉米粥、米饭；每天 8~10 小时，行动不方便，有坐骨盘断裂疾病；靠子女赡养。

梁金华 村民。女，1910 年 7 月 29 日生，广西南宁人。有 3 个子女、5 个孙子女。住良庆区那马镇一致村宁村坡。生活健康状况:一日3餐,每餐适量,主食为米饭;每天睡眠少,行动不方便,无重大疾病;靠子女赡养。

农田本　村民。男,1910年8月2日生,广西马山人。有3个子女、3个孙子女、9个外孙、3个曾孙。住马山县永州镇永州村伯务屯。生活健康状况:一日3餐,每餐适量,主食为米饭、肉类、蔬菜等;每天睡眠9小时,行动方便,有关节炎等疾病;靠孙子赡养。

钟三妹　居民。女,1910年8月7日生,广西南宁人。有6个子女、11个孙子女、16个外孙、3个曾孙。住江南区五一东路18号。生活健康状况:一日3餐,每餐适量,主食为米饭、粥、少量肉类;每天睡眠8小时,行动方便,无重大疾病;靠子女赡养。

韦美连　村民。女,1910年8月7日生,广西武鸣人。有3个女儿、14个外孙。住武鸣县城厢镇九里村3队。生活健康状况:一日3餐,每餐适量,主食为米饭、粥;每天12小时,行动不方便,无重大疾病;靠政府救济。

罗秀光　村民。女,1910年8月7日生,广西上林人。有3个女儿、9个外孙。住上林县大丰镇城东街15号。生活健康状况:一日3餐,每餐适量,主食为米饭、粥、蔬菜、肉;每天睡眠10小时,行动方便,有高血压、风湿病、胃病疾病;靠政府救济和女儿赡养。

林秀花　村民。女,1910年8月7日生,广西隆安人。有2个子女、2个孙子女、1个外孙、1个曾孙。住隆安县丁当镇红阳村。生活健康状况:一日3餐,每餐适量,主食为米饭、粥、蔬菜;每天睡眠8小时,行动方便;靠子孙赡养。

陆茹美　村民。女,1910年8月8日生,广西南宁人。有2个子女、12个孙子女、8个曾孙。住青秀区伶俐镇石桥坡3队。生活健康状况:一日3餐,每餐适量,主食为米饭;每天睡眠8~10小时,长期卧床,有中风偏瘫疾病;靠儿子赡养。

邓洁花　退休职工。女,1910年8月8日生,广西武鸣人。有1个女儿、4个外孙。住武鸣县锣圩镇供销社。生活健康状况:一日3餐,每餐适量,主食为米饭、面类;每天睡眠10小时,行动较方便,无重大疾病;有退休金。

黄志清　村民。女,1910年8月10日生,广西宾阳人。有9个子女、14个孙子女、16个外孙、7个曾孙。住宾阳县思陇镇大守社区大普村。生活健康状况:一日3餐,主食为米饭、粥、蔬菜、肉类;每天睡眠8小时,行动较方便,有肿瘤疾病;靠子女赡养。

黄洁文　村民。女,1910年8月10日生,广西横县人。住横县校椅镇石井村委石井街83号。生活健康状况:一日3餐,每餐适量,主食为米饭、粥;每天睡眠6小时,行动方便,无重大疾病;靠儿子赡养。

张果娘　农场工人。女,1910年8月10日生,广东大埔人。有8个女儿、10个孙子女、7个外孙、7个曾孙。住南宁华侨投资区武帽农场英才归侨队。生活健康状况:一日3餐,每餐适量,主食为米饭、粥、少量肉类、蔬菜;每天睡眠10小时左右,行动方便,无重大疾病;有退休金。

郑能清　村民。女,1910年8月11日生,广西上林人。有3个子女、1个孙子女、1个曾孙。住上林县乔贤镇乔贤社区中德庄。生活健康状况:一日3餐,主食为米饭;每天睡眠8小时,行动不方便,双目失明;靠子孙赡养。

李文奇　村民。女,1910年8月11日生,广西宾阳人。有6个子女、7个孙子女、15个外孙、3个曾孙。住宾阳县和吉镇驼山村。生活健康状况:一日3餐,每餐适量,主食为米饭、蔬菜;每天睡眠8~10小时,行动方便,无任何疾病;靠子女赡养。

黄桂英　村民。女,1910年8月12日生,广西南宁人。有2个子女、2个孙子女、3个曾孙。住青秀区市三屋园艺场1队。生活健康状况:一日3餐,主食米饭、蔬菜、粥;每天睡眠10小时,行动不方便,有腰骨痛疾病;靠子女赡养。

孙周邦　村民。男,1910年8月13日生,广西宾阳人。有6个子女、11个孙子女、10个外孙、2个曾孙。住宾阳县宾州镇古城村。生活健康状况:一日3餐,每餐适量,主食为米饭、粥、蔬菜;每天睡眠10小时,行动不太方便,双目失明;靠儿子赡养。

张　节　村民。女,1910年8月13日生,广西南宁人。有2个子女、5个孙子女、3个曾孙。住兴宁区三塘镇同仁村。生活健康状况:一日3餐,每餐适量,主食为米饭、粥、蔬菜;每天睡眠8小时,行动不方便,有胃病等;靠政府救助和孙子赡养。

韦学进　村民。女,1910年8月14日生,广西上林人。有2个儿子、8个孙子女、1个曾孙。住上林县三里镇双吴村西吴庄74号。生活健康状况:一日3餐,每餐适量,主食为米饭,每天睡眠7小时,行动方便,无重大疾病;靠儿子赡养。

石覃利　村民。男,1910年8月15日生,广西上林人。有1个儿子。住上林县乔贤镇乔贤社区上六庄。生活健康状况:一日3餐,主食为米饭;每天睡眠10小时,行动不方便,有关节炎疾病;靠儿子赡养。

吴秀贤　村民。女,1910年8月15日生,广西宾阳人。有2个子女、9个孙子女、13个曾孙。住宾阳县芦圩镇宋村13队。生活健康状况:一日3餐,主食为米饭;每天睡眠10小时,行动不太方便,身体弱;靠儿子赡养。

曾玉珍　退休职工。女,1910年8月16日生,广西南宁人。有3个子女、3个孙子女、3个外孙、5个曾孙。住江南区友谊新村33栋。生活健康状况:一日3餐,每餐适量,主食为米饭、玉米粥;每天睡眠6~7小时,无重大疾病;有退休金。

黄明忠　村民。男,1910年8月17日生,广西马山人。有5个子女、15个孙子女、8个外孙、11个曾孙。住马山县林圩镇合理村。生活健康状况:一日3餐,每餐2两,主食为米饭、粥、肉、蔬菜等;每天睡眠15小时,行动方便,能一般自理,无重大疾病;靠子女赡养。

翁七妹　村民。女,1910年8月18日生,越南人,村民。有2个儿子、4个孙子女。住宾阳县王灵农场7队。生活健康状况:一日3~5餐,每餐适量,主食为米饭、粥、肉类、蔬菜;每天睡眠14小时,行动不方便,身体稀弱;靠儿子赡养。

梁秀珍 村民。女，1910年8月19日生，广西横县人。有2个子女、4个孙子女、10个外孙、4个曾孙。住横县校椅镇罗村村委下吴屯38号。生活健康状况：一日3餐，每餐适量，主食为米饭、粥、蔬菜；每天睡眠正常，行动方便，无重大疾病；靠儿子赡养。

廖福英 居民。女，1910年8月20日生，广东英德人。有2个儿子、1个孙子女。住青秀区金洲路南二里长江花园。生活健康状况：一日2餐，主食为米饭、粗粮；每天睡眠8小时，行动方便，能做些家务活，无重大疾病；靠儿子赡养。

石玉才 村民。女，1910年8月20日生，广西上林人。有4个子女、11个孙子女、5个外孙、4个曾孙。住上林县大丰镇云里村黄浪庄。生活健康状况：一日3餐，每餐适量，主食为米饭；每天睡眠10小时，行动方便，有头痛疾病；靠孙子赡养。

何桂信 村民。女，1910年8月24日生，广西南宁人。有3个儿女、8个孙子女、8个外孙、4个曾孙。住邕宁区蒲庙镇仁福村。生活健康状况：一日3餐，每餐3两，主食为米饭、粥、蔬菜；每天睡眠正常，行动方便，有头痛疾病；靠子女赡养。

张永龄 退休干部。1910年8月25日生，河北馆陶人。有6个子女、3个孙子女、5个外孙、1个曾孙。住西乡塘区北湖安居小区。生活健康状况：一日3餐，每餐适量，主食为米饭、肉、水果；每天睡眠10小时，行动较方便，无重大疾病；有退休金。

同明珍 居民。女，1910年9月1日生，山东无棣人。有4个子女、1个孙子女、6个外孙、6个曾孙。住青秀区桃源路82号。生活健康状况：一日3餐，主食为面制品、米饭；每天睡眠10~12小时，长期卧床，有中风偏瘫等疾病；靠子女赡养。

陈美琼 村民。女，1910年9月2日生，广西隆安人。4个子女、4个孙子女、5个外孙、2个曾孙。住隆安县城厢镇拱阁1队。生活健康状况：一日3餐，每餐适量，主食为米饭、粥、蔬菜、肉类；每天睡眠8个小时，行动方便，有风湿骨痛疾病；靠子女赡养。

邓莲兴 村民。女，1910年9月8日生，广西宾阳人。有2子女、3个孙子女、2个外孙。住宾阳县芦圩镇中和街311号。生活健康状况：一日3餐，每餐适量，主食为米饭、粥；每天睡眠3~4小时，经常失眠，行动不方便，有骨痛、心脏不好等疾病；靠儿子赡养。

韦立清 村民。男，1910年9月9日生，广西上林人。有7个子女、11个孙子女、20个外孙、5个曾孙。住上林县巷贤镇五村留仙庄。生活健康状况：一日3餐，每餐适量，主食为米饭、蔬菜、肉；每天睡眠12小时，行动不太方便，有耳聋症状；靠儿子赡养。

林连芳 村民。女，1910年9月10日生，广西上林人。有2个子女、3个孙子女、2个外孙、5个曾孙。住上林县乔贤镇乔贤社区。生活健康状况：一日3餐，每餐适量，主食为米饭；每天睡眠正常，行动较方便，无重大疾病；靠子女赡养。

黄文光 村民。男，1910年9月16日生，广西武鸣人。有3个子女、8个孙子女、9个外孙、17个曾孙。住武鸣县锣圩镇群兴村伏黄屯75号。生活健康状况：一日3餐，每餐2两左右，主食为米饭、蔬菜；每天睡眠10小时以上，行动不方便，身体已瘫痪、双目失明；靠孙子赡养。

庞绍与 村民。男，1910年9月17日生，广西博白人。有2个子女、7个孙子女、3个外孙、5个曾孙。住宾阳县黎塘瓷业有限公司。生活健康状况：一日3餐，主食为米饭、粥；每天睡眠正常，行动方便，无重大疾病；靠子女赡养。

肖锦兰 居民。女，1910年9月18日生，广西宾阳人。有2个子女、3个孙子女、4个外孙、3个曾孙。住宾阳县芦圩镇临浦街188号。生活健康状况：一日2餐，每次一小碗，主食为粥、米饭；每天睡眠10小时，行动不太方便，双脚无力；靠子女赡养。

李才理 村民。男，1910年9月23日生，广西横县人。有2个子女、3个孙子女、4个外孙、3个曾孙。住横县六景镇布文村。生活健康状况：一日4餐，每餐适量，主食为米饭；每天睡眠10小时，行动方便，无重大疾病；靠儿子赡养。

谢婵英 居民。女，1910年9月23日生，广西南宁人。有9个子女、17个孙子女、5个外孙、10个曾孙。住兴宁区望州岭南路90号。生活健康状况：一日3餐，每餐适量，主食为米饭、粥；每天睡眠8小时，行动不太方便，无重大疾病；靠子女赡养。

杨美莲 村民。女，1910年9月25日生，广西南宁人。有3个子女、7个孙子女、4个外孙、2个曾孙。住南宁仙葫经济开发区五合社区大通坡。生活健康状况：一日3餐，每餐适量，主食为米饭、杂粮、肉类；每天睡眠12小时，行动较为方便，有耳聋疾病；靠外孙一家供养。

何金兰 村民。女，1910年9月29日生，广西隆安人。有2个子女、3个孙子女、4个外孙、2个曾孙。住隆安县乔建镇太阳升村5队。生活健康状况：一日3餐，每餐适量，主食为米饭、肉类、蔬菜；每天睡眠10小时，行动方便，无重大疾病；靠子孙赡养。

李启娥 村民。女，1910年9月30日生，广西南宁人。有1个儿子、2个孙子女。住西乡塘区石埠街道办下灵村6队38号。生活健康状况：一日2~3餐，每餐2两，主食为米饭、蔬菜；每天睡眠6~8小时，行动不方便，靠拄拐杖行走，身体弱；靠儿子赡养。

曾桂连 村民。女，1910年10月6日生，广西武鸣人。有1个女儿、2个外孙。住武鸣县马头镇莫阳村5队。生活健康状况：一日3餐，每餐适量，主食为米饭、蔬菜、一些肉类；每天睡眠8小时，行动方便，无任何疾病；靠女儿赡养。

潘桂兴 村民。女，1910年10月8日生，广西武鸣人。有5个子女、15个孙子女、7个外孙、30个曾孙。住武鸣县仙湖镇中桥村16队。生活健康状况：一日4餐，每餐2两，主食为米饭、粥、肉类、蔬菜；每天睡眠14小时，行动不方便，有风湿骨痛等疾病；靠子女赡养。

曾美芳 村民。女，1910年10月8日生，广西武鸣人。有7个子女、10个孙子女、6个外孙、6个曾孙。住武鸣县府城镇陆杨村雷双屯24号。生活健康状况：一日3餐，每餐2两，主食为米饭、粥、蔬菜；每天睡眠10小时，行动较方便，有耳聋等症；靠儿子赡养。

思建英 村民。女,1910年10月8日生,广西宾阳人。有3个子女、4个孙子女、1个外孙。住宾阳县大桥镇六龙村。生活健康状况:一日3餐,每餐少量,主食为米饭、蔬菜类;每天睡眠8小时,行动方便,无重大疾病;靠子女赡养。

黄翠梅 村民。女,1910年10月11日生,广西南宁人。有1个儿子、2个孙子女。住西乡塘区金陵镇金城社区。生活健康状况:一日4餐,每餐适量,主食为米饭;每天睡眠11小时,行动不方便,无重大疾病;靠政府救济。

刘杏花 村民。女,1910年10月15日生,广西武鸣人。有3个子女、2个孙子女、8个外孙、2个曾孙。住武鸣县太平镇庆乐村上下律屯57号。生活健康状况:一日3餐,每餐约2两,主食为米饭、粥;每天睡眠8小时,行动方便,有头痛、胃痛等疾病;靠子孙赡养。

覃玉香 村民。女,1910年10月15日生,广西上林人。有1个女儿、3个孙子女。住上林县大丰镇里丹村板帮庄。生活健康状况:一日4餐,每餐适量,主食为米饭;每天睡眠14小时,行动不方便,无重大疾病;靠女儿赡养。

林桂英 村民。女,1910年10月18日生,广西南宁人。有5个子女、5个孙子女、3个外孙。住西乡塘区双定镇兴平村。生活健康状况:一日3餐,主食为米饭;每天睡眠8小时,行动不方便,无重大疾病;靠儿子赡养。

韦秀娇 村民。女,1910年10月23日生,广西南宁人。有3个子女、13个孙子女,3个外孙。住西乡塘区秀灵村1组。生活健康状况:一日3餐,每餐适量,主食为米饭、蔬菜、肉类;每天睡眠10小时,行动一般,有老年人痴呆症等疾病;靠女儿赡养。

韦秀兰 村民。女,1910年10月24日生,广西横县人。有1个女儿、3个外孙。住横县六景镇竹标村。生活健康状况:一日4餐,每餐适量,主食为米饭、肉、蔬菜;每天睡眠正常,行动不方便,生活不能自理;靠政府救济和女儿赡养。

陆 氏 村民。女,1910年10月26日生,广西武鸣人。有3个子女、5个外孙、2个曾孙。住武鸣县陆斡镇桥东村华规屯。生活健康状况:一日3餐,每餐适量,主食为粥、饭、肉、蔬菜;每天睡眠12小时,行动方便,视力、听觉衰退;靠孙子赡养。

韦素娥 村民。女,1910年10月28日生,广西马山人。住马山县白山镇合作村。生活健康状况:一日3餐,每餐适量,主食为米类、肉、菜类;每天睡眠10小时,行动方便,无任何疾病;五保户,靠政府救济。

徐文禧 村民。女,1910年11月3日生,广西横县人。有2个儿子、2个孙子女。住横县那阳镇大联新村二队。生活健康状况:一日3餐,每餐适量,主食为米饭、蔬菜;每天睡眠10小时,行动不太方便,无重大疾病;靠儿子赡养。

李真金 村民。女,1910年11月3日生,广西隆安人。有5个子女、6个孙子女、16个外孙、7个曾孙。住隆安县布泉乡兴隆村布隆屯。生活健康状况:一日3餐,每餐适量,主食为米饭、玉米粥、蔬菜、肉类;每天睡眠13小时,行动方便,无重大疾病;靠子女赡养。

兰玉英 村民。女,1910年11月6日生,广西马山人。有1个女儿、6个外孙、3个曾孙。住马山县周鹿镇马周村。生活健康状况:一日4餐,每餐适量,主食为米饭、粥、蔬菜、肉类;每天睡眠10小时,行动方便,有风湿骨痛疾病;靠政府救济。

陶玉连 村民。女,1910年11月11日生,广西武鸣人。有4个子女、6个孙子女、4个外孙、5个曾孙。住武鸣县两江镇云川村12组。生活健康状况:一日3餐,主食为米饭、粥、蔬菜、肉类;每天睡眠正常,行动不方便,无重大疾病;靠子女赡养。

梁观法 退休职工。男,1910年11月13日生,广东新会人。有5个子女、5个孙子女、3个外孙、3个曾孙。住西乡塘区衡阳西路2号12栋101号。生活健康状况:一日3餐,主食为米饭、面食;每天睡眠8小时,行动方便,无重大疾病;有退休金。

李若梅 村民。女,1910年11月19日生,广西南宁人。有3个儿子、3个孙子女、4个外孙、1个曾孙。住邕宁区蒲庙镇那路村。生活健康状况:一日3餐,每餐适量,主食为米饭;每天睡眠8小时,行动方便,无重大疾病;靠子女赡养。

黎爱珍 村民。女,1910年11月21日生,广西横县人。有2个子女、4个孙子女、6个外孙、5个曾孙。住横县峦城镇滩头村11队487号。生活健康状况:一日3餐,每餐2两,主食为米饭、蔬菜类;每天睡眠10小时,行动方便,无重大疾病;靠政府救济。

汤亚银 居民。女,1910年11月24日生,广东新会人。有6个子女、7个孙子女、7个外孙、5个曾孙。住江南区体育路4号。生活健康状况:一日3~4餐,每餐均2两,主食为米饭、面类;每天睡眠10小时,行动不便,经常有脚痛、头痛等疾病;靠子女赡养。

罗春秀 村民。女,1910年11月25日生,广西隆安人。有2个子女、4个孙子女、2个外孙、2个曾孙。住隆安县屏山乡下力村。生活健康状况:一日3餐,每餐适量,主食为米饭、玉米粥、蔬菜类;每天睡眠正常,行动方便,有高血压疾病;靠儿子赡养。

梁金荣 村民。女,1910年11月29日生,广西隆安人。2个子女、2个孙子女、3个外孙。住隆安县丁当镇丁当社区中南街38号。生活健康状况:一日3餐,每餐适量,主食为米饭、玉米粥、蔬菜、少量肉类;每天睡眠16小时,行动不太方便,无重大疾病;靠子孙赡养。

周凤英 村民。女,1910年12月1日生,广西桂林人。有1个养子。住西乡塘区雅里上坡9号。生活健康状况:一日3餐,每餐3两,主食为米饭;每天睡眠12小时,行动一般,有青光眼、白内障、耳病等疾病;靠政府救济和集体补助。

林明生 退休职工。男,1910年12月14日生,广西合浦人。有1个儿子、2个孙子女、1个曾孙。住兴宁区望州岭南路13号9栋。生活健康状况:一日3餐,每餐2两,主食为米饭、蔬菜;每天睡眠正常,行动方便,身体虚弱;有退休金。

(谭邕生)

责任编辑 黄善秋

专题调研与经济分析

抓住中国—东盟自由贸易区建成机遇推进南宁又好又快发展

车荣福

中国—东盟自由贸易区，是中国与东盟十国顺应全球贸易自由化趋势，积极破除贸易保护主义、推进区域经济一体化而建立的，是中国和东盟合作历程中的里程碑，对于促进双方经济增长、贸易往来、交流合作都具有重要的战略意义。南宁作为我国与东盟开放合作的前沿中心城市，在中国—东盟自由贸易区中的地位和作用日益凸显。2010年中国—东盟自由贸易区全面建成，将给南宁带来新的重大发展机遇，标志着南宁开放合作进入一个崭新的发展时期。

中国—东盟自由贸易区的建成既给南宁的发展带来新的机遇，同时也带来新的挑战。

机遇方面。一是有利于进一步发挥南宁的通道和平台作用，提升城市国际地位。自贸区建成后，南宁作为多区域合作地缘经济中心和广西北部湾经济区中心城市的优势更加明显，外接东盟国家、内联西南各省市的地理位置更加重要，通道和平台作用更加凸显，中国与东盟国家相关各方可以通过南宁更好地开展交流合作，企业和产品通过南宁可以迅速进入双方市场，这将促进人流、物流、资金流、信息流等在南宁汇聚、辐射。加上中国—东盟商务区办事处（联络部）基地园区和领事馆区建设的加快推进，将带动更多的中国与东盟合作交流的基地、协会和培训中心进入南宁，南宁作为中国与东盟交流合作基地和平台作用进一步增强，城市国际地位进一步提升。二是有利于深化全方位对外开放合作，扩大城市影响力。自贸区建成后，中国与东盟之间90%的贸易产品实现零关税，双方企业将得到更多的关税优惠，大大降低中国与东盟国家互相进入对方市场的门槛，南宁与东盟合作交流环境更加宽松，货物贸易、服务贸易、投资发展更加频繁和紧密，区域合作更加深化，更加有利于集聚资源，促进经济、金融、信息、科技文化和开放的国际化，南宁与东盟的合作将进入到全方位、多层次、宽领域开放的新时期，城市影响力将全面提升。三是有利于加快经济结构调整和优化升级，提升产业竞争力。自贸区建成后，南宁将面临更广阔的产品市场，更多样的资源渠道，更宽广的产业合作空间，有利于加快调整优化经济结构，推进构建现代产业体系，加快产业的国际化进程，促进壮大工业、提升服务业、做强农业，提高产业竞争力，形成一批竞争力强、拥有自主知识产权和著名品牌的大公司、大企业、大集团，从而促进区域性加工制造基地、物流基地、商贸基地、国际综合交通枢纽中心、信息交流中心、金融中心的加快建设，不断增强城市综合经济实力。四是有利于提升城市软实力，彰显城市魅力。自贸区建成后，南宁进入了开放合作的新时期，有利于我们与国际接轨，提高政府工作的透明度和公信力，建设服务政府、责任政府、法治政府和廉洁政府，有利于深化依法治市，打造诚信南宁，培育城市人文精神，有利于推动文化事业和文化产业繁荣发展，不断提高城市整体文明程度，进一步树立南宁开放包容的城市形象，提高城市软实力，展示南宁迈向国际化的蓬勃生机。

挑战方面。一是城市竞争的挑战。周边重要城市的强劲发展势头，珠三角、长三角重要城市雄厚经济实力和开放合作先行优势，在自贸区建成后更具竞争力，直接影响南宁城市地位和作用的发挥。二是贸易投资的挑战。自贸区建成后南宁的边贸优势将会弱化，竞争力不强的产品更难进入国际市场，东盟国家迎来更佳的投资环境和更广的投资前景，对南宁吸引外资形成较大的压力。三是产业发展的挑战。南宁与大部分东盟国家的产业结构相似，产业发展面临激烈竞争。东盟农产品大量进入我国市场，我市农产品加工及深加工产业滞后，农产品销售将面临更大的挑战。四是口岸通关的挑战。自贸区建成后进出口贸易量将不断增加，需要基础设施齐全、规模较大、通关便捷的符合现代化物流管理要求的口岸，我市目前的口岸设施不配套、不完善，难以适应形势发展的需要。五是交通建设的挑战。南宁对接东盟的交通基础设施不畅，铁路、公路没有真正实现直通，航班航线少，不适应自贸区建成后巨大的人流、物流的交通需求。

自贸区建成后，我们要抓住机遇，以更加开放的视野、更加创新的思维、更加有力的措施，充分利用"两会一节"重要平台，服务国家周边外交战略，加强与东盟国家全方位交流与合作，提升城市国际化水平，把南宁建设成为中国对接东盟的先行区，促进广西国际区域经济合作新高地的建设。

一是提升中国—东盟"南宁渠道"作用。继续服务好中国—东盟博览会、中国—东盟商务与投资峰会，争取在南宁形成更多的推进中国与东盟交流合作的共识。充分发挥"两会"平台作用，拓宽与东盟的合作领域，积极参与泛北部湾经济合作、大湄公河次区域等区域合作，吸引更多的国内外客商来南宁投资发展。加快南宁·中国—东盟国际商务区建设，加快东盟各国联络部（办事处）基地和南宁领事馆区建设，支持服务东盟国家及日韩在南宁设立领事馆或联络部（办事处），把商务区打造成为与东盟各国及其他国家交流合作的示范区。加快建设商务区步行街，打造"永不落幕的博览会"。加强与东盟重要城市的友好往来，积极开展缔结友好城市工作。加快发展总部经济，主动承接制造业和服务业高端企业的转移，建设总部经济集聚区，积极引进国内外大企业大集团尤其是东盟国家企业到南宁设立区域性总部，使我市成为大企业大集团的总部聚集地。

二是构建面向东盟的综合交通运输枢纽。适应自贸区建成后大通道、大物流的需要，构建以高速公路、铁路、空港和内河港口为主干的现代化交通网络，推进建设面向东盟的区域性国际综合交通枢纽中心。加快推进"南宁—新加坡经济走廊"建设，积极推进建设南宁—新加坡铁路和高速公路运输通道，完善通往越南的铁路通道，争取开通南宁到河内真正的直通车，使南宁成为华南地区进入中南半岛的重要陆路通道口。全力配合南宁通往周边省市及区内主要城市的铁路建设，重点加快建设南宁—广州等6条高速铁路，推进南宁—钦州等城际铁路建设。加快南宁机场扩能改造，增加通往国内主要城市的干线航班，开通并增加连接东盟、日韩、欧美等国家的国际航班，建成面向东盟的门户枢纽机场。积极投入西江"黄金水道"建设，推进建设南宁港，筹划建设开通"平陆运河"，开辟南宁至钦州新航道，为南宁和广西腹地出海创造"通江达海"的便利条件。

三是提升产业发展水平和国际竞争力。突出提升南宁产品在东盟及国际市场上的竞争力，根据东盟国家的产业特点，调整优化产业结构，提升产业发展水平。加大承接东部产业转移力度，发展外向型加工制造业，开发和生产适合东盟市场特点的运输车辆、工程机械、农用机械、小水电产品等机械产品，提高工业产品对东盟出口竞争力，加快建设面向东盟的区域性加工制造基地。依托现有工业产业优势，加强有色金属开采及加工、建材工业、中药材产业及产品的开发制造。加快工业园区建设，吸引一批关联度大、产业链长、辐射力强的工业企业到工业园区落户，增强园区产业发展的承载能力。加快发展优势特色农业，建立一批面向东盟的优质种苗生产基地，扩大柑橘、葡萄类水果、蔬菜、食用菌等优势农产品加工出口，开展养殖海产品和水产品、生物资源等农业产业合作，扩大水稻免耕抛秧、农作物栽培等领先技术对东盟的输出。加快南宁信息基础设施建设，加大区域信息资源的开发和利用，建设中国—东盟信息大厦等一批重大项目，推进南宁到东盟国家的国际通信光缆建设，争取国家支持在南宁设立国际通信出入口局，加快建设面向东盟的区域性信息交流中心。加快五象新区金融街建设，积极引进实力较强的金融机构在南宁设立分支机构，争取国家将南宁定为人民币结算试点城市和在南宁设立中国—东盟期货交易所。建设一批旅游项目，培育一批旅游精品线路，开发完善到东盟国家的旅游线路，推进南宁东盟无障碍旅游圈建设。做大做强会展经济，开发一批市场前景好的会展项目，支持举办更多的国际性会议、论坛，打造区域会展平台。

四是发展面向东盟的货物贸易、服务贸易和对外投资。货物贸易、服务贸易和对外投资是自贸区建设的主要内容，要采取有力措施，努力实现新突破。打造为贸易服务的物流平台，加快发展国际航空物流和国际快运业务，加快安吉、江南等重点物流园区建设，推进海吉星农产品国际物流中心、华南城等重点物流项目建设，扩大与东盟国家的贸易进出口规模。加快中国—东盟国际物流基地建设，重点建设南宁保税物流中心，推进南宁、北海、钦川和防城港的"区港联动"，打造南宁"无水港"，为东盟国家乃至其他国家和地区提供现代物流服务。加快商贸业基础设施建设，鼓励发展新型商业业态，建设一批服务东盟国家、具有较强辐射功能的大型专业市场，形成区域性大宗消费品集散地和交易中心，推进面向东盟的区域性商贸基地建设。根据东盟市场需求，优化出口商品结构，结合工业结构调整，培育壮大一批外贸企业，促进铝材、化工、农副产品等优势产品以及机电产品、电子信息和新材料等产品出口，进一步发展面向东盟国家的进出口贸易。实施"走出去"战略，鼓励南宁企业到东盟国家建立科研、生产基地和设立办事处，加强与东盟企业的贸易合作，参与东盟交通、水利、电力、市政、环保等基础设施建设投资，引导有实力、有特色的企业到东盟国家投资办厂。支持和鼓励有能力、有条件的企业开拓东盟承包市场，开展工程承包业务，同时通过工程承包带动南宁的建筑机械和工程机械等设备的出口。充分发挥我市的人才优势，加强工程专业技术人才培训，发展劳务经济，推动我市对东盟的劳务输出。

五是打造中国—东盟文化教育基地。充分发挥南宁与东盟国家历史文化渊源优势，大力推进南宁与东盟文化艺术的交流合作，拓宽文化合作领域，办好文化合作活动，进一步打响南宁国际民歌艺术节品牌，办精、办特"大地飞歌"和"风情东南亚"，提升品牌国际影响力，搭建国际文化交流平台。深化与东盟国家的体育交流，支持办好中国—东盟汽车拉力赛、南宁国际龙舟邀请赛等国际赛事，争取举办更多有影响力的国际赛事。加强与东盟各国人才资源的合作开发，加大人才培训力度，开展与东盟国家互派留学生、互派教师、互派访问学者活动。发挥驻邕高校在培养东盟国家语言人才等方面的优势，进一步增设东盟语言、经济、文化等方面的专业，重点培养通晓东盟语言、掌握自贸区规则以及国际经贸合作等知识的高级复合人才。加快中国—东盟青少年培养基地、东盟国家公务员培训基地及一批国际性的教育机构建设，打造"学在南宁"品牌。

六是构建快速高效的大通关体系。加强口岸建设，提高通关效率，着力打造适应自贸区建设的通关口岸和模式，形成快速高效的大通关体系。积极推动口岸交通设施建设，完善海关、检验检疫的配套设施，形成功能齐全、管理先进、服务高效的南宁水陆空立体口岸体系。加快南宁保税物流中心等海关特殊监管区域和监管场所建设，使之成为功能完善、服务便捷的海关特殊监管区。运用现代科技信息、网络手段，简化通关程序和手续，提高通关效率，降低贸易成本。加强与自治区内外其他口岸以及东盟各国海关的协作，特别是加强与自治区内各港口、边境口岸的衔接，在通关程序、检验标准、产品生产标准、专利及知识产权等方面开展合作，推进形成口岸共同体。加强与东盟国家在检验检疫方面的合作，推进出入境检验检疫"一站式"服务，实现通关便利化。

（一）加强对自贸区法律规则的学习与研究。充分认识自贸区建成对我市发展的重大影响，紧紧把握面临的机遇，积极应对挑战，加大对自贸区相关法律、规则的学习和研究，熟悉自贸区的各项制度和运行机制。学习运用国际通行规则，更紧密与国际经济接轨，促进营商标准与做事规则国际化，提高灵活运用国际贸易准则参与国际经济事务的能力。学习研究自贸区建设相关文件主要内容，了解东盟各国在税收、贸易、投资等方面的政策。熟悉中国与东盟国家有关经济政策、产业导向、投资环境、市场特点，以及自贸区建设在产业、交通、人力资源开发等领域达成的合作共识、取得的成效。深入开展调研，形成针对性的对策措施，积极应对，趋利避害，提高参与自贸区建设的能力。

（二）创新与东盟交流合作的体制机制。建立和完善与国际通行规则相衔接、促进南宁扩大开放合作的行政管理体制、运行机制及政策措施。创新国际交流合作的体制机制，重点探讨和完善与东盟国家在政治、经贸、文化、教育、科技、卫生、体育、法律等方面的交流合作机制。研究建立高层会议、各种民间和政府论坛等机制，加强对话和交流。加强与东盟国家在经济安全与风险防范方面的合作与交流，建立贸易摩擦解决应对机制、防范和保护机制。

（三）优化服务环境。加快建设现代宜居城市，完善城市各项公共服务设施，提升城市功能，为南宁参与自贸区建设创造良好的公共服务环境。进一步完善城市道路、桥梁、供水、供电、通讯等公共基础设施，改造和完善写字楼、停车场、高档宾馆、会议展览等商务设施条件，提高城市公共服务功能。继续做好“树”、“山”、“水”的文章，提升“中国绿城”品牌，打造“中国水城”。优化政务环境，打造与自贸区建成相适应的软环境。减少和规范行政审批事项，提高审批效率，营造高效、透明的行政环境。用足用活各种优惠政策，制定出台适应自贸区建成大格局的有关政策措施，营造良好政策环境。

（四）加快国际性人才队伍建设。做好人才的培养、引进和储备工作，打造一支适应全方位开放需要的人才队伍，为自贸区和南宁的发展提供人才支撑和智力支持。加大人才培育和引进力度，积极培育和引进熟悉国际贸易规则的国际经济、物流、金融、法律等高层次、高技能人才和国际化人才，培育和引进熟悉东盟国家语言和情况，以及熟悉并掌握自贸区规则、能够与东南亚各国交流合作的各类专业人才。加强人才的培训力度，提高本土人才素质和水平，提高对外交流和处理国际事务能力。创新人才的引进与使用机制，建立健全吸引、留住、用好人才的机制，制定和实施更为开放和灵活的人才政策。

（本文来源于中共南宁市委政策研究室承办的《南宁工作研究》2010 第 1 期）

南宁市创建国家卫生城市情况分析及对策研究

汤晓斌　邓其军　唐　驰

温家宝总理曾经指出：“城市建设和管理水平是一个国家经济社会发展水平的重要标志，是一个民族文明程度的体现。”近年来，南宁市委、市政府高度重视创建国家卫生城市工作，特别是 2006 年以来，全市以实施“城乡清洁工程”为契机，广泛深入地开展爱国卫生运动，加强基础设施建设，积极创建国家卫生城市（下文简称“创卫”）和全国文明城市，各项工作取得显著成效，城市管理水平进一步提高，城市环境卫生面貌明显改善，城市功能日趋完善，市民健康水平和文明素质不断提高。1995 年、1999 年南宁市先后荣获“自治区卫生城市”，1996 年荣获“全国卫生城市”，2007 年通过“自治区卫生城市”复审，同年 10 月，获得“联合国人居奖”。2008 年 10 月，《南宁市 2008~2009 年创建国家卫生城市实施方案》的出台，标志着南宁市创卫工作进入评审阶段。2009 年 1 月，南宁市获得“全国文明城市”荣誉称号。2009 年 7 月 18 日，南宁市正式提出创建国家卫生城市申请，9 月 23 日通过自治区级考核。10 月 29 日，创卫申报材料通过了全国爱卫办审核与受理。2010 年 1 月 18 日，全国爱卫办对南宁市创建国家卫生城市工作进行专门调研。2 月，南宁市荣获我国环保最高荣誉“中华宝钢环境奖”。7 月 17~18 日，国家卫生城市暗访组对南宁市创卫工作进行暗访。8 月 16 日，全国爱卫办下文明确南宁市创卫工作通过国家暗访调研，标志着我市创卫工作取得突破性进展。

一、南宁市创建国家卫生城市取得的主要成效

（一）爱国卫生运动广泛深入开展

南宁市委、市政府对爱国卫生工作十分重视，把爱国卫生工作纳入重要议事日程，列入年度工作目标，建立健全各级爱卫会组织。除按照常规做好日常爱国卫生工作之外，南宁市每年均组织开展“爱国卫生月”、“爱国卫生周”、“卫生清洁日”、“周末大扫除”、“除四害统一行动周”等多种形式的爱国卫生运动。据不完全统计，近年来，全市参加爱国卫生活动 580 万多人次，印发各种宣传资料 80 多万份，出动车辆 1800 多辆次，清除垃圾 30 多万吨，清理卫生死角 2.50 万多处，清除积水 1.40 万多处，平整洼地 16.50 万平方米，疏通沟渠 13 万多米，开展健康教育活动 6500 场，受教育 10 万人以上。全市环境卫生状况有明显的改观。

南宁市还将爱国卫生工作纳入全市国民经济发展总体规划和政府目标管理考核，与全市国民经济可持续发展战略同步进行。2005 年，南宁市爱国卫生运动委员会（以下简称“爱卫会”）结合南宁市经济发展战略制定《南宁市爱国卫生工作“十一五”规划》，提出爱国卫生五年工作目标，每年制定年度工作计划，召开两次爱卫会委员扩大会，研究和部署爱国卫生和创建国家卫生城市有关工作，坚持开展爱国卫生运动。南宁市爱卫会还印发《南宁市爱国卫生运动委员会各委员单位分工职责》，明确各委员单位的职责，要求各委员单位根据全市爱国卫生工作计划，制定本单位爱国卫生工作计划并具体组织实施，做到工作有部署，有检查，有评比表彰，切实推进全市爱国卫生工作。此外，南宁市委、市政府还出台，《南宁市实施城乡清洁工程除四害工作方案》，制定“门前三包”、“周末大扫除”等一系列城市卫生管理办法和规章，将全市爱国卫生工作纳入制度化、规范化管理。南宁市设有各类投诉电话（包括市长热线电话“12345”、卫生监督投诉电话“2439585”、市政管理投诉电话“12319”、环保投诉电话“12369”等），自觉接受社会和群众的监督，各有关部门认真办理群众卫生投诉，当前群众对全市卫生状况满意率达到 90%以上。

（二）健康教育日益普及

经过多年的努力，南宁市已建立健全市、城区、街道办事处、居委会的四级健康教育网络，形成“政府负责、部门配合、社会参与”的健康教育组织管理模式。各类学校开设健康教育课，积极开展多种形式的健康教育活动，注重培育学生养成良好的卫生习惯，学生健康知识知晓率达到 95%以上，14 岁以下儿童蛔虫感染率小于 3%。各级医院采取多种形式，有针对性地向病人及其家属开展健康教育，住院病人相关卫生知识知晓率达到 80%以上。各社区紧密围绕群众健康需求和卫生防病工作重点开展多种形式的健康教育活动，居民健康知识知晓率达到 70%以上。各行业结合本单位特点开展有关职业卫生、疾病预防、卫

生保健等方面的健康教育活动，职工相关卫生知识知晓率达到80%以上。《南宁日报》、《南宁晚报》、南宁电视台、南宁电台等新闻媒体设有健康教育栏目，结合卫生防病工作和广大群众普遍关心的卫生热点问题，开展多种形式的卫生防病宣传和健康教育，对创建卫生城市活动进行正确的舆论引导。机场、车站、码头、广场等大型公共场所设立的电子屏幕和公益广告均有卫生防病宣传和健康教育内容。坚持开展控烟工作，公共场所放置禁止吸烟标志。

（三）市容环境卫生面貌明显改观

近年来，南宁市认真贯彻执行国家有关市容和环境卫生管理法规，进一步加大城市基础设施建设和城市环境综合整治力度，结合全面实施“城乡清洁工程”，以狠抓市容环境卫生长效管理为突破口，标本兼治，建管并举，以点带面，整体推进，加快了卫生创建的步伐。一是加强城市基础设施建设，改善城市人居环境。我市每年都投入大量资金，切实加强市政公用设施建设，推进了一批立交桥、跨江大桥、市区道路等城市路网的建设。抓好城市道路、供水排水、污水处理、垃圾处理、供水供电和环卫设施建设，使生活垃圾无害化处理率达到100%，污水处理率达到80%。全面实施绿化、净化、亮化、美化工程，抓好南湖公园及“名树博览园”、百里环城森林生态圈等重点项目的建设，使全市森林覆盖率达41.34%，建成区绿化覆盖率达39.65%，绿地率34.18%”，“中国绿城”名声在外。大力实施环境综合整治行动，市区空气质量优良率常年保持在97%以上。邕江干流水质保持国家地面水三类标准。市区声环境处于20世纪90年代以来最好水平。二是大力开展市容环境整治行动，营造和谐人居环境。近年来，南宁市以深入实施“城乡清洁工程”为载体，全市集中治理“五乱”行为。自2006年9月实施城乡清洁工程以来，全市各县（区）、开发区、市直各职能部门共查处各类违章行为570.80万起，其中摊点乱摆（含跨门槛经营）行为160.90万起、车辆乱停放行为63.60万起、垃圾乱扔行为84.90万起、广告乱贴行为256.70万起、拆除违法户外广告设施10.60万平方米、工地乱象行为4.70万起。加强专项督查督办工作，近500名“数字城管”监督员在大街小巷巡查，实现主动发现问题、实地核查监督办理结果等跟踪服务。自2006年9月至2010年7月，南宁市城乡清洁工程领导小组办公室共发出督办函4210份，对3.60万个问题提出了整改要求，处理率达98%。截至2010年9月底，完成路面维修10万平方米，人行道维修4.60万平方米，疏通排水管道99千米，清掏沉沙井6.60井次，修复桥梁栏杆500米，伸缩缝维修（含清理）6千米。

（四）环境保护工作取得突破性进展

全市环保工作坚持落实科学发展观，以创建国家卫生城市为载体，以提高和改善城市环境质量为核心，通过推进污染减排和生态南宁建设，加强城市环境综合整治，加大工业和生活污染的治理力度，推行清洁生产，强化环境监督管理和服务，积极深化污染防治和生态保护，全市城市环境综合整治工作取得突破性进展。

市区空气质量总体保持良好，全年API指数（空气污染指数）≤100的天数比例大于90%。从2000年起，南宁市区大气监测所有考核监测点位已全部采用空气自动监测系统，监测点位经过国家环境监测总站认证确定，2006年以来实行空气污染指数（API）对社会公布日报制度，2006~2008年共发布空气质量日报1068期，2006年全年API指数（空气污染指数）≤100的天数为96.71%，2007年为94.44%，2008年为96.17%，其中2008年市区空气质量优良天数达到352天，8月份连续31天100%达到国家一级标准，全年API指数为优的天数182天，比2007年增加49天，创20年来历史最好水平，大大超过创建国家卫生城市考核指标≥70%的要求。

（五）公共场所、生活饮用水卫生管理水平明显提高

南宁市认真贯彻国务院《公共场所卫生管理条例》，进一步规范公共场所的经营行为，加大生活饮用水管理力度，防止疾病传播，保障消费者身体健康，在公共场所、生活饮用水卫生监督等方面做了大量工作，同时把有关卫生法律、法规的宣传贯彻工作作为日常卫生监督管理的一项重要内容，通过多种渠道，开展形式多样、老百姓喜闻乐见的宣传活动，进一步提高消费者和经营者的卫生意识，强化卫生观念，行业卫生水平明显提高。一是全市各类公共场所卫生管理制度健全。设有专（兼）职卫生管理人员，从业人员持有有效健康证明和卫生知识培训合格证，“五病”调离率100%，各类公共场所室内外环境整洁，清洗、消毒、通风等各项卫生措施落实到位，从业人员操作规范。卫生监督部门在日常工作中重点加强对全市7851家公共场所和316家供水单位的卫生许可证、从业人员健康证明和培训证持证情况、卫生制度落实情况以及公共用品清洗消毒等情况进行监督检查。每年公共场所和生活饮用水的监督覆盖率达100%，卫生许可证持证率达100%；从业人员健康证明、卫生知识合格证明持证率达95%，“五病”调离率为100%；集中式饮用水水源地水质达标率不小于96%。2006年以来，在全市开展公共场所卫生监督量化分级管理试点工作，率先在三星级以上旅栈服务业和游泳场所试行公共场所卫生监督量化分级管理制度，对经营者进行培训和技术指导，游泳场所硬件设施、软件管理等方面都有较大提高。二是加强生活饮用水水源卫生监督管理。按照《邕江河段水体保护条例》等有关水源卫生管理法规要求，对全市自来水厂和二次供水设施进行规范化管理，各类监管、检测资料齐全，自来水厂出厂水质、管网水质符合《城市供水水质标准》。对二次供水设施的卫生防护、水箱（池）的清洗、消毒等方面制定了具体的规定，建立了二次供水的基本档案，加强了二次供水卫生监督和水质监测等工作。市区6个自来水厂分别以三津、陈村、西郊、中尧、河南为取水水源地，严禁在各取水点上游1000米、下游100米水域内进行种植养殖业的生产，并对可能产生的污染源进行了严格的控制。全市共设立10个水质监测点，每月对末梢水浑浊度、细菌总数、总大肠菌群、余氯等有关指标进行监测，总合格率均在98%以上。

（六）食品安全工作进一步加强

近年来，南宁市认真贯彻落实国家有关食品安全的法律、法规，将食品安全纳入政府工作规划。成立综合协调领导机构，每年组织召开食品安全专项整治工作会议，明确责任分工，制定中长期工作目标和措施，建立食品安全事件应急处置响应机制，确保食品生产经营企业主体责任得到落实。先后组织实施食品放心工程、推广食品卫生监督量化分级管理制度以及餐饮业和学校食堂、保健食品、卫生许可证、婴幼儿配方食品、食品添加剂、冷冻食品、建筑工地食堂、保健食品、“放心奶”、“放心粉”和食品安全整顿等10多个专项工作；开展重大活动和节日食品安全专项检查，切实保障广大人民群众的食品安全。推行食品卫生监督量化分级管理制度是南宁市卫生监督管理模式的一项重大制度改革。近年来，全市获得A级证书的企业有57

家，获得B级证书的企业有159家，量化实施率达100%。《食品安全法》于2009年6月1日颁布实施后，南宁市政府及时调整监管机制，组织协调各职能部门依法履行监管职责，开展食品安全专项整顿工作，并取得显著成效。近年来全市未发生重大食品安全事故。

按照《动物防疫法》和《生猪屠宰管理条例》要求，开展定点屠宰工作。完成集中检疫和肉品检验制度，加强对猪肉的监督检查，确保进入市场销售的肉品都是由定点屠宰厂场生产、经检疫合格的产品。2009年末，全市有家畜屠宰加工厂场点153个，机械化家畜屠宰厂53个，半机械化家畜屠宰场27个，从业1400人，供应市中心区的定点屠宰厂有7个。其中市肉类联合加工厂屠宰分厂、市食品公司江南肉类联合加工厂的班宰（8小时）能力各为2300头。近年来，有关部门依据《生猪屠宰管理条例》和《广西壮族自治区家畜屠宰管理条例》规定，严厉打击私宰家畜、制售注水肉、病害肉等违法行为，取得了较好的效果。

根据2010年3月24日黄方方市长在检查全市创建国家卫生城市集贸市场（活禽经营区）改造工作时的指示精神，南宁市商务局会同南宁市爱卫办、城区（开发区）在做好摸底调查工作的基础上，迅速行动，积极开展集贸市场活禽经营区改造试点工作，市财政安排专项资金1000万元用于开展集贸市场升级改造工作。全市共132个农贸市场，拟计划改造93个市场、734个活禽经营间，截至2010年10月，实际已改造458个活禽经营间，其中试点市场改造141个活禽经营间，第二批市场改造317个活禽经营间，取得阶段性实效。

（七）传染病得到有效控制

近年来，对传染病的防治，南宁市认真贯彻预防为主方针，加强对艾滋病、结核病、乙肝、鼠疫、霍乱、传染病性非典型肺炎、人感染高致病禽流感、甲型H1N1流感等重大传染病及地方病的防治工作，制定各类重点传染病和地方病防治规划和应急预案，加强疾病预防控制机构和基层预防保健组织的建设，建立健全疾病预防控制网络和覆盖城乡的疫情信息监测报告网络，建立稳定的疾病预防控制机构经费保障机制，进一步改善疾病预防控制机构的基础设施和实验室设备条件。目前，全市已形成覆盖城乡、功能完善、反应灵敏的突发公共卫生事件网络，疾病预防控制和应急处理能力提升到一个新的水平。据统计，全市各城区以辖区25家自治区、市属医疗卫生单位为依托，设预防保健科，市区共有119名防保人员，负责地段内传染病防治、计划免疫等疾病预防控制工作。在农村地区，形成以县级医疗卫生单位为依托，乡镇卫生院为枢纽，村卫生所为基础的农村三级公共卫生服务网络，全市乡镇卫生院防保人员460人，全市乡村医生3908名，由乡镇卫生院组织乡村医生开展传染病防治、计划免疫等疾病预防控制工作。近年来，全市无甲类传染病暴发疫情，传染病发病率控制在较为稳定的水平，无院内感染引起的重大疫情或导致的死亡事故，重大疾病控制按期完成国家规划要求。

目前，全市已实现医疗废弃物无害化集中处理，市区50家大医院、400多家小门诊以及各县57家医疗机构签订了医疗废弃物收运处理协议，每年集中收集和处理医疗垃圾累计4000多吨，市区及各县医疗废弃物集中处置率达100%。

全市县级以上医疗机构和中心乡镇卫生院实行传染病及突发公共卫生事件网络直报，疫情报告及时，处理规范，医疗机构法定传染病漏报率小于2%。目前，全市共设有计划免疫接种点660个，其中乡镇级以上计划免疫接种门诊251个，村级接种点310个，儿童计划免疫音单苗、四苗及乙肝疫苗全程接种率达到95%以上。

近年来，全市继续保持临床医疗用血100%来自无偿献血，自愿无偿献血率100%，全市无偿献血人数每年均超过10万人次。

（八）病媒生物防制基本达到指标要求

近年来，南宁市病媒防制工作以深入开展城乡清洁工程、治理“五乱”为契机，坚持政府组织、地方负责、部门协调、群众动手、科学治理、社会监督的爱国卫生工作基本方针，全面开展以环境综合治理为主，化学防制为辅的病媒生物防制工作，有效控制病媒介生物性传染病的突发与流行风险。制定《南宁市除“四害”工作暂行管理规定》、《南宁市城乡清洁工程除“四害”工作实施方案》、《首府南宁创建国家卫生城市病媒生物防制专项整治实施方案》等相应的管理制度，坚持抓目标责任制管理，把病媒生物防制工作目标责任进行逐层分解，逐层签订目标责任状，作为实施城乡清洁工程的岗位目标考核内容。南宁市爱卫会各委员部门及城乡清洁办建立督查和督导两个机制，按《南宁市城乡清洁工程灭鼠、蚊、蝇、蟑螂达标考核标准》要求，每年进行2~3次检查评比。近年来，南宁市建成区范围鼠、蟑螂、蝇的密度基本有效控制在国家标准内，蚊的密度不超过国家标准的3倍。

据不完全统计，近年来，南宁市共投入病媒防制工作经费1960万元，其中市级财政投入360万元，各县（区）财政投入800万元，单位和群众投入800万元；共发放各种科普资料25.60万张，健康教育宣传小册子9.50万册，张贴宣传画4.50万张，出版各种健康教育板（墙）报860期（次）；共举办各级、不同层面、行业的病媒生物防制工作技术培训班、现场会36期（次），接受培训4500人次；共投放敌鼠钠盐、溴敌隆毒谷168吨，以及系列除“四害”药物一批，投入使用常量喷雾器350台、超低容量喷雾器30台、热烟雾机23台。

（九）社区和单位卫生状况不断改善

为不断提高单位和居民区的卫生水平，南宁市首先从健全法规上入手，制定一系列城市市容和环境卫生管理法规、规章；其次在各单位和街道办事处、居委会建立卫生组织，落实专（兼）职卫生保洁人员；第三是对单位和居民生活垃圾实行袋装化、桶装化，专人定时上门收集，做到日产日清；第四是卫生工作有部署、有检查，坚持开展“创卫”和爱卫活动的评比活动。全市先后命名爱国卫生先进单位1400多个，其中有5个单位被评为全国卫生单位，2个小区被评为“全国城市物业管理优秀住宅小区”。

近年来，南宁市通过在社区和单位开展经常性、群众性的爱国卫生宣传和卫生活动，建立居（村）民卫生自治制度，组建群众义务监督员队伍，组建社区、单位“爱国卫生协管员”队伍，形成以“市（村）民管理市（村）民”的机制。通过制订社区居民公约、改善社区社会治安、维护社区卫生环境等自治措施，将城市创建工作融入广大市民的工作、生活之中，把城市管理和创卫工作真正转化为每个市民的自觉行动，促进单位和居民区卫生面貌的全面改观，进一步提高市民工作和居住环境质量。

截至目前，城市社区卫生服务框架基本构建完成。全市共建立社区卫生服务机构96个（中心33个、站63个），其中，由公立医院及乡镇卫生院举办的社区卫生服务机构有66个，公立医院承办占73%；企事业卫生机构改制为社区卫生服务站10

个,占10.40%;社会团体或个人力量主办20个,占21%,社区卫生服务人口覆盖率达100%,形成以政府为主导、社会力量参与的社区卫生服务网络。

(十)城中村及城乡结合部卫生整治效果明显

近年来,南宁市十分重视城中村及城乡结合部的卫生整治工作,结合"城乡清洁工程"和社会主义新农村建设,持续不断地开展一系列综合整治工作,取得初步成效,城乡面貌焕然一新。一是将环卫工作延伸到所有城中村、乡镇,城中村、乡镇的垃圾清运工作由城区环卫站接管,落实专门保洁人员,坚持每日清扫。二是组织开展"清洁卫生进家庭"、"清洁卫生进农村"的活动,使"城乡清洁工程"由市中心区向郊区乡镇、村屯延伸,由主要街道向家庭、小街小巷、卫生死角延伸,向全市各个层面、各个角落延伸。同时,着重开展小街小巷、城乡结合部和城区交界部分的卫生治理工作,促进"城中村"在居住环境、管理体制、经济发展和社会文明等方面与城市全面融合在一起。三是坚持实施周末大扫除制度。在城乡结合部环境卫生整治工作中,由1~3个社区、村委组成,由街道副职担任片长,街道办干部分片包干,指导片区开展整治工作,效果明显,"五乱"现象得到有效整治。四是通过实施小街小巷环境改造,进一步完善公厕、垃圾收集系统、排污系统设施和绿化、亮化等设施;五是组织开展影响市容市貌的环境专项整治行动,对马路市场、占道经营等现象进行有效整治,对乱拉乱挂和乱搭乱建予以清理规范或拆除,对城郊农贸市场进行升级改造;五是积极发动村民开展除"四害"工作,确保"四害"密度达到国家控制的标准。家禽家畜按规定实行圈养和隔离饲养,保证场地环境卫生,防止传染病传播。六是通过在各城中村、城乡结合部设立卫生宣传栏、出板报、墙报等方式,及时刊登有关卫生健康知识,加强对村民的宣传教育,提高村民的环境卫生防病意识和健康意识。

二、南宁市创建国家卫生城市面临的主要问题

(一)创卫理念不深入

在创卫工作中,全民参与、全民共创、全民共享的理念还不够深入。突出表现在下列几个方面:一是部分单位缺乏大局意识,工作不力,推诿扯皮,对热点难点问题的解决缺乏长远规划,应付了事。二是一些干部群众对创卫工作的重要性,对党委和政府的重大决策认识不足,对创卫工作、任务、标准漠不关心,认为是政府在创卫,与自己无关。三是部分下岗失业人员一时找不到就业门路,往往把投资少、风险低、见效快的摆摊设点违章占道经营作为谋生之道,没有考虑到城市秩序问题,在创卫专项整治活动中容易引发冲突事件;四是部分市民公德素质有待提高,破坏公物、乱扔纸屑、随地吐痰、车辆乱停乱放、不遵守交通规则等不文明现象时有发生。

(二)创卫体制不健全

在创卫工作中,由于机构改革或其他原因,行政管理职能主体发生改变,职能交叉造成许多管理上的空当。突出表现在下列几个方面:一是城乡结合部管理体制条块纵横交错,工作职责难理顺,工作权限不明晰,造成管理缺位。二是南宁市食品药品监督管理局负责全市小餐饮行业整治,但机构改革后,食品药品监督管理局人员偏少,城区机构不健全,一定程度上影响整治效果。三是集贸市场管理存在真空,涉及的工商、商务、城管等部门都认为按照行业法律法规,认为本部门对集贸市场管理无执法处罚权力。

(三)创卫成果需巩固

在创卫工作中,由于管理方法还不够灵活,督促检查力度不够,创卫工作成果难以巩固。突出表现在以下几个方面:一是环境卫生保洁质量不够稳定,背街小巷和城乡结合部仍有卫生死角。二是跨门槛经营、占道经营、乱贴乱挂、乱搭乱建等现象在个别路段仍有反复,尤其是晚上占道经营还比较严重。"五小"(小餐饮店、小歌舞厅、小旅馆、小美容美发店、小网吧)管理混乱亟待整治,非法"三车"(残疾人助力车、人力三轮车、两轮摩托车)亟待取缔,建筑工地运泥车"抛、撒、漏、滴"污染道路引起扬尘的现象时有发生。三是"门前三包"责任制落实不够,占道经营、乱倒垃圾等现象难以彻底整治。四是园林执法力度不够,人群密集场所附近的道路绿地、公共绿地被破坏现象严重,黄土露天现象难以彻底根治。

(四)市基础设施还比较薄弱

城市基础设施投入不足,欠账较多。市内农贸市场、垃圾站点、果皮箱、公厕等数量较少、标准偏低、分布不够合理,给市民的正常生活带来一定的影响。此外,老城区人口密集区、街面路窄,居民小区停车场严重不足,加之一些破损道路维修滞后,导致进出城区道路不畅,给市区交通管理带来一定难度。

(五)创卫资金投入不平衡

各城区财力不均衡,势必影响到城市基础设施及其他创卫经费的投入,突出表现在以下几个方面:一是病媒生物防制药物投入严重不足。受城区财力影响,老城区、破产企业等一批重点单位、重点部位未能投药除"四害"(老鼠、苍蝇、蚊子、蟑螂)。二是集贸市场活禽经营区改造工程进度不一。投入到位的城区已全部完成改造工作,投入不足的城区还是停留在仅依靠市财政投入改造上。

三、南宁市创建国家卫生城市的对策与建议

创建国家卫生城是一项系统、复杂、艰巨的社会工程,各级领导机构应积极探索建立一套有效的创卫长效机制,努力使创卫工作从突击型向常态型、短期型向持久型、整治型向建设型、治标型向治本型转变,实现标本兼治,着力从根本上解决存在问题。

(一)完善长期宣传教育机制

1.坚持把宣传发动、教育推动作为创卫工作一项长期任务来抓。继续充分发挥政府网络、滚动电子屏、电视、报纸、宣传栏、板报等载体的作用,长期开展创卫有关知识的宣传工作,让创卫工作深入群众、深入家庭、深入人心,提高群众环境的保护意识,形成自觉维护身边环境的良好习惯。媒体各单位要转变观念,把创卫宣传列入日常工作范围,有机构、有人员、有经费、有任务、有考核、有奖惩、有监督,开辟专版、专栏,定期刊登宣传创建活动和健康教育的有关内容。内容形式可以多样,可以刊登领导讲话内容,刊登社会各界的倡议书,播放专题片,宣传卫生知识,聘请专家解疑释惑,可以表彰先进人和事,也可以批评落后,曝光阴暗面。通过多样的形式,引导市民支持创建,参与创建。公共场所、主要街道、窗口地区、繁华部位要设置有关创建国家卫生城市的宣传板面。加强管理户外商业广告,必须有三分之一的板面或时间设置公益广告。取缔建成区烟草广告和变相设置的烟草广告。利用节假日、周末和传统节日组织集中宣传。以板面、咨询、义诊、宣传品发放、文艺节目等群众喜闻乐见的形式,宣传爱国卫生法规和预防传染病、性病、艾滋病等有关创建国家卫生城市的内容。

2.坚持广泛开展健康教育活动，提高市民素质。一是建立健全健康教育网络。市、城区两级设立健康教育所，街道办(办事处)、社区有专人主抓健康教育工作，做到有阵地、有设备、有经费，正常开展工作，对于具体工作人员要定期进行专业培训，提高其专业素质。二是聘请国家级健康教育专家，策划符合市情的健康教育项目，用于指导全市的健康教育工作。三是教育部门要组织编写适合本市中、小学生需要的健康教育教材，可制作成光盘，供中、小学校使用。学校要做到有教师、有课时、有评价。四是医院要设置健康教育栏，向病人、家属开展健康教育处方活动，宣传防病治病知识。五是充分发挥社区卫生服务站的作用，设立健康教育专栏，宣传卫生保健知识。建立60岁以上老人健康档案，定期为其体检，掌握社区居民健康状况，宣传健康知识。六是组建健康教育讲师团，在全市基层进行巡回讲座。

3.加强对流动人口和新市民的教育，规范对从业人员和专业技术队伍的培训。随着南宁市城市规模的扩大和城市辐射带动能力的增强，新市民和流动人口不断增多，他们中间有受过良好教育的高素质人才，也有农民等群体，创建国家卫生城市工作决不能忽视对这些人的教育。要设置必需程序，在新市民和流动人口办理入户手续前，由健康教育所负责，公安户籍部门把关，对他们进行必要的市情、文明、礼貌、卫生、公德以及常用法律、法规教育。加强“五小”行业业主和从业人员培训，及时更新行业知识，树立行业意识，提高他们创卫工作的积极性，引导他们以正确的态度投入到全市创卫工作中来。对新开业店面和从业人员，由食品药品监督局、卫生局先进行相关知识培训，经考核合格，颁发餐饮业服务许可证和健康证，以此提高开店门槛，做到卫生知识先入为主。

(二)建立科学的创建工作机制

1.建立健全工作运行机制。一是建立健全创建国家卫生城市领导机构和工作机构。在创建国家卫生城市过程中，南宁市设立首府南宁创建国家卫生城市总指挥部，由市委书记、市长担任总指挥长，分管市领导担任副总指挥长，自治区有关单位、市各级各部门主要领导为成员，下设办公室，负责具体组织实施创卫工作。在工作机构设置上，创建国家卫生城市工作是爱国卫生运动工作的一部分，因此把创卫办设置在爱卫办，但目前南宁市本级和城区爱卫办在人员机构、编制、经费、办公条件等方面还不能适应工作需求，应进一步加强力量。二是健全创卫组织网络。要求各级各部门都有成立专门机构或者人员负责创卫工作，社区、门店也要安排人员负责创卫工作，使创卫组织工作纵向到底，横向到边，不留空白和死角，为工作顺利开展奠定组织基础。三是建立问题台账。开展本市基本情况调查研究，在此基础上对照《国家卫生城市标准》查找存在问题和不足，分门别类、按项目登记造册，建立台账。查找问题越具体越好，分类越明确越好，按项目登记越准确越好，登记造册越清晰越好。然后对照落实，逐项消号，最后全部完成。四是科学制定规划。按照查找出来的问题，科学计算出工作量和需要投入资金量，根据本市人力、财力、物力情况，科学制定创卫时间表，把问题按年度、月份进行分解，同时明确责任单位、责任人，以及解决问题的时间、标准、质量。完成规划后，由职能部门以文件形式下发，创建工作机构负责督查督导，政府实施奖惩。

2.建立健全奖惩机制。创建国家卫生城市工作是一项任务繁重的工作，要真正做好，实现达标确实不易。因此，必须建立健全奖惩机制，使干得好的单位和个人得到奖励，使干得不好的单位和个人受到惩罚，从而充分调动基层单位和个人的积极性，克服“干好干坏一个样”的弊端。

3.完善长效管理机制。一是明晰工作职责，推行“4主”和“234”管理模式。进一步明确各级各部门在创卫长效管理工作中的职责，形成“决策考核以市为主、组织实施以城区为主、日常检查以行业主管部门为主、市(村)民自治以街道社区为主”的“两级政府、三级管理、四级网络”的创卫长效管理组织体系。同时，充分发挥市(村)民自治机制的作用，发动和引导广大市民增强社会公德和文明卫生意识，形成全民支持、全民参与、全民监督的创卫长效管理工作格局。二是制定环境卫生考核细则。包括垃圾清扫、保洁、清运、垃圾桶清洗及周边卫生管理，道路、绿化带、河道保洁、公共厕所管理，建筑垃圾处置等，由市城市管理局、园林局、水利局负责制定考核细则，组织检查考核。三是制定市容市貌考核细则。对门前三包、占道经营、乱设摊点、店门牌匾、流动摊贩等，由市城市管理局负责制定考核细则，组织定期检查考核。四是加强对“五小”行业的监管。对小餐饮、小熟食、小副食店、小作坊、小理发美容店、小旅馆、歌舞厅、小网吧等规模较小的各类经营单位。分别由市食品药品监督管理局、卫生局、文化新闻出版局牵头，会同市工商行政管理局、市质量技术监督局等单位，按照各自分工，落实监管职责，并组织检查考核。五是制定社区、城中村的卫生管理考核办法。这是城市最基层、最基础的组织形式和空间区域，在卫生城市管理中起到基础性、决定性作用，是长效管理的出发点和落脚点。由各城区(开发区)负责制定标准和考核办法。六是加强对集贸市场的卫生管理。各城区负责协调相关职能部门加强对集贸市场的行政监管，建立健全各项管理制度，配齐配强市场监管、清扫保洁人员，定岗定责，使集贸市场做到制度健全、管理规范、设施配套、划行归市、摆放整齐、清洁卫生。工商部门负责日常监管，商务部门负责制定全市集贸市场管理相关规定和准入标准，相关部门负责行业监管。七是加强病媒生物防制工作。进一步落实市、城区、街道各级爱卫机构、人员、经费和城管、建设、工商、食药、卫生等部门除“四害”工作职责，坚持开展全市统一消杀活动，有效控制“四害”密度。市、城区疾控中心要定期开展“四害”密度监测，掌握“四害”消长规律和密度分布情况，为科学制定除“四害”方案提供依据。各街道办事处要成立街道消杀队，对人员、技术力量配置、消杀工作经费予以保障；社区居委会要配备专(兼)职消杀员，组织开展除“四害”工作。八是加强环境保护。各级有关部门要严格按照《环境保护法》的规定开展工作，确保不发生特大环境污染与破坏事故。环保部门要加强大气污染治理，确保城区范围内工业企业、洗浴业和餐饮业烟尘及汽车尾气达到国家排放标准；对建筑业、洗浴业、餐饮业、文化娱乐业等各类生产经营活动中产生的噪声进行全面监控和综合治理；对影响市民生产生活的扬尘、异味、餐饮业油烟进行集中整治，确保达标排放。卫生部门要加大对医疗废弃物、医疗性污水处理的监管力度；配合加强对大气、水体、固体废弃物、有毒化学品等污染的防治监管。环保部门要加强城市生活污水集中处理工作。九是加强对传染病的防治管理。市、城区疾病预防控制机构和有关部门要认真贯彻《传染病防治法》，按照职责要求，制订工作计划，落实防治措施，依法开展监督和管理，确保疫情报告网络健全，确保无甲、乙类传染病疫情的暴发，确保医院内无因感染引发的重大疫情和死亡事故发生。

（三）建立多元化投入保障机制

创卫工作是一项需要多方投入的工作，特别是一些涉及市政基础设施建设的硬指标资金投入至关重要，直接影响创建国家卫生城市顺利达标。这就需要制定科学计划，从政府财政中列出专项资金，从财力上保障创卫的持续有效开展；继续争取上级财政资金支持；继续协调辖区大型企事业单位投入，自觉对照标准，完成各自的工作任务；积极引导市场主办方、个体经营户投入相应资金，加强“门前三包”、消毒保洁、功能布局等方面改造，同时尽可能调动社会其他力量，实现多元投入，形成各方力量协力投入、争先创优的良好创卫局面。

（四）坚持人性化科学管理机制

充分结合南宁市创卫实际，以科学的发展观推进创卫工作，加强创新，实现管理的人性化、科学化。加强对流动摊贩科学引导，实行专人保洁，实行流动摊贩规范化管理。对影响市容的各种野广告等顽症，加强巡查，清堵结合，同时根据实际，可在各居民小区、繁华路段合理设置统一制作的“便民广告张贴栏”，既可解决野广告问题，又可方便居民了解各类信息。

（五）健全有效地督促落实机制

要实现创卫的各项工作任务目标，必须认真研究当前创卫工作存在的主要问题，列出一批重点难题，分析研究，专人负责，予以解决，一些突出问题如食品卫生问题严重的小餐馆、流动摊贩、夜市等应加大监督力度，科学引导，规范管理；对于环境卫生工作的薄弱环节，如背街小巷、城中村、农贸市场、“五小”门店等存在的问题，应逐一专题研究，提出解决的办法和措施，指定具体部门，抽调专门人员具体抓好落实。对一些涉及多个部门难度较大的问题，应抽调相关部门的人员由创卫办牵头进行综合整治，限期解决；对个别确实在短期内无法解决的问题，要定出时间表，落实措施，在限期内予以解决。对推诿扯皮、管理不到位而造成不良影响或者影响创卫大局的，要坚决按照组织管理程序予以问责。

（本文来源于南宁市社会科学院编、广西人民出版社出版的2011年《中国南宁社会发展报告》）

南宁市“十二五”统筹城乡改革发展研究

李海光　赵雄鹰　李耿民　韦　忠

统筹城乡改革推进城乡一体化发展，就是要按照科学发展观的要求，适应建立社会主义市场经济体制的需要，充分发挥政府在市场调控、公共服务等方面的重要作用，采取一系列改革措施，推动土地、资本、劳动力等生产要素在城乡之间自由流动，推进教育、医疗、文化、社会保障等基本公共服务在城乡之间均衡发展，促进城乡经济社会发展一体化新格局的形成。“十二五”是南宁市在自治区率先实现全面建设小康社会目标的关键时期，是深化改革、加快转变经济发展方式的攻坚时期，开展统筹城乡改革促进城乡一体化发展，对于加快推进工业化、城市化和市场化进程，解决好农业基础比较薄弱、农村发展相对滞后、农民增收压力加大的问题，扭转城乡差距、工农差距、地区差距扩大的趋势，促进南宁市实现又好又快发展，在自治区率先实现全面建设小康社会目标，加快建设区域性国际城市和广西“首善之区”，具有重大现实意义和战略意义。

一、南宁市统筹城乡发展的现状

改革开放以来，南宁市就一直高度重视解决“三农”问题，特别是从上个世纪90年代后期开始，以小康示范村建设、生态文明村建设、农村基础设施建设“三大会战”、大石山区基础设施建设大会战、农村生态家园建设等活动为载体，采取一系列加快农村发展、缩小城乡差距的有力措施，尤其是2006年开始推进社会主义新农村建设以来，南宁市农村经济社会发生一系列重大变化，为“十二五”推进统筹城乡改革发展奠定坚实的基础。

（一）农村基础设施得到显著改善。2003~2009年，共建成乡村道路3419条8614.19公里，独立桥18座655米，全市102个乡镇636个村委会4851个自然屯直接受益，解决了235.29万人行路难问题，实现了村村通公路（水泥路）、乡镇全部通油路的目标。完成农田水利建设项目、灌溉渠道节水改造工程、万亩以上电灌站技改工程共1732个，改善农田灌溉面积18.39万公顷，新增农田灌溉面积0.49万公顷，保护耕地0.37万公顷，治理和恢复灌溉面积1.94万公顷。完成农村饮水安全工程538个，有效地解决57.01万农村人口的饮水难和安全饮水问题。

（二）农业优势产业及产业化经营得到较快发展。特色优势农业得到较快发展，基本形成水稻、甘蔗、水果、蔬菜、木薯、桑蚕、速丰林、畜牧、水产等优势产业，“一村一品”得到较快发展，农业产业化经营程度得到进一步提高，产业化龙头企业和农民合作经济组织直接带动农户以及收购、加工农产品达70%以上。

（三）农民生活水平得到明显提高。以发展产业作为促进农民增收的主攻方向，农民收入水平不断提高，2009年，全市农民人均纯收入达4521元，　比上年增加12.99%。初步建立起农村社会保障制度，最低生活保障覆盖率达100%，新型农村合作医疗参合率达92.54%，新型农村养老保险试点工作取得初步成效。教育、文化、体育、卫生和广电通信等公共基础设施不断得到完善，社会事业得到长足发展，农村公共服务体系逐步建立健全。

（四）人居环境得到有效改善。通过抓好村屯规划，重点实施屯内硬化、沼气池建设、农民住房立面装修、环境整治、绿化美化及文化活动室、灯光球场等建设项目。深入实施“城乡清洁工程”，农村环境得到有效整治，村容村貌明显改观，农村人居环境得到较大改善。

（五）农村管理民主得到全面加强。通过组织群众参与新农村建设事务，逐步建立健全基层民主决策制度、基层民主监督制度和集体经济监管制度，基层民主管理方式、组织形式延伸到各项村务，农村基层民主治理机制基本建立起来。

二、南宁市在统筹城乡改革发展中存在的主要问题

目前南宁市统筹城乡改革尚处于起步探索阶段，有很多问题需要深入研究加以解决，这些问题概括起来主要有以下几点：

（一）思想认识不到位

目前，南宁市一些领导干部对统筹城乡发展的涵义认识还很不足，认为所谓统筹城乡发展，就只是把农村的事情办好，就是城市要给予农村更多物质和资金上的支持，而没有从城乡互动、共同发展的角度去认识；认为城乡一体化仅仅只是解决农民吃水难、解决农村子女上学难等具体问题，有的同志甚至把城乡一体化建设当做一般性的口号，完全用新农村建设的基本内容与要求加以替代。认识上的误区导致在具体工作中只是就

农村抓农村、就城市抓城市，采取简单的运动式、集中式的工作方法，只求立竿见影、一蹴而就，难以形成统筹城乡发展的长效机制。

（二）城乡二元结构依然明显

总体来说南宁市是农业大市，长期以来农村综合实力不强，而城市支持农村、工业反哺农业的力度也远远不够，以城带乡以工促农的机制也未完全形成，主要体现在：一是缺乏城乡一体的规划体系。以往的各类规划往往是城乡分割、各自为政，很少有对农村区域的发展制定专门规划，只是在全市规划中附带提及农村，城乡一体化的规划体系远未建立起来。二是城乡产业发展条件差异较大。在城市产业发展加快现代化的同时，农村传统农耕模式仍然占主导地位，农业机械装备率不高。同时，农村单家独户单打独斗的小农经营方式没有从根本上得到改变，农产品加工龙头企业数量少、规模小、实力弱，农业产业化水平低，农村工业化进程缓慢。三是城乡基础设施发展水平、生活环境差异较大。城市路桥交通、水电气供应、垃圾污水处理等基础设施条件远远好于农村。农村特别是自然条件差的山区农村生活环境与城市相比尤为落后。三是城乡公共服务水平差异较大。从投入比较来看，每年市财政对城市公共事业的投入远高于对农村公共事业的投入。如教育事业方面，城乡教育投入比尽管 2005~2008 年呈现递减的趋势，但仍基本维持平均 4.90:1 的悬殊比例；卫生事业方面，城乡卫生医疗投入比也基本维持平均 5.80:1 的悬殊比例。四是城乡经济发展差距较大。2009 年，六城区 GDP 达 1071.98 亿元，是六县的 2.55 倍（六城区和六县人口比约为 3:4）；财政收入六城区为 206.21 亿元，是六县的 8.08 倍；六城区固定资产投资 741.18 亿元，为六县的 3.14 倍；六城区社会消费品零售总额为 620.16 亿元，是六县的 4.53 倍；城镇居民人均可支配收入 16254 元，是农村居民人均纯收入 4521 元的 3.60 倍，城乡居民收入之比高于全国平均水平。

（三）存在诸多制度障碍

由于诸多传统制度的制约，使改革面临艰巨而严峻的局势。这些传统制度主要包括：一是户籍与就业制度。现行的户籍制度突破了原有户籍制度限制单一人口流动的局限性，但个人身份证只能作为个体自由流动的凭证，并不能因此获得市民身份，凭身份证在城镇打工的农民在就业、报酬、社保等方面仍不能享受市民待遇，而且还以购买城镇商品房或无偿放弃承包地和自留地作为农民进城落户的条件，限制了农村剩余劳动力流动和转化。二是土地制度。现行土地制度使农地无法在更大范围实现有效流转和配置；农地承包的易变性使农户无法获得地权保证，难以调动农民参与农村基础设施和生态环境建设的积极性；农地分割过零阻碍了农业的集约化经营；农地缺乏物权，不利于农村金融市场的形成和农民财产性收入的增长；农地转为城镇建设用地补偿较少，补偿仅占总补偿额的 5%~10%。三是社保制度。农村低保比重较低且低保补助远低于城镇水平；农村养老参保人数少且效果差；新农合覆盖率接近城镇医保覆盖率，但标准偏低。四是教育制度。农村教育投入总量不足，学校条件较差，教师素质有待提高；城乡教育发展水平仍存在较大差距；城乡学校布局欠合理；农民工子女教育问题亟待解决，留守儿童缺乏监护，流出儿童就学困难。五是医疗制度。与城镇相比，农村卫生保障水平仍旧较低，医疗服务的可及性和可得性较差，农民医疗负担沉重，在农村因无钱而放弃治疗的比例高达 30%左右。农村医疗卫生条件差，医疗服务质量不高。六是金融制度。农村金融供给普遍不足，仅有的农业银行和信用社改革后涉农服务能力减弱，民间信贷缺乏规范，新型金融机构和信贷行为发育迟缓，满足农民贷款需求与化解金融风险的矛盾突出。七是管理制度。行政机关重行政管理轻社会服务的倾向仍未改变，服务意识不强；改革措施不配套，干部人事制度改革滞后；行政层级过多，权责不清，政出多门；村社管理城乡差距较大且矛盾突出，村社自治组织不健全，村民自治流于形式。

（四）改革工作推进力度不够大

早在 2009 年 7 月，自治区人民政府在发布的《关于印发〈2009 年广西深化经济体制改革工作若干意见〉的通知》文件中，就已经明确提出将南宁市作为重点城市在北部湾经济区开展统筹城乡试点改革。一年多时间过去了，我市推进改革工作的力度明显不足，主要体现在三个“不到位”：一是机构建立不到位。南宁市目前虽然建立了统筹城乡改革工作领导小组，并在发展改革委设立办公室，但是该办公室目前仅定位为临时机构，没有新增编制安排，建章立制工作进展缓慢，启动和推进改革工作的力量极为有限。二是政策配套不到位。目前由市委政策研究室牵头起草的纲领性文件《关于统筹城乡改革推进城乡一体化的实施意见》和由发展改革委牵头起草的指导性文件《关于统筹城乡改革推进城乡一体化的实施方案》还在修改完善阶段，而由其他相关部门负责起草的相关配套政策文件尚未形成初稿，致使改革工作因缺乏政策依据而无法推进。三是试点措施不到位。市委、市政府于 2010 年 6 月 25 日印发的《关于印发〈南宁市统筹城乡改革工作方案〉的通知》明确提出将兴宁区、良庆区作为南宁市统筹城乡改革试点城区，将青秀区长塘镇等 6 个镇作为统筹城乡改革试点镇。但在调研中发现，各试点城区、乡镇推进改革的组织机构尚未建立健全，还未形成开展统筹城乡改革工作的基本思路。

三、南宁市“十二五”统筹城乡改革目标展望

统筹城乡改革推进城乡一体化发展，既是一项紧迫的现实任务，也是实现科学发展的战略选择，必须坚持当前工作和长远目标统筹兼顾，通过开展试点工作先行先试，然后全面铺开，经过一到两个五年规划期的努力，使南宁市农村工业化、城镇化、市场化水平明显提高，土地、资本、劳动力等生产要素在城乡之间自由流动，教育、医疗、文化、社会保障等基本公共服务在城乡之间均衡发展，农村和谐繁荣、农民持续增收、生态环境良好、公共服务完善，基本形成城乡发展规划、资源配置、产业布局、基础设施、公共服务、就业社保和社会管理一体化的新格局。南宁市“十二五”时期，应采取有力措施，分阶段扎实推进统筹城乡改革，确保取得实实在在的成效，全面实现“十二五”统筹城乡改革发展目标。

“十二五”前期（2011~2012 年）着力推进试点工作。到 2012 年，试点区域特色产业进一步发展壮大；覆盖全域的城乡一体化发展规划体系基本建立，试点区域镇村规划基本完成并组织实施；土地管理制度改革逐步开展，试点区域土地流转市场初步建立，土地适度规模经营基本实现；城乡就业和社会保障制度一体化、城乡公共服务发展一体化等方面的改革取得阶段性成效；试点区域农村基础设施趋于完善，生产生活条件全面改善。试点区域统筹城乡发展的体制机制初步建立，城乡发展差距缩小，统筹城乡改革取得初步成效。

"十二五"中后期(2013~2015年)全面铺开改革工作。统筹城乡改革试点工作和面上工作同步推进,到2015年,现代农业体系建设取得显著进展,城乡产业实现联动发展;城乡基础设施在试点区域基本实现全覆盖的基础上,逐步在全市铺开建设;土地制度、户籍制度改革基本完成,城乡土地基本实现统筹利用,城乡居民户籍分割状况基本消除;城乡基本公共服务均等化明显推进,覆盖城乡居民的就业和社会保障体系基本建立;村容村貌明显改观,城乡生态环境保护得到加强。全市统筹城乡发展的体制机制基本形成,城乡差距进一步缩小,统筹城乡改革工作取得明显成效。

四、加快推进南宁市统筹城乡改革的对策建议

针对当前改革中存在的问题,"十二五"时期,南宁市统筹城乡改革应着眼于打破城乡分割发展的体制性和结构性矛盾,扎实开展相关各项改革,力争一些重要领域和关键环节改革取得实质性突破,加快建立城乡一体化发展的体制机制,形成城乡联动、共同发展的新格局。

(一)提高认识,加强领导

统筹城乡改革是一场革命,首先要从思想观念上、体制机制上打破根深蒂固的城乡二元结构,大力推进城市和农村的统筹协调发展。一是要统一思想,转变观念。各级各有关部门领导要切实转变观念,充分认识统筹城乡发展是深入贯彻落实科学发展观,加快建设区域性国际城市和广西"首善之区"的必然要求,是解决城乡区域发展不够协调,推进城市可持续发展的必然要求,是破解"三农"问题,推进农业现代化的必然要求。在实际工作中要树立和运用城市、农村大资源一体化、大市场一体化、三次产业融合一体化的观念,真正关注农村、真心关心农业、真意关怀农民,推动南宁市城乡协调发展。二是建立机构,合力推动。统筹城乡发展需要强有力地组织协调,需要市、县(区)、乡、村按照各自职能特点联动实施。建议市成立统筹城乡改革工作领导小组并下设办公室,办公室设在发展改革部门,作为常设机构,具体指导、协调、服务全市统筹城乡改革日常工作,人员编制从市直有关单位调剂使用,相关城区和县也应成立相应的机构,配强人员队伍。三是尽快制定出台配套政策文件。在尽快完成修改完善并出台纲领性指导性文件的基础上,规划、国土、建设、财政、农业、民政、公安等各相关责任部门要大胆创新,敢于突破,结合我市实际,加紧研究制定城乡一体化规划、产业发展、土地管理制度、基础设施建设、就业和社会保障、社会事业发展、户籍制度、财税金融扶持等一系列统筹城乡改革的相关配套政策,切实为推进试点工作提供强有力的政策保障。四是制定目标,加强督查。探索制定统筹城乡改革的相关统计制度和目标管理办法,把各项工作量化分解到各级各部门,实行目标责任管理。同时,加强督促检查,实行奖惩制度,确保统筹城乡改革各项工作落到实处。

(二)重点突破,全力推进

"十二五"期间乃至今后更长时期主要突出抓好七大工作:

1.统筹城乡规划,建立覆盖城乡的规划体系。按照城乡一体化发展的理念,站在加快建设区域性国际城市和广西"首善之区"这一高度,结合南宁市实际,高起点、高标准、高质量地编制规划。一是建立城乡一体的规划体系。打破部门系统和行政区划的体制限制,拓宽规划编制思路,建立国民经济和社会发展规划、土地利用总体规划与城乡总体规划"三规协调"以及各专项规划"多规统筹"的新机制,从"部门规划"到"整合协调",变"局部规划"为"系统规划",明确各部门规划、各专项规划必须与城乡总体规划在空间布局上做好衔接,逐步建立起覆盖全域的城乡统筹规划编制体系。二是加快镇、村规划。将镇、村规划纳入城乡规划体系,加快村庄布点规划,规划好农村住宅用地、发展建设用地和公共服务用地,编制适合当地实际的详细规划。三是理顺规划管理体制。按照权责一致、管理高效、监控有力的原则,进一步明确县(区)、乡镇的规划管理权限,理顺基层规划管理体制。实施乡村建设规划许可制度,将村庄规划和村民建房管理权下放到县(区)。建立规划实施评价体系和村镇违建监督处罚机制,明确乡镇政府作为村民住宅等乡村建设监督检查主体的地位。

2.统筹城乡产业发展,促进城乡产业互动融合。以延长产业链条为主导,加强城乡产业之间的联系,实现城乡一、二、三产业相互融合、良性互动、协调发展。一是优化城乡产业布局。根据产业发展现状,将农业、加工业、流通贸易业合理布局在乡村、小城镇、城市的地域空间上,尽可能将城市中适宜在农村地区发展的产业项目整体或上下游项目布局到农村,充分发挥城市产业对农村的辐射作用。同时,整合区域优势资源,推进工业园区、现代农业示范园区建设,推动城乡产业向现代化、产业化、园区化方向发展。二是大力发展农产品加工业。培育壮大一批生产规模大、带动范围广、竞争能力强的农产品加工企业和农民专业合作经济组织,支持加工企业在农产品主产区建立原料生产基地。引进、支持一批经济实力强、科技含量高、辐射范围广的龙头企业,依托龙头企业推广新技术、新品种,加快推进农业机械化,促进规模经营,提高农产品产业化水平。三是加快发展农村服务业。加快构建和完善以生产销售服务、科技服务、信息服务和金融服务为主体的农村社会化服务体系。完善鼓励城乡居民消费的政策措施,促进休闲型、发展型服务消费增长。高标准新建或改造一批农副产品批发市场、乡镇中心集贸市场。创新农产品有效流通方式,鼓励发展农村物流配送、电子商务、订单农业等现代流通方式和新型流通业态,加快发展农村商贸物流、乡村旅游等服务业。

3.统筹城乡土地利用,完善土地管理制度。以南宁市作为全国征地改革试点城市和全区城乡建设用地增减挂钩试点城市为契机,加快城乡管理制度改革,建立严格规范的农村土地管理制度,着力破解统筹城乡建设用地难、资金来源等问题。一是进一步明晰农村土地权属。完善土地承包经营权、农村宅基地、集体建设用地的确权发证和登记管理制度。重点开展全面梳理宅基地权属,妥善解决历史遗留用地问题,严格宅基地管理,依法保护农户宅基地用益物权,鼓励探索建立农村宅基地有偿退出机制。二是推进土地承包经营权流转。在稳定和完善农村基本经营制度的基础上,引导农民以转包、出租、互换、转让、股份合作等形式流转土地承包经营权。依托种养大户、合作社、龙头企业实现土地集约化经营,提高农业经济效益。三是推进征地制度改革。深入推进征地制度改革,探索开展农用地转用、土地征收审批和实施分离的建设用地审批方式,建立新型征地管理体制机制。缩减征地区片划分,设定征地补偿最低保护标准。建立征地补偿安置标准适时增长机制及与社会保障制度的联动机制等。四是推进开展城乡建设用地增减挂钩试点工作。根据土地利用总体规划,通过建新拆旧和土地整理复垦等措施,在

确保建新拆旧项目区内各类土地面积平衡、耕地质量提高、节约集约利用建设用地和农民利益得到切实保障的前提下，支持试点地区稳步开展城镇建设用地增加与农村建设用地减少挂钩试点，建立健全城乡建设用地统筹利用和土地收益统筹分配的新机制。五是建立统一的土地市场体系。成立城乡土地交易中心(所)，并以其为平台，将城镇国有土地出让和转让、农村集体建设用地流转、农村土地承包经营权流转、城乡建设用地增减挂钩等统一纳入城乡一体化的土地有形市场。

4.加强基础设施建设，改善农村居住环境。切实把城市与农村作为一个有机整体，强化城市与农村设施连接，加快农村基础设施建设力度。一是加强交通基础设施建设。按照城乡一体化的要求，搞好城乡公路网规划修编和调整。加快构建市域1小时公路交通圈和都市区半小时公路交通圈。完善旅游公路网，全面提高通行能力。着力抓好县(区)和区域中心镇的公路网建设，在完成新农村建设试点县基础上拓展县(区)、乡镇、村水泥(沥青)路的通达深度和广度。二是加强公共设施建设。进一步改善原有人饮工程设施，继续实施病险水库除险加固工程。加快推进城乡污水处理设施建设，完成一批污水处理厂新建和改扩建工程，加快集镇和行政村污水收集处理设施建设，加快推进城乡垃圾处理设施建设。逐步完善农村燃气供应管网，实现城乡网管联通。加快城乡供电设施建设，提高农村供电水平。三是加强农村信息化建设。加快推进城乡广播电视基础设施建设，扩大城市、集镇有线电视数字化整体转换覆盖面。加快城乡通讯和互联网建设，完善城乡通讯基础设施建设，提高行政村网络覆盖率。

5.统筹城乡公共服务，实现基本公共服务均等化。以构建城乡统一的公共服务制度为关键，科学制定城乡公共服务一体化发展规划，推进城乡基本公共服务均等化。一是推进户籍制度改革。以实现公民平等权利、维护公民合法权益为目标，建立城乡统一的户口登记制度。以优先解决城市周边本地农民工、举家迁移并在城镇居住多年的农民工、在城镇开展经营活动和有稳定就业的农民工以及新生代农民工转户进城为突破口，逐年引导农村居民向城镇有序转移。二是统筹城乡劳动就业。加快建立城乡统一的人力资源市场。继续加强农村劳动力培训，增强农村劳动力素质。发展壮大县(区)、乡镇经济和农村集体经济，鼓励农民就近转移就业。鼓励支持农民自主创业，加强政策和资金扶持，搭建自主创业平台。三是建立完善农村社会保障制度。灵活推进农村基本养老保险制度，扩大农村参保率；积极引导农村条件较好的农民或非农产业群体参与城镇社保，完善被征地农民社会保障办法，由政府、用地单位按城镇居民的标准缴纳其社保费用；建立以农村大病统筹为主的医保制度，增加对农村医保的投入，扩大医保药品范围；扩大农村低保范围，推进城乡低保标准和水平趋同化；建立农村医疗救助制度，贫困户或低保户、五保户、因病返贫户、因公益受伤而无医疗保障的人纳入大病医疗保险范围。四是促进城乡教育均衡协调发展。加快推进农村义务教育规范化校舍建设，完善农村义务教育阶段校舍维修改造机制。推进城乡教师队伍双向交流制度，实施城市学校支持农村学校工程，鼓励高校毕业生到农村学校任教。五是促进农村医疗卫生事业发展。加强镇村卫生站(所)标准化建设，推动农村卫生机构向社区卫生服务转型，逐步实施与城市社区卫生服务机构相同的公共卫生服务补助政策。加强农村卫生人才队伍建设，实行县乡医疗人才强制交流制度。六是加强农村文化事业建设。加快农村公共文化基础设施建设。全面推进“农村书屋”、“文化下乡”建设工程。培育扶持基层文化队伍，丰富农村文化生活。

6.拓宽渠道，加大投入。着力解决统筹城乡发展的资金问题。一是加大财政的支持力度。积极实施财政体制改革，调整市、县、镇三级财政支出结构，扩大公共财政覆盖农村的范围和领域，确保统筹城乡改革工作顺利开展。二是发挥金融支农作用。探索建立政府引导、市场运作的投融资平台，调动社会资本投入农业和农村；鼓励发展适合农村特点和需要的各种微型金融服务；支持建立农业投资公司和农业担保机构，支持农业产业化龙头企业从市场直接融资。

7.健全制度，加强基层组织建设。一是健全基层干部选拔制度。全面推行乡镇党委书记和村(社区)党组织领导班子成员公推直选，进一步健全质询、罢免、目标考核、民主评议等约束和激励制度。继续探索村(社区)优秀干部进入公务员队伍的途径，充分调动基层干部的积极性和创造性。二是健全基层民主决策制度。在村级、村支部健全完善党员大会议事制度和村民代表会议民主决策制度，建立城乡统筹发展重大政策、重大项目群众参与制度。全面推行“农事村办”便民服务机构，畅通沟通渠道。三是健全基层民主监督制度。全面推行基层民主评议制度，评议结果作为对干部使用的重要依据；积极推进以财务公开为重点的村务公开，定期接受群众监督；落实通报工作制度，接受群众质询，落实群众的参与权和监督权。

(三)抓好试点，示范带动

“十二五”时期，要在做好试点的同时全面铺开。市直相关部门要加大对试点区域的财政扶持和政策支持。相应试点城区和试点乡镇要抓紧研究制定试点工作相关文件和实施方案，明确试点工作的目标要求、工作任务和对策措施。主要采取分级试点、抓点示范的方式，坚持综合试点与单项试点相结合、主导试点与自主试点相结合，在确定的试点区域着力推进面上各项改革，同时要结合各自实际选准改革突破点作为抓手，形成以点带面的工作格局。用2~3年基本完成试点工作，再用3年左右时间在全市形成统筹城乡发展的体制机制，全市统筹城乡改革工作全面铺开。

(四)加强宣传，营造氛围

要加强舆论宣传，使全市形成加快推进城乡一体化共识，营造开拓创新、干事创业的氛围。一是加强专题宣传，营造浓厚氛围。市、县(区)要充分利用电视、广播、报纸、橱窗、展板、标语、宣传手册等手段，广泛深入地开展各具特色的宣传活动，使统筹城乡改革深入人心并成为广大干部群众的自觉行动。二是扩宽视野，加强交流。采取邀请有经验的外地专家到南宁市举办专题报告会，组织干部群众到外地考察学习的办法，加强与统筹城乡改革先行先试、已经卓有成效的城市、地区的交流，学习先进经验。三是培训工作骨干，强化理论武装。把“推进统筹城乡改革”作为全市学习培训的重要内容和干部培训的主题，在各类骨干培训班中开展专门的学习，培训出一支统筹城乡改革的骨干队伍。

(本文来源于南宁市社会科学院编、广西人民出版社出版的2011年《中国南宁社会发展报告》)

责任编辑　方　明

城市竞争力

南宁市在全国部分城市综合竞争力排位

2010年全国37个大中城市综合竞争力排位

城市	综合增长竞争力	排位	经济规模竞争力	排位	经济效率竞争力	排位	发展成本竞争力	排位	产业层次竞争力	排位	收入水平竞争力	排位	幸福感竞争力指数	排位	综合竞争力	位次
南宁	0.853	5	0.240	30	0.280	33	0.607	21	0.479	22	0.189	23	0.843	24	0.658	28
上海	0.621	35	1.000	1	0.606	2	0.618	14	0.735	2	0.408	1	0.833	27	0.892	1
北京	0.626	34	0.893	2	0.460	12	0.569	25	1.000	1	0.378	2	0.928	2	0.881	2
深圳	0.723	25	0.731	4	0.609	1	0.615	16	0.685	3	0.365	3	0.815	36	0.859	3
广州	0.726	23	0.741	3	0.556	3	0.666	9	0.593	4	0.318	8	0.891	3	0.843	4
天津	0.861	4	0.674	5	0.464	11	0.609	20	0.498	19	0.288	12	0.877	5	0.803	5
大连	0.842	6	0.426	12	0.540	5	0.672	8	0.541	10	0.309	10	0.848	20	0.794	6
长沙	0.818	10	0.362	20	0.535	6	0.753	2	0.554	7	0.277	14	0.863	12	0.783	7
青岛	0.828	8	0.408	14	0.528	7	0.677	7	0.489	21	0.298	11	0.877	6	0.781	8
杭州	0.685	30	0.502	7	0.489	10	0.551	27	0.592	5	0.326	7	0.851	18	0.781	9
苏州	0.753	19	0.424	13	0.528	8	0.616	15	0.478	23	0.330	6	0.794	37	0.768	10
沈阳	0.896	2	0.474	10	0.443	16	0.716	6	0.458	26	0.226	20	0.868	10	0.762	11
无锡	0.734	22	0.404	15	0.545	4	0.611	17	0.450	31	0.310	9	0.871	9	0.762	12
南京	0.726	24	0.485	9	0.382	23	0.590	23	0.519	16	0.285	13	0.852	17	0.749	13
武汉	0.812	12	0.490	8	0.445	15	0.611	18	0.513	17	0.215	21	0.824	32	0.747	14
宁波	0.643	33	0.388	16	0.504	9	0.508	30	0.478	24	0.352	4	0.877	7	0.745	15
厦门	0.694	28	0.312	22	0.452	13	0.610	19	0.465	25	0.343	5	0.851	19	0.734	16
济南	0.741	21	0.385	17	0.404	19	0.655	10	0.522	12	0.237	18	0.846	22	0.732	17
成都	0.783	15	0.435	11	0.384	22	0.732	3	0.521	13	0.180	25	0.864	11	0.731	18
合肥	0.914	1	0.297	23	0.412	18	0.730	4	0.450	32	0.250	15	0.857	13	0.730	19
呼和浩特	0.836	7	0.250	29	0.426	17	0.639	11	0.511	18	0.244	17	0.840	26	0.711	20
福州	0.776	17	0.268	27	0.391	20	0.600	22	0.543	8	0.233	19	0.847	21	0.703	21
西安	0.814	11	0.368	18	0.327	29	0.639	12	0.521	14	0.177	27	0.826	30	0.697	23
重庆	0.808	13	0.554	6	0.449	14	0.506	31	0.392	37	0.141	34	0.854	15	0.698	22
长春	0.868	3	0.344	21	0.356	25	0.725	5	0.396	36	0.175	28	0.857	14	0.694	24
哈尔滨	0.782	16	0.364	19	0.329	28	0.590	24	0.452	29	0.178	26	0.844	23	0.681	25
郑州	0.718	26	0.279	24	0.340	27	0.437	33	0.559	6	0.249	16	0.876	8	0.679	26
石家庄	0.620	36	0.237	31	0.387	21	0.537	28	0.542	9	0.171	31	1.000	1	0.665	27
南昌	0.804	14	0.258	28	0.356	26	0.627	13	0.404	34	0.157	33	0.833	28	0.653	29

续表

城 市	综合增长竞争力	排位	经济规模竞争力	排位	经济效率竞争力	排位	发展成本竞争力	排位	产业层次竞争力	排位	收入水平竞争力	排位	幸福感竞争力指数	排位	综合竞争力	位次
昆 明	0.691	29	0.270	26	0.287	31	0.510	29	0.453	28	0.199	22	0.883	4	0.646	30
太 原	0.593	37	0.278	25	0.376	24	0.313	36	0.520	15	0.183	24	0.843	25	0.627	31
乌鲁木齐	0.745	20	0.237	32	0.240	35	0.426	34	0.457	27	0.168	32	0.854	16	0.609	32
银 川	0.661	31	0.135	36	0.287	32	0.568	26	0.534	11	0.174	29	0.820	35	0.607	33
海 口	0.650	32	0.145	35	0.226	37	0.999	1	0.413	33	0.134	35	0.823	33	0.600	34
兰 州	0.696	27	0.198	33	0.276	34	0.478	32	0.401	35	0.123	26	0.832	29	0.584	35
贵 阳	0.766	18	0.186	34	0.239	36	0.349	35	0.452	30	0.173	30	0.821	34	0.584	36
西 宁	0.823	9	0.117	37	0.293	30	0.276	37	0.495	20	0.073	37	0.825	31	0.523	37

2010 年全国部分西部省会城市综合竞争力排位

城 市	综合增长竞争力	排位	经济规模竞争力	排位	经济效率竞争力	排位	发展成本竞争力	排位	产业层次竞争力	排位	收入水平竞争力	排位	幸福感竞争力指数	排位	综合竞争力	位次
南 宁	0.853	1	0.240	4	0.280	6	0.607	3	0.479	5	0.189	3	0.843	4	0.658	3
成 都	0.783	4	0.435	1	0.384	2	0.732	1	0.521	2	0.180	4	0.864	2	0.731	1
呼和浩特	0.836	2	0.250	3	0.426	1	0.639	2	0.511	3	0.244	1	0.840	5	0.711	2
昆 明	0.691	8	0.270	2	0.287	4	0.510	5	0.453	7	0.199	2	0.883	1	0.646	4
乌鲁木齐	0.745	6	0.237	5	0.240	8	0.426	7	0.457	6	0.168	7	0.854	3	0.609	5
银 川	0.661	9	0.135	8	0.287	5	0.568	4	0.534	1	0.174	5	0.820	9	0.607	6
兰 州	0.696	7	0.198	6	0.276	7	0.478	6	0.401	9	0.123	8	0.832	6	0.584	7
贵 阳	0.766	5	0.186	7	0.239	9	0.349	8	0.452	8	0.173	6	0.821	8	0.584	8
西 宁	0.823	3	0.117	9	0.293	3	0.276	9	0.495	4	0.073	9	0.825	7	0.523	9

2010 年广西部分城市综合竞争力排位

城 市	综合增长竞争力	排位	经济规模竞争力	排位	经济效率竞争力	排位	发展成本竞争力	排位	产业层次竞争力	排位	收入水平竞争力	排位	幸福感竞争力指数	排位	综合竞争力	位次
南 宁	0.853	4	0.240	1	0.280	2	0.607	4	0.479	1	0.189	1	0.843	3	0.658	1
柳 州	0.775	10	0.183	2	0.372	1	0.514	9	0.334	4	0.189	2	0.835	4	0.620	2
桂 林	0.728	12	0.105	3	0.274	3	0.586	6	0.438	2	0.145	4	0.761	14	0.571	3
梧 州	0.780	9	0.063	9	0.231	5	0.657	1	0.346	3	0.145	5	0.831	5	0.539	4
北 海	0.924	2	0.078	7	0.229	6	0.524	8	0.299	6	0.149	3	0.826	6	0.538	5
防城港	0.983	1	0.072	8	0.257	4	0.645	2	0.255	9	0.112	7	0.821	8	0.531	6
玉 林	0.789	8	0.082	5	0.176	7	0.530	7	0.326	5	0.129	6	0.795	11	0.515	7
钦 州	0.897	3	0.084	4	0.127	11	0.597	5	0.235	11	0.103	8	0.806	9	0.487	8
贵 港	0.815	6	0.079	6	0.112	14	0.485	10	0.252	10	0.078	10	0.775	12	0.455	9
来 宾	0.800	7	0.063	10	0.150	9	0.435	11	0.212	14	0.071	12	0.853	1	0.446	10
崇 左	0.746	11	0.021	14	0.114	13	0.626	3	0.228	12	0.084	9	0.846	2	0.420	11
百 色	0.827	5	0.042	12	0.162	8	0.220	13	0.274	8	0.070	14	0.824	7	0.416	12
贺 州	0.616	14	0.057	11	0.123	12	0.264	12	0.214	13	0.078	11	0.806	10	0.406	13
河 池	0.700	13	0.028	13	0.141	10	0.206	14	0.287	7	0.071	13	0.775	13	0.390	14

（资料来源：《中国城市竞争力报告（2011 版）》，主编倪鹏飞，社会科学文献出版社，2011 年 5 月）

南宁市在全国部分城市地区生产总值排位

2010年全国27个省会城市地区生产总值排位

城　市	地区生产总值(亿元)	位　次	增长速度(%)	位　次
南　宁	1800.26	19	14.2	11
太　原	1778.05	20	11.0	27
合　肥	2702.50	15	17.5	2
福　州	3069.21	14	14.0	13
南　昌	2207.11	16	14.0	13
郑　州	4000.00	8	13.0	18
长　沙	4547.06	7	15.5	4
石家庄	3401.00	11	12.2	24
海　口	590.55	26	17.5	2
西　宁	628.28	25	18.2	1
银　川	763.26	24	14.8	7
乌鲁木齐	1311.00	21	12.2	24
兰　州	1100.39	23	12.8	22
贵　阳	1121.82	22	14.3	10
昆　明	2120.37	17	14.0	13
呼和浩特	1865.71	18	13.0	18
沈　阳	5017.00	5	14.1	12
长　春	3329.00	12	15.3	5
哈尔滨	3665.90	10	14.0	13
南　京	5010.36	6	13.1	17
杭　州	5945.82	2	12.0	26
济　南	3910.80	9	12.7	23
武　汉	5515.76	3	14.7	8
广　州	10604.48	1	13.0	18
成　都	5508.30	4	15.0	6
西　安	3241.49	13	14.5	9
拉　萨	178.91	27	13.0	18

2010年西部省会城市地区生产总值排位

城　市	地区生产总值(亿元)	位　次	增长速度(%)	位　次
南　宁	1800.26	5	14.2	6
呼和浩特	1865.71	4	13.0	8
成　都	5508.30	1	15.0	2
贵　阳	1121.82	7	14.3	5
昆　明	2120.37	3	14.0	7
西　安	3241.49	2	14.5	4
兰　州	1100.39	8	12.8	10
西　宁	628.28	10	18.2	1
银　川	763.26	9	14.8	3
乌鲁木齐	1311.00	6	12.2	11
拉　萨	178.91	11	13.0	8

2010年广西各市主要指标排位

土地面积与人口

城　市	土地面积(平方千米)	位　次	年末总人口(万人)	位　次
南　宁	22112	4	707.37	1
柳　州	18617	5	372.69	8
桂　林	27809	3	518.96	4
梧　州	12588	9	326.30	9
北　海	3337	14	166.84	13
防城港	6181	13	91.24	14
钦　州	10843	11	387.65	7
贵　港	10606	12	523.81	3
玉　林	12838	8	674.59	2
百　色	36201	1	405.62	6
贺　州	11855	10	233.37	12
河　池	33508	2	419.36	5
来　宾	13411	7	260.10	10
崇　左	17351	6	243.53	11

地区生产总值

城　市	地区生产总值(亿元)	位　次	增长(%)	位　次
南　宁	1800.26	1	14.2	9
柳　州	1275.74	2	15.8	6
桂　林	1108.63	3	13.8	11
梧　州	573.73	5	17.7	4
北　海	397.58	10	17.6	5
防城港	319.54	13	17.8	3
钦　州	504.18	8	18.0	1
贵　港	527.79	7	14.0	10
玉　林	835.82	4	15.7	7
百　色	563.51	6	14.9	8
贺　州	296.69	14	13.1	12
河　池	467.53	9	12.5	14
来　宾	385.24	12	18.0	1
崇　左	389.21	11	13.1	12

财政收入

城　市	财政收入(亿元)	位　次	增长(%)	位　次
南　宁	300.88	1	30.13	4
柳　州	201.18	2	27.78	7
桂　林	121.08	3	24.00	11
梧　州	56.13	7	40.10	2
北　海	47.10	10	31.75	3
防城港	35.12	13	28.25	6
钦　州	58.37	6	53.53	1
贵　港	40.02	12	17.60	13
玉　林	68.96	5	26.13	9
百　色	72.32	4	27.22	8
贺　州	22.08	14	21.60	12
河　池	47.34	9	17.43	14
来　宾	43.05	11	26.10	10
崇　左	47.50	8	29.32	5

社会经济主要指标

2010年南宁市社会经济主要指标

指 标 名 称	单 位	2010年	2009年	比上年增长(%)
人口、土地面积				
土地面积	平方千米	22112	22112	
#建成区面积	平方千米	215	190	13.16
年末户籍总人口	人	7073720	6978957	1.36
#非农业人口	人	1919790	1908770	0.58
农业人口	人	5153930	5070187	1.65
#市区人口	人	2707396	2671388	1.35
市辖县人口	人	4366324	4307569	1.36
#男性	人	3698242	3647913	1.38
女性	人	3375478	3331044	1.33
#18岁以下人口	人	777660	792678	−1.89
18～60岁人口	人	5147274	5083353	1.26
60岁以上人口	人	1148786	1102926	4.16
人口密度	人/平方千米	320	316	1.27
年出生人数	人	152227	96662	57.48
年死亡人数	人	48211	39771	21.22
年末总户数	户	2113500	2062411	2.48
年平均人口	人	7026339	6947916	1.13
人口结构				
非农业人口比重	%	27.14	27.35	−0.21*
农业人口比重	%	72.86	72.65	0.21*
市区人口比重	%	38.27	38.28	−0.01*
市辖县人口比重	%	61.73	61.72	0.01*
男性人口比重	%	52.28	52.27	0.01*
女性人口比重	%	47.72	47.73	−0.01*
地区生产总值				
地区生产总值(当年价)	万元	18002613	15247144	14.20
第一产业	万元	2444349	2123780	5.70
第二产业	万元	6518841	5274575	17.80
工业	万元	4848112	3957991	15.80
建筑业	万元	1681038	1316584	23.60
第三产业	万元	9039423	7848789	13.70
交通运输仓储邮政业	万元	848569	698410	20.20
批发和零售业	万元	1529795	1276692	18.10
住宿和餐饮业	万元	609333	558355	6.70
金融保险业	万元	1399085	1186671	15.10
房地产业	万元	966571	1053018	−10.50
其他服务业	万元	3677720	307564	19.10

注:1. 人口数据由市公安局提供;2. "*"为增减百分点(下同)

续表

指 标 名 称	单 位	2010 年	2009 年	比上年增长(%)
人均地区生产总值(当年价)	万元	25624	21945	12.90
地区生产总值构成	%	100	100	
第一产业	%	13.58	13.93	-0.35*
第二产业	%	36.21	34.59	1.67*
工业	%	26.93	25.96	0.97*
建筑业	%	9.34	8.63	0.71*
第三产业	%	50.21	51.48	-1.32*
农业				
农林牧渔业总产值(当年价)	万元	4032427	3511968	5.89
农业	万元	2111841	1826447	5.43
林业	万元	187594	132117	11.43
牧业	万元	1376318	1240689	5.91
渔业	万元	169229	145047	6.31
服务业	万元	187447	167667	6.05
农林牧渔业总产值(构成)	万元	100	100	
农业	%	52.37	52.01	0.37*
林业	%	4.65	3.76	0.89*
牧业	%	34.13	35.33	-1.20*
渔业	%	4.20	4.13	0.07*
服务业	%	4.65	4.77	-0.13*
播种面积				
粮食	公顷	438728	435580	0.72
甘蔗	公顷	165168	169869	-2.77
油料	公顷	41835	40319	3.76
蔬菜	公顷	165934	162025	2.41
乡村从业人员	万人	303.02	297.30	1.92
#农林牧渔业从业人员	万人	204.82	203.85	0.48
有效灌溉面积	公顷	218050	201948	7.97
粮食总产量	吨	2042253	2091145	-2.34
油料产量	吨	108942	100156	8.77
甘蔗产量	吨	10440083	9621384	8.51
蔬菜产量	吨	3455031	3328558	3.80
肉类总产量	吨	607580	583071	4.20
#猪肉	吨	357942	345530	3.59
牛羊肉	吨	23101	21622	6.84
禽肉	吨	222657	213227	4.42
猪年末存栏数	万头	368.08	325.24	13.17
当年出栏肉猪	万头	487.16	470.83	3.47
大牲畜年末存栏数	万头	78.38	64.85	20.86
#牛	万头	77.07	63.06	22.22
羊年末存栏数	万只	25.32	20.26	24.98
水产品产量	吨	191702	180216	6.37
禽蛋产量	吨	22910	19562	17.11

注:农业总产值增长速度按可比价计算

续表

指 标 名 称	单 位	2010 年	2009 年	比上年增长(%)
牛奶产量	吨	47521	43784	8.54
水果产量	吨	1232941	1045158	17.97
农业机械总动力	万千瓦	393.83	361.66	8.90
农村用电量	万千瓦时	76655	73426	4.40
农业生产用化肥(折纯量)	吨	429568	413681	3.84
工 业				
全部工业总产值(当年价)	万元	15011824	11757647	27.68
#规模以上工业总产值	万元	12854044	9816480	30.94
规模以下工业总产值	万元	2157780	1941167	11.16
规模以上工业按登记注册类型分				
国有企业	万元	1700981	1654334	2.82
集体企业	万元	54174	73009	−25.89
股份合作企业	万元	2265	1428	58.61
联营企业	万元		6892	
有限责任公司	万元	2323688	1796257	29.36
股份有限公司	万元	1006257	780882	28.86
私营企业	万元	5859723	4061804	44.26
其他企业	万元	83127	63727	30.44
港澳台商投资企业	万元	877237	737267	18.98
外商投资企业	万元	946592	640790	47.72
按轻重工业分				
轻工业	万元	6241829	4942681	26.28
重工业	万元	6612215	4873799	35.67
按企业规模分				
大型企业	万元	950093	502532	89.06
中型企业	万元	4478275	3986243	12.34
小型企业	万元	7425676	5327705	39.38
规模以上工业企业主要经济指标				
企业单位数	个	1236	1117	10.65
#产值超亿元企业	个	300	223	34.53
亏损企业	个	150	249	−39.76
工业总产值(现价)	万元	12854044	9816480	30.94
工业增加值(现价)	万元	4031485	3110526	17.82
资产总计	万元	9712322	8320796	16.72
负债总计	万元	5365207	4766204	12.57
主营业务收入	万元	12266392	9051209	35.52
#主营业务税金及附加	万元	334743	266426	25.64
实现利税总额	万元	1921042	1001036	91.91
#利润总额	万元	1125644	411423	173.60
亏损企业亏损额	万元	38804	87285	−55.54

注:工业增加值增长速度按价格指数缩减法计算

续表

指标名称	单位	2010年	2009年	比上年增长(%)
经济效益综合指数	%	255.13	213.42	41.71*
资本增值保值率	%	121.96	126.64	-4.68*
总资产贡献率	%	20.76	13.07	7.69*
资产负债率	%	55.24	57.28	-2.04*
流动资产周转率	%	3.06	2.53	0.53*
成本费用利润率	%	10.52	5.23	5.29*
全员劳动生产率	元	175487	170489	2.93
产品销售率	%	94.16	93.44	0.72*
主要工业产品产量				
原煤	万吨	11.66	3.84	203.65
成品糖	万吨	101.88	127.90	-20.34
淀粉	吨	817730	817780	-0.01
罐头	吨	128512	152520	-15.74
乳制品	吨	76695	59152	29.66
啤酒	千升	114405	109886	4.11
软饮料	吨	475956	659169	-27.79
卷烟	万支	3631084	3462445	4.87
配混合饲料	万吨	344.76	293.43	17.49
纱	吨	33577	28918	16.11
布	万米	754	670	12.54
家用电风扇	万台	38.02	36.75	3.46
塑料制品	吨	255414	191831	33.15
机制纸及纸板	吨	674993	630144	7.12
纸浆	吨	434890	386901	12.40
化学农药原药(折有效成分100%)	吨	42598	4005	963.62
烧碱(折100%)	吨	185927	215942	-13.90
电力电缆	千米	782550	662449	18.13
小型拖拉机	台	131498	116430	12.94
发电设备	万千瓦	35.15	30.50	15.25
水泥	万吨	1186.73	1008.64	17.66
平板玻璃	万重量箱	518.60	453.92	14.25
铝材	吨	61624	56195	9.66
发电量	万千瓦时	296911	322441	-7.92
交通、邮电、电力				
货运总量	万吨	19171	15491	23.76
铁路货运量	万吨	591	634	-6.77
公路货运量	万吨	16591	13272	25.01
水路货运量	万吨	1986	1583	25.50
民用航空货邮运量	万吨	3.1	2.5	24.00
客运总量	万人	10153	8987	12.97

注：公路、水路客货运量由市交通运输局提供

续表

指 标 名 称	单 位	2010 年	2009 年	比上年增长(%)
铁路客运量	万人	1007	936	7.68
公路客运量	万人	8855	7801	13.51
民用航空客运总量	万人	290.30	230.60	25.89
内河港口货物吞吐量	万吨	485	434	11.91
年末邮电局(所)数	处	207	203	1.97
邮电业务总量(2000 年不变价)	万元	1769876	1468606	20.51
年末电话用户数	户	6043808	5498397	9.92
#移动电活用户数	户	4844252	4138531	17.05
年末互联网用户	户	908170	673103	34.92
全年用电量	万千瓦时	1148290	1043773	10.01
#工业用电	万千瓦时	567887	529726	7.20
城乡居民生活用电	万千瓦时	273004	244603	11.61
固定资产投资				
全社会固定资产投资	万元	14830158	10439120	42.06
#城镇固定资产投资	万元	13893035	9772424	42.17
#基本建设投资	万元	6458107	4514087	43.07
更新改造投资	万元	3671938	2655809	38.26
其他投资	万元	561704	314943	78.35
房地产开发投资	万元	3174993	2267250	40.04
城镇工矿区私人建房(50 万元以上)	万元	26293	20335	29.30
新增固定资产	万元	6761138	4939315	36.88
房屋施工面积	万平方米	5925.50	5483.73	8.06
#住宅	万平方米	2893.92	2616.96	10.58
房屋竣工面积	万平方米	1148.98	1025.30	12.06
#住宅	万平方米	566.82	503.13	12.66
商品房施工面积	万平方米	3147.52	2620.22	20.12
#住宅	万平方米	2378.86	1953.83	21.82
商品房竣工面积	万平方米	519.41	439.71	18.12
#住宅	万下方米	433.34	361.03	20.03
商品房实际销售面积	万平方米	666.48	731.74	-8.92
#住宅	万平方米	601.83	685.08	-12.15
商品房实际销售额	万元	3428409	3334479	2.82
#住宅	万元	2980126	3057481	-2.53
城镇基础设施				
水厂综合生产能力(含自备水源)	万吨/日	158.40	161.40	-1.86
年末供水管道总长度	公里	3477	3315	4.89
全年供水总量	万吨	41983	40015	4.92
#居民家庭用水量	万吨	21926	18849	16.32
生活用水人口	万人	254.80	248.60	2.49
年末实有公共汽车营运车辆	辆	2989	3020	-1.03
全年公共汽车客运总数	万人次	66850	61704	8.34

续表

指　标　名　称	单　位	2010年	2009年	比上年增长(%)
年末实有出租汽车数	辆	5035	5175	-2.71
液化石油气供气总量	吨	101311	95478	6.11
#家庭用量	吨	76189	77412	-1.58
家庭用液化石油气人口	万人	213.35	209.23	1.97
年末实有道路总长度	公里	1750	1679	4.23
年末实有道路总面积	万平方米	3967	3689	7.54
人均道路面积	平方米	14.32	13.68	4.68
排水管道总长度	公里	1069	1042	2.59
建成区园林绿地面积	公顷	9182	7465	23.00
人均公共绿地面积	平方米	8.93	8.92	0.11
建成区绿化覆盖面积	公顷	10547	8888	18.67
国内商业				
商品销售总额	万元	18567715	14803073	25.43
#限额以上商品销售总额	万元	9969776	8080608	23.38
社会消费品零售总额	万元	9059318	7549161	20.00
按销售地区分				
城镇零售额	万元	8611253	7176500	19.99
乡村零售额	万元	448066	372661	20.23
按行业分				
批发业	万元	923644	790460	16.85
零售业	万元	7351052	6105992	20.39
住宿业	万元	90378	77190	17.09
餐饮业	万元	694245	575520	20.63
物价				
居民消费价格指数	%	102.50	98.20	2.50
食品类	%	106.60	98.60	6.60
#粮食	%	107.70	108.30	7.70
肉禽及其制品	%	102.10	91.90	2.10
水产品	%	108.60	96.20	8.60
鲜菜	%	128.50	103.20	28.50
烟酒及用品	%	100.30	103.00	0.30
衣着	%	97.00	103.90	-3.00
家庭设备用品及服务	%	97.90	98.60	-2.10
医疗保健和个人用品	%	100.80	101.70	0.80
交通和通讯	%	100.80	98.10	0.80
娱乐教育文化用品及服务	%	97.30	99.90	-2.70
居住	%	107.10	90.50	7.10
对外经济				
海关进出口总额	万美元	221273	278735	-20.62
出口总额	万美元	159336	238172	-33.10

注:1. 城市公用事业数据由市城乡建设委员会提供;2.2010年社会消费品零售总额分组统计口径调整,2009年数据按同口径进行调整

续表

指标名称	单位	2010 年	2009 年	比上年增长(%)
进口总额	万美元	61937	40563	52.69
市属进出口总额	万美元	191793	247840	-22.61
出口总额	万美元	131797	211041	-37.55
进口总额	万美元	59996	36799	63.04
外商直接投资(商务部口径)	万美元	33029	27845	18.62
对外借款	万美元	1836	2894	-36.56
新签利用外资合同	个	73	56	30.36
协议(合同)外资金额	万美元	70743	52333	35.18
期末实有三资企业个数	个	747	674	10.83
# 建成投产企业个数	个	480	455	5.49
旅游				
国内外旅游人数	万人次	3722	3083	20.73
# 国内旅游人数	万人次	3705	3071	20.64
国际旅游人数	万人次	16.75	12.27	36.57
# 外国人	万人次	12.33	9.37	31.59
港澳台同胞	万人次	4.42	2.90	52.40
国内外旅游收入	万元	2378898	1817168	30.91
# 国内旅游收入	万元	2341040	1790258	30.77
国际旅游收入	万元	37858	26910	40.68
主要宾馆	个	87	87	
# 星级宾馆	个	81	84	-3.57
五星级	个	6	6	
四星级	个	13	12	8.33
三星级	个	29	29	
二星级	个	33	37	-10.81
客房数	间	15964	15023	6.26
床位数	张	27138	27209	-0.26
财政、金融、保险				
财政收入	万元	3008756	2313664	30.13
# 一般预算收入	万元	1560959	1204628	29.77
地方财政支出	万元	2612785	2035519	28.36
金融机构各项存款余额	亿元	4021.45	3316.45	21.26
# 城乡居民储蓄存款	亿元	1375.89	1123.15	22.50
金融机构各项贷款余额	亿元	4142.30	3463.75	19.59
银行现金收入	亿元	4337.06	3709.81	16.91
银行现金支出	亿元	4223.98	3630.88	16.33
保费收入	万元	573025	401328	42.78
# 财产险保费收入	万元	215601	147249	46.42
人寿险保费收入	万元	357425	254078	40.68
劳动工资及就业				
年末单位在岗人数	人	661866	640175	3.39

续表

指 标 名 称	单 位	2010年	2009年	比上年增长(%)
#国有经济单位	人	362021	362807	−0.22
城镇集体单位	人	13411	13656	−1.79
其他经济单位	人	286434	263712	8.62
在岗职工工资总额	万元	2427224	2047363	18.55
在岗职工年平均工资	元/人	37042	32596	13.64
#国有经济单位	元/人	44735	38599	15.90
城镇集体单位	元/人	24955	20040	24.53
其他经济单位	元/人	27732	24846	11.62
私营企业从业人员	人	580552	503433	15.32
#城镇私营企业	人	147689	246076	−39.98
个体从业人员	人	394132	323203	21.85
#城镇个体	人	282152	225826	24.94
城镇登记失业人员数	人	35599	31582	1.19
城镇登记失业率	%	3.69	3.86	−0.17*
城镇居民家庭基本情况				
平均每户人口	人	3.04	3.06	−0.65
平均每户就业人口	人	1.71	1.75	−2.29
每一就业者负担人数	人	1.78	1.75	1.71
城镇住户人均年可支配收入	元	18032	16254	10.94
城镇住户人均年消费性支出	元	12337	11271	9.46
#食品支出	元	4789	4441	7.83
衣着支出	元	989	888	11.36
设备用品及服务支出	元	912	794	14.86
人均住房建筑面积	平方米	33.29	32.70	1.80
主要商品年人均消费量				
大米	公斤	41.36	41.36	
食用植物油	公斤	7.67	7.58	1.19
鲜菜	公斤	116.92	114.18	2.40
猪肉	公斤	29.87	29.06	2.79
牛羊肉	公斤	6.38	5.23	21.99
鸡鸭	公斤	21.29	20.95	1.62
鲜蛋	公斤	6.73	6.76	−0.44
城镇每百户居民主要耐用品拥有量				
空调器	台	148	141	5.07
洗衣机	台	100	98	1.68
电冰箱	台	99	98	0.99
摩托车	辆	55	58	−5.81
彩色电视机	台	141	140	1.01
组合音响	套	37	37	−0.22
照相机	架	55	54	1.67
家用电脑	台	100	93	7.49
移动电话	部	228	220	3.45

注:1.城镇私营、城镇个体从业人员数据由市工商局提供;2.城镇登记失业人员、城镇登记失业率数据由市人社局提供

续表

指 标 名 称	单 位	2010年	2009年	比上年增长(%)
农村居民家庭基本情况				
平均每户人口	人	4.49	4.53	-0.88
平均每户从业人口	人	3.14	3.34	-5.99
平均每一劳动力负担人口数	人	1.42	1.41	0.71
农村居民人均纯收入	元	5005	4385	14.15
农村住户人均年消费性支出	元	3354	3004	11.65
#食品支出	元	1636	1559	4.94
衣着支出	元	89	81	10.32
家庭设备用品支出	元	197	170	15.88
人均居住面积	平方米	36.75	34.38	6.89
主要商品年人均消费量				
粮食	公斤	164.71	177.16	-7.03
食用油	公斤	2.96	3.08	-3.90
蔬菜	公斤	92.56	81.56	13.49
猪肉	公斤	14.30	13.34	7.20
牛羊肉	公斤	0.47	0.38	23.68
家禽	公斤	14.33	13.85	3.47
鲜蛋	公斤	1.19	1.14	4.39
农村每百户居民主要耐用品拥有量				
洗衣机	台	22	16	37.50
电冰箱	台	40	31	29.03
摩托车	辆	77	66	16.67
彩色电视机	台	106	102	3.92
固定电话	部	55	56	-1.79
移动电话	部	139	120	15.83
热水器	台	31	26	19.23
照相机	台	4	3	33.33
教育、文化				
学校数				
高等学校	所	31	30	7.10
中等职业学校	所	85	100	-15.00
技工学校	所	13	13	
普通中学	所	349	355	-1.69
小学	所	1515	1548	-2.13
专任教师数				
高等学校	人	15225	13950	9.14
中等职业学校	人	5345	5704	-6.29
技工学校	人	1410	1409	0.07
普通中学	人	22675	22482	0.86
小学	人	28596	28949	-1.22

续表

指标名称	单位	2010年	2009年	比上年增长(%)
在校学生数				
高等学校	人	276428	268865	2.81
中等职业学校	人	207686	174465	19.04
技工学校	人	36593	34273	6.77
普通中学	人	376256	385308	−2.35
小学	人	526547	526624	−0.01
县级以上公共图书馆	个	16	16	
县级以上公共图书馆图书总藏量	千册、件	5006	4662	7.37
#图书藏量	千册	3633	3513	3.41
图书出版印数	万册	20726	23402	−11.43
杂志出版印数	万册	3680	3602	2.17
报纸出版印数	万份	52708	52217	0.94
科技、卫生				
专业技术人员数	人	207370	204270	1.52
#市县属国有企事业单位专业技术人员数	人	117078	117628	−0.47
#中级及以上技术职称人员	人	40350	41757	−3.37
专利申请数	件	1452	1199	21.10
#发明专利	件	539	467	15.42
授权专利数	件	896	624	43.59
#发明专利	件	130	84	54.76
卫生机构数(含个体)	个	2310	2305	0.22
#医院、卫生院	个	198	202	−1.98
门诊部、所	个	1953	1937	0.83
卫生机构床位数	张	28184	25337	11.24
#医院、卫生院	张	26390	23501	12.29
卫生技术人员数(含个体)	人	37873	33872	11.81
#执业医师	人	12390	11111	11.51
执业助理医师	人	1087	1797	−39.51
注册护士	人	14567	12740	14.34
福利机构、社会治安				
社会福利机构数	个	158	136	16.18
社会福利机构床位数	张	7618	5765	32.14
社会治安				
火灾起数	起	230	171	34.50
火灾死伤人数	人	11	10	10.00
火灾损失折款	万元	1189.34	330.62	259.73
交通事故件数	件	847	1292	−34.44
交通事故死伤人数	人	1507	2170	−30.55
#死亡人数	人	405	408	−0.74
交通事故损失额	万元	437.83	478.37	−8.47
刑事案件立案数	件	57055	52068	9.58
犯罪人数	人	5359	5174	3.58

2010年南宁市市区社会经济主要指标

指　标　名　称	单　位	2010年	2009年	比上年增长(%)
人口、土地面积				
土地面积	平方千米	6479	6479	
#建成区土地面积	平方千米	215	190	13.16
年末户籍总人口	人	2707396	2671388	1.35
#非农业人口	人	1376816	1368922	0.58
农业人口	人	1330580	1302466	2.16
#男性	人	1399473	1382523	1.23
女性	人	1307923	1288865	1.48
#18岁以下人口	人	259610	258304	0.51
18～60岁人口	人	2005881	1991986	0.70
60岁以上人口	人	441905	421098	4.94
人口密度	人/平方千米	418	412	1.46
年出生人数	人	45773	32743	39.79
年死亡人数	人	9996	7713	29.60
年末总户数	户	819241	800301	2.37
年平均人口	人	2689392	2655131	1.29
人口结构				
非农业人口比重	%	50.85	51.24	−0.39*
农业人口比重	%	49.15	48.76	0.39*
男性人口比重	%	51.69	51.75	−0.06*
女性人口比重	%	48.31	48.25	0.06*
地区生产总值				
地区生产总值(当年价)	万元	12995592	11042775	14.00
第一产业	万元	892606	775319	4.80
第二产业	万元	4551716	3663539	16.80
工业	万元	3198568	2585305	14.80
建筑业	万元	1353148	1078234	21.60
第三产业	万元	7551269	6603917	13.40
交通运输仓储邮政业	万元	717023	588584	21.10
批发和零售业	万元	1301193	1064432	20.80
住宿和餐饮业	万元	522251	478855	6.90
金融保险业	万元	1302458	1104174	15.20
房地产业	万元	772770	882530	−14.80
其他服务业	万元	2935574	2485342	17.60
人均地区生产总值(当年价)	元	48322	41590	12.50
地区生产总值构成	%	100	100	
第一产业	%	6.87	7.02	−0.15*
第二产业	%	35.03	33.18	1.85*
工业	%	24.61	23.41	1.20*
建筑业	%	10.41	9.76	0.65*
第三产业	%	58.11	59.80	−1.70*

注:1. 人口数据由市公安局提供; 2. “*”为增减百分点(下同);3. 地区生产总值增长速度按可比价计算

续表

指标名称	单位	2010年	2009年	比上年增长(%)
农业				
农林牧渔业总产值(当年价)	万元	1499682	1300341	5.87
农业	万元	765021	644975	5.95
林业	万元	80330	58593	6.32
牧业	万元	463899	426153	6.14
渔业	万元	48587	42906	3.15
服务业	万元	141846	127714	5.26
农林牧渔业总产值(构成)	%	100	100	
农业	%	51.01	49.60	1.41*
林业	%	5.36	4.51	0.85*
牧业	%	30.93	32.77	-1.84*
渔业	%	3.24	3.30	-0.06*
服务业	%	9.46	9.82	-0.36*
乡村从业人员	万人	80.74	78.50	2.85
#农林牧渔业从业人员	万人	55.62	55.24	0.69
有效灌溉面积	公顷	53435	52743	1.31
粮食总产量	吨	535495	543969	-1.56
油料产量	吨	41350	38207	8.23
甘蔗产量	吨	4652239	4997366	-6.91
蔬菜产量	吨	1331381	1301612	2.29
肉类产量	吨	214516	204902	4.69
#猪肉	吨	94541	90863	4.05
牛羊肉	吨	3829	3619	5.80
家禽	吨	114545	109517	4.59
猪年末存栏数	万头	99.84	72.99	36.79
当年出栏肉猪	万头	127.30	122.49	3.93
大牲畜年末存栏数	万头	28.04	17.26	62.49
#牛	万头	28.04	17.25	62.51
羊年末存栏数	万只	2.79	0.42	569.39
水产品产量	吨	55070	53170	3.57
禽蛋产量	吨	12899	11883	8.55
牛奶产量	吨	45744	41929	9.10
水果产量	吨	568552	466379	21.91
农业机械总动力	万千瓦	122.19	112.24	8.87
农村用电量	万千瓦时	29648	28196	5.15
农业生产用化肥(折纯量)	吨	159959	153463	4.23
工业				
全部工业总产值(当年价)	万元	9996453	7729287	29.33
#规模以上工业总产值	万元	9092205	7146446	27.23
规模以下工业总产值	万元	904248	582841	55.14

注:农业总产值增长速度按可比价计算

续表

指 标 名 称	单 位	2010 年	2009 年	比上年增长(%)
规模以上工业按登记注册类型分				
国有企业	万元	1436502	1401639	2.49
集体企业	万元	42019	53468	-21.41
联营企业	万元		6892	
有限责任公司	万元	1515641	1252210	21.04
股份有限公司	万元	835068	692749	20.54
私营企业	万元	3862249	2673913	44.44
其他企业	万元	15327	21479	-28.64
港澳台商投资企业	万元	673311	585279	15.04
外商投资企业	万元	712088	458817	55.20
按轻重工业分				
轻工业	万元	4244163	3444610	23.21
重工业	万元	4848042	3701836	30.96
按企业规模分				
大型企业	万元	849210	502531	68.99
中型企业	万元	3465324	3185610	8.78
小型企业	万元	4777671	3458305	38.15
规模以上工业企业主要经济指标				
企业单位数	个	641	633	1.26
#亏损企业	个	92	159	-42.14
工业总产值(现价)	万元	9092205	7146446	27.23
工业增加值(现价)	万元	2897622	2287683	12.84
资产总计	万元	7170187	6391332	12.19
负债合计	万元	3976153	3756440	5.85
主营业务收入	万元	8695945	6589207	31.97
#主营业务税金及附加	万元	306436	246708	24.21
实现利税总额	万元	1373193	778905	76.30
#利润总额	万元	722040	285844	152.60
亏损企业亏损额	万元	32659	63896	-48.89
主要工业产品产量				
成品糖	万吨	57.69	74.06	-22.10
淀粉	吨	247125	220136	12.26
罐头	吨	14800	14066	5.22
乳制品	吨	76695	59000	29.99
啤酒	千升	114405	109735	4.26
软饮料	吨	393144	232609	69.01
卷烟	万支	3631084	3462445	4.87
配混合饲料	万吨	291.09	252.03	15.50
纱	吨	33577	28918	16.11
布	万米	618	587	5.28

注:工业增加值增长速度按价格指数缩减法计算

续表

指标名称	单位	2010年	2009年	比上年增长(%)
家用电风扇	万台	38.02	36.75	3.46
塑料制品	吨	180127	139585	29.04
机制纸及纸板	吨	268846	277400	-3.08
纸浆	吨	243495	240244	1.35
化学农药原药(折有效成分100%)	吨	8087	2911	177.81
烧碱(折100%)	吨	185927	215942	-13.90
电力电缆	千米	782550	662449	18.13
小型拖拉机	台	55647	64539	-13.78
水泥	万吨	592.57	595.47	-0.49
平板玻璃	万重量箱	518.60	453.92	14.25
铝材	吨	61624	56195	9.66
发电量	万千瓦时	59760	51957	15.02
交通、邮电、电力				
货运总量	万吨	13837	11515	20.17
铁路货运量	万吨	408	444	-8.04
公路货运量	万吨	12680	10346	22.56
水路货运量	万吨	746	722	3.24
民用航空货邮运量	万吨	3.10	2.50	24.00
客运总量	万人	7529.01	6666.37	12.94
铁路客运量	万人	921.71	857.87	7.44
公路客运量	万人	6317	5572	13.37
民用航空客运总量	万人	290.30	230.60	25.89
内河港口货物吞吐量	万吨	294.16	243.28	20.91
年末邮电局(所)数	处	98	94	4.26
邮电业务总量(2000年不变价)	万元	1353146	1121281	20.68
年末电话用户数	户	4138218	3556600	16.35
#移动电话用户数	户	3313769	2782647	19.09
年末互联网用户	户	776637	574756	35.12
全年用电量	万千瓦时	854042	792994	7.70
#工业用电	万千瓦时	392257	385942	1.64
城乡居民生活用电	万千瓦时	191656	171173	11.97
固定资产投资				
全社会固定资产投资	万元	10540330	7593243	38.81
#城镇固定资产投资	万元	10263291	7411751	38.47
#基本建设投资	万元	4923140	3573062	37.78
更新改造投资	万元	2049129	1526222	34.26
其他投资	万元	503654	274291	83.62
房地产开发投资	万元	2772482	2025626	36.87
城镇工矿区私人建房	万元	14886	12537	18.74
新增固定资产	万元	4517141	3452526	30.84

注:公路、水路客货运量由市交通运输局提供

续表

指　标　名　称	单　位	2010 年	2009 年	比上年增长(%)
房屋施工面积	万平方米	4796.00	4628.35	3.62
#住宅	万平方米	2417.73	2252.47	7.34
房屋竣工面积	万平方米	851.62	797.70	6.76
#住宅	万平方米	424.30	391.11	6.85
商品房施工面积	万平方米	2681.96	2290.91	17.07
#住宅	万平方米	1993.64	1682.15	18.52
商品房竣工面积	万平方米	418.78	370.54	13.02
#住宅	万平方米	346.18	300.94	15.03
商品房销售面积	万平方米	534.12	639.77	−16.51
#住宅	万平方米	476.69	596.52	−20.09
商品房销售额	万元	3105331	3167320	−1.96
#住宅	万元	2688217	2900034	−7.30
城市基础设施				
水厂综合生产能力(含自备水源)	万吨/日	135.20	135.20	
年末供水管道总长度	公里	2733	2596	5.28
全年供水总量	万吨	32645	35576	−8.24
#居民家庭用水量	万吨	19068	15717	21.32
生活用水人口	万人	207.91	199.41	4.26
年末实有公共汽车营运车辆	辆	2601	2678	−2.88
全年公共汽车客运总数	万人次	63598	59637	6.64
年末实有出租汽车数	辆	4795	4940	−2.94
液化石油气供气总量	吨	86406	84135	2.70
#家庭用量	吨	68509	66794	2.57
家庭用液化石油气人口	万人	169.01	166.83	1.31
年末实有道路总长度	公里	1307	1255	4.14
年末实有道路总面积	万平方米	3205	3013	6.37
人均道路面积	平方米	14.66	14.19	3.31
排水管道长度	公里	716	705	1.56
建成区园林绿地面积	公顷	7555	6491	16.39
人均公共绿地面积	平方米	9.83	9.90	−0.71
建成区绿化覆盖面积	公顷	8687	7530	15.37
国内商业、对外经济				
商品销售总额	万元	16405007	13712276	19.64
#限额以上商品销售总额	万元	9515377	7709671	23.42
社会消费品零售总额	万元	7523899	6244153	20.50
按行业分				
批发业	万元	663610	571757	16.07
零售业	万元	6239912	5155539	21.03
住宿业	万元	89586	76416	17.23
餐饮业	万元	530792	440442	20.51

注:1. 城市公用事业数据由市城乡建设委员会提供;2.2010 年社会消费品零售总额分组统计口径调整,2009 年数据按同口径进行调整

续表

指　标　名　称	单　位	2010年	2009年	比上年增长(%)
海关进出口总额	万美元	214124	238544	-10.24
出口总额	万美元	158302	205438	-22.94
进口总额	万美元	53754	33106	62.37
市属进出口总额	万美元	184644	207620	-11.07
出口总额	万美元	130763	178129	-26.69
进口总额	万美元	51813	29491	75.69
外商直接投资	万美元	29341	23085	27.10
对外借款	万美元	1836	2894	-36.56
新签利用外资合同	个	65	48	35.42
协议(合同)外资金额	万美元	57351	41573	37.95
旅游				
国内外旅游人数	万人次	3398	2770	22.67
#国内旅游人数	万人次	3381	2757	22.63
国际旅游人数	万人次	16.75	12.27	36.51
#外国人	万人次	12.33	9.37	31.59
港澳台同胞	万人次	4.42	2.90	52.41
国内外旅游收入	万元	2330700	1775177	31.29
#国内旅游收入	万元	2292842	1748267	31.15
国际旅游收入	万元	37858	26910	40.68
主要宾馆	个	83	83	
#星级宾馆	个	77	79	-2.53
五星级	个	6	6	
四星级	个	13	12	8.33
三星级	个	29	29	
二星级	个	29	32	-9.38
客房数	间	15635	14742	6.06
床位数	张	26809	25185	6.45
财政、金融、保险				
财政收入	万元	2679697	2058456	30.18
#一般预算收入	万元	1374932	1056053	30.20
地方财政支出	万元	1734991	1440978	22.10
金融机构各项存款余额	万元	36435627	30118500	20.97
#城乡居民储蓄存款	万元	10942351	8963501	22.08
金融机构各项贷款余额	万元	36903107	33207314	19.26
银行现金收入	万元	39016103	33301024	17.16
银行现金支出	万元	37981156	32608658	16.48
保费收入	万元	512394	353563	44.92
#财产险保费收入	万元	197021	132449	48.75
人寿险保费收入	万元	315373	221113	42.63

续表

指　标　名　称	单　位	2010 年	2009 年	比上年增长(%)
劳动工资及就业				
年末单位在岗人数	人	541872	499843	8.41
#国有经济单位	人	273005	272850	0.06
集体经济单位	人	9308	9433	-1.33
其他经济单位	人	235140	217560	8.08
在岗职工工资总额	万元	1997901	1726201	15.74
在岗职工年平均工资	元 / 人	39012	35268	10.62
#国有经济单位	元 / 人	47416	42560	11.41
集体经济单位	元 / 人	23787	18766	26.76
其他经济单位	元 / 人	29707	26694	11.29
城填登记失业人员数	人	29213	27893	9.98
城镇居民家庭基本情况				
平均每户人口	人	3.06	3.06	
平均每户就业人口	人	1.67	1.72	-2.91
每一就业者负担人数	人	1.83	1.78	2.81
城镇住户人均年可支配收入	元	18595	16813	10.60
城镇住户人均年消费性支出	元	13027	11954	8.98
#食品支出	元	4923	4586	7.35
衣着支出	元	1030	924	11.48
设备用品及服务支出	元	985	844	16.75
人均住房建筑面积	平方米	28.20	27.44	2.77
主要商品年人均消费量				
大米	公斤	40.45	39.63	2.07
食用植物油	公斤	7.82	7.76	0.77
鲜菜	公斤	115.61	113.75	1.64
猪肉	公斤	29.47	28.53	3.29
牛羊肉	公斤	6.87	5.58	23.12
鸡鸭	公斤	20.52	19.98	2.70
鲜蛋	公斤	7.24	7.30	-0.82
城镇每百户居民主要耐用品拥有量				
空调器	台	171	163	4.77
洗衣机	台	100	98	1.88
电冰箱	台	102	101	1.18
摩托车	辆	48	53	-10.28
彩色电视机	台	143	142	0.92
组合音响	套	37	36	1.44
照相机	架	63	63	0.76
家用电脑	台	109	101	7.97
移动电话	部	233	224	3.79

注:城镇登记失业人员数据由市人社局提供

续表

指　标　名　称	单　位	2010年	2009年	比上年增长(%)
农村居民家庭基本情况				
平均每户人口	人	4.31	4.37	-1.37
平均每户从业人口	人	3.04	3.05	-0.33
平均每一劳动力负担人口数	人	1.41	1.43	-1.40
农村居民人均纯收入	元	5441	4775	13.95
农村住户人均年消费性支出	元	3603	3343	7.78
#食品支出	元	1765	1693	4.25
衣着支出	元	100	99	1.01
设备用品及服务支出	元	201	168	19.64
人均期末拥有居住面积	平方米	35.00	31.70	10.41
主要商品年人均消费量				
粮食	公斤	135.30	170	-20.41
食用油	公斤	3.10	3.20	-3.13
蔬菜	公斤	80	94	-14.89
猪肉	公斤	15.25	13.89	9.79
牛羊肉	公斤	0.85	0.64	32.81
家禽	公斤	15.04	16.21	-7.22
鲜蛋	公斤	1.29	1.37	-5.84
农村每百户居民主要耐用品拥有量				
洗衣机	台	21	13	61.54
电冰箱	台	39	30	30.00
摩托车	辆	70	66	6.06
彩色电视机	台	104	99	5.05
固定电话	部	42	45	-6.67
移动电话	部	140	118	18.64
热水器	台	30	27	11.11
照相机	台	6	5	20.00
教育、文化				
学校数				
高等学校	所	31	30	3.33
中等职业学校	所	73	87	-16.09
技工学校	所	13	13	0.00
普通中学	所	166	167	-0.60
小学	所	461	476	-3.15
专任教师数				
高等学校	人	15225	13950	9.14
中等职业学校	人	4498	4884	-7.90
技工学校	人	1410	1409	1.07
普通中学	人	9610	9444	1.76
小学	人	11675	11485	1.65

续表

指标名称	单位	2010年	2009年	比上年增长(%)
在校学生数				
高等学校	人	276428	268865	2.81
中等职业学校	人	166562	156528	6.41
技工学校	人	36593	34273	6.77
普通中学	人	163357	160941	1.50
小学	人	249446	240806	3.59
县级以上公共图书馆	个	10	10	
县级以上公共图书馆图书总藏量	千册、件	4261	3927	8.50
#图书藏量	千册	3095.40	2982	3.80
图书出版印数	万册	20726	23402	-11.43
杂志出版印数	万册	3680	3602	2.17
报纸出版印数	万份	52708	52217	0.94
科技、卫生、社会治安				
专业技术人员	人	154703	147336	5.00
#市县属国有企事业单位专业技术人员	人	74642	72500	2.95
#中级及以上技术职称人员	人	22983	23202	-0.94
卫生机构数(含个体)	个	1452	1416	2.54
#医院、卫生院	个	97	101	-3.96
门诊部、所	个	1220	1173	4.01
卫生机构床位数	张	19025	17374	9.50
#医院、卫生院	张	17919	16119	11.17
卫生技术人员数(含个体)	人	26813	23735	12.97
#执业医师	人	9629	8486	13.47
执业助理医师	人	869	796	9.17
注册护士	人	10530	9122	15.44
社会福利机构数	个	67	61	9.84
社会福利机构床位数	张	4931	4142	19.05
社会治安				
火灾起数	起	178	107	66.36
火灾死伤人数	人	7		
火灾损失折款	万元	242.88	211.83	14.66
交通事故件数	件	322	522	-38.31
交通事故死伤人数	人	541	824	-34.34
#死亡人数	人	175	164	6.71
刑事案件立案数	件	44885	39545	13.50
犯罪人数	人	3613	3381	6.86

2010年南宁市与全国、广西主要社会经济指标对比情况

指标名称	单位	绝对数			南宁占广西的比重(%)
		全国	广西	南宁	
年末总人口	万人	133972		707.37	
国内生产总值	亿元	397983	9502.39	1800.26	18.95
#第一产业	亿元	40497	1670.37	244.43	14.63
第二产业	亿元	186481	4510.83	651.88	14.47
#工业	亿元	160030	3860.46	484.81	12.56
第三产业	亿元	171005	3321.19	903.94	27.19
全社会固定资产投资	亿元	278140	7859.07	1483.02	18.87
#城镇固定资产投资	亿元	241415	7161.84	1389.30	19.40
#基本建设	亿元		3479.48	645.81	18.56
更新改造	亿元		2215.90	367.19	16.57
房地产	亿元	48267	1206.22	317.50	26.32
邮电业务总量(2000年不变价)	亿元	32940	806.96	176.99	21.93
固定电话用户	万户	29438	706	111.96	16.99
移动电话用户	万户	85900	2214	484.43	21.88
社会消费品零售总额	亿元	156998	3271.81	905.93	27.69
#城市	亿元	136123	2858	861.13	30.13
#批发零售贸易	亿元	139350	2966.83	827.47	27.89
进出口总额	亿美元	29728	177.06	22.13	12.50
#出口	亿美元	15779	96.10	15.93	16.58
外商直接投资	亿美元	1057	9.12	3.30	36.18
国际旅游人数	万人次	13376	250.24	16.75	6.69
国际旅游外汇收入	亿美元	458	8.07	0.56	6.94
金融机构各项存款余额	亿元	733382	11814	4021	34.04
#城乡居民储蓄存款	亿元	307166	5729	1376	24.02
金融机构各项贷款余额	亿元	509226	8980	4142	46.13
居民消费价格指数(上年=100)	%	103.30	103	102.50	—

续表

指标名称	单位	绝对数			南宁占广西的比重(%)
		全国	广西	南宁	
城镇居民人均可支配收入	元	19109	17064	18032	—
农民人均纯收入	元	5919	4543	5005	—
普通高校在校学生	万人	2231.80	56.75	27.64	48.70
中等职业技术学校在校学生	万人	2231.80	91.77	20.77	22.63
普通高中在校学生	万人	2427.30	75.40	11.65	15.45
初中在校学生	万人	5279.30	200.39	25.98	12.96
普通小学在校学生	万人	9940.70	430.06	52.65	12.24
卫生机构数	个	939000	10341	2310	22.34
#医院、卫生院	个	60000	450	198	44.00
医院、卫生院床位数	万张	437	13.39	2.64	19.72
卫生技术人员	万人	584	18.57	3.79	20.41
#执业医师和助理执业医师	万人	237	6.73	1.35	20.06
农产品产量					
粮食	万吨	54641	1412.32	204.20	14.46
油料	万吨	3239	45.81	10.90	23.77
甘蔗	万吨		7119.62	1044.00	14.66
水果	万吨		841.77	123.30	14.65
肉类总产量	万吨	7925	387.77	60.80	15.67
水产品	万吨	5366	275.09	19.20	6.97
工业产品产量					
成品糖	万吨	1103	705.46	101.88	14.44
发电量	亿千瓦时	42065	1032.15	29.69	2.88
粗钢	万吨	62696	1204.57	8.47	0.70
钢材	万吨	79776	1560.34	43.10	2.76
十种有色金属	万吨	3093	140.55	0.72	0.51
水泥	万吨	180000	7516.51	1186.70	15.79
化肥(折100%)	万吨	6741	86.90	10.52	12.11

注:1.可支配收入、农民人均纯收入增速,全国、自治区为扣除价格的实际增长;
2.全国卫生机构口径调整,含村级卫生室;广西未含

(资料来源:《南宁市情统计手册·2011》,市统计局,2011年5月)

责任编辑　梁　坤

附　录

南宁市国民经济和社会发展第十二个五年规划纲要

（2011年2月26日，南宁市第十二届人民代表大会第九次会议批准）

南宁市国民经济和社会发展第十二个五年规划纲要根据国家、自治区总体规划和《中共南宁市委员会关于制定国民经济和社会发展第十二个五年规划的建议》编制，主要阐述我市发展战略、目标任务及工作重点，是我市未来五年经济社会发展的宏伟蓝图，是全市各族人民共同奋斗的行动纲领，是政府履行经济调节、市场监管、社会管理和公共服务职责，以及进行功能布局、结构调整和项目建设的重要依据。

第一篇　发展基础和环境

第一章　“十二五”发展基础

“十一五”是我市经济社会发展最好的时期之一，全方位开放创新取得显著成效，城市综合实力继续增强，城市面貌明显改善，人民生活水平不断提高。面对复杂多变的国内外形势和繁重艰巨的改革发展稳定任务，我市坚持以邓小平理论和“三个代表”重要思想为指导，深入贯彻落实科学发展观，认真落实党中央、自治区党委和市委的各项方针政策和决策部署，坚持全方位开放创新，走开放型经济发展道路，大力实施科学发展三年计划，深入开展“项目建设年”和“服务企业年”等重大活动，全面打好“工业经济振兴”、“五象新区开发”、“产业园区建设”、“交通基础设施完善”、“打造‘中国水城’”等五场攻坚战，积极应对国际金融危机，有效克服了冰冻、洪涝、干旱等严重自然灾害，保持和扩大了经济社会平稳较快发展的良好势头，区域性现代商贸物流基地、先进制造业基地、特色农业基地和区域性国际综合交通枢纽中心、信息交流中心、金融中心（以下简称“三基地三中心”）建设取得进展，经济建设、政治建设、文化建设、社会建设以及生态文明建设都取得了良好成效，圆满完成了“十一五”规划和科学发展三年计划确定的主要目标任务，18个主要经济社会指标翻一番以上，建设区域性国际城市和广西“首善之区”的“近期打基础”目标顺利实现。

经济综合实力显著增强。经济持续快速健康发展，经济发展方式加快转变，经济发展质量和效益不断提高，地区生产总值、人均地区生产总值、全部工业总产值、社会消费品零售总额、全社会固定资产投资、财政收入、出口总额、外商直接投资等均比“十五”期末翻一番以上。地区生产总值在2007年突破1000亿元的基础上，2010年达到1800.43亿元，占全区的19%，年均增长15.50%，经济总量继续保持全区首位，在西部地区省会（首府）城市中处于中上水平。

经济结构调整更趋合理。发展方式加快转变，产业结构不断优化，三次产业结构由2005年的16.55:31.96:51.49调整为2010年的13.58:36.26:50.16。工业进一步壮大，对经济发展的支撑作用不断增强，自主创新能力明显提高，高新技术产业加快发展，2010年高新技术产业工业增加值达150亿元，比2005年翻1.4番以上，培育了制药、生物、铝加工等一批具有自主知识产权的品牌产品和优势企业。服务业发展质量进一步提高，物流、信息、金融等现代服务业加快发展。农业产业化加快推进，社会主义新农村建设取得显著成效。

宜居城市魅力更加彰显。“以邕江为轴线，西建东扩，完善江北，提升江南，重点向南”的城市发展战略深入实施，城镇化率达到48%左右。城市基础设施不断完善，城市承载功能显著增强，城市面貌焕然一新，五象大道、南宁大桥、广西体育中心一期等重大项目相继建成，五象、凤岭、相思湖等新区建设加快推进，旧城改造加快实施。六县县城及重点城镇建设加快推进，城镇特色更加凸显。农村基础设施“三大会战”、大石山区大会战等全面完成，社会主义新农村建设、扶贫开发等加快推进，农村生产生活条件明显改善。“山、水、树”文章谱写新篇，“中国绿城”建设水平进一步提升，“中国水城”建设开局良好，“城乡清洁工程”成效显著，节能减排目标全面完成。城市人居环境不断改善，现代宜居城市魅力彰显，先后获得“联合国人居奖”、“全国文明城市”、“全国十大宜居城市”、“中华宝钢环境奖”及“全国社会治安综合治理优秀地市”等荣誉称号。

改革开放合作不断深化。中国—东盟博览会和中国—东盟商务与投资峰会连续成功举办，五个东盟国家总领事馆入驻南宁，东盟十国、日本、韩国商务联络部相继启用，以东盟为重点的对外开放合作深入推进，城市国际化程度显著提高，开放型经济加快发展。区域经济合作不断深化，南宁保税物流中心通过国家验收并实现封关运行，与北钦防合作进一步加强，广西北部湾经济区核心城市辐射带动作用持续增强，西部大开发成效显著，承接产业转移取得新进展。体制机制改革加快推进，财税、投融资等重点领域和关键环节改革取得突破，国有企业改革深入推进，城建、水务等重点行业的投融资平台相继组建，非公有制经济蓬勃发展，政府公共服务能力不断增强，行政效能不断提高。

社会事业全面繁荣发展。科技创新体系日益完善，创新型城市建设加快推进，连续五次被评为“全国科技进步先进市”，先后获得“中国城市综合创新力50强”、“国家科技进步示范市”等荣誉称号，2010年成为“国家创新型试点城市”。教育事业全面发展，提前两年实现“两基”攻坚目标，九年义务教育普及水平不断提高，高中和高等教育进一步发展，职业教育攻坚任务顺利完成。文化体育事业繁荣发展，“能帮就帮”、“敢做善成”的南宁精神深入人心。城乡公共医疗卫生体系加快构建，三级医疗卫生网络基本建成。公共就业服务体系进一步完善，就业规模持续扩大。社会保障制度不断健全，社会保险基本实现全覆盖，社会救助体系逐步完善。人口计生工作成效显著，人口素质进一步提高。城乡居民收入持续较快提高，保障性住房建设步伐加快，人民生活明显改善。为民办实事项目全面顺利实施，改善民生成效显著，基本公共服务均等化水平明显改善。民主法制建设取得新进步，依法治市不断推进，平安南宁建设扎实开展，民族团结、社会和谐的局面不断巩固。

“十一五”期间，经过全市各族人民努力奋斗，我市科学发展水平进一步提高，积极转变发展理念，大胆创新发展模式，努力提高发展质量，有效推进经济社会科学发展、加快发展、率先发展、和谐发展，建设区域性国际城市和广西“首善之区”初期目标基本实现，构筑内陆开放型经济战略高地的基础条件逐步夯实，为“十二五”时期推动经济社会进入更高层次、更高水平的发展阶段，实现全面建设小康社会目标奠定了坚实的基础。

第二章 “十二五”时期是建设区域性国际城市和广西“首善之区”的关键时期

“十二五”时期是我市加快建设区域性国际城市和广西“首善之区”、在全区率先实现全面建设小康社会目标的关键时期，是深化改革开放、加快转变经济发展方式的攻坚时期。和平、发展、合作仍是时代潮流，经济全球化和区域经济一体化深入发展，科技进步日新月异，生产要素流动和产业转移加快，国际经济贸易合作日益密切。我国仍处在大有作为的重要战略机遇期，经济发展方式加快转变，经济结构转型升级，国内需求持续扩大，区域发展更加协调，经济社会仍将保持长期平稳较快发展的良好态势。我区进入实现跨越式发展的重大历史机遇期，在国家周边外交战略、新一轮西部大开发战略中的地位和作用

专栏1:“十一五”南宁市经济社会发展主要指标完成情况

序号	指标名称	单位	2005年	“十一五”规划目标		2010年初步统计完成情况	
				2010年预期量	年均增长	2010年完成量	五年年均增长
1	地区生产总值	亿元	723.36		12%	1800.43	15.50%
2	人均地区生产总值	元	11057.00		11%	25624.00	13.90%
3	财政收入	亿元	100.22		15%	300.88	24.59%
4	全部工业总产值	亿元	490.92		19%	1502.68	25.08%
5	全社会固定资产投资	亿元	362.90		16%	1483.02	32.52%
6	社会消费品零售总额	亿元	380.34		13%	905.93	18.96%
7	出口总额	亿美元	5.77		20%	15.93	22.52%
8	三次产业结构		16.55∶31.96∶51.49	12.20∶36.50∶51.30		13.58∶36.26∶50.16	
9	城镇化率	%	38.50	45.00		48.00	
10	全市森林覆盖率	%	40.21	42.50		43.65	
11	建成区绿化覆盖率	%	31.16	42.50		40.36	
12	中心城区污水处理率	%	17.00	70.00		85.00	
13	县城污水处理率	%		50.00		60.00	
14	城市生活垃圾无害化处理率	%	80.00	100.00		100.00	
15	县城生活垃圾无害化处理率	%	50.00	60.00		60.00	
16	人口自然增长率	‰	7.83	≤9		8.36	
17	城镇居民人均可支配收入	元	9203.00	12900.00	7%	18032.00	14.40%
18	农村居民人均纯收入	元	2680.00	3582.00	6%	5005.00	13.30%
19	城镇职工基本养老保险覆盖率	%	87.50	90.00		93.00	
20	城镇职工基本医疗保险覆盖率	%	73.22	90.00		93.00	
21	新农合农民参合率	%		90.00		93.00	
22	五年城镇新增就业人数	万人		30.00		33.50	
23	城镇登记失业率	%	3.90	≤5		≤3.69	

注：地区生产总值、人均地区生产总值、农林牧渔业总产值、全部工业增加值、高新技术产业工业增加值、财政收入、全社会固定资产投资、社会消费品零售总额、出口总额、外商直接投资、旅游总收入、国内游客人数、公路运输货运量、港口货物吞吐量、五年累计财政性教育支出、财政性医疗卫生支出、全部社会保险参保人数等18个经济社会指标翻一番以上

进一步提升，工业化、城镇化加速发展，重大产业产能快速释放，发展的空间和潜力巨大，经济社会将在新的起点上实现新跨越。我市经济转型、社会转型、开放转型、城市转型将进一步加快，经济总量扩张和结构升级加速，工业化和城镇化进程加快，城市国际化持续推进，改革创新进入攻坚时期，生态宜居、绿色增长成为发展方向，改善民生成为发展要求，经济社会发展将处在长期稳定上升周期。

"十二五"时期，我市面临多重历史发展机遇：中国—东盟自由贸易区建成运行，南宁—新加坡经济走廊、南宁—谅山—河内—海防—广宁经济走廊等区域合作将更加紧密，有利于我市利用两个市场、两种资源加快发展并壮大城市综合实力；国家赋予我市构建内陆开放型经济战略高地的定位，有利于我市进一步扩大对外对内开放，促进"三基地三中心"加快建设；国家深入实施西部大开发战略，特别是把以南宁为核心城市的广西北部湾经济区作为西部重点经济区，有利于我市在政策、资金、项目等方面获得国家更多的支持；泛珠三角区域合作、桂台经贸合作以及与东部沿海地区经贸交流的深入推进，有利于我市获得更多的外来投资和产业转移；《国务院关于进一步促进广西经济社会发展的若干意见》的实施，推动广西北部湾经济区、西江经济带、桂西资源富集区联动发展，有利于我市增强首府城市和核心城市的辐射带动能力；国家加快建设大西南出海通道和东南亚出境通道的步伐，有利于我市加快建设区域性国际综合交通枢纽中心；自治区优先发展以南宁市为核心的广西北部湾经济区，有利于我市发挥优势加快建设区域性国际城市和广西"首善之区"；自治区全面实施"富民强桂"新跨越的战略，有利于我市乘势而上在全区率先实现全面建设小康社会目标。

同时，我市仍属于后发展地区，经济总量偏小，综合经济实力还不强；产业竞争力较弱，工业对经济发展的支撑力不够；经济发展仍较粗放，转变经济发展方式的任务仍然艰巨；中心城市辐射带动能力不强，县域经济总量较小，城镇化水平偏低，城乡发展不够协调；开放合作水平不够高，改革创新步伐仍需加快；城乡居民收入较低，社会发展不够协调，就业、社会保障、住房等城乡公共服务保障水平需进一步提高。

面对新机遇、新挑战，必须围绕建设区域性国际城市和广西"首善之区"的战略目标，进一步增强机遇意识和忧患意识，牢牢抓住多重历史机遇，加快解决突出矛盾和问题，聚精会神搞建设，一心一意谋发展，推动经济社会发展再上新台阶，不断满足人民群众过上更好生活的新期待。

第二篇　总体要求和发展目标

第三章　总体要求

高举中国特色社会主义伟大旗帜，以邓小平理论和"三个代表"重要思想为指导，深入贯彻落实科学发展观，全面贯彻党的十七大、十七届五中全会，自治区党委九届十三次全会以及市委十届十二次全会的精神，顺应全市各族人民过上更好生活新期待，以推动科学发展、加快发展、率先发展、和谐发展为主题，以加快转变经济发展方式为主线，深入实施西部大开发战略和"富民强桂"战略，加快推进工业化、城镇化、信息化、市场化、国际化，更加注重深化开放合作、加快构筑内陆开放型经济战略高地，更加注重打造"三基地三中心"、加快构建现代产业体系，更加注重完善基础设施和改善生态环境、加快建设现代宜居城市，更加注重统筹城乡发展、加快推进城乡一体化进程，更加注重保障和改善民生、加快促进基本公共服务均等化，努力保持经济长期平稳较快发展和社会和谐稳定，加快建设区域性国际城市和广西"首善之区"，为在全区率先实现全面建设小康社会目标奠定坚实的基础。

"十二五"时期，为实现建设区域性国际城市和广西"首善之区"的中期目标，必须坚持把保增长、保民生、保稳定、保持和扩大经济社会发展良好势头作为总体方向，坚持实施扩大内需的战略方针，大力优化投资结构和扩大消费需求，努力保持和推动投资较快增长，充分挖掘和释放居民消费潜力，不断增强内需对经济增长的拉动作用，切实解决前进中的突出矛盾和问题，在促进经济社会又好又快发展中着力坚持以下发展导向：

——着力保持经济较快发展。坚持把保持经济较快增长、不断扩大经济总量作为中心任务，全面推进工业化、城镇化、农业产业化，全力打造"三基地三中心"，积极发展开放型经济，努力保持和扩大经济社会良好发展势头，大力推进经济发展量的扩张与质的提升，不断提高经济综合实力、国际竞争力和抵御风险能力。

——着力转变经济发展方式。坚持把实现经济结构战略性调整、切实提高经济发展质量、不断扩大内需和拓展外需作为主攻方向，努力壮大工业、提升服务业、做强农业，构建现代产业体系，推动实现第一、第二、第三产业协同拉动经济增长；继续保持投资对经济的强劲拉动作用，不断扩大消费需求，努力拓展国内外市场，推动实现由投资、消费、出口协调拉动经济增长。

——着力发展开放型经济。坚持把扩大开放合作、发展开放型经济作为必由之路，发挥广西北部湾经济区核心城市、中国—东盟合作交流前沿的优势，进一步优化开放结构，提高开放水平，努力形成更广领域、更高层次、更富实效的对内对外开放合作新局面，构建内陆开放型经济战略高地。

——着力建设生态宜居城市。坚持把建设生态文明、推进可持续发展作为重要着力点，加快建设资源节约型、环境友好型社会，不断提升"中国绿城"水平，加快打造"中国水城"，建设人民安居乐业、经济繁荣发展、生态环境优良的现代宜居宜商城市，实现人与自然、经济与社会协调可持续发展。

——着力促进城乡协调发展。坚持把做强做大中心城市、加快城镇和农村发展作为重要保障，加强城乡统一规划、统筹建设、融合发展，加快完善中心城市功能，培育发展各具特色的中小城镇，加快社会主义新农村建设，促进公共资源在城乡之间均衡配置、生产要素在城乡之间合理流动，促进城乡一体化，逐步形成以城带乡、以工促农的城乡协调发展新机制。

——着力增强内生型发展动力。坚持把改革创新、科技进步作为强大动力，以改革促进转型，以创新增强支撑，不断深化重点领域和关键环节的改革，建立健全科学发展体制机制，实施科教兴市和人才强市战略，提升自主创新能力，建设创新型城市，增强内生发展能力，促进内生力量和外部力量共同推动城市发展，实现依靠科技进步、劳动者素质提高、管理创新促进经济增长。

——着力提升人民群众福祉。坚持把保障和改善民生、实现社会全面进步作为根本出发点和落脚点，按照以人为本的理念，加快发展各项社会事业，提升社会管理水平，推进基本公共服务均等化，维护社会公平正义，促进社会和谐稳定，让发展成果惠及全市人民。

专栏2:“十二五”时期经济社会发展主要指标表

	序号	指标名称	属性	单位	2010年初步统计	“十二五”规划		
						2015年目标	年均增长	五年累计
经济发展	1	地区生产总值	预期	亿元	1800.43		11%	
	2	人均地区生产总值	预期	元	25624.00		10%	
	3	财政收入	预期	亿元	300.88		15%	
		其中:一般预算收入	预期	亿元	156.10		15%	
	4	全社会固定资产投资	预期	亿元	1483.02		20%	
	5	社会消费品零售总额	预期	亿元	905.93		15%	
	6	出口总额	预期	亿美元	15.93		20%	
	7	外商直接投资	预期	亿美元	3.30		15%	
	8	工业增加值占生产总值比重	预期	%	26.93	32.00		5.00
	9	服务业增加值占生产总值比重	预期	%	50.16	51.00		0.84
城乡建设	10	城镇化率	预期	%	48.00	58.00		10.00
	11	建成区绿化覆盖率	预期	%	40.36	41.50		1.14
	12	污水处理率:	约束					
		(1)中心城区		%	85.00	90.00		5.00
		(2)县城		%	60.00	80.00		20.00
	13	生活垃圾无害化处理率:	约束					
		(1)中心城区		%	100.00	100.00		
		(2)县城		%	60.00	100.00		40.00
资源环境	14	耕地保有量	约束	万公顷	61.49	61.50		基本持平
	15	单位工业增加值用水量降低	约束	%	196吨/万元	137.2吨/万元		-30.00
	16	农业灌溉用水有效利用系数	预期		0.42	0.49		0.07
	17	单位地区生产总值能源消耗降低	约束	%			待自治区下达	
	18	单位生产总值二氧化碳排放降低	约束	%				
	19	二氧化硫(SO_2)排放减少	约束	%				
	20	化学需氧量(COD)排放减少	约束	%				
	21	氨氮(NH_3-N)排放减少	约束	%				
	22	氮氧化物(NO_x)排放减少	约束	%				
	23	森林覆盖率	约束	%	43.65	46.50		2.85
	24	森林蓄积量	约束	万立方米	3200.00	4000.00	5%	800.00
	25	城市水环境功能区水质达标率	预期	%	100.00	100.00		保持
	26	城市环境空气质量优良率	预期	%	95.60	95.00		基本持平
	27	农村生活饮用水卫生合格率	预期	%	60.00	90.00		30.00
科技教育	28	九年义务教育巩固率	约束	%	85.00	93.00		8.00
	29	高中阶段毛入学率	预期	%	86.00	93.00		7.00
	30	研究与试验发展经费支出占生产总值比重	预期	%	0.98	2.50		1.52
	31	每万人口发明专利拥有量	预期	件/万人	0.75	3.00		2.25
公共服务和民生	32	全市总人口	约束	万人	710.00	760.00	10‰	50.00
	33	五年城镇新增就业人数	预期	万人	33.50	35.00	7	35.00
	34	城镇登记失业率	预期	%	3.69	4.50		
	35	城镇参加基本养老保险人数	约束	万人	81.59	98.70		17.11
	36	参加新型农村社会养老保险人数	预期	万人	28.23	113.00		84.77
	37	城乡三项医疗保险参保率	约束	%	93.00	95.00		2.00
	38	五年城镇保障性安居工程建设	约束	万套	5.70	11.60		5.90
	39	城镇居民人均可支配收入	预期	元	18032.00	30400.00	11%	12368.00
	40	农村居民人均纯收入	预期	元	5005.00	8800.00	12%	3795.00

注:1.地区生产总值增速按可比价预测,其他按当年价测算。2.总共40个指标,其中23个预期性指标,17个约束性指标。3.全市总人口年均增长10‰为自然增长率,不含机械增长率,只将自然增长率作为考核指标

第四章 发展目标

经过“十二五”时期的持续快速发展，我市综合实力将显著增强，城市综合竞争力明显提高，经济总量占全区的比重继续提升，“三基地三中心”建设成效更加显著，区域中心城市地位更加凸显，中国—东盟合作交流平台更加完善，“中国绿城”、“中国水城”城市形象更加突出，城市更加宜居，社会更加和谐，开放型经济战略高地架构基本确立，区域性国际城市和广西“首善之区”中期目标基本实现，在全区率先实现全面建设小康社会目标的基础更加坚实。主要目标有：

——经济综合实力迈上新台阶。在经济发展方式转变、产业结构优化、节能减排和生态建设取得显著成效的基础上，实现经济持续较快发展，地区生产总值年均增长11%，财政收入年均增长15%，力争期末实现地区生产总值比2010年翻一番，财政收入、全社会固定资产投资、工业增加值、社会消费品零售总额翻一番以上，经济总量占全区的比重进一步提升、在全国五个自治区首府城市排位居首、在西部省会（首府）城市排位居前、在全国大中城市排位前移。

——经济结构优化迈上新台阶。需求结构、供给结构、要素投入结构更加优化，三次产业协调发展，现代产业体系加快构建，工业增加值占地区生产总值的比重提高到32%，服务业增加值占地区生产总值的比重51%以上。投资质量和效益有效提升，消费需求日益扩大，居民消费水平不断提高。

——改革开放合作迈上新台阶。国有企业、投融资、要素价格等经济社会重点领域、关键环节的改革实现新突破，逐步形成规范、科学、高效的体制机制新优势。对外扩大开放与国内区域合作更加深入，城市国际化程度进一步提升，保税物流体系基本完善，开放型经济更加壮大，服务和引领区域发展的辐射带动作用更加突出，出口年均增长20%以上，外商直接投资年均增长15%以上。

——生态文明建设迈上新台阶。资源节约型、环境友好型社会建设取得显著成效，绿色增长态势初步显现，万元生产总值综合能耗保持全区先进水平，主要污染物排放总量控制在自治区下达的指标任务以内。“中国绿城”、“中国水城”建设取得新成效，生态环境质量保持全国领先水平，森林覆盖率达46.50%，森林蓄积量达4000万立方米，城市水环境功能区水质达标率达100%，城市空气环境质量优良率达到95%以上，农村生活饮用水卫生合格率达90%，城乡生态环境明显改善。

——城乡协调发展迈上新台阶。城镇空间布局更加优化，城镇建设加快发展，中心城市功能更加完善，中小城镇规模不断扩大，城镇化水平明显提高，城镇化率提高10个百分点以上，南宁都市圈逐步形成。城乡基础设施现代化体系基本完善，基础设施支撑能力较大提升。社会主义新农村建设和统筹城乡协调发展取得新成效，城乡差距逐步缩小，在全市基本建立城乡一体化发展新机制。

——自主创新能力迈上新台阶。自主创新能力建设有新突破，产学研有效结合、科技成果转化不断加快，实施科教兴市和人才强市战略取得新成效，创新型城市建设取得新进展，经济增长的科技含量提高。全社会研究与试验发展经费支出占地区生产总值比重达2.50%。

——公共服务能力迈上新台阶。以改善民生为重点的社会建设加快推进，覆盖城乡居民的基本公共服务体系逐步完善，基本公共服务均等化程度有效提高。统筹城乡的社会保障体系更加健全，社会保障覆盖率明显提高；充分就业城市初步建成，年均城镇新增就业人数7万人以上，城镇登记失业率控制在4.50%以内；教育质量和均衡水平进一步提高，全市九年义务教育巩固率、高中阶段毛入学率分别达93%，文化事业和文化产业加快发展，基本医疗卫生制度更加健全，财政对文化、教育、卫生支出比重显著增大。

——人民生活水平迈上新台阶。人口资源环境保持协调发展，人口自然增长率控制在年均增长10‰以内。劳动者报酬在初次分配中的比重得到提高，收入分配差距逐步缩小，城镇居民人均可支配收入年均增长11%以上，农村居民人均纯收入年均增长12%以上。依法治市深入推进，平安南宁建设取得新成绩，民族团结和睦、社会和谐稳定的局面更加巩固。

第三篇 构筑内陆开放型经济战略高地

构筑内陆开放型经济战略高地，是国家从深化与周边国家和平发展、深入推进西部大开发的战略高度对我市发展提出的新定位、新要求，为加快建设区域性国际城市和广西“首善之区”提供了历史性的新机遇、新动力，将指引我市继续坚持走开放型经济发展道路，实现城市国际化现代化。今后较长一段时期，构筑内陆开放型经济战略高地是我市推动科学发展、加快建设区域性国际城市和广西“首善之区”的发展路径、战略任务和重大举措。

第五章 构建战略高地构架体系

发挥中国—东盟自由贸易区前沿城市的区位、资源等比较优势，充分利用国际国内两种资源、两个市场，加快发展内外联动、互利共赢、安全高效的开放型经济。

加快构建内陆开放型经济战略高地构架体系。充分利用中国—东盟博览会、中国—东盟商务与投资峰会等重要合作平台，进一步发挥“南宁渠道”作用，不断扩大面向国际、国内、区内的开放，积极融入经济全球化和区域经济一体化，进一步完善城市发展环境，努力完善政府间、商会协会间、企业间、教育与科研机构间、媒体间等合作机制，积极搭建政治、经济、金融、信息、文化、科教等合作平台，提高城市国际化和现代化水平，推动南宁成为国际性商品、资本、技术、信息和人力资源等集散中心及文化交流、传播中心，逐步构建以面向东盟开放为重点、国内区域合作为基础、产业发展为支柱、经贸合作为内容的内陆开放型经济战略高地框架。

打造开放型经济支撑平台。积极推动南宁保税物流中心提升为综合保税区，充分发挥保税区功能和平台作用，加快建设南宁国家加工贸易梯度转移重点承接地、国家和自治区加工出口基地及服务外包基地，推动建设面向东盟的南宁商务总部基地，促进保税物流成为开放型经济的主力军。利用新一轮国家西部大开发的扶持政策，加快在南部、邕江两岸等地区规划建设1~2个产业优势明显、开放程度较高、发展特色鲜明的开放型经济试验区，大胆先行先试新思路、新机制、新政策，使之成为构建开放型经济战略高地的先行区和示范区。

第六章 加强以东盟为重点的对外合作交流

紧紧抓住中国—东盟自由贸易区建成的机遇，充分利用多区域经济合作中心节点的区位优势，主动融入国际多区域合作。重点加强与东盟国家政治、经济、金融、信息、科技、教育、文化、旅游等交流与合作，积极推进南宁—新加坡经济走廊建设，深化南宁—谅山—河内—海防—广宁经济走廊合作，积极参与泛北部湾经济合作区、大湄公河次区域等区域合作。

深入推进南宁·中国—东盟国际商务区等国际合作基地建设，争取更多的中国—东盟合作机构落户南宁。积极举办东盟主题文化交流活动，推进南宁与东盟各国无障碍旅游圈建设。加快完善口岸功能和通关机制，积极发展保税物流和口岸经济。坚持“走出去”与“引进来”相结合，重点扶持我市企业和产业“走出去”，利用东盟国家的丰富资源和广阔市场壮大发展，在项目投资、工程承包、资源利用、农业开发、技术和劳务合作等方面实现新突破；加强“引进来”的力度，积极拓展与欧美、日韩及其他国家和地区的合作。加强与友好城市的交流合作。

第七章 加强对内合作交流

充分发挥区位优势和政策优势，加强区内、国内区域合作，着力提高对内开放合作水平。

加强区内合作。主动参与区内各经济区域开发建设，加强与区域内各主要城市的经济合作，不断提高在引领和服务区域经济发展的辐射带动能力。

——深入推进广西北部湾经济区建设。大力实施《广西北部湾经济区发展规划》，充分发挥核心城市的辐射和带动作用，加强与北（海）钦（州）防（城港）在产业发展、基础设施建设、信息、金融、文化、科技、教育、卫生、旅游等方面的合作，推进南北钦防一体化发展，推动建设以南宁为核心的北部湾城市群。重点加强城市规划建设对接，坚持“重点向南”发展战略，推进区域交通和公共基础设施协调发展；做好北钦防石化、钢铁、林浆纸、能源等产业的延伸和服务，提高产业配套协作能力；加强区域商贸物流合作，依托南宁保税物流中心加快建设南宁“无水港”，促进商贸物流互动发展；加快推进“电子北部湾”建设，促进信息通讯一体化。大力推进五象新区总部基地建设，打造成为泛北部湾经济合作区的重要总部基地。

——加快促进西江经济带发展。发挥“黄金水道”重要港口城市的优势，积极参与西江经济带的开发建设，依托内河航线，加强与柳州、贵港、梧州等城市的合作发展。重点要加快建设南宁港六景、牛湾等作业区物流中心，加快调整沿江六景工业园区等园区的产业布局，进一步整合沿江地区资源，逐步形成特色鲜明、结构合理、体制灵活、政策有效的沿江发展新格局，促进沿江地区经济加快发展。

——积极参与桂西资源富集区开发。大力促进首府城市的区位优势和桂西地区的资源优势相结合，加强与桂西资源富集区各城市的互动发展，扩大在资源型产业、生态建设、旅游开发等方面的合作。积极推进南友经济走廊建设。

加强国内合作。充分发挥南宁作为全国各地走向东盟的通道和平台作用，发挥商会协会的纽带作用，加强与国内重点经济区域和先进地区的合作交流。充分把握南宁作为国家加工贸易梯度战役重点承接地的政策优势，积极承接珠三角、长三角等发达地区的产业转移。加强与西部各省区市基础设施合作，加强旅游、矿产等资源的共同开发以及生态环境保护建设合作，吸引企业在南宁设立总部基地、产业基地、产品分销中心等。加强与中部各省市在农业发展、产品出口等领域的合作，吸引中部地区企业通过南宁平台进入东南亚市场。加强与东北地区在机械和装备制造、生物制药等领域的合作。加强与港澳台地区的开放合作。在泛珠三角区域合作、海峡两岸经济合作框架协议等推动下，重点引进港澳台地区的资金、高新技术、新兴产业、先进管理经验。吸引港澳地区企业继续加大在旅游、商贸物流、电子信息等领域的投资与合作；充分利用桂台经贸合作和文化交流平台，加强我市与台湾地区农业、制造业、旅游、文化等方面的合作。

第八章 提高对外贸易、利用外资和境外投资水平

加快对外贸易增长方式转变，优化对外贸易结构。坚持科技兴贸，扩大自有技术、自有知识产权的高新技术产品及传统支柱产业产品出口，培育以技术、品牌、质量、服务等为核心的竞争新优势，促进出口结构转型升级。继续组织企业积极参与中国—东盟博览会，组织企业更多地参与国际国内各种重要的博览会、商品交易会等，拓宽对外贸易空间，不断扩大对外贸易。扶持本地企业一般贸易出口。推动发展加工贸易，鼓励加工贸易企业进行技术改造、开发和创新。加快推进南宁保税物流中心向综合保税区过渡，建设出口加工基地。积极发展工程设计、教育培训、服务外包、金融、物流等服务贸易。促进出口市场多元化，拓展东盟、欧美、日韩等出口市场。支持企业开拓国际市场，建立国际营销网络。发挥进口的综合效应，鼓励进口先进技术、设备和短缺资源，支持东盟特色产品通过南宁口岸进口。

扩大利用外资规模，进一步提高利用外资水平。重点吸引有实力的国际知名企业来我市投资。引导外资更多地投向新兴产业、先进制造业、现代服务业、现代农业、资源深加工和综合利用、节能环保、基础设施等领域。创新引资方式，鼓励国际知名企业在我市设立地区总部、研发中心等，增强外资企业和内资企业的产业关联和技术交流。依托园区作为吸引外资的重点区域，完善产业配套。加强利用外资项目策划和招商信息化建设，完善招商服务体系。重视并服务好现有外资企业，推动其不断扩大投资规模，并带动更多的上下游企业前来投资。继续合理利用国际金融组织贷款和外国政府优惠贷款，通过贷款项目的实施引进国际先进技术和管理经验。

通过实施“走出去”战略，实现企业扩张和国际化。突出企业投资主体地位，引导各类优势企业有序地到境外投资合作，鼓励我市骨干企业和国外相关知名企业合作。鼓励有实力的企业通过境外兼并与收购，引进国际知名品牌、先进技术、管理经验和营销网络。

第四篇 构建现代产业体系

坚持走首府特色的产业发展道路，深入实施“壮二提三强一”战略，大力发展先进制造业和现代服务业，加快发展特色农业，培育战略性新兴产业，提升传统优势产业，进一步完善产业规划和空间布局，促进三次产业融合发展，以“三基地三中心”建设为载体，推动企业集聚，促进产业集群发展，打造一批优势产业基地，积极构建特色鲜明、结构优化、布局合理、竞争力强、吸纳就业能力强的现代产业体系。

第九章 发展壮大现代工业

坚定不移地实施“工业强市”战略，紧扣自治区打造千亿元产业规划，重点发展先进制造业和战略性新兴产业，着力提升传统优势产业，加快提高自主创新能力和科技转化能力，推进信息化和工业化深度融合，促进工业不断发展壮大，实施“千百”计划，打造千亿、百亿产业集群，加快建设区域性先进制造

业基地。到2015年，力争全部工业增加值超过1100亿元。

加快建设先进制造业基地。坚持实施大项目、大企业、大基地带动战略，主动承接东部产业转移，着重推动铝加工、机械与装备制造成为主导产业，努力提升现代化工、轻纺、新型建材、特色造纸及纸品深加工、电子信息、农产品加工等优势产业，大力促进产业集聚，延伸产业链，加快形成区域性产业优势。

——食品产业。加快发展具有地方特色的农产品加工业，努力把食品工业发展成为首个千亿元产业。大力促进玉米、薯类、大豆、稻米、花生、水果等重要农产品精深加工，推动发展各类专用粮油产品和营养、经济、方便食品加工；积极发展肉类、奶产品、水产品、蔬菜等产品加工；壮大蔗糖、烟草、啤酒、饮料等传统行业；发展高档茉莉花茶及茉莉花精深加工；延伸制糖产业链，发展精制糖，提升制糖产业综合效益。推进统一、康师傅、双汇等重点项目建设，争取2015年食品产业产值达到1100亿元以上。

——铝加工业。延伸以铝加工为主的有色金属深加工产业链，促进产业集群发展。着重发展铝基复合材料大型中厚板材及型材高档铝箔胚料、印刷用PS板、车用铝合金复合材料和高档建筑型材等。加快建设江南工业园区，重点扶持南南铝业、南南铝箔等企业做大做强，建设年产20万吨大规格高性能铝合金板带型材等重大项目，逐步建成我国西部铝精深加工基地。争取2015年铝加工业产值达到200亿元以上。

——电子信息产业。大力发展新型高端电子信息产业，积极推进富士康集团等重点项目建设，加快发展新型电子元器件、数字通讯、网络产品、数字家电、智能仪表、电脑配件、嵌入式系统、LED及应用软件等高端电子信息产品，打造南宁电子信息产业基地。争取2015年电子信息产业产值达到700亿元以上。

——机械与装备制造业。加快机械与装备制造骨干企业的改革、重组，加强高新技术转化和电子信息技术应用，提高机械工业的数字化、集成化、自动化、成套化水平，大力发展轨道交通装备、汽车、电力电气设备、压力容器、环卫机械设备、农机等成套设备制造业。重点建设八鲤机械工业园区，推动广发重工、南宁五菱桂花车辆有限公司年产2万辆专用车等搬迁改造项目实施，逐步打造成为区域性重要机械装备制造业基地。争取2015年机械与装备制造业产值达到600亿元以上。

——现代化工产业。改造提升现有化工产业，发展现代高端化工产业，促进氯碱化工与石油化工结合，积极开发北部湾经济区沿海石化大产业的下游产业和配套产业。重点发展精细化工、氯碱化工和石油化工等，延伸化工产业链。制定化工行业安全发展规划，加快南宁化工搬迁等重大项目建设，促进化工产业向南宁六景工业园区化工产业园集聚。争取在2015年化工产业产值达到350亿元以上。

——轻纺产业。进一步整合提升现有轻纺产业，重点引进具有自主研发能力和先进技术工艺的企业，着重发展茧丝绸、纺织服装、鞋类、皮革、箱包及玩具等产品。加快南宁锦虹棉纺织搬迁改造、麦斯鞋业等重点项目建设，推进台湾(南宁)轻纺产业园、六景工业园区等成为主要的轻工纺织集聚区。争取2015年轻工纺织产业产值达到100亿元以上。

——新型建材产业。加快建材产品及技术的结构调整，支持开发生产绿色新型建材，重点发展新型水泥和水泥制品、玻璃深加工产品、建筑卫生陶瓷、化学建材、新型墙体材料以及轻型合金材料等产业，规划建设现代新型建材产业园区。争取2015年建筑材料产业产值达到210亿元以上。

——特色造纸及纸制品加工产业。积极发展非林、特色造纸，大力发展纸品深加工，促进造纸产业向规模大型化、产品高档化、技术装备先进化、生产清洁化发展，集中规划建设特色造纸及纸品深加工园区。争取2015年造纸及纸品加工产业产值达到170亿元以上。

培育和发展战略性新兴产业。加快制定实施战略性新兴产业发展规划，培育和发展新一代信息技术、生物、新能源、新材料、节能环保、先进装备制造等战略性新兴产业。着力建设南宁国家高技术生物产业基地，重点推动新能源、生物、节能环保等战略性新兴产业率先形成产业规模和竞争优势，在新一轮西部大开发、产业技术革命和结构调整中抢占发展先机，逐步建成区域性战略性新兴产业基地。

——新能源产业。利用资源、技术等优势，加快推进生物能源、太阳能、风能等新能源产业发展。依托木薯、甘蔗、林木废弃物等丰富的非粮生物资源，加快建设南宁国家高技术生物产业基地生物能源产业核心区，重点推进燃料乙醇、生物质发电、生物柴油、秸秆成型燃料和生物燃气等项目。大力推广利用太阳能，重点发展太阳能发电、照明、供冷供热及相关设备制造。积极探索利用风能，在风能条件较好的县区开展风能勘测等前期工作。争取2015年新能源产业产值达到100亿元以上。

——生物医药产业。以国家高技术生物产业基地宝塔生物医药核心区、南宁高新区生物医药产业园、广西药用植物园等为平台，依托高校、科研院所、技术研发中心及产业化专业平台公司，大力发展中草药品种保护与改良、中草药材良种繁育与推广种植、中成药开发及制造、民族医药、生物制药、新型疫苗等生物医药及配套的辅料、医疗器械及装备产业。重点发展中药创新产品、名优中成药深度开发产品，推进中药质量标准体系建设。争取2015年生物医药产业产值达到150亿元以上。

——节能环保产业。重点加强资源综合利用，建设南宁循环经济示范基地，加快推进广西南宁再生资源产业基地和广西资源再生综合利用中心建设，提升蔗糖、水煤浆、再生资源等综合利用率。积极发展环保技术及装备业，着重发展资源综合利用、“三废”(废气、废水、固体废弃物)处理、垃圾转运及处理、废旧物品回收再利用及深加工等成套设备项目。加快发展洁净产品、节能产品、有机农产品、可降解产品等。争取2015年节能环保产业产值达到100亿元以上。

推动工业创新发展。加快推进高新技术产业化应用，积极围绕生物技术、机械与装备制造、铝加工、农产品加工等重点产业，加大技术改造和产品升级力度，支持建立以企业为主体、产学研用紧密结合的创新联盟，增强企业研发实力，提升企业自主创新能力，鼓励企业进行原始创新、集成创新和引进消化吸收再创新，提高产业技术水平和企业核心竞争力，大力扶持南糖、南铝、南化、八菱等成为具有自主知识产权和较强竞争力的企业。深入实施“工业扶优扶强工程”和“亿元工业企业建设工程”，推进投资合作和重组并购，大力扶持一批重点企业做大做强，加速培育年销售收入超100亿元、超50亿元的大集团、大公司。实施中小企业成长计划，在信贷贴息、技改投入、自主创新等方面加大扶持力度，鼓励中小企业向“专、精、特、新”发展。推动信息化与工业化深度融合，利用信息技术提升企业研发和生产经营管理水平，加快实施“两化融合”试点工程。实施质量兴市战略，引进国内外知名品牌，努力打造2~3个拥有自主知识产权的名牌产品。

专栏3:工业发展重点项目

●**先进制造业**

机械装备类:建设客车整车、新能源汽车、绿化专用机械、环卫机械设备、制糖设备、环保助力车及特种自行车等生产项目,引进战略投资者建设生产轨道交通设备项目,重点推进南宁五菱桂花车辆有限公司专用车技改项目、广发重工搬迁技术改造项目、广西诚发农机制造有限公司农机生产项目、南宁南机动力有限责任公司环卫机械生产项目、南车工业园区等。

冶炼加工类:建设年产20万吨大规格高性能铝合金板带型材项目,南宁江南铝工业园高精铝板带加工二期和三期项目,上林等县的煤电、钒矿、石英等资源综合利用和加工项目,防城港钢铁项目南宁钢材深加工基地,东盟经济园区有色金属深加工项目等。

化工类:建设南宁化工股份有限公司整体搬迁项目,南宁绿洲化工30万吨离子膜法烧碱生产、32万吨聚氯乙烯生产项目,聚乳酸全降解生物基材料项目,横县高级润滑油系列产品项目、南宁市集中电镀及废水处理项目等。

轻纺类:建设南宁—东盟经济开发区台湾(南宁)轻纺产业园、广西丝绸集团丝绸加工基地(南宁)、南宁六景丝绸工业园、宾阳轻纺工业园、上林丝绸工业园等,重点推进南宁麦斯鞋业集团鞋类制品和皮革制品项目、南宁锦虹公司整体搬迁改造二期项目、高档五金器具加工项目等。

建材类:建设广西金鲤水泥熟料新型干法水泥及纯低温余热发电、广西高峰五洲人造板公司高密度纤维板项目、广西润宇工贸集团有限公司钢构制品生产、武鸣年产60万吨水泥及余热发电、南宁伊岭绿园节能建材有限公司节能建筑建材生产、良庆区广西方舟建材综合城、马山县集新水泥厂二期工程、隆安4000吨/日新型干法旋窑水泥熟料生产线技改项目(二期)等项目。

造纸及制品加工类:建设华劲纸业竹浆纸一体化、南宁劲达兴年产9.8万吨桑枝浆和20万吨高级文化纸项目、金浪浆业年产10万吨化机浆纸、广西永凯9.80万吨蔗渣浆和20万吨生活用纸项目、横县百万吨浆纸基地项目二期工程等项目。

电子信息类:引进战略投资者建设电子、通讯、网络设备及配件生产项目,重点建设南宁软件园、南宁富士康电子产业园、南宁通讯网络电子产品生产基地等项目。

食品加工类:五合粮油食品加工产业园区项目、南宁统一企业有限公司饮料生产项目、双汇肉类制品生产项目、南宁金桥农产品保鲜加工及配送中心、珠江啤酒生产、南宁五丰(原肉联厂)技改升级、广西国泰粮食集团粮油食品精深加工搬迁技改、广西集盛食品公司10万吨罐头加工、高级糖制品研发及加工、水牛乳饮料特色产业加工、各县区的谷物、香蕉、花茶、畜禽、水产、林木等特色优势农产品深加工等项目。

●**战略性新兴产业**

新能源类:建设年产20万吨燃料乙醇项目、LNG燃气电厂、天然气分布式能源项目、生物燃气项目、生物质直燃发电项目、隆安县年产10万吨生物柴油项目、邕宁太阳能电池生产项目等。

生物医药类:建设南宁生物制药产业园、南宁宝塔医药产业园、南宁北湖生物医药生产基地,重点推进现代中药工程研究中心、广西冠峰集团医药生产基地、广西生物及农业高科技产业基地、广西大宗中药材良种繁育及生产加工基地、5000吨中药配方颗粒剂生产项目、广西丽原生物股份有限公司生物制品生产项目、广西万德药业股份有限公司剑麻皂素合成甾体激素类药品建设工程二期项目等。

节能环保类:建设广西南宁再生资源产业项目、南宁废弃物资源循环利用产业园、脱硫除尘和工业废水处理设备生产项目、环保助力车及特种自行车生产项目、南宁—东盟经济开发区热电联产集中供热项目、广西博世科环保设备生产与销售项目等。

第十章 加快提升现代服务业

按照建设区域性国际城市的总体要求,着力推进服务业产业提升、布局优化和区域合作发展,精心打造“南宁服务”品牌。优先发展现代物流、信息、金融、会展、中介服务、科技服务、服务外包、研发设计、咨询策划等生产性服务业,优化发展商贸流通、旅游、房地产、餐饮、教育培训、家政、养老、社区服务等生活性服务业,大力推进高新技术与服务业相结合,积极发展新型业态,逐步推动南宁成为具有较强影响力和辐射力的区域性现代服务业中心。

建设区域性现代商贸物流基地。优化物流园区规划布局,加快提升南宁保税物流中心功能,建设完善保税物流体系,推进现代物流业示范城市建设,大力促进商贸物流业融合发展,打造面向东盟的区域性商贸物流基地。

——现代物流业。以南宁保税物流中心为依托,以中国—东盟国际物流基地为平台,加快完善物流配套设施,大力发展新型物流业态,促进保税物流中心与北部湾港和吴圩机场建立“区港联运”,形成“大通关、大物流”模式,把南宁建设成为“无水港”。不断完善物流基础设施,进一步建设完善中国—东盟国际物流基地以及江南、金桥和安吉等重点物流园区。加快建设牛湾、六景、那桐等内河港口物流中心和空港物流产业园区,规划建设南宁空港综合保税区。大力发展区县物流分中心以及专业物流中心,逐步建成以重点物流园区为中心,以区县物流中心为支撑,铁路、公路、水运、航空等多种运输方式有效衔接的物流网络。推进综合物流信息网络建设,建立现代物流配送体系。着力培育和做大做强本地物流企业,引进一批国内外知名物流企业,积极发展第三方物流。进一步完善城乡邮政服务体系,加强邮政服务网点及信报箱等配套设施的建设。

——商贸流通业。加快商贸设施建设,完善商业网络。规划建设和改造专业市场、交易中心等平台性商贸服务设施,重点提升和发展朝阳商圈、凤岭商业区、相思湖商业区、五象新区商业区、江南五一商圈等商贸服务业集中区,着力打造邕江沿岸、快速环道—环城高速等商贸经济带,积极进行社区商业服务网点建设。加强市场流通体系建设,完善城乡、城际市场网络,推进“新网工程”建设,充分发挥供销系统传统优势,提升农村商品流通网络服务水平,不断扩大和形成南宁消费服务辐射圈,把南宁打造成为在全区、西南地区乃至东盟具有更大影响力的区域消费中心城市。

建设区域性信息交流中心。加快信息基础设施建设与完善,积极推动经济社会信息化,重点建设区域性信息网络中心、信息资源中心、信息应用中心、信息发布中心和信息服务中心。积极推进电信网、广播电视网和互联网“三网融合”,加快建设连接国内主要中心城市的高速通信骨干网。进一步拓展南宁市城域光纤网络,构建全市统一的电子视频网络平台,提升电子政务网络服务能力,推进城乡一体化高速宽带信息网建设。依托中国—东盟博览会,多方位拓展合作平台,构筑文化、科技、产业、人才等信息交流平台,建设南宁区域国际通信业务出入口局,发展广西与东盟国际数据通信业务，使南宁成为中国—东盟自由贸易区的信息服务及集散中心。提高公共通信服务水平。

建设区域性金融中心。加快培育金融市场，优化金融生态环境，构建金融业发展平台，深入实施“引金入邕”战略，促进金融机构、金融资本、金融人才等向南宁集聚。鼓励国内外金融机构到南宁设立机构和拓展业务，建立与完善证券、货币、保险和外汇等专业市场，鼓励建设区域性货币结算中心、基金中心、资产管理中心、创业投资中心等，把南宁打造成为中国—东盟区域性货币结算中心；推动在南宁设立中国—东盟期货交易所，建设服务中国—东盟自由贸易区的期货贸易中心。积极发展初级资本市场，推进建设产权、股权托管中心。培育和发展地方性金融机构，探索建立产业投资基金，积极发展中小创业投资企业；鼓励融资担保业发展，积极发展村镇银行、农村资金互助社和小额贷款公司等新型农村金融机构。积极推进五象新区“金融街”建设，构筑金融集聚区。

优化提升传统服务业。加快推进服务模式升级和产品创新，提升传统优势服务业发展水平，进一步做优做强旅游、房地产、住宿餐饮、社区服务等行业。

——旅游业。加强旅游基础设施建设，抓好旅游线路开发、旅游产品营销，推动旅游业精品化、特色化发展。推进南宁国际都市休闲旅游区、大明山国际山地生态休闲度假旅游区、大明山骆越古都文化旅游区的建设，建设立足广西、面向全国，以休闲度假、商务会展、文化体验和乡村休闲为主要功能的区域性国际旅游目的地、集散地和组织中心，争取2015年旅游总人数达到8000万人次，旅游总收入超过600亿元。

——房地产业。以增加居民住宅有效供给和改善人居环境为目标，调整住房供应结构，加大保障性安居工程建设力度，重点发展廉租住房和公共租赁住房，加快棚户区、危旧住房改造，保障低收入群体的住房需求；继续推进中低价位、中小套型普通商品住房的建设，鼓励中高档商品房平稳发展，满足市场购房需求。加快住房信息系统建设，加强房地产市场监管，规范转让、租赁、抵押、中介行为，促进房地产业平稳健康发展。争取2015年房地产投资达到600亿元。

——社区服务业。加大对社区服务体系建设的投入，重点发展社区医疗、家政服务、社区养老、居家养老、托幼护理、社区保安、社区教育、再生资源回收、便民商店等。合理区分营利性和非营利性的社区服务，有针对性地制定和实施扶持政策，推动形成综合性社区服务中心。

加快发展新型服务业。推进高技术产业与现代服务业融合，促进服务业向高端化、高附加值、高带动力方向发展，着力发展商务会展、研发设计、电子商务、中介服务及服务外包等新型服务业，提升首府综合服务功能。

——会展业。发挥中国—东盟博览会的品牌效应，不断拓展会展市场资源，提高办展的数量、规模与层次，积极办好一系列高水平的大型会议和展览。大力扶持、培植一批高水平的会展经营和会展服务企业。鼓励民营资本投资会展业设施建设。引导和鼓励国际会展企业到南宁设立会展机构或企业，单独承办或与本地会展企业联合举办各种高规格的会展。

——研发设计。重点发展工业设计、建筑设计、动漫设计、高技术研发、数字新媒体、软件开发等研发设计服务业。吸引跨国公司和国内大型高技术企业、科研机构到我市设立研发中心、设计中心和实验室等，进一步向东盟地区拓展研发设计服务，建设成为我国西南地区重要的高技术研发基地和设计中心、中国—东盟科技合作与技术转移平台。

——电子商务。积极推进电子商务与加工制造、现代物流、产品交易等产业融合，推动电子商务向纵深发展，加快电子商务国际化发展。重点在物流业推广电子商务的运用，把信息技术、仓储技术、物流技术融合应用，推动建立电子化的国际贸易平台。

——中介服务。充分发挥中介机构在规范市场秩序，提高经济运行效率方面的积极作用。大力发展会计、广告、咨询、营销、律师、知识产权、资产评估、信用管理等中介服务业，制定行业服务标准，加大政策扶持力度，培育知名服务品牌。

——服务外包。制定服务外包产业发展相关优惠政策，积极培育服务外包企业，推动服务外包业集群化发展。重点发展信息技术外包、金融后台服务外包、技术性知识流程外包和技术性业务流程外包，着重开拓面向东盟的服务外包业务。加快规划建设和申报国家级服务外包基地。

专栏4:服务业发展重点项目

现代物流类：中国—东盟国际物流基地、南宁综合保税区、南宁空港物流产业园及仓储配送中心、安吉综合物流园区、金桥综合物流园区、江南综合物流园区、南宁大商汇商贸物流中心、牛湾多式联运中心、广西超大仓储配送中心、广西方舟建材综合城、广西海吉星农产品国际物流中心、南宁玉洞交通物流中心、国药南宁医药仓储中心、九州通现代医药物流中心、南宁工业科技物流项目、南宁市（中国—东盟）医药物流中心、中国—东盟（南宁）林业产业物流园、中国—东盟南宁国际农业生产资料物流配送中心、南宁区域性粮食物流项目、黎塘综合物流园、各县和开发区的商贸仓储物流中心项目等。

金融服务类：五象新区金融街及其配套工程、南宁中国—东盟期货交易所、南宁中国—东盟自由贸易区金融数据后台处理中心等项目。

信息服务类：泛北部湾国际光纤，3G移动通信网、“无线城市”工程，南宁区域国际通信业务出入口局，南宁及北部湾地区商贸、物流、制造业数据库，中国—东盟多语种翻译服务系统，北部湾认证中心、电子商务平台、电子商务支付系统，中国—东盟国际软件培训基地，南宁信息系统灾备中心，气象灾害监测预报预警与多灾种早期预警系统，市级指挥中心和各专业部门、县（区）二级指挥分中心两级城市预警监控与应急指挥平台等。

商贸流通类：南宁华南城、华润万象城、东莞国际商品交易区、广西东盟工业产品贸易中心、工程机械及农机专业市场、花卉集散专业市场、凤岭北大型购物中心、南宁大型粮食交易市场、金桥农产品批发市场、广西奥特莱斯世界名牌折扣城、南宁食糖现货交易市场、各县商贸中心项目等。

休闲旅游类：南宁凤亭国际生态旅游文化区、南宁国际旅游中心、大明山风景区完善工程、大明山山地休闲度假中心（上林）、昆仑关风景区二期配套工程、青秀山森林植物园、广西药用植物园、南宁市动物园欢乐世界、广西嘉和城温泉度假酒店、九曲湾温泉度假村二期项目、扬美古镇保护项目、上林金莲湖综合旅游景区、上林大龙湖风景区、宾阳白鹤观竹海旅游度假区、隆安绿水江生态旅游区、横县百里郁江风光观光带、阳光100集团西江黄金水道横县郁江段农村连片综合改造试点项目、马山县弄拉生态旅游景区、马山县定乐江绿谷生态园项目、红水河百龙滩旅游景区、武鸣灵水改造升级项目等。

第十一章 大力做强现代特色农业

加快转变农业发展方式，实现农业产业结构转型升级，坚持以稳定粮食生产为主要任务，以持续较快增加农民收入为中心，按照“高产、优质、高效、生态、安全”的原则，大力发展加工农业、出口农业、设施农业、生态农业、观光农业等都市型特色农业，走循环、高效、特色化的农业发展之路，完善现代农业服务体系，提升农业综合竞争力，加快建设区域性特色农业基地，推进农业现代化与工业化、城镇化同步发展。

加快建设特色都市型农业基地。按照市场需求，发挥特色农产品资源优势，重点发展服务城市的现代都市农业，加快形成若干优势突出、特色鲜明的农业产业基地。

——建设特色种植基地。在保护基本农田的基础上，推进作物种植的标准化、规模化、产业化，建设一批优势突出、结构优化、特色鲜明、效益明显的农业集中发展区。重点发展水稻、甜玉米、甘蔗、水果、蔬菜、桑蚕、食用菌、木薯、香蕉、商品林、茉莉花等产业化种植，粮食种植面积稳定在 44 万公顷左右，蔬菜种植面积达 18 万公顷。加大优质稻推广力度，推进宾阳、横县、上林等成为全区重要的水稻种植基地，全市超级稻种植面积达到 10 万公顷；重点建设香蕉种植基地、木薯种植基地、无公害蔬菜供应基地和非粮生物种植基地，加快建设食用菌基地和甜玉米基地。保持粮食、糖料蔗、木薯、香蕉等产业在全区的领先地位。合理开发林业资源，加大林权改革力度，加快建设速丰林基地和花卉基地。建设冬种基地。

——建设特色养殖基地。大力发展标准化、规模化养殖，围绕生猪、家禽、奶牛、黑山羊、罗非鱼等特色品种，加快建设一批牲畜、家禽及禽蛋、奶牛、水产品养殖基地，肉类总产量达到 81 万吨、水产品总产量达到 26 万吨。重点抓好生猪、奶牛标准化养殖基地和池塘标准化养殖基地建设；制定完善江河网箱养殖规划，稳步发展大水面养殖；扩大桑蚕养殖，鲜茧产量达到 8 万吨，努力打造广西桑蚕大市。

——建设特色农业园区。重点建设中国—东盟（南宁）现代农业产业园等一批无污染、生态化的农业园区，积极采用高技术改良种养方式，在农业园区加快推广发展无土种植、跨季节种植、无化肥种植等，大力提高绿色生态农业产品的产量。将特色农业和循环经济、农业旅游、教育科普等相结合，促进农业发展、农民增收。

——创立优质农产品品牌。依托我市优越的农业发展条件和基础，在推进农业生态化、设施化、产业化的同时，加快形成一批优质农产品品牌，加强农产品原产地地理标识认证，提高农产品的市场竞争力。

加快农业产业化发展。积极培育农业产业化的龙头企业，推行“公司+合作社+基地+农户”等产业化经营模式，鼓励发展“一村一品”、“一乡一业”的专业化生产经营。推进农产品加工原料生产基地化，产、加、销经营一体化。支持在优势产业主产区建立较为完备的加工体系，大力发展精深加工，提高农产品附加值。在蔗糖、花茶、桑蚕、食用菌、水果等特色优势产业，重点培育一批产值超 10 亿元的省级以上知名企业。积极发展林业产业，推进速丰林、花卉的基地化生产，促进林业种植与木材加工制造业、制浆造纸业、林产化工业等进行一体化经营。

完善现代农业服务体系。加快建设符合我市农业产前、产中、产后需求的新型农业社会化服务体系，努力为农业生产提供信息、技术、政策咨询、金融、市场营销等专业化服务。加强建设完善农产品质量和安全检测网络、动物防疫和植物保护等农业公共服务体系。提高农业生产组织水平，减少流通环节。加强农产品流通平台建设，发展现代农产品物流，加快建设农村邮政物流网络，加强农产品批发市场和冷链物流设施建设，完善粮食储备体系。提高科技普及率和应用率，加强农业技术创新，健全农业技术推广、良种繁育等体系。强化农资市场监管。完善农产品质量安全监管体系。扩大农业保险试点品种和覆盖区域。培育多元化农业社会化服务组织，支持供销合作社、农民专业合作组织、农业龙头企业等提供多形式的生产经营服务。

专栏 5:农业发展重点项目

种植类：主要为各县（区）水果、花卉、蔬菜、茶叶、优质米、食用菌、药材等种植生产基地，包括五塘镇无公害蔬菜基地、三塘镇四塘片区花卉种植基地、邕宁区食用菌生产基地、良庆区食用菌生产基地、金陵和坛洛特色水果种植基地、武鸣标准化蔬菜生产基地、宾阳黎塘稻藕套种示范基地、宾阳食用菌生产基地、宾阳王灵标准化蔬菜种植基地、横县水产养殖基地、上林大明山有机茶基地、上林食用菌生产基地、马山山野葡萄种植基地、上林优质米种植基地、横县食用菌工厂化种植和深加工基地等。

养殖类：主要为各县区禽畜、水产、桑蚕养殖基地，包括三塘罗非鱼标准化养殖基地、隆安百万羽叮当鸡养殖基地、马山黑山羊养殖基地、横县桑蚕养殖产业化基地、武鸣水产畜牧养殖产业化基地等。

特色园区类：中国—东盟（南宁）现代农业产业园（长塘）、广西金光农场奶水牛高技术产业化示范园、南宁市嘉士集团生态观光农业园、相思湖新区现代农业科技示范园、中国—东盟花卉博览园一期工程、广西金穗公司现代农业观光园、横县中华茉莉园、南宁市十里花卉长廊等。

第十二章 加快发展园区经济和总部经济

按照产业集聚发展的要求，推动项目向园区集中，把产业园区作为经济发展的重要平台，积极吸引企业总部在我市集聚，加快建设区域性总部经济基地。

积极壮大园区经济。进一步优化园区的产业结构，完善园区基础设施，创新园区运行管理机制，推动项目、资源向园区集聚，促进园区发展与城镇建设相结合，提高园区的服务水平及综合竞争力，到 2015 年培育形成工业总产值达 1000 亿元以上的开发区 1 个、500 亿~1000 亿元的开发区 1 个、300 亿~500 亿元的开发区 3 个、100 亿~300 亿元的开发区 4 个，全市开发区和工业集中区工业总产值超 3000 亿元。

——重点发展国家级、自治区级产业园区。努力推动南宁国家高新技术产业开发区、南宁国家经济技术开发区的扩区，由国家级开发区统筹中心城区工业园区的发展，积极促进开发区与县区、国有农林场合作共建。积极推进南宁—东盟经济开发区、南宁六景工业园区升格工作，力争成为国家级开发区，不断提高广西良庆经济开发区、南宁江南工业园区、南宁仙葫经济开发区等园区产业发展能力。

专栏 6:工业园区的发展定位

南宁国家高新技术开发区：大力发展高新技术、高附加值产业，建设成为我市先进制造业、高新技术产业基地和高新技术的孵化区及自主创新的重要载体。重点发展生物工程及制药、电子信息及动漫、汽车零部件及机电、专用汽车等产业。加快发展科技服务、研发设计等生产性服务业。

南宁国家经济技术开发区： 建设成为以吸收外资为主、以产品出口为主的外向型加工制造基地。重点发展新能源、新材料、节能环保、机电制造、电子等产业。加快发展现代物流、电子商务等生产性服务业。

南宁—东盟经济开发区：建设成为西南地区重要的先进制造业示范基地、轻纺加工贸易基地和生物制造基地。重点发展农产品加工、机电、轻纺制造、生物制造、家具制造等产业。

南宁江南工业园区：建设成为具有一定规模、技术装备水平领先的铝加工基地和面向东盟的电子产业集聚区。重点发展铝深加工产业、电子产业及商贸物流业等。

南宁六景工业园区：建设成为我市承接临海工业下游产业及东部产业转移的重点园区，着力发展电力、化工、造纸等产业，加快发展茧丝绸及轻纺服装加工、农产品加工、船舶配套、港口物流等产业。

广西良庆经济开发区：依托南宁保税物流中心，建设出口加工区，加快传统制造业改造，建设成为外向型经济开发区。重点发展制药、有色金属深加工、建材、农副产品加工等产业。

市中心城区的辅助型工业园区： 着重发展劳动力密集、工艺技术涉及面广、产品附加值高、能耗物耗小、生产空间占地小的都市型新型工业，主要以发展农产品加工、印刷、服装、工艺品加工、物流等产业为主导。

六县工业集中区：结合本地资源、区位优势和现有产业特点，着重发展农产品加工、建材、小型机械零部件制造、造纸、生物能源及资源型工业等产业。

——积极扶持培育特色产业园区。各县（区）要加快提高县（区）工业集中区的产业水平和服务质量，结合当地产业特点、资源优势和区位优势，积极引进战略投资者，加强承接先进地区产业转移，促进县（区）产业向集中区集聚，逐步培育一批特色优势产业集聚区，带动各县（区）的工业化和城镇化进程。以大企业和大项目为龙头，在有条件的开发区或工业园区扶持建设生物、化工、机械制造、农产品加工等一批特色产业园区，促进产业集聚，形成发展优势。按照功能集聚、发展集约的要求，加快培育建设商贸物流、金融信息、旅游景区、科教文化、农业生产等一批特色鲜明的产业集聚区，推动企业集群，打造经济新增长点。鼓励特色产业园区大胆创新发展模式，支持有条件、符合要求的特色园区申请成为自治区级重点特色园区。

专栏7:重点建设的特色园区

广西金光青年工业园，南宁汽车产业园，高新区生物医药产业园，南宁—东盟经济开发区台湾（南宁）轻纺产业园区、食品与农产品加工特色产业园、生物制造产业园，六景工业园区化工产业园、丝绸产业园，相思湖新区高科技产业基地，隆安宝塔生物医药产业园、华侨管理区生物能源产业园，邕宁八鲤工业集中区南宁机械工业园，武鸣伊岭工业集中区现代食品工业园，宾阳黎塘工业集中区新型建材工业园、芦圩工业集中区中国藤编工艺产业园，马山苏博工业集中区食品加工产业园，上林象山工业集中区南宁有色金属工业园，伶俐工业集中区消费品工业园，横县那阳工业集中区新型建材产业园等。

——建设南宁空港经济区。依托吴圩国际门户机场，加快南宁空港经济区的规划建设，整合吴圩镇及周边资源，构建临空型产业集聚的空港经济区。主要发展物流业、航空食品加工业和配餐业、航空制造及维修业、现代园艺农业以及精细化工、农产品深加工、商务会展、休闲旅游、房地产等产业，使之成为我市新的经济增长区域和南宁—友谊关经济走廊发展的龙头。

——提高园区综合服务功能。着力完善园区基础设施，加快水、电、路等公共配套设施建设，增强园区综合配套能力。充分发挥融资平台的作用，通过经营土地、公共项目、标准化厂房等途径，吸引银行资金、企业资金、社会资金参与土地收储、基础设施建设。加快创新完善开发区管理体制和运行机制，建立健全科学考核评价体系和奖惩激励机制。严格按照园区的产业定位，加强对项目的入园管理，提高园区项目服务水平，引领产业项目集中、生产要素集聚、配套服务集成，使园区成为产业发展特别是工业发展的主力军、城市新区建设的主战场、科技创新的示范区、改革开放的先行区。

加快发展总部经济。加快建立完善总部经济发展的政策框架、服务体系，争取每年引进一批综合型、职能型和成长型企业总部落户。加快规划建设总部基地，重点建设五象新区总部基地，统筹发展其他特色总部集聚区，大力支持有实力的投融资公司、大型企业及总部企业等，采取多种投资形式参与开发建设总部基地。加快引进和培育总部企业，大力引进国内外大企业、大集团在南宁设立全球总部、全国总部或区域性总部，鼓励龙头企业、行业商会等集中建设企业或行业总部基地，重点吸引世界500强、全国500强以及国内行业50强企业设立地区性总部或分支机构。结合我市的产业优势，逐步培育一批市场前景广阔、市场潜力巨大并处于行业领先地位的本地总部企业。“十二五”期末，总部经济的规模明显扩大，发展水平明显提高。

专栏8:总部经济重点项目

建设五象新区总部基地基础设施工程，建设五象总部大厦、青岛啤酒总部基地、海尔集团总部基地、武钢集团总部基地、广西宏观大厦、广西联创大厦、广西沿海铁路股份有限公司总部及生活基地、南宁温州商会工业总部基地、天龙财富中心等总部项目。

第五篇　完善现代化基础设施

加快构建功能完善、运行高效、城乡一体的现代化基础设施体系，努力建设区域性国际综合交通枢纽，继续完善市政基础设施，不断增强抵御各类突发灾害的能力，为构筑内陆开放型经济战略高地和全市社会经济发展提供有力支撑。

第十三章　建设区域性国际综合交通枢纽中心

着力完善交通基础设施，统筹各种运输方式发展，加快建设连接东南亚、通往周边省市的立体交通网络，逐步成为服务大西南、面向东南亚的区域性国际综合交通枢纽中心。

加强对外通道建设。积极配合全区“一轴四纵四横”铁路网建设，加快推动南凭线、南钦线、柳南客专、南广高速、云桂线等铁路线的建设和改造，做好南宁铁路枢纽扩容改造，重点推进南宁东站建设，促进以南宁为主枢纽的通向西南、中南、东部沿海、东盟及区内各城市的铁路通道建设。按照全区“四横四纵六支线”高速公路网总体布局，加快推进一批途经南宁的高速公路建设和国道、省道公路网改造，加快建设凤岭综合客运枢纽站等公路运输枢纽站场。加快南宁吴圩国际机场新航站区建设，增开国际、国内航线，建设广覆盖、大密度的航空通道，打造面向东盟乃至世界的安全高效国际门户枢纽机场，争取到2015年吴圩机场旅客吞吐能力达1500万人次；开展南宁三塘通用航空基地前期研究并加快建设。推进“黄金水道”建设，加快市域范围内河航道和船闸的改造建设，加快建设老口航运枢纽工程、邕宁水利枢纽工程和南宁港新港区等重大项目，全面提升西江航线的通航能力，争取到2015年南宁港吞吐能力达1000万吨。

完善市域交通网络。提高市域公路网密度和质量，建设市县（区）“一小时交通圈”。建设和改善县城之间、中心镇与县城及县城与市区之间的道路网络，重点推进二级以上市域主要干道的建设和改造，加快县镇乡公路改造升级和乡村公路建设，加强农村公路管理养护。改善农村运输服务设施条件，重点建设一批农村客运停靠设施。畅通市中心区出入通道，加强中心城区与吴圩、金陵、武鸣、宾阳等县（区）、乡镇连接通道建设，加快邕武、南梧、友谊等主要出入公路的城区路段改造建成城市大道。加强城市道路建设，完善跨江交通设施，重点建设青山、柳沙等跨邕江大桥，加强跨江桥梁与南、北堤园路的连接；完善中心城区道路网络，重点建设东西向和南北向快速路，逐步形成“四横四纵”城市快速路系统；建设主要路口立交桥梁，优化主要道路交叉节点交通环境；建设五象新区、东扩片区等新区主干道路，形成新区路网结构；主干道延长线建设及旧城区道路改造扩建，加强打通断头路，提升中心城区交通通行速度和能力。

完善城市交通运输体系。优先发展公共交通，加快建设快速公交系统，提高城乡公交网络覆盖率；加快开工建设城市轨道交通1、2号线，争取2015年前建成运营轨道交通1号线一期工程，推进3、4号线前期工作；推动形成常规公交、快速公交、轨道交通等相协调，与城市发展相适应的公共交通系统。加强各种交通方式与城市交通的衔接，构建一体化交通换乘系统，促进客运零距离换乘、货运无缝化衔接。加快城乡交通运输场站、大型停靠站建设。提高交通运输信息化水平，努力实现客票一体联程、货物多式联运。加强立体交通研究，引导地面交通单一方式向地上、地下交通方式发展，逐步建设立体化综合交通网络。加强交通安全管理，着力解决交通拥堵，建设畅通安全交通。

专栏9：交通基础设施重点项目

●对外交通通道建设

铁路：配合推进南宁—广州铁路、柳州—南宁客运专线、云桂线、金南线、湘桂线、南钦线等铁路网建设，重点抓好南宁火车东站、南宁集装箱办理站、吴圩火车站扩建以及南宁港六景港区配套铁路项目、横州站南宁电厂专线等一批铁路项目建设。

公路：配合自治区推进梧州—龙邦（南宁段）、六景—钦州（南宁段）、武宣—平果（南宁段）、南北高速改造（南宁段）、南柳高速公路二线（南宁段）、吴圩—浦北（南宁段）、贵港—硕龙（南宁段）、南宁外环高速等高速公路，以及南宁五塘至贵港覃塘一级公路、都安—武鸣、南宁—扶绥、迁江—古零、包头—南宁二级路（马山段）、环大明山旅游二级公路等国道、省道等公路网建设。

机场：南宁吴圩国际机场扩建工程、南宁三塘通用航空基地、南宁空港经济区基础设施工程。

水运：广西郁江老口航运枢纽工程、南宁至贵港二级航道疏浚工程等内河航道和船闸的改造工程，南宁港牛湾港区一二期、南宁港六景港区一二期、南宁港横县港区、南宁港隆安港区宝塔和那桐作业区、马山港口等港口工程。

●市域交通网络建设

市域干道：建设那马—吴圩、五村岭（经高峰林场）—武鸣、大学西路尾—金陵、槎路—苏圩、南宁—大王滩、南宁东盟经济开发区国防路—金陵、武鸣—上林、五塘—昆仑、新宾—黎塘、南百高速那桐互通—大新（隆安段）、六景—横州、百龙滩—马山—大明山—武鸣、马山—苏博、上林县莲花—鼓江桥、昆仑关—上林以及六县县城快速环道等一级公路；建设武鸣—马山、武鸣—平果、锣圩—隆安、新宾—巷贤、大化—灵马（马山段）、伶俐—南阳、四塘—五合、昆仑关—新桥等市内通达主要城镇、主要景点的二级公路等。

城市干道：城市东西向快速路、城市南北向快速路、安吉—武鸣城市大道、新村大道和罗文大道江南延长线、衡阳东路、邕武路延长线、昆仑大道延长线、友谊路延长线、324国道改扩建项目等。

新区道路：五象新区堤园路、物流基地多条主干道路、龙岗片区多条主干道路、龙岗大道三期、玉洞大道、外环东扩片区多条主干道路等。

桥梁和立交：建设罗文、新村、五合、青山、柳沙、伶俐、横州等越江桥梁；建设民主—园湖、中华—园湖、快环主要路口等城市立交桥。

场站设施：建设凤岭综合客运枢纽站、五象公路客运站、西乡塘公路客运站、沙井公路客货运输枢纽站、南宁公路铁路联运中心、市区多处公交换乘站等。

交通运输：建设南宁城市轨道交通一号线一期、二号线工程，快速公交（BRT）多条线路工程等。

第十四章 完善城乡基础设施

坚持区域间基础设施共建共享和城镇基础设施向农村地区覆盖延伸的原则，加快推进水利、能源和市政等城乡基础设施建设，构建城乡一体、功能完善的基础设施，增强城市服务功能，提高城市承载力。

健全城乡市政设施。建立城乡一体化的市政设施体系，建设一批供水、排水、通讯、污水及垃圾处理等基础设施。加快城市供水排水建设，重点布局建设城区及六县供水改扩建工程、应急供水工程、城市雨污管网改造及积雨内涝地区排水管网改造工程等，进一步完善城区供水管网系统和城市排水系统。推进市政管廊规划建设。加大城市照明设施改造力度，大力推广使用照明节能产品。加快建设市区第二饮用水源工程。积极落实农村饮水安全工程。推进城区、重点镇污水处理厂及城乡污水管网建设，努力提高城乡污水集中处理水平。加快生活垃圾收集、中转及无害化处理设施建设，重点建设南宁资源循环利用产业园，不断改进城乡生活垃圾无害化处理和利用方式，大力提升垃圾处理能力。

专栏10：市政基础设施重点项目

供水排水：建设市区大王滩、凤亭湖等第二饮用水源工程、河南水厂扩建工程、五象加压站工程、六县城及重点镇供水扩建和新建工程、城市排水管网改造工程、农村（农场、中小学）饮水安全工程等。

污水处理：建设江南污水处理厂三期、三塘污水处理厂、五象污水处理厂等，建设城乡污水管网网络，建设重点中心镇污水处理厂和农村污水处理治理项目试点工程等。

垃圾处理：南宁废弃物处理和综合利用示范项目、南宁资源循环利用产业园(江北园、江南园)、南宁市建筑垃圾处理场、餐厨垃圾消纳处理场、南宁病死畜禽无害化处理中心、南宁市污泥处置厂、南宁市一般工业固体废物处置中心等。

建设能源基础设施。加强城乡电源建设，加快建设火电厂、水电站、抽水蓄能电站、天然气发电厂等一批发电项目。扩大新能源开发利用，大力推广应用生物质能、太阳能、风能等清洁能源，加快建设生物质、太阳能光伏、风能等发电厂项目。加快农村能源建设，大力发展农村绿色能源，在保护生态的前提下适当发展小水电，积极开展规模化沼气综合利用。完善城市和农村电网建设，提高输变电能力。加快推进中心城区、各县的输变电工程及其配套线网改造工程、农村电网升级改造工程，利用智能电网技术逐步构筑安全高效输变电网络。重点建设南宁市区与六县县城燃气管网供气工程，逐步完善覆盖市区与各县城的燃气管网供气体系，在有条件的乡镇和农村探索普及燃气集中供气。

专栏11：能源基础设施重点项目

发电项目：建设国电南宁电厂一期和二期工程，广西郁江老口水电站，上林上莫抽水蓄能电站，国电LNG电厂，华电天然气发电厂，生物质电厂，太阳能光伏电厂等；开展风能等新能源利用项目前期工作。

能源设施项目：建设输变电工程，横县、宾阳、武鸣、马山、上林、隆安电网完善和技改工程，重点建设金陵500千伏输变电工程，高峰、亭洪等7个220千伏输变电工程，埌西、龙岗等21个110千伏输变电工程，以及县域8个110千伏输变电工程等，建设各区县的燃气供应管网及气源供应站，计划新增燃气干支管100千米，南宁华南城分布式能源站等。

完善水利设施建设。加快水利基础设施建设，提高水利减灾和控制能力。完善防洪减灾设施，建立健全城市防洪排涝减灾体系，建设邕江流域上游控制性工程和重点河段防洪工程。重点建设五象新区堤园路、邕宁防洪堤工程等一批防洪堤工程，堤库结合，使南宁市城区防洪能力提高到200年一遇。加快沿江县城的防洪堤工程建设，统筹推进沿江重点乡镇的防洪堤建设，努力将沿江县城的防洪能力提高到50年一遇以上、重点防洪区域的防洪能力提高到20年一遇以上。继续实施大、中、小型病险水库除险加固工程，进一步加大重点灌区节水改造配套力度，在巩固现有的有效灌溉面积基础上扩大有效灌溉面积，在干旱缺水地区积极开展雨水积蓄利用工程为主的小型抗旱水源工程建设，到2015年农业灌溉水有效利用系数提高到0.5。实施水土保持和生态修复工程，抓好水土流失严重区域的水土保持工程和水系统修复工程，实施小流域综合治理工程，抓好大石山区石漠化和水土流失治理。

专栏12：水利基础设施重点项目

水利：邕宁梯级枢纽工程、五象新区堤路园工程、邕宁防洪堤工程、横县蒙江河流域防洪整治工程、武鸣县城防洪堤建设工程、横县城防洪堤建设工程、宾阳县清水河防洪、提水综合利用工程、上林县城防洪堤建设工程、隆安县城区防洪工程、马山县城区防洪工程，约45条中小河流防洪整治工程，六县六城区小流域水土保持综合治理工程和坡耕地改造工程等。

水库：全市8座大中型水库、约300座小型水库以及约15座大中水闸的除险加固工程，西津水库、六蓝水库、清平水库、大龙洞水库等灌区节水配套改造工程。

水源：武鸣县备用水源建设工程、横县县城生活饮用水第二水源建设工程、上林县城供水应急水源建设工程(大龙洞水库引水工程)、清平水库引水补水工程、峙村河水库补水工程等。

第六篇 加快城乡协调发展

实施主体功能区战略，进一步优化城乡功能布局，加快推进城镇化，完善全市城镇体系，深入进行社会主义新农村建设，促进城乡一体化发展，构筑功能合理、各具特色、协调共进的城乡发展格局。

第十五章 优化空间发展结构

落实主体功能区规划，优化城镇发展空间布局，形成结构合理的全市空间发展框架。

落实主体功能区划。按照国家、自治区主体功能区划的总体划分，结合南宁市不同区域的资源环境承载能力、现有开发密度和发展潜力，抓紧研究编制全市主体功能区规划，统筹谋划人口分布、经济布局、国土利用和城镇化格局，引导人口、经济向适宜开发的区域集聚，保护农业和生态发展空间，构建高效、协调、可持续的空间开发格局。对自治区规划为重点开发区域的六城区、横县和武鸣县等区域，要加强交通、能源等基础设施建设，优先布局重大产业项目，适度扩大建设用地规模，大力推进工业化与城镇化融合，促进产业和人口的集聚发展；对自治区规划为限制开发区的农业地区的隆安县、宾阳县等区域，要加强农业发展为主，大力推动特色农业的规模化、产业化和现代化，同时结合城镇化发展和特色产业园区建设，逐步将产业、人口聚集地区发展成为承载城市功能的扩展区，合理有序发展第二、三产业；对自治区规划为限制开发区的生态地区的马山县、上林县等区域，要加强生态环境保护和修复，在环境资源可承载的基础上，适度发展资源型的适宜产业；对市域内的自然保护区、国家和自治区级森林公园、风景名胜区等区域，要执行严格的保护政策，禁止进行不符合主体功能定位的各类开发活动。

优化城镇发展空间布局。围绕打造南宁都市圈，坚持“中心城市提升、副中心城市跨越、小城市和城镇多极并举、城镇轴线组团发展”的空间发展策略，推动形成“一中心、三副中心、若干片区中心”的城镇等级规模结构。加快提升中心城区辐射带动能力，引领带动区域共同发展；加快建设副中心城市，推动副中心城市与中心城市跨空间联动、一体化发展；加快建设一批小城市和城镇，形成服务和带动周边发展的片区中心。推动沿着重要的经济走廊和交通干线，在南、东的方向形成中心城—大塘、中心城—六景—横县(横州)等两条主要发展轴线。按照城镇发展现状以及人口分布状况，向东北、北、西北、西南的方向及市域东部形成中心城—三塘—宾阳—上林、中心城—那桐—隆安、中心城—吴圩—苏圩、中心城—武鸣—马山、黎塘镇—六景镇—峦城镇等五条次要发展轴线。

第十六章 大力推进城镇化

加快推进城镇建设，突出发展中心城市，大力发展中小城镇，促进产业和人口向城镇集聚，构筑与建设超大城市人口承载能力和区域性国际城市要求相适应的城镇群，打造南宁都市圈。

拓展建设中心城区。进一步优化市区功能布局，拓展城市发展空间，提高城市规划水平，科学推进城市管理，推进建设国际风貌与民族特色融合、时代特征与文脉传承共生、现代宜居与生态休闲相依的超大城市。争取 2015 年末，建成区建设用地达到 300 平方千米、人口达到 300 万人。

——加快新区建设。按照“以邕江为轴线，西建东扩，完善江北，提升江南，重点向南”的城市发展方向，加快推进新区建设，拓展城市空间。重点推进五象新区建设，集中力量打造五象核心区，着力推进新区基础设施及总部基地项目建设，加快推进保税物流中心、金融中心、动漫城、文化产业城、体育产业城和创意园区的建设，使之成为新的行政、文体、商贸中心和物流、制造业基地。加快外环东扩地区和相思湖新区开发建设，着重做好凤岭北片区城市分区功能的调整、完善，推进南宁东盟国际商务区建设，建设相思湖高等教育基地；加快南部城镇密集发展区和北部片区建设步伐，加快建设空港新城。

——优化组团发展。科学规划建设若干城市组团，加快基础设施连通、产业发展引领、城镇建设依托、城市功能承载、公共服务配套，推动城市组团化发展。坚持城市改造与保护城市文脉、提升城市功能、改善人居环境相结合，加快推进旧城区、城中村、危旧房改造。高标准做好城市建筑设计，突出强化综合功能，推进城市综合体建设。高起点规划邕江沿江改造开发，打造具有现代气息、凸显绿城风采、展现水城风貌以及集产业、文化、景观于一体的城市精品。推动六个城区按照各自功能分工加快建设和发展，争取 2015 年末，兴宁区、青秀区、西乡塘区、江南区、邕宁区、良庆区建成区人口分别达到 40 万人、70 万人、85 万人、50 万人、20 万人、35 万人左右。统筹城市中心区周边的吴圩、苏圩、金陵、三塘、五塘、大塘、伶俐等外围组团城镇的建设，争取 2015 年末，吴圩、三塘建成区人口分别达到 8 万人左右，其他城镇建成区人口平均达到 3 万人左右。

——提高城市管理水平。建立高位监督的协调指挥机制和集中统一的协调管理机构。细化城市管理空间，推行网格化城市管理新模式。推动城市应急管理体系建设，提升应对公共危机的水平。升级数字化城市综合管理与指挥系统，逐步构建集城市管理、应急指挥、市民服务和行政效能电子监察等功能于一体的数字化“大城管”新格局。坚持以城为本、服务为民，文明执法、公正执法，柔性服务、人性管理，深化城市管理体制改革，推动城市管理创新和多元化发展。进一步明晰市与城区两级责权制，推行城市管理市场化运作。搭建社会公众参与城市管理的平台，深入实施城乡清洁工程，打造南宁成为全国最干净的城市之一。加强城市交通综合管理，建设便捷畅通城市。

加快建设中小城镇。按照节约资源、改善生态、提高基本公共服务水平的要求，因地制宜，突出特色，积极建设各县城、一批重点镇和中心镇，逐步完善中小城镇基础设施条件，促进产业、人口向中小城镇集聚，使之成为工业化、城镇化的重要载体。

——加快县城建设。推动武鸣、宾阳、横县县城建成中等城市，逐步承担城市副中心的功能并发挥作用。武鸣县城要与南宁—东盟经济开发区统一规划布局，力争到 2015 年建成区人口达到 30 万人；横县县城和宾阳县城建成区人口分别达到 15 万人；上林、马山、隆安县城建成区建设成为 8 万~12 万人口的小城市。

——推动重点城镇建设。加快将黎塘、六景、那桐等一批县域中心镇分别建设成为工业型、旅游型、商贸型、交通型等各具特色的城镇。到 2015 年，黎塘、六景、那桐建成区人口规模达到 8 万左右，锣圩、双桥、府城、云表、峦城、新桥、大桥、白圩、周鹿等重点镇建成区人口达到 3 万人以上。促进地区中心镇建设，到 2015 年，六县的其他中心镇建成区人口达到 1.50 万人以上。加强村镇规划并逐步实现城镇规划和村庄规划全覆盖，加快增强城镇产业功能，推动城镇建设与产业发展相结合，促进以产业集聚资源和人口。加快推进江南区扬美古镇等一批小城镇试点建设项目。

第十七章 促进城乡区域协调发展

根据城乡经济一体化发展原则，发挥各区域优势，合理分工，加快形成以工促农、以城带乡、城乡互动的发展机制，大力推进城乡区域协调发展。

促进城乡统筹发展。按照“全域南宁”统筹城乡发展，加快建立健全城乡联动发展的体制机制，深入推进社会主义新农村建设，不断提升城乡一体化发展水平。

——统筹制定城乡发展规划。实施区域发展战略和主体功能区规划，加强土地利用规划、城市规划和经济社会发展规划的衔接，合理布局城乡居民点、农田保护、产业发展、生态保护、基础设施建设等空间，引导土地向适度规模经营集中、工业向产业园区集中、农民向城镇和新型社区集中，构筑区域经济优势互补、主体功能定位清晰、土地空间高效利用、人与自然和谐相处的城乡发展格局。

——统筹城乡产业发展。实施城市带动农村、工业反哺农业的发展策略，优化城乡产业布局，加强城乡产业分工协作，充分发挥中心城区对县域的辐射带动作用，规划发展五个经济带，带动城乡经济协调发展。东向经济带以邕江下游为轴线，通过重大产业外迁、都市型农业、休闲旅游等产业的联系，促进青秀区、邕宁区、横县互动发展；西向经济带以邕江上游为轴线，通过高端加工制造业、农产品加工业、文化教育、生物技术等产业的联系，促进高新区、相思湖新区、江南区、西乡塘区、隆安县等互动发展；南向经济带以银海大道为轴线，通过先进制造业、物流、休闲旅游等产业的联系，促进经开区、五象新区等互动发展；北向经济带以南金铁路为轴线，通过物流、农产品加工、生态农业等产业的联系，促进南宁—东盟经济开发区、西乡塘区、武鸣县、马山县等互动发展；东北向经济带以南梧公路（昆仑大道）为轴线，通过轻工业、生态旅游、农产品加工等产业联系，促进兴宁区、宾阳县、上林县等互动发展。

——推进社会主义新农村建设。把统筹城乡基础设施建设和社会事业发展作为新农村建设的主要推手，促进农村生产生活条件改善、农民增收。以农村基础设施建设为重点，加大财政投入力度，科学安排、稳步推进，推动交通、市政、能源和生态等设施城乡共建、城乡联网，促进农村公共服务设施集中布局建设。深入实施新农村建设示范工程，加强村庄规划，加快进行农村环境治理，改善村容村貌。努力提高城乡基本公共服务水平，加快发展农村社会事业，重点加快发展农村教育、卫生、科技、文化、体育等事业，建立健全城乡一体的就业和社会保障制度。充分发挥邮政网络优势，建设邮政“三农”服务站。加大对农民的教育培训力度，培育有文化、懂技术、会经营的新型农民。

提升中心城区经济。推动各城区依托各自特色和优势不断壮大城区经济，进一步增强中心城区的经济综合实力，提升中心城区经济的辐射带动能力。重点优化调整中心城区的产业结构和空间布局，加强协调城区和各大开发区的产业、税收、管理等的相互关系，加快城区内经济开发区、工业园区和工业集中区的开发建设。优先发展新型工业和现代服务业，加快提升城区工业发展水平，全面提高服务业发展质量；大力发展城郊都市型特色农业，重点建设一批绿色农产品基地、旅游观光农业基地和农业科技示范基地等。积极打造市中心区新的经济带，高标准规划建设邕江经济带，重点发展商贸流通、商务会议、休闲娱乐、金融等现代服务业；加快建设快速环道—环城高速经济带，重点发展都市型工业、物流业等产业。

专栏 13：各城区产业发展重点

兴宁区：重点发展商贸、物流、印刷、都市型工业等，着力提升朝阳商圈，加快建设昆仑大道经济带。

青秀区：重点发展商贸、会展、金融、特色农业等，进一步优化凤岭地区的产业结构及发展布局，加快发展外东环片区。

江南区：重点发展铝材深加工产业、电子工业及现代商贸仓储物流业等，大力提升星光大道等传统商业区，加快发展沙井片区等区域。

西乡塘区：重点发展商贸、物流、科技研发、观光农业等，着重改造升级明秀、安吉等传统商圈，积极发展沿江经济带，打造环三江经济区。

良庆区：重点发展保税物流、先进制造业、总部经济、金融、食品等，大力推进五象新区建设，加快发展南部与沿海比邻区域。

邕宁区：重点发展临港物流、新型工业、农产品加工、机械装备制造业等，着力建设龙岗新区和八鲤工业区，加快打造邕江和八尺江沿江景观经济带。

壮大县域经济。各县要发挥各自资源和区位优势，主动融入中心城区的辐射带动，积极承接产业转移，重点发展特色农产品加工和优势资源型工业，推动中小企业与大企业协作，加快建设两三个工业强县。大力发展特色农业，建设原料生产和加工基地，合理布局建设工业集中区，促进城市资金、技术、人才、管理等生产要素向县域扩散。培育发展非农产业，积极发展农村商贸、物流、旅游等服务业。大力推进农业产业化经营，运用财政贴息、补助等办法支持发展龙头企业和专业合作经济组织。

专栏 14：各县产业发展重点

武鸣县：重点发展城郊观光生态农业、农产品深加工、建筑材料、生物制药、生物能源、旅游等，推进县城与东盟经济开发区连片建设，加快发展城东、伊岭地区。

横县：重点发展港口物流、矿业加工、造纸、化工、建材、茧丝绸、茉莉花加工、农林产品加工、旅游等，加快发展县城和六景地区。

宾阳县：重点发展建材、制糖、造纸及纸品加工、编织工艺制品、烟花爆竹、机械制造及金属制品业、茧丝加工、林产品加工等，发展以炮龙节为主打品牌的民俗文化旅游，加快发展县城—黎塘的经济带。

上林县：重点发展生态旅游业、矿产资源综合利用以及优质米、林木产品、茧丝绸等特色农产品深加工等，大力开发抽水蓄能和风能等生态能源，加快开发县城北部、南部、金莲湖等地区。

马山县：重点发展农产品深加工、矿产资源深加工、旅游等，进一步扩大"黑山羊"品牌影响及发展相关产业，加快发展县城西部、苏博等地区。

隆安县：重点发展农产品加工、生物医药、生物能源等，着重建设南宁国家高技术生物产业基地生物能源核心区、南宁国家高技术生物产业基地生物医药核心区等，加快发展右江河谷经济带。

第七篇　创建生态文明示范区

按照建设生态文明示范区的基本要求，坚持"生态立市，绿色发展"，以建设"中国绿城"、"中国水城"为载体，以加强节能减排和发展循环经济为基本途径，加快建立生态产业、资源综合利用、生态人居、生态文化以及保护制度等生态文明体系，积极建设资源节约型和环境友好型社会，争创国家环保模范城市，力争在全区率先建成生态文明示范区。

第十八章　加强环境保护与生态建设

坚持把环境保护和生态建设作为加快经济发展方式转变的着力点，树立发展与保护并重的理念，切实加强环境保护与生态建设，不断提高生态环境的可持续发展能力。

强化环境保护。坚持预防为主、综合整治，加强从源头推动污染减排、污染防治和环境保护。

——加大污染减排力度。积极落实污染物减排的"三大措施"，健全减排考核工作机制和减排督查机制，完善污染减排价税政策，确保污染减排目标顺利实现。进一步推进制浆、造纸、制糖、淀粉、酒精等五大重污染行业的化学需氧量、氨氮等主要水污染物的治理，重点抓好电力、化工、冶金、建材等行业的二氧化硫、氮氧化物等主要大气污染物的削减。坚决淘汰"高耗能、高污染、高排放"的工艺装备和落后产能。加快建设一批污染治理工程，着力促进治污减排。

——强化污染防治。加大重点流域、城市内河、内湖环境的综合整治力度，恢复生态和景观功能，建立健全城市应急和备用水源保障体系，突出抓好饮用水水源保护。进一步运用价格调节机制促进水资源节约、水污染治理和水环境保护。建立健全区域大气污染联防联控机制，进一步抓好工业废气、机动车尾气、扬尘污染控制，不断改善空气质量。控制市区及各县城社会生活噪声、交通噪声、建筑施工噪声和工业噪声，确保城镇区域及交通干线噪声控制在国家标准之内。加强重金属、持久性有机污染物、危险废物、危险化学品污染防治。推进医疗废物、危险废物、生活垃圾、工业固体废物、建筑垃圾、餐厨垃圾等固体废物回收利用和无害化处理。强化放射源的跟踪管理，合理规划设置城市电磁辐射设施。加大农业面源污染治理力度。加强农用土壤和城市建设用地、遗弃污染场地土壤污染防治，开展受污染农业用地和城市建设用地土壤修复工作。加快建设环保基础设施，重点推进一批城乡、工业园区污水和垃圾处理设施建设。严格污染物排放标准和环境影响评价，强化执法监督，健全重大环境事件和污染事故责任追究制度。

——加强环境风险防范，切实保障环境安全。加快构建高效的突发环境应急体系，建设突发环境应急指挥中心和突发环境事件应急响应系统。开展突发环境事件危险源基本情况调查，建立区域重点行业、重点企业、重点污染物的档案库。强化风险源企业的环境管理力度，建立南宁市环境风险企业名录和风险企业应急预案库。继续实施中心城区工业企业搬迁改造，力争"十二五"期末使快速环道内所有重污染企业全部搬迁。合理规划产业布局，使高污染、高风险的新建项目远离环境敏感区。加强核与辐射安全管理。加大环境与健康监测力度，对存在健康隐患的突出环境问题进行重点防范。加强应对气候变化研究，提高气候资源开发利用和气象灾害监测预警能力。

专栏 15:环境保护重点工程

建设南宁市环境保护监管能力建设、环境监测预警与监控体系建设、"数字环保"建设、废水污染物减排综合治理工程、重金属污染防治示范工程、污染土壤修复与综合治理示范工程、广西放射性废物库迁建改造工程、南宁市快速环道和主要市政道路噪声污染整治工程、机动车尾气污染防治、城南渗滤液处理站改造工程、邕江水域保洁配套设施工程等。

加强生态建设。加大生态保护和修复的投入，重点建设水源涵养、生物多样性、水土保持等生态功能区，保持和扩大优良生态环境，建立安全自然的生态屏障。

——加强生态保护和建设。坚持保护优先和自然修复为主，加强山体、森林、水系等保护利用，保持生态系统和生物多样性。实施严格的生态功能区保护政策，加强对重要生态功能保护区和自然保护区的保护与建设。加强城镇规划区内的天然林地、草地、湿地等生态系统和生物多样性保护，增强涵养水源、保持水土能力。继续推进退耕还林工程，因地制宜地建设多层次的城镇绿地体系。全面推进石漠化综合治理，对石漠化严重的马山、武鸣、上林、隆安等县，按"弄拉模式"进行生态建设。推进矿区生态治理，引导矿山合理有序生产。加强对各种自然资源的保护和管理，实行有限开发、有序开发、有偿开发。保护好凤亭河、屯六、大王滩水库三个备用水源，建设中心城区第二饮用水源。加强农村饮用水源地保护、污水垃圾集中处理、土壤污染治理等环境综合整治，改善农村卫生条件和人居环境。

——加强防灾减灾体系建设。推进城乡中小河流治理和山洪地质灾害的防治，加快建立地质灾害易发区调查评价体系、监测预警体系、防治体系、应急体系，加大地质灾害防治工作力度。加强地震和气象灾害的预测预防。推行自然灾害风险评估，强化地质灾害抢险救灾措施，科学安排危险区域生产和生活设施的合理避让。

专栏 16:生态建设与保护重点工程

生态功能保护:南宁市百里环城森林生态圈、大明山水源涵养与生物多样性保护功能区、重点公益林保护、1 万公顷退耕还林工程、2 万公顷石漠化治理工程、5000 多株古树名木保护以及城乡绿化工程等。

生态园区建设:青秀山森林植物园、青秀山营造林工程、邕江两侧绿化综合整治工程、大王滩综合整治保护工程、那兰鹭鸟自然保护区建设项目、坛洛金花茶自然保护区建设项目、横县西津湖湿地公园、八尺江湿地公园、良庆区凤亭河屯六水库湿地公园、东山水库生态景观工程、西云江水库生态景观工程、上林东红湿地公园等。

第十九章　加强资源节约和综合利用

坚持开发节约并重、节约优先原则，全面实行资源利用总量控制，积极发展循环经济，大力节约资源、开发可再生资源，促进资源、能源和废弃物的合理有效利用，实现经济与环境的协调发展。

加强资源节约和管理。大力推进节能降耗，加快推进结构节能、技术节能、管理节能，重点抓好制糖、造纸、有色金属、建材、交通运输等行业和耗能大户的节能工作，积极推进能源结构调整，加大水煤浆、太阳能、地热能、生物质能等清洁能源的推广应用力度，推行开发区、工业园区集中供热。推进农业、工业节水，提高水的利用效率，重点推进高耗水行业节水技术改造，加强公共建筑、生活小区、居民住宅的节水和中水回用，推进城市污水、雨水综合利用，推广使用节水设备和器具，逐步推进水资源有偿使用。推行产品生态设计，推广节约材料的技术工艺，鼓励采用小型、轻型和再生材料，推进木材、金属材料、水泥等的节约代用。大力建设绿色生态住宅小区。规范并减少一次性用品生产和使用。实行严格的土地管理制度，完善耕地保护责任考核体系；合理规划开发区、工业集中区用地，积极推行多层标准厂房；通过城乡建设用地增减挂钩、建新拆旧和土地整理复垦等措施，实现节约集约利用建设用地，建设节能省地型公共建筑和住宅。强化矿产资源保护和开采管理，对已探明的矿产资源要有保护开发，加强资源节约和保护执法监察。

大力发展循环经济。加强规划引导和政策扶持，在生产、流通、消费各环节推进发展循环经济。着重推动工业园区的生态化设计，构建循环经济产业链，不断提升循环经济规模和档次，重点在制糖、造纸、淀粉、有色金属、建材等行业构建循环发展产业体系，不断提高资源产出效率。加强资源综合利用，加快发展资源循环利用产业，注重提高餐厨垃圾和废旧电子产品等城市生活垃圾、建筑垃圾、工业固体废弃物、秸秆等农业废弃物的循环综合利用，推进资源再生利用产业化。加强循环利用技术的研发和应用。大力推进循环经济试点，重点规划建设南宁—东盟经济开发区生态型工业示范园和六景工业园区生态工业示范园。

积极促进低碳发展。树立低碳发展理念，发展低碳产业，扩大可再生能源利用，加快发展生物质能源。开展低碳经济试点，推进一批低碳交通、低碳建筑、低碳社区、低碳企业示范建设，建设"可再生能源建筑应用示范城市"。强化低碳技术研发储备，积极推进零碳和低碳技术研发及应用。倡导绿色消费。

第二十章　提高"中国绿城"建设水平

进一步加快园林绿化建设，切实提高城镇园林绿化三项指标，大力推进生态型、节约型园林绿地建设，推进园林绿化管理体制机制创新，提高园林绿化规划、建设、管理现代化水平，全面巩固和提升"中国绿城"品牌形象，通过承办广西园林园艺博览会、申办中国国际园林博览会，扩大"中国绿城"知名度和影响力。实施多层次立体绿化，加快城市园林绿化建设。进一步调整城市绿地布局，完善绿地类型，扩大城市绿地面积，新建一批市级、城区(县)级公园及街头游园；实施"增种千万株树木"工程；加大文化建园力度，推行"一园一品"建设模式；构筑"城在林中、林在城中、四季花开、花开成片"的城市园林绿化景观，推进建设"环城森林生态圈"，积极创建"国家生态园林城市"和"国家森林城市"。各县立足实际情况，构建绿色走廊、推进滨水绿化，积极创建自治区级和国家级"园林县城"，推动形成城镇绿地体系。争取 2015 年末，全市森林覆盖率达 46.50%，城市建成区绿化覆盖率达到 41.50%，人均公园绿地面积达到 13.50 平方米。

专栏 17:中国绿城重点项目

新建五象岭森林公园、凤岭儿童公园、五象新区滨江公园、江南公园、柳沙公园、越秀生态公园、安吉花卉公园等市级公园;扩建改造青秀山森林公园、南湖公园、石门森林公园、狮山公园、动物园、邕江滨水公园等6个市级公园;建设六县六城区及三个开发区的城区(县)级公园。

第二十一章　建设“中国水城”

充分结合滨河城市的自然风貌和人文特征,加快水系综合整治,推进水体生态保护,提升城市整体形象,打造独具南方特色和民族特色的“中国水城”。加强城市水环境综合整治,打造环城水系,建设“百湖之城”。大力实施城市内河湖泊的补水工程,城市建成区内河治污、截污、补水的综合整治工程初步完成,完成综合整治的内河两岸雨污分流,截污率和污水处理率达标,全面实现水质达标,构建清洁、活力水体。进一步扩大滨水绿化范围,通过建设邕宁梯级枢纽工程加快推进邕江两岸水环境的整治和水景观的建设,形成“水畅、湖清、岸绿、景美”的城市核心水系景观。加快建设宜人亲水空间,打造独具民族和地方文化特色的滨水景观带和休闲区,初步形成滨水产业带。2015年末,城市水域面积率达到10%左右。

专栏18:中国水城重点项目

邕江市区段沿岸生态环境综合治理工程、南湖—竹排冲、可利江—心圩江、五象湖及连通水系综合整治工程(五象湖主题公园、良庆河、楞塘冲连通水系工程等);可利江水系与生态景观综合工程,竹排冲上游沙江河、朝阳溪中上游段(重型机械厂至二十八中)、石埠河、西明江、凤凰江、八尺江、石灵河、亭子冲、水塘江、那平江综合整治工程,马巢河综合整治工程(包括凤凰江、马巢河连通水系工程、凤巢湖及主题公园等);二坑溪综合整治工程(含心圩江、二坑溪、朝阳溪连通水系工程);石灵河—石埠河连通渠工程;江南公园建设工程、青秀湖公园等公园及水系建设工程。

第二十二章　建立生态建设长效机制

营造生态文明社会环境,广泛宣传科学发展观、生态文明观,大力倡导节能环保、爱护生态、崇尚自然、绿色消费的新理念,形成有利于生态文明建设的新风尚。维护广大人民群众的生态环保知情权、参与权和监督权,搭建多层次的政府与公众对话平台,健全公众参与生态文明建设机制。建立健全生态补偿机制,通过资金补助、定向援助、对口支援等多种方式开展生态补偿试点,加大对生态环保的财政投入,合理整合资金集中投向生态补偿重点项目,改革环境恢复价格形成机制。推进城乡生态环境一体化建设,全面实施农村小康环保行动计划,推进村庄整理、旧村改造、生态移民,加快生态县区、生态乡镇、生态村建设,防止城市和工业污染向农村扩散,探索更有利于环境保护和农村实际的农村污水和垃圾处理办法,推行生态种养殖模式,充分发挥农业的生态功能,进一步优化农村生态和人居环境。建立环保“一岗双责”,明确各级政府及有关部门环境保护监管职责的分工,明确环境保护工作责任主体和管理原则,加强领导、协调、协作,着力形成“党委领导、政府负责、环保部门统一监督,相关部门齐抓共管”的环保工作机制。

第八篇　建设创新型南宁

着力加快建设区域创新体系和创新基地,优化创新环境,培育全民创新精神,激发全社会创新活力,提高自主创新能力,努力建设国家创新型城市,把南宁打造成为国家创新体系的重要节点。

第二十三章　推进科技进步与创新

进一步完善科技创新体制机制,加快夯实科技发展基础,普及科学知识,提高全民科学素质,优化科技发展环境,推动经济社会发展更多依靠科技创新驱动。

增强科技创新能力。以建设国家创新型试点城市为契机,加快建立完善的创新体系,不断提高自主创新能力。构建以企业为主体、市场为导向、产学研相结合的技术创新体系,支持大中型企业建立研发机构,引导创新要素向企业集聚,鼓励多种形式的产学研合作,实施南宁重点科技计划,着力突破制约制糖、淀粉、铝加工、生物能源和生物医药、节能环保等重点产业发展的关键技术,力争形成一批拥有自主知识产权的核心技术。加强与高等院校和科研院所,特别是区内院校和科研单位在各领域的合作,构建以高等院校和科研院所为主体的知识创新体系,依托各类技术研究中心或基地,引进和培养一批优秀的创新人才及团队,加强电子信息、生物医药、生物能源、新材料、特色农业等领域知识和技术创新。推进科技公共服务平台和科技中介服务体系建设,集中建设以提供检测、实验条件为主的公共检测实验平台和大型科学仪器设备共享平台,加强科技服务网络、生产力促进中心、技术转移市场建设,加快建设南宁(中国)—东盟科技合作与交流信息网络平台;支持民营服务机构提供科技综合服务。加快建立技术成果转化体系,促进科技进步与产业升级紧密结合。

优化创新发展环境。加快改善推动自主创新的软硬环境,着力落实和完善激励自主创新机制,形成富有活力、条件优越的创新环境。加快建设一批创新平台或基地,积极引进和建设国家级、自治区级的重点实验室、技术研究中心、产品研发中心以及中试基地等,逐步成为区域性的科技研发集聚中心,重点建设铝加工产业创新基地、国家生物工程与制药创新基地、农产品加工及综合利用创新基地、电子信息产业创新基地、生物质能产业技术创新基地、木薯加工创新基地等。以营造创新创业环境和增强自主创新能力为核心,大力发展特色产业和高端产业,加快推进南宁高新技术产业开发区向创新型特色园区发展。保持财政科技经费投入稳定增长,通过财政性扶持政策鼓励企业增加技术创新投入,加快科技成果转化应用;鼓励金融机构加大对企业开展技术创新的信贷支持,吸纳各类风险投资资金进入科技创新领域。进一步健全完善专利申请、管理、保护制度,建立知识产权奖励、资助制度,加大对自主创新活动及成果的保护力度。积极推动在全社会形成崇尚创新、支持创新、追求创新的浓厚氛围,大力培育全民创新意识,着力激发企业家和科技创新人才的创新观念和活力。

第二十四章　推进教育全面发展

实施科教兴市战略,按照优先发展、育人为本、改革创新、促进公平、提高质量的要求,深化教育教学改革,大力推进素质教育,合理配置教育资源,优化教育结构,加大教育投入,加快教育基础设施规划、建设,推动教育事业科学发展,办好人民满意的教育。

推进学前教育。明确政府职责,提高学前教育普及程度。科学规划学前教育发展,加大政府投入力度,建立学前教育资助制度，大力发展公办幼儿园，扶持民办幼儿园，把发展农村学前教育作为新农村建设的重要内容，扩大农村学前教育资源。严格执行幼儿园准入制度，完善和落实幼儿园年检制度，分类治理、妥善解决无证办园问题，规范学前教育收费管理。到2015年，争取每县（区）建成1~2所自治区示范幼儿园，每个乡镇建成1所公办中心幼儿园；学前三年毛入园率达到75%，学前一年毛入园率达到95%。

巩固义务教育。巩固义务教育普及率，提高义务教育水平。实施义务教育学校标准化建设，完善中小学校布局规划调整，做到公办学校的规划建设与城市发展同步，重点做好城市新区、新建居民小区的中小学校规划建设。继续实施中小学校舍安全工程，加快农村学校和城镇薄弱学校硬件建设。促进公共教育资源向农村倾斜，推动城乡义务教育均衡发展。加强义务教育学校常规管理，严格规范办学行为。到2015年，九年义务教育巩固率达到93%。

普及高中教育。在全区率先普及高中阶段教育。继续推进自治区示范高中与一般普通高中协调发展。充分挖掘和扩大优质普通高中教育资源，发挥示范性高中的辐射带动作用，大力扶持横县第二高中、宾阳县开智中学等建设成为自治区示范性普通高中，力争实现我市百万人口以上的县每县都有两所以上示范性普通高中的目标。扩大普通高中办学规模，培育和树立特色品牌，推动普通高中多样化发展，鼓励普通高中办出特色。积极推进高中课程改革，全面提高学生综合素质。建立科学评价体系，全面提高教育质量。到2015年，高中阶段毛入学率达到93%以上。

提升职业教育。进一步提升职业教育水平。继续加强中等职业教育基础能力建设，加大示范、骨干专业建设力度，加快建设南宁高级技工学校等一批示范性职业学校和职业教育实训基地。深化职业教育教学改革，优化职业教育办学模式和人才培养模式，强化技能培养，努力提高职业教育办学质量。积极支持驻邕中等职业学校增强办学能力，构建首府南宁中等职业教育资源网络，努力实现校际之间的资源共享。加快发展面向农村的职业教育，逐步实行免费农村中等职业教育，扩大农村职业教育培训覆盖面，办好县级职业教育中心。

支持高等教育。支持驻邕高等院校建设，推进相思湖新区和五合高教基地建设，积极支持外地高校来邕办学。扩大高等职业教育规模，加快发展南宁职业技术学院，继续大力推进和完善邕江大学新校区建设。着力引进民营高等教育。创新高职教育考试招生制度，全面提高高等教育质量，增强高校服务区域经济社会发展的能力。

重视特殊教育。健全特殊教育保障机制，完善特殊教育体系。加大特殊教育投入，加强市、县两级特殊教育设施建设，推进市孤残儿童特殊教育学校、广西南宁阳光特教学校等特殊教育项目建设。推进融合教育，完善残障学生的"随班就读"制度，不断扩大随班就读和普通学校特教班规模，扎实推进南宁市盲聋哑学校创建自治区示范性特殊教育学校工作。加强特殊教育师资全员培训力度，不断提高特殊教育教师专业理论水平和教学业务技能，全面提高全市特殊教育学校办学水平和教育教学质量。2015年，适龄残疾儿童入学率达到90%。

发展民族教育。加大对民族小学、民族初中、民族高中的投入，加强对民族学校骨干教师的充实和培养，促进民族学校提高教学质量。全面推广国家通用语言文字，尊重和保障少数民族使用本民族语言文字接受教育的权利，根据需要推进民族地区学校双语教学。支持和鼓励民族优秀文化进校园，鼓励学校积极开展民族音乐、民族舞蹈、传统体育表演竞技活动。加强学校民族团结教育工作，在各级各类学校开设民族团结教育课程或讲座，扎实推进民族团结教育进教材、进课堂、进学生头脑工作。

创新办学机制。鼓励引导社会力量兴办教育，健全以政府办学为主体，社会各界共同参与，公办学校与民办学校共同发展的办学机制。健全以政府投入为主、多渠道筹集教育经费的体制。完善教育资助制度，资助家庭经济困难学生完成学业。采取政府与民间并举、双边与多边并行的办法，积极开展以东盟国家为重点的国际教育合作与交流。继续推进课程改革，提高教育信息化水平。

专栏19：教育发展重点项目

基础教育：实施中小学校舍安全工程，重点建设玉龙学校、玉洞小学、云景路小学、越秀路学校、东南小学、位子渌小学、宁武小学、九曲湾中学、三中五象校区、八中相思湖校区、邕宁高中（龙岗新校址）等49所中小学校新建、迁建和扩建项目。建设广西南宁阳光特殊教育学校、南宁市中小学综合实践中心等。

职业教育：建设市第六职业技术学校仙葫校区二期、市第三职业技术学校新校区、市第四职业技术学校邕宁校区、广西南宁高级技工学校、市卫生学校新校区、南宁华侨技工学校、县级职业教育中心等。

高等教育：建设南宁职业技术学院二三期、邕江大学新校区等。

第二十五章　建设人力资源强市

实施人才强市战略，坚持服务发展、以用为本、创新机制、高端引领、整体开发的人才发展方针，加快形成人才优先发展战略布局，壮大人才队伍，提升人才素质、优化人才结构。健全人才工作机制，加快人才软环境建设，建立面向东盟的国际性区域人才开发合作机制，打造海内外高层次人才聚集平台，培养和造就一支数量充足、素质优良、结构合理、富有创新活力的人才队伍，使南宁成为面向东盟的区域人才集聚中心、人才培训基地、创业创新基地和区域性国际人才高地。

建设人才小高地。以多种形式建设多样性的人才小高地，打破城乡地域界限、企业校所界限和所有制界限，扩大人才小高地的覆盖面。"十二五"期间，争取将更多的市级人才小高地升级为自治区人才小高地，在食品、物流、造纸、精细化工、生物、轨道交通等重点领域培育和建设新的人才小高地。建立完善人才创业园，不断优化创业创新环境，增强人才集聚效应。进一步提升高层次人才吸纳和承载能力。

建设高素质人才队伍。加大国际性人才开发力度和国外智力的引进力度，突出培养创新型科技人才，重视培养领军人才和复合型人才，大力引进重点领域急需紧缺专门人才，统筹抓好各类人才队伍建设。积极培养和引进德才兼备、具有战略眼光的党政人才；培养和引进擅长经营、具有市场开拓能力，特别是熟悉国内国外经济运行规则，具有较强创新能力和战略管理能力的企业经营管理人才；大力实施以提高职业能力为核心的技能人才培养工程，加大培养重大项目实施、企业发展和产业升级中急需的技能人才，在电子信息、生物工程与制药、铝加工、化工以及高新技术产业等支柱产业、重点行业、重点学科、优势企业造就一支具有较强创新、研究、推广应用能力的专业技术人才队伍；大力开展农村实用人才培训，培养一批农技推广应用人才、种养能手、乡村科技能人、经营流通能人、能工巧匠；结合服务业和社会管理的发展，加强社会福利、社会救助、社会慈善、残障康复、优抚安置、医疗卫生、青少年服务、司法矫治等社会工作人才的培养和引进；培养和吸引一批通晓国际经济、科技、法律等各领域知识、适应国际竞争要求的专门型、复合型、国际型的高级人才。

加强继续教育与能力建设。加大人才培养力度，健全以社会需求为导向和能力建设为核心的人才培养机制，创新人才培养模式，大力实施教育先行政策和各类人才培训工程，着力提高人才教育培训的针对性、时效性。紧紧围绕促进就业和服务经济发展这两条主线，依托首府教育资源丰富的地缘优势，深入实施特别职业培训计划，实施高技能人才振兴计划，培养南宁产业发展需要的各类技能人才。完善制度机制，创新政策措施，加强基础管理，健全职业培训资质认证体系，加快发展职业培训。充分发挥国内外丰富的培训资源，加强知识更新、技能更新培训，不断提高劳动者素质。

专栏 20：人力资源强市重点项目

南宁重点人才开发工程，南宁市院士/专家活动基地，南宁市公共就业服务体系建设项目，南宁市创业孵化基地。

第九篇　提升文化软实力

坚持社会主义先进文化前进方向，繁荣文化事业，发展文化产业，推进公共文化服务体系建设，不断满足市民精神文化需求，提升城市文化软实力，打造文化南宁，增强文化吸引力，把南宁建设成为有更大区域性国际影响力的文化中心和文化交流枢纽。

第二十六章　加强社会主义精神文明建设

加强社会主义核心价值体系建设。以荣获“全国文明城市”称号为新起点，开展新一轮文明城市建设活动，努力使南宁走在全国文明城市建设的前列。逐步推进城乡居民素质教育，继续加强社会公德、职业道德、家庭美德、个人品德建设，着力提升整体文明程度。加强和改进青少年思想道德教育，协调家庭、学校、社会教育，引导青少年健康成长。继续弘扬“能帮就帮”、“敢做善成”的南宁精神，构建社会志愿服务体系，展示首府市民昂扬向上、友好互助的精神风貌。加强对新闻媒体、社会文化等各种思想文化阵地的管理，依法引导互联网健康发展，营造良好的社会文化环境。提升开放包容、宜居宜商的城市形象，巩固民族团结、社会和谐的发展环境，全力塑造民族团结城市品牌，建设全国民族团结模范城市。

第二十七章　促进文化事业繁荣发展

保护和发扬以壮民族为主体的少数民族文化、民间传统特色文化，大力发展多民族、多样性文化。提升南宁国际民歌艺术节品牌，巩固民歌节在国内节庆行业中的领先地位，将南宁打造成为世界民歌之城。进一步完善公共文化服务体系建设，不断满足人民群众日益增长的文化需要。实施精品战略，推出一批在国内外有影响力的广播影视和文艺作品。积极发掘历史文化遗产，发展博物馆事业，稳步推进各级文物保护单位的保护和修缮，推出一批代表南宁、影响广泛的历史文化品牌，创建全国历史文化名城。进一步加强历史文物和非物质文化遗产保护和开发。加大文化市场管理和“扫黄打非”工作力度，优化市场环境，促进文化市场各行业的发展。加强国际文化交流与合作，以缔结友好城市、文化周、民间交流等方式，举办更多的国际性文化交流活动，使南宁成为展示国际文化的舞台，逐步将南宁建设成为区域性国际文化交流中心，不断丰富区域性国际城市文化内涵。进一步统筹城乡文化发展，不断丰富基层群众的文化生活。加大文化人才资源开发力度，不断发掘培养一批有影响力的文化和广播影视人才。繁荣发展哲学社会科学。

第二十八章　推动文化产业加快发展

加快发展壮大文化产业，提高文化产业在国民经济中的比重。加快文化体制改革，建立文化产业管理新制度。建立符合艺术发展规律和市场经济规律，社会效益和经济效益良好的专业艺术生产的新机制，建立结构合理、机制灵活、经费渠道稳定的文艺表演事业新体系。推动文化产业结构调整，发展文化新业态，积极培育文化市场主体，大力发展文化创意产业，重点发展动漫产业、文化艺术创作与经营业、演艺和影视制作业、社会艺术培训业、现代印刷业、出版发行业等产业。推进广播电视网与电信网、互联网“三网融合”，加快视听新媒体产业开发。培育和发展一批骨干文化企业，引进战略投资者，加快文化产业基地和园区建设，打造具有地域和民族特色的文化产业群。推动南宁国际民歌艺术节内容系列化、传播多样化和运营产业化，培育、集聚音乐名人，打造民歌艺术节产业链。做大一批非物质文化遗产品牌活动项目，深入挖掘整理以壮民族特色文化为主的少数民族文化，建设民族文化特色街区，打造具有浓郁地方特色的文化旅游城市和区域性非物质文化遗产展示交流平台，发展餐饮文化产业。发展文化产权交易、文化延伸物质产品交易等，把南宁打造成为区域性文化产品交易的重要平台。加快建设中国—东盟文化市场，促进举办中国—东盟博览会文化专题展；建设中国—东盟文化产业基地，培育一批外向型骨干文化企业和“中国—东盟”文化品牌。

专栏 21：文化产业重点项目

广西民族文化开发项目（兴宁）、东盟文化博览园、南宁动漫创作展示中心、南宁市民族特色风情街（街区）、南宁文化艺术创作展示中心、南宁现代印刷产业园。

第二十九章　提升文化传播水平

加快新闻出版业发展。继续发展图书、报刊、期刊等纸介质传统出版发行产业，大力培育数字出版等非纸介质新兴出版产业，促进从主要依赖传统纸介质出版产品向多种介质出版产品共存的现代出版产业转变。加强新闻媒体建设，重视互联网等新兴媒体建设、运用、管理，促进广播影视事业发展。继续组织实施村村通广播电视和农村电影放映工程，提高广播影视公共服务水平；新（扩）建一批数字影院，促进城市影院发展布局更加合理；新增无线传输的电视频道，提高广播电视公共服务质量；争取采用卫星频道传送南宁广播电视节目，新增广播频率，扩大广播电视农村覆盖面；加快广播影视“走出去”步伐，实现广播影视区域性合作联动；大力推进广播影视产业化，建设多功能广播影视中心，加强壮语广播影视节目译制、制作，扩大播出覆盖面。大力实施数字化战略，实现数字化、网络化、高清化，努力推进广播影视现代化进程。

第三十章　推进体育事业发展

大力开展全民健身活动，逐步构建全民健身体系，进一步普及群众体育，打造“健康城市”。大力提高竞技体育总体实力，加强对全市业余体校、传统项目学校和训练网点的管理，进一步建设完善南宁市体育运动学校等中等体育专业运动学校和单项运动学校。扶持社会力量办业余体校，发展体育俱乐部。做好优秀体育人才培养和输送工作，竞技体育总体实力保持全国城市中上水平。扩大体育国际交流，积极申报举办国际性的体育比赛，协助自治区筹划举办中国—东盟城市运动会，通过举办大型运动会促进中国与东盟之间更紧密地合作。支持体育产业发展。

第三十一章　推进文体基础设施建设

坚持政府主导，加大投入，实施重点文化惠民工程，加强基层文化资源整合和综合利用，建设覆盖城乡的公共文化基础设施网络，加快构建公共文化服务体系。积极推进标志性重点文化设施建设，加快建设广西文化艺术中心等一批重点项目。加强公共文化基础设施建设，完善市县两级群众艺术馆、图书馆、档案馆、文体活动中心以及乡镇文化活动中心、村级公共服务中心的建设，基本形成全市“县县有馆、乡镇有站、村村有室”的文化基础设施体系。加强青少年活动场所建设，建设市青少年活动中心，推动实现每个城区、县都建有一所综合性、多功能的未成年人校外活动场所。加快南宁市工人文化宫改造扩建，建设完善县级文化宫。建设南宁市国民体质监测中心及县、区分中心，完善体质监测服务体系。完善城区公共体育设施和农民体育健身活动设施，重点推动广西体育中心二三期工程、南宁体育运动学校等项目建设。

专栏 22：文体基础设施重点项目

广西体育中心二三期工程、广西文化艺术中心、南宁体育运动学校、南宁市青少年活动中心、南宁市民族艺术基地、南宁市中心图书馆、南宁民歌博物馆、南宁博物馆、南宁市科技馆、南宁市工人文化宫改造工程、顶蛳山文化公园、南宁社会艺术培训中心、南宁广播影视中心、南宁市国家综合档案馆和地方志馆及十二个县区综合档案馆、市区及六县数码电影院建设等。

第十篇　加强保障和改善民生

坚持以人为本，富民优先，注重民生，围绕保障和改善民生来谋划发展，进一步提高经济社会发展的协调性，促进社会和谐。合理配置公共服务资源，提高政府基本公共服务的供给能力，推进基本公共服务均等化，让人民群众共享改革发展的成果。

第三十二章　积极扩大就业

将扩大就业作为保障和改善民生的头等大事，将促进就业作为经济社会发展的优先目标，建设充分就业城市。继续落实积极就业政策，推进以创业带动就业和统筹城乡就业工作，努力实现行政推动就业向依法促进就业转变、城镇就业向统筹城乡转变、分散灵活就业向稳定规模就业转变、数量型体能型向质量型技能型转变、困难群体生活保障向稳定的就业保障转变等“五个转变”。积极拓宽就业渠道。大力促进非公有制经济发展，扶持中小型企业和劳动密集型企业，加快发展现代服务业，增加就业容量。大力推动全民创业，进一步完善和落实创业扶持政策，建设一批创业园或创业孵化基地，帮助高校毕业生、返乡农民工等各类人员通过自主创业实现就业。健全公共就业服务体系。充实和完善基层公共就业服务机构建设，提高服务质量和效率。加大人力资源基础建设投入，加强人力资源市场建设，推进南宁市基层就业和社会保障服务设施项目建设，鼓励社会力量参与就业服务。完善就业保障机制，深化户籍、劳动就业等制度改革，完善人员流动政策，规范发展就业服务机构。统筹做好城镇新增劳动力、零就业家庭、失业人员就业工作，着力完善各类困难群体就业援助的长效机制，积极做好返乡农民工、高校毕业生、残疾人员、退役军人等群体的就业指导工作。加强劳动执法，完善劳动争议处理机制，改善劳动条件，保障劳动者权益。发挥政府、工会和企业作用，努力形成企业和职工利益共享机制，建立和谐劳动关系。

第三十三章　健全社会保障体系

加大公共财政对社会保障的投入，建立健全统筹城乡的广覆盖、保基本、多层次、可持续的社会保障体系，逐步实现人人享有社会保障，稳步提高保障水平。继续完善城镇企业职工基本养老保险制度，落实城镇职工基本养老保险关系转移接续政策，制订城镇居民社会养老保险办法，推动事业单位养老保险制度改革，规范健全被征地农民参加社会保障制度，实现新型农村社会养老保险制度全覆盖。完善城镇职工和居民基本医疗保险、失业保险、生育保险、工伤保险市级统筹办法。建立城乡一体化的基本医疗保险制度，逐步提高保障标准，进一步扩大社会保险覆盖范围，重点解决国有关闭破产企业，国有及县级以上集体困难企业退休人员医疗保障问题，做好城镇个体工商户及其雇工纳入失业保险参保范围的试点及农民工参加工伤保险工作。稳步提高养老、医疗、失业等社会保险待遇水平。全面提升企业退休人员社会化管理的服务功能。建立农村社会救助体系，实现城乡社会救助全覆盖。完善城乡居民最低生活保障制度，人均补助达到全国平均水平。落实农村五保供养政策，五保供养水平达到当地村民平均生活水平。实行农村五保供养对象和城镇“三无”对象集中供养，集中供养率达到全国平均水平以上。加强孤儿保障工作，建立与经济社会发展水平相适应的孤儿保障制度。积极发展社会福利和慈善事业。完善救灾物资储备体系，建设南宁救灾物资储备库。推进残疾人康复服务体系建设，建立健全康复服务网络。

第三十四章　加快医疗卫生事业改革发展

增加财政投入，建立稳定的财政经费保障机制，加快建设覆盖城乡的公共卫生服务体系、医疗服务和保障体系。加快建立基本医疗卫生制度，满足群众对卫生公共产品需求。全面加强公共卫生服务体系建设，建立健全疾病预防控制、妇幼保健、精神卫生、应急救治等专业公共卫生服务网络，促进城乡居民逐步享有均等化的基本公共卫生服务。积极防治重大传染病、慢性病、职业病、地方病和精神疾病，建立健全突发公共卫生事件应急机制，严格防控艾滋病、结核病、乙型肝炎等重大传染病。建立重大疾病防控体系和医疗救助体系，为群众提供安全、有效、方便、价廉的医疗卫生服务。以深化医药卫生体制改革为契机，进一步完善医疗服务体系，充分发挥社区卫生服务机构和综合性医院功能，有效利用卫生资源。实施区域医疗卫生设施布局规划，加强卫生规划指导，优化卫生资源布局。进一步健全农村医疗卫生服务和城市社区卫生服务体系，加快实施农村卫生服务体系建设与发展规划和社区卫生服务中心规划项目建设。推进基层医疗卫生机构综合改革，启动公立医院改革。全面实施国家基本药物制度，建立药品供应保障体系。健全对食品药品安全事故的预防预警和应急处置体系，加强食品药品监管能力建设，确保公众饮食、用药安全。严格技术准入，积极支持社会、民营资本进入医疗领域，拓宽卫生发展筹资渠道。加强以全科医生为重点的基层医疗卫生队伍建设，加快构建各级医疗机构分级治疗、双向转诊制度。支持中医药和民族医药事业发展。

专栏23:医疗卫生重点项目

广西艾滋病治疗关怀中心(南宁)、市妇幼保健院门诊综合楼、南宁市卫生监督所搬迁工程、市第八人民医院门诊住院综合大楼、市第二人民医院外科医技综合楼、南宁食品药品监督所业务综合大楼、南宁食品药品检验所实验综合大楼、自治区人民医院凤岭项目、各县(开发区)人民医院标准化建设、各县中医院建设等。

第三十五章　促进人口和计划生育事业健康发展

坚持计划生育基本国策，稳定低生育水平，人口自然增长率控制在10‰。提高出生人口素质，遏制出生人口性别比偏高趋势。推进优生优育工程，加大出生缺陷预防干预力度，健全完善人口计生服务体系建设，逐步建设一批融宣传倡导、避孕节育、生殖保健、健康咨询、医疗服务等多项功能于一体的社区人口家庭健康服务中心，提高人口服务水平。保持人口计生人均财政投入增长幅度高于经常性财政收入增长幅度。完善人口目标责任制，落实农村计划生育奖励扶助政策，开展城镇部分计划生育家庭奖励扶助制度试点工作，重点加强农村、城乡结合部地区以及流动人口的计划生育服务管理。大力推进人口和计划生育信息化建设和管理，建成覆盖全市的人口安全预警预报中心。切实保障妇女合法权益，加强未成年人保护，发展妇女儿童保护事业。积极应对人口老龄化问题，加大养老院等为老服务设施项目建设，发展居家和社区养老服务，培育壮大老龄服务事业和产业，建立与社会经济发展水平相适应的养老保障服务体系。促进残疾人事业发展，加快完善残疾人社会保障和服务体系，建设残疾人康复托养中心项目。

第三十六章　提高城乡居民收入

进一步完善按劳分配为主体、多种分配方式并存的分配制度，不断提高城乡居民收入，逐步扭转收入差距扩大的趋势。加快调整国民收入分配格局，逐步提高居民收入在国民收入分配中的比重、劳动报酬在初次分配中的比重。拓宽居民收入来源渠道，创造条件增加居民财产性收入。健全扩大就业增加劳动收入的发展环境和制度条件，大规模开展农村职业技能培训，促进机会公平。重点提高城乡居民收入特别是中低收入者的收入水平，逐步提高最低工资标准，建立健全企业职工工资正常增长机制和支付保障机制，特别要抓紧解决农民和农民工收入增长较慢的问题，努力增加农民工资性收入，大力增加转移性收入，拓宽农民增收渠道。落实农业补贴等支持保护制度，建立健全农产品价格形成机制，促进农民增产增收。拓展农业功能，发展特色高效农业、农产品加工业、乡村旅游和农村服务业，使农民从中获得更多收益。在有条件的地区实施农民万元增收计划。进一步规范收入分配秩序，加大税收对收入分配的调节作用，深化垄断行业收入分配制度改革。

第三十七章　加大扶贫开发力度

继续抓好扶贫工作，进一步加大资源整合力度，完善基础设施建设，促进产业开发，加强贫困人口能力建设，大力推进贫困地区、民族地区、革命老区和大石山区社会主义新农村建设，加快群众脱贫致富步伐。逐步提高扶贫标准，对农村低收入人口全面实施扶贫政策。以稳定解决扶贫对象温饱并实现脱贫致富为目标，以基础设施建设与特色产业发展为重点，坚持开发式扶贫，加大投入与政策支持，进一步做好定点扶贫工作。着力解决集中连片、特殊困难地区的贫困问题，深入实施贫困村整村推进、产业化扶贫、连片开发、易地搬迁扶贫、以工代赈、科技和信贷支持等扶贫方式。加快推进农村最低生活保障制度与扶贫开发政策有效衔接。

第三十八章　加快推进保障性安居工程建设

加快构建多层次的住房保障体系。以廉租住房建设为重点，进一步扩大廉租住房覆盖面，优化保障性住房布局，完善经济适用住房的建设和管理，加快发展公共租赁住房，适当增加限价商品住房供应，加大棚户区、危旧房改造及拆迁安置房建设力度。“十二五”期间，计划新建各类保障性住房11.60万套。在廉租住房专项资金制度的基础上，进一步拓宽住房保障资金筹集渠道，积极开展利用住房公积金支持保障性住房建设试点工作，规范资金使用范围和程序，引导社会资金参与保障性住房建设运营，建立覆盖廉租住房、经济适用住房、公共租赁住房等各种类型保障性住房的综合性住房保障建设发展资金体系。进一步完善廉租住房、经济适用住房资格准入、退出等监管制度。研究、制订加快推进公共租赁住房发展的各项制度及配套政策，完善廉租住房、公共租赁住房配建管理制度，研究、落实保障性住房项目用地保障政策措施。

专栏24:保障性住房重点项目

新建廉租住房12850套、经济适用住房15500套、公共租赁住房22000套、限价商品住房6000套，各类棚户区改造10075套，旧住宅小区整治(危旧房改住房改造)22000套，城中村改造(拆迁安置房)28000套。

第十一篇　促进社会和谐稳定

以保证人民当家做主权利为根本，以增强社会活力、调动人民群众积极性为目标，不断加强和创新社会管理，健全民主法治建设，维护全社会和谐稳定，建设平安南宁。

第三十九章　加强和创新社会管理

按照健全党委领导、政府负责、社会协同、公众参与的社会管理格局的要求，进一步完善社会管理机制，强化政府社会管理职能，建立健全社会管理制度，创建和谐稳定模范市和社会治安一流城市。

加强社会管理。坚持以人为本，进一步整合社会管理资源，提高社会管理能力，加快完善社会管理法规规章和体制机制。健全基层管理和服务体系，加强和改进基层党组织工作，强化基层政权建设，建设、完善社区及农村管理设施，提高城乡社区自治和服务功能,加强社会管理基层基础工作,发挥基层组织的直接服务群众的亲和作用。充分发挥各种社会组织和公民个人在社会管理上的主体性及其对政府社会管理的参与作用和监督作用。健全党和政府主导的维护群众权益机制,强化信访工作责任制,加强行政复议工作,畅通行政复议渠道,依法受理、办理行政复议案件,发挥行政复议在防范和化解社会矛盾方面的作用,加强社会矛盾纠纷排查调处,深入开展"大排查、大接访、大调处、大防控"工作,完善人民调解、行政调解、司法调解联动的工作体系,建立调处化解矛盾纠纷综合平台。畅通和规范群众诉求表达、利益协调、权益保障渠道,建立健全社情民意调查网络,建立健全重大项目建设和重大政策制定的社会稳定风险评估机制,提高社会管理工作的实效。

创新社会管理。加快推进社会管理创新,重点解决好源头性、根本性和基础性问题。完善流动人口服务管理,探索居住证制度、户籍制度改革等服务管理新模式,切实保护流动人口的合法权益。完善特殊人群帮教管理,加强对服刑在教人员、刑满释放、解除劳教人员以及吸毒人员等人群的安置、帮教工作。完善社会治安防控体系建设,加强城乡社区警务、群防群治等基层基础建设,加强政法队伍建设,严格公正廉洁执法,增强公共安全和社会治安保障能力,加强社会治安重点地区综合治理,严密防范、依法打击各种违法犯罪活动,切实保障人民生命财产安全。推进网络虚拟社会建设管理,坚持建设与管理并重,明确电信运营企业、用户的法律责任;坚持正确舆论导向,制定有效的互联网管理制度,坚决依法打击利用网络实施的各种犯罪活动,维护网上秩序,净化网络环境。完善分类管理政策,健全法规、规章及日常监管机制,严格准入制度,提高社会组织管理服务水平。建立健全安全生产长效机制,落实企业的安全生产主体责任和政府的监管责任,深入开展安全生产执法、治理和宣传教育行动,加强法治体制机制、保障能力和监管监察队伍建设,加快安全生产技术研发,全面推进安全生产标准化建设。

建立健全各种社会风险评估机制和应急管理体系。着力提高应对各种风险的能力,不断健全维护社会长期稳定的社会稳定机制,加快建立有效处理社会公共危机事件的应急管理体系。加大公共安全投入,加强安全生产,培育专业应急救援队伍,健全对自然灾害、事故灾难、公共卫生事件和社会安全事件的预防预警和应急处置体系,加快建立完善新闻发布制度,不断提高保障公共安全和处置突发事件的能力。在群体性事件等危机处理中,要善于做到"情绪疏导"和"情绪管理",以贴近群众的感情疏导民情,化解危机。完善基层应急管理体系建设,培育专业应急救援队伍,推进基层应急管理"一案三制"建设,加强应急演练,完善应急联动指挥平台及安全生产应急救援指挥系统二级平台建设,重视防洪、防震、防地质灾害等工作,加强消防基础设施建设,提升基层应急管理水平。

专栏 25:社会管理重点项目

南宁市社区居民委员会办公场所和社区服务站,南宁市街道办事处办公场所建设和社区服务中心,各县、区社区服务中心建设项目,南宁市羁押中心,各县区法院审判综合楼及法警培训基地建设项目,各县区公安局综合技术用房和各县公安局看守所建设项目,各县避难场所建设项目等。

第四十章 加强和巩固民族团结

全面贯彻落实党的民族政策,坚持和完善民族区域自治制度,建立健全民族团结进步创建的长效机制,开创民族团结进步的新局面。牢牢把握各民族共同奋斗、共同繁荣发展的主题,深入开展民族团结进步创建活动,加大少数民族干部培养选拔力度,加快少数民族和民族地区经济社会发展,不断提高少数民族群众生活水平,重点加强扶持 3 个民族乡的发展。广泛、深入、持久开展民族团结教育活动,有效防范和坚决打击民族分裂活动,切实维护少数民族群众根本利益,不断巩固和发展平等团结互助和谐的社会主义民族关系,推动建设全国民族团结模范城市。

第四十一章 促进军民融合式发展

按照军民融合式发展的思想,推进经济建设和国防建设相互促进、同步发展,构建平战结合、相互兼容、共建共用的基础平台。建立和完善军民结合的科研生产、装备保障、人才培养等体系,推进人防、交通、信息、市政等基础设施军民共享,进一步加强国防动员和后备力量建设。深入开展国防教育,广泛开展"双拥"活动,积极推进军民共建,巩固发展军政军民团结。

第四十二章 推进社会主义民主建设

完善人民的民主权利保障制度,保障人民依法管理国家事务、管理经济和文化事业、管理社会事务,坚持依法治市,全面推进依法行政,基本建成法治政府。坚持科学民主决策,建立并实施重大问题听取意见制度、听证制度、合法性审查制度、实施后评价制度和责任追究制度,提高行政决策水平,发挥各民主党派和无党派人士的参政议政作用,依法保障公民的知情权、参与权、表达权、监督权,发挥社会组织在扩大群众参与、反映群众诉求方面的积极作用。扩大基层民主,完善政务公开、厂务公开、村务公开等制度,保证人民依法直接行使民主权利。全面贯彻民族区域自治法,巩固和发展平等、团结、互助、和谐的社会主义民族关系,促进各民族共同繁荣进步。全面贯彻党的宗教工作基本方针,认真落实宗教事务条例。全面贯彻党的侨务政策,发挥海外侨胞和归侨、侨眷在促进祖国统一和民族复兴中的独特作用。坚持依法治市,推进依法行政,加强行政执法队伍建设,依法规范行政行为,促进行政执法公正、廉洁、规范,提高行政执法水平。加强普法教育,形成人人学法守法的良好社会氛围。加强制度建设,推进科学民主立法,定期清理文件,健全与国家法律法规相配套的制度体系,优化南宁发展的政策法治环境,规范司法行为,加强司法监督,促进司法公正,强化法律援助。

第十二篇 深化体制改革

以行政管理、经济管理、统筹城乡等重要领域和关键环节为重点,加快改革步伐,推动体制机制创新,建立健全充满活力、富有效率、更加开放、有利于科学发展的体制机制,在全区率先取得"先行先试"改革创新的新突破。

第四十三章 深化行政管理体制改革

按照精简、统一、效能的原则和适应市场经济、对外开放新形势的要求,转变政府职能,建立权责一致、分工合理、决策科学、执行顺畅、监督有力的行政管理体制,建设服务型政府。努力把政府工作重心转移到加强市场调节、社会监管、依法行政、公共服务等职能上来,着力解决机构设置重叠、职能交叉、政出多门、重复管制等问题,为企业发展创造良好的、公平的竞争环境,为公民提供完善的公共服务。抓好新一轮政府机构改革,优化整合部门职能,推进实行职能有机统一的大部门体制。进一步明确市与县(区)的事权范围,继续下放管理权限,充分发挥县(区)政府在城市管理、经济发展、公共服务、带动农村经济社会发展等方面的职能作用。加快推进政企分开、政资分开、政事分开、政府与市场中介组织分开,推进政府投资体制改革,规范政府投资行为,政府投资逐步从竞争领域中退出。深化行政审批制度改革,准许更多的中介机构参与评价评估事务,减少行政许可,加快完善"一站式"服务,逐步推行审批管理"零收费"制度。积极推进现代社会信用体系建设,建立和完善社会信用信息采集、加工及信用产品使用和失信惩戒、信用监督等制度,健全个人和企业联合征信平台。强化执行和执法监管职责,增强处置突发公共事件和社会治安综合治理的能力。

第四十四章　推进经济体制改革

根据当前国内外经济深度调整和深刻变化的形势,加大改革力度,进一步破除制约经济结构调整和经济发展方式转变的体制机制障碍。

深化国有企业改革。推进国有企业调整重组,优化国有经济布局结构,以骨干企业为龙头推进并购重组,进一步提高产业集中度。鼓励、支持国有企业开展跨国、跨区域、跨所有制的联合重组,鼓励、支持各种所有制性质的企业参与国有经济布局结构战略性调整。继续推进劣势企业关闭破产。通过国有资本的有序合理流动,有效配置国有资本,进一步发挥国有资本投入对产业发展的引导和带动作用。建立现代企业制度,通过重组上市、合资合作、相互参股等多种途径,加快推进国有企业的股份制改革。

推进投融资体制改革。深入推进城市建设投融资体制改革,进一步加大各类投融资平台的组建和扶持力度,促进投融资平台成为自负盈亏、可持续发展的市场主体。大力支持有条件的企业上市融资和发行企业债券。建立政府引导资金进行风险投资的机制,完善风险投资进入和退出政策。健全中小企业信用担保机构,鼓励更多的民营担保机构开展中小企业的融资担保业务,建立财政资金对担保机构的风险补偿机制。推进投资主体多元化改革,加强鼓励和引导民间资本进入法律法规未明确禁止准入的行业和领域,加大吸引民间资本参与建设的项目推介力度,研究制定民营经济在市场准入、财政税收、信用担保和金融服务等方面政策实施细则,落实支持民营经济发展的相关政策措施,进一步促进民营经济的发展。

加快财税体制改革。调整优化财政支出结构,加大对经济社会薄弱环节建设、促进区域协调发展的支持力度,推进基本公共服务均等化,加大对教育、科技、文化、体育、环境、公共卫生等公共性支出。做好"省直管县"和"乡财县管"体制改革,合理划分市、县(区)、乡镇三级政府的管理事权,实现事权与财权相统一,增强县(区)、乡镇两级财政的公共服务能力。建立政府债务管理体系,完善预算管理体制。

深化价格体制改革。加大资源环境价格改革力度,建立健全反映市场供求关系、资源稀缺程度和环境损害成本的资源环境价格机制;推进医疗服务价格改革,保障人民群众最基本的医疗需求;完善鼓励民间投资的价格政策,吸引更多的资金投向新能源、环境保护、公共事业等领域。完善价格管理机制,坚持市场取向,综合运用经济、行政、法律等手段对市场放开商品价格进行管理,努力从直接、微观管理向间接、宏观管理方向转变。

第四十五章　加快社会事业领域改革

按照政事分开、事企分开、管办分离的原则,发挥市场机制、社会资本和民间组织的作用,推动社会事业改革发展,增强社会事业发展的动力和活力。

推进事业单位分类改革。积极稳妥推进科技、教育、文化、卫生、体育等事业单位分类改革,将主要承担行政职能的,逐步转为行政机构或将其行政职能划归行政机构;将主要从事生产经营活动的,逐步改制为企业;对面向社会提供公益服务的,要强化公益属性,继续保留。

建立城市社区管理体制和运行机制。培育发展一批能满足社区居民生活需求的便民类社区民间组织,开展面向社区老年人、儿童、残疾人、社会困难户、优抚对象的社会福利服务,面向社区失业人员的再就业服务,面向社区居民的便民利民服务及环保、治安等公益性服务。通过项目制运作、政府购买服务等方式,培育发展社区统计、调查、评估协会等一批能够承接政府社会事务的社区民间组织。培育发展文化、体育、科普、环保、法制宣传等类社区民间组织,宣传社会主义精神文明,丰富社区居民的精神文化生活,倡导科学文明健康的生活方式。培育发展社区互助社、慈善超市等社区民间组织,广泛开展慈善捐助、送温暖等社区互助活动,增强社区自我救助功能,拓宽基层社会救助渠道。培育发展老年人、残疾人协会、法律服务站、青少年维权等社区民间组织,依托社区工青妇及基层法律工作者协会等群团组织,开展经常性、群众性的维权活动,营造和谐稳定的社区环境。

建立政府购买公共服务机制。对可由社会组织或机构承接的事项,政府通过项目购买、项目补贴、项目奖励等多种形式,实行购买服务,逐步实现公共服务社会化、专业化、市场化。研究制定财政补贴、特许经营、贷款贴息等政策,落实有关税收优惠政策,支持鼓励各类社会组织和机构承接公共服务项目,逐步扩大公共服务的供给,降低服务成本,提高服务质量。在加大公共服务财政投入的同时,鼓励民间资本和社会力量向公共服务项目投资。进一步规范购买公共服务操作程序,明确购买服务的范围和项目、购买方式及监督评价方式,不断提高管理水平。

第四十六章　推进统筹城乡综合配套改革

加快推进城乡经济社会发展一体化,推动土地、资本、劳动力等生产要素在城乡之间有序流动,释放和激活农村生产力,形成产业发展城乡联动、基础设施城乡配套、公共服务城乡协调、社会保障城乡覆盖、城乡人居环境明显改善、可持续发展能力明显增强的新格局。

推进土地管理体制改革。在稳定农村基本经营制度的基础上推进农村土地管理制度改革。建立农村集体土地流转和城乡建设用地高效利用的制度。建立统一的土地承包经营权的流转服务市场,引导和规范农村土地承包经营权流转集中,建成市、县(区)、乡镇级农村土地承包经营权流转服务体系、市场体系、监管体系和纠纷仲裁体系,建立县(区)和乡镇两级农村土地承包经营权流转登记管理制度,建设乡镇以上农村土地承包经营权流转和规模经营信息化服务平台,推动农村土地向专业大户、家庭农场、农民专业合作社、农业产业化龙头企业等现代农业经营主体流转,发展规模经营和集约经营。推进农村集体建设用地制度改革,建立健全城乡一体的建设用地市场。规范集体非农建设用地流转，建立和完善集体经济组织、农民参与和共享集体建设用地转让收益分配机制。实行城乡建设用地增减挂钩政策，建立政府主导、市场运作、社会协同、农民参与的农村土地管理监督营运平台。

推进征地制度改革。开展农用地转用、土地征收审批和实施分离的建设用地审批方式改革，建立新型征地管理体制；缩减征地区片划分，设定征地补偿最低保护标准；积极推进农村建设用地特别是宅基地的整理，合理配置村镇土地资源，优化城乡用地结构和布局；建立征地补偿安置标准增长机制，完善被征地农民参加社会保险的工作联动机制。

推进农村金融改革。加大农村金融政策支持力度。支持各类金融组织在农村设立分支机构或服务网点，积极发展村镇银行、农村资金互助社和小额贷款公司等新型农村金融机构。建立农业担保体系，鼓励各类担保机构到农村开展担保业务，支持建立农业投资公司和农业担保机构，创新推进扩大农村有效担保物范围。深化农村信用社投资主体多元改革，组建南宁农村商业银行。搭建支持现代农业投资、小城镇建设等方面的投融资平台，引导社会资本进入农业和农村建设领域。推进农村开展产权交易，盘活农村土地等资源，推动农村资产资本运作，提高农村资产的资本化程度。鼓励农民以土地承包经营权、宅基地及住房置换成股份合作社股权、社会保障和城镇住房，实现“资源资产化、资产资本化、资本股份化”的土地资源增值收益共享机制。

推进户籍管理制度改革。建立完善的土地、住房、社保、就业、教育、卫生、计划生育支撑保障体系和配套管理制度，深化户籍登记制度改革，进一步放宽城镇落户条件，推动人口有序向小城镇、县城、主城区聚集，重点推进城市周边本地农民工、举家迁徙并在城镇居住多年的农民工、在城镇开展经营活动或有稳定职业的农民工转化为城镇居民。逐步取消农业户口和非农业户口的划分，统一登记为“居民户口”。

推进村镇管理体制改革。深化乡镇行政机构改革，按照转变职能、提高效能、降低成本的原则，撤并一些职能相近的机构，重点加强涉农部门的职能。推进重点镇、试点镇扩权，通过委托、授权等形式赋予乡镇在村镇建设、规划、项目等方面的管理权限。理顺“城中村”管理，逐步将“城中村”纳入城区一体化管理体系，对建成区内的“城中镇”、“城中村”进行整建制撤销，配套推进有条件的村委会改社区居委会。积极推进集行政办事、社区卫生、警备治安、文化娱乐、体育健身、党员活动等多功能于一体的村级公共服务中心建设，实行“一站式”管理。

推进统筹城乡综合配套试点改革。推进试点区域改革先行先试。把兴宁、良庆两个城区，青秀区长塘镇和伶俐镇、江南区吴圩镇和江西镇、西乡塘区金陵镇、邕宁区蒲庙镇等六个乡镇作为统筹城乡改革实验区，完善城乡基础设施，发展特色产业，探索土地管理制度改革，协调推进以城乡经济社会一体化为目标的城乡建设规划体制、农村金融体制、户籍管理制度、公共服务均等化、就业制度、社会保障制度、城乡管理体制等综合配套改革。以试点带动，逐步推进全市城乡产业共兴，全面改善农村民生，提高农村社会管理服务水平，努力开创城乡经济社会发展一体化新局面。

第十三篇 保障规划实施

充分发挥规划在经济社会发展中引导作用，从组织协调、政策导向、项目安排和机制创新等方面提供切实的保障，调动一切积极因素，有效引导社会资源，合理配置公共资源，保障规划有效实施，确保发展目标顺利实现。

第四十七章 加强规划实施的制度建设

实行规划目标责任制，及时分解落实规划确定的目标和任务，明确部门分工，并列入政府考核目标。建立政府各部门、各基层单位之间的协调机制，形成保障规划实施的行政合力。加强与土地利用总体规划、城市总体规划的衔接，科学编制专项规划和制定年度计划，分年度落实规划提出的目标任务。加强规划实施的监督考核，建立规划实施情况的跟踪监测制度，加强对规划实施的监测、预警和跟踪分析。由市人大、市政府、市政协督查部门组成联合考核组，对规划的约束性指标、主要政策措施落实情况和重大项目的建设情况进行年度检查和中期评估，定期对规划实施进行总结分析，针对存在的困难和问题，提出对策和措施。加强舆论监督，充分发挥新闻媒体和群众社团的桥梁和监督作用，健全政府与企业、市民的信息沟通和反馈机制。建立有效的综合评价体系和投诉处理机制。

第四十八章 加大政策扶持力度

用足用好用活国家、自治区的相关政策，研究制定相应的扶持政策和落实措施，配套制定财政税收政策、考核体系和奖惩办法，确保规划重点任务和重大项目的顺利实施。财政资金的安排应以规划为指导，优先满足规划实施的要求，调整财政支出结构，合理配置财政资源，加大在社会发展、社会保障、扶贫济困、公共安全、防灾减灾、生态环保等方面的投入，增强公共产品和服务的供给能力，集中财力为民办实事、办好事。制定和完善促进产业发展的政策，增加产业振兴专项扶持资金，支持发展大项目、龙头企业和名优产品。

第四十九章 大力推进项目建设

按照“先规划、后实施，有规划、先实施”的原则，围绕规划确定的建设重点项目和支撑项目，着重做好重大项目策划、建设准备等前期工作，按年度确定实施的项目数量和总投资规模。进一步建立和完善重大项目建设推进工作机制。建立重大项目“绿色通道”联审机制，着力解决重大项目前期审批环节的瓶颈问题。创新项目用地新机制，促进土地集约、节约利用，重点盘活存量土地，用好现有土地储备。完善征地拆迁补偿机制和补偿标准，加强征地拆迁工作的统筹协调，强化有关部门的联动和职责。创新项目筹资方式，大力培育和引进多元投资主体，不断拓宽筹融资渠道，创新招商引资方式和机制。建立重大公益性项目考核激励机制，强化责任意识，提高项目建设积极性，完善部门协调机制，及时解决项目推进中的关键问题。

全市各族人民要在市委的领导下，紧密团结在以胡锦涛同志为总书记的党中央周围，高举邓小平理论和“三个代表”重要思想伟大旗帜，全面贯彻落实科学发展观，解放思想，实事求是，与时俱进，开拓创新，锐意进取，乘势而上，为实现国民经济和社会发展第十二个五年规划目标、在“富民强桂”新跨越中率先实现全面建设小康社会目标、建设区域性国际城市和广西“首善之区”而努力奋斗！

政策·法规·规章

2010年南宁市地方性法规、政府规章和规范性文件目录

类别	文件名称	发文字号	发(颁)布时间
公安安全生产地震	南宁市人民政府关于修改《南宁市烟花爆竹经营燃放管理规定》的决定	南宁市人民政府令第36号	11月 4日
	南宁市人民政府关于印发《南宁市门牌管理规定》的通知	南府发〔2010〕49号	8月11日
	南宁市人民政府关于贯彻落实国务院关于进一步加强企业安全生产工作的通知	南府发〔2010〕64号	11月10日
	南宁市人民政府印发《关于进一步加强抗震减灾工作实施意见》的通知	南府发〔2010〕68号	12月13日
环保建设城市管理房产国土园林	南宁—东盟经济开发区条例	南宁市十二届人大常委会第27号公告	10月18日
	南宁市河道与堤防建设管理条例	南宁市十二届人大常委会第28号公告	12月16日
	南宁市户外广告设置管理条例	南宁市十二届人大常委会第29号公告	12月16日
	南宁市收回国有土地使用权管理暂行办法	南宁市人民政府令第30号	3月22日
	南宁市人民政府关于修改《南宁市散装水泥和预拌混凝土管理规定》的决定	南宁市人民政府令第32号	11月 2日
	南宁市人民政府关于修改《南宁市禁止乱张贴乱涂写乱刻画规定》的决定	南宁市人民政府令第34号	11月 2日
	南宁市人民政府关于修改《南宁市城市广场管理规定》的决定	南宁市人民政府令第35号	11月 4日
	中共南宁市委 南宁市人民政府关于创建国家森林城市的意见	南发〔2010〕10号	3月 8日
	中共南宁市委 南宁市人民政府关于实施五大森林工程加快创建国家森林城市的决定	南发〔2010〕34号	10月 8日
	南宁市人民政府关于公布征地统一年产值标准的通知	南府发〔2010〕4号	1月22日
	南宁市人民政府印发《南宁市节能减排专项资金安排和使用管理暂行办法》的通知	南府发〔2010〕34号	5月21日
	南宁市人民政府关于印发《南宁市城市房屋拆迁行政裁决规定》的通知	南府发〔2010〕38号	6月17日
	南宁市人民政府关于开展创建生态园林单位和生态园林小区活动的通知	南府发〔2010〕41号	7月15日
	南宁市人民政府转发广西壮族自治区人民政府关于印发《广西壮族自治区铁路交通基础设施重大建设项目征地拆迁工作实施办法》的通知	南府发〔2010〕65号	11月16日
	南宁市人民政府关于规范经济适用住房管理的通知	南府发〔2010〕66号	11月22日
	南宁市人民政府办公厅关于加快危旧房改住房改造工作的通知	南府办〔2010〕1号	1月 5日
	南宁市人民政府办公厅关于印发《南宁市生态功能区划》的通知	南府办〔2010〕77号	5月19日
	南宁市人民政府办公厅关于印发《南宁市廉租住房保障资金管理试行办法》的通知	南府办〔2010〕79号	5月24日
	南宁市人民政府办公厅关于明确城市小品家具和体育休闲设施维护管理责任的通知	南府办〔2010〕120号	7月29日
	南宁市人民政府办公厅关于加强地沟油整治和餐厨废弃物管理工作的通知	南府办〔2010〕163号	11月 4日
	南宁市人民政府关于委托自来水供水企业代收城镇生活垃圾处理费的通告	南府字〔2010〕1号	1月 7日
	南宁市人民政府关于开展农村宅基地总登记工作的通告	南府字〔2010〕5号	9月26日
工业经济商务	南宁市人民政府关于修改《南宁市企业信用信息征集和发布管理办法》的决定	南宁市人民政府令第33号	11月 2日
	南宁市人民政府关于修改《南宁市盲人保健按摩管理暂行规定》的决定	南宁市人民政府令第37号	11月 4日
	中共南宁市委 南宁市人民政府关于实施质量兴市战略的决定	南发〔2010〕33号	9月21日
	南宁市人民政府转发广西壮族自治区人民政府关于进一步加强扩大内需中央投资项目建设管理的通知	南府发〔2010〕16号	3月25日
	南宁市人民政府关于印发《支持和鼓励总部经济发展暂行规定》的通知	南府发〔2010〕43号	7月 4日
	南宁市人民政府关于印发《南宁市总部企业认定管理办法(试行)》的通知	南府发〔2010〕46号	7月15日
	南宁市人民政府关于加快五象新区总部基地开发建设的若干意见	南府发〔2010〕47号	7月15日
	中共南宁市委办公厅 南宁市人民政府办公厅关于印发《南宁市开展"工作落实年"活动实施方案》的通知	南办发〔2010〕106号	7月13日
	南宁市人民政府办公厅关于印发《南宁市中小企业信用担保机构风险补偿资金管理办法》的通知	南府办〔2010〕103号	6月25日
	南宁市人民政府办公厅关于印发《南宁市小企业贷款风险补偿专项资金管理暂行办法》的通知	南府办〔2010〕127号	8月13日
	南宁市人民政府办公厅关于印发《南宁市淘汰落后产能奖励办法》的通知	南府办〔2010〕164号	11月 1日
	南宁市人民政府办公厅关于印发《南宁市工业发展考核评价办法(试行)》的通知	南府办〔2010〕189号	12月 9日
	南宁市人民政府关于加强生猪定点屠宰管理严厉打击私屠滥宰活动的通告	南府字〔2010〕8号	10月13日

续表

类别	文 件 名 称	发文字号	发(颁)布时间
农林	中共南宁市委 南宁市人民政府关于稳步推进农村土地承包经营权流转和促进农业规模经营发展的意见	南发〔2010〕36号	11月 3日
	南宁市人民政府关于印发《邕江河段网箱养鱼规划》的通知	南府发〔2010〕24号	4月27日
	南宁市人民政府关于实施新一轮“菜篮子”工程建设的意见	南府发〔2010〕52号	8月26日
	南宁市人民政府关于加快发展农民专业合作社的意见	南府发〔2010〕53号	9月 3日
	南宁市人民政府办公厅关于加快乡镇建成区绿化工作实施意见的通知	南府办〔2010〕54号	4月10日
	南宁市人民政府办公厅关于印发《南宁市农村土地承包经营权流转实施细则》的通知	南府办〔2010〕169号	11月10日
	南宁市人民政府办公厅关于印发《南宁市农村土地承包经营权流转试点工作方案》的通知	南府办〔2010〕170号	11月10日
民政劳动社会保障	南宁市人民政府关于调整《南宁市城镇职工基本医疗保险医疗互助暂行办法》有关待遇支付内容的通知	南府发〔2010〕2号	1月12日
	南宁市人民政府关于提高城乡居民最低生活保障标准和农村五保供养标准的通知	南府发〔2010〕19号	3月31日
	南宁市人民政府关于印发《南宁市被征地农民就业培训和社会保障暂行办法》的通知	南府发〔2010〕32号	5月19日
	南宁市人民政府关于公布2010年企业工资指导线的通知	南府发〔2010〕37号	6月10日
	南宁市人民政府转发广西壮族自治区人民政府关于调整全区职工最低工资标准的通知	南府发〔2010〕55号	9月28日
	南宁市人民政府办公厅关于对全市高龄老人发放寿星津贴的通知	南府办〔2010〕46号	3月27日
	南宁市人民政府办公厅关于提高城镇居民基本医疗保险待遇的通知	南府办〔2010〕122号	8月 6日
	南宁市人民政府办公厅关于提高城镇职工基本医疗保险待遇的通知	南府办〔2010〕123号	8月 6日
	南宁市人民政府办公厅关于印发《南宁市城乡居民临时困难救助办法》的通知	南府办〔2010〕125号	8月 9日
	南宁市人民政府办公厅关于印发《南宁市城乡医疗救助办法》的通知	南府办〔2010〕157号	10月22日
	南宁市人民政府办公厅关于加强全市农村五保供养服务机构管理的通知	南府办〔2010〕172号	11月12日
文化教育卫生旅游	中共南宁市委 南宁市人民政府关于进一步加快南宁市旅游业发展的决定	南发〔2010〕37号	11月15日
	南宁市人民政府转发广西壮族自治区国家基本药物集中采购配送监督管理办法(试行)和广西壮族自治区基本药物非目录药品和民族药品遴选工作方案(试行)的通知	南府发〔2010〕17号	4月26日
	南宁市人民政府关于印发《南宁市艾滋病职业暴露专项资金管理暂行规定》的通知	南府发〔2010〕18号	3月28日
	南宁市人民政府关于公布第三批南宁市级非物质文化遗产代表作名录和第二批南宁市级非物质文化遗产项目代表性传承人的通知	南府发〔2010〕27号	5月 1日
	南宁市人民政府关于实施基层医药卫生体制综合改革试点的意见	南府发〔2010〕42号	6月30日
	南宁市人民政府关于核定并公布蕾帽岭摩崖石刻等17处文物保护单位列为市级文物保护单位的通知	南府发〔2010〕60号	10月19日
	南宁市人民政府办公厅关于印发《南宁市实施国家基本药物制度试点工作暂行方案》的通知	南府办〔2010〕22号	2月28日
	南宁市人民政府办公厅关于进一步加强全市手足口病防控工作的通知	南府办〔2010〕59号	4月14日
	南宁市人民政府办公厅关于印发《南宁市中小学校安全协管员队伍建设实施方案》的通知	南府办〔2010〕145号	9月19日
	南宁市人民政府办公厅关于印发《南宁市公共卫生与基层医疗卫生事业单位绩效工资实施办法》的通知	南府办〔2010〕179号	11月19日
	南宁市人民政府关于开展小餐饮行业专项整治活动的通告	南府字〔2010〕9号	12月10日
财政税收物价	南宁市人民政府关于修改《南宁市税收属地管理若干规定(试行)》的决定	南府发〔2010〕50号	8月19日
	南宁市人民政府办公厅转发市物价局 市财政局 市国税局 市地税局等四部门关于《南宁市涉税财务价格认定管理办法》的通知	南府办〔2010〕168号	11月 9日
机关政府法制信息化	南宁市人民政府关于废止部分南宁市政府规章的决定	南宁市人民政府令第31号	11月 2日
	南宁市人民政府关于印发《南宁市政府信息发布协调制度》的通知	南府发〔2010〕20号	3月31日
	南宁市人民政府关于印发《南宁市行政机关澄清虚假或不完整信息工作制度》的通知	南府发〔2010〕21号	3月31日
	南宁市人民政府关于印发《贯彻落实国务院加强市县政府依法行政决定实施意见》的通知	南府发〔2010〕31号	5月19日
	南宁市人民政府关于印发《南宁市人民政府常务会议邀请市人大代表列席的规定》的通知	南府发〔2010〕36号	6月 7日
	南宁市人民政府关于加强统计基层基础建设的通知	南府发〔2010〕67号	12月13日
	南宁市人民政府办公厅关于认真做好南宁市政务地理信息共享服务平台建设工作的通知	南府办〔2010〕24号	3月 5日
	南宁市人民政府办公厅关于印发《南宁市广场升挂国旗管理办法》的通知	南府办〔2010〕154号	10月11日

(许慧宁)

旅 游 指 南

旅游线路选介

南宁一日游

青秀山至扬美古镇

上午游览南宁，游览国家4A级风景区——青秀山风景名胜旅游区棕榈园、苏铁园、凤凰塔、观音禅寺、龙象塔、中心景区等景点；参观中国—东盟博览会会址——南宁国际会展中心外景、南湖名树博览园。中午游览扬美古镇魁星楼、梁烈亚故居、清代一条街、举人屋、明清古建筑群、黄氏庄园、邕江风光等景点后返回南宁市区。

青秀山至伊岭岩

上午游览国家4A级风景区——青秀山风景名胜旅游区棕榈园、苏铁园、凤凰塔、观音禅寺、龙象塔、中心景区等景点；参观中国—东盟博览会会址——南宁国际会展中心外景、南湖名树博览园。中午游览南方喀斯特地貌溶洞——伊岭岩双狮迎宾、空中走廊、瑶池盛会、红水河畔、海滨公园、壮乡新貌、江山多娇、北国风光等景点后返回南宁市区。

南宁至大明山

上午游览大明山国家自然保护区，沿途观赏鱼跃龙门、大地峰林、壮乡田园、佛光普照、深沟峡谷等形态各异的群山；之后体验“神秘之旅”，观赏有800多年树龄的铁杉和有500多年树龄、造型奇特的不老松，以及天下第一根杨梅树王、仙女下凡、仙人公、天然药河、金龟瀑布、壮乡田园、杨梅王、高山草甸、天坪仙圩、杜鹃泛艳等景点后返回南宁市区。

南宁至德天瀑布

上午前往大新县，游览位于中国与越南边境的世界第二大跨国瀑布——德天瀑布，它源起广西靖西县归春河，终年有水，流入越南，又流回广西，经大新县德天村处遇断崖跌落而成瀑布；参观中越53号界碑等景点后返回南宁市区。

南宁至北海

上午前往海滨城市——北海，游览北部湾广场——城雕南珠魂、大江埠风景区、南珠文化基地还珠堂；观赏海洋之窗、中国惟一的美人鱼标本“儒艮”；游览北海老街、音乐喷泉、国家4A级景区“银滩”等景点后返回南宁市区。

南宁两日游

南宁至巴马

D1：上午前往中国著名的长寿之乡——巴马县，沿途游览巴马县无污染、河水翠绿纯净的盘阳河，随后乘船游览水波天窗百鸟岩；后前往百魔洞，呼吸洞中浓度每平方厘米高达7万个的负氧离子，游览洞中的暗河、奇石、天坑；之后前往坡月长寿村——巴盘村，走访百岁老人，体验长寿秘诀，感受养生氛围。宿巴马。

D2:上午前往有“大自然的艺术宫殿”、南国的“北国冰雕”之称的长寿水晶宫，观赏洞中滴水沉积形成的鹅管、石笋、石柱、石带、石旗和各类石幔、石瀑布、石盾等钟乳石后返回南宁市区。

南宁至钦州三娘湾、八寨沟

D1：上午前往电影《海霞》拍摄地之一——钦州三娘湾，体验踏浪戏水、海边垂钓、海滩拾贝、摇床听涛、三婆石许愿，参与沙滩排球、足球及各种节日活动。下午乘游船出海观看野生海豚，观赏粉红、灰白、黑等各种色彩的海豚。宿钦州。

D2：上午前往位于十万大山腹地贵台镇境内的钦州原生态自然景区——八寨沟，观赏溪流、瀑布、古树藤蔓、奇花异草后返回南宁市区。

旅游精品线路

绿城风情七日游

A线:D1：上午从南宁市区至武鸣县，游览花花大世界，喀斯特地貌溶洞——伊岭岩欣赏民族风情表演；下午游览大明山国家自然保护区，欣赏大峡谷、神笔峰，看万重山，观佛谷与田园风光。宿大明山。

D2：上午观大明山日出，游览不老松、天书草坪、金龟溪、龙尾瀑布等景点；下午从大明山至马山县，前往金伦洞，游览喀斯特地貌溶洞、被誉为世界十大岩洞之一的原始石漠溶洞——金伦洞，之后参观奇石一条街。宿马山。

D3:上午游览红水河百龙滩风景区；下午从马山县至上林县，游览上林三里·洋渡，乘竹筏沿着明代大旅行家徐霞客足迹漂游，沿途观赏田园风光，奇峰竞姿，翠竹倒影，唐碑古庙，在下金壮乡民族风情园烧烤。宿上林。

D4:上午前往大龙湖，游览大龙湖，观赏绵羊迎宾、天马相亲、龙脊、神鲤迎宾、龙王鞋等景点；下午从上林县至宾阳县，游览昆仑关景区，到九曲湾温泉度假村泡温泉。宿南宁。

D5:上午游览国家4A级风景区——青秀山风景名胜旅游区龙象塔、泰国园、苏铁园等景点，参观南湖广场、南宁国际会展中心、金湖广场；下午参观广西博物馆、广西民族文物苑、广西药用植物园。宿南宁。

D6:上午沿途参观星光大道、民族大

道，游览具有明清建筑风格的扬美古镇，参观临江街、梁烈亚故居、明清民居；下午游览良凤江国家森林公园水杉林、阴阳菩提树，参加滑草、野战、卡丁车等娱乐活动。宿南宁。

D7：上午前往中国茉莉之乡——横县，游览九龙瀑布群龙迎宾、双龙戏珠等景区；下午参观茉莉花基地、全国最大的茉莉花交易市场、茉莉花西南茶城品茶、购茶，游览西津湖景区。宿南宁。

B 线：D1：上午游览国家 4A 级风景区——青秀山风景名胜旅游区龙象塔、泰国园、苏铁园等景点，参观南湖广场、南宁国际会展中心、金湖广场；下午参观广西博物馆、广西民族文物苑、广西药用植物园。宿南宁。

D2：上午游览南宁市动物园，观看黑叶猴等珍稀动物以及大象、海豚表演等，参观国家农业旅游示范点——广西现代农业科技示范园；下午游览昆仑关景区、昆仑关战役博物馆，宾阳县程思远故居、古辣蔡村等景点。宿上林。

D3：上午游览上林三里·洋渡，乘竹筏沿着明代大旅行家徐霞客足迹漂游，沿途观赏田园风光，奇峰竞姿，翠竹倒影，唐碑古庙，在下金壮乡民族风情园烧烤；下午前往大龙湖，游览大龙湖，观赏绵羊迎宾、天马相亲、龙脊、神鲤迎宾、龙王鞋等景点。宿马山。

D4：上午从马山县出发前往大明山国家级自然保护区，游览不老松、天书草坪、金龟溪、龙尾瀑布等景点；下午游览大峡谷、神笔峰、看万亩杜鹃或吊钟花，观佛谷与田园风光。宿大明山。

D5：上午在大明山观日出，从大明山至武鸣县，游览喀斯特地貌溶洞——伊岭岩，民族长廊欣赏民族风情表演；下午游览明秀园、灵水、南宁—东盟经济开发区、花花大世界。宿南宁。

D6：上午从南宁市区出发前往隆安县，游览龙虎山风景区、隆安红七军指挥部旧址；下午返南宁，游览具有明清建筑风格的扬美古镇，参观临江街、梁烈亚故居、明清民居。宿南宁。

D7：上午参观南宁国际会展中心、百色起义革命烈士纪念碑，李明瑞、韦拔群陈列馆，南宁高新技术产业开发区、南宁青岛啤酒有限公司；下午前往九曲湾温泉度假村或绿都温泉度假中心，享受温泉泡浴。宿南宁。

中越跨国游

A 线：南宁—凭祥—越南（河内—海防—下龙湾）

B 线：南宁—东兴—越南（芒街—下龙湾—海防—河内—西贡）

边关风情游

A 线：南宁—大新（德天瀑布）—靖西（通灵大峡谷）—龙州（小连城）

B 线：南宁—隆安（龙虎山）—大新（德天瀑布）—崇左（斜塔）—宁明（花山壁画）—凭祥（友谊关）

八桂精华游

A 线：南宁—桂林—兴安—资源—龙胜

B 线：南宁—北海—钦州—防城—东兴

C 线：南宁—大新（德天瀑布）—靖西（通灵大峡谷、古龙河漂流）—百色乐业（天坑群）

绿城寻胜游

A 线：南宁—横县（中国茉莉之乡、九龙瀑布群、伏波庙风景区）—上林（大龙湖风景区、三里·洋渡风景区）—马山（金伦洞、红水河风景区）—大明山风景区—武鸣（伊岭岩、灵水、明秀园）

B 线：南宁—邕宁（昆仑关）—宾阳（金坑峡漂流）—上林（大龙湖风景区、三里·洋渡风景区）—马山（金伦洞、红水河风景区）

绿城风光游

A 线：朝阳广场—兴宁路步行街—邕江大桥景观带—民族大道—民族广场—南湖景观带—埌东新貌

B 线：青秀山风景名胜旅游区—广西博物馆—广西民族文物苑—伊岭岩

C 线：广西药用植物园—伊岭岩—扬美古镇—青秀山—良凤江国家森林公园

南宁乡村游

A 线：武鸣县双桥镇下渌村

市区—南都高速—伊岭岩出口—双桥镇—下渌村（距市区 30 千米，行程 50 分钟）。下渌村为全国精神文明先进村，总人口约 850 人，以种植龙眼、杧果闻名，四季有水果、野菜采摘，鱼塘可钓鱼，8 月有“农家乐龙眼节”。有床位 25 张，风味小吃有白切土鸡、高峰柠檬鸭、下渌鱼生、上汤野菜、烤红薯等。

B 线：武鸣县城厢镇濑琶村七星屯

市区—南都高速—武鸣出口—城厢镇七星屯（距市区 40 千米，行程 65 分钟）。七星屯环境优美，生态怡人，香山河傍村而过。2001 年改造成集居住、观光、娱乐于一体的具有壮乡民族特色的农家乐生态示范新村，建成 19 套具有民族特色的别墅式住宅楼，可接待游客 120 人。可采摘杨桃等新鲜水果，品尝白切土鸡、灵马鲶鱼、灵水鱼生等风味小吃。

C 线：马山县白山镇三潮水乡村

市区—南都高速—马山县城—国道 210 线—三潮水乡村（距市区 110 千米，行程 90 分钟）。三潮水因当地有一地下泉眼一日三起三落而得名，环境幽静，民风淳朴，构成人与自然的完美结合。有民族传统节日，游客可在竹林对歌，泉边烧烤，地质探秘，登山体验，有国家标准的游泳池，可品尝黑山羊肉串、陈米酸粉、绿豆饼、艾馍、红薯粽等特色小吃。住宿可回县城（8 千米）。

（良 志）

2010年南宁市旅游星级宾馆酒店名录

星级及名称	地址
五星级(6家)	
南宁明园新都酒店	新民路38号
邕江宾馆	江滨东路41号
南宁饭店	民生路38号
广西沃顿国际大酒店	民族大道东段88号
南宁桂景大酒店	文信路(桂景巷)1号桂林大厦
广西红林大酒店	民族大道129号
四星级(13家)	
南宁喜相逢大酒店	长湖路28号
广西恒升大酒店	中华路17号
广西锦华大酒店	东葛路1号
南宁明园饭店	新民路38号
南宁跨世纪大酒店	民族大道东段111号
广西南宁凤凰宾馆	朝阳路63号
广西夏威夷国际大酒店	民族大道81号
东盟国际大酒店	邕武路1号
南宁市万锦大酒店	星湖路27号
广西凯宾皇冠大酒店	民族大道98号
南宁圣展酒店	金湖南路49号
南宁市世纪君悦大酒店	金湖路71号
南宁景都国际大酒店	茶花园路31-1号
三星级(29家)	
广西南宁翔云大酒店	新民路59号
广西南宁天湖酒店	杭州路3号
南宁邕州饭店	新民路59号
南宁市银河大酒店	朝阳路76号
南宁万兴酒店	共和路174号
南宁市恒川大酒店	杭州路5号
南宁金禾宫大酒店	桂春路13号
广西三月花大酒店	东葛路119
广西福彩宾馆	东葛路119
南宁富满地大酒店	桃源路43号
广西新华大酒店	民族大道69号
南宁华星酒店	七星路125号
南宁市凯莱大酒店	中华路48号
广西绿都大酒店	七星路133号
广西华夏大酒店	中华支一路3号
广西景湖假日大酒店	星湖路59号
广西发改委培训中心	葛村路1号
南宁大王滩度假村	良庆区那马镇南宁大王滩风景区内
广西博宾大酒店	唐山路54号
广西天妃商务酒店	明秀东路238号
南宁精通金茶花大酒店	中华路125号
广西满江红大酒店	祥宾路63号
南宁永凯大酒店	友爱南路43-2号
南宁市壮元坡宾馆	秀灵路77-1号
南宁市湄公河大酒店	竹溪大道98号
南宁市钻石海岸海鲜大酒店	双拥路南湖广场旁
南宁振宁大酒店	新阳路286号
广西南宁嘉年华大酒店	民族大道135号
广西阳光假日酒店	中华路17-1号
二星级(29家)	
南宁市宝临宾馆	东葛路95号
南宁市南华大厦	人民中路1号
南宁市迎宾饭店	朝阳路71号
南宁市铁道饭店	地洞口路10号
南宁市江南宾馆	星光大道40号
南宁市新万通酒店	人民西路80号
广西桂盐宾馆	华西路11号
南宁市迎宾楼宾馆	星光大道68号凤凰小区
广西南宁银林山庄	邕武路23号
广西科学活动中心科技宾馆	新竹路20号
南宁市教育宾馆	桃源路64号
南宁市现代联华宾馆	安吉大道41号
广西南宁百利佳宾馆	桃源路57号
南宁市园湖饭店	园湖北路27号
广西大明家军供酒店	中华路54号
广西南宁陆邕酒店	友爱南路42号
广西运招大酒店	华东路67号
南宁蕾雨宾馆	衡秀里30号
广西南宁糖业大酒店	衡阳东路7号
南宁市海天宾馆	桃源路41-1号
南宁香格里大酒店	友爱北路11号
右江大酒店	华东路86号
南宁市圣天宝宾馆	天雹路天雹水库
南宁市圣安宝宾馆	安吉大道
南宁市文丽酒店	青山路15号
广西林苑宾馆	华西路48号
南宁威宁生态园有限责任公司乡村大世界	三塘镇乡村大世界
广西南宁金时代酒店	中华路和北大路交汇处
广西嘉怡旅业开发有限公司菩提山庄	友谊路78号

(周思伶　梁一家)

责任编辑　梁笑飞

索　　引

说　明

一、本索引是《南宁年鉴·2011》的内容分析索引。正文(包括条目、文献、资料、图片和表格)中凡具有独立检索意义的完整资料,都可以通过本索引进行检索。

二、本索引按汉语拼音字母(同音字按声调)顺序排列。类目、分目、次分目作索引款目用黑体字排印,其余款目均用宋体字排印。表格、图片、示意图在其款目后分别注明"表"、"图"或"示意图"。

三、索引款目后的数字表示内容所在的页码,数字后的拉丁字母(a、b、c)表示栏别(即版面的1、2、3栏)。空2字起排的款目为上一主题的"附见"。同一主题的"参见",只标页码。内容有交叉的款目,为便于读者检索,在本索引中重复出现。

四、"图片专辑"、"附录"在栏目的内容不作索引。

A

B

E

F

G

K

L

M

N

P

Q

R

S

T

W

X

Y

Z